Hubertus Halbfas

Religionsunterricht in Sekundarschulen
Lehrerhandbuch 6

Hubertus Halbfas

Religionsunterricht in Sekundarschulen
Lehrerhandbuch 6

Patmos

Zugelassen durch die Lehrbuchkommission der Deutschen Bischofskonferenz
als Lehrerkommentar zu dem genehmigten
»Religionsbuch für das 6. Schuljahr« von Hubertus Halbfas

© 1993 Patmos Verlag Düsseldorf
Alle Rechte vorbehalten. 2. Auflage 1995
Titelbild unter Verwendung einer Tuschzeichnung von Otto Dix
›Christophorus‹ © Otto Dix Stiftung, Vaduz
Satz: Ansgar Halbfas, Drolshagen
Gesamtherstellung: Bercker GmbH, Kevelaer
ISBN 3-491-78455-7

Inhalt

Vorwort 17

Einführung in die Arbeit mit dem Religionsbuch
für das sechste Schuljahr 19

    Der didaktische Ort des Religionsbuches 19
    Unterrichtsplanung und Kapitelstruktur 21
    Die Zweite Ebene 22
    Religionsunterricht im Kontext der Fächer 24

Unterricht: Auf vielen Wegen und mit allen Sinnen lernen 27

Über das Lernen 28
    Lernen und Lebensgeschichte 28
    Lernen und räumliche Umwelt 29
    Lernen und personale Lehrerbeziehung 30
    Der verengte Lernbegriff der Schule 31
    Zur Kontraproduktivität heutiger Schulen 32
    Lehrer und Schüler 33

Die Vorbereitung des Unterrichts 35
    Das Verhältnis des Lehrers zu seinen Unterrichtsinhalten 35
    Der didaktische Wert der Unterrichtsinhalte 36
    Unterrichtsvorbereitung und Lehrplan 36
    Unterrichtsplanung und Schülersituation 38
    Die gängigen Vorbereitungsmodelle 39

Arbeitsformen des Unterrichts 41
    Der Lehrervortrag 41
    Die Lehrererzählung 42
    Gesprächsformen 43
    Schriftliche Arbeitsformen 46
    Gestalterische Arbeitsformen 46
    - Die Einrichtung des Klassenraumes 46
    - Gemeinsam essen und trinken 47
    - Lernen und feiern 47
    - Umgang mit der Natur. Pflanzen und Tiere im Schulbereich 47
    - Schreiben und drucken 47
    Singen und Musizieren 48
    Spielen 48
    Erkundungen und Exkursionen 49
    Gäste im Unterricht 50

Meditative Formen 51

Unterrichtseinstiege 52

Üben und Wiederholen 55

Das Schüler-Arbeitsheft 57

Das Lehrerhandbuch als Vorbereitungshilfe 59

Leben und Lernen in der Schule 61

Feiern verändert die Schule 62
Nur eine veränderte Schule kann feiern 64

Schule und Muße: Stille-Übungen 65
- Stille-Übungen mit Naturformen 65
- Kieselsteine 66
- »Man kennt nur die Dinge, die man zähmt« 67
- Rahmen und Bedingungen einer Stille-Übung 68

Sprachverständnis: Symbole 69

Erneut: Religionsunterricht ist Sprachunterricht 70
Der religiöse Charakter der Sprache 70
Der symbolische Charakter der Sprache 71
Das Symbol in Gestus und Ritual, Wort und Bild 73
Symbolische Sprachlehre im voraufgehenden Unterrichtswerk 74

Was ist ein Symbol? 75
Das Symbolverständnis in der Geschichte 76
Der psychoanalytische Symbolbegriff 79
- Der Symbolbegriff in der Psychoanalyse Sigmund Freuds 80
- Alfred Lorenzers Kritik des psychoanalytischen Symbolbegriffs . . 81
- Der Symbolbegriff in der Analytischen Psychologie
  Carl Gustav Jungs 82
Der theologische Symbolbegriff Paul Tillichs 84
Verschränkungen 85
- Symbol und Erfahrung 85
- Symbol und Sprache 86
- Symbol und Zeit 88
Wirkungen des Symbols 89
- Die Entlastungsfunktion der Symbole 89
- Die Orientierungsfunktion der Symbole 89
- Die Vermittlungsfunktion der Symbole 90

Die Arbeit mit Symbolen 91

Die Sprache der Seele: Der Traum 94
Das Wesen der Träume 94
Die Traumsprache nach Sigmund Freud 95
Die Traumsprache nach Carl Gustav Jung 96

Traum und Traumdeutung in der Religionsgeschichte 99
  Der Traum in archaischen Kulturen. Die indianische Welt 99
  Der Traum im griechischen Denken 101
  Die Traumauffassung der Römer 102
  Der Traum in der Bibel 103
  Der Traum im christlichen Mittelalter 105

Hieronymus Bosch: Die Brautkammer in der Samenkapsel 107

Maurice Sendak: Wo die wilden Kerle wohnen 111

Ein Mann träumte 114
  - Das Haus im Sprichwort 117
  - Erich Kästner: In seinem Leben wie in einem Hause treppauf
    und treppab gehen können 117
  - Carl Gustav Jung: »Mein Haus« – ein unbekanntes Haus 117

Körpersprache 119
  Körpersprache ist Symbolsprache 119
  Die Sprache beschreibt Körpersprache 120
  Wenn die Seele durch den eigenen Körper spricht 121
  Was die Handschrift verrät 126
  Körpersprache und Symbolverständnis 127

Die Sprache des Märchens 128
  Wozu Märchen gut sind 128
  Das Märchen zwischen Kindheit und Jugend 129
  Das Märchen in der Erwachsenenkultur 131
  Die symbolische Sprache der Märchen 132
  Der Symbolbestand der Märchen 133

Etüden: Drei Märchenmotive 138
  Der Froschkönig 138
  Kontexte zum Märchen vom Froschkönig 144
  - Astrid Lindgren: Den Frosch küssen in Bullerbü 144
  - Wilhelm Busch: Die beiden Schwestern 145
  - Mathias Richling: Froschsein und Froschbleiben 146
  Brunnen-Märchen 146
  - Der Frau-Holle-Brunnen 147
  - Der Brunnen der Wahrheit 151
  - Die Falltür 153
  - Der Brunnen der Wandlung 153
  Die Hexe 154
  Maurice Sendak: Vier Märchenbilder 156
  - Die drei Federn (KHM 63) 157
  - Der goldene Vogel (KHM 57) 157
  - Der Bärenhäuter (KHM 101) 159
  - Der Gevatter Tod (KHM 44) 161

Symbolsprache und Jugendkultur 163

Die Sprache der Religionen 164

Lichtsymbolik 164
Labyrinth-Symbolik 165
Die Symbolik des Kirchenbaus 165

Baum-Symbolik: Lebens- und Weltenbäume 166
Benediktiner-Psalter: Baum der Erkenntnis 166
Scherenberg-Psalter: Baum (Wurzel) Jesse 167
Scherenberg-Psalter: Baumkreuz 169

Wissen über Symbole 172
Was ist ein Symbol? Der etymologische Zugang 172
Symbol und Zeichen 173
Symbol und Klischee 173

Die verführende Kraft der Symbole 175
Symbol und Werbung 175
Symbol und Politik 177

Gott: Der Ort Gottes 179

Das Auge des Glaubenden sieht »infrarot«, wenn auch unter Tränen . . 180

Die Gottesthematik im Unterricht 182

Wo ist Gott? 184
Martin Buber: Wo wohnt Gott? 184
Wolfgang Borchert: Wo wohnt der liebe Gott? 189
Die Natur: Das »andere Buch Gottes« 191

Hakim Sana'i: Die Blinden und der Elefant 193

Die Antwort der Legenden 196
Christophorus oder: Wo es nicht weitergeht 196
Otto Dix: Christophorus 199
Otto Pankok: Christophorus I
Sankt Martin 200
Martin oder Womit man Gott am Erfrieren hindert 202
Elisabeth oder Wie man unseren Herrn badet 203
Eustachius/Hubertus oder Gott identifiziert sich mit den Opfern . . 203

Elie Wiesel: Wo ist Gott? 205

Diese Welt: Brüderlichkeit, Schwesterlichkeit 211

Die beschworene und verratene Brüderlichkeit 212
Der Bruderbegriff im Griechentum 212
Der Bruderbegriff in der Hebräischen Bibel 213
Der Bruderbegriff im Hellenismus 214
Der Bruderbegriff im frühen Christentum 215
Der Bruderbegriff in der Aufklärung 216
Die gelästerte, mißachtete, ohnmächtige Brüderlichkeit 219

Unterricht über »Geschwisterlichkeit« 220
    Ergänzungen zum Religionsbuch 221

Geschichten zum Einstieg: Wer ist mein Nächster? 223

Geschichten aus der Geschichte 225
    Menschlichkeit und Güte in der Alten Welt 225
    - Aus dem sogenannten Ägyptischen Totenbuch 226
    - Vom Mißtrauen der Spartaner gegenüber ihren Sklaven 227
    - Von den Sklaven in Athen 228
    Nächstenliebe in Israel 229
    Eine Geschichte verratener Brüderlichkeit 230
    - Der Aristokratismus der alten Klöster 231
    - »Dreifach ist das Haus Gottes, das man eines wähnt« 232
    Die neue Parole: Freiheit, Gleichheit, Brüderlichkeit 233
    - Maximilian Klinger: Hans Ruprechts Kalb 234
    - »Bauren sind am besten, wenn sie weich geschlagen« 235
    - »Das Volk liegt vor ihnen wie Dünger auf dem Acker« 236

Bilder zur Geschichte 237
    »Die Bedrückung des französischen Volkes
    unter dem absoluten Königtum« 237
    Ernst Barlach: Aus dem Kommissionsbericht der Übersichtigen . . . 240
    A. Paul Weber: Der Plumpudding 242

Die Handlungsebene 244

Bruder Tier 245
    Otto Pankok: Christus und das Tier 246

Jesus: Der Lehrer 249

Jüdisches Lehren und Lernen 250
    Die Lehrer Israels 250
    Emil Nolde: Der Prophet 253
    Was heißt »Wort Gottes«? 254
    Der Rabbi aus Nazaret 254
    Otto Pankok: Die ersten Jünger Petrus und Andreas 256

Die Bergpredigt 259
    Zur Formgeschichte der Bergpredigt 259
    Der Jude Jesus und die »Bergpredigt« 259
    Bergpredigt und Jüngerschaft 260
    Der Streit um die Bergpredigt 261

Wer kann gewaltlos leben? 265
    Die Erfahrung Solschenizyns 265
    Die Suche nach der »Kontrastgesellschaft« 266
    Antworten des Religionsunterrichts 269
    Gewalt an Schulen 269
    - Die Situation 269

- Die Ursachen 270
- Lösungsvorschläge 272
- Zukunftsperspektiven 272
Verteidigung gegen Gewalt als pädagogische Aufgabe 273
Pablo Picasso: Massaker in Korea 275
- Josef Schulz, 31, Dekorateur aus Wuppertal 279
- Sigmund Freud: Mordlust im Blut 279
- Martin Walser: Aus dem Wortschatz unserer Kämpfe 280
- Munroe Leaf: Ferdinand der Stier 281
- Der Wolf von Gubbio 282

Die Faszinationskraft der Friedensstifter 283
- Gandhis Salzmarsch 283
- Martin Luther Kings Busstreik 284

Wo werden die »Schwerter zu Pflugscharen«? 285
Der Text als Lesestück inszenieren 286
Der Krieg in Geschichten und Gedichten 289
»Katastrophenliteratur« als Kinder- und Jugendbuch? 291
Pablo Picasso: »Der Krieg« und »Der Frieden« 293
Kontexte zu den Kriegsbildern von Pablo Picasso 295
- Max Frisch: Gedanken im Flugzeug 295
- Eugen Drewermann: Der Krieger schließt die Augen 296

Neues Testament: Wundergeschichten 297

Was ist ein Wunder? 299
Wunderglaube und Wunderverständnis in der Alten Welt 299
Das Wunderverständnis der Bibel 300
Was ist für uns ein Wunder? 301
Didaktische Hinweise 302
Ursula: Hilferuf 303

Wunder, Zauber oder Trick? 305

Heilungswunder 309
Der göttliche Arzt. Heilungswunder in Epidauros . . . 309
- Asklepios in der Mythologie 310
- Der heilige Bezirk in Epidauros 311
- Die Heilungen in Epidauros 313
- Die Votivtafeln von Epidauros 315
Krankheit und Heilung bei Naturvölkern 316
- Medizinmann, Schamane, Heiler 316
- Indianisches Verständnis von Krankheit 318
Die Bildebene: Votivgaben in Epidauros, Lourdes und anderswo . . . 321
- Antike Votivgaben 322
- Christliche Votivgaben 323
Die Wunderheilungen Jesu 325
Die Heilung des blinden Bartimäus 326

Evangeliar Ottos III.: Die Heilung des Aussätzigen 329
Relindis Agethen: Die Heilung des Aussätzigen 331

Erweckungen vom Tode 332
   Totenerweckungen in der Bibel 333
   Die Auferweckung des Lazarus 334
   - Kontexte zu den Erweckungsgeschichten 338

Naturwunder 340
   Der Seewandel Jesu 340
   Bildsynopse: Die Stillung des Seesturmes 345
   Hitda-Codex: Im Sturm auf dem Meer 346
   Rembrandt Harmenszoon van Rijn:
   Der Sturm auf dem See Gennesaret 349
   Relindis Agethen: Die Seefahrt der Jünger 351

Kirche: Kirche der Schwachen 353

»Unter Christen ist Barmherzigkeit wenigstens möglich« 354

Geschichte der Armut und der Barmherzigkeit 356
   Die Armen im Mittelalter 356
   - Das Ethos der Armut. 356
   - Die soziale Realität: Das Bettlerwesen 358
   - Mißernten und Hunger 359
   Sozialer Umbruch im 16. Jahrhundert 360
   Gefängnisse für die Armen 362
   Repression und Barmherzigkeit 364

Christus in den Armen 366
   Apg 4,32-37: Es gab keinen unter ihnen, der Not litt 367
   Die Armenfürsorge der Klöster 368

   Spotlights: 368
   - Dionysius von Alexandrien 369
   - Ambrosius, Bischof von Mailand 369
   - Hedwig von Schlesien 370
   - Elisabeth von Thüringen 370
   - Ludwig IX. von Frankreich 371
   - Katharina von Siena 371
   - Vinzenz von Paul 372
   - Friedrich Joseph Haass 372
   - Damian Deveuster 374
   - Friedrich von Bodelschwingh 375
   Pieter Breughel: Bettelnde Krüppel 377

Christus in den Kranken 379
   Geschichte des Hospitals 379
   - Die Situation in der Alten Welt 379
   - Xenodochien im Orient und Abendland 380
   - Die Hospitäler der Mönche 382

- Exkurs: Die Hospitäler im arabischen Mittelalter 382
- Hospitäler der Bischöfe und des Adels 383
- Hospitäler der Bürger. Das Heilig Geist-Spital zu Lübeck 384
- Das Leben im Hospital 385
- Besondere Hospitäler 385
- Vom Hospital zum Krankenhaus 386

Das Sint-Jans-Hospital in Brügge 386

Spotlights: 388
- Franz von Assisi 388
- Elisabeth von Thüringen 389
- Katharina von Siena 389
- Bernhardin von Siena 390

Christus in der eigenen Gemeinde? 391

Sakrament: Taufe und Firmung 393

Was ist ein Sakrament? 394
- Wenn Dinge anfangen zu sprechen. 394
- Mumifizierung 395
- Anthropologische Verwurzelung 395
- Die sakramentale Sprache 396
- Mehr als Sachen 396
- Sakramente Gottes 397
Marsden Hartley: Wilde Rosen 398
Heiligtümer Jugendlicher 399

Das Sakrament der Taufe 401
Zweierlei Taufverständnis. 401
Der Tod vor dem Tod 402
Kierkegaard und das Christsein 404
Geschichtliche Rückblende 405
Sakrament des Glaubens 406
Taufsymbolik. 407
Das Problem Kindertaufe 408
Hildegardis-Codex: Die wahre Dreiheit in der wahren Einheit 410
Fotos: Die Spendung der Taufe 410

Das Sakrament der Firmung 411

Das eigene Leben: Wege zu mir selbst 415

Unterricht als Lebenshilfe 416

Der Brunnen oder Die Wahrheit über mich selbst 418
Hugo Simberg: Der verwundete Engel 418

Das eigene Zimmer 423
Zur Kulturgeschichte der Kinderstube 423

Kindheit ohne Kinderstube 426
Jugendzimmer – heute 427
»Zeige mir dein Zimmer. . .« 428
Vincent van Gogh: Vincents Schlafzimmer in Arles 429

Die Kleidung 432
Peter Blake: Selbstbildnis mit Ansteckern 432

Die Eltern, Geschwister, das Leben zu Hause 434
Giovanni Giacometti: Die Lampe 434
Paula Modersohn-Becker: Mädchen vorm Fenster
Stilleben mit Milchsatte 435

Das Gebet: Morgen- und Abendgebete 438

Altes Testament: Königsgeschichten 441

Israels Geschichte im Unterricht 442
Bibelunterricht als Leseunterricht 442
Die exemplarische Auswahl 444

Die Bildebene des Kapitels 445
Völkergruppen der Königszeit 445
- Die »Semiten« 445
- Die Kanaanäer (Kanaaniter) 446
- Die Philister 447
Kriegerfries 447
Esel, Maultier, Pferd 448
Der König als Kriegsherr 448

Die sogenannte Landnahme 450

Die Zeit der Richter 454

Das deuteronomistische Geschichtswerk 456
Die literarischen Gattungen im
deuteronomistischen Geschichtswerk 458

Das umstrittene Königtum 461

Das Königtum Sauls 463
Lucas von Leyden: David und Saul 464
1 Sam 28,3-25: Saul bei der Totenbeschwörerin von En-Dor 466

Das Königtum Davids 469
Marc Chagall: König David 470
2 Sam 11 und 12: Davids Ehebruch und Natans Strafrede 472

Das Königtum Salomos 475
1 Kön 3,16-28: Das Urteil des Salomo 477

Bibelverständnis: Der Pentateuch 479

Zur Arbeit mit diesem Kapitel 480

Über Revisionen im Pentateuchverständnis 481

Die Qumran-Forschung und ihre Folgen 484
    Zur Entstehungsgeschichte der Essener 485
    Die Lebensordnung der Essener 487
    Die Qumran-Forschung und die Anfänge des Christentums 488

Religionen: Der Islam 489

Interkultureller Religionsunterricht 490

Die altarabische Welt 492
    Das Land 492
    Die Stammesordnung 492
    Die religiöse Situation 494

Mohammed 497
    Die Kuraisch 497
    Die Jahre in Mekka 497
    Medina: Eine neue Zeitrechnung 500
    Didaktische Überlegungen 502

Der Islam 505
    Ein absoluter Monotheismus 505
    Der Koran 506
    Die Säulen des Islam 508
    Mekka und die Ebene von Arafat 510
    Das religiöse Recht 512
    Dschihad – der »heilige Krieg« 514
    Die Frau im Islam 516

Die Ausbreitung des Islam 518

Eine abrahamitische Ökumene? 521
    Der Islam und das Judentum 521
    Der Islam und das Christentum 523

Islamische Mystik 527
    - Rabi'a 528
    - Bayazid Bistami 528
    - al-Halladsch 528
    - al-Ghazzali 529
    - Rumi 530

Die Kultur des Islam 532
    Wir alle sprechen Arabisch 532
    Die Brücke zur Antike 533
    Das Bild im Islam 535

- Miniatur des Erzengels Gabriel 539
- Mohammed im Gebet bei der Ka'ba 540
- Der Prophet auf dem Berge Hira 541
- Befragung des jungen Mohammed
  durch einen ehrwürdigen Mönch 542
- Mohammed zähmt eine gefährliche Schlange 543
- Mohammed erweist sich hilfreich gegen eine Hinde 543
- Mohammed empfängt Abgeordnete aus allen vier Weltteilen 544
Die Moschee 544
- Kairo: Moschee des Sultans al-Mu'ayyad 547
- Edirne: Selimije-Moschee 547
- Drei Minaretts: Agadez, Samarra und Dehli 549
Die Literatur. Die Märchen aus »Tausend und einer Nacht« 550
Die arabische Schrift; Kalligraphie 552

Islam heute 553
    Der politische Machtverlust 553
    Die kulturelle Herausforderung 554
    Das Wiedererstarken des Islam 555
    Westliche Reaktionen. 556

Kirchengeschichte:
Zwischen Römerreich und Mittelalter 559

Der Zerfall des Römischen Reiches 560

Das Mönchtum 565
    Die ersten christlichen Mönche 565
    Das frühe Mönchtum im Abendland 569
    Die irischen Mönche 571
    Die Zeit Benedikts 574
    Bonifatius 574

Das Reich der Franken 576

Karl der Große 579
    Der Mensch 580
    Die Christianisierung 582
    - Aus der Sondergesetzgebung für die Sachsen, 785 584
    Die Kultur 584
    - Das Apothekergärtchen Karls des Großen 586
    Der Kaiser 586

Die Bildebene 589
    Die deutsche Kaiserkrone 589
    Büstenreliquiar Kaiser Karls des Großen 589
    Widukind mit dem krummen Finger 590
    - Widukinds Lehre 590
    - Widukinds Mordversuch 590
    - Widukinds Bekehrung 591

Die Pfalzkapelle Kaiser Karls 591

Kirchenbau: Die romanische Kirche 593

Kirchenarchitektur als Symboldidaktik 594

Besuche in den romanischen Kirchen der Region 589

Bauen und Gestalten wie in romanischer Zeit 600
- Die Grundsteinlegung 600
- Die Steinmetzwerkstatt 601
- Eine bemalte Kassettendecke 601
- Unsere mittelalterliche Malerwerkstatt 602
- Glasmalerei 602
- Ein Kronleuchter als Himmlisches Jerusalem 603
- Al-fresco-Malerei 603
- Fresco Buono 604
- Secco-Malerei 604
- Ein Wandteppich 604
- Das Taufbecken 605
- Unser Evangelistar 605

Menschen der Kirche: Benedikt von Nursia 607

Leben und Legende 608

Die Regel 610

Benediktinisches und karolingisches Mönchtum 613

Das Leben im Kloster 616

Codex Benedictus: Aus dem Leben Benedikts 619
Benedikt in seiner Zelle 619
Die zerbrochene Multer 620
Der Mönch Romanus umhüllt den
jungen Benedikt mit einer Melote 620
Benedikt und das Ostermahl 620
Klosterschüler 621
Der Tod Benedikts 621

Auflösung der Rätsel und Aufgaben aus dem Arbeitsheft 5 623

Vorwort

Dieser 6. Band der Lehrerhandbücher vereinigt viele unterschiedliche Themen: Ausführlich geht es um das Verständnis der Symbole; danach um eine Geschichte der Armut und Barmherzigkeit, um eine Geschichte des Hospitals und zugleich um eine Geschichte der verratenen Brüderlichkeit; die Gottesthematik wird in diesem Kontext sozial buchstabiert. Ein anderer großer Abschnitt ist den Wundergeschichten der Bibel gewidmet, die hier erstmals mit Blick auf die Religionsgeschichte erörtert werden. Breite Darstellung – theologisch wie kulturell – findet der Islam; in der Beschäftigung mit einer anderen Religion gewinnt nicht zuletzt auch die eigene mehr Profil. Der Übergang von der Antike ins frühe Mittelalter wird nachgezeichnet; der Weg des Mönchtums aus der ägyptischen Wüste bis an die Küsten des Atlantiks erhält Farbe und Anschaulichkeit; die Genese der Benediktiner rückt in ungewohnte Beleuchtung. Die romanische Kirchenarchitektur erfährt eine symboldidaktische Erschließung.

Bei so vielen neuen Themen mußte dieser Band umfangreich werden, doch soll die Fülle nicht abschrecken: Es ist ein Buch zum Schmökern, Festlesen, Wiederlesen. . . Der Benutzer wird zunächst die eigenen Interessen und Fragen aufgenommen finden. Die angebotenen Durchblicke und Materialien mögen ihn zu neuer Freude am Unterricht motivieren. Wer recht in dieses Handbuch hineinschaut, sollte überzeugt werden, daß der Religionsunterricht das umfassendste und interessanteste aller Schulfächer sein kann.

Ob es aber gelingt, mit dem sich hier schrittweise konkretisierenden Konzept den Religionsunterricht noch rechtzeitig aus seiner bekannten Enge herauszuführen, liegt an allen, die damit beauftragt sind. Ohne besondere Anstrengungen wird dies nicht zu erreichen sein. Es bleibt nicht mehr viel Zeit, dem Fach in der Öffentlichkeit neues Gewicht zu geben und ihm auch im Osten Deutschlands nach Jahrzehnten, die mit dem Begriff Religion nur Unaufgeklärtheit verbunden haben, Anerkennung zu erwerben.

Drolshagen, im Juli 1993   *Hubertus Halbfas*

Einführung in die Arbeit mit dem Religionsbuch für das sechste Schuljahr

Die Religionsbücher, wie sie nach 1970 entstanden sind, haben vielfach dazu beigetragen, den didaktischen Ort eines Schulbuchs zu verwischen. Da sie oft von unterschiedlichen Teams entwickelt wurden, sogar unter Mißachtung ihrer zeitlichen Aufeinanderfolge, sind ihre Themen lediglich *nebeneinander* gesetzt, also ohne inneren Zusammenhang, so daß es freisteht, die Bücher vorne, hinten oder irgendwo in der Mitte zu benutzen. Diese Beliebigkeit als einen Vorteil anzusehen, mag jenen vorbehalten bleiben, denen ein aufbauendes Lernen unwichtig erscheint, doch müssen diese sich dann auch darüber klar sein (gemeinsam mit den Verantwortlichen für die derzeit, d.h. 1993 geltenden Lehrpläne), daß sie damit wesentlich zu der inhaltlichen Beliebigkeit des Religionsunterrichts beitragen, die auf keiner Jahrgangsstufe Sicherheit gibt, bestimmte Kenntnisse und Fertigkeiten definitiv voraussetzen zu können. Dagegen sei gleich zu Beginn festgestellt: das vorliegende Unterrichtswerk räumt solche Beliebigkeit nicht ein. Es versteht sich auch nicht als Materialreservoir, aus dem mal dieses, mal jenes herausgelöst werden könnte, sondern als ein didaktisch wohl begründetes Curriculum, das seine eigene Stringenz besitzt, aber dennoch nicht so geschlossen ist, daß es Lehrern und Schülern keine eigene Freiheit ließe.

Der didaktische Ort des Religionsbuches

Nicht geringere Unsicherheit scheint auch gegenüber der Frage zu herrschen, welchen Stellenwert das Religionsbuch im Unterrichtsprozeß haben soll. Offensichtlich gibt es Lehrer, die das Buch zum Stundenbeginn aufschlagen lassen, um es dann abschnittsweise zu lesen und zu erklären. Auf diese Weise ersetzt das Buch allen eigenen Unterricht, der zu einer dünnen Paraphrase des vorliegenden Textes verkommt. Mit solch einem Procedere aber wird das Buch diskreditiert, der Schüler um seine Ansprüche betrogen, der Religionsunterricht mißrät zu einer Erfahrung der Langeweile.

Zunächst einmal gilt es zu sehen, daß die Kapitel des Religionsbuches ein unterschiedliches didaktisches Design haben können, daß also von Mal zu Mal der didaktische Ort des Religionsbuches neu bestimmt werden muß. Das Gotteskapitel im 6. Schuljahr ist durchgehend narrativ gehalten und bietet eine Folge legendarischer Texte; es unterscheidet sich damit entschieden von dem streng sachlich angelegten Kapitel »Der Pentateuch«, ebenso von den geschichtlich orientierten Kapiteln und in wiederum anderer Weise von dem Kapitel »Das eigene Leben«. Es kann also unmöglich für jedes Kapitel die gleiche Arbeitsregel gelten.

Sodann bleibt zu beachten, daß die Buchkapitel keine Stundeneinheiten bilden, ebensowenig wie dessen Untergliederungen als Unterrichtsschritte zu nehmen sind. Jedesmal ist neu zu entscheiden, ob das Religionsbuch eine vorbereitende Funktion übernehmen kann, welcher Stellenwert ihm *im* Unterricht zukommt und welche Formen der Nacharbeit sich damit verknüpfen lassen.

Um das Religionsbuch *vorbereitend* einzusetzen, sollte einerseits eine motivierte Klasse gegeben sein, die durch Einlösung der gestellten Aufgabe dem folgenden Unterricht auch eine wirkliche Ausgangsbasis schafft.

Beispiele: Die Seite 145 gestellte Frage »Was können wir glauben?« mag den Schülern Anlaß sein, ihre eigenen Fragen und Vorbehalte gegenüber biblischen Wundergeschichten schriftlich zu formulieren. Dann gewinnt der Unterricht eine kritische Ausgangsposition, der es sich zu stellen gilt. – Die Seite 161f. geschilderten drei Fälle für Sakramente des Alltags (evtl. ergänzt durch die Anregung unten S. 399 f.) läßt die Schüler nach ihren eigenen Erfahrungen Ausschau halten; wenn das Vertrauensverhältnis in der Klasse stimmt, bringen sie zur nächsten Stunde eines ihrer »Sakramente« mit. Was dann im Unterricht theologisch zu vertiefen ist, hat sein anthropologisches Fundament. – Die S. 186 in einer Spalte knapp vorgestellten Pentateuchquellen könnten bereits zu Hause studiert und mit der dazugehörigen Aufgabe im Arbeitsheft eingeprägt werden; auf dieser Basis würde deren nähere Charakterisierung in der weiterführenden Stunde zu einer besseren Merkfähigkeit führen.

Für den Einsatz des Religionsbuches *während des Unterrichts* gibt es viele unterschiedliche Möglichkeiten, die hier nicht alle vorgestellt werden können. Sie beziehen sich niemals pauschal auf ein ganzes Kapitel, sondern auf Einzelaspekte und Teilschritte im Rahmen einer didaktisch gegliederten und oft komplexen Themeneinheit:

Bei einem Kapitel wie jenem über Gleichnisse, in dem drei Texte zusammen mit Bearbeitungshinweisen vorgestellt werden, ist das Buch natürlich die Arbeitsgrundlage. Dasselbe gilt für weitere Bibeltexte und alle sonstigen Quellen, die genauer angeschaut und interpretiert werden sollen. Es ist aber keineswegs selbstverständlich, alle Erzählungen – seien es kurze Fabeln, Legenden und Märchenmotive oder auch historische Vorgänge, die das Religionsbuch vermittelt – während des Unterrichts dem Buch zu entnehmen. Hier soll das Papier nicht den Menschen ersetzen: Die abgelesene Geschichte hat niemals dieselbe Wirksamkeit wie die lebendig erzählte Geschichte. Hier ist langfristig eine andere Qualität der Unterrichtsführung anzustreben, vorab die Bereitschaft zu einer narrativen Vermittlung (→ II,40-48; V,205-209; VI,42 f.). – Nochmals anders ist es mit Kapiteln, die eine geschlossene Erzählung anbieten, wie jene vom »Gaukler Pamphalon« oder von »Toby Tatze«. Da wäre es besser, der Lehrer liest diese Geschichten so gut vor, daß beim Zuhören das Buch vergessen werden kann.

Die meisten Abschnitte und Quellen des Religionsbuches werden durch das Lehrerhandbuch mit Hintergrundmaterialien breit aufgefüllt. Allein schon deshalb verbietet es sich, lediglich am Schülerbuch entlang zu hangeln. Das Handbuch möchte dem Lehrer Kompetenz und Souveränität in der Sache geben. Es erlaubt ihm, die Informationen des Religionsbuches weit zu überschreiten, sie zu ergänzen, mit neuem farbigen Material in variable Zusammenhänge zu stellen. Darum soll der Schüler auch einen Lehrer erleben können, dessen Unterricht eine mehrstimmige Partitur entwickelt, für die das Religionsbuch lediglich *eine* Notenzeile bereitstellt. Das Religionsbuch ersetzt somit nicht die eigene Unterrichtsplanung, sondern macht sie im Kontext von Lehrerhandbuch, Schüler-Arbeitsheft und Dia-Angebot um so notwendiger. Alles, was hier weiter zu sagen wäre, findet sich im nächsten Abschnitt über Unterricht und Unterrichtsvorbereitung (→ S. 27-60) ausgeführt.

Da die Bildebene unserer Bücher sich nicht als »Illustration« versteht, sondern ein den Text ergänzendes, oft eigenständiges didaktisches Angebot ist, möchten diese Bilder natürlich auch als ein nicht unbedeutendes Unterrichtsangebot beachtet werden. Dabei empfiehlt sich für die Kunstwerke der Rückgriff auf die vorliegenden Dia-Mappen. Durch großflächige Projektion gewinnen sie mehr Brillanz und vertiefte Eindrücklichkeit; manche Details lassen sich nur so erkennen, zumal man die Möglichkeit hat, die Projektion der Originalgröße anzupassen (oder diese zu erweitern). Hier ist die konzentrierende Kraft eines Bildes, dem sich alle zuwenden, jeder Einzelbetrachtung im Schulbuch vorzuziehen. – Daß dagegen die Druckgraphik, zeitgenössische Bilddokumente und die verdeutlichenden Zeichnungen es erforderlich machen, das Religionsbuch aufzuschlagen, versteht sich wieder von selbst.

Schließlich darf die Bedeutung des Religionsbuches für die Lernertragssicherung und *Nacharbeit* nicht übersehen werden. Das Religionsbuch bietet dem Schüler eine Quintessenz des erfahrenen Unterrichts; es ergänzt und vervollständigt aber auch, wo der Unterricht fragmentarisch bleibt. Schließlich erlaubt es, Informationen zu vertiefen, einzuprägen, in Zusammenhängen zu sehen, und immer wieder neu nachzuschlagen. In dieser Phase hat das *Arbeitsheft* (→ S. 57 f.) seine wichtigste Funktion. Es möchte dem Religionsbuch zur höchstmöglichen Effizienz verhelfen: Es bietet Worterklärungen, motivierende Aufgabenstellungen, die eine genauere Aneignung der Inhalte erlauben, schafft neue Durchblicke durch ein Kapitel, fügt vertiefende Texte und Bilder bei und ist vor allem ein Instrument, das den Schüler anleitet, sich das Religionsbuch eigenständig in wesentlichen Dimensionen anzueignen. Aber auch hier sollte der Lehrer abwägen, in welchen Zusammenhängen er das Arbeitsheft in seinen unterschiedlichen Aufgabenstellungen sinnvoll nutzen kann.

Unterrichtsplanung und Kapitelstruktur

Die Kapitel des Religionsbuches stellen Sachzusammenhänge dar, ohne diese in Stundensequenzen zu gliedern. Weder ist das Kapitel insgesamt noch sind sind dessen Untergliederungen als fixe Planungsstruktur zu übernehmen. Jeder Lehrer hat gegenüber dem Kapitel eigene Freiheit, also auch einen eigenen Entscheidungsauftrag. Dies soll an einem Beispiel erläutert werden:

Das Kapitel »Wundergeschichten« (→ S. 297-351) bietet einen so differenzierten und materialreichen Komplex, daß es im Normalfall nicht möglich sein dürfte, den Gesamtzusammenhang zu unterrichten. Im Lehrerhandbuch wird zunächst über den neuen didaktischen Ansatz dieser Thematik informiert (→ S. 299-303). Von da aus ist die Gesamtplanung zu konzipieren: Sollen die Beispiele für Zauber, Kunststücke und naturwissenschaftlich unerklärliche Fähigkeiten (etwa zur Bearbeitung des Problembereichs »Naturwissenschaft und Wirklichkeit«) übergangen, knapp behandelt oder ausführlich erörtert werden? Mit welchen Defiziten habe ich zu rechnen, wenn der Abschnitt übergangen wird? Läßt sich dieser Aspekt auf eine »Zweite Ebene« (→ S. 22 ff.) verweisen, zu der der Unterricht Anweisung gibt und die der Selbsttätigkeit des Schülers übertragen wird? – Welche Aufmerksamkeit muß dem antiken Heilungs- und Wallfahrtsort Epidauros gewidmet werden? Ist es angebracht, die dort etablierten Einrichtungen und Verhältnisse ausführlich zu schildern? Sind die im Arbeitsheft gebotenen Materialien und Aufgaben eine unterrichtliche Hilfe oder bleiben sie besser der Nacharbeit vorbehalten? Will ich die im Religionsbuch abgedruckten Heilungsberichte im Unterricht besprechen oder vielleicht nur von den abgebildeten Votivgaben ausgehen, die dann die Brücke zu den christlichen Votivtafeln bieten? Welche Aufmerksamkeit gebührt den Heilungen in Lourdes? Soll die im Schulbuch geschilderte indianische Krankenheilung aus ihrem im Lehrerhandbuch gebotenen Kontext voll zur Geltung kommen, oder muß in diesem Fall das Beispiel Epidauros genügen? Scheint mir gar das Kapitel von S. 145-150 entbehrlich, so daß ich gleich mit den Wunderheilungen Jesu anfange? Gibt es dafür tragende didaktische Begründungen, oder resultieren diese aus unvermittelten theologischen Vorverständnissen? Will ich die jesuanischen Wunder eher von den Bildsynopsen her angehen, oder ist der Ausgang von den Texten angemessener? Muß ich mich beschränken, etwa auf Heilungswunder? Sind mir dafür die Ausführungen in II,283-349 eine ergänzende Hilfe? Oder zwingen die zu Beginn der Wunderthematik von den Schülern formulierten Fragen und Einwände dazu, ein sogenanntes »Naturwunder« oder eine Totenerweckung auszuwählen? Mit welchen Aufgabenstellungen können die Schüler dazu beitragen, daß die Beschäftigung mit den neutestamentlichen Texten gezielt, informativ und theologisch erhellend ausfällt?

Mit diesen Fragen soll nicht dafür geworben werden, ein Kapitel auf beliebige Aspekte zu reduzieren, doch muß immer wieder neu überlegt werden, wie innerhalb der Themeneinheit mit verschiedenen Medien und Methoden gearbeitet werden kann, wo Aufenthalt zu nehmen ist und welche Aspekte auch in einer klugen Raffung zur Sprache kommen können. Daneben gibt es Kapitel im Religionsbuch für das 6. Schuljahr, die legitim eine Auswahl erlauben. So darf unter den zwei Zwickfragen zur Bergpredigt frei gewählt werden, lassen sich die Konkretisierungen zum Kapitel »Diese Welt« mit dem nachfolgendem Kapitel »Kirche der Schwachen« verknüpfen, zwingt das Übersicht schaffende Kapitel »Königsgeschichten« zur exemplarischen Auswahl biblischer Perikopen.

Natürlich ist weiterhin zu bedenken, was unten zur Unterrichtsplanung und zu den Arbeitsformen des Unterrichts ausgeführt wird (→ S. 35-51). Auf dem Hintergrund dieser Möglichkeiten zeigt sich schnell, daß die Schulbuchlektion noch ihrer kreativen Bearbeitung und Umsetzung bedarf: daß Lehrerdarbietung, Gesprächsformen, schriftliche und gestalterische Arbeitsformen zu einem lebendigen Prozeß miteinander verbunden werden wollen.

Die Zweite Ebene

Jeder Jahrgang eines Religionsbuches umfaßt 15 Kapitel. Weil das Rahmenkapitel »Leben und Lernen in der Schule« kein gesondertes Unterrichtsthema, vielmehr schulische Atmosphäre und pädagogische Infrastruktur beschreiben möchte, gehört es zu den impliziten Themen, die bei allen übrigen mitbeteiligt sind. Aber die verbleibenden 14 Kapitel können die zeitlichen Möglichkeiten eines Schuljahres immer noch überfordern, zumal sich hin und wieder aktuelle Themen noch zusätzlich aufdrängen und einzelne Stunden ausfallen. Was ist da zu tun?

Es ist darauf zu achten, daß die Religionsbücher nicht rein subjektiven Kriterien oder gar zufälligen Vorgängen unterworfen werden. Folgende Maßstäbe sollten immer gelten: Der Lernstrang »Sprachverständnis« ist grundsätzlich konstitutiv. Die Gottes- und Jesus-Kapitel gehören ebenfalls zu den Essentials. Man wird auch nicht durch eine prinzipielle Entscheidung die drei geschichtlichen Lernbereiche »Kirchengeschichte«, »Kirchenbau« und »Menschen der Kirche« ausklammern können, etwa weil viele Lehrpläne sie übergehen. Der Geschichtsverlust heutiger Religionscurricula ist ein Sonderproblem, das ein Unterrichtswerk und die Lehrerschaft nicht ihrerseits zu akzeptieren haben. Zwar wird man bisweilen – je nach Schule und Begabungsprofil einer Klasse – entscheiden dürfen, ob man im Themenfeld »Neues Testament« das Kapitel »Kindheitsgeschichten« auslassen kann oder auf Lk 2 begrenzt, ob die Synoptische Frage zwingend ist oder ob im Lernstrang »Diese Welt« die ökologische Situation überschlagen werden darf, weil das Thema bereits in Nachbarfächern hinreichende Bearbeitung fand. . .; man wird auch in anderen Kapiteln nicht alle Aspekte wahrnehmen oder mit gleicher Intensität unterrichten müssen, aber grundsätzlich stellt sich doch die Frage, ob es nicht Wege gibt, die einigermaßen konsequent durch das ganze Religionsbuch führen.

Diese Frage läßt sich positiv beantworten, wenngleich nicht durch Auslassungen, sondern durch unterschiedliche Arbeitsformen und Arbeitsebenen. Es gibt nämlich Kapitel,
– die ganz oder teilweise dem Schüler zur eigenen Lektüre und durchdringenden Erschließung (mit Hilfe des Arbeitsheftes) übertragen werden können;
– die ganz oder teilweise durch die verdichtete Form ihrer Rezeption in einer oder zwei Stunden vermittelt werden können;
– die ganz oder teilweise durch jeweils benachbarte Unterrichtsfächer ihre Erweiterung und Vertiefung erfahren können (→ S. 24/25);
– die durch ihre Verknüpfung mit Projekten, Epochenunterricht, Fachtagen, Exkursionen und anderen Arbeitsformen ihre Vermittlung finden können.

Damit dergleichen aber auch stattfindet, ist es wichtig, sich aller Möglichkeiten kreativ zu vergewissern und diese konsequent zu realisieren. Dazu gehört die Wahrnehmung variabler Methoden und eine maximale Anleitung der Schüler zu eigentätigem Lernen. Wichtigstes Hilfsmittel auf diesem Wege ist das Arbeitsheft. Es erlaubt, dem Schüler Aufgaben zuzuordnen, die ihn indirekt ans Religionsbuch heranführen. Das Arbeitsheft ist ein Modus des Übens und Wiederholens (→ S. 57 f.), aber auch ein Weg, die gestellten Aufgaben, die oft Denksportcharakter haben, aus eigenem Antrieb zu lösen, was die Kenntnis des jeweiligen Kapitels voraussetzt.

Auf der Basis des Arbeitsheftes lassen sich auch Wettbewerbe oder ein Spielnachmittag planen, etwa nach dem Schnittmuster von TV-Unterhaltungssendungen. Man kann in Gruppen gegeneinander antreten oder auch einen individuellen Wettbewerb starten. Dazu wählt man die geeigneten Sachbereiche aus dem Arbeitsheft aus, um sie freilich stets mit neuen Arrangements zu bereichern: Pantomimen und Rollenspielaufgaben erlauben die Aufnahme erzählerischer Partien aus dem Religionsbuch; bestimmte Figuren, Themen oder Erzählungen können vorgeführt und erraten werden. – Wenn es in der Gemeinde im öffentlichen Bereich Christophorus-, Martins-, Elisabeth(stand)bilder gibt, gehen die Schüler mit dem Mikrophon hinaus und interviewen je sechs Passanten, ob ihnen die Geschichte oder Legende dieser Heiligen bekannt ist (wobei das Religions-

Religionsunterricht im Kontext der Fächer

	Deutsch	Geschichte	Erdkunde
Sprache	Symbolische Sprache Sprache der Märchen	Symbole in der Geschichte NS-Symbolik	Die Sprache der Symbole ist international
Gott	Fabel: Die Blinden Legenden: Martin, Christophorus, Hubertus	Gott in Auschwitz?	
Welt	Klinger, Hans Ruprechts Kalb Der hessische Landbote	Der hessische Landbote Unterdrückung und Revolution	
Jesus	Sprachformen der Bergpredigt Der Wolf von Gubbio	Solschenizyn und die Bergpredigt	
Neues Testament	»Wundergeschichten« aller Zeiten und Völker	Antike Heilkunst	Epidauros Das indianische Welthaus
Kirche		Geschichte der Armut Geschichte des Hospitals	Barmherzigkeit im Leben der Völker (vgl. Islam)
Lebenszeit und Lebenswenden			
Leben	Brunnen-Geschichten Kinderbücher Die eigenen Bücher		
Altes Testament	Urteil des Salomo Brecht, Kreidekreis Klabund, Kreidekreis	Völker um 1000 v.Chr. in Palästina »Landnahmen«	»Landnahmen«
Bibel	Wie literarische Prozesse verlaufen: Pentateuch	Text und Geschichte Qumran und die Folgen	
Religion	Arabische Einflüsse in deutscher Sprache Tausendundeine Nacht	Geschichte des Islam	Islamische Länder und Kulturen Mekka
Kirchengeschichte	Anfänge abend-ländischer Bildung Klöster und Schriftkultur	Vom Zerfall des Römischen Reiches bis Karl dem Großen	Christianisierung und Wirtschaftsentwicklung
Kirchenbau		Romanische Lebensordnung und Kultur	
Menschen		Benedikt von Nursia und die Benediktiner	Wirtschaftsstruktur und Lebensform

Politik/Gemein-schaftskunde	Kunst	Musik	Biologie
Symbol und Werbung Symbol und Politik	Das Kunstwerk als Symbol Bosch, Samenkapsel Baum, Wurzel Jesse, Baumkreuz	»Es waren zwei Königskinder« Lied und Symbolsprache	Symbol und Körpersprache
Mensch und Mitmensch	Dix, Christophorus Pankok, Christo-phorus, Martin		
Wer ist unser »Bruder«?	Politische Karikatur Barlach, Weber, Pankok	Die Marseillaise W. A. Mozart, Die Hochzeit des Figaro; Die Zauberflöte	Bruder Tier?
Wer kann gewaltlos leben? Schwerter zu Pflugscharen?	Picasso, Massaker in Korea, Krieg, Frieden		Mordlust im Blut? Frisch, Im Flugzeug Drewermann, Krieger
	Votiv-Bilder aus Antike und Christentum		Krankheit als Weg Glaube und Heilung
Soziale Verantwortung Spital und Krankenhaus	Das Heilig-Geist-Spital zu Lübeck	Musik als Therapie	Krankheit und Pflege im Islam, im Mittelalter
Symbol und Lebensgeschichte	Symbol und Kunstwerk Hartley, Wilde Rosen Hildegardis-Codex		Leben und Lernen in der Schule Essen und Trinken
Individualität und Mode Wohnung Kleidung	Simberg, Verwundeter Engel v. Gogh, Schlafzimmer etc. Das Kinderzimmer	Jugend und Musik	Die eigenen Pflanzen
»Landnahmen« Stammesordnung und Volkwerdung	v. Leyden, David und Saul Chagall, König David		
Islam heute (Das Rechtssystem, Stellung der Frau, sog. Heiliger Krieg)	Islamische Kunst Das Bild im Islam Die Moschee	Islamische Musik	Islamische Naturforschung
Woran zerfällt ein Weltreich? Welche Kräfte schaffen ein neues? Imperialismus	Die karolingische Renaissance	Früher Gregorianischer Choral	Das Apothekergärtchen Karls des Großen
Architektur-Macht-Gemeinschaft	Romanische Kunst		
Regeln für das Gemeinschaftsleben	Das Kloster als Kunstzentrum		Klöster und Kulti-vierung; Pflanzenzucht

buch den Interviewern ihrerseits Sicherheit gibt); oder sie zeigen eine Kopie der Holzschnitte (Religionsbuch, S. 127/128) und verbinden damit die gleiche Frage. In ganz anderer Weise kann die vergrößert kopierte Zeichnung der frühchristlichen Hauskirche, der konstantinischen Basilika, einer romanischen Kirche... in seine konstruktiven Einzelelemente zerschnitten werden, damit es jeder für sich wie ein Puzzle zusammenfügen lernt; in eine linear gezeichnete Karte des davidischen Reiches sind das Philisterland, Jerusalem, Juda und Israel einzutragen. In großer Ausführung werden die Pentateuchrollen übergeben: sie sind einander zuzuordnen und in ihrer Endfassung mit den Namen der fünf Teile zu versehen. Es gibt eine Abteilung Bibelquiz, eine weitere testet und vertieft Geschichtskenntnisse, eine dritte ist mit dem Telephonbuch und einem kopierten Stadtplan versorgt, damit die beratenden und caritativen Hilfseinrichtungen der eigenen Region darin eingetragen werden (was zugleich der Keim für ein gesondertes Stadtspiel sein kann).

Wenn der Unterricht also in seinen Arbeitsformen variabel handelt und genügend Motivationskraft entwickelt, einzelne Kapitel durch verteilte Rollen zu gliedern (Beispiel: S. 286 ff.), wenn andere Kapitel (oder deren Teilaspekte) dem Schülerinteresse zugespielt werden, etwa durch eine Verbindung mit Spiel, Wettbewerb und lokaler Erkundung, und wenn solche Kapitel schließlich, die lediglich einen verfügbaren Kenntnisstand zum Ziel haben, durch Rückgriffe auf das Arbeitsheft erschlossen werden, wird sicherlich hinreichend Zeit und Kraft für die übrigen Teile des Buches bleiben. Daneben gilt es zu bedenken, daß kein Unterrichtsgegenstand dadurch gewinnt, daß er breit und lange entfaltet wird. Ohne flüchtig zu werden, ist eine sorgfältige Vorbereitung und klare Unterrichtsführung die beste Voraussetzung für einen interessierenden und darum auch motivierenden Unterricht. Die auf S. 24/25 beigefügte Tabelle »Religionsunterricht im Kontext der Fächer« erlaubt eine weitere Entlastung bei gleichzeitig größerer Wirksamkeit des Religionsunterrichts.

UNTERRICHT: AUF VIELEN WEGEN UND MIT ALLEN SINNEN LERNEN

Über das Lernen

Lernen und Lebensgeschichte

Der Begriff des Lernens sei zum wohlfeilen Wechselbalg der modernen Pädagogik geworden, meint Friedemann Maurer und belegt dies mit den diversen Grundannahmen, mit denen die erziehungswissenschaftlichen Schulrichtungen die Reichweite ihrer Theorien bestimmen.[1] In der Tat würde Klarheit gegen einen Definitionsdschungel eingetauscht, wollten wir uns auf die Konkurrenz der wissenschaftlichen Definitionen einlassen. Es gibt keine umfassende, leicht handhabbare und treffsichere Formel für das, was unter Lernen zu verstehen ist. Lernen ist ein Grundzug des menschlichen Lebens, ähnlich wie Sprache, Liebe, Religion, Arbeit und Kultur, unableitbar und an das Vermögen des Menschen gebunden, sich zu sich selbst zu verhalten und sich seiner selbst geschichtlich bewußt zu werden. Oder welchen anthropologischen Grundannahmen ließe sich die Summe der folgenden Sprichwörter unterstellen?

> Bei den Katzen lernt man mausen.
> Bei Dieben lernt man stehlen.
> Beim Wein lernt man trinken, bei den Lahmen hinken.
> Der lernt nichts, der nach seinem Kopf gelehrt werden will.
> Durch Fallen lernt man gehen.
> Durch Schlechtmachen lernt man das Rechtmachen.
> Non scholae sed vitae discimus.
> Schnell gelernt ist schnell vergessen.
> Lange gelernet ist übel gelernet.
> Was Hänschen nicht lernt, lernt Hans nimmermehr.
> Es lernt sich selber, daß die Kühe gebären Kälber.
> Man lernt mehr mit den Ohren als mit den Augen.
> Wer etwas lernen will, muß Lust dazu haben.
> Wiltu nicht lernen mit der Feder schreiben, so schreibe mit der Mistgabel.
> Man lernt im Leben mehr als in der Schule.
> Man muß lernen, solange man lebt, sagte der Teufel, da wollte er in die Schule gehen und geriet aufs Landratsamt.
> Man lernt nie aus.

Was immer zum Lernen des Menschen gesagt werden kann, es ist jedenfalls mehr als das Schullernen, weil grundlegend mit seiner Identität und Lebensgeschichte verflochten. Friedrich Nietzsche sinniert einmal: »Betrachte die Herde, die an dir vorüberweidet: sie weiß nicht, was gestern und heute ist, springt umher, frißt, ruht, verdaut, springt wieder, und so vom Morgen bis zur Nacht und von Tage zu Tage, kurz angebunden in ihrer Lust und Unlust, nämlich an

---

[1] *Friedemann Maurer*, Lebenssinn und Lernen. Zur Anthropologie der Kindheit und des Jugendalters. Langenau/Ulm 1990, 12.

den Pflock des Augenblicks, und deshalb weder schwermütig noch überdrüssig. Dies zu sehen, geht dem Menschen hart ein, weil er seines Menschentums sich vor dem Tiere brüstet und doch nach seinem Glück eifersüchtig hinblickt – denn das will er allein, gleich dem Tiere weder überdrüssig noch unter Schmerzen leben, und will es doch vergebens, weil er es nicht will wie das Tier... Er wundert sich..., das Vergessen nicht lernen zu können und immerfort am Vergangenen zu hängen: mag er noch so weit, so schnell laufen, die Kette läuft mit. Es ist ein Wunder: der Augenblick im Husch da, im Husch vorüber, vorher ein Nichts, nachher ein Nichts, kommt doch als Gespenst wieder und stört die Ruhe eines späteren Augenblicks. Fortwährend löst sich ein Blatt aus der Rolle der Zeit, fällt heraus, flattert fort – und flattert plötzlich wieder zurück, dem Menschen in den Schoß.«[1]

Es bestimmt den Menschen, Vergangenheit zu haben, also geschichtlich zu leben. Dennoch ist er seiner Geschichte nicht ausgeliefert, sondern kann Stellung zu ihr beziehen und sie aktuellem und künftigem Sinn zuordnen. Gelingt dies, so reift der Mensch und gewinnt Identität. Gelingt es nicht, antworten Leib und Seele darauf mit Schmerz und Desintegration. Darum ist Lernen vor allem ein Prozeß innerer Erfahrung, der nicht methodisch gehandhabt und vermessen werden kann, aus dem aber Identität und Lebenssinn erwachsen. Ihn allzu voreilig mit Schule, Unterricht, Lehrplänen, Motivationen, Methoden, Medien, Leistungskontrollen und ähnlichen Konstrukten verbinden zu wollen, bedeutet, das menschliche Lernen in sekundäre Systeme zu drängen, die es nicht nur gefährlich verengen, sondern es in seiner lebensgeschichtlichen Bedeutung nicht selten gar auf den Kopf stellen.

Was junge Menschen in der Schule lernen, zählt letztlich nur im Blick auf das, was der einzelne aus diesen Prozessen übernimmt, weiter entwickelt, vertieft oder abstößt. Alle geplanten Zielsetzungen und arrangierten Unterrichtsabläufe gewinnen ihren Wert in dem, was sie für den Schüler in dessen Lebensgeschichte bewirken. Das aber weiß der Lehrer nur in unzulänglicher Weise. Zwar können Erzieher hier und da die individuellen Wirkungen ihres Bemühens wahrnehmen, doch allein der je Betroffene gibt den pädagogischen Anstrengungen letztlich Sinn, und auch dies nicht im Augenblick alleine, sondern aus den je und je erfolgenden Standortbestimmungen des weiteren Lebens, in unabgeschlossener Auseinandersetzung mit dem vorweg Erlebten und Gelernten.

Lernen und räumliche Umwelt

Lernen geschieht nie in raumloser Leere, da der Mensch seinerseits nicht raumlos leben kann. Landschaft, Stadt, Dorf, Haus, Wohnung, Raum sind weder neutral noch leer, sondern eine Vor-Ordnung des Lebens, die prägend auf unsere unbewußten Dispositionen, auf Stimmungen und Befindlichkeiten einwirkt. Jedes Leben besteht in diesem Verhältnis zum Raum »und kann davon nicht einmal in Gedanken abgelöst werden«, wie Otto Friedrich Bollnow

---

1 *Friedrich Nietzsche*, Unzeitgemäße Betrachtungen. Vom Nutzen und Nachteil der Historie für das Leben. Werke in vier Bänden. Salzburg 1983, III, 30.

unterstreicht. Die Frage, ob der umgebende Raum hinreichende und befriedigende Identifikationsangebote für den Menschen enthält, ist dabei stets von entscheidender Bedeutung; sie hat etwas mit Beheimatung oder Heimatvertreibung zu tun und wirkt gerade in Schulen, in den Lerngeschichten, die dort erfahren werden, grundlegend mit.

Wir haben über diesen Zusammenhang von Lernen und räumlicher Erfahrung bereits ausführlich gesprochen (→ I,30-39; V,54-59), die in den Religionsbüchern von 1 bis 10 einleitend wie abschließend gebotenen Schulmodelle sollen unser ständiges Plädoyer für eine bewußter gestaltete Schulwelt beglaubigen, so daß hier keine konkreten Vorschläge mehr notwendig sind.

Dennoch begegnen gerade in den weiterführenden Schulen – und nicht zuletzt in den Gymnasien, die sich bis auf die alternativen Konzepte eines Hermann Lietz, Paul Geheeb, Gustav Wyneken, Kurt Hahn allen Impulsen der Reformpädagogik über ein Jahrhundert hin zu entziehen wußten, am wenigsten jene räumlichen Qualitäten, die ein gedeihliches Lernen voraussetzt. Immer noch müssen Schüler in eine *école-caserne*, wie Célestin Freinet sagt, die mit ihren räumlichen Botschaften den heimlichen Lehrplan mitbestimmen und sich nicht zuletzt in mangelnden Motivationen, Langeweile und gestauten Aggressionen in einem Gemenge von Unaufmerksamkeit, Rüpeleien und sich steigernder Gewalttätigkeit äußern. In den nur funktional und ärmlich eingerichteten Klassen, die alle einander gleichen, gewinnt das Lernen keine Unterstützung, sondern eine dauerhafte Behinderung. »Was uns erschöpft«, lautet die Kritik von Hugo Kükelhaus an der Schularchitektur, »ist die Nichtinanspruchnahme unserer Organe, ist ihre Ausschaltung, Unterdrückung; ist der ›negative Streß‹ – viel schlimmer, weil viel allgemeiner und noch viel weniger durchschaut als der aktuelle Streß. Was aufbaut, ist Entfaltung. Entfaltung und Auseinandersetzung mit einer mich im ganzen herausfordernden Welt.«[1]

Natürlich gilt der räumliche Faktor nicht absolut. Die »vorbereitete Umgebung«, wie sie Maria Montessori fordert, die Atmosphäre des Wohlbefindens, des Miteinanders oder Gegeneinanders, stimulierenden Interesses oder gähnender Langeweile, bestimmen ebenso die Qualität des Unterrichts und natürlich vor allem die menschliche Anrede, die von der Person des Lehrers ausgeht. Der Raum ist eine »abhängige Variable«, wenngleich eine stets beteiligte und wirksame.

Lernen und personale Lehrerbeziehung

Im Vordergrund jeder Schulerfahrung steht die Begegnung mit Lehrerinnen und Lehrern. Die aufmunternde oder distanzierende Art, die von ihnen ausgeht, die Ausstrahlung, mit der sie Kinder und Jugendliche berühren, die Begeisterung oder Desinteressiertheit, die sie für ihre Fächer zu wecken wissen, das alles bestimmt nachhaltig die Lerngeschichte der Schüler. Simone Weil war eine Lehrerin, die ihre Schülerinnen oft mit herausfordernden Fragen und Stellungnahmen überforderte. In deren Haushelten fanden sich Sätze wie diese:

1 *Hugo Kükelhaus,* Unmenschliche Architektur. Von der Tierfabrik zur Lernanstalt. Köln 1973, [6]1988, 16. Vgl. *Hildegard Kasper,* Vom Klassenzimmer zur Lernumgebung. Ulm 1979.

»Nur der Zweifel kann helfen.«
»Wir lieben die Wahrheit, solange sie uns gleichgültig läßt.«
»Solange es auch nur ein wenig Leid gibt, gibt es etwas zu verbessern.«
»Die Größe jeder Religion, im Augenblick ihres Entstehens, ist die Herabminderung der Leichtgläubigkeit.«

Auf die Kritik des Schulrats, ihr Unterricht überfordere die Schülerinnen, antwortete sie: »Monsieur l'inspecteur, ca m'est bien égal!« Sie mißachtete gleichgültigen Übungsstoff, machte ihren Schülerinnen klar, daß gute Noten nicht davor bewahren, als abgerichtete Schwätzer die Karriereleiter hinaufzuklimmen, kam auf diese Weise zu einer miserablen Notenstatistik in ihrer Klasse und fand doch die Unterstützung der Elternschaft, als es darum ging, daß sie strafversetzt werden sollte: Die Schülerinnen hingen an ihr mit »Zuneigung« und »Hochachtung«. Eine solche Haltung der Schülerschaft dürfte nicht Ausnahme, sondern Regel sein, wenn jungen Leuten klar wird, daß sich jemand voll für sie engagiert, daß er Kompetenz mit Charakter verbindet, daß ihm nicht am »Stoff«, sondern an den Schülern gelegen ist: an ihrer Fähigkeit zu fragen, zu denken und Konsequenzen für das eigene Leben zu ziehen.

Das Fach »Religion« wirkt aufgrund seiner Verflechtung mit kirchlichem Image und theologischen Engführungen auf die begabtesten und engagiertesten Menschen nicht gerade anziehend, so daß auch der Religionsunterricht wenig Zustimmung oder gar Begeisterung zu wecken vermag. Hier kann nur ein besonderes Engagement, von Jahr zu Jahr wachsende Kompetenz und offene Menschlichkeit der Religionslehrer eine Wende zum Besseren bringen. Nicht selten wird ein Schulfach zum Lieblingsfach ganzer Klassen, weil es von Frauen und Männern vertreten wird, die über ihre Person dafür einzunehmen wissen. Die zustimmende affektive Beziehung zum Lehrer ist einer der wirksamsten Faktoren für Interesse, Lernbereitschaft und Lernerfolg. Fällt der Lehrer in seiner menschlichen Überzeugungskraft aus, bleibt der Unterricht eine mühsame Stoffhuberei, die für das lebensgeschichtliche Lernen junger Menschen kaum noch Bedeutung gewinnen kann.

So tüchtig und engagiert Lehrer aber auch sein mögen, ihr Einsatz allein wird dennoch die systembedingten und strukturellen Schwierigkeiten, vor denen der Religionsunterricht heute steht, nicht einfach kompensieren können. Es bleibt eine durch »Tüchtigkeit« nicht auflösbare Problematik, die am wenigsten durch kirchliche »Ermunterungen« zu kompensieren ist. Längerfristig sind institutionelle Lernprozesse zu erwarten, da viele Probleme des Religionsunterrichts dort ihren Ursprung haben.

Der verengte Lernbegriff der Schule

Die akademische, schulferne Lehrerbildung, die didaktischen Modelle, nach denen die Ausbildungsseminare der Zweiten Phase zu Unterrichtsentwürfen (mit oft bürokratischem Krämergeist) anleiten, die Unbetroffenheit der staatlichen Schulen von den Impulsen alternativer Schulformen haben das schulische Lernen eingeschnürt. Es zeigt sich curricularen Lehrplänen, stereotypen Unterrichtsmustern und standardisierten Leistungskontrollen völlig ausgeliefert. Kommt dann noch die verrechtlichte Beziehung zwischen Eltern, Schülern

und Lehrern hinzu, eine immer mehr verwaltete Schulwelt und die Zerstücke-
lung des Unterrichts durch ein überzogenes Fachlehrersystem, so ist die Verengung des Lehrens und Lernens unvermeidbar. Folglich verbinden sich mit
dem Schullernen kaum noch übergreifende Erfahrungszusammenhänge, ein
höchst seltener Wechsel zwischen Schule und Öffentlichkeit, Arbeit und Muße,
geistiger, künstlerischer und handwerklicher Tätigkeit, während die Mitverantwortung der Schüler für einen gelingenden Unterricht allen Beteiligten offensichtlich völlig aus dem Sinn geschwunden ist. Lernen wird von Lehrern wie
Schülern fast nur noch mit schulischem Unterrichtsverhalten zusammenge-
bracht. Es reduziert sich auf rezeptive Aufmerksamkeit, gelegentliche verbale
Beiträge, die oft sogar die strategische Intention haben, geistige Präsenz zu
dokumentieren, um desto ungestörter zwischendurch abwesend sein zu dürfen,
sowie auf die Erledigung der Hausarbeiten. Dabei bieten die Schüler dem
Lehrer immer mehr ein »emotionales Echo« (Friedemann Maurer); sie verstei-
fen sich in sachlicher Abhängigkeit von Schulwissen und Stoffhuberei. Bereits
vor Jahrzehnten klagte Ernst Bloch, in vielen Schulen und Hochschulen werde
»geradezu ein chemisches Kunststück zustande gebracht: mit Bildung wird
synthetisch Dummheit erzeugt. . . Das Leitbild des *citoyen* ist kassiert, mit ihm
nicht zuletzt das Streben nach dem unzerstückelten Menschen, nach dem
Menschen in seiner *Ganzheit*, der ausgebildet werden sollte. Er und nicht der
arbeitsteilige Krüppel oder gehorsame Betriebsbestandteil von heutzutage war
das Ziel der großen Erzieher im bürgerlichen Morgenrot.«[1]

Zur Kontraproduktivität heutiger Schulen

»Hält man sich das krasse Mißverhältnis vor Augen zwischen den monströ-
sen Schulkasernen, in denen eine mißverstandene ›Offenheitspädagogik‹ zum
fast stündlichen Wechsel in der Gruppenzusammensetzung, der Räume und der
Lehrpersonen führt, und den lebendigen Schulgemeinden der Freien Waldorf-
schulen oder jenen Lernwelten voll kindlicher Aktivität und Erfahrung, wie
man sie in den Montessori- oder Freinet-Klassen findet, dann wird das Ausmaß
unseres pädagogischen Dilemmas erst recht deutlich.«[2] Aber je mehr Schüler
wie Lehrer unter den etablierten Schulsystemen leiden, die ihnen innewohnen-
de verwaltungstechnische und bürokratische Logik gibt wenig Aussicht auf
grundlegende Revisionen. Dabei liegt es bereits heute auf der Hand, in welchem
Maße das moderne Bildungssystem in sich selbst kontraproduktiv geworden
ist. Als erster hat Ivan Illich auf diese Widersprüchlichkeit des pädagogischen
Fortschritts hingewiesen. Seine Hauptthese lautet, daß ein System dann gegen
die eigenen Zielsetzungen und Zwecke arbeitet, wenn die Organisationspro-
bleme, das technokratische Management, das Übergewicht bekommen und
strukturbestimmend werden. Das führt zwangsläufig zu drei Signaturen: 1.
einer Beschränkung individueller Freiheiten; 2. einer Leistungsminderung trotz
steigender Kosten und 3. zu »Kontraproduktivität«, einer generellen Minde-
rung der Effekte bei fortschreitender Perfektion und Differenzierung des

---

1 *Ernst Bloch,* Paedagogica. Frankfurt 1971, 12.
2 *Friedemann Maurer,* a.a.O., 85.

Systems. Ein besonderes Dilemma besteht darin, daß auch die Lehrerbildung in diesen kontraproduktiven Mechanismus eingebunden ist: Sie unterliegt einem zunehmend anonymeren, schulfernen, kinderfremden, apädagogischen Traktieren wissenschaftlicher Sachverhalte, die immer weniger in der Lage sind, ein Bild – geschweige denn eine konkrete Vision – von Schule, Schüler, Unterricht, Lehren und Lernen zu vermitteln.

Lehrer und Schüler

So nimmt es denn auch nicht Wunder, daß Schulen sich mit dem Vermitteln von Brauchwissen abmühen, mit Abfragestoff, der nur bis zum nächsten Test bereitgehalten wird. Das Ergebnis sind dauerhaft gelangweilte und langweilige Zeitgenossen, die in ihrer konsumptiven Passivität jede politische Präsenz vermissen lassen. Erich Fried hat ihnen einige Verse gewidmet:

Die Abnehmer

Einer nimmt uns das Denken ab
Es genügt
seine Schriften zu lesen
und manchmal dabei zu nicken

Einer nimmt uns das Fühlen ab
Seine Gedichte
erhalten Preise
und werden häufig zitiert

Einer nimmt uns
die großen Entscheidungen ab
über Krieg und Frieden
Wir wählen ihn immer wieder

Wir müssen nur
auf zehn bis zwölf Namen schwören
Das ganze Leben
nehmen sie uns dann ab

Natürlich hat solche Abrichtung Tradition. Obrigkeitstaat und Kirche haben ihren reichen Anteil daran. Zwar schufen Demokratie und Emanzipation inzwischen andere Bedingungen, von denen heute auch die Schulen ausgehen können; dennoch verknüpft sich das schulische Lernen immer noch nicht mit der Erfahrung von Freiheit und Sinn. Angesichts der alltäglichen Schulwelt ist die spätantike Position eines Augustinus selbst heute noch revolutionär: »Wer freilich wäre schon so naiv«, fragt er, »und wollte sein Kind deshalb zur Schule schicken, damit es ausgerechnet das lernt, was der Lehrer sich denkt?« Er meinte, Schüler müßten »bei sich selbst prüfen, ob das, was man ihnen gesagt hat, wahr ist, das heißt, sie müssen, soweit ihre Kräfte reichen, jene innere Wahrheit betrachten. So erst werden sie lernen.« Und Georg Christoph Lichtenberg notierte um 1776 in seinem »Sudelbuch«: »Bewahre Gott, daß der Mensch, dessen Lehrmeisterin die ganze Natur ist, ein Wachsklumpen werden soll, worin ein Professor sein erhabenes Antlitz abdruckt.«
Lehrer, die dieser Gefahr ausweichen wollen, sind um die *dialektische Struktur ihres Unterrichts* bemüht. Solche Dialektik läßt sich nicht auf Flaschen ziehen, auch nicht in einem Handbuch festschreiben, sie lebt vom wachen Diskurs zwischen Lehrer und Schülern, von Aspekt und Gegenaspekt, und ist gerade für den Religionsunterricht, damit er nicht dogmatisch und akklamatorisch erstarrt, das wichtigste Mittel, selbständiges Denken und Fragen zu entwickeln. Zu dieser dialektischen Struktur des Unterrichts gehört die Bereit-

schaft, dem Glauben den Zweifel, dem Zweifel den Glauben entgegenzustellen. Simone Weil hat als Lehrerin dafür mancherlei Beispiel geboten (vgl. S. 30 f.); ihr Satz: »Atheismus ist eine Reinigungsübung von hohem Nutzen, weil er Abgötterei und andere Einbildungen vertreibt«, verdeutlicht in anderer Weise, welches dialektische Niveau für den Religionsunterricht erwünscht ist.

Jeder Erwachsene weiß, wenn er auf die eigene Schulzeit zurückblickt, daß es immer nur gewisse Lehrer waren, die ihm für die eigene Entwicklung etwas bedeutet haben. Entscheidender als Fächer und Inhalte sind die Personen, die diese Sachgebiete vertreten. Mit ihnen verbinden sich im Guten wie im Bösen die nachhaltigsten Erfahrungen in der Schule, und erst mit großem Abstand folgen Themen, Texte und Unterrichtsmethoden. Immer ist der Lehrer selbst das wichtigste Modell, an dem sich Neugier, Interesse, Fragehaltung, Denkweisen und Einsichten entzünden. Mit seiner Person verkörpert er Disziplinen, Methoden, Unterrichtsformen, ist er Anstoß, Medium und Ausführung in einem. Inhalte und Medien mögen noch so ansprechend sein, letztlich muß der Unterricht doch durch den Lehrer in Gang gehalten werden. Nur dadurch nimmt er Gestalt an, weil er dann nicht mehr ein Machen und Herstellen unter objektiv vorgegebenen Zielen ist, das vorab über eine Perfektionierung der Mittel verbessert werden könnte. »Der Schüler wird, was seine innere Einstellung zum Gegenstand betrifft, oft mehr durch das Verhältnis des Lehrers zum Gegenstand als durch den Gegenstand beeinflußt«, sagt Heinrich Roth. Die bloße Stoffvermittlung stiftet noch keine Begegnung. Wenn ein Schüler klagt: »Wir haben einen Lehrer, der redet und redet die ganze Stunde, aber der redet gar nicht mit *uns*«, dann moniert er, daß der Unterricht in Stoffhuberei steckenbleibt, ohne diesen »Stoff« mit seiner Welt zu verbinden. Was ansteht ist, »Schüler zu unterrichten und nicht Gegenstände zu vermitteln«.[1]

Schließlich aber weiß ein guter Lehrer, der über die Planungsregeln des »machbaren« Unterrichts hinaus gekommen ist, daß er sich mit dem »Verborgenen Lehrer« verbünden muß, von dem es heißt, er sei im innersten Selbst des Schülers (→ III, 21 f.). Allerdings erahnen die meisten Lehrer unserer Schulen diesen »Verborgenen Lehrer« nie, geschweige denn, daß sie ihn finden, weil Ausbildung und Schulsystem so sehr von objektiv vorgegebenen Zielen und planbaren Methoden bestimmt sind, daß der Unterricht über das Machbare nicht mehr hinauskommt. Der sensible Lehrer freilich, der sich zugleich als Erzieher und Wegbegleiter versteht, wird seine Schüler tiefer wahrnehmen, als diese sich in ihren Jahren selbst verstehen können, und dabei auch Meister Eckharts Wort nicht vergessen: »Der Wein Gottes ist immer schon im Keller«. Dann mögen sie sich vereint der Welt zuwenden, wo immer sie wollen: Sie verhandeln stets auch ihr eigenes Verständnis von Wirklichkeit – inmitten der vielen Sachthemen zugleich die jeden Schüler bewegende Frage nach sich selbst.

---

1 *Job-Günther Klink*; vgl. hierzu auch: *Helmut Schaal*, Zur Wiederentdeckung des Lehrers als Person, in: *Friedrich Kümmel u.a.*, Vergißt die Schule unsere Kinder? (Serie Pieper 176), München 1978, 83-114.

Die Vorbereitung des Unterrichts

»Unterricht ist angestrichen Farb, die in Luft und Wetter abfällt, und die Natur guckt herfür«, sagt eine alte Sentenz. So war es, und so wird es auch wohl bleiben, es sei denn, der Unterricht erwüchse aus einem tieferen Verhältnis zu seinen Inhalten, als es die übliche »Stoffdarbietung« spiegelt.

Das Verhältnis des Lehrers zu seinen Unterrichtsinhalten

Man sagt, die erste Voraussetzung für guten Unterricht sei, daß der Lehrer den Stoff beherrsche. Aber was heißt »beherrschen«, und warum redet man allerwege vom »Stoff«, wo es doch um Natur und Geschichte, menschliches Schicksal, Kultur, Technik, Politik, Denken und Glauben geht? Wer von »Beherrschung des Stoffes« spricht, bringt bereits eine unbewußte Einstellung mit, die den Unterricht in eine falsche Perspektive rückt. Es geht »um ein eigenpersönliches, eigenlebendiges Verhältnis zu dem Kulturgut«, sagt Heinrich Roth, »das uns zur Mitpflege aufgegeben ist. Es kommt auf die eigentliche und wahre innere Beziehung eines Lehrers zu dem tiefsten sachlichen Gehalt des zu behandelnden Gegenstandes an.«[1]
Doch wie findet ein Lehrer diese Beziehung? Sie kann ja nie befohlen und auch nicht durch einen einmaligen Willensakt erworben werden, ist vielmehr die Frucht eines langen, beständigen und intimen Umganges mit einem Sachgebiet wie der menschlichen Kultur insgesamt. Die Schnellinformation reicht da nicht hin. Es geht um eine Bewußtheit, die sich täglich weiterbilden muß: durch Bücher und Zeitungen, Gespräche und Besichtigungen, Ausstellungen und Reisen, eben durch ein waches geistiges Interesse. Dabei ist es unangemessen, bei dieser Art Teilhabe am Leben der Welt, insbesondere an den Fragen des Menschen nach sich selbst und dem, was die Welt »im Innersten zusammenhält«, schon an Unterricht und Vermittlung zu denken. Zunächst sollte nur das bewegen, »was größer ist als wir. Was wir nicht zwingen, sondern was uns zwingt: die Wahrheit« (Heinrich Roth). Also ist nicht gleich das Verhältnis des Schülers zu den jeweiligen Inhalten zu erfragen, vielmehr kommt es darauf an, ein eigenes Verhältnis dazu zu gewinnen. Nichts aber wäre falscher als die Einschätzung, das geringe Alter der Schüler erlaube eine ebenso geringe, um nicht zu sagen vage und oberflächliche Beziehungsaufnahme zum betreffenden Sachbereich. Das Verhältnis des Lehrers zu den Inhalten seines Unterrichts muß durchgehend seinem eigenen geistigen Niveau entsprechen, nicht dem des Kindes (was auch der entscheidende Grund für den Niveauansatz dieser Handbücher ist). »Jedes halbe, schiefe oder seichte Wissen verfehlt gerade das, worauf es bei der stofflichen Besinnung ankommt: die Erfassung des wahren Wesens,

---

1 *Heinrich Roth,* Die Kunst der rechten Vorbereitung, in: Unterricht. Aufbau und Kritik. Hg. von *Günther Dohmen* und *Friedemann Maurer.* München 1968, 37-48, hier: 37.

des sachlichen Gehalts, des existentiell Wichtigen. Nur eine Besinnung, die so tief geht, macht frei vom Unwesentlichen, Kleinlichen, Nebensächlichen, macht frei für den Wechsel des Standpunktes, wie ihn die Jahrhunderte dem Gegenstand gegenüber wahrgenommen haben, macht frei für eine sachgerechte Umsetzung ins Volkstümliche, Jugend- und Kindgemäße. Dieses sachgebundene und doch freie Verhältnis zum ewigen Gehalt des Gegenstandes ist die Voraussetzung aller weiteren unterrichtlichen Überlegungen.«[1]

Der didaktische Wert der Unterrichtsinhalte

War das bisher beschriebene Verhältnis des Lehrers zur Welt eine Grundbedingung, die er mit allen, die eine geistige Existenz führen, teilt, so geht es erst jetzt um einen spezifischen Vorbereitungsschritt: eine didaktische Besinnung, die nach dem eigentlich Bildsamen des jeweiligen Sachverhalts fragen läßt.

Mit dieser kindlichen oder jugendlichen Bildung ist nicht primär »Schulbildung« gemeint, kein abgegrenzter Sonderbereich des Wissens oder Könnens, sondern die geistige Welt insgesamt, der existentielle Habitus des jungen Menschen.[2] Als »bildsam« gilt, was »geistige Bedürfnisse schafft, vitale Antriebe vergeistigt, Gesinnung bildet, Gesittung weckt. . . Es ist eine Besinnung auf die Humanität des Gegenstandes, seine seelenverwandelnde Kraft, seine Weisheit, seine Tröstung, seine Tragik, Größe, Erhebung. . .«[3] Es genügt nicht, nur die informative Struktur einer Thematik zu erfassen und weiterzugeben, sondern nicht minder wichtig ist die eher persönliche Beziehung, die der Lehrer dazu hat und die Fähigkeit, aus seiner Betroffenheit die Schüler ebenfalls betroffen zu machen. Also gehört zur Vorbereitung die Frage, wie der aufgegebene Unterrichtsbereich mich selbst anspricht, interessiert, erfreut, irritiert, erschreckt, belastet, provoziert, bessert, weitet usw. Führt diese Reflexion zu keiner sinnvollen Beziehung, kann auch die Überlegung helfen, wie andere Menschen dazu stehen mögen: Künstler, Literaten, Theologen, Nichtchristen, Nichteuropäer. . . Zugleich stellt sich damit die Frage nach der humanen Relevanz des Unterrichtsthemas besonders prägnant. In der Quintessenz gilt Heinrich Roths Urteil: »Wer nicht die rechte Haltung zum Kulturgut gefunden hat, bemüht sich umsonst, sie seinen Schülern aufzurichten. So tun als ob hilft nichts. Sensible Kinder wittern die unterbewußt spielenden Einstellungen, die innere Anteilnahme oder Gleichgültigkeit.«

Unterrichtsvorbereitung und Lehrplan

Die bisherigen Überlegungen galten unbestimmten Inhalten, ohne zu fragen, in welchen Kontexten sie begegnen und in welchen didaktischen Zusammenhängen sie wahrgenommen werden müssen. Im Unterricht – als einem sinnvoll überlegten und stringent aufgebauten Lernprozeß – kann es nicht

1 Ebd., 38.
2 Vgl. dazu *Wolfgang Klafki*, Didaktische Analyse als Kern der Unterrichtsvorbereitung, in: *Ders.*, Studien zur Bildungstheorie und Didaktik. Weinheim [9]1967, 135ff.
3 *Heinrich Roth*, a.a.O., 39.

darum gehen, irgendwelche Themen aneinanderzureihen, und seien diese je für sich noch so bedeutsam, sondern dem Einzelthema im Rahmen eines reflektierten Curriculums seinen konstruktiven (und nicht beliebigen) Platz zuzuweisen.

Es geht also für jede einzelne Stunde um die Kenntnis des übergreifenden Kontextes, in dem der betreffende Ausschnitt zu sehen ist. Damit stellt sich zunächst die Frage nach dem Lehrplan, im nächsten Schritt nach der Schülersituation.

Ein Lehrplan soll verhindern, daß konzeptlos gearbeitet wird: daß sowohl eine sachangemessene *Systematik der Inhalte* befolgt wird als auch eine *didaktische Folgerichtigkeit* im inneren Aufbau. Es scheint schwierig zu sein, beide Erfordernisse zu realisieren, jedenfalls lassen die heutigen Religionslehrpläne hier zu wünschen übrig: Sie sind gewöhnlich nur für die jeweilige Schulstufe und Schulform gedacht, ohne übergreifende Einbindung in ein Gesamtcurriculum. Sie gliedern meist nur die »akzeptierten« Inhalte, ohne die dafür erforderlichen sprachlichen Verstehensvoraussetzungen einzubeziehen; deshalb befolgen sie auch nur selten ein wirklich aufbauendes Lernen, stellen vielmehr Inhalte nebeneinander, die sich folgenlos auch anders zuordnen lassen. Bisweilen nehmen sie in ihren Formulierungen die Glaubenszustimmung der Schüler bereits in den didaktischen Ansatz des Unterrichts. Für weiterführende Schulen und den regulären Lehrerwechsel berücksichtigen sie kaum Quereinstiege, mit denen sich die bisherige Lerngeschichte aufnehmen und weiterführen ließe. . .[1] Aufgrund dieser und weiterer Mängel sei dringend empfohlen, dem (→ III, 27 bereits einmal zitierten) Rat des ehemaligen niedersächsischen Kultusministers Werner Remmers zu folgen, der auf einer Pressekonferenz bemerkte: »Vor einiger Zeit habe ich gesagt: Die Lehrer, die sich nicht an Rahmenrichtlinien halten, sind vielleicht die besten. Danach ist mir vorgeworfen worden, ich hätte die Lehrer aufgefordert, sich nicht an unsere Richtlinien und Erlasse zu halten. Natürlich sollen sie sich daran halten. Ich habe jetzt eine neue Formulierung gefunden, die korrekt ist und dennoch das aussagt, was ich meine: Man soll solche Richtlinien und Erlasse kreativ einhalten! Wenn Sie nun fragen, was das bedeutet, sage ich: Man soll das kreativ auslegen.«

Diesem Ratschlag hat unser Unterrichtswerk zu entsprechen versucht und die genannten Lehrplanschwächen nach vorne hin korrigiert. Darum bietet es ein Gesamtcurriculum statt Beschränkung auf einen Stufenlehrplan, beachtet es Quereinstiege (→ V, 36), entfaltet es eine grundlegende religiöse Sprachlehre vom ersten Schuljahr an, entwickelt es konsequent ein aufbauendes Lernen.

Unterrichtsvorbereitung anhand dieses Gesamtkonzepts kann folglich nicht bedeuten, einzelne Kapitel oder Texte beliebig herauszusuchen, weil einem gerade dieser Text und jenes Bild gefällt. Es geht bei der Vorbereitung der einzelnen Stunde stets um deren didaktischen Ort im Rahmen eines übergreifenden Lernprozesses (vgl. → S. 19 ff.). Je besser und sicherer das Unterrichtswerk in seiner Gesamtanlage und didaktischen Konzeption überschaut wird, um so weniger wird die einzelne Stunde Gefahr laufen, Zusammenhang und verbindende Kraft zu verlieren.

---

1 Vgl. *Hubertus Halbfas*, Lehrpläne und Religionsbücher. Notizen zu einer didaktischen Theorie, in: rhs 33 (1990), 228-244.

Unterrichtsplanung und Schülersituation

Die Bindung an ein didaktisch stringent entwickeltes Konzept läßt nun freilich um so entschiedener fragen, wie denn der Schüler in dieser Unterrichtsplanung gesehen und berücksichtigt wird. Der übliche Begriff der »Schülerorientierung« verweist auf Schülerinteressen, die nach subjektiven und objektiven Interessen auseinanderzuhalten sind. Subjektive Interessen heißen die unmittelbaren persönlichen Bedürfnisse, die oft zufällig und meist auch individuell unterschiedlich sind. Die objektiven Interessen müssen den Schülern keineswegs bewußt sein, denn sie werden durch das soziale Umfeld, durch gesellschaftliche Erwartungen und zukünftige Ansprüche mitbestimmt. Natürlich besteht eine Spannung zwischen subjektiven und objektiven Interessen der Schüler, die dem Lehrer erlaubt, beide Pole gegeneinander auszuspielen: »Es kann nicht im objektiven Interesse der Schüler liegen, im Sportunterricht jahrelang nichts anderes als Fußball zu spielen. Also zwinge ich die Schüler gegen ihren erklärten Willen zu Geräteturnen und Waldlauf? Es kann nicht im objektiven Interesse der Schüler liegen, als Analphabeten die Schule zu verlassen. Also zwinge ich sie zur Rechtschreibung?«[1] Der von Hilbert Meyer genannte Ausweg aus diesem Dilemma empfiehlt, bei den subjektiven Schülerinteressen *einzusetzen*, weil selbstbestimmende Lernprozesse am Bewußtseinsstand der Schüler vorbei nicht möglich seien. Heißt das, es gelte Kompromisse zu schließen nach der Rezeptur: zehn Minuten Fußballspielen, anschließend Geräteturnen? Oder wie konkretisiert sich der Einsatz bei den Schülerinteressen? Sollte gar das übliche Korrelationsdenken der religionsdidaktische Trick sein, ein immobil gewordenes Curriculum wieder flott zu machen?

Genau besehen, gibt es weder Themenbereiche noch Methoden, die aus sich heraus das Schülerinteresse sichern könnten. Es gibt nur folgende Ratschläge:

1. So wie König Midas alles, was er anfaßte, zu Gold machte, kann alles, was der Schulunterricht thematisiert, die Schüler langweilen. Selbst Dinge, die außerhalb der Schule interessieren, können ihre Faszination verlieren, sobald sie zum Unterrichtsstoff werden. Hier ist das oben Gesagte noch einmal zu bekräftigen: Es kommt darauf an, daß der Lehrer durch seine Person und Sprache Wirklichkeit erschließt und nicht in ein Begriffsgeröll zersprengt. Einem Langweiler gerät der Unterricht selbst mit den besten Medien zur Langeweile, und es gibt keine Methode, die ihn retten könnte. Daneben können andere vom Deichbau an der Nordsee sprechen, von Cäsars Politik in Gallien, dem Genie Karls des Großen, dem Verständnis der »Himmelfahrt« oder der Geschichte der Armut und Barmherzigkeit – und allemale tut sich die Welt in ihrer Fülle auf, sind die Schüler ebenso in Geschichten verflochten, als wären sie in fesselnde Bücher versunken. Es bleibt dabei: Der Schlüssel zum Gelingen von Unterricht liegt primär bei der eigenen Person: ob unser Wissen differenziert und farbig genug ist, die Sprache flüssig, eine eigene Betroffenheit spürbar. Stimmen diese Voraussetzungen, muß der Unterricht mitnichten bei »subjektiven Schülerinteressen« ansetzen, kann vielmehr ebenso vom Leben der Spinnen wie von Gandhis Salzmarsch oder den Völkergruppen der israelitischen

---

1 *Hilbert Meyer*, Leitfaden zur Unterrichtsvorbereitung. Frankfurt a.M. 1980, 307.

Königszeit erzählen: indem er eine noch fremde, unbekannte Welt an die Schüler heranführt, *stiftet* er Interesse.

2. Schülerorientierung bedeutet aber auch, Schüler als verantwortliche Mitträger des Unterrichts wahrzunehmen und zu beteiligen. Dafür gibt es vielgestaltige Ansätze: Montessoris Devise von einem »Unterricht in vorbereiteter Umgebung« (→ V, 57) ist eine elementare Voraussetzung, die für die Sekundarstufe ebenso gilt wie für die Grundschule. – Klassen, in denen Freiarbeit den Unterricht strukturiert (→ III, 34-38), sind bereits auf dem Weg. – Als dritter Ansatz ist das Konzept einer »Regionalen Religionsdidaktik« zu sehen, das eine breite Handlungspalette mit realen Schülerinteressen verbindet: Nicht die Sache an sich wird hier Thema, sondern das mit der Lebenswelt des Schülers verbundene regionale Interaktionsfeld (→ V, 417-421). – Schließlich sind alle Formen unterrichtlicher Arbeit, welche die Schüler aktiv beteiligen, von Interesse stiftender Kraft; sie finden sich unten (→ S. 43 ff.) beschrieben.

Summa summarum: Hauptvoraussetzung für einen schülerorientierten Unterricht ist ein tragendes und zugleich übergreifendes Schulkonzept. Wenn das schulpädagogische Thema im Handbuch 5 lautete: »Unterricht macht noch keine Schule. Die Schule braucht ein Programm!« (→ V, 41-68), so liegen in diesem Rahmen auch alle Bedingungen für einen wirklich schülerorientierten Unterricht. Es ist illusorisch, eine solche Didaktik realisieren zu wollen, ohne daß die strukturellen Voraussetzungen dafür geschaffen werden. Immer noch füllen sich Bücherregale mit Unterrichtstheorien, die offensichtlich davon ausgehen, Unterricht könne aus dem Zusammenwirken didaktischer Schemata, unverbrauchter Medien und angemessener Methoden realisiert werden. Wer über gelingenden und mißlingenden Unterricht nachdenken will, sollte aber zugleich sehen, daß das jeweils gegebene Schulkonzept – oder aber die vorhandene Konzeptlosigkeit – den Unterricht mitausrichten. Schülerorientierung hängt mit allen Einrichtungen, Bräuchen, Lebensformen, räumlichen Ordnungen und organisatorischen Gliederungen zusammen, die im Lehrerhandbuch 5 als das wichtigste Bedingungsgefüge von Unterricht beschrieben wurden.

Die gängigen Vorbereitungsmodelle

Nunmehr ist alles umfassend bedacht, um eine konkrete Unterrichtsstunde planen zu können. Wer sich dieser Aufgabe stellt, erinnert sich wahrscheinlich lebenslang der Anleitungen, die er in seiner Ausbildungszeit zur schriftlichen Unterrichtsvorbereitung bekommen hat. Für die Mehrzahl heutiger Lehrer sind es jene drei didaktischen Theoriemodelle, nach denen sie ihre Prüfungslehrproben anfertigen mußten: das bildungstheoretische, das lerntheoretische und/oder das lernzielorientierte Modell. Gemeinsam ist allen drei Konzeptionen, eine empirische Beschreibung von Unterricht zu geben und dafür ein formales Gerüst zu entwerfen, das den Unterricht als ein theoretisch reflektiertes, methodisch konstruiertes Produkt verstehen läßt. Viele Studienleiter und Vertreter der schulamtlichen Aufsicht haben diese Konzepte so verinnerlicht, daß sie deren formale Deklination mit größter geistiger Unfreiheit kraft Amtes verfolgen, so daß kaum jemand seine Bestallung als Lehrer auf Lebenszeit erhält, der diese Rezeptur nicht zu befolgen bereit ist.

Gewöhnlich folgt dem Thema gleich eine Lernzielliste, gewissermaßen als eröffnende Pflichtübung. Robert Mager, der eigentliche Vater des lernzielorientierten Unterrichts, lehrt: »Die Funktion der Zielanalyse ist, das Undefinierbare zu definieren, das Ungreifbare zu greifen.« Den Benutzern dieses Unterrichtswerkes muß nicht dargetan werden, daß dies eine naive Idee ist, die selbst im alltäglichen Bereich unrealisierbar ist, geschweige denn gegenüber einer Wirklichkeit, die sich jeder Bemächtigung verwehrt. Es ist weder möglich und noch weniger wünschenswert, unterrichtliche Prozesse über die Rationalisierung der Ziele und Wege komplett zu verplanen.

Dennoch kann die Differenzierung in Grobziel und Feinziele, kognitive und affektive Ziele für den Anfänger nützlich sein. Selbst der routinierte Lehrer tut gut daran, bei jeder Unterrichtsvorbereitung zu überlegen, wohin die Stunde führen soll. Aber zugleich gilt es, nüchtern zwischen deklamatorisch verbleibender Floskelei und einer tatsächlich die Sache durchdringenden Reflexion unterscheiden, die weniger mit begrifflichen Signaturen als mit einer eher meditativen Besinnung einhergeht.

Zu beachten ist auch, daß eine lernzielorientierte Unterrichtsplanung geneigt ist, den langen Weg eigener Beschäftigung mit der Sache und ihre didaktische Durchdringung zu vernachlässigen. Ohne den in der Struktur der Sache begründeten Verstehensweg zu erfassen, ist aber keine angemessene Zielvorstellung zu gewinnen. Darum steht am Anfang jeder Vorbereitung nicht die Zielintention, sondern die Durchdringung der Sachverhalte und deren didaktische Analyse.

»Schon kurze Zeit nach dem Zweiten Examen werden die in der Ausbildungsphase eingeübten Raster und Schemata kaum mehr benutzt«, stellt Hilbert Meyer fest: »An die Stelle der den gängigen Didaktikkonzepten entsprechenden Vorbereitungen treten Spickzettel, auf denen stichwortartig der Gang der Handlung im Unterricht und wesentliche organisatorische Maßnahmen festgehalten sind. Das Durchdenken des geplanten Stundenverlaufs wird also zum Kristallisationspunkt für die Unterrichtsvorbereitung, und nicht die Zielanalyse und die Bestimmung eines Bildungsinhalts.«[1] Heinrich Roth meint sogar, für den geübten Lehrer werde der methodische Gang der Stunde »in der lebendigen Beziehungsaufnahme mit den Kindern und dem Gegenstand im Augenblick der Auseinandersetzung frei geboren.« Es gehöre zur Erfahrung des Lehrers, daß solche Stunden mit am besten gelängen. Er schränkt aber ein, daß »der schöpferische Augenblick« dennoch oft ausbleibe. Darum legt sich für die reguläre Unterrichtsvorbereitung die Frage nahe, auf welchen Wegen die beste Begegnung zwischen Unterrichtsgegenstand und Schülern möglich wird. Wer das entscheiden will, muß das Spektrum der verfügbaren Arbeitsformen überschauen.

1 *Hilbert Meyer*, a.a.O., 178.

Arbeitsformen des Unterrichts

Lehrplan und Schulbuch reihen ihre Themen aneinander, ohne zu sagen, welche Form der Auseinandersetzung dafür geeignet ist. Eignet sich der Inhalt am besten zum Erzählen, zu einer fragend-diskutierenden Methode, zum gemeinsamen Lesen, Anschauen, Beobachten? Zum Erkunden, Experimentieren, Selberfinden? Zum eigenen Gestalten durch die Schüler, zur Präsentation durch den Lehrer, zum gemeinsamen Erfahren in Spiel, Gesang, meditativer Besinnung? Für die Beteiligung aller im Klassenunterricht, im Gruppenunterricht oder für Partner- bzw. Einzelarbeit? Jede unterrichtliche Thematik hat ihre eigene Struktur; darum ist auch der didaktische Weg, wie sie am besten zum Verstehen gebracht werden kann, immer wieder anders zu bestimmen. Zugleich ist zu fragen, welche Arbeitsformen dem Schüler am meisten entgegenkommen, durch welche Form der Auseinandersetzung sie ihre vitalsten Möglichkeiten einer aktiven Beteiligung finden.

Der Lehrervortrag

Für die Vergangenheit bildet der Lehrervortrag die eigentliche Grundform des Unterrichts. Freilich haben das Arbeitsschulprinzip Georg Kerschensteiners und die Schulwelt der Reformpädagogik eine differenzierte Methodenvielfalt entwickeln helfen, die den Lehrervortrag aus seiner dominanten Stellung verdrängte, wenn auch Gymnasium (und Berufsschulen) am wenigsten von dieser Entwicklung Notiz nahmen. Die Welle antiautoritärer Erziehung seit 1968 hat jedoch auch für diese Schulen und (zeitweilig) für Hochschulen den Lehrervortrag in Verruf gebracht, weil sich damit zu viel autoritäre und abhängig machende Belehrung verbinde. Helmut Kurz glaubt, daß aufgrund dieser Kritik »der Lehrervortrag heute fast ganz aus den Schulen verschwunden ist und eine aussterbende Kunst zu werden droht«[1].

Sollte das zutreffen, bliebe zu fragen, auf welche andere Weise Lehrer mit wirklich Neuem bekanntmachen wollen? Man kann das bisher Unbekannte und Fremde doch nicht aus Nichts »erarbeiten« lassen; sollte dies statt dessen über Texte geschehen, so wäre es weniger als ein lebendiger Vortrag, der durch die Person des Lehrers bereits eine affektive Beziehung zum Thema entstehen lassen kann. Der Lehrervortrag ist freie Rede; er vermittelt Grundkenntnisse, erschließt Zusammenhänge, gibt also Überblick und zeigt Problemstellungen auf. Er ist jedoch in hohem Maße an Sprache und Geschick des Unterrichtenden gebunden: daß er flüssig spricht, nicht gedehnt und zäh; einen Sachverhalt anschaulich darstellen kann, klar und präzise in der Gedankenführung bleibt. Wer das nicht kann, hat Anlaß, sich bewußt und systematisch zu üben.

---

1 *Helmut Kurz*, Methoden des Religionsunterrichts. Arbeitsformen und Beispiele. München 1984, 22.

Die Lehrererzählung

Für höhere Klassen gilt, was insgesamt zur heutigen Situation gesagt werden kann: Die Leute lassen sich nichts mehr sagen – aber noch alles erzählen! Erzählen ist der eigentliche Schlüssel zur Welt, wie sie durch Unterricht in ihren nahen und entlegenen, unbekannten und darin doch faszinierenden Gebieten erschlossen werden kann. Das Lehrerhandbuch 2 bietet S. 40-48 eine erste Ermutigung zu diesem Weg.

Gewöhnlich wird gesagt, Erzählen seine eine Begabung, die man habe oder eben nicht; und da die meisten glauben, mit dieser Gabe nicht gesegnet zu sein, sehen sie sich zugleich vom Erzählen dispensiert. Es dürfte aber wohl weniger mangelnde Begabung die Ursache für eine narrativ so ausgedünnte Unterrichtskultur sein, als mangelnde Erfahrungen, die zum Erzählen anstiften könnten. Wenn man Situationen kennt, in denen Geschichten erzählt wurden, deren Atmosphäre in sich aufnahm, die Haltung, Mimik, Gestik des Erzählers vor Augen hat, seinen Tonfall, unterschiedliche Tempi und Lautstärken. . ., dann ist es nicht mehr so schwer, selbst auch zu erzählen, weil die Erfahrung solcher Situationen zur Nachahmung ermutigt. Begegnen Geschichten aber nur als Texte, fällt es viel schwerer, ihrem Druckbild das Leben abzugewinnen, mit dem eine erzählte Geschichte in ihren Bann zieht.

Grundsätzlich gilt es, zwei Arten des Erzählens zu unterscheiden: das *formgebundene Erzählen* und das *frei fabulierende*. In oralen Traditionen wurde durchweg in sehr strenger Formbindung überliefert. Für gebundene Sprache, in der uns Sprüche, Verse und Lieder begegnen, ist die Beherrschung der Form selbstverständlich, aber auch Mythen, Märchen und Sagen haben keine beliebige Gestalt, sondern wollen stets in gleicher Formtreue wiedererzählt werden. Man darf sagen, daß die Wirkung des erzählten Märchens mit seiner Form verbunden ist. Wer ein Märchen erzählen will, muß eben dessen Form beherrschen lernen – by heart. Insofern ist das erste Geheimnis des Erzählens von ernüchternder Art: Der Erzähler muß die Geschichte auswendig lernen. Dem Lehrer kann natürlich nicht abverlangt werden, ein Repertoire von mehreren Dutzend Geschichten aufzubauen, aber ratsam ist es immerhin, sich einige besonders wertvolle Märchen, Mythen oder Legenden, die im Unterricht wegen ihrer didaktischen Schlüsselfunktionen immer wieder nützlich sind (zum Beispiel: I,199; II,90; III,184; IV,565; V,162), wortgetreu anzueignen. Je sicherer jemand eine überlieferte Form beherrscht, um so leichter lernt er auf diesem Weg, auch solche Geschichten zu erzählen, deren Form ihm nicht ebenso vertraut ist, zu deren Charakter und Sprache sein eigenes Repertoire ihm aber den Weg ebnet.

Die frei fabulierten Geschichten lassen sich vorzugsweise dem unterhaltenden Sektor zuordnen. Es sind Abenteuer- und Gespenstergeschichten, die eher von der Spannung des Handlungsverlaufs als von der Hintergründigkeit und Dichte der Sprache her wirken. – Daneben gehört zu diesem Bereich natürlich auch die erzählende Darstellung aller Unterrichtsinhalte, die auf keine andere Weise besser zur Sprache kommen als eben über die Erzählung. Zumal der Religionsunterricht ist auf die Erzählung als wesentliches Element der Vermittlung angewiesen. Die vielen geschichtlichen Hintergründe, die dem Religionsbuch im vorliegenden Handbuch ergänzend zugefügt sind, die Fülle der ergänzenden und vertiefenden Informationen werden am wirksamsten erzählend wiedergegeben.

Ein Blick in das Religionsbuch für das 6. Schuljahr zeigt auch hier die Fülle erzählter Geschichten und die Unterschiedlichkeit narrativer Information und Interpretation: Das Kapitel »Sprachverständnis: Symbole« zieht auf den ersten Seiten im Text wie im Bildteil unterschiedlichste Erzählmotive heran, ohne sie dort auch alle auszuführen; wer diese Motive sinnenhaft und lustbetont unterrichten will, muß sich mit ihnen innerlich vertraut machen. – Das Gotteskapitel besteht fast ausschließlich aus erzählten Traditionen. – Ähnlich geschichtenreich ist das Kapitel über Wunder. – Ein Beispiel narrativer Geschichtsdarstellung und -deutung bietet das Kapitel über den Islam. Auch die Kirchengeschichte und die jeweils zugehörigen Porträts verdeutlichen den erzählenden Grundzug. – Insgesamt möchte das vorliegende Handbuch mit seinen erschließenden und materialreichen Ausführungen einen Erzählstoff bieten, der umfassender ist, als der Unterricht gewöhnlich übernehmen kann. Das kann zum Erzählen ermutigen, denn letztlich vermag nur jener zu erzählen, der über Detailkenntnisse verfügt. »Willst du interessieren, mußt du detaillieren!« sagt ein alter Ratschlag.

Gesprächsformen

Sicherlich ist das Gespräch die häufigste Unterrichtsform, zugleich aber auch die vielfältigste: Es kann als Diskussion geführt werden, sich im scharfen Gegenüber unterschiedlicher Positionen als Debatte entfalten oder sich mit variablen Spielregeln verknüpfen. Dabei entspricht der Gesprächsform jeweils auch eine andere Platzordnung: Im Kreis- oder Rundgespräch werden Ansichten ausgetauscht, die wechselseitiges Verstehen und Übereinkunft intendieren. Schafft man eine zweiteilige Ordnung, in der sich die Parteien wie im englischen Unterhaus einander gegenüber sitzen, geht es eher um argumentierende Gefechte: die Form der Debatte. Die Podiumsdiskussion bringt Menschen zusammen, die aus unterschiedlichen Erfahrungsbereichen oder Blickwinkeln Konstruktives zusammentragen. Wieder anders ist das Lehrgespräch, das der Lehrer im Klassenunterricht mit der Gesamtheit der Schüler führt. Für den Unterricht sind folgende Gesprächsformen die bedeutsamsten:

Das (fragend-entwickelnde) Lehrgespräch: Der Lehrervortrag, von dem oben die Rede war, wird in den meisten Fällen durch ein Gespräch unterbrochen oder abgelöst. Im Lehrgespräch ist der Lehrer dominierend. Er kennt sein Ziel und führt deshalb durch Informationen, Impulse und überlegte Fragen auf bestimmte Problemstellungen oder -lösungen hin. Die Methodik eines solchen Unterrichtsverhaltens läßt sich schwer beschreiben, weil sie keiner festen Regel unterliegt und von der Beweglichkeit, dem Humor, der Dialektik und der Anregungskraft des Lehrers abhängig ist.

Die Tradition dieses Lehrverhaltens geht bis auf Sokrates zurück, den sein Schüler Platon in vielen Dialogen entsprechend zu Wort kommen läßt. Die Frage als den Diskurs vorantreibendes Moment verweist auf die Überzeugung, daß jeder Mensch ein eigenes, tief in ihm angelegtes Verhältnis zu Erkenntnis und Wahrheit hat. Die ihm gestellten Fragen bringen ihn zu den eigenen Möglichkeiten des Denkens, sie legen Probleme und Lösungswege frei und zeigen, wie argumentiert werden kann.

Zentral für das Gelingen dieser Unterrichtsform ist das Frageverhalten des Lehrers. »Die Lehrerfrage stiftet stellvertretend eine bestimmte Beziehung zwischen Schüler und Gegenstand. Ziel dieser Frage ist aber letztlich die Frageautonomie des Schülers.«[1] Doch wie verläuft der Unterricht, wenn in einer mit Informationen überschütteten Welt, die keineswegs am Nichtwissen leidet, vielmehr »am Zuvielwissen, am Zufrühwissen, am Wissenmüssen eines Nichtgesuchten, am Halbwissen, am bloß fetzenhaften Wissen, am ungeordneten Wissen« (Alfons Otto Schorb), wenn dem so abgestumpften Schüler die Fragelust vergangen ist? Darauf kann nicht mit einer Frage*technik,* sondern nur mit einer umfassenden Unterrichtskultur geantwortet werden, in der Spontaneität nicht erstickt, geistige Regsamkeit vielmehr ermutigt und gefördert wird (→ V,42-68).

Die didaktische Funktion der Lehrerfrage besteht 1. in ihrem Aufforderungscharakter an den Schüler, sich auf einen eigenen Denkweg zu machen; 2. in der Unterstützung und Steuerung seiner Denktätigkeit; 3. im Erfassen des Frag-Würdigen; 4. im Üben der Fähigkeit, fragen zu können; (und 5., wenngleich in anderen Kontexten: in der Leistungskontrolle). Grundsätzlich gilt für den Religionsunterricht keine andere Fragedidaktik, als sie für den Unterricht schlechthin gilt. »Durchweg muß der Schulunterricht darauf bestehen, daß sich der Lehrende und Lernende für die Dauer des Unterrichts von festgelegten (›sozialisierten‹) Glaubenspositionen zu lösen versucht, um sich der Skepsis des Gedankens zu exponieren. Der Lehrer kann darauf vertrauen, daß die vom Unterricht angestrebte Ordnung der religiösen Vorstellungswelt eine neue Sicherheit verleiht, die nicht ohne Folgen für das persönliche Verhalten bleiben wird.«[2]

Wie der Lehrervortrag ist auch das Lehrgespräch lehrerdominant, was ihm in jüngerer Zeit vielfach Mißachtung eingetragen hat. Dennoch kann der Religionsunterricht nicht darauf verzichten. Philosophische und theologische Probleme, geschichtliches Denken, Text- und Bildinterpretationen lassen sich ohne das fragend-entwickelnde Lehrgespräch nicht angemessen unterrichten. Vom Lehrer verlangt dieser Unterrichtsstil eine hohe fachliche und kommunikative Kompetenz. Es handelt sich beim Lehrgespräch um eine anspruchsvolle Form des Unterrichts, keineswegs um ein billiges Frage-Antwort-Geplänkel.

Beispiele für solche Gesprächsabläufe finden sich in den Handbüchern mehrfach: → III,181-183; IV,189-195; VI,341-344.

Die Diskussion: Sie setzt ungeklärte Sachverhalte oder nicht hinreichend ausgetauschte Ansichten voraus. Darum sind Diskussionen immer dann notwendig, wenn unterschiedliche Positionen aufeinandertreffen. Sie müssen nicht notwendig zum Konsens führen. Die Diskussion ist auch dann nützlich, wenn sie bestehende Meinungen deutlich macht und allen Beteiligten erlaubt, durch genauere Kenntnis fremder Erfahrung und Argumentation Verständnis für entgegenstehende Überzeugungen zu gewinnen. Der Diskussionsleiter gibt 1. Thema und Fragestellung an; 2. führt er die Rednerliste in der Reihenfolge der

---

1 *Hans Schiefele,* Über die Führung von Denkvollzügen durch die Lehrerfrage, in: Welt der Schule 16 (1963), 295.
2 *Theodor Wilhelm,* Theorie der Schule. Stuttgart 1967, 307.

Wortmeldungen; 3. erteilt, begrenzt und entzieht er die Sprecherlaubnis; 4. strukturiert er – wenn notwendig – das Gespräch und faßt 5. das Ergebnis zusammen. Weil an die Teilnehmer einer Diskussion hohe Ansprüche gestellt werden, gelingt es Schülern meist nicht ohne Übung, alle Spielregeln zu beachten und gleichzeitig Thema und Argumentationslinie einzuhalten. Darum muß hier wie auch bei anderen Gesprächsformen eine bewußte Einübung erfolgen.

Die nächstliegenden Anlässe für Schülerdiskussionen sind alle Themen um das Leben und Lernen in der Schule (→ Arbeitsheft 5, Nr. 6 - 7). Hier liegen die Ansätze für jede Entwicklung einer kultivierten Schuldemokratie.

Aber auch die Themen des Religionsunterrichts können Anlaß zu Diskussionen sein: Falls die Geschichte der Armut und Barmherzigkeit auf dem Stundenplan steht, können die Schüler im Anschluß daran eine Diskussion a) über aktuelle Fragen der Sozialpolitik führen oder b) eine historische Perspektive aufnehmen: etwa über die Frage, wie aus Sicht der Schüler die Gesellschaft vergangener Zeiten mit ihren Armen hätte umgehen sollen. . .

Das Rundgespräch: Der Name verweist bereits auf die Sitzordnung. Wir verzichten auf Tische und die übliche Aufstellung der Arbeitsplätze (→ Arbeitsheft 5, Nr. 4) und bilden einen Stuhlkreis, in dem jeder jeden sehen kann. Da es keine vorderen oder hinteren Plätze gibt, kennt das Rundgespräch auch keine Ränge und im eigentlichen Sinn auch keine Gesprächsleitung. Jeder kann sich beteiligen, muß freilich von sich aus darauf achten, daß er den Gesprächsgang und das Recht anderer nicht mißachtet. Dennoch dürfte dem Lehrer eine helfende, ordnende Funktion so lange zufallen, bis die Schüler die Disziplin des Rundgesprächs gelernt haben. Das Rundgespräch eignet sich für kleine Gesprächsrunden und manche Aufgaben, die an Gruppen delegiert werden.

Eine Spielvariante des Rundgesprächs kann die »Talkshow« sein: Zu einem festgesetzten Thema, beispielsweise zum Abschluß des Kapitels »Wundergeschichten«, werden unterschiedliche »Gäste« eingeladen (deren Rolle die Schüler zu spielen suchen). Teilnehmer sind: ein orthodoxer Pfarrer, ein griechischer Kaufmann (der von Rhodos nach Epidauros gewallfahrtet ist, um dort Heilung zu finden), ein indianischer Schamane, ein skeptischer Naturwissenschaftler, ein Lourdespilger, ein Mediziner, ein Journalist. . . Wenn eine solche »Talkshow« stattfinden soll, ist es notwendig, zuvor mit den Schülern die Rollenbiographie der beteiligten Personen zu besprechen. Wer den Epidauros-Pilger spielt, muß ganz aus dessen Weltsicht heraus argumentierten können; er wird sich mit einer Lourdes-Pilgerin besser verstehen als mit einem skeptischen Naturwissenschaftler. . . Die Moderation behält sich der Lehrer vor.

Das Streitgespräch: Die Schulen üben es zu wenig, obwohl es doch ein Rückgrat der Demokratie ist und zu hoher Kultur entfaltet werden kann. Historisches Vorbild dafür sind die Debatten des britischen Parlaments, das auch mit seiner Platzordnung den Charakter des Streitgesprächs verdeutlicht: die opponierenden Gruppen sitzen sich diametral gegenüber und tragen ihre gegensätzlichen Positionen zu strittigen Fragen argumentativ vor. Damit die Debatte nicht flau verläuft, ist ein Thema wichtig, das starke Polarisationen erlaubt. Ohne sachliche Vorbereitung und ein gut gefülltes Arsenal treffender Argumente kann eine Debatte die notwendige Spannung nicht gewinnen.

Spielvariante: Nach dem Modell der Fernsehserie »Pro und Contra« können zwei Gruppen gebildet werden, die sich aus Vertretern des jeweiligen Standpunktes und

Sachverständigen zusammensetzen. Der Spielleiter weist die verfügbaren Redezeiten zu, eröffnet und schließt die Erörterung und beteiligt durch Interviews und Abstimmungen das »Publikum«. Die Frage zur Bergpredigt: »Wer kann gewaltlos leben?« (→ S. 265-284) bietet hinreichenden Zündstoff für eine spannungsreiche Debatte.

Partnerarbeit: Oft bietet der Unterricht Anlaß, eine Aufgabe intensiver zu erörtern, als dies im Klassenunterricht geschieht. Dann ist Partnerarbeit eine schnell zu bewerkstelligende, zeitsparende Möglichkeit. In der Regel sind es die Tischnachbarn, die im Zwiegespräch eine Lösung erarbeiten und vorlegen. Für die oben genannten Gesprächsformen ist Partnerarbeit eine wichtige Vorübung, die jeden Schüler aktiv beteiligt und als Zwischenphase des Frontalunterrichts den Arbeitsprozeß mit neuen Impulsen versorgt.

Eine Erweiterung der Partnerarbeit zur Kleingruppenarbeit ist immer möglich, verlangt vom Lehrer aber bisweilen die Beschaffung von Ausgangsmaterialien, die gute Arbeit ermöglichen. Schwierig ist die Übernahme der Resultate ins Plenum, weil dafür bei üblichen Zeiteinheiten keine hinreichende Möglichkeit besteht.

Schriftliche Arbeitsformen

Es ist nicht sinnvoll, verbale Unterrichtsprozesse ohne Unterbrechungen zu führen. Oft bieten schriftliche Arbeitsaufträge eine wohltuende Abwechslung, die Ruhe in die Klasse bringt und die Auseinandersetzung mit den jeweiligen Inhalten intensiviert. Gleichzeitig bringt ein schriftlicher Arbeitsauftrag eine Verlagerung des Lernens von der gesamten Klasse auf den einzelnen Schüler. Der Ertrag solcher Arbeiten ist jedoch stets an die sinnvolle und motivierende Gestalt des Auftrags gebunden. Mit den »Arbeitsheften«, welche die Religionsbücher der Sekundarstufe I ergänzen, liegt eine reich differenzierte Palette schriftlicher Aufgabenstellungen vor, die Maßstab und Anregung für eigene konkrete Unterrichtsprozesse sein können. Einzelne Aufgaben aus den Arbeitsheften lassen sich auch direkt übernehmen, wobei es sich empfiehlt, die eingetragenen Lösungen im Hefttausch durch Mitschüler zu überprüfen. – Zur Konzeption und Verwendung der Arbeitshefte s.S. 57 f.

Gestalterische Arbeitsformen

Daß zum Kopf immer wieder die Hand kommen soll, weil junge Menschen handelnd nachhaltiger lernen, ist eine Maxime, die dieses Unterrichtswerk von Anfang an bestimmt und die sich in zahllosen Handlungsvorschlägen konkretisiert. Die wichtigsten Möglichkeiten sollen hier noch einmal im Überblick vorgestellt werden:

Die Einrichtung des Klassenraumes

Wenn Schüler zehn oder mehr Jahre in der Schule verbringen, muß die Schule ihnen eine Form des Zuhauseseins anbieten, mit der sie sich identifizieren können, damit es zu einer gedeihlichen Lerngeschichte kommt. Es soll ihnen aber keine fertige Umgebung geboten werden, vielmehr sollten sie sich ihre Lernwelt selbst einrichten. Was das bedeutet, zeigen unsere Religionsbücher in Fotoberichten und ergänzen die Lehrerhandbücher unter dem Titel »Leben und Lernen in der Schule«. Auch wenn es sich nicht um ein Sonderthema des Religionsunterrichts handelt, ist der Religionsunterricht ohne diese Verleiblichung einer schülerfreundlichen Schule weniger glaubwürdig und weniger fruchtbar. Die Gestaltungs- und Veranwortungsbereiche, die das Gesamtprogramm einschließt, fordern alle geistigen und manuellen Fähigkeiten von Schülern und Lehrern heraus.

Gemeinsam essen und trinken

Jeder Religionsunterricht hat zu dieser Dimension des Lebens einen elementaren Bezug. Im vorliegenden Band gewinnt die gemeinsame Tischerfahrung nochmals eigene Beachtung (→ S. 62-64). Sie ist Basis und Ausdruck einer lebendigen Klassengemeinschaft. Das Niveau der Gestaltung vermag sich aus vielen Inhaltsaspekten des Religionsunterrichts zu nähren.

Lernen und feiern

Je intensiver in einer Schule gearbeitet wird, um so bewußter muß sie entspannen können, Zeiten der Muße kennen, dem Fest und der Feier Wertschätzung schenken. Der → II,125-137 vorgestellte »Kalender für Feste und Bräuche im Schuljahr« ist zwar auf die Grundschule ausgerichtet, erlaubt aber auch vielfältige Übernahmen in die Sekundarstufe. Da in Schulen aber Feste niemals *für* Kinder, sondern immer nur *mit* ihnen vorbereitet und gefeiert werden, sind die Formen der aktiven Teilhabe nahezu unbegrenzt.

Umgang mit der Natur. Pflanzen und Tiere im Schulbereich

Ein Religionsunterricht, in dessen Curriculum der Aspekt »Schöpfung« zentralen Stellenwert hat, kann sich auf verbale Beschwörungen der Naturliebe nicht beschränken. Darum ist es wünschenswert, daß die Schüler im Schulbereich selbst Aufgaben finden, durch die sie pflegerisch mit Pflanzen und Tieren umgehen lernen (→ II,56-77). Daneben aber läßt sich eine Erziehung zu ökologischer Verantwortung nicht mehr realisieren, wenn das Schulgelände und die Abläufe im Schulalltag nicht ebenfalls unter einem entsprechenden Handlungsanspruch stehen (→ IV,52-58; 85-146; →VIII).

Schreiben und drucken

Die handlungsorientierten Grundlinien der Freinet-Pädagogik finden sich → III,68-116 mit Beispielen und Anregungen dargestellt. Wer hinzuschauen versteht, sieht bald, daß sich dieses didaktische Konzept nicht auf die Grundschule beschränkt, zumal Freinet selbst seine Arbeit auf die gesamte Schulzeit bezog. Angesichts einer fast allgemein gewordenen Fernsehkindheit, die der Schrift wie dem Buch entfremdet, wird es immer wichtiger zu wissen, wie Schüler zum Schreiben freier Texte kommen, wie stilles Schreiben ihnen behagt und wie sie ihren Texten durch unterschiedliche Drucktechniken eine ästhetische Gestalt geben können, die nicht nur ihnen, sondern auch ihren Eltern und Lehrern Freude bereitet.

Gleichzeitig erlauben Druck- und Verfielfältigungstechniken ein *produktorientiertes Arbeiten*, das manchen Unterrichtsprozeß neu motivieren kann. Wenn die Beschäftigung mit einer Sache nicht gewissermaßen ergebnislos endet, vielmehr mit einem vorzeigbaren gemeinsamen Werk abgeschlossen werden kann: einem kleinen Buch, einer Plakatfolge, einer Fotoreportage, einer Ausstellung, einem Zeitungsbericht. . ., gewinnt gerade dadurch der Unterricht eine neue sinnenhafte Qualität, die über die Unterrichtszeit hinausweist und der schulischen Arbeit nachhaltige Wirkung gibt.

Singen und Musizieren

Mit einem Volkslied zum Beginn des Unterrichts ist es offensichtlich vorbei, und zweifellos gelingt es vielen Lehrern überhaupt nicht mehr, heutige Schüler noch zum Singen zu bewegen, so sehr die Musik auch sonst für sie an Bedeutung zugenommen hat. Und trotzdem gibt es die gegenläufige Erfahrung: Wenn es Lehrern gelingt – oft über ein motivierendes Instrument – den richtigen Ton, das richtige Liedgut und den richtigen Rhythmus zu finden, können sich auch heutige Schüler noch mit Begeisterung auf gemeinsamen Gesang einlassen. Da in fast jeder Klasse Schüler sind, die ein Musikinstrument spielen, liegt es nahe, deren Fähigkeiten einzubeziehen. Was hier gelingt oder mißrät, ist in hohem Maße von der Begabung, Begeisterung und Einsatzbereitschaft eines musizierfreudigen Lehrers abhängig.

Ein anderes Problem ist die Wahl der Lieder. Es hat sich in den letzten Jahrzehnten unter jungen Leuten und oft sogar in den Kirchengemeinden insgesamt ein »religiöses Liedgut« durchgesetzt, das in seiner theologischen Einfalt nur noch als Kitsch bezeichnet werden kann. Da wird ein fröhlicher Behütungsoptimismus besungen, den eigentlich nur ein naives Gemüt als erträglich empfinden sollte.

Bislang noch keine Tradition hat das Musikhören im Religionsunterricht (→ IV,71-74). Die bedeutenden musikalischen Traditionen des Christentums verdienen aber nicht weniger schulische Beachtung wie die Werke der bildenden Kunst, der Literatur und der Theologie. Auch die nichtchristlichen Religionen lassen sich nicht allein über Text und Bild, sondern ebenso über deren eigengeschichtliche Musik- und Klangwelt vermitteln. Es wird eine zukünftige Aufgabe sein, auf diesem Gebiet dem Religionsunterricht eine neue Dimension christentums- und religionsgeschichtlicher Erfahrung zu eröffnen und zu erschließen.

Spielen

Über den Magister ludens haben wir bereits früher nachgedacht (→ II,36-39). Die Arbeitshefte für jeden Jahrgang der Sekundarstufe I bieten immer ein kleines Spielcurriculum an.

Besonders geeignet sind Rollenspiele, um ein Unterrichtsthema tiefer zu durchdringen und plastisch aufzuarbeiten. Die Palette kann vom Symbolkapitel bis zur Kirchengeschichte reichen: Menschliche Charaktere lassen sich körpersprachlich darstellen; die Schüler beschreiben den je gemimten Typ – ein vergnügliches Stück »Symboldidaktik«.

Die Übersetzung frontal unterrichteter Themen in freie Schüleraktivitäten ist immer möglich, wenn der Lehrer den jeweiligen Stoff aus der üblichen farblosen Begrifflichkeit zu lösen versteht, um ihn mit geschichtlichen Auseinandersetzungen und einfühlbaren Konfliktszenen wieder lebendig zu machen. Insofern trägt fast jeder Unterrichtsinhalt Ansätze zur Handlungsorientierung in sich.

Erkundungen und Exkursionen

Mit ihrer Öffnung in die regionale Lebenswelt thematisiert die Schule sich selbst und zwar vielfach über die gewohnten Fächergrenzen hinaus. Diese Öffnung des Unterrichts ist abhängig von innerschulischen Prozessen, die dem Schüler selbsttätiges Lernen und handlungsbezogene Aufgaben anbieten. Regionale Didaktik (→ V,417-421) hilft der Schule, sich selbst im Lebensraum ihrer Schüler so zu organisieren, daß kompensatorisch zum heutigen Konsumverhalten ein breites Spektrum aktiver Handlungsmöglichkeiten im gemeinsamen Zusammenleben, im Verhältnis der Schulen untereinander (das sich kaum entfaltet zeigt) und in den vielfältigen Interaktionen mit den Einrichtungen und Vorgängen der Region eröffnet wird.

Wesentlich für eine solche Konzeption ist also das Interesse für die außerschulische Umwelt. Wenn eine neue Qualität des schulischen Lebens erreicht werden soll, so geht dies nur über eine fächerübergreifende Öffnung nach innen und eine schulraumübergreifende Öffnung nach außen. Zur Einbeziehung regionaler Vorgänge gehören:

Erstens die Freizeitsituation der Schüler: Information und Rücksprache mit Sportvereinen und Jugendgruppen, Wahrnehmung und kritische Sondierung der kommerziellen Freizeitangebote, der Medienmärkte und Spielzentren.

Zweitens die berufliche und wirtschaftliche Situation: Weiterbildungs- und Ausbildungsmöglichkeiten, Berufswahlpalette, Arbeitsmarkt und Arbeitslosigkeit, Betriebserkundungen und konkret wahrgenommene Berufsprofile, Betriebspraktika, Umschulungsmöglichkeiten.

Drittens die Einrichtungen und Spannungsverhältnisse des gesellschaftlichen und politischen Lebens: kommunale Verwaltungen und ihre Ressorts, von dort getragene Projekte öffentlicher und aktueller Bedeutung, Parteien, Gewerkschaften, Verbände, Bürgerinitiativen, Frauengruppen, Stadtteil- oder Dorfaktivitäten.

Viertens die religiösen Verhältnisse: christliche Gemeinden, ihre Kirchen und Versammlungshäuser, ihre sozialen Einrichtungen (Krankenhäuser, Pflegestationen, Altenheime, Jugendhäuser, Kindergärten, Beratungseinrichtungen, Selbsthilfeorganisationen...), ihre Gottesdienste, Feste und Bräuche im Jahreslauf; die weltweiten Hilfseinrichtungen und Aktionen, die mit den kirchlichen Verhältnissen einhergehenden Prozesse gesellschaftlicher Zustimmung, Gleichgültigkeit und Ablehnung; die freikirchlichen Gemeinden, religiöse Kleingruppen, nichtchristliche Gemeinden und Gruppierungen; die esoterischen Interessen, Gruppenbildungen und Veranstaltungen.

Fünftens die bauliche Umwelt: Stadtsanierung, Dorfentwicklung; Baumärkte und das Problem, regionale Identität zu wahren; Verkehrssituation und Verkehrsplanung, Wohnsituation, Freizeit und Erholungseinrichtungen.

Sechstens die natürliche Umwelt: Naturgarten, Bäume, Hecken, Sträucher, Biotope auf dem Schulgelände. Stadtsituation und Ökologie. Ökologische Probleme heutiger Landwirtschaft, Landschaftsvernichtung, Baumsterben, Aussterben von Pflanzen, Blumen, Tieren. Landschaftsschutz.

Siebstens die soziale Situation: Ausländer (Wohnverhältnisse, Arbeitslage, Integration), Behinderte, Minderheiten. Hilfseinrichtungen (soweit sie nicht bereits im kirchlichen Spektrum begegnen).

Achtens das kulturelle Leben: Alltagskultur (Bibliothek, Kino, Videothek, Spielhalle). Theater und Musikleben. Ausstellungen, Museen, Kleinkunst, Vorgänge in der Subkultur, Feste und Bräuche.

Falls eine Schule diese Öffnung bejaht, um ihren Schülern in optimaler Weise Lernprozesse zu erlauben, die mit der eigenen Lebensgeschichte zusammengehen, ist eine fächerübergreifende Konzeption notwendig. Die damit zu verbindenden Schulprogramme und Veränderungen des Lernens finden sich → V,50-68 beschrieben. Aber auch wenn sich die Schule nicht in ihrer Gesamtheit auf eine solche regionale Didaktik einlassen will, sind in den einzelnen Fächern (und Fächerkombinationen) immer wieder regionale Konkretisierungen der je anstehenden Unterrichtsinhalte möglich: Man wird nicht über den Umgang mit Tieren sprechen, ohne nach dem Schicksal von Haustieren und verwahrlosten Tieren in der eigenen Stadt zu fragen; man erzählt nicht von Epidauros und Lourdes, übersieht dabei jedoch die Wallfahrtsorte der eigenen Heimat; entfaltet keine Geschichte des Hospitals, übergeht aber die entsprechenden Einrichtungen der Region; handelt nicht über Armut und Barmherzigkeit, ohne ihre Spuren am Ort zu verfolgen... Und selbstverständlich erlauben Kirchengeschichte wie Kirchbauthematik ihr Studium im nächsten Umfeld. Es gibt nur wenige Themen, die völlig ohne lebensgeschichtliche Bezüge bleiben müssen.

Gäste im Unterricht

Menschen, in deren Beruf und Schicksal sich das Leben verdichtet, die Einfluß nehmen auf unsere Zeit und ihre Bewußtheit, leben überall unter uns. Sie sind ebenso Personen des öffentlichen Lebens wie Menschen stiller Zurückgezogenheit. Man findet ihre Namen oft in der Zeitung oder muß nach ihnen suchen, jedenfalls mangelt es nicht an Männern und Frauen, die etwas zu sagen haben und die durch ihr berufliches wie privates Engagement das verkörpern, was dem Unterricht durch verbale Bemühung kaum zu vermitteln gelingt. Darum braucht jedes Fach eine – immer fortzuschreibende – Namens- und Anschriftenliste, die schnellen Kontakt zu Menschen erlaubt, mit denen zu sprechen sich lohnt. Das Religionscurriculum dürfte kaum einen Aspekt haben, der nicht von Menschen des eigenen Lebensraumes konkretisiert werden könnte: durch Politiker, Sozialarbeiter, Entwicklungshelfer wie Seelsorger der Dritten Welt, Weltreisende, Krankenpfleger und – schwestern, Ärzte, Schriftsteller, Künstler, Pfarrer, Mönche, Nonnen, Vertreter fremder Religionsgemeinschaften, Heimatpfleger und -forscher, Architekten, Naturschützer, Tierschützer,

Hobbyisten, Sammler... Es wird jedoch nicht genügen, auf kürzestem Wege eine Absprache zu treffen; der Lehrer sollte dem Gast ausführlich erläutern, in welchem Kontext sein Besuch erwünscht ist, und die Klasse wird in vielen Fällen gut tun, eigene Interessen und Fragen, die dem Besucher gestellt werden, vorweg zu formulieren. Es geht ja nie darum, geschäftigen Aktionismus zu entfalten, sondern wichtige Themen mit einer verdichteten menschlichen Begegnung zu verbinden.

Meditative Formen

Oft ist Unterricht nicht möglich, ohne den Schülern einen Weg zu Entspannung und Konzentration zu zeigen. Dazu entfaltet dieses Unterrichtswerk eine Didaktik der Stille-Übungen. Doch lassen sich diese Übungen nicht als Disziplinierungsinstrumente mißbrauchen. Es sind Wege zu einer Selbsterfahrung, die heutige Schüler mehr als frühere nötig haben, um nicht völlig von dem Lärm und Unterhaltungsunrat, der ständig auf sie eindrängt, erstickt zu werden.

Gleichzeitig gibt es gerade im Religionsunterricht Prozesse, die eine meditative Disposition einfordern, um in ihrer je eigenen Weise überhaupt stattfinden zu können. Es gibt Bilder, Gedichte, Texte, deren Nachvollzug an eine kontemplative Grundhaltung gebunden ist. Alle Lehrerhandbücher und die Arbeitshefte bieten konkrete Anregungen.

Unterrichtseinstiege

Der Begriff »Unterrichtseinstieg« ist jüngeren Datums und löst Vokabeln wie »Hinführung« oder »Vorbereitung« ab. Ganz seriös scheint er nicht zu sein, denn er läßt an ein Verhalten denken, das den vorgesehenen Weg in ein Haus meidet, um statt dessen durch die Hintertür, ein Fenster oder gar über einen Anbau ins Haus zu gelangen. Der »Einstieg« in den Unterricht kann ähnlich unkonventionell vor sich gehen, muß nicht dem üblichen Weg folgen, zumal nicht einer sachgebundenen Systematik, als wäre man daran gebunden wie an ein Geleise. Einsteigende möchten nicht bemerkt werden, und oft hat man tatsächlich den Eindruck, daß Lehrer dem Unterrichtsthema und sich selbst kaum etwas zutrauen, weil sie meinen, nur unter Ablenkung oder Überraschung bei den Schülern mit der Sache ankommen zu können. Dennoch: der Inhalt der Trickkiste ist verbraucht, die Schüler sind längst mißtrauisch geworden; sie haben zu oft »didaktische Kuckuckseier« kennengelernt. »Wir sind gegen eine Unterrichtskultur, in der das Lernen durch methodisch immer raffinierter gestaltete Einstiege nur noch schneller und stromlinienförmiger gemacht wird.«[1]

Es gibt unterschiedliche Formen, den Unterricht zu beginnen. Da sind zunächst die konventionellen *Eröffnungsrituale*: Begrüßung, Anwesenheitskontrolle, Erledigung von Regularien; auch die Hausaufgabenkontrolle gehört hierhin, das Verlesen von Protokollen. Vor einer Generation ließ sich Unterricht weithin mit formalen Ritualen eröffnen. Die Umgangs- und Vermittlungsformen in der Schule haben sich seither gewandelt. Sie sind lockerer, vielfältiger, auch formloser geworden. Die Schüler haben mehr Möglichkeiten der Mitsprache, können sich insgesamt gegenüber Lehrern auch mehr erlauben, was oft dazu führt, daß Stunden mit Unruhe, einem Disziplinproblem, einem Konflikt anfangen, ohne daß der Unterricht begönne. Zwar sind die alten Machtverhältnisse nicht aufgehoben, aber die Anfangssituationen sind weniger vorhersagbar als früher, weil es für sie kein verbindliches Regelsystem mehr gibt.

Statt konventioneller Eröffnungsrituale sind variable Anfangssituationen möglich, welche die Schüler unmittelbar ansprechen. Als Beispiele lassen sich vorstellen:

Der Morgenkreis: »Durch eine U-förmige Anordnung der Tische sind die Stühle ohne Schwierigkeiten schnell im Kreis geordnet. Gruppentische erlaube ich nur bei bestimmten Aufgaben. Einige maulen mich deshalb manchmal an; aber weil ich als Lehrerin so besser unterrichten kann, bleibe ich dabei. Jeden Morgen setzen wir uns in den Kreis um ›unsere Mitte‹: auf einem Tuch in der Mitte des Raumes steht ein Blumenstrauß. Außerdem liegen dort Dinge rund um den Unterricht und aus dem Leben: das Spielzeugauto von Hikmet, der Zahn von Helena, die ›Bravo‹ und ein toter Käfer. . . Auch bei 19 Sonderschulkindern, wo der Raum oft eher einer Kampfarena oder einem Wildgehege

---

1 *Liane Paradies/Hilbert Meyer,* Einstieg in den Unterrichtseinstieg, in: Pädagogik 44 (1992) Heft 10, 10.

ähnelt, wurde diese Mitte äußerst selten zerstört. ›Sieht aus wie'n Altar‹, äußerte einmal ein hereinschauender Nachbarschüler.

An der Anordnung der Kinder im Kreis kann ich ablesen, welche Kinder Distanz zu mir halten wollen oder ob sich ihre Beziehung zu mir ändert. Wenn Stille eingetreten ist, begrüße ich alle mit ›Guten Morgen, zusammen!‹ und wende mich an den rechten oder linken Nachbarn. Reihum sagt jeder, wie es ihm geht, wie er geschlafen hat und ob es sonst noch etwas zu berichten gibt. Wenn ein Kind nichts sagen möchte, äußert es nur: Ich gebe weiter. Aus dem Kreis erwachsen manchmal gute Gespräche oder auch Konflikte. Die Runde braucht zwischen fünf Minuten und einer halben Stunde, je nach Situation. Zum Schluß erzähle ich etwas von mir.

Im Morgenkreis haben wir die Möglichkeit, einander zu hören, zu sehen, zu fühlen, wie es jedem geht, was ihn beschäftigt, was im Vordergrund steht. Das Individuum kann sich dort in der Gemeinschaft ausdrücken, das Zuhören wird gestärkt, die Anteilnahme füreinander oder auch das Abgrenzen. Der Morgenkreis ist für mich heute mehr als ein Unterrichtseinstieg.«[1]

Der Tagesspruch: »Ich war lange auf der Suche nach einem Beginn im Deutsch-Fachleistungskurs, der einerseits einen persönlichen Bezug ermöglicht, andererseits Spracharbeit als tägliches ›Kurztraining‹ in sich birgt. Eines Tages fand ich einen Leitspruchkalender in einem Wartezimmer. Diesen schaffte ich an. Jede Stunde begann so: Ich zeige den Kalender, einer liest laut vor (etwa: ›Man kann einem Leoparden nicht die Flecken wegputzen‹), dann melden sich Schüler und ›übersetzen‹, so nennen wir das. Je nach Spruchinhalt und Gruppensituation verweilen wir im Gespräch darüber unterschiedlich lange. Beim Sinnerfassen tasten sie sich durch die Worte, erklären die Bedeutung mit eigenen Worten, indem sie durch Identifikation den Inhalt in eigene Lebenssituationen übertragen. Nach einem Jahr war das Vertrauen soweit gewachsen, daß die Schüler sich mit sehr persönlichen Beispielen an die Interpretation der Sprüche wagten. Über dieses Sprachritual wurde uns das Kennenlernen menschlicher Verhaltensweisen in annehmbarer Weise ermöglicht, gleichzeitig das Schutzbedürfnis von Jugendlichen in Gruppen respektiert, aber auch Meinungsbildung herausgefordert.«[2]

Den Kopf auf die Bank legen: »Als ich zum ersten Mal eine Klasse übernahm, beschloß ich, dem Ankommen aus verschiedensten Situationen (Pausenspiel, Fachunterricht, Zuhause. . .) einen festen Platz zu geben. Auch für mich war es wichtig, mir Zeit zu gestatten, mich auf wechselnde Gruppen einzustellen. Nach dem Auspacken legten die Kinder ihren Kopf auf die Bank, schlossen die Augen. Einige betteten ihren Kopf auf eigene Kissen. Je nach Gruppenklima dauerte die Ruhepause unterschiedlich an. Manchmal sprach ich leise dazu Gedanken aus, z.B. über das Lampenfieber vor dem Test, über den ersten Frost. . . Einige Kinder verweigerten diese Form: manche müssen sich besonders schützen, andere neigen zu Ungeduld oder müssen sich an mir abarbeiten. Wir vereinbarten, daß sie sich ausschließen können, aber uns nicht stören sollen. Das wurde akzeptiert. Nach einem Jahr zogen wir Bilanz: Siebzehn Kinder befürworteten eine Fortsetzung dieses Unterrichtsbeginns; sie empfanden ihn als beruhigend. Sieben Kinder waren geteilter Meinung; sie empfanden es mal als gut, mal als schlecht. Vier Kinder lehnten diese Übung ab: Das ist Zeitvergeudung.«[3]

Besinnung am Morgen: Eine andere Form des Morgenkreises, die sich mit Ruhe und Stille verbindet und eine »Arbeit des Herzens«, nicht des Kopfes will, bieten Texte, die

---

1 *Silvia Froese,* Sie lassen uns mehr Zeit. . . Wege zu einem persönlich bedeutsamen Unterrichtsbeginn, in: Pädagogik, a.a.O., 12-14, hier: 14.
2 Ebd., 13.
3 Ebd., 13f.

von der Oberfläche in die Tiefe führen: Geschichten, Lieder, Gebete. Dafür eignen sich im Sekundarbereich auch unsere Grundschul-Religionsbücher und jede andere Literatur, die jungen Menschen eine Hilfe zur Selbstfindung und inneren Ruhe sein kann, beispielsweise Tagebücher, Briefe, Erinnerungen. Der Morgenkreis kann ebenfalls Formen der Stille-Übungen in sich aufnehmen.

Solche Rituale entlasten Schüler wie Lehrer von täglichen Macht- und Prestigekämpfen. Sie geben allen ein Gefühl der Sicherheit und erlauben ihnen, sich innerlich frei auf diese streßfreie Stundeneröffnung einzulassen. Sie müssen nicht täglich neu erörtert und begründet werden und disponieren gerade deswegen zu innerer Ruhe und Bereitschaft für den folgenden Unterricht (s.a. Schulrituale: → V,60).

Üben und Wiederholen

Der Erfolg eines guten Unterrichts hängt davon ab, ob die gelernten Vorgänge im Gedächtnis gespeichert sind und von dort mühelos wieder aufgerufen werden können. Damit das möglich wird, sind unterschiedliche Übungsphasen und Wiederholungen bereits bei der Vorbereitung des Unterrichts zu bedenken (→ »Vom Sinn der Übung«: V,93f.).

Um freilich etwas üben zu können, müssen zuvor Kenntnisse oder Fertigkeiten vermittelt worden sein. Es gibt hinreichend viel Unterricht, dessen Ergebnisse zu schmal, ungeordnet oder zu wenig griffig sind, als daß sie Gegenstand einer Übung sein könnten. Darum gilt es immer wieder neu zu fragen, wie Unterrichtsprozesse gebündelt und wiederholt werden können. Für viele Religionslehrer hat die Wiederholung leider keinen Stellenwert, weshalb die meisten Religionsstunden zerfließen, als hätten sie nie stattgefunden.

Natürlich sind die entscheidenden Unterrichtsprozesse oft von einer Art, die ein satzhaftes Repetieren ausschließt. Dann wird der Lehrer gewonnene Einsichten oder Erfahrungen bei späteren Anlässen mehr indirekt wenngleich wiederholt wieder aufgreifen. Eine einmal erzählte Geschichte darf nicht für immer zurückbleiben, sondern muß in neue Kontexte einbezogen werden können. Dadurch wird ihr Verständnis vertieft und mit weiterer Bedeutung verbunden. Es gilt immer wieder zu überprüfen, inwieweit der Unterricht in seinem Fortgang das früher Erarbeitete erneut einbeziehen kann, so daß es lebendig bleibt und zu einem einwurzelnden Besitz wird.

Unsere Religionsbücher kennen diese Rückbezüge in verschiedener Weise. Im 5. und 6. Schuljahr werden viele Materialien aus der Grundschulzeit erneut aufgenommen; sie sollen auch für die Sekundarstufe eine Schlüsselfunktion bewahren und allen Ernstes bis zu deren Ende immer wieder neu erinnert werden können: etwa die Geschichte vom Korb mit den wunderbaren Sachen (→ V,155), die Fabel von der Hündin Jennie (→ V,162), das Brunnen-Märchen (→ S. 146-154), die Legenden von Christophorus, Martin und Elisabeth (→ S. 196-203). Daneben gibt es eine integrierte Form des Wieder-Holens und Übens, etwa durch die ständige Voraussetzung des Lernstranges »Sprachverständnis« für alle übrigen Kapitel des Buches, durch stetigen Rückbezug auf Metapher und Symbol, durch eine bewußte Wiederanknüpfung an Kapitel des Vorjahres oder gar noch früherer Jahre, die dazu zwingen, noch einmal einen Blick in das letzte oder vorletzte Religionsbuch zu werfen.

Neue Kenntnisse sind durch bewußtes Üben zu sichern und mit anderen Kenntnissen zu verbinden. Einen wesentlichen Beitrag dazu leisten die Arbeitshefte (→ 57 f.), die einen sorgfältig überlegten Ort im Gefüge des Religionsunterrichts erhalten möchten. Das Arbeitsheft demonstriert in seiner Vielfalt, wie abwechslungsreich wiederholt und geübt werden kann. Zu wünschen ist allerdings, sich nicht allein auf dessen Aufgaben zu stützen, sondern am eigenen Unterricht, an den örtlichen Verhältnissen und den Fähigkeiten der Schüler Maß zu nehmen, um individuelle Rateaufgaben, Spielideen, Lückentexte und

Tests zu entwickeln. Ratsam ist zugleich ein lebendiger Wechsel der Übungsformen: Karten und Bilder, Tabellen und Fragebögen, Statements, Interviews und vieles mehr sollten gelegentlich einbezogen werden, um durch Methodenvielfalt Langeweile und Ermüdung zu vermeiden.

Im Gang eines Schuljahres darf es auch Zeiten geben, in denen in jeder Religionsstunde 5 Minuten der systematischen Wiederholung gelten. Dazu bietet das Religionsbuch die absichernde Basis, selbst zu schreibende Tests aber können den Schülern zeigen, wo sie jeweils stehen. Damit diese Tests nicht den Charakter von Kontrolle und Repression bekommen, kann man in einer ersten Phase den ausgefüllten Test zu Hause überprüfen und korrigieren, oder – als Variante – im Sinne einer Partnerarbeit durchsehen lassen. Eventuell derselbe (oder geringfügig veränderte) Test mag einen Monat später noch einmal anstehen und – bei zentralen thematischen Linien, die ein zusammenhängendes Wissen und Verstehen einfordern – vielleicht sogar das Ganze noch einmal im Abstand von ein oder zwei Jahren: keineswegs mit stupidem Ernst, sondern eher leicht, mit einer Motivation, sich selbst besser kennenzulernen, mittels spielerischer Elemente und nicht ohne freundliche Ermunterung. – Zu bedenken ist auch, daß Hausaufgaben ähnlichen Ansprüchen an Übung und Wiederholung unterliegen und nicht routiniert aus der Situation eines Stundenendes gestellt werden sollten.

Das Schüler-Arbeitsheft

Das Arbeitsheft verfolgt durchweg eine übende, vertiefende, wiederholende Funktion. Es will als ein methodisches Instrument gesehen werden, das dem Schüler – möglichst kurzweilig und abwechslungsreich – hilft, das Religionsbuch im Nachgang zum Schulunterricht mit hoher Effizienz zu nutzen. Darum verlangen viele Aufgaben, den Inhalt der Kapitel zu rekapitulieren, also noch einmal in das Buch hineinzuschauen und einzelne Passagen genauer zu lesen.

Innerhalb des Arbeitsheftes begegnen verschiedene Rubriken. Die breite Spalte ist durchgehend den Aufgaben vorbehalten, während die Randspalte variable Funktionen übernimmt. Durchgehend bietet die Randspalte zu jedem Kapitel ein »Lexikon«. Darin findet der Schüler alle unbekannten oder schwierigen Begriffe erklärt, die im betreffenden Kapitel des Religionsbuches vorkommen. Diese Begriffserklärung ist nüchtern und knapp, eben lexikonartig gehalten – eine Einübung in den Umgang mit großen Lexika. In ihrer Summe bieten die erläuterten Begriffe eines Kapitels die stichwortartige Wiederholung seiner Inhalte, an tragenden Begriffen und Namen festgemacht. Oft ermöglicht das Lexikon auch die Lösung gestellter Aufgaben in den nebenstehenden Spalten.

Neben dem »Lexikon« begegnet als weitere Spalte die »Ideenecke«, wenngleich nicht durchgehend, sondern je nach Thema und Anlaß als ein Potential zur Veränderung der eigenen Schul- und Arbeitswelt. Insbesondere das Rahmenkapitel »Leben und Lernen in der Schule« wird durch diese Ideenecke begleitet. Die skizzierten Anregungen sollten in der Klasse – wenn möglich in Verfügungsstunden des Klassenlehrers – gemeinsam diskutiert und beschlossen werden. Die Ideenecke will das ihre dazu beitragen, die Schulfotografie des Religionsbuches nicht als belanglose Dekoration zu mißachten.

Ergänzend finden sich in der Randspalte *Spielvorschläge, Rätsel* und ähnliches mehr; schließlich aber wird die Spalte auch dazu benutzt, Bilder, *Bildaufgaben* und Bilderläuterungen zu präsentieren, um die breite Hauptspalte zu entlasten und Raum zu sparen. – Der die meisten Kapitel abschließende »*Test*« erlaubt eine rückschauende Lernkontrolle. Er kann um Positionen, die der Unterricht aus dem Lehrerhandbuch übernommen hat, natürlich beliebig ergänzt werden.

Insgesamt sind die Seiten des Arbeitsheftes intensiv genutzt; es bleibt kein Raum für längere eigene Ausführungen. Wo in Einzelfällen Ausführungen nicht in die reservierten Zeilen oder Lücken passen, ist das Hausheft als Ergänzung hinzuzunehmen. Ansprüche auf umfangreichere schriftliche Stellungnahmen finden sich jedoch nur selten gestellt. Das Arbeitsheft soll seinen leicht spielerischen Charakter nicht durch Aufgaben einbüßen, die dem Schüler Sache und Fach verleiden.

Die Aufgaben ihrerseits – numerisch durchgezählt – sind von größter Unterschiedlichkeit: Silben-, Ausfüll- und Kreuzworträtsel, Rätsel überhaupt, Regelspiele, Rollenspiele, Sprachspiele, Lückentexte, Multiple-Choice-Aufgaben, Sprichwörter und Redensarten, Verse, Gedichte, kurze Geschichten, Karten zum Auffüllen und Anmalen, Architekturzeichnungen zum Benennen der Bauteile, Steckbriefe und Geschichtsrätsel »Wer ist es?«, Aufgaben und Anregungen für die Schule und das private Leben und immer wieder Herausforderungen, ins Religionsbuch zu schauen und genauer zu lesen und zu sehen.

Das Arbeitsheft hat seinen ersten Ort in der Nachbereitung des Unterrichts. Es enthält einfache und schwierigere Aufgaben, die mal begabten, mal weniger begabten Schülern zugedacht sind. – Hin und wieder sollte das Arbeitsheft auch in den Unterricht einbezogen werden, z.B. wenn es dem Religionsbuch ergänzende, vertiefende Texte zuordnet (Arbeitsheft 5, Nr. 10; 11; 20; 22; 27; 28; 48; 50; 63 u.a.m). Viele Aufgaben können auch als ein methodischer Zwischenschritt innerhalb des Unterrichts bearbeitet werden. – Für die eigenständige Lektüre des Religionsbuches empfiehlt sich die begleitende Nutzung des »Lexikons«. – Am Ende einer Unterrichtseinheit mag der angebotene »Test« dem Schüler zur persönlichen Lernkontrolle dienen; er kann aber auch, wie oben (S. 46) angeregt, in den Klassenprozeß einbezogen werden. – Interessierten Schülern wird das Arbeitsheft eine Motivation sein, sich solche Kapitel, für die der Klassenunterricht keine Zeit mehr findet, eigenständig zu erschließen (vgl. »Die Zweite Ebene«: S. 22 ff.).

Das Lehrerhandbuch als Vorbereitungshilfe

Mit seinen zehn Bänden will das Lehrerhandbuch grundlegend der Unterrichtsvorbereitung dienen. Wie sich dieses Angebot versteht, erläutern die jeweiligen Einführungen der Einzelbände. An dieser Stelle ist die Funktion des Handbuchs für den Unterricht zu bedenken.

Alle Lehrerhandbücher geben den Schülerbüchern einen erweiterten Hintergrund mit ergänzenden Kenntnissen und Materialien, damit der Religionsunterricht sich nicht auf eine Paraphrase der Schulbücher beschränken muß. Sie führen mit ausführlichen Informationen in die jeweiligen Sachthemen ein, erschließen den Stand der Forschung, kommentieren und interpretieren die Kapitel, jeden darin aufgenommenen Text und jedes Bild. Es würde aber nicht befriedigen, wollte man diese Handbücher lediglich als Kommentare benutzen, also nur punktuell zu je anstehenden Materialien heranziehen. Wer mit dem Unterrichtswerk sinnvoll arbeiten möchte, tut gut daran, sich zunächst durch ein ausgedehntes Lesepensum mit dem Ganzen vertraut zu machen, dabei auch nach Lust und Laune mal hier, mal da sich festzulesen, um schließlich einen Überblick über das didaktische Gesamtgewebe zu gewinnen. Solange diese Grundorientierung noch nicht erfolgt ist, hat es wenig Sinn, bereits mit einem der Religionsbücher zu arbeiten, weil dieser zweite Schritt vor dem ersten wahrscheinlich dazu führt, sich des Unterrichtswerkes als eines Materialbaukastens in ziemlicher Beliebigkeit zu bedienen.

Unterricht steht in Zusammenhängen. Darum ist es sinnvoll, in den Geist und das didaktische Denken des gesamten Werkes zunächst einzudringen, um zu wissen, wo einzusetzen ist, und um dann auch das je anstehende Kapitel in seiner Längsschnitteinbindung wahrzunehmen. Allerersten *Überblick* bietet das Schema im Lehrerhandbuch 5, Seite 24/25. Zu tieferem *Verständnis* aber führt erst die kontinuierliche Lektüre der aufeinanderfolgenden Kapitel eines Lernstranges. Darum sei empfohlen, die einzelnen Religionsbücher nicht nur je für sich anzuschauen, sondern auch die durchhaltenden Lernstränge für die Klassen 5 bis 10 im Zusammenhang zu lesen.

Erst nach dem so gewonnenen Überblick (anhand der Schülerbücher) empfiehlt sich die Lektüre des jeweiligen Lehrerhandbuchs. Auch da führt es nicht weit, wollte man punktuell suchen, was sich zu einzelnen Texten oder Bildern ausgeführt findet. Vor allen Details muß die Lektüre des gesamten Kapitels stehen. Es lohnt beispielsweise nicht, etwas zur Liebesmetaphorik zu lesen, wenn das Metaphernkapitel insgesamt außer acht bleibt; es ist nutzlos, über das Judentum eine Stunde vorzubereiten, wenn der mit dem Judentum verbundene theologische Paradigmenwechsel nicht wahrgenommen wird; es schafft kein neues Verstehensniveau, eine Bildfolge oder eine Geschichte aus dem Symbolkapitel herauszulösen, ohne den Kontext zu bearbeiten. Zwar kann das je gebotene Material nicht immer in seiner Fülle aufgegriffen werden, aber es ist doch zwingend, daß jeder Ausschnitt oder Teilschritt seinen didaktisch konstruktiven Wert nur aus der Einbindung in das Ganze erfährt.

Die so geforderte Mühe ist einmalig. Bei späteren Durchgängen wird es genügen, den Überblick wieder aufzufrischen, um sich danach den konkreten Materialien zuzuwenden. Der unsichere Lehrer mag es bedauern, daß unsere Handbücher keine Stundenentwürfe anbieten, sondern sich mit einer materialreichen Erschließung der jeweiligen Themenfelder begnügen. Der erfahrene Lehrer weiß, daß letztlich keine ausgeführten Entwürfe möglich sind, einerseits weil diese die individuellen Erwartungen aller denkbaren Lehrer gar nicht einlösen können, auch die unterschiedlichen Lernbedingungen konkreter Klassen übersehen müssen, und andererseits, weil durch solche Vorlagen die didaktische Phantasie und unaufgebbare Eigenverantwortlichkeit jedes einzelnen Lehrers übergangen würde.

So stellt sich also die Aufgabe, aus dem Reservoir der Lehrerhandbücher 1. eine didaktische Orientierung zu gewinnen; 2. den eigenen Kenntnisstand zu sichern und mit weiteren Materialien zu vertiefen; 3. auf dieser Basis und unter Zuhilfenahme des Schülerbuchs, des Arbeitsheftes, des Dia-Angebots und ergänzender Materialien eine eigene Stundendisposition zu entwerfen (→ Einführung in die Arbeit mit dem Religionsbuch für das sechste Schuljahr: 19-26).

LEBEN UND LERNEN IN DER SCHULE

Daß Muße griechisch *scholä*, lateinisch *schola*, deutsch *Schule* heißt, hat Josef Pieper erneut ins Bewußtsein gehoben. »Der Name also, mit denen wir die Stätten der Bildung und gar die der Ausbildung benennen, bedeutet Muße. Schule heißt nicht *Schule*, sondern *Muße*.« Dieser Einsicht haben unsere Lehrerhandbücher bisher theoretisch wie praktisch zu entsprechen versucht. Auch die im Grundschulteil gebotenen Überlegungen und Vorschläge sind bei gezielter Auswahl für Sekundarschulen relevant:

→ I, 40-42: Lernen als Umgang und Gesittung
→ II, 36-39: Magister ludens oder Der Lehrer als Mitspieler
115-138: Mit Kindern gemeinsam feiern:
Aspekte zu einer Didaktik des Festes
Praktische Anregungen
Ein Kalender für Feste und Bräuche im Schuljahr
Das Hochzeitsgeschenk
361-369: Das Fest – Geteilte und verdoppelte Freude:
Das Fest als Zustimmung zur Welt
Reichtum und Verfall des Festes
»Es gibt kein Fest ohne Götter!«
Erinnerung und Muße: Der Weg des Lehrers
Konsum oder Teilhabe: Der Weg der Schüler
→ III, 341-365: Das große Gastmahl:
Fest und Zeit – Fest und Glaube – Fest und Ritual – Fest und Gemeinde – Fest und Schule
Wie die heilige Gabe des Festes zu den Menschen kam
Ein Fest ist wie ein Baum
Lk 14,16-24: Das Fest der Freiheit
→ IV, 344-355: Fest: Der Tag des Herrn
»Schule heißt nicht *Schule*, sondern *Muße*«
Zweierlei Weisen des Lernens – Die Ruhe des Gemüts – Alles geht nach der Uhr
Antoine de Saint-Exupéry: Wenn ich dreiundfünfzig Minuten übrig hätte
→ V, 42-68: Unterricht macht noch keine Schule – Die Schule braucht ein Programm:
Die gehetzte Schule (47) – Das Hackwerk (48) – Schulrituale, Festzeiten (60)

Der Kontext von Feier, Symbol und Sakrament ist hier ebenfalls wahrzunehmen: → II,474-486; III,511-539; IV,477-466; V,417-421.

Feiern verändert die Schule   S. 247-252

Theodor Klaßen berichtet von einer Kölner Schule, die sich öffentlich mit der Behauptung schmückt: »Feiern ist bei uns das halbe Leben«. Er meint, eine reguläre Schule, die sich zu diesem Satz bekenne, setze sich dem Verdacht aus, von Dionysos mehr zu halten als von den strengen Herren der Pädagogik. »Selbst wenn man geneigt ist, dies für eine glückhafte Konstellation zu halten, muß man zugeben, daß höchstens ein Dutzend öffentlicher Schulen in der Bundesrepublik eine solche Überschrift wagen würde.«

Nun ist diese besagte Schule allerdings eine »Jenaplan-Schule«, das heißt, sie fühlt sich der Pädagogik Peter Petersens verpflichtet, und in deren Rahmen gehören Feste und Feiern zur Schule wie die Eulen zu Athen. Eine gewisse Anzahl heutiger Schulen hat sich diesem Schulprogramm angeschlossen, weil sie in ihrem regulären Unterrichtsbetrieb für Muße und Feier keinen Platz mehr sahen, die Kollegien aber glaubten es nicht mehr verantworten zu können, die anthropologische Bedeutung von Fest und Feier zu ignorieren. Dennoch ist der Jenaplan keine Requisitenkiste für Schulfeiern. Er lenkt vielmehr die Aufmerksamkeit »unwillkürlich aber energisch« auf das Problem der Raumgestaltung und auf den behutsamen Umgang mit der Zeit, natürlich auch auf einen gedeihlichen und freundlichen Umgang aller miteinander, – was letztlich dann zu einem Bruch mit der Diktatur des Üblichen führt.

Als die »Schule an der Mühlheimer Freiheit« in Köln auf die Feier kam, um überhaupt etwas wie ein Zusammen-Leben und Zusammen-Arbeiten der vielen ausländischen mit den deutschen Kindern anzubahnen, entdeckte sie, daß man beim Fest nicht stehenbleiben kann. Man muß für das Fest einen schulischen Zusammenhang finden. Man kann zum Beispiel auch nicht in der letzten Woche vor den Ferien eine Projektwoche starten und nach den Ferien die Kinder durch einen streng formierten und lernzielorientierten Unterricht zwingen, alles für unbedeutend zu halten, was man an positiven Lernerfahrungen vor den Ferien mitbekommen hat. Zwar kann es unwidersprochen schön sein, im Laufe des Jahres das eine oder andere Feierchen abzufackeln. Aber man bringt sich um den pädagogischen Ertrag, wenn man den theoretischen Zusammenhang übersieht, in dem das Fest und die Feier stehen.

Petersen erwartete von der Schule, daß sie eine Schule des Schweigens und der Stille sei. Die Schüler sollten darin zur Ruhe kommen können, sich Zeit zum Nachdenken nehmen, sich zurückziehen dürfen, um allein zu sein. Üblicherweise wecken solche Schulkonzepte heftige Kritik, da sie nun einmal durch ihr Anderssein die üblichen lernzielorientierten Curriculumkonstruktionen konterkarieren. Dennoch ist es nicht so, als würde die Eröffnung der Woche durch eine klassenübergreifende gemeinsame Runde, der Abschluß der Woche durch ein ähnliches Ritual, die von Eltern veranstalteten Feste, die von der Klasse beachteten Geburtstage, der Karneval und die Kirmes, das Sommerfest und der Advent. . . bei allen Beteiligten das reine Glück zutage fördern. »Das Stöhnen über die Anstrengungen (nicht nur bei den Vorbereitungen und beim Durchhalten) ist unüberhörbar. Petersen hat darüber nicht reflektiert«, bemerkt Theodor Klaßen. Das legt zumindest den Gedanken nahe, daß es weniger auf die Zahl der Feste als auf die Muße ankommt, die mit ihren Kennzeichen der Ruhe, der Entspanntheit und Gelassenheit den alltäglichen schulischen Hintergrund bestimmt. Dieser entspannte Hintergrund freilich hat seine eigenen Bedingungen, von denen nicht abzusehen ist, wenn Arbeit und Muße aufeinander bezogen bleiben sollen.[1]

---

1 Vgl. *Theodor Klaßen*, Schulfeiern und Schulfeste in Jenaplan-Schulen, in: Pädagogische Beiträge 38 (1987) Heft 7/8, 42-45.

Nur eine veränderte Schule kann feiern

Wer immer über Feste im Schulleben nachsinnen will – als auch über die Humanitas, der sie Ausdruck geben möchten – darf in der Tat nicht den schulpädagogischen Zusammenhang übersehen, in dem allein sie ihre fruchtbare Wirkung erfüllen. Als ein notwendiges Ceterum censeo sind hier deshalb die Konstitutiva zu wiederholen (→ V,50-68), ohne die letztlich keine Humanisierung des schulischen Lebens gelingen kann:

Erstens: Räumliche Konzentration. »*Schule in der Schule*«. Die Klassen einer Jahrgangsstufe werden in einem räumlichen Zusammenhang untergebracht. Dieser Nestbildung zugeordnet findet sich ein Lehrerzimmer für alle, die überwiegend in diesen Klassen unterrichten. Ein jährlicher Umzug erfolgt nicht.

Zweitens: Konzentration auf wenige Lehrer. Das Klassenlehrerprinzip wird im Bereich der ersten Sekundarstufe hochgeschätzt: In *eine* Hand ein Maximum an Fächern, zumal in der Orientierungsstufe! Je mehr Lehrer in einer Klasse unterrichten, je differenzierter die fachliche Besetzung des Stundenplans ausfällt, um so geringer entfaltet sich die erziehliche Kraft des Unterrichts. Darum entscheiden sich Lehrerinnen und Lehrer, vom nächsten Jahr an nur im 5. Schuljahr zu unterrichten und bei diesem Jahrgang noch zwei weitere Jahre zu bleiben. Der Klassenlehrer übernimmt den größten Teil der Fächer.

Drittens: Organisatorische Unabhängigkeit der Jahrgangsstufe. Die Teamstrukturierung des Lehrerkollegiums gibt den Klassen einer Jahrgangsstufe größere Unabhängigkeit. Unterrichtsvertretungen werden innerhalb des Jahrgangsteams gelöst, ohne den komplizierten Personalmechanismus der Schulleitung durcheinanderzubringen. Erkundungen, Exkursionen, Feste und Projekte lassen sich auf diese Weise auch kurzfristig einrichten. Fachübergreifende Unterrichtsformen sind problemlos organisierbar.

Viertens: Fachübergreifende Lehrerfortbildung. Für jedes Fach gibt es im Team mindestens einen »studierten« Fachlehrer, für Fächer mit spezifischen Kenntnissen, wie sie Sprachen oder Mathematik voraussetzen, mehrere. Die übrigen Fächer können auch fachfremd unterrichtet werden. Gemeinsame Sitzungen ermöglichen einen intensiven Erfahrungsaustausch und wechselseitige Hilfestellungen. Weil es alle mit den gleichen Schülern zu tun haben, lassen sich die Schüler in ihren Verhaltensweisen und Problemen besser wahrnehmen und führen. Die größere Nähe zu den Schülern und die intensivere emotionale Beziehung zu ihnen gibt dem Unterricht mehr Ruhe, Sicherheit und dem Lernen mehr einwurzelnde Kraft.

Eine Schule, die sich auf den so skizzierten Weg ihrer strukturellen Veränderung begibt, schafft zugleich die wichtigsten Voraussetzungen für eine größere erziehliche Kraft; sie reduziert die Probleme um Aggressionen und mangelnde Lernwilligkeit erheblich; sie erlaubt der Lehrerschaft, entspannter und ruhiger zu unterrichten. Das heißt: Nur eine so veränderte Schule bietet der Muße wieder Raum. Fest und Feier finden hier jenen stimmigen Zusammenhang, der allein gedeihlich ist.

Schule und Muße: Stille-Übungen

Grundsätzliches (→ II,81-95) und Praktisches (→ I,43ff.; III,117ff.; IV,44ff.; V,91ff.) zu Stille-Übungen findet sich in den voraufgehenden Bänden. Hier mögen drei Zitate des erneuten Bedenkens wert sein:

Friedrich Nietzsche: »Hat man wohl beachtet, inwiefern zu einem eigentlich religiösen Leben – und sowohl zu seiner mikroskopischen Lieblingsarbeit der Selbstprüfung als zu jener zarten Gelassenheit, welche sich Gebet nennt und eine beständige Bereitschaft für das Kommen Gottes ist – der äußere Müßiggang oder Halb-Müßiggang nottut, ich meine der Müßiggang mit gutem Gewissen...? Und daß folglich die moderne, zeitauskaufende, auf sich stolze, dummstolze Arbeitsamkeit, mehr als alles übrige gerade zum Unglauben erzieht und vorbereitet?«

Martin Buber: »Nicht darum also geht es, der Jugend Religion aufzuerlegen, sie in eine Ordnung des Wißbaren und Tubaren einzustellen, sondern darum, in ihr ihre eigene latente Religion zu erwecken; das ist: die Bereitschaft, der Berührung des Unbedingten standzuhalten. Es gilt nicht, der Jugend zu predigen, diese und keine andere sei Gottes Offenbarung, sondern ihr zu zeigen, daß kein Ding unfähig ist, ein Gefäß der Offenbarung zu werden; nicht ihr zu verkünden, durch diese und keine andere Handlung sei Gott zu dienen, sondern ihr zu enthüllen, daß jede Tat geweiht ist, in der die Einheit ausstrahlt; nicht von ihr zu fordern, daß sie als einzig verpflichtend für ihr Leben anerkenne, was zu irgendeiner Stunde der Vergangenheit geschehen ist, sondern ihr zu bestätigen, daß ›jeder Mensch seine Stunde hat‹, die Stunde, da die Pforte sich ihm auftut und das Wort ihm vernehmlich wird.«

Denis Diderot: »Ich möchte wissen, wo es Schulen gibt, in denen man empfinden lernt.«

Stille-Übungen mit Naturformen

Unseren Schülern fehlt es nicht an Eindrücken, eher werden sie damit überschüttet. Durch die Vielfalt und die Aufdringlichkeit der täglichen Phänomene verlieren sie den Zugang zum einzelnen Gegenstand. Darum suchen die folgenden Übungen nicht das Zusammengesetzte, sondern das Einfache, keine Vielfalt, sondern das isolierte Einzelne, statt Ungewöhnlichem das Alltägliche und nie Gesehene. Wer eine Einführung in diese Weise des Sehens geben will, findet sie in Saint-Exupérys Erzählung vom Kleinen Prinzen und dem Fuchs, der als seinen Schlüssel zur Welt verrät: »Man sieht nur mit dem Herzen gut, das Wesentliche ist für die Augen unsichtbar.«[1]

Die Übungen setzen ein unbelastetes Verhältnis der Schüler zum Lehrer voraus, außerdem natürlich die Bereitschaft zu einem körperlich ruhigem Verweilen. Dazu gehört die Anleitung zum richtigen Sitzen. Erwachsene, die Meditationserfahrung haben, wissen, daß man im Sessel nicht gut meditieren kann. Alle Meditationsmethoden legen auf eine gerade Haltung des Oberkörpers großen Wert. Eine bequeme Stellung macht auch innerlich faul und träge.

---

1 In: Das Menschenhaus, hg. von *Hubertus und Ursula Halbfas.* Düsseldorf 1972, [13]1991, 139-141; interpretiert in: *Hubertus Halbfas,* Lehrerhandbuch Religion. Informationen und Materialien zur Unterrichtsvorbereitung. Düsseldorf/Stuttgart [7]1992, 311-314.

»Eine Zeitlang hatte ich meinen japanischen Meister im Verdacht, daß er ein Anhänger des Preußentums sei, weil er auf die gerade Haltung zu großen Wert legte. Ich assoziierte damit unangenehme Erinnerungen an die Kindheit und Militärzeit. Aber dann ging mir auf, daß keineswegs die ›Stillgestanden!‹-Stellung gemeint ist, mit hochgezogenen Schultern vielleicht noch und Händen an der Hosennaht, und ich machte die Erfahrung, daß man am besten in gerader Haltung längere Zeit unbeweglich und doch innerlich locker sitzen kann.«[1]

Auch wenn unsere Stille-Übungen nicht der Strenge einer Meditationspraxis entsprechen müssen, ist es doch wichtig, daß die Schüler nicht lässig auf ihren Stühlen sitzen. Da sie etwas in die Hand bekommen, sollten sie aufrecht sitzen, möglichst ohne sich hinten anzulehnen, die Hände wie Schalen ineinandergelegt. In dieser Haltung legen wir ihnen den Gegenstand, der ihre volle, durch nichts abgelenkte Aufmerksamkeit finden soll, behutsam in die Hand, sobald sie durch ihre Haltung zu erkennen geben, daß sie dafür bereit sind.

Kieselsteine

In allen Religionen der Welt spielen Steine eine große Rolle. »Eure Bibel ist voller Geschichten von heiligen Steinen, die man auf Bergrücken aufgestellt hatte«, sagt der indianische Medizinmann Lame Deer (→ S. 317 f.). »Die weißen Menschen haben all das vergessen, und sie haben die Kraft, die in den Steinen steckt, verloren. . .« Dennoch weiß unsere Tradition noch davon. »Saxa lo-quuntur«, hieß es vor Zeiten. Für unsere Vorfahren redeten die Steine in intensiverer Weise als für heutige Menschen. Zwar können wir den Stein nach Formen und Farben bewundern, doch war er für die Alten mehr: eine Wirklichkeit, die über sich hinauswies. Goethe bemerkte: »Steine sind stumme Lehrer«, und ein Leben lang hat er Steine gesammelt und sich mit ihnen beschäftigt. Das mystische Ziel Parsifals, der Gral, wurde als strahlende steinerne Form gedacht. Im fünften Schuljahr konnten die Schüler mit Fridolin Stier vor einem Kieselstein stehen und über Gott und die Welt nachsinnen (→ V,146-149); vielleicht haben sie auch die Geschichte von Susanne Kilian »Der Stein« (→ V,147) bedacht. Wenn wir jetzt einem jeden Schüler einen Kieselstein in die Hand geben, können sie mit Sokrates empfinden, der zu Phaidon sagt: »Ich habe eines dieser Dinger gefunden, die das Meer ausgeworfen hat. . . und die eigentümliche Form unterbrach alle meine Gedanken. Wer hat dich gemacht? dachte ich. Du bist ein Spiel der Natur, du Namenloses, das mir zugekommen ist durch die Götter mitten unter den Abfällen. . .«

Vor Beginn der Stille-Übung können wir einen kleinen Text an die Tafel schreiben. Zum Beispiel:

»Den Blick von innen nach außen wenden
und umgekehrt den Blick von außen nach innen wenden.
Außen: die Dinge
Innen: ich selbst« (Walter Schautz)

»Dem aber, der die Sprache versteht, reden die Steine« (Emil Egli).

---

1 *Johannes F. Boeckel*, Meditationspraxis. Techniken und Methoden. (Goldmann Tb 10824), München 1981, 62.

»Pflanzen wirken auf den Pflanzensinn des Menschen,
Tiere auf den Tiersinn,
Steine auf den Steinsinn des Menschen« (Novalis).

»Handschmeichler, die Japaner
nennen meergeschliffene Steine so
groß genug, daß sie in der Hand sich nicht verlieren
klein genug, daß sie die laxe Faust nicht sprengen
bald schon schmeichelt der Stein meiner Hand
sie habe fünf Augen. . .« (Wolf Biermann)

Vielleicht geben wir ihnen einen dieser Sätze auch erst hinterher. Dann
könnte die Übung etwa folgendermaßen vor sich gehen:
– Alle setzen sich in eine Kreisform. Die Steine sind noch verborgen. Sie
liegen in der Mitte in einem zugedeckten Korb.
– Wenn die Schüler ruhig sitzen, die Augen geschlossen, bekommt jeder
einen Kieselstein in die Hand gelegt, den er zunächst nur mit dem Tastsinn
wahrnimmt (»schmeichelt der Stein meiner Hand, sie habe fünf Augen. . .«).
– Später öffnet jeder die Augen, wenn er meint, den Stein nun genug taktil
erfahren zu haben.
– Wer mag, erzählt, wie er den Kieselstein innerlich erlebt hat: seinen Weg
vom gebrochenen Stein im Gebirge in die Tiefe des Flusses verfolgte, »leichter
im Wasser, doch schwer genug, um einer sich am andern zu reiben, schleifen,
drehen, holpern, rumpeln, schieben, rollen, rugeln, kugeln« (Walter Schautz),
bis ein neuer Kosmos entstand, nicht mehr Bruchstück, sondern selbst ein Ganzes.
– Jeder mag seinen Stein behalten. Vielleicht nimmt er ihn auch zu Hause
noch mehrmals in die Hand und findet einen guten Platz für ihn.
– Die Stille-Übung schließt mit einem zusamnmenfassenden, überleitenden
Wort, beispielsweise aus Brechts »Legende von der Entstehung des Buches
Taoteking. . .«:

»Sprach der Knabe: ›Daß das weiche Wasser in Bewegung
Mit der Zeit den mächtigen Stein besiegt.
Du verstehst, das Harte unterliegt.‹«

»Man kennt nur die Dinge, die man zähmt«

Das ist die Weisheit, die der Fuchs dem kleinen Prinzen anvertraut: »Die
Menschen haben keine Zeit mehr, irgend etwas kennenzulernen. Sie kaufen sich
alles fertig in den Geschäften. Aber da es keine Kaufläden für Freunde gibt,
haben die Menschen keine Freunde mehr. Wenn du einen Freund willst, so
zähme mich!« – »Was muß ich da tun?« sagte der kleine Prinz.
»Du mußt sehr geduldig sein«, antwortete der Fuchs. »Du setzt dich zuerst
ein wenig abseits von mir ins Gras. Ich werde dich so verstohlen, so aus dem
Augenwinkel anschauen, und du wirst nichts sagen. Die Sprache ist die Quelle
der Mißverständnisse. Aber jeden Tag wirst du dich ein bißchen näher setzen
können. . .«
Die Geschichte vom Fuchs und dem kleinen Prinzen könnte eine wiederholt
zu bedenkende Einführung in die hier vorgeschlagenen Stille-Übungen bieten.
Die Metapher »zähmen« werden die Schüler schnell als einen Weg des sich

Einlassens und Vertrautwerdens verstehen. Sie erfahren in kleinen Schritten, daß die alltäglichen Dinge, die vielen Menschen selbst in einem langen Leben immer fremd bleiben, ein Weg zum Weltganzen und zu sich selbst sein können.

Wir haben dies am Beispiel »Kieselstein« vorgestellt. Dasselbe läßt sich mit vielen anderen Naturdingen ebenfalls tun. Geeignet für Stille-Übungen ist alles, was einfach und in beliebiger Menge erreichbar ist. Beispielsweise: ein Weizenkorn, ein Senfkorn (→ III,551ff.), schöne glänzende Früchte wie Kastanie, Eichel oder Hagebutte, auch ein Apfel oder eine Nuß, ein Gänseblümchen und andere Blüten, eine Zwiebel, eine Wurzel, ein Blatt, ein Schneckenhaus, eine kleine Baumscheibe, ein Ei... Dazu ist es gut, vorher selbst hinreichend mit dem jeweiligen Gegenstand umgegangen zu sein. Immer hilfreich ist es, eine Geschichte oder einen Vers damit verbinden können.

Rahmen und Bedingungen einer Stille-Übung

Wie das Lernen insgesamt, so sind auch Stille-Übungen nicht unabhängig von dem Raum, in dem sie stattfinden sollen. Normalerweise wird es das Klassenzimmer sein, und je nachdem, wie wohl oder fremd sich alle darin fühlen, geht eine geheime Mitwirkung von dieser Umgebung aus. Sinnvoll ist es, im Kreis zu sitzen. Dann kann die Mitte betont werden, vielleicht durch eben die Naturdinge, die heute betrachtet werden. Das schulische Verhalten würde stärker durchbrochen und dem jugendlichen Habitus mehr entgegenkommen, wenn alle statt auf Stühlen auf der Erde sitzen oder liegen könnten. Das dürfte jedoch nur unter besonderen Bedingungen realisierbar sein, etwa innerhalb einer Sportstunde oder anläßlich einer Klassenunternehmung, bei der Zeit und Raum nicht einengen.

Für manche Übung ist die Natur selbst der schönste Rahmen. Die Natur lädt immer zu Ruhe und Stille ein. Wir können den Schülern vorschlagen, sich einen Platz zu suchen – unter einem Baum, in einer Gebüschnische, auf dem Rasen... – , wo sie sich am meisten wohlfühlen, um hier für einige Minuten ganz bei sich selbst zu sein. In Städten ist das oft nicht möglich; aber auch Anlagen in Schulnähe und Parks können geeignete Orte sein.

Der entscheidende Schritt zur Stille-Übung geschieht durch den Lehrer: Die Art, wie er dazu einlädt und zumal die Sicherheit, mit der er diese Übung als ein *Angebot* verständlich macht, das entspannt und allen gut tut, sind entscheidend. Wer nicht aus eigener Erfahrung um den Wert der Stille-Erfahrung weiß, kann seine Schüler nicht auf den Weg dorthin mitnehmen: Ihm fehlt dann jene selbstverständliche Sicherheit, die sich auf die Schüler überträgt. Solange die Angst im Hintergrund steht, es könnte »nicht klappen«, verursacht die eigene Unsicherheit auch tatsächlich Irritationen.

Wer aber meint, eine »Stille-Übung« ließe sich gewissermaßen nach Gebrauchsanweisung durchführen, mag immer noch enttäuscht werden. Zu den Rahmenbedingungen zählen Raum und Einrichtung, Sitzordnung und Rituale, die Art, wie man sich regulär begrüßt und verabschiedet, Gesprächsregeln beachtet, Klassendienste einhält, Formen der Gemeinsamkeit pflegt. Alles, was in der Reihe dieser Handbücher immer wieder als konstitutiv für Schule und Unterricht beschrieben wird, gehört auch zu jenem Geflecht, in dem allein die Stille-Übung ihre Selbstverständlichkeit findet.

SPRACHVERSTÄNDNIS: SYMBOLE

Erneut: Religionsunterricht ist Sprachunterricht

Der religiöse Charakter der Sprache

Gegenwärtig vollzieht sich ein Sprachwandel, der uns deutlich von dem Sprachgefühl trennt, das vor kurzem noch herrschte und erst recht unsere Schulzeit bestimmte. Wir sagten: »Es hat keinen Sinn, dies oder das zu tun...« oder »es hat durchaus Sinn«, doch ersetzen wir seit geraumer Zeit (»in Angleichung an die große Supermacht, die wir ja auch kulturell erleiden«) dieses Sinn *haben* durch ein Sinn *machen*. »Sie können dieses ›Es macht keinen Sinn‹, das mir früher noch angestrichen worden wäre, überall lesen«, sagt Dorothee Sölle: »›It doesn't make any sense‹. Es ist einfach ein Amerikanismus, der bei uns übernommen wird, der natürlich etwas bedeutet. Denn eine der ersten Grundfragen, die man sich stellen muß, ist die, ob es wahr ist, daß wir dem Leben Sinn geben und Sinn ›machen‹, daß da etwas ist, das wir herstellen – dem Leben Sinn verleihen durch unser Handeln –, oder ob wir vom Leben den Sinn nehmen, und der Sinn ontologisch früher als wir da ist... Ist es so, daß wir dem Leben Sinn geben, oder ist es nicht vielleicht so, daß wir uns meistens dabei so verhalten wie der berühmte Hase auf der Lüneburger Heide, der angerast kommt mit seiner Sinnsuche und dem Igel oder seiner Frau begegnet, die kühl sagt: ›Ick bün all hier!‹ Der Sinn ist schon vor uns da.«[1]

Gehen wir der Wortgeschichte von Sinn nach, kommen wir über das alte *sinnan*, »reisen, streben, gehen« zur germanischen Wurzel »Reise«, »Weg«. Die Wurzel *sent–* (altirisch ist *set* der »Weg«) hat im lateinischen *sentire* die Ausgangsbedeutung »einer Richtung nachgehen«; wer das tut, wird schließlich »hinter etwas kommen«.

Ähnlich ist es mit Schicksal und Geschick. Geschick kommt von schicken; *Schicksel* ist 1572 bei Grimmelshausen noch das, »was Gott als künftiges Erleben schickt«. Die drei Nornen, die am Wurzelgrund des Weltenbaumes Yggdrasil sitzen und für jeden Menschen dessen Schicksalsfaden spinnen, deuten diesen Aspekt des Lebens als das Gegebene an. Doch trotz dieser Tradition meint der englische Psychiater Ronald Laing, der seiner selbst entfremdete heutige Mensch verdrehe inzwischen alle *data* in *capta:* »Die ›data‹ der Forschung sind weniger *gegeben* als *genommen* aus einer schwer faßbaren Matrix von Ereignissen. Wir sollten besser von *capta* statt von data sprechen. Das quantitativ austauschbare Zeug, das durch die Mühle von Prüfung und Bewertung läuft, ist Ausdruck unseres Prozessierens *mit* der Realität, nicht Ausdruck von Prozessen *der* Realität.«[2] Der damit verbundene Erfahrungsverlust – weil »Weg« und »Reise« unbekannt wurden – hat den inneren Raum

---

1 *Dorothee Sölle*, »Die Ros blüht ohn Warum«, in: *Peter Michael Pflüger* (Hg.), Die Suche nach Sinn – heute. Olten 1990, 249-266, hier: 251f.
2 *Ronald D. Laing*, Phänomenologie der Erfahrung. Frankfurt a.M. 1969, 54f.

gegen eine totale Verhaftung an den äußeren Raum vergessen gemacht. Wer aber wirklich in das »Innere« eingedrungen ist (auf ein verwirrendes, unbekanntes Gelände, das vielen als gesellschaftlich diskreditiert erscheint), wird diese Reise »als ein Schreiten rückwärts durchs eigene Leben, in und zurück und durch und hinein in die Erfahrung der Menschheit« erfahren, und diesen Weg zählt Laing »zu den wenigen Dingen, die in unserem historischen Kontext noch Sinn haben«.

So zeigt sich die Wende vom Sinn erfahren zum Sinn »machen« zugleich als Symptom eines Verlustes des inneren Wegs in den inneren Raum und die innere Zeit, und ebenso zeigt sich, wie sehr der alltäglichen Sprache eine religiöse Qualität eigen ist, die unmittelbar transparent wird, sobald über die vordergründige Verständigung hinaus ein etymologisches Interesse beginnt. Vielleicht darf man sagen, daß wir in der Sprache ein Wissen überliefert finden, in dem die Welt auf ihren eigenen Geheimnisgrund hin noch offen ist. Dieser religiöse Charakter enthüllt sich in der Herkunft einzelner Wortbedeutungen, und zugleich ist er der Sprache in ihrer Spannung zwischen Bestimmtheit und Unbestimmtheit insgesamt als »ungesagter Sinnhorizont« (Gadamer) eigen.

Der symbolische Charakter der Sprache

Die sprachliche Sensibilität des heutigen Menschen ist vielfältig eingeschränkt. Die gängige Alltagspragmatik schüttet tief liegende Quellen und Erfahrungsansätze zu. Längst ist auch Lehrern der Religion die Tiefendimension der Sprache fremd geworden. Verbindet sich etwa mit jedem Studium der Theologie eine Einführung in Theorien und Formen religiöser Sprache? Erschüttert das, was sich als christliche »Verkündigung« ausgibt, nicht immer wieder durch einen eklatanten Verlust an Sprache? Da soll etwas beschworen, festgeklopft, definiert werden, ohne daß es sich mit unseren Erfahrungen, unseren Fragestellungen und Optionen verbindet. Da wird eine Einheitsfassung ausgegeben, unbekümmert um kulturelle Sprachräume und das Recht der Sprachspiele. Da versucht man, eine Tradition zu retten, ohne die Traditionen der Tradition ihrerseits zu kennen und zu achten.

Mit unserer Rückbesinnung auf die Sprache stellen wir zugleich eine Grundfrage nach dem eigenen Dasein, weil Sprache für unser Menschsein konstitutiv ist. So sehr darüber im allgemeinen Einigkeit bestehen mag, so uneinig ist die Diskussion über den Ursprung der Sprache. In der ferneren Vergangenheit war man immer wieder von der Frage bewegt, ob die Sprache göttlichen oder menschlichen Ursprungs sei, und wieso überhaupt der Mensch zu einem sprechenden Wesen geworden ist.

Eine neue Ebene in dieser Diskussion wurde mit Johann Gottfried Herders Preisschrift aus dem Jahre 1771 über den Ursprung der Sprache erreicht. Seit Herder werden die Sprachen eindeutig als geschichtliche Prozesse und menschliche Setzungen verstanden, wenngleich eine Erklärung der Sprachfähigkeit des Menschen damit noch nicht gegeben ist. Sprache ist zu keiner Zeit ein fertiges Instrument, auch kein Naturprodukt, das sich gleich einer Pflanze entfaltet hätte, und nicht erfunden mit Plan und Methode, denn so viel wir vom Menschen wissen, ist sie je schon da und doch ständiger Verwandlung unterworfen.

»Alles absichtliche Machen in ihr hat erst in späterer Zeit begonnen und setzt die fertige Sprache in ihrer Fülle voraus.«[1]

Die Sprache ist etwas Geistiges, das freilich stets naturgebunden bleibt. »Das Rätsel, wie im Lautbild die Bedeutung ihren Leib hat, ist das allgemeine Rätsel der Sprache als Einheit von Natur und Geist.«[2] Mit dieser Sicht aber berühren wir den symbolischen Charakter der Sprache, den niemand treffender als Jakob Grimm in einem Vortrag in der Preußischen Akademie der Wissenschaften am 9. Januar 1851 beschrieb:

»Nichts in der sprache, wie in der ganzen sie gleichsam auf ihren schoß nehmenden natur, geschieht umsonst, alles, wie ich schon oben sagte, ausreichend ohne verschwendung. Einfache mittel richten das stärkste aus, kein buchstab ursprünglich steht bedeutungslos oder überflüssig.

Jeder laut hat seinen natürlichen, im organ das ihn hervorbringt gegründeten und zur anwendung kommenden gehalt. Von den vokalen hält das a die reine mitte, i höhe und u tiefe; a ist rein und starr, i und u sind flüssig und der konsonantierung fähig. Offenbar muß den vokalen insgesamt ein weiblicher, den konsonanten insgesamt ein männlicher grund beigelegt werden.

Von den konsonanten wird l das linde, r das rauhe bezeichnen. Wahrzunehmen ist, daß in vielen wörtern der ältesten sprache das r waltet, wo die jüngeren l setzen, während das s der älteren dem r der jüngeren weicht. Niemals aber gehen s und l ineinander über. Entweder wollte der sprachgeist eine entsprungene Lücke ausgleichen, oder was richtiger scheint, beiderlei r sind auch in der aussprache schon verschieden, jenes dem l nahe rein und rollend, dieses mit s verwandte heiser und unrein. . ..«

In solcher Wahrnehmung der Sprache besitzen Vokale und Konsonanten bereits symbolische Qualität. Jakob Grimm sinnt über die Natur der einzelnen Laute nach, erkennt in ihnen einen tieferen Bedeutungshintergrund und ein Wechselspiel zwischen der leiblichen Anlage unseres Organismus und der Sprache selbst und weiß schließlich auch mit den Satzgliedern und Genera je spezifische Ausdrucksqualität zu verbinden.

»Höchst natürlich und menschlich war, daß die sprachfindung jedem namen ein geschlecht erteilte, wie es entweder an der sache selbst ersichtlich vorlag oder ihr in gedanken beigelegt werden konnte. In der flexion wurde jedoch das männliche genus am vollkommensten und rührigsten geprägt, das weibliche ruhiger und schwerer, so daß jenem mehr konsonanzen und kurze vokale, diesem lange zusagen, ein aus beiden erzeugtes neutrum sich aber in die eigenheiten beider teilt. Durch die unterscheidung der geschlechter wird mit dem glücklichsten griff, wie durch einen ruck, in alle lagen, denen das nomen unterzogen werden muß, regel gebracht und klarheit.«[3]

Die größte und eigentliche Kraft der Sprache sah Jakob Grimm im Verbum aufgehoben, »das fast alle Wurzeln in sich darstellt«. Es enthalte sinnliche Vorstellungen, aus denen sich bald auch analoge und abstrakte entfalteten, »wie zum beispiel dem begriff des atmens der des lebens, dem des ausatmens der des sterbens entsprießt. Es ist ein folgenschwerer satz, daß licht und schall aus denselben wurzeln fließen. . .« Diese uns heute durchweg entfallene und meistens auch nicht mehr zugängliche frühe Transparenz der Sprache auf tiefere

1 *Karl Jaspers*, Die Sprache. München 1964, 32.
2 Ebd.
3 *Jacob Grimm*, Über den Ursprung der Sprache. (it 877) Frankfurt a.M. 1985.

Zusammenhänge und Sinnschichten hin zeugt von einer Wahrnehmungskraft und Erfahrungsoffenheit, in welcher der Geheimnisgrund der Welt aufscheint, zumal sich in dieser Sprache »alle sinnlichen und geistigen bestandteile lebensvoll durchdrungen haben«. Könnten wir eine solche Sprachlehre im Religionsunterricht weiterführen, so würde sie uns ein Feld elementarer religiöser Einsichten erschließen und helfen, im symbolischen Ausdruck »Gott und die Welt« wieder beisammen zu finden.

Das Symbol in Gestus und Ritual, Wort und Bild

Dem Religionsunterricht ist es allerdings kaum möglich, eine derart fundamentale Sprachbildung in größerer Breite zu treiben. Hier wie auch sonst im Bereich der religiösen Sprachlehre, die unser Curriculum verfolgt, muß der Deutschunterricht vertiefen und ergänzen. Richtig verstanden aber geht der sprachliche Auftrag noch über den Deutsch- und Religionsunterricht hinaus, sofern man »Sprache« nicht allein als gesprochenes Wort nimmt, sondern auch in anderen medialen Ausdrucksformen wiederfindet. Wenn wir nämlich Sprache als eine Grundverfaßtheit des Menschen verstehen, lassen sich nicht allein das Wort, sondern auch der körper*sprachliche* Gestus, das Ritual oder die bildende Kunst als Ausdrucksgestalten verstehen, die Symbolcharakter haben und auf Kommunikation hin angelegt sind. Insofern begegnen wir symbolischem Ausdruck ebenfalls im Kunstunterricht, in der Musik, in der Geschichte, in der Völkerkunde – und wenn wir es richtig sehen, auch im naturwissenschaftlichen Bereich.

Der gesamten Breite symbolischer Ausdrucksmöglichkeiten kann das folgende Kapitel nicht nachgehen. Dennoch sollen die im Religionsbuch angesprochenen Themenbereiche nicht nur aufgefüllt und vertieft, sondern um wichtige Akzente auch ergänzt werden. Dabei ist zu beachten, daß die Bildebene aller Religionsbücher – jene der voraufgegangenen und jene der nachfolgenden – ebenfalls als Einübung in das Sehen und Verstehen symbolischer Sprache zu betrachten ist.

Eine elementare und einprägsame Einführung in symbolisches Verstehen ermöglichen bereits die Bilder von Relindis Agethen im Religionsbuch für das 1. Schuljahr. Wer etwa mit dem Bild »Erntedank« beginnt und von dort aus den weiteren Bildern zum Kirchenjahr folgt, wird erfahren, wie sehr Symbole durch ihren jeweiligen Kontext bestimmt sind, also der Veränderlichkeit unterstehen, und wieviel eigene Kreativität dem Betrachter abverlangt wird, um die damit verbundenen Entwürfe für das eigene Weltverständnis zu entwickeln. Gleichzeitig gewinnen die Schüler von Bild zu Bild Bestätigungen ihrer bisherigen Lernerfolge, weil das je zuvor Erkannte in variierter Form mehrfach neu begegnet; das bereitet eine Lust des Wiedererkennens und vertieft die Auseinandersetzung mit jedem weiteren Bild. – Einer Verwendung dieser Bilder im 6. Schuljahr stehen altersbedingte Hemmschwellen nicht im Wege. [1]

---

1 *Hubertus Halbfas,* 32 Dias zu den Religionsbüchern 1 und 2. Düsseldorf 1984

Symbolische Sprachlehre im voraufgehenden Unterrichtswerk

Der unterrichtliche Ansatz, der sich an dieser Stelle mit dem 6. Schuljahr verbindet, wird um so fruchtbarer entfaltet werden können, je deutlicher der bisherige Weg symbolischen Verstehens wahrgenommen wird. Gerade wenn die Mehrzahl der Schüler unserem Unterrichtswerk nicht bereits in ihrer Grundschulzeit begegneten, ist es geraten, sich genaueren Einblick in das vorweg gebotene Material und den damit verbundenen didaktischen Anspruch zu verschaffen:

→ I, 255-262: Einführung in die symbolische Sprache
263-291: Symbol Licht
292-310: Symbol Herz
311-331: Symbol Tür
→ II, 415-442: Religionen: Die Sonne als Gottessymbol
Das keltische Sonnenheiligtum Stonehenge
Die Sonnenreligion des Echnaton
Der Sonnenwagen von Trundholm und das
christliche Mysterium der Sonne
447-473: Symbol Sonne
474-486: Symbol Brot
487-497: Symbol Wasser
→ III, 476-509: Religionen: Die Mitte der Welt
511-539: Symbolverständnis: Von außen und von innen sehen
→ IV, 473-494: Religionen: Das Welthaus der Sioux
495-548: Symbolverständnis
496-523: Symbol Labyrinth
524-540: Symbol Baum
541-548: Symbol Berg
551-572: Die Legende

Neben diesen expliziten Symbolerörterungen findet sich in den übrigen Kapiteln der Religionsbücher eine implizite Einübung in symbolisches Verstehen. Verwiesen sei insbesondere auf die Lernstränge »Gott« und »Jesus«, aber auch auf die Sakramentenkapitel, die Festthematik und den Lernstrang »Mit der Kirche feiern (gehen, leben)«. Das nunmehr im 6. Schuljahr anstehende Symbol-Kapitel wird sich um so leichter erschließen, je mehr ein Lehrer aus der Gesamtlinie der voraufgegangenen Jahre schöpft. Didaktisch gesehen handelt es sich bei den Kapiteln »Die Metapher« und »Das Symbol« um Quereinstiege, welche den Lernertrag der Grundschule für die Sekundarstufe aufgreifen und für die neu hinzugekommenen Religionsschüler vermitteln wollen. Die nachhaltige Erarbeitung metaphorischer Sprachformen im 5. Schuljahr wird an dieser Stelle vorausgesetzt. In gleicher Weise ist auch das vorliegende Kapitel über die Sprache der Symbole eine unverzichtbare Grundlegung, ohne die kein gedeihlicher Religionsunterricht weitergeführt werden kann.

Was ist ein Symbol?

Bekannt ist die etymologische Deutung: *symballein* heißt zusammenfügen, zusammenwerfen; *symbolon* ist ein aus zwei Teilen zusammengesetztes Erkennungszeichen. Wenn Freunde für längere Zeit oder gar für immer voneinander schieden, konnten sie eine Münze, einen Ring oder eine Tontafel nehmen und – um die Trennung auszudrücken – in zwei Teile zerbrechen. Jeder von ihnen nahm eine Hälfte mit sich als Unterpfand der erlebten Freundschaft. Im Bewahren dieses Stückes erwies sich zugleich die bleibende Treue. Trafen sich die Freunde nach langer Zeit wieder, so fügten sie die beiden Stücke erneut zusammen und feierten das Glück der wiedergefundenen Gemeinschaft.

In Analogie hierzu kannte der antike Sprachgebrauch mancherlei Symbola: Rechtsverträge, Losungsworte in Mysterienkulten, den Vogelflug beim Orakel (vgl. V,479 f.). Immer bezeichnete das Wort eine Synthese, das Zusammenfallen von Zweierlei zu einer Einheit, die Ergänzung von anfangs getrennt einander gegenüberstehenden Elementen. So treffen sich im Symbol das Eine und das Andere: Idee und Gestalt, Inhalt und Form, Erscheinung und Verborgenes, Seele und Körper, Bewußtes und Unbewußtes, Immanenz und Transzendenz. Es entsteht kein Symbol, solange etwas nur gegenständlich zuhanden ist, ohne daß die materielle Form einem Gedanken oder Sinngehalt Ausdruck gibt. Symbol kann nur sein, was in der einen Gegebenheit noch eine andere in sich schließt.

Symbole werden in ihrer Genese aus verschiedenen Kräften der Seele und des Geistes geformt. Immer wirken bewußte und unbewußte Vorgänge zusammen. Die rationalen Kräfte allein sind ihrer Natur nach unfähig, Symbole zu schaffen, denn was können sie anderes, als Rationales zu erzeugen, jedenfalls gelingt es ihnen nicht, einen diskursiven Entwurf zu übersteigen. Wenn wir dem griechischen Denken entsprechend von einer mythischen und logischen Dimension der Sprache ausgehen, gehört das Symbol mehr dem Mythos an: dem erzählenden Wort, der Poesie, den Künsten, dem Spiel und dem Traum. Hierin ist das Symbol zwar nie ohne logische Struktur, doch erschöpft es sich nicht im logisch Zugänglichen. Es kann nicht hinreichend definiert werden, denn Definieren heißt umgrenzen und festlegen mittels einer rational exakt greifenden Begrifflichkeit. Darum lassen sich Symbole auch nicht »erklären« – wenngleich dies durchaus Ansatz oder Zwischenschritt sein kann –, vielmehr wollen sie erzählt, bedacht, assoziativ umrundet, gespielt, meditiert und erlebt werden.

Doch ist dies nur die eine Seite ihrer Vergegenwärtigung. Für die andere gilt Paul Ricoeurs Mahnung: »Symbole geben zu denken!« Sie müssen auch befragt, analysiert, auf Herkunft und Wirkung hin kritisch untersucht werden können, damit sie als Symbole erkannt und verstanden und in ihren unbewußten, nicht selten auch manipulativen Wirkungen durchschaubar werden. Doch bevor hiervon die Rede ist, soll zuvor das Schicksal des Symbolbegriffs seit der Antike in knappen Zügen dargestellt werden.

Das Symbolverständnis in der Geschichte

Nachdem in der griechisch-römischen Antike ein symbolon unterschiedliche Dinge bezeichnen konnte, beispielsweise Rechtsverträge, Losungsworte in Kriegen und Mysterienkulten oder Bedingungen für den Vogelflug bei Auspizien (→ V,479f.), findet das Wort *symbolum* erstmals Aufnahme in den christlichen Sprachgebrauch als Bezeichnung des Glaubensbekenntnisses. Symbolum hieß anfangs eine verbindliche Glaubensformel, die in Gottesdiensten und bei der Katechese eine tragende Bedeutung besaß. Schon bei Cyprian, von 248 bis 258 Bischof von Karthago, wird *symbolon* in der Bedeutung von Glaubensbekenntnis gebraucht. Ökumenische Symbole nennt man das Taufbekenntnis der römischen Gemeinde sowie die Glaubensbekenntnisse von Nicaea (325) und Konstantinopel (381) sowie die sich später anschließenden Lehrbekenntnisse. Friedrich Heiler deutete die Benennung dieser Glaubensformeln als Symbole von jenen Sprachformen her, »deren symbolisch-mythologischer Charakter ganz deutlich hervorspringt«. Zuletzt nannte noch Johann Adam Möhler sein 1832 erschienenes Buch »Symbolik oder Darstellung der dogmatischen Gegensätze der Katholiken und Protestanten nach ihren öffentlichen Bekenntnisschriften«.

Die in den frühkirchlichen Jahrhunderten bestimmende theologische Hermeneutik ist nicht vom heutigen Symbolverständnis berührt, sondern betreibt eine allegorische Auslegung der Bibel. Um den vielen Verstehensproblemen der biblischen Sprachformen begegnen zu können, entwickelte sich eine Lehre des mehrfachen Schriftsinnes, erstmals von Origenes (um 185-254) methodisch zusammengefaßt und mit früheren typologischen Interpretationsverfahren verknüpft. Man unterlegte den biblischen Namen und Vorgängen einen spirituellen Sinn, der durch Analogieschlüsse gefunden wurde. Hinter einer solchen allegorischen Auslegung stehen Vorentscheidungen über die Seinsordnung der Welt, denen gemäß alles Seiende Verweischarakter für eine transzendente Ebene hat. Die sinnfälligen Dinge würden einen metaempirischen Sinn abbilden und die wahre Auslegung bestehe darin, die vordergründige Textebene für diesen verborgenen göttlichen Sinn transparent zu machen.

Diese Allegorese bestimmte auch die mittelalterliche Schriftauslegung. Richard von St. Viktor († 1173) formulierte als Grund-Satz: *Non solum voces, sed et res significativae sunt*, nicht allein der Wortklang (vox) sondern auch die Dinge (res) sind bezeichnend. Das Wort »Stein« meint nicht mehr als einen Stein, wie er im allgemeinen Sinn bekannt und lexikographisch eingeordnet ist. Das Ding aber, der Stein selbst, gilt als der eigentliche Bedeutungsträger. Er weist über sich hinaus auf einen höheren Sinn. Jedoch hat das Ding nicht nur eine von vornherein feststehende Bedeutung wie das Wort, sondern eine Bedeutungsvielzahl, die sich aus der Summe der Eigenschaften eines Dinges ergibt. So ist es ein Hauptanliegen der gesamten Enzyklopädik des Mittelalters, den geistigen Sinn der Dinge zu erfassen, wobei die *res* nicht allein gegenständliche Dinge meinen, sondern auch Personen, Zeiten und Geschehnisse.

Hinter dieser Hermeneutik steht die Ansicht, daß die Bedeutung der Worte durch Menschen gesetzt ist, die Bedeutung der Dinge aber durch Gott: *Voces ex humana, res ex divina institutione significant*. In diesem Denken ist die mittelalterliche Allegorese begründet, doch was eine spätere Zeit unter allegorischer Dichtung versteht, hat mit dem hier Gemeinten nichts zu tun. Geht es nämlich bei der poetischen Allegorese später um willkürliche dichterische Veranschaulichung einer Idee, etwa durch Personifizierung von Dingen (der Gärtner als »Herbst«), so verfolgt die theologische Allegorese den umgekehrten Weg: Der in der Kreatur versiegelte Sinn der Sprache Gottes soll enthüllt werden (revelatio).

Eine solche Allegorese führte zu einem »bezeichenlîchen« Sprechen, dessen Grundtypus sich dem Symbol näherte und bisweilen auch darin aufging.[1]

Frühe Ansätze einer Symbolkunde lassen sich bei Athanasius Kircher (1602-1680), Professor für Mathematik und orientalische Sprachen in Würzburg und Rom, finden. Er sprach erstmals von einer *disciplina symbolica,* war aber auch darin noch von der voraufgehenden hermeneutischen Tradition bestimmt, denn er sah die Aufgabe des Symbols darin, den menschlichen Geist zur tieferen Erkenntnis eines Dinges zu führen, und zwar mittels solcher sinnlicher Ähnlichkeiten, wie sie bereits allegorische Interpretationen aufspürten. Hundert Jahre später, 1764, trug der Philologe Christian Gottlob Heyne in Göttingen eine neue Mythendeutung vor. Ähnlich wie bereits Sokrates die griechischen Götter entmythisierend gedeutet hatte, waren jetzt für Heyne die Mythen Philosopheme des Kosmos; weil man sich in alter Zeit keiner Begriffssprache habe bedienen können, sei die Weltsicht nur in symbolischen Geschichten und Bildern zu formulieren gewesen, und daraus resultiere der *sermo symbolicus und mythicus.*

Den nächsten wichtigen Impuls für das Symbolverständnis brachte die Romantik. Hier ist unter vielen anderen Namen insbesondere Friedrich Creuzer (1771-1858) zu nennen. Sein Wunsch nach Errichtung eines Lehrstuhls für Symbolforschung ging zwar nicht in Erfüllung, aber mit seinem wissenschaftlichen Werk, zumal seiner »Symbolik und Mythologie der alten Völker, besonders der Griechen« (1810-1812) nahm er bestimmenden Einfluß auf das Symbolverständnis des 19. Jahrhunderts. Mythos und Symbol sind für Creuzer eng aufeinander bezogen, doch gleichermaßen auch Mythos und Kunst. Primär ist das Symbol; durch dessen Interpretation (von weisen Priestern für ein spracharmes Volk) entstanden die Mythen. Das Symbol »sagt alles, was dieser Gattung eigentümlich ist, das Momentane, das Totale, das Notwendige, das Unergründliche – und erhebt sie auf die höchste Stufe. Durch dieses einzige Wort ist die Erscheinung des Göttlichen und die Verklärung des irdischen Bildes bezeichnet. – Das Symbolische stellt die Wurzel des bildlichen Ausdrucks dar und bildet zugleich seine vornehmste Äußerung.« Es gehört zum Wesen des Symbols, daß es eine sofortige (momentane) Intuition vermittelt im Gegensatz zum schrittweise vorgehenden Denken, wie es sich in Mythos und Allegorie entfaltet. Creuzer sah jedoch eine Unstimmigkeit des Wesens mit der Form im Symbol gegeben. Eine Überfülle des Inhalts finde keinen adäquaten Ausdruck. Durch diese Sicht auf die eher unzureichende, dunkle Seite des Symbols hat Creuzer am stärksten auf die Nachwelt Einfluß ausgeübt.

Unter den folgenden Namen, die in steigender Zahl dem Symbol ihr Interesse zuwenden, soll noch Johann Jakob Bachofen (1815-1887) genannt werden. Sein Hauptwerk, »Das Mutterrecht«, von 1861 entwirft eine Entwicklungsge-

---

1 Vgl. *Friedrich Ohly,* Schriften zur mittelalterlichen Bedeutungsforschung. Darmstadt 1977.

schichte mit mutterrechtlichen Ordnungen einer frühen Zeit bis zum späteren Vaterrecht. Gestützt auf zahlreiche Symbole aus dem religiösen, rechtlichen, sexuellen und zivilisatorischen Bereich, versucht er, die einzelnen kulturellen Schritte zu deuten. Besonders breiten Raum nimmt in dieser Blickrichtung die dunkle Seite des Muttertums mit Tod und Grab ein.[1] Unter den Bedingungen der heutigen feministischen Interessenlage haben die Bachofen-Thesen breite Resonanz gewonnen, welche aber zugleich deren eher ungesicherten hypothetischen Charakter gerne ignoriert. Insgesamt geht Bachofens Symbolbegriff auf Friedrich Creuzer zurück, der das Symbol dem Mythos vorordnet und diesen als die Exegese des Symbols versteht.

Im 20. Jahrhundert hat die Religionswissenschaft mehrfache Wandlungsprozesse durchgemacht, die sich in jedem Stadium auch im Symbolverständnis ausprägen. Am Anfang des Jahrhunderts steht James George Frazer mit seinem berühmten »Golden Bough« (1890 in zwei Bänden erschienen, 1900 in drei Bänden, 1911/15 auf zwölf Bände angewachsen), ohne dessen Material und Einfluß, ergänzt durch »Totemism and Exogamy« (1910) Freud wohl niemals »Totem und Tabu« geschrieben hätte. Frazer und Freud waren sich einig, daß das Prinzip, welches Magie und Religion bestimme, die »Allmacht der Gedanken« sei. Nun sollte die Religion insgesamt – nach einem bürgerlich-christlichen Zuschnitt gedacht – als überwundene Entwicklungsstufe und Hindernis einer nur noch wissenschaftlich bestimmten Zeit ihre Entlarvung und Auflösung finden.

In der weiteren Kette bedeutender Religionswissenschaftler sind der Sinologe Richard Wilhelm, der Indologe Heinrich Zimmer, der Altertumswissenschaftler und Mythenforscher Karl Kerényi und als letzter religionsgeschichtlicher Generalist Mircea Eliade zu nennen. Für sie bekam das Symbol neue Zugänglichkeit durch die tiefenpsychologische Hermeneutik, mit deren Hilfe es gelang, den rationalistischen Zuschnitt Frazers zu überwinden.

Während Frazer die Religion noch als ein geschichtlich überholtes Bewußtseinsstadium der Menschheit betrachtete, ist Eliades Lebenswerk von der These bestimmt, daß Religion »ein Element der Struktur des Bewußtseins und nicht ein Stadium in der Geschichte dieses Bewußtseins« ist. Dementsprechend kommt er zu dem Ergebnis, daß in den Religionen der Menschheit der Rückgriff auf die archaischen Symbolstrukturen gleichbleibt, wenngleich diese Muster immer wieder neue Varianten und Auswertungen im Lauf der Geschichte gefunden hätten. »Nur durch die Analyse einer hinreichenden Zahl von Beispielen läßt sich die Struktur eines Symbols restlos erhellen. Mehr noch: Die Bedeutung eines bestimmten Typus (zum Beispiel des Weltenbaumes) läßt sich erst erfassen, wenn man die wichtigsten Arten und Varianten des Symbols vorher studiert hat.«[2] Das »entscheidende Problem« sieht Eliade nicht in der Deutung des Symbols innerhalb seines historischen Kontextes, sondern in der Aufgabe, »die Gesamtmasse einer Symbolik« zu enthüllen, denn: »die verschiedenen Bedeutungen eines Symbols verketten sich untereinander, sie tragen einander, in der Art von etwas Systembildendem. . . Jede neue Sinngebung für

---

1 Später hat der C.G.-Jung-Schüler *Erich Neumann* mit seinem Werk den letzten Aspekt weitergeführt: Die Große Mutter. Eine Phänomenologie der weiblichen Gestaltungen des Unbewußten. Olten 1974.
2 *Mircea Eliade,* Methodologische Anmerkungen zur Erforschung der Symbole in den Religionen, in: *Mircea Eliade/Joseph M. Kitagawa* (Hg.), Grundfragen der Religionswissenschaft. Salzburg 1963, 116f.

ein archetypisches Bild verleiht den althergebrachten Bedeutungen ihre Vollendung.«[1]

Eliade begreift den Menschen als einen homo symbolicus, dessen ganzes Tun symbolhaltig ist. Darum steht außer Frage, daß alle religiösen Fakten symbolischen Charakter tragen und auf eine metaempirische Wirklichkeit verweisen. Aber als homo symbolicus ist der Mensch für Eliade zugleich auch homo religiosus. »Als ein menschliches Wesen zu leben, war an sich in den urältesten Kulturen schon ein religiöser Akt, denn Nahrung, Sexualität und Arbeit hatten einen sakramentalen Wert. Mit anderen Worten, ein Mensch sein – oder besser, werden – heißt ›religiös‹ sein.«[2] Die eigentlichen Symbole sind deshalb für Eliade immer religiös, wie es in archaischen Kulturen ja auch ausschließlich religiöse Symbole gab. Sie offenbaren »die Struktur der Welt«, und zwar die schlechterdings »unausdrückbaren Strukturen der letzten Wirklichkeit«. Hier stiften die Symbole den kosmischen Zusammenhang. Sie verbinden die tiefste Wirklichkeit mit der menschlichen Existenz, machen betroffen und engagieren, indem sie gleichzeitig einen Sinn seines Daseins eröffnen: Der in Symbolen sich orientierende Mensch fühlt sich nicht im Kosmos isoliert, sondern in eine Welt eingebunden, die sich als »vertraut« erweist.[3]

Bedeutsam ist für Eliades Symbolverständnis schließlich der Gedanke, »daß sich Symbole nicht nur an das erwachte Bewußtsein, sondern an das gesamte psychische Leben richten. Folglich haben wir nicht das Recht zu schließen, daß die Botschaft des Symbols auf jene Bedeutungen, deren sich eine bestimmte Anzahl von Individuen voll bewußt ist, eingeschränkt sei.«[4] Die heute »abgewerteten«, mißverstandenen Symbole verweisen für Eliade auf den Ausgangspunkt, »von dem aus die geistige Wiedergeburt des modernen Menschen beginnen könnte«.[5] Dem Einwand, »solches Gerümpel« interessiere den Menschen nicht mehr, hält er entgegen: »Die Symbole, die Mythen kommen aus einer allzu weiten Ferne, als daß sie sterben könnten: sie bilden einen Teil des Menschseins, und es bleibt unmöglich, daß sie irgendeinmal gar nicht mehr auffindbar wären in einer das menschliche Dasein im Weltall wesentlich betreffenden Situation.«[6]

Der psychoanalytische Symbolbegriff

Der Weg, den die Symbolforschung im Bereich der Religionsgeschichte gegangen war, hatte zunächst für die Klärung des Symbolbegriffs innerhalb der sich entwickelnden Psychoanalyse keine Bedeutung. Dementsprechend beginnt auch hier ein neuer Forschungsansatz mit großen Unklarheiten und Fehldeutungen. Zumal die Erkenntnis der Mehrdeutigkeit jeden Symbols mußte mühsam neu gewonnen werden.

1 *Mircea Eliade*, Ewige Bilder und Sinnbilder. Vom unvergänglichen menschlichen Seelenraum. Olten 1958, 206.
2 *Mircea Eliade*, Die Sehnsucht nach dem Ursprung. Frankfurt a.M. 1981, 12.
3 *Mircea Eliade*, Methodologische Anmerkungen, a.a.O., 121-130.
4 Ebd., 134.
5 *Mircea Eliade*, Ewige Bilder, a.a.O., 21.
6 Ebd., 26.

Der Symbolbegriff in der Psychoanalyse Sigmund Freuds

Der systematische Entdecker und Forscher des Unbewußten ist Sigmund Freud (1856-1939). Den Zugang zu diesem der Wissenschaft bis dahin verschlossenen Bereich bildete für ihn der Traum. Freud erkannte den Traum in seiner symbolischen Natur und bezeichnete die Entschlüsselung der Traumsymbole als den Königsweg zum Verständnis des Unbewußten. Doch so leicht, wie dies hier gesagt werden kann, war der Weg für Freud nicht. Er bekannte später, daß »die Symbolik der Traumsprache so ziemlich das letzte (war), was mir am Traum zugänglich wurde, denn für die Kenntnis der Symbole leisten die Assoziationen des Träumers nur wenig. . . Der enge Anschluß der psychoanalytischen Traumdeutung an die einst so hochgehaltene Traumdeutekunst der Antike wurde mir erst viele Jahre nachher klar.«[1]

Freud verstand das Traumsymbol als Folge einer Triebregung, welche aufgrund anerzogener Normen und Wertvorstellungen aus dem Bewußtsein verdrängt werde und sich darum in Gestalt eines symbolischen Ersatzausdrucks im Traum Geltung verschaffe. Aus dieser Sicht bestand Freud zunächst energisch auf seiner These, Symbole seien ihrem Wesen nach negativ; sie verdankten sich ausschließlich den menschlichen Triebwünschen, besser gesagt: dem Zwang, diese Wünsche nicht zulassen zu können und sie deswegen ins Unbewußte abdrängen zu müssen, wo sie in Gestalt verfremdeter Symbole der inneren Zensur entgingen. Diesen Verdrängungsvorgang sah Freud freilich nicht allein hinter den Träumen wirksam, vielmehr glaubte er, die Kultur insgesamt und natürlich auch die Religionen als Verdrängungsresultate sehen zu müssen oder, anders formuliert: als kollektive Zwangsneurosen, die in ihren symbolischen Ausdrucksformen die Produkte unerlöster, verdrängter Wünsche seien. Dementsprechend war Freud bemüht, die Religion als eine sich massiven Verdrängungszwängen verdankende Illusion zu entlarven, die nur deswegen und so lange bestehen könne, als der Mensch seiner Triebnatur nicht geradewegs ins Auge zu blicken wage.[2] Die kulturelle Szene, die sich dem gleichen Vorgang verdankt, richtete Freud allerdings weniger streng, weil die Kunst allenfalls eine »milde Narkose« sei, deren fiktiver Charakter vor Augen stehe, während gerade die Vorstellungen der Religion als die eigentliche Realität ausgegeben würden.

Freuds Schüler und Biograph Ernest Jones brachte dieses Symbolverständnis zusammenfassend auf die Formel: »Nur was verdrängt ist, wird symbolisch dargestellt, nur was verdrängt ist, bedarf der symbolischen Darstellung.«[3] Ironisch gewendet dürfte man dementsprechend sagen: je weniger Symbole, desto gesunder, je mehr Symbole, desto neurotischer sind Mensch und Gesellschaft. Im Sinne dieser Theorie war es das ursprüngliche Ziel der Psychoanalyse, jede Art von Symbolbildung und Symbolgebrauch zu überwinden, da ja gerade diese Aktivität den Patienten hindere, sich der dahinterstehenden Vorgänge bewußt zu werden.

1 *Sigmund Freud*, Gesammelte Werke, hg.v. Anna Freud. Frankfurt 1966-1973, 58.
2 Aus diesem Ansatz heraus schrieb Freud sein Buch »Die Zukunft einer Illusion«. Leipzig/Wien/Zürich 1927.
3 *Ernest Jones*, Die Theorie des Symbols (1919), Nachdruck in: Psyche 24 (1970), 592.

Alfred Lorenzers Kritik des psychoanalytischen Symbolbegriffs

Die Revision eines nur negativ verstandenen Symbolbegriffs konnte auf Dauer nicht ausbleiben. Von den vielen, die sich darum bemühten, sollen hier nur Friedrich Hacker (1914-1989) und Alfred Lorenzer (*1922) genannt werden. Hacker versucht zunächst, den ins Pathologische abgedrängten Symbolbegriff auf einem allgemeingültigen Nenner wiederherzustellen. Er löst ihn aus seiner negativen Wertung, indem er zwar einräumt, daß verdrängte Inhalte symbolisch dargestellt werden, diesen Vorgang aber nicht als die eigentliche Leistung des Symbols betrachtet, sondern als eine unter vielen Möglichkeiten.

An Hackers Unterscheidung zwischen krankhaften und normalen Symbolbildungsprozessen knüpft Alfred Lorenzer an. Er versucht, das verfahrene psychoanalytische Symbolverständnis »durch einen terminologischen Geniestreich« (Joachim Scharfenberg) zu lösen, indem er das Symbol einmal gegenüber dem Zeichen, ein andermal gegenüber dem Klischee abzugrenzen versucht. Was Freud unter Symbol verstand, definiert Lorenzer als *Klischee:* »Mit der Verdrängung, die ja bekanntlich nur die Bewußtseinsfähigkeit, also Erkennbarkeit, nicht die Wirkungsfähigkeit der Repräsentanz beeinträchtigt, werden die Symbole in Klischees verwandelt. Das bisher symbolvermittelte Verhalten (das sich als Freiheit zu variierendem, kreativem Umgang mit dem Symbol erweist, H.H.) gewinnt nun die Züge eines klischeebestimmten Verhaltens, das sich hinter dem Rücken des Subjekts mit der Starrheit, Zwangsläufigkeit und unbegrenzten Kraft einer Triebdressurverschränkung durchsetzt bzw. durchsetzen will.«[1] Lorenzer schränkt allerdings ein, daß anders als beim Tier klischeebestimmtes Verhalten beim Menschen niemals rein zutage trete. Wir müssen an dieser Stelle den vielen Mischungsverhältnissen zwischen symbolvermitteltem und klischeebestimmtem Verhalten nicht nachgehen. Für unsere unterrichtsbezogene Fragestellung genügt zunächst die (vereinfachende) Feststellung, daß Klischees von Symbolen abstammen. Sie sind exkommunizierte Symbole, also durch einen Verdrängungsvorgang aus dem Bewußtsein ausgeschlossen, für alles Denken, Sprechen und Handeln unerreichbar und somit auch für eine kreative Beschäftigung unzugänglich. Mit der Stereotypie des klischeebestimmten Verhaltens endet »jede flexible Anpassungsfähigkeit und Veränderlichkeit, um statt dessen einer unwandelbaren Starre Platz zu machen«[2]. Was diese Wandlung des Symbols zum Klischee hermeneutisch und unterrichtspraktisch bedeutet, wird unten S. 173 f. noch darzustellen sein.

Kann das Symbol einerseits seine Desymbolisierung zum Klischee hin erfahren, gewissermaßen seine Versteinerung, so ist andererseits eine Verfestigung und Verengung des Symbols zum *Zeichen* hin möglich. In dieser Verschiebung erfolgt eine Vergegenständlichung der Beziehung: »Die Zeichen unterscheiden sich von den Symbolen durch eine one-to-one-Beziehung, d.h. eine Perfektion der Denotation mit Verringerung der Konnotation. Bei dieser Verwandlung wird das Bezeichnete herausisoliert und als Gegenstand abgegrenzt.«[3] Psychisch äußert sich das in einer Verarmung der affektiven Beziehungen, in fehlender Wärme bei Intellektualisierung und Auflösung des gesti-

---

1 *Alfred Lorenzer,* Kritik des psychoanalytischen Symbolbegriffs. Frankfurt a.M. 1970, 104.
2 Ebd., 99.
3 Ebd., 110.

schen Charakters. Jede Vieldeutigkeit des lebendigen Ausdrucks wird in Eindeutigkeit verkürzt, die innere Form erstarrt zur Formel, die Distanz zwischen Subjekt und Objekt wird affektfrei, verliert Wärme und Beziehungsqualität – das Symbol reduziert sich aus lebendiger, beziehungsreicher Vielfalt auf fixierte »Bedeutung«.

Mit dieser Abgrenzung des Symbols zum Klischee und zum Zeichen hin soll der klinische Problemumfang nicht aufgenommen werden. Die hier anstehende Symboldidaktik folgt hermeneutischen Interessen und gewinnt mit der skizzierten Verhältnisbestimmung zwischen Symbol, Klischee und Zeichen ein brauchbares Instrumentarium, den eigenen unterrichtlichen Umgang mit Symbolen kritisch reflektieren zu können.

Der Symbolbegriff in der Analytischen Psychologie Carl Gustav Jungs

Sigmund Freund neigte lange Zeit dazu, zumal auf dem Hintergrund seiner Triebtheorie, dem Symbol eine konstante Bedeutung beizumessen. Gegenüber einer solchen Fixierung des Symbols betonte Carl Gustav Jung (1875-1961) von Anfang an dessen Bedeutungsoffenheit: »Jede Auffassung, welche den symbolischen Ausdruck als Analogie oder abgekürzte Bezeichnung einer bekannten Sache erklärt, ist ›semiotisch‹ [hier: einen definierbaren Inhalt erklärend]. Eine Auffassung, welche den symbolischen Ausdruck als bestmögliche und daher zunächst gar nicht klarer oder charakteristischer darzustellende Formulierung einer relativ unbekannten Sache erklärt, ist ›symbolisch‹.« Anders gesagt, ein semiotischer, also zeichenhafter Ausdruck kann durch einen bewußt formulierten Begriff ersetzt werden, so daß aus Jungscher Sicht die Traumsymbole, wie Freud sie »definierte«, nur als Zeichen zu verstehen wären. Für Jung handelt es sich nur dann um Symbole, wenn es um einen Inhalt geht, der reflex nicht vollständig ausgeschöpft werden kann. Darum gilt ihm ein Symbol als der bestmögliche Ausdruck für etwas essentiell Unbekanntes. Kann der Inhalt aber vollständig rational formuliert werden, so ist das Symbol tot. Solange es lebt, bleibt es bedeutungsoffen und bedeutungsschwanger, wenngleich nur für jene, die nicht meinen, bereits alles davon zu wissen.

Der Beitrag Jungs zur Symbolforschung liegt vor allem darin, die Unübertragbarkeit echter Symbole in rationale Begriffe betont zu haben. Symbol und Mythos sind für ihn Äußerungen einer Psyche, über die wir nie hinausgelangen können, »denn alles Begreifen und alles Begriffene ist psychisch«. Darum bleibt der Mensch, wenn er Sinn erfassen und zur Sprache bringen will, an ein *mythologein* gebunden, ebenso wie die Deutung von Symbolen für Jung nur ein umkreisendes *mythologein,* ein Entfalten und Weiterspinnen des mythischen Fadens sein muß. In diesem Sinne hat sich Jung mit dem Symbolgehalt der Religionen beschäftigt. Auf die alchemistische Symbolik griff er zurück, weil es sich dabei um eine nicht kodifizierte, also eine keinem rationalen Interesse unterworfene spontan erlebte Symbolik handelt. Er betrachtete die alchemistische Symbolwelt als Kompensation des amtlichen Christentums, die die Materie, das Weibliche und das Problem des Bösen adäquater berücksichtige als dies der dogmatisch reflektierte Glaube tue.

Ursprünglichen, mythischen Symbolen schrieb Jung eine lebenserzeugende Wirkung zu: Sie faszinierten und stimulierten im Menschen Vorstellungskraft und Phantasie. Je mehr ein Symbol ein vielen Menschen gemeinsames Feld unbewußter Psyche ausdrückt, desto größer ist auch die Wirkmächtigkeit dieses Symbols. Große Symbole sind komplex; sie umfassen immer auch archaische Seelenteile; sie sind gleicherweise rational und irrational, sprechen zur Vernunft und zum Gefühl und können seelische Gegensätze miteinander vereinen. Darum schreibt Jung den Symbolen eine therapeutische Kraft zu: Sie erlösen und heilen, helfen unbewußte Konflikte zu ordnen und zu bearbeiten. Der tiefenpsychologische Umgang mit Mythen und Märchen, wie er als Weg zur Selbsterfahrung und Klärung vielfach gesucht wird, fühlt sich darum meistens der Psychologie C.G. Jungs verpflichtet.

Seinen Grundwiderspruch zu Freud, dem er zunächst lernend verbunden war, sieht Jung in der Beschränkung der Psyche auf Triebstrukturen. Er lehnt es ab, Religion und Kultur als Verdrängungsprodukte der sexuellen Triebstruktur zu erklären. Religion ist für ihn nicht notwendig Illusion, sondern ein allgemein menschlicher Ausdruck psychischer Energie, die freilich dann in Neurosen drängt, wenn sie keine hinreichende Verarbeitung findet. Jung und Freud sind sich einig in der Unterscheidung von Bewußtem und Unbewußtem, beide gehen auch von einem persönlich Unbewußten aus, doch entwickelt Jung darüber hinausgehend seine Hypothese vom kollektiven Unbewußten, das er als ein »Erbgut aus Vorstellungsmöglichkeiten« versteht, die allgemein menschlich sind und in frühen Dispositionen bis ins Tierreich hineinreichen. Es handelt sich hier freilich nicht um ererbte Inhalte, sondern um Bereitschaftssysteme, die sich bei allen Menschen gleichen und darum zu vergleichbaren Strukturen im psychischen Geschehen führen. Das individuelle Bewußtsein lagert nach Jung diesen Präpositionen auf und untersteht ihrer Beeinflussung, die willentlich nicht zu steuern ist. Das kollektive Unbewußte wird jedoch innerhalb seiner ererbten Bereitschaftssysteme nicht vom Zufall regiert, vielmehr können besonders mächtige energetische Dominanten ausgemacht werden, ohne daß ihre Zahl bekannt wäre. Jung nennt diese Dominanten Archetypen. Er betrachtet sie als Strukturdominanten, »ein an sich leeres, formales Element, das nichts anderes ist als eine facultas praeformandi, eine a priori gegebene Möglichkeit der Vorstellungsform«[1].

Die Symbole nun, als die elementaren Bausteine von Träumen, Mythen, Märchen und Riten, finden innerhalb der archetypischen Seelenstruktur ihre formale Organisationsform vorgegeben. Deshalb finden wir nach Jung ähnliche Grundformen des Symbols in allen Kulturen rund um die Welt, ohne daß sie voneinander abhängig sein müßten, und ebenso ist auch der einzelne Mensch in der Lage, solche Motive neu hervorzubringen. Beispielsweise glaubt Jung, das Mandala (→ V,93) nicht nur in verschiedenen alten Kulturen nachweisen zu können, sondern auch in immer neuer Variationsfülle bei gesunden und kranken Menschen.

Abschließend sei gesagt, daß es sich bei Freud wie bei Jung um Arbeitshypothesen handelt, nicht um Dogmen, die weltanschaulich gehandelt werden könnten. Versuche zu einer integrierenden psychoanalytischen Theorie des Symbols gibt es bisher nicht; angesichts der Revision im Freudschen System sollten sie aber nicht für alle Zeiten unmöglich erscheinen.

---

1 *Carl Gustav Jung*, Gesammelte Werke. IX/1, Olten 1976, 95.

Der theologische Symbolbegriff Paul Tillichs

Unter den Theologen des letzten Jahrhunderts hat sich nur Paul Tillich (1886-1965) dauerhaft mit dem Symbol befaßt. Die ansonsten zu verzeichnende Abstinenz mag verwundern, aber sie korrespondiert mit dem geringen Problembewußtsein für die fundamentale Bedeutung einer religiösen Sprachlehre.

Es ist freilich nicht von ungefähr, daß das Interesse für Symbol, Mythos und Religionsgeschichte mit der Fähigkeit zusammengeht, die Theologie aus binnenkirchlichen Sprachregelungen zu entgrenzen und in den offenen kulturellen Horizont der eigenen Zeit hinein auszulegen. Dafür steht Paul Tillich in besonderer Weise. Eine »Theologie der Kultur«, wie sie ihm vorschwebte, wäre in der Tat ohne Verknüpfung mit Symbol, Mythos und Religion nicht denkbar. Als einziger seiner Zeit hatte Tillich auch keine Scheu, den Mythosbegriff für theologisches Denken in Anspruch zu nehmen und lapidar zu betonen: »Mythen sind in jedem Akt des Glaubens gegenwärtig, weil die Sprache des Glaubens das Symbol ist.«[1]

Das Symbol hat demnach bei Tillich einen ursprünglichen Bezug zum Mythos, wobei Tillich zugleich deutlich macht, daß in der fortschreitenden Religionsgeschichte das logische Denken die Mythen zunehmend kritisiert und einem Prozeß der Entmythologisierung unterwirft. Diesen Prozeß hält er für notwendig, damit das Symbol als Symbol und der Mythos als Mythos erfaßt werden kann; er hält ihn für unsinnig, falls er auf die Ausmerzung von Symbolen und Mythen zielen sollte. »Ein solches Unterfangen kann niemals gelingen, weil Symbol und Mythos von Formen des Denkens und der Anschauung zeugen, die mit der Struktur des menschlichen Bewußtseins untrennbar verbunden sind. Man kann einen bestimmten Mythos durch einen anderen ersetzen, aber man kann mythisches Denken nicht aus dem geistigen Leben des Menschen lösen. Denn Mythos ist die Verknüpfung von Symbolen, die ausdrücken, was unbedingt angeht.«[2]

Dementsprechend will Tillich die mythisch-symbolische Sprache auch auf keinen Fall aufgeben, wie dies Bultmann mit seiner Entmythologisierung vorhatte, um sie durch eine moderne philosophisch-theologische Begrifflichkeit auszutauschen. Er versteht die Sprache des Glaubens als wesenhaft symbolisch, unterstellt dabei aber auch zentrale religiöse Begriffe und Glaubensartikel seinem Symbolverständnis. Symbole wirken verwirrend, wenn sie nicht mehr *als Symbole* verstanden werden. Dieses »wörtliche Mißverstehen der Symbole« steht einer naiven Bewußtheit an, für das moderne Daseinsverständnis aber ist es irritierend und ärgerlich, vor allem wenn der symbolische Charakter einer Tradition geleugnet wird, indem man die eigene Verdrängungsleistung als gesteigerte Glaubenstreue stilisiert. »Der Feind der kritischen Theologie ist nicht das naive, sondern das bewußte Wörtlichnehmen der Symbole in Verbindung mit einer kämpferischen Unterdrückung selbständigen Denkens.«[3]

---

1 *Paul Tillich*, Gesammelte Werke. VIII, Stuttgart 1970, 145.
2 Ebd., 146.
3 Ebd., 147. Beispiele für diese Stupidität des Bewußtseins gibt es in beiden Konfessionen zuhauf. Sie finden sich auf allen Ebenen des Kirchenvolkes und häufen sich in einer Zeit, die restauratives, abschließendes Verhalten zu belohnen scheint.

Tillich unterscheidet *diskursive* und *repräsentative* Symbole. Diskursiv nennt er logische Formen, die durch Konvention oder Gesetz entstehen. Demgegenüber sind die repräsentativen Symbole die eigentlichen, weil sie an der Wirklichkeit, die sie repräsentieren, zugleich teilhaben. Als Merkmale der repräsentativen Symbole nennt Tillich (1) ihren Hinweis-Charakter; sie stehen nicht für sich selbst, sondern vertreten das Unanschaubar-Transzendente; (2) eine re-präsentative »Anschaulichkeit«, durch die sie die Wirklichkeit vermitteln, welche sie vertreten; (3) soziale »Anerkanntheit«, da sie gemeinsamen Überzeugungen Ausdruck geben und zugleich von einer Gemeinschaft angenommen sind; dazu gehört auch ihre geschichtliche Bedingtheit, die sie wachsen und absterben läßt; (4) »Selbstmächtigkeit«, weil Symbole das erschließen, was sie darstellen; und (5) »Ambivalenz«, da ihnen heilende wie zerstörende Macht eignet, aus der heraus sie Träger des Heiligen sein können oder auch dämonisch und herabziehend.

Für Tillich ist das Symbol die eigentliche religiöse Vermittlungskategorie, so daß seine Theorie der Korrelation hier ihren »Sitz im Leben« findet. Die seit 1980 entfaltete Symboldidaktik hat in seiner Theologie einen anregenden Bezugsrahmen. Würde Tillichs »Theologie der Kultur« weiter aufgenommen und didaktisch buchstabiert, könnte die Religionspädagogik einen erheblichen Wirklichkeitszuwachs erfahren.

Verschränkungen

Die folgenden Überlegungen führen zu einer Hermeneutik des Symbols. Bevor wir über die Wirkungen und schließlich über die unterrichtliche Arbeit mit Symbolen sprechen, sind einige Ortsbestimmungen notwendig, welche uns die Eigenart des Symbolischen verdeutlichen und zugleich einen Bezugsrahmen unseres Umgangs mit dem Symbol abstecken helfen.

Symbol und Erfahrung

Der bereits oben zitierte englische Psychiater Ronald D. Laing hat in seiner »Phänomenologie der Erfahrung« auf die Wechselbeziehung zwischen der Außen- und Innenorientierung des Menschen größten Nachdruck gelegt: »Wir sind sozial darauf trainiert, die totale Versenkung in den äußeren Raum und die äußere Zeit für normal und gesund zu halten. Versenkung in den inneren Raum und die innere Zeit gilt als antisozialer Rückzug, als Abweichung, als krankhaft, per se pathologisch und gewissermaßen diskreditierend.

Manchmal nach dem Durchgang durch das Spiegelglas, durch das Nadelöhr erkennt jemand das Gelände als seine alte Heimat wieder. Doch die meisten Leute sind jetzt im inneren Raum und in der inneren Zeit – um es gleich zu sagen – auf unbekanntem Gelände, sie fürchten sich und sind verwirrt. Sie sind verloren...

Eine der Schwierigkeiten für ein Gespräch über diese Dinge liegt heute darin, daß die Existenz innerer Realitäten überhaupt in Frage gestellt wird. Mit ›innerlich‹ meine ich unsere Art, die äußere Welt zu sehen und all jene Realitäten, die keine ›äußere‹, ›objektive‹ Präsenz haben – Imaginationen, Träume,

Phantasien, Trance-Zustände, Realitäten kontemplativer und meditativer Stadien, wovon der moderne Mensch meist nicht die leiseste Ahnung hat.«[1]

Die Anlage unseres Unterrichtswerkes versucht durchgehend diese Situation unserer Gesellschaft zu beachten, nicht durch ein fortwährendes Analysieren und Bereden, sondern durch wirksame Gegengewichte: durch Geschichten, Bilder, Stille-Übungen, das Schulleben insgesamt oder – mit Montessori gesprochen – die Polarisation der Aufmerksamkeit. Im gesamten Konzept findet sich auch eine symboldidaktische Bewußtheit, die der nur diskursiven Begrifflichkeit und kognitiven Unterrichtstradition zu begegnen sucht. Von Laing her wird diese Einseitigkeit erneut deutlich, denn als Vermittlungskategorie zwischen Außen und Innen ist das Symbol im gleichen Moment entwertet, in dem die Innenwelt verdrängt wird. Erst wenn der Mensch beginnt, seine totale Auslieferung an die Peripherie zu überwinden, um die eigene Mitte zurückzugewinnen, wird auch das Symbol neu aktiviert.

Symbolwahrnehmung und Erfahrungsfähigkeit stehen also in einer inneren Verschränkung. Bleibt der symbolische Sinn unentwickelt, reduziert sich das Wirklichkeitsspektrum auf einen pragmatischen Wissensbestand, der entscheidende Dimensionen der nicht quantifizierbaren Realität ignoriert. Das Leben bleibt auf das sogenannte Faktische beschränkt und erleidet im gleichen Maße ein Defizit an Sinn. Das Symbol hilft immer, die vordergründige Wirklichkeit zu transzendieren, sensibel und erfahrungsfähig für die nicht in Begriff und Formel verrechenbare Wirklichkeit zu werden. Es ist darum nicht so, wie bisweilen gesagt wird, daß dem stumm gewordenen Symbol ein neuer Erfahrungsraum wieder besorgt werden müsse, vielmehr ist das Symbol die Erfahrungskategorie selbst, und alles, was zu tun ist, ist eine neue Erschließung des Symbolsinns. Das freilich ist keine isolierte Fertigkeit, die als eine Art Kulturtechnik zu erlernen wäre, sondern ein Programm, das letztlich den »ganzen Menschen« meint.

Symbol und Sprache

Bei Friedrich Creuzer heißt es, die Entstehung der Symbole falle mit ihrer Deutung zusammen. Es sei der Vorzug des Menschen, mit Göttern umzugehen, die ihm nachts durch die Träume und am Tage durch Zeichen aller Art (symbola) Gegenwart und Zukunft verständlich machten. In solch *gegebenen* Symbolen ist die Aufgabe ihrer Deutung mitangelegt. Das Verb *deuten* ist stammverwandt mit dem germanischen *peudo*, »Volk«. Die Ausgangsbedeutung »volksverständlich machen« bezieht sich wohl ursprünglich auf den Priester, der aus dem Opferbefund den Willen der Gottheit *deutlich* macht.

In ähnlicher Weise unterstreicht Paul Ricoeur die Verschränkung von Symbol und Sprache: daß Symbole nicht neben der Sprache angesiedelt sind, etwa als sprachlos erkennbare Bilder, sondern erst im Universum der Sprache ihre symbolische Dimension erhalten. »Gewiß, im Psalm heißt es: ›Die Himmel erzählen die Ehre Gottes‹, doch die Himmel sprechen nicht, oder sie sprechen vielmehr durch den Mund des Propheten, sie sprechen durch den Hymnus, die Liturgie; stets bedarf es eines Wortes, um die Welt wieder aufgreifen zu können...

---

1 *Ronald D. Laing*, a.a.O., 114; 129.

Ebenso ist der Träumer in seinem privaten Traum für alle anderen verschlossen; er beginnt erst dann, uns zu unterrichten, wenn er seinen Traum erzählt; und eben diese Erzählung ist das Problem, wie der Hymnus des Psalmisten.«[1]

Die semantische Struktur des Symbols ist die des Doppel- (oder Vielfach-) Sinns. Gerade wegen des Mehr an Sinn ist das Symbol auf Deutung angelegt und so mit dem Phänomen Sprache verschränkt. Friedrich Creuzer faßt diese Verschränkung in den Doppelsinn von bezeugen und erzeugen: »Indem der Priester im Symbol das Göttliche bezeugt, . . . macht er es dadurch zum Symbol, d.h. er erzeugt das Symbol. Deutend erst erzeugt er das Symbol. Das Deuten ist eins mit der Erhebung zum Symbol überhaupt.« Natürlich muß der Deute-vorgang nicht bewußt sein. Solange das Symbol noch mit einer unmittelbaren Intuition erfaßt wird, die Ricoeur eine symbolische Naivität nennt, fehlt dennoch nicht die Verwiesenheit auf Sprache, denn »diese Naivität befindet sich von Anfang an auf dem Wege zur Interpretation. . . Deshalb gibt es kein Symbol ohne einen Anfang von Interpretation.«[2]

Wir können die Verschränkung von Symbol und Sprache auch noch von einer anderen Seite her aufzeigen. Bei Creuzer findet sich die Bemerkung, der symbolische Sinn sei »der Vorzug des Menschen«. Mehrdeutigen Sinn zu »lesen« und gleichzeitig den Sinn dieser Mehrdeutigkeit zu erfassen, ist an Sprachvermögen geknüpft. Tiere brauchen hingegen die absolute Eindeutigkeit der Signale, sonst sind ihre Verhaltensmechanismen irritiert. Ihre Instinkte reagieren auf Reize, die als Signale eine starre Bedeutung haben. Die Eingebun-denheit der Tiere in ihre Umwelt, wie sie Jakob von Uexküll beschrieben hat, bedeutet die Festlegung auf ein eindeutiges Zeichensystem, von dessen Gültig-keit das Überleben der Arten abhängt.

Der Mensch steht demnach mit dem tierischen Verhalten am meisten in Übereinstimmung, wo er mit Zeichensystemen kommuniziert (→ S. 173). Das dieses der technische Bereich geworden ist, gehört zur Problematik seiner Situation. Auch wenn die technische Sprache ihre Zeichen Symbole nennt, so sind es doch eindeutig fixierte Zeichen. Gegenüber ihren maschinellen oder computergesteuerten Signalen reagieren wir durch Gewöhnung, in eingeschlif-fenen Mustern. Die »automatisch« richtige Verhaltensweise, derer man sich umgangssprachlich immer häufiger rühmt, ist dafür ebenso charakteristisch, wie sie zugleich einen Enthumanisierungsprozeß belegt.

Symbole fordern im Gegensatz zu Zeichen eine offene Kommunikation heraus. Ihre Mehrdeutigkeit räumt ein freies Bewegungsspiel ein, individuelle Stellungnahme, einen Akt eigener Kreativität. Als Sinnsysteme, die der Ausle-gung bedürfen, sind sie (auch als Bilder, Kunstwerke, Rituale, Gesten) sprach-lich verfaßt. Im gleichen Moment, in dem der Mensch das Symbol gewinnt, entwickelt er »Sprache«.

Dennoch spricht Philipp Wolff-Windegg davon, daß das Symbol im »trans-verbalen Bereich« stehe, der mit sprachlichen Mitteln nicht zu erreichen sei. Für ihn ist das »Schweigen die eigentliche Zone des Symbols«[3]. Dieser Hinweis formuliert keinen Widerspruch zum Gesagten, so wenig wie Sprache und

1 *Paul Ricoeur,* Die Interpretation. Ein Versuch über Freud. (stw 76) Frankfurt a. M. 1974, 28.
2 *Paul Ricoeur,* a.a.O., 31.
3 *Philipp Wolff-Windegg,* Symbol und Schweigen, in: Symbolon, Bd. 3, 1962.

Schweigen Widersprüche sind. Mensch und Sprache kommen aus dem Schweigen und müssen immer wieder neu ins Schweigen zurücktreten, wenn sie nicht aufgebraucht werden wollen. »Hat aber das Wort den Zusammenhang mit dem Schweigen nicht mehr, so ist an jener Stelle, wo einst das Schweigen war, nur die Leere, der Abgrund. Die Worte verschwinden in dieser Leere, wie einst im Schweigen, sie werden in diese Leere eingesogen, und eine ungeheure Angst entsteht im Menschen, daß er aufhören werde, Mensch zu sein, wenn das letzte Wort im Abgrund verschwindet.«[1] Das Symbol kann nicht wie das Wort die Verbindung mit dem Schweigen verlieren, denn es ist hier eigentlich zu Hause. Das präverbale Unbewußte ist sein Wurzelgrund. Wird die Verbindung mit diesem Bereich gestört, verlischt auch das Symbol. Zugleich verkümmert dann auch die Sprache. Sie wird vordergründig, ein pragmatisches Verständigungssystem, dem jeder Mehrwert an Sinn verlorengeht.

Symbol und Zeit

Noch eine dritte Verschränkung, in den vorauf beschriebenen mitangelegt, ist zu erwähnen: die Vermittlung der Zeitdimension im Symbol. Das Symbol ist regressiv und progressiv zugleich. Es verbindet die archaische Tiefe mit einer noch offenen Zukunft. Beide Perspektiven sind notwendig. Die regressive Funktion des Symbols ist ebenso unentbehrlich für die geistige und seelische Gesundheit des Menschen, wie zukunftsweisende Neuentwürfe an symbolischen Ausdruck gebunden bleiben.

Mit seinen Symbolen ist der Mensch in eine Verschränkung von Vergangenheit und Zukunft gespannt. Zunächst sind Symbole die Manifestation einer menschheitlichen unbewußten Lerngeschichte. Sie enthalten verdichtete, symbolisch verschlüsselte Erfahrung aus unerreichbaren Urzeiten, können aber auch mit den Erfahrungen der individuellen Vergangenheit aufgefüllt werden. Fast immer verbindet das Traumsymbol Vergangenheit und Gegenwart. Die stets erneute Rückreise in diese »Traumzeit« hinein ist nicht nur im Schlaf lebensnotwendig. Alte wie junge Menschen bedürfen solcher Regression, insbesondere aber Menschen in krisenhaften Entwicklungen, um dem Zwang nach vorne nicht ohne den Halt von hinten zu verfallen.

Andererseits sind Symbole auch Entwurfsrahmen für eine neue Zukunft. Mit ihrem offenen Sinnangebot definieren sie keine Lösung, sondern stellen ein vorstrukturiertes Assoziationsspektrum zur Verfügung, das die schöpferischen Kräfte des Menschen individuell ausfüllen können. Was aber auch immer an progressiven Intentionen mit einem Symbol verbunden werden kann, die ausschließliche Zukunftsperspektive wäre dem Menschen ebensowenig bekömmlich wie die ausschließliche Retrospektive. Symbole – zumal religiöse Symbole – scheinen die Verschränkung der Zeiten innerhalb ihrer Bedeutungsmöglichkeiten immer einfangen zu können: Das Labyrinth weist zurück und nach vorne, das Tauchbad bedeutet Tod und neues Leben, das eucharistische Mahl umfängt memoria und eschata – in der Vergegenwärtigung der Geschichte liegt so der Entwurf für eine neue Zukunft, die alle Kräfte der Gegenwart zu mobilisieren vermag.

---

1 *Max Picard*, Die Welt des Schweigens (1949). Frankfurt a.M. 1959, 32.

Wirkungen des Symbols

Es reicht nicht aus, in die symbolische Sprache der Religionen mit curricularer Systematik einzuführen, wenn nicht daneben die wichtigsten Funktionen des Symbols dem didaktischen Denken bewußt werden. Denn ohne die Wirkungen des Symbols wahrzunehmen, sind die damit verbundenen Handlungsmöglichkeiten nicht aufzuschließen. Wir beschränken uns hier auf drei große Wirkungsbereiche, die ihrerseits ein jeweils breites Aktionsspektrum haben.

Die Entlastungsfunktion der Symbole

Seitens der Psychoanalyse verbindet sich mit dem Symbol bevorzugt dessen Konfliktlösungspotential. Dementsprechend wird das Symbol in eine fachwissenschaftliche Perspektive gerückt, die dem Pädagogen nicht erreichbar ist. Dabei kann dann selbst das religiöse Symbol so definiert werden, als sei seine therapeutische Funktion die wichtigste oder gar die einzige. Aus dieser Engführung heraus artikuliert sich das etwa so: »In einer bestimmten Konfliktsituation, sei es ein Konflikt äußerer Art – ein sozialer Konflikt – oder ein Konflikt innerer Art – ein innerpsychischer Konflikt – wird eine Erfahrung gemacht, die diesen Konflikt zu bearbeiten vermag. Sie verdichtet sich zu einer Vorstellung, die sowohl den Konflikt wie seine Bearbeitung in sich aufnimmt. Eine solche Vorstellung nennen wir ein religiöses Symbol.«[1]

Schule und Unterricht bieten der klinischen Therapie natürlich keinen Platz. Unsere Arbeit lebt von einem Symbolverständnis, das ohne psychoanalytische Fachkenntnisse erarbeitet und revitalisiert werden kann. Da ist es sinnvoller, mit der Arche Noach die ökologische Schicksalsgemeinschaft unserer einzigen Welt zu erkennen und dieses Symbol mit einem Blick nach vorne bearbeiten zu können. Da ist es zwingender, die Exodusthematik angesichts der ungezählten Sklavenhäuser, in denen Menschen immer noch und heute wieder leben müssen, so zu interpretieren, daß Gesellschafts- und Kirchenperspektiven dadurch Veränderung erfahren. Da ist es drängender, all die vielen, die eine Kirche als Einheitssaat durch exkommunizierendes Denken und Verhalten herbeiführen wollen, unter das Gleichnis vom Unkraut im Weizen zu rücken, um sie so vielleicht auf das Evangelium Jesu zu verpflichten. In der Tat lassen sich in solchen Symbolen Gegensätze leichter überwinden und Konflikte besser lösen. Das gilt für innerschulische Vorgänge und gleicherweise für gesellschaftliche und politische Herausforderungen.

Die Orientierungsfunktion der Symbole

In seiner Zuordnung zu Konflikten entwickelt das Symbol nicht alle seine Möglichkeiten. Seine eigentliche Leistung ist nach vorne gerichtet, auf eine Selbstfindung hin, die alle Konflikte tendenziell in eine Ganzheit hinein überschreitet, und in der die Symbole des Selbst und das Gottessymbol sogar miteinander korrelieren.

---

1 *Joachim Scharfenberg/Horst Kämpfer,* Mit Symbolen leben. Soziologische, psychologische und religiöse Konfliktbearbeitung. Olten 1980, 144.

Jedes wahre Symbol konfrontiert mit Sinn. Wer die innere Kommunikation mit diesem Symbol aufnimmt, erfährt zugleich die orientierende Tiefe des Symbols. Religiöse Symbole enthalten eine Dimension der Lebenserfahrung, die grundsätzlich das Außen und das Innen vereint. Das Symbol ist die der Seele am meisten adäquate Sprache. Darum konfrontiert sich der Mensch durch Kommunikation mit Symbolen am tiefsten seinen eigenen Gründen.

Indem sich der Mensch in die Bewegung des symbolischen Gefüges stellt, sich von der tendenziellen Ganzheitsrichtung des Symbols erfassen läßt, partizipiert er an dessen Sinnstiftungspotential. Voraussetzung ist natürlich eine Horizontverschmelzung zwischen dem Symbol und der Lebenssituation des Menschen: Es müssen einerseits die mit dem Symbol korrespondierenden Sinnbedürfnisse des Menschen zugänglich werden und andererseits – mit gleichem hermeneutischen Verständnis – das Sinngebungspotential des Symbols.

Die Vermittlungsfunktion der Symbole

Es gibt mannigfache Kategorien zur Vermittlung von Wirklichkeit, beispielsweise Erzählung, Text, Bild oder Experiment. Für alle diese Bereiche besetzt das Symbol eine zentrale Position. Ob eine Vermittlung nun erzählend, betrachtend, spielend, arbeitend vor sich geht, allemale kann sie in Symbolen geschehen. Besonders wenn es darum geht, die Wirklichkeit in ihrer mehrsinnigen Komplexität zu erfassen, bleibt keine andere didaktische Zuflucht als der Weg des Symbols. Symbole allein vereinen das Bewußte und das Unbewußte, das Gegenständliche und das Spirituelle, das Sichtbare und das Unsichtbare, Konkretes und Allgemeines, das Gesonderte und das Ganze. Symbole vermitteln zwischen den Zeiten, zwischen dem, was gewesen ist und dem, was sein kann; zwischen tradierter Erfahrung und eigenem Leben; zwischen dem objektiven Zeugnis der Glaubensgemeinschaft und der existentiellen Mühsal des einzelnen; zwischen Sprache und Schweigen, individuellen Träumen und kollektiven Utopien... Diese Vermittlungsfunktion ist dem Symbol aufgrund seiner eigenen Struktur immanent. Darum kommt dem Symbol innerhalb einer Religionsdidaktik zentrale Bedeutung zu, um ein geistiges und geistliches Lernen zu ermöglichen.

Die Arbeit mit Symbolen

Religionen sind Symbolsysteme. Es kann darum keinerlei religiöse Betätigung geben, die nicht symbolische Kommunikation wäre. Wenn ein Kleinkind die Hände zum Gebet falten lernt, einen Gebetsvers übernimmt, die Weihnachtsgeschichte hört, eine Krippe betrachtet, eine Kerze anzündet. . . immerfort wird es in symbolische Interaktionen einbezogen. Das Brauchtum im Jahresgang, die Festzeiten und ihre Lieder, Legenden und Namenstage, der Besuch von Kirchen und Kapellen, wohin wir auch schauen, wir befinden uns einem symbolischen Kosmos gegenüber, in den Kinder früher von klein auf hineinwuchsen, der heute freilich auch ein fremdes Gegenüber bleiben kann, weil er sich nicht mehr mit der häuslichen Erfahrung und der Lebenspraxis der Eltern verbindet.

Unser Unterrichtswerk vertritt vom ersten Schuljahr an eine Symbolerziehung, die erlebnismäßig bestimmt ist. Im Gleichklang mit den Zeiten und Festen des Kirchenjahres leitet es dazu an, in einem vielfältigen gemeinsamen Tun zentrale Inhalte der christlichen Welt von innen her aufzunehmen und zu verstehen. Damit verbunden ist eine religiöse Sprachlehre, die Erzählung, Ritual und Bild in gleicher Weise einbezieht, primär erlebnisbezogen und nur in Teilschritten einer kognitiven »Erarbeitung« zugedacht.

Dennoch wurde gegen diesen Weg eingewendet, es sei verfehlt, bereits in der Grundschule mit Metaphern zu spielen und geradezu »unverantwortlich«, Grundschulkinder auf der Metaebene mit der Struktur von Metaphern und Symbolen vertraut machen zu wollen. Gleichzeitig solle – im Gegensatz zu unserem Bemühen, den Weg von der Ersten zur Zweiten Naivität möglichst fließend zu gestalten – den Kindern ihre Erste Naivität (→ III,516 f.) erhalten bleiben; deren Überschreitung durch ein entsprechendes Symbolverständnis könne allenfalls Fernziel sein.[1]

Wenn der Unterricht dann im 3. Schuljahr mit der Behandlung biblischer Gleichnisse einsetzt, bleibt er mit den Kindern in der Geschichte. Der diskursive Zugang kann nur ein kurzer Umweg sein. Viel angemessener ist ein

---

1 Vgl. *Anton Bucher*, Gleichnisse – schon in der Grundschule? in: KatBl 112 (1987), 194-203. *Ders., Symbole?* in: Der Evangelische Erzieher 39 (1987), 598-613. *Ders.*, Symbol – Symbolbildung – Symbolerziehung. Sankt Ottilien 1990. Dazu eine Gegenstimme: »Wie wir sahen, sind Bucher und andere Entwicklungspsychologen dem traditionellen Metaphernverständnis verhaftet. Wenn Halbfas auf den Verfrühungsvorwurf eingeht, geht er nicht auf empirische Untersuchungen ein, sondern er stellt sich auf eine andere Ebene des Metaphernverständnisses. Er geht mit Bucher einig, daß das traditionelle Gleichnisverständnis in der frühen Grundschule unmöglich zu erreichen ist (→ III, 543). Er baut im ersten und zweiten Schuljahr eine Sensibilität für die Metapher und für metaphorische Sprichwörter auf, ohne diese rational zu übersetzen. Metaphern werden erschlossen durch Bild und Narration. Ein erbasteltes doppelbödiges Paket soll ›tastbar‹ machen, was eine Metapher ist. Die Diskussion um die sprachdidaktische Verfrühung krankt also daran, daß man nicht vom gleichen redet: Halbfas und Bucher erschließen Metaphern je anders auf ein je anderes Lernziel hin. Halbfas geht es um die intuitive Erfassung der Metapher, Bucher um ihre rational-kognitive Durchdringung. Der Streit zeigt, daß es problematisch ist, den kognitiven Ansatz Piagets als den pädagogisch einzig relevanten zu verfechten. Der Symboldidaktik geht es gerade um die Überwindung dieser Alleinherrschaft des Kognitiven.« *Jacques-Antoine von Allmen*, Symboltheorie und Symboldidaktik am Beispiel von Peter Biehl und Hubertus Halbfas. (Dissertation, Universität Basel) Zürich 1992, 197.

spielerisch-kreativer Zugang zum Gleichnis und dessen Realien (Sauerteig, Senfkorn. . .). Damit macht er ernst mit der neuen Metaphern- und Gleichnisforschung. Metaphern schaffen ihr Verständnis selber, sie sind in dem Sinne ›performativ‹, ohne auf diskursive Rede angewiesen zu sein.

Dieser Einwand verdiente keine breitere Beachtung, wenn er nicht auf gängige Mißverständnisse stieße. Zunächst sind im Blick auf die Kinder niemals die Erwachsenen zu ignorieren, die den Weg der Kinder begleiten. Es geht nämlich darum, daß diese aus ihrer Lebens- und Glaubensreife heraus mit den Heranwachsenden sprechen können, ohne sich zu verbiegen, erst recht, ohne sich zu verstellen. Eltern und Lehrer aber, die ein kritisch reflektiertes und doch wieder unmittelbares Glaubensverständnis gewonnen haben, also jenen Status, den Ricoeur »Zweite Naivität« nennt, sprechen anders mit Kindern als jene, die sich ihrer eigenen Ersten Naivität nie bewußt wurden. Es wäre eine religionspädagogisch lächerliche Position, den Kindern eine Naivität zu verordnen, die ihnen die Gesamtgesellschaft in ihrem wissenschaftlich-technischen und ihrem aufklärerisch-kritischen Alltag nicht einräumt. Heute formulieren schon Grundschulkinder Zweifel, die fünfzig Jahre früher kirchlich sozialisierte Erwachsene lebenslang verdrängten. So sehr die Kindheit ein Recht auf zeitweiligen Schutz vor den Geheimnissen der Erwachsenenwelt hat, es schließt nicht ein, daß ihre Eltern und Lehrer sich in religiösen Dingen dumm stellen müssen, um eine heute sowieso anders strukturierte Erste Naivität zu konservieren. Im Gegenteil: Die dem Kind mögliche intuitive Partizipation am Glaubensverständnis des mündigen Erwachsenen ist die beste Voraussetzung für eine eigene geistige Entwicklung, die zu selbstbewußter, kritikfähiger religiöser Mündigkeit führt.

Zum andern ist anzumerken, daß der Religionsunterricht spätestens ab Klasse 7 vor oft unlösbaren Verstehensproblemen steht, wenn er sich nicht auf eine voraufgegangene Sprachlehre gründen kann, in der Metapher und Symbol den Schülern von innen her vertraut gemacht wurden. Mit beginnender Vorpubertät nämlich setzt ein zunächst vordergründiger Realismus ein, der das *factum brutum* verlangt und zeitweilig all jene intuitiven Verstehensfähigkeiten zurückdrängt, die in der Grundschulzeit und auch noch im 5. und 6. Schuljahr die unterrichtlichen Möglichkeiten bestimmten. Wer bis dahin mit Schülern keine Märchen befragt, keine Legenden gedeutet, keine Bilder betrachtet, keine Symbole inszeniert hat, um sich und die Welt je darin wiederzufinden, wird sich in den folgenden Schuljahren mit Poesie und Kunst, Bibel und Glaubenssatz schwertun; erst recht wird sich mit diesen Inhalten kaum noch beschwingte Freude verbinden können.

Zum dritten sei unterstrichen, daß Symbole nicht *erklärt* werden wollen, sondern erzählt, gespielt, angeschaut, inszeniert – alles in allem mehr erlebt als gewußt. Dies gilt um so nachdrücklicher, je jünger die Kinder sind. Es gilt auch noch für ein 6. Schuljahr. Unser Symbolkapitel arbeitet darum mit Materialien, die all diese Aktivitäten aufrufen lassen. Symboldidaktik verlangt einen sinnenhaften Unterricht, der Kopf und Hand, Herz und Verstand verbindet (→ III, 512-519).

Was aber geschieht, wenn die Kinder zwar alle Geschichten gerne hören und spielen, die Bilder mit Freude anschauen, aber auch jetzt, im 6. Schuljahr, das Symbol noch nicht als Symbol zu erkennen vermögen? Je nachdem, welchen

Weg Kinder im Religions- und Deutschunterricht geführt wurden, welchen häuslichen Hintergrund sie haben und welche Begabung sie mitbringen, kann es durchaus sein, daß sie vor der Frage stehenbleiben: »Ist das nun passiert oder nicht passiert?« Für solche Schüler scheint die Wahrheit vom historischen Faktum unablösbar, und wenn diese Engführung nicht aufgebrochen werden kann, werden sie noch als Erwachsene in dieser Kategorienarmut stecken, sei es als fundamentalistische Beschwörer eines »wortwörtlichen« Verstehens, sei es als pseudoaufgeklärte Besserwisser, die den »ganzen religiösen Schwindel« durchschaut haben wollen.

Um in dieser Sackgasse nicht steckenzubleiben, ist der Ansatz über die metaphorische Sprache unverzichtbar (→ V,98-136; ferner der Abschnitt »Wohin reichen wir mit unserer Sprache?«:→ V,143-167). Im folgenden Kapitel zur symbolischen Sprache kommt es aber ebenso wenig wie bisher darauf an, daß alle Schüler zur gleichen Zeit die jeweiligen Sprachspiele auf einer Metaebene durchschauen. Sie müssen also nicht jedes Symbol *als* Symbol erfassen oder es gar diskursiv auflösen können. Anfangs genügt es, wenn sie sich im symbolischen Feld bewegen können und eine intuitive Teilhabe am Verständnis des Lehrers und des Unterrichts gewinnen, um dann schrittweise die symbolische Sprache auch reflexiv zu erfassen. Zwar ist diese Reflexion jetzt notwendig, doch muß sie nicht von allen Schülern gleichzeitig und erst recht nicht von jedem in der gleichen Weise geleistet werden. Wer den Anstoß des vorliegenden Symbol-Kapitels als Erschließung einer didaktischen Dimension versteht, die auch alle übrigen Themenbereiche des Jahres durchzieht, wird in der Kontinuität dieser Arbeit zu befriedigenden Resultaten kommen.

Die Sprache der Seele: Der Traum   S. 115-117

Erich Fromm nannte das Symbol »die einzige Fremdsprache«, die jeder Mensch erlernen solle. Ist es wirklich angemessen, in Symbolen eine Fremdsprache zu sehen? Oder stehen wir nur deswegen verständnislos vor ihnen, weil wir uns selbst fremd geworden sind? Immerhin treffen wir, wenn wir über das Alltagsbewußtsein zurückgehen, auf unser eigenes Symbolvermögen, wie es sich aus den unbewußten Tiefen der Seele im Traum, aber auch in der Körpersprache artikuliert. Demnach müssen wir nicht in ferne Bereiche vordringen, um symbolische Sprache zu verstehen: Es genügt, bei uns selbst anzukommen und uns unseres innersten Vermögens bewußt zu werden. Das gilt zunächst für Erwachsene; aber auch Elf-, Zwölfjährige lassen sich schon auf die Reise in dieses faszinierende Anderland mitnehmen.

In der bisherigen Diskussion über Symboldidaktik hat der Traum keine Rolle gespielt. Alle möglichen wissenschaftlichen Symboltheorien wurden bemüht, aber inwieweit Träume einen Zugang zum Verständnis des Symbols erlauben, diese didaktisch bedeutsame Frage gewann keinen praktischen Stellenwert (was insofern kennzeichnend ist, als manche Wissenschaft, auch die religionspädagogische, sich in ihrer Theorie selbst genügt, ohne von der ständigen Frage getrieben zu sein, ob denn das, was man entwirft, auch je in schulischer Praxis einholbar ist). Dabei ist die hermeneutische Bedeutung des Traumes kaum zu überschätzen. Seine Wurzeln sind auch die Wurzeln von Mythen, Märchen, Sagen und Legenden, ja mehr noch, die Wurzeln kultischer Rituale, religiöser Symbolik und visionärer Prophetie. Ehe der Unterricht einen Text historisch-kritisch befragt, muß er ihn aus jenen Hintergründen, denen er seine Metaphorik und Symbolik verdankt, wahrnehmen können oder – anders gesagt – ihn aus dem Sprachvermögen der menschlichen Seele heraus zum Sprechen bringen.

Um in diesem Verständnis nicht zu kurz anzusetzen, ist eine Beschreibung der Traumsprache und ihrer Deutung notwendig.

Das Wesen der Träume

Wir träumen, wenn wir schlafen. Träume sind die »Wächter des Schlafes«. Wer schlafen will, sucht einen ruhigen Ort, weich, warm und dunkel, dem uteralen Zustand verwandt, um sich beim Erwachen »wie neugeboren« fühlen zu können. Physiologisch betrachtet, ist der Schlaf eine chemische Regeneration des Organismus. Während alle Aktivität ruht, wird Energie gespeichert. Reaktionen auf Vorgänge in der Umgebung sind während des Schlafes unterbrochen. Weil der Schläfer nicht wahrnimmt und nicht denkt, untersteht er auch keinem Handlungsdrang. Während dieser Zeit folgt die Seele einer anderen »Logik« als im Wachzustand. Sie muß sich nicht um Eindrücke kümmern, die nur bei wachem Bewußtsein im Umgang mit der Realität zählen.

Viele Reflexionen, die den Menschen tagsüber bestimmen, ihn mit Vorbehalten, Hemmungen, Ängsten, Wünschen... verbinden, fallen im Traum fort. Dafür kommen in anderer Weise Ängste, Wünsche, Einsichten zum Ausdruck, die das Wachbewußtsein abdrängt. So kommt es, daß wir im Schlaf oft klüger sind, als bei wachem Bewußtsein (was der im Religionsbuch erzählte Traum verdeutlicht). Eine Reihe von Erfindungen oder Problemlösungen sind Forschern im Traum zugefallen. Der Entdecker des Benzolringes hatte lange vergeblich nach der Formel für Benzol gesucht; eines Nachts sah er die richtige im Traum vor sich – und konnte sich zu seinem Glück beim Erwachen daran erinnern. Manchmal sind wir in unseren Träumen einsichtiger, urteilsfähiger und weiser als im Wachen, doch können wir auch weniger charaktervoll, anständig und vernünftig in der Traumwelt sein, als wir dies alltäglich vor uns selbst und anderen sind, denn tatsächlich bringt der Traum durch den fehlenden Kontakt mit den gesellschaftlichen Regulativen unsere schlimmsten wie unsere besten Möglichkeiten zum Vorschein.

Die Traumsprache nach Sigmund Freud

Sigmund Freud sah in der Traumsymbolik den entscheidenden Weg zum Unbewußten, doch weil er zugleich das Unbewußte mit dem verdrängten Material unserer Strebungen, Gefühle und Wünsche identifizierte, hielt er die Traumsymbole für etwas Uneigentliches, das auf seinen eigentlichen, dem Träumer selbst unbekannten Kern zurückzuführen sei. Freud meint, der Traum stelle unbewußte Triebwünsche dar, deren Bewußtwerdung vermieden werde, solange wir von unseren anerzogenen Wertvorstellungen beherrscht seien. Im Schlaf aber meldeten sich jene Impulse – Haß, Eifersucht, Ehrgeiz und sexuelle Wünsche – , die wir bei wachem Bewußtsein verdrängten. Damit sich jedoch diese triebhaften Wünsche in ihrer Heftigkeit nicht zu Schlafstörungen auswirkten, intervenierten die Träume als Sicherungsvorkehrungen des Organismus. Sollte es aber die Aufgabe der Träume sein, unseren Schlaf zu behüten, so müsse es eine Zensur geben, welche die Eingangspforte zum Traum kontrolliere. Freud nahm an, daß der damit beauftragte moralische Zensor im Schlafzustand selbst halb eingeschlafen sei und deshalb dies oder jenes nicht hinreichend verfremdet in symbolische Bilder übersetze. In solchen Fällen werde der Traum zu deutlich – und der Schläfer erwache. So scheint es für Freud die Hauptaufgabe des Traumes zu sein, die triebhaften Wünsche zu verhüllen, um ein ungestörtes Weiterschlafen zu ermöglichen. Dieser Verhüllung diene das Symbol. Demnach sind die Symbole des Traumes für Freud Chiffren, die es zu dechiffrieren gilt. – Anzufügen bleibt, daß nach Freuds Ansicht Träume zwar immer von aktuellen Ereignissen ausgelöst werden, jedoch mit frühkindlichen Triebwünschen in Verbindung stehen. Die zur Gestaltung des Traumes notwendige Kraft stiften weit zurückliegende psychische Energien, so daß sich in jedem Traum Vergangenheit und Gegenwart verschränken.

Die Freudsche Traumdeutung ist folglich auf Entlarvung ausgerichtet. Sie soll die Traumsymbole auf die dahinterstehenden Triebwünsche hin enthüllen. Dementsprechend zielt Freud darauf ab, die neurotischen Einstellungen, die zur Symbolbildung führen (siehe S. 80 f.), dem einzelnen als auch der Gesellschaft bewußt zu machen. Da er solcherart Symbolbildung nicht alleine im Traum, sondern auch in der Kultur und vor allem in der Religion wirksam sah, gelangte er folgerichtig zu einer Religionskritik, in der Religion als entfremdetes Bewußtsein aufgedeckt werden soll, damit das letztlich krankhafte Symptom überwunden werde. Die Analyse des Traumes bringt es demnach mit sich, der Religion insgesamt als einem Produkt sozialer Pathologie kritisch zu begegnen, um sie langfristig auflösen zu können.

Die Traumsprache nach Carl Gustav Jung

In der Deutung der Träume gingen Freund und Jung schon früh auseinander.

»Ich habe Freud nie recht geben können, daß der Traum eine ›Fassade‹ sei, hinter der sich sein Sinn verstecke; ein Sinn, der schon gewußt ist, aber sozusagen boshafterweise dem Bewußtsein vorenthalten werde. Für mich sind Träume Natur, der keine Täuschungsabsicht innewohnt, sondern die etwas aussagt, so gut sie eben kann... So wollen auch die Augen nicht täuschen, aber vielleicht täuschen wir uns, weil die Augen kurzsichtig sind. Oder wir hören falsch, weil die Ohren etwas taub sind, aber die Ohren wollen uns nicht täuschen. Lange bevor ich Freud kennenlernte, hatte ich das Unbewußte, sowie auch die Träume, dessen unmittelbaren Ausdruck, als einen Naturvorgang angesehen, dem keine Willkürlichkeit zukommt, und vor allem keine taschenspielerische Absicht. Ich kannte keine Gründe für die Annahme, daß die Listen des Bewußtseins sich auch auf die Naturvorgänge des Unbewußten erstreckten. Im Gegenteil belehrte mich die tägliche Erfahrung, welch hartnäckigen Widerstand das Unbewußte den Tendenzen des Bewußtseins entgegensetzte.«[1]

Jung ist der Ansicht, das Traummaterial könne nicht allein der Verdrängungsgeschichte des individuellen Träumers entstammen. Er glaubt, der größte Teil des Unbewußten sei stammesgeschichtlichen Ursprungs, also niemals zum Bewußtsein gelangt, darum auch nicht verdrängt und folglich nicht aus sich heraus neurotisch, sondern allenfalls dann neurotisierend, wenn er aus jeder Korrespondenz zum Bewußtsein herausgehalten werde. Jung warf der Freudschen Traumdeutung vor, daß sie die Symbole nur »semiotisch« deute, als feststehende Zeichen für definierbare Inhalte. »Die kausale (freudsche) Betrachtungsweise tendiert, ihrer Natur entsprechend, zur Eindeutigkeit, d.h. zu festen Symbolbedeutungen.«[2] Dagegen beanspruchte Jung eine »symbolistische« Interpretation, von der Grundannahme ausgehend, daß ein Symbol niemals vollständig zu erfassen sei. Er sah im Traumsymbol – wie auch in der religiösen Symbolwelt – nicht primär die Verkleidung triebhafter Wünsche, sondern die Darstellung unbewußter Inhalte, die, könnten sie sich auch anders als symbolisch artikulieren, dem naturnotwendigen Zwang zum symbolischen Ausdruck entkommen könnten. »Die finale (jungsche) Betrachtungsweise sieht im veränderten Traumbild den Ausdruck einer veränderten psychologischen Situation. Sie kennt keine festen Symbolbedeutungen. Von ihrem Standpunkt

1 Erinnerungen, Träume, Gedanken von C.G. Jung. Aufgezeichnet und hg. von Aniela Jaffé. Olten 1971, 165 f.
2 *Carl Gustav Jung*, Über psychische Energetik und das Wesen der Träume. Olten 1971, 110.

aus sind die Traumbilder an sich wichtig, indem sie nämlich in sich selber die Bedeutung tragen, um deretwillen sie im Traum überhaupt auftreten.«[1]

Freud hat dieses Symbolverständnis Jungs nicht nachvollziehen können. Er glaubte darin eine vorgefaßte Überzeugung anzutreffen, die nicht aus klinischer Beobachtung stamme, sondern »aus abseits liegenden Erwägungen«, beispielsweise aus dem Wunsch, das sexuelle Moment zurückdrängen zu wollen zugunsten von ein paar kulturellen Obertönen. Der Freudianer Joachim Scharfenberg kommentiert: »Wenn Freud die Verschiebung, die durch Jung stattfindet, in Richtung auf das Unhistorische empfindet, so meint er damit offenbar, daß Jungs Symbolforschungen dazu führten, daß er das Unbewußte nicht als ein zu überwindendes Durchgangsstadium ansah, sondern als eine Quelle tiefer Weisheit, die man erhalten und pflegen müsse... Indem er im Unbewußten als dem Nicht-Rationalen den eigentlichen Quell der Weisheit sieht, kommt er nach Freuds Meinung einer Haltung bedenklich nahe, mit der die Psychologie als neue Heilsbotschaft oder neue Weltanschauung dargestellt wird.«[2]

Jung erkennt Freud dessen Pionierrolle und Leistung zu: »Freuds größte Leistung bestand wohl darin, daß er seine neurotischen Patienten ernst nahm und auf ihre eigentümliche und individuelle Psychologie einging. Er hatte den Mut, die Kasuistik sprechen zu lassen und auf diese Weise in die individuelle Psychologie des Kranken einzudringen. Er sah sozusagen mit den Augen des Patienten und gelangte auf diese Weise zu einem tieferen Verständnis der Krankheit, als es bis dahin möglich gewesen war.«[3]

Freud hat sich hingegen auf Jungs Symbol- und Traumverständnis nie einlassen wollen. Er bestand weiterhin darauf, daß der Traum ausschließlich aus der individuellen Verdrängungsgeschichte heraus zu deuten sei, während Jung immer stärker das kollektive Unbewußte damit verband und den Traum als Ausdruck überlegener Weisheit des Unbewußten wertete. Wenn er »das Unbewußte zuzeiten fähig (sah), eine Intelligenz und Zweckgerichtetheit zu manifestieren, welche der zurzeit möglichen Einsicht überlegen sind«, wertete er den Traum letztlich als »ein religiöses Grundphänomen«, zumal in der Behauptung, »die in unseren Träumen sprechende Stimme sei nicht unsere eigene, sondern komme aus einer Quelle außer uns«.[4] In dieser Position steht Jung der Freudschen Nüchternheit am meisten fremd gegenüber, wobei hier zugleich deutlich wird, warum Jung seit jeher eine höhere pastorale Wertschätzung erfährt als Freud. Der Quasi-Offenbarungscharakter, welcher in Jungs Denken dem Traum zukommt, wird besonders greifbar in seiner Antwort, die er auf den Einwand gab, die Träume seien doch nichts anderes als die Stimme des Individuums selbst: »Die Stimme gibt mir gewisse Inhalte genau so, wie ein Freund mir seine Ideen mitteilen würde. Es wäre weder anständig noch wahrheitsgemäß, sondern ein Plagiat zu behaupten, daß das, was *er* sagt, ursprüng-

1 Ebd.
2 *Joachim Scharfenberg,* Sigmund Freud und seine Religionskritik als Herausforderung für den christlichen Glauben. Göttingen 1968, 90.
3 Erinnerungen..., a.a.O., 172.
4 *Carl Gustav Jung,* Psychologie und Religion, zit. n. *Erich Fromm,* Märchen, Mythen und Träume. Eine Einführung zum Verständnis von Träumen, Märchen und Mythen (The Forgotten Language). Zürich 1957, 90.

lich und zuerst meine Ideen gewesen seien.«[1] Oder noch deutlicher: »Dem Menschen wird nie geholfen durch das, was er selber denkt, sondern durch Offenbarungen einer Weisheit, die größer ist als die seinige.«[2]

An dieser Stelle berührt sich C.G. Jungs Traumverständnis mehr mit religiösen Traditionen als streng wissenschaftlichen Auffassungen.

1 Ebd., 91.
2 Ebd.

Traum und Traumdeutung in der Religionsgeschichte

Seit jeher hat der Traum die Menschen fasziniert. Je nach Kultur und Zeit haben sie ihm unterschiedliche Bedeutung für ihr Leben zuerkannt. Die Geschichte der Traumdeutung ist zugleich auch ein Weg zum tieferen Verständnis der Traumsprache.

Der Traum in archaischen Kulturen. Die indianische Welt

Mehr als andere Völker darf man die Indianer als traumbegabt bezeichnen. »Über Tausende von Kilometern hinweg trifft man in Nordamerika immer wieder den Traum als Legitimation: Riten und ihre Termine, Krankenheilungen, Schamanenberufung, Kriegsunternehmungen, Jagden, prophetische Aussagen – es gibt nichts, was nicht mit Träumen begründet wird. Die indianische Existenz, im Guten wie im Bösen, ist traumgeboren.« Das Gewicht dieser bewußtseinslosen Erfahrungen beschwert bereits die Kinder: »Für den Indianer gehört es zur Existenz, einen Traum zu haben, möglichst früh und natürlich glückbringend. Diesem Ziel dient das Jugendfasten, bei dem das Kind mit acht oder neun Jahren – es werden auch frühere Zeitansätze genannt – draußen im Walde oder auf der Prärie an einer einsamen Stelle die Geister um einen Traum bittet.«[1]

»Es war in dem Sommer, als ich neunjährig wurde; unser Volk zog langsam gegen die Rocky Mountains hinauf. Wir lagerten eines Abends in einem Tal bei einem kleinen Fluß. . . Da war ein Mann, genannt Man Hip, der mich gut mochte und mich einlud, mit ihm in seinem Tipi zu essen.

Als ich aß, kam eine Stimme, die sagte: ›Es ist Zeit; nun rufen sie dich.‹ Die Stimme war so laut und deutlich, daß ich ihr glaubte, und ich dachte, ich sollte gerade hingehen, wo sie mich haben wollte. So stand ich auf und ging hinaus. Als ich aus dem Tipi trat, begannen mich beide Schenkel zu schmerzen. Dann war mir, als erwache ich aus einem Traum, und da war keine Stimme. So ging ich in das Tipi zurück. . .

Als wir wiederum lagerten, befand ich mich in unserem Tipi, und Mutter und Vater saßen neben mir. Ich konnte durch die Öffnung im Zelt hinausschen. Plötzlich kamen zwei Männer aus den Wolken, Kopf voran, schräg wie Pfeile herabgeglitten, und ich wußte, es waren dieselben, die ich früher gesehen hatte. Jeder trug einen langen Speer, an dessen Spitze ein zackiger Blitz zuckte. Sie stiegen diesmal vollständig auf den Boden nieder, standen in einiger Entfernung, blickten mich an und sagten: ›Eile! Komm! Deine Großväter rufen dich!‹«[2]

---

1 *Werner Müller*, Indianische Welterfahrung. Stuttgart 1976, 51 f.
2 *Schwarzer Hirsch,* Ich rufe mein Volk. Leben, Visionen und Vermächtnis des letzten großen Sehers der Ogalalla-Sioux, hg. von *John G. Neihardt.* Olten ⁵1978, 31 f. Zur Person von Black Elk – Schwarzer Hirsch (1863-1950) siehe → IV, 488. Zu der hier nicht wiederzugebenden Vision (a.a.O., 32-54) bemerkt *Werner Müller:* »Entreißt man sich, mühsam genug, dem Eindruck dieser Bildfolge und prüft ihren Inhalt, so traut man seinen Augen nicht: Das träumt ein Neunjähriger! Was ließe sich alles sagen über die fast erschreckende Speicherung von Sioux-Symbolik in diesen Seelenlandschaften!« A.a.O., 56.

Das Überraschende an diesem Bericht ist die Unvermitteltheit der Vision. Eher der indianischen Tradition entsprechend ist eine *Inszenierung* des erwünschten Initiationstraumes:

»Ich war allein auf der Kuppe des Hügels. Ich saß in der Visions-Grube. Das war ein Loch, das sie in den Hügel gegraben hatten. Meine Arme umklammerten meine Knie. Ich beobachtete, wie Old Man Chest, der Medizinmann, der mich hergebracht hatte, drunten im Tal verschwand. Er war nur noch ein schwarzer Punkt zwischen den Kiefern, und bald war er nicht mehr zu sehen. Jetzt war ich nur mir selber überlassen, für vier Tage und Nächte ausgesetzt auf der Kuppe des Hügels ohne Nahrung und Wasser, bis er zurückkommen würde, um nach mir zu sehen. Wißt ihr, wir Indianer sind nicht so wie manche weißen Leute – Mann und Frau, zwei Kinder und ein Kindermädchen, das fernsieht, während die Eltern irgendwo zu Besuch sind.

Indianerkinder sind nie allein. Sie sind zu jeder Zeit umgeben von Großeltern, Onkeln, Neffen, von allerlei Verwandten, die mit den Kleinen schmusen, ihnen vorsingen, ihnen Geschichten erzählen. Wo immer die Eltern hingehen, kommen die Kinder mit.

Nun aber kauerte ich zusammengekrümmt in meiner Visions-Grube, zum ersten Mal in meinem Leben allein und verlassen. Ich war sechzehn damals, trug noch immer meinen Kindernamen, und, das dürft ihr mir glauben, ich hatte Angst. Ich zitterte, und das nicht bloß wegen der Kälte. Das nächste menschliche Wesen vier Meilen entfernt, und vier Tage und Nächte sind eine lange, eine sehr lange Zeit. Wenn alles vorbei sein würde, wäre ich kein Knabe mehr, sondern ein Mann. Das war klar. Ich würde meine Vision gehabt haben. Ich würde einen Mannes-Namen kriegen.«[1]

Was auch immer aus den Delirien des Jugendfastens heraufsteigt, ob Pflanze, Tier oder Geistgestalt, es wird eine Schutzfigur, ein Freund für das ganze Leben sein. Meistens verwandelt die im Traum gewonnene Schau den Träumer für sein ganzes Leben. Schwarzer Hirsch erinnert sich:

»Als ich dalag und an den wunderbaren Ort dachte, wo ich gewesen, und an alles, was ich gesehen, da wurde ich sehr traurig. Es schien mir, jeder müsse davon wissen; doch wagte ich nicht, davon zu erzählen, da ich ahnte, daß niemand mir glauben würde, so klein wie ich war, denn ich zählte erst neun Jahre. . . Ich erinnere mich, daß es mich die zwölf folgenden Tage danach verlangte, allein zu sein, und mir war, als gehörte ich nicht zu meinem Volk. Sie waren für mich fast wie Fremde. Ich pflegte allein vom Dorf und den anderen Jungen wegzugehen und nach den vier Himmelsrichtungen zu blicken, an mein Gesicht zu denken mit dem sehnsüchtigen Wunsch, dorthin zurückfinden zu können. Und wenn ich wieder nach Hause ging, brachte ich es nicht über mich, viel zu essen; Vater und Mutter dachten darum, ich sei noch krank; aber das war ich nicht. Ich hatte Heimweh nach dem Ort, an dem ich gewesen.«[2]

Neben den gerufenen wie ungerufenen Träumen und Visionen hat es in der indianischen Welt auch immer halluzinogene Drogen gegeben als künstliche Traumerreger. Doch gibt es in den ursprünglichen Traditionen dafür strenge rituelle Bräuche, und wer eine wirkliche Vision hatte, wußte sie zeitlebens von üblichen Träumen zu unterscheiden:

---

1 *John (Fire) Lame Deer / Richard Erdoes*, Tahca Ushte. Medizinmann der Sioux. München 1979, 15.
2 *Schwarzer Hirsch*, a.a.O., 55 f.

»Jeder kann träumen. Aber wenn du ein Kraut nimmst – nun, jeder Metzgerlehrling hinter seinem Ladentisch kann womöglich eine Vision haben, wenn er Peyote ißt. Aber die wirkliche Vision kommt aus deinen eigenen Säften, und sie ist kein Traum, sie ist wirklich. Sie trifft dich scharf und klar wie ein Elektroschock. Du bist völlig wach, und plötzlich steht eine Person neben dir, von der du sicher bist, daß sie nicht neben dir sein kann. Oder jemand sitzt in der Nähe, und plötzlich siehst du ihn weit weg auf einem Hügel stehen. Und trotzdem träumst du nicht; deine Augen sind offen. Dafür mußt du arbeiten und dein Gehirn leermachen.«[1]

Die Deutungen, die sich hinter Träumen und Visionen in archaischen Kulturen suchen lassen, sind nicht auf einen Nenner zu schreiben. Man wird auch nicht die indianischen Ansichten mit australischen, indonesischen oder afrikanischen Vorstellungen verquicken dürfen. Verbreitet dürften freilich die Anschauungen sein, Träume und Visionen nicht als psychologische Phänomene zu verstehen, sondern als reale Erlebnisse der vom Körper gelösten Seele. Schamanistischen Kulturen ist eine solche Interpretation geläufig.[2] Dem neunjährigen Black Elk sagten seine Eltern, er habe zwölf Tage wie tot dagelegen. Währenddessen befand sich seine Seele »auf Reisen«.

In anderer Perspektive werden Träume mit den Seelen der Verstorbenen in Verbindung gebracht. Sie erscheinen im Traum, um zu mahnen oder zu warnen. Diese Vorstellungen begegnen uns selbst in den Sagentraditionen der eigenen Kultur.

Der Traum im griechischen Denken

Kulturen, die den Traum mit Mächten außerhalb des Menschen verknüpfen, kennen nebenher dennoch Ansätze einer psychologischen Traumdeutung. Beide Interpretationsmuster lassen sich miteinander verknüpfen. Bis ins Mittelalter hinein unterscheiden viele Autoren zwischen Träumen, die religiöse Phänomene sind, und anderen, die psychologisch gedeutet werden müssen.

Beispiele für eine rational-psychologische Deutung der Träume finden sich am klarsten in der griechischen Geschichte. Sokrates war, wollen wir Platons Darstellung folgen, der Ansicht, die Träume seien die Stimme des Gewissens:

»Es ist mir oft derselbe Traum vorgekommen in dem nun vergangenen Leben, der mir, bald in dieser, bald in jener Gestalt erscheinend, immer dasselbe sagte: ›O Sokrates‹, sprach er, ›mach und treibe Musik!‹ Und ich dachte sonst immer, nur zu dem, was ich schon tat, ermuntere er mich und treibe mich noch mehr an, wie man die Laufenden anzutreiben pflegt, so ermuntere mich auch der Traum zu dem, was ich schon tat. . .Jetzt aber, seit das Urteil gefällt ist und die Feier des Gottes meinen Tod noch verschoben hat, dachte ich doch, ich müsse, falls der Traum es mir befiehlt. . ., auch dann nicht ungehorsam sein, sondern es tun. . .«[3]

1 *John Lame Deer,* a.a.O., 76.
2 Siehe die Beispiele zum »magischen Flug« in: *Hubertus Halbfas,* Das Welthaus. Ein religionsgeschichtliches Lesebuch. Düsseldorf/Stuttgart [4]1990, Nr. 127: Schamanenreise; Nr. 128: Hexenflug; Nr. 129: Die Nachtreise; Nr. 130: Die Himmelsreise.
3 *Platon,* Phaidon. 60 D; übersetzt von Friedrich Schleiermacher.

Kurz bevor er den Giftbecher nehmen mußte, wollte Sokrates der Stimme des Gewissens, die er im wiederholten Traum vernahm, folgen und »wortwörtlich« das Geheiß einlösen. Im Widerspruch dazu steht die Position Platons, wie er sie in seinem Buch »Der Staat« vorträgt. Dort legt er Sokrates Worte in den Mund, die man bereits als die Vorwegnahme des Freudschen Traumverständnisses ansehen kann:

Es ist von Lüsten die Rede, »die während des Schlafes zu erwachen pflegen, wenn nämlich der eine Bestandteil der Seele, der Vernunft, Humanität und Beherrschung jenes begierlichen Teiles in sich begreift, im Schlafe liegt, und wenn andrerseits der tierische und wilde Teil der Seele, von Speise und Trank angefüllt, sich bäumt und nach Abschüttelung des Schlafes durchzugehen und seine Triebe zu befriedigen sucht...« Gegen diese Möglichkeit stellt der platonische Sokrates dann jenen Menschen, der »sich schon in bezug auf sein Inneres in gesundem und besonnenem Zustand befindet und sich zu Bett begibt, nachdem er erstens den vernünftigen Teil seiner Seele geweckt, ihn mit schönen Gedanken und Betrachtungen genährt hat und zu stiller Selbstprüfung gekommen ist; nachdem er zweitens den begierlichen Teil seiner Seele weder dem Mangel noch der Völlerei überlassen hat, damit er sich ruhig verhält und damit dem edelsten Seelenbestandteil keine Unruhe verursacht...

Was ich aber tiefer einsehen wollte, ist das: Eine heftige, wilde und unbändige Gattung von Begierden gibt es bei jedem von uns Menschen, wenn auch manche gar ordentliche Leute zu sein scheinen, und hiervon haben wir dem Gesagten zufolge den offenbaren Beweis in den Träumen.«[1]

Obwohl Platon, gleich Freud, die Träume als triebhafte Äußerungen ansieht, betrachtet er sie doch nicht als Naturphänomene, die der sittlichen Verantwortung entzogen sind, vielmehr gibt er Anweisung, wie selbst im Schlaf das eigene Unterbewußte – gewissermaßen durch ein »Nachtgebet« – vor übergreifender Sinnenlust bewahrt werden kann.

In anderer Weise versteht Aristoteles die Träume. Er glaubt (in seinem Traktat »Über die Weissagung«), daß wir im Traum manches klarer erfassen als bei wachem Verstand, so daß man, wie auch »gelehrte Ärzte sagen, bei allen Ereignissen den Träumen eine ungeteilte Aufmerksamkeit schenken soll«, doch mißt er keineswegs allen Träumen vorhersagende und erhöhte Bedeutung bei, reiht sie vielmehr unter zufälliges Geschehen, das man ignorieren könne, »denn Zufälle ereignen sich nicht nach irgendeinem universellen oder allgemeingültigen Gesetz«.

Die Traumpraxis, wie sie in griechischen Tempeln, vor allem im Heiligtum des göttlichen Arztes Asklepios zu Epidauros, durch Tempelschlaf (Inkubation) üblich war, findet sich S. 313-316 beschrieben.

Die Traumauffassung der Römer

Das von den Griechen entwickelte Traumverständnis wirkt bei den Römern fort, doch erreicht es durchweg nicht mehr jene tiefe Einsicht, wie sie sich bei Sokrates und Platon findet. Eine systematisierende Theorie begegnet bei Artemidorus (* um 100 v.Chr.), der in seinem Buch über Traumdeutung nachhalti-

---

[1] *Platon*, Der Staat. IX. Buch, 572 A; übersetzt von Wilhelm Wiegand.

gen Einfluß auf das Traumverständnis des Mittelalters ausübte. Artemidor unterscheidet fünf verschiedene Traumformen: »Die erste ist der Traum; die zweite eine Vision; die dritte ein Orakel; die vierte eine Phantasie; die fünfte eine Erscheinung.« Er umgreift mit dieser Zusammenstellung offenbar alles, was sich in symbolischer Sprache darstellt. Dabei stellt er den wichtigen hermeneutischen Grundsatz auf: »Die Gesetze des Traumes sind nicht allgemeingültig und können deshalb nicht alle zufriedenstellen, da sie oft der Zeit und den Menschen entsprechend verschiedene Deutungen zulassen.«

Eine völlig skeptische Einstellung zum Traum nimmt hingegen Cicero (106-43 v.Chr.) ein. In seinem Gedicht »Über die Weissagung« heißt es:

»Träume verdienen keinerlei Glauben oder Beachtung. Wenn also die Träume nicht von Gott kommen und es keine Dinge in der Natur gibt, zu denen sie in einem notwendigen Zusammenhang und in Wechselbeziehung stehen..., so folgt daraus, daß Träume keinerlei Glauben noch Beachtung verdienen... Wir wollen deshalb jede Weissagung bei Träumen sowohl wie auch die jeder anderen Art ablehnen. Denn dieser Aberglaube hat, offen gesagt, bei allen Völkern Verbreitung gefunden und die geistigen Kräfte aller Menschen unterdrückt und sie zu unzähligen Dummheiten verleitet.«[1]

Der Traum in der Bibel

Vielleicht würden sich eine Reihe dogmatischer und exegetischer Probleme nicht stellen, wenn von jeher beachtet worden wäre, welche Bedeutung der Traum in der Bibel hat. Insgesamt begegnen im Alten Testament zwei Arten bedeutungsvoller Träume: der *Botschaftstraum,* durch den Jahwe in direkter Rede Weisung oder Offenbarung zuteil macht (a), und der *symbolische Traum,* der einer Deutung bedarf (b).

(a) Beispiel für den Botschaftstraum ist der Traum Salomos zu Beginn seiner Königszeit:

»In Gibeon erschien der Herr dem Salomo nachts im Traum und forderte ihn auf: Sprich eine Bitte aus, die ich dir gewähren soll. Salomo antwortete:... Verleih deinem Knecht ein hörendes Herz, damit er dein Volk regieren und das Gute vom Bösen zu unterscheiden versteht. Wer könnte sonst dieses mächtige Volk regieren? Es gefiel dem Herrn, daß Salomo diese Bitte aussprach. Daher antwortete ihm Gott: Weil du gerade diese Bitte ausgesprochen hast und nicht um langes Leben, Reichtum oder den Tod deiner Feinde, sondern um Einsicht gebeten hast, um auf das Recht zu hören, werde ich deine Bitte erfüllen... Aber auch das, was du nicht erbeten hast, will ich dir geben... Da erwachte Salomo und merkte, daß es ein Traum war. Als er nach Jerusalem kam, trat er vor die Bundeslade des Herrn, brachte Brand- und Heilsopfer dar und gab ein Festmahl für alle seine Diener« (1 Kön 3,5-15).

Ähnlich direkte Traumgespräche finden sich Gen 20,3-7: »Nachts kam Gott zu Abimelech und sprach zu ihm im Traum: Du mußt sterben wegen deiner Frau, die du dir genommen hast; sie ist verheiratet...«; Gen 31,24: »Gott aber kam in einem nächtlichen Traum zum Aramäer Laban und sprach zu ihm: Hüte dich, Jakob auch nur das Geringste vorzuwerfen«; ein weiteres Mal: Gen

---

1 Zit.n. *Erich Fromm,* a.a.O., 119.

31,11-13. Die (elohistische?) Tradition, die hier vorliegt, benutzt den Traum, um die göttliche Weisung nicht der Alltagspragmatik auszuliefern. Hier ist der Traum eine der Ratio entzogene Dimension, die das menschliche Bewußtsein und Können übersteigt und in der der Schlafende in seiner Tiefe Weisung erfährt.

Die symbolischen, also eigentlichen Träume, durchziehen die Hebräische Bibel in unterschiedlichen Jahrhunderten und Traditionen. Bereits das Mythologem von der Erschaffung der Eva aus dem schlafenden Adam (Gen 2,21) läßt sich als Traum lesen: Die geschlechtliche Verschiedenheit der Menschen ist ein Geheimnis, das durch kein Wissen überwunden, sondern stets nur vertieft wird. – Besonderes Beispiel ist der Traum Jakobs von der Himmelsleiter Gen 28,10-17 (→ III, 222-225; hierzu auch Chagalls Bild »Jakobs Traum«: Religionsbuch 3, S. 29; Dias 3/4, Nr. 4; → III, 226f.). – Innerhalb der Josefsgeschichte wurden die dort erzählten Träume seit jeher beachtet. Sie machen deutlich, welches Gewicht dem Traumerlebnis (nicht allein in der Bibel) beigemessen wurde. Gen 37,5-10 entwirft die zukünftige Bedeutung Josefs allein aus dessen Traum heraus, ohne daß gesagt würde, wer seinen Traum sendet. Dieser Traum bedarf keines Deuters; die Brüder Josefs verstehen ihn intuitiv. – Anders ist es beim Mundschenk und dem Bäcker des Pharao (Gen 40,5-23); hier erweist sich Josef als kluger Traumdeuter, ebenso als es um die Deutung der Träume des Pharao geht (Gen 41,1-32). – In die gleiche Kategorie gehört auch der Traum Gideons (Ri 7,13-14). – Der Traum Nebukadnezzars von den Weltreichen (Dan 2) will in der Fähigkeit Daniels, den Traum des Königs auszulegen, die Weisheit Israels über das Vermögen der babylonischen Magier stellen.

Im Buche Ijob findet sich ein Hinweis auf den Traum als Gottes Fingerzeig:

> Denn einmal redet Gott
> und zweimal, man achtet nicht darauf.
> Im Traum, im Nachtgesicht,
> wenn tiefer Schlaf auf die Menschen fällt,
> im Schlummer auf dem Lager,
> da öffnet er der Menschen Ohr
> und schreckt sie auf durch Warnung. (Ijob 33,14-16)

Den hier sich äußernden Glauben teilt die Bibel mit allen antiken Völkern: den Traum als eine wesentliche Form der Gotteserfahrung zu achten. Zwar wird eingeräumt, daß Menschen dieser Erfahrung ihre Achtsamkeit versagen, doch steht dagegen die Überzeugung, daß der Mensch in diesem Fall sich selbst verfehlt, weil er jene Stimme, die ihm heilschaffende Hilfe sein kann, mißachtet. Beachtenswert ist, daß der Traum sich nicht an das Auge, sondern an das Ohr des Menschen wendet. Das »Hören« Gottes im Nacht*gesicht* verknüpft die Sinne miteinander, so daß das Schauen zum eigentlichen Horchen und Gehorchen führt. In dieser Sicht verbinden sich Theologie und Anthropologie; der Traum erfährt eine religiöse Wertung, die kaum zu überbieten ist.

Auch im Neuen Testament wird der Traum als Mittel göttlicher Führung und Offenbarung verstanden. Bei Matthäus empfangen in der Kindheitsgeschichte zunächst Josef (1,20-24), dann die Weisen (2,12) und schließlich noch zwei weitere Male Josef (2,19-23) Weisung für ihr Tun und Lassen. In der Passionsgeschichte ist es die Frau des Pilatus, die wegen Jesus »einen schrecklichen Traum« hatte (27,19). – In der Apostelgeschichte des Lukas empfängt Paulus mehrfach Trost und Mahnung im Traum durch den himmlischen Christus (Apg 16,9; 18,9; 23,11; 27,23). – Traum- bzw. visionsvermittelte Erlebnisse finden ihre Darstellung in der Offenbarung: »Am Tag des Herrn wurde ich vom Geist ergriffen und hörte hinter mir eine Stimme, laut wie eine Posaune. Sie sprach: Schreib, was du siehst, in ein Buch und schick es an die sieben Gemeinden...« (Offb 1,10).

Die talmudischen Autoren nehmen eine differenzierte Stellung zum Traum ein. Dort findet sich eine Erwähnung, nach der es in Jerusalem zur Zeit Jesu vierundzwanzig Traumdeuter gegeben haben soll. Neben Ansichten, die den Traum als Offenbarung werten, stehen andere, die dem Traum jede reale Bedeutung absprechen. »Es gibt überhaupt keinen Traum, der nicht eitle Dinge enthielte.« Von Rabbi Chisda wird die Meinung zitiert: »Jeder Traum hat seine Bedeutung, außer dem, der durch Fasten hervorgerufen wurde. Im übrigen gleicht der Traum, der nicht gedeutet wird, einem Brief, den man nicht liest.«

Der Traum im christlichen Mittelalter

Das Traumverständnis des Mittelalters steht ebenso in der biblischen wie der antiken Tradition. Eine Übergangsposition nimmt ein Autor des 3. Jahrhunderts n.Chr., Synesius von Kyrene, ein:

»Träume sind zugleich wahr und dunkel, und doch ist im Dunkel die Wahrheit zu finden... Ich bin nicht weiter darüber erstaunt, daß manche die Auffindung eines Schatzes dem Schlafe zu verdanken haben und daß manch einer sehr unwissend schlafen gegangen ist und nach einem Gespräch mit den Musen im Traum als begabter Dichter aufgewacht ist... So schlafen wir nicht nur, um zu leben, sondern um zu lernen, wie wir recht leben sollen...

Doch ist bei der Traumerleuchtung jeder von uns sein eigenes Werkzeug; was auch immer wir tun mögen, wir können uns von unserem Orakel nicht trennen, es wohnt bei uns und folgt uns überall hin... Wir wollen uns daher alle der Traumdeutung widmen, Männer und Frauen, alt und jung, arm und reich... Der Schlaf steht allen zur Verfügung; er ist ein Orakel, immer bereit, unser untrüglicher stiller Berater zu sein.«[1]

In den Heiligenviten des Mittelalters finden sich unzählige Hinweise auf bedeutungsvolle Träume. Erinnert sei nur an das Gesicht, das Franz von Assisi am Monte Alverno hatte, als er »einen Mann über sich schweben sah, der hatte sechs Flügel... und war ans Kreuz geheftet«; oder an dessen Traumgesicht vom »Fegefeuer des Lebens«; bekannter mag der Traum des Papstes Innozenz III. sein, in dem er sah, wie Franz die einstürzende Lateran-Basilika stützte. – In einer ganz ungewöhnlichen Weise war auch Hildegard von Bingen mit Traumbildern und Visionen verbunden.

»In meinem dritten Lebensjahr sah ich ein so großes Licht, daß meine Seele erbebte, doch wegen meiner Kindheit konnte ich mich nicht darüber äußern. Bis zu meinem fünfzehnten Lebensjahr sah ich vieles, und manches erzählte ich einfach, so daß die, die es hörten, sich sehr wunderten, woher es käme und von wem es sei. Da wunderte ich

---

1 Zit.n. *Erich Fromm*, a.a.O., 123-125.

mich auch selbst und verbarg die Schau, so gut ich konnte.« Später äußerte sie sich über die Natur ihrer Visionen: »Ich sehe diese Dinge nicht mit den äußeren Augen und höre sie nicht mit den äußeren Ohren, ich sehe sie einzig in meiner Seele, mit offenen leiblichen Augen, so daß ich niemals die Bewußtlosigkeit einer Ekstase erleide, sondern wachend schaue ich dies bei Tag und Nacht.« Als sie 43 Jahre alt war, brach eine große Vision wie ein »mächtiges Feuer« in ihr Leben ein. Sie vernahm den Auftrag: »Schreibe, was du siehst und hörst«, und erläuterte später: »Die Worte, die ich spreche, habe ich nicht aus mir noch von einem anderen Menschen, sondern ich sage sie aus der Schau, die ich von oben empfangen habe.«

In den nachreformatorischen Jahrhunderten schwindet der Traum immer mehr aus der Wertschätzung und Beachtung der Christenheit – ein Zeichen für den immensen Erfahrungsverlust, der sich im spirituellen Bereich ereignete, so daß die Wiederbegegnung mit dem Traum, seiner Symbolsprache und seiner Auslegung erst über die Psychoanalyse erfolgte. Die Ferne der kirchlichen und theologischen Tradition zur Psyche des Menschen artikulierte sich natürlich in zahlreichen angstmachenden Frömmigkeitsformen und ebenso in der Berührungsangst vor psychoanalytischen Diagnosen. Das gab Carl Gustav Jung Anlaß zu seiner Feststellung, daß die Kirche sich jeder ernsthaften Beschäftigung mit Träumen abgeneigt zeige und sich sogar direkt dagegenstelle. Für die Religionsdidaktik ist diese Distanz nicht in Anspruch zu nehmen. Wenn sie deutlich machen kann, daß jeder Mensch die Gabe besitzt, die Sprache der Symbole zu verstehen, weil er sie als sein eigenes seelisches Vermögen in sich trägt, ist damit auch der wichtigste hermeneutische Schlüssel zu spezifischen Formen der religiösen Sprache gewonnen.

A. Hieronymus Bosch (um 1450-1516) wird als Sohn des Anthonis van Aken genannt. Möglicherweise stammte die Familie in früheren Generationen aus Aachen. Der Großvater, Jan van Aken, vermutlich Maler, hatte fünf Söhne, von denen drei, Goosen, Anthonis und Thomas, ebenfalls Maler wurden. Anthonis' Sohn Hieronymus wird 1480 erstmals genannt. Damals heiratete er eine reiche Patriziertochter, die ihn zum größten Steuerzahler von 's-Hertogenbosch machte. Seine gesellschaftlichen Kontakte werden ihm einige seiner bedeutenden Aufträge verschafft haben. Acht Bilder signierte er mit Jheronimus; Bosch, als Kurzform nach 's-Hertogenbosch, nannte er sich wohl wegen seiner auswärtigen Auftraggeber.

Die wenigen Daten, die es von Hieronymus Bosch gibt, lassen auf ein gesichertes Leben schließen. Seine Bilder geben davon nichts wieder. Reichtum und gesellschaftliches Ansehen haben diesen Maler nicht korrumpiert. Erbauungsbilder hat er nicht gemalt. Die christlichen Standardthemen fallen bei ihm aus dem üblichen Frömmigkeitsrahmen. Ob seine Themen biblisch bestimmt waren oder Dämonen und Spukgestalten darstellten, immer ging es ihm um den Menschen seiner Tage, der zugleich der Mensch unserer Tage ist. »Seine Phantasien«, sagt Carl Linfert, »waren nichts als Gegenwart.«

Die Interpretation der Bilder von Hieronymus Bosch ist seit jeher erheblichen Schwierigkeiten und Irritationen begegnet. Man wollte sein Werk aus der Zugehörigkeit zu Geheimsekten, mystischen und ketzerischen Lehren oder aus dem Einfluß eines jüdischen Inspirators erklären. Man suchte hinter seinen figurenreichen Bildtafeln niederländische Sprichwörter, Redensarten und Kraftausdrücke, um mit ihrer Hilfe rätselhafte Szenen aufzuschlüsseln. Dann wieder zog man die Psychoanalyse zu Rate, glaubte in der Alchemie einen Schlüssel zu seinem Werk zu haben oder auch in der Astrologie. Alle diese Ansätze dürfen nicht überstrapaziert werden. Bosch verarbeitete zweifellos die geistigen, religiösen und sozialen Strömungen seiner Zeit, darum wird es niemals befriedigen, sein vielschichtiges Werk aus nur einer einzigen Perspektive zu deuten.

In unserem Unterrichtswerk begegnen Bilder von Hieronymus Bosch mehrfach: Im Religionsbuch 1 in zitierender Wiedergabe die drei Weisen aus »Die Anbetung der Könige«: → I,153 f.; im Religionsbuch 2 ein Bildzitat vom rechten Flügel des »Garten der Lüste«: → II, 307f.; im Religionsbuch 3 »Der verlorene Sohn«: → III, 395-398; das Religionsbuch 7/8 zeigt auf S. 185 den linken Flügel des Triptychons »Der Garten der Lüste«: »Das Paradies«.

B. Gegen 1500 entstand jenes rätselhafte, immer neuen spekulativen Interpretationen Anlaß gebende Triptychon, für das sich der Name »Der Garten der Lüste« eingebürgert hat. Dieser Name ist bezeichnend für die Art, in der man das Bild bisher gesehen hat und noch sieht. Da wir hier aber nur einen kleinen Ausschnitt aus der mittleren Tafel vorzustellen haben, können wir Konzeption und Exegese des Gesamtwerkes übergehen; im Lehrerhandbuch 8 wird Näheres dazu gesagt.

Das Liebespaar in der Samenkapsel stellt sich im Mittelteil des Triptychons nicht als einziges Kugelmotiv dar. Im Zentrum des Lebensbrunnens schwimmt eine weitere Kugel, dunkel und rissig. In der darunter liegenden Zone finden sich mehrfach Paarbilder: ein Liebespaar im Kürbis, ein weiteres in der Pomeranze und auch eins in der Todesdistel... allemale Darstellungen von Mann und Frau inmitten einer umschließenden, wenngleich meist aufgebrochenen, zerbrechlichen Ganzheit.

Auf unserem Bildausschnitt sehen wir ein Gewächs erblühen, das in seinem unteren Teil, nach dem Blätterstand zu urteilen, eine Ananas sein könnte. Die Frucht ist ausgehöhlt; auf einen kreisrunden Ausschnitt stülpt sich ein durchsichtiger Zylinder, der einem Menschen als Guckloch dient. Nach oben hin verändert sich das Gewächs in einen Samenstand hinein, der von ferne an einen Löwenzahn erinnert. In der durchsichtigen Kugel, deren Haut lebendiges Aderwerk durchzieht, sitzt ein Liebespaar. Dessen vollkommenes Haus ist das genaue Ebenbild der Weltkugel, mit der die Außenflügel des Triptychons rückseitig bemalt sind. Sie zeigen dort die Welt an ihrem dritten Schöpfungstag, an dem »das Land junges Grün hervorbrachte, alle Arten von Pflanzen, die Samen tragen und Bäume, die auf der Erde Früchte bringen mit ihren Samen darin« (Gen 1,11-13). Hier entspricht die Samenkapsel der Erdfruchtbarkeit; der individuelle Kosmos des Liebespaares wurzelt im aufblühenden Universum. In seiner Blickrichtung ist das Liebespaar auf die Paradiesszene des linken Flügels gerichtet, wo die Frau dem Mann durch die Hand Gottes zugeführt wird (siehe Religionsbuch 7/8, S. 185). In diesem Zueinander – der Mann legt seine Hand auf den Bauch der Frau, der die gemeinsame Frucht trägt, die Frau hat ihre Hand auf das Knie des Mannes gelegt – wiederholt sich die paradiesische Unschuldshaltung dieses innig verbundenen Paares. Die Szene mag eine weitere Sanktionierung dadurch erfahren, daß sie auf der Scheitelhöhe des gegenüberstehenden göttlichen Logos angebracht ist.[1]

C. Unser Bild korrespondiert mit der Zeichnung auf dem Innentitel des Religionsbuches für das 10. Schuljahr, die einen Menschen im Kreis zeigt. Es läßt an eine Mythe denken, die Platon im »Gastmahl« erzählt: Demnach sollen die Menschen einstmals »eine runde Gestalt« gehabt haben, um so ihren göttlichen Erzeugern zu gleichen. Wegen ihres Hochmuts aber zerschnitt Zeus die Kugelmenschen, »wie wenn man Beeren zerschneidet... Jeder von uns ist demnach nur eine Halbmarke von einem Menschen, weil wir zerschnitten, wie die Schollen, zwei aus einem geworden sind.«[2] Ähnliche Mythen werden auch aus anderen Traditionen überliefert. Hinter ihnen steht die Ahnung von einer ursprünglichen Ganzheit, auf die der Mensch weiterhin angelegt bleibt und die er erstreben muß, um zu sich selbst zu kommen.

Bildern solcher Ganzheit begegnen wir auf mancherlei Wegen. Sie variieren in der Symbolik des Runden, des Kreises und der Kugel auf mancherlei Weise.

---

1 Da das Religionsbuch einen Bildausschnitt zeigt, sind noch weitere Details zu sehen, die im gewählten Zusammenhang keine Beachtung finden müssen: links oben eine große Eule, die von einem Mann umarmt wird; über der Kugel eine fliegende Ente; rechts ein Mann, der mit dem Oberkörper ins Wasser getaucht ist.
2 *Platon*, Das Gastmahl, 189 D ff.

In der Kreisgestalt sind alle Gegensätze aufgehoben, Anfang und Ende miteinander verschmolzen; sie zeigt eine Vollkommenheit, die kein Oben und Unten, kein Vorher und Nachher mehr kennt, wenngleich Mitte und Peripherie.

Im Sanskrit heißt der Kreis Mandala. Mandala-Figuren sind Instrumente der Meditation, seelische Ordnungsschemata, die den Bereich der eigenen Psyche, den Kosmos und den göttlichen Bereich vertreten. Sie wollen Orte des Verweilens sein, an denen sich der Betrachter des Gesamtzusammenhangs seiner Existenz inmitten der Gottheit und der Welt bewußt wird und zugleich der Einbindung seiner Mitte in das Zentrum der Welt.

Mit dem vorliegenden Paarbild korrespondiert das Visionsbild der Hildegard von Bingen (→ S. 410). Der dort von konzentrischen Kreisen umschlossene Mensch ist androgyn zu verstehen, in seiner Gestalt sind Mann und Frau zugleich präsent, so daß unser Liebespaar, welches die Dreiheit in sich schließt, in einer tieferen Beziehung zu dem Hildegardis-Mandala steht, als es der erste Blick wahrnimmt.

D. Das Bild eröffnet als Titelvignette das Kapitel »Sprachverständnis: Symbole«. Es ist ein Ausschnitt, ein isoliertes Einzelmotiv, und will in dieser Begrenzung in den Unterricht übernommen werden. Was sich darstellt, ist keine reale Szene; zwar kennen wir Menschen, Tiere, Pflanzen, Wasser, aber es sind idealisierte Menschen, eine phantasievoll entfaltete Welt. Kein Fotoapparat kann so etwas ablichten. Diese Szene läßt sich nur träumen.

Traum ist auch das Stichwort, um das Bild mit Kindern zu besprechen. »Schaut euch das Bild lange und ruhig an. Es ist ein geträumtes Bild. Wir können auch jetzt, beim Betrachten, mit dem Bild träumen. Wenn jeder lange genug das Bild auf sich wirken läßt und die eigenen Träume mit dem Bild verbunden hat, können wir uns einige unserer Träume erzählen. . .« Die Schüler werden, wenn sie zu sprechen beginnen, zunächst die Dingwelt des Bildes inventarisieren und sich dann bei den rätselhaften Elementen festbeißen. Hier gilt es, sie von ihren Realinteressen zu lösen, damit sie sich auf ein phantasievolles Assoziieren und Träumen einlassen können.

Um die Assoziationsfülle zu sammeln und zu strukturieren, empfiehlt es sich, die oben wiedergegebene Mythe vom Kugelmenschen aus Platons »Gastmahl« zu erzählen. Von dieser Vorgabe aus läßt sich die Mitte des Bildes neu betrachten: Hier ist der »zerschnittene« Mensch wieder zusammengefügt, die beiden »Halbmarken« bilden erneut den einen Menschen (sowie auch Gen 1,27 von *dem* Menschen als Mann und Frau spricht). Sie befinden sich aber in einem überaus zerbrechlichen Gebilde. In der Zärtlichkeit, in der sie einander behutsam zugetan sind, scheint die Samenkapsel, Seifenblase, Kristallkugel. . . ihre Intimität zu schützen. Was könnte diese behütete Welt, in der eine geheimnisvolle rote Sonne leuchtet, vernichten?

Das Gesamtgebilde ist schwebend. Es erwächst einer ausgehöhlten Frucht, die einen Mann umschließt. Ist es jener Mann, der oben seine Ergänzung zum vollen Menschsein gefunden hat? In der geschlossenen Fruchtkapsel ist er alleine und nur ein Guckloch, durch einen Glaszylinder (im Material der Kugel verwandt?) verlängert, erlaubt ihm bescheidene Kontaktnahme. Dennoch hat die uterale Höhle ihn nicht festgehalten: Sie hat die wundersame »Brautkammer« entbunden; der Frosch ist an der Seite einer Frau König geworden.

Wie immer haben die Titelvignetten am Kapitelanfang für die Unterrichtsplanung variablen Stellenwert. Gewöhnlich empfehlen sie sich nicht zur Eröffnung des Themas, sondern als dessen Zusammenfassung; sie können auch als Zwischenschritt oder gelegentliche Lernkontrolle verwendet werden. Im vorliegenden Fall finden die Schüler leichteren Zugang, wenn sie zuvor im Unterricht über Träume sprechen konnten und Beispiele symbolischer Sprache kennenlernten.

A. Dem Autor Maurice Sendak sind wir bereits im 5. Schuljahr mit seiner Fabel von der Hündin Jennie begegnet: »Es muß im Leben mehr als alles geben« (→ V, 162-167). Mit seinem Kinderbuch »Wo die wilden Kerle wohnen« stellt er sich als Schriftsteller und Zeichner vor.

Sendak wurde 1928 in Brooklyn/New York geboren. Er ist das jüngste von drei Kindern einer Familie, die aus einem polnischem Dorf nach Amerika auswanderte. In seine Kindheit mischen sich darum die Bilder und Stimmen der Alten und der Neuen Welt, wobei der ostjüdische Hintergrund gegenwärtig bleibt und sich bisweilen in Buchillustrationen niederschlägt. Viel Beachtung fand Sendak durch seine Illustrationen zu ausgewählten Märchen der Brüder Grimm (→ S. 157 f.). Für sein Gesamtwerk erhielt er 1970 den Hans-Christian-Andersen-Preis. Die Universität Boston verlieh ihm 1977 die Ehrendoktorwürde.

Bevorzugter Themenbereich der von Sendak illustrierten Bücher und zumal der selbst geschriebenen ist die frühkindliche Welt. Mal zeigt er eine freundliche Szenerie (A hole is to dig, 1952, dt. Wozu ist die Welt da?, 1954), mal ein weniger harmonisches Bild der Kindheit, vor allem in seinen eigenen Büchern. Ein erster Höhepunkt dieser lebenskritischen Tendenz ist »Where the wild things are« (1963, dt. Wo die wilden Kerle wohnen). Wir stellen dem Buchtext in der Übersetzung von Claudia Schmölders (links) eine konkurrierende Übersetzung von Tarcisius Schelbert (rechts) gegenüber:

»An dem Abend, als Max seinen Wolfspelz trug und nur Unfug im Kopf hatte, schalt seine Mutter ihn: ›Wilder Kerl!‹	»An dem Abend, als Max den Wolfspelz trug und Unfug trieb, mal so, mal so, nannte ihn seine Mutter: ›Du wildes Wesen!‹
›Ich freß dich auf‹, sagte Max, und da mußte er ohne Essen ins Bett. Genau in der Nacht wuchs ein Wald in seinem Zimmer – der wuchs und wuchs bis die Decke voll Laub hing	Und Max sagte: ›Ich freß dich auf!‹ Da mußte er hungrig ins Bett. An diesem Abend wuchs ein Wald in seinem Zimmer und wuchs – und wuchs empor, bis die Decke voller Ranken hing
und die Wände so weit wie die ganze Welt waren. Und plötzlich war da ein Meer mit einem Schiff nur für Max, und er segelte davon, Tag und Nacht, und wochenlang und fast ein ganzes Jahr bis zu dem Ort wo die wilden Kerle wohnen.	und die Wände sich ringsum zur Welt ausweiteten und ein Meer vorüberrollte mit einem eignen Schiff für Max, und er segelte davon durch Nacht und Tag in Wochen hinein und wieder hinaus, und fast über's Jahr bis zu den wilden Wesen.

Und als er dort ankam, wo die wilden Kerle wohnen,
brüllten sie ihr fürchterliches Brüllen
und fletschten ihre fürchterlichen Zähne
und rollten ihre fürchterlichen Augen
und zeigten ihre fürchterlichen Krallen,
bis Max sagte: ›Seid still!‹
und sie zähmte mit seinem Zaubertrick:
Er starrte in alle ihre gelben Augen, ohne ein einziges Mal zu zwinkern.

Da bekamen sie Angst und nannten ihn den wildesten Kerl von allen

und machten ihn zum König der ganzen wilden Kerle.
›Und jetzt‹, rief Max, ›machen wir Krach!‹

›Schluß jetzt!‹ rief Max und schickte die wilden Kerle ohne Essen ins Bett.

Und Max, der König aller wilden Kerle, war einsam
und wollte dort sein, wo ihn jemand am allerliebsten hatte.
Da roch es auf einmal um ihn herum nach gutem Essen
und das kam von weither quer durch die Welt.
Da wollte er nicht mehr König sein, wo die wilden Kerle wohnen.
Aber die wilden Kerle schrieen: ›Geh bitte nicht fort – wir fressen dich auf – wir haben dich so gern!‹
Und Max sagte: ›Nein!‹
Die wilden Kerle brüllten ihr fürchterliches Brüllen
und fletschten ihre fürchterlichen Zähne
und rollten ihre fürchterlichen Augen
und zeigten ihre fürchterlichen Krallen.
Aber Max stieg in sein Schiff und winkte zum Abschied.
Und er segelte zurück

und viele Wochen lang
und noch einen Tag
bis in sein Zimmer, wo es Nacht war

und das Essen auf ihn wartete,
und es war noch warm.«

Und als er zu den wilden Wesen stieß,
da brüllten sie ihr fürchterliches Brüllen
und fletschten ihre fürchterlichen Zähne
und rollten ihre fürchterlichen Augen
und zeigten ihre fürchterlichen Krallen,
bis Max sprach: ›SEID STILL!‹
und sie mit Zauber zähmte,
indem er jedem in die gelben Augen starrte,
ohne auch nur einmal zu zwinkern.
Da packte sie der Schrecken, und sie nannten ihn
das allerwildeste Wesen
und machten ihn zum König aller wilden Wesen.
›Und jetzt‹, rief Max, ›los mit dem wilden Klamauk!‹
›Nun aber Schluß!‹ sagte Max
und schickte die wilden Wesen ohne Essen ins Bett.
Und Max, der König aller wilden Wesen, war einsam
und sehnte sich dorthin, wo jemand ihn von Herzen lieb hatte.
Auf einmal roch es ringsumher von weither durch die ganze Welt nach gutem Essen.

Das verleidete es ihm, bei den wilden Wesen König zu sein.
Die wilden Wesen aber riefen: ›O bleib doch hier –‹

Max sagte: ›Nein!‹
Die wilden Wesen brüllten ihr fürchterliches Brüllen
und fletschten ihre fürchterlichen Zähne
und rollten ihre fürchterlichen Augen
und zeigten ihre fürchterlichen Krallen.
Doch Max bestieg sein Schiff und winkte

und segelte zurück über's Jahr
fast ein ganzes Jahr
in Wochen hinein und wieder hinaus
und durch einen Tag
bis in die Nacht seines eigenen Zimmers hinein,
wo ihn sein Essen erwartete,
und es dampfte noch.«

Von seinem Helden Max sagte Sendak: »Max has appeared in many other books under different names: Kenny, Martin and Rosie. They all have the need to master the uncontrollable und frightening aspects of their lives.« Ein andermal nannte Sendak als sein zentrales Thema: »Wie Kinder überleben«. Paradigmatisch für dieses Anliegen ist »Wo die wilden Kerle wohnen«. Max trägt eine Wolfspelz-Kleidung. »Kleider machen Leute« – diese hier macht ihn »wild«. Doch ist es erst der Anruf der Mutter: »Wilder Kerl!«, der ihn aus dem anfänglichen Spiel herausruft und zum »wilden Kerl« werden läßt. Weil die Mutter ihn daraufhin ohne Abendessen in sein Zimmer verweist – sie hat vergessen, daß sie selbst es war, die den »wilden Kerl« erst geschaffen hat; das Aussprechen eines Namens kann das Gemeinte hervorbringen![1] –, verwandelt sich die Umgebung für den trotzigen Jungen im Traum in ein fernes Land grobschlächtiger Monster. Max bezwingt sie mit einem hypnotischen Blick, tobt mit ihnen zusammen sich aus und schickt sie schließlich – jetzt hat er seine Affekte beruhigt und Gewalt über sie erlangt – zum Schlafen. Im Traum hat er seine innere Balance zurückgewonnen; erwacht, findet er zu seinem freudigen Erstaunen das von der Mutter hereingebrachte Essen.

C. Sendak sagt über sich selbst: »Zum Glück lebt ein wichtiger Teil meines Wesens – mein Traumleben – immer noch im starken dringlichen Licht der Kindheit.« Obwohl sich Kinder und Erwachsene in Sendaks Büchern keineswegs immer angemessen verhalten, liegt der pädagogische Wert seiner Bücher darin, »daß sie wegen ihrer vollendeten sprachlichen und bildnerischen Gestalt Kindern helfen können, die eigenen Ängste zu artikulieren und damit zu kontrollieren. ›Die wilden Kerle‹ wurden beispielsweise mit Erfolg in der Behandlung verhaltensgestörter Kinder verwendet.«
Dennoch hat gerade dieses Kinderbuch bei seinem Erscheinen Kontroversen unter Kritikern, Lehrern und Eltern ausgelöst. »Die wilden Kerle« seien in ihrer angeblich schreckerregenden Monströsität für Kinder belastend (ein Vorwurf, der Grimms Märchen, Astrid Lindgren und den Bildern von Relindis Agethen in den Religionsbüchern 1 - 4 ebenfalls gemacht wurde).

D. Unser Religionsbuch zeigt nur das innere Titelbild des Kinderbuches. Im Text wird kein Bezug auf Sendak genommen. Wer will, kann also »Die wilden Kerle« im Unterricht leicht ignorieren. Dennoch liegt mit der beeindruckenden Gestaltung der Doppelseite 116/117 ein Angebot vor, das dem Unterricht zusätzliche Möglichkeiten zuspielt: Der Kindertraum läßt sich über den oben gebotenen Text darstellen, nachspielen, erörtern. . .

---

1 Siehe hierzu: → V, 107-110: Namengebung. Was ist ein Name? Dazu ergänzend noch eine Anmerkung von *Tarcisius Schelbert:* »Diese magische Eigenschaft – das ein Aussprechen des Wortes das Gemeinte herzaubern kann, beschränkt sich nicht etwa nur auf Kinder. Es handelt sich um eine universale Eigentümlichkeit der Sprache, die sich bei allen Wörtern durchsetzen kann. . . Mit der Beschwörungskraft des Wortes verbindet sich eine eigentümliche Irreversibilität. Einmal ausgesprochenes Wort kann nicht mehr so leicht rückgängig gemacht werden. Rilke schreibt darüber: ›Man muß überhaupt mit den Namen vorsichtig sein; es ist oft der Name des Verbrechens, an dem das Leben zerbricht, nicht die namenlose und persönliche Handlung selbst.‹« *Tarcisius Schelbert,* a.a.O., 63 f. Vgl. auch *Hilde Domin,* Unaufhaltsam: → III, 556.

A. Der Traum, der hier erzählt wird, verlangt nicht, aus der Biographie des Mannes, der ihn träumte, gedeutet zu werden. Er ist in seiner transparenten und nachvollziehbaren Symbolik aus sich selbst heraus verstehbar.

B. Das Religionsbuch schildert in seiner ersten Spalte S. 115 die geträumte Geschichte; der danach folgende Text ist Interpretationshilfe. Wir vergegenwärtigen uns zunächst die wichtigsten symbolischen Merkmale:

Das Haus: Als ein in sich geschlossener Bereich, der dem Leben Mitte gibt, erlaubt das Haus Assoziationen mit Heimat, Schutz, Geborgenheit, Intimität, Identität. Religionsgeschichtlich steht es in einer Entsprechung zum Kosmos. Darum ist die Errichtung eines Hauses auch stets ein kosmogonischer (die Schöpfung nachvollziehender) Akt. Auch heute ragen Haus und Herd in wenig gestörten Kulturen aus der alltäglichen Profanität heraus. Religiös gedacht ist das Haus die heilige Mitte, wo der Mensch Gott nahe ist (→ Religionsbuch 7/8, S. 20-22).

Freud zitiert mehrfach Autoren, die das Haus bevorzugt als Symbol für die menschliche Leiblichkeit verstehen. Dem entspricht auch der Sprachgebrauch. Hier steht Haus redensartlich immer für einen Menschen, beispielsweise in Ausdrücken wie *altes Haus:* alter Freund; *fideles Haus:* lustiger Mensch; *gelehrtes Haus:* kluger Mensch; *tolles Haus:* überspannter Mensch. Haus steht auch für die Bewohner, für die Familie oder das gesamte Geschlecht, zumal bei *Fürstenhäusern:* Haus Habsburg, Haus Rothschild. Bei Luther heißt es: »so wirstu und dein Haus selig«. Im Parlament spricht man vom *Hohen Haus,* in London unterscheidet man *Unterhaus* und *Oberhaus.* Bei August Kopisch heißt es in einem Gedicht: »Derweil du so ein frommes Haus, so bitt dir eine Gnade aus«.

In unserem Traum befindet sich der Träumer in einem Haus, aus dem er nicht heraus kann. Das Haus ist er selbst: Er kann nicht aus sich heraus, ist in sich selbst verkapselt und versperrt. Die grundsätzliche Ambivalenz der Symbole, die dem Haus positive wie negative Relevanz einräumt, begegnet in diesem Traum negativ: das Haus als Gefängnis, Käfig, Kokon. So erlebt man auch Haus oder Wohnung, wenn eine Krankheit »ans Haus fesselt«: Dann werden die Wände zu eng, und die Decke fällt einem auf den Kopf. Dagegen ist das Haus Ort der Geborgenheit, Mitte der Welt für jeden, der müde heimkehrt, um sich in der Behaglichkeit seines Zuhause ausruhen und innerlich wiederfinden zu können.

Oben und Unten: Zu beachten ist, daß der Träumer sich mit seiner Frau zusammen im selben Hause glaubt, ohne mit ihr im Gespräch zu sein. Vielleicht war er »oben«, sie »unten« im Haus. Dieses Oben und Unten partizipiert natürlich an der Haussymbolik. Unsere Sprache kennt vielfältige Bedeutungen, die sich mit »oben« und »unten« verbinden: Oben ist der Himmel, der Sitz der Götter, der Platz jener, die Überblick haben und darum herrschen können.

Durch den aufrechten Gang erscheint der Kopf des Menschen dem Himmel und zugleich dem Geist zugeordnet zu sein, während Bauch und Triebe der Erde näher sind. Dem Hohen, Erhöhten, Erhabenen steht die Unterwelt gegenüber, das Niedere und Unterlegene. Wer »oben« ist, ist Sieger, hat es geschafft, während »die da unten« der Verliererseite zugerechnet werden. Doch die menschliche Psyche und ihre Traumsprache folgen dieser alltäglichen gesellschaftlichen Ordnung nicht. Hier gibt es positive Besetzungen auch für das Unten: Wurzeln der Kraft braucht jeder, Bodenständigkeit, einen belastbaren Grund, unerschütterliche Fundamente, während das Oben auch negativ ausfallen kann mit Oberflächlichkeit, Angeberei, Überspanntheit.

Daß der Mann sich im Obergeschoß des Hauses aufhält, verweist auf sein Rollenverständnis: Er besitzt den Überblick, hat das Sagen, weiß wo es lang geht. Dabei hat er offensichtlich den Blick auf seine Frau im Erdgeschoß verloren. Hier ist sie keineswegs die Unterlegene, sondern der weniger kopflastige, erdverbundene, mit beiden Füßen auf der Erde stehende Mensch. Daß sie sich, obwohl sie dasselbe Haus teilen, in ihrer Gemeinsamkeit verloren haben, wurde der Frau bewußt. Darum hält sie es nicht länger aus und verläßt das Haus, während er in seinem Oberstübchen diese innere Entfremdung feststellt, als sie gegangen ist und die Tür hinter sich zugemacht hat. Erst diese äußere Wahrnehmung löst eine Aufmerksamkeit aus, die zunächst ebenfalls nur äußerlich orientiert ist. Er will ihr »nachrufen«, vielleicht nur fragen, wohin sie geht, warum sie wortlos aufbricht, wann sie wiederkommt, doch erst die Erfahrung der nicht zu öffnenden Fenster und Türen läßt ihn seiner eigenen Befindlichkeit inne werden.

Fenster und Tür: Fenster wie Tür sind die Verbindung zwischen Innen und Außen. Fenster erlauben Ausblicke und Einblicke. Man kann sie öffnen und schließen, wie auch die Tür (→ I, 311-331), die abgrenzt und zugleich vermittelt. Im erzählten Traum sind die regulären Funktionen von Fenster und Tür gestört. Sie vermitteln nicht mehr, sondern schließen nur noch ab und ein. Ein so verriegeltes Haus wird zum Gefängnis. Auch da fehlt der Schlüssel, mit dem man kommen und gehen könnte.

Die Bewegungen im Haus: Der Mann tritt ans Fenster, will es öffnen, er eilt ins nächste Zimmer, seine Versuche scheitern, ihn überkommt Angst, er hastet die Treppe hinunter... Was immer der Mann unternimmt, es geschieht aus innerer Not, Hast und Angst. Je mehr er sich in sich selbst versperrt sieht, um so hektischer werden seine Bemühungen und gerade deswegen dauerhaft vergeblich. Obwohl er doch »weiß, wo es langgeht«, hat er nur mit sich selbst zu tun, mit seinen Grenzen und seiner Ohnmacht. Er ist nicht in der Lage, von seiner Frau aus zu denken. Alle seine Anstrengungen sind darauf aus, mit Kraft oder gar Gewalt die Luken des Hauses zu öffnen, doch eben diese Versuche befreien ihn am wenigsten aus der selbst geschaffenen Falle.

Straße und Haus: »Religion ist eine Straße zu Gott, eine Straße ist kein Haus«, sagte Sri Aurobindo. Mit dem Symbol »Haus« ist das Stationäre, mit dem Symbol »Straße« das Bewegliche, Prozeßhafte, Entwicklungswillige assoziiert. Mit ihrer Entscheidung, das »Haus« zu verlassen, hat die Frau bekundet, daß sie nicht verkümmern will, abgedrängt und unbeachtet. In seinem Traum nimmt der Mann diese Lebendigkeit seiner Frau zwar wahr, doch sieht er sich zunächst darin nur von ihr »verlassen«. Obwohl ihm der Traum seine eigene

Verkapseltheit bewußt macht, wird er noch eine Weile brauchen, um die Wahrheit dieses Traumes einzuholen. Daß etwa die Bereitschaft der Frau zu neuen Wegen aus der größeren Treue zu sich selbst kommen kann, ist eine Einsicht, die dieser Traum ihm noch nicht zuspielt.

C. Der für das Religionsbuch gewählte Traum ist eine Ehegeschichte. Nur ein oberflächliches Zusehen kann meinen, das sei für elf-, zwölfjährige Kinder ein verfehltes Thema, denn *in* solchen »Ehegeschichten« verbringen sie ihre Kinderjahre. Daß die Eltern sich bisweilen oder gar dauerhaft nicht verstehen, sich streiten und immer öfter sich trennen, ist ein Schicksal, von dem die Schule meistens keine Notiz nimmt. Welche seelischen Belastungen Kindern darin auferlegt sind, wie und ob sie damit fertig werden, verbirgt sich durchweg der schulischen Einsicht. Hier können Lehrer sich ihrerseits mit der Rolle des träumenden Mannes identifizieren und wahrnehmen, daß ihre Schülerinnen und Schüler sich täglich mehr von Unterricht und Schule entfernen, ohne daß sie sie noch erreichen. Oft mangelt es sogar an dieser Wahrnehmung, erst recht an Versuchen, Fenster und Türen zu öffen.

Der Unterricht sollte keine direkte Applikation des Traumes auf die häusliche Schülersituation versuchen. Es genügt, in dieser Geschichte ein Modell für gestörte zwischenmenschliche Beziehungen zu erkennen. Denn in die Rolle des Mannes, der hier träumt, können auch Kinder hineinschlüpfen. Sie erleben sich oft genug selbst in Situationen eingesperrt, aus denen sie nicht mehr heraus finden. Hier könnte ein Gespräch ansetzen, um die Konfliktlage, die der Traum darstellt, zu bearbeiten.

D. Es empfiehlt sich, die Sendak-Geschichte (→ S. 111-113) dem Traum im Unterricht vorangehen zu lassen. Den Traum selbst kann der Lehrer vorlesen; besser ist es, ihn zu erzählen. Die dem Traum nachgestellte Interpretation soll der Unterricht aber auf keinen Fall am Text des Religionsbuches entlang paraphrasieren. Die oben gebotenen Interpretationshinweise erlauben eine eigene, freie Deutung des Traumes. Die kursiv herausgestellten Begriffe können auch das Unterrichtsgespräch strukturieren. Im übrigen sollte es nicht schwer sein, die in sich plastische, eindrucksvolle Geschichte mit dem inneren Verständnis der Kinder zu verbinden. Dabei kann einerseits die dem Traum implizite Konfliktproblematik die Schüler fesseln, andererseits soll das formaldidaktische Interesse, nämlich die symbolische Leistung des Traumes wahrzunehmen, nicht außer acht geraten. In jedem Fall ist hierbei das gesamte Gewebe der geträumten Geschichte zu beachten, beispielsweise: Haus, Obergeschoß, enge Zimmer, Haustür, ins Schloß fallen, Fenster, Straße, Ferne, weggehen, ohne Abschied usw.

Nicht zu übersehen sind die vielen Hilfen, die uns alltäglich benutzte Sprachwendungen bieten, zumal rund um die Haus-Metaphorik. Die unten noch zusätzlich gebotenen Materialien können den Traum des Religionsbuches ergänzen und vertiefen.

(1) Das Haus im Sprichwort

Der Weg über die Metapher (→ V, 97-136) kann zum Symbol weiterführen. Es gibt eine große Fülle von Haus-Metaphern im Sprichwort. Mit einigen Beispielen lassen sich die oben zitierten sprichwörtlichen Redensarten ergänzen:

Alte Häuser haben trübe Fenster. *(Alte Leute sehen manchmal mehr die Schattenseiten.)*
Sieh zuerst in dein Haus, danach hinaus.
Von deinem Hause zu meinem Hause ist es so weit wie von meinem Hause zu deinem Hause. *(Jeder kann den ersten Schritt tun.)*
Was im Hause gekocht wird, soll man auch im Hause essen. *(Unangenehmes trage man nicht nach draußen.)*
Wo ist ein Haus, durch das kein Rauch geht? *(In welcher Ehe gäbe es nie Streit?)*
Wo zwei in einem Haus sind, da bleiben sie selten eins.
Die Haustür geht nach innen auf.

(2) Erich Kästner: In seinem Leben wie in einem Hause treppauf und treppab gehen können.

»Liebe Kinder! Laßt euch die Kindheit nicht austreiben! Schaut, die meisten Menschen legen ihre Kindheit ab wie einen alten Hut. Sie vergessen sie wie eine Telefonnummer, die nicht mehr gilt. Ihr Leben kommt ihnen vor wie eine Dauerwurst, die sie allmählich aufessen, und was gegessen worden ist, existiert nicht mehr. Man nötigt euch in der Schule eifrig von der Unter- über die Mittel- zur Oberstufe. Wenn ihr schließlich droben steht und balanciert, sägt man die ›überflüssig‹ gewordenen Stufen hinter euch ab, und nun könnt ihr nicht mehr zurück! Aber müßte man nicht in seinem Leben wie in einem Hause treppauf treppab gehen können? Was soll die schönste erste Etage ohne den Keller mit duftenden Obstborden und ohne Erdgeschoß mit der knarrenden Haustür und der scheppernden Klingel? Nun – die meisten leben so! Sie stehen auf der obersten Stufe, ohne Treppe und ohne Haus, und machen sich wichtig. Früher waren sie Kinder, dann wurden sie Erwachsene, aber was sind sie nun? Nur wer erwachsen wird und Kind bleibt, ist ein Mensch!
Wer weiß, ob ihr mich verstanden habt. Die einfachen Dinge sind so schwer begreiflich zu machen. . .!«[1]

An diesem schönen Text können die Schüler zeigen, inwieweit sie die Haus-Symbolik des Traumes auf Kästners Ansprache zu übertragen wissen. Natürlich ist auch ein umgekehrtes Verfahren möglich; dann geht Kästners Ansprache der Interpretation des Traumes vorauf.

(3) Carl Gustav Jung: »Mein Haus« – ein unbekanntes Haus

»Ich war in einem mir unbekannten Hause, das zwei Stockwerke hatte. Es war ›mein Haus‹. Ich befand mich im oberen Stock. Dort war eine Art Wohnzimmer, in welchem schöne alte Möbel im Rokokostil standen. An den Wänden hingen kostbare alte Bilder. Ich wunderte mich, daß dies mein Haus sein sollte und dachte: nicht übel! Aber da fiel mir ein, daß ich noch gar nicht wisse, wie es im unteren Stock aussähe. Ich ging die Treppe

---

1 *Erich Kästner*, Ansprache zum Schulbeginn, in: Was nicht in euren Lesebüchern steht. Frankfurt a.M. 1968.

hinunter und gelangte in das Erdgeschoß. Dort war alles viel älter, und ich sah, daß dieser Teil des Hauses etwa aus dem 15. oder 16. Jahrhundert stammte. Die Einrichtung war mittelalterlich, und die Fußböden bestanden aus rotem Backstein. Alles war etwas dunkel. Ich ging von einem Raum in den anderen und dachte: Jetzt muß ich das Haus doch ganz erkunden! Ich kam an eine schwere Tür, die ich öffnete. Dahinter entdeckte ich eine steinerne Treppe, die in den Keller führte. Ich stieg hinunter und befand mich in einem schön gewölbten, sehr altertümlichen Raum. Ich untersuchte die Wände und entdeckte, daß sich zwischen den Mauersteinen Lagen von Backsteinen befanden; der Mörtel enthielt Backsteinsplitter. Daran erkannte ich, daß die Mauern aus römischer Zeit stammten. Mein Interesse war nun aufs höchste gestiegen. Ich untersuchte auch den Fußboden, der aus Steinplatten bestand. In einer von ihnen entdeckte ich einen Ring. Als ich daran zog, hob sich die Steinplatte, und wiederum fand sich dort eine Treppe. Es waren schmale Steinstufen, die in die Tiefe führten. Ich stieg hinunter und kam in eine niedrige Felshöhle. Dicker Staub lag am Boden, und darin lagen Knochen und zerbrochene Gefäße wie Überreste einer primitiven Kultur. Ich entdeckte offenbar sehr alte und halb zerfallene Menschenschädel. – Dann erwachte ich.

Es war mir deutlich, daß das Haus eine Art Bild der Psyche darstellte, d.h. meiner damaligen Bewußtseinslage mit bis dahin unbewußten Ergänzungen. Das Bewußtsein war durch den Wohnraum charakterisiert. Er hatte eine bewohnte Atmosphäre, trotz des altertümlichen Stils.

Im Erdgeschoß begann bereits das Unbewußte. Je tiefer ich kam, desto fremder und dunkler wurde es. In der Höhle entdeckte ich Überreste einer primitiven Kultur, d.h. die Welt des primitiven Menschen in mir, welche vom Bewußtsein kaum mehr erreicht oder erhellt werden kann. Die primitive Seele des Menschen grenzt an das Leben der Tierseele, wie auch die Höhlen der Urzeit meist von Tieren bewohnt wurden, bevor die Menschen sie für sich in Anspruch nahmen. . .

Mein Traum ging offenbar zurück bis in die Grundlagen der Kulturgeschichte, einer Geschichte aufeinanderfolgender Bewußtseinslagen. Er stellte etwas wie ein Strukturdiagramm der menschlichen Seele dar, eine Voraussetzung durchaus unpersönlicher Natur. Diese Idee schlug ein, it clicked, wie der Engländer sagt; und der Traum wurde mir zum Leitbild, das sich mir in der Folgezeit in einem mir unbekannten Maße bestätigte.«[1]

1 *Carl Gustv Jung*, Erinnerungen, Träume, Gedanken, a.a.O., 163ff. Jung hat diesen Traum Freud zu einer Zeit erzählt, in der beide noch befreundet waren, Jung sich aber noch nicht traute, Freuds Grundverständnis zu widersprechen. Er berichtet: »Was Freud an diesem Traum vor allem interessierte, waren die beiden Schädel. Er kam immer wieder darauf zu sprechen und legte mir nahe, in ihrem Zusammenhang einen Wunsch herauszufinden. . . Ich wußte natürlich genau, worauf er hinaus wollte: daß hier geheime Todeswünsche verborgen seien. – Ja, was will er denn eigentlich? dachte ich bei mir. Wem soll ich denn den Tod wünschen? – Ich empfand heftige Widerstände gegen solche Interpretation und hatte auch Vermutungen, was der Traum wirklich bedeuten könnte. . .

Körpersprache

Bevor der Mensch sprechen lernt, verfügt er über andere Ausdrucksmittel. Seine Primärsprache ist die Sprache des eigenen Körpers. Zwar führt die verbale Verständigung dazu, die körpersprachlichen Kommentare zu übersehen, so daß die Körpersprache mit der Zeit zu einer Fremdsprache wird, aber weil niemand das Kommunikationsmittel Körpersprache unterdrücken kann, ist es sinnvoll, diesen Ausdrucksbereich ins eigene Bewußtsein zurückzuholen: Er informiert uns über innere Haltungen und Einstellungen unserer Mitmenschen und macht sensibel für unbewußte Botschaften. Gleichzeitig wachsen wir dabei in der Kritikfähigkeit gegenüber uns selbst wie in der Toleranz gegenüber anderen.

Körpersprache ist Symbolsprache

Haltungen und Bewegungen des Menschen sind nicht zufällig. »Der Körper ist der Handschuh der Seele«, sagt Samy Molcho und bestreitet einen Dualismus von Körper und Seele: »Beide sind voneinander untrennbar. Wir müssen uns nur die einfache Frage stellen: Habe ich einen Körper oder bin ich mein Körper? Für mich ist die Antwort klar: Solange ich lebe und mit anderen lebendig kommuniziere, bin ich mein Körper. Die englische Sprache hat für diese Identität eindeutige Begriffe: ›Somebody‹ ist jemand, ›nobody‹ ist *niemand*. Ohne Körper keine Existenz und kein Begriff von uns selbst.«[1]

Bereits die embryonale Entwicklung des Menschen prädisponiert zu einem körpersprachlichen Verhalten, das Menschen in bestimmten Lebenssituationen und zumal im Schlaf ein Leben lang immer neu artikulieren. Das Körperverhalten des Kleinkindes unterliegt weiterhin den Lernprozessen, die im Umgang mit Eltern und Geschwistern angelegt sind. Zwar gelten hier überall gleiche Grundmuster, doch finden sie ihre Ausprägung in unzähligen individuellen Varianten.

Auch für Jugendliche gibt es eigene Codes der Körpersprache, die sich kulturell und milieubedingt vielfältig unterscheiden können. Sie drücken Vorbehalten, Widerspruch und Widerstand unmittelbarer durch Körpersprache aus als durch verbale Äußerungen. Die Art wie sie heute mit Eltern und Lehrern umgehen, wie sie bei ihnen stehen, kommen, gehen, welche Haltung, welche Distanz, welche Vertrautheit herrscht, das alles drückt ihre innere Einstellung aus und unterscheidet heutige Jugendliche von jenen einer früheren Generation, selbstbewußte Menschen gegenüber autoritätsgeleiteten.

Die Großväter der wilhelminischen Ära artikulierten ihr Männlichkeitsverständnis mit Posen steifer Würde. Ob in der Badewanne oder im Bett (immer darauf bedacht, den hochgezwirbelten Bart zu schonen) – die Arbeitshypothese ihres Selbstverständnisses ließe sich mit der Formel »William the Conquerer«

---

1 *Samy Molcho,* Körpersprache. München 1983, 20.

apostrophieren. Demgegenüber sind die Stilmittel heutiger männlicher Sicherheit eher dem Stichwort »Lässigkeit« unterzuordnen. Der Vergleich alter und heutiger Fotos verdeutlicht den Unterschied. In jedem Fall zeigt der differierende körpersprachliche Ausdruck, daß es nicht alleine entwicklungsbedingte, sondern auch gesellschaftsabhängige, geschichtliche Wirkmächte gibt, die niemandem bewußt sein müssen und doch jedermann in seinem Lebensgefühl und Körperverhalten bestimmen.

Natürlich unterliegt die Körpersprache der Erwachsenen auch ihren spezifischen Lebensumständen. Bankangestellte und Geschäftsleute folgen anderen Erwartungen als Bauarbeiter, Ärzte oder Medienstars. Die Körpersprache spiegelt auch die sozialen Rollen, in denen Menschen sich bewegen. Natürlich kann man ein gängiges Rollenverhalten sprengen und eine passender erscheinende Körpersprache lernen. Das geschieht immerfort, meistens ein Leben lang. Aber eines bleibt über alles Bemühen hinaus bestehen: Unsere Körpersprache bewegt sich niemals nur innerhalb der eigenen Bewußtseinsgrenzen, sie ist immer deutlicher als die Sprache der Wörter. Der Körper reagiert spontan und kann sich nicht so verstellen, wie das der Sprache möglich ist. Der Körper ist primär, nicht das Wort.

Die Sprache beschreibt Körpersprache

Dennoch hat die verbale Sprache die Einheit von innerer Bewegtheit und körperlichem Ausdruck auch ihrerseits integriert. Hier ist ein kleines »Körperalphabet«, gewissermaßen die verbal übersetzte Körpersprache:

Einen über die Achsel ansehen	Einen breiten Buckel haben
Einem unter die Arme greifen	Den Daumen drauf halten
Einen mit offenen Armen empfangen	Ein Fingerzeig
Atemlos zuhören	Sich die Finger nach etwas lecken
Den Atem anhalten	Keinen Finger rühren
Aufatmen können	Mit jemandem auf gespanntem Fuß stehen
Ein Auge zudrücken	Einem läuft die Galle über
Große Augen machen	Jemandem stehen die Haare zu Berge
Etwas in seinen Bart murmeln	Das Wort bleibt ihm im Halse stecken
Einem um den Bart gehen	Er lebt von der Hand in den Mund
Auf den Bauch fallen	Er legt die Hände in den Schoß
Sich vor Lachen den Bauch halten	Es schnürt einem die Kehle zu
Sich in die Brust werfen	Sich auf die Lippen beißen. . .

Dies alles sind Übersetzungen der Körpersprache. Sie wollen das Nur-Begriffliche be-greifbar machen. Ein Wort wie »Gleichgewicht« umfaßt gleichzeitig Psyche und Physis, Körper und Seele. Ein Mensch mit schwankendem Gang ist auch seelisch nicht im Gleichgewicht. Was uns auf den Magen schlägt, kann sehr wohl eine Faust sein, meist ist es aber ein psychisches Moment.[1]

1 *Samy Molcho*, Körpersprache als Dialog. Ganzheitliche Kommunikation in Beruf und Alltag. München 1988, 19 f.

Wenn die Seele durch den eigenen Körper spricht

In diesem Handbuch läßt sich keine Systematik der körpersprachlichen Möglichkeiten entfalten. Dafür sind die Arbeiten von Samy Molcho zu konsultieren.[1] Einige Grundfiguren sollen aber angedeutet werden, weil sie dem Schüler zeigen können, wie elementar wir in unserem eigenen Verhalten, zumal dann, wenn die Seele durch den eigenen Körper spricht, der symbolischen Kommunikation fähig sind.

Der aufrechte Gang: Der aufrechte Gang macht den Menschen. Die Entwicklung dorthin war äußerst kompliziert und beanspruchte unendlich lange Zeiträume. Bei Tieren geht der Muskeltonus von vorne nach hinten; allein beim Menschen hat die Muskelspannung durch seinen aufrechten Gang eine neue Richtung gewonnen: Er geht von unten nach oben. In seinem elementaren Symbolverständnis drückt sich diese Wertung von »oben« und »unten« ebenfalls aus (→ S. 114 f.). »Nicht genug, daß sich der Mensch von Milliarden und Abermilliarden aller Lebewesen dieser Erde allein schon durch seinen aufrechten Gang unterscheidet – jeder unter den Milliarden Menschen dieser Erde hat auch eine andere Art zu gehen, zu stehen, sich zu bewegen und auszudrücken. Und diese Haltungs- und Bewegungsweise ist ein offenes Buch seiner Gewohnheiten und Neigungen, von Werten, die er sich bewußt gesetzt hat, und solchen, von denen er sich unbewußt leiten läßt. Doch man muß natürlich lernen, die Zeichen und Signale der Körpersprache zu lesen.«[2]

Gehen und stehen: Jeder Mensch hat seine eigene, individuelle Art zu gehen; jeder Reiz und jedes Gefühl färben sofort auf diese Gangart ab und prägen ihre Nuancen. Man braucht nur Kinder zu beobachten, wie sie gehen, schlendern, hüpfen, springen..., um ihre innere Verfassung zu erkennen. »Nicht von ungefähr finden wir in allen europäischen Sprachen für den Zustand des körperlichen und seelischen Gleichgewichts dasselbe Wort ›Balance‹ – so unmittelbar und augenfällig ist der Zusammenhang.«

»Fuß und Fußspitze zeigen direkt nach vorne, wenn es sich um einen zielbewußten Menschen handelt... Man muß sich die Fußspitze nur durch einen Ski verlängert denken. Wenn man dann die Fußspitzen nach innen dreht, bremst das jeden Schwung ab – Schneepflug. Drehen wir sie nach außen, so verpufft die ganze Energie, und es haut uns auf die Nase. Das Körpersignal sagt nichts anderes...

Wer große Schritte macht, denkt in weiten Bögen, in großen ökonomischen Zügen, und nimmt auch Risiken auf sich, um in kurzer Zeit viel zu erreichen. Kleine Schritte bedeuten: Sicherheit vor allem, nur nichts überhasten, alles sorgfältig prüfen. Wird der Mensch der kleinen Schritte zu großen gezwungen, so fühlt er sich unwohl und gerät in Unsicherheit und Nervosität.«[3]

Sitzordnungen: Sitzen ist eine bevorzugte Position für kommunikativen Austausch. Weil Raumpositionen bezogen werden, spiegeln sich in diesem

---

1 Neben den oben bereits genannten Titeln ist zu ergänzen: *Samy Molcho*, Partnerschaft und Körpersprache. München 1990.
2 *Samy Molcho*, Körpersprache, a.a.O., 73.
3 Ebd., 89.

Code auch Rangordnung und Territorialverhalten der Beteiligten. Einige Details:

Die Entfernung der sitzenden Personen zueinander ist auch Ausdruck ihrer unterschiedlichen inneren Distanz. Dabei kann größerer Abstand sowohl einen höheren Rang bezeichnen als auch einen Neuling in der Gruppe kennzeichnen oder auf Meidung und Gruppenausschluß verweisen. – Die Sitzhöhe bringt ebenfalls den Status des »Besitzers« zum Ausdruck. Ein Königsthron, eine bischöfliche Kathedra, ein Rednerpult heben sich aus der übrigen Bestuhlung heraus. Karl der Große hat im Aachener Dom den Machtkampf zwischen Kirche und Staat auf seine Weise entschieden, indem er seinen Thron so hoch bauen ließ, daß kein Vertreter Roms höher sitzen konnte. Derartige Symbolik wird heute sublimer gehandhabt, begegnet aber immer noch. Der Chefsessel unterscheidet sich von den übrigen.

Das Sitzen vis-à-vis erlaubt es, sich dem Gegenüber ganz zu widmen, sei es sachbezogen, sei es gefühlsbetont. »Jede Bewegung der Schultern, die von der Parallellinie dieser Fronten abweicht, signalisiert dann auch ein Sichabwenden von bestimmten Argumenten oder Vorschlägen.«

Das Sitzen über Eck erlaubt größeren Spielraum an Verhandlungsmöglichkeiten. Man muß keine volle Zuwendung demonstrieren, bewahrt aber die Möglichkeit direkten Kontaktes durch körperliche Nähe; man kann sich auf die eigenen Gedanken und Gefühle konzentrieren, kann am anderen vorbei oder von ihm weg sehen und bleibt ihm doch verbunden. »Ein obrigkeitshöriger Beamter fühlt sich gewiß hinter seinem Amtstisch am wohlsten. Das Publikum tritt, Mann für Frau, vor ihn hin, und er bescheidet sie gemäß seinem staatlichen Auftrag und amtlicher Funktion. Er ist wer, egal wer da kommt, verkörpert Macht und Autorität – eine Respektsperson. Doch diese Sitzanordnung des Visavis hat sich in den letzten Jahrzehnten bemerkenswert verändert. Der ratsuchende Bürger sitzt meistens seitlich, im rechten Winkel am Schreibtisch des Beamten, und damit ist der frontale Einschüchterungscharakter dieser Amtsbegegnung gemildert. Andererseits behält der Beamte seinen Amtsbereich vor sich: Er kann, ohne verletzend zu wirken, Akten blättern und lesen, ohne die Konfrontation mit uns dadurch zu verschärfen. . .«[1]

Sitzarten: »Die Art, wie jemand sitzt, ist Ausdruck seiner Eigenarten und inneren Verfassung, unterliegt aber auch äußeren Bedingungen wie Zeitmangel und selbstverständlich den direkten Reizen der jeweiligen Situation, auf die man durch Veränderung der Körperhaltung reagiert.

Das gilt zunächst einmal durch Ausnutzung der Sitzfläche. Postiert sich einer mit seinem vollen Körpergewicht auf der ganzen Sitzfläche, so erklärt er damit: Mir steht das hier zu, ich bleibe eine Weile und lasse mich nicht so leicht abservieren.

Nimmt jemand nur vorsichtig auf der Stuhlkante Platz, . . . ist es ihm möglich, jede Sekunde aufzustehen. Damit kann er andeuten, daß er wenig Zeit hat und gleich wieder gehen will. Dieses ›auf dem Sprung sein‹ kann aber auch die Bereitschaft signalisieren, dem Gastgeber jederzeit dienlich zu sein und sich seinen Wünschen zu fügen. Von da ist es zur Unsicherheit nur ein kleiner Schritt. . .

1 Ebd., 97-99.

Wer sich so lasch in einen Sessel fallen läßt, daß gleich der ganze Körper zerfließt und wir einen Kollaps befürchten, ist entweder sehr erschöpft oder es fehlt ihm wirklich an innerem Halt, an Festigkeit, Richtung und Willen. – Vor allem jüngere Leute haben die amerikanische Gewohnheit übernommen, auf einem umgekehrten Stuhl zu sitzen, mit der Rückenlehne als Schild und Barriere vor dem Körper. Hinter diesem Bemühen, salopp und leger zu sein, steckt eine ganze Portion Unsicherheit. Man verbirgt sich, sucht Schutz und Deckung.«[1]

Die Augen: »Augen sind verräterisch – im guten wie im bösen Sinne. Professionelle Spieler bedienen sich getönter Augengläser, um sich nicht durch die Erweiterung ihrer Pupillen zu verraten, wenn sie ein gutes Blatt auf die Hand bekommen... Wenn wir negative oder abstoßende Eindrücke haben, feindselige Gedanken hegen, so verengt sich die Pupille.

Der intensive Blick ist immer ein Kräftemessen. Wer erinnert sich nicht des Kinderspiels: Wer als erster die Augen niederschlägt, hat verloren. Diese Bewertung verfolgt uns ein Leben lang, wenn wir uns bei der Beachtung einer anderen Person ertappt fühlen und den Blick abwenden.

Dabei geschieht die Wahrnehmung eines anderen Menschen immer nur durch direkten Blickkontakt; aber Dauer und Intensität des Blickes geben das Signal, ob ein Territorialkampf stattfinden wird oder unter Verzicht auf diese Auseinandersetzung eine Beziehung zueinander entstehen soll. Dann schweift der Blick kurz ab und unterbricht die Konfrontation. Dieses Ritual vollzieht sich bei jeder Begegnung von zwei Personen aufs neue. Kennen sie sich bereits, so beginnt mit dem Blickwechsel die Unterhaltung. Im Laufe des Gespräches folgen dann ganz unterschiedliche Blickkontakte je nach Aussage und Situation. Doch am Ende oder beim Abschied wird wieder dieser Ritualblick getauscht.

Unter Unbekannten, die auf der Straße in kurzer Entfernung aneinander vorbeigehen und nicht anderweitig abgelenkt sind, kommt es auch zu diesem Kontakt. Die soziale Nähe erzwingt, den anderen zur Kenntnis zu nehmen, auch wenn man mit ihm gar nicht weiter kommunizieren will. Der kurze Blickwechsel, wie unbeteiligt er sich immer gibt, signalisiert: Ich habe dich wahrgenommen und verzichte auf Kampf. Das gleiche ist der Fall, wenn jemand einen Lift oder ein Zugabteil betritt. Ein kurzer Kontakt ist unverzichtbar, aber weitere sind nicht nötig; sie würden eher als irritierend oder zudringlich empfunden, sind einem selbst peinlich. Also schaut man unglaublich interessiert auf den Etagenanzeiger des Aufzugs, auf die eigenen Fingernägel oder Reklametafeln und im Zug zum Fenster hinaus.

Wenn dieses Blickritual aber nicht eingehalten wird, fühlt sich der andere übergangen und gekränkt, als hätten wir gesagt: Du hast gar keine Rechte, du bist für mich Luft! Auch noch in einer vertrauten Beziehung. Der Mann, der sich beim Frühstück mit der Zeitung beschäftigt und auf die Fragen seiner Frau antwortet, ohne die Augen zu heben, kriegt bestimmt Ärger. Er versteht das nicht, denn er hat doch geantwortet – aber das genügt nicht. Er hat den Ritualblick verweigert, der genetisch programmiert ist, und deshalb fühlt sich

---

1 Ebd., 103.

die Frau zu Recht in ihrem Existenzanspruch ignoriert und behandelt, als sei sie ein beliebiger Gegenstand...

Gelegentlich begegne ich der Frage, ob man sich überhaupt in beide Augen schaue, nur in eines oder zwischen die Augen? Schon die Fragestellung ist ein Zeichen, wie unbeholfen wir mit unserer Körpersprache umgehen. Wenn ich jemandem zwischen die Augen auf die Nasenspitze gucke, dann fixiere ich ihn, und er muß sich überlegen, ob ich ihn nun konfrontiere oder ignoriere. Eine Kontaktnahme ist das nicht, und Kommunikation kann dabei nicht entstehen: Denn der andere ist verwirrt und merkt zu Recht, daß ich ihm meine Gefühle gar nicht mitteile. Man schaut auch nicht in ein Auge (das hätte einen ähnlichen Effekt), sondern man schaut sich in die Augen, ins ›Gesicht‹, und dabei wandern unsere Augen in feinen und größeren Abweichungen...

Reißt der Blickkontakt aber für eine längere Zeitspanne ab, so ist Gefahr im Verzug – Gefahr für die Fortsetzung unseres Meinungsaustausches. Die Informationsabgabe wird einseitig, und es gibt nicht einmal einen Empfänger mehr, denn der andere hat schon die Flucht angetreten. Er kann nicht mit den Beinen davon rennen, aber er flieht uns mit den Augen. Wir kennen das von Kindern, die dies Verhalten noch ganz ungetarnt praktizieren. Wenn wir sie schimpfen, schauen sie in die Richtung, in die sie fliehen möchten, wo es sie hinzieht. Oder aus einem Hörsaal. Der Vortrag wird immer länger, und die Blicke wandern zum Fenster hinaus, die Augen gehen spazieren.

Wenn der Partner ein Auge zukneift oder damit zwinkert, signalisiert er Mißtrauen, Ungläubigkeit, halb und halb: Du verschweigst mir die Hälfte. Zwinkere ich zurück, dann bestätige ich Einverständnis...

Der Blick nach oben sucht immer Hilfe von höherer Instanz. Das ist bei dem Prüfling so, der auf den erlösenden höheren Einfall wartet, wie bei dem Professor, der um Nachsicht und Erbarmen für so viel Torheit fleht...«

Die Hände: »Die Hände sind das sensibelste Werkzeug und die ausdrucksstärksten Glieder des Menschen... Wir greifen nach der Welt, um sie uns begreiflich zu machen. Erst die Berührung mit ihr vergewissert uns, daß sie so ist, wie wir sie uns vorstellen. Oder anders. Dann zwingt uns die Berührung – und bei diesem Wort assoziiert jeder eine Bewegung seiner Hand – unsere Vorstellung zu korrigieren... Wer sich nicht mit den Händen ausdrückt und mit ihnen den andern erfahren kann, entbehrt eines der wichtigsten Verständigungsmittel und beschränkt seinen eigenen Gefühlsreichtum... Da gibt es feine Familien und vornehme Internate, in denen man den Kindern und Zöglingen beim Essen Bücher unter die Arme klemmt, damit sie gesittetes Benehmen lernen. Man darf die Oberarme nicht vom Körper nehmen, das geziemt sich nicht. Man hat sich diszipliniert zu geben – und damit gibt man gar nichts; man hemmt seine Bewegungen – und damit unterdrückt man seine Gefühle. Eine solche Erziehung blockiert den Menschen. Er wird zum regelrechten Produkt gesellschaftlicher Zwänge. Emotionen sind verpönt... Ein Mensch, der seine Hände lahm legt, ist eine sehr eintönige Erscheinung, denn es ist gänzlich unmöglich, irgendeine engagierte Information von sich zu geben, ohne daß die Hände in irgendeiner Weise mitspielen. Dabei kennen wir zwei Grundhaltungen: Die offene und die zugedeckte Hand.

Die offene Hand zeigt uns ihre Innenfläche. Sie ist mindestens doppelt so sensibel wie der Handrücken: Wer die sensible Seite der Hand offen zeigt, schenkt Vertrauen und die Bereitschaft, friedlich und wohlgesonnen zu handeln, denn er verdeckt und versteckt seine Empfindsamkeit und Empfindungen nicht. Es ist die Geste des freien Gebens und Nehmens... Wenn die Fakten offen zutage liegen, sagt man ebenso: Es liegt auf der Hand. Da wird nichts verborgen.

Die zudeckende Hand kehrt die sensible Innenseite nach unten und wendet den Handrücken nach oben oder gegen die andere Person, deckt die empfindsame Seite gegenüber der Außenwelt ab. Die, die während eines Gesprächs dauernd mit dem Handrücken zum Partner gerichtet sind, schirmen entweder aus Unsicherheit die Gefühle ab, oder sie versuchen etwas zu verbergen. Menschen mit dieser Angewohnheit sind schwierige Verhandlungspartner. Sie halten mit ihren Absichten hinter dem Berg und sind kaum zu Entgegenkommen bereit. Auch Hände, die auf dem Tisch liegen, auf den Sessellehnen oder Schenkeln signalisieren die gleiche Verdeckungstendenz – noch intensiver, wenn sie unter dem Tisch gehalten werden...

Wir merken es meist sehr genau, wenn uns einer »von oben herab« behandelt, auch wenn wir es kaum bewußt mit den Signalen in Verbindung bringen, die uns diese Haltung klarmachen. Da reicht uns einer die Hand in einer gravitätischen Bogenbewegung von oben herab mit dem Handrücken zu uns, als sollten wir sie küssen – ein eingebildeter Kerl. Tatsächlich imitiert er damit nur die Gebärde, mit denen weltliche oder geistliche Herrscher ihren Untertanen oder Gläubigen die Hand mit dem Ring als Symbol ihrer Macht zum Kusse reichen. Oder es klopft uns einer in jovialer Anerkennung auf die Schulter: Gut gemacht. Jovial heißt ›Wie Jupiter‹, der Göttervater, und genauso ist das gemeint, vom hohen Thron herab: Gut gemacht – fast so gut, wie ich es könnte...

Wenn ich jemandem nicht von oben auf die Schulter klopfe, sondern von der Seite an den Arm oder auf den Rücken – dann wende ich ihm die offene Hand zu, und es steckt in dieser umschließenden Geste auch der Ansatz und die Intention einer Umarmung. Diese Form der Anerkennung wird sicher nicht als joviales Schulterklopfen, sondern als freundschaftliche Zustimmung verstanden...

Die Hand geht zur Stirn, wenn wir uns auf etwas besinnen; die Fingerkuppen klopfen dagegen, wenn wir einen verlorenen Gedanken wecken wollen; sie streichen die Schläfe, wenn wir neue suchen; Stirn und Augen sinken in die Hände, wenn wir erschöpft sind oder uns ganz auf etwas konzentrieren wollen... Der Finger fährt zwischen Hals und Kragen, wenn uns eng wird, und wir mehr Luft und Raum verlangen... Wir beißen auf den Finger, um uns zu bestrafen, und kauen auf den Nägeln, wenn wir die Realität nicht schlucken wollen... Diese Aufzählung läßt sich seitenlang fortsetzen und durch immer wieder neue individuelle Entdeckungen bereichern.«[1]

1 Ebd., 140-170.

Was die Handschrift verrät

In gewisser Weise läßt sich auch die Handschrift des Menschen als körpersprachlicher Ausdruck verstehen. Hier soll es nun nicht um einen graphologischen Grundkurs gehen, sondern allenfalls um einige Merkmale, deren Symbolik auch jüngeren Schülern schon einsichtig ist.

Bereits der Schreibraum wird für den Schreiber zu dessen Ausdrucksfeld. Das Papierformat symbolisiert dessen Umwelt in einem umfassenden Sinne. In diesem Schreibraum kommt der Schreiber an Grenzen: die Ränder. Je nachdem, ob sie oben, unten, links oder rechts sind, haben sie unterschiedlichen Aussagewert.

Die Links-Rechts-Symbolik: Die von der griechischen Schrift abgeleiteten Schriften werden von links nach rechts geschrieben (→ Religionsbuch 5/6, S. 35; Arbeitsheft 5, S. 32f). Das entspricht dem Sonnengang, der von links (im Osten) nach rechts (im Westen) führt. Zeitlich gesehen wird eine Vorwärtsbewegung symbolisiert. Was links zurückbleibt, ist vergangen; sprachlich artikuliert sich dies mit Formulierungen wie früher Morgen, Tagesbeginn, später Abend. Die rechte Seite führt also zu einem zeitlichen Fortschritt: Sie schließt ein Später, die Entwicklung nach vorn, die Zukunft in sich ein. Das zeigt sich auch am folgenden Beispiel:

Diese Schriftlinie wird als steigend, nicht als fallend erlebt. Wir lesen sie unwillkürlich als links beginnend und verfolgen ihre Bewegung nach rechts hin. Links ist Herkunft, Anfang, die weibliche Qualität der Bewegung; rechts ist der Prozeß zur Tat, zur Zukunft, zum Ziel, zum Ende hin: das männliche Prinzip. Links zeigt eine stärkere Beziehung zur Tiefe und zum Innenbereich, rechts eine stärkere nach außen, zur Oberfläche. Rechtsläufigkeit ist Tagesgeschehen; Linksneigung entspricht einer tiefer liegenden Lebensschicht als Rechtsneigung. Dabei sind links und rechts zwei Pole derselben Begriffseinheit.

Die Unten-Oben-Symbolik: Jedes Unten wie Oben schließt einen Symbolwert in sich ein. Von oben haben wir einen guten Überblick über das, was unten geschieht. Oben steht für Herrschaft, Überlegenheit. Im Sprachgebrauch ist das Unten oft negativ qualifiziert. In Psychologie und Graphologie gelten solche Wertungen nicht. Unten kann dort ebenso für den Wurzelgrund stehen, das Nährende, Tragende, Halt und Sicherheit Bietende; Oben vermag Überheblichkeit und ein Hochhinaus anzuzeigen.

Die Mitte: Beim Schreiben gibt es kein Oben und Unten ohne das Mittelband. Oben und Unten sind hier die gleichen Pole einer Begriffseinheit, wie dies ebenso für links und rechts gilt. Die Mitte zwischen Oben (Geistigem, Herrschendem) und Unten (Materiellem, Naturgebundenem) bildet das Zentrum, die Seele, das Personale.

Bereits diese wenigen Hinweise zeigen, wie sehr unser Denken aus einem tiefer liegenden Symbolverständnis genährt wird. Wir können uns im Alltag dieser symbolischen Welterfahrung nicht entziehen. In unserer Schrift finden unbewußte Einstellungen ihren unmittelbaren Ausdruck.

Dennoch ist in der Deutung des einzelnen symbolischen Details Zurückhaltung geboten: Nichts läßt sich durch feststehende Bedeutungen erklären; jedes einzelne Moment will unter Beachtung des Schriftganzen verstanden werden.[1]

Körpersprache und Symbolverständnis

Indem wir das vorliegende Symbol-Kapitel mit der »Sprache der Seele« eröffnen, also beim Menschen selbst beginnen, beugen wir der flüchtigen Ansicht vor, Symbole gehörten einer vergangenen Zeit und Religionswelt an. Die Schüler sollen angesichts ihrer Träume und in der Bewußtwerdung eigener wie fremder Körpersprache einer Symbolik begegnen, die sie als aktuell und grundsätzlich unüberholbar erfahren. Dabei ist das Aufmerksamwerden auf unsere »erste Sprache«, wie Samy Molcho sie verstehen lehrt, von besonderem didaktischen Reiz:

Erstens geht es hier um nonverbalen Ausdruck; angesichts einer Schulwelt, die sich überwiegend mit Texten abgeben muß, eine stets willkommene Gelegenheit.

Zweitens handelt es sich um ein Erfahrungsgebiet, das in schulischen Lehrplänen fehlt. Hier ist nichts verbraucht, vielmehr können Lehrer wie Schüler Beobachtungen austauschen, die ihnen eine neue Wahrnehmung ihrer selbst und ihrer Mitmenschen erlauben.

Drittens muß es nicht beim »Reden über« bleiben. Viele körpersprachliche Gesten, die oben beschrieben wurden, lassen sich spielen: im szenischen Rollenspiel und in Pantomimen. Das Arbeitsheft 6 macht dazu Vorschläge.

Viertens bietet sich Gelegenheit, Schule und Unterricht selbst zu thematisieren: Welche körpersprachlichen Signale gehen von Lehrern aus? In welchen Situationen? Wie wirken sie auf Schüler? Wie reagieren Schüler darauf? Und umgekehrt: Gibt es ein körpersprachliches Verhalten von Schülern, das Lehrer irritiert und provoziert? Welche körpersprachlichen Signale (beider Seiten) werden als bedrohend empfunden? Wie können sich Schüler untereinander, wie können sich Schüler und Lehrer besser verstehen lernen?

Der Religionsunterricht kann den beschriebenen Erfahrungsraum auf einzelne Aspekte und Details beschränken. In jedem Fall lohnt es sich, ihn im Rahmen eines zu vermittelnden Symbolverständnisses aufmerksam zu beachten. Es empfiehlt sich aber zugleich eine fachübergreifende Behandlung: Im Rahmen einer ganzheitlichen Leibeserziehung gibt es guten Anlaß, der Körpersprache regelmäßig Aufmerksamkeit zu widmen; Theatergruppen haben hier eine lohnende Spielthematik. Auch dem Deutschunterricht sind viele Möglichkeiten geboten, den Zusammenhang von Körpersprache und Sprache bewußt zu machen.

---

1 Vgl. *Rudolf Känzig*, Graphologie. Menschen anhand ihrer Schrift verstehen und beurteilen. München 1991, 61-65.

In unserem Unterrichtswerk haben Märchen einen großen didaktischen Stellenwert. Bereits im Religionsbuch für das 1. Schuljahr begegnen Märchen. Sie begleiten den Unterricht durch *alle* folgenden Jahre, um immer wieder neuen Korrespondenzen zwischen Märchen und religiöser Erfahrung Raum zu geben. Im 8. Schuljahr begegnet das Märchen explizit höchstem theologischen Anspruch, nämlich der Frage, ob und wie jene Erlösung, von der Märchen erzählen, mit der Erlösung, die der christliche Glaube bekennt, in innerer Verschränkung steht. Darin aufgehoben ist die grundsätzliche Besinnung auf das Verhältnis von Anthropologie und Theologie, also der Kernpunkt jeder Religionsdidaktik: inwieweit und mit welchem Recht das Wort und die Wörter korrelieren.

In den zurückliegenden Lehrerhandbüchern finden sich folgende Märchen in übergreifende Kontexte einbezogen und interpretiert:

Die Geschichte vom Korb mit den wunderbaren Sachen: I,199-212; V,155-159.
Die Erlösung der Hexe: I, 182-184.
Die Sterntaler: I, 247-252.
Der eiserne Heinrich: I,303-306.
Der goldene Schlüssel: II, 54 f.
Die Bienenkönigin: II, 72-77.
Der Sprung in den Brunnen: II, 90 f.
Die drei Federn: II, 96-100.
Der Platz der Freundlichkeit: II, 112-114.
Daumesdick: II,146-149.
Der Garten des Riesen: III, 183 f.
Die Seele des Wals und das brennende Herz: III, 184 f.
Der allmächtig hohe Baum: IV, 533.
Die drei Sprachen: V, 113.

Wozu Märchen gut sind

In der pädagogischen Diskussion hat es immer wieder Phasen gegeben, die dem Märchen nicht hold waren und ihm einen letzthin schädlichen Einfluß auf Kinder zuschrieben. Am häufigsten wurde die Gewalt im Märchen angeklagt: Sie ängstige, schaffe den Kindern ein böses Trauma und konfrontiere mit Brutalität. Dabei stand nie die symbolische Verarbeitung des Bösen im Blick, sondern gewissermaßen deren wortwörtliches Verständnis. (Eine Parallele zu dieser Gewalt-im-Märchen-Diskussion ist die Kritik an den Agethen-Bildern, zumal am Passionsbild im Religionsbuch 1, S. 38.) Manche Eltern und selbst sich professionell verstehende Psychologen meinen, man solle Kinder nur mit versöhnter Wirklichkeit und angenehmen, gewissermaßen wunscherfüllenden Bildern konfrontieren. »Aber eine solche einseitige Wegzehrung nährt die

Persönlichkeit auch nur einseitig«, sagt Bruno Bettelheim, »und das wirkliche Leben hat Schattenseiten. . . In unserer Kultur besteht die Neigung, besonders wenn es um Kinder geht, so zu tun, als existiere die dunkle Seite des Menschen nicht. Sie verkündet einen optimistischen Fortschrittsglauben. Von der Psychoanalyse erwartet man, daß sie das Leben leicht machen solle, aber dies war nicht die Absicht ihres Begründers. Ziel der Psychoanalyse ist es, dem Menschen zu helfen, das Problematische des Lebens zu akzeptieren, ohne sich davon besiegen zu lassen. . . Genau diese Botschaft vermittelt das Märchen dem Kind in vielfältiger Weise: Der Kampf gegen die heftigen Schwierigkeiten des Lebens ist unvermeidlich und gehört untrennbar zur menschlichen Existenz. . . Insbesondere das Kind braucht in Symbolform gekleidete Anregungen, wie es mit diesen Fragen umgehen und sicher zur Reife heranwachsen kann. ›Heile‹ Geschichten erwähnen weder den Tod noch das Altern als Grenzen unserer Existenz; sie sprechen auch nicht von der Sehnsucht nach ewigem Leben. Das Märchen dagegen konfrontiert das Kind mit den grundlegenden menschlichen Nöten. . .«[1]

Die größte Bedeutung der Märchen liegt aber nicht in ihrer Belehrung über die Welt, sondern in ihrer offenen Symbolik, die dem jungen Menschen erlaubt, zu eigenen Lösungen zu kommen, wenn er darüber nachdenkt, was die erzählte Geschichte über ihn und seine inneren Spannungen zu diesem Zeitpunkt enthält. Der je erzählte Inhalt hat natürlich nichts mit dem äußeren Leben des Zuhörers zu tun, aber sehr viel mit dessen inneren Problemen, die meistens unverständlich sind und darum auch unlösbar scheinen. Märchen beziehen sich nicht auf die äußere Welt, zumal sie aus vergangenen Zeiten kommen, wohl aber auf psychische Vorgänge, die elementar sind und gerade in ihren symbolisch verarbeiteten Mustern heutigen Konflikten immer noch eine vorzügliche therapeutische Hilfe anbieten.

Das Märchen zwischen Kindheit und Jugend

Im 6. Schuljahr ist es nicht mehr selbstverständlich, daß die Schülerinnen und Schüler einem Märchen ohne Vorbehalt begegnen. Der übliche Rationalismus des Durchschnittsbewußtseins, ein verengtes Sprach- und Wirklichkeitsverständnis sorgen dafür, daß dem Märchen ein allgemeines Mißtrauen, um nicht zu sagen, eine sich überlegen fühlende Ablehnung entgegengebracht wird. Dazu trägt die realistische Wendung dieses Alters in besonderer Weise dazu bei. So bekennt bereits der amerikanische Dichter Louis MacNeice: »Echte Märchen haben mir immer viel bedeutet, auch als ich das Gymnasium besuchte, wo man das Gesicht verlor, wenn man dies eingestand. Im Gegensatz zu dem, was viele auch heute noch behaupten, ist das Märchen, zumindest das klassische Volksmärchen, etwas viel Solideres als der naturalistische Durchschnittsroman, der kaum tiefer geht als eine Klatschspalte.«[2]

Um der üblichen pauschalen Abwertung und Verwerfung des Märchens nicht zu verfallen, ist es bedeutsam, daß in den voraufgegangenen Jahren, zumal

---

1 *Bruno Bettelheim*, Kinder brauchen Märchen. Stuttgart 1977, 12 f.
2 *Louis MacNeice*, Varieties of Parable. New York 1965, zit.n. *Bruno Bettelheim*, a.a.O., 27.

während der Grundschulzeit, immer wieder ein Umgang mit Märchen stattfand, und zwar in einer bedenkenden, das Märchen ernstnehmenden Weise. Wenn nämlich Kinder schrittweise erkennen, welche Erfahrung in die Symbolsprache der Märchen eingegangen ist, wird es ihnen auch einleuchten, daß Märchen eine beanspruchende Erzählform sind, die sowohl Kindern zugänglich ist, aber auch dem reifen Menschen immer noch voraus bleibt. Wo diese Ahnung nicht vermittelt werden konnte, muß der Unterricht durch seine Weise, ein Märchen ernst zu nehmen und zu interpretieren, alle Voraussetzungen schaffen, um eine Korrektur des Vorverständnisses zu erreichen.

Üblicherweise hängt mit dieser Aufgabe die Frage nach der Wahrheit des Märchens zusammen. Solange noch nicht alle Schüler das Verhältnis von Sprache und Wirklichkeit zu differenzieren wissen, also nicht erkennen können, daß unterschiedlichen Wirklichkeitsebenen auch unterschiedliche Spracheebenen entsprechen müssen, werden sie alles mit der verfälschenden Elle messen: passiert oder nicht passiert? Die Einführung in die metaphorische Sprache und die soeben voraufgegangene Frage nach der Wahrheit der Träume stellt aber Vorerfahrungen bereit, die nun auch der Akzeptanz von Märchen dienlich sein können. Wenn schon der Traum eine Szenerie entwirft, in der wir unsere eigene Seelenlandschaft wiedererkennen können, ist es beim Märchen nicht anders, nur daß in dessen Handlungsgefüge übergreifende Erfahrungen Eingang fanden. Wie sich ein Unterrichtsgespräch über solche Fragen abspielen kann, zeigt folgender Dialogausschnitt:

Schüler: Märchen sind Kindergeschichten; die sind gelogen. Hexen und Drachen und all so was gibt es gar nicht.

Schüler: Man kann an Märchen nicht glauben. Was da erzählt wird, ist gar nicht passiert.

Schüler: Es kann auch gar nicht passiert sein, weil es solche Dinge nicht gibt. Es gibt keine Tiere, die sprechen, oder Menschen, die in Tiere verwandelt sind und dann wieder Mensch werden.

Lehrer: Sagt man nicht zu jemandem (oder zu sich selbst): Mensch, sei kein Frosch? Wann sagt man das?

Schüler: Wenn man sich nicht traut.

Lehrer: Wenn man mit sich selbst nicht einig ist und kein Zutrauen zu seinen eigenen Möglichkeiten hat. Und wenn nun das Märchen einen solchen Menschen als »Frosch« beschreibt, gibt es dann diese Wirklichkeit tatsächlich nicht?

Schüler: Doch, man meint natürlich nicht, daß der Mensch ein wirklicher Frosch ist. Frosch ist hier wohl eine Metapher.

Lehrer: Und wenn man zu sich selbst sagt: »Ich Esel«, oder einen anderen verachtend ein Schwein nennt...?

Schüler: Natürlich meint niemand, da wären wirkliche Esel oder Schweine; auch hier wird in Metaphern gesprochen.

Lehrer: Ähnlich geht es in Märchen vor sich. Die Sprache der Märchen ist symbolisch. Kleine Kinder können diese Symbole noch nicht erkennen, aber oft verstehen sie in ihrem Innern sehr wohl, daß Märchen vom wirklichen Leben erzählen. Aber weil man ihnen Metapher und Symbol noch nicht erklären kann, bleiben sie zunächst bei der erzählten Handlung stehen. Viele Menschen haben in der Vergangenheit von Träumen gesprochen, wie manche heute noch über Märchen urteilen: »Träume sind Schäume«, das will heißen, sie seien bedeutungslos. Oder: »Träume sind Lügen, die leicht betrügen.« Inzwischen weiß alle Welt, wie die Traumsprache zu lesen ist. Ähnlich erging es den

Märchen. Längst gibt es anspruchsvolle Bücher, die erwachsenen und gebildeten Menschen die Märchen erklären. In eurem Alter könnt ihr den Zugang zu diesem Verständnis bereits finden. Entscheidend ist, daß ihr die Symbolsprache der Märchen verstehen lernt.

Das Märchen in der Erwachsenenkultur

In der Vergangenheit, als noch niemand von der Symbolsprache der Märchen sprach, wohl aber viele ein unmittelbares Verhältnis zu gut erzählten Geschichten hatten, waren die Märchen überwiegend ein Unterhaltungsgut für Erwachsene. Einige Originalberichte mögen das verdeutlichen:

»Der Meistererzähler Flori Zarn aus Domat wurde noch 1921 von einigen Großbauern angeheuert, um im Herbst den mit dem Aushülsen der Maiskolben beschäftigten Frauen und Burschen in der großen Tenne Märchen zu erzählen. Er erhielt von den Bauern die Verpflegung und zwei Franken Taschengeld für den Erzähltag. Zarn war damals bereits Kindererzähler geworden, während er noch bis 1914 vor allem auf den Maisässen fast Abend für Abend zwanzig, dreißig und noch mehr Männer als Zuhörer um sich versammelt sah.«[1]

»Der begnadete Erzähler Jachen Filli aus Gurada im Unterengadin, einst ebenfalls anerkannter Dorferzähler, gründete mit dreien seiner Söhne in den dreißiger Jahren eine kleine Tanzkapelle. Die vier spielten bei Hochzeiten und Dorffesten in allen Dörfern des Engadins und des Albutales zum Tanz auf. Wenn sich dann um Mitternacht herum die jugendlichen Tanzpärchen verzogen, setzte sich Vater Filli zu den Alten, die noch bei einem Glas Veltliner saßen, und erzählte oft bis in den anbrechenden Morgen hinein seine herrlichen Märchen.«[2]

»Allenthalben in den ländlichen Gebieten des Ostens gab es noch Spinnstuben oder wenigstens regelmäßige Abende der Frauen, an denen sie strickten oder handarbeiteten, um auch das kostbare Petroleum zu sparen, während die Männer Karten spielten, bis sich dann alle zum Erzählen zusammenfanden.«[3]

Das Märchen ist also über Jahrhunderte hin Volksmärchen gewesen, und meistens waren die Kinder ausgeschlossen, wenn spät abends die Erzählgemeinschaft zusammenkam. Erst in den Zeiten des Niedergangs wurden die Kinder zur eigentlichen Klientel der Märchenerzähler. Diese Tendenz deutet sich für die bürgerliche Gesellschaft in Deutschland bereits im Titel der Grimmschen Sammlung »Kinder- und Hausmärchen« an, wenngleich sie in den Randlagen Europas erst im 20. Jahrhundert einsetzte, aber durch die Verbreitung von Radio und Fernsehen an ihr definitives Ende kam.

Das Märchen wäre vielleicht endgültig abgewertet worden, hätte sich nicht durch die wissenschaftliche Wertschätzung, die es fand, ein neuer Interessenhorizont eröffnet. Die volkskundliche Forschung einerseits und andererseits der tiefenpsychologische Zugang waren es, die einer erwachsenen Bildungs-

---

1 *Leza Uffer*, Von den letzten Erzählgemeinschaften in Mitteleuropa, in: Märchenerzähler – Erzählgemeinschaft. Im Auftrag der Europäischen Märchengesellschaft hg. von *Rainer Wehse*. Kassel 1983, 21-29, hier: 28.
2 Ebd., 29.
3 *Alfred Cammann*, Märchen als Volkserzählung heute, in: *Rainer Wehse*, a.a.O., 78-85, hier: 81. Siehe auch die Beispiele im Lehrerhandbuch 5, S. 208.

schicht das Märchen erneut erschlossen. Damit vollzog sich ein Übergang von der Ersten zur Zweiten Naivität oder, anders gesagt, zu der Fähigkeit, das Märchen auf seiner symbolischen Sprachebene verstehen zu lernen. Buchreihen wie »Weisheit im Märchen«[1] oder »Märchen tiefenpsychologisch gedeutet«[2] sind einerseits Frucht dieser Entwicklung und tragen sie andererseits in breitere Kreise.

Die symbolische Sprache der Märchen

Eine »Einführung in die Grammatik einer geheimen, aber vergnüglichen Bildersprache« nannte der Indologe Heinrich Zimmer eines seiner schönsten Bücher. Darin beschreibt er zutreffend die symbolische Sprache der Märchen und Mythen in jener Offenheit und Wandlungsfähigkeit, die auch im unterrichtlichen Bereich immer beachtet werden möchte: Weil die Symbole der Mythen, Märchen, Sagen und Legenden »etwas Lebendiges sind, immer fähig, sich zu erneuern, und weil sie das menschliche Schicksal unaufhörlich – und zwar unberechenbar, aber konsequent – beeinflussen, entziehen sie sich jedem Systematisierungsversuch. Sie gleichen nicht Toten, sondern Kobolden. Mit jähem Gelächter und hurtigem Sichentziehen verspotten sie den Spezialisten, der schon glaubt, sie auf seiner Tabelle aufgespießt zu haben. Was sie uns abfordern, ist nicht der monologische Bericht des Leichenbeschauers, sondern der Dialog von lebendigen Partnern... Was den Dilettanten kennzeichnet (Dilettant, von *dilettare*, sich ergötzen, ist jemand, der an etwas Freude hat), ist die Freude an dem immer Vorläufigen, nie Endgültigen seiner Erkenntnisse. Aber eben dies ist letztlich die einzig gemäße Einstellung Gestalten gegenüber, die aus ferner Vergangenheit auf uns gekommen sind. Sie sind die großen Orakel des Lebens. In jedem Zeitalter müssen sie neu befragt, neu um Rat gebeten werden; jede Zeit kommt zu ihnen mit der ihr eigenen Form von Unwissenheit und Verständnis, mit ihren besonderen Problemen und unausweichlichen Fragen. Denn die Muster des Lebens, die wir heute weben müssen, sind nicht die gleichen, wie die anderer Zeiten; wir haben ganz andere Fäden zu knüpfen, ganz andere Knoten zu lösen als die Vergangenheit. Deshalb können die dereinst erteilten Antworten uns nichts nützen. Die Mächte wollen immer neu befragt werden, wieder und wieder. Und unsere vornehmste Aufgabe ist nicht zu erfahren, was sie angeblich gesagt haben, sondern wie man sich ihnen nähern, sie erneut zum Reden bringen und ihre Rede verstehen kann.

Angesichts einer solchen Weisung müssen wir alle Dilettanten bleiben, ob wir wollen oder nicht. Einige unter uns – gelehrte Spezialisten – halten sich an bestimmte, genau festgelegte und darum begrenzte Deutungsmethoden und lassen nur diese als wissenschaftlich maßgebend gelten. Andere Ausdeuter verteidigen eifrig die eine oder andere esoterische Überlieferung, betrachten diese als den einzig echten Schlüssel und ihre besondere Symbolgruppe als die einzige, allumfassende, erschöpfende Aussage des Seins. Aber solche Starrheit bindet uns an einen einzigen Aspekt der Sinnbilder. Durch derartig strenge und

---

1 Die Reihe »Weisheit im Märchen« wird von *Theodor Seifert* im Kreuz Verlag Stuttgart herausgegeben.
2 Alleiniger Autor dieser Reihe ist *Eugen Drewermann* im Walter Verlag, Solothurn und Düsseldorf.

festgelegte Anschauungen schließen wir uns selbst von der unendlichen Vielfalt aus, in der die symbolischen Gestalten zu uns sprechen. So sind die Vertreter methodischer Interpretation doch am Ende nur Amateure. Ob sie sich nun wie die Wissenschaftler auf rein philologische, historische oder vergleichende Methoden verlassen oder als ›Eingeweihte‹ ehrfürchtig den dunklen Geheimlehren einer zurechtgemachten Überlieferung folgen, sie müssen zuletzt bloße Anfänger bleiben, die in der Bemühung, die dunklen Wasser des Sinns zu ergründen, kaum über den Beginn hinausgelangen.

Freude dagegen befreit unsere schöpferische Intuition und belebt sie durch die Berührung mit der Zauberschrift der alten symbolhaften Erzählungen und Gestalten. . . Wir können niemals die Tiefen ausschöpfen – des dürfen wir sicher sein; aber das gelingt auch keinem andern. Und eine Handvoll frischen Lebenswassers schmeckt süßer als ein ganzes Reservoir kanalisierten und gesicherten Dogmas.«[1]

Der Symbolbestand der Märchen

Die Fülle der Märchensymbolik läßt sich in kein Schema einfangen, dennoch schält sich bei genauerem Zusehen ein Grundbestand von Symbolen heraus:

Handlungsträger:	Vater, Mutter, Söhne, Töchter
	König, Königssohn, Königin, Prinzessin
	Müller, Kaufmann, Soldat. . .
	der Dummling, der/die Jüngste
	Hexe, Riese, Frau Holle, der Alte im Wald. . .
	Vampir, Drache, Teufel
Tiere:	Hund, Wolf, Pferd, Einhorn, Fuchs, Reh, Bär, Löwe, Ameise
	Vogel, Biene, Adler
	Frosch, Fisch, Ente, Schwan
Naturwesen:	Zwerg, Elfe, Nixe
Zahlen:	Drei, Sieben, Zwölf
Substanzen:	Metalle: Gold, Silber, Kupfer, Eisen
	Kristalle: Glas, Diamant
Räume:	Haus, Weg, Wald, Teich/See, Mühle, Brunnen, Höhle, Unterwelt

König/Königin: Das Ziel des Märchenweges ist es, König und Königin zu werden. Einerlei ob man als Königs- oder armer Leute Kind geboren ist, um selbst Verantwortung und Herrschaft antreten zu können, ist es notwendig, das Elternhaus zu verlassen, um auf langen Wanderwegen alle Herausforderungen zu bestehen und sich die inneren Voraussetzungen für das Königsamt zu gewinnen. Natürlich ist für das Königsbild der Märchen die Idealvorstellung des Volkes vom König ursächlich: Er stand über allen in seiner Macht und Verantwortlichkeit; er war stets jener, der alle Mühen auf sich nehmen mußte, um das menschliche Wohlergehen mit der Harmonie der kosmischen Kräfte zu verbinden; noch bis zur Französischen Revolution hin brachte man zum König an bestimmten Festtagen die Kranken, damit er sie heile. Wahrhaft König ist

1 *Heinrich Zimmer,* Abenteuer und Fahrten der Seele. Mythen, Märchen und Sagen aus keltischen und östlichen Kulturbereichen. Darstellung und Deutung. (Neuausgabe) Düsseldorf/Köln 1977, 11-13.

nicht der, der das Leben bedrückt, sondern das Leben trägt. Er hat die eigene Enge überwunden und eine Harmonie aller Lebenszusammenhänge hergestellt. Er ist fähig in Frieden zu leben mit der Natur, mit den Tieren, mit den Nachbarn und mit den eigenen Trieben. Das Königtum ist im Märchen ein Symbol des Menschen, der seine Identität erreicht hat und aus dieser inneren Harmonie und Kraft heraus nun tatmächtige Verantwortung für alles Leben um sich herum übernehmen kann. Das Märchen führt nicht in die Realwelt des Feudalismus, vielmehr wird ihm deren Idealentwurf vom Königsein zum Symbol des bei sich selbst angelangten Menschen.

Der Dummling: Ausgangspunkt für den Königsweg ist die »Tumbheit« des Menschen, also nicht einfach der faktische Umstand, als Sohn oder Tochter irgendeines reichen oder armen Menschen geboren zu sein, sei es als erstes, drittes oder letztes Kind. Gewöhnlich meistert nur der »Dummling« unter den ansonsten weltläufigen Geschwistern den langen und schwierigen Weg. »Dummling« ist er in den Augen jener, die sich in ihrer Cleverness über die Stillen im Lande erheben. Er oder sie sind vermeintliche Toren, Dienende, die in der Asche sitzen, mehr Herabsetzung als Wertschätzung erfahren, zu Einkehr und Besinnung fähig und empfänglich für die leisen Geräusche des Lebens: für die Botschaft des Windes, die Sprache der Tiere, das Wort derer, die man gewöhnlich übersieht und überhört. So gelingt den »Jüngsten«, den »Aschenputteln« der Weg zum Wasser des Lebens, während die im Routineprozeß vorgesehenen Erbberechtigten auf der Strecke bleiben.

Tiere: Geläufig ist die Dreiteilung der Tiere nach Wasser (Unterwelt), Land und Luft (Himmel). Am häufigsten sind die Metamorphosen von Menschen in Tiere und die Erlösung aus der Tiergestalt: Aus dem Frosch, dem Bär, dem tierischen Ungeheuer wird ein junger schöner Königssohn. Dann steht das Tier für das Unerlöste, Abgespaltene und Nicht-Integrierte. Aber niemals ist ein Tier einer einzigen seelischen Qualität gleichzusetzen, etwa nach dem Muster: Ameise = Fleiß, Lamm = Geduld, Löwe = Mut und Schlange = Falschheit.[1] Da wäre es schon besser zu sagen, in der Symbolsprache eines Märchens kennzeichne die Gestalt von Roß und Reiter das kentaurische Wesen des Menschen, schicksalhaft zusammengesetzt aus tierhaftem Instinkt und menschlichen Anlagen; das Roß den »unteren«, rein instinktiven und intuitiven Aspekt des Menschen; der aufsitzende Ritter die »obere« Hälfte: bewußte Tapferkeit, sittliches Empfinden, Willenskraft und Vernunft[2], wenngleich im vielmaschigen Gewebe einer Geschichte damit noch lange nicht alle Aspekte benannt sind. Beispielsweise kann sich der Löwe... als die stumme Führung des tierhaften anderen Ichs erweisen, als Stärke und Weisheit, aber diese Deutung ist keine Formel, die für den Löwen in anderen Märchen ebenso gültig sein muß. So etwa kann der Fuchs als Wegbegleiter und Freund begegnen, tollwütig als Verkörperung unkontrollierter Instinkte, im Tierbräutigam als Symbol für Eros und

---

1 Diese erstaunliche Symbol(miß)deutung findet sich tatsächlich bei *Manfred Lurker,* Wörterbuch der Symbolik, Art.: Tiere, Stuttgart 1983, 696. Ähnlich ist es mit all jenen Interpretationsmustern, die einer bestimmten Sicht oder Schulrichtung entspringen. Das hört sich dann z.B. so an: »Solange die (Groß-)mutter noch vorhanden ist, wird ihm Rotkäppchen nicht gehören. Aber nachdem die (Groß-)mutter einmal aus dem Weg geräumt ist, kann man offenbar seiner Begier Genüge tun, die man unterdrücken mußte, solange die Mutter noch um den Weg war. Auf dieser Ebene handelt die Geschichte von dem unbewußten Wunsch der Tochter, von ihrem Vater (dem Wolf) verführt zu werden.« *Bruno Bettelheim,* a.a.O., 165 f.
2 *Heinrich Zimmer,* a.a.O., 50.

Sexualität (und niemals nur dies ausschließlich), wiederum als Rückverweis auf Kindheit und Jugend, als Seelenführer und nicht zuletzt als selbst erlösungsbedürftig.[1] »Das innere Tier will anerkannt werden und mit uns leben dürfen als ein etwas sonderbarer und oft verblüffender Gefährte. Wenn auch oft starrköpfig, weiß es doch vieles besser als unsere bewußte Persönlichkeit.«[2] Andererseits zeigt das Tier die unbefreite, oft nicht integrierte Instinkthaftigkeit des Menschen an, vielleicht auch eine vorbewußte Struktur, die erst noch ins Bewußtsein zu bringen ist, eine Triebhaftigkeit, die gemeistert werden will. Man muß das Symbol – hier also das Tier – »ganz genau betrachten, sein formales So oder So, seine Struktur und Funktion in sich und im Zusammenhang der Umwelt, seine Art der Aktion, der Bewegung.«[3]

Wieder anders begegnet das Tier, wenn es die drei Naturzonen Wasser, Erde, Luft vertritt. Jona betet: »Ich schreie zu dir aus dem Mutterschoß der Unterwelt.« Das Hindurchgehen-Müssen durch den Dunkelraum des Fisches kann ein Weg zur Wahrheit sein und hat zu tun mit Tod und Wiedergeburt. Wie fast immer sind solche Symbolgestalten ambivalent, haben einen positiven und einen negativen Aspekt, und das Wichtigste, das hier einzuschärfen ist, besteht darin, diesen Tiersymbolen keine eindimensionale »Bedeutung« zu geben. – Unsere eigentliche Lebensebene, die Erde, kann sich in unterschiedlichen Tieren und somit auch in unterschiedlichen Stufen und Aspekten darstellen, etwa im Bären, auch in Wolf oder Hund, natürlich ebenso im klugen Pferd. Wenn ein Junge, den sein Vater zu drei verschiedenen Meistern in die Lehre gab, lernte, was die Hunde bellen, was die Vögel sprechen und was die Frösche quaken, so sind die vom Vater als unnütz bewerteten Sprachen doch das einzige, was den Jungen die Stimmen von Himmel, Erde und Unterwelt verstehen läßt; mit ihnen gewinnt er das Gehör für die vom »Vater« als unnütz erklärten Sprachen, die ihn allein mit sich und der Welt in Einklang bringen (KHM 33).

Der Wald: Von den Raumzonen, die im Märchen eine Rolle spielen, sei der Wald herausgegriffen. Auch hier geht es nicht um die Realität Wald, wie sie Biologie und Geographie abhandeln, wenngleich die frühere Erfahrung des Waldes das Symbol natürlich trägt: jenes verwirrende, unübersichtliche, dunkle, oft ausweglose Dickicht, in dem überraschende Gefahren lauern und in dessen Tiefen der Mensch Weg und Richtung verliert. Im Märchen kann der Wald eine Zone des Unbewußten verkörpern, einen geheimnisvollen Bereich mit ungewöhnlichen Begegnungen und Erlebnissen, aus dem niemand unverändert wieder herauskommt. Manch einer betritt den Wald, aber findet nicht mehr heraus. Wer aber die Krise besteht, geht gestärkt hervor.

Die Zahlen: Im Märchen vollzieht sich alles rhythmisch, in drei Versuchen, für sieben Brüder, im Kampf mit drei-, sechs- und neunköpfigen Drachen, angesichts von zwölf Schwan-Brüdern, mit dem Segen von zwölf guten Feen, den die dreizehnte hemmt, im vierzehnten Lebensjahr, aber erst vollendet nach hundert Jahren.

Die Dreizahl gliedert die meisten Märchen. Sie ist eine Grundstruktur des menschlichen Denkens und Verhaltens. Von ihr geht Faszination aus: Die Zwei

1 Vgl. *Ingrid Riedel*, Traumbild Fuchs. Von der Klugheit unserer Instinkte. Olten 1986.
2 *Heinrich Zimmer*, a.a.O., 137. Vgl. dazu die Rolle des Fuchses in: *Antoine de Saint-Exupéry*, Der kleine Prinz. Düsseldorf 1956.
3 *Ortrud Stumpfe*, Die Symbolsprache der Märchen. Münster 1969, 81 f.

läßt noch offen, die Drei rundet ab, setzt einen Schlußpunkt. *Tria est numerus perfectus.* Erst was sich in der Dreizahl fassen läßt, ist ein abgeschlossenes Ganzes. »Aller guten Dinge sind drei.«

In den allermeisten Märchen begegnen drei Brüder oder drei Schwestern. Die beiden älteren sind jeweils die angeseheneren, begabteren, für eine erfolgreiche Zukunft bestimmten. Das dritte Kind ist ein Dummling, Träumer, Faulpelz oder sonstiger Nichtsnutz. Doch kehren sich regelmäßig die Maßstäbe um: Die renommierten Geschwister versagen, weil sie nur auf die eigene Kraft und Klugheit setzen, aber wenig Intuition für andere haben, während der Dummling das Herz auf dem rechten Fleck hat, mit den Tieren fühlt und dem Mißachteten mit Respekt begegnet.

Auch in der Märchenhandlung begegnet die Dreierregel: Drei Aufgaben sind zu erfüllen, drei Dinge sind hilfreich, drei Nächte gilt es zu durchwachen, drei Herausforderungen zu bestehen. Die Drei vertritt die Ganzheit der Welt.

Die Siebenzahl hat ebenfalls in allen Kulturen der Welt eine gliedernde Bedeutung. Der Siebener-Rhythmus ist ein Ordnungsprinzip, mit dem wir durch die Zeit gehen und das auch dem Lebensweg Struktur gibt. Philo von Alexandrien sah das menschliche Leben in Siebener-Schritten verlaufen, ähnlich beurteilte Rudolf Steiner in unserer Zeit die menschliche Entwicklung. Im Märchen begegnen die Sieben Raben und die Sieben Zwerge; es gibt Siebenmeilenstiefel, und manchmal gilt es, sieben Jahre zu warten, bis die Erlösung kommt. Weil die Siebenzahl zur astronomisch-mathematischen Grundstruktur unseres Sonnensystems gehört, bestimmt sie seit dem 3. Jahrtausend v.Chr. den Zeitrhythmus. Die Weltgöttin Ischtar mußte beim Abstieg in die Unterwelt zu ihrer Schwestergöttin alle sieben Hüllen ablegen, d.h. ihre innerste Substanz herausschälen, um sich später wieder damit zu bedecken. Hier ist die Redensart von den »Siebensachen« grundgelegt.

Auch *die Zwölf* ist dem Sonnenjahr entnommen, dem der Mensch mit allen seinen Lebensvorgängen eingegliedert ist. In vielen alten Kulturen war die Zwölf eine Zahl der Vollkommenheit. Sie enthält die (göttliche) Drei und die (irdische) Vier. Aber auch die Fünf und die Sieben sind darin. Das Jahr hat zwölf Monate, der Tag hat zwölf Stunden am Tag und zwölf für die Nacht. Zur Mittagsstunde schläft Pan, aber unheimlich ist die zwölfte Stunde um Mitternacht; es ist die Geisterstunde, in der die Dämonen durch den Kamin einfahren. Die Hexen zeigen sich dann in ihrer wahren Gestalt, aber Heilkräuter und Liebeszauber entwickeln um diese Zeit auch ihre größte Wirksamkeit. »Zwölf, das ist das Ziel der Zeit. Mensch bedenk die Ewigkeit.«

Von der Zwölf her gewinnt *die Dreizehn* ihren schlechten Ruf. Die Zwölf entstammt dem Sonnenjahr, dem Erde und Mensch eingefügt sind, aber allemale ist der Zodiakus auf die Erde bezogen. Damit kommt eine dreizehnte Position ins Spiel, die – so wie die dreizehnte Fee – »den Stachel des Bewußtseins, der Bewußtwerdung ins Leben der Menschenseele bringt«, und das ist unbequem, weswegen diese Fee nicht geladen wurde.[1]

Natürlich sind auch *die Handlungen* symbolisch zu verstehen. Ob nun die Hexe verbrannt wird oder aber sich zu einer schönen Frau wandelt: Die unterschiedlichen Ereignisse verlangen auch eine unterschiedliche Deutung

1 *Ortrud Stumpfe,* a.a.O., 77.

dieser Hexe, welche keinem invarianten Schema zu entleihen ist. So helfen schulmäßige Interpretationsregeln, die gewissermaßen einem Katalog zu entnehmen wären, letztlich nicht weiter. Was einzig angeraten werden kann, ist die wiederholte bedachtsame Lektüre von Heinrich Zimmers Ratschlägen (→ S. 132 f.): Sezieren und Katalogisieren bringen Symbole nicht zum Reden, allenfalls ein Umkreisen, Befragen, Bedenken aus der Lebendigkeit der eigenen Zeit und des eigenen Lebens.

Die Doppelseite 118/119 bietet im Text drei Motivkomplexe, ignoriert aber deren Einbindung in die vollständige Märchenerzählung. Dieser Entscheidung folgen wir auch hier. Der Religionsunterricht hat nicht die Lehrplanfreiheit, das Symbolgefüge ganzer Märchen Schritt für Schritt zu deuten. Dazu sind auch die Schüler nach Alter und Ausdauer nicht bereit. Es erscheint zudem klüger, mit ausgewählten Symbolkonstellationen zu arbeiten, zumal wenn sie eine geschlossene, in sich sinnvolle Szene darstellen. Mannigfache Unterrichtserfahrungen rechtfertigen diesen Weg.

Der Froschkönig

A. Bereits in der ersten Auflage von Grimms »Kinder- und Hausmärchen« eröffnet das Froschkönig-Märchen die Sammlung. Ein Grund dafür war die Ansicht der Herausgeber, dieses Märchen sei »eines der allerältesten und schönsten«. Mit »Hans mein Igel« (KHM Nr. 108) ist es strukturgleich. Die Treue gegenüber der ältesten Fassung war allerdings nicht das oberste Gebot der Grimmschen Ausgabe, wie Wilhelm Grimm selbst bestätigte. Beispielsweise wurden die Nebensatzkonstruktionen von 27 auf 58 erweitert, alle erotischen Anspielungen getilgt, die kindlichen Züge der Königstochter verstärkt; die einfache Benennung der Dinge fand eine Abwandlung durch ausschmückende Adjektive: der »große dunkle« Wald, die »alte« Linde, der »kühle« Brunnen, die »goldene« Krone, das »schöne reine« Bettlein. Diese Stileigentümlichkeiten steigern sich zum Schluß bis ins Kitschige, wenn es heißt: »Da kam ein Wagen herangefahren mit acht weißen Pferden bespannt, die hatten weiße Straußenfedern auf dem Kopf und gingen in goldenen Ketten...« Walt Disneys Hollywood-Ausstattung ist hier bereits vorweggenommen. Alles in allem haben die Brüder Grimm »aus einer relativ kunstlosen Erzählung ein Stück romantischer Kunstprosa geschaffen«[1]. Es ist aber anzunehmen, daß diese starke Bearbeitung gerade deswegen erfolgte, weil »Der Froschkönig« die Nummer Eins der Sammlung ist; es gibt kein zweites Märchen, das stilistisch ähnlich stark verändert wurde.

In einer älteren Fassung (1813 von der damals 24jährigen Marie Hassenpflug erzählt) stellt sich die Geschichte folgendermaßen dar:

Die drei Töchter eines Königs gehen nacheinander zum Brunnen, um Wasser zu holen. In diesem Brunnen aber sitzt ein Frosch, der das Wasser trübe macht. Der Frosch bietet den Königstöchtern an, frisches Wasser schöpfen zu können, knüpft aber eine Bedingung daran. Die beiden älteren Schwestern lassen sich darauf nicht ein. Die Jüngste hingegen sagt dem Frosch zu, zweifelt aber an der

---

1 *Lutz Röhrig,* Wage es, den Frosch zu küssen! Das Grimmsche Märchen Nummer Eins in seinen Wandlungen. Köln 1987, 15.

Einlösung des Versprechens. Dann aber kommt es doch dazu, daß der Frosch drei Nächte in ihrem Bett schlafen darf. Die ersten beiden Nächte schläft er zu ihren Füßen, die dritte Nacht unter dem Kopfkissen. Nach der dritten Nacht ist der Frosch erlöst und heiratet die Königstochter. Die beiden älteren Schwestern haben das Nachsehen.

In dieser Version wirkt manches sinnvoller und märchenspezifischer als in der Grimmschen Bearbeitung: Es herrscht die bekannte Dreierkonstellation; nur die Jüngste läßt sich auf den Frosch ein (vgl. S. 151 ff.). Ebenso sind drei Nächte für die Erlösung nötig. Der Vater als mahnendes Prinzip entfällt. Die Prinzessin erbringt eine eigene Leistung. Der Frosch darf »ihr Schätzchen sein« und in ihrem Bett schlafen. »Die beiden andern Schwestern aber ärgerten sich, daß sie den Frosch nicht zum Schatz genommen hatten.« Nur die Jüngste hatte die Fähigkeit zur liebenden Hingabe.

Was das Alter des Froschkönig-Motivs angeht, so führt eine Spur bis ins 13. Jahrhundert zurück; da wird (bei Berthold von Regensburg) von einem verzauberten Frosch erzählt, um dessentwillen ein Mädchen viel Ungemach auf sich nahm. Die Verbindung zu unserem Märchen ist nicht näher belegbar. Daneben gibt es mittelalterliche lateinische Redenarten: *in gremium missa post rana sinum petit ipsa:* »So der Frosch in den Schoß kommt, so wollt er gern in den Busen«. Die einzige Verbindung in die klassische Antike knüpft ebenfalls eine sprichwörtliche Redensart: Im »Gastmahl des Trimalchio«, um 60 n.Chr. von Petronius geschrieben, wird von einem ungebildeten Neureichen, der just zuvor noch im Dreck saß, gesagt: *qui fuit rana, nunc est rex,* »der gerade noch ein Frosch war, ist jetzt König«.

B. Je nachdem, welcher Überlieferungsvariante wir folgen, erlaubt das Märchen eine unterschiedliche Interpretation. Aber auch die Grimmsche Fassung letzter Hand erfährt abweichende Deutungen, die den Standort des Interpreten spiegeln. Wir stellen hier drei Beispiele nebeneinander:

Bruno Bettelheim: »Der Frosch fängt eine Unterhaltung mit dem Mädchen an und fragt, was es so bekümmert; er spielt mit ihm, als er ihm den Ball zurückgibt. Dann kommt er zu Besuch, setzt sich neben die Königstochter, ißt mit ihr, geht mit ihr in ihr Zimmer und schließlich ins Bett. Je näher der Frosch ihr köperlich kommt, um so mehr ekelt sie sich vor ihm; vor allem aber fürchtet sie sich vor einer Berührung mit ihm. Das Erwachen der Welt ist nicht frei von Widerwillen und Angst, ja sogar Zorn. Angst verwandelt sich in Zorn und Haß, und die Königstochter ›warf ihn aus allen Kräften wider die Wand‹. Aber indem sie sich so behauptet und dabei Risiken eingeht – im Gegensatz zu ihrem früheren Verhalten, wo sie sich herauszuwinden versuchte und dann nur den Anordnungen ihres Vaters gehorchte – überwindet sie jetzt ihre Angst, und ihr Haß verwandelt sich in Liebe...

Auf einer anderen Ebene teilt uns die Geschichte mit, daß wir nicht erwarten können, daß unsere ersten erotischen Kontakte lustvoll verlaufen, da sie dafür viel zu schwierig und mit Angst beladen sind. Aber wenn wir dem Partner trotz unseres zeitweiligen Widerwillens erlauben, immer intimer mit uns zu werden, so werden wir in einem bestimmten Augenblick mit einem freudigen Schock erleben, wie die vollkommene Intimität erst die ganze Schönheit der Sexualität enthüllt...

Aber warum ist der Frosch unter allen Tieren ein Symbol für sexuelle Beziehungen? Er ist ein Tier, das keineswegs bedrohlich ist. Wenn er negativ empfunden wird, so erregt er höchstens Widerwillen. Man kann sich nur schwer eine bessere Art ausdenken, dem Kind beizubringen, daß es vor den abstoßenden Aspekten der Sexualität keine Angst zu haben braucht, als es in dieser Geschichte geschieht. Die Geschichte vom Frosch – wie er sich benimmt, was die Königstochter mit ihm erlebt, und was am Ende sich mit beiden, dem Frosch und dem Mädchen, ereignet – bestätigt, daß Widerwillen angebracht ist, wenn man noch nicht reif ist für die Sexualität, und bereitet darauf vor, daß sie etwas sehr Wünschenswertes ist, sobald die Zeit reif ist.«

Bettelheim weist dem Märchen als didaktisches Resümee eine Funktion im Aufklärungsprozeß zu: »Deshalb muß man den Kindern beibringen, daß die Sexualität zwar zu Anfang ekelhaft tierisch erscheinen mag, daß aber, sobald man die rechte Art, sie zu handhaben, gefunden hat, etwas sehr Schönes hinter diesem scheinbar Abstoßenden zum Vorschein kommt. Hier ist das Märchen, ohne daß es irgendwelche sexuelle Erlebnisse je erwähnt oder direkt darauf anspielt, psychologisch gesünder als viele unserer sexuellen Erziehungsmaßnahmen. Die moderne sexuelle Aufklärung bemüht sich zu lehren, daß Sexualität etwas Normales, Erfreuliches, ja Schönes ist. Aber da sie nicht davon ausgeht, daß das Kind sie abstoßend finden könnte und daß dieser Standpunkt eine wichtige schützende Funktion hat, wirkt die moderne sexuelle Aufklärung nicht überzeugend für das Kind. Indem das Märchen ihm dagegen bestätigt, daß der Frosch eklig sein kann, gewinnt es sein Vertrauen und ist so in der Lage, in ihm den festen Glauben zu erzeugen, daß dieses eklige Tier, wenn der richtige Zeitpunkt gekommen ist, sich als der charmanteste Lebensgefährte entpuppen wird. Und diese Botschaft vermittelt das Märchen, ohne jemals direkt etwas Sexuelles zu erwähnen.«[1]

So deutlich Bettelheim seine Interpretation auf den pubertären Reifeprozeß der Sexualität bezieht, so eindeutig findet *Hans Jellouschek,* ebenfalls Psychologe, im Froschkönigmärchen eine Antwort auf die Paarkonflikte von Erwachsenen:

Jellouschek vermutet, »daß das Märchen vom Froschkönig etwas sehr Grundlegendes über Beziehungskonflikte und den Sinn von Paarbeziehungen überhaupt aussagt. . . Der Frosch-Mann drückt ein sexuelles Bedürfnis sehr oft ein frühkindliches Bedürfnis nach symbiotischer Verschmelzung mit der Mutter aus. Dies wird, ähnlich wie in unserem Märchen, deutlich darin, daß er sich sehr passiv verhält und total auf sich bezogen bleibt, so daß die Prinzessin-Frau das Gefühl bekommt, sie sei als Geschlechtspartnerin gar nicht gefragt, sondern lediglich – im Grunde auswechselbar – Bedürfnis-Befriedigerin. Dies erlebt sie natürlich als kränkend, weil sie aus ihrer eigenen Problematik ebenfalls den sehnlichen Wunsch hat, als Frau sexuell bestätigt zu werden. Dazu ist der Frosch-Mann zu diesem Zeitpunkt aber nicht in der Lage, was dazu führt, daß die Prinzessin-Frau seinem sexuellen Verlangen mit Abwehr zu begegnen beginnt: ›Die Königstochter fing an zu weinen und fürchtete sich vor dem kalten Frosch, den sie sich nicht anzurühren getraute, und der nun in ihrem schönen reinen Bettlein schlafen wollte.‹

Der Frosch-Mann bittet und bettelt und macht sich damit für die Prinzessin-Frau als Mann noch unattraktiver. . . Nun – endlich möchte man sagen – brechen auch ihre Wut und Haß auf den Frosch aus ihr heraus. Bitterböse packt sie ihn, holt ihn hoch und wirft ihn mit aller Kraft gegen die Wand: ›Nun wirst du Ruhe haben, du garstiger Frosch.‹ Im Märchen bringt dieser Wutausbruch die Wende des Dramas. . . Der Frosch wird zum Königssohn. . . Die Wut hilft ihr, die längst fällige Abgrenzung in Tat und Wort zu vollziehen und damit die Lüge, die ihr Mitmachen bisher war, zu beenden. . . Sie wirft nicht nur den Frosch an die Wand, sie wirft damit auch das Gesetz des Vaters über Bord

1 *Bruno Bettelheim,* a.a.O., 275-278.

– dieses männlich-einseitige ›Du sollst‹ ohne Rücksicht auf Verluste. Sie hat den Mut, häßlich zu sein, auch im Sinne von ›böse‹, ›unmoralisch‹. – In Prinzessin-Frosch-Beziehungen verhindern die Partner ihre Entwicklung auch oft dadurch, daß sie sich ›unbefleckt‹ bewahren wollen... Darin äußert sich der Wunsch, die goldene Kugel der Kindheit zu bewahren, eine makellose Welt, in der alles ›stimmt‹... Jetzt erst, da die Königstochter eindeutig gegen die Gebote ihres Vaters handelt, hat sie die goldene Kugel wirklich verloren...«[1]

Für Bettelheims Auslegung läßt sich die Psychoanalyse der Freud-Schule in Anspruch nehmen. Das thematische Prisma, das hier die Facetten des Märchens bündelt, ist die erwachende Sexualität der Pubertierenden. Ohne Zweifel erlaubt das Märchen diese Interpretation, doch gilt für sie Heinrich Zimmers Einschränkung, daß wir uns »durch derartig festgelegte Anschauungen selbst von der unendlichen Vielfalt ausschließen, in der die symbolischen Gestalten zu uns sprechen«. Demgegenüber transformiert Hans Jellouschek das Märchen durch seine Auslegung eher in eine Allegorie: Die goldene Kugel steht für die makellose Welt der Kindheit, der Frosch-Mann und die Prinzessin-Frau verkörpern das »falsche Selbst«, das sie für das Wohlergehen ihrer Eltern entwickelt haben; mit dem Wurf des Frosches an die Wand beendet die Königstochter die gesellschaftliche Anständigkeit... In solcherart Systematisierungsversuchen verliert das Symbol seine Lebendigkeit; es erstarrt zu allegorischen Bedeutungen.

Gegen beide Interpretationen bedenke man als dritten Entwurf die Auslegung des Volkskundlers und Nestors der Europäischen Märchenforschung, *Max Lüthi:*

»In einem seiner Fragmente spricht Novalis davon, daß in vielen Märchen ein häßliches oder gefährliches Tier – Schlange, Kröte, Bär – sich mit einem Schlage in ein Königskind verwandelt, wenn der Held es über sich bringt, ihm seine Liebe zuzuwenden. Deutet, fragt Novalis, dieser Zug nicht darauf hin, ›daß, wenn der Mensch sich selbst überwindet, er auch die Natur zugleich überwindet und ein Wunder vorgeht... Die Verwandlung des Bären in einen Prinzen in dem Augenblick, als der Bär geliebt wurde? Vielleicht geschähe eine ähnliche Verwandlung, wenn der Mensch das Übel in der Welt liebgewänne...‹

Der Märchenhörer erlebt aber den Tierbräutigam zweifellos nicht nur als Repräsentanten des Übels in der Welt, sondern sieht in ihm ebensosehr den von diesem Übel befallenen, erlösungsbedürftigen Menschen – den Menschen oder einen Menschen, einen fremden oder sich selber. Je nach seiner eigenen Befindlichkeit wird der, der das Märchen in sich aufnimmt, das Tier zunächst als Bild für die eigene Seele nehmen oder für die eines anderen Menschen oder als Bild der menschlichen Seele überhaupt. Wie eng übrigens verklammert das Märchen das Schicksal des Erlösers und des zu Erlösenden! Der Erlöser selbst ist erlösungsbedürftig, und der Erlöste wird zum Erlöser. Darin spiegelt sich die Angewiesenheit des einen auf den anderen in der Gesellschaft ebenso, wie das Zusammenspiel von bewußtem Ich und unbewußtem Es in der eigenen Seele. Auch dieser Zug unseres Märchenmotivs also erweist sich als gleich sinnvoll, ob wir nun im Erlösungsvorgang die Begegnung zweier Menschen oder ein rein innerseelisches Geschehen erleben.

In der Erzählung vom Tierbräutigam, der in der Hochzeitsnacht zum strahlenden Prinzen wird, von der Tierbraut, die sich in eine Prinzessin verwandelt, spiegelt sich

---

1 *Hans Jellouschek,* Der Froschkönig. Ich liebe dich, weil ich dich brauche. Zürich 1985, 75-85.

ohne allen Zweifel auch das ambivalente Verhältnis der Geschlechter zueinander, der Umschlag der Abneigung in Zuneigung...

Aber so wie ein Bild viele Bedeutungen hat, so kann umgekehrt eine und dieselbe Wesenheit durch viele verschiedene Bilder dargestellt werden. Die eigene Seele, das Unbewußte erscheint das eine Mal als Meer, ein andermal als großer Wald, dann wieder als Jungfrau, die es zu erlösen, zu freien gilt, oder als Tier, sei es als Drache, der überwunden, sei es als Kröte, die geküßt werden muß...

Im Grimmschen Märchen vom Froschkönig aber wird das Tierlein voll Zorn und Haß an die Wand geschleudert – und gerade so erfüllt das wortbrüchige und ahnungslose Königstöchterlein die geheime Erlösungsbedingung.«[1]

Wieviel offener gegenüber Bettelheim und Jellouschek bleibt diese Auslegung! Jedem Aspekt werden unterschiedliche Möglichkeiten zugeordnet, ohne daß ein vorgegebenes Themenmuster die Folie bildete, auf deren Hintergrund das Märchen zur Sprache kommen müßte.

C. Dennoch bleibt einiges mehr zu klären. Gegenüber den von Lüthi einbezogenen Formen der Tierbräutigam-Märchen (von denen wir im Religionsbuch 7/8, S. 208-210 »Die Schöne und das Tier« finden), fällt im Froschkönig-Märchen das völlige Fehlen einer erlösenden Liebe auf. Weder mitleidige Zuwendung, noch entbrennende Liebe erlösen hier, sondern eine Abkehr, aus welcher heraus das Mädchen den Frosch »aus allen ihren Kräften wider die Wand« warf. Darin liegt etwas Spontanes, Ungeplantes und Zufälliges. Erlösung war weder erwünscht noch geahnt. In der Fassung des Märchens von 1813 (→ S. 138 f.) gibt es zweifellos eine erlösende Zuwendung der Königstochter: Sie müssen drei Nächte lang das Bett teilen, und sie muß den Frosch küssen – dadurch erhält er seine menschliche Gestalt zurück. Offensichtlich sind es nicht immer die Streicheleinheiten, welche die Menschen einander erweisen, durch die sie zu sich selbst kommen, so wenig sich festlegen läßt, wie der geschilderte Wurf an die Wand in die immer wieder neuen Situationen des alltäglichen Lebens übersetzt werden kann. »Wir müssen diese Lösung und diesen Märchenausgang... als sensationell betrachten. Ein gänzlich unkonventionelles Verhalten der jungen Frau – um es ganz schwach auszudrücken – ein restlos unbürgerliches, ja ein auf den ersten Blick höchst unmoralisches, um nicht zu sagen verbrecherisches Tun wird vom Märchen königlich belohnt. Warum? Nun, sie hat nach der bildhaften Aussage des Märchens das in jeder Hinsicht und einzig Richtige getan. Der Psychologe würde von Überwindung des Affektstaus sprechen, man könnte es auch den Umschlag von Haß in Liebe nennen. Uns geht hier an, daß das Märchen offenbar zu solcher Haltung ermuntert und ermutigt und das in Zeitläufen, denen Begriffe wie Selbstverwirklichung, Emanzipation oder gar Feminismus so fremd wie nur etwas waren.«[2]

Zu ergänzen ist, daß die Froschkönig-Geschichte ein Frauenmärchen ist. Es wurde den Brüdern Grimm von Frauen erzählt, und mehr als jeder Mann können sich Frauen am ehesten mit der Protagonistin in diesem Märchen

---

1 *Max Lüthi*, Volksmärchen und Volkssage. Zwei Grundformen erzählender Dichtung. Bern/München 1961, 9-13.
2 *Heinz Rölleke*, Die Frau in den Märchen der Brüder Grimm, in: Die Frau im Märchen. Kassel 1985, 86 f.

identifizieren. – Eine Mutter freilich ist ausgeblendet. Dagegen erscheint der Vater als forderndes Prinzip, und viele haben ihn deswegen ganz aus dem patriarchalischen Weltbild des 19. Jahrhunderts verstanden. Klaus Doderer sieht ihn als »ausschließlich Fordernden«, der seine Tochter unter den eigenen Willen zwingt. Demgegenüber fragt Lutz Röhrig: »Warum wirft der König, der doch sonst so auf Anstand, Sitte und Ordnung bedacht ist und als König darauf bedacht sein *muß,* diesen Frosch nicht einfach aus seinem Schloß hinaus? Warum läßt er es sogar zu, daß dieser Frosch von seiner eigenen Tochter Dinge fordert, die er seinem Gewissen, seiner Person und Standesehre gegenüber doch niemals billigen kann, und warum fordert er sie regelrecht dazu auf, mit diesem hergelaufenen widerlichen Frosch all das zu machen, was normalerweise nur einem Ehepaar erlaubt und zugestanden wird?«[1]

D. Der Text im Religionsbuch stellt den »Froschkönig« vor, aber verzichtet darauf, die Hauptszene wiederzugeben. Dies müßte der Unterricht tun, sei es durch eigenes Erzählen oder Vorlesen, sei es durch Austeilen des vollen Märchentextes an die Schüler zur häuslichen Lektüre.

Zunächst ist davon auszugehen, daß die Fixierung an die Märchenhandlung noch so groß ist, daß der Frosch zunächst nicht als symbolische Figur verstanden wird. Auf dieser Ebene erzählt Astrid Lindgren ihre Geschichte aus Bullerbü (→ S. 144 f.). Die spielerische Naivität der Kinder in dieser Szene kann Anlaß sein, nach dem angemessenen Verständnis der Märchensymbolik zu fragen.

Ein zweiter Verstehenszugang ist mit der volkstümlichen Redewendung gegeben: »Mensch, sei kein Frosch!« Es ist der aufmunternde Zuruf an jemanden, der sich ängstlich gibt, vor etwas zurückschreckt, oder sich sonstwie ziert. Dabei ist die Einsicht wichtig, daß jeder Mensch immer wieder einmal »Frosch« sein kann, wenn er allein in irgendeinem Loch sitzt und niemanden weiß, der mit ihm spielen und leben will. Wer immer ihm dann den Ball zuspielt, den er zurückgeben kann, entscheiden mancherlei Umstände, aber dabei ist wichtig, den Ball nicht zu übersehen, noch ihn zu behalten, sondern ihn zurückzugeben, selbst wenn das die zunächst gezeigte Freundlichkeit wieder beendet, nachdem keine eigenen Erwartungen mehr bestehen.

Auf keinen Fall sollte übersehen werden, daß unser Märchen nicht von irgendeinem Frosch erzählt, denn in Wahrheit ist er ein Frosch*könig*. So sehr das einsame, kalte Wesen für alle Welt nichts als ein gewöhnlicher Frosch sein mag, so trägt er das Königtum dennoch in sich. Nichts muß von außen herangetragen werden, vielmehr braucht es nur des fast zufälligen Anstoßes, damit frei werden kann, was noch verborgene, vielleicht auch verdrängte innere Wirklichkeit ist.

Natürlich läßt sich das Bettmotiv, mit dem sich dieser Vorgang verbindet, legitim sexuell interpretieren, aber wer sich der Elisabeth-Legende erinnert, nach der die Landgräfin einen Aussätzigen in ihr Ehebett hineinnahm, um ihm in der Pflege nahe zu sein (→ I, 121), weiß, daß das Bett auch offener symbolischer Ausdruck für Nähe und Zuwendung sein kann. Freilich hat in diesem Fall die Königstochter den Frosch weder eingeladen, noch freut sie sich über

1 *Lutz Röhrig,* a.a.O., 46.

dessen Aufdringlichkeit, und darum handelt sie wohl verständlich, wie wir es tun würden, wenn uns jemand ungebeten zu nahe kommt: Nicht immer findet der Mensch durch freundliche Zuwendung und umarmende Liebe seine wahre Gestalt, sondern manchmal bringt ihn erst die klare Reaktion des anderen, dessen Empörung oder Abwehr, zu sich selbst. Das können Zwölfjährige gut verstehen. Wenn sie *nur* getragen und umsorgt werden, ist der Anlaß zu gering, auf die eigenen Füße zu kommen. Darum schadet es nicht, daß man sie »an die Wand oder ins kalte Wasser wirft«, damit sie zu ihren eigenen Möglichkeiten finden.

Kontexte zum Märchen vom Froschkönig

(1) Astrid Lindgren: Den Frosch küssen in Bullerbü

Die folgende Szene bleibt bei der Ersten Naivität im Verständnis des Froschkönig-Motivs. Gerade deswegen kann der Disput zwischen Inga und dem Erzähler-Ich behilflich sein, diese vordergründige Märchenhaut zu durchbrechen:

Ich beeilte mich, die Kröte zu fangen. Denn jeder Mensch weiß doch, daß Kröten fast immer verzauberte Prinzen sind. In den Märchen, meine ich. Inga wußte das auch, und sie wurde neidisch auf mich und meine Kröte. (...) Aber gerade da sah ich eine kleine Kröte, die auf dem Grabenrand saß, und da sagte ich:
»O meine verzauberte kleine Kröte!«
»Stell dir vor, wenn es nun wirklich ein verzauberter Prinz ist«, sagte Inga.
»Der Faulbaumduft hat dir den Kopf verwirrt«, sagte ich. Aber dann dachte ich darüber nach. Vielleicht duftete der Faulbaum wirklich so stark in der Sonne, daß auch ich im Kopf verwirrt wurde. Denn plötzlich dachte ich doch: Wer will denn genau wissen, ob diese Kröte nicht doch ein verzauberter Prinz ist? Zu der Zeit, in der es verzauberte Prinzen gab, hatte es sicher auch gewöhnliche Kröten gegeben, die keine Prinzen waren. Und da konnte es doch geschehen sein, daß irgendeiner von den verzauberten Prinzen vergessen worden war – nur weil die Menschen gedacht hatten, es sei so eine ganz gewöhnliche Kröte. Und wenn sich damals keine Prinzessin bemüht hatte, ihn zu küssen, dann mußte er in alle Ewigkeit eine Kröte bleiben. Der Ärmste! Hier saß er nun im Graben von Bullerbü und war übriggeblieben! Ich fragte Inga, ob sie das nicht auch glaube. Sie glaubte es auch.
»Hm, dann haben wir nur noch eins zu tun: Wir müssen ihn küssen, damit der Zauber schwindet.«
»Igittigitt«, sagte Inga.
Aber da sagte ich zu ihr, wenn die Prinzessinnen in früheren Jahren genau so dumm und zimperlich gewesen wären wie sie, würden heutzutage sämtliche Gräben voll von verzauberten Prinzen sein.
»Aber wir sind doch keine richtigen Prinzessinnen«, lenkte Inga ein.
»Deshalb müssen wir es doch versuchen. Wenn wir uns gegenseitig helfen, geht es vielleicht.«
»Dann fang du an, Prinzessin Goldregen«, sagte Inga und hielt mir den verzauberten Prinzen hin. Ich setzte ihn auf meine Handfläche und sah ihn mir an.
Als ich daran dachte, daß ich ihn küssen sollte, hatte ich ein unangenehmes Gefühl im Magen. Aber das half mir jetzt nichts.

Da fiel mir etwas anderes ein.

»Du, Inga, wenn es wirklich ein verzauberter Prinz ist, dann denk bitte nachher daran, daß es meine Kröte war.«

»Was meinst du damit?« fragte Inga.

»Nun, wegen der Prinzessin, die er dann heiratet, und wegen des halben Königreiches – du weißt schon!«

Aber da wurde Inga wütend.

»Wenn ich dir helfe, ihn zu küssen, dann gehört er mir genau so gut wie dir«, sagte sie. »Er soll nachher selbst wählen!«

Und wir machten aus, daß der Prinz selbst entscheiden sollte, ob er Prinzessin Goldregen oder Prinzessin Goldlack haben wollte. Und dann sagte ich:

»Eins, zwei, drei,
bei vier ist es vorbei,
beim fünften Male schallt es,
beim sechsten Male knallt es.«

Ich kniff die Augen zusammen und küßte die Kröte.

»Sicher ist er besonders stark verzaubert«, sagte Inga, als sich kein Prinz sehen ließ. »Ich glaube, es lohnt sich kaum, daß ich ihn noch küsse.«

»Versuch nur nicht, dich zu drücken«, sagte ich. »Bitte sehr, Prinzessin Goldlack!«

Da nahm sie die Kröte und küßte sie sehr schnell. Sie hatte es so eilig, die Kröte zu küssen, daß sie sie in der Eile in den Graben fallen ließ. Und husch, husch – fort war die Kröte.

»Du Nuß«, rief ich. »Da zieht er ab, unser verzauberter Prinz.«

»Weißt du was«, sagte Inga, »es müssen sicher echte Prinzessinnen sein, wenn es bei einem solchen Scheusal wirken soll.«[1]

(2) Wilhelm Busch: Die beiden Schwestern

Es waren mal zwei Schwestern,
Ich weiß es noch wie gestern.
Die eine namens Adelheid
War faul und voller Eitelkeit.
Die andre, die hieß Kätchen
Und war ein gutes Mädchen,
Sie quält sich ab von früh bis spät,
Wenn Adelheid spazierengeht.
Die Adelheid trank roten Wein,
Dem Kätchen schenkt sie Wasser ein.
Einst war dem Kätchen anbefohlen,
Im Walde dürres Holz zu holen.
Da saß an einem Wasser
Ein Frosch, ein grüner, nasser;
Der quakte ganz unsäglich
Gottsjämmerlich und kläglich:
»Erbarme dich, erbarme dich,
Ach, küsse und umarme mich!«
Das Kätchen denkt: Ich will's nur tun,
Sonst kann der arme Frosch nicht ruhn!

Der erste Kuß schmeckt recht abscheulich.
Der gräsiggrüne Frosch wird bläulich.
Der zweite schmeckt schon etwas besser;
Der Frosch wird bunt und immer größer.
Beim dritten gibt es ein Getöse,
Als ob man die Kanonen löse.
Ein hohes Schloß steigt aus dem Moor,
Ein schöner Prinz steht vor dem Tor.
Er spricht: »Lieb Kätchen, du allein
Sollst meine Herzprinzessin sein!«
Nun ist das Kätchen hochbeglückt,
Kriegt Kleider schön mit Gold gestickt
Und trinkt mit ihrem Prinzgemahl
Aus einem goldenen Pokal.
Indessen ist die Adelheid
In ihrem neuen Sonntagskleid
Herumspaziert an einem Weiher,
Da saß ein Knabe mit der Leier.
Die Leier klang, der Knabe sang:
»Ich liebe dich, bin treu gesinnt,

---

1 *Astrid Lindgren,* Immer lustig in Bullerbü. Hamburg 1956.

Komm, küsse mich, du hübsches Kind!«   Und fährt bis auf den Grund mit ihr.
Kaum küßt sie ihn,   Da sitzt sie nun bei Wasserratzen,
So wird er grün,   Muß Wassernickels Glatze kratzen,
So wird er struppig,   Trägt einen Rock von rauhen Binsen,
Eiskalt und schuppig.   Kriegt jeden Mittag Wasserlinsen;
Und ist – o Schreck! –   Und wenn sie etwa trinken muß,
Der alte kalte Wasserneck.   Ist Wasser da im Überfluß.
»Ha!« lacht er. »Diese hätten wir!«

Eine Interpretation kann bereits den Schülern gelingen, wenn sie die Charakterisierung der beiden Mädchen in Beziehung setzen zu Frosch und Knabe.

(3) Mathias Richling: Froschsein und Froschbleiben

Der König der Tiere,   Ich brauch' mal Zeit für mich allein.
der Froschkönig,   Ich will auch mal ganz für mich sein. . .
saß am Ufer des Brunnens   als eine
und hatte gerade ein paar Kisten   Prinzessin mit ausgestreckter Hand
mit Beziehungen hinter sich   auf ihn zuströmte.
und hegte auch sonst viele Zweifel,   »Bitte, nein, nein«,
und zwar an sich selbst,   stöhnte der Froschkönig,
indem er die Sätze sprach: »nicht, bitte, nicht an die Wand.
Ich muß auch mal zu mir finden.   Ich will so bleiben, wie ich bin!«[1]

Brunnen-Märchen

Der Brunnen führt im Märchen in eine unbekannte Tiefe, die ebenso Unterwelt wie Seelengrund bedeuten kann. Wie immer bieten reale Erfahrungen das Material, aus dem sich der Leib des Symbols bildet. Menschen, die das Wasser nur noch aus der Wasserleitung in Küche und Bad laufen sehen, haben keine Vorstellung, welche Bedeutung dem Brunnen einmal zugekommen ist. Einen Brunnen zu bauen, ist jahrhundertelang eine aufwendige, oft gefährliche, immer lebenswichtige Arbeit gewesen. Von tiefen und ergiebigen Brunnen konnte das Überleben einer Stadt abhängen. Sie zu schützen und rein zu erhalten, war von höchstem öffentlichen Interesse.

Besondere Bedeutung hatten Brunnen in Sardinien angesichts einer dort chronisch herrschenden Wasserknappheit. Die Kultstätten der ältesten vorchristlichen Kultur waren fast ausschließlich mit Brunnen- oder Quellenheiligtümern ausgestattet, denen sie in Form von Votivgaben alle ihre Sorgen und Wünsche anvertrauten. Einigen Quellen schrieb man Heilkräfte zu; so gab es in Sardara eine *funtana de is dólus*, eine Quelle gegen die Schmerzen. Manche Brunnentempel führten tief in die Erde hinein, beispielsweise der aus dem 13.-11. Jahrhundert v.Chr. stammende Brunnentempel von Kukkura-Nuraxi:

Die Bergkuppe überragt ein 6 Meter hoher Kuppelraum, doch liegt dessen Boden bereits 10 m unter der Hügelkuppe. Von hier aus führt der eigentliche

---

1 Zit. n. *Lutz Röhrig*, a.a.O., 132.

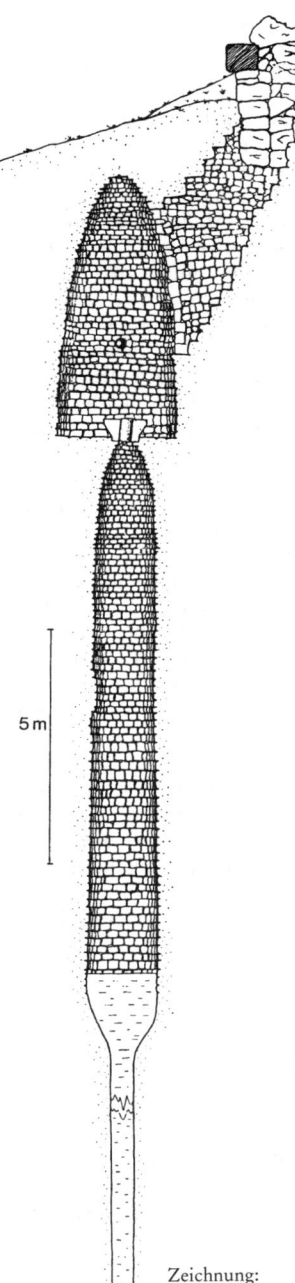

Zeichnung:
E. Atzeni

Brunnenschacht weitere 20 Meter tief, fast vollständig ausgemauert und oben mit einem Ringstein abgeschlossen (s. nebenstehende Zeichnung).

Ein anderer eindrucksvoller Brunnen findet sich im umbrischen Orvieto. Hier wurde im 16. Jahrhundert ein 62 Meter tiefer Brunnen angelegt, um die Stadt bei Belagerungen mit ausreichendem Trinkwasser zu versorgen. Man kann in diesen Brunnen hinabsteigen, denn um den breiten Brunnenschacht führen zwei ineinander gebaute Wendeltreppen, von denen die eine dem Hinweg nach unten, die andere dem Rückweg nach oben vorbehalten ist. – Natürlich gewinnen Brunnen an Wertschätzung, je seltener und kostbarer das Wasser ist. In arabischen Erzähltraditionen haben darum Brunnen stets besondere Bedeutung. Sie bergen das »Wasser des Lebens«, verbinden mit Quellschichten der Unterwelt und sind ein Gegenbereich zur »oberflächlichen« Alltagswelt.

Unser Religionsbuch stellt zwei Brunnen-Motive als Beispiele der Märchen-Symbolik vor: jenes aus »Frau Holle« und daneben als symbolisches Äquivalent das Falltür-Motiv aus »Die drei Federn«. Wir übersehen nachfolgend die Eingliederung dieser Motive in den Gesamtrahmen der Märchen und füllen statt dessen das Brunnen-Motiv um weitere Beispiele auf, damit der Unterricht ergänzende Möglichkeiten gewinnt. Dem Lehrer ist es freigestellt, ob er die Breite des hier vermittelten und interpretierten Materials in seinen Unterricht hineinnehmen will oder sich mit einem selbst gewählten Ausschnitt begnügt. Hier kommt es wie immer darauf an, aus eigener Vertrautheit mit dem Thema sprechen und bei den Schülern Betroffenheit und Interesse stiften zu können.

Der Frau-Holle-Brunnen   S. 118

A. Wie bereits beim »Froschkönig« dargestellt, unterscheiden sich manche Märchenbearbeitungen der Brüder Grimm in ihrer Urfassung von 1812 und den späteren Ausgaben bis 1857. So verhält es sich auch mit »Frau Holle«, wie die folgende Synopse zeigt:

147

Eine Witwe hatte zwei Töchter, davon war die eine schön und fleißig, die andere häßlich und faul. Sie hatte aber die häßliche und faule viel lieber, und die andere mußte alle Arbeit thun und war recht der Aschenputtel im Haus. Einmal war das Mädchen hingegangen, Wasser zu holen, und wie es sich bückte, den Eimer aus dem Brunnen zu ziehen, bückte es sich zu tief und fiel hinein. Und als es erwachte und wieder zu sich selber kam, war es auf einer schönen Wiese, da schien die Sonne und waren viel tausend Blumen. Auf der Wiese ging es fort und kam zu einem Backofen, der war voller Brot; das Brot aber rief: »Ach, zieh mich 'raus, zieh mich 'raus, sonst verbrenn ich, ich bin schon längst ausgebacken!« Da trat es fleißig herzu und holte alles heraus. . .

Eine Witwe hatte zwei Töchter, davon war die eine schön und fleißig, die andere häßlich und faul. Sie hatte aber die häßliche und faule, weil sie ihre rechte Tochter war, viel lieber, und die andere mußte alle Arbeit tun und war der Aschenputtel im Hause sein. Das arme Mädchen mußte sich täglich auf die große Straße bei einem Brunnen setzen, und mußte so viel spinnen, daß ihm das Blut aus den Fingern sprang. Nun trug es sich zu, daß die Spule einmal ganz blutig war, da bückte es sich damit in den Brunnen und wollte sie abwaschen: sie sprang ihm aber aus der Hand und fiel hinab. Es weinte, lief zur Stiefmutter und erzählte ihr das Unglück. Sie schalt es aber so heftig und war so unbarmherzig, daß sie sprach »hast du die Spule hinunterfallen lassen, so hol sie auch wieder herauf.« Da ging das Mädchen zu dem Brunnen zurück und wußte nicht, was es anfangen sollte: und in seiner Herzensangst sprang es in den Brunnen hinein, um die Spule zu holen. Es verlor die Besinnung, und als es erwachte und wieder zu sich selber kam, war es auf einer schönen Wiese, wo die Sonne schien und viel tausend Blumen standen. Auf dieser Wiese ging es fort und kam zu einem Backofen, der war voller Brot; das Brot aber rief »ach, zieh mich raus, zieh mich raus, sonst verbrenn ich: ich bin schon längst ausgebacken.« Da trat es herzu, und holte mit dem Brotschieber alles nacheinander heraus. . .

Die wichtigsten Unterschiede lassen sich knapp aufzählen:

Zunächst beziehen sie sich auf die *Mutter*. In der Urfassung ist sie lediglich eine Witwe, die ihre beiden Töchter unterschiedlich liebt. Die spätere Fassung macht die Töchter zu Halbgeschwistern, die Mutter für »den Aschenputtel« zur Stiefmutter.

Der Brunnen dient in der ersten Fassung seinem eigentlichen Zweck: das Mädchen geht hin, um *Wasser* zu holen, bückt sich zu tief und fällt hinein. Dagegen muß sich das Mädchen in der späteren Version an den Brunnen setzen, um dort zu spinnen, und zwar so viel, daß Finger und *Spindel* blutig werden. Um die Spindel abzuwaschen, beugt sie sich über das Brunnenwasser, verliert sie dabei und wird von der Stiefmutter gezwungen, die Spindel vom Brunnengrund zurückzuholen.

In der ältesten Fassung fällt das Mädchen aus *Unachtsamkeit* in den Brunnen; die überarbeitete Version schaltet die Stiefmutter ein, die das Mädchen zwingt, die Spule wiederzubeschaffen. Das macht das Mädchen ratlos, »und in seiner *Herzensangst* sprang das Mädchen in den Brunnen hinein.« Während die Urfassung knapp formuliert: »Und als es erwachte und wieder zu sich selbst kam...«, erweitert die Neubearbeitung um einen realistischen Zusatz: »Es verlor die Besinnung...«

B. Mit dem Brunnen (wie mit dem Frau-Holle-Märchen insgesamt) verbinden sich religionsgeschichtliche Aspekte.

Wir lassen das Schwarz-Weiß-Schema des schönen und häßlichen, faulen und fleißigen Mädchens beiseite, das nicht notwendig auf verschiedene Menschen bezogen werden muß, sondern auch für einen einzigen Menschen allein in Anspruch genommen werden kann,[1] und beschränken uns auf den Fall oder Sprung in den Brunnen. Vielleicht ist es nebensächlich, welcher äußere Anlaß Menschen in den Brunnen führt: sei es ein Sturz aus Unachtsamkeit, sei es ein Sprung aus »Herzensangst«; das Leben kennt viele Anstöße, die auf den Weg zur eigenen Mitte oder Tiefe zwingen. Damit ist kein geographischer Ort gemeint, sondern jener Grund, den jeder in sich selbst trägt und aus dem zu leben, er lernen soll. Die Geschichte selbst legt bereits nahe, sich hier keinen realen Brunnen vorzustellen. Sie kennzeichnet den Sturz in die Tiefe nicht als einen Unfall, der leicht das Leben kosten könnte, sondern als Durchbruch in eine neue Lebensdimension: denn in der Tiefe *erwacht* das Mädchen; *es kommt zu sich selbst!* Und damit ist mehr gemeint als ein gewöhnliches Aufwachen; es geht um den Durchbruch zu Erkenntnis und Wahrheit. Schon die nächste Szene zeigt, was das bedeutet.

Das Mädchen befindet sich keineswegs in dumpfen, erstickenden Zonen, sondern »auf einer schönen Wiese, da schien die Sonne und waren viel tausend Blumen«. Wie sich bei den weiteren Brunnen-Motiven noch zeigen wird, ist das nicht selbstverständlich, denn der Abstieg in die Tiefe kann auch mit Angst und Schrecken verbunden sein. Hier aber führt der Weg zu sich selbst in ein sonniges, blühendes Land. Auch das ist symbolisch gemeint und sollte nicht die Vorstellung wecken, als hätte sich das Mädchen tatsächlich in andere Räume bewegt. Es mußte seine alltägliche Welt keineswegs verlassen, sondern nur eine andere Position darin finden, um alles, was da ist, neu sehen und verstehen zu können. Und sogleich wird uns illustriert, was aus dem Gewinn des inneren Raumes und der inneren Zeit (→ S. 85 f.) resultiert: Das Mädchen ist nun in der Lage, die Sprache der Dinge zu verstehen.

»Sprache der Dinge« läßt sich alles nennen, was aus sich selbst heraus spricht. Als Beispiel dient der Backofen mit den fertigen Broten (und wird ergänzt durch den Baum mit den reifen Früchten). Wenn eine Speise gar ist, muß sie

1 Im Hause der »Frau Holle« (von der germanischen Göttin Hulda abgeleitet, die Erdgöttin, oder freier übersetzt, die Frau Welt) muß es das Helle ebenso geben wie das Dunkle; gut und böse sind aufeinander bezogen, aber es scheint, daß das Böse älter ist als das Gute und in der Welt auch mehr Hausrecht beanspruchen kann als das Gute, Fleißige und von innen her Schöne. Doch teilen sich die Menschen keineswegs in gute und böse, vielmehr läuft die Grenze zwischen dem dunklen und hellen Bereich durch jeden einzelnen Menschen, und offensichtlich tragen meist nur die Umstände, unter denen sie aufwachsen und leben, dazu bei, welche der beiden Schwestern je das größere Recht eingeräumt bekommt.

vom Feuer genommen werden, sonst verliert sie schnell ihre Köstlichkeit. Ausgebackene Brote müssen aus dem Ofen heraus; ihr Zustand alleine »verlangt« es; also »ruft« das Brot: »Zieh mich raus, zieh mich raus, ich bin ausgebacken!« Dieses wahrzunehmen, oder besser gesagt, sich von der gegebenen Situation in An-spruch nehmen zu lassen, heißt, ver-antwortlich zu sein. Das Mädchen, in der Brunnentiefe zu sich selbst gekommen, läuft an den Herausforderungen ihres Weges nicht achtlos vorbei, sondern hört, was die Situationen jeweils fordern: es ge-horcht.

C. Brunnen zu zeigen, in die man heute noch fallen, steigen oder springen kann, heißt die notwendige Übersetzungsarbeit für unsere Schüler,[1] die im nächsten Schritt zu leisten ist. Wir finden diesen immer gleichen und allemal veränderten Brunnen auf dem Boden einer jeden stillen Stunde, sofern wir dem Sog des Geläufigen entkommen, um die eigene Mitte zu suchen. Es ist dem Menschen möglich, diesen Weg aus freien Stücken aufzusuchen, nicht nur einmal oder gelegentlich, sondern in beständiger Übung. Doch gibt es auch Umstände, die solch einen Abstieg in den Brunnen notvoll aufzwingen, etwa Krankheit, Einsamkeit und Leid. Darum ist der dunkle Brunnenschacht für viele mit Angst und Panik verbunden.

Wo aber finden wir den Backofen in unserer Alltagswelt? Das Märchen meint mit »Backofen« jede ungesuchte Situation unseres Lebensweges, die unseren Einsatz verlangt und an der wir uns nur um den Preis von Versagen und Schuld vorbeidrücken können. Natürlich hätte das Mädchen sagen können, dies sei nicht *ihr* Backofen, und sie sei auch nicht die Bäckerin, die Brote habe sie weder eingeschoben, noch habe sie Verantwortung dafür; und erst recht wolle sie keins davon haben, aber ihre zufällige, zu-fallende Präsenz, als die Brote ausgebacken waren, genügte, um sie verantwortlich zu machen. So mögen auch wir unschuldig sein, wenn ein Schüler mit irgendeiner Trauer nicht fertig wird, ein schwangeres Mädchen nicht mehr ein und aus weiß, ein Auto auf einsamer Strecke trocken gefahren ist. . ., doch sobald wir damit konfrontiert werden, sind wir Betroffene. Aus den »Backöfen« rechts und links des alltäglichen Lebensweges, ruft es allemale: »Ach, zieh mich heraus, zieh mich heraus, sonst verbrenn ich, sonst verkomm, sonst verderb ich. . .«

Hier ist noch eine Querverbindung zur biblischen Sprache angebracht. Zentrale Erzählungen der Bibel beginnen mit dem vermeintlichen Stereotyp: »Da sprach Gott: Abraham (Jakob, Mose, Elija. . .). Abraham antwortete: Hier bin ich.« Das »Sprechen« Gottes verbindet die Bibel mit den Ereignissen des Lebens. Gott »spricht« durch das, was geschieht. So spricht er durch Geburt und Tod, Freude und Leid, Löwengruben und Feueröfen, durch Mitmenschen in allen ihren Lebenslagen – eben durch Backöfen, in denen das Brot des Lebens ausgebacken wird. Das in den Brunnen gesprungene Mädchen, das, nachdem es die eigene Mitte gefunden hatte und »zu sich selbst« gekommen war (niemand kann zu sich selbst kommen, ohne zugleich zu Gott zu kommen!), hat auf den Ruf Gottes: »Marie (Julia, Kerstin. . .)« geantwortet: »Hier bin ich!« (Vgl. hierzu die Aufgabe 37 im Arbeitsheft 5.)

---

1 Das Buch: *Hubertus Halbfas,* Der Sprung in den Brunnen. Eine Gebetsschule. Düsseldorf 1982, [10]1992 bietet hierzu vielfältige Konkretionen.

Der Brunnen der Wahrheit

Auf Seite 168 des Religionsbuches für das 5./6. Schuljahr findet sich eine weitere Brunnengeschichte, die auch in den vorliegenden Kontext einbezogen werden kann. An dieser Stelle sollen die wichtigsten Momente ihrer Symbolik erläutert werden.

A. Die Erzählung ist ein Ausschnitt aus einem umfangreichen Märchen, »Der Paradiesapfel«, in dem viele bekannte Motive miteinander verbunden werden. Das Märchen wurde von *Mordechai Joseph*, einem Juden, der in Irakisch-Kurdistan 1919 geboren wurde und 1950 nach Israel einwanderte, erzählt. Er lernte das Märchen durch seine Mutter kennen, die in Tbilisi (Georgien) geboren wurde und sowohl Türkisch, Aramäisch wie Russisch sprach. Es wurde von J. Avizuk aufgezeichnet und findet sich in der von Heda Jason herausgegeben Sammlung »Märchen aus Israel«.[1]

B. Der Brunnen wird zunächst als ein »merkwürdiger Ort« bezeichnet, doch folgt wenig später die Ergänzung, »wo ihr die Wahrheit über euch selbst erfahren sollt«. Daß die beiden älteren Brüder darauf mit Abwehr reagieren, ist verständlich, denn was tun Menschen oft ein Leben lang entschiedener, als vor sich selbst wegzulaufen. Gar die Wahrheit über sich selbst zu erfahren, ist durchweg mit Schrecken verbunden (vgl. Religionsbuch 7/8, S. 83-87: Das Spiegeltor), so daß man sich am liebsten vor seinen Mitmenschen und sich selbst hinter Sozialstatus, Besitz, Können und Leistung verbirgt. Der Jüngste läßt sich von der Abfuhr seiner Brüder jedoch nicht zurückweisen. Um zu zeigen, wie bitter ernst es ihm mit seiner Aufforderung ist, den Ort der Wahrheit zu suchen, droht er: »Entweder ihr kommt mit, oder ihr seht mich nie wieder!« (eine für das Schulbuch abgeschwächte Wendung; im Original fällt die Drohung massiver aus: ». . . oder ich bringe mich um!«)
Der nächste Satz: »Sie gingen lange, und noch am selben Tag kamen sie zu jenem Brunnen« ist ein Paradoxon (→ IV, 573-577), wie es die religiöse Sprache und zumal ihre mystischen Traditionen oft kennen. Eine diesen Satz interpretierende Geschichte erzählt folgendermaßen:

Jeden Tag ging Nasrudin mit seinem Esel über die Grenze, die Lastkörbe hoch mit Stroh beladen. Da er zugab, ein Schmuggler zu sein, durchsuchten ihn die Grenzwachen immer wieder. Sie machten Leibesvisitationen, siebten das Stroh durch, tauchten es in Wasser und verbrannten es sogar von Zeit zu Zeit. Nasrudin wurde unterdes sichtlich wohlhabender.
Schließlich setzte er sich zur Ruhe und zog in ein anderes Land. Dort traf ihn Jahre später einer der Zollbeamten. »Jetzt könnt Ihr es mir ja verraten, Nasrudin«, sagte er. »Was habt Ihr damals nur geschmuggelt, als wir Euch nie etwas nachweisen konnten?« »Esel«, sagte Nasrudin.

Diese Geschichte verbindet sich in der sufischen Tradition des Islam (→ S. 527-531) mit hintergründigem Sinn. Der damit verbundene Schlüssel lautet: »Die Vermutung, das Göttliche müsse weit weg oder sehr kompliziert sein,

---

1 Märchen aus Israel, hg. von *Heda Jason*. (Die Märchen der Weltliteratur) Düsseldorf/Köln 1976, Nr. 59, 179-208, hier: 186 ff.

beruht auf Unkenntnis. Ein Mensch, der so denkt, ist zum Sehen oder Erkennen unfähig. Das Göttliche ist ›nah‹ und auch ›weit weg‹, jedoch in einem anderen Sinn als der Zeitgenosse annimmt.«[1]

So wie die Schmuggelware vor aller Augen lag, war sie doch zugleich allem Suchen unerreichbar. Ganz ähnlich ist es mit dem Göttlichen: Um es zu finden, muß man nicht ans Ende der Welt, geschweige denn über die Welt hinaus streben, sondern nur im jeweiligen Heute ankommen. Der Ort, »wo die Wahrheit über uns selbst zu erfahren ist«, liegt weit, weit entfernt; zugleich kann sie noch am gleichen Tag, im Hier und Heute erreicht werden, wenn man nur dort anzukommen versteht.

Angenommen, dieses Ziel wäre erreicht; dann stellt sich die Aufgabe, in den Brunnen hineinzusteigen. Dem Ältesten macht das große Angst. Sobald ihn der dunkle Schacht umfängt, überkommt ihn Todesnot. Er sträubt sich, bittet, schreit, drängt, zurückgeholt zu werden. Allein diese Reaktion machte offenbar, »was für ein Mensch das war«. Auf dem – freiwilligen oder unfreiwilligen – Weg in die Brunnentiefe wird deutlich, wie es um den Menschen steht. – Dem Zweiten ergeht es nicht anders. Er schafft die halbe Strecke, dann ist auch sein Mut erschöpft. – Nur der Jüngste hat den Mut zu sagen: »Laßt mich hinunter, bis ihr fühlt, daß der Strick locker geworden ist.«

C. An dieser Stelle bricht die Erzählung im Religionsbuch ab. »Ich möchte wissen, wie sie weitergeht«, sagte ein Schüler anderenorts.[2] Darauf erhielt er zur Antwort:

Lehrer: Es ist nicht irgend*eine* Geschichte, es soll *deine* Geschichte werden. Wohin sie führt, mußt du selbst erproben.

Schüler: Aber wo gibt es den Brunnen, in den ich springen könnte?

Lehrer: Je weiter du in die Welt ausschweifst, desto entfernter bist du ihm. Suchst du bei dir, schaust du über seinen Rand.

Schüler: Dann ist der Brunnen in mir?

Lehrer: Deine eigene Tiefe!

Schüler: Aber warum dann Angst haben? Was in mir ist, muß ich doch nicht fürchten?

Lehrer: Nichts ist den Menschen unbekannter und erschreckender als die eigene Seele. Die meisten Menschen haben Todesängste, in das Brunnenloch zu steigen und den Abstieg zum unbekannten Seelengrund zu wagen. Sie leben nur außen von allem gefesselt, was zur Schau gestellt wird, aber sie werden schon verwirrt, wenn sie nur einen Blick über den Brunnenrand werfen sollen. Ihre Sicherheit liegt im Geläufigen der äußeren Welt; vor der Tiefe in sich selbst sind sie voll hilfloser Not. . .

Das Kapitel »Das eigene Leben: Wege zu mir selbst« kann die Schüler zu jenem Ort führen, wo sie die Wahrheit über sich selbst finden. Indem sie sich darüber verständigen, wächst ihnen zugleich das symbolische Verständnis des Brunnens und des Abstiegs in den Brunnen zu (→ S. 418).

---

1 *Hubertus Halbfas*, Der Sprung in den Brunnen, a.a.O., 103.
2 Ebd., 15.

Das nächste Motiv, mit dem Märchenbrunnen sinnverwandt, ist die Falltür, die den Abstieg in die Tiefe verschließt wie vermittelt. Eine nähere Interpretation dieses Textes aus dem Märchen »Die drei Federn« (KHM Nr. 63) findet sich im Lehrerhandbuch II, 96-100.

Der Brunnen der Wandlung

Zwei Männer gingen zur Moschee, ihr Gebet zu verrichten, wie der Prophet es gebietet. Um ihre Füße zu waschen, stiegen sie zum Brunnen hinab. Als der eine von ihnen sich vorbeugte, stürzte er in den Brunnen. In der Tiefe angelangt aber wurde er zu einer Frau.

Zur gleichen Stunde, ein Jahr Wegs entfernt, ging gerade ein Mann, Wasser zu holen. Dem war die Frau gestorben, so lebte er mit seinen Kindern alleine und mußte alle Tage neu das Wasser des Lebens schöpfen. Gerade hatte er den Eimer in die Tiefe gelassen. Als er merkte, daß dieser schwer geworden war, zog er ihn hoch, – und riß die Augen auf und staunte: Im Eimer saß eine junge, schöne, nackte Frau.

»Allah hat's genommen, Allah hat's gegeben, der Name Allahs sei gepriesen!« rief er und fragte die Frau, ob sie mit ihm leben und ihn heiraten wolle. Die Frau war einverstanden, und so gingen sie heim und lebten sieben Jahre glücklich miteinander. Allahs Gnade schenkte ihnen einen Sohn und eine Tochter.

Nach sieben Jahren ging die Frau wie bisher zum Brunnen, Wasser zu holen. Diesmal beugte sie sich weit vor, verlor das Gleichgewicht und stürzte in die Tiefe. Dort angelangt aber war sie bereits wieder ein Mann.

Er tauchte aus dem Wasser auf, als sein Freund noch immer die Füße wusch. »Aj, Aj, Aj«, sagte der, »wie ungeschickt du heute bist!«

»Wenn du nur wüßtest«, antwortete der andere. »Ich wurde in der Tiefe zu einer Frau. Ein Mann zog mich heraus, nahm mich mit in sein Haus und heiratete mich. Sieben Jahre lang lebte ich glücklich mit ihm und gebar einen Jungen und ein Mädchen.«

»Was für einen Unsinn du redest! Hat dir das Wasser die Sinne genommen? Noch wasche ich mir die Füße, da sprichst du von sieben Jahren!«

»Du glaubst mir nicht? Auf! Gehen wir, und du wirst sehen.«

Und sie gingen, gingen wohl lang, gingen wohl kurz, alle Tage des Jahres, bis sie anlangten und das Haus, den Mann und die Kinder fanden. . .

Diese Geschichte zu deuten, ist nicht schwer für den, der die vorangegangenen Erfahrungen mitbedenkt. Stets führt der Weg in den Brunnen zu größerer Ganzheit:

– die Goldmarie »kam zu sich selbst« und war hinfort fähig, die Sprache der Dinge um sie her zu verstehen;

– von den drei Brüdern erfuhr nur der Jüngste die ihn frei machende Wahrheit;

– dem Dummling wurde der »schönste Teppich« geschenkt. . ., und nun findet der Mann in dieser Geschichte in der eigenen Brunnentiefe jene »bessere Hälfte« seiner selbst, die ihm bisher fehlte: War er vorher nichts als »Mann«, von Wollen und Können bestimmt, so wird er nun, symbolisch gesprochen »Frau«; sorgt alle Tage für das »Wasser des Lebens« und wird offen, empfänglich, Leben gebärend und erhaltend. Die »sieben Jahre« aber sind keine digitale, sondern, wie immer im Märchen, eine runde, erfüllte Zeit. Mit welchem Namen und Geschlecht ein Mensch aber auch je in den Brunnen stürzen mag: Er verliert nicht seine Identität und wird trotzdem ein neuer Mensch. Seine Seele gewinnt die Weite, Mannsein wie Frausein zu umspannen, also »ganz« zu sein (vgl. Die Brautkammer, S. 107-110).

Die Hexe S. 119

In den abschließenden Sätzen der Seite 119 wird das Erlösungsthema der Märchen angesprochen. Ausführlich handeln darüber Religionsbuch 7/8 (S. 207-214) und Lehrerhandbuch 8. An dieser Stelle soll es genügen, das *Symbol Hexe* zu deuten.

A. Hexe ist ein Sammelbegriff für unterschiedliche Traditionen. Infolge seiner Interpretation und Ächtung durch die Inquisition ist das Wort einseitig negativ bestimmt worden, obwohl sich mit seinen älteren Synonymen auch bessere Wertungen verbinden.

Die mittelalterliche Hexe war die *hagazussa*, das ist jene, die auf dem Hag, der Hecke, dem Zaun ihren Platz hat, eben da, wo die bewohnte Dorfszene sich gegen die Wildnis abgrenzt. Somit galt sie zunächst als ein Wesen, das beiden Bereichen zugehört, bis sich die Dämonisierung der Hexe immer weiter durchsetzte und schließlich nur noch das verkörperte, was aus der Kultur verdrängt wurde, um nun heimlich in der Nacht in verzerrter Form wiederzukehren. Die Hexe ist kein Mensch des »Drinnen«, sondern steht zumindest mit einem Fuß immer auch »draußen«, jenseits der üblichen Ordnung. Die feministische Literatur bemüht sich heute, die Rolle dieser Frauen zu idealisieren und blendet dabei gerne alle Hinweise auf Aggressionen, die sich auch in alter Zeit gegen Hexen entwickelten, aus. Das Verhältnis der Gesellschaft zu diesen Frauen »zwischen Tag und Nacht« war meistens ambivalent.

Bezeichnend ist freilich der mit dem Christentum sich durchsetzende Gesinnungswandel gegenüber den Hexen und folglich gegenüber dem »Draußen«. »Der erste Schritt bestand gewissermaßen in der ›Dämonisierung des Dämonischen‹... Man versuchte also, die *hagazussa* vom Zaun zu verscheuchen, sie von der Grenze in die Wildnis, von der Dämmerung in die Nacht zu jagen. Der zweite Schritt wurde notwendig, als man fühlte, daß diese Dämonen nicht mit so leichter Hand zu entmachten waren, daß sie vielmehr tiefliegenden Bedürfnissen der Menschen entsprachen, die sich nicht so einfach auflösen und durch etwas anderes ersetzen ließen...

Die Dämonen nun, die man in die Wildnis, weitab von den Menschen getrieben hatte, kehrten in veränderter Gestalt und auf weitaus bedrohlichere Weise zurück. Sie begnügten sich nicht länger damit, auf dem Zaun zu hocken, sondern schlichen nachts die Kellertreppe herauf und schlugen an die Türen. Jetzt drohte die Hexe nicht mehr von außen, sondern erwachte im Innern.«[1]

B. Die in jüngerer Zeit erfolgte Ehrenrettung der Hexe spiegelt sich auch in der Märchenliteratur. Man sieht wieder die vielen Gesichter, die sich mit der

---

[1] *Hans Peter Duerr,* Traumzeit. Über die Grenze zwischen Wildnis und Zivilisation. Frankfurt a.M. 1978, 65.

Hexe verbinden, die freundlichen ebenso wie die unfreundlichen. Außerhalb der Märchen kannte die Volkstradition ja seit jeher Hexen als Holde und Unholde, gute und böse Feen, als Strige, Perchte, Trude, weise Frau und Kräuterweib. Die berühmteste »Hexen«gestalt unserer Märchen tritt uns in der »Frau Holle« als Urmutter, Große Mutter oder Frau Welt entgegen. Diese Identifikation weckt freilich mehr positive als negative Empfindungen, wenngleich die Ambivalenz der Großen Mutter auch in dieser Gestalt nicht zu übersehen ist.[1] Man kann die zwei Gesichter dieser Frau – das lobende und das strafende – natürlich als ein Weltgesetz verstehen, das der Mensch in sich selbst trägt: Folgt er Frau Holles Weisungen, gewissermaßen seiner eigenen »inneren Stimme«, befindet er sich im Frieden mit sich selber, was das »Goldtor« deutlich macht, denn dieses zeigt »nach außen«, wie Schüler einmal sagten, »was innen wirklich ist«. Verweigert er sich aber diesen Weisungen, gerät er auf einen Lebensweg, der ihn nicht glücklich macht; er endet unterm »Pechtor«, in Entfremdung zu sich selbst.

Anders begegnen wir der Hexe im Märchen von »Rapunzel«. Hier ist sie eine unheimliche und selbstsüchtige Zauberin, die »das schönste Kind unter der Sonne« ausschließlich für sich haben will. Doch ihr gegenüber erweist sich die Liebe des jungen Königssohnes überlegen, wenngleich seine als auch Rapunzels Handlungsweise keineswegs reif zu nennen sind: »Er spioniert der Zauberin nach und klettert hinter ihrem Rücken den Turm hinauf, statt offen vor sie hin zu treten und seine Liebe zu Rapunzel zu bekennen. Rapunzel ist ebenfalls unaufrichtig; sie verheimlicht, was sie getan hat, bis ihr der aufschlußreiche Versprecher unterläuft.«[2]

Völlig negativ dagegen ist die Hexe aus »Hänsel und Gretel«. Wollen wir sie als Verkörperung der kindlichen Angstphantasien deuten, dann ist es für alle kindlichen Hörer des Märchens befreiend, wenn sie im eigenen Ofen verbrannt wird. Hier resümiert Bruno Bettelheim: »Solange Kinder an Hexen glauben – wie sie es immer getan haben und immer tun werden, bis sie so alt geworden sind, daß sie sich nicht mehr gezwungen sehen, ihren gestaltlosen Ängsten eine menschenähnliche Gestalt zu geben – sollte man ihnen Geschichten erzählen, in denen gescheite Kinder es fertig bringen, sich von solchen Verfolger-Figuren ihrer Phantasie zu befreien. Wenn ihnen das gelingt, haben sie davon – genauso wie Hänsel und Gretel – einen ungeheuren Gewinn.«[3]

Einer wiederum anderen Hexengestalt begegnen wir in der häßlichen Alten, wobei gerade die Häßlichkeit als symbolischer Ausdruck nicht angenommener Seelenkräfte gedeutet werden darf. Hier gelingt Erlösung nur durch die Annahme, welche die »Hexe« durch einen anderen Menschen erfährt. Wer sich aber angenommen erlebt, lernt es auch, zu sich selbst Ja zu sagen und wird mit sich identisch, so daß sich die Hexe in eine schöne Frau wandelt. Ein Beispiel dafür ist die keltische Tradition aus dem Erzählkranz um König Artus und die Ritter seiner Tafelrunde »Gawans häßliche Frau« (→ I, 182 f.).[4]

1 Vgl. *Erich Neumann,* Die Große Mutter . Der Archetyp des Großen Weiblichen. Zürich 1956.
2 *Bruno Bettelheim,* a.a.O., 141.
3 Ebd., 157.
4 Diese Geschichte erschien auch als eindrucksvoll illustriertes Kinderbuch: Sir Gawain und die häßliche Alte. Illustriert von Juan Wijngaard, nacherzählt von *Selina Hastings.* Aarau/Frankfurt a.M./Salzburg ²1988. Im Lehrerhandbuch 8 findet sich eine nähere Interpetation dieses Hexenaspektes.

C. An der Hexe, wie sie in den vorgestellten Märchen begegnet, läßt sich deutlich zeigen, wie unterschiedlich ein Symbol verstanden werden kann. Die Vielfalt menschlicher Wesenszüge und zumal fraulicher Art spiegelt sich in den Hexengestalten der Märchen. Dazu gehört Schneewittchens Stiefmutter, der man gewiß keine Sympathie abgewinnen mag, weil sie alle schwarzen Künste aufbietet, um die aufblühende Schönheit ihrer Ziehtocher zu zerstören, wenngleich sich natürlich in solcher Mißgunst Einsamkeit und Verzweiflung ausdrücken. Schnell wird eine Frau zur Hexe gestempelt, ohne daß man nach ihrem Lebensschicksal fragt. »Ist es in einer Welt, in der das Weibliche oft nur als Dekoration des Mannes gehandelt wird, nicht wirklich zum Verzweifeln, wenn man die ersten Falten entdeckt, wenn die einzige Währung, die in Männeraugen zählt, ihren Wert verliert?«[1] – Eine wiederum andere Facette sind die Hexen, die als weise Frauen auftreten, als Spinnerinnen, Glücks- wie Unglücksbotinnen und Feen. So etwa im Märchen von Dornröschen. Sie sind den Menschen wohlgesonnen, aber wenn ein Mensch sie mißachtet, und sei es ein König, ist ihre Macht zu alt und zu groß, als daß dies ungestraft geschähe. – Und wie ist es mit den Hexen in »Fundevogel« und »Jorinde und Joringel«? Wie mit der »Baba Jaga« des russischen Märchens, in der sich weiche Gemüthaftigkeit und mörderische Grausamkeit mischen? Mit ethischen Grundsätzen kommt man einer solchen Gestalt ebensowenig bei wie der indischen Kali oder der indianischen Pachamama: Ihre Handlungsweisen liegen jenseits der Moral im Raum der Naturnotwendigkeiten.

D. Wer sich darauf beschränkt, die Hexe als Symbol zugänglich zu machen, tut gut daran, auf solche Märchenaspekte zurückzugreifen, die den Schülern vertraut sind, um die Zeit nicht mit der Erstvermittlung neuer Geschichten zu verlieren. Zu bedenken ist, daß sich hier wie bei den voraufgegangenen Themen alles auch im Deutschunterricht thematisieren läßt und daß sich hier zugleich ergiebige und kreative Möglichkeiten für den Kunstunterricht anbieten. Die Möglichkeiten des szenischen Spiels, die gerade Märchen in sich tragen, sind ebenfalls nicht aus den Augen zu verlieren (→ Lehrerhandbuch 10). Bei richtiger Auswahl wird sich zeigen, daß solche Spielaufgaben aus der Märchenszene sich als Chancen zur Verarbeitung und Klärung wichtiger seelischer Reifungsprozesse für die Heranwachsenden erweisen.

Maurice Sendak: Vier Märchenbilder   S. 118-119

Auf den ersten Blick mögen die Märchenbilder von Maurice Sendak »traditionell« erscheinen, aber dieser Blick trügt. Sendak ist kein Ludwig Richter des 20. Jahrhunderts (Zu seiner Person: → S. 111). Wer die feingestrichelten, einen strengen Blockrahmen ausfüllenden Zeichnungen genauer anschaut, findet den Geist des Biedermeier darin gewiß nicht wieder.

Die vier hier gezeigten Bilder stammen aus Sendaks Serie zu 27 ausgewählten Märchen der Brüder Grimm. Er widmet jedem dieser Märchen nur ein einziges

---

1 *Rosemarie Bog,* Die Hexe. Schön wie der Mond, häßlich wie die Nacht. Zürich 1987, 134.

Bild, jedoch will er darin die Essenz der einzelnen Geschichte einfangen. Ihr durchhaltender Grundton ist dunkel: Die alte, fette Kröte lastet mit allem Gewicht auf zwei jungen, kleinen Kröten; eine dritte streicht dem Jungen über den Schuh. – Auf dem Fuchs sitzend, beobachtet der Jüngste, wie die schöne Prinzessin gerade zum Bade geht; hinter ihr ragen die Zinnen der Burg, deren Macht seiner Entschlossenheit noch überlegen ist. – Der geschwänzte Teufel steht auf zwei ungleichen Füßen im Soldatenrock vor dem Bärenhäuter; ein Eimer zum Schrubben und Bürsten steht schon bereit. Hier hat der Gehörnte verloren; nun muß er Kamm und Schere zur Hand nehmen und den, den er überwältigen wollte, für ein freies Leben richten. Seinem spitzen Werkzeug richtet der gelassene Sieger die bestimmende Hand entgegen. – Furchterregend tritt der Tod auf, eine heruntergebrannte Kerze auf der Hand, mit dem linken Arm und der scharfen Sense seinen Paten umgreifend.

In ihrer formalen Harmonie sind die Bilder graphische Meisterwerke. In ihrer Dichte und Hintergründigkeit geben sie den Märchen eine neue Strenge und herausfordernde Kraft.[1]

Die drei Federn (KHM 63)

Die Türe tat sich auf, und er sah eine große dicke Itsche sitzen und rings um sie eine Menge kleiner Itschen. Die dicke Itsche fragte, was sein Begehren wäre. Er antwortete: »Ich hätte gerne den schönsten und feinsten Teppich.« Da rief sie eine junge und sprach:
»Jungfer grün und klein,
Hutzelbein,
Hutzelbeins Hündchen,
Hutzel hin und her,
bring mir die große Schachtel her.«
Die junge Itsche holte die Schachtel, und die dicke Itsche machte sie auf und gab dem Dummling einen Teppich daraus, so schön und fein, wie oben auf der Erde keiner konnte gewebt werden. Da dankte er ihr und stieg wieder hinauf.

Dieses Märchen fand bereits im Motiv der Falltür Eingang in das Religionsbuch für das 2. Schuljahr (→ S. 11; Interpretation: → II, 96-100).

Der goldene Vogel (KHM 57)

»Ich sollte dich nur deinem Unglück überlassen,« sagte der Fuchs, »aber ich habe Mitleiden mit dir und will dir noch einmal aus deiner Not helfen. Dein Weg führt dich gerade zu dem goldenen Schlosse: abends wirst du anlangen, und nachts, wenn alles still ist, dann geht die schöne Königstochter ins Badehaus, um da zu baden. Und wenn sie hineingeht, so spring auf sie zu und gib ihr einen Kuß, dann folgt sie dir, und du kannst sie mit dir fortführen: nur dulde nicht, daß sie vorher von ihren Eltern Abschied nimmt, sonst kann es dir schlimm ergehen.« Dann streckte der Fuchs seinen Schwanz, der Königssohn setzte sich darauf, und so ging es über Stock und Stein, daß die Haare im Winde pfiffen. Als er beim goldenen Schloß ankam, war es so, wie der Fuchs gesagt hatte. Er wartete bis um Mitternacht, als alles im tiefen Schlaf lag und die schöne Jungfrau ins Badehaus ging, da sprang er hervor und gab ihr einen Kuß. Sie sagte, sie wollte gerne mit

1 Märchen der Brüder Grimm. Ausgewählt von Love Segal und Maurice Sendak. Mit Zeichnungen von Maurice Sendak. (Diogenes Kunst Taschenbuch 9) Zürich 1974/1979.

ihm gehen, bat ihn aber flehentlich und mit Tränen, er möchte ihr erlauben, vorher von ihren Eltern Abschied zu nehmen. Er widerstand anfänglich ihren Bitten, als sie aber immer mehr weinte und ihm zu Fuß fiel, so gab er endlich nach. Kaum aber war die Jungfrau zu dem Bette ihres Vaters getreten, so wachte er und alle anderen, die im Schloß waren, auf, und der Jüngling ward festgehalten und ins Gefängnis gesetzt.

Aus einer Interpretation von Dorothee Sölle:

»Diese Welt enthält etwas, das aus ihr heraustreibt und ihre Geschlossenheit aufbricht. Etwas fehlt oder wird als fehlend bemerkt, etwas kommt abhanden oder ist unerklärlich, jemand kommt auf den Gedanken, etwas zu suchen und zu verlangen, das es ›hier‹ nicht gibt. Damit ist ›diese‹ Welt, die das erste Stadium im Märchen bedeutet, in Frage gestellt, sie reicht nicht zu. Man kann nicht einfach in ihr zu Hause sein... Mit der Entdeckung des Mangels ist das Paradies, als das ›diese‹ Welt oft zu Beginn oder lebensgeschichtlich gesehen in der Kindheit erscheint, zerstört. Eine Sehnsucht ist wach geworden, eine Suche nach etwas, das nicht von dieser Welt ist, ergreift die Menschen. Der Mangel, gerade in der reichen und glücklichen Situation, die viele Märchen zum Ausgang nehmen, läßt sich nicht beheben, erst recht nicht in den Märchen, die eine Bedrohung des Lebens zur Ausgangssituation machen und den Helden zum Aufbruch zwingen. Nichts, was ›dieser‹ Welt entstammt, kann die Suche beruhigen; kein Gegenstand möglicher Arbeit oder möglichen Konsums ist dem ›goldenen Vogel‹ oder dem ›Wasser des Lebens‹ oder der ›roten Blume‹ vergleichbar. Das, was gesucht wird, kann nicht gemacht, hergestellt, produziert werden, sowenig wie man es haben, besitzen, aufzehren kann. Das Gesuchte muß ›erfahren‹ werden, nur eine Reise, ein sich selbst und den angestammten Ort verlassen, kann einen dorthin bringen. Es gibt kein Bleiben zu Hause mehr... Es ist das Verlangen nach dem Absoluten..., die Suche nach dem goldenen Vogel.

Was ist der goldene Vogel? Es ist die Verlockung zu einem anderen Leben. Es ist das große Nein zu dieser Welt und allen ihren Erfüllungen, die Weigerung, sich abspeisen zu lassen und den Tod am Brot allein zu sterben. Es sind keinesfalls nur Königssöhne, die den goldenen Vogel suchen gehen, sondern Hirtenjungen, Bauern und Bettler, Dienstmägde, das jüngste Schwesterchen und mit Vorliebe der, der kein Erbe, keine Sicherung zu erwarten und der keine Leistung, keine besondere Eigenschaft aufzuweisen hat, der dumme jüngste Bruder.

Wenn das Vorbild der Eltern (die sich in den beiden älteren Söhnen spiegeln) den Weg vorzeichnet und ihre Hilfe ihn bahnt, so ist die Gefahr groß, daß der Auszug mißlingt und der Held nichts findet als das, was er immer schon kannte, ein schönes Wirtshaus, Tanz und Musik, die Anbetung des Starken und die Verachtung des schwachen Tieres. Eine Umwertung aller Werte findet bei den Brüdern gerade nicht statt, ihre Reise zeigt ihnen nur, was sie zu Hause schon kannten.

Aber auch der jüngste Bruder ist nicht mit einem Schlag vollständig befreit, auch er irrt herum und wird vor immer neue Prüfungen gestellt, weil er immer wieder und immer noch die Güter und Schönheiten ›dieser‹ Welt sucht. Er versucht, dem goldenen Pferd auch einen ›schönen‹ Sattel, dem goldenen Vogel einen ›vergoldeten‹ Käfig zukommen zu lassen, und bindet sich so immer erneut an die Schönheit des Machbaren und Vorgefundenen. Das Finden braucht die vollständige Absage an ›diese‹ Welt; der Kompromiß ist zerstörerisch...«[1]

Zur besonderen Symbolik des gewählten Märchen-Ausschnitts sind noch einige Anmerkungen notwendig. Es ist vielen Märchen eigen, daß in Situatio-

---

1 *Dorothee Sölle*, Die Hinreise. Zur religiösen Erfahrung. Texte und Überlegungen. Stuttgart 1975, 64-71.

nen der Ratlosigkeit oder Not ein Tierhelfer auftritt. Im »Goldenen Vogel« ist es ein Fuchs, der sich zuletzt in einen Menschen wandelt.[1] Ein ähnlich gearteter Fuchs, könnte man meinen, begegne uns auch in Exupérys »Der kleine Prinz«. In jedem Fall ist es ein Wesen, von dem der Mensch sich *tragen* lassen kann, wenn er selbst nicht mehr weiter kommt. Durchweg wird dieser »Fuchs« als jener Bereich der eigenen Seelenkräfte gedeutet, der im Rahmen der üblichen alltäglichen Logik keine Beachtung findet und der doch über mehr Weisheit und Intuition verfügt, als der Verstandesmensch gewöhnlich zugestehen möchte. Eine ähnliche Konstellation findet sich auch Num 22,22-35 in der märchenhaften Szene mit Bileams sprechendem Esel. Sooft im Märchen »Tiere« zu sprechen beginnen, geht es um eine (meist überhörte, verkannte) Stimme, die sich nur zum eigenen Schaden mißachten läßt. Dabei vertritt in unserem Fall der »Fuchs« keineswegs die Etiketten einer bürgerlichen Moral. Er verweist den Königssohn auf eine »schöne Jungfrau«, die zum »Bade« geht. Mit »Jungfrau« und »Bad« sind keine definierbaren Eindeutigkeiten gemeint. Jungfrau und Königstochter mögen für die zu entdeckenden Anima-Anteile der eigenen Seele stehen, können aber natürlich auch auf die reale Ergänzung verweisen, die der junge Mensch zu einem ganzheitlichen Leben braucht, wobei das »Bad« mit dieser Wirklichkeit Reinigung und Wiedergeburt verbindet. Der Jüngling soll nicht zögern, die gewohnten Bedenken und Hemmungen nicht gelten lassen, und stracks auf die »Jungfrau« zugehen und sie küssen. Gleich wird ihm aber noch eine weitere Unbedenklichkeit zugemutet, die an Lk 9,61 denken läßt: Jetzt, wo der Schritt ins eigentliche Leben getan werden muß, soll es kein Zurückschauen, kein Verweilen und Zögern geben, ausgedrückt in dem Verbot, von den eigenen Eltern Abschied zu nehmen. Die »Eltern« sind hier natürlich auch symbolisch zu lesen. Sie stehen »für das Verlangen nach Geborgenheit und Halt, nach Anerkennung und Bestätigung, für ein Stück Kindlichkeit des Ich, die noch nicht überwunden wurde. Das Ich muß sich jetzt von dem Wunsch losreißen, bei anderen Autoritäten um Genehmigung des eigenen Tuns anzuhalten; es muß nunmehr zu einer Haltung finden, die ihm zunächst wirklich wie frevelhaft und rücksichtslos erscheint; aber es muß lernen, die Frage nach und nach ganz zu vergessen, was die ›Eltern‹ bzw. was andere als Nachfolger der Elternautorität von ihm selber denken.« Wenn wir so deuten, verweist das Bild des *schlafenden Vaters* auf ein Über-Ich, das sich vermeintlich zur Ruhe gelegt hat; »insofern stünden dem Königssohn und seiner Geliebten jetzt alle Wege offen. Aber indem die Königstochter ihren ›Vater‹ und alle anderen im Schloß aufweckt, kommt es zu einer ganz anderen Situation: Mit einem Mal steht fest, daß der Weg der Liebe zusammen mit dem Prinzen auf jeden Fall verhindert werden muß, daß der Königssohn eingesperrt gehört und hinter Schloß und Riegel gefangenzusetzen ist. . .«[2]

Der Bärenhäuter (KHM 101)

»Ich habe kein Geld,« dachte der Soldat, »ich habe nichts gelernt als das Kriegshandwerk, und jetzt, weil Friede geschlossen ist, brauchen sie mich nicht mehr; ich sehe

---

1 Vgl. *Heidi Heim*, Wenn die Füchsin in den Weg tritt. Gute Begleiter im Märchen. Konstanz 1991.
2 *Eugen Drewermann*, Der goldene Vogel. Olten 1982, 48 f.

voraus, ich muß verhungern.« Auf einmal hörte er ein Brausen, und wie er sich umblickte, stand ein unbekannter Mann vor ihm, der einen grünen Rock trug, recht stattlich aussah, aber einen garstigen Pferdefuß hatte. »Ich weiß schon, was dir fehlt,« sagte der Mann, »Geld und Gut sollst du haben, soviel du mit aller Gewalt durchbringen kannst, aber ich muß zuvor wissen, ob du dich nicht fürchtest, damit ich mein Geld nicht umsonst ausgebe.« »Ein Soldat und Furcht, wie paßt das zusammen?« antwortete er, »du kannst mich auf die Probe stellen.« »Wohlan«, antwortete der Mann, »schau hinter dich.« Der Soldat kehrte sich um und sah einen großen Bär, der brummend auf ihn zutrabte. »Oho,« rief der Soldat, »dich will ich an der Nase kitzeln, daß dir die Lust zum Brummen vergehen soll,« legte an und schoß dem Bär auf die Schnauze, daß er zusammenfiel und sich nicht mehr regte. »Ich sehe wohl,« sagte der Fremde, »daß dirs an Mut nicht fehlt, aber es ist noch eine Bedingung dabei, die mußt du erfüllen.« »Wenn mirs an meiner Seligkeit nicht schadet,« antwortete der Soldat, der wohl merkte, wen er vor sich hatte, »sonst lasse ich mich auf nichts ein.« »Das wirst du selber sehen«, antwortete der Grünrock, »du darfst in den nächsten sieben Jahren dich nicht waschen, dir Bart und Haare nicht kämmen, die Nägel nicht schneiden und kein Vaterunser beten. Dann will ich dir einen Rock und Mantel geben, den mußt du in dieser Zeit tragen. Stirbst du in diesen sieben Jahren, so bist du mein, bleibst du aber am Leben, so bist du frei und reich dazu für dein Lebtag.« Dann zog er dem Bären die Haut ab und sagte: »Das soll dein Mantel sein und auch dein Bett, denn darauf mußt du schlafen und darfst in kein anderes Bett kommen. Und dieser Tracht wegen sollst du Bärenhäuter heißen.« Hierauf verschwand der Teufel.

Die Figur des Teufels begegnet im Märchen auf verschiedenen Ebenen. Hier wird (anders als KHM 44; s.u.) ein Pakt mit dem Teufel verhandelt, wobei der »Teufel« das abgespaltene und verdrängte Potential der Psyche symbolisiert, das integriert werden muß, wenn der heruntergekommene »Soldat« zu sich selbst finden will.

Im weiteren Gang verkörpert der Bärenhäuter eine ähnliche Figur wie das Biest oder Untier in »La Belle et la Bête« (→ Lehrerhandbuch 8; vgl. oben S. 142), dessen gutes Herz durch die abstoßende äußere Gestalt der »jüngsten« Tochter nicht verborgen bleibt. Sehr schön begegnet in dieser Szenerie das Motiv des antiken Symbolons, das unser Religionsbuch S. 121 vorstellt: »Er nahm einen Ring von seinem Finger, brach ihn entzwei und gab ihr die eine Hälfte, die andere behielt er für sich. In ihre Hälfte aber schrieb er seinen Namen, und in seine Hälfte schrieb er ihren Namen und bat sie, ihr Stück gut aufzuheben. Hierauf nahm er Abschied und sprach ›ich muß noch drei Jahre wandern. . .‹« Nachdem die drei Jahre bestanden waren, kehrte der »Bärenhäuter« zurück, doch jetzt war er seines wilden Aussehens ledig und »viel schöner als je zuvor«. Als Fremder betritt er das Haus seiner Verlobten, das sie mit Vater und älteren Schwestern teilte. »Sobald er mit seiner Braut allein war, holte er den halben Ring hervor und warf ihn in einen Becher mit Wein, den er ihr über den Tisch reichte. Sie nahm ihn an, aber als sie getrunken hatte und den halben Ring auf dem Grund liegen fand, so schlug ihr das Herz. Sie holte die andere Hälfte, die sie an einem Band um den Hals trug, hielt sie daran, und es zeigte sich, daß beide Teile vollkommen zueinander paßten.«

Der Gevatter Tod (KHM 44)

> Der Tod, als er sich zum zweitenmal um sein Eigentum betrogen sah, ging mit langen Schritten auf den Arzt zu und sprach: »Es ist aus mit dir, und die Reihe kommt nun an dich«, packte ihn mit seiner eiskalten Hand so hart, daß er nicht widerstehen konnte, und führte ihn in eine unterirdische Höhle. Da sah er, wie tausend und tausend Lichter in unübersehbaren Reihen brannten, einige groß, andere halbgroß, andere klein. Jeden Augenblick verloschen einige, andere brannten wieder auf, also daß die Flämmchen in beständigem Wechsel hin- und herzuhüpfen schienen. »Siehst du«, sprach der Tod, »das sind die Lebenslichter der Menschen. Die großen gehören Kindern, die halbgroßen Eheleuten in ihren besten Jahren, die kleinen gehören Greisen. Doch auch Kinder und junge Leute haben oft nur ein kleines Lichtchen.« »Zeige mir mein Lebenslicht,« sagte der Arzt und meinte, es wäre noch recht groß. Der Tod deutete auf ein kleines Endchen, das gerade auszugehen drohte, und sagte: »Siehst du, da ist es.«

Das Märchen beginnt mit einem sozialkritischen Paukenschlag: der arme Mann, der Tag und Nacht arbeiten muß und nicht weiß, wie er seine vielen Kinder durchbringen soll, gibt dem »lieben Gott« eine kompromißlose Absage, ganz ähnlich wie 1834 Georg Büchner in seinem »Hessischen Landboten«: »Es sieht aus, als hätte Gott die Bauern und Handwerker am fünften Tage und die Fürsten und Vornehmen am sechsten gemacht, und als hätte der Herr zu diesen gesagt: ›Herrschet über alles Getier, das auf Erden kriecht‹, und hätte die Bauern und Bürger zum Gewürm gezählt.« Hier verweigert der kleine Mann Gott seine Anerkennung aus der Empfindung, daß dieser Gott parteilich und ungerecht ist – und sozialgeschichtlich gesehen, verbindet sich damit ein millionenfacher Exodus aus Kirche und verwalteter Religion.

Die Vermutung besteht, daß das Gegenstück, nämlich die ebenfalls erfolgende Absage an den Teufel, ein Schachzug der Brüder Grimm ist, um diese Gotteskritik zu mildern und aufzufangen. Wie dem auch sei: Die zweite Szene zeigt, daß der »Gottlose« mitnichten als unmoralisch angesehen werden darf; wenn schon das eigene Gerechtigkeitsempfinden einen praktischen Atheismus zur Folge hat (wie er sich in der Literatur des 20. Jahrhunderts überdeutlich artikuliert), so gehen doch Selbstachtung und eine elementare Humanität damit einher. Mit den Versprechungen des »Teufels« läßt sich der »arme Mann« nicht ködern und korrumpieren.

Dem Tod als Gevatter gibt er seinen Zuschlag: »Du holst den Reichen wie den Armen ohne Unterschied.« In einer Zeit, in der viele Eltern ihren Kindern jede Todesnähe und Todeserfahrung vorenthalten, ist es ein verblüffender Realismus, mit dem der Vater den Tod als Taufpate für sein jüngstes Kind akzeptiert; im Grunde die einzige verbürgte Sicherheit: Alles Leben ist ein Leben auf den Tod hin; nichts sonst ist ebenso garantiert.

Dennoch: das Kind wird Arzt, und gerade in diesem Beruf bleibt der Tod ihm Pate und Partner, den er zu keiner Zeit ignorieren kann; er muß ihn achten und zugleich bekämpfen. Was macht der Arzt, heißt hier die Frage, wenn der Tod des Patienten unausweichlich ist? Und die Antwort: Kein Arzt kann an der notwendigen Sterblichkeit des Menschen etwas ändern. Er folgt seiner Berufung und Bestimmung um so mehr, je ehrlicher er für sich selbst das Unabänderliche annimmt und seine Patienten annehmen lehrt. Als der Arzt aber nun beginnt, mit der Heilung eines Patienten »Erfolg« und »Ruhm« für sich selbst zu suchen, verfällt er im Märchen seinerseits einem frühen Todesgeschick.

Die symbolisch dichte Endszene des Märchens führt in die Höhle mit den Lebenslichtern aller Menschen, neu aufflammenden und verlöschenden, und hier zeigt sich, daß der Tod seinem Patenkind, dem jungen Arzt, gegenüber genauso unabhängig und frei ist wie gegenüber allen anderen. Dazu gehört Psalm 39,5-6: »Lasse, DU, mein Ende mich kennen, meiner Tage Maß, was es sei, kennen will ich, wie hinfällig ich bin. Spannenbreite, ach, gabst du meinen Tagen, meine Weile, vor dir ist sie wie nichts. Ein Hauch nur ist jeder Mensch.«[1]

1 Eine ausführliche Interpretation bietet: *Eugen Drewermann*, Der Herr Gevatter – Der Gevatter Tod – Fundevogel. Arzt und Tod im Märchen. Olten 1990. Ebenfalls hilfreich: Tod und Wandel im Märchen. Hg. im Auftrag der Europäischen Märchengesellschaft von *Ursula Heindrichs u.a.*, Regensburg 1991.

Symbolsprache und Jugendkultur

Die heutige Jugendkultur in ihren unterschiedlichen Ausprägungen und Submilieus hat zum Symbol kein distanzierteres Verhältnis als irgendeine frühere Zeit: Ihre *Sprache* ist um einiges abgepfiffener als die Jugendsprache vergangener Jahrzehnte und gleichzeitig auch um einiges geiler, heißer, cooler. Ihre *Mode* bietet Freak-Fummels für Popper, Punker, Rocker, Skinheads, Roller, Teds, Spontis – und natürlich auch für alle anderen, die sonstwie zombig sein wollen. In ihren *Pieces* und *Graffitis* artikulieren und verstecken sich gesprühte Botschaften »zwischen Anarchie und Galerie«... – allemale neue symbolische Ausdrucksformen.

Trotzdem ist zumindest die Jugendsprache keine Modeerscheinung der trendhörigen Gegenwart, sondern seit Entstehung der Universitäten (Prag 1348; Wien 1365; Heidelberg 1368; Köln 1388; Rostock 1419) als linguistisches Phänomen für den deutschen Sprachraum belegt. In dem Moment nämlich, wo sich Heranwachsende in altersgleichen Kreisen zusammenfinden, die generationenübergreifende Beziehung sich also lockert, bilden sich jugendspezifische Verhaltensweisen heraus: gewissermaßen entsteht jetzt erst »die Jugend« als ein soziales Phänomen. Kontur gewann die Jugendsprache zunächst nur als Studentensprache. Ausdrücke wie *Besen, Mieze, Schnepfe, Bleche* sind seit wenigstens zweihundert Jahren nachgewiesene jugendsprachliche Dauerbrenner[1], wie überhaupt die ehemalige Studentensprache das Grundgerüst für jene Sprachentwicklungen bildet, die zum heutigen Sammelbegriff »Jugendsprache« führen.

Das Lehrerhandbuch 8 wird sich dem breiten Feld der Jugendsprache und dem übrigen Ausdrucksbereich heutiger Jugendlicher in Mode, Kommunikationsformen, öffentlichem Verhalten und Graffiti-Botschaften in größerer Breite zuwenden. Als erste orientierende Literatur sei empfohlen:

Hermann Ehmann, Affengeil. Ein Lexikon der Jugendsprache. München 1992.
Claus Peter Müller-Thurau, Laß uns mal 'ne Schnecke angraben. Sprache und Sprüche der Jugendszene. Düsseldorf/Wien 1983; München 1987.
Johannes Stahl (Hg.), An der Wand. Graffiti zwischen Anarchie und Galerie. Köln 1989.
Beat Suter, Graffiti. Rebellion der Zeichen. Frankfurt/Main 1992.

---

1 *Christoph Friedrich Augustin*, Idiotikon der Burschensprache, 1795; neu abgedruckt in: *Helmut Henne/Georg Objartel* (Hg.), Bibliothek zur historischen deutschen Studenten- und Schülersprache. 5 Bde., New York/Berlin 1984, Bd. 2.

Die Sprache der Religionen

Nachdem in diesem Handbuch die symbolische Sprache sehr breit in anthropologischen Bereichen dargelegt worden ist, könnte man annehmen, müßten nun entsprechend umfangreichere Ausführungen über das Symbol als Sprache der Religionen folgen. Das ist nicht der Fall. Einerseits soll niemand glauben, es sei didaktisch möglich und legitim, sich das vermeintliche »Vorfeld« zu schenken, um gleich bei religiösen Symbolen zu beginnen. Es ist ein besseres Fundament, wenn sich Spracherfahrungen mit Metaphern und Symbolen auf einer breiten Wirklichkeitsebene bewegen, damit die religiöse Sprache nicht als Sonderterrain erscheint oder gar aus einer falschen Apologetik heraus traktiert wird. Andererseits hat unser Unterrichtswerk alles, was zur religiösen Symbolsprache gehört, bisher mit großem Aufwand vermittelt, so daß hier eine Themenübersicht gemäß der Textfolge im Religionsbuch genügt.

Lichtsymbolik   S. 120 und 123

Das Religionsbuch stellt hier nur Fragen. Es wird an die wichtigsten Lichtbräuche im Weihnachts- und im Osterfestkreis erinnert, um dem Unterricht Anlaß zu bieten, die Bandbreite eines einziges Symbols in immer wieder anderen Facetten darzustellen. Dabei muß auf Materialien und Informationen des Grundschulteils zurückgegriffen werden:

→ I, 263-275: Symbol Licht. Grundlegung:
Lichtsymbolik in der Religionsgeschichte – Christliche Lichtsymbolik – Das Kind und die Lichtsymbolik – Lichtsymbolik im Unterricht. Materialien und Vorschläge.

275-283: Vincent van Gogh, Die Ernte (Sonnenglut), Dias 1/2, Nr. 17. Vincent van Gogh, Die Sternennacht, Dias 1/2, Nr. 18.

284-288: Kerzenlicht (Das »Ewige Licht«; Votivkerzen; Taufkerze; Geburtstagskerzen; Grablichter.)

288-291: Hildesgardis-Codex: Das göttliche Licht – die wahre Dreiheit in der wahren Einheit, Dias 3/4, Nr. 14; 5/6, Nr. 28.

→ II, 447-473: Symbol Sonne
Sonne und Leben – Der entkleidete Helios – Tag und Nacht, Sommer und Winter – Sonnen-Folklore – Die Sonne in Mythen und Märchen – Die Sonne in der Legende – Die Sonne im Volksbrauchtum – Die Sonne der Kinder – Sonnenrätsel – Die Sonnenuhr.

458-460: Stepan Zavrel: Die verlorene Sonne.

461-473: Sonnensymbolik und Sonnenbilder im Religionsbuch für das 2. Schuljahr (Agethen, Altdorfer, Grünewald, van Gogh, Chagall, Masereel).

417-442: Die Sonne als Gottessymbol
Vorklärung – Der didaktische Zugang zu den Weltreligionen – Die Sonne in den Religionen. Sonnenkulte – Das christliche Lichtmysterium: Die Ostersonne.
425-430: Das keltische Sonnenheiligtum Stonehenge.
431-437: Die Sonnenreligion des Echnaton.
437-441: Der Sonnenwagen von Trundholm und das christliche Mysterium der Sonne.

In den Themenbereich der Lichtsymbolik gehören auch folgende Bilder:

→ I, 104-109: Relindis Agethen: Martin von Tours, Dias 1/2, Nr. 3.
147-152: George de La Tour: Die Anbetung der Hirten, Dias 1/2, Nr. 6.
152-159: Relindis Agethen:, Erscheinung des Herrn, Dias 1/2, Nr. 7.
190-194: Relindis Agethen: Auferstehung, Dias 1/2, Nr. 10.

Zur Herz-Symbolik → I, 292-310.

Labyrinth-Symbolik   S. 122

Mit dem Labyrinth und seiner Symbolik hat sich das Religionsbuch 4 in großer Breite beschäftigt. Die auf Seite 122 abgebildeten Labyrinthe können mit Hilfe der unten genannten Materialien in aller Ausführlichkeit erläutert werden (Angaben zu den Bildern: s. Abbildungsverzeichnis S. 254):

→ IV, 496-510: Das Labyrinth
Was ist ein Labyrinth?: Begriff, Form, Herkunft – Aspekte der Forschungsgeschichte – Das kretische Labyrinth – Labyrinthe in Handschriften – Kirchenlabyrinthe – Ostertanz im Labyrinth – Rasenlabyrinthe – Labyrinthe als Steinsetzungen – Deutungen: Tod und Wiedergeburt; der Lebensweg; der Kosmos.
511-517: Labyrinth-Darstellungen.
517-523: Das Labyrinth der Kinder.

Im Religionsbuch 7/8 findet sich auf Seite 12 ein fotografisches Feed-back unterschiedlicher Schulen auf die Labyrinth-Anregungen des Religionsbuches für das 4. Schuljahr.

Die Symbolik des Kirchenbaus   S. 120

Von den Riten und Bräuchen des Kirchenjahres geht der Text des Religionsbuches zur Symbolik der Kirchenarchitektur über. Die Einbindung der alten Kirchen in die Weltachsen wird erwähnt, die Sinndeutung von Tür, Türbräuchen, Langhaus, Chor, Altar und Türmen... Das Kapitel »Kirchenbau: Die romanische Kirche« im Religionsbuch 5/6 ist in seiner Weise ein großes, weiterführendes Übungsfeld zum Symbolverständnis. Siehe unten S. 593-606.

165

Baum-Symbolik: Lebens- und Weltenbäume   S. 120-121

Die nachfolgende Interpretation der drei Baumbilder verzichtet auf die grundlegende Baumsymbolik, die aller biblischen und christlichen Verarbeitung voraufgeht. Diese Symboldimension findet sich im Lehrerhandbuch 4 dargestellt:

→ IV, 524-540: Der Baum
Der Weltenbaum – Der Lebensbaum – Der Festbaum: als Maibaum, Richtbaum, Christbaum, Kreuzesbaum.
533: Der »allmächtig hohe Baum« (Märchenmotiv).
534: Der Baum der Erkenntnis.
535-537: HAP Grieshaber: Das bedrohte Paar.
538-540: Der Baum der Erlösung.

Benediktiner-Psalter: Baum der Erkenntnis   S. 120
Dias 5/6, Nr. 15

A. Diese außergewöhnliche Darstellung entstand nach 1235; sie kommt, soweit sich verfolgen läßt, aus einem Frauenkloster und befindet sich heute im Besitz der Badischen Landesbibliothek Karlsruhe.

B. Der Baum der Erkenntnis wird als ein Apfelbaum mit drei Kronen vorgestellt. Die linke Krone mit sechs Äpfeln (ein siebter Apfel ist oben rechts noch angedeutet) beschirmt den Kopf Adams, die rechte Krone mit ebenfalls sechs Äpfeln den Kopf Evas. Der Baumstamm, rot und gelb gestreift, ist ebenso gewunden wie der Schlangenleib, mit dem er partiell eine Einheit bildet. Dieser Schlangenleib geht in den Ast über, der die Krone über Evas Kopf trägt, so daß die Schlange wohl insgesamt eins ist mit dem Teil des Baumes, der Eva zugeordnet ist. Dagegen windet sich der sichtbare Kopf der Schlange mit einem Apfel im Maul Adam entgegen. Am Fuße des Baumes, rechts neben dem Stamm, öffnet ein Drache seinen Rachen, um die Schlange in die Menschenwelt auszuspeien. Dieser Drache windet sich um den unteren Teil der Initiale, doch scheint er, die gerahmte Ordnung durchbrechend und überlagernd, einem Flügelpaar und einer Raupenhaut entschlüpft zu sein – als wäre dieses ungleiche Gebilde gewissermaßen die Eierschale, welcher sich der schlangenförmige Drachenleib entwindet. Es ist der gestürzte Engel nach Offb 12,9, der nun als Satan die Welt verführt; mit dem letzten Teil seines Reptilienleibes greift er noch einmal tiefer, gewissermaßen in den Wurzelbereich des vorbewußten und unergründlichen Daseins.

Das Ungewöhnliche, das dieses Bild von allen sonst bekannten unterscheidet, aber liegt darin, daß nicht nur Eva Adam den Apfel reicht, sondern daß Adam ihn auch aus dem Maul der Schlange nimmt. Möglicherweise hat eine

Frau diese Darstellung geschaffen, denn der Psalter stammt aus dem Zisterzienserinnenkloster Lichtenthal bei Baden-Baden. Zwar unterstellt das Bild, daß Eva schon gegessen hat, da sie sich bereits ihrer Nacktheit schämt und ihre Blöße bedeckt. Noch hält sie ihre rechte Hand ausgestreckt, aus der Adam gerade den Apfel entgegennahm, um ihn nun zu essen. Doch indem er mit seiner anderen Hand gleichzeitig nach dem Apfel im Maul der Schlange greift, zeigt sich, daß der Mann nicht minder aktiv und eigenständig in seiner Schuld ist als die Frau. Wenngleich Adam seine Tat noch nicht vollendet hat, so wird der schützende Schurz für ihn doch schon bereitgehalten: Der Baumstamm, der die mittlere und linke Krone trägt, läuft in Höhe von Adams Unterleib in eine Kralle aus, die einen Zweig trägt mit dem für Adams Blöße bestimmten Blattwerk. Daß Adam mit einem Fuß, seinem rechten, auf dem Drachen steht, läßt sich vielleicht so verstehen, daß der Mensch sich mit dem Sündenfall zwar dem Bösen ausliefert, ihm aber doch nicht total verfällt; immer noch kann er sich darüber erheben.

C. Nicht gedeutet haben wir mit dieser Bildbeschreibung die kunstvolle und in sich verschlungene Ornamentik. Gewiß wird sie sich näherhin nur aufschließen lassen, wenn man ihre Spielarten und Überlieferungsformen in größerer Breite kennt und einzubeziehen vermag. Hier sei – ohne solche Kenntnisse – nur so viel gesagt: Die zwei Bänder, die teils ineinander gelegt sind und sich zweimal überkreuzen, halten die geschilderte Szene in einem festen Rahmen. Sie sind ihrerseits einem strengen rechteckigen Bilderrand eingefügt, den sie teilweise ebenfalls überdecken und sprengen. Das Gesamtbild bewahrt eine strukturierte Ordnung, die nicht ohne Durchbrüche ist und unterschiedliche Ebenen schafft, aber damit eben auch eine Vielfalt, die keineswegs nur abträglich zu sein scheint. Der Goldhintergrund, der das gesamte Geschehen unterfängt, verweist auf eine davon nicht zu trennende heilsame Transzendenz.

D. Die Bildbeschreibung macht deutlich, wie genau man hinsehen muß, um das Bild tatsächlich zu lesen. Das ist auch für eine Betrachtung im Unterricht die entscheidende Voraussetzung. Die Szene nur mit den üblichen Benennungen zu identifizieren, in der Annahme, damit sei alles Wichtige gesagt, bedeutet, nicht wirklich sehen und benennen zu lernen. Darum erscheint es unerläßlich, die Schüler bereits hier zu einer genauen und detailbereiten Bildbeschreibung anzuleiten.

Scherenberg-Psalter: Baum (Wurzel) Jesse S. 120 Dias 5/6, Nr. 16

A. »Stammbäume« gibt es in Familien, die ihre Verzweigungen über Generationen hin dokumentieren. Man spricht von »Abstammung«, vom »Stammhalter« und führt ein »Familienstammbuch«. Wir sagen auch im Blick auf Kinder und Eltern: »Der Apfel fällt nicht weit vom Stamm.« – Der Ursprung dieser Rede und ihrer bildlichen Darstellung ist der Stammbaum Christi, der Jesse-Baum, auch Wurzel Jesse genannt. Bei Jesaja 11,1 heißt es: »Doch aus dem Baumstumpf Isais wächst ein Reis hervor, ein junger Trieb aus seinen Wurzeln bringt Frucht« (vgl. das Weihnachtslied »Es ist ein Ros' entsprungen«), und diese Stelle gab Anlaß, das Motiv des Stammbaums Jesu zu entwickeln. Die übliche Darstellung zeigt den liegenden, schlafenden Vater des Königs David, Isai, griechisch Jesse genannt, aus dem, der Vision Jes 11,1-10 folgend, ein Baum herauswächst, an dessen Zweigen alttestamentliche Könige der salomonischen Linie dargestellt sind, oft ergänzt durch die Stammeltern Adam und Eva, durch Propheten und manchmal sogar durch antike Philosophen. Seine Bekrönung findet der Stammbaum – als Blüte aus der Wurzel Jesse – im Bilde Jesu auf dem Schoße seiner Mutter Maria.

Das Motiv findet sich bereits auf einem Relief des 11. Jahrhunderts an der Bronzetür von San Zeno in Verona; es entfaltet sich breit in Psalter-Handschriften, von denen das Religionsbuch ein Beispiel vorstellt, begegnet auf den Glasfenstern gotischer Kathedralen (z.B. in Chartres oder York), auf der Decke von St. Michael in Hildesheim (in Verbindung mit dem Paradiesbaum), später im Rankenwerk der Predellen gotischer Altäre (Douvermanns Marienaltar in Kalkar) als auch im Maßwerk gotischer Portalplastik wie an St. Lamberti in Münster. Beachtenswert und religionsdidaktisch hoch interessant ist die Erweiterung des Stammbaums um ganze Philosophenreihen, so daß nicht allein die biblische Linie, sondern der übergreifende »heidnische« kultur- und geistesgeschichtliche Bezugsraum in die »Wurzel Jesse« miteinbezogen wird. Seit dem 16. Jahrhundert wird das Thema nur noch selten aufgegriffen. Es fand 1947 noch einmal seine Gestaltung in einem Teppich für die Apsis der Marienkirche in Assy, Frankreich.

B. Der Scherenberg-Psalter entstand um 1260 in Straßburg (heute: Badische Landesbibliothek, Karlsruhe). Er zeigt unten den schlafenden Isai/Jesse auf einer ornamentreichen Decke ruhend. Aus seiner Seite erblüht der Lebensbaum, dessen unterster Stammbereich den lateinischen Text trägt: *egredietur v(ir)ga de radice Iesse* – »Ein Reis wird hervorwachsen aus der Wurzel Jesse«. Der untere linke Zweig des Lebensbaumes umschließt den Propheten Jesaja, der ebenso wie Jeremia auf einem Lehrstuhl sitzt, sein Haar durch ein kunstvoll geknotetes Kopftuch gehalten, mit einer Schriftrolle in der Hand, auf der die Stelle Jes 7,14 zu lesen ist: *ecce virgo concipiet* – »Seht, die Jungfrau wird ein Kind empfangen.« Jeremia (31,22) seinerseits verkündet: *femina circumdabit virum* – »Die Frau wird den Mann umgeben.« Im linken oberen Medaillon des Lebensbaumes thront mit Zepter und Buchrolle König David und sagt mit Ps 87,5: *homo natus est in ea* – wahrscheinlich zu übersetzen: »Dort wurde er als Mensch geboren« (entgegen der heutigen Version: »Jeder ist dort [auf dem Zion] geboren«). König Salomos Schriftband verkündet: *venter tuus sicut acervus tritici (vallatus liliis)* – »Dein Leib ist ein Weizenhügel (mit Lilien umstellt)« (Hld 7,3).

In der Mitte sitzt auf einem gepolsterten Thron Maria mit dem Kinde, umgeben von den sieben Gaben des Heiligen Geistes (fünf am oberen Bildrand im stilisierten Geäst des Lebensbaumes, zwei weitere rechts und links in der Schulterhöhe des Kindes).

C. Um den »Baum Jesse« den Schülern zu erschließen, ist es sinnvoll, von der allgemeinen Baumsymbolik auszugehen, wie sie in der zitierten Stammbaum-Tradition vorliegt. Vielleicht läßt sich auch ein heutiger Familienstammbaum zeigen. Während derartige Genealogien aber nur über Geburts- und Taufregister erforscht werden, handelt es sich beim Baum Jesse nicht um die biologische Abstammung Jesu, sondern um dessen geistige Herkunft aus den Traditionen Israels und der Menschheit. Darum verbindet das vorliegende Beispiel zwei Propheten und zwei Könige miteinander. Werden auf anderen Ausführungen gar die antiken Philosophen hinzugefügt, so stehen sie stellvertretend für die übrige Religionswelt, die aus der Herkunft Jesu und aus seinem Erbe nicht ausgeklammert werden soll.

D. Natürlich läßt sich ein solcher »Baum Jesse« auch auf uns selbst übertragen. Es wäre einseitig, ausschließlich die leiblichen Vorfahren herauszustellen, um sich nur von ihnen her zu verstehen. Wir haben viele Vorfahren mehr, denen wir gewöhnlich den eigentlichen geistigen Reichtum verdanken, aus dem wir Leben und Frucht bringen. Dabei ist es uns nicht einmal möglich, eine wirkliche Darstellung unserer verborgenen Wurzeln zu entwerfen. Ähnlich wie es beim Wurzel-Jesse-Motiv geschieht, können wir nur exemplarische Gestalten herausgreifen, die für Kinder anders aussehen als für Erwachsene, wenngleich Kinder wie Erwachsene gleicherweise ihre wirkmächtigen geistigen Vorfahren nicht zu kennen brauchen. Vielleicht sagen sie, in ihren Stammbaum gehörten die Brüder Grimm und Astrid Lindgren oder irgendwelche Stars, vielleicht aber auch eine Lehrerin, ein Künstler, ein Musiker, ein Freund. . . Mit dem Wurzel-Jesse-Thema läßt sich dem Wurzelwerk der eigenen Herkunft nachsinnen.[1] Es wäre auch eine gute Idee, die Schüler *ihren* Stammbaum entwerfen zu lassen: kreativ und individuell – ein schönes Thema zur Selbstvergewisserung.

Scherenberg-Psalter: Baumkreuz
S. 121
Dias 5/6, Nr. 17

A. Dieses Bild entstammt der gleichen Handschrift wie der »Baum Jesse«; beide Bilder sind in bewußter Entsprechung zueinander gemalt worden.

B. Nirgendwo begegnet die Ambivalenz des Baumsymbols so augenfällig wie beim Kreuz Jesu, das Todesholz und Lebensbaum zugleich ist. »Zwischen dem Lebensbaum des Paradieses und dem Lebensbaum des neuen Himmels sieht der antike Christ nun einen Lebensbaum ragen, an dem sich das Geschick der Adamsfamilie entscheidet: das Kreuz. Und in seinem Mysterienblick schaut er diese Bäume wie in einem einzigen Bild. Der Paradiesbaum ist nur eine Vordeutung des Kreuzes, und dieses Kreuz ist der Mittelpunkt der Welt. . . Es ragt von Golgotha zum Himmel, es ist errichtet an der gleichen Stelle, an der einst Adam erschaffen wurde, wo er begraben liegt, wo zur gleichen Stunde und am gleichen Tag der zweite Adam sterben sollte.«[2] So heißt es in einem

---

1 Vgl. *Hubertus Halbfas*, Lebensgeschichte: Der Mensch und sein Kobold – Die vielen Geschichten in der einen Geschichte. Prolegomena zu einer Mythobiographie, in: *Ders.*, Wurzelwerk. Geschichtliche Dimensionen der Religionsdidaktik. Düsseldorf 1989, 338-360.
2 *Hugo Rahner*, Griechische Mythen in christlicher Deutung. Darmstadt ³1966, 68.

altchristlichen Gedicht: »Es gibt einen Ort, von dem glauben wir, er sei der Mittelpunkt der Erde... Von da aus geht die Reise zum Himmel, durch die Zweige dieses hohen Baumes. Das ist das Holz des Lebens für alle Glaubenden.«[1]

Das historische Hinrichtungsgerät, an dem Jesus starb, war wahrscheinlich nicht kreuzgestaltig, sondern – wenn nicht ein Pfahl – ein T-förmiger Galgen. Das Kreuz in der uns bekannten Form taucht erst im 4. Jahrhundert auf. Schon Tertullian bemerkte: »Jawohl, dieses Kreuzesmysterium mußte in der alten Verkündigung in Bilder gehüllt werden. Denn wäre es bildlos verkündigt worden, es wäre ein noch viel größerer Skandal gewesen. Und je großartiger dieses Mysterium sein sollte, um so mehr mußte es im Schatten der Bilder bleiben.«[2] Das Kreuz Jesu wird zum Lebensbaum, der sich mit dem paradiesischen Lebensbaum verbindet; beider Ort ist die Mitte der Welt, ihr gemeinsamer Stamm die *axis mundi* für alle Zeiten und Zonen.

Seit dem 6. Jahrhundert ertönt der Karfreitagshymnus des Venantius Fortunatus:

> »Treues Holz, vor allen Bäumen, einzig du an Ehren reich,
> Denn an Zweigen, Früchten, Blüten, ist im Wald kein Baum dir gleich...«

und aus dieser zunächst nur sprachlich entfalteten Vorstellung entstand das Baumkreuz in der Bildenden Kunst, vorzugsweise auf Italien und Deutschland begrenzt. Meist wird dieses Baumkreuz als Eiche, Wein- oder Rosenstock entworfen, wobei die Eiche auf Lebenskraft, der Wein auf Lebensfülle, die rote Rose auf Tod und Wiedergeburt verweist.

C. Die ältesten Baumkreuze begegnen in der Buchmalerei, etwa seit dem 10. Jahrhundert. Unser Religionsbuch zeigt eines aus dem Hochmittelalter um 1260. Der Baum ist an seinem Fuß gespalten und umklammert mit beiden Wurzeln den besiegten Drachen (→ S. 166; 348), dessen heller Flügel noch an die ursprüngliche Bestimmung erinnert. Der Gekreuzigte hängt am grünen Stamm in der Mitte des Bildes. Dieser Baumstamm verzweigt sich unten und oben in je zwei Ranken, die Medallions bilden, ähnlich wie der Jesse-Baum. In den Medallions knien weibliche Gestalten, welche die Tugenden Gehorsam, Geduld, Demut und Liebe verkörpern und zugleich Jesus ans Kreuz schlagen bzw. seine Seite durchbohren. Im Mittelfeld stehen auf den unteren Baumranken vier weitere Figuren: links Maria und neben ihr die Ecclesia, die das Blut Jesu in einem Kelch auffängt, rechts Johannes, mit einem Buch in der Hand (er wird mit dem Evangelisten identifiziert) und nach außen hin abgewendet die Synagoge mit verbundenen Augen und abfallender Krone, jedoch auch hier wie in der Portalplastik die schönere Frauengestalt (→ V, 291-295). Über dem Haupte Jesu nistet in einer nach oben offenen Ranke ein Pelikan; diesem Tier schreibt der »Physiologus« die Fähigkeit zu, durch Öffnen der rechten Brustseite seine toten Jungen mit dem eigenen Blute wieder zum Leben zu erwecken und zu ernähren (→ II,355). Darüber finden wir, den oberen Bildrahmen

---

1 Pseudo-Cyprian, Carmen de Pascha vel de ligno vitae, zit.n. *Hugo Rahner*, a.a.O., 69. Diese mythische Tradition findet sich nacherzählt im Religionsbuch 3, S. 85 und näherhin entfaltet in: → III, 498-500.
2 Adversus Marcionem III, 18; zit. n. *Hugo Rahner*, ebd., 67.

sprengend, das weit geöffnete Himmelstor. So verweist das Baumkreuz auf die Überwindung des Todes und wandelt sich zum Symbol des Lebens; das Grün von Stamm und Zweigen und der Goldgrund unterstreichen diesen Hoffnungsaspekt.

D. Im Sekundarbereich ist dieses Bild die erste Kreuz-Darstellung, mit der sich der Religionsunterricht befaßt. Im Grundschulteil voraufgegangen ist das »Passionsbild« von Relindis Agethen (→ I, 179-187; Dias 1/2, Nr. 9), die »Kreuzigung« vom Isenheimer Altar (→ IV, 301-306; Dias 3/4, Nr. 22), »Die weiße Kreuzigung« von Marc Chagall (→ IV, 307-311; Dias 3/4, Nr. 23) und »Tod am Kreuze« von Relindis Agethen (→ IV, 315-317; Dias 3/4, Nr. 24).

Eine schwerpunktmäßige Thematisierung von Passion und Kreuz erfolgt erst im 8. Schuljahr (→ Religionsbuch 7/8, S. 197-206), dort allerdings mit einem Gang durch die ikonographische Geschichte der Kreuz-Darstellungen. An dieser Stelle des Symbol-Kapitels im 6. Schuljahr sind weder Rückgriff noch Vorgriff vonnöten. Es genügt die Beschränkung auf den Aspekt: das Kreuz als Lebensbaum. Dazu empfiehlt sich, wenn der Unterricht aus vollem Wissen und Verstehen kommen soll, Thematik und Symbolik der Mitte wahrzunehmen (→ III, 475-510: Die Mitte der Welt; insbesondere: 498-500: Golgotha: Mitte der Welt).

Die bisherigen Ausführungen lassen sich als Einführung in die symbolische Sprache verstehen. Dazu wurde ein vielgestaltiger Fächer symbolischen Ausdrucks entfaltet. Die Thematisierung des Symbols selbst erfolgte für den Schüler noch nicht. Er wurde induktiv mit immer wieder anderen Symbolgestalten bekanntgemacht, bekam Anleitungen, damit interpretatorisch umzugehen, doch durfte er letztlich eine intuitive Teilhabe am tieferen Symbolverständnis des Lehrers bewahren.

Dieses Recht soll auch weiterhin zugestanden bleiben. Dennoch ist es im 6. Schuljahr nicht verfrüht, nun auch das Symbol als Symbol unterrichtlich zu erörtern. Mit welch expliziter Intensität dies geschieht, sollte im Blick auf die jeweilige Klasse unterschiedlich entschieden werden.

– Man kann es bei einem knappen, klaren Diskurs, der die Merkmale des Symbols aufzeigt und vom Zeichen unterscheidet, bewenden lassen; dann stellt sich freilich die Notwendigkeit, diese Charakteristik im späteren Unterricht gelegentlich zu präzisieren und zu vertiefen.

– Man kann aber auch, zumal wenn man das vorliegende Kapitel nicht zum erstenmal unterrichtet, alles, was Schüler über das Symbol wissen müssen, mit der Einübung in das Verständnis symbolischer Sprache verbinden. Dann wird sich das Wissen über Symbole organisch aus den Unterrichtsprozessen über Träume, Märchen und religiöse Gestaltungen ergeben.

– Und schließlich kann man beides tun: mit dem Besprechen von Träumen und Märchen, von Körpersprache und vielgestaltigen Bildern einen Unterricht *über* Symbole verbinden, als auch – gewissermaßen als Resümee und Ertragssicherung – die wichtigsten Erkenntnisse über das Symbol abschließend zusammenfassen.

Was ist ein Symbol? Der etymologische Zugang S. 121-122

Das sachliche Wissen zu diesem Komplex ist bereits oben S. 75-90 dargelegt worden. Hier geht es darum, eine anschauliche Quintessenz für die Schüler zu bieten. Um das zu leisten, sollte der etymologische Weg nicht ignoriert werden. Insgesamt bieten sich drei Materialbereiche zur Veranschaulichung an:

1. Der antike Brauch, wie er sich S. 75 beschrieben findet.

2. Die Märchenszene aus KHM 101, in welcher der Bärenhäuter seinen Ring durchbricht, den eigenen Namen und den seiner Braut hineinschreibt, und die Liebste bittet, ihre Hälfte über drei Jahre gut zu bewahren... (→ S. 160 f.).

3. Die im Religionsbuch 9/10, S. 68 vorgestellte hölzerne Drehlade, in der in Zeiten vergangener Armut Eltern ihr Kind, das sie nicht mehr zu ernähren vermochten, anonym ablegten: Um sich dennoch später auf das eigene Kind noch berufen zu können – sofern sich mit dessen Schicksal elterlicher Vorteil verbinden ließ –, fügten sie einen Brief bei, von dem sie einen Teil in willkürli-

cher Kurvung abschnitten, um ihn als »Beweis« ihrer Urheberschaft zu bewahren; zum vollständigen Briefbogen ergänzt, ergab sich erneut das *Symbolon* und damit der Nachweis der Zugehörigkeit. Die im Religionsbuch gebotene Schwarz-weiß-Fotografie läßt sich kopieren und jedem Schüler vorlegen, so daß der geschilderte Brauch als eindrucksvolle Demonstration der Wortetymologie »Symbolon« veranschaulicht werden kann.

Von den drei genannten Beispielen her muß der Transfer auf die jeweils zwei Dimensionen, die das Symbol verbindet, zu leisten sein: daß es Körper und Seele, Materie und Geist, Gestalt und Gehalt, Inhalt und Form, Erscheinung und Verborgenes, Vordergründiges und Hintergründiges, Bewußtes und Unbewußtes, Welthaftes und Göttliches miteinander verbindet.

Die Veranschaulichungsbereiche für diese Symbolleistung hat der voraufgegangene Unterricht über Körpersprache als Körper-Seele-Ausdruck, über Träume als Bildsprache des Unbewußten, über Märchen als Geschichten von den Fahrten und Abenteuern der Seele, über religiöse Symbole als Unterpfande göttlichen Segens geleistet. Mit Hilfe des Arbeitsheftes können die Schüler ihre Lernerfahrungen sichern und vertiefen.

Symbol und Zeichen   S. 123

Als Tafeltext oder Eintrag ins Hausheft ist folgende Zusammenfassung denkbar:

– Symbole sind vieldeutig
  Beispiele: Baum als Weltenbaum, Lebensbaum, Kreuzesbaum
– haben keine feststehende Bedeutung: Das Symbol Wasser umfaßt Leben und Tod; das Symbol Kreuz umschließt Untergang und Rettung.
– richten sich an Kopf und Herz

  Beispiele: Geschenke; ein Strauß roter Rosen; ein Andenken
– sind nicht definierbar

– *Zeichen* sind eindeutig
  Beispiele: Alphabet; Verkehrszeichen
– haben eine feststehende Bedeutung: In der Mathematik steht das + Zeichen ausschließlich für Addition.

– richten sich überwiegend an den Verstand
  Beispiele: Wegweiser; Piktogramme; Losungswort
– sind definierbar

Symbol und Klischee   S. 124

Jeder macht die Erfahrung, daß manche Symbole nichts sagen. Man kann sie nicht deuten, für die eigenen Erfahrungen bleiben sie stumm, allenfalls gibt es ein konventionelles Reden, das diese Symbole aber eher verkapselt als erschließt. Um diese Erfahrung zu veranschaulichen, benutzt das Religionsbuch den Vergleich mit verschnürten Päckchen:

Da gibt es große und kleine, viel versandte und seltener überbrachte. Sie sind sorgfältig verpackt, gut verschnürt und verknotet, einige sogar noch besonders versiegelt, und alle tragen ein aufgeklebtes Etikett, das den Inhalt angibt. Auf einigen Päckchen steht »Erlösung« oder »Reich Gottes« oder »Himmel«, »Hölle«, »Fegefeuer«, auch solche mit »Sohn Gottes«, »Auferstehung«, »Himmelfahrt« und »Gericht«... finden sich. Es ist üblich, diese verschnürten Päckchen sich ungeöffnet zuzuwerfen. Das geschieht in Gesprächen, in der Predigt, im Unterricht. Man sagt: »Wir feiern heute das Fest der Erlösung... Wir alle sind erlöst... Darum dürfen wir uns freuen...«, aber was Erlösung ist, was sich aus eigener Erfahrung damit verbindet, wie sich aus kritischem Denken damit Fragen verbinden... bleibt ausgeklammert, denn die meisten wagen es nicht (oder schaffen es nicht), die versiegelten Päckcken zu öffnen. So läßt man lieber die Finger davon, denn wer weiß, wie die Verpackung hinterher aussieht, nachdem man einmal den Inhalt untersucht hat.

Paul Ricoeur betont: »Das Symbol gibt zu denken!« Wenn aber die Symbole dem Denken, zumal dem kritischen Zugriff entzogen werden, wenn sie mit einem Film aus Gewöhnung, Denkfaulheit, Angst und Beharrungsverlangen überzogen wurden, so daß niemand mehr auf die Idee kommt, sie unter dieser Schicht kennenzulernen, geschieht das, was in der katechetischen Tradition seit Jahrhunderten geschieht: die Symbole versteinern, erstarren in konventionellen Floskeln und Ritualen, die nicht mehr neu inszeniert, in den aktuellen Tag übersetzt, für das eigene Leben aktiviert werden können. Sie verlieren ihre Zugänglichkeit.

Der Satz: »Das Symbol gibt zu denken!« ist eine didaktische Forderung. Wichtiger, als dieses Postulat plakativ Schülern vorzusprechen, ist es, die religiöse Symbolwelt im Unterricht dem kritischen Denken zugänglich zu machen, die verschnürten Päckchen zu öffnen, Frage und Zweifel nicht zu fürchten und das, was symbolisch gemeint ist, nicht als historisch zu verteidigen. Das bedeutet – mit den Worten des Religionsbuches gesprochen – : Wenn wir vom »Brot« reden , sollten wir selbst in dieser Rede vorkommen, damit unsere Sprache »Brot« für andere sein kann. (Siehe hierzu den Text im Religionsbuch 3, S. 98, vgl. 5/6, S. 248; → III, 538 f.) Geschieht dies nicht, wird das Brot zum »Stein«, das Symbol zum Klischee. Insofern ist es mit dem Denken allein auch nicht getan, wenn sich Denkanstrengung, Überzeugung und eigene Lebensform nicht verbinden. Und nicht zuletzt muß die eigene Lebendigkeit ihren adäquaten sprachlichen Ausdruck finden, damit alle Ansätze zu gelangweilter Distanz bei den Schülern immer wieder überwunden werden können.

Richtet sich diese Überlegung an den Lehrer, so sollten die Schüler wenigstens ansatzhaft wissen, daß Symbole nicht deswegen Symbole sind, weil man ihre Benennung in einem Symbol-Lexikon nachschlagen kann. Auch dort können sie verschnürt und versteinert archiviert bleiben, genau so wie in Kirchen, Museen und Schulen. Da unsere Schüler ja alle die Erfahrung machen, mit vielen Symbolen nichts anfangen zu können, weil die Vermittlungsform begrifflich, stereotyp und rituell bleibt, ist es wichtig, daß sie an einzelnen Beispielen immer wieder erfahren, wie Symbole neu erschlossen, mit Phantasie inszeniert, erzählt, gespielt, betrachtet werden können. Geeignet dafür ist die Erfahrung des gemeinsamen Tisches (→ S. 62 f.), die Revitalisierung des Labyrinths (→ IV, 496-523), das »Lesen« auf den ersten Blick verschlossener Bilder (→ S.166-171) und der ständige Umgang mit Kunst und Literatur.

Die verführende Kraft der Symbole

Daß Symbole ambivalent sind, ist bisher immer wieder deutlich geworden. Da sie Gewalt über den Menschen haben, ihn bis ins Unbewußte hinein ansprechen und beeinflussen, sind Symbole aber auch seit jeher als die wichtigsten Medien bewußt eingesetzter Manipulation verwendet worden. Darum bedient sich die Werbung überwiegend symbolischer Sprache, um ihre Produkte mit den Wunschbildern der jeweiligen Adressaten zu verbinden.

Symbol und Werbung

Nehmen wir als Beispiel die Zigarettenwerbung: In welchem Maße Rauchen schädlich ist, wird heute in immer umfangreicheren Erkenntnissen der Öffentlichkeit gesagt. Um so wichtiger erscheint es allen, die mit Zigaretten Geld verdienen, das düstere, unästhetische, möglicherweise bei Lungenkrebs und Beinamputationen endende Schicksal von Rauchern mit suggestiven Bildern jugendlicher Frische, Sportlichkeit, Abenteuerlust und Lebensfreude zu überdecken. So wird für die »Peter Stuyvesant« mit einem Lebensgefühl internationaler Offenheit und Verständigungsbereitschaft geworben: »Take off« hieß zunächst die Parole und zeigte Flugzeuge, die in eine klare, offene Weite starten – wer immer im Mief eines Büros oder Lehrerzimmers sich eine Stuyvesant nahm, konnte für die Dauer des Genusses sein kleines »Take off« damit verbinden. Das neuere »Come together« zeigt Paarbilder von Begegnungen zwischen Menschen unterschiedlicher Kulturen und Religionen: sehr sympathisch, eine Werbung für Verständigung und Menschlichkeit. Hier möchte offensichtlich eine Zigarettenmarke geschickt einen positiven Assoziationszusammenhang stiften, zu dem das Produkt Zigarette keinen eigenen Bezug hat, um dennoch Anteil an einer guten Botschaft zu gewinnen, der offen und allgemein niemand widersprechen möchte.

Die Raison dieser Werbestrategie wurde in einem klugen Gespräch zwischen Neil Postman und dem Werbechef der italienischen Textilmarke »Benetton«, Oliviero Toscani, deutlich gemacht:

Postman: Irgendwo habe ich gelesen, Luciano Benetton sehe die Hauptaufgabe der Werbung seiner Firma nicht darin, den Verkauf von Pullovern anzukurbeln, sondern die Leute zum Nachdenken zu bringen. Ich halte das für eine Lüge.

Toscani: Warum? Luciano Benetton hat mir nie gesagt, ich solle eine Werbekampagne machen, damit er mehr Pullover verkaufen kann... Ich benutze die Werbung als Kommunikationsmittel, als Instrument, um die Leute anzusprechen. Und wenn man sie anspricht, bringt man sie zum Nachdenken.

Postman: Andere versuchen das auch. Coca-Cola preist nicht einfach sein Produkt an, sondern verkauft ein Lebensgefühl. Coke läßt uns an allem Guten, Wahren und Schönen teilhaben. Die McDonald's-Werbung verheißt familiäre Geborgenheit, Mercedes-Benz lockt mit Eleganz und Status.

Toscani: Aber in der Mercedes-Werbung ist ein Auto zu sehen, in den Coca-Cola-Spots eine Flasche. Das machen wir nicht.

Postman: Kennen Sie die Calvin-Klein-Reklame im Fernsehen? Die versuchen wohl so etwas Ähnliches: exotische Bilder, aufregende Situationen und zum Schluß wird nur das Firmenlogo eingeblendet.

Toscani: Das ist etwas anderes.

Postman: Was soll daran anders sein?

Toscani: Weil das alles inszeniert ist, weil es nicht echt ist. Die ganze Werbung ist ein riesiges Theater, fake. Wir haben uns daran gewöhnt, daß Werbung die Wirklichkeit ausblendet. Das ist uns vertraut, und wir lehnen uns beruhigt zurück. Aber sobald wir mit der Realität konfrontiert werden, sind wir empört.

Postman: Das Benetton-Plakat, auf dem ein Priester oder Mönch zu sehen ist, der eine Nonne küßt, ist auch inszeniert, unecht, fake...

Toscani: Ja, aber es handelt von einer real existierenden Problematik (...)

Postman: Das ist ein gefährlicher Weg. Wo er endet, habe ich in einem meiner Bücher beschrieben und als Beispiel einen fiktiven Werbespot geschildert: Jesus steht in einer Oase. Die Szene ist unterlegt mit orientalischer Musik, im Hintergrund wiegen Palmen im Wind. Jesus präsentiert eine Flasche Chardonnay und sagt: »Als ich in Kana Wasser zu Wein verwandelt habe, hatte ich diesen edlen Tropfen im Sinn. Probieren Sie ihn, und Sie werden bekehrt.«

Toscani: Das habe ich schon vor fünf Jahren gemacht, mit den Jesus-Jeans. Man sah einen Hintern in Shorts: »Folgt mir – Jesus.«

Postman: Ich will Ihnen sagen, was daran gefährlich ist. Die zentralen Symbole und die Bilder einer Kultur werden ausgehöhlt, sie werden ihrer Bedeutung beraubt, wenn man sie für triviale Zwecke einsetzt... Und die Kultur verarmt dadurch... Wenn Sie den Tod eines Aidskranken benutzen, um Pullover zu verkaufen, wenn Sie das Bild einer Tragödie für einen trivialen Zweck mißbrauchen, wie sollen wir dann erwarten, daß die Menschen noch echte Gefühle entwickeln und auf die Tragödie des Lebens angemessen reagieren? Wenn man ihnen sagt: »In Italien ertrinken die albanischen Flüchtlinge«, werden sie antworten: »Ja, ich hab's in der Benetton-Werbung gesehen.« Und wenn in Äthiopien Kinder sterben, heißt es: »Klar, ich weiß, damit verkaufen sie Coca-Cola.« (...)

Toscani: Die verschiedenen Organisationen der Aidshilfe haben sich nicht darüber aufgeregt. Die haben bei mir angerufen und mich beglückwünscht, weil es endlich jemand geschafft hat, daß die Menschen über das Thema reden. Schließlich sehen die Leute das Benetton-Logo und sagen sich: »Aha, von denen ist das Aidsphoto und der Soldatenfriedhof.« Wenn über eine Firma so gesprochen wird, dann werden auch deren Produkte, vielleicht nicht für intelligenter, aber auf jeden Fall für interessanter gehalten als die der Konkurrenz.

Postman: Die Werbewirtschaft verfügt über das meiste Geld, über die kreativsten Kräfte, über die modernsten Mittel der Massenkommunikation und über Psychologen, die unsere Seele ausleuchten – da droht uns ein totalitäres System, das die Themen der gesellschaftlichen Diskussion bestimmt. Wenn es Ihnen gefällt, setzen Sie eben Aids auf die Tagesordnung. Die Werbeleute sind die unlegitimierten Herrscher in unserer Kultur. Aber wer kontrolliert sie?... Heute müßten wir der Jugend beibringen, sich kritisch mit den Bildern der Werbung auseinanderzusetzen, die Scheinwelten in Frage zu stellen.[1]

---

1 »Darf man mit diesem Photo für Pullover werben?« *Neil Postman* und *Oliviero Toscani* im Gespräch, in: SZ-Magazin, Nr. 41, 9.10.1992, 38–46.

Auch wenn die Firma Benetton ihre Produkte selbst mit der Werbung nicht verbindet, so doch das Firmenlogo. Damit soll eine Assoziation einschnappen, die dem Konsumenten signalisiert, daß die Produkte dieser Firma »vielleicht nicht intelligenter, aber auf jeden Fall interessanter« sind als die der Konkurrenz. Aber auch der folgende Aspekt ist zu bedenken:

Toscani: Ich habe die Mittel, an einem bestimmten Tag mit ein und demselben Bild auf die Umschlagseite aller Zeitschriften der Welt zu gehen – auf den Anzeigenplatz. Kein Journalist hat diese Möglichkeit.
Postman: Ich wollte, Sie hätten sie nicht.
Toscani: Aber ich habe sie, also was soll ich tun? Soll ich Linda Evangelista im Glitzerjäckchen photographieren oder Claudia Schiffer oder ein anderes Modell, das die Kleider von mindestens weiteren fünf Herstellern präsentiert? Oder soll ich etwas machen, was zwar einige Leute verwirrt, aber viele auch zum Nachdenken anregt?

Wäre also, wenn schon, die HB-Reklame mit ihren sportlichen Jungerwachsenen, die in immer neuen Gruppierungen Lebenslust und Unternehmungsgeist demonstrieren, dem Toscani-Konzept vorzuziehen? Oder die Camel-Werbung mit einem unverdrossenen Trapper-Typ, dem kein Weg aus Urwäldern und Einsamkeiten zu weit ist, um an eine Camel zu kommen? Oder das Anti-Konzept der »West«-Werbung: ausgeflippte Typen aus schrägen Subkulturen in überraschenden oder provozierenden Konfrontationen? Die bürgerliche Ästhetik zuckt dabei zusammen, wird herausgefordert, während die Konsumenten dieser Marke offensichtlich in alternativen Rängen und Nischen der Gesellschaft gesucht werden und auch bei jenen, die mit solch süffisanten Provokationen in ihren privaten Attitüden liebäugeln.

Was immer die Botschaft von Bildern und Parolen der raffinierteren Werbung sein mag: Oft bleibt das Produkt – wenngleich natürlich nie das Firmenlogo – aus den Bildern ausgeblendet, und an seine Stelle tritt ein Lebenswunsch, ein Traumbild, eine Existenzform, mit der die Produktmarke gewissermaßen identifiziert werden möchte. Die Zigarettenmarke sucht sich einen symbolischen Assoziationsrahmen, der den Markennamen mit wünschenswerten Inhalten auffüllt, auch und gerade deshalb, weil Rauchen und unbeschwertes Leben sich langfristig geradewegs ausschließen.

Symbol und Politik

Was der Wirtschaft recht ist, ist der Politik billig. Natürlich lassen sich die unterschiedlichen politischen Strukturen nicht auf einen Nenner setzen, darum soll hier von den Rattenfängern, nicht von demokratischen Ordnungen gesprochen werden. Als Beispiel mag der Nationalsozialismus dienen:
Er trieb seine Agitation unter der Regie einer totalen Staatspropaganda mit militaristischer Symbolik, mit Marschmusik und Aufmärschen, Uniformen und Orden, mit imperialer Bühnenarchitektur, einem verordneten Menschenbild, einem verordneten Optimismus und einem verordneten Feindbild. Kurt Tucholsky schrieb gegen diesen »Hordenwahnsinn, die Wonne, in Massen aufzutreten, in Massen zu brüllen und in Gruppen Fahnen zu schwenken«; aber seine Hoffnung, die Menschen würden die gigantische Inszenierung durch-

schauen und »wieder Mut zu sich selber bekommen«, schwand immer mehr und schlug schließlich in Verzweiflung um.

Die Bücherverbrennung vom 10. Mai 1933 war eine frühe Symbolhandlung, die eigentlich allen die Augen hätte öffnen müssen, aber die Berliner Presse verkaufte die Aktion folgendermaßen: »Der Opernplatz war. . . von einer dichten Kette von Zuschauern umsäumt. . . Von Wagen, die das undeutsche Schriftmaterial bis zum Opernplatz in die Nähe des Scheiterhaufens gebracht hatten, bildete sich eine lange Kette von Studenten, und von Hand zu Hand gingen die Bücher, die dann dem Feuer überantwortet wurden. . . Während der Verbrennung spielten SA- und SS-Kapellen vaterländische Weisen und Marsch-lieder, bis neun Vertreter der Studentenschaft. . . mit markanten Worten die Bücher des undeutschen Geistes dem Feuer übergaben.«[1] Unter den verfemten Autoren waren die Werke von Thomas und Heinrich Mann, Kurt Tucholsky, Carl Zuckmayer, Bruno Frank, Anna Seghers, Stefan und Arnold Zweig, Franz Kafka. Es gab kaum öffentlichen Widerspruch, aber am 12. Mai forderte Oskar Maria Graf in der »Wiener Abendzeitung«: »Verbrennt mich!« Er hatte zu seinem Entsetzen festgestellt, daß seine Bücher, bis auf eines, von den Natio-nalsozialisten auf die weiße Liste der empfohlenen Bücher gesetzt worden waren. »Vergebens frage ich mich, womit habe ich diese Schmach verdient?« schrieb er. Daraufhin wurden seine Bücher in München im Rahmen eines Sonder-Autodafés verbrannt.

Diese Bücherverbrennung aber war nur der Auftakt zur systematischen Säuberung der gesamten Kulturlandschaft und zu einem Pangermanismus, der in der rechten Szene der Bundesrepublik immer noch herumgeistert und jeder-zeit neu abgerufen werden kann, solange er nicht ins kritische Bewußtsein geholt und aufgearbeitet wird. Daß man weiterhin mit Trommeln, Nazi-Em-blemen, militärischem Getue, rassistischen Parolen, Blut-und-Boden-Reden, Ausländerfeindlichkeit und Deutschtümelei die Köpfe verwirren und die Emo-tionen aufwiegeln kann, demonstriert die rechte Szene Deutschlands. Eine vernebelnde, nicht hinterfragte Symbolszenerie, die sich dem Querdenken und allen Querdenkern verwehrt, macht das Weiterwirken jeder verführerischen »Symboldidaktik« möglich.

1 Zit.n. *Ekkehard Böhm u.a.,* Kultur-Tagebuch 1900 bis heute. Braunschweig 1984, 343. Zu dieser Thematik siehe auch die Graphik von A. Paul Weber »Deutsches Verhängnis« (Religionsbuch 7/8, S. 42) und »Die Kirche im Nationalsozialismus« (Religionsbuch 9/10, S. 252-257; 272-274), sowie die entsprechenden Kapitel der Lehrerhandbücher.

GOTT: DER ORT GOTTES

Das Auge des Glaubenden sieht »infrarot«, wenn auch unter Tränen

Vor mich hin sinnend, schreibend vor mich hin, habe ich Menschen im Auge – zumeist bestimmte Einzelne, manchmal Gruppen, oder den Menschen überhaupt – fast immer im Dialog, angeredet – anredend – der aber in alldem *letztlich* Angeredete, zu Red' und Antwort Gebetene ist... Das meiste dessen, was in meinem Kopf vorgeht, gehört zur Gattung Gebet. (11)

Als der Mensch vor etwa 600 000 Jahren auf den Plan trat, stand längst, wie auf ihn wartend, das Verheerende, Vernichtende bereit – Lebewesen, auch sie Kreaturen, deren Abwehr ihm wenigstens partiell, ihm erst jüngst in größerem Ausmaß gelingt (Pest, Cholera, Pocken, Aussatz, Poliomyelitis...) Das heißt: Von allem Anfang an gehört die Leidens- und Elendsgeschichte des Lebens in das Tun Gottes – die Geschichte Gottes mit den Menschen hinein. (16)

»Das Vorsprachliche zur Sprache bringen« (Nathalie Sarraute) heißt bei mir: Auf die Laute horchen, die aus der Tiefe der Welt in die horchende Seele dringen und dort (in der von der Sprache eingenommenen Seele!) keine Worte finden.

Das »Vorsprachliche«: Es ist, wie wenn Fremdes und Namenloses anwesend wäre, umginge im Sprachhaus, in den Räumen, wo die Wörter wohnen, und die kennen es nicht und wissen es auch nicht anzufassen. Im Augenblick, wo Wörter es ansprechen, es zu greifen suchen, weicht es aus oder verschwindet sogleich. Und dann ist es wie ein Wehen von anderswoher, von außen herein durch ein Loch in der Mauer, einen Türspalt... »Da war es wieder...«, ein Zittern geht durch die Wörter, der »Große Vorhang« bewegt sich leise... (23)

Die junge schöne Schauspielerin hier in dieser Klinik, absolut infamste Prognose: Melanosarkom, und die andere junge Frau, 28, Studienrätin, Lungenkrebsmetastasen, – ihr Geschick geht mir nicht aus dem Sinn – ich fühle mich eingeschlossen in das furchtbare Verfügen, dem sie wehrlos überantwortet sind, es zieht mich hinein, da wächst sich in mir seine Sprache – die *konkrete* Sprache des Menschen, der mitten ins Auge, in den Lebens- und Herzkern getroffen ist – da stürzt es – ES! – schon herein durch die kaum geöffnete Tür des Bewußtseins – ES? ER?? Was? WER?? Wer im Was? ER im ES? (30)

In der Glockenstube meiner heimatlichen Dorfkirche – nur mit dem Fingerknöchel, nicht mit schwerem Schwengel –
an den Mund der großen Glocke klopfen –
dann singt sie leise, zart ihr Lied –
jemand hört es unten im Friedhof, bleibt stehen, wieder jemand auf der Straße, steht, lauscht; der Pfarrer erschrickt, horcht, kommt den Turm heraufgestürzt – das zarte Tönen der Glocke erregt ihn seltsam, ihr Schallen, ihre sozusagen offizielle Stimme, an die er gewöhnt war, hätte er wohl überhört. (33)

Revolte: Iwan Karamasows Protest gegen einen Gott, der mitschuldig ist am Leiden eines Kindes.

In der katholischen Kirche: Litaneien.
Auffällig: Herz-Jesu-, Marien-, Allerheiligen-Litaneien,
aber keine (Namen-) Gottes-Litanei. Warum nicht? (124)

Im Fernsehen: Einsteins Universum. Ustinov läßt sich an amerikanischen Observatorien von namhaften Astrophysikern Einsteins Relativitätstheorie erklären. Ungemein fesselnd, anschaulich und lehrreich. Gegen Ende war zu hören: »Das Universum ist aus dem Nichts entstanden.« Wenn es aber wahr ist, daß aus dem Nichts, aus dem absoluten Nichts, kein Etwas, aus Nichtseiendem kein Seiendes entstehen kann, so ist dieser Satz nichts als eine unsinnige Behauptung. Wenn ich aber gleich darauf höre, das Geschehen, das die Entstehung des Universums erkläre, sei nuklear-physikalisch als »Urknall« zu definieren, dann sehe ich mich zu fragen genötigt, was das war, das da »knallte«. Das Nichts knallt nicht. Also muß da ein Etwas, ein Seiendes dagewesen sein, als es zum Knallen kam. »Im Anfang war. . .« –

Der in Begriffe eingefangene Gott ist ein (in Ableitbegriffen) zu handhabender Gott, – ein götzischer Hampelmann, und es sind Theologen, die Amtsträger, und auch die sogenannten christlichen Politiker, die ihn am Schnürchen haben und strampeln lassen nach Belieben. (133)

Ich kann von mir nicht sagen, daß ich an »Gott« glaube, noch, daß ich nicht glaube, Ich kann nur sagen, daß ich suche.

Dich aber, den ich suche, finde ich weder in dem von der Theologie beredeten Gott des Glaubens,

noch – noch weniger! – in der – letztlich pseudochristlichen! – Gottheit, wie immer sie heiße: Materie, Kausalität, Weltmaschine. (148)

»Nur in Jesus Christus begegnet mir Gott« nur! Also nicht in prophetis? Nicht in creaturis? Wenn ich recht höre, steckt in diesem »Nur« leibhaftig der alte Marcion. (151)

Ijob – hat gerufen, ihm antwortet Gott. Seine Freunde haben eine sichere Theologie. Sie fragen nicht – wie sollten sie, wo sie über die wahre Lehre verfügen. Sie haben nichts zu fragen, Gott antwortet, belehrt sie nicht. Die Gottkenner, die Gotteskundigen ficht Gott nicht (mehr) an. Er schweigt denen, die über ihn reden. (184)

In dem Gespräch Martin Bubers einmal mit einem Atheisten, der ihn fragte, wie er denn den Namen »Gott« immer noch brauchen möge: »Gerade darum.« Weil er so verhüllt, weil er so verdeckt ist, vergraben unter einer Fülle von menschengestaltigen Vorstellungen und Märchenbildern, Vaterbildern, Bart-Vaterbildern, unter alldem, gerade darum. Weil dieser Name so geschmäht, so verloren, so hoffnungslos bedeutungslos ist, gerade darum liebe ich ihn – und auch den Vaternamen, unter dem er sich dem Menschensohn zugesprochen hat. Darum. (189)

Seine Worte durchkonjugieren, immer wieder aufs neue. Oder das »Ich bin da.« des Alten Testamentes: »Ich bin da.« »Ich bin dir da«. »Ich bin allen da.« »Ich bin die Gegenwart.« »Ich bin der Rufende.« »Ich bin die Stimme, die ruft.«

Diese Gegenwartserfahrung sprachlich verifizieren, konjugieren. Allen Bezügen der Wirklichkeit gegenüber dieses »Ich bin da« herholen und sie ansprechen, sie anleuchten lassen im Hintritt auf den Ort, wo der Ursprung geschah. . .; das wäre zu versuchen. (192)

Auch im elendesten und übelsten Menschen noch das »Bild Gottes« sehen? Das Auge des Glaubenden sieht »infrarot«, wenn auch unter Tränen.

Als Mose in das Dunkel trat, in dem Gott wohnte und mit ihm sprach, trug er keine Laterne. Aber als er aus dem Dunkel hervortrat, strahlte sein Angesicht.

»Besser ein Spatz in der Hand als. . .« sagte sich der Nüchterne. »Nein«, sagte ein anderer, griff nach der Taube auf dem Dach und wurde ein Heiliger. (215)[1]

---

1 *Fridolin Stier,* An der Wurzel der Berge. Aufzeichnungen II. Freiburg i.Br. 1984.

181

Die Gottesthematik im Unterricht

Das vorliegende Kapitel über den »Ort Gottes« ist die notwendige Weiter-
führung des »Mehr als alles« im vergangenen Schuljahr. Im letzten Jahr ging es
darum, Sensibilität für die Frage nach Gott zu gewinnen. Dabei wurde vorrangig Nachdenklichkeit angeregt: im Umgang mit der Natur, in der Wahrnehmung der Innenwelt unserer Außenwelt, im Sinn für das Vorsprachliche und
Unsagbare. Falls zwischen dem 5. und 6. Schuljahr im Religionsunterricht ein
Lehrerwechsel stattfand, ist es wichtig, im Unterricht dieses Jahrgangs sich der
vorweg gebotenen Inhalte bewußt zu sein. Die im Schüler- als auch im Lehrerhandbuch gebotenen Bilder, Geschichten und Reflexionen müssen erinnerlich
sein, damit sie gelegentlich – eher beiläufig, und doch nicht ohne Überlegung
– in den aktuellen Unterricht erneut einbezogen werden können.

Ging es im 5. Schuljahr darum, die Frage nach Gott in den Kontext von
Natur, Welt und Leben einzubinden, so wird dieser offene Ansatz nunmehr in
einer spezifisch biblischen Weise konkretisiert: Der »Ort« Gottes, so lautet die
durchgehende Botschaft, ist der Mensch. Nach Gen 1,26 ist jeder Mensch seines
Menschseins wegen »Bild« Gottes. »Der Mensch repräsentiert Gott auf Erden.
Demnach sagt die Gottebenbildlichkeit auch etwas über Gott aus, aber nicht
darüber, wie er aussieht, sondern wo er erscheint. Wesen des Bildes ist es, das
Abgebildete in Erscheinung treten zu lassen; so erscheint Gott, wo der Mensch
erscheint.«[1]

Die Korrelation von Anthropologie und Theologie ist in diesem Ansatz
bereits mitgegeben. Er findet seine Konsequenz in jenem biblischen Gebot, das
die Gottesliebe und die Menschenliebe miteinander verbindet. Dem Glauben
an Gott folgt der Glaube an den Menschen: Zunächst ist es der Glaube an uns
selber; sodann der Glaube an den Mitmenschen; und schließlich der Glaube an
die Menschheit. Das jüdisch-christliche Gottesbild wäre ohne dieses Menschenverständnis nicht möglich (→ V, 240 f.).

Dennoch spielte und spielt das »Bild-Gottes«-Sein des Menschen im Glau-
bensbewußtsein der Christen keine dominante Rolle, und darum auch nicht in
der Politik des christlichen Geschichtsraumes, wie es die faktischen Ereignisse
der Gegenwart in ungebrochener geschichtlicher Kontinuität belegen. Um so
dringlicher ist es, den eigentlichen Ort Gottes bewußt zu machen: Er verbindet
sich im biblischen und jesuanischen Sinn mit dem Menschen selbst, und hier
vor allem mit dem schwachen, hilflosen, ausgelieferten Menschen, den Leben
und Welt kreuzigen. Darum erzählt das folgende Kapitel die bedeutsamsten
verdichteten Geschichten, welche die christliche Tradition, gleichsam von unten, zu dieser Gottes- und Menschenerfahrung hervorgebracht hat.

Das Kapitel »Der Ort Gottes« gliedert sich dreifach. Der *erste* Schritt greift
die Thematik des vergangenen Jahres noch einmal auf: Damals ging es um die

---

1 *Werner H. Schmidt*, Die Schöpfungsgeschichte der Priesterschrift. Zur Überlieferungsgeschichte von Genesis
1,1-2,4a und 2,4b-3,24. Neukirchen-Vluyn ²1967, 144.

Natur, das »andere Buch Gottes«. Der *zweite* Schritt zeigt durch ein Gleichnis, wie vielfältig die Gotteserfahrung sein kann. Der *dritte* Schritt entfaltet erzählend, in mehreren Legenden, die eigentlich christliche Antwort: Der vornehmste Ort Gottes ist dort, wo der Mensch des Menschen bedarf. Es besteht kein didaktischer Zwang, alle Materialien in gleicher Intensität zu erschließen, aber das Kapitel sollte auch nicht als Steinbruch für beliebig herausgeklaubte Aspekte mißbraucht werden.

Bevor die Unterrichtsplanung beginnt, ist die Lektüre des gesamten vorliegenden Kapitels wünschenswert. Danach lassen sich Stundeneinheiten und Akzentsetzungen festlegen. Zu beachten ist, daß sich die didaktische Struktur des Kapitels vom vorangehenden ebenso absetzt wie vom nachfolgenden Kapitel: Es gibt kaum »Lehrtext«, vielmehr wird durchgehend erzählt, in einem Modus, der als »interpretierendes Erzählen« charakterisiert werden kann. Das verlangt auch vom Unterricht einen narrativen Duktus. Hier ist kein Katechismus zu traktieren, sondern eine in Geschichten überlieferte Erfahrung zugänglich zu machen.

Das Christophorus-Titelbild von Otto Dix wiederholt sich im Innentitel des Religionsbuches für das 6. Schuljahr, und es kennzeichnet dieses Lehrerhandbuch ebenso wie das Arbeitsheft 6. Darin liegt der Hinweis auf eine durchhaltende Linie, die das Gotteskapitel des Buches mit weiteren Themen verbindet: Bereits das folgende Kapitel »Diese Welt: Brüderlichkeit, Schwesterlichkeit« ist als innerlich zugehörige Fortsetzung zu verstehen; die Parolen der Französischen Revolution können nämlich auch theologisch buchstabiert werden. Wenn es danach heißt: »Jesus: Der Lehrer«, so findet zwar ein Themenwechsel statt, aber der rote Faden läuft weiter: Es geht um die Bergpredigt, näherhin um ein gewaltfreies friedliches Miteinander der Menschen. Auch im Kapitel »Wundergeschichten« handelt es sich um Zuwendung und erfahrene Hilfe in Situationen von Krankheit, Not und Tod. So ist es denn auch folgerichtig, daß im Kirchenkapitel der »Christus in den Notleidenden und Kranken« zur Sprache kommt und damit zugleich eine Geschichte der Barmherzigkeit. Mit diesem Duktus hat das Religionscurriculum für das 6. Schuljahr eine innere Kohärenz bekommen, die durch das gewählte Titelbild ihren akzentuierten Ausdruck gewinnt.

Wo ist Gott?

Die Frage »Wo ist Gott?« kommt in der Einleitung des Kapitels leicht daher, gewissermaßen noch aus Kindermund:

> »Warum heißt Gott denn Gott? Niemand weiß doch, wie er wirklich heißt.«
> *Junge, 5 Jahre*

> »Wie sieht der liebe Gott aus?«
> »Weiß ich nicht, man kann ihn nicht sehen.«
> »Sieht er aus wie ein Mensch?«
> »Weiß ich nicht.«
> »Sieht er aus wie ein Tier? Dann nehme ich doch lieber an, daß er wie ein Mensch aussieht.« *Junge, 6 Jahre*

> »Glaubt die Katze, daß Gott aussieht wie eine Katze?« *Junge, 5 Jahre*

> »Gott ist ein Ei. Jeder ißt davon, aber es wird nie alle.« *Junge, 5 Jahre*

> »Ist Gott ein Mann? Kann man ihn also nicht sehen? Dann ist er also eine Glasscheibe.« *Junge, 5 Jahre*

> »Papa, hat der liebe Gott auch Augen?«
> »Nein.«
> »Oh, ist der liebe Gott nur als ob?«[1]

Die vermeintliche Leichtigkeit solcher Gedanken täuscht. Was hier jeweils kleine Kinder fragen, nimmt Erwachsene ganz in Anspruch, und oft genug zeigt sich, daß gerade der rational gebildete Mensch größte Schwierigkeiten hat, den Kindern angemessen Rede und Antwort zu stehen. So mag es auf den ersten Blick auch bei den folgenden kleinen Texten scheinen, hier bedürfe es keiner tieferen Vorbereitung, um »ein paar Worte« zu Bubers Anekdote und Borcherts Kindergedicht zu sagen. Aber dann bliebe der Unterricht den Schülern einiges schuldig, wie es ja meistens geschieht, daß Erwachsene den religiösen Herausforderungen ihrer Kinder nicht genügen.

Martin Buber: Wo wohnt Gott? S. 125

A. Im osteuropäischen Judentum hat sich im 18. Jahrhundert eine religiöse Bewegung entwickelt, die unter dem Namen Chassidismus bekannt wurde. Initiator dieser Bewegung ist *Israel ben Elieser* (1700-1760), genannt *Baal Schem Tow*, »Herr des guten Namens«, Wunderheiler und Charismatiker, der die Mystik der Kabbala[2] für breite Volksschichten übersetzte. Das rabbinische Judentum reagierte auf diese Laienbewegung dreimal mit dem Bann, dennoch

---

1 Zitate aus: *Johanna Klink*, Die Theologie der Kinder: Kind und Glaube. Düsseldorf 1971.
2 Vgl. S. 207, Anm. 1.

wuchs die Bewegung. Grundlehre des Chassidismus ist die panentheistische[1] Annahme, daß Gott die gesamte Schöpfung, auch die Materie durchdringt; selbst das Böse ist eine (niedrige) Stufe des Guten. Durch Konzentration auf das Wesenhafte der Dinge gelangt der Mensch zur Anbindung an Gott und zur Einheit mit ihm; er erlöst die in der Materie versprengten göttlichen »Funken«. Gebete sind daher nicht an einen festen Ort gebunden; Gottesdienst kann jede menschliche Handlung sein. Anders als die Kabbala preist der Chassidismus die Freude; Trauer und Fasten werden bekämpft. Darum gewinnen auch Musik und Tanz in der chassidischen Frömmigkeit Stellenwert. – Nach der Vernichtung des osteuropäischen Judentums leben die heutigen Anhänger des Chassidismus vor allem in den USA und in Israel.

Ihren dichtesten Niederschlag hat die chassidische Lebensform in Legenden und knappen Erzählungen gefunden, die ohne Anspruch auf literarische Gültigkeit in unterschiedlichen Kreisen des östlichen Judentums in Umlauf waren. Martin Bubers Verdienst ist es, diese Geschichten nicht nur gesammelt, sondern auch sprachlich geformt und philosophisch durchleuchtet zu haben. Seine »Erzählungen der Chassidim« sind ein »Werk, das zum Vergleich mit den heiligen Schriften der Menschheit herausfordert« (Walter Kaufmann). Für Buber war der Chassidismus »nicht eine Lehre, sondern eine Lebenshaltung, und zwar eine gemeindebildende«[2].

B. Der kleine Dialog, den das Religionsbuch nach Martin Buber erzählt, ist nicht die Originalfassung. Diese lautet:

Als Rabbi Jizchak Meír ein kleiner Junge war, brachte ihn seine Mutter einmal zum Maggid von Kosnitz. Da fragte ihn jemand: »Jizchak Meír, ich gebe dir einen Gulden, wenn du mir sagst, wo Gott wohnt.« Er antwortete: »Und ich gebe dir zwei Gulden, wenn du mir sagen kannst, wo er nicht wohnt.«[3]

Maggid, wörtlich »Erzähler«, ist ein Wanderlehrer oder Wanderprediger im osteuropäischen Judentum, der von Gemeinde zu Gemeinde zog und seinen Lebensunterhalt durch Predigen bestritt. Dabei standen die Maggidim in Konkurrenz zu den studierten Rabbinern und versuchten ihnen gegenüber standzuhalten durch eine Mischung von Belehrendem und Unterhaltsamem; sie waren offener für neue Ideen, so auch für den Chassidismus, und trugen zur Entstehung einer neuen Volksliteratur bei. Unser Religionsbuch hat den biographischen Rahmen fortgelassen, weil es im Kontext nicht um Jizchak Meír geht, sondern um das Kind, das auf eine ironische Frage eine kluge Antwort gibt.

---

1 »Panentheismus bedeutet: Alles ist in Gott, aber Gott ist mehr als alles (→ V, 137-172), mehr als die Welt, sozusagen eine Versöhnung zwischen der Mystik des Pantheismus und der traditionellen christlichen Lehre mit ihrer Trennung von Gott und der Welt. Der Pantheismus sagt: Alles ist Gott, Transzendenz und Immanenz sind verschmolzen.« *Dorothee Sölle*, »Die Ros blüht ohn Warum«, in: *Peter Michael Pflüger* (Hg.), Die Suche nach Sinn – heute. Olten 1990, 249-266, hier: 259. Für die Mystik Meister Eckharts (und ähnlich wäre es für Angelus Silesius zu bestimmen) hat die neuere Diskussion den Begriff des Panentheismus als am besten kennzeichnend herausgestellt, insbesondere um dessen Beziehung zur klassischen Theologie der Scholastik berücksichtigen zu können.
2 *Martin Buber*, Werke. Dritter Band: Schriften zum Chassidismus. München/Heidelberg 1963, 758.
3 *Martin Buber*, Die Erzählungen der Chassidim. Zürich 1949, 821.

Daß hier jemand auf die Beantwortung der Frage »Wo wohnt Gott?« einen Gulden setzt, verrät die Erwartung: »Du wirst es nicht sagen können.« Das Kind, das wahrscheinlich selbst nicht die kleinste Münze sein eigen nennt, dreht den Spieß mit verdoppeltem Einsatz um. Doch wäre es kurzschlüssig, zu unterstellen, die Antwort des Kindes liefe auf ein blasses »Gott wohnt überall« hinaus. In Bubers »Erzählungen der Chassidim« finden sich weitere Geschichten, die einen präzisierenden Kontext bilden:

Die Süßigkeiten
Am Vorabend des Versöhnungstages, bei der »trennenden Mahlzeit«, die dem Fasten vorausgeht, teilte Rabbi Baruch unter die Chassidim, die an seinem Tisch saßen, Süßigkeiten aus. Dabei sprach er: »Ich liebe euch sehr, und was irgend ich in der Welt Gutes weiß, möchte ich euch geben. Haltet euch nur daran, was im Psalm gesagt ist: ›Kostet und merket, daß der Herr gut ist.‹ Kostet recht, und ihr werdet merken: Wo etwas Gutes ist, ist der Herr.«

Das Versteckspiel
Rabbi Baruchs Enkel, der Knabe Jechiel, spielte einst mit einem anderen Knaben Verstecken. Er verbarg sich gut und wartete, daß ihn sein Gefährte suche. Als er lange gewartet hatte, kam er aus dem Versteck; aber der andere war nirgends zu sehen. Nun merkte Jechiel, daß jener ihn von Anfang an nicht gesucht hatte. Darüber mußte er weinen, kam weinend in die Stube seines Großvaters gelaufen und beklagte sich über den bösen Spielgenossen. Da flossen Rabbi Baruch die Augen über, und er sagte: »So spricht Gott auch: ›Ich verberge mich, aber keiner will mich suchen.‹«

Der Ort des Menschen
Man fragte Rabbi Pinchas: »Warum wird Gott Ort genannt? (Makom, Ort, bezeichnet Gott als den Weltumfangenden). Freilich ist er der Ort der Welt; aber dann müßte man ihn so nennen, und nicht Ort schlechthin.«
Er antwortete: »Der Mensch soll in Gott hineingehen, daß Gott ihn umgebe und sein Ort werde.«

Die Spieler
Ein Chassid verklagte einst vor Rabbi Wolf einige Leute, daß sie ihre Nächte beim Kartenspiel zu Tagen machten. »Das ist gut«, sagte der Zaddik (Gerechte). »Wie alle Menschen wollen auch sie Gott dienen und wissen nicht wie. Aber nun lernen sie sich wachhalten und bei einem Werk ausharren. Wenn sie darin die Vollendung erlangen, brauchen sie nur noch umzukehren – und was für Gottesdiener werden sie dann geben!«

Das Gebet der Frau
Von Perle, der Frau des Berditschewers, ist ein Gebet überliefert. Wenn sie die Sabbatbrote knetete und buk, pflegte sie zu beten: »Herr der Welt, ich bitte dich, hilf mir, daß mein Levi Jizchak, wenn er über diese Brote den Segen spricht, dasselbe im Sinn habe wie ich in dieser Stunde, da ich sie knete und backe.« [1]

C. Um tiefer an den Kern von Bubers chassidischer Frömmigkeit zu gelangen, ist sein revolutionärer Satz zu bedenken: »Die Urgefahr des Menschen ist die ›Religion‹.« Damit meint er, daß alles, was die Religion als explizite Gestalt ausmacht, zumal was zum Kultisch-Sakramentalen gehört, die Welt des Menschen in die Bereiche »profan« und »sakral« spaltet. Der besondere Ort, wie

1 Ebd., 183; 191; 226; 272; 343.

ihn Kirchen darstellen, und die aus dem Alltagsleben ausgegrenzte Zeit, verursachen eine »Ablösung«, welche die Gotteserfahrung auf einen Getto-Bereich verweist. »Weltleben und Gottesdienst laufen unverbindlich nebeneinander her; aber der ›Gott‹ dieses Dienstes ist nicht mehr Gott, es ist der bildsame Schein – der wirkliche Partner des Umgangs ist nicht mehr da, die Gebärden des Verkehrs schlagen in die leere Luft... Die Seele will nur noch mit Gott zu tun haben, als wollte er, daß man die Liebe zu ihm an ihm und nicht an seiner Welt ausübe; nun meint die Seele, die Welt sei zwischen ihr und Gott entschwunden, aber mit der Welt ist Gott selber entschwunden, nur sie allein, die Seele, ist da, was sie Gott nennt, ist nur ein Gebild in ihr, was sie als Dialog führt, ist ein Monolog mit verteilten Rollen, der wirkliche Partner des Umgangs ist nicht mehr da.«[1]

Mit dieser radikalen Kritik zielt Buber in der Tat auf alle Formen herkömmlicher Gottesverehrung, »die in der angeblich direkten Gottesbeziehung ein Mehr sieht als in der Beziehung zu Mensch und Welt«[2]. Was später auch als Formel bei Karl Rahner zu finden ist, findet sich bei Buber als leidenschaftliches Plädoyer in der These *Gott in Welt:* »Der wirkliche Umgang des Menschen mit Gott hat an der Welt nicht bloß seinen Ort, sondern auch seinen Gegenstand. Gott redet zum Menschen in den Dingen und Wesen, die er ihm ins Leben schickt; der Mensch antwortet durch seine Handlungen an eben diesen Dingen und Wesen. Aller spezifische Gottesdienst ist seinem Sinn nach nur die immer erneute Bereitung und Heiligung zu diesem Umgang mit Gott an der Welt.«[3] So hat es der Mensch in seinem Umgang mit den Dingen der Welt niemals »nur« mit der Welt zu tun – sein wirklicher Partner ist Gott; dies jedoch nicht im Sinne einer pantheistischen Gleichsetzung von Gott und Welt, die Buber gegen Spinoza stets energisch bekämpft hat. Gott ist mit der Welt nicht gleichzusetzen, er geht über sie hinaus, aber er wohnt der Welt ein, »macht sie zu einem Sakrament«. Buber schränkt freilich ein, daß dies weder eine objektive Aussage ist, die unabhängig von der Lebenspraxis eines Menschen gilt, noch eine allein an die Subjektivität des Menschen gebundene, vielmehr werde die Welt »in der konkreten Berührung mit dem Menschen je und je sakramental: Das heißt: in der konkreten Berührung ihrer Dinge und Wesen mit diesem Menschen, dir, mir.«[4]

Hier nun ist an die Lehre vom göttlichen Funken zu erinnern, wie sie in der jüdischen Mystik (der späteren Kabbala) begegnet: Im göttlichen Schöpfungsprozeß sind »Funken« in die Tiefe gefallen; sie sind auf der Erde von Verschalungen umschlossen. Gerade diese Schalen aber machen die Dinge selbst erlösungsbedürftig. »Den Menschen liegt es ob, die Funken aus den Dingen und Wesen zu läutern, denen man im Alltag begegnet, und sie zu immer höheren Stufen, immer höheren Geburten zu erheben.«[5] Das geschieht nur dadurch, daß der gelebte Alltag zum Ort der Gottesbegegnung wird und keine Aufspaltung in gottesdienstliche und nichtgottesdienstliche Bereiche erfährt. Das Jetzt und

---

1 *Martin Buber,* Werke III, a.a.O., 744 f.
2 *Gerhard Wehr,* Martin Buber. (rm 147) Reinbek bei Hamburg 1968 , 60.
3 *Martin Buber,* Werke III, a.a.O., 744.
4 Ebd., 746.
5 Ebd., 799.

Hier der Welt gilt, »denn auch die profanste Handlung kann in Heiligkeit getan werden, und wer sie in Heiligkeit tut, erhebt die Funken. In den Kleidern, die du anziehst, in den Geräten, die du verwendest, in den Speisen, die du issest, in dem Haustier, das sich für dich müht, in allem sind Funken verborgen, die nach Erlösung bangen.« Zum Kriterium der Frömmigkeit wird letztlich das Wie unseres Umgangs mit den Dingen der Welt: »Und gehst du mit den Dingen und Wesen mit Sorgfalt, Wohlwollen und Treue um, erlösest du sie (die »Funken«)«.[1]

So haben also alle Dinge der Welt einen unmittelbaren Transzendenzbezug. Das aber qualifiziert auch die großen Ereignisse der Religionsgeschichte und der biblischen Tradition: »Die gewaltigen Offenbarungen, auf die sich die Religionen berufen, sind der stillen wesensgleich, die sich allerorten und allezeit begibt.«[2] Der Mensch muß folglich nicht nach dem Ungewöhnlichen und Außerordentlichen suchen, er kann es im je Gegenwärtigen finden. Buber sieht im Chassidismus darum auch »die einzige Mystik, in der die Zeit geheiligt wird«, nicht durch Weltabkehr, sondern in konsequenter Zuwendung zur Welt.

D. Unsere Ausführungen zum Chassidismus und zu Bubers Deutung der chassidischen Botschaft zeigen, welches Denken über den »Ort Gottes« sich mit der kleinen Anekdote verbindet. Der Unterricht sollte also keinesfalls die gestellte Frage mit der üblichen katechetischen Antwort aus der Welt schaffen, Gott sei »überall«. Das vage, unverbindliche »Überall« muß durch konkrete Rede ersetzt werden. Wie dies im Sinne Bubers geschieht, erzählt die folgende Geschichte:

Der Strumpfwirker
Der Baalschem hielt sich einst auf einer Reise in einer kleinen Stadt auf, deren Name nicht überliefert ist. An einem Morgen vor dem Beten rauchte er wie gewöhnlich seine Pfeife und sah zum Fenster hinaus. Da ging ein Mann vorbei, der Gebetsmantel und Gebetsriemen in der Hand trug und seine Schritte so schlicht-feierlich setzte, als führe sein Weg an die Himmelspforte. Der Baalschem fragte den Getreuen, in dessen Haus er wohnte, wer das sei. Jener antwortete ihm, es sei ein Strumpfwirker, der sommers und winters gleicherweise Tag um Tag ins Bethaus gehe und da sein Gebet spreche, auch wenn die gebotene Zehnzahl der Frommen nicht voll werde. Der Baalschem hieß ihn holen, aber der Hausherr sagte: »Der Narr wird seinen Weg nicht unterbrechen, und wenn ihn der Kaiser selber ruft.« Nach dem Beten schickte der Baalschem zu dem Mann und ließ ihm bestellen, er solle ihm vier Paar Strümpfe bringen. Bald stand jener vor ihm und breitete seine redlich gearbeitete Ware aus guter Schafswolle aus. »Was willst du für ein Paar?« fragte Rabbi Israel. »Anderthalb Gulden.« »Du wirst wohl mit einem Gulden zufrieden sein.« »Dann hätte ich diesen Preis genannt.« Sogleich bezahlte ihm der Baalschem, was er verlangt hatte; dann fragte er ihn weiter: »Womit gibst du dich ab?« »Ich betreibe mein Handwerk«, antwortete der Mann. »Und wie betreibst du es?« »Ich arbeite, bis ich vierzig oder fünfzig Paar Strümpfe beisammen habe. Dann lege ich sie in eine Mulde mit heißem Wasser und dann presse ich sie, bis sie sind, wie sie sein sollen.« »Und wie verkaufst du sie?« »Ich gehe nicht aus meinem Haus, sondern die Krämer kommen zu mir und kaufen sie. Auch bringen sie mir gute Wolle, die sie für mich eingehandelt haben, und ich gebe ihnen einen Lohn für ihre Mühe. Nur dem Rabbi zu

---

1 Ebd., 799 f.
2 *Martin Buber*, Ich und Du, in: Ders., Das dialogische Prinzip. Heidelberg 1962, 118.

Ehren bin ich dieses eine Mal aus dem Haus gegangen.« »Wenn du aber frühmorgens aufstehst, was tust du da, ehe du beten gehst?« »Da mache ich auch Strümpfe.« »Und wie hältst du es mit dem Psalmensagen?« »Welche Psalmen ich auswendig weiß«, antwortete der Mann, »die sage ich mir bei der Arbeit vor.«

Als der Strumpfwirker heimgegangen war, sagte der Baalschem zu den Schülern, die ihn umgaben: »Heute habt ihr den Grundstein gesehn, der den Tempel trägt, bis der Erlöser gekommen ist.«[1]

Ob Kinder nun Versteckspielen und nicht mehr suchen wollen, irgendwelche Menschen sich über Bonbons freuen, Männer die Nacht hindurch Kartenspielen, eine Frau Brotteig knetet und backt, jemand als Strumpfwirker arbeitet: Immer ist die jeweilige Situation ein »Ort Gottes«. Meister Eckhart sagt einmal, daß der Mensch, der Gott beim Stallausmisten nicht habe, ihn auch nicht beim Chorgebet habe – und damit trifft er den gleichen entscheidenden Akzent, den auch die Antwort des Kindes setzt, wenn es sagt: »Und ich gebe dir zwei Gulden, wenn du mir sagst, wo Gott nicht wohnt.«

Nun kommt es sehr auf den Erwachsenen selbst an, was er im Gespräch mit Kindern aus der kleinen Szene über das »Wohnen« Gottes zu machen versteht. Hier lassen sich keine methodischen Anweisungen geben, solange alles, was oben über chassidische Frömmigkeit und Martin Bubers Verständnis von Gott in Welt gesagt wurde, nicht in die eigene Sprache übersetzt werden kann.

Wolfgang Borchert: Wo wohnt der liebe Gott? S. 125

A. In seinem »Kinderlied«, das zu den frühen Arbeiten, zwischen 1940 und 1945 entstanden, gehört, begegnen wir einem Borchert, der leicht und unbelastet wirkt – ein großer Gegensatz zu jenem Traum Beckmanns aus »Draußen vor der Tür«, der bereits im 4. Schuljahr Thema war (→ IV, 196 f.).

Die Kindheit von Wolfgang Borchert (1921-1947) stand nicht unter christlich-religiösen Vorzeichen. Von dem nahezu unsichtbaren, »fast nur durch seinen Husten anwesenden Vater« erfuhr Borchert in seinem Leben kaum Widerstand, mit dem er sich hätte auseinandersetzen müssen, wenngleich er von ihm eine aufgeklärte Glaubenslosigkeit übernahm. Um so mehr, sagt Borcherts Biograph Peter Rühmkorf, füllte er die religiöse Lücke mit dem Bilde des Vaters aus. In »Draußen vor der Tür« wird Gott ein vermenschlichter, schwacher Gott, der seinen »lieben, lieben Kindern« nicht helfen kann, der selbst klagt, ohne daß seine Klagen die Kraft hätten, etwas zu ändern, und der letztlich ebenfalls »draußen vor der Tür« steht, »nicht jämmerlich, sondern erschüttert«, laut Borcherts eigener Szenenanweisung. Rühmkorf hält es für »verwundernswert«, daß Borcherts Bedenken sich selten gegen die Kirche und das mißnutzte Evangelium richten, »sondern daß alle religiöse Auseinandersetzung sich auf die Gottesperson bezieht, ... die gleichzeitig geleugnet und verantwortlich geheißen wird.«[2] So heißt es einmal im Gespräch zweier Soldaten über deren eigene Lust am Morden:

1 *Martin Buber*, Erzählungen, a.a.O., 154 f.
2 *Peter Rühmkorf*, Wolfgang Borchert. (rm 58) Reinbek bei Hamburg 1961, 14.

»Aber Gott hat uns so gemacht.«
»Aber Gott hat eine Entschuldigung«, sagte der andere, »es gibt ihn nicht.«
»Es gibt ihn nicht?« fragte der erste.
»Das ist seine einzige Entschuldigung«, antwortete der zweite.
»Aber uns – uns gibt es«, flüsterte der erste.[1]

Daneben, aus der gleichen Nachkriegszeit, zwischen Herbst 1946 und Sommer 1947 geschrieben, eine andere Geschichte:

»Sie hingen in einem Leben, hingehängt von einem Gott ohne Gesicht. Von einem Gott, der nicht gut und nicht böse war. Der nur war. Und nicht mehr. Und das war zu viel. Und das war zu wenig... Und keiner vernahm ihr dünnstimmiges Geschrei. Denn der Gott hatte ja kein Gesicht. Darum konnte er auch keine Ohren haben. Das war ihre größte Verlassenheit, der Gott ohne Ohren. Gott ließ sie nur atmen, grausam und grandios. Und sie atmeten. Wild, gierig, gefräßig. Aber einsam...«[2]

B. Das »Kinderlied« entstammt dem Nachlaß. Es ist von Borcherts Kriegserlebnissen noch nicht belastet. Ohne sonderlichen Anspruch, fast spielerisch und leicht, stellt es dreimal seine Frage »Wo wohnt der liebe Gott?« Diese Frage wird nicht mit geschichtlichen Erfahrungen verbunden, die sonst doch fast ausschließlich Borcherts Werk bestimmen, sondern mit dem Leben in der Natur: die Fische im Wassergraben, das Kalb im Stalle, der Fliederbusch am Rasen: je für sich werden sie als Orte Gottes benannt, wobei »Gott« hier aktiv gedacht wird. Dafür, daß die Fische schwimmen können, das Kalb springen und der Flieder duften, ist er die eigentlich lebensträchtige Kraft.

Man mag darüber rätseln, ob »Gott« hier mehr ist als eine poetische Metapher, oder ob nach ihm gefragt wird, weil er als »lieber Gott« nun mal der Kinderwelt zugerechnet wird. Doch wollte man sich mit dieser Ansicht begnügen, würde man Borchert wohl nicht gerecht. Es scheint nicht möglich, Borcherts Religiosität aus einer Addition einschlägiger Textstellen zu erheben. Seine Kurzgeschichte »Der Kaffee ist undefinierbar« endet mit der resignativen Bemerkung: »Gott hörte von all dem nichts. Er hatte keine Ohren. Das war es. Er hatte ja keine Ohren.« Mit dieser Klage steht Borchert nicht alleine da. Auch der Christ ist davon betroffen, wenn er angesichts des Grauens in seinem Glauben verstummt... Dennoch steht ganz am Ende von Borcherts kurzem Leben, als er in Basel im Krankenhaus liegt, eine knappe Interview-Antwort, die sich mit unserem »Kinderlied« wieder berührt. Der Vertreter einer Presseagentur war ins Spital gekommen, um den Autor des damals überall beachteten Stücks »Draußen vor der Tür« zu interviewen. »Sie sind ein religiöser Dichter, warum verbergen Sie es?« war seine Frage. Borcherts Antwort darauf: »Natürlich bin ich ein religiöser Dichter. Ich verberge es nicht. Ich glaube an die Sonne, den Walfisch, meine Mutter und das Gras. Genügt das nicht? Das Gras ist nämlich nicht nur das Gras.«[3]

Man mag diese Antwort dürftig nennen; sie ist dennoch hintergründiger, als es dem dogmatisch-christlichen Bewußtsein unmittelbar einleuchtet. Eine erste

1 *Wolfgang Borchert*, Die Kegelbahn, in: *Ders.*, Das Gesamtwerk. Hamburg 1949, 170.
2 *Wolfgang Borchert*, Der Kaffee ist undefinierbar, a.a.O., 195.
3 *Peter Rühmkorf*, a.a.O., 162.

Assoziation, die Borchert vermutlich nicht abgewiesen hätte, läßt an Walt Whitman denken (»Gesang von mir selbst«: → V, 149-151), der mit seinem Credo auch die Wunder der Natur verbindet. Borchert nennt als Bezüge seines Glaubens die Sonne, den Walfisch und das Gras, also Gestirn, Getier und Pflanzenwelt, aber zugleich, den Naturrahmen durchbrechend, seine Mutter. Mit dem knappen, scheuen Nachsatz: »Das Gras ist nämlich nicht nur das Gras« aber verweist er auf einen Hintergrund, der nicht ausgefüllt, doch als ein »Mehr als« in Anspruch genommen wird.

C. Die Ausführungen zu Borchert (wie vorangehend zu Buber) stehen hier nicht, weil sie unmittelbar in den Unterricht einfließen könnten. Sie sind notwendig, damit der eigene Umgang mit den so schlicht daherkommenden Texten nicht naiv und unbekümmert ausfällt. Das »Kinderlied«, wahrscheinlich der harten Kriegserfahrung vorausgegangen, und Borcherts Interview-Bemerkung kurz vor dem eigenen Lebensende, sollten in ihrer unterschwelligen Verbundenheit nicht ignoriert werden.

D. Die »Mutter«, die Wolfgang Borchert in Antwort auf die Frage nach seiner Religiosität erwähnt, bleibt im »Kinderlied« ausgespart. Ich habe dieses »Kinderlied« erstmals in den frühen sechziger Jahren Grundschülern in einem Hörsaal der damaligen Pädagogischen Hochschule Paderborn vermittelt und dabei eine vierte Strophe hinzugefügt:

> Wo wohnt der liebe Gott?
> Bei dir und mir im Hause!
> Was macht er da?
> Er bringt uns wohl das Lieben bei,
> damit es keinem grause.

Dieser Text ist über Mitschriften später ins Land gegangen und dann sogar Borchert selbst unterstellt worden.[1] Einem solchen Mißverständnis ist hier vorzubeugen. Es spricht aber nichts dagegen, die Strophe ergänzend im Unterricht beizufügen, weil sie den eigentlich biblischen Akzent bildet (vgl. S. 182).

Die Natur: Das »andere Buch Gottes« S. 125

Im Anschluß an die beiden Texte von Buber und Borchert nimmt das Religionsbuch den Faden aus dem Gottes-Kapitel des Vorjahres wieder auf. Namentlich werden die nachdenklichen Passagen aus dem Tagebuch Fridolin Stiers erinnert, der vor einem Kieselstein wie vor einem Gänseblümchen bekennen konnte: »Wenn ich so etwas sehe, fällt mir Gott ein. . .« (Religionsbuch 5/6, S. 20 und 24). Erst in dieser Rückbeziehung gewinnen die Anekdote von Buber und Borcherts »Kinderlied« jenes didaktische Profil, das unserem Unterrichtsziel entspricht.

Die Seite 125 hat also zunächst eine wieder-holende Aufgabe. Dabei steht es dem Lehrer frei zu entscheiden, wie er an den Prozeß des Vorjahres noch einmal

---

1 So in »Exodus«. Religionsunterricht 3. Schuljahr. München/Düsseldorf 1974, 33.

anknüpfen will. Denkbar wäre es, bei Seite 20 erneut anzuknüpfen; möglich ist auch ein nochmaliger Blick in das Arbeitsheft 5. Vielleicht sind einige Aufgaben letzthin übergangen worden, oder Ähnliches läßt sich neu formulieren. Wünschenswert erscheint, daß der Tübinger Professor, wie er in seinem Alter »immer noch« vor dem Gänseblümchen steht, vor das innere Auge der Schüler tritt. Im Bild »Anbetung, stehend« von Ferdinand Hodler (→ V, 154 f.) können sie die gleiche Erfahrung noch einmal finden.

Es ist natürlich wenig getan, wenn das Buch der Natur ausschließlich zu den im Lehrplan vorgesehenen Zeiten aufgeschlagen wird, ohne daß die vielen Anlässe, die der Jahreslauf bietet, ihre unterrichtliche Beachtung fänden. Wenn Martin Buber der Ansicht war, die auch Christen teilen, daß die Welt insgesamt sakramental ist, und wenn er in den eigenen Kleidern, in der Nahrung, in den Haustieren »Funken« verborgen sah, »die nach Erlösung bangen«, dann möchten insbesondere die Topfpflanzen am Fenster, der Zweig in der Vase, die Knospen der Kastanie und die Lindenblüte... gesehen, mit Teilnahme betrachtet, mit Treue in Obhut genommen werden: Hier ist der erste Ort Gottes.

Hakim Sana'i: Die Blinden und der Elefant

A. Der Verfasser des Gleichnisses von dem Blinden und dem Elefanten ist der älteste der drei großen persischen Sufis (Sana'i, 'Attar und Rumi: → S. 527-531). Sana'i († ca. 1131) wurde zu Ghasna geboren und lebte dort als Hofpoet im Palast des Sultans. Eines Tages hörte er, wie jemand auf das Verderben »des elenden Sana'i« trank, der »seine Zeit damit zubringt, lügnerische Verse zu machen, und einst wird schweigen müssen, wenn er am Tage des Gerichtes gefragt wird, was er für Allah getan hat«. Der damals noch junge Sana'i verließ daraufhin den Hof und lebte seitdem im Abseits, ganz der mystischen Erfahrung zugewandt. Sein späteres Leben sieht ihn wieder in Ghasna, wo er auch gestorben ist.

B. Das Gleichnis von den Blinden und dem Elefant ist in unterschiedlichen Versionen und Übersetzungen bekannt. Sana'i bringt die älteste Fassung im ersten Buch seines Werkes »Der ummauerte Garten der Wahrheit«. Das Thema wird durch den Schüler Sana'is, Rumi, wieder aufgegriffen und findet auch Eingang in den Hinduismus.

Inwieweit indischer Einfluß zur Elefanten-Metapher führte, bleibe dahin gestellt, jedenfalls waren Elefanten im alten Indien mehr als nur irdische Geschöpfe. »In einem Ei«, so heißt es, »entstanden die Elefanten der Vorzeit. Und das Ei war glühend, aus Schalen vom Leibe des Sonnengottes.«[1] Der Mythos erzählt auch, daß die Elefanten in alter Zeit gingen, wohin es ihnen gefiel, und daß sie Gestalt annahmen, wie es ihnen gefiel. Die gleiche Wertschätzung des Elefanten muß nicht Sana'i geteilt haben, sie legt aber die Vermutung nahe, daß die Wahl der Elefanten-Metapher ihn leitete, das Unüberschaubare und Unbekannte zum Ausdruck zu bringen, und daß es nicht allein die Größe des Tieres war, die ihn bestimmte. Zwar war der Elefant in der islamischen Glaubenswelt keine mythische Gestalt und erst recht kein Hinweis auf den göttlichen »Weltelefanten«, doch bei aller Entmythisierung immer noch beeindruckend genug, um Sana'i zu seinem Gleichnis anzuregen.

Ein gesamtorientalischer Einfluß schimmert jedenfalls durch, wenn das Gleichnis den Elefanten als Repräsentationstier schildert, das dem »Pomp« des Königs dient. »Elefanten sind den Königen gesellt zu Prunk, Krieg und Regenzauber.«[2] Daß ein solches Wesen die Neugier der Menschen weckt, ist selbstverständlich und war zu Sana'is Zeiten der arabischen Welt längst vertraut. Eine Episode um den berühmten Elefanten, den der märchenhafte Kalif Harun al-Raschid Karl dem Großen schenkte, ist gut geeignet, eine historische Hintergrundfolie für unsere Gleichniserzählung zu liefern:

1 *Heinrich Zimmer*, Spiel um den Elefanten. Ein Buch von indischer Natur. Düsseldorf/Köln 1976, 33.
2 *Heinrich Zimmer*, Maya. Der indische Mythos. Frankfurt 1978, 391.

»Karl der Große hatte eine Gesandtschaft an den damaligen Herrscher über Bagdad und das Abbasidenreich geschickt, die sich gegen Ende 797 auf den Weg machte. Als seine Legaten dienten Karl zwei Nichtkleriker, Lantfried und Sigismund, sowie ein Jude namens Isaak als Dolmetscher. Wenn man sich damals in den Orient begeben wollte, fuhr man über das Meer bis Ägypten und zog dann weiter auf dem Landwege über Jerusalem und Syrien. Die Gesandtschaft kehrte nach drei Jahren zurück. Die anstrengende Reise haben Lantfried und Sigismund nicht überlebt, vermutlich sind sie auf dem Heimweg gestorben. Isaak aber brachte ein prachtvolles Geschenk Harun al-Raschids für Karl mit, den Elefanten Abu l-Abbas. Isaak war mit dem Tier bis zur afrikanischen Küste gezogen und hatte von dort Karl bitten lassen, ihm ein Schiff für dessen Transport zu senden. Karl erfüllte die Bitte und schickte außerdem den Notar Ericbald mit, um der heimkehrenden Gesandtschaft die Reise ins Rheinland zu erleichtern. Der Elefant Abu l-Abbas erreichte im Oktober 801 die ligurische Küste in Porto Venere, verbrachte den Winter in Vercelli und hielt am 20. Juli 802 seinen Einzug in Aachen, wo sich der Kaiser aufhielt – und man kann sich vorstellen, welchen Volksauflauf es gab, als Isaak mit Abu l-Abbas in die Stadt einzog. Wo immer er in den späteren Jahren noch gewesen sein mag, von überall her werden sich die Leute auf den Weg gemacht haben, den Elefanten zu sehen. – Abu l-Abbas starb im Jahre 810.«[1]

Daß im Gleichnis nun »alle Leute blind« sind, ist ein unrealistischer Zug, der nur als metaphorischer Ausdruck wirklichen Sinn gibt. Aber da sie als Blinde die Wirklichkeit nicht weiter wahrnehmen können, als die eigenen Hände reichen, gehen sie hin, den Elefanten abzutasten. Das ganze Tier vermag keiner von ihnen zu berühren, und so gewinnt jeder nur einen Teileindruck, sei es vom Ohr, vom Rüssel, von den Beinen oder anderen Körperteilen. Was immer sie hernach als ihre Eindrücke zusammentragen, es ergibt in der Summe aller Details immer noch kein Bild des Ganzen.

Erst im Schlußsatz wird das Gleichnis auf einen theologischen Ansatz übertragen: »Ebenso erkennt der Mensch das Wesen der Gottheit nicht, und auch die Gelehrten sind wie jene Blinde, die nur hier oder da etwas ertasten.«

C. Zu diesem Gleichnis gibt es aus anderen Traditionen unterschiedliche Parallelen; eine hinduistische Parabel findet sich unten angefügt. Es ist im Kontext der Gottesthematik nicht angemessen, die Gleichnisse auf das begrenzte Erkenntnisvermögen der Religionen hin auszulegen. Der unterrichtliche Akzent muß der begrenzten menschlichen Gotteserfahrung gelten. Dabei können Momente ins Spiel kommen, die gerade der Islam um sein Nicht-Wissen gegenüber Gott kennt, beispielsweise in der Metapher vom »hundertsten Namen Allahs«, der niemandem bekannt ist.[2]

D. Statt das Gleichnis aus dem Buch heraus zu interpretieren, kann man es experimentell vorwegnehmen. In diesem Fall wird vorher mit keinem Wort auf »Die Blinden und der Elefant« Bezug genommen. Zu Beginn der Stunde werden einige Schüler gebeten, sich die Augen verbinden zu lassen. Dann führt

---

1 *André Clot*, Harun al-Raschid, Kalif von Bagdad. München 1990, 112 f. Näherhin: *G. Musca*, Carlo Magno e Harun al-Rasid. Bari 1963.
2 Siehe dazu das Hörspiel von *Günter Eich*, Allah hat hundert Namen, in: Fünfzehn Hörspiele. (st 120) Frankfurt a.M. 1963. Ein bezeichnender Ausschnitt in: *Hubertus Halbfas*, Der Sprung in den Brunnen, a.a.O., 88-101.

man sie an ein möglichst unbekanntes komplexes Gerät (etwa eins aus der physikalischen Sammlung), das sie hernach beschreiben sollen. Sollten die danach zusammengetragenen Beobachtungen ähnlich auseinandergehen, wie es von den »Blinden« erzählt wird, hätte das Gleichnis seine plausible Erschließung bereits erfahren.

Im Religionsbuch wird abschließend gefragt, ob das Gleichnis die Zustimmung der Schüler finde. Falls diese meinen, das Gleichnis beschreibe einen zutreffenden Sachverhalt, nämlich daß wir Menschen gegenüber Gott letztlich wie Blinde sind, die nur eine sehr bescheidene Reichweite haben, in der sie sich orientieren können, bleibt immer noch zu erwägen, ob das, was wir mit unseren begrenzten Sinnen wahrnehmen, nicht doch wenigstens den »Rücken« Gottes berührt im Sinne von Ex 33, 18-23. Es ist gut möglich, diesen starken Text mit dem vorliegenden Gleichnis zu verbinden: → III, 244 f.; s. dort auch das Gebet Chagalls. Die Texte im Religionsbuch für das 3. Schuljahr, S. 32-33, können ebenfalls einbezogen werden.

Die Farbe des Chamäleons

Zwei Menschen stritten sich heftig über die Farbe des Chamäleons. Der eine sagte: »Das Chamäleon auf diesem Palmbaum ist von einem schönen Rot!« Der andere widersprach ihm und sagte: »Du irrst, das Chamäleon ist nicht rot, sondern blau.« Da keiner seine Meinung beweisen konnte, gingen sie zusammen zu einem Menschen, der unter jenem Baum lebte und lange beobachtet hatte, wie das Chamäleon seine Farbe beständig wechselt. Einer der Streitenden sagte: »Ist nicht das Chamäleon auf jenem Baum rot?« Der Mann entgegnete: »Ja, Herr.« Der andere Streitende sagte: »Was? Wie ist das möglich? Bestimmt ist es nicht rot, sondern blau!« Der Mann gab demütig zur Antwort: »Ja, Herr, es ist blau.« Er wußte, daß das Chamäleon beständig die Farbe wechselt, deshalb beantwortete er beide Fragen mit »Ja«.

So ist es auch mit dem Göttlichen. Der Fromme, der Gott nur in einer Gestalt sah, kennt diese allein. Nur wer ihn in vielfältiger Gestalt sah, kann sagen: »Alle diese Formen sind die eines Gottes, denn vielgestaltig ist Gott!«[1]

---

1 Das Gleichnis stammt von Ramakrishna (1836-1886), dem größten religiösen Lehrer Indiens im 19. Jahrhundert; s. *Hubertus Halbfas,* Das Welthaus, a.a.O., Nr. 23.

Wurden bisher Fragen gestellt und Einschränkungen gemacht, so bietet das Kapitel im Fortgang Antworten. Diese Antworten sind freilich nicht allgemeiner Natur, sondern werden erzählend geboten. Es wird jeweils ein konkreter Kasus beschrieben, der sich als »Ort Gottes« verstehen läßt. Dabei ist es wichtig, die erzählende und Situationen stiftende Form der Antwort zu beachten. Wollte man von der konkreten Legende, vom jeweiligen Ort menschlicher Hilfsbedürftigkeit und erwiesener Mitmenschlichkeit abheben, wäre nur ein verblasenes »Überall« zu proklamieren; die Rede von Gott würde aufhören, konkret zu sein, und also auch aufhören, Fleisch anzunehmen.

Es handelt sich im folgenden Material jedoch um Geschichten, die bereits im Grundschulteil dieses Unterrichtswerkes ihren Stellenwert haben. Es ist kein Notbehelf, wenn wir nunmehr diese Legenden erneut aufnehmen, sondern eine bewußte und didaktisch reflektierte Entscheidung. Wie bereits im vergangenen Jahr mehrfach erprobt, gehört auch dieser Teil des Gotteskapitels zum »Quereinstieg«, mit dem unser Unterrichtswerk in der Orientierungsstufe den Gewinn der Grundschulzeit für alle Schüler aufzugreifen und zu sichern versucht, insbesondere für jene, die in den ersten vier Schuljahren mit anderen Materialien arbeiteten. Die Schüler, welche den Legenden von Christophorus, Martin, Elisabeth und Eustachius/Hubertus erneut begegnen, bekommen sie unter einer veränderten Fragestellung zugespielt, die mit ihrem erhöhten Anspruch ein ernsthaftes unterrichtliches Engagement möglich machen sollte.

Der Rückgriff auf ein bereits ausführlich erschlossenes Material erlaubt jedoch nicht, in diesem Handbuch noch einmal dieselben Informationen auszubreiten. Darum seien für die Unterrichtsvorbereitung die je angegebenen Lehrerhandbücher empfohlen.

Christophorus oder: Wo es nicht weitergeht　　　S. 126-128

A. Die Christophorus-Legende war bereits Thema im Religionsbuch für das 4. Schuljahr (→ IV, 565-570). Mit ihrer Hilfe sollte dort ein erstes Verständnis für die Gattung Legende vermittelt werden. Einer Vertiefung dieses Legendenverständnisses diente im gleichen Kontext das Christophorus-Bild von Joachim Patinir (→ IV, 571-572; Dias 3/4, Nr. 32). Auf die dort gebotenen Informationen zur Geschichte der Christophorus-Erzählung und zur Interpretation der Legende ist hier zu verweisen. Eine erneute Beschäftigung mit der Legende erfolgt im 7. Schuljahr. Der formalliterarische Aspekt hat im vorliegenden Kapitel jedoch insofern Relevanz, als es bei der Form Legende stets um symbolisches Verstehen geht. Das bedingt auch die Plazierung des Kapitels »Gott« *nach* dem Kapitel »Symbolverständnis«.

B. Die eigentliche Anknüpfung, unter der die Christophorus-Legende hier nochmals aufgenommen wird, ist inhaltlich bedingt und rückt sie in eine neue Perspektive: Wir fragen nach dem »Ort Gottes« und finden darauf eine Antwort in der nacherzählten Geschichte. Die ersten Antworten, die der suchende Mensch findet, führen zur Verneinung: Der Ort Gottes ist nicht in Verlängerung der Hierarchien dieser Welt zu finden (und falls doch, so nicht, weil es sich um »Mächtige« handelt, sondern weil der Mächtige nicht minder ein armer, hilfloser Mensch sein kann). Darum findet die Suche unter denen, die durchaus wissen, was »in« ist und gespielt wird, zu keinem Resultat. Der Weg, der weiter führt, liegt nicht in Verlängerung der Karriere. Das bringt die Legende durch die Figur des Einsiedlers zum Ausdruck.

Symbolisch siedelt ihn unsere Darstellung »am Ende der Welt« an. Das ist ein Märchen-Topos, der einerseits den weiten Weg anzeigt, andererseits auf die »Mitte der Welt« verweist. Der »Kristallberg« oder das »Wasser des Lebens« als Symbole einer Mitte, zu der das Leben unterwegs sein muß und die zugleich immer auch das »Hier« und das »Dort«, Welt und Transzendenz verbinden, sind Beispiele für diesen Ort, der grundsätzlich weitab und zugleich ganz nah sein kann, Weltende und Weltmitte zugleich (vgl. S. 152).

»Einsiedler« heißt hier ein Mensch, der die gängigen Konventionen und Einstellungen durchschaut hat, sich von ihnen lösen konnte, um nun aus der eigenen Tiefe zu leben. So sollte jedenfalls seine ideale Form zu bestimmen sein. Doch enttäuscht dieser Einsiedler zunächst durch seine Ratschläge, die dem monastischen Muster, wie es über die Zeiten daherkommt, verhaftet sind. Den Weg des Mönches hat sich der hier Suchende nicht vorgestellt. Es scheint auch, daß er ihm aus seinem eigenen Lebensgefühl distanziert und fremd gegenüber steht. Zweimal ist seine Absage unmißverständlich: »Er fordere von mir ein ander Ding«, in Abwehr des asketischen Wegs, und: »Ich weiß nicht, was das ist und kann ihm darin nicht folgen«, als Zurückweisung des kontemplativen Lebens. Mit diesen beiden Vorschlägen ist die spirituelle Phantasie der meisten christlichen Lehrmeister erschöpft. Auch den sogenannten Laien hat man kaum anderes geraten als abgeschwächte Formen klösterlicher Frömmigkeit. Instinktsicher erkennt der vitale Mensch, der hier *seinen* Weg sucht, daß er damit nichts anfangen kann.

Wir begegnen an dieser Stelle natürlich dem bekannten Dreier-Motiv, das dem dramaturgischen Aufbau von Märchen und Legenden eigen ist (vgl. S. 135 f.): Immer verfolgt es die wirkungsvolle Entgegensetzung des dritten Weges gegenüber den konventionellen ersten Lösungen. Insofern hat sich der Einsiedler seinen letzten Rat auch nicht aus Verlegenheit abnötigen lassen, vielmehr soll der Weg, der nun gewiesen wird, den vorweg genannten Lebensformen entgegengestellt werden: Geh dorthin, wo der Weg mancher Menschen vorzeitig endet und sorge, daß sie den »Fluß«, das »Wasser«, den »Graben«, – das »Grab« überwinden...

Da die Nacherzählung des Religionsbuches einen bereits interpretierenden Modus bevorzugt, sind weitere Erläuterungen hier nicht nötig.

C. Die Beschäftigung mit der Legende darf den übergreifenden Kontext nicht vergessen: Es geht weiterhin um die Frage nach dem Ort Gottes. Die Antwort des Buches ist zu unterstreichen: Dort, wo manche Wege aus Erschöpfung, Not, Ratlosigkeit enden, ist der »Ort Gottes«; suchen wir ihn da und helfen den Hilflosen wieder auf, so ist zu hoffen, »daß Gott sich uns dort offenbaren wird«. Die Legende erzählt nicht, wer alles kommt, wie sie heißen und welches ihr Schicksal ist, denen Christophorus »ohne Unterlaß« ans andere Ufer zu gelangen hilft. Das einzige Beispiel, in dem die Ungenannten kulminieren, wird in der Szene mit dem Kind geboten. (Zu beachten: Diese Passage steht im Flattersatz, gibt also den authentischen Legendentext wieder; die übrige Erzählung ist interpretierende eigene Darstellung.) Das »Kind« steht hier symbolisch für den kleinen, übersehbaren, hilflosen Menschen. Wieso kann ein seinerseits machtloser Mensch einen mächtigen »Riesen« zu Boden drücken? Er kann es, denn das ist unsere tägliche Erfahrung: gerade gegenüber dem Leid und der Schwäche leidender Menschen werden die sonst überall Starken hilflos und schwach. Die Ohnmacht entmachtet die Macht. Jene aber, welche trotzdem die Last der Schwäche nicht von sich weisen, erfahren das Wunder ihrer Liebe: selbst aus dürrem Holz treiben neue Blüten und Früchte.

D. Es gibt wahrscheinlich keine andere Religion, die in einer ähnlichen Weise den »Ort Gottes« bestimmt, wie es diese und die folgenden Legenden tun. Nicht zu übersehen ist dabei, daß die christliche Tradition Gott stets mit Herrschaft und Macht verbunden hat als Überbau weltlicher Größe, so daß alle Obrigkeiten »von Gottes Gnaden« waren und seinen Herrschaftsglanz – hierarchisch abgestuft – widerspiegelten, bis auf die Ebene von Polizisten, Lehrern und Eltern. Das Kreuz, der zentrale Hinweis auf den Ort Gottes, mußte darum uminterpretiert werden in ein Herrschaftszeichen, das Kronen krönt, Türme überragt, Würdenträger ziert, sakrale Räume kennzeichnet. Darüber ging der Blick für die immer neu errichteten »Kreuze in der Welt« (→ Religionsbuch 1, S. 39) verloren. Insofern stellen die Legenden des vorliegenden Kapitels eine Art Unterströmung des Christentums dar, die es immer gab, die auch den Alltag vieler Menschen bestimmte, aber keine strukturierende Bedeutung für Kirchenverfassung und Dogmatik gewann. Hier muß der Unterricht neue Akzente setzen.

Die Christophorus-Legende eignet sich gut für szenisches Spiel. Man kann die Erzählung in einzelne Akte gliedern, in entsprechend viele Gruppen die Klasse teilen und so die Legende von allen Schülerinnen und Schülern spielen lassen. Dabei sind keine Grenzen gesetzt, die einzelnen Szenen mit zusätzlichen Akteuren auszubauen. Natürlich käme es auch darauf an, die ersten zwei Szenen (im Königsdienst; im Dienst des »Fürsten dieser Welt«) konkret auszugestalten. Der »König« muß kein König sein: Er kann auch eine andere Art Regierungschef darstellen. Der »Teufel« muß kein Teufel sein: Jedes normale Weltkind, das sich naiv selbst genügt und alle Bilder des Leidens und des Todes verdrängt, läßt sich im Entwurf der mittelalterlichen Symbolfigur interpretieren. Also kann unser Spiel die Legende in die Verhältnisse der eigenen Welt übersetzen. Geht dann der Christophorus, der ebensogut Christophora heißen darf, an einen Fluß, um dort die Menschen hinüberzutragen? Oder lassen sich mit der Klasse neue Situationen, die ebenso wie ein Fluß bedrohend und verschlingend erlebt werden können, finden? Ein Krankenbett, in dem der Kranke verkommt, wenn ihn niemand mehr in die Arme nimmt? Eine Wohnung, in der der fremde oder alte Mensch vereinsamt, weil niemand nach ihm fragt? Und kommt es nicht einem grünenden Stab gleich, wenn jene, die zuvor lebensmüde waren, sich wieder in die Gemeinschaft anderer Menschen einreihen und mit ihnen ein Fest feiern? Das alles kann das freie Spiel entfalten.

Der Christophorus-Legende sind zwei Bilder beigegeben, die ihren Kern besonders herausheben. Sie sollten nicht als »Buchschmuck« gedeutet und wortlos übergangen werden.

Otto Dix: Christophorus   Innentitel und S. 125

A. »Das Christliche ist keine Atelier-Idee. Mein Leben war mir Anlaß genug, die Passion am Bruder, ja am eigenen Leib durchzuleben. Hiob, Christophorus, der verlorene Sohn, Petrus mit dem Hahn – das alles sind nicht einfach biblische Themen, die ich um ihrer Interessantheit willen gestalte, sondern sie sind Gleichnisse meiner selbst und der Menschheit. Das ist es, was mich drängt. Aber es gibt darüber hinaus noch etwas, das mich reizte: die große Aufgabe, aus abgegriffenen Themen immer wieder etwas Neues zu machen, die Kunst zu erneuern, wie auch das Christentum sich immer wieder erneuert. Das christliche Motiv gewährt die Freiheit der Gestaltung.«[1]

So sprach Otto Dix (1891-1969) über die biblische und christliche Thematik in seiner Kunst. Er war ein selbstbewußter und seiner selbst sicherer Mann; schon früh hatte er seine Mitgliedschaft in der evangelischen Kirche gekündigt, ohne damit sein Verhältnis zu Bibel und Christentum zu dispensieren: »Jedes Wort muß man lesen... Es ist eine große Wahrheit in allem. Die meisten lesen doch keine Bibel. Aber die Bibel lesen, die Bibel lesen, wie sie ist, in ihrer ganzen Realistik, auch das Alte Testament, das zu lesen: Das ist schon ein Buch. Das ist schon ein Buch, kann man ruhig sagen, das Buch der Bücher... in jeder Beziehung ein großartiges Buch, ganz großartig!«[2] Dix verstand sich selbst nicht als bewußter Christ. »Ich weiß nicht, ob ich gläubig bin oder ob ich ein Atheist bin oder sonst etwas bin. Ich weiß gar nichts. Gar nichts weiß ich... Jedenfalls bin ich nicht dogmengläubig, sondern sehr skeptisch. Skeptisch.«

Dennoch schuf er seit 1943 zahlreiche Werke – Gemälde, Pastelle, Lithographien – mit religiöser Thematik. Zentral für ihn war die Leidensgeschichte Jesu: »Christliche Thematik bezieht sich auf unsere Gegenwart ebenso wie auf unsere Vergangenheit und Zukunft, sie hat etwas, das bleibt.« Auf Grund seiner inneren Beziehung zu Bibel und christlicher Symbolwelt bekam Otto Dix zahlreiche Aufträge von beiden Konfessionen (so daß sich hier der ebenso glückliche wie angemessene Fall ereignete, daß dieser Maler selbst Altarwände gestalten durfte, während ansonsten Menschen vergleichbarer Kirchendistanz nicht einmal eine Hausmeisterstelle erhalten).

B. Die Christophorus-Thematik steht nicht zufällig und vereinzelt im Werk von Otto Dix. Insgesamt hat er acht Christophorus-Bilder geschaffen, so daß sich diese Thematik wie der berühmte rote Faden durch das Oeuvre zieht. Ausgangspunkt ist ein Schlüsselerlebnis des jungen Dix: Nachdem er als kleiner

---

1 Zitat Otto Dix in: *Eva Karcher,* Otto Dix. Leben und Werk. Hg. von *Ingo F. Walther.* Köln 1988, 239.
2 Ebd., 236.

Junge auf dem Schulhof gestürzt war, brachte ihn ein besonders großer und kräftiger Schüler nach Hause; dieses Erlebnis hat sich bei Dix so tief eingegraben, daß er es in seinen Christophorus-Bildern immer wieder bearbeitete. Dazu paßt die mehrfach betonte Sicht des Malers: »Am liebsten sehe ich die Urthemen der Menschheit mit meinen eigenen Augen.«

C. Die Tuschzeichnung ist unter den Christophorus-Bildern am wenigsten anspruchsvoll, eher eine schnell aufs Papier gebrachte Skizze. Aber wieviel Ausdruckskraft liegt darin! Während ansonsten dem riesenhaften Mann der Fluß immer nur bis ans Knie reicht, geht er hier bis zur Brust ins Wasser getaucht. Man sieht kein gegenüberliegendes Ufer. Die Wasserfläche weitet sich zum Meer. Schwer auf den Stab gestützt, watet der starke Mann durch die Flut. Erstaunt schaut er sich um nach dem leichten, lichten Kind auf seiner linken Schulter. Sein bärtiges Gesicht mit der Stupsnase hat etwas Drolliges, aber die nach oben schielenden Augen verraten Verwunderung: Wie kann mich dieses Kind so tief in das Wasser drücken? Die Hilflosen und Ausgelieferten überzubringen, ist offensichtlich selbst für starke Menschen nicht einfach und risikolos.

D. Als Aufgabe läßt sich die Frage stellen, welche anderen Bilder des 6. Schuljahr-Teils in ihrer Weise die Christophorus-Thematik aufnehmen. Beispielsweise die Krankensaal-Szene S. 158? Die krasse und direkte Gegenposition aber findet sich auf Seite 131; auch die Bilder Seite 132 und 134 zeigen klare Antipositionen.

Otto Pankok: Christophorus I — S. 127
Sankt Martin — S. 128

A. Im Mittelpunkt des Lebenswerkes von Otto Pankok (1893-1966; seine Arbeiten begegneten bisher → IV, 160-162; V, 135 f.) stehen großformatige Kohlegemälde, mehrere Tausend an der Zahl (→ S. 256). Die nächst wichtige Stelle nehmen die Holzschnitte ein. Alle seine Themen greift er darin auf: Mensch, Tier und Landschaft.

B. Ein Holzschnitt zwingt zu klaren Formen: schwarz auf weiß, einfache Sprache, großzügige Abstraktion, ein handwerklich sicherer Zugriff, der dem Holz seinen Charakter abverlangt. Auf den Ausgang des Mittelalters, nachdem der Holzschnitt auf Flugblättern und Bilderbögen den Siegeszug des Buches begleitet hatte, die Auseinandersetzungen der Reformationszeit beeinflußte und zum ersten Mal in der abendländischen Geschichte das Bild in den Alltag brachte, folgten Jahrhunderte dahinwelkender Holzschneidekunst, in denen der Holzschnitt weniger als künstlerisches denn als reproduzierendes Medium in Erscheinung trat. Im 18. und 19. Jahrhundert dienten Holzschnitte zur Wiedergabe von Gemälden, auch zur Buchillustration und zu Werbeanzeigen. Die Verfeinerung dieser Technik verdankt sich dem Ende des 18. Jahrhunderts entwickelten Holzstich. Im Gegensatz zum Linienschnitt der alten Meister, die das Brett entlang der Faser bearbeiteten, benutzt der Holzstich das quer zur Faser geschnittene Hirnholz aus harten Sorten (Buchsbaum). Damit lassen sich überaus feine Linien erzielen, die eine perfekte Wiedergabe von Feder- und Bleistiftzeichnungen erlauben. Bis zur Erfindung mechanischer Wiedergabeverfahren blieb der Holzstich das beste Reproduktionsmittel für Buchillustrationen.

Gegen Ende des 19. Jahrhunderts wurde der Holzschnitt von seiner nur technischen Nutzung zur Reproduktion unterschiedlichster Bilder abgelöst. Künstler wie Paul Gauguin und Edvard Munch suchten im Holzschnitt durch das lapidare Gegen- und Miteinander schwarzer und weißer Flächen die Bildwirkungen frühester Zeiten wiederzugewinnen. In der Dresdner Malergruppe der »Brücke« wachte mit Ernst Ludwig Kirchner der eigentliche Genius des expressionistischen Holzschnitts auf, wobei die Arbeiten Emil Noldes, Christian Rohlfs, Karl Schmidt-Rottluffs und ferner Erich Heckels nicht zu vergessen sind. Daneben schuf Frans Masereel seine berühmten Bildererzählungen (→ Religionsbuch 2, 71 f.; → II, 471-473), und auch Ernst Barlach und Käthe Kollwitz brachten den Holzschnitt zu weiterem Ansehen. HAP Grieshaber (→ V,422f.) arbeitete fast ausschließlich im Holz und steigerte die Schneidekunst zu riesigen Formaten.

Als Otto Pankok nach dem Ende des Ersten Weltkriegs seine ersten Holzstöcke bearbeitete, standen ihm die Vorbilder der Expressionisten-Generation bereits vor Augen. So band auch er sich zunächst ganz an deren Formsprache, doch nutzte er den Holzschnitt zunächst fast ausschließlich für das Porträt. Später dominierten dann Darstellungen des Zigeunerlebens und die »Passion« als Ausdruck seines Widerstandes gegen die Gewaltherrschaft des Naziregimes. In einer dritten Phase während der letzten Kriegsjahre ziehen jene Menschen in sein Werk, die der NS-Staat verfolgte und ermordete. Nach 1947 beginnt ein vierter und zugleich der längste Schaffensabschnitt mit unterschiedlicher Thematik. Pankok hat seine Holzschnitte »als Botschaften verstanden, die viele erreichen sollten, um ihnen vom Geheimnis des Lebens, von der Würde der Armen und Verstoßenen, von der Bruderschaft mit den Geschöpfen Kunde zu geben«[1].

C. Alle Bilder Otto Pankoks vermitteln genauso wie seine Lebensgeschichte eine Grundhaltung, die durch Klarheit und Mitmenschlichkeit besticht. Er nimmt Partei für die Natur und für mißachtete Menschenschicksale; seine Werke sind Gegenbilder zu allen herunterziehenden und diffamierenden Bewegungen (vgl. Religionsbuch 4, S. 21). In Düsseldorf hatte er die Siedlung Heinefeld entdeckt, an deren Rand Zigeuner seßhaft geworden waren. Seine Tochter erzählt: »Hier nun richtete mein Vater ein kleines Atelier in einem Hühnerstall ein, stellte einen Ofen hinein. Zu der schönen Wärme kamen dann die Zigeunerkinder, dann die Mütter und schließlich auch die Väter. Und so wurde er ihr Molari, ihr Maler. Er fand ihr Vertrauen und war darüber sehr glücklich. Viele Bilder entstanden. Aber bald war diese glückliche Zeit zu Ende. Das Dritte Reich begann. Nun überlegte er: ›Was kann ich dagegen stellen?‹

---

1 *Otto Pankok*, Das Buch der Holzschnitte. Einführung von Rainer Zimmermann. Düsseldorf 1982, ohne Seitenzählung.

und malte seine Passion, das Leben von Jesus, 60 große Kohlegemälde. Die Modelle waren die Zigeuner und die anderen Bewohner des Heinefeldes.«[1]

In wichtigen Bildern seiner »Passion« verbindet Pankok die Geschichte Jesu mit seiner eigenen Zeit. Er stellte Jesus als Juden dar, um der Diffamierung der Nazis sein Zeugnis entgegenzusetzen; in den Folterknechten Jesu sah er Parallelen zu den Schlägerhorden der SA. Von dem, der aus der Kirche ausgetreten war, heißt es in einem Katalog: »In dieser Situation gewann die Verpflichtung auf das Vorbild Christus, die Betrachtung seines Leidensweges mit offenen, zeitgenössischen Augen, eine immense Sprengkraft, wenn man das Vorbild eines Christus der gelebten Nächstenliebe nur ernst nahm und nicht die Augen vor der Realität verschloß.«

D. Die beiden Holzschnitte »Christophorus I« (1947) und »Sankt Martin« (1948) lassen sich vor dem geschilderten biographischen Hintergrund gut mit dem Leben des Holzschneiders Pankok verbinden. In ihrer schwarz-weißen Strenge passen sie zu einem Künstler, der einmal sagte: »Ich möchte ausdrücken, daß diese Zeit eindeutig zu sein hat.« Wenn wir die Bilder mit den Schülern anschauen, ist es sinnvoll, ihnen zunächst zu erzählen, wie ein Holzschnitt entsteht und warum ein solches Bild kräftiger und herber sein muß als ein Gemälde. Sie sollten erkennen, daß ein Holzschnitt sich auf das, was wirklich wichtig ist, beschränkt und alles Beiwerk ausläßt. Diesen Ausdruck wahrzunehmen, sind die Schüler selbst in der Lage. Sie können zusammentragen, *was* sie sehen und *wie* sie es sehen. Anzustreben ist, daß sie *erstens* den Holzschnitt als verdichteten Ausdruck der jeweils erzählten und interpretierten Legende schätzen können; *zweitens* in beidem eine Herausforderung an die Gegenwart erkennen: zunächst an die Zeit Pankoks, als in den Nachkriegsjahren der allseitigen Not mit eigener Tatkraft – einem Christophorus oder Martin gleich – zu begegnen war, und dann zu überlegen, wie diese Legendensymbole in die eigenen Verhältnisse hinein konkretisiert werden können.

Martin oder Womit man Gott am Erfrieren hindert   S. 129

Das Religionsbuch nimmt nur in wenigen Zeilen auf die wohl berühmteste Martinslegende Bezug. Sie findet im Lehrerhandbuch 1, S. 100-104; 109 ihre Darstellung und Deutung (s.a. Relindis Agethen, Martin teilt den Mantel, Dias 1/2, Nr. 3). Eine Wiederbegegnung mit Martin von Tours erfolgte im 5. Schuljahr (Religionsbuch 5/6, S. 108-111) mit der Gegenüberstellung von zwei unterschiedlichen Reiterdarstellungen (→ V, 505-510). Im Kontext des hier vorliegenden Gotteskapitels soll das Symbol der Mantelteilung ausschließlich bedacht werden, um den frierenden Bettler am Weg als einen »Ort Gottes« wahrnehmbar zu machen. Dazu verhilft innerhalb der Legende der nächtliche *Traum* (→ S. 99-106): Darin erschien ihm »Christus mit jenem Mantelstück, womit er den Armen bekleidet hatte... Eingedenk der Worte, die er einst

---

1 *Eva Pankok*, Otto Pankok und das Emsland, in: Otto Pankok. Katalog zu den Ausstellungen in Meppen, Bokeloh und Haselünne. Meppen 1988, 5-7. »Die Passion in 60 Bildern von Otto Pankok« erschien 1982/1986 in Düsseldorf (Rudolf-Dehnen-Verlag).

gesprochen: ›Was immer ihr einem meiner geringsten Brüder getan, das habt ihr mir getan‹ (Mt 25,40), erklärte der Herr, daß *er* im Armen das Gewand bekommen habe.«

Wenn sich der Unterricht die Zeit nehmen kann, dieses Motiv zu betonen, sei der Rückgriff auf das Martinsbild von Agethen und auf die Reiterbilder im Religionsbuch S. 110 und 111 empfohlen.

Elisabeth oder Wie man unseren Herrn badet S. 129

Auch die Elisabeth-Geschichte findet sich bereits im Religionsbuch für das 1. Schuljahr. Neben einer Lebensskizze erschließt das zugehörige Handbuch die Tafeln des Lübecker Elisabeth-Zyklus: »Elisabeth verteilt Lebensmittel an die Armen« (→ I, 116-119) und »Der Aussätzige als der gekreuzigte Christus« (→ I, 119-122; Dias 1/2, Nr. 4). Dort werden auch die im Religionsbuch 5/6 erneut erzählten und gedeuteten Legenden interpretiert. Ein Vorgriff auf die Geschichte der Elisabeth von Thüringen im Religionsbuch 7/8, S. 136-138 empfiehlt sich nicht. Die im anstehenden Gottes-Kapitel nacherzählten Ereignisse und Legenden genügen, um erneut den »Ort Gottes« zu konkretisieren. – Es sollte jedoch darauf geachtet werden, die Legende vom Aussätzigen im Ehebett in ihrer symbolischen Sprache transparent zu machen: Nie hat ein Fremder mit Elisabeth die Kammer geteilt; »Bett« ist der symbolische Ausdruck für eine Nähe, die nicht überboten werden kann. Sie hat sich von fremder Not nicht durch »Almosen« freigekauft und gab keine Spenden, um mit beruhigtem Gewissen ein distanziertes eigenes Leben führen zu können, sondern ließ sich das hilflose Elend ihrer Mitmenschen auf den Leib rücken, wie sonst die Menschen nur den Liebsten an sich heranrücken lassen.

Eustachius/Hubertus oder S. 129-130
Gott identifiziert sich mit den Opfern

Diese Legende ist eine der wenigen, kostbaren Spuren, auf denen die christliche Tradition den Schmerz der Tiere zum Ort der Gottesbegegnung werden läßt. In ihrer symbolischen Dichte und Eindeutigkeit greift die Erzählung theologisch weit über verwandte Motive in den Legenden um Franz von Assisi hinaus. Darum sollte die über Jahrhunderte verkannte, folkloristisch mißbrauchte und mit falscher Romantik überdeckte Legende gerade im vorliegenden Zusammenhang sorgfältige Beachtung finden. Hier zeigt sich, wie eine Legende, die nichts »Historisches« überliefert, ihre Wahrheit darin erweist, daß sie Augen für etwas gibt, was viele andere oft zeit ihres Lebens nie sehen: Daß wir den gekreuzigten Christus nicht in den Kunstwerken unserer Kirchen und auch nicht in den »Herrgottswinkeln« unserer Stuben suchen und verehren sollen, sondern in den Opfern unserer eigenen Ansprüche zu erkennen haben. Denn so wird erzählt: Der Gott der Christen identifiziert sich nicht mit dem Jäger, dem über seine Beute triumphierenden Sieger, sondern mit dessen Opfer. Dabei ist der Hirsch nur ein Beispiel; jedes andere Tier kann ebenso den Gekreuzigten offenbaren, wenn der Mensch es seinen Ansprüchen unterwirft, ohne dessen Eigenrechte zu achten. Also trifft die Legende auch das Kind, das einer Stubenfliege ohne Mitleid Flügel und Beine auszupft; oder uns alle, die wir Eier und Fleisch von Tieren genießen, die durch fabrikmäßige Massentierhaltung um ihre elementaren kreatürlichen Rechte gebracht werden – aber wer kann in den Boxen von Mastkälbern, die nie ihrer Art gemäß leben dürfen, noch das Bild des gekreuzigten Christus erkennen? Hier ist an Martin Buber zu erinnern:

>»Die Urgefahr des Menschen ist die ›Religion‹«, wenn sie die Welt des Menschen in die Bereiche »profan« und »sakral« spaltet und die Gotteserfahrung auf einen Getto-Bereich verweist: »Weltleben und Gottesdienst laufen unverbindlich nebeneinander her; aber der ›Gott‹ dieses Dienstes ist nicht mehr Gott, es ist der bildsame Schein – der wirkliche Partner des Umgangs ist nicht mehr da, die Gebärden des Verkehrs schlagen in die leere Luft. . . Die Seele will nur noch mit Gott zu tun haben, als wollte er, daß man die Liebe zu ihm an ihm und nicht an seiner Welt ausübe; (. . .) aber mit der Welt ist Gott selber entschwunden, nur sie allein, die Seele, ist da, was sie Gott nennt ist nur ein Gebild in ihr, was sie als Dialog führt, ist ein Monolog mit verteilten Rollen, der wirkliche Partner des Umgangs ist nicht mehr da.«[1]

Mit dieser radikalen Kritik zielt Buber in der Tat auf alle Formen herkömmlicher Gottesverehrung, »die in der angeblich direkten Gottesbeziehung ein Mehr sieht als in der Beziehung zu Mensch und Welt« (vgl. oben S. 186 f.). Die dem oberflächlichen Blick, der den symbolischen Ausdruck nicht lesen kann, leichtgewichtig erscheinende Legende erweist sich von einer kritischen Qualität, die Theologie- und Kirchenkritik in sich einschließt: Der Ort Gottes bedarf dringlich einer Neubestimmung für Gesellschaft, Welt und Leben.

Die der Legenda aurea entnommene Geschichte vom Jäger, seinem Opfer und dem »Ort Gottes« findet sich motivgeschichtlich untersucht und ausführlich interpretiert in: → II, 187-191. Daneben sind die Abschnitte »Die Mißachtung des Tieres in der Christentumsgeschichte« (→ II, 160-163) und »Tiere, Pflanzen und Kinder« (→ II, 61-66) beachtenswert. Ikonographisch gehören in den Kontext: Antonio Pisanello: Vision des hl. Eustachius (→ II, 191-195; Dias 1/2, Nr. 22) und Roland Peter Litzenburger: Die gekreuzigte Kreatur (→ IV, 135 f.).

---

1 *Martin Buber*, Werke III, a.a.O., 744 f.

Das gewichtige Kapitel schließt mit einem autobiographischen Bericht von Elie Wiesel. Elie (Eliezer) Wiesel wurde 1928 in Sighet, damals Rumänien, später Ungarn, geboren, im Mai 1944 im Alter von 15 Jahren nach Auschwitz (und nach Herannahen der Front nach Buchenwald) deportiert. Während seine Eltern und die jüngere Schwester ums Leben kamen, erlebte der junge Elie 1945 die Befreiung in Buchenwald. In Frankreich fand er eine neue Heimat und Sprache, in der er bis heute gewöhnlich schreibt. Er wurde Journalist und später Professor an der Boston University. Bereits in seinem ersten Roman, ursprünglich jiddisch geschrieben »Un die Velt Hot Geshvign« (Und die Welt hat geschwiegen, dt.: Die Nacht, 1958) bildet der Holocaust das Hauptthema. Aufgewachsen in einer religiösen Familie, erzogen unter chassidischem Einfluß, dreht sich das Denken Elie Wiesels in allen seinen Büchern um die Beziehung von Mensch und Gott. Wegen seiner unermüdlichen Tätigkeit im Dienste menschlicher Verständigung und Versöhnung – sein Biograph nennt ihn »Messenger to all humanity«[1] – wurde Elie Wiesel 1986 mit dem Friedensnobelpreis geehrt.

B. »Lassen Sie mich Ihnen ein bißchen über mich erzählen. 1944 war ich noch sehr jung, sehr naiv, unschuldig. Ich bin aufgewachsen in einer jüdischen Stadt, und mein ganzes Leben war eigentlich ausgefüllt mit Mystik und religiösen Studien. Für mich bedeutete Gott viel mehr als nur der Schöpfer der Welt, wenn man das überhaupt sagen kann. Gott bedeutete für mich die immerwährende Gegenwart von etwas, das darüber hinausgeht – weit, weit darüber hinaus: nämlich der Motor, die Maschine, die die Geschichte ihrer Erlösung entgegentreibt. Für mich waren Gott und Erlösung eng miteinander verbunden...

Inzwischen war Krieg um uns herum. Wir wußten noch nichts von dem, was vor sich ging. Aber ich wußte genug davon, daß es viel Leiden in der Welt gab und daß viele Juden leiden mußten... 1944, kurz vor Pessach, besetzten die Deutschen meine Stadt. Unter den ersten, die die Stadt verließen – heute genau vor zweiundvierzig Jahren –, waren meine beiden Freunde, die ihren Verstand verloren hatten, weil sie den Messias herbeiholen wollten. Sie waren die ersten, die in das ferne Reich der Nacht gebracht wurden, und ich habe sie nie wiedergesehen.

Eine Woche später kamen wir an die Reihe. Noch einmal: Wir wußten nichts... Der Sieg stand so nahe bevor; die Landung in der Normandie fand zwei Wochen später statt. Die Russen waren zwanzig Kilometer von meiner Stadt entfernt; nachts konnten wir das Artilleriefeuer hören. Hätten wir die

---

1 *Robert McAfee Brown,* Elie Wiesel. Messenger to All Humanity. London 1983 (Notre Dame). Die Biographie beachtet ausführlich das literarische Werk Wiesels. *Ellen Norman Stern,* Wo Engel sich verstecken. Das Leben des Elie Wiesel. (Elie Wiesel. Witness for Life, New York 1982), Freiburg i.Br. 1986.

Namen Auschwitz oder Treblinka oder Majdanek gekannt, ich kann Ihnen versichern, daß viele von uns die Möglichkeit gehabt hätten zu fliehen. Das Getto war nicht bewacht; es waren zwei deutsche Offiziere da und fünfzig ungarische Gendarmen, die ein Getto von 15000 Menschen bewachten. Ringsherum war Wald. Es gab sehr gute Christen in unserer Stadt, die bereit gewesen wären, uns zu verstecken. Aber wir wußten nichts. Und das ist für mich auch heute noch wirklich unbegreiflich. 1944, im Mai – wir wußten nichts! Jeder wußte es, nur wir nicht, weil es uns niemand gesagt hatte. Niemand in der Freien Welt fand es nötig, ans Radio zu gehen, BBC oder Radio Moskau, um uns zu sagen: ›Ungarische Juden, haut ab!‹

Nun, wir waren also der letzte Transport aus meiner Stadt. Wir kamen an, wie ich es zu beschreiben versucht habe in meinem ersten Buch ›Nacht‹[1]. . .

Nach dem Krieg war das eigentliche Problem: Was macht man mit so viel Wissen? . . . Das sechsjährige Kind in unserer Mitte wußte mehr über Leben und Tod, über die Vergeblichkeit von allem, was Menschen tun und erreichen, als die Lehrer, die wir hatten. Und wir wußten nicht, was wir mit diesem Wissen anfangen konnten.

Diejenigen unter uns, die aus einem religiösen Elternhaus kamen, hatten es leichter, sich zurechtzufinden. Religion gibt einen Rahmen. Der Protest gegen Gott, der Protest gegen die Tradition, die mit Gott verbunden ist, kam nicht während des Krieges; der Protest kam nach dem Krieg. Denn während des Krieges wagten wir überhaupt nicht – noch nicht – , mit der Tradition zu brechen. Wir beteten, ich betete den ganzen Krieg hindurch. Wir hatten in Buna – jemand hatte sie irgendwie hereingeschmuggelt – ein Paar Teffilin, und jeden Morgen standen wir eine Stunde vor allen anderen auf, stellten uns der Reihe nach an, um Teffilin zu legen. Wir versuchten soviel wie möglich einzuhalten: den Sabbat, obwohl das unmöglich war; wir versuchten die Feiertage einzuhalten. Ich werde nie vergessen, daß wir versuchten, Pessach zu begehen in Buchenwald. Wie konnte man? Wir hatten keine Mazzen, keinen Wein – aber wir hatten die Geschichte. So erzählten wir einander die Geschichte. . .«[2]

C. Die Begebenheit, die Elie Wiesel aus dem KZ Buna (einer Sektion von Auschwitz) berichtet, ist *die* Herausforderung an theologisches Denken und Sprechen. Die Bibel nennt Gott den »Liebhaber des Lebens«; kann er da zugleich seinen Ort am Galgen finden? Dem Christen legt es sich nahe, gleich auf das Kreuz Jesu zu verweisen, doch steht zuvor wenigstens der erstaunliche Umstand im Weg, daß der *Jude* Elie Wiesel sagte: »Und ich hörte eine Stimme in mir antworten: Wo er ist? Dort – dort hängt er, am Galgen. . .«

Um die jüdische Denkweise zu verstehen, muß von der *Schechina* (sprich: Schekhina) die Rede sein. Schechina ist die »Einwohnung Gottes« (von hebr. *schochen*, wohnen). In der rabbinischen Literatur ist es die Bezeichnung für die Gegenwart Gottes in der Welt, zumal an bestimmten Orten, wie im »Dornbusch«, beim Volk oder dem einzelnen Menschen. Mit der Schechina verbinden sich unterschiedliche Deutungen. Manche glauben, daß sie beim Beten, beim

1 *Elie Wiesel*, Die Nacht wird begraben, Elischa. (Ullstein Tb 20823) Berlin 1987.
2 Elie Wiesel sprach im Mai 1986 in der Evangelischen Akademie Loccum erstmals in Deutschland vor einer deutschen Zuhörerschaft. Einer seiner beiden Vorträge, aus dem hier zitiert wird, wurde unter dem Titel »Lebensstationen« wiedergegeben in: Kirche und Israel 2 (1987), 56-68.

Torastudium und auch bei Kranken anwesend sei. In nachtalmudischer Zeit wurde eine Identifikation der Schechina mit Gott vermieden; lieber verglich man sie mit dem Licht der Sonne, statt sie mit der Sonne gleichzusetzen. Nach kabbalistischer Lehre[1] läßt Gott die leidende Welt nicht allein, vielmehr steigt seine Herrlichkeit »selber zur Welt nieder, geht in sie ein, ins ›Exil‹, wohnt ihr ein, wohnt bei den trüben, den leidenden Geschöpfen, inmitten ihrer Makel«[2]. Gott leidet, wo Menschen leiden und wartet ebenso auf Erlösung, aber »nicht zum Schein ist Gott in seiner Welteinwohnung ins Exil gegangen«, vielmehr kann man mit Elie Wiesel sagen, daß er in Gestalt seiner Schechina in Auschwitz am Galgen hängt und darauf wartet, »daß von der Welt aus die anfangende Bewegung auf die Erlösung geschehe«[3]. In diesem Denken kommt die Erlösung nicht von außen auf den Menschen und die Welt zu, vielmehr braucht Gott den Menschen, damit die Erlösung der Welt voranschreitet. Aber eben deswegen muß Gott auch mit dem Menschen leiden.

Dorothee Sölle, die in ihrem Buch »Leiden« eine Passage aus Elie Wiesels Bericht ebenfalls zitiert, sieht an der entscheidenden Stelle alle Kommunikation zerfallen: »Der Frager bekommt die Antwort nicht, den Sterbenden erreicht die Botschaft nicht, und – was schwer erträglich ist – der Erzähler bleibt mit seiner Stimme allein«. –

»Der entscheidende Satz, daß Gott ›dort am Galgen‹ hängt, hat zwei Bedeutungen. Erstens ist es eine Aussage über Gott. Gott ist kein Henker – und kein allmächtiger Zuschauer (was auf dasselbe hinausliefe). Gott ist nicht der mächtige Tyrann. Zwischen den Leidenden und den Leidmachern, zwischen Opfern und Henkern ist ›Gott‹, was immer Menschen mit diesem Wort denken, auf der Seite der Leidenden. Gott ist auf der Seite der Opfer, er wird gehängt.« Diese Antwort haben die oben bedachten Legenden von Martin, Elisabeth und Eustachius/Hubertus ebenfalls gegeben, wenngleich sie in ihrer Perspektive statt Gott *Christus* in denen erkennen, die hier leiden und sterben. Doch bevor wir hier weiter denken, geht es um die zweite Bedeutung des wichtigen Satzes als »eine Aussage über den Jungen. Wenn es nicht zugleich eine Aussage über den Jungen ist, dann bleibt die Geschichte unwahr, und man kann auch auf die erste Aussage verzichten.«

Diese Gleichung muß gelten, sonst würden Theologie und Anthropologie auseinanderfallen. Aber dann muß mit Dorothee Sölle weitergefragt werden: »Wie läßt sich die Aussage über den Jungen ohne Zynismus machen? ›Er ist bei Gott, er ist auferstanden, er ist im Himmel.‹ Solche traditionellen Sätze sind fast immer klerikale Zynismen mit hohem Apathiegehalt. Manchmal stammelt einer solche Sätze auch der Wahrheit nach, wie ein Kind etwas Unverständliches nachplappert, im Vertrauen auf den Vorsager und die ihm noch untrügliche Sprache. Das ist immer noch möglich, nur zerstört es auf die Dauer die, die es tun, weil Glaubenlernen auch Sprechenlernen bedeutet und es theologisch notwendig ist, das Gehäuse unserer vorgegebenen Sprache zu transzendieren. . . Wir müssen lernen, in dem Satz ›Hier ist Er, er hängt dort am Galgen‹ das

---

1 Kabbala (hebr. »Überlieferung«), die jüdische Mystik und Geheimlehre. Die esoterischen Bewegungen seit dem Jahre 70 n.Chr. sind Vorbedingung und Vorläufer der eigentlichen Kabbala, die seit der 2. Hälfte des 12. Jahrunderts datiert. Die Kabbala hatte großen Einfluß auf den Chassidismus.
2 *Martin Buber,* Werke III, a.a.O., 749.
3 Ebd., 752.

Bekenntnis des römischen Hauptmanns zu hören: ›Wahrlich, dieser ist Gottes Sohn gewesen.‹ Alle, jeder einzelne von den sechs Millionen ist Gottes geliebter Sohn gewesen. Anders als so hat sich auch damals Auferstehung nicht vollzogen.«[1]

Wenn also »Gott am Galgen« hängt, wenn das Kreuz »Ort Gottes« ist, dann bedeutet die »Verehrung des Kreuzes«, daß gerade jene, welche die Stärke der Schwachen im Leiden erfahren, die das Leiden in ihr Leben einbeziehen und die nicht das höchste Ziel darin sehen, leidfrei durchzukommen, daß gerade diese für alle da sind, die ungefragt gekreuzigt werden.

Folgt man den neutestamentlichen Passionsgeschichten, kommt die entscheidende Wendung hinzu, daß sich die Bitte Jesu, vom Leiden verschont zu bleiben, in die Bereitschaft wendet, es anzunehmen. Die Frage nach der Verantwortung Gottes, wie sie in Albert Camus' »Pest« durch den Arzt Rieux gestellt wird, geht von einer problematischen Vorstellung seiner »Allmacht« aus (→ Lehrerhandbuch 8). Hier kann nur angemerkt werden, daß Gott in dieser Omnipotenz, als wäre er eine Art höherer Pharao, nicht zu denken ist (vgl. Religionsbuch 9/10, S. 56). Nur sein Mitleiden am Kreuz rechtfertigt ihn.

Nun haben die vorweg bedachten Legenden darin Recht, daß sie den am Kreuz leidenden Jesus als *den* »Ort Gottes« bezeichnen. Wenn er »Wort Gottes« und »Sohn Gottes« genannt werden kann, dann wird er in seiner Passion und im Tod zu jenem Ort Gottes, an dem sich das Paradox des christlichen Gottesverständnisses enthüllt. Hier sollten wir nicht beginnen, das Symbol des Kreuzes metaphysisch zu verklären. »Es ist vor allem ein Symbol der Realität. Die Liebe ›bedarf‹ des Kreuzes nicht, aber de facto kommt sie ans Kreuz. De facto ist Jesus von Nazareth gekreuzigt worden; de facto haben die Kreuze der aufständischen Sklaven unter Spartacus die Straßen des Römischen Reiches geschmückt. Das Kreuz ist keine theologische Erfindung, sondern die tausendfach gegebene Antwort der Welt auf die Versuche der Befreiung. Nur darum können wir uns in Jesu Sterben am Kreuz wiedererkennen... Auch Gottes Doxa, sein Glanz, seine sich offenbarende Ehre, sein Glück, ›braucht‹ die schrecklichen Paradoxe der Zerstörung und Verstümmelung von Leben nicht, wenn man Gott als solchen betrachtet. Aber de facto kommt die Liebe ans Kreuz, und in der sichtbaren Realität beliebt es Gott, sich paradox zu verhalten.

Die Liebe macht das Leiden nicht, sie produziert es auch nicht, obwohl sie notwendigerweise die Konfrontation suchen muß, weil ihr wichtigstes Interesse nicht die Vermeidung von Leiden, sondern die Befreiung von Menschen ist. Jesu Leiden war vermeidbar, er hat es freiwillig gelitten. Es gab auch andere Auswege, was in der mythischen Sprache immer wieder betont wird: Es wäre ihm möglich gewesen, vom Kreuze herabzusteigen und sich helfen zu lassen. Er hätte, politisch gesprochen, nicht nach Jerusalem zu ziehen brauchen und die Konfrontation vermeiden können. Die Konfrontation vermeiden, indem man bestimmte Ziele aufgibt, ist eines der häufigsten apathischen Verhalten; die Konfrontation suchen, eines, das den Leidenden und Wünschenden notwendig ist... Gott mit dem Elend zu versöhnen hieße, gerade die Konfrontation zu

---

1 *Dorothee Sölle,* Leiden (Reihe »Themen der Theologie«). Stuttgart 1973, 181 f.

vermeiden und in der Angst vor dem Christförmigwerden, das Schmerzen einschließt, die befreiende Liebe aufzuschieben...

Je mehr wir lieben, an je mehr Menschen wir Anteil nehmen, je enger wir verbunden sind, desto wahrscheinlicher ist es, daß wir in Schwierigkeiten geraten und Schmerzen erfahren... Gott muß auch im Elend für den Menschen gedacht werden, die Wahrheit auch der jetzt nichts ausrichtenden Liebe bleibt darin gewiß.«[1]

D. Die hier skizzierten Überlegungen zu Elie Wiesels Erfahrungen sind ungenügend. Sie finden ihre thematische Fortsetzung und Entfaltung im Lehrerhandbuch 8 zu den Kapiteln »Gott: Fragen und Zweifel«; »Passionsgeschichten« und »Jesus: Der Erlöser«. Darum soll im Rahmen des hier gegebenen Kapitels die Theodizee-Problematik nicht weiter verfolgt werden. Auch die daran gebundenen Überlegungen zur sogenannten »Allmacht« Gottes sind im 6. Schuljahr noch nicht ungefragt aufzunehmen. Es kann aber kein Fehler sein, wenn der Lehrer, der mit seinen Schülern im 6. Schuljahr nach dem »Ort« Gottes fragt und diese Frage bis zu Elie Wiesels Auschwitz-Erlebnis forttreibt, die theologische Grundsätzlichkeit, die sich damit verbindet, für sich persönlich wahrnimmt, sie durchdenkt und auch in eigenen Betroffenheiten durchlebt. Wir dürfen im übrigen gewiß sein, daß die Lebenssituation mancher unserer Schüler Tag für Tag mit Leiderfahrungen verbunden sind, die zu verarbeiten ihnen gewöhnlich niemand Beistand leistet.

Dem Gesagten sind keine methodischen Ratschläge anzufügen. Was zu Elie Wiesels Text gesagt wird, und vor allem, wie es gesagt wird, ist ganz an die Person des Lehrers geknüpft, an dessen Reife und Tiefgang. »Durchzunehmen« oder zu »besprechen« ist hier nichts.

1 Ebd., 200-202.

DIESE WELT: BRÜDERLICHKEIT, SCHWESTERLICHKEIT

Die beschworene und verratene Brüderlichkeit

Vorbemerkung: Der folgende historische Rekurs läßt sich schwerlich dem Begriff der Schwesterlichkeit ebenfalls unterstellen. Die Geschichte hat die menschlichen Beziehungen so ausschließlich unter den Bruderbegriff gerückt, daß vor allem der christliche Bereich immer noch die Überzeugung pflegt, dem männlichen Geschlecht sei die Kirche im »eigentlichen« Sinne anvertraut.

»Jedes Volk ist nur so lange ein Volk, als es einen besonderen Gott hat und alle übrigen Götter unerbittlich ausschließt, nur solange es glaubt, daß es mit seinem Gott alle übrigen Götter besiegen und aus der Welt vertreiben wird... Ein wirklich großes Volk kann sich niemals mit einer zweitrangigen Rolle in der Menschheit zufriedengeben, ja nicht einmal mit einer erstrangigen, es muß unbedingt und ausschließlich an allererster Stelle stehen. Wer diesen Glauben verliert, ist kein Volk mehr.«[1] Wollen wir diesen Text nicht politisch-nationalistisch, sondern theologisch deuten, so beschreibt er auf der Ebene des christlich-jüdischen Verhältnisses eine Perversion, denn die jüdisch-christliche Volk-Gottes-Vorstellung (→ V, 222-227) schließt ein verpflichtendes und dienendes Verständnis gegenüber der Menschheit insgesamt und dem Frieden unter den Völkern mit ein. Zwar ist es in der Kirchengeschichte bis in die Gegenwart nicht gelungen, religiöses Sendungsbewußtsein von politischer Einflußnahme und Machtausübung freizuhalten, aber deswegen ist wohl auch das Verständnis christlicher Brüderlichkeit immer wieder anderen Interessen unterlegen. Um hier näher zuzuschauen, beginnen wir außerhalb des jüdisch-christlichen Bereichs.

Der Bruderbegriff im Griechentum

In allen Völkern der Welt ist Bruderschaft zunächst ein Wort für Blutsverwandtschaft. Aber schon früh löst sich die Sprache von ihrer unmittelbaren Beziehung; Bruder wird dann im übertragenen Wortsinn verstanden und bezeichnet besondere Nähe in einer Beziehung, wie dies auch heute noch im gängigen Verständnis von Amtsbruder, Bundesbruder, Klosterbruder, Milchbruder, Saufbruder, Verbindungsbruder, Waffenbruder der Fall ist. Für die ältesten Zeiten der griechischen Geschichte sind freilich die greifbaren Belege für ein metaphorisches Bruder-Verständnis spärlich. Platon nennt den Volksgenossen Bruder; Xenophon den Freund. Die Grenze der Reichweite für diesen Bruderbegriff wird durch den *barbaros,* den Barbar, gezogen. Dieses Wort kommt von der lautmalenden Verbform barbara, »stammelnd«, und bezog sich auf die nichtgriechischen Völker wegen ihrer unverständlichen Sprache.[2] Glei-

1 *Fjodor M. Dostojewski,* Die Dämonen, zit. n. *Jakob J. Petuchowski/Clemens Thoma,* Lexikon der jüdisch-christlichen Begegnung. Freiburg/Basel/Wien 1989, 430.
2 Die Betonung liegt im Griechischen auf der ersten Silbe; die hiervon abgeleiteten Frauennamen *Barbara, Bärbel* haben diese Akzentsetzung beibehalten.

chen Ursprungs ist »Berber« für die Bewohner Nordafrikas. Das Adjektiv barbarisch, ins Lateinische mit *barbarus* übertragen, steht für »unrömisch«, »ausländisch«. Erst die spätere Entwicklung führt zu der Bedeutung »unkultiviert« und »roh« bis hin zum heutigen »unmenschlich«, »grausam«.

Man kann ohne Übertreibung von den Griechen sagen, daß sie das erste Volk der Weltgeschichte waren, das ein wirkliches Staatsleben entwickelt hat. Das Wort »Politik«, das in alle modernen Kultursprachen übergegangen ist, leitet sich von *polis*, die Stadt, ab. Im klassischen Griechenland gehörte es zum Wesen des Stadtstaates, daß er gewisse Raumgrenzen hatte. Er mußte einen Minimalumfang aufweisen, durfte aber eine gewisse Größe auch nicht überschreiten. Eine *polis* von zehn Bürgern, sagte Aristoteles, sei ebenso undenkbar wie eine von hunderttausend. Ist sie zu klein, kann sie sich nicht behaupten; ist sie zu groß, hört sie auf, eine Polis zu sein. Sie soll überschaubar sein, und alle Bürger sollen sich untereinander kennen. Die Polis ist die Trägerin der Kultur, des Ethos und der Religion. Sie läßt sich aber nicht auf ein »Land« ausdehnen. Der moderne Begriff des »Landes« existierte als politische Größe nicht. Der Bürger heißt Städter, *polites*. Politik gibt es eben nur in der Stadt, und der Feind, *echthros*, bedeutet ursprünglich nur den »Auswärtigen« (wie das deutsche *aus*, verweist auch das griechische *ek* auf Ausgrenzung, Ausschluß). Andererseits bezeichnet *xeinos* sowohl den Fremden wie den Gastfreund. Ihn schützt Zeus Xenios: Gewalttat am Fremden ist Frevel gegen die Götter, und selbst der Bettler gilt als »von Zeus gesandt«. Von daher galten die Griechen als besonders gastfreundlich, doch andererseits mußte man diese Eigenschaft damals einfach haben, weil sonst das Leben schlechterdings unerträglich gewesen wäre.[1]

So liegen in den sozialen wie politischen Strukturen bereits viele Voraussetzungen für ein trennendes wie verbindendes Denken. Wenn wir es nur vom Bruderbegriff her aufnehmen, so erfolgt bei Platon, wenn er mit Bruder den Volksgenossen meint, oder bei Xenophon, der den Freund so auszeichnet, beide Male durch die betonte Gemeinsamkeit eine ebenso betonte Abgrenzung gegenüber den nicht zum gemeinsamen Volk oder Freundeskreis gehörenden Menschen. Die ethische Verpflichtung nach innen, wird anders wahrgenommen als die nach außen bestehende. Diese Grundspannung ist mit dem Bruderbegriff vorgegeben und wird auch im Christentum letztlich nicht überwunden.

Der Bruderbegriff in der Hebräischen Bibel

Was im Griechischen nur vereinzelt anklingt, findet sich im Alten Testament als feststehende Redensart. Bruder (hebr. *'ah*) ist ein im engeren oder auch weiteren Sinne zur Sippe Gehöriger: ein Verwandter (Gen 13,8), Freund (2 Sam 1,26) und schließlich ein Volksgenosse (Ex 2,11), womit die Glieder des Jahwe-Bundes gemeint sind. So wird Bruder zu einem religiösen Titel, der ein spezifisches Verhalten einschließt (Lev 19,17; Dtn 15,2). Die Gemeinsamkeit der Religion scheint im Vordergrund zu stehen, ansonsten wird jedenfalls in späterer Zeit der Begriff des Nächsten bevorzugt, aber anfangs stimmen die

---

1 Vgl. *Egon Friedell*, Kulturgeschichte Griechenlands. Leben und Legende der vorchristlichen Seele. (1938) München 1976, 119-121.

religiösen und volksbezogenen Grenzen noch überein. Die politische Einheit wird, ähnlich wie in Griechenland, auch als religiöse Einheit verstanden, doch gewinnt die Problematik zusätzliches Profil durch die spezifische Gottesbeziehung Israels. Denn der Gott Israels ist als einziger Gott zugleich der Gott aller Menschen. Das ist »die erregende Paradoxie der alttestamentlichen Religion überhaupt, daß Israel den Weltgott zum Nationalgott hat, daß der Nationalgott Israels gar kein Nationalgott, sondern eben der nichtnationale Universalgott ist. Das bedeutet fast notwendig eine gewisse Aufsprengung jedweden Versuchs der Abschließung in den Innenraum der eigenen nationalen Bruderschaft hinein... Das bringt eine gewisse Unsicherheit in jede allzu feste Abschließung der israelitischen Brudergemeinde hinein.«[1]

Wenn wir Jesus als einen Lehrer der Nächstenliebe und Brüderlichkeit verstehen, ist er nicht gegen die Tradition Israels so zu sehen, sondern in deren Erbe. David Flusser berichtet, daß es nach einer alten Schrift den Erzvater Sebulon so weit trieb, »daß er, als er einen Notleidenden nackend im Winter sah, heimlich ein Gewand aus seinem Hause stahl und es dem Armen gab. Als er einmal nichts fand, was er den Armen geben konnte, begleitete er den Dürftigen klagend sieben Stadien, denn sein Herz kehrte sich zu ihm in Mitleid.«[2]

Der Bruderbegriff im Hellenismus

In der spätgriechischen Antike wurden die Grenzen immer weiter bis zu einem weltweiten Kosmopolitismus hin. »Auf den Plätzen und Straßen der Städte verkündeten die Wanderprediger der Popularphilosophien, die von weither kamen und weithin zogen, Kosmopolitismus, Welteinheitsgedanken, Menschheitsideen, und der Bürger hörte sie an, wie einst die politischen Prediger der klassischen Vergangenheit. Gebildetere Kreise ließen sich darüber hinaus in Vorträgen statt für die Verfassung für den Kosmos erwärmen und suchten in einem kosmischen Einheitsglauben leicht platonischer Prägung die letzten anthropozentrisch-isolationistischen Gedanken zu überwinden.«[3] Unter Anaxagoras Namen lief eine bezeichnende Anekdote um: »Zu einem, der ihn gefragt hatte: ›Liegt dir nichts an deinem Vaterland?‹ antwortete er: ›Bei Zeus, sehr viel liegt mir an meinem Vaterland.‹ Dabei zeigte er aber auf den gestirnten Himmel.«

Die Philosophen entwickeln den Brudergedanken weiter. Epiktet nennt alle Menschen Brüder, weil sie alle vom gleichen Gott geschaffen sind. Seneca und Marc Aurel gehen in die gleiche Richtung. Das Bruderschaftspathos der europäischen Aufklärung klingt hier erstmals an, ohne aber bereits programmatisch zu werden:

Aus der Neuen Komödie des Menander:
»Mag einer Sklave sein, so ist gleichwohl auch er
Ein Mensch, wenn wirklich Mensch er ist.«[4]

1 *Joseph Ratzinger*, Die christliche Brüderlichkeit. München 1960, 17.
2 *David Flusser*, Jesus. (rm 140) Reinbek bei Hamburg 1968, 79.
3 *Carl Schneider*, Die Welt des Hellenismus. Lebensformen in der spätgriechischen Antike. München 1975, 26.
4 *Menander* (342-293), Philemon, fr. 22 K.

Plutarch: »Und in der Tat läßt sich die vielbewunderte Verfassung des Gründers der stoischen Schule, Zenon, in diesem einen Satz zusammenfassen, daß wir nicht mehr nach Städten und Völkern getrennt wohnen sollen, geschieden voneinander durch die verschiedenen Rechte; vielmehr sollen wir alle Menschen als unsere Mitbrüder und Landsleute ansehen, und überall soll dieselbe Lebensart und Ordnung herrschen, wie unter den Schafen einer Herde, die gemeinsam an einer Stelle weiden.«[1]

Aus den Fragmenten der Alten Stoiker: »Nichts ist so ähnlich, so gleich, wie wir alle untereinander sind, wenn auch die verderbliche Macht der Gewohnheiten und Urteile zu gewisser Differenzierung geführt hat. . . Sie haben dieselbe sinnliche Wahrnehmung, dieselben Triebe, dieselbe Fähigkeit zur Verarbeitung der äußeren Eindrücke, denselben Logos, der sie über das Tier erhebt, das Denken ebenso wie die Sprache, die Dolmetscherin des Geistes. Sie haben auch die gleiche sittliche Anlage und Aufgabe. Und das ist es, was über Wesen und Wert des Menschen entscheidet. Kein Mensch ist von Natur Sklave.«[2]

Auch der Austausch mit dem orientalischen Raum und ihren religiösen Traditionen erwies sich für philanthropische Tendenzen als stimulierend. Doch läuft hier eine eher absondernde Entwicklung parallel. In den Mysterienkulten konnte der Fremde durch Aufnahme und Einweihungsritual der Bruderschaft aller Mysten teilhaftig werden. An der Spitze der verbreiteten Mithras-Gemeinden stand ein *pater* oder *pater patrum,* während sich die übrigen Mitglieder Brüder nannten. Diese Entwicklung war für die antike Welt universal und findet sich auch im jüdischen Denken. So nannten sich die Angehörigen der Essener-Sekte Brüder (→ S. 485-487), wobei hier zwar seltener, aber doch immer wieder auch die Anrede *Schwester* vorkommt. Die mit solchen Kreisen verbundenen Absonderungstendenzen und ihre Arkandisziplin lassen jedoch den Charakter von Geheimbünden entstehen und unterstreichen damit die Distanzierungsbemühungen gegenüber allen, die nicht dazu gehören. Die Zugehörigkeit zu Mysterienkulten und klösterlichen Lebensformen begrenzt den Brudergedanken auf geschlossene Kreise.

Der Bruderbegriff im frühen Christentum

Das Neue Testament erlaubt keine Vereinheitlichung des Befundes. Die ältesten Traditionen lassen die Teilhabe an der geläufigen jüdischen Terminologie erkennen, was der Jesus-Bewegung als einem innerjüdischen Vorgang entspricht (→ V, 320-324; 331-340).[3] Karl Heinrich Schelkle unterscheidet in den Worten Jesu drei Facetten des Bruderbegriffs: zunächst sei hier mit Bruder der jüdische Glaubensbruder gemeint (Mt 5,21f. 23f.); in einer zweiten Textgruppe werde der spezielle Bruderbegriff der Rabbinen aufgegriffen, die ihre Schüler als Brüder bezeichneten (Lk 22,31f.; Mt 28,10); erst auf einer dritten Sprachebene begegne der spezifisch christliche Bruderbegriff. Schelkle verweist hier auf Mk 3,31-35: »Wer den Willen Gottes tut, der ist mir Bruder,

1 *Plutarch,* Glück oder Tüchtigkeit Alexanders, 1,6; Geschichte in Quellen, Bd. I. München 1975, Nr. 314.
2 Ebd., Nr. 316.
3 *Karl Heinrich Schelkle* nennt als Belege des jüdischen Sprachgebrauchs Apg 2,29.37; 7,2; 13,15.26; 22,1.5; 28,15.21; Jak 1,9; 2,15; 4,11; Mt 5,22.24.47; 7,3.4.5; 18,15.21.35, in: Art. »Bruder«, Reallexikon für Antike und Christentum, hg. v. *Th. Klauser* (1950 ff.), II, 636.

Schwester und Mutter« und meint, an die Stelle der Blutsverwandtschaft, werde hier eine Geistesverwandtschaft gestellt, die der gemeinsamen Bereitschaft, den Willen Gottes zu tun, entspringe.

Der Blick auf Jesus setzte auch seiner Gemeinde Maßstäbe: Er hatte Freunde unter Gelehrten und unter Dirnen, er sprach mit Kindern, mit Kranken, mit Sündern, mit Zöllnern und römischen Soldaten. Gerade den Unterlegenen erweist er Zuneigung, Tischgemeinschaft, Solidarität. »Ihr alle seid Brüder«, heißt es Mt 23,8, aber zuvor wird gesagt: »Einer ist euer Meister!« Darum überrasche es nicht, daß aus der griechisch-römischen Antike keinerlei nachweisbare Wirkungen auf das neuere Bruderdenken ausgegangen seien: »Für die Entfaltung des Begriffes war vielmehr der frühchristliche Brudergedanke, wie er sich im Neuen Testament darstellt, von grundlegender Bedeutung.«[1]

Nun bezieht sich aber Mt 23,8 auf die Geschwisterlichkeit der Jesus-Gemeinde und bleibt somit immer noch exklusiv. Was aber ist mit der berühmten Stelle Mt 25,40, wo alle Notleidenden »die geringsten Brüder« genannt werden? Zweifellos sind hier nicht allein die zur Jesus-Bewegung Zählenden gemeint, sondern unterschiedslos alle, die durch Armut, Hunger, Kälte, Gefangenschaft und anderes Elend der mitmenschlichen Hilfe bedürfen. Hier wird die Bruderschaft nicht auf irgendwelche Zugehörigkeit gegründet, sondern auf die Gemeinsamkeit der Not und Hilfsbedürftigkeit. Im gleichen Zusammenhang steht das Gleichnis vom barmherzigen Samariter (Lk 10,25-37), wo die Frage nicht auf den Bruder bezogen ist, wohl aber den »Nächsten« meint (→ V, 361-366). Damit liegt eine letzte Grenzaufhebung vor, die zwar auch im allgemeinen Bruderschaftsgedanken der hellenistischen Spätantike begegnet (und später im universalen Menschheitsethos der Aufklärung), doch ist es eine nicht zu unterschätzende Differenz, ob die menschliche Ökumene nur allgemein und grundsätzlich bejaht wird oder ob sie sich im Blick auf die Bedürftigen konkretisiert und verbindlich macht.

Daß die frühe Jesus-Gemeinde sich untereinander mit Bruder und Schwester ansprach, ist demgegenüber dann schon nichts Besonderes mehr, zumal dies auch in anderen Sondergruppen die übliche Umgangsform war (vgl. Religionsbuch 5/6, S. 92). Hervorzuheben bleibt aber, daß das »einander lieben« vornehmstes Kennzeichen der Gemeinde sein sollte (Joh 13,34; Röm 13,8; 1 Joh 3,11). Wenn freilich im Neuen Testament später die Nächstenliebe hinter die Bruderliebe zurücktritt, dann zeigt sich darin nicht mehr der Bruderbegriff von Mt 25,40, sondern jener abgrenzende Gedanke, wie er allen »Bruderschaften« eigen ist.

Der Bruderbegriff in der Aufklärung

Wir müssen nicht in die amerikanische Erklärung der Menschenrechte von 1776 (Bill of Rights)[2] oder in die französische Erklärung der Menschenrechte von 1789[3] schauen, um nach Jahrhunderten schlimmster Kriege und Verfolgun-

---

1 *Heinz Robert Schlette,* »Und voll Sanftmut jeder Schritt.« Über die Brüderlichkeit Jesu, in: Brüderlichkeit. Die vergessene Parole. Hg.von *Hans Jürgen Schultz.* Stuttgart 1977, 44.
2 Siehe: *Hubertus Halbfas,* Das Welthaus, a.a.O., Nr. 219.
3 Ebd, Nr. 220.

gen innerhalb der ganz und gar ungeschwisterlichen Christenheit eine neu artikulierte Sehnsucht anzutreffen. Insgesamt sehen wir im 18. Jahrhundert die Menschheit eine neue Kulturschwelle erreichen, wofür die genannten »Erklärungen« nur ein greifbarer Ausdruck sind, der ohne vielfältige, in der Zeitentwicklung angelegte Prozesse undenkbar wäre. Dieser Vorgang, den wir Aufklärung nennen, und der sich in der christlichen Geschichtsschreibung gewöhnlich mit Vorbehalten und Abwertungen verbindet, ist ein Überschritt, der innerhalb der Weltgeschichte eine völlig neue Bewußtseinsebene einleitet. Wir stehen immer noch im Prozeß der darauf folgenden Kettenreaktionen, und zumal die Theologie wurde, aufs Ganze gesehen, auch heute noch nicht eingeholt von den damals initiierten geistigen Revolutionen. So urteilt etwa Gonzague de Reynold: »Das 18. Jahrhundert kann man mit einem Stausee vergleichen, in den sich von verschiedenen Seiten ganz verschiedenartige und entgegengesetzte Fluten ergießen. Dies erzeugt Gegenströmungen und Strudel bis zu dem Augenblick, in dem das Becken überläuft und die Gewässer sich durch das 19. Jahrhundert stürzen, um uns heute noch zu erreichen.« Was sich anfangs aus feudalen Strukturen gedanklich zu lösen begann, tendierte zu einem neuen Menschheitsverständnis, und Joseph Ratzinger urteilt zu Recht, die Herkunft des Brudertums aus der gemeinsamen Vaterschaft Gottes trete nun in den Hintergrund, weil die allgemeine Brüderschaft jetzt von unten her, aus der Abstammungs- und Naturgleichheit aller Menschen gedacht werde, gleichsam aus einem Rückgriff hinter die Geschichte, nämlich auf die der Geschichte vorausliegende Natur des Menschen.

Die Spuren dieser Entwicklung durchziehen die Aufklärung. Sie finden sich in Rousseaus Programmatik »Zurück zur Natur«, aber ebenso in Mozarts »Figaros Hochzeit«, wenn Figaro von seinem Dienstherren die gleichen Persönlichkeitsrechte fordert, wie sie damals nur »Standespersonen« zukamen; oder im Text der »Zauberflöte«, wo es heißt: »Er ist ein Prinz! Noch mehr, er ist ein Mensch!« In hunderttausend Verästelungen dringt es in das Denken ein und artikuliert sich schließlich in den großen Menschenrechtsdeklarationen:

»Alle Menschen sind von Natur gleichermaßen frei und unabhängig und besitzen gewisse angeborene Rechte. . ., nämlich das Recht auf Leben und Freiheit und dazu die Möglichkeit, Eigentum zu erwerben und zu behalten und Glück und Sicherheit zu erstreben und zu erlangen. . .«[1]
»Frei und gleich an Rechten werden die Menschen geboren und bleiben es. Die sozialen Unterschiede können sich nur auf das gemeine Wohl gründen. . .«[2]

Die Wirkungen dieser Menschenrechts-Programme reichen bis in die Gegenwart und sicherlich auch in die Zukunft hinein. Dazu gehören Meinungs- und Pressefreiheit, demokratische Bürgerrechte ohne kirchliche Bindungen, eine vom Volk ausgehende Autorität sowie die Kontrolle der politischen Macht durch die Volksvertreter. Aber auch das Ende der Kolonialherrschaft, die Überwindung der Sklaverei, das Kommunistische Manifest und die Satzung der Vereinten Nationen sind innerhalb dieser Wirkungsgeschichte zu sehen. Gewiß sind neben den griechischen auch christliche Einflüsse in diesem Prozeß wirk-

1 Amerikanische Erklärung der Menschenrechte, Artikel 1; ebd., Nr. 219.
2 »Erklärung der Menschen- und Bürgerrechte« der französischen Nationalversammlung von 1789, Artikel I; ebd., Nr. 220.

sam, aber die neue Qualität, die Grundrechte eines jeden Menschen bewußt zu machen und politisch durchzusetzen, mußte gegen kirchlichen Widerstand erkämpft werden. Die Erklärung der Menschenrechte der zu Beginn noch gewaltlosen Französischen Revolution beantwortete Papst Pius VI. mit einem Breve *Quod aliquandum,* das Menschenrechte, Gedankenfreiheit, Redefreiheit und Pressefreiheit als »Ungeheuerlichkeiten« verdammte. »Kann man etwas Unsinnigeres ausdenken, als eine derartige Gleichheit und Freiheit für alle zu dekretieren?« Zuvor hatte er ebenso die Religionsfreiheit abgelehnt. Kurz darauf verdammte er das mehr als vier Jahrzehnte früher erschienene Werk von Charles-Louis de Montesquieu, *L'Esprit des lois,* weil es eine freiheitliche Rechtsprechung verfocht, deren Prinzipien dem Kirchenrecht wie dem Kirchenstaat fremd waren. Während der Nachfolger, Pius VII., im Sinne seines Zeitverständnisses maßvoll liberal handelte, was bei Fortsetzung dieser Linie zu einem anderen Verlauf der Papstgeschichte geführt hätte, kam mit Leo XII. erneut ein kleinlicher Geist auf den römischen Bischofsstuhl, der der Inquisition zu neuer Macht verhalf, die Juden drangsalierte und freiheitliche Strömungen im Kirchenstaat rigoros mit Massenhinrichtungen und Einkerkerungen unterdrückte. Die päpstliche Reformfeindlichkeit fand ihren verdichteten Ausdruck schließlich in Pius IX., nachdem dieser zunächst mit liberalen Gesten große Hoffnungen (wie zugleich Befürchtungen) geweckt hatte, aber je länger je weniger erkennen konnte, daß in seinem zerfallenden Kirchenstaat, in dem er etwas Göttliches erblickte, die Menschen sich legitim gegen absolutistische Rechtswillkür erhoben. In seinem *Syllabus* legte er ein Verzeichnis dessen vor, was für ihn Zeitirrtümer waren, ein Dokument der Defensive, das er mit der Enzyklika *Quanta cura* untermauerte. Als letzter Papst der Geschichte ging Pius IX. bezeichnenderweise noch einmal rücksichtslos gegen die Juden vor. Das integralistische Erbe, das er hinterließ, hält auch heute noch mancherlei kirchliches Denken und Streben gefangen. Darum hat der einzelne, wenn es um seine individuellen Interessen geht, immer noch im Gesetz eines Rechtstaates mehr Rückhalt für seine Freiheit und den Schutz seiner Menschenwürde als im Codex Juris Canonici und der ihn auslegenden Instanzen.

Es ist natürlich in keiner Weise berechtigt, »der« Französischen Revolution oder auch anderen isoliert gedachten Vorgängen die alleinige Ursächlichkeit für das neue Menschenverständnis zu unterstellen. Zwar wurden durch solche Ereignisse wesentliche Impulse frei, doch überschlugen sich viele Parolen im Exzeß und wurden durch reaktionäre Entwicklungen abgelöst, um nur an Robbespierre oder den Staatsstreich Napoleons zu erinnern. Insofern kann man mit Egon Friedell urteilen: »Die Gleichheit hat die Französische Revolution *nicht* gebracht... die Freiheit hat die Französische Revolution *nicht* gebracht... Von ihren drei Leitvokabeln: *fraternité, liberté* und *égalité* war die erste eine leere Opernphrase, mit der sich in der politischen Praxis nicht das geringste anfangen läßt; und die anderen sind unvereinbare Gegensätze. Denn die Gleichheit vernichtet die Freiheit, und die Freiheit vernichtet die Gleichheit.«[1]

---

1 *Egon Friedell,* Kulturgeschichte der Neuzeit. Die Krisis der europäischen Seele von der Schwarzen Pest bis zum Ersten Weltkrieg. (1927-1931) München 1974, 844.

Mit diesem Urteil scheint auch die *fraternité,* die Brüderlichkeit liquidiert zu sein. Wenn sie nichts als eine leere Opernphrase gewesen sein soll, lohnt es sich nicht, nach ihr noch weiter Ausschau zu halten.

Die gelästerte, mißachtete, ohnmächtige Brüderlichkeit

Je mehr im Alltagsbereich das Wort »Brüderlichkeit« einer fruchtlosen Sozialromantik zugeschlagen wird, um so höher scheint sein Stellenwert in christlichen Kreisen geworden zu sein. Die franziskanische Spiritualität hat es nie aufgegeben, die Theologie der Befreiung schätzt es hoch, unter den systematischen Theologen fand es Beachtung bei Joseph Ratzinger.

Auch Ratzinger sieht die Problematik des Begriffs in der Alternative zwischen einer zu großen Weite, die das Wort zur Phrase werden läßt, und einer Einengung, die das Ernstnehmen der Brüderlichkeit zu den Nahestehenden, die Unbrüderlichkeit zu den Entfernteren zur Folge hat. Dieser Spannung setzt er entgegen: »Die christliche Brudergemeinde steht nicht gegen, sondern für das Ganze.« Ratzinger sieht die »Heilung des Ganzen« an die dialektische Entsprechung von Wenigen und Vielen gebunden: »Immer ist der Erwählte auch um des Nichterwählten willen erwählt und hat dessen Nichterwählung in seinem Schicksal stellvertretend zu tragen, so daß in Wahrheit der Nichterwählte der Erwählte und der Erwählte der Nichterwählte ist«, zitiert er Hans Urs von Balthasar. Man mag über den Begriff der »Erwählung« nochmals stolpern, grundsätzlich aber ist mit der vorgetragenen Verschränkung die wichtigste Bestimmung von Kirche gegeben, die dennoch am meisten gefürchtet und mißachtet wird: »Kirche ist immer ein offener Raum, ein dynamischer Begriff.«[1] Ratzinger resümiert seine Reflexionen mit der Hoffnung: »Man darf überzeugt sein, daß die Kirche wieder in dem Maß an missionarischer Stoßkraft gewinnen wird, in dem sie ihre innere Brüderlichkeit wieder lebendiger zu vollziehen beginnt.«

Doch zeigt sich allein in diesem Satz, über den hunderttausend Christen zustimmend hinweglesen mögen, wie vertrackt der überlieferte Kircheneifer sein kann, denn hier stört das Wort *Stoßkraft,* wenngleich es, wie immer dies der Sprache eigen ist, unbewußte Denkstrukturen aufdeckt. »Stoßkraft« braucht man, um mit Gewalt fremde Mauern zu rammen, verschlossene Türen zu sprengen, in eine Front vorzudringen... Das alles gehört zur Kirchengeschichte, zu ihrer politischen Struktur und Ideologie. Eine Brüderlichkeit, die Stoßkraft vermehrt, ist ein Thema für Militärpsychologen oder ähnlich gelagerte Männerbünde. Was immer ein geschwisterliches Miteinander zustande bringt, es sollte nie nötigen, nicht einmal überzeugen *wollen,* sondern nur als ermutigend, trostreich und hilfebringend erfahrbar werden. »Wir sollten den Schriftstellern, den Theologen, den Politikern, den Gewerkschaftlern aufs Maul schauen, um zu prüfen, ob sie Brüderlichkeit nur propagieren oder ob sie eine Sprache sprechen, in der die alten Wertordnungen nicht mehr ›herrschen‹.«[2]

---

1 *Joseph Ratzinger,* a.a.O., 105 und 107; die hier vorliegenden Balthasar-Zitate stammen aus: *Hans Urs von Balthasar,* Karl Barth. Köln 1951, 191 und 197.
2 *Heinrich Böll* in einem Gespräch mit Hans Jürgen Schultz, in: Brüderlichkeit, a.a.O., 15.

Unterricht über »Geschwisterlichkeit«

Die voranstehenden Anmerkungen zur Geschichte des Bruderbegriffs sind nicht gerade das, was Zwölfjährige fasziniert. Aber noch weniger können Schüler es gut finden, wenn Lehrer mit Vokabeln zu ihnen sprechen, deren Herkunft, Inhalt und Problematik sie nicht kennen. Darum ist gerade angesichts großer Worte nichts wichtiger als ein genaues Hinsehen und ein zurückhaltendes Sprechen. Es sollte vermieden werden, mit den Vokabeln »Brüderlichkeit«, »Schwesterlichkeit« wie mit Schaumünzen umzugehen, sie nur rhetorisch zu polieren, anstatt sie kritisch zu untersuchen und auf ihre unerfüllten Perspektiven hin zu bedenken. Die Fortsetzung des Lernstrangs in den folgenden Jahren mit den Themen Bevölkerungsentwicklung; Ökologie; Dritte Welt; Krieg und Frieden kann dabei schon im Blick sein.

Innerhalb des vorliegenden Bandes ist das Kapitel »Diese Welt« ein Bindeglied zwischen dem Gottes-Kapitel und den Kapiteln zur Bergpredigt, zu den neutestamentlichen Wundergeschichten, die auf menschliche Not antworten, und zur Geschichte der Barmherzigkeit.

Man wird sich bei einer solchen Themenfolge hüten müssen, einem didaktischen Gleichmaß zu verfallen: nur verbal zu bleiben, nur im Klassenzimmer zu hocken, nur ethische Maximen oder gar Postulate zu beschwören. Gerade im hier gegebenen Themenfeld ist es leicht möglich, die regionalen Erfahrungsräume einzubeziehen: die gesellschaftlichen Krisenpunkte, die sozialen Hilfseinrichtungen, die je betroffenen und beteiligten Menschen sollten ins Blickfeld geraten. Das Arbeitsheft 6 möchte als handlungsanweisendes Instrument nicht außer acht bleiben.

Die nächsten Abschnitte bieten unterschiedliches Material, um das Religionsbuch-Kapitel variabel zu erschließen. Hier muß (wieder einmal) betont werden, daß es *nicht* der didaktischen Intention des Buches entspricht, wenn man das jeweilige Kapitel im Unterricht aufschlagen läßt, um dann den Wortlaut lediglich zu paraphrasieren und zu »erklären«. Bei einer solchen Methode drängt man ein Schulbuch schnell ins Aus und macht den Unterricht zum Ort der Langeweile. Wenn nicht, zumal im hier anstehenden Kapitel, neue Materialien und Ideen hinzukommen, ist alles »Lehren« kaum etwas anderes als ein elendes Verflüssigen der auf Papier geronnenen Sprache, sofern sie überhaupt flüssig wird und nicht eine zähe Masse bleibt.

Also möchten die folgenden Ergänzungen und Interpretationen zum Religionsbuch-Kapitel eigene Anstrengungen, Suchbewegungen, Einfälle und Aktivitäten nicht ersetzen. Folgende Möglichkeiten sind zu sehen:

1. die »Geschichten zum Einstieg« können auch ergänzend zu den Einzelaspekten des Themenfeldes hinzugenommen werden;
2. wer nahe am Religionsbuchtext bleiben will, arbeitet am besten mit den historischen Materialien, die sich weiter unten finden;

3. ebensogut ist es möglich, das Kapitel ausschließlich über seine Bildebene zu erschließen, natürlich unter Einbeziehung der unten ergänzend gebotenen Materialien (S. 234-236);

4. läßt sich die Frage nach der Geschwisterlichkeit auch auf der aktuellen Ebene von Schule und Gesellschaft verfolgen;

5. zu guter Letzt ist es der didaktischen Phantasie des einzelnen freigestellt, aus diesem vielgliedrigen Gefüge eigene Unterrichtslinien zu entwerfen.

Es sei aber erneut betont, daß der Unterricht erst dann wirklich befriedigt, wenn zum Gesamtangebot unter Einbeziehung des Arbeitsheftes die lokalen und individuellen Möglichkeiten hinzugenommen werden, und dies besonders im Blick auf die Eigentätigkeit der Schüler.

Ergänzungen zum Religionsbuch S. 133

Um dem Text des Kapitels »Brüderlichkeit, Schwesterlichkeit« im Unterrichtsgespräch mehr Hintergrund geben zu können, sind hier noch einige Ergänzungen hinzuzufügen:

Zum deutschen Begriff Brüderlichkeit: Im Religionsbuch wird gesagt, dieses Wort sei von Joachim Heinrich Campe in seinen »Briefen aus Paris zur Zeit der Revolution« als Übersetzung des französischen *fraternité* eingeführt worden: »Brüderlichkeit, wenn es erlaubt ist, für ein so neues Schauspiel ein neues Wort zu prägen«. Diese Auskunft stützt sich auf Pierre Bertaux, der zugleich berichtet, daß es nach Campe noch »gute zehn Jahre« dauerte, bis sich die Neuschöpfung im deutschen Sprachgebiet durchsetzte. Georg Forster sprach 1792 von *Brudertreue* und vom *Bruderbund;* Friedrich Schlegel ließ es beim Fremdwort und sprach 1796 von der *Fraternität* aller Republikaner; Görres übersetzte 1798 die Triade *liberté-égalité-fraternité* mit Freiheit, Gleichheit, *Brüderschaft;* ein Kritiker Campes aus dem konservativen Lager schlug das Wort *Brudersinn* vor. Die Mitarbeiter von Kluges »Etymologischem Wörterbuch« haben jedoch das Wort Brüderlichkeit bereits vor Campe ausgegraben: 1776 schon soll es der Schweizer Pfarrer Johann Kaspar Lavater in einem Schreiben an seine Freunde eingeführt haben. Davon muß Campe seinerseits nicht unbedingt etwas erfahren haben. Offensichtlich verstand er den neuen Begriff als seine eigene Wortschöpfung, denn 1801 hob er die Brüderlichkeit ausdrücklich von der Bruderschaft ab, da das letzte Wort zwar der Verbindung zwischen den Mitgliedern einer gewissen Gemeinschaft entspreche, nicht aber der brüderlichen Gesinnung und dem brüderlichen Benehmen; »für diese Bedeutung«, sagte Campe, »scheint Brüderlichkeit besser zu passen«.[1]

Zur Brüderlichkeit der Freimaurer: Es war bereits die Rede von der bei Mt 23,8 geforderten Bruderschaft: »Nur einer ist euer Meister, ihr alle aber seid Brüder.« Obwohl es hier um eine Bruderschaft geht, welche die Anerkennung Christi voraussetzt, war sie in der christlichen Gesellschaft doch nicht umfassend realisiert worden. Vielleicht war sie als Parole nur in den sozialen Revolutionsgesten der Böhmischen Armutsbewegungen und im Bauernkrieg zum

---

1 *Pierre Bertaux,* Der vergessene Artikel. Keine Revolution ohne Fraternité, in: Brüderlichkeit, a.a.O., 59-66, hier: 61f.

Ausdruck gekommen, doch kam sie nun in der Zeit der Aufklärung zur Geltung, und zwar ausgerechnet in den freimaurerischen Logen Westeuropas.

Gewiß verstand sich die Freimaurerei zunächst selbst als eine geheime Verbrüderung, verfolgte in ihren Logen also eine enge Abgrenzung, doch bleibt ebenfalls wahrzunehmen, daß sie in diesem exklusiven Rahmen dem brüderlichen Verhalten einen Durchbruch verschaffte, der die ansonsten starr geltenden sozialen Schranken sogar revolutionär durchbrach. Lessing formulierte: »Ein Grundgesetz der Freimaurer ist es, jeden würdigen Mann von gehöriger Anlage ohne Unterschied des Vaterlandes, ohne Unterschied der Religion, ohne Unterschied seines bürgerlichen Standes in ihren Orden aufzunehmen.« Wie das praktiziert wurde, mag ein Beispiel zeigen: In der Weimarer Loge saßen Goethe und sein Herzog als gleichberechtigte Brüder nebeneinander. Außerhalb der Loge durfte Goethe selbst als Minister bei Mahlzeiten mit dem Herzog nicht einmal im privatesten Rahmen am Tisch seines hohen Herrn sitzen, sondern nur am Nebentisch (was ein Grund für seine Erhebung in den Adelsstand war, um dem protokollarischen Mißstand abzuhelfen). Wäre es nun bei dieser logeninternen Praxis geblieben, so lohnte sich keine weitere Aufmerksamkeit. Bedeutsam hingegen ist die weitere Entwicklung in der zweiten Hälfte des 18. Jahrhunderts. Der Philosophieprofessor Andreas Weber aus Halle fügte damals dem Verbrüderungswillen der Freimaurer hinzu: »Ja, was noch mehr! Ein Freimaurer liebt nicht nur seine Brüder, nein, er versagt niemand den Grad der Freundschaft und Liebe, dessen er fähig ist.« Wieland verstärkte etwas später diese Tendenz, als er meinte, es sei die Aufgabe von Religion, Wissenschaft und Kunst »aus allen Völkern des Erdbodens ein Brudergeschlecht von Menschen zu machen«. Dieses aufklärerische Pathos kulminierte schließlich in Beethovens Vertonung von Schillers Ode *An die Freude:* »Alle Menschen werden Brüder. . .« Man muß heute dieser Begeisterung nicht spotten, wie es bereits 1846 Friedrich Engels tat, als er das »Gestöhn von Brüderlichkeit« lächerlich fand: Sie trägt seitdem trotz marxistischer wie christlicher Kritik den Sproß der demokratischen Entwicklung in sich.

Geschichten zum Einstieg: Wer ist mein Nächster?

Im Lesebuch »Das Menschenhaus« steht ein Kapitel unter der Frage »Wer ist mein Nächster?«. Die dort versammelten Texte (S. 114-137) sind für die Unterrichtsplanung vielfältig brauchbar:

Erich Kästner, Monolog eines Blinden: »Alle, die vorübergehn,/ Gehn vorbei./Sieht mich, weil ich blind bin, keiner stehn?/ Und ich steh seit Drei...!« – so beginnt der Text. Er läßt sich als Kontext zu Lk 10,25-37 ebenso verwenden, wie als Frage nach der mitmenschlichen Geschwisterlichkeit. Interpretation und weitere Materialien in: Hubertus Halbfas, Lehrerhandbuch Religion. Informationen und Materialien zur Unterrichtsvorbereitung. Mit Text- und Bildinterpretationen zum Lesebuch »Das Menschenhaus«, Düsseldorf/Stuttgart [7]1992, 265-271.

Bertolt Brecht, Der Pauper, in: Arbeitsheft 5; Interpretation in: Ebd., 274-279, mit einem protokollierten Unterrichtsgespräch und einer Interpretation zu Otto Dix, Der Streichholzverkäufer.

Gormander, Die Nacht: Ein Text, der einen Blick auf die »heimatlosen Männer wirft, die im Freien schlafen«, die die Jacken dicht an sich ziehen, während sie murmeln: »Das da mit den Schaufenstern haben die nur gemacht, damit die Leute sich einbilden sollen, daß es uns gut geht in unserem Lande.« Interpretation: Ebd., 279-281.

Ursula Wölfel, Drei Straßen weiter: Eine Erzählung über die Spannungen zwischen verschiedenen sozialen Milieus und über den gescheiterten Versuch einer Familie, aus einem niederen Milieu in ein höheres überzuwechseln. Interpretation: Ebd., 284; zusätzlich ein Sozialprotokoll von Ernst Klee, Die Bürger und ihre »Asozialen«.

George Grosz, Vollkommene Menschen: Eine gezeichnete Sozialstudie aus einem Moment großstädtischen Straßenlebens, die zeigen will, welch hochnäsige, affige, wichtigtuerische, gelangweilte, elende und verkrüppelte Gesellschaft unseren Alltag füllt, wobei sich die Frage stellt, welche Zeitgenossen »kaputter« sind: die Kaputtgemachten oder die in ihrer Seriosität Verkrampften. (Siehe auch die Wiedergabe im Arbeitsheft 6). Eine Interpretation findet sich: Ebd., 289.

Jan Procházka, Zyrill Vitlichs Tod: Ausschnitt aus dem beachtenswerten Jugendbuch »Es lebe die Republik«, das in einer umfassenden Weise den Krieg erzählerisch darstellt: den Krieg zwischen Völkern, den Krieg zwischen Vater und Sohn, zwischen dem Außenseiter und der Gruppe, den Krieg in den Seelen der Menschen, der mit dem Frieden noch kein Ende hat. Die ebd., 290-294 gebotene Interpretation ergänzt den Auszug im »Menschenhaus« um eine wichtige Szene.

Gudrun Pausewang, Geschichte des südamerikanischen Dienstmädchens Maria-Elena López: Eine Einführung in Probleme der Dritten Welt und die damit verbundenen Fragen nach sozialer Gerechtigkeit. Interpretation: Ebd., 295-299.

Hans Bender, Die Herberge: Eine Doppelerzählung. Die erste berichtet aus Benders Schulzeit, wie der Lehrer vor Weihnachten von der Herbergssuche in Betlehem erzählte. »In der Bibel stand nur ein Satz darüber, aber was machte der Lehrer daraus? Er aktualisierte das Geschehen und ließ Maria und Josef in den Gaststätten des Heimatortes nach einem Zimmer fragen... Die zweite Geschichte spielt wenige Jahre später. Was zuerst freie Gestaltung des Lehrers war, stellt sich jetzt real, nur daß die Frage des Lehrers nicht mehr mit einem vagen Gestotter abgewendet werden kann...« Interpretation: Ebd., 322-324.

Bertolt Brecht, Fahrend in einem bequemen Wagen: Einer fährt im Auto, ein anderer, zerlumpt, will bei regnerischem Wetter und Nachteinbruch mitgenommen werden. Interpretation: Ebd., 327-329.

Werner Bergengruen, Du bist jetzt mein Sohn: »Eine alte Bäuerin sagte zu mir: ›Ich habe einen Sohn in deutscher Gefangenschaft, von dem ich nichts weiß. Ich werde jetzt denken, du bist dieser Sohn.‹« Interpretation: Ebd., 324.

Die hier zusammengestellte Auswahl mag Anregung sein, selbst weitere Geschichten oder Erzählgedichte zu finden. Insgesamt bieten die vorgestellten Texte motivierende Einblicke in soziale Realitäten unserer Welt, welche die Frage nach der christlichen Geschwisterlichkeit ebenso provozieren, wie jeder voreiligen Antwort entziehen.

Religionsbücher haben wie alle Schulbücher einen vorgegebenen Umfang, der nicht erweitert werden kann. Darum können manche Inhalte nicht über farbige Geschichten, Quellentexte, weitere Bilddokumente u.ä.m. vermittelt werden. Es bleibt dann nur eine geraffte Zusammenfassung, die als Erinnerungs- und Merktext gelten mag, aber gewiß keine Materialbasis für den Unterricht darstellt. Aus diesem Grunde stellen wir hier ergänzende geschichtliche Quellen bereit, mit deren Hilfe eine lebendigere Szenerie entworfen werden kann.

Menschlichkeit und Güte in der Alten Welt   S. 131

Unser Religionsbuch beginnt sehr apodiktisch: »Knapp und fast hart gesagt: Die Rede von der Brüderlichkeit kommt nicht aus der Alten Welt...« Zur Begründung wird auf den Götterhimmel und antike Denker verwiesen. In der Tat gibt es in der vorchristlichen Welt gesellschaftliche Verhältnisse, die ein heutiges Rechtsempfinden unerträglich finden würde. Dazu gehört vor allem der Umgang mit Feinden, Kranken, unwillkommenen Kindern, Frauen, Sklaven. Zwar meldet sich in einzelnen Zeugnissen immer wieder humanes Empfinden und in der Spätantike ein universaler Menschenbruder-Gedanke, der die europäische Aufklärung vorwegzunehmen scheint. Aber die soziale Realität bleibt von harten Bedingungen gekennzeichnet. Mitempfinden und Barmherzigkeit schufen noch keine gesetzlichen Rahmen, keine sozialen und caritativen Institutionen wie Waisenanstalten, Krankenhäuser, Versorgungsstationen für körperlich und geistig Behinderte oder ohne Familienverband lebende alte Menschen. (Zur Geschichte der Barmherzigkeit: → S. 356-390.)

Es sollte jedoch vermieden werden, eine krasse Schwarz-Weiß-Malerei zu betreiben. In Ägypten entwickelte sich vor 5000 Jahren eine Kultur, in der wir zuerst von Werken menschlicher Solidarität hören. Der Gottkönig dieses Reiches nannte sich »Helfer der Armen«. Er hielt seine Beamten an, fürsorglich zu denken, was natürlich nicht ausschloß, daß sich mit einem klugen Gemeinwohldenken auch staatlicher Eigennutz verband. Gleichwohl stöhnten die Menschen unter den unerbittlichen Frondiensten für den Pharao, aber daneben blieb die Tatsache bestehen, daß in Ägypten der Mensch erstmals die Werke der Barmherzigkeit forderte und übte. Nicht der »Kriegsgott« charakterisiert die ägyptische Geschichte, sondern der »Korngott« mit Zügen sozialer Ordnung, menschlicher Weisheit und individueller Nächstenliebe. In den Völkern ringsumher zeigten sich diese Züge nicht annähernd so deutlich wie hier.

225

Aus dem sogenannten Ägyptischen Totenbuch

Der folgende Text ist in vielen Abschriften verbreitet. Man konnte ihn bei Priestern kaufen; dann wurde der Name des Käufers an eine dafür freigelassene Stelle eingefügt:

»Was man spricht, wenn man zur Halle der beiden Wahrheiten gelangt, wenn man gereinigt wird, von allem Bösen, das man getan hat, um die Antlitze der Götter, die in ihr sind, zu schauen. . .
Ich habe nicht Unrecht getan gegen die Menschen. . .
Ich habe keinen Diener bei seinem Vorgesetzten schlecht gemacht,
Ich habe nicht hungern lassen,
Ich habe nicht weinen gemacht,
Ich habe nicht getötet,
Ich habe nicht zu töten befohlen,
Ich habe gegen niemanden schlecht gehandelt,
Ich habe das Kornmaß weder vergrößert noch verringert,
Ich habe die Gewichte der Handwaage nicht vergrößert,
Ich habe nicht Ziegen von ihrem Kraut gejagt,
Ich habe die Vögel der Götter nicht gefangen,
Ich habe dem (Überschwemmungs-)Wasser nicht gewehrt zu seiner Zeit,
Ich habe gegen fließendes Wasser nicht einen Damm aufgeworfen,
Ich habe keine Herden von den Tempelgütern verscheucht,
Ich habe keinem Gott gewehrt bei seinen Prozessionen. . .
Ich habe getan, was die Menschen loben und womit die Götter zufrieden sind:
Ich habe den Hungernden Brot gegeben
Und dem Dürstenden Wasser
Und dem Nackten Kleider. . .
Rettet mich doch, schützt mich doch,
Und zeugt nicht wider mich vor dem großen Gott. . .«[1]

Dieses negativ formulierte Bekenntnis beschreibt ein Leben, das man in Übereinstimmung mit Mensch, Tier und Natur sehen könnte. Gewiß liegt darin ein Idealbild vor, aber es mußte immerhin entworfen und als Zielvorgabe formuliert werden. Überraschen mag, wie detailliert hier der Vorentwurf zu den Werken der Barmherzigkeit bei Mt 25,35 ff. begegnet. Hier zeigt sich, wie sehr der ägyptische Hintergrund das Denken Israels mitbestimmt hat (vgl. Religionsbuch 7/8, S. 23-29: Der Eine und die Vielen; → Lehrerhandbuch 7).

Eine andere Auffassung von Mitmenschlichkeit und Güte begegnet uns im antiken Griechenland. In dessen Denkern, zumal in Sokrates, Platon und Aristoteles, stehen wir vor Männern, deren Philosophie die Fundamente unserer Kultur geschaffen haben. Von ihnen stammen die Begriffe der *humanitas* und *bonitas,* der Menschlichkeit und Güte. Diese Worte enthalten freilich ein anderes Programm als die Begriffe Barmherzigkeit und Nächstenliebe. Das zeigt sich bereits in der griechischen Götterwelt. Die griechischen Götter leben vom menschlichen Leid unberührt in einer Sphäre ewiger Schönheit, Heiterkeit und Ruhe. Sie üben keine Barmherzigkeit, und die Menschen erwarten von ihnen kein Erbarmen. Es tröstet sie, daß die Götter da sind. Das menschliche Streben geht dahin, ebenfalls die Harmonie und Schönheit der Götter zu finden.

1 Geschichte in Quellen, a.a.O., Nr. 32 (gekürzt).

Solidarität und Mitleid haben in diesem Weltbild keinen Stellenwert. Eher gilt das Gegenteil: Mitleid gilt als schwächlich und des Mannes unwürdig. Wenn die Götter Leid und Not verhängen, soll der Mensch dieses Schicksal mit Fassung und Würde tragen.

»Als Aristoteles eines Tages einem Bedürftigen ein Almosen reicht, rügen Freunde diese Tat. Jener Mensch, sagen sie, sei bekannt als ein Taugenichts, er sei des Almosens nicht wert gewesen. Aristoteles habe also keine gute Tat vollbracht. Aber der Philosoph rechtfertigt sich: ›Ich habe mich nicht seiner schlechten Sitten erbarmt‹, sagt er, ›sondern des Menschen.‹ Einem Menschen zu geben ist schön, es ist eines anständigen und trefflichen Mannes würdig. Aristoteles gibt letztlich um seiner selbst willen, nicht um des Bedürftigen willen.«[1]

Ein solches Denken verlangt zwar nach einem wohlgeordneten Staat, der dem Bürger ein Leben in Sicherheit und Heiterkeit erlaubt, aber es bietet keine Voraussetzungen für eine umfassende Armenpflege. Arme, Bettler, aus dem Gleis Geworfene stören die verlangte Harmonie. Man beseitigt die Störung am besten dadurch, daß man die Störenfriede verdrängt. Das äußert sich darin, daß schwächliche und mißgestaltete Kinder nach der Geburt getötet werden. Das nüchterne, auf Effizienz gerichtete Denken der Griechen läßt im Verbund mit Harmoniesehnsucht und Schönheitsverlangen kein Mitleid aufkommen.

Von jedem Solidaritätsempfinden ausgeschlossen waren auch die Sklaven. Aristoteles hielt die Freundschaft mit einem Sklaven für unmöglich. Für ihn war der Sklave kein Mensch im Sinne seines Selbstverständnisses, eher ein beseeltes Werkzeug. Welche Spannungen diese Grundeinstellung, die sich mit der Institution der Sklavenhaltung verband, hervorbrachte, zeigt die Geschichte:

Vom Mißtrauen der Spartaner gegenüber ihren Sklaven

Über das gespannte Verhältnis zu den spartanischen Staatssklaven (Heloten) bemerkt Kritias:

»Aus Mißtrauen gegen diese Heloten nimmt der Spartiat zuhaus ihnen den Riemen (Haltegriff) aus dem Schilde. Da er dies aber im Felde nicht tun kann, weil hier oft rasches Handeln nötig ist, so geht er immer mit dem Speer in der Hand umher, in der Meinung, auf diese Weise dem Heloten überlegen zu sein, wenn er etwa mit dem Schilde allein meutern sollte. Sie haben sich auch einen Türverschluß ersonnen, der, wie sie glauben, einen von jener Seite kommenden Einbruch abwehren kann.«

Diese Stelle kommentiert in späterer Zeit (4. Jh. n.Chr.) Libanios:

»Das bedeutet doch, ständig mit der Furcht als Hausgenossen zusammenzuleben, wobei man nicht aufzuatmen wagt wegen des Schrecklichen, das man ständig erwartet. Wie können denn Menschen wahrhaft die Freiheit genießen, die beim Frühstücken, beim Schlafen und jeder anderen Beschäftigung die Furcht vor ihren Sklaven dazu zwingt, gewappnet zu sein? Gegen die die Sklaven beim Erdbeben (468 v.Chr.) einen Aufstand begannen, ein Zeichen, daß sie bei gleicher Gelegenheit ein Gleiches tun würden? . . . So waren alle Spartiaten der Freiheit beraubt, da der Haß ihrer Sklaven mit ihnen zusammen hauste.«[2]

1 *Heinz Vonhoff*, Geschichte der Barmherzigkeit. Stuttgart 1987, 15.
2 Geschichte in Quellen, a.a.O., Nr. 131.

Von den Sklaven in Athen

Der folgende Text wurde als ältestes Schriftdokument attischer Prosa früher fälschlich dem Xenophon zugeschrieben. Verfasser ist wahrscheinlich ein athenischer Aristokrat. Er schrieb seine Darstellung zwischen 430-424 v.Chr.

»Das Volk will nicht in einem wohlgeordneten Staatswesen selber geknechtet sein, sondern frei sein und herrschen, die Mißordnung kümmert es wenig; denn aus dem, was du als das Gegenteil eines wohlgeordneten Zustandes ansiehst, daraus schöpft das Volk gerade seine Kraft und seine Freiheit... Bei den Sklaven hingegen und bei den Schutzbürgern herrscht in Athen größte Zuchtlosigkeit, und man darf dort den Sklaven weder schlagen, noch wird er dir bescheiden ausweichen... Wenn aber einen das wundert, daß sie daselbst die Sklaven üppig werden, ja einige sogar auf großem Fuße leben lassen, auch das tun sie mit Absicht. Denn wo es eine Seemacht gibt, ist es eine Naturnotwendigkeit für die Sklaven, für Geld zu fronen, damit man als Herr von ihrer Tätigkeit wenigstens die Abgaben bekommt, und ihnen eine gewisse Freiheit zu gewähren. So haben wir selbst für die Sklaven freie Meinungsäußerung eingeführt gegenüber den Freien...«[1]

Man schätzt die Zahl der Sklaven in Athen vor dem Peloponnesischen Krieg auf 125 000; davon kommen 65 000 auf den Haushalt, 50 000 auf Handwerk und Gewerbe, 10 000 dienten im Bergwerk. Dem stehen etwa 100 000 freie Athener gegenüber. Thukydides berichtet, daß 413 v.Chr., also kurz nachdem der voranstehende Text geschrieben wurde, eine Sklavenflucht aus Athen stattfand: »Über 20 000 Sklaven waren zum Feind übergegangen.« Das kommentiert auch die Schilderung des athenischen Aristokraten.

Trotz dieser Zustände gab es auch in Griechenland immer wieder einzelne Menschen, die aus ihrem inneren Empfinden mitmenschliche Solidarität gegenüber Hilfsbedürftigen übten. So ließ der Athener Kimon (5. Jh.) die Zäune um seine Landgüter niederreißen, damit Bedürftige sich aus seinen Gärten unbehindert Nahrung holen könnten. Auch wurde in seinem Haus täglich die Armentafel gedeckt, an der jedermann Platz nehmen durfte. Vielleicht äußert sich in diesem Verhalten bereits ein frühkommunistisches Denken, das mit dem gemeinsamen Besitz die gewünschte Erfahrung allgemeinen Wohlergehens verbindet.

In Athen wurden zu dessen Blütezeit verarmte Bürger durch die Behörden betreut; zeitweilig gab es sogar Arbeitslosenunterstützung und für Kriegsbeschädigte so etwas wie eine Rente, doch galten diese Hilfen nur den freien Bürgern. Arme, Bettler und andere Elende, die kein Bürgerrecht besaßen, blieben von solchen Hilfen ausgeschlossen. Oft hatten sie kaum eine »Tonne« zur Wohnung, und vielleicht war der Protest des Diogenes, der in einer solchen Armentonne hauste und bei Tage mit einer Laterne ausging, um »einen Menschen zu finden«, ein sozialer Protest.

Anders zeigt sich die Situation im antiken Rom. In dessen Frühzeit, als Stadt wie Land noch agrarisch geprägt waren, wird die Armenfrage kein Problem gewesen sein. Als Rom jedoch zur übervölkerten Großstadt herangewachsen war, wuchs ein Proletariat heran, das von eigenen Erwerbsquellen abgeschnitten war und von staatlichen Unterstützungen abhängig wurde. Tatsächlich

1 Ebd., Nr. 196.

wurden solche Hilfen auch organisert. Während der Kaiserzeit lebten in Rom etwa 100 000 bis 150 000 Familien ausschließlich von behördlichen Zuwendungen; es gab Getreideverteilungen (die sog. annona) als ständige Einrichtung und immer wieder Korn- und Weinspenden bei besonderen Anlässen, die Kaiser, Politiker, Diktatoren nutzten, um die Volksstimmung für sich zu gewinnen. Gewissermaßen funktionierte auch ein Katastrophenschutz: Als 64 n.Chr. Rom brannte (→ V, 451), ließ Kaiser Nero riesige Mengen Lebensmittel verteilen und seine Gärten für jedermann öffnen. Als fünfzehn Jahre später der Vesuv ausbrach und Pompeji und Herkulaneum unter seinem Ascheregen begrub, setzte eine spontane Hilfsaktion ein. Ein weiteres Mal wurden nach dem Einsturz eines Amphitheaters Ärzte und Verbandsmittel an den Unglücksort gesandt, und reiche Römer öffneten ihre Häuser für die Unfallopfer.

Dennoch lassen sich solche Hilfsmaßnahmen nicht aus menschlichem Mitempfinden und geschwisterlicher Gesinnung verstehen. Der Philosoph Seneca, der zeitweilig Lehrer Neros war und auf dessen Geheiß durch Selbstmord endete (→ V, 451), nahm in mehreren Schriften zu diesem Thema Stellung. Er erörterte in großer Breite die Pflicht zum Wohltun an jedermann, hielt Mitleid aber für schimpflich. Für seine Wohltaten waren rationale Erwägungen entscheidend. Wenngleich er ein Mensch riesigen Reichtums und eines üppigen Lebens war, lehrte er in seinen Schriften doch Menschenliebe gegen jeden, weil die Menschen von Natur alle Brüder seien. Hier zeigt sich der Einfluß der hellenistischen Stoa, doch wird zugleich deutlich, daß ein solch philanthropisches Denken noch weit von wirklich solidarischem Leben und Handeln entfernt ist.

Nächstenliebe in Israel

Einen völlig anderen Hintergrund für mitmenschliches Verhalten finden wir im Volk Israel. Hier verbindet sich das Gebot der Liebe zu Gott mit dem Gebot der Liebe zum Nächsten. Hier bedarf es keiner philosophisch begründeten *humanitas* und keiner politischen *ratio*, um »den Glauben an sich selbst, an den andern« und an die Menschheit« mit Leben zu füllen (vgl. → V, 240). Die Gebote der Menschenfreundlichkeit, wie sie die Tora lehrt, haben eine ganz andere Begründung: Jeder Mensch ist im Ebenbild Gottes geschaffen, darin liegt seine Würde begründet, seine Freiheit und seine unveräußerliche Eigenheit. Aber jeder Mensch nebenan hat die gleiche Würde, Freiheit und personale Besonderheit. Er ist im tiefsten mit allen anderen verwandt, deren Bruder, Schwester, Nächster. Und so sind schließlich alle Menschen ohne Ausnahme Gottes Kinder, dessen Söhne und Töchter, und aller Leben hat gleichen Sinn, gleichen Auftrag zu lieben, um in dieser Liebe die Welt aufblühen zu lassen und darin Gott zu loben.

Freilich geht es in Israel ähnlich zu, wie in anderen Völkern. Auch dort brechen Eigennutz und Habgier ein, wird gelogen und ausgebeutet, aber in einer beispiellosen Weise treten hier immer auch wieder Menschen auf, die den Maßstab bewußt machen und präzisieren. Erstmalig in der Weltgeschichte artikuliert sich hier eine gewaltige sozial-moralische Predigt, die alles überholt, was vordem oder außerhalb Israels in späteren Zeiten noch gedacht wird:

»Sie erging als Jachwes erzhuman gedachter Wille von Amos bis Jesaja und weiter: ›Lernt Gutes tun, trachtet nach Recht, helft den Unterdrückten, schafft den Waisen Recht und helft der Witwen Sache‹ (Jes 1,17). Die Ausbeuter und Bauernleger sind Jachwe ein Greuel: ›Er wartet auf Recht, siehe, so ist es Schinderei, auf Gerechtigkeit, siehe, so ist es Klage. Wehe denen, die ein Haus an das andere ziehen und einen Acker zum anderen bringen, bis daß kein Baum mehr da ist, daß sie allein das Land besitzen‹ Jes 5,7 f.).« Ernst Bloch, der so in die Bibel schaut, liest sie nicht historisierend, sondern ergänzt: »Der Gott, der das will, ist zuverlässig nicht der gleiche, dem in den verschiedenen Fifths Avenues der Welt die Kirchen standen und stehen; er ist aber auch, bei Eidesstatt Thomas Münzers, nicht Opium des Volks... Die Propheten lehrten eine mündige Wahlfreiheit, die sich auch übers Verhängte erstreckt, sie lehrten die Macht menschlicher Entscheidung. Daher eben sprechen alle Propheten von der Zukunft nicht kategorisch, als von einer feststehenden, sondern hypothetisch, als von einer alterierbaren... das unterscheidet Israel auch von dem stets passiven Augurenspruch in allen übrigen Prophezeiung glaubenden Völkern. Der Mensch hat sein Geschicktes mindestens zur Wahl, und eine... immer weiter humanisierte, in allen Menschen guten Willens sich weit über Kanaan verheißende Gottesvorstellung sollte dem das Fundament sein.«[1]

An dieser Stelle müssen Andeutung und Einordnung genügen. Ihren systematischen Ort findet die Kennzeichnung der unverwechselbaren Eigenart Israels in der Gegenüberstellung der ägyptischen und der biblischen Gottesvorstellung (→ VII), in der Charakterisierung des weltgeschichtlich einmaligen prophetischen Erbes (→ VII) und natürlich in der Beschreibung des jüdischen Selbstverständnisses (→ V, 240 f.).

In der Linie dieses prophetischen Erbes steht auch Jesus. Es fällt nicht schwer, ihn nach den überlieferten Zeugnissen als einen brüderlichen Menschen zu verstehen. Aber die Nächstenliebe, die ihn kennzeichnet, gehört zu ihm als Juden. Dem Doppelgebot der Gottes- und Nächstenliebe ist er bereits als Kind in der Tora begegnet, in seinen Lehrern und vielen frommen Menschen seiner Zeit hat er Beispiele für die Wirksamkeit dieses Gebotes kennengelernt. Wenn er dennoch Neues bringt, so ist es jene Neuheit, die dem Erbe entspringt und entspricht. Vielleicht dürfen wir akzentuieren, es sei die Radikalität, mit welcher Jesus sich insbesondere zu den Kleinen und Mißachteten brüderlich verhielt, die selbst von den Frommen nicht respektiert wurden.

Eine Geschichte verratener Brüderlichkeit

»Nachdem Kaiser Konstantin in der Christenheit so viele zu Herren gemacht hatte«, sagt unser Religionsbuch, »ist die Brüderlichkeit in der Kirche oft nur versteckt anzutreffen.« Das Religionsbuch überschlägt an dieser Stelle (nicht aber in den folgenden Kapiteln) anderthalb Jahrtausend, um erst wieder bei der Französischen Revolution einzusetzen, doch ist es nicht schwer, diesen Zeitraum mit Beispielen zu füllen.

Neben dem unten folgenden Kapitel »Kirche der Schwachen« liefern die Religionsbücher in den folgenden Jahren wichtige Aspekte. Als Beispiele seien genannt: »Kirche: Einsames Zeugnis. Bartolomé de Las Casas« (Religionsbuch

---

1 *Ernst Bloch*, Atheismus im Christentum. Zur Religion des Exodus und des Reichs. Frankfurt 1968, 131; 133.

7/8, S. 75-82); »Kirchengeschichte: Die Kreuzzüge« (S. 105-108); Die Juden (S. 110); Ketzer und Inquisition (S. 111). Diesen deprimierenden Vorgängen werden positiv die Lebenszeugnisse von Franz von Assisi, Elisabeth von Thüringen, Vicent de Paul, Simone Weil, Paulo Evaristo Arns, Ruth Pfau, Lucien Bidaud entgegengestellt. Wir finden in der Kirchengeschichte ebenso »›Höchstleistungen‹ an Fanatismus, Intoleranz und Obskurantismus wie auch ›Glanzleistungen‹ an Zärtlichkeit, Rechtschaffenheit und Heldenmut im Dienste der Unterdrückten« (Michel Clévenot). Für den Religionsunterricht ist es wichtig, die in den meisten Kirchengeschichten verstümmelte Erinnerung ohne Häme und in Trauer auszuhalten, aber auch die gelebten Gegenentwürfe deutlich zu machen. Wenn wir die eigene Geschichte nicht in ihrem Versagen und ihren Sünden benennen, entkommen wir auch nicht den Denkfiguren und Zwängen dieser Geschichte. Hier gibt es keine Beliebigkeit. Es wäre fatal, die Christentums- und Kirchenkritik dem Blick von außen zu überlassen. Dazu hat auch der Religionsunterricht kein Recht, doch geht es um Kritik aus Betroffenheit, die der Wahrnehmung und Konsequenz des Christlichen gilt. Nachfolgend finden sich Negativbeispiele; die Spur gelebter Geschwisterlichkeit wird im Kapitel »Kirche der Schwachen« (→ S. 353-391) beschrieben.

Die durch die Konstantinische Wende (→ V, 461-466) ins Christentum gelangte Theokratie und die Umwandlung der Kirche zur Reichskirche hat sich strukturell im kirchlichen Corpus so umfassend ausgewirkt, daß Amtsverständnis, Kirchenpolitik, Dogmatik, Morallehre, Missionspraxis, Seelsorge und Umgangston bis ins Mark davon eingefärbt wurden. Die Mühen, diese Entwicklung wieder zu überwinden, werden, falls es gelingen sollte, viele Generationen in Anspruch nehmen. Die beiden folgenden Beispiele können zeigen, wie sehr Vorstellungen und Gegebenheiten, die tausend Jahre zurückliegen, immer noch die Muster heutigen Verhaltens bestimmen.

Der Aristokratismus der alten Klöster

»Mönchs- und Nonnenkloster waren aristokratische Stiftungen, und sie behielten diesen Charakter bis zu den Kreuzzügen und der Herrschaft der Bettelorden. Wohl bewahrte die Kirche der Germanen die hehre Lehre des Christentums, daß vor Gott alle Menschen gleich sind; sie weihte dem Unfreien wie dem Fürsten seinen Eingang in das Leben und den Ausgang; auch wer in Knechtschaft geboren war, konnte Geistlicher werden, und die Weihen bewahrten ihn vor dem Makel der Knechtschaft. Aber so weit entfernte die alte Kirche sich doch nicht von der volksmäßigen Anschauung,[1] daß sie diese Vorschrift ihres demokratischen Glaubens konsequent durchgeführt hätte. Niedrige Geburt verurteilt auch zu niedrigem Dienst in der Kirche, dem größten Talent war sie ein Hemmnis, ungern duldeten die reichen Klöster einen unfrei Geborenen in ihrer Bruderschaft, auch unter den Mönchen hatte Geltung, wer von edlem Geschlecht war, obgleich er bei Übertretungen der Regel die Geißel des strafenden Bruders zu fühlen hatte wie jeder andere. Eine Stütze des Adels aber wurden die Klöster deshalb, weil sie in ihren Schulen die vornehme Jugend der Landschaft bildeten. . .Wie einst die Hofschule Karls des Großen, so kamen auch die Klosterschulen der Ottonenzeit fast nur dem Fürstensohn, dem reichen Landbesitzer oder ansehnlichen Dienstmann zugute. Und

---

1 Hier hat Gustav Freytag wohl nicht genügend »Anschauung« und »Interesse« auseinandergehalten.

dieser Umstand machte die Männer und noch mehr die Frauen erlauchter Familien ihren Zeitgenossen wahrhaft überlegen.«[1] (→ S. 613-618)

»Dreifach ist das Haus Gottes, das man eines wähnt«

Das nächste Beispiel führt in das Jahr 1025 nach Frankreich. Die mit Furcht und chiliastischen Phantasien erwartete Jahrtausendwende liegt gerade zurück. Die Gesellschaft ist in Bewegung: Cluny sticht durch seinen Klosterverbund die Bischöfe aus und »verklösterlicht« die Grundherren. Der »Gottesfrieden« erstrebt gegen die Ritterschaft ein Bündnis von Klerus und Bauernvolk. Überall brodelt Ketzerei und wirbt für die »Gleichheit« der Menschen.

Gegen diese drei Modelle stehen zwei Männer auf, die aus königlicher Familie stammen: Adalbero, seit 977 Bischof von Laon, und Gerhard, seit 1012 Bischof von Cambrai-Arras. Beide wollen ankämpfen gegen »die Subversion, die Unordnung, versinnbildlicht durch die Erhöhung der Leibeigenen (Sklaven), die Klerikalisierung des Adels und die Erniedrigung des Episkopats«.[2] Gegen ihre bischöflichen Kollegen versuchen sie, diesen drei aktuellen gesellschaftlichen Bewegungen ein anderes Ordnungsbild entgegenzustellen: »Seit Anbeginn der Welt ist die Menschengeschichte in drei geteilt: die Männer des Gebets, die Bauern, die Krieger. . . Jeder ist wechselseitig Empfänger eines gegenseitigen Dienstes.«

Natürlich deckte dieses Schema weder damals noch je zuvor den gesamten gesellschaftlichen Raum. Viele Leute beten, arbeiten und schlagen sich, aber für Bischof Gerhard tun sie es nur legitim, wenn sie die dafür vorgesehene Rangordnung einhalten. Wie der Text bereits mit seinem Auftakt »Seit Anbeginn der Welt. . .« zeigt, handelt es sich hier nicht um geschichtliches Denken, sondern um eine mythische Struktur, die mit der französischen Realität im 11. Jahrhundert nichts zu tun hat, wohl aber im Dienst einer Interessenwahrung steht. So formuliert auch Bischof Adalbero:

»Dreifach ist das Haus Gottes, das man eines wähnt. Die einen beten, die andern kämpfen und noch andere arbeiten. Diese drei gehören zusammen und ertragen es nicht, entzwei zu sein. Auf der Funktion des einen beruhen die Werke der beiden anderen; ein jeder hilft auf seine Weise allen.«

Das Konzept dieser politischen Dreiheit ist nicht neu. Adalbero und Gerhard übernahmen es von Dionysios Areopagites, einem unter diesem Decknamen schreibenden griechischen Autor, der im 5. Jahrhundert zwei Werke verfaßte: »Über die himmlische Hierarchie« und »Über die kirchliche Hierarchie«. Da dieser Dionysios mit dem ersten Bischof von Paris identifiziert wurde, der auch Dionysios hieß und am Montmartre (Berg der Märtyrer) das Martyrium erlitt, später in Saint-Denis begraben wurde, war sein Einfluß in Nordfrankreich gewaltig. Jener Theologe nun war der Ansicht, »daß jede Hierarchie eine Dreigliederung hat«; das exerzierte er an den Engelchören durch, übertrug es aber auch auf die irdischen Verhältnisse, etwa: Bischöfe, Priester, niederer Klerus; oder: Mönche, Gläubige, Katechumenen. Die Bischö-

---

1 *Gustav Freytag,* Bilder aus der deutschen Vergangenheit. Bd. I: Hoch- und Spätmittelalter.(1859-1864) Neuausgabe. Hg.von *Heinrich Pleticha.* Hamburg 1978, 23 f.
2 *George Duby,* Die drei Ordnungen. Das Weltbild des Feudalismus. Frankfurt a.M. 1986, 87.

fe von Laon und Cambrai nun übernahmen dieses Schema, um damit die eigenen Ordnungswünsche zu verbinden. Bei Adalbero heißt es:

»Die Gemeinschaft der Gläubigen bildet nur eine Körperschaft, während der Staat deren drei umfaßt. Denn das andere Gesetz, das menschliche Gesetz, unterscheidet zwei weitere Klassen: Für Adelige und Leibeigene gilt in der Tat nicht dieselbe Grundordnung... Die ersteren sind die Krieger und die Beschützer der Kirchen; sie sind die Verteidiger des Volkes, der großen wie der kleinen Leute, also aller, und gewährleisten dabei zugleich ihre eigene Sicherheit. Die andere Klasse ist die der Leibeigenen. Dieser bedauernswerten Sippschaft ist nichts zu eigen als nur das, was mühevolle Arbeit erfordert.

Wer könnte mit seiner Rechentafel jene Sorgen, welche die Leibeigenen gänzlich in Beschlag nehmen, all ihre Lauferei und all ihre harten Arbeiten berechnen? Sei es Geld, Kleidung oder Nahrung, die Leibeigenen versorgen jedermann mit allem. Kein freier Mann könnte ohne die Leibeigenen seine Existenz aufrechterhalten... Während der Grundherr behauptet, den Leibeigenen zu ernähren, wird er in Wirklichkeit von diesem ernährt. Für den Leibeigenen ist aber trotzdem kein Ende seiner Tränen und seiner Seufzer abzusehen.

Obwohl man glaubt, das Haus Gottes sei eins, ist es also in Wirklichkeit dreigeteilt: Die einen beten, die anderen kämpfen, wieder andere arbeiten.«

»Wie schon die Verteidigungsrede des Menenius Agrippa ›Die Glieder und der Magen‹, so ist auch dies ein bildlich starkes Instrument ›zur Entschärfung des Klassenkampfes und zur Irreführung des Volkes«, kommentiert George Duby, wie ja immer noch mit der Figur der »Einheit« meist einseitige Interessen verfochten werden. Das Volk damals? Es machte 90 Prozent der Bevölkerung aus und ermöglichte den restlichen 10 Prozent, wie Bischof Adalbero ausführte, zu beten und zu kämpfen. Adalbero beschreibt realistisch die elende Situation der Leibeigenen, doch ist er weit davon entfernt, ihre Lage zu ändern. Sie sollen das Dreierschema als gottgewollt hinnehmen, Arbeit als ihre Lebensform akzeptieren und darin gar noch ein Unterpfand ihrer Erlösung sehen, denn die Qual des Körpers tilgt die Sünden. Die Ideologie der drei Ordnungen ist zutiefst reaktionär, aber keineswegs blind. Adalbero kennt die ausgebeutete Situation der Leibeigenen, aber er braucht die Dreiecksfigur, um durch sie die eigenen Interessen zu stützen.

Was dieses Schema der drei Ordnungen betrifft, so wissen wir, daß »Klerus, Adel und der dritte Stand« bis 1789 weiterbestehen, wenngleich dann die Bürger in diesen Stand eintreten. Auch weiterhin werden die Bauern die eigentlichen Verlierer sein.[1]

Die neue Parole: Freiheit, Gleichheit, Brüderlichkeit

Die vielen Entwicklungen, die sich schließlich in der Französischen Revolution treffen und entladen, sind hier nicht nachzuzeichnen. Im Religionsbuch 9/10, S. 34-42 findet sich eine Darstellung in Wort und Bild; das Lehrerhandbuch 9 entwirft den Hintergrund und die didaktische Reflexion. Die folgenden

---

1 Die zitierten Quellen nach *Michel Clévenot*, Als Gott noch ein Feudalherr war. Geschichte des Christentums im IX.-XI. Jahrhundert. Fribourg/Luzern 1991, 75-80.

Schilderungen wollen zeigen, welche Erfahrungen die Sehnsucht nach Freiheit, Gleichheit und Brüderlichkeit wachsen ließen.

Maximilian Klinger: Hans Ruprechts Kalb

Maximilian Klinger (1752-1831) ist primär als Dramatiker des »Sturm und Drang« bekannt. Von ihm stammt der Begriff, mit dem heute die ganze literarische Epoche benannt wird. Der folgende (gekürzte) Text stammt aus seinem gesellschaftskritischen Roman »Fausts Leben, Taten und Höllenfahrt«, der 1791 erschien:

Der Teufel und Faust ritten unter Gesprächen an der Fulda hin; als sie nahe bei einem Dorfe unter einem Eichbaum ein Bauernweib mit ihren Kindern sitzen sahen, die leblose Bilder des Schmerzes und der stumpfen Verzweiflung zu sein schienen. Faust, den die Tränen ebenso schnell wie die Freude herbeizogen, nahte sich hastig und fragte die Elenden um die Ursache ihrer Not. Das Weib sah ihn lange starr an. Nur nach und nach taute sein freundlicher Blick ihr Herz so weit auf, daß sie ihm unter Tränen und Schluchzen folgendes mitteilen konnte:
»In der ganzen Welt ist niemand unglücklicher als ich und diese armen Kinder. Mein Mann war dem Fürstbischof seit drei Jahren die Gebühren schuldig. Das erste Jahr konnte er sie wegen Mißwuchs nicht bezahlen; das zweite fraßen die wilden Schweine des Bischofs die Saat auf und das dritte ging seine Jagd über unsere Felder und verwüstete die Ernte. Da der Amtmann meinen Mann beständig mit Pfändung bedrohte, so wollte er heute ein gemästetes Kalb mit dem letzten Paar Ochsen nach Frankfurt führen, sie zu verkaufen, um die Gebühren zu bezahlen. Als er aus dem Hof fuhr, kam der Haushofmeister des Bischofs und verlangte das Kalb für die fürstliche Tafel. Mein Mann stellte ihm seine Not vor, bat ihn, die Ungerechtigkeit zu bedenken, daß er das Kalb für nichts hingeben sollte, da man es ihm in Frankfurt teuer bezahlen würde. Der Haushofmeister antwortete, er wisse doch wohl, daß kein Bauer etwas über die Grenze führen dürfe, was ihm anstände. Der Amtmann kam mit den Schergen dazu; anstatt meinem Mann beizustehen, ließ er die Ochsen ausspannen; der Haushofmeister nahm daraufhin das Kalb, mich trieben die Schergen mit den Kindern von Haus und Hof, und mein Mann schnitt sich in der Scheune aus Verzweiflung den Hals ab, während sie unser Hab und Gut wegführten. Da seht den Unglücklichen unter diesem Tuche! Wir sitzen hier, seinen Leichnam zu bewachen, damit ihn die wilden Tiere nicht fressen, denn der Pfarrer will ihn nicht begraben.«
Sie riß das weiße Tuch von der Leiche weg und sank zu Boden. Faust fuhr bei dem schrecklichen Anblick zurück. Dicke Tränen drängten sich aus seinen Augen, er rief: »Menschheit! Menschheit! ist dies dein Los?« Er deckte den Unglücklichen zu, warf der Frau Gold hin und sagte: »Ich gehe zum Bischof, ich will ihm Eure unglückliche Geschichte erzählen, er muß Euren Mann begraben, Euch das Eurige zurückgeben und die Bösewichter bestrafen.«
(. . .) Man nahm sie sehr gut auf und lud sie zur Tafel. Der Fürstbischof war ein Mann in seinen besten Jahren und so ungeheuer dick, daß das Fett seine Nerven, sein Herz und seine Seele ganz überzogen zu haben schien... In der Mitte des Tisches stand unter anderem ein großer fetter Kalbskopf, ein Lieblingsgericht des Bischofs. Auf einmal erhob Faust seine Stimme:
»Gnädiger Herr, nehmt mir nicht übel, wenn ich Euch die Eßlust verderben muß; aber es ist mir gar nicht möglich, diesen Kalbskopf da anzusehen, ohne Euch eine schreckliche Geschichte zu erzählen, die sich heute ganz nahe bei Eurem Hoflager

zugetragen hat. Auch hoffe ich von Eurer Gerechtigkeit und christlichen Milde, daß Ihr den Beleidigten Genugtuung verschaffen und in Zukunft dafür sorgen werdet, daß Eure Angehörigen in Zukunft die Menschheit nicht mehr auf so unerhörte Art verletzen.« Der Bischof sah verwundert auf, blickte Fausten an und leerte seinen Becher aus.

Faust erzählte mit Wärme und Nachdruck die obige Geschichte, keiner der Anwesenden schien darauf zu horchen; der Bischof aß fort.

Faust:»Mich dünkt doch, ich rede hier zu einem Bischofe, einem Hirten seiner Herde, und sitze mit Lehrern und Predigern der Religion und christlichen Liebe zu Tische. Herr Bischof, seid Ihr es oder nicht?«

Der Bischof sah ihn verdrießlich an, ließ den Haushofmeister rufen und fragte: »He, was ist das mit dem Bauern da, der sich wie ein Narr den Hals abgeschnitten hat?«

Der Haushofmeister lächelte, erzählte die Geschichte wie Faust und setzte hinzu: »Ich habe ihm darum das fette Kalb genommen, weil es eine Zierde Eurer Tafel und für die Frankfurter, denen er's verkaufen wollte, zu gut ist. Der Amtmann hat ihn gepfändet, weil er immer ein schlechter Wirt war und seit drei Jahren seine Gebühren nicht bezahlt hat. So verhält sich's, gnädiger Herr, und wahrlich, kein Bauer soll mir etwas Gutes aus dem Lande führen!«

Bischof: »Da hast du recht.« Zu Faust: »Was wollt Ihr nun? Ihr seht doch, daß er wohlgetan hat, dem Bauer das Kalb zu nehmen; oder meint Ihr, die Frankfurter Bürger sollten die fetten Kälber meines Landes fressen und ich die magern?«

Faust wollte reden.

Bischof: »Hört Ihr, eßt, trinkt und schweigt. Ihr seid der erste, der an meiner Tafel von Bauern und solchem Gesindel spricht, und wenn Euch Euer Rock nicht zum Edelmann machte, so müßt' ich denken, Ihr stammt von Bettlern her, weil Ihr ihnen so laut das Wort redet. Wißt, ein Bauer, der seine Gebühren nicht bezahlen kann, tut ebenso wohl, daß er sich den Hals abschneidet, als gewisse Leute tun würden, zu schweigen, wenn sie einem die Eßlust mit unnützem Gerede verderben. Haushofmeister, das ist ja ein vortrefflicher Kalbkopf!«

Haushofmeister: »Es ist eben der von Hans Ruprechts Kalb.«

Bischof: »So! so! Gib ihn her und reiche mir die Würze. Ich will ihm ein Ohr herunterschneiden; es wird auch dem Schreier dort schmecken.«

Der Haushofmeister stellte die Schüssel vor den Bischof. Faust raunte dem Teufel etwas ins Ohr, und in dem Augenblick, da der Bischof das Messer an den Kalbskopf setzte, verwandelte ihn der Teufel in den Kopf Ruprechts, der wild, gräßlich und blutig dem Bischof in die Augen starrte. Der Bischof ließ das Messer fallen, sank rücklings in Ohnmacht, und die ganze Gesellschaft saß da in lebloser Lähmung des Schreckens.

Faust: »Herr Bischof und ihr geistlichen Herren, laßt euch nun diesen da christliche Milde vorpredigen!«[1]

»Bauren sind am besten, wenn sie weich geschlagen«

»Niemand war eifriger als die Theologen, über die Nichtsnutzigkeit des Landvolkes zu klagen, unter welchem sie leben mußten«, urteilte Gustav Freytag um 1850, »immer hörten sie den Höllenhund um die Hütten der Untertanen heulen.« Der folgende Text aus »Des Baurenstandes Lasterprob«, von einem »Geistlichen« geschrieben, wird nicht müde, auf allen Seiten nachzuweisen, wie nichtswürdig und gottlos das Bauernvolk vom Schultheiß bis

---

1 Versäumte Lektionen. Entwurf eines Lesebuchs. Hg. von *Peter Glotz* und *Wolfgang R. Langenbucher.* Gütersloh 1965, 271-273.

zum Gänsehirten lebte. Es charakterisiert mehr den Stand der Urteilenden als die so Beurteilten:

> Bauren sind zwar Menschen, aber etwas ungehobelter und gröber als die andern. . . Es gemahnet einen fast der Bauren als wie der Stockfische: dieselben sind am besten, wenn sie weich geschlagen und fein wohl geklopfet. Auch die lieben Bauren sind niemals geschlachter, als wenn man ihnen ihre völlige Arbeit auflegte, so bleiben sie fein unter der Zucht und mürb. Der Bauer will jedesmal ein Junker sein, wofern ihm der Herr zuviel Gnade erweist. Niemand weiß besser, wie halsstarrige Vögel die Bauren sind, als der sie eine Zeitlang kennet und verschiedene Jahre bei ihnen gelebt. Das ist gewiß: von bloßen guten Worten wird kein Bauer anders, sondern es müssen, so zu reden, Spieße und Stangen, d.i. scharfe Drohungen und ein rechter Ernst bei der Hand sein, soll er tun, was er tun soll. Die Bauren haben böse Gewissen.[1]

»Das Volk liegt vor ihnen wie Dünger auf dem Acker«

In Deutschland darf man weit über die Französische Revolution hinausgehen, um immer noch jene Verhältnisse anzutreffen, die unter den absolutistischen Fürsten des 18. Jahrhunderts gang und gäbe waren. »Darmstadt, im Juli 1834« datieren Georg Büchner und der Butzbacher Pfarrer Ludwig Weidig ihren subversiven Aufruf, der in der biblischen Tradition des Propheten Amos steht:

> Im Jahr 1834 siehet es aus, als würde die Bibel Lügen gestraft. Es sieht aus, als hätte Gott die Bauern und Handwerker am 5ten Tage, und die Fürsten und Vornehmen am 6ten gemacht, und als hätte der Herr zu diesen gesagt: »Herrschet über alles Gethier, das auf Erden kriecht«, und hätte die Bauern und Bürger zum Gewürm gezählt.
> Das Leben der Vornehmen ist ein langer Sonntag, sie wohnen in schönen Häusern, sie tragen zierliche Kleider, sie haben feiste Gesichter und reden eine eigene Sprache; das Volk aber liegt vor ihnen wie Dünger auf dem Acker. Der Bauer geht hinter dem Pflug, der Vornehme aber geht hinter ihm und dem Pflug und treibt ihn mit den Ochsen am Pflug, er nimmt das Korn und läßt ihm die Stoppeln. . .
> Die größten Schurken stehen wohl jetzt allerwärts in Deutschland den Fürsten am nächsten, wenigstens im Großherzogthum. . . Die Leute sind nur Diener. Sie thun nichts in ihrem Namen, unter der Ernennung zu ihrem Amt, steht ein L., das bedeutet Ludwig von Gottes Gnaden, und sie sprechen mit Ehrfurcht: »im Namen des Großherzogs«. Dies ist ihr Feldgeschrei, wenn sie euer Gerät versteigern, euer Vieh wegtreiben, euch in den Kerker werfen. Im Namen des Großherzogs sagen sie, und der Mensch, den sie so nennen, heißt: unverletzlich, heilig, souverain, königliche Hoheit. . .
> Das alles duldet ihr, weil euch Schurken sagen, »diese Regierung sey von Gott«. Diese Regierung ist nicht von Gott, sondern vom Vater der Lügen. Die deutschen Fürsten sind keine rechtmäßige Obrigkeit. . . ihre Weisheit ist Trug, ihre Gerechtigkeit ist Schinderei. Sie zertreten das Land und zerschlagen die Person des Elenden. Ihr lästert Gott, wenn ihr einen dieser Fürsten einen Gesalbten des Herrn nennt. . .[2]

---

1 Des Neunhäutigen und Haimbüchenen schlimmen Baurenstandes und Wandels Entdeckte Ubel- Sitten- und Lasterprob von *Veroandro* aus Wahrburg (1684); zit.n. *Gustav Freytag*, a.a.O., Bd. III: Absolutismus und Aufklärung, 112.
2 *Georg Büchner/Ludwig Weidig*, Der Hessische Landbote. Texte, Briefe, Prozeßakten. Kommentiert von Hans Magnus Enzensberger. Frankfurt a.M. 1965, 5-11.

Bilder zur Geschichte

Die Bilder, die dem Kapitel »Diese Welt: Brüderlichkeit, Schwesterlichkeit« zugehören, sind bis auf den Holzschnitt von Otto Pankok beißende Karikaturen. Man mag bedauern, daß das Thema keine »positive« Darstellung gefunden hat. Aber es ist so wie mit den Tageszeitungen, der Literatur und der Kunst insgesamt: das Gute und Harmonische hat nicht den gleichen Informationswert, gibt aber auch für die Bühne, den Roman, die Satire, die Karikatur ungleich weniger her als gerade der Konfliktstoff dieser Welt.

Oder wie soll Geschwisterlichkeit ins Bild kommen? Etwa mit den liebenswürdigen Bildern von Albert Anker? Das wären Idyllen einer auch in der Schweiz versunkenen Welt. Oder mit Carl Larsson? Nichts gegen das heile Familienglück, von dem er Kunde gibt, aber in einem Kapitel, das *diese* Welt zum Thema hat, wären seine Bilder fehl am Platz.

> »Und immer wieder schickt ihr mir Briefe,
> in denen ihr, dick unterstrichen, schreibt:
> »Herr Kästner, wo bleibt das Positive?«
> Ja, weiß der Teufel, wo das bleibt.
> Noch immer räumt ihr dem Guten und Schönen
> den leeren Platz überm Sofa ein.
> Ihr wollt euch noch immer nicht daran gewöhnen,
> gescheit und trotzdem tapfer zu sein. (. . .)
> Ihr streut euch Zucker über die Schmerzen
> und denkt, unter Zucker verschwänden sie.
> Ihr baut schon wieder Balkons vor die Herzen
> und nehmt die strampelnde Seele aufs Knie.«[1]

Das Gegengewicht zu den Bildern unseres Kapitels schaffen im gleichen Buch die Fotos aus einer realen heutigen Schulwelt. Sie sind nicht arrangiert, sondern zeigen, welche beheimatende und kommunikative Atmosphäre in einer regulären Großstadt-Schule möglich ist. Darum gehört der unten behandelte Aspekt »Brüderlichkeit und Schwesterlichkeit in der Schule« notwendig zum Gesamtspektrum der ansonsten desillusionierenden Thematik.

»Die Bedrückung des französischen Volkes unter dem absoluten Königtum«   S. 131

A. Es handelt sich um eine Karikatur auf die Wiedererrichtung des mit der Hinrichtung Ludwigs XVI. und seiner Frau Marie Antoinette 1793 abgeschafften Königtums. Damals rief Louis Stanislas Xavier, der Bruder Ludwigs XVI., dessen Sohn Karl Ludwig als Ludwig XVII. im Exil zum König aus; das 1785

---

1 *Erich Kästner*, Und wo bleibt das Positive, Herr Kästner?, in: Kästner für Erwachsene. Hg.von *Rudolf Walter Leonhardt*. Frankfurt a.M. 1966, 74.

geborene, in Paris verbliebene Kind wurde desungeachtet unter den Bedingungen der Revolution in eine Schuhmacherlehre gegeben und kam infolge roher Behandlung bereits 1795 ums Leben. Da der Leichnam nie gefunden wurde, gaben sich später verschiedene Schwindler für Ludwig XVII. aus. Daraufhin nahm Louis Stanislas Xavier (1755-1824) unter dem Namen Ludwig XVIII. 1795 selbst den Königstitel an. Zunächst opponierte er von Koblenz, seit 1809 von England aus. Nach der Abdankung Napoleons bestieg er 1814 den Thron, erließ eine neue Verfassung und kehrte nach den »100 Tagen« Napoleons zurück. Seine zunächst liberale Politik brach er später ab, um erneut zu einem reaktionären Regierungsstil überzugehen.

B. Die anonyme Karikatur verbindet mit der Neuerrichtung des Königtums die Rückkehr der alten Unrechtsverhältnisse: Den nackten, gefesselten Menschen, dem die Augen verbunden sind und der auf allen Vieren über dornigen Boden kriecht, drückt eine schier unerträgliche Last: drei wohlgenährte und üppig gekleidete Amtspersonen, die Justiz, den Klerus und das Militär repräsentierend.

Zuoberst, sich an der Schulter des Bischofs vor ihm festhaltend, ein Richter. *Parlement assemblée des grands du Royaume* (Gerichtshof der Großen des Königreiches)[1] steht auf dem Aktenbündel, das der in Amtstracht gekleidete Richter trägt. Vor ihm, mit seiner Mitra den Vertreter der alten Justiz noch überragend, ein Bischof, der unter seinen linken Arm den Krummstab und ein Bündel weiterer Bischöfshüte geklemmt hat. Mit der rechten Hand schwenkt er zwei Bögen Papier, auf denen einmal *Inquisition* und das andere Mal *Dîme*. *Bien du Clergé* (»Zehntsteuer« und »Kirchenbesitz«) geschrieben steht. Der wohlbeleibte Offizier schließlich, an dem sich seinerseits der Kirchenmann festhält, schwenkt die Peitsche und hält den Zügel, deren Riegel dem geschundenen, zum Lasttier verurteilten Menschen so durch den Mund gelegt ist, daß er, nachdem er schon nicht mehr sehen, jetzt auch nicht sprechen kann, zumal der angespannte Zügel ihm die Zunge aus dem Munde preßt. Mit scharfen Sporen aber tritt der Soldat seinem menschlichen Opfer noch in den Leib, so daß das Blut auf die Erde fließt. Der Welt aber verkündet der ordensgeschmückte Militär: *Féodalité, Foi et homage du au Seigneur* (Feudalordnung, Glaube und dem Herrn geschuldete Ehre).

C. In dieser Karikatur drängt alles zusammen, was in den oben zitierten Zeugnissen jener Zeit zur Sprache kam. Das Dreierschema fand seinen Vorentwurf, wie wir sahen, bereits bei den Bischöfen von Laon und Cambrai (→ S. 232 f.). Der leibeigene Bauer, damals bereits ausgebeutet, wurde in den folgenden Jahrhunderten vollständig ausgegliedert. Die Karikatur zeigt seine wahre Position: er gehört nicht mehr zur Gesellschaft, wenngleich er sie trägt. Jene Not, der ein Vinzenz von Paul zweihundert Jahre früher begegnete (→ Religi-

---

1 *Parlement* ist die Bezeichnung für die aus der mittelalterlichen curia regis erwachsenen Juristenkollegien, die in Paris einen ständigen, festbesoldeten Gerichtshof bildeten, der sich zur obersten Berufungsinstanz entwickelte. Seit Karl VII. (1422-1461) kam es zur Errichtung von *parlements* auch in anderen Städten, insgesamt vierzehn bis 1789. 1790 wurden die *parlements* aufgelöst. Als Folge der Revolution entstand in Frankreich ein Parlament als Volksvertretung.

onsbuch 9/10, S. 61-68), war strukturell fixiert und darum über die Zeiten hin dauerhaft.

Druckgrafik, wie die vorliegende, konnte unter den Bedingungen feudaler Herrschaft nur mit größter Vorsicht unters Volk gebracht werden. Zu den zentralen Aufgaben des Staates von Gottes Gnaden im *Ancien régime* gehörte die Überwachung des Publikationswesens. Dem König unterstand nominell die Vorzensur; er kontrollierte über seine Behörden lückenlos die gesamte Buchproduktion, denn jedes Druckwerk brauchte eine *approbation;* Broschüren, Plakate oder sonstige Kleindrucksachen unterstanden der Kontrolle des Polizeileutnants. Die Nachzensur übten das *parlement,* die Sorbonne (theologische Fakultät der Universität Paris) und die Kirche aus.

Ebenso wurde der Buchimport überwacht. Bücherpakete mußten an der Grenze nach Frankreich deklariert und verplombt werden. Ihr Transportweg war strikt vorgeschrieben. Die Aushändigung an den Adressaten erfolgte nur nach Inspektion durch die Beauftragten der Buchhandelszunft. Lagen Raubdrucke, Flugbätter oder andere, nicht genehmigte Drucksachen bei, wurde die gesamte Sendung beschlagnahmt. Vermögende Leser umgingen den Zensurapparat durch Zahlung an eine der wohl funktionierenden Schmugglerorganisationen. Wer kein Geld hatte, kaufte illegitime Literatur »sous le manteau« bei einem der Kolporteure, gewissermaßen auf dem Schwarzen Markt.

Ab 1748 entstand das erste Personalerfassungssystem in Karteikartenform, das wir kennen. Es vermerkte neben Namen, Herkunft und Adresse auch die »Physiognomie« und die »story« der jeweiligen Person. Diese Notizen sind größtenteils sehr exakt und verraten eine intime Kenntnis der observierten Autoren. Als Überwachungssystem mit perfektionierten bürokratischen Instrumenten ging es über die gewohnten Kontrollen von Feudalstaaten hinaus und antizipierte spätere Entwicklungen.[1]

Im damals politisch zerklüfteten Deutschland herrschte die Angst vor subversiver Literatur ebenfalls. Auch hier entwickelte sich ein Schmuggel im Untergrund. Revolutionäre Parolen wurden mit Einkaufskörben, Warenballen, Bucheinbänden, Briefen und selbst mit Gravuren in Tabaksdosen weitergegeben.[2] Im Vorbericht des »Hessischen Landboten« vom Juli 1834 heißt es:

»Dieses Blatt soll dem hessischen Leser die Wahrheit melden, aber wer die Wahrheit sagt, wird gehenkt, ja sogar der, welcher die Wahrheit liest, wird durch meineidige Richter vielleicht gestraft. Darum haben die, welchen dieses Blatt zukommt, folgendes zu beobachten:

1. Sie müssen das Blatt sorgfältig außerhalb ihres Hauses vor der Polizei verwahren;
2. sie dürfen es nur an treue Freunde mittheilen;
3. denen, welchen sie nicht trauen, wie sich selbst, dürfen sie es nur heimlich hinlegen;
4. würde das Blatt dennoch bei Einem gefunden, der es gelesen hat, so muß er gestehen, daß er es eben dem Kreisrath habe bringen wollen;
5. wer das Blatt nicht gelesen hat, wenn man es bei ihm findet, der ist natürlich ohne Schuld.«[3]

1 *Hans-Christoph Hobohm,* Die Aufklärung im Exil. Zensur im Frankreich des 18. Jahrhunderts, in: Der Zensur zum Trotz. Das gefesselte Wort und die Freiheit in Europa. Weinheim 1991, 77-88.
2 *Hellmut G. Haasis,* Deutschsprachige Untergrundliteratur zur Zeit der Französischen Revolution, in: Der Zensur zum Trotz, a.a.O., 89-104.
3 *Georg Büchner/Ludwig Weidig,* Der Hessische Landbote, a.a.O., 5.

D. Die Karikatur kann mit den oben wiedergebenen Texten näherhin verknüpft werden. Der Romanausschnitt von Maximilian Klinger »Hans Ruprechts Kalb« ist dazu ein erschütterndes Pendant. Aber auch die nachfolgenden Dokumente aus der Zeit (von Veroandro und Büchner/Weidig) spiegeln die Situation des geschundenen, ausgebeuteten Untertans. Es bleibt freigestellt, ob man zur Geschichte der Unbrüderlichkeit die Karikatur oder zur Karikatur die genannten Geschichten wählt. Eine Auswahl aus dem angebotenen Material ist ebenfalls möglich. In jedem Fall sollte das Leitthema menschlicher Solidarität und Brüderlichkeit nie aus dem Auge geraten.

Die Karikatur würde aber nicht angemessen bewertet, wollte man vergessen, welche Risiken mit ihrem Besitz oder ihrem Vertrieb verbunden waren. Es handelt sich um den Aufschrei aus einer demokratisch-revolutionären Subkultur, um ein Dokument des damaligen Untergrunds, dessen Ideale zum basisdemokratischen Ethos gehören. Darum darf sich mit der Besprechung der Karikatur auch eine Schilderung damaliger Zensursysteme, wie sie unter C dargestellt sind, verbinden.

Ernst Barlach: Aus dem Kommissionsbericht der Übersichtigen
S. 132
Dias 5/6, Nr. 18

A. Ernst Barlach (1870-1938) war Bildhauer, Graphiker und Dichter; alle seine Fähigkeiten rangen anfangs miteinander, bis er seine größere Begabung als Bildhauer erkannte. Bereits seit 1929 richteten sich zunehmend mehr öffentliche Angriffe gegen ihn wegen seiner Gefallenen-Denkmäler, die in deutlicher Sprache den Krieg verurteilten. Ab 1933 war er schlimmstem Druck seitens der Nationalsozialisten ausgesetzt. 381 seiner Arbeiten wurden als »entartet« beschlagnahmt, ins Ausland verkauft oder vernichtet. Seine Rehabilitation und spätere Hochschätzung hat er nicht mehr erlebt.

Barlach begann seinen Weg mit sozialkritischen Zeichnungen für den »Simplizissimus«, von denen die Karikatur »Aus dem Kommissionsbericht der Übersichtigen« eine Probe ist. Seine Rußlandreise 1906 nach Charkow erschütterte ihn durch die Begegnung mit leidenden Volksmassen so sehr, daß seine Kunst seitdem als ein gläubiges Plädoyer für den einfachen Menschen gesehen werden kann. Nur äußerlich verharren seine Figuren in einer gewissen Dumpfheit, innerlich sind sie voll seelischer Energie. Der knappe, blockhafte Stil Barlachs, von dem jedes Detail spricht, wobei das Ganze Ruhe und zugleich eine gespannte Sammlung ausdrückt, übte größten Einfluß auf Käthe Kollwitz (→ I, 95-99) und Gerhard Marcks (→ VIII) aus. – Über Ernst Barlach als Holzbildhauer: → IV, 239 f.

B. Unsere Zeichnung entstand 1907, nach der Barlach so tief beeindruckenden Begegnung mit der Not des russischen Volkes. Auf den ersten Blick wecken die drei großen Männer, die das Bildformat ausfüllen, Aufmerksamkeit. Sie sind in Mäntel gekleidet, die sie in ihrer Zeit als Angehörige eines »höheren Standes« kenntlich machten. Außerdem sind sie gut genährt und wohlbeleibt. Der Mann rechts schaut in den Himmel und schirmt dabei seine Augen ab, damit das Licht ihn nicht blendet. Der linke inspiziert ebenfalls den Luftraum, jedoch zur anderen Seite hin. Nur der dritte wendet seinen Kopf frontal aus dem Bild heraus und kneift dabei die Augen fast zu. Obwohl sie so vereint den gesamten Vorstadtbereich kontrollieren, finden sie nichts, was sie beunruhigen könnte. Das zu ihren Füßen vergrabene, in Kellerlöcher und Erdhöhlen versteckte Elend über-sehen sie. Aus der Stadt im Hintergrund sind sie hergekommen. Mit ihren hohen Häusern, Türmen, Kirchen und Fabriken füllt diese Stadt den Horizont. Just an ihrer Randzone dreht sich ein Riesenrad. Der Rummelplatz liegt dort; Zelte und weitere Karussellaufbauten sind zu erkennen. Eine Menge Volk bewegt sich hier. Dann aber beginnt die offene Landschaft, kaum bewachsen, es sei denn mit ein paar hohen Gräsern. Ganz links, vom Jahrmarkt etwas abgedrängt, scheint eine Gruppe dunkler Gestalten eine hell gekleidete Frau zu belästigen. Sie werden von den Kommissionsmitgliedern nicht wahrgenommen. Der Ort, wo die Männer gerade stehen, war ehedem bebaut. Jetzt ist das Gelände frei; die unterirdischen Keller sind allein übriggeblieben als Schlupflöcher für Obdachlose. Links greift eine Hand aus einem schachtartigen Fensterloch, aber sie greift in die Knochenhand eines Skeletts, das auf freiem Felde liegt. Wie in ein Gefängnis gesperrt, erkennt man hinter dem Gitterwerk des Kellerfensters in der Mitte Gesichter, die den fremden Besuch verfolgen, ängstlich und mißtrauisch, denn daß sich damit Hoffnung verbände, liegt offensichtlich außerhalb jeder Erwartung. Eine Mutter mit ihrem Kind auf dem Arm haust nebenan unter eingefallenem Gewölbe. Den noch bestehenden Gewölberest durchbricht ein dünn qualmendes Ofenrohr, das zugleich ein Namensschild trägt: »Meier«. Wie eingeklemmt zwischen Holzbohlen und Mauer sind zu Füßen des himmelwärtsblickenden Mannes rechts Hände und Gesicht eines weiteren Menschen zu sehen. Alles in allem ein Bild vergrabenen, verdrängten Elends, das sich auf sich selbst zurückgezogen hat und von keiner »Kommission« Wahrnehmung, Ansprache oder gar Hilfe erwartet: Ein Bild vom Anfang des Jahrhunderts, das sich hundert Jahre später in den seitdem gewachsenen sozialen Gettos dieser Welt immer noch spiegelt.

C. Barlach hat seine Zeichnung mit der Anmerkung beschriftet: »Untersuchungskommission zur Feststellung sozialer Mißstände. Ergebnis: weit und breit kein Elend und Not.« Es ist eine bissige Satire auf die Neigung der etablierten Gesellschaft, die störende, beunruhigende Not sozialer »Randgruppen« (die ja nur deswegen *Rand*gruppen sind, weil sie an den Rand gedrängt werden), zu ignorieren. Jede Zeit hat ihre eigenen »Randgruppen«, die sie zu integrieren nicht fähig oder bereit ist. Am meisten sichtbar sind jene, die im Straßenbild als Bettler sitzen, als Stadtstreicher und Obdachlose auf Parkbänken und in Hauseingängen schlafen; den guten Wohnvierteln vorenthalten werden die Notunterkünfte und Container in entlegenen Stadtbereichen; von Asylsuchenden, die ihre Abschiebung erfahren, hören die meisten nur über Nachrichtendienste; die Summe aller Detaileindrücke aber genügt vielen, Ausländern mit der Arroganz des Wohlsituierten zu begegnen. Der soziale Erfahrungsraum, der sich durch Barlachs Zeichnung assoziieren läßt, ist in jeder Zeit und jeder Region immer wieder neu konkretisierbar.

D. Von den oben genannten Geschichten (→ S. 223 f.) ergänzen »Die Nacht« von Gormander und »Drei Straßen weiter« von Ursula Wölfel Barlachs

Thema. Wann immer diese Karikatur im Unterricht beachtet wird, sie sollte wie jede Bildbetrachtung zum genauen Hinsehen erziehen. Als Druckgraphik erlaubt das Bild auch ein einwandfreies Kopieren auf einem DIN-A-4-Blatt. Eine damit verbundene Aufgabe könnte lauten, die drei Männer und die Kellerfenster in Einzelteilen auszuschneiden, um etwas Neues unter Zuhilfenahme beliebiger Presseorgane und des Zeichenstiftes daraus zu machen.

A. Paul Weber: Der Plumpudding
S. 134
Dias 5/6, Nr. 19

A. A.(ndreas) Paul Weber (1893-1980) war ein politischer Künstler. Mit einigen tausend Zeichnungen, Lithographien und Illustrationen hat er die deutsche Geschichte durch mehr als ein halbes Jahrhundert irregehender Geschichte kritisch kommentiert. Beginnend mit der Wandervogelzeit war Weber ein Mitglied der rebellischen »bündischen« Jugend, die zu einigen Teilen mit ihrem unausgereiften Nationalismus und Idealismus der Nazi-Ideologie verfiel. Durch seine Zusammenarbeit seit 1928 mit Ernst Niekisch, einem wachen Gegner des Nationalsozialismus, kam Weber früh zum Widerstand, der sich am eindrucksvollsten in den sechs visionären Zeichnungen »Hitler – ein deutsches Verhängnis« von 1931/32 ausdrückte.[1] Irritierend erscheint neben dieser eindeutigen und durchgehaltenen Feindschaft gegenüber dem NS-Staat die Folge »Britische Bilder. 45 Politische Zeichnungen« aus den Jahren 1938-1940. (Vgl. Religionsbuch 9/10, S. 72; 76; daneben 116; 117.) Mit diesen Bildern wollte Weber den Aufstieg und Untergang eines Imperiums zeigen und den Grundsatz der britischen Diplomatie attackieren, mit einer »balance of power« die Eroberung der Tschechoslowakei und andere imperialistische Gelüste hinzunehmen. Als England dann aber doch zu Polen stand und das Verhältnis zu Großbritannien in Feindschaft und Haß umschlug, wurden die »Britischen Bilder« teilweise auch als Instrumente der Goebbels-Propaganda benutzt. Doch: »Wenn die Hitleristen im Krieg Webers antibürgerliche und antikoloniale *Britische Bilder* aufnahmen, so schlug das gegen sie selbst zurück.«[2]

B. Das aus der Serie gewählte Bild »Der Plumpudding« steht als Nr. 22 unter dem Abschnitt »Fortschritt und Armut«. Andere Bildthemen in diesem Kontext lauten: »Hunger in Irland«; »Wales unter Tage«; »Webstuhl in Lancashire«; »Blick auf Windsor; »Slums«; »Arbeitslos«. Der Plumpudding ist eine Art Nationalgericht (Plum = Rosine, aus Nierenfett, Mehl und Weißbrot, Mandeln, Rosinen, Zucker, Eiern, Gewürzen, Sherry – im Wasserbad gegart und warm gegessen), das hier jedoch nur einem feisten, den großen runden Tisch allein für sich beanspruchenden Mann zukommt, während sich ringsum Kinder drängen, ausgemergelt, mit knochigen, eingefallenen Gesichtern, aus denen bereits der Tod schaut.

1 Siehe: Religionsbuch 7/8, S. 42; vgl. auch *Hubertus Halbfas*, Das Menschenhaus, a.a.O., 167.
2 A. Paul Weber. Kritische Graphik und Britische Bilder. Hg. von *Erich Arp*. Hamburg 1985, 100.

C. Webers Material, aus dem er seine Zeichnungen entwickelte, entstammte der Bibliothek des Kieler Instituts für Weltwirtschaft. »Reichtum aus Tränen« nannte er seine Analysen. Im Kontext unseres Religionsbuches können wir auf den historischen Ursprung des Bildes verzichten, müssen es nicht mit Großbritannien in Verbindung bringen, sondern dürfen es als einen symbolischen Ausdruck für die Erste Welt gegenüber dem Hunger der Dritten Welt verstehen. Dann stellt »Der Plumpudding« heute drängendere Fragen als je zuvor.

D. Wir können die Schüler ergänzende oder kontrastierende Bilder zum »Plumpudding« im Religionsbuch finden lassen, zum Beispiel Bilder des Teilens: S. 151; 155; 157; 158; 172; 239; 248-251. Dagegen Bilder der ungerührten Abweisung: S. 140; 142; 156; 179.

Die Handlungsebene

Die letzten drei Abschnitte des Kapitels geben Anlaß, Text und Bild zu verlassen, um zu sehen, welche eigenen Möglichkeiten bestehen, um selbst geschwisterlich leben zu können.

Der Untertitel »Brüderlichkeit und Schwesterlichkeit in der Schule?« hat im Religionsbuch die Aufgabe, Querverbindungen zu schaffen und das Rahmenkapitel »Leben und Lernen« zwischendurch aufzunehmen, doch sollte das Thema mehr als punktuelle Aufmerksamkeit finden. Es braucht eine beständige Hintergrundpräsenz, die immer wieder zwischendurch beachtet wird und vor allem Anlaß gibt zu ernsthaften Bemühungen, Klassengemeinschaft und Schulleben zu verändern.

Das Religionsbuch für das 6. Schuljahr thematisiert insbesondere gemeinsame Tischerfahrungen (→ S. 62 ff.). Die Zeichnung von A. Paul Weber, »Der Plumpudding«, bietet besonderen Anlaß, eine gegenläufige Tischerfahrung zu stiften. Damit das Sprechen von Geschwisterlichkeit kein Wortgeklingel bleibt, ist gemeinsam zu überlegen, wie der Tisch gedeckt werden kann.

Vielleicht läßt sich sogar über die eigene Klasse hinausschauen und überlegen, ob es Menschen gibt, die man einladen möchte, doch müssen die Schülerinnen und Schüler schon selbst sagen, wer ihre Gäste sein sollen.

Auch den Aspekt »Geschwisterliche Lebensführung« werden spätere Schuljahre weiterführen (→ Religionsbuch 7/8, S. 235-240: Ökologie und Verantwortung; Lehrerhandbuch 8). Was dort thematisiert wird, wäre aber Zeit und Mühe nicht wert, spielte ökologisches Bewußtsein nicht vom ersten bis zum letzten Schuljahr eine ständig begleitende Rolle. Es muß nicht gleich ein Stundenprogramm sein, über Umweltschutz und ökologische Umsicht in der Schule zu sprechen, vieles gelingt »nebenher«: die Lampen im Schulgebäude im Vorbeigehen zu löschen, wenn der Tag hell genug ist; für kompostierbare Abfälle ein Sammelsystem einzurichten; Kleinbiotope auf dem Schulgelände anzulegen. . . Dergleichen können die Schüler bereits vorfinden, wenn sie ihre Schulzeit beginnen, aber sie müssen die Vorgaben akzeptieren und mit Verstand ausfüllen lernen.

Damit nicht im 8. Schuljahr zuviel Umweltthematik erarbeitet werden muß, sollten auch jetzt schon einzelne Erkundungen und Aktionen aus den vorgeschlagenen Möglichkeiten (Religionsbuch und Arbeitsheft) gewählt werden. Die innere Verbindung des hier vorliegenden Kapitels mit dem Kapitel »Kirche der Schwachen« ist ebenfalls zu beachten. Die dort genannten Handlungsformen verbinden sich mit unseren Überlegungen zur Geschwisterlichkeit.

244

Bruder Tier S. 135 f.

»Wir sind allesamt Kinder derselben Natur oder desselben Vaters, je nachdem ob diese Beziehung biologisch oder theologisch ausgedrückt werden soll. Die Verwandtschaft à la Darwin könnte einem gleichgültig sein, sollte man meinen, doch wird sie einen nachdenklichen Menschen durchaus berühren, ja zuweilen tief anrühren. Sieht man gar hinter der Biosphäre Gott am Werk oder als absolute Instanz, so dürfte keine Gleichgültigkeit möglich sein. Goethes Wort von der Weltfrömmigkeit könnte hier in einem speziellen Sinn anwendbar werden. Schon die ältesten Jäger hatten wohl jene Einheit des Lebens im Sinn, wenn sie in ihren Mythen und Riten und in ihrer Praxis dem Tier einen hohen Rang zuwiesen. . .

Die neueste Biologie und Verhaltensforschung haben auf verschiedenen Wegen und nicht ohne scharfe Richtungs-Gegensätze Übereinstimmungen vor allem mit den höheren Wirbeltieren, sehr weitgehende mit den höchsten Arten der Säugetiere festgestellt. In körperlichen Ähnlichkeiten und in Entsprechungen des Verhaltens drückt sich auf überzeugende Weise der enge Verwandtschaftsprozeß aus. Und es sollte uns nichts mehr ausmachen, wenn man uns zwar nicht wie vor hundert Jahren als Urenkel der Affen, aber als so etwas wie ihre Urgroß-Neffen bezeichnet. Haben wir die Erkenntnis des Evolutionszusammenhangs, eines ganz und gar realen Zusammenhangs, schon tief genug in uns aufgenommen?

Auch pädagogisch wächst die Chance, das Tier als Bruder erkennen zu lassen, wenn wir den Gedanken nicht überspitzen, sondern in Grenzen halten, innerhalb derer das Kind sich in das Tier einfühlen kann. Wir wissen, welche Rolle dabei das Fell, das Augenpaar, die Formen der Bewegung spielen. Aus den fremden Tiergestalten wählen wir nach nicht immer sofort einleuchtenden Kriterien unsere Freunde aus: viele Fische, manche Reptilien, unter den Käfern bei uns im Land nur den Maikäfer und das Marienkäferchen. Ein sehr schwer deutbares System von Schönheits-Urteilen wirkt mit. . . Eine Tiergattung positiv als Bruderschaft empfinden zu können, mich aufgrund verwandter Strukturen in sie einfühlen zu können, gelingt manchen Menschen nur gegenüber den Säugetieren und nicht einmal gegenüber allen. Nimmt man die Beziehung zum Tier als einen Maßstab entwickelter Humanität, so wird man viel tiefer ins Reich der Tiere hinabsteigen müssen, wenn man sich für einen humanen Menschen halten will. Ich denke nämlich, daß es durchaus angemessen ist, diesen Maßstab zu gebrauchen. Erwachsene Tierquäler sind rohe Menschen, tierquälende Kinder sind in ihrer unschuldigen Grausamkeit noch nicht zur reifen Menschlichkeit gelangt.«[1]

Alles, was dem Thema Inhalt und Farbe geben kann, findet sich → II,56-76 und 151-195 behandelt. Siehe auch S. 203 und die Angaben S. 204.

Der Sonnengesang des Franz von Assisi wird → IV, 128 f. vorgestellt. Im Handbuch IV ist ebenfalls das umfangreiche Kapitel »Schöpfung: Mensch und Welt« mit vielen Handlungsanregungen für den Schulbereich zu beachten. Insbesondere kommen die Abschnitte »Schutz des Lebens rund um die Schule« mit den Hinweisen zu Fröschen, Vögeln und Schmetterlingen in Frage (→ IV,142-146).

1 *Walter Dirks*, Sensibilität für die Kreatur. Die Tiere unsere Brüder, in: Brüderlichkeit, a.a.O., 85-92, hier: 88; 89; 90.

Otto Pankok: Christus und das Tier S. 136

A. Zu Otto Pankok: → S. 200 ff.; 256 ff. Sein Gesamtwerk stellt der Künstler selbst vor: »Was Ihr durchblättert in meinem Werk ist viel Armut, viele Bilder von erniedrigten Menschen, verstoßenen Kindern, verachteten Tieren, viele einsame Dinge und verschollenes Land... Hingemordete Menschen und auf ihr Verhängnis wartende Juden, Hungernde und Frierende in armseligen Hütten, auf Stroh ausgestreckte Arme und tiefäugige Bettler. Zigeuner, viele Zigeuner, und Zigeunerkinder. Und dann Wolken und hohe Himmel, Bäume, trocken Knisterndes und Wucherndes, das aus dem treibenden Boden sprießt...
Schweine, wie Gefangene in ihrer Zelle. Rinder auf weiten Wiesenflächen und Pferde, jung auf den Wiesen spielend, und zu Tode gerackerte alte und geschundene. Wald, Gräser, Rankendes und Blumen...«[1]

B. Dem schlichten Holzschnitt, der sich durch seinen eigenen Text eindeutig macht, stellen wir eine unbekannte Jesus-Legende an die Seite:

Jesus tadelt die Grausamkeit gegen ein Pferd
(1) Und es geschah, daß der Herr aus der Stadt zog und mit seinen Jüngern über die Berge ging. Und da kamen sie an einen Berg, dessen Wege sehr steil waren, und fanden einen Mann mit einem Lasttier.
(2) Das Pferd aber war zu Boden gestürzt; denn die Last war ihm zu schwer, und der Mann schlug es, daß das Blut von dem Körper des Tieres rann. Und Jesus trat zu ihm hin und sprach: »Du Sohn des Greuels, warum schlägst du dein Tier? Siehst du denn nicht, daß es für seine Last viel zu schwach ist, und weißt du nicht, daß es Schmerz leidet?«
(3) Der Mann aber antwortete und sprach: »Was hast du damit zu schaffen? Ich kann mein Tier schlagen, so viel es mir gefällt; denn es gehört mir, und ich kaufte es für eine schöne Summe Geldes. Frage nur die da, sie kennen mich und wissen es.«
(4) Und einer von den Jüngern antwortete und sprach: »Ja, Herr, es ist so, wie er sagt, wir waren dabei, als er das Pferd kaufte.« Und der Herr erwiderte: »Seht ihr denn nicht, wie es blutet, und höret ihr nicht, wie es stöhnt und jammert?« Sie aber antworteten und sprachen: »Nein, Herr, wir hören nicht, daß es stöhnt und jammert!«
(5) Und Jesus wurde traurig und sprach: »Wehe euch, ihr Hartherzigen, die ihr nicht hört, wie es um Mitleid klagt und schreit zu seinem himmlischen Schöpfer, und dreimal Wehe dem, gegen den es schreit und stöhnt in seiner Qual!«
(6) Und er schritt weiter und berührte das Pferd, und das Tier erhob sich, und seine Wunden waren geheilt. Aber zu dem Manne sprach er: »Gehe nun deinen Weg und schlage es künftighin nicht mehr, so auch du Mitleid zu finden hoffst.«[2]

C. Der unten angegebenen Quelle nachzugehen, erwies sich als unmöglich. Doch woher der Text auch stammt und wie jung oder alt er sein mag – er gewinnt seine Gültigkeit aus sich selbst. Es ist zu bedauern, daß er nicht zur kanonischen Tradition gehört. Wäre er unter dieser Autorität überliefert worden, so würde das harte Schicksal der Tiere sicherlich aufmerksamer in das Verständnis christlicher Frömmigkeit einbezogen worden sein. Vielleicht fin-

1 *Otto Pankok*, Zeichnungen, Grafik, Plastik, a.a.O., 5.
2 Zit.n. Das Evangelium des vollkommenen Lebens, Kap. 21, in: Gespräche mit Seiner Göttlichen Gnade A.C. Bhaktivedanta Swami Prabhupada und andere Texte. Bern 1975, 92.

det die Erzählung über dieses Handbuch breiteren Eingang wenigstens in die religionspädagogische Szene.

D. Dem Holzschnitt, der Legende sollten Überlegungen folgen, wie sich das Schicksal der Tiere im eigenen Blickfeld darstellt und was sich tun läßt, es zu bessern. Der Biologieunterricht könnte eine Sonderschicht zur Frage einlegen, wie die Tiere, welche sich in den Häusern der Schüler befinden, artgerecht gehalten werden. An die Verbindung mit der bereits thematisierten Eustachius-/Hubertus-Legende (→ S. 203 f.) ist zu erinnern.

JESUS: DER LEHRER

Jüdisches Lehren und Lernen

Das Kapitel »Jesus: Der Jude« vom vergangenen Schuljahr wird hier vorausgesetzt. Es ist nicht sinnvoll, die Jesusthematik weiterzuführen, ohne diese für die folgenden Jahre ebenfalls grundlegenden Kenntnisse vermittelt zu haben. Im je Neuen sollten sie präsent bleiben und immer wieder anders aufgerufen werden.

Mit dem Akzent »Jesus: Der Lehrer« greifen wir notwendig den späteren Titeln »Sohn Gottes« (Religionsbuch 7) oder »Erlöser« (Religionsbuch 8) vor. Wäre Jesus mit solchen Titeln in seiner Zeit konfrontiert worden, hätte er vermutlich verwundert darauf reagiert. Aber als Lehrer, Rabbi, wurde er angesprochen und ließ er sich ansprechen. Um auch unsererseits Jesus als Lehrer wahrnehmen zu können, ist es wichtig, mit diesem Wort nichts Geringes zu verbinden, wenngleich die Erfahrung der Lehrer, die man selbst hat, auch geeignet sein kann, den Lehrer Jesus in einen Zerrspiegel zu holen.

Unter den Namen, die den Anfang einer Religion markieren, treffen wir in Buddha ebenfalls einen Lehrer. Etwas anderes zu sein, beanspruchte er nicht, konnte aber damit seine späteren Apotheosen auch nicht verhindern. Für das Judentum sind der Lehrer und das Lernen der eigentlich lebendige Nerv: »Daß die Religion ganz die Habe aller sein soll und daß alle unvertretbar zu ihr gerufen sind, ist hier ein grundlegender Satz geblieben.«[1]

> Lehrer der gesungenen und gesprochenen Worte,
> die Menschen bauten Tempel,
> um deinen Namen zu beherbergen.
> Auf jedem Gipfel richteten sie dein Kreuz auf,
> um ihre unberechenbaren Füße dorthin zu lenken,
> nicht aber in Richtung deiner Freude.
> Deine Freude ist ein Gipfel
> jenseits ihrer Vorstellungen...
> Sie ehren den Mann, den sie nicht kennen.
> Doch welchen Trost kann jemand spenden,
> der wie sie selber ist,
> dessen Güte ihrer Güte gleicht,
> dessen Barmherzigkeit nach der ihren bemessen ist?[2]

Die Lehrer Israels   S. 137 f.

Die Worte *Rabbi*, »mein Lehrer«, und *Rabban*, »unser Lehrer«, kommen aus der gemeinsemitischen Wurzel *raba*, »groß sein«, ähnlich wie *Magister*, auch *Meister,* vom lateinischen *magnus.* Ursprünglich wurden Höhergestellte,

---

1 *Leo Baeck,* Das Wesen des Judentums. Wiesbaden 1979, 46.
2 *Khalil Gibran,* Jesus Menschensohn. Olten 1988, 165.

insbesondere Lehrer mit dieser Anrede geehrt. Später wurde der Titel für diplomierte Gelehrte reserviert. Der deutsche Sprachraum hat Rabbi überwiegend mit »Meister« übersetzt. Wir folgen in unserem Unterrichtswerk dieser Tradition nicht mehr, sondern bevorzugen das unübersetzte *Rabbi* im Verständnis von »Lehrer«. Das Wort Meister hat einen Bedeutungsverschleiß erfahren und ist mancherorts als kumpelhafte Anrede auf hemdsärmeliges Milieu abgesunken.

Für das Judentum hat »Lernen« eine identitätsstiftende Bedeutung. Das war schon so zur Zeit des Zweiten Tempels, steigerte sich aber in seiner Dringlichkeit nach der Zerstreuung im Jahre 70. Die Entwicklung eines allgemeinen Grundschulwesens reicht in die Zeit Jesu zurück, früher als in jedem anderen Volk der Antike (→ III, 578-582). Es ist mit dem Aufkommen theologischer Laienkompetenz, wie sie die Synagoge und ihre Gottesdienste kennzeichnet (→ I, 522-524), verbunden und wurzelt in einem gewissermaßen demokratischen Gemeindeverständnis, »daß die Religion ganz die Habe aller sein soll und daß alle unvertretbar zu ihr gerufen sind« (Leo Baeck). Ohne diesen Grund wäre auch Jesus als ein Laie, der öffentlich das Wort nehmen und die Schrift auslegen kann, nicht zu verstehen.

Im Kern ist dieses jüdische »Lernen« nur von der Tora und ihrer Auslegungsgeschichte her zu erklären, in der sich zugleich die Geschichte des jüdischen Volkes spiegelt. Darum sind auch Erziehung und Bildung im Judentum tiefer verwurzelt als im Christentum, was sich bereits sehr vordergründig an dem ungewöhnlichen Beitrag, den Juden zur Menschheitskultur beigesteuert haben, ablesen läßt. Die Formen, in denen sich dieses Lernen traditionell vollzieht, sind vorrangig durch Dialog und Diskurs bestimmt. »Während du lehrst, lernst du«, sagt eine Spruchweisheit oder auch: »Die Tora kann man nur gemeinsam studieren.« Zwar erkennt das Judentum die Autorität großer Lehrer an – allein der Talmud gibt davon ein beeindruckendes Zeugnis – aber das Lehrer-Schüler-Verhältnis wird doch nicht aus hierarchischer Abhängigkeit begründet, sondern aus einem gemeinsamen, wechselseitigen Lernprozeß. Diese Überzeugung findet ihren klassischen Ausdruck in dem Satz des Talmud: »Von meinen Lehrern habe ich viel gelernt, von meinen Kameraden (Kollegen) mehr als von den Lehrern und von meinen Schülern mehr als von allen.«

Bezeichnend und nicht zu übersehen ist es deshalb, daß auch der Zugang zum »Lernen« nie vom Geld abhängig war, daß das jüdische Schulwesen bereits zur Zeit Jesu allen sozialen Schichten offen stand. Zumindest galt dies für das männliche Geschlecht. Es war aber auch nie auf die Kindheit begrenzt, sondern verband sich mit der ganzen Lebensgeschichte, von der Kindheit bis zum Grabe. Die Gemeinde und einzelne wohlhabende Juden haben es immer wieder ermöglicht, daß alle jüdischen Jungen schon früh lesen und schreiben lernten, und daß Begabte sich ausschließlich dem Studium widmen konnten. Selbst in einfachen Familien schätzte man es, wenn ein Sohn sich hauptberuflich als »Lerner« betätigte und damit gewissermaßen stellvertretend eine religiöse Pflicht erfüllte, die zwar jedem zukommt, die aber nicht jeder auch optimal erfüllen kann.

Das rabbinische Judentum ist jene Gestalt des Judentums, die sich als Frucht des Pharisäismus (→ IV, 599-606) ergeben hat. In den vornehmlich pharisäischen Schulen des 1. vorchristlichen und der folgenden nachchristlichen Jahrhunderte legten Rabbinen die Grundlage für jenes Judentum, daß alle Belastungen der folgenden Zeiten ertragen und überleben sollte. In dieser Tradition ist auch Jesus verwurzelt. Wahrscheinlich hat er überwiegend Lehrer aus der pharisäischen Bewegung gehabt, aber auch der essenische Einfluß hatte Gewicht in seiner Zeit (→ S. 484-488). Wie für jeden seiner Lehrer, war auch für ihn eine genaue Schriftkenntnis selbstverständlich. Das wechselseitige Lernen, die Teilhabe aller an diesem lebendigen Prozeß führte aber auch dazu, daß sich unterschiedliche Schulen ausbildeten. So wenig heute das Judentum eine homogene Gesellschaft bildet, so wenig war es zur Zeit Jesu homogen. Bekannt ist die Polarisierung zwischen den Schulen des Rabbi Schammai (um 50 v.-30 n.Chr) und des Rabbi Hillel (als Schammais Zeitgenosse). Beide begründeten jeweils eine Richtung (Bet Schammai und Bet Hillel). Schammai entschied meistens erschwerend, Hillel erleichternd; dabei orientierte sich Schammai mehr am wörtlichen Schriftverständnis und betonte weniger als Hillel die Intention einer Textstelle. Jesus wird mit beiden Schulen konfrontiert gewesen sein, wobei er ihnen in unterschiedlicher Weise folgte, doch stand er sicherlich überwiegend in der Tradition Hillels. Wie Hillel lehrte er die Goldene Regel als Kern der Tora und der Propheten (Mt 7,12; Lk 6,31; B. Schab 31 a). Er glaubte wie die Pharisäer um ihn herum, er beachtete wie sie die Gesetze und gebotenen Regeln, er lebte, wie ein toratreuer Pharisäer lebte. Deswegen sahen sie in ihm einen »Kollegen« und nannten ihn auch so (Lk 12,13; vgl. Mk 10,51). Weder das Liebesgebot noch die Umkehrpredigt, auch nicht sein Engagement für die Armen oder sein Einsatz für Feindesliebe und Gewaltlosigkeit sind in der pharisäischen Lehre ohne Parallelen, weshalb die These, Jesus sei selbst dem pharisäischen Lager zugehörig gewesen, nicht unbegründet erscheint. Wenn Franz Mußner diese These verneint, so räumt er doch ein, »daß Jesus der Gruppe der Pharisäer näherstand als den anderen Gruppen des Judentums«.[1]

Das Judentum hat sich nie im Worte erschöpft. »Das Beste in ihm«, betonte Leo Baeck, »sind, weit mehr noch als die Lehren, die lebendigen Menschen... Der Begriff, das Wort, der Satz ist schulmäßig zu überliefern, aber mit dem Persönlichen, mit dem Menschen muß eine innere Berührung und Verbindung statthaben; das Persönliche muß in der Seele wie durch eine seelische Wiedergeburt neu erstehen.« Bestimmend für Israel aber ist es, daß dessen Lehrer nur als ein Plural zu fassen sind, daß es also nicht *den* Propheten, sondern nur *die* Propheten gibt. Leo Baeck unterstreicht: »Das ist ein wesentlicher Unterschied gegen andere Religionen, die in dem *einen* Gotama Buddha, in dem *einen* Zarathustra, in dem *einen* Muhammed ihren Prophetismus beginnen und enden sehen, und deren wichtigste Entwicklung so bereits am Anfang wieder aufhört. In Israel folgt auf den Zug der Meister, auf die Großen die Reihe der Ebenbürtigen. Keiner gibt das Ganze, und keiner stellt das Ganze dar. Die Fülle der Religion ist in keinem Einzelnen und auch nicht in mehreren befaßt... Der ganze Inhalt des Judentums liegt erst in seiner unbeendeten, unendlichen Geschichte.«[2]

---

1 Vgl. zum Ganzen: *Hubertus Halbfas,* Nicht du trägst die Wurzel, sondern die Wurzel trägt dich. Zur Revision von Theologie und Religionspädagogik nach Auschwitz, in: *Ders,* Wurzelwerk. Geschichtliche Dimensionen der Religionsdidaktik. Düsseldorf 1989, 77-137, hier: 132 ff.
2 *Leo Baeck,* a.a.O., 39.

Für jüdische Theologen wie Martin Buber, David Flusser, Schalom Ben-Chorin gehört Jesus in die Reihe seiner großen Lehrer. Das Christentum seinerseits hat Jesus zum einzigen normativen Lehrer erklärt; in dieser Differenz unterscheiden sich Judentum und Christentum wohl am meisten. Gerade weil der eine Lehrer für das Christentum konstitutiv ist, muß es die darin auch liegende Gefahr sich um so bereitwilliger von jenen sagen lassen, welche die Auswirkungen dieser Normativität am härtesten erleiden mußten: »Jedes System ist unduldsam und macht unduldsam, weil es selbstgerecht und zufrieden macht – aus dem Kreise der Systematiker sind ja die härtesten Inquisitoren hervorgegangen. Es stellt den Blick in feste Entfernung ein und scheidet als abgegrenzter Besitz, in dem die Grenze leicht zur Enge wird, von allem anderen ab; es beschränkt damit die lebendige Gestalt der eigenen Wahrheit. Dagegen besitzt die prophetische Rede, als lebendiges persönliches Bekenntnis, das nicht durch Linien zu umziehen ist, ihre Weite und Unabsehbarkeit, ihre nicht voraus zu bestimmende Freiheit..., die das Erfordernis zeugt, immer wieder zum Leben der Gegenwart zu werden.«[1]

Der vorliegende Abschnitt im Religionsbuch verknüpft den Lehrer mit dem Propheten. Zwar ist nicht jeder Lehrer ein Prophet, aber immer der Prophet ein Lehrer. Herkunft und Gestalt des Prophetismus sind hier nicht vorzustellen; diese Aufgabe steht im 7. Schuljahr an. Der Schulbuchtext betont aber die Lebendigkeit prophetischer Rede; daran partizipiert jeder Lehrer, der mehr durch seine Person spricht als durch übernommene Worte. Der Auftakt des Kapitels beschwört dieses Verständnis.

Emil Nolde: Der Prophet   S. 139

A. Emil Nolde (1867-1956) war Maler und Graphiker. Sein Werk gehört zum deutschen Expressionismus. Die religiöse Thematik dringt seit 1909 mehr und mehr in Noldes Schaffen ein und findet einen subjektiv-bekenntnishaften Ausdruck in den Zyklen »Das Leben Christi« und »Maria Aegyptiaca«. An der Renaissance der alten graphischen Techniken, zumal des Holzschnitts (→ S. 200 f.) ist Nolde mit beachtenswerten Arbeiten beteiligt.

B. Der Holzschnitt »Der Prophet« stammt aus dem Jahre 1912. Durch seine kontrastbetonende Schwarz-Weiß-Technik wird der Holzschnitt dem Thema besonders gerecht. Die starke Hervorhebung der Augenwülste und die darunterliegenden scharf in die Weite blickenden Augen geben dem Gesicht eine wache Entschiedenheit: Ein Mann, der präsent ist, aufrecht und unbeugsam.

C. Die christliche Tradition hat Jesus kaum als Propheten gesehen, wenngleich das Neue Testament ihn mehrfach unter diesen Titel rückt. Schon Lk 1,76 heißt es: »Und du, Kind, wirst Prophet des Höchsten heißen...« und auf dem Gang nach Emmaus sagen seine beiden Jünger: »Er war ein Prophet, mächtig in Wort und Tat vor Gott und dem ganzen Volk« (Lk 24,19). Die

---

[1] Ebd.

Strenge des Männerkopfes, den Nolde uns vorstellt, vereint mit dem Titel »Der Prophet« dürfte bei den meisten Menschen alle möglichen Assoziationen wecken, aber am wenigsten an Jesus denken lassen; dafür sind die bildlichen Traditionen um ihn zu sehr von einer meist weichlichen Milde bestimmt. Selbst der Vergleich mit der Pankok-Version auf der folgenden Seites des Religionsbuches verdeutlicht diese Spannung. Um so wichtiger sind die Strenge und Entschiedenheit dieses Holzschnittes.

D. Eine kreative, wenngleich anspruchsvolle Aufgabe wäre es, zu Noldes Bild Evangelientexte nach eigener kritischer Wahl auszusuchen. Die Schüler können aber auch aus ihrem persönlichen Empfinden dem Holzschnitt eine Deutung geben. Dabei dürfte es hilfreich sein, die Jesusbilder im lokalen Umfeld mit Noldes »Prophet« zu vergleichen.

Was heißt »Wort Gottes«?   S. 138

Im Blick auf die Bibel wurde bereits einmal nach dem Verständnis der Metapher »Wort Gottes« gefragt (→ Religionsbuch 5/6, S. 38; → V, 214-216). An dieser Stelle wird die Metapher neu aufgegriffen, um die Bedeutung Jesu auszudrücken. Nach dem breiten Lehrgang in metaphorischer Sprache (→ V, 98-136), der im 5. Schuljahr stattfand, ist hier jenes Verständnis erneut wachzurufen und zu vertiefen. Dazu bietet auch der kleine Buchabschnitt mit den ergänzenden Metaphern »lebendiges Wasser«, »Weg« und »Tür«, die dort »wundervolle Bilder für einen Lehrer« genannt werden, schöne Gelegenheit.

Um die Metapher »Wort Gottes« nicht in einer fixierten Bedeutung zu belassen, ist es sinnvoll, kreativ damit umzugehen: Wann können wir einander »Wort Gottes« sein? Wodurch ist es die Mutter, der Vater, der Freund? Wieso können auch Lebenssituationen wie Krankheit, eine Begegnung, ein Buch, eine Reise zum »Wort Gottes« werden? Wodurch unterscheiden sich diese vielen, immer wieder neuen »Worte« von dem einen »Wort Gottes«?

Der Rabbi aus Nazaret   S. 138

Die Überlieferung sagt einstimmig, daß Jesus zunächst in der engeren galiläischen Heimat als Lehrer auftrat. Am Sabbat geht er in die Dorfsynagoge von Nazaret, »nach seiner Gewohnheit«, wie Lk 4,16 eigens vermerkt wird. Offensichtlich waren Bildungsstand und die Vertrautheit Jesu mit der synagogalen Ordnung nicht unbekannt, sonst wäre er wohl kaum mit der Verlesung des Prophetenabschnitts betraut worden (wie Lk 4,16-30 ausführt; bei den Parallelen Mk 6,1-6 und Mt 13,54-58 finden sich diese Angaben über den inhaltlichen Verlauf des Gottesdienstes nicht). Der Prophetenabschnitt schließt sich in der auch damals schon ausgebildeten Liturgie des Gottesdienstes an die Tora-Lesung an. In der Wertschätzung der prophetischen Bücher unterschied sich die pharisäische Bewegung von den tempelgebundenen Sadduzäern, denen die Kultkritik der Propheten naturgemäß nicht gerade entgegenkam. Jesus liest den Abschnitt Jes 61,1 und 2: »Der Geist Gottes, des Herrn, ruht auf mir, denn der

Herr hat mich gesalbt. Er hat mich gesandt, damit ich den Armen eine frohe Botschaft bringe und heile, denen das Herz zerbrochen ist, damit ich den Gefangenen die Entlassung verkünde und den Gefesselten Befreiung, damit ich ein Gnadenjahr des Herrn ausrufe, einen Tag der Vergeltung unseres Gottes, damit ich alle Trauernden tröste.« Diese Stelle spricht von der Berufung des Gottesknechtes. Nachdem er die Schrift wieder zusammengerollt und dem Schamasch, dem Synagogendiener, zurückgegeben hatte, setzte er sich »und alle Augen in der Synagoge starrten auf ihn«. An die Lesung aus Gesetz und Propheten schloß sich nämlich damals wie heute eine schrifterklärende Predigt an. Daß einer, der bisher im Dorf seine übliche soziale Einordnung fand, nun in der Synagoge das Wort nimmt, mag Erklärung genug für das gebannte Anstarren sein.

»Jesus bezieht nun die Weissagung des Deuterojesaja auf sich selbst. Merkwürdigerweise bleibt diese Andeutung seiner messianischen Sendung – mehr als eine Andeutung ist es nicht – zunächst unwidersprochen. So wie Jesus aber bereits in kleineren Orten in Galiläa als Prediger offensichtlich Beifall gefunden hat, so ist man auch hier in Nazaret von seiner Schriftauslegung tief beeindruckt. Man wundert sich, daß der Sohn des Joseph, den man von Kind an kannte und dessen Mutter Mirjam vielleicht im Frauenhof der Synagoge anwesend war, wie ein gelehrter Rabbi zu predigen vermag. Mt 13,54 ff. führt hier nun noch die ganze Familie Jesu an, seine Brüder Jakob, Joses (Jossi), Simon und Juda und seine Schwestern, wobei typischerweise deren Zahl und Namen nicht genannt werden, da Mädchen und Frauen im Gemeindeleben nicht in Erscheinung traten.

Der Judenchrist Matthäus vermerkt allerdings, daß die Gemeinde von Schrecken befallen wurde über die ihnen anmaßend erscheinende Autorität, mit der der junge Mann seine Lehrmeinungen vortrug. Dem Heidenchrist Lukas ist dieser psychologische Vorgang offensichtlich nicht aufgegangen, und er verlegt daher den Grund für das Skandalon, das Ärgernis, das Jesu Predigt auslöst, in ein ganz anderes Motiv. Nach Lukas wird der Ärger dadurch ausgelöst, daß Jesus das Erwählungsbewußtsein der Gemeinde verletzt, indem er auf Stellen im ersten und zweiten Buch der Könige hinweist, die zeigen, daß der Gott Israels sich auch und gerade der Fremden annimmt, die nicht zu seinem Eigentumsvolk gehören.«[1]

Aus der Sicht Jesu stößt er wegen seiner allzu großen Nähe zum Heimatdorf auf Unverständnis und Ablehnung. Er selbst zitiert zur Erklärung dieser Situation zwei Sprichwörter: »Arzt, heile dich selbst« (Lk 4,23), womit er möglicherweise darauf anspielt, daß man im Dorf um die dürftigen Verhältnisse weiß, aus denen er kommt, und das andere Wort *Ein Nabi be'iro*, »Kein Prophet gilt in seiner Vaterstadt«.

Es besteht kein Anlaß, diese Stelle so auszulegen, als habe sich Jesus selbst Prophet genannt, denn die Zitation des Sprichwortes in dieser Situation gibt dafür nicht mehr her als für uns heute, wenn wir die gleiche Redensart benutzen. Während Mk und Mt abschließend den »Unglauben« der Mitbürger betonen, der Jesus daran hinderte, Menschen zu heilen, »außer wenigen Schwachen«, schließt Lukas: »Und alle wurden erfüllt mit Wut in der Synagoge, dieses hörend, und aufstehend warfen sie ihn hinaus aus der Stadt und führten ihn bis

---

1 *Schalom Ben-Chorin*, Bruder Jesus. Der Nazarener in jüdischer Sicht. (dtv 1253) München 1987, 46 f.

zum Abhang des Berges, auf den ihre Stadt gebaut war, um ihn hinabzustoßen; er aber, mitten durch sie hindurchgehend, ging weg.«

Otto Pankok: Die ersten Jünger Petrus und Andreas   S. 139

A. Zu Otto Pankok: → S. 200 ff.; 246 f. Das Bild »Die ersten Jünger Petrus und Andreas« (Blatt 10; Kohle, 96 × 129) gehört zu dem großen Zyklus »Die Passion in 60 Bildern«, zu Beginn der NS-Zeit entstanden, als »Stellungnahme gegen alles, was das Leben gemein, sinnlos und eng macht«.[1] Pankoks Rückgriff auf die Lebensgeschichte Jesu war kein »auf Äußerlichkeit bedachter Akt, sondern die Tat eines Gewissens, das nicht schuldig werden wollte«.[2] Der bereits 1934 abgeschlossene Zyklus trug in der Zeit seiner Entstehung den Titel »Leben und Wirken Jesu«. Er geht von der Geburt Jesu und der Flucht nach Ägypten aus, aber gibt mit zwanzig Bildern dem Ende aus Schmerz und Agonie besonderes Gewicht. Von Anfang an ist der Weg Jesu bei Pankok einsam. In seinen frühen Stationen zeichnet sich das Unheil bereits im voraus ab. »Dieses Buch handelt von dem Leben und Sterben des Menschensohnes, von dem Leben und Sterben des reinen Menschen, der ohne Fehl über die Erde geschritten ist, dessen Liebe über alle strömte, bis hin zu dem letzten aller Sünder und Verachteten. Es erhob sich die Macht über die Liebe, und die Macht schlug die Liebe zu Boden. Aber die Liebe war dennoch größer als die Macht. Man kann den Menschen zu Tode bringen, seine Liebe lebt weiter.«[3]

B. Für Pankok war Jesus der symbolische Mensch schlechthin, doch zugleich auch das Kind einer apokalyptischen Zeit. Er verstand ihn als den Vertreter aller Rassen, als den universalen, kosmopolitischen Menschen. 1929 hatte Pankok auf einer Spanienreise das Werk El Grecos für sich entdeckt. Dessen Figuren finden nun in seiner »Passion« ihren Nachklang. »Das Überindividuelle, das die Pankokschen Modelle annehmen, kommt nicht aus irgendeiner Art der Typisierung: es kommt aus ihrer ›Aufladung‹ mit Schicksal, aus ihrer Erhöhung in sinnbildlichen Rang.«[4] Auf unserem Bilde steht Jesus auf einer Anhöhe über den beiden graubärtigen Männern, die ebenso erstaunt wie erschreckt zu ihm aufblicken. Offensichtlich sind hier die Verhältnisse umgedreht: Jesus ist der jüngere, seine (werdenden) Jünger sind alte Männer. Er ist größer und steht über ihnen; zugleich besteht eine unübersehbare Distanz zwischem ihm und den beiden Fischern, die ihr Handwerkszeug in Händen halten und so andeuten, daß sie den ersten Schritt der Nachfolge noch tun müssen. Die expressive Gebeugtheit der Gestalt Jesu betont seine Zuwendung und Öffnung für die beiden gegenüberstehenden Menschen. Ihm als dem einzelnen sind die zwei entgegengeordnet, aneinanderhängend wie Glieder einer Kette, in einem schweren, blockhaft erscheinenden Gewand. Schon be-

1 Die Passion in 60 Bildern von Otto Pankok. Berlin 1936, 1. In der Aufl. Düsseldorf 1986, 30.
2 *Bernd Küster*, Eine Passion des künstlerischen Ethos, in: Otto Pankok (1893-1966). Retrospektive zum 100. Geburtstag, hg. von der *Otto Pankok-Gesellschaft, Bernhard Mensch* und *Karin Stempel*, o.O.u.J. (1993), 133-139, hier: 133.
3 Aus dem Vorwort Pankoks von 1936; a.a.O. (1986), 25.
4 *Rainer Zimmermann*, Einführung zu Otto Pankok, Die Passion. Berlin 1989, 30.

ginnt der hintere, Andreas, auszuschreiten, Petrus ist vorgetreten, beide heben ihr Gesicht nach oben; das Netz aber, bisher nur Gegenstand ihres Berufs, wird zur Metapher ihres neuen Lebens.

Pankoks Bild der ersten Jünger setzt bei Mt 4,18-20 an. Gegenüber dieser Schilderung überträgt Pankok den Vorgang in eine auf die eigene Zeit hin aktualisierte Symbolik: Die Menschen umgibt eine weite, öde Welt: Der Himmel ist dunkel und dräuend, das Land leer und ohne Schutz, das Meer kann jederzeit zu tosen beginnen. So stehen die wenigen Menschen allein vor bedrohlichen Horizonten. Fast unmerklich sammelt sich etwas Licht auf der Gestalt Jesu. Er ist völlig allein; der gewaltige leere Raum verstärkt seine Einsamkeit.

C. Pankok selbst erzählt: »Jene Zeit, da Jesus unter die Menschen trat, war von apokalyptischer Furcht beschattet. Unter einer endlosen Lichtlosigkeit lag das Land begraben. Unheilvoll dichte Schwärzen brüteten über den Hügeln und sanken in die Täler. Und die Schwärzen drangen in die Häuser und in die Herzen der Menschen. Das Ende der Welt war nahe. Alle Dinge und alles Geschehen war in Frage gestellt... So schritt er hinein in die große Einsamkeit der Wüste, in die dunkel flutenden Abende. Er ließ seine Blicke schweifen über das wuchernde Gesträuch. Er blickte auf zu den Sternbildern der webenden Nacht. Er lauschte vierzig Nächte dem Rascheln und Brausen des Wüstenwindes, der die Einsamkeit erfüllte. Das ringende Gebet der vierzig Nächte und vierzig Tage umfing ihn. Es war die Prüfung des glühendsten Herzens, das die Welt gesehen hat...

In großen Mengen waren die Menschen für das Licht des Gottestrunkenen nicht zu gewinnen. Diese dumpfe Masse ließ sich wohl hetzen, sie ließ sich wohl locken, aber sie ließ sich nicht für Güte und Liebe entflammen. Sie war nur für die mit den Händen greifbaren Dinge zu haben. Versprach man ihr Genüsse und Vorteile, so ergab sie sich einem allzu leicht, für Speise und Trank, für Wollust, für Macht und Rache, für Ausbeutung und Versklavung... Jesus suchte den einzelnen Menschen. Des einen mußte er sicher sein, wenn der Bau des Tempels von Dauer sein sollte. Es hieß einen festen Grund legen. Das Reich der Liebe mußte von innen her gebaut werden. Das war der neue und der einzige Weg.

Jesus fand den ersten Stein, es war Petrus, den er zum Eckstein machte. Und er fand den zweiten, Andreas, und zehn andere Steine fand er hinzu. Aber schon, als er diese zwölf um sich gesammelt hatte, da verleugnete ihn der erste, und der zwölfte bespitzelte und verriet ihn. War es nicht, als hätte er Wasser in Siebe gegossen?

Jesus aber ließ nicht locker. Und da geschah es, daß in der Tiefe der Nacht die Reue über den wankelmütigen Petrus einbrach. ›Und er ging hinaus und weinte bitterlich.‹ Das verstockte Herz des Verräters selbst taute auf unter der Glut der gewaltigen Liebe... Wie in diesem Leben Jesu und diesen grausigen schwarzen Stunden der Folter und des Todes, so wirkte es weiter durch die Jahrhunderte. Jesus blieb lebendig. Er siegte und unterlag, und er siegte und unterlag wieder, in jedem Jahrhundert, in jedem Volk, in jedem einzelnen. Die Menschen müssen immer neu mit ihm ringen. Er war und ist und wird sein. Er hat die Hand an die Wunde gelegt: Ist Gott oder ist das Tier des Menschen

Ebenbild? Schon in dieser Frage liegt die Entscheidung zur Liebe... Es ist die Stellungnahme im Kampf gegen alles, was das Leben gemein, sinnlos und eng macht.«[1]

D. Die Formsprache von Pankoks Berufungsbild wirkt auf Schüler (und sicherlich auch auf viele Erwachsene) befremdlich und nicht anziehend. Wer den Expressionismus El Grecos nicht kennt, für den deutschen Expressionismus ein nicht minder geringes Vorverständnis mitbringt, kann gegenüber der Kohlezeichnung distanziert bleiben. Doch ist es möglich, mit dem ausführlichen Zitat, in dem Pankok seine Sicht der Gestalt Jesu beschreibt, zu einem tieferen Verständnis zu führen. Insofern ist das Wissen um den Kontext, dem die Zeichnung entstammt, und der Zeit, in der sie als provokant empfunden und verboten wurde, auch didaktisch relevant. »Mein Zyklus wurde aus der Not der Zeit geboren... Das Böse, bisher im Zaum gehalten, ist heute losgelassen, die Welt treibt höllenwärts. Was man täglich erlebte, war Folterung, Menschenjagd, Knebelung, Lüge, Raub, d.h. die Sünde in monumentaler Gestalt. So kam ich zur Verleugnung des Petrus, zur Kreuztragung und all den anderen Bildern.«[2]

---

1 *Otto Pankok*, Aus dem Vorwort von 1936, a.a.O.
2 Brief Pankoks an P. Friedrich Muckermann SJ; zitiert im ungedruckten Vorwort von 1936.

258

Die Bergpredigt

Zur Formgeschichte der Bergpredigt

Es sei nicht genau auszumachen, wo diese Predigt gehalten wurde, führt Schalom Ben-Chorin aus. Die geographischen Angaben der Evangelien seien ungenau, wesentlich erscheine ihm aber, daß diese entscheidende Predigt auf einem Berge gehalten wurde, irgendwo an den Gestaden des Kinnereth-Sees, gleichsam im Schatten des Berges Sinai. »Offenbarung geschieht von den Bergen her.«

Die letzte Auffassung hat zweifellos auch der Verfasser des Matthäus-Evangeliums geteilt und *deshalb* seine Sammlung unterschiedlicher Jesus-Worte mit einem Berg verbunden. Dieser Berg ist jedoch kein geographischer, sondern ein theologischer Topos, der eine bewußte Parallele zum Sinai darstellen soll. So wie viele Erzähltraditionen in Israel immer dann ein Geschehen mit dem Symbol Höhle verbinden, wenn es der tiefere Sinn dieses Geschehens nahelegt (→ IV, 268-273), so ist jedesmal der Berg da, wenn er als Symbol wichtig erscheint. Anders gesagt: Eine »Bergpredigt« hat als einmaliges Geschehen gar nicht stattgefunden. Was Mt 5,1-7,29 vorliegt, ist eine redaktionelle Zusammenstellung gesammelter Jesus-Worte. Dabei erweist sich der Rahmen der Bergpredigt (5,1f. und 7,28f.) als eine vom Evangelisten genau durchdachte theologische Komposition.

In ihrer Zusammenstellung von Einzelstücken stützt sich die Bergpredigt auf die beiden Hauptquellen Q und Mt-Sondergut. Mit diesem »Sondergut« meint man jene Stoffe, die ausschließlich Mt bringt und die der Evangelist vermutlich im eigenen Gemeindeumfeld gefunden hat. Außerdem hat er noch Passagen herangezogen, die im Markusevangelium zerstreut stehen. Insgesamt darf die Bergpredigt mit großer Sicherheit als Konzeption des Evangelisten Matthäus angesehen werden.

Der Jude Jesus und die »Bergpredigt«

Da es ja Tradition hat, Jesus gegen sein eigenes Volk in Anspruch zu nehmen, ist besonders die Bergpredigt immer wieder als revolutionäre Herausforderung der Tradition Israels gedeutet worden. Dabei wollte Jesus nichts anderes, als das Judentum in seinem besten und zentralen Gehalt zum Leuchten zu bringen. Gewiß ist die Bergpredigt von Matthäus so konzipiert, daß Jesus als ein Prophet wie Moses erscheint. So wie Mose den Sinai bestieg, um seine Tora für Israel zu empfangen, so steigt Jesus hier auf den Berg, um seine neue Tora zu lehren.

Rückt also der Berg in eine Korrespondenz zum Sinai, so ist die Verkündigung, die hier geschieht, in die Linie der Sinai-Offenbarung gestellt. Daß aber diese Parallele oppositionell zu verstehen sei, wie Gerhard Lohfink meint, wenn er den Berg »antithetisch bzw. antitypisch auf den Sinai bezogen« sieht, leuchtet keineswegs ein.[1] Lohfink sagt durchaus richtig, daß die Volksscharen am Fuße des Berges Gesamt-Israel repräsentieren, aber warum das »antitypisch« sein soll, läßt sich wohl nur durch jene Brille ausmachen, durch die man seit jeher die Bergpredigt in einem Gegensatz zur Tora sehen will:

> »Was mir immer wieder begegnet, ist das Mißverständnis, es handle sich bei der Bergpredigt Jesu um Antithesen. Im deutschen Sprachgebrauch müßte es dann korrekt heißen: ›Du sollst nicht töten... Ich aber sage euch, daß das Töten erlaubt ist.‹ Das wäre in der Tat eine echte Antithese mit der ins Gegenteil verbundenen Behauptung bzw. Forderung... Die Vermutung, Jesus setze sich (in der Bergpredigt) über die Tora hinweg, ist unbegründet, handelt es sich doch um eine wesentliche Tora-Vertiefung. Seit wann aber ist eine solche Radikalisierung eines Gebotes seiner angeblichen ›Aufhebung‹ gleichzusetzen? Verschärfungen dieser Art waren und sind noch immer ein durchaus übliches Argumentationsverfahren der Rabbinen heutzutage.«[2]

Dieser Deutung entspricht auch die Präambel Mt 5,17-19: »Denkt nicht, ich sei gekommen, das Gesetz und die Propheten aufzuheben. Ich bin nicht gekommen, um aufzuheben, sondern um zu erfüllen...« Was Jesus intendiert, ist eine Verschärfung des Gesetzes, nicht zum Rituellen hin, sondern in der Beziehung zum Mitmenschen und somit auch zu sich selbst. »Je tiefer die Bäume in ihrer Muttererde verwurzelt sind«, sagt ein rabbinisches Sprichwort, »um so höher ragen ihre Kronen in den Himmel, um so weiter reichen ihre Zweige zu allen Seiten.« Das gilt auch für den Rabbi Jesus in seiner Bergpredigt.

Bergpredigt und Jüngerschaft

Während das »Volk« am Fuße des Berges lagert, im Buche Exodus wie im Mt-Evangelium, dürfen die Jünger mit Jesus den Berg besteigen. Sie dürfen zu Jesus »hinzutreten«. Damit wird nicht gesagt, nur die Jünger seien die Adressaten der Worte Jesu, wohl aber werden sie in einer besonderen Weise als »Hörer« herausgestellt. Die Bergpredigt ist Jüngerlehre. Wer sich zur Schule Jesu zählen will, muß hier die Ohren öffnen. »Dies ist der tiefere Grund, weshalb bei Matthäus die Geschichte von der Jüngerberufung als einzige Erzählung der Bergpredigt vorangehen darf... So konstituiert sich die Jüngergemeinde durch die Berufung in die Nachfolge und durch die Bergpredigt.«[3]
Zugleich sollen die Jünger diese Lehre weitergeben und dadurch ihrerseits Jüngergemeinden bilden. Dieser Jüngergemeinde dürfte im Verständnis Jesu die Berufung Israels gegolten haben, das Volk zu erneuern und es mit Strahlkraft für die Völker auszustatten. Als Matthäus sein Evangelium schrieb, hatte sich die Jesusgemeinde, zumal in ihren heidenchristlichen Gruppierungen, schon vom Judentum gelöst (→ V, 439-444), so daß er mit den »Jüngern« bereits die

---

1 *Gerhard Lohfink,* a.a.O., 31. Obwohl Lohfink »die Bergpredigt und das Gesetz vom Sinai« als zusammengehörig erkennt und sogar als Intention des Mt-Evangeliums betont, »daß in der Kirche weiterhin die gesamte Rechts- und Sozialordnung Israels in Geltung bleibt« (113), bleibt er doch bei dem Begriff der »Antithesen«. Das ist zwar der unter Exegeten gewohnte Begriff, doch verbindet sich gerade mit diesem seit jeher Gewohnten so viel Problematik, daß Korrekturen allein schon deshalb wichtig sind, um den stets mittransportierten theologischen Antijudaismus vollständig zu überwinden.
2 *Pinchas Lapide,* Jesus – ein gekreuzigter Pharisäer? Gütersloh 1990, 26.
3 *Gerhard Lohfink,* Wem gilt die Bergpredigt? Freiburg i.Br. 1988, 33.

sich konstituierende Christengemeinde in den Blick nimmt. Mit jenen, die auf dem Berg »zu Jesus treten«, entwirft Matthäus seinen Traum von der sich später entwickelnden Kirche.

Der Streit um die Bergpredigt S. 140

Das Religionsbuch charakterisiert die Bergpredigt zunächst als das »Programm« Jesu und stellt dann dreimal je unterschiedliche Urteile über die praktische Relevanz der Bergpredigt gegeneinander. Über diese Urteile können die Schüler ihrerseits nicht befinden. Dazu müßten sie erstens die Bergpredigt in ihren wichtigsten Positionen kennen und zweitens abwägen können, was diese Postulate in der heutigen Welt den Menschen und der Gesellschaft abverlangen. Das ist in einer solch übergreifenden Sicht keinem Schüler möglich. Darum empfiehlt es sich, die zitierten kontroversen Thesen erst im Anschluß an die folgenden »Zwickfragen« aufzugreifen.

Trotzdem sollte der Lehrer den Dauerstreit um die Bergpredigt kennen, weil sich auf diesem Hintergrund jenes dialektische Bewußtsein bilden kann, das auch für das Unterrichtsgespräch mit Kindern anregend ist.

Über die Bergpredigt wird zwar seit eh und je gestritten, für Jahrhunderte fand dieser Streit jedoch im akademischen Abseits statt. In die öffentliche Diskussion geriet der Streit immer erst dann, wenn bedrängende Zeitprobleme angesichts der Bergpredigt ihre Lösung finden sollten. Dies war zuletzt in den achtziger Jahren der Fall, als der Streit um die nukleare Aufrüstung mit der Stationierung von Pershing-Raketen eskalierte. Nie zuvor war es so vielen bewußt, daß es den Menschen in die Hand gegeben ist, sich selbst zu vernichten, und daß eine globale Katastrophe nur eine Frage der Zeit ist, wenn sich zwei Seiten mit einem vielfachen Overkill-Programm mißtrauisch und nur noch taktisch denkend gegenüberstehen.

In dieser Situation haben engagierte Christen darauf gedrängt, die Bergpredigt nicht länger als ein Programm für Mönche und Asketen anzusehen, sondern als den einzig realen Boden für eine Politik des gemeinsamen Überlebens. Franz Alt vertrat diese Ansicht besonders prononciert: »Bisher haben Theologen die Bergpredigt fast immer nur interpretiert. Im Atomzeitalter kommt jedoch alles darauf an, die Welt im Geiste der Bergpredigt zu verändern. Die historischen Revolutionen waren Revolutionen der Gewalt. Entsprechend war ihr Ergebnis. Die eigentliche Revolution steht noch aus: die Revolution der Gewaltlosigkeit, die Revolution des Bewußtseins, die Revolution der Liebe.«[1] Dementsprechend fordert Alt eine kompromißlose Politik:

»Man kann vielleicht eine gewisse Zeit Religion und Politik, Politik und Privatleben und Beruf voneinander trennen, aber auf Dauer kann man nicht schizophren leben. Die heute in der Politik so beliebte Trennung von Gesinnungs- und Verantwortungsethik ist eine Schizophrenie mit bösen Folgen. Diese Trennung ist eine Spaltung. Sie ermöglicht,

---

1 Vgl. *Franz Alt,* Frieden ist möglich. Die Politik der Bergpredigt. München/Zürich 1983; *Ders.,* Liebe ist möglich. Die Bergpredigt im Atomzeitalter. München/Zürich 1985. Wenn Jesus aber im folgenden Satz als »Partisan der Liebe« bezeichnet wird, zeigt allein diese Wortwahl, daß der Eifer für ein Friedensprogramm tatsächliche Friedensfähigkeit noch nicht bis ins Unbewußte dringen läßt.

daß sich viele Politiker in ihrem Privatleben als Christen verstehen, aber mit Jesus von Nazaret in der Politik nichts anzufangen wissen. Sie glauben sentimental an ihn, erklären ihn aber politisch zum Deppen. Er ist gut für Sonntagsreden und Weihnachtsansprachen, im politischen Alltag sei er aber leider nicht zu gebrauchen, heißt es. So kommt es, daß manche Politiker den Meister der Gewaltlosigkeit im Munde führen und zugleich den atomaren Holocaust vorbereiten.«[1]

Die Gegenposition hierzu formulierte repräsentativ für viele andere Max Weber: Mit der Bergpredigt sei keine Politik zu machen und erst recht keine gesellschaftliche Ordnung zu entwickeln. Politisches Handeln verlange Verantwortlichkeit für andere, dies aber vertrage sich nicht mit dem Verzicht auf Gewalt, wie es die Bergpredigt fordere. Wenn der einzelne für sich auf Gewalt verzichte, könne er die Konsequenzen für sich selbst akzeptieren. Wer aber öffentliche Verantwortung übernehme, müsse auch zur staatlichen Gewaltausübung bereit sein:

»Mit der Berpredigt... ist nicht zu spaßen. Von ihr gilt, was man von der Kausalität in der Wissenschaft gesagt hat: sie ist kein Fiaker, den man beliebig halten lassen kann, um nach Befinden ein- und auszusteigen. Sondern: ganz oder gar nicht, das gerade ist ihr Sinn, wenn etwas anderes als Trivialitäten herauskommen soll. Also z. B. der reiche Jüngling: ›Er aber ging traurig davon, denn er hatte viele Güter.‹ Das evangelische Gebot ist unbedingt und eindeutig: gib her, was du hast – alles, schlechthin. Der Politiker wird sagen: eine sozial sinnlose Zumutung, solange es nicht für alle durchgesetzt wird. Also: Besteuerung, Wegsteuerung, Konfiskation, – mit einem Wort: Zwang und Ordnung gegen alle...

Oder: ›Halte den anderen Backen hin!‹ Unbedingt, ohne zu fragen, wieso es dem anderen zukommt, zu schlagen. Eine Ethik der Würdelosigkeit – außer: für einen Heiligen: Das ist es: man muß ein Heiliger sein in allem, zumindest dem Wollen nach, muß leben wie JESUS, die Apostel, der heilige FRANZ und seinesgleichen, dann ist diese Ethik sinnvoll und Ausdruck einer Würde. Sonst nicht. Denn wenn es in Konsequenz der akosmistischen Liebesethik heißt: ›dem Übel nicht widerstehen mit Gewalt‹, so gilt für den Politiker umgekehrt der Satz: du sollst dem Übel gewaltsam widerstehen, sonst – bist du für seine Übernahme verantwortlich«.[2]

Gerhard Lohfink distanziert sich von dieser Alternative: »Ich bin überzeugt, daß beide Positionen mitsamt den aus ihnen entwickelten theologischen Kompromissen falsch sind und unsere Not nicht beseitigen können. Sie haben beide die gesamte Bibel gegen sich.« Er meint, die Bibel und mit ihr eine bedeutende christliche Tradition wiesen einen Weg, »der die gesellschaftliche Dimension des Heilswillens Gottes und der Verkündigung Jesu ernst nimmt und doch die Illusion vermeidet, man könne die Gesamtgesellschaft auf die Bergpredigt verpflichten.«[3]

Wenn man mit Franz Alt der Ansicht ist, die Bergpredigt sei gesellschaftlich auszulegen, kann man doch auch Max Weber nicht widersprechen, wenn er sagt, das gesellschaftliche Ethos könne sich nicht auf die Bergpredigt stützen, oder, um es so einfach wie möglich zu sagen:

1 *Franz Alt,* Frieden ist möglich, a.a.O., 10.
2 *Max Weber,* Politik als Beruf, in: *Ders.,* Gesammelte politische Schriften. Hg. von *J. Winckelmann.* Tübingen ³1971, 505-560, hier: 550f., zit.n. *Gerhard Lohfink,* a.a.O. 101f.
3 *Gerhard Lofink,* a.a.O., 12.

»Polizisten dürfen – entgegen Mt 5,39 – auf gar keinen Fall bei der Ausübung ihres Dienstes auch noch die andere Backe hinhalten, Richter müssen – entgegen Mt 5,39 – dem Bösen widerstehen und Politiker müssen – entgegen Mt 6,34 – Vorsorge treffen: für den nächsten Tag und sogar langfristig für die kommenden Jahrzehnte.«[1]

Wenn aber nun die Position von Franz Alt wünschbar ist, die Kritik von Max Weber realistisch, bleibt nur die Schlußfolgerung, daß die Bergpredigt nicht realisierbar ist, oder aber auf einen Bereich zu begrenzen, der sich nicht mit dem der Gesamtgesellschaft deckt, aber auch nicht einfach ein Ausschnitt aus der Gesamtgesellschaft ist. »Kontrast-Bestimmungen von Wirklichkeit brauchen Kontrast-Gesellschaften«, sagen Peter Berger und Thomas Luckmann und liefern damit den Brüdern Norbert und Gerhard Lohfink den hermeneutischen Schlüsselbegriff zu ihrer Interpretation der Bergpredigt. Diesen Ansatz sehen beide nämlich mit dem Begriff der *Kontrastgesellschaft* gegeben: »Die Existenz von Kirche als Kontrastgesellschaft ist die Bedingung der Möglichkeit, die Bergpredigt überhaupt verstehen und leben zu können... (Der Text der Bergpredigt) fordert die Jüngergemeinde dazu auf, Kontrastgesellschaft zu sein. Allerdings tut er das in der ihm eigenen *biblischen* Sprache.«[2]

Das ist nun allerdings die Frage, ob die Kirche tatsächlich Kontrastgesellschaft ist oder sein kann. Solange das konstantinisch begründete wechselseitige Interessenbündnis von Staat und Kirche besteht – als Denk- und Wunschmodell mag es weit über die politischen Realitäten hinaus Bestand haben – solange bleibt diese Kirche auch einem Gottesbild verbunden, das mit Obrigkeit, Gewalt und Repression assoziiert ist. Erst dann wird der in der Linie von Amos bis Micha verkündete Gott den Menschen sichtbar, wenn die Forderung »Gerechtigkeit statt Opfer« den sozialen Korpus der Kirche selbst kennzeichnet. Dann aber würde die Kirche aufhören, in ihrem Arbeitsrecht, ihrer Verwaltungspraxis, ihrem Zentralismus ein Konterfei der allgemein herrschenden Verhältnisse zu sein. Sie begänne, sich in eine Kontrastgesellschaft zu wandeln, deren Strukturen das Ganze und seine Teile bestimmen und die darum die stützende Kraft für neue Gemeinden hervorbrächte. Die Frage, ob sie es ist oder nicht, steht keineswegs in ihrem Belieben. Solange die Kirche die ihr von der nachbürgerlichen Gesellschaft zugewiesene Rolle übernimmt, Versorgungsinstanz für Sinnfragen und Transzendentes zu sein und sich mit dieser Rolle naiv-stolz identifiziert, »hat sie die Verantwortung dafür, daß ihre Glieder die Götter dieser nachbürgerlichen Gesellschaft übernehmen, ohne überhaupt zu merken, was sie tun« (Lohfink). Hier geht es nicht um moralische Postulate, deren Nichterfüllung der menschlichen Schwachheit zugeschrieben werden könnte. Solange die Kirche durch ihre eigene Struktur und Lebensform keine Gemeinden hervorbringt, die nicht das Leben der Gesamtgeselllschaft spiegeln, vielmehr dem Luxus Einfachheit, dem Egoismus Gemeinsamkeit, der Zerstreuung Sammlung entgegenstellen, fehlt auch dem einzelnen Maßstab und Stütze für eine neue Lebensform. »Salz der Erde«, »Stadt auf dem Berge«, »Licht der Welt« kann nicht der einzelne Mensch für sich sein, sondern nur eine Gemeinschaft, in der dieses Verständnis strukturelle Voraussetzungen findet. »Man kann keine Sinnwelt festhalten ohne entsprechende gesellschaftliche Basis«

1 Ebd., 103.
2 Ebd., 100.

(Peter Berger). Man kann aber auch nicht Kirche sein, wenn diese sich als pastorale Betreuungs- und Versorgungsinstanz versteht, die in ihren Einrichtungen einer hierarchisch aufgebauten Bürokratie mehr entspricht als einer Kontrastgesellschaft. Sowenig wie der einzelne Christ lebt die einzelne Gemeinde alleine aus eigenen Bedingungen. Ohne die kommunikativen Strukturen des Ganzen erschöpfen sich schnell die individuellen und lokalen Möglichkeiten; darum wird es letztlich kein neues Leben von unten geben, solange von oben nur verwaltende Traditionen und pastorale Regie einwirken.

Die Erfahrung Solschenizyns

Alexander Solschenizyn (* 1918) hat mit seinen monumentalen Romanen aus den Straflagern der Sowjetunion den um seine individuellen Rechte beschnittenen Menschen beschrieben, der zum beliebig manipulierbaren »Material« reduziert wird. In seinem ersten Werk »Ein Tag im Leben des Iwan Denissowitsch« (1962) beschreibt Solschenizyn, jahrelange eigene Erfahrungen verarbeitend, den Alltag eines stalinistischen Arbeitslagers. Am Anfang steht die trostlose Alternative: »Unterschreibst du nicht, ist es dein Tod, unterschreibst du, dann lebst du noch ein paar Jährchen. Also unterschrieb er.« Was dann in den nächsten Jahren folgt, in deren Monotonie ein Tag dem anderen gleicht, ist ausschließlich vom Willen zu überleben bestimmt: Von zähem Kampf gegen Kälte, Hunger, Bewachung, Terror und täglicher List im Kampf um einen Löffel Brei oder ein bißchen Wärme. Im Roman von 1968 »Der erste Kreis der Hölle« greift Solschenizyn (nach »Krebsstation«) zum dritten Mal das Thema des äußerlich extrem eingeschränkten und bedrängten menschlichen Lebens auf. Das allgemeine Bewußtsein ständiger Bedrohung, sei sie explizit, sei sie latent, bestimmt das gesellschaftliche Milieu; dabei entwickelt sich bei einzelnen die »Kunst«, Häftling zu sein.

Im »Archipel GULAG« (1974-1976) wird die Geschichte der sowjetischen Straflager unter Stalin zu schreiben versucht. Im letzten Text des Werkes berichtet Solschenizyn vom Widerstand, den es seit 1949 gab. Dieser Widerstand zeigte sich vor allem darin, daß Lagerspitzel immer öfter von ihren Mithäftlingen umgebracht wurden. Am meisten belastete nämlich das Lagerleben ein ausgeklügeltes Spitzelsystem, das selbst die mitbetroffenen Kameraden, die das gemeinsame Elend teilten, zu Feinden machte. Nachdem man sich aber Messer hatte anfertigen können, mit denen nachts die Spitzel aus den eigenen Reihen erstochen wurden, besserte sich das Lagerklima. Solschenizyn beschreibt dieses »Spitzelstechen« ausführlich und sagt, daß erst durch diese Art gewalttätiger Selbsthilfe wieder eine bedingte Bewegungs- und Redefreiheit ins Lager zurückgekommen sei: Das Repressionssystem der Lagerverwaltung wurde an einer wichtigen Stelle durchlöchert, und zwar durch Gegengewalt. Im Rückblick auf diese organisierte Selbsthilfe notiert Solschenizyn – jetzt in der Distanz des Schriftstellers zu seiner furchtbaren Lagerzeit – jene Reflexionen, die unser Religionsbuch im Auszug vorlegt. Weil wir dort einige schwierige Wendungen ausgelassen haben, folgt hier der unveränderte Text:

»Den Spitzeln das Messer in die Brust bohren! Messer schmieden und auf Spitzeljagd gehen! – Das ist es! Jetzt, da ich dieses Kapitel schreibe, türmen sich auf den Regalen über mir humanitätsschwere Bücher und blinken mit ihren mattschimmernden, gealterten Einbänden vorwurfsvoll zu, wie Sterne durch Wolkenstreifen: Man darf nichts in der Welt durch Gewalt zu erreichen suchen! Wer zum Schwert, zum Messer, zum

Gewehr greift, wird nur zu rasch seinen Henkern und Bedrückern gleich. Und der Gewalt wird kein Ende sein... Wird kein Ende sein... Hier am Schreibtisch, im warmen, sauberen Arbeitszimmer, bin ich völlig einverstanden. Doch wer grundlos zu fünfundzwanzig Jahren Arbeitslager verdammt wird, wer seinen Namen verliert und vier Nummern angeheftet bekommt, die Hände immer auf dem Rücken halten muß, jeden Morgen und Abend gefilzt wird, täglich bis zur Erschöpfung robotet, zu Verhören in die BUR[1] geschleift wird, für immer in diese Erde gestampft wird – für den hören sich alle Reden der großen Menschenfreunde wie das Geschwätz satter Spießer an. Wird kein Ende sein!... Uns ging es darum, ob ein Anfang sein wird! Ob ein Lichtblick sein wird in unserem Leben oder nicht. Nicht umsonst hat das Volk aus langer Bedrückung die Lehre gezogen. Mit Güte kommt man gegen das Böse nicht an.«[2]

Obwohl die Bergpredigt in diesem Text ungenannt bleibt, ist es gerade für russische Leser seit Tolstoi klar, daß hier auf die Friedenshaltung des Evangeliums angespielt wird. Im Religionsbuch war es nicht möglich, die Forderung der Bergpredigt mit dem Lebenszeugnis beeindruckender Menschen zu illustrieren. Zwar ist die Liste ihrer Namen nicht unübersehbar, aber doch beeindruckend. Wir nennen Martin von Tours, Franz von Assisi, Erasmus von Rotterdam, Bartolomé de Las Casas, William Penn, William Wilberforce, Florence Nightingale, Bertha Suttner, Elsa Brandström, Janusz Korczak, Franz Jägerstätter, Maximilian Kolbe, Mahatma Gandhi, Albert Schweitzer, Martin Luther King, Oscar Arnulfo Romero... Aber trotz dieser und mancher Namen mehr: Gibt es ein härteres Argument gegen die Forderung Jesu auf Gewaltverzicht als die Schilderungen Solschenizyns? Solange sich die Gefangenen in ihren Lagern dem Schicksal ergaben, sich duckten, alle Schikanen duldend hinnahmen, nahm der Terror kein Ende, wurde vielmehr ermutigt und eskalierte von Jahr zu Jahr. Nachdem sie aber internen Widerstand organisierten, Gewalt mit Gegengewalt beantworteten, wurde das Lagerleben erträglicher, und die Gefangenen fühlten sich zum erstenmal wieder als Menschen. Ist damit die Forderung der Bergpredigt nicht widerlegt, jedenfalls für derart repressive Systeme widerlegt, wie sie unter Diktaturen immer wieder entstehen? Sind die Verschwörer vom 20. Juli 1944 gegen das Hitler-Regime, ein Che Guevara, Camillo Torres, ... nicht durch das unsägliche Leid, das sie bedrückte, nicht legitimiert zu ihrem Befreiungskampf?

Die Suche nach der »Kontrastgesellschaft«

Jedenfalls hat die Kirche den Tyrannenmord nicht verurteilt, und der im Religionsbuch zitierte talmudische Glaubenssatz darf auch nicht als leichtfertiges Gerede beiseite geschoben werden. Wie soll die Frage entschieden werden? Läßt sie sich überhaupt entscheiden? Der Neutestamentler Gerhard Lohfink gibt eine Antwort in folgenden Schritten, doch bleibt zu erwägen, ob sie genügt:

1 BUR: Baracke mit verschärftem Regime.
2 *Alexander Solschenizyn*, Die Reden der großen Menschenfreunde, in: Der Archipel GULAG. (rowohlt-TB 4196/98) Reinbek bei Hamburg 1978, Bd. 3, 220f.

Erstens: Die pauschale kirchliche Tradition, die ein »Katholischer Katechismus«, mit kirchlicher Druckerlaubnis und vatikanischer Belobigung erschienen, vorträgt, schließt Lohfink aus. Dort heißt es: »Die Anweisungen in der Bergpredigt sind nicht wörtlich zu nehmen, weil das sowohl im privaten wie im öffentlichen Leben zu unhaltbaren Zuständen führen würde.«[1] Immerhin steht diese Überzeugung in einer langen und vielstimmigen Tradition.

Zweitens hält Lohfink die vier Logien zum Gewaltverzicht (Mt 5,39-42) für eindeutig formuliert. Es gehe um den Verzicht auf jede rechtliche Sanktion, auf jede Form von Vergeltung. Damit werde aber keiner Tatenlosigkeit das Wort geredet, vielmehr sollen Aggression und Nötigung durch »überströmende Güte« beantwortet werden, um so den anderen zu gewinnen. Eine metaphorische Entschärfung der Logien sei auszuschließen.

Drittens fragt Lohfink, wem die Aufforderung zur Gewaltlosigkeit gelte? Er schließt ihre universale, aber auch eine individuelle Intention aus: Jesus wollte Israel zurüsten und sammeln, ausschließlich Israel. Um das Heil der Heiden habe er sich dabei keine Sorgen gemacht: »Viele werden von Osten und von Westen kommen und mit Abraham, Isaak und Jakob im Reich der Himmel zu Tische liegen« (Mt 8,11). Es liege im Gesamtduktus der Hebräischen Bibel, »daß sich Gott aus den vielen Völkern, die es in der Welt gibt, ein einziges Volk aussucht, um dieses eine Volk zum Zeichen des Heiles zu machen«. Darum sei die Bergpredigt kein Aufruf an alle, auch nicht an zufällige Hörer, sondern an Israel.

Viertens: Dieses Israel sei nicht als Staat oder Nation zu verstehen, sondern als eine wirkliche Kontrastgesellschaft, als eine Gemeinschaft, in der man anders lebt und anders miteinander umgeht, als dies sonst üblich ist. Damit aber richte sich an die Kirche und ihre Gemeinden, wenn sie sich von diesen Forderungen Jesu erreichen lassen wollen, ein ungeheurer Anspruch.

Fünftens räumt Lohfink ein, daß Staaten ohne kanalisierte und legitimierte Gewalt nicht existieren können. An dieser Stelle liege die Gültigkeit des zitierten Katechismus-Satzes und auch die relative Wahrheit der Position Solschenizyns. Im Staat Verantwortung zu übernehmen (als Politiker, Richter, Polizist, Soldat) impliziere Teilnahme an der Gewalt, an rechtlich definierter, rational reflektierter Gewalt, die dadurch aber nicht aufhöre, Gewalt zu sein. Da Christen aber nicht außerhalb der Staaten lebten, beteiligten sie sich auch an dessen Gewaltausübung. Soll ihnen das zustehen?

Sechstens: Lohfink gesteht ein, daß das Neue Testament auf diese Frage keine Antwort gibt. Das Neue Testament erkenne das Recht des Staates an und fordere zur Loyalität gegenüber der Obrigkeit auf, aber es rechne nicht damit, daß Christen im Staat Verantwortung übernähmen. Er zitiert Origenes, der auf die Frage, ob Christen nicht dem Kaiser in dem, was rechtens sein, beizustehen hätten, antwortete: die Christen nähmen dadurch an den kaiserlichen Feldzügen teil, daß sie zu Gott für die gerechte Sache beteten; die Übernahme staatlicher Ämter aber würden sie ablehnen, »um sich für den göttlicheren und notwendigeren Dienst an der Kirche Gottes *zum Heil der Menschen* zu erhal-

---

1 *A. Schraner*, Katholischer Katechismus. Stein am Rhein 1975, 224 f.

ten«. Diese Anwort findet Lohfink »höchst beachtlich«, weil sie im Sinne des Neuen Testaments die eigentliche Aufgabe der Kirche herausstelle.[1]

Siebtens. Da aber die meisten Christen heute de facto ihre Berufe in Staat und Gesellschaft ausübten, reichte die Lösung des Origenes nicht aus. Um dennoch der Bergpredigt zu genügen, müßten sie radikale Zeichen ihres Glaubens setzen. Lohfink nennt drei Möglichkeiten: (a) Sie sollten zu einer partiellen gesellschaftlichen Verweigerung bereit sein, etwa durch Verzicht auf bestimmte Berufe, Funktionen und Tätigkeiten; (b) sie müßten ihre eigene Friedenskraft innerhalb der gesellschaftlichen Ordnungen durch Versöhnung, Verständigung, Zusammenarbeit unter Beweis stellen; (c) »die oft schmutzige und mühselige Arbeit des Herstellens von Recht und Ordnung in der Gesellschaft« sollen sie aber nicht ausschließlich den andern überlassen und darum »wenigstens prinzipiell aus Verantwortung gegenüber der Gesellschaft für die Durchsetzung des Rechts in eben dieser Gesellschaft mit den Zwangsmitteln, die der Rechtsstaat zur Verfügung hat, eintreten«.[2]

Mit dem letzten Punkt stellt sich freilich die Frage, ob damit nicht doch jene Zustände anerkannt werden, die zuvor noch als der Bergpredigt fremd abgetan wurden. Lohfink räumt zwar ein, daß alle drei Möglichkeiten, »so gut, so richtig und so notwendig ihre Realisierung ist, der Botschaft des Neuen Testaments noch keineswegs völlig gerecht« werden. Doch wird über all diese Lösungsversuche Solschenizyns Herausforderung vergessen: denn eine »Kontrastgesellschaft«, sofern sie tatsächlich existiert, gerät nicht geschlossen in ein Straflager totalitärer Regime. Muß der einzelne also doch ein Heiliger und Held sein, etwa wie Maximilian Kolbe (→ III, 290-294), um auf Gewalt mit Verzeihen und Güte antworten zu können?

Grundsätzlich darf man davon ausgehen, daß unter erschwerten Bedingungen der einzelne Mensch überfordert wird, sollte es darauf ankommen, dem Schlag auf die rechte Backe mit dem Hinhalten der linken zu begegnen. Tatsächlich käme es darauf an, daß ein ganzes »Volk«, im christlichen Kontext »Kirche genannt«, zum Licht der Welt wird. Aber müßte sie dann nicht anfangen, die Geschichte der eigenen Friedlosigkeit aufzuarbeiten, statt diese ins Kleingedruckte zu verweisen und apologetisch zu rechtfertigen? Müßte sie dann nicht die unzähligen Opfer ihrer eigenen Wahrheitsansprüche sehen, betrauern und rehabilitieren lernen, die Schicksale verfolgter, gefolterter, verbrannter, ermordeter, entrechteter, diffamierter Menschen? Würde sie dann nicht gezwungen sein, anders auf die Stimme des eigenen Volkes zu hören, als sie es bei ihren Entscheidungen tut? Unser Abschnitt im Religionsbuch kann darum nur mit dem Satz schließen: »Wir würden uns selbst belügen, wenn wir

---

1 Wenn Origenes meinte, Nichtchristen sollten das Kriegsgeschäft übernehmen, so bleibt zu fragen, (a) ob das Gebet für deren Sieg nicht auch eine Art Unterstützung der Gewaltausübung darstellt und (b) ob es tatsächlich befriedigt, wenn Christen die schmutzigen Dinge, von denen sie meinen, daß sie dennoch getan werden müssen, den Nichtchristen zuschieben. – Wie wenig auch Origenes seine Antwort durchdacht hat, zeigt die christliche Alternativlosigkeit nach 313: als religio licita anerkannt und somit staatstragend geworden, gab es auch hier eine »Wende«: Das Militärwesen wurde »christlich«. S.a. *Hubertus Halbfas*, Wurzelwerk, a.a.O., 177.

2 *Gerhard Lohfink*, a.a.O., 41-63.

sagten, unsere Gemeinden wären heute ein solches Licht der Welt.« Das sind sie wirklich nicht! Die Bergpredigt macht auch die Kirche, gerade die Kirche ratlos.

Antworten des Religionsunterrichts

Die Problemlage, die wir unter der Frage »Wer kann gewaltlos leben?« thematisierten, kann nur bedingt und in bescheidenen Ansätzen in den Unterricht übernommen werden. Es ist natürlich nicht so, als stünden heutige Schüler der Erfahrung von Gewalt unbetroffen gegenüber. Als Angehörige einer vor dem Fernseher aufgewachsenen Generation sind sie vielfältigen Formen der Gewalt über Jahre hin bereits begegnet, haben oftmals auch die Faszinationskraft ausgeübter Gewalt goutiert, so daß alles, was oben erörtert wurde, für diese Kinder eine Fragestellung ist, für die sie erst sensibilisiert werden müssen.

Gewalt an Schulen

Die Situation

An unseren Schulen eskaliert die Gewalt. Aggressive Kinder bedrohen ihre Klassenkameraden, prügeln, rauben, erpressen. Schwere Verletzungen häufen sich. Lehrer und Polizei stehen einer Brutalität von bisher nie erlebtem Ausmaß gegenüber... So und noch viel stärker dramatisiert häufen sich Presseberichterstattungen. Die Meldungen im Detail sind alarmierend:

Prügeleien auf dem Schulhof gab es schon immer. Doch nie zuvor haben Kinder so erbarmungslos um sich geschlagen wie heute. »Noch vor zehn Jahren«, sagt ein Beamter vom Stuttgarter Polizeidezernat für jugendspezifische Gewaltkriminalität, »hätten Jugendliche von einem Unterlegenen abgelassen, der aus der Nase blutete oder eindeutige ›Ergebensheitszeichen‹ gab. Heute ist das der Startschuß, seinen Gegner fertigzumachen, ihn ›einzustiefeln‹.«

Das Staatliche Schulamt der Stadt Frankfurt am Main stellt fest, die Gewalttätigkeiten unter Schülern aller Schulformen hätten sowohl zugenommen und seien zugleich von einer anderen Qualität der Tätlichkeiten. Die 158 Schulen der Stadt wurden aufgefordert, über Fälle von Gewalt zu berichten; daraufhin wurden 130 Vorkommnisse gemeldet, die »über das normale Maß kindlicher Auseinandersetzungen hinausgehen«. Erschreckend sei die »zunehmende Brutalität, die keine Hemmschwellen mehr kennt und zu teilweise schweren körperlichen und seelischen Verletzungen führt«.

Ähnliche Urteile kommen ebenso aus bayerischen Großstädten – »aggressives Verhalten, seelische Deformation und vermindertes moralisches Urteilsvermögen« – wie aus Hamburg: Jede zweite Schule meldete eine Zunahme von Gewalttaten: Nötigung, Erpressung, Körperverletzung, gewaltsame Entwendung von Wertsachen, sexuelle Bedrohung.

Besonders erschreckend ist die Kaltblütigkeit, mit der manche Kinder zu Werke gehen: Da knallte in einer Grundschule ein sieben Jahre altes Mädchen eine Gleichaltrige so lange gegen die Wand, bis das Kind ohnmächtig zusammenbrach. – Zwei Achtjährige legten einem Mitschüler, der friedlich auf der Bank saß, ein Springseil um den Hals, zogen zu und ließen selbst dann noch nicht ab, als der Junge blau anlief. Erst ein anderer Schüler befreite seinen Klassenkameraden. Sie hätten »einfach nur so« mal sehen wollen, wie es ist, wenn man einem den Hals zudrückt. – In Pistolenmündungen blickten zwei Mädchen einer bayerischen Stadt, als sie zum Milchautomaten gingen. Die Waffenbesitzer, zwei Jungen im Alter von 14 und 15 Jahren, nahmen ihnen die Barschaft ab, insgesamt 3,50 Mark, und liefen davon. – Wiederum schlugen zwei Fünfzehnjährige einen gleichaltrigen türkischen Jungen mit Lederarmbändern, die aufgesetzte Metallnoppen hatten, weil dieser eine leere Chips-Tüte in den Papierkorb geworfen hatte; der Papierkorb sei »nur für Deutsche« da. – Eine elfjährige Schülerin wurde zusammengeschlagen, weil sie aussehe »wie eine Türkin«. – Ein Schulrat berichtet, in seinem Sprengel sei es mancherorts unmöglich geworden, im Unterricht über Ausländerhaß zu sprechen. Den Lehrern werde einfach das Wort abgeschnitten: »Was soll das, die Türken klatschen wir doch auf.«

Reizgas, Schreckschußwaffen und Schlagketten befinden sich in den Taschen vieler Schuljungen. Auf die anonyme Umfrage an einem Frankfurter Gymnasium gaben 38 Prozent der Schüler zu, bewaffnet zu sein.

Das Ausmaß dieser Gewaltexplosion sei lange verborgen geblieben, weil Schulbehörden und Lehrerschaft vieles verharmlost und vertuscht hätten, um ihre Schule nicht ins schlechte Licht zu rücken und die eigene Hilflosigkeit zu verbergen. »Die halten es mit den drei Affen: nichts hören, nichts sehen, nichts sagen«, klagte ein Schulamtsdirektor.

Die Ursachen

»Die rasten einfach aus«, meint ein Frankfurter Religionslehrer, »die Aggression ist auf keinerlei erkennbare Ursachen zurückzuführen.« Jedenfalls sitzt die scheinbar grundlose Wut tief, und zugleich ist es »außerordentlich schwer oder sogar unmöglich«, Schülern das Unrecht ihres brutalen Tuns einsichtig zu machen. Vielen Jugendlichen fehle das Einfühlungsvermögen in andere Menschen; schon unter den Grundschülern dominiere oft eine derart starke Ich-Orientierung, daß sie durch Gespräche nicht mehr zu erreichen seien. Manche hielten auch »negative Erlebnisse für besser als gar keine«. Viele alleingelassene Kinder seien gefühlsmäßig bereits so abgestumpft, urteilt eine Gesamtschullehrerin, daß sie sich »beweisen wollen: ich fühle noch was«.[1]

Zweifellos verzweigen sich die Wurzeln dieser Entwicklung in den Gesamtbereich der heutigen Gesellschaft. Ohne erschöpfend sein zu können, sollen wichtige Faktoren herausgehoben werden:

1. Zunächst ist die desolate Situation vieler *Elternhäuser* zu nennen. Mal produziert der Wohlstand verwahrloste Kinder, mal deprimieren wirtschaftliche Not und Arbeitslosigkeit. »Es kommt vor, daß Eltern ihr Kind krank in die Schule schicken, nur damit es versorgt ist. Wir haben heute wesentlich mehr alleingelassene Kinder«, lautet ein Urteil. Tatsächlich leben in Deutschland über

---

1 Zit. n. einem Bericht von *Karen Andresen* und *Ariane Barth,* in: »Der Spiegel«, Nr. 42 (46) 12.10.1992, 36–51.

zwei Millionen Kinder unter den Bedingungen geschiedener Ehen. »Die Gewalt, die denen angetan wird, wenn Vater und Mutter auseinandergehen, tragen natürlich die Schulen.« Aber auch unter gewöhnlichen Verhältnissen kann eine latente Aggressivität das häusliche Klima belasten. Bekannt ist, daß montags viele Schüler besonders gereizt und selbstzerstörerisch sind, weil sie (neben überdosiertem Fernsehkonsum) »das Familienleben geballt mitgekriegt haben«. Schwierige Schüler finden innerhalb ihrer Familien oft nur Negativ-Vorbilder. Das deprimiert, zerstört das Selbstwertgefühl, nimmt dem Leben allen Sinn. Da befriedigt es dann, wenn sie wenigstens »jemandem eine in die Schnauze gehauen« haben. »Orientierungswaisen« sind aber auch die vielen, die zu Hause keine tragenden Werte mehr vermittelt bekommen.

2. Bekannt ist die substituierende Rolle, die *Fernsehen* und Video-Filme an Stelle der hilflos gewordenen Familie eingenommen haben. Hier werden Scheinwelten vorgeführt, die vor allem die Botschaft transportieren: »Haste was, biste was« und zugleich: »Wer etwas erreichen will, muß schon mal zulangen, darf nicht zimperlich sein.«

Bis zu siebzig Mordszenen bieten die TV-Programme täglich. Vor 15 Jahren brauchte das Fernsehen für achtzig Tote immerhin noch eine Woche. Die größte Ballung körperlicher Gewalt konzentriert sich auf jene Stunden zwischen 18 und 20 Uhr, wenn die meisten Kinder vor dem Bildschirm sitzen. Doch selbst im Spätprogramm, wenn auf Kinder keine Rücksicht mehr genommen wird, sitzen noch bis zu einer halben Million Kinder im Alter von 6 bis 15 Jahren vor dem Fernseher. Diese Dauerberieselung mit Gewalt-, Action- und Horrorszenarios bleibt nicht ohne Folgen. Sie äußern sich im Kinderspiel als auch in den »Spielsachen«, die zur Imitation von Gewalttätigkeiten auffordern. Manche Schüler sehen sich Brutaloszenen gemeinsam an; wer Angst zeigt, wird als »Memme« verlacht. Diese Fehlentwicklung vertieft ein Menschenbild, in dem das Hinterhältige und Gewalttätige dominiert; sie ist nur mühsam zu korrigieren.

3. Angesichts dieser außerschulischen Verhältnisse kommt den *Schulen* eine kompensatorische Aufgabe zu. Dafür sind sie aus ihrer Tradition heraus aber nur selten gerüstet. Wer die tägliche Schulrealität kennt, sieht, daß sie eher eine Quelle des Frustes ist als ein Ort, wo Schüler gerade jenes Selbstwertgefühl vermittelt bekommen, das ihnen zu Hause vorenthalten wird. Mancher Schulalltag löst gerade erst jene Aggressionen aus, die oben beschrieben wurden, weil die Kinder hier erneut ihre Ohnmacht gegenüber einer unter Erwachsenendominanz und Leistungsdruck stehenden Institution erleben. Wenn die Disziplinlosigkeiten von unten mit Disziplinierungsmaßnahmen von oben bewältigt werden sollen – bewältigen kommt von Gewalt! – etwa durch das fragwürdig gehandhabte Zensurensystem, durch Strafarbeiten, Nachsitzen, Klassenbucheintragungen, also mit Paukermethoden einer autoritären Pädagogik von gestern, ist es verständlich, daß gestreßte Schüler darauf mit Gegengewalt reagieren.

Dazu kommt, daß Klassenräume, die weniger gemütlich sind als jeder Wartesaal im Bahnhof, Unbehaustheit und Aggressionen der Schüler gewissermaßen zwanghaft provozieren. Schulen, die in ihrem äußeren Erscheinungsbild keine Identifikationsangebote haben, exkommunizieren das Schüler-Ich, so daß es unausweichlich auf Rache sinnt. Kommt dann noch ein durch die

45-Minuten-Hackmaschine gepreßter Schultag hinzu, darf es nicht wundern, daß unter seinem mechanischen Takt auch die Schüler Aversionen entwickeln.

Lösungsvorschläge

Ein Ausweg aus der schwierigen Situation ist an keine »Einzelmaßnahme« zu knüpfen. Es geht überhaupt nicht um »Maßnahmen«, auch nicht um verbesserte Ordnungsregulative, sondern um eine Bekehrung der Schule zu ihren eigenen pädagogischen Möglichkeiten. Dieses Unterrichtswerk zeigt unter dem Titel »Leben und Lernen in der Schule« für zehn Schuljahre in konkreter Fotografie, wie eine befreiende Schulwelt aussehen kann, und entfaltet parallel dazu in zehn Lehrerhandbüchern ein handlungsorientiertes Konzept. Das Ganze ist von der Überzeugung geleitet, daß sich Lehrer unter diesen Bedingungen wohler fühlen, neue Freude an ihrem Beruf gewinnen und nicht darunter leiden und krank werden müssen. Natürlich bietet nicht ein einzelner dieser Bände jene zureichende Therapie, den neuen Herausforderungen gewachsen zu sein, aber in ihrer Summe entwerfen alle Bände zusammen eine Schultheorie, ein Unterrichtsverständnis und eine Gegenwelt, die manche Frustration im Schulleben auffangen können. Darum besteht kein Anlaß, an dieser Stelle einen Ausweg zu entwerfen: Unsere Handbuchreihe beschreibt in ihrer Folge jedesmal in den einleitenden Kapiteln einen Weg, wie orientierungslose Kinder in der Schule Halt finden können: nicht verbal und repressiv, sondern in Formen gemeinsamen Lebens, die vieles von dem kompensieren, was die häusliche und gesellschaftliche Welt ihnen vorenthält.

Zukunftsperspektiven

Wohin die weitere Entwicklung tendiert, ist heute schon an den Schulen der USA oder Australiens ablesbar. Deren Probleme lassen die Verhältnisse an deutschen Schulen noch als Lausbubenstreiche erscheinen. Dafür mag ein einziger Zeitungsbericht anstelle eines erdrückenden Detailmaterials stehen:

»In Australien fühlen sich die Lehrer auf den Schulhöfen nicht mehr sicher. Neuerdings sind die in den Pausen mit der Aufsicht auf den Schulhöfen betrauten Mitglieder der Lehrerkollegien mit Funkgeräten ausgerüstet, um Hilfe herbeirufen zu können, wenn sie tätlich angegriffen werden. Wegen der zunehmenden Gewalttätigkeiten in den Lehranstalten sind auch die Befugnisse der Schuldirektoren erweitert worden; so sind sie jetzt ermächtigt, Jugendlichen den Schulbesuch bis zu einer Dauer von fünfeinhalb Jahren zu untersagen. In ihrer Not haben Lehrer Parlamentsabgeordnete aufgefordert, einen Maßnahmenkatalog für die Erhöhung der Sicherheit im Schulbetrieb zu erlassen. Sie führen die Zunahme von Disziplinlosigkeit und Gewalttätigkeiten auf den Alkohol- und Drogenkonsum der Jugendlichen während der Unterrichtsstunden zurück und verweisen darauf, daß der erhöhte Streß der Lehrer auch dem Steuerzahler zu schaffen mache – in den vergangenen drei Jahren sei die Summe der an nervlich angeschlagene Lehrer ausgezahlten Krankengelder um 60 Prozent gestiegen.
In einer Schule hat ein Jugendlicher die Lehrerin, unter deren Auge er ›nachsitzen‹ mußte, beim Kopf genommen und ihr ein Messer an den Hals gesetzt. Nach Angabe des Leiters der Erziehungsbehörde in Südaustralien, Eric Willmot, könnten sich Lehrer heute sogar im Kreise von Dreizehnjährigen nicht mehr sicher fühlen. Gewalttätigkeiten

machten auch vor Tieren nicht mehr halt. So seien in einer Landwirtschaftsschule sämtliche dort gehaltenen Lämmer des Nachts mit einer Mistgabel erstochen worden.«[1]

Der Alkohol- und Drogenkonsum sollte auch hier nicht als Ursache, sondern ebenfalls als Symptom gesehen werden. In jedem Fall müßten die Schulen ihr eigenes System in das Gesamtsyndrom eingebunden sehen, um zu erkennen, wie sie durch System-Veränderungen die Lebensverhältnisse ihrer Schüler bessern können. Mit Schutzmaßnahmen der Schule gegen Gewalt überwindet man keine Gewalt. Aber durch eine menschenfreundliche, zum Einhausen einladende Atmosphäre und durch einen auf Mitverantwortung und Selbsttätigkeit gestützten Unterricht läßt sich mancherlei häusliche und gesellschaftliche Frustration ausgleichen.

Verteidigung gegen Gewalt als pädagogische Aufgabe

Der Schulleiter kaufte sich ein viersprachiges Schimpfwörterlexikon, damit er die Schüler seiner Hauptschule wenigstens verstehen kann. Gängig sind Ausdrücke, die in diesem Buch mit einem Totenkopf gekennzeichnet sind, wie »Ich fick' deine Mutter« und »Du bist der Sohn einer Hure und eines Esels«. Auf dem Schulhof, in den Fluren und sogar im Unterricht treten und knuffen sich die Schüler. Streit um Kleinigkeiten eskaliert schnell zur Prügelei. »Immer wieder kommt dieser tödliche Augenblick«, gesteht ein Lehrer, »daß einem die ganze Klasse bedeutet: Was willst du Vollidiot eigentlich, wir haben genug Spaß ohne dich.«

Wenn der Wildling Tucky zum Schulleiter zitiert wird, bekommt er von dem engagierten Christen den Maßstab aus 1 Kor 13 vermittelt: »Was es bedeutet, Liebe zu üben, was es bedeutet, zu teilen, was es bedeutet, Menschen anzunehmen, denen wir nicht sympathisch sind.« Immer wieder stehen dagegen Neuinszenierungen des Faustrechts: Nur der Starke kommt durch; wenn einer Schwäche zeigt, rächt sich das gnadenlos.

Dani, elf Jahre, zählt zu den Kleinen, und das ist schon Schwäche genug. Tucky baute sich drohend vor ihm auf: »Entweder du gibst mir Geld, oder ich hau dir eine.« Schon einmal hatte Dani mit einer blutigen Nase bezahlt, also rückte er seinen Zehn-Mark-Schein heraus: »Was sollte ich tun, ich bin doch nicht Jesus.« Dabei ist Dani im Schlagen auch nicht gerade schlecht, wie einer aus der Parallelklasse zu spüren bekam. »Der sagte ›Schwuler‹ zu mir und meine Mutter ist 'ne Nutte.« Da schlug Dani gleich zu: »Ich laß mir doch so wat nich bieten von diesem kleinen Pißbalg, ist grad mal 'nen Millimeter größer als ich. Und wenn der noch zu den Lehrern geht, dann sagen die auch noch, selbst dran schuld, wenn der so wat sagt.«[2]

Kinder sind in diesem Milieu Provokateure, Mitläufer und Opfer, und oft genug spielen sie im schnellen Wechsel alle Rollen nacheinander. Wenn wir ihnen helfen wollen, Mitläufertum und Apathie zu überwinden, brauchen sie:

1 Eigener Bericht der Süddeutschen Zeitung vom 8. Oktober 1992.
2 *Ariane Barth*, »Sonst hol' ich dein Auge raus«. Über Erpressungen und Roheiten an einer Essener Schule, in: »Der Spiegel«, a.a.O., 52-79.

1. Problembewußtsein,
2. die Aussicht auf eine besser funktionierende Alternative,
3. das Know-how, diese Alternative auch zu realisieren und
4. die Moral, trotz aller Widrigkeiten, an dem als richtig Erkannten auch festzuhalten.

Das Problembewußtsein ist nicht leicht zu vermitteln, am wenigsten als terminiertes »Unterrichtsziel«. Es ist abhängig von Erfahrungen der Güte und Solidarität, von dem Wunsch, andere nicht verletzen zu wollen. Das zu erreichen, übersteigt verbale Möglichkeiten. Erfahrungen der Klassengemeinschaft sind nötig, gemeinsame Unternehmungen, Übungen des täglichen Lebens, in denen Umgangsformen, die den Schülern vielleicht im häuslichen Milieu fremd sind, eine positive Rolle spielen.

Trotzdem ist der sprachliche Bereich nicht unwichtig. Sensibilisierung, die hier erfolgt, sensibilisiert auch für das Leben, indem das Leise und Zarte, das zwischen den Zeilen Gesagte, das Hintergründige wahrnehmbar wird. Insofern ist das Gesamtkonzept unserer Religionspädagogik hier beteiligt, kontinuierlich, nicht punktuell. Wichtig sind auch Geschichten, die eine Welt erschließen, die der gesellschaftliche Alltag nicht kennt, beispielsweise »Der Korb mit den wunderbaren Sachen« (→ V, 155-159); Der Gaukler Pamphalon (→ V, 393-398); die Legenden vom »geringsten Bruder« (→ S. 206 f.); die »Geschichte der Barmherzigkeit« (→ S. 353-391) oder eine so zarte Liebesgeschichte wie jene von Astrid Lindgrens Eltern (Religionsbuch 9/10, S. 129-134). Aber auch Tomi Ungerers »Kein Kuß für Mutter« (→ V, 410-413) oder Astrid Lindgrens »Ronja Räubertochter« sind eine sensibilisierende Lektüre.

Dazu kommen die wichtigen Einübungen in ein Problembewußtsein gegenüber jeder Gewalt. Dies geschieht beispielsweise durch gehörige Aufarbeitung einer inhumanen Geschichte, wie dies im voranstehenden Kapitel »Brüderlichkeit, Schwesterlichkeit« geschieht oder wie es unsere Problematisierung der Konstantinischen Wende betreibt, mit der die kirchliche Anpassung an staatliche Gewaltpolitik begann (→ V, 461-466). Nachfolgend findet dies seine Fortsetzung mit der Geschichte der Armut (→ S. 356-378) sowie in den nächsten Bänden mit der Geschichte der Sklaverei und kolonialen Ausbeutung oder der Geschichte der christlichen Unfriedfertigkeit. Alles in allem sollte es möglich werden, unseren Schülern die Vision eines gewaltfreien menschlichen Zusammenlebens als eigenen Wunsch zu vermitteln.

Zur Entwicklung von Problembewußtsein gehört aber auch der Realismus, tatsächlich bedrohende Feindbilder einschätzen zu können und sich ihnen zu stellen. Aggressionsgefahren sind nicht zu verharmlosen. Man muß dem Provokateur sein Denken und Tun ebenfalls klarmachen können, auch wenn man ihn damit nur noch wütender macht. »Du bist der Mann!«, sagte Natan zu David, als dieser den Urija seinen Sex-Interessen geopfert hatte. »Feindesliebe ist etwas anderes als die bei den Kirchen weit verbreitete Konfliktscheu« (Theodor Ebert).

Was diese Konfliktfähigkeit angeht, so zeigt sich, daß es im Alltag eine Fülle von Situationen gibt, in denen man nicht einfach nachgeben und die »andere Wange auch hinhalten« darf, sondern Einspruch erheben muß, wie Jesus es mit seiner Frage tat: »Warum schlägst du mich?« Der in diesem Bereich friedenspädagogischer Arbeit erfahrene Theodor Ebert sagt, er sei sich »ziemlich sicher«, daß angesichts *repressiver* polizeilicher Gewalt »ein konsequent gewaltfreies Verhalten immer noch weniger riskant und dabei erfolgversprechender sei als Vermummen und Steinewerfen«. Dazu gehört allerdings, daß neben der passenden Körpersprache auch das richtige Wort gefunden wird, weil es oft ausschlaggebend ist. »Da gibt es viele Jugendliche, die meinen, sich gerade mit Worten sehr schwer zu tun. Vielleicht stärkt man ihr Selbstvertrauen, wenn man ihnen zeigt, daß in gewaltträchtigen Situationen die richtigen Worte meist sehr einfache, ihnen längst vertraute Worte sind.« So berichtet ein amerikanischer Vorkämpfer gegen Rassendiskriminierung, daß Weiße, wenn sie ihn angriffen und auch schlugen, ziemlich perplex waren, wenn er sie in aller Ruhe fragte: What's the matter? Was ist eigentlich los? – ganz ähnlich wie dies Jesus tat.

Schließlich ist es unerläßlich, junge Menschen immer wieder zu ermutigen, sich auf ihr eigenes besseres Denken auch einzulassen, etwa im Sinne Gandhis »Experimente mit der Wahrheit« zu machen. Gerade der Rückgriff auf dessen Lebensgeschichte kann dazu führen, den Kindern zu erzählen, daß es dieses Konzept der Sozialen Verteidigung gibt, und welche Erfahrungen Menschen damit gemacht haben. Wir werden nicht behaupten können, daß gewaltfreie Aktionen immer Erfolg haben, aber daß sie gelegentlich bedenkenswerten Erfolg hatten, das sollte ihnen für ihr eigenes alternatives Denken bekannt sein.[1]

Pablo Picasso: Massaker in Korea
S. 140
Dias 5/6, Nr. 20

A. Nach dem Ende des Zweiten Weltkriegs erklärte Picasso (1881-1973): »Was ist in deinen Augen ein Künstler? Ein Narr, der nur Augen hat, wenn er Maler ist, oder nur Ohren, wenn er Musiker ist...? Im Gegenteil. Er ist gleichzeitig ein politisches Wesen, stets aufnahmebereit für bewegende, brennende oder glückliche Ereignisse, die er in jeder Weise erwidert. Wie ist es möglich, für andere Menschen kein Interesse zu zeigen und sich in einen elfenbeinernen Turm vor dem Leben zu flüchten, das sie dir so reichlich bescheren? Nein, Malerei ist nicht dazu da, um Appartements zu schmücken. Sie ist eine Waffe zu Angriff und Verteidigung gegen den Feind.«

In diesem Verständnis ist Picassos bedeutendes Werk »Guernica« entstanden (Dias 3/4, Nr. 15; → IV, 165-168). Die drei in der gleichen Tradition stehenden Gemälde »Massaker in Korea« (1951) und »Krieg« und »Frieden« (1952) erreichen nicht mehr den einsamen Rang von »Guernica«, sind aber nicht minder beachtenswerte Zeugnisse der Gewaltächtung und eines Lobliedes auf das Leben in Frieden.

Der Titel »Massaker in Korea« und das Jahr 1951 verweisen auf den Koreakrieg 1950-1953 zwischen Nord- und Südkorea, der sich auch als Stellvertreterkrieg am 38. Breitengrad zwischen den Ost- und Westmächten verstehen läßt. Das Gemälde steht in der Linie einer »Übersetzung« von Meisterwerken der Vergangenheit in die Bildsprache Picassos. Bereits 1944 hatte Picasso am Tage der Befreiung von Paris eine freie Kopie nach dem Bacchanal Poussins

---

1 *Theodor Ebert*, Soziale Verteidigung als pädagogische Aufgabe. Propädeutische Überlegungen aus evangelischer Sicht, in: ru 4 (1987), 138-142.

gemalt, 1949 wählte er sich Courbets »Demoiselles de la Seine« und 1950 das »Bildnis eines Malers« nach El Greco. Nunmehr drängten mit dem Krieg in Korea zugleich die dortigen Ereignisse in Picassos Blickfeld. Er wählte als Vorgabe das berühmte Bild Goyas »Der 3. Mai 1808 in Madrid«.

B. Francisco de Goya (1746-1826) kommt das Verdienst zu, mit der Tradition der Schlachtenmalerei gebrochen zu haben, die den Krieg heroisierte und dem Ruhm von Feldherren und Regenten unterstellte. Goya stammte aus ärmsten Verhältnissen, arbeitete sich mühsam zu einer gewissen Beachtung hoch und fand schließlich Zugang zu Adelskreisen der Madrider Gesellschaft und zum Königshof. 1786 erhielt er die Ernennung zum »Maler des Königs«. Von diesem Augenblick an machte er Karriere und bekam mehr Aufträge, als er ausführen konnte. Seine bis dahin schlichte Lebensführung änderte er deswegen nicht, und er bewahrte kritischen Abstand zu den Mächten und Ereignissen seiner Zeit. 1789 wurde Goya der »Kammermaler« Karls IV. 1792 erlitt er einen Schlaganfall, der zum Verlust des Gehörs führte. Damit endete sein unbeschwert glückliches Leben, doch fand sein Genie erst in den folgenden Jahren zum Durchbruch. Er malte weiterhin im Königspalast und zeichnete auf der Straße. Dabei hielt er Vorgänge fest, die wie Protestschreie wirken: bittere und aufwühlende Zeitdokumente, die angesichts der Napoleonischen Invasion eine beklemmende Kritik an der sinnlosen Grausamkeit des Krieges sind.

Im Jahre 1808 unternahmen französische Truppen einen kriegerischen Einfall in Spanien. Aus diesem von Napoleon geplanten Blitzkrieg wurde ein blutiger Bürger- und Partisanenkrieg gegen die französischen Eindringlinge. Goya war im Sommer 1808 Augenzeuge der grauenhaften Kriegsführung beim Kampf um die Stadt Saragossa. Zwischen 1810 und 1823 schuf er einen graphischen Zyklus »Los Desastres de la Guerra«. In dieser Blattfolge klagte er nicht nur *eine* Seite an, weil er sah, wie die »Schrecken des Krieges« *beide* Seiten zu bestialischen Grausamkeiten enthemmten.[1]

Goyas Werk »Der 3. Mai 1808« war eine Auftragsarbeit der spanischen Regierung, die an den Aufstand erinnern sollte. Es zeigt das Ende von Rebellen, die durch ein Erschießungskommando hingerichtet werden. Goya malte ausnahmslos Aufständische, denen die Verzweiflung und Todesnot anzusehen ist, angesichts der auf sie gerichteten Gewehre eines militärischen Kommandos, das selbst kein Gesicht zeigt. Herausgehoben aus dem Knäuel der Todeskandidaten ist ein junger, kniender Mann in heller Kleidung, die Hände wie zur Kreuzigung erhoben, mit seinen stigmatisierten Handflächen als gekreuzigter Christus gedeutet. Die Leichen der bereits Erschossenen und das verflossene Blut verstärken den Eindruck der Ausweglosigkeit.

Goya akzentuiert jene Situation, wo Menschen andere Menschen töten. An diesem Vorgang, daß im Krieg Menschen andere Menschen, die lediglich »gefangen« wurden, ums Leben bringen, zerbricht jede sonstige Rechtferti-

1 Die eigentliche Auflage dieser 80 Radierungen konnte – wenn man von den wenigen Abzügen der früheren Jahre absieht – erst 35 Jahre nach Goyas Tod 1863 gedruckt werden. Inzwischen liegt die Serie in einer mustergültigen Publikation der Hamburger Kunsthalle vor: Goya, Los Desastres de la Guerra. Verlag Gerd Hatje, Stuttgart 1992/93.

Francisco de Goya, Der 3. Mai 1808 in Madrid. Die Erschießung der Aufständischen, 1804.

Edouard Manet, Die Erschießung Kaiser Maximilians, 1868.

Der Deserteur, USA 1916.

gung kriegerischer Einsätze. Goyas Gemälde und sein graphischer Zyklus sind das erste große Bild, das den Krieg in dieser illusionslosen Weise malt. Da wird niemand heroisiert, weder das Hinrichtungskommando noch die Widerstandskämpfer, vielmehr sind beide Seiten ein Opfer der Gewalt.

C. Der Kunsthändler Daniel-Henry Kahnweiler sah Picassos Gemälde »Massaker in Korea« (Öl auf Holz, 109 × 209 cm) im März 1951 in dessen Atelier: »Da ist das große Bild, das noch ohne Namen ist, von dem er mir erzählt hatte: eine Art Roboter-Männer – oder Männer im Küraß –, bewaffnet mit seltsamen Maschinengewehren, im Begriff, eine Gruppe Frauen und Kinder zu ermorden. Es ist ergreifend, wie er von menschlichem Mitleid durchdrungen

277

ist.«[1] Das Bild war also zunächst als eine allgemeine Stellungnahme gegen die Gewalt gemeint, erst nachträglich gab ihm Picasso mit dem Titel »Massaker in Korea« einen aktuellen Bezug.[2] In jenen Jahren arbeitete Picasso aktiv in der Weltfriedensbewegung mit und entwarf zu deren Unterstützung Plakate und Druckgrafiken.[3]

Das Gemälde hält sich formal an Goyas Bildaufbau. Es steht damit in einer Linie, die vor ihm schon Edouard Manet mit »Die Erschießung Kaiser Maximilians« (1886) ausgezogen hatte, und die eine Bleistiftzeichnung »Der Deserteur«, USA 1916, fortsetzte, die Christus zur Exekution an die Wand stellt.[4] Das sechsköpfige Erschießungskommando wirkt maschinenhaft, jeder Individualität beraubt, wie ein standfester waffenstarrender Block, der seine ganze Feuerkraft auf die gegenüberstehenden nackten Frauen richtet. Während fünf der Exekutoren ihren Kopf unter stählernen Helmen verborgen haben, steht der sechste Mann mit dem Rücken zu ihnen, mit seinem frei blickenden Kopf jedoch auf die Kinder- und Frauengruppe gerichtet. Mit dem gezückten Schwert droht er ebenfalls in die Richtung der Gewehrläufe, während er in seiner Linken einen Prügel hält. Kleidung und Waffen reihen ihn in eine andere Zeit ein als die mit Maschinengewehren bewaffneten Männer. Zusammen mit ihnen verweist er auf die Kontinuität der Gewaltpraxis quer durch die Zeiten.

Zwischen den Exekutoren und ihren Opfern öffnet sich die Landschaft. Der Blick fällt auf einen Weg, der sich im Ungewissen verliert. Auf einer Berghöhe ragt eine Ruine in den Himmel. Vor der Bergwand stehen ruhig, ihrem Schicksal aufrecht entgegensehend, die Todeskandidaten. Es sind drei Frauen, möglicherweise wird die linke als schwanger angedeutet; einen Arm legt sie schützend über die Gefährtin und umgreift mit dem anderen ein Kind, das sich an ihre Seite schmiegt. Die Frau in der Mitte drückt ein kleines Kind mit beiden Armen an sich, während die nächste neben ihr mit geschlossenen Augen, aber nach vorne geöffneten Händen, in einer Haltung großer innerer Freiheit und Bereitschaft den Todesschuß aufrecht erwartet. Als einzige Gestalt blickt das Mädchen (rechts im Bild) dem Betrachter frontal entgegen. Obwohl kaum dem Kindesalter entwachsen, steht es da, die eigene Nacktheit noch verhüllend, in bewundernswürdiger Sicherheit, während zu den Füßen ein kleines Kind, das die Situation noch nicht begreift, spielerisch krabbelt, ein älteres Kind aber, mit erschrockenem Blick auf die attackierende Männerhorde, zu der älteren Schwester flüchtet.

Während Goya Männer Männer erschießen läßt, hat Picasso als Opfer nur Frauen und Kinder gewählt, die anonyme Bedrohlichkeit des Exekutionskommandos aber noch krasser unterstrichen. Daß sich hier Gewalt gegen Mütter und ihre Kinder wendet, wie dies in unvorstellbar brutaler Vergewaltigung bosnischen Frauen und Kindern 1992/93 geschah, ist in Picassos Bild zu einer bleibenden Anklage gegen jede Unmenschlichkeit geworden, mit der gerade die Überlegenen ihre Opfer dahinstrecken.

1 *Daniel-Henry Kahnweiler,* Ästhetische Betrachtungen. Köln 1968, 106.
2 Vgl. *Wilfried Wiegand,* Pablo Picasso. (rm 205) Reinbek bei Hamburg 1973, 126.
3 Picasso. Grafik gegen den Krieg. Weinheim und Basel 1982.
4 Vgl. dazu: *Christine Süßkraut-Kropp,* »Wir werden nicht geboren, um andere zu töten«. Unterrichtseinheit zum Thema »Schrecken des Krieges, Wunsch nach Frieden«, in: Religion heute 12/1992, 230-235.

D. Unseren Schülern werden immer wieder neue Bilder von den Kriegsplätzen dieser Welt gezeigt, ohne daß sie sich dadurch berührt fühlen. Krieg ist ein entfernter Vorgang, der jedenfalls nicht die eigene Welt berührt, darum kann man auch die Fragen, die er stellt, für sich selbst fortschieben. Picassos Bild verbindet sich jedoch nicht nur mit historischen Kriegsereignissen; es kann zugleich als eine Metapher für Gewalt verstanden werden, wie sie in unserer Gesellschaft täglich stattfindet, insbesondere gegen Frauen und Kinder.

Es gibt mehrere Möglichkeiten, sich mit dem Gemälde zu beschäftigen.

Erstens: Das Dia wird ohne Kommentar gezeigt; die Klasse soll es anschauen und auf sich wirken lassen. In einer zweiten Phase wird das Bild (der Dia-Projektor ist ausgeschaltet) durch die Klasse nachgestellt unter genauer Beachtung des Bildaufbaus. Die Empfindungen der beteiligten Personen sind anschließend zu formulieren und aufzuarbeiten. Erst danach kann einiges zu Picasso und seinen Intentionen gesagt werden, auch zu der Tradition des Antikriegsgemäldes, um die es sich hier handelt.

Zweitens: Als Edouard Manet die »Erschießung Kaiser Maximilians« (Kunsthalle Mannheim) gemalt hatte, äußerte sich Madame Suzanne Manet: »Was für ein Unglück, daß sich Edourd auf so schreckliche Bilder versteift hat! Was für schöne Sachen hätte er in dieser Zeit malen können.« Dieses Zitat wird den Schülern (in Gruppenteilung) zur Stellungnahme gegeben – hier als Frage gegenüber Picassos Bild.

Drittens: Der unten wiedergegebene Text über Josef Schulz wird den Schülern ausgehändigt. Sie sollen – ohne weitere Vorgabe – Bericht und Bild miteinander verbinden und diskutieren.

(1) Josef Schulz, 31, Dekorateur aus Wuppertal

Ein heißer Julitag im Kriegsjahr 1941 in Smederevska Palanka bei Belgrad. Vor einem Erschießungskommando der deutschen Wehrmacht stehen 16 junge Männer mit verbundenen Augen – gefangengenommene jugoslawische Partisanen. Kurz vor dem Feuerbefehl tritt ein deutscher Soldat aus der Reihe und sagt: »Ich werde nicht schießen.«

Es ist Josef Schulz, 31, von der 314. Division. Der Mann, ein Dekorateur aus Wuppertal, wird daraufhin sofort neben die Partisanen gestellt und zusammen mit ihnen erschossen.

Erst 30 Jahre später wird die Identität des deutschen Soldaten in Jugoslawien bekannt. Ein Wehrmachtsoffizier hatte Fotos von der Hinrichtung gemacht.

Vom Mut des Soldaten Schulz angetan, drehte der Belgrader Regisseur Golubovic einen Film über den Deutschen. Er sagte: »Wenn jemals das Gewissen der Menschheit in einem einzigen Menschen konzentriert war, dann war es am 20. Juli 1941 in Josef Schulz. Er war Soldat und hatte gekämpft. Als jedoch der Augenblick kam, wo er zum Verbrecher werden sollte, sagte er nein – und starb. Er war humaner als seine Zeit.«

(2) Sigmund Freud: Mordlust im Blut

Was keines Menschen Seele begehrt, braucht man nicht zu verbieten, es schließt sich von selbst aus. Gerade die Betonung des Gebotes: Du sollst nicht töten, macht uns sicher, daß wir von einer unendlich langen Generationsreihe von Mördern abstammen, denen die Mordlust, wie vielleicht noch uns selbst, im Blute lag. Die ethischen Strebungen der Menschheit, an deren Stärke und Bedeutsamkeit man nicht zu nörgeln braucht, sind ein Erwerb der Menschengeschichte; in leider sehr wechselndem Ausmaße sind sie dann zum ererbten Besitze der heute lebenden Menschheit geworden.[1]

(3) Martin Walser: Aus dem Wortschatz unserer Kämpfe

Komm, Mensch, geh weg. Hörst du schlecht. Ich glaube wirklich, du bist taub. Idiot. Siehst du, jetzt blutest du, ich hab dir's ja gleich gesagt, geh weg. Aber du wolltest ja nicht hören. So was Dummes. Du kriegst gleich noch mal eine, wenn du jetzt nicht abhaust. Wo kommen wir denn da hin. Läuft mir einfach übern Weg.

Ich sage dir zum letzten Mal, du sollst dich verziehen. Los, verdufte, hab ich gesagt. Hat man schon so was gesehen. Du hast sie wohl nicht alle, was. Sowas von schwerhörig ist mir noch nicht vorgekommen. Du glaubst wohl, mit mir kannst du das machen. Da hast du dich aber ganz schön getäuscht. Ich habe dich gewarnt. Also, entweder oder.

Bitte, wie du willst. Ich bin auch bloß ein Mensch. Alles hat seine Grenzen. Wer nicht hören will, muß fühlen. Aha, jetzt, siehst du, ich hab's dir doch gleich gesagt, aber du wolltest ja nicht hören. Du mußtest partout deinen Dickkopf durchsetzen. Jetzt hast du's. Mit Vernunft ist bei dir offenbar nichts auszurichten. Du hast es dir selbst zuzuschreiben. Ich kann nicht mehr tun, als dich warnen. Wenn du nicht hören willst. Wenn es im Guten nicht geht, bitte.

Jetzt schau sich einer den an. Wie er jetzt tut. Als wäre ihm weiß Gott was für ein Unrecht geschehen. Was bleibt mir denn anderes übrig, Mensch. Du willst es doch gar nicht anders. Dir kann man doch sagen, was man will. Da predigt man tauben Ohren. Jetzt haben wir den Salat.

Hab ich dir das nicht gleich gesagt. Ich wußte, daß es so kommen würde. Das mußte ja so kommen. Das kommt davon. Du zwingst mich ja dazu. Glaubst du, mir macht das Spaß. Jetzt kann ich dir auch nicht mehr helfen. Sowas von eigensinnig. Sowas ist mir noch nicht gleich begegnet. Jetzt will er's natürlich nicht gewesen sein. Ich habe ihm gesagt, alles hat seine Grenzen. Ich habe ihn auf die Folgen hingewiesen. Aber er wollte ja nicht hören. Er wußte es ja besser. Er mußte partout seinen Dickkopf durchsetzen. Jetzt hat er's. Mit Vernunft ist bei dem offenbar nichts auszurichten. Ich konnte nicht mehr tun, als ihn warnen. Wenn er nicht hören will. Jetzt sehen Sie sich ihn an. So sieht er jetzt aus. Wie ein Häufchen Elend. Das hat er jetzt davon. Da predigt man tauben Ohren.[2]

Was kann man mit dieser Sammlung alltäglicher Redensarten machen? Man muß sie laut lesen. Zum Beispiel mit verteilten Rollen. Aber dann geht es darum, sie mit der je richtigen Intonation zu sprechen; der Alltag muß durchscheinen oder gewissermaßen herausspringen. Dann ist es nicht mehr weit, ein Spiel damit zu verbinden. Szenen zu entfalten, die gewissermaßen den Schülern beim Lesen zufallen (vgl. S. 286-289). Zu beachten ist, daß diese Redensarten, auch in ihrer Summe, monologisch sind: Der Kampf mit einem Unterlegenen, der nichts hört.

1 *Sigmund Freud*, Zeitgemäßes über Krieg und Tod, zit.n.: Christlicher Glaube in moderner Gesellschaft, Quellenband 3: Mit anderen zusammenleben. Freiburg/Basel/Wien 1986, 134.
2 *Martin Walser*, Aus dem Wortschatz unserer Kämpfe, in: Broschur 25/26, (Eremitenpresse) Düsseldorf 1971, 96f.

(4) Munroe Leaf: Ferdinand der Stier

Die meisten Kinderbücher von Munroe Leaf (Pseudonym für John Calvert; * 1905), einem amerikanischen Autor, sind auf die nordamerikanische Situation zugeschnitten. Doch als in Spanien 1936 der Bürgerkrieg ausbrach, schrieb er seinen international bekannt gewordenen Bestseller »The Story of Ferdinand«, dessen spanische Übersetzung noch im gleichen Jahr erschien. Eine lateinische Fassung des Textes wird auch im Schulunterricht benutzt (Ferdinandus Taurus, 1962). Die deutsche (zweite) Rezeptionswelle setzte 1965 mit der von Werner Klemke illustrierten und handgeschriebenen Ausgabe ein.

Es lebte einmal in Spanien ein junger Stier, der hieß Ferdinand.
Alle die andern jungen Stiere, mit denen er aufwuchs, liefen und sprangen den ganzen Tag umher und pufften sich gegenseitig mit dem Kopf.
Nicht so Ferdinand.
Er saß am liebsten ruhig da, um an den Blumen zu riechen.
Seinen Lieblingsplatz hatte er draußen auf der Wiese unter einer Korkeiche.
Dort saß er jeweils im Schatten des Baumes und roch an den Blumen.
Seine Mutter, die eine Kuh war, machte sich manchmal Sorgen um ihn. Sie fürchtete, er könnte sich einsam fühlen so ganz allein.
»Warum läufst du nicht umher und spielst mit den andern jungen Stieren und puffst dich mit ihnen?« fragte sie ihn dann.
Aber Ferdinand schüttelte jeweils den Kopf. »Mir gefällt es besser hier, wo ich ruhig dasitzen und an den Blumen riechen kann.«
Seine Mutter sah ein, daß er sich nicht einsam fühlte, und da sie eine verständnisvolle Mutter war, wenngleich nur eine Kuh, ließ sie ihn gewähren und glücklich sein.

Im Laufe der Jahre nun wuchs Ferdinand heran, bis er überaus groß und stark war.
Alle die andern Stiere, die mit ihm auf derselben Weide herangewachsen waren, kämpften miteinander tagaus, tagein. Sie pufften sich ständig mit dem Kopf und rannten mit den Hörnern gegeneinander an. Am sehnlichsten jedoch begehrten sie, bei den Stierkämpfen in Madrid auftreten zu dürfen.
Nicht so Ferdinand; noch immer saß er am liebsten ruhig da und roch an den Blumen.

Eines Tages tauchten fünf Männer mit ulkigen Hüten auf, um für die Stierkämpfe in Madrid den größten, schnellsten und wildesten Bullen auszusuchen.
Alle andern Stiere liefen schnaubend und sich puffend umher und vollführten die verwegensten Sprünge, um von den Männern für ungemein stark und fürchterlich gehalten und auserkoren zu werden.
Ferdinand wußte, daß er nicht auserkoren würde, machte sich indessen nichts daraus. Er suchte seinen Lieblingsplatz unter der Korkreiche auf, um sich wieder im Schatten zu lagern.
Dabei gab er nicht acht, wo er sich hinsetzte, und statt ins schöne kühle Gras, setzte er sich auf eine Biene.
Was tut man, wenn man eine Biene ist, und ein Stier setzt sich auf einen?
Man sticht.
Und genau das tat diese Biene jetzt.
Au! Mit Wehgeschrei fuhr Ferdinand auf. Wutschnaubend und prustend rannte er umher, stieß mit den Hörnern um sich und stampfte wie besessen mit den Hufen.
So erblickten ihn die fünf, und alle jauchzten vor Freude.

Dies war der größte und fürchterlichste Bulle weit und breit. Gerade was sie brauchten für die Stierkämpfe in Madrid!

Auf einem Karren wurde Ferdinand hinweggeführt.

War das ein Tag!

Fahnen flatterten, die Musik spielte... und all die schönen Spanierinnen trugen Blumen im Haar.

Bald fand der Aufmarsch in die Arena statt.

Zuerst kamen die Banderilleros mit spitzen, bebänderten Stacheln, um den Stier damit zu stechen und wütend zu machen.

Darauf kamen die Picadores auf dürren Kleppern und mit langen Lanzen, um den Stier zu stechen und noch wütender zu machen.

Dann erschien voller Stolz der Matador;

er hielt sich für einen Ausbund von Schönheit und verneigte sich vor den Damen.

Um die Schulter trug er den roten Mantel und mit seinem Degen sollte er dem Stier den letzten Stich versetzen.

Dann kam der STIER, und wer dieser war, ist leicht zu erraten – Ferdinand.

Man nannte ihn Ferdinand den Fürchterlichen,

und alle Banderilleros hatten Angst vor ihm,

und die Picadores hatten Angst vor ihm,

und der Matador war starr vor Schreck.

Ferdinand lief mitten in die Arena, und die Zuschauer jubelten und klatschten, denn sie glaubten, er werde fürchterlich kämpfen, schnauben und mit den Hörnern um sich stoßen.

Aber weit gefehlt.

Als Ferdinand in der Mitte der Arena anlangte, erblickte er die Blumen im Haar all der Schönen und setzte sich ruhig hin, um die Blumen zu riechen.

Soviel man ihn auch reizte, er ließ sich nicht herbei, zu kämpfen und fürchterlich zu wüten.

Er saß einfach da, inmitten der Blumen.

Die Banderilleros waren wütend,

und die Picadores waren noch wütender,

und der Matador war so wütend, daß er weinte, weil er sich nicht aufspielen konnte mit Tuch und Degen.

Es blieb ihnen nichts anderes übrig, als Ferdinand wieder in seine Heimat zu schaffen.

Und wenn er nicht gestorben ist, so sitzt er noch heute dort an seinem Lieblingsplatz unter der Korkeiche und riecht ruhig an den Blumen.

Er ist äußerst glücklich.[1]

(5) Der Wolf von Gubbio

Eine Schlüsselgeschichte, nicht allein für das Verständnis des Franz von Assisi, sondern auch für wirklich brüderlichen Geist ist die Legende vom »Bruder Wolf«. In ihr zeigt Franz, daß man dem normalen Wahnsinn des Aggressors auf eine sehr eigentümliche und mitunter tatsächlich entwaffnende Weise begegnen kann: durch entwaffnende Freundlichkeit. »Franzens Freundlichkeit gegenüber der Wolfsnatur – auch wenn sie im Schafspelz daherkommt – wird in den Originalquellen nie als Passivität und Leidensbereitschaft geschil-

---

1 Übersetzung von Fritz Güttinger. Alle deutschen Rechte bei de Clivo Press, Verlag Dr. Walter Amstutz, Zürich ²1957.

dert. Nicht als Lassen, sondern als Tun soll Franzens Friedfertigkeit gelten, als eine von ihm ausgehende Kraft geradezu, die den daherstürmenden Feind ohnmächtig macht« (Adolf Holl). Die Geschichte findet sich: → I, 81f.; dazu noch S. 83 ein Gegenstück über den Sinneswandel »einiger böser Räuber«.

Die Faszinationskraft der Friedensstifter

Es sollte die Lebensgeschichte solcher Menschen nicht vergessen werden, die in unserer Zeit für Gegenwart und Zukunft Modelle positiver Konfliktregelung und Friedensarbeit in heißen Situationen politischen Streits entworfen haben. Die zwei bedeutendsten Impulse für unser soziales Lernen verdanken wir dem Lebenswerk Mahatma Gandhis und Martin Luther Kings.

Gandhis Salzmarsch

Auf Mahatma Gandhi kommt unser Unterrichtswerk noch später zu sprechen (→ Religionsbuch 7/8, S. 172). Wer dem Thema Gewaltlosigkeit intensiver nachgehen möchte, kommt an Gandhis Autobiographie: »Meine Geschichte mit der Wahrheit« nicht vorbei. Hier kann stellvertretend eine einzige Begebenheit erzählt werden.

1929 brodelte Indien vor Unruhe. Die Engländer als Kolonialherren versuchten den Deckel auf dem Topf zu halten, konnten aber explosive Ausbrüche nicht verhindern. In einem Brief an den Vizekönig Lord Irvin schrieb Gandhi, daß er die englische Herrschaft für einen Fluch halte, weil sie Millionen Inder durch planmäßige Ausbeutung an den Bettelstab gebracht habe. Das System gehe sogar so weit, daß eine Salzsteuer erhoben werde, die den Ärmsten am härtesten treffe. In der Folge dieses Protestes, für den Gandhi *satyagraha*, gewaltfreien Widerstand, in Anspruch nahm, zog eine Schar von 2500 Freiwilligen zu einem Salzwerk nördlich von Bombay. Dessen große Salzpfannen waren von Gräben und Stacheldrahtzäunen umgeben. Der Korrespondent der United Press, Webb Miller, berichtete:

»In vollständigem Schweigen marschierten die Gandhileute auf und hielten etwa hundert Yards von der Einfriedung entfernt. Eine ausgewählte Schar löste sich aus der Menge, watete durch den Graben und näherte sich dem Stacheldrahtzaun... Plötzlich ein Kommando, und Haufen von indischen Polizisten stürzten sich auf die herandrängenden Demonstranten und ließen Schläge mit ihren stahlbeschlagenen lathis auf ihre Köpfe regnen. Nicht einer der Demonstranten erhob auch nur einen Arm, um die Schläge abzuwehren. Sie fielen um wie Kegel. Dort, wo ich stand, hörte ich die krank machenden Schläge der Keulen auf ungeschützte Schädel. Die wartende Menge stöhnte und zog bei jedem Schlag den Atem ein im leidenden Mitgefühl. Die Niedergeschlagenen fielen mit ausgebreiteten Armen hin, bewußtlos oder sich krümmend mit gebrochenen Schädeln oder Schultern... Da gab es keinen Kampf, kein Handgemenge, die Demonstranten marschierten einfach vorwärts, bis sie niedergeschlagen wurden.«

In diesem *satyagraha* verlor England das Gesicht. Es zeigte sich, daß seine Macht nicht unüberwindlich war und daß der Tag kommen würde, wo es die Regierung in die Hände derer würde abgeben müssen, die sich, ohne Widerstand zu leisten, seinen Stockschlägen stellten. Die Geschlagenen wurden die Sieger.[1]

Martin Luther Kings Busstreik

Über Martin Luther King und seinen Bus-Streik von Montgomery berichtet das Lehrerhandbuch 3, 294-299 (Vgl. Religionsbuch 9/10, S. 86, 88). Außerdem gibt es Jugendbücher, die eindrucksvoll Leben und gewaltfreien Kampf des Baptisten-Pfarrers erzählen. Als Pfarrer in Montgomery brachte ihn der Bus-streik gegen die Diskriminierung und Segregation der Schwarzen an die Spitze der Bürgerrechtsbewegung. Er mobilisierte landesweit Widerstand gegen das weiße Unterdrückungssystem und wurde mit dem Friedensnobelpreis geehrt. Die militanten Schwarzen schrieben ihn als zu kompromißbereit ab, andere Freunde ließen ihn fallen, als er den Rückzug der USA aus Vietnam forderte, der US-Geheimdienst setzte Agenten gegen den unbequemen Wortführer der Armen an. . .

Nachhaltiger als viele andere Themen können die Lebensgeschichten von Menschen sein, die mit ihrem Zeugnis die Möglichkeiten einer besseren Zukunft entwerfen. Die notwendigerweise auf wenige Namen begrenzte Reihe »Menschen der Kirche« sollte aus unterschiedlichen Anknüpfungen und Perspektiven Ergänzung durch weitere Biographien finden.

Literatur:

Coretta Scott-King, Mein Leben mit Martin Luther King. Stuttgart [4]1985 (Gütersloher Tb 243).

Frederik Hetmann, Martin Luther King. Hamburg 1979.

Arnulf Zitelmann, Keiner dreht mich um. Die Lebensgeschichte des Martin Luther King, Weinheim [6]1992.

Rolf Italiaander, Martin Luther King (=Köpfe des 20. Jahrhunderts) Berlin [2]1986.

Gerd Pressler, Martin Luther King. (rm 333) Reinbek bei Hamburg 1984.

Hans E. Bahr, Seht, da kommt der Träumer. Unterwegs mit Martin Luther King. Stuttgart 1990.

Ein Traum lebt weiter. Martin Luther King. Ausgewählt und eingeleitet von *Susanne Schaup.* (Herderbücherei 1285) Freiburg 1985.

Ebenfalls in die Reihe der Friedensboten gehören:

Maximilian Kolbe (→ III, 290-294);

Oscar Arnulfo Romero (→ III, 299-305; Religionsbuch 9/10, S. 87; 184-186);

Ergänzende Literatur:

Josef Reding, Friedensstifter – Friedensboten. Gegen Unrecht und Gewalt. Recklinghausen 1986. Das Buch stellt in knappen Porträts Menschen aus zwei Jahrtausenden vor: Von Jesus bis zur Aktion Sühnezeichen und amnesty international.

---

1 *Heimo Rau,* Mahatma Gandhi in Selbstzeugnissen und Bilddokumenten. (rm 172) Reinbek bei Hamburg 1970, 86f.

Wo werden die »Schwerter zu Pflugscharen«? S. 142-144

Für elf- und zwölfjährige Schüler ist die folgende Frage abstrakter als die nach der Gewalt. Sie hat mit Politik und Krieg zu tun, und solange Krieg nicht ihren eigenen Lebenskreis berührt, die Angst vor Krieg den allgemeinen Zeithintergrund nicht belastet, können Kinder das Thema der Berichterstattung den Medien überlassen. Erschwerend kommt hinzu, daß die »Zweite Zwickfrage« im Religionsbuch einen so grundsätzlichen Charakter hat, der vorschnell als »theoretisch« abgetan werden kann, daß es nicht nur den Schülern, sondern auch ihren Lehrern schwerfällt, sich mit Bergpredigt, Justin, Athanasius, Eusebius und der altkirchlichen Staatsdistanz zu befassen.

Es ist auch einzuräumen, daß die Kriegs- und Friedensthematik, wie sie hier vorliegt, ohne die existentiellen Auseinandersetzungen der achtziger Jahre schwerlich in das Religionsbuch für das 6. Schuljahr gekommen wäre. Aber hat der Fortgang der Weltgeschichte seitdem den vorgelegten Fragen ihr Recht entzogen? Wurde durch den Golfkrieg 1991 nicht ein Exempel statuiert, wie wenig unsere Gesellschaft – und ihre Kirchen insbesondere – gerüstet sind, die Frage nach einem »gerechten«, und wenn schon nicht gerechten so doch angeblich notwendigen Krieg zu beantworten? Und zeigen nicht die Fronten im Bürgerkrieg des zerfallenden Jugoslawien, die sich ja durchweg mit den religiösen Fronten zwischen römisch-katholischen Kroaten, orthodoxen Serben und muslimischen Bosniern decken, wieviel unaufgearbeitete Geschichte und gesamtchristliche Unentschiedenheit angesichts von Krieg und Frieden die Welt weiterhin belasten?

Auch hier bleibt zu sagen, daß es nicht reicht, die Friedensfrage zu einem einmaligen »Thema« im Unterricht zu machen. Wenn schon Bergpredigt, dann auch diese Herausforderung. Sie ist kein Thema für Kinder, natürlich nicht, Krieg ist auch nichts für sie und für uns alle nicht, aber da die Welt den Krieg immer noch als politisches Instrument betrachtet, kommen wir mitsamt unseren Kindern nicht daran vorbei, die Frage grundsätzlich zu stellen.

Das geschieht nicht zum ersten Mal. Bereits das Religionsbuch für das 4. Schuljahr hat ein Kapitel »Verantwortung für den Frieden«; im zugehörigen Handbuch finden sich folgende Informationen, didaktische Überlegungen und Materialien:

→ IV, 147-149: Aggressivität im Christentum
       149-152: Unwiderrufene Kriegstheologien
       152-154: Das atomare Dilemma
       154-157: Die Kinder und der Krieg
       158-159: Jesaja 2,2-5: Die Schwerter zu Pflugscharen umschmieden
       160-162: Otto Pankok: Christus zerbricht das Gewehr (auch Religionsbuch 9/10, S. 124)
          163: Günter Kunert: Wo der Krieg noch in den Windeln liegt
          164: Wo eigentlich beginnt Krieg?

165-168: Pablo Picasso: Guernica
169: Bertolt Brecht: Bitten der Kinder

Diese Ausführungen werden für die Vorbereitung des hier weitergeführten Themas empfohlen und vorausgesetzt. Das Jesaja-Zitat findet in diesem Buch keine erneute Interpretation. Picassos »Guernica« (Dias 3/4, Nr. 15) und Pankoks Holzschnitt passen gut in den vorliegenden Zusammenhang und sollten nicht übersehen werden.

Ihren Hauptschwerpunkt findet die Friedens- und Kriegsthematik aber im 10. Schuljahr (→ »Diese Welt: Krieg und Frieden«, S. 271-278; → Lehrerhandbuch 10). Deswegen verzichten wir nachfolgend auf grundlegende Ausführungen und beschränken uns auf ergänzende Materialhinweise.

Den Text als Lesestück inszenieren

Es wäre ein Zeichen methodischer Einfallslosigkeit, wollte man ein Schulbuch immer nur lesen und »besprechen«. Manches muß gar nicht paraphrasiert werden, weil es aus sich selbst heraus eine innere Evidenz besitzt, die sich in dem Maße entfaltet, als der Text angemessen zur Sprache kommt, besser gesagt, gelautet wird.

Bereits im Lehrerhandbuch 3 wird über den »Religionsunterricht als Leseunterricht« gesprochen (→ III, 62-67): daß in unseren Schulen zwar das Lesen geübt wird, oft genug freilich nicht zureichend und meist nur im Sinne einer äußeren Fertigkeit, die selten zum inneren Sinnerfassen und zum Interpretieren des Textes durch gestaltendes Lesen vordringt. Wer sich dieses Ziel zur Aufgabe macht, hat damit in *allen* Schuljahren bis zum Ende der Schulzeit überhaupt zu tun. Es ist eine Aufgabe, die viel mit Sprachgefühl, Verstehen, dramaturgischem Sinn und Spiel zu tun hat.

Mit welcher Variantenvielfalt die einzelnen Kapitel des Religionsbuches methodisch im Unterricht angegangen werden können (vgl. → S. 19-26), läßt sich nicht jeweils beschreiben. Am vorliegenden Text »Zweite Zwickfrage: Wo werden die Schwerter zu Pflugscharen?« aber soll der Modus einer gestalteten Text»aufführung« vorgestellt werden.

Grundsätzlich liegen zwei Textebenen vor: die moderierende bzw. kommentierende und die der Originalstimmen. Nachfolgend zerlegen wir den Text in ein Maximum an Sprecherrollen. Je nach Klassenstärke ist es leicht möglich, die Rollen auf weniger Sprecher zu verteilen.

Moderator: Gewalt! Die Welt ist voller Gewalt. Ohne Gewalt keine Macht, ohne Macht keine Herrschaft, ohne Herrschaft kein Reich, ohne Reich keine Ordnung. Also muß Gewalt sein.

1. Stimme (von außen): Komm, Mensch, geh weg. Hörst du schlecht. Ich glaube wirklich, du bist taub. Idiot. Siehst du, jetzt blutest du, ich hab dir's ja gleich gesagt, geh weg. Aber du wolltest ja nicht hören. So was Dummes. Du kriegst gleich noch mal eine, wenn du jetzt nicht abhaust. Wo kommen wir denn da hin. Läuft mir einfach übern Weg.

Zitator 1: Ihr habt gehört, daß zu den Alten gesagt worden ist: Du sollst nicht töten; wer aber jemand tötet, soll dem Gericht verfallen sein.

Ich aber sage euch: Jeder, der seinem Bruder auch nur zürnt, soll dem Gericht verfallen sein; und wer zu seinem Bruder sagt: Du Dummkopf!, soll dem Spruch des Hohen Rats verfallen sein.

2. Stimme (aus einer anderen Richtung): Ich sage dir zum letzten Mal, du sollst dich verziehen. Los, verduften, hab ich gesagt.

Zitator 2: Wenn du deine Opfergabe zum Altar bringst und dir dabei einfällt, daß dein Bruder etwas gegen dich hat, so laß deine Gabe dort vor dem Altar liegen; geh und versöhne dich zuerst mit deinem Bruder, dann komm und opfere deine Gabe.

3. Stimme: Hat man schon so was gesehen. Du hast sie wohl nicht alle, was. Sowas von schwerhörig ist mir noch nicht vorgekommen. Du glaubst wohl, mit mir kannst du das machen. Da hast du dich aber ganz schön getäuscht.

Zitator 3: Ihr habt gehört, daß gesagt worden ist: Du sollst deinen Nächsten lieben und deinen Feind hassen. Ich aber sage euch: Liebt eure Feinde und betet für die, die euch verfolgen, damit ihr Söhne eures Vaters im Himmel werdet.

Moderator: Hinter diesen Worten steht ein Menschheitstraum, der Entwurf eines Völkerfriedens. Er findet sich beim Propheten Jesaja:

Zitator 4:
Vom Zion kommt eine neue Gesellschaftsordnung –
als Wort Gottes aus Jerusalem.
Er schlichtet den Streit der vielen Nationen,
er ist der Schiedsrichter der vielen Völker bis in die Ferne.
Sie schmieden ihre Schwerter zu Pflugscharen um,
ihre Lanzen zu Winzermessern.
Nie mehr erhebt dann Volk gegen Volk ein Schwert,
man bildet niemanden mehr aus für den Krieg.
Jeder wird unter seinem Weinstock sitzen und unter seinem Feigenbaum – und keiner schreckt ihn auf.
Ja, der Mund Gottes hat gesprochen.
Wenn auch alle Nationen noch ihren alten Weg gehen –
jede im Namen ihres Gottes,
so gehen wir
(Zwischenruf 1:) wir wenigstens
(Zwischenruf 2:) wir jedenfalls
doch unseren Weg im Namen Jahwes unseres Gottes, auf immer und ewig.

Kommentator 1: Der hier gemeinte Frieden ist ein Friede auf Erden.

Kommentator 2: Ein Friede, der die Gesellschaft verändert.

Kommentator 3: Dieser Friede erübrigt militärische Ausbildung und jede Form von Rüstung.

Kommentator 4: Aber er hängt von einem Volk ab, das ihn den Völkern vorlebt.

Kommentator 1: Der wahre Friede entsteht nicht durch Überlegenheit.

Kommentator 2: Wahrer Friede entsteht durch die Faszination, die er auf alle anderen Völker ausübt.

Kommentator 3: Nur an einer vorgelebten Ordnung erkennen die Menschen, daß ihr eigenes Lebenskonzept falsch ist.

Kommentator 4: Sie werden zu Lernenden.

Zitator 5: Kommt, wir ziehen hinauf zum Berge Jahwes!

Kommentator 1: Das »Haus Jakob« soll die Stadt auf dem Berge sein!

Kommentator 2: Das »Haus Jakob« ist Israel.

Kommentator 3: Israel und die christliche Kirche sind das »Haus Jakob«.

Kommentator 4: Die frühe Christenheit will wirklich »Stadt auf dem Berge«, »Licht der Welt« und »Salz der Erde« sein.

Zitator 5 (Justin): Wir, die wir einst einander umbrachten, enthalten uns jetzt nicht nur jeder Feindseligkeit gegen unsere Gegner, sondern wir gehen auch, um nicht zu lügen und die Untersuchungsrichter nicht zu täuschen, freudig wegen unseres Bekenntnisses in den Tod.

Zitator 6 (Athanasius): Noch heute wüten die roh gesitteten Barbaren, solange sie an ihren Götzenopfern festhalten, widereinander und können es keine Stunde ohne das Schwert aushalten. Sobald sie aber von der Lehre Christi hören, gehen sie sofort vom Krieg zum Ackerbau über und erheben ihre Hände, statt sie mit dem Schwert zu bewaffnen, zum Gebet.

Kommentator 1: Waren die frühen Christen wirklich alle so? Viele haben doch als Soldaten erst in ihren Kasernen das Christentum kennengelernt. Sollten sie ihre Waffen fortwerfen, den Beruf aufgeben und neue Arbeit suchen?

Moderator: In einer Rechtssammlung der Alten Kirche heißt es:

Zitator 7: Ein Soldat unter Befehlsgewalt darf niemals töten. Wenn er dazu den Befehl erhält, darf er ihn nicht befolgen. Auch darf er keinen Eid leisten. Geht er darauf nicht ein, so weise man ihn als Taufbewerber ab.

Zitator 8: Wer aber selbst die Schwertgewalt hat, –

Kommentator 2: . . .also kraft seines Amtes über den Gebrauch des Schwertes entscheiden darf. . .

Zitator 8: . . . muß von seinem Amt zurücktreten, andernfalls weise man ihn als Taufbewerber ab, denn er hat Gott verachtet.

Kommentator 3: Ein starkes Stück!

Moderator: Die Alte Kirche war überzeugt, die Zeit, in der »Schwerter zu Pflugscharen« umgeschmiedet werden, werde in ihren Gemeinden erfüllt.

Zitator 5 (Justin): Ihr könnt euch davon überzeugen, daß dies eingetroffen ist.

Kommentator 3: Was für ein Bewußtsein!

Kommentator 4: Die Kirche unserer Tage würde es nicht im entferntesten wagen können, so etwas zu behaupten.

Stimme (aus dem Off): Wann änderte sich ihr Verhalten?

Kommentator 1: Der entscheidende Bruch kam mit dem Übergang von der Gemeindekirche zur Reichskirche.

Kommentator 2: Also mit der Konstantinischen Wende!

Moderator: Damals trat der Kaiser – und mit ihm der auf Gewalt und Macht gestützte Staatsapparat in ein Bündnis mit der Kirche ein. Seitdem breitete sich der universale Friede nicht mehr allein durch Gewaltlosigkeit aus, sondern durch militärische Gewalt.

Kommentator 1: Die Theologen begannen, Propaganda für den Kaiser zu machen:

Zitator 9 (Eusebius, schwülstig): Erst als der allherrschende Gott alles unter dem Himmel dem römischen Zepter unterworfen hatte und eine einzige Herrschaft über alle Völker gesetzt war, hörten die Kriege auf, ruhten Kampf und Zwietracht, setzten sich Gerechtigkeit und Rechtssicherheit durch. Seitdem ist niemand mehr zu Plünderungen unterwegs, und keiner richtet mehr Verwüstungen an. Wenn einer aber trotzdem Städte und Landgebiete durchzieht, geht er nicht mehr straffrei aus. Mehr noch! Die Ausübung der Waffengewalt liegt nun allein in der Hand des Heeres und derer, die einen militärischen Rang haben; diese aber unterstehen dem Kaiser.

Zitator 10 (Augustinus): Dieser Text hat sich bis heute noch nicht erfüllt. Noch immer gibt es Kriege. Noch immer kämpfen die Völker miteinander um die Vorherrschaft. Es gibt Kriege zwischen den Parteien, Kriege zwischen den Juden, den Heiden, den Christen, den Irrlehrern. . . Die einen streiten für die Wahrheit, die andern für die Unwahrheit. Es gibt Kriege, ja, sie häufen sich.

Moderator: Trotz allem: Die Friedensverheißung besteht, und Jesu Bergpredigt verkündet die Überzeugung: Gewalt wird nicht durch Gegengewalt überwunden, sondern nur dadurch, daß man den Gegner durch Gewaltlosigkeit zu gewinnen sucht. Friede wird nicht durch Krieg erreicht, sondern durch die Faszination einer friedensfähigen Lebensordnung.

Kommentator 1: Das verlangt Gemeinden. . .
Kommentator 2: . . . viele Gemeinden. . .
Kommentator 3: völkerverbindende Gemeinden. . .
Kommentator 4: ein Volk Gottes. . .
Kommentatoren 1-4: eine gewandelte Kirche, wo dieser Friede seinen Anfang findet. . .
Kommentator 2: Eine Utopie!
Kommentator 3: Ein Ziel!
Viele Stimmen durcheinander: Ein Wunsch! Ein Gebet! Ein Traum! Eine Hoffnung! Keine Hoffnung! Eine Hoffnung wider alle Hoffnung! Eine Illusion! Eine Selbsttäuschung! Eine Aufgabe! Ein Programm!

Gegenüber dem Text im Religionsbuch sind nur kleine Änderungen als Einschübe gemacht worden. So etwa Auszüge aus Martin Walsers Redensarten-Sammlung. Es wäre eine Kleinigkeit, das Rollenspiel dadurch zu dramatisieren, daß neue Stimmen eingefügt werden. Beispielsweise können dem Eusebius sehr kritische Einwände entgegengebracht werden (→ V, 464), oder es lassen sich Fragen aus unserer Zeit einfügen. Wenn man sich die Mühe macht, den Text zu vervielfältigen, so daß jeder Schüler ein Exemplar bekommt, wenn dann die Rollen verteilt und so durchgeordnet werden, daß jeder im lebendigen Wechsel beteiligt ist, wenn schließlich in Leseproben, die vom Ablesen zum Ausdruckslesen führen, jede Stimme Eigenart und Gewicht gewinnt, dann braucht es keinen weiteren Unterricht, um eine lebendige Auseinandersetzung mit dem Text zu inszenieren.

Alles weitere steht bereits im Gefolge dieser Problemeröffnung.

Der Krieg in Geschichten und Gedichten

Die Lesebücher zum Religionsunterricht »Das Menschenhaus«, »Das Welthaus« und (später erscheinend) »Das Christenhaus« wollen als ergänzend zu unserem Unterrichtswerk gesehen werden. Sie bieten literarische und dokumentarische Texte, die viele Themen breit erschließen. Im Lesebuch »Das Menschenhaus« bieten sich zu Krieg, Kriegsdienst und Friedensarbeit folgende Texte (in veränderter Folge zitiert) an:

Wolfgang Borchert, Der Mann mit dem weißen Kittel: Der Text stammt aus den »Lesebuchgeschichten«, die insgesamt den Krieg thematisieren. Hier betreibt ein Mann beruflich – im weißen Kittel – den potentiellen Mord unzähliger Menschen, doch ist dieses Geschäft »wissenschaftlich« abstrahiert, nur in Formel und Zahl faßbar. Diese Unanschaulichkeit erleichtert das schizophrene Verhalten. Nur »ganz kleine, zarte Buchstaben« stehen auf dem Papier. . . so sieht Mord unter den Möglichkeiten der Technik aus (vgl. das Zitat Drewermanns, S. 296). (193)

Wolf Biermann, Das Barlach-Lied: Ein Unheil bricht herein; das »Haus« hält nicht mehr stand. Nichts schützt den Menschen mehr. Diese Erfahrung drückt sich in eindringlichen und einfachen Bildern des dreistrophigen Gedichts aus. (169)

289

Erich Maria Remarque, Schreiende Pferde: Ausschnitt aus dem berühmten Roman »Im Westen nichts Neues« von 1929. Hier sind es Tiere, die der Krieg zerreißt. Der Krieg quält alle Kreatur zu Tode. »Dieses entsetzliche Klagen und Stöhnen und Jammern schlägt durch, es schlägt überall durch...« (169)

Pablo Picasso, Sterbendes Pferd: Eine Vorstudie zu »Guernica«. (171)

Bertolt Brecht, Intervention: Hier sprechen die Mütter der Feinde. Von »Söhnen« reden sie, nicht von Soldaten. Ihre mütterliche Sorge findet das soldatische Gehabe dumm und unreif... (194)

Peter Hacks, Ladislaus und Komkarlinchen: Erzählgedicht im Charakter der Fabel (verwandt mit Hašeks »Schwejk«). Ein Landsknecht rettet dadurch sein Leben, daß er eine Maus mehr liebt als Beute und Kampf des Krieges, der seinen Kameraden nur den frühen Tod »in Sachsen und am Meer« bringt. (194)

Erich Kuby, Hasenmanöver: Ein Osterhase bekommt einen Gestellungsbefehl, der ihm gar nicht gefällt. Seine Einwände sind aber nicht prinzipiell, sondern privatistisch: 1. Das paßt mir aber ganz schlecht, gerade jetzt vor Ostern. 2. Das wird auch für die Kinder recht traurig sein. Erst Wochen später kommt ein drittes Motiv hinzu: Er wollte überhaupt nicht mehr: im Wald ist es viel schöner. So taucht der Osterhase unter; er schlüpft in den Overall des Schafes... und kommt ungeschoren davon. Dabei lernen Herr und Frau Hase eine Weisheit, die schon vielen das Leben gerettet hat: »Wenn ich immer richtig angezogen bin, können wir vielleicht doch zusammen alt werden.« Die politische Perspektive der Hasen resultiert nicht aus »Weltanschauung«, »Überzeugung« oder »Religion«, sondern aus nüchterner Erfahrung. »Standpunkt« kann sich das Hasenvolk bei der Unstabilität der Verhältnisse nicht leisten... Eine herausfordernde Fabel. (195)

HAP Grieshaber, Affen mit Gewehr: Ein provozierender Holzschnitt, der Wehrdienstwilligen die Frage stellt, ob Militärs im Kriegsfall lieber »Affen mit Gewehr« befehligen, als denkende, zweifelnde, kritische Menschen, die einem Befehl eigene Positionen entgegenstellen könnten. (197)

Max Frisch, Gefangene: Einen jungen Russen überwältigt das Mitleid, als eine Frau, die zufällig aus den Ruinen Berlins kommt, ihren Mann unter den vorbeigeführten Gefangenen erkennt. Seine Menschlichkeit, die er übt (»weg – laufen, laufen – weg!«), muß umgehend durch eine neue Unmenschlichkeit bezahlt werden, »damit das Dutzend, das der Staat von ihm verlangt, wieder voll ist«. (172)

Wolfgang Weyrauch, Der Wind geht ums Haus: Ein Gedicht mit 12 Strophen, das vom Leiden der Kinder im Zweiten Weltkrieg und vielen anderen Nöten erzählt. (172)

Bertolt Brecht, Bitten der Kinder: Das Gedicht erinnert formal an Kindergebete, aber nicht »der liebe Gott«, sondern die Menschen sind Adressaten dieser Bitten. (177)

Alle Texte werden ausführlich interpretiert in: *Hubertus Halbfas*, Lehrerhandbuch Religion. Informationen und Materialien zur Unterrichtsvorbereitung. Text- und Bildinterpretationen zum Lesebuch »Das Menschenhaus«. Düsseldorf/Stuttgart 1972, [7]1992.

Kinder- und Jugendbücher zum Thema »Frieden und Krieg«: → IV, 164.

»Katastrophenliteratur« als Kinder- und Jugendbuch?

Als Gudrun Pausewang ihre Bücher »Die letzten Kinder von Schewenborn oder ... sieht so unsere Zukunft aus?« (1983) und »Die Wolke. Jetzt werden wir nicht mehr sagen können, wir hätten von nichts gewußt« (1987) veröffentlichte,[1] wurde heftig darüber gestritten, ob es legitim sei, junge Leser mit derart apokalyptischen Entwürfen zu befassen. Entworfen wird nämlich einmal das Szenario eines Atombombenabwurfs über Fulda, ein zweites Mal ein Super-GAU in Deutschland; die Behörden beschwichtigen, doch auf den Straßen herrscht Krieg. Die ungeheure Realistik der Schilderungen wurde als zu belastend für Kinder empfunden, die tägliche brutale Gewalt in den Medien dagegen kaum gewertet. Unsere eigenen Erfahrungen mit 12jährigen Kindern, denen beide Bücher zur Lektüre gegeben wurden, bestätigten eine kindliche Nüchernheit, die sich etwa so äußerte: »Wenn die Welt so schlimm ist, dann hilft es nichts, dann müssen wir wissen, woran wir sind. . .«

Die Apokalypse-Blindheit unserer Zeit war eines der wichtigsten Themen von Günther Anders (1902-1992). »Die gewaltigen Wellen eschatologischer Erregung, der Angst sowie der Hoffnung«, die durch relativ geringfügige Vorgänge in vergangenen Jahrhunderten ausgelöst wurden, empfand er angesichts der heutigen »eschatologischen Windstille« geradezu als gespenstig. »Die Fähigkeit, uns auf ein ›Ende‹ einzustellen, ist uns durch den generationenlangen Glauben an den angeblich automatischen Aufstieg der Geschichte genommen worden. Selbst denjenigen unter uns, die an Fortschritt schon nicht mehr glauben.«[2]

Einen weiteren, vertieften Grund für unsere Apokalypse-Blindheit sieht Anders in der moralischen Situation des heutigen Menschen: »Sind wir nämlich der Möglichkeit beraubt, über einen Gegenstand irgendwie mitzuverfügen, dann wird dieser Gegenstand, sofern wir nicht ausdrücklich Widerstand leisten, uns bald auch nichts mehr angehen. Nicht nur gilt: ›Was ich nicht weiß, macht mich nicht heiß‹, sondern auch: ›Was ich nicht kann, geht mich nichts an.‹ Dem Objekt gegenüber, von dem ›abzusehen‹ wir gezwungen sind, bleiben wir blind.«[3]

Diese Kritik bezieht Anders keineswegs allein auf atomare Kriegsgefahren, sondern auch auf die sogenannte friedliche Nutzung der Atomkraft, zu deren Gefahren sich die Zerstörung des Ozonschildes und die Erwärmung des Erdklimas gesellen, in dessen Gefolge ein Anwachsen der Wüsten und weltweite Hungersnöte stehen. Dagegen unterstreichen der wachsende Individualverkehr und die Gründung der Wirtschaft auf immer mehr Konsum die sich fortsetzende Apokalypse-Blindheit.

Die faktische Ausklammerung des apokalyptischen Existenzbewußtseins aus der Theologie hat diese zwar stromlinienförmiger, aber nicht wirklichkeitsnäher werden lassen. Natürlich ist hier keinem Determinismus das Wort zu

---

1 Ravensburger Taschenbücher Nr. 975 und 1721.
2 *Günther Anders,* Die Antiquiertheit des Menschen. Über die Seele im Zeitalter der zweiten industriellen Revolution. München 1956; zit. nach der Sonderausgabe 1961, 277.
3 Ebd., 285f.

reden, als sei das Schicksal bereits verhängt, ohne daß wir ihm noch begegnen könnten. Apokalyptik ist nicht von der Prophetie zu trennen. Aber gerade weil ein apokalyptisches Bewußtsein nicht lähmt, sondern im Sinne von Günther Anders fragen läßt, was ich alles erfahren und was jeder Mensch an den Dingen ändern kann, an denen er meint, nichts ändern zu können, darum ist nicht alleine eine sachliche Information, sondern ebenso auch eine emotionale Erweckung notwendig, damit der selbst verfügte Untergang vermieden wird. Denn die Apokalypse ist keine Verfügung Gottes, deren Ursache und Wirkung nicht im eigenen Tun und Lassen zu suchen wäre. Darum kommt es auch der Literatur und Kunst zu, die Zeichen der Zeit bewußt zu machen, wie es der Pädagogik aufgegeben ist, den Heranwachsenden den Ort ihrer Verantwortlichkeit zu zeigen. Von daher ist Büchern, die Kinder mit den Herausforderungen unserer Welt in einer ihnen verständlichen Darstellung bekanntmachen, zuzustimmen, wenngleich es immer wünschenswert bleibt, daß sie Erwachsene finden, mit denen sie darüber sprechen können.

Dennoch bleibt die Frage nach der Angst, die von bedrängenden Zukunftsanalysen ausgehen kann. Es besteht kein Zweifel, daß die Erzählung Gudrun Pausewangs, welche die Konsequenzen eines GAU für die eigene Lebenswelt ausmalt, Ängste zur Sprache bringt, die insgesamt die heutigen Menschen bewegen. Grundsätzlich ist zu überlegen, ob es überhaupt darum gehen darf, Angst um jeden Preis zu beseitigen. Innerhalb der Psychologie wird Angst ja auch nicht als etwas rundweg Negatives verstanden, sondern als ein Symptom, das eine wahrgenommene Bedrohung anzeigt, auf die man ebenso adäquat wie inadäquat reagieren kann. Inadäquat ist eine Reaktion, welche die Angst auf die falschen Objekte projiziert und daran verfolgt. Es kommt nämlich keineswegs darauf an, die Angst »irgendwie« loszuwerden, sondern sie in ihrer Natur zu erkennen und dann angemessen darauf zu antworten. Wenn ich auf die Gefährlichkeit einer ansteckenden Krankheit mit einer Angst reagiere, die mich nach geeigneten Schutzmaßnahmen Ausschau halten läßt, ist diese Angst das lebensnotwendige Warnsignal, ohne das eine sinnvolle und sachlich vernünftige Verhaltensweise kaum zustande kommt. Eine solche Angst ist lebensrettend und überaus realistisch. Sie bewahrt vor einem illusionären Sicherheitsgefühl, das, bliebe es unangefochten, tödliche Folgen haben könnte.

Genau dies ist aber auch die Situation jener Apokalypse-Blindheit, die Günther Anders beschrieben hat und der Gudrun Pausewang mit ihren Erzählungen entgegenzutreten versucht. Das eigentlich Beunruhigende angesichts dieser Bücher ist nicht die Angst, die sie wecken, vielmehr jene Angst, die allgemein verdrängt erscheint, darum auch die gegebenen Realitäten nicht wahrzunehmen vermag bzw. verharmlost, wenn nicht gar beschönigt. Ganz allgemein läßt sich ein Vertrauen auf technische Sicherungen feststellen, das diesen Einrichtungen niemals zukommen kann. Wenn Menschen nun glauben, die angemessenen und realistischen Angstempfindungen gegenüber den globalen Bedrohungen unserer zivilisatorischen Entwicklung unter Verweis auf die Zuständigkeit perfektionierter Apparaturen oder anonymer Instanzen wie »der« Wissenschaft dispensieren zu können, dann ist diese Lossagung von der Angst eine Entwicklung, welche die Apokalyptiker notwendig auf den Plan rufen muß. Denn welche Einstellung sollte die auf permanente Gewinnmaximierung gerichtete Entwicklung noch korrigieren können, wenn nicht eine

Haltung, die auf die global eskalierenden Katastrophenherde schaut und ihre Angst vor den Folgen als Warnsignale in die Welt schreit? Die heutige Erwachsenenwelt ist zu sehr mit den bestehenden Strukturen verwachsen, als daß man ihr insgesamt eine rettende Umkehr zutrauen könnte. Für einen Teil der jungen Generation scheint eine sensiblere Bereitschaft zu bestehen, sehen und hören zu wollen, was die Stunde schlägt. Darum sollte man ihr ein Bild unserer Welt zeigen, das nicht geschönt und nicht verharmlost ist. Wenn sich mit einer apokalyptischen Perspektive kein Fatalismus verknüpft, wenn ihr der prophetische Appell an die eigene, heute schon mögliche Mitverantwortlichkeit immanent bleibt, wenn sich mit dieser Literatur Emotionen und Einstellungen verknüpfen, die zu einem anderen Konsumverhalten, zu einer größeren Fortschrittsskepsis, zu einem realistischeren Menschenbild führt, das trotz perfektionierter Technik denkbare Fehler auch für möglich hält, dann kann solche Literatur für junge Leser nicht nur als akzeptabel, sondern als dringend wünschenswert bezeichnet werden.

Stellt sich diese Option jetzt noch zusätzlich an den christlichen Glauben, so muß von dorther noch eine Verstärkung dieses Votums möglich sein. Dies freilich nur unter der Bedingung, daß der apokalyptische Stachel dem Christentum nicht wegamputiert wurde; andernfalls lullt der christliche Glaube in einen vagen Weltoptimismus ein, der die grundsätzliche Kontingenz aller Dinge kaum noch wahrnimmt und noch weniger die »Antiquiertheit des Menschen« angesichts der sich in schwindelnde Abstraktionen entwickelnden Verantwortlichkeiten.

Pablo Picasso: »Der Krieg« und »Der Frieden«

S. 142/143
Dias 5/6, Nr. 21/22

A. Der fünfzehnjährige Pablo Ruiz Picasso begann seine Entwicklung als Maler mit dem Thema »Die Erstkommunion«, doch fällt es schwer, im Lebenswerk dieses Künstlers, der mehr als jeder andere das 20. Jahrhundert repräsentiert, später noch christliche Bildinhalte zu finden. Viele seiner zeitgenössischen Künstlerkollegen müssen keinen anderen Kirchenbezug gehabt haben, aber während Matisse für die Dominikanerinnen in Vence malte, Léger für die Pfarrkirche von Audincourt die Fenster entwarf, Chagall gleich für viele Kathedralen und Kirchen Entwürfe schuf – malte Picasso für einen säkularisierten Kirchenraum. Das Töpferstädtchen Vallauris bei Cannes war verschlafen und blühte dank Picassos Tätigkeit dort wirtschaftlich wieder auf. Auf dem Marktplatz dieses Ortes, dessen Ehrenbürger Picasso wurde, steht die überlebensgroße Bronze-Statue »Mann mit Lamm«. Gegenüber befindet sich der »Temple de la Paix«, eine in der Französischen Revolution säkularisierte Kapelle, die später als Ölmühle diente. Das Bauwerk stammt aus dem 14. Jahrhundert. Der Magistrat von Vallauris, Picassos langjährigem Wohnort, überließ ihm die Kapelle 1952 zum Ausmalen.

Die Wandbilder »Der Krieg« und »Der Frieden« (je 4,70 × 10,20 m) sind in das Tonnengewölbe des Kapellenraumes so eingebogen, daß sie mit ihren Oberkanten im Scheitel des Gewölbes aneinanderstoßen. Nach vorne hin schließt ein Rundbogenfeld das Gewölbe ab. Dorthin hat Picasso die Völker der Welt gemalt, Schwarze, Weiße, Gelbe, Rote unter der Friedenstaube, die mit einem Ölzweig in die Sonne fliegt. »Also wäre die Sonne«, bemerkte Picasso zu dieser Raumordnung, »die sich oben auf dem ›Frieden‹ befindet, nicht oben im Wandbild, sondern über dem Kopf des Betrachters. Es ist nicht sehr hell in dieser Kapelle, und ich möchte fast, daß man sie nicht beleuchtet, daß die Besucher Kerzen in der Hand hätten, daß sie an den Mauern entlanggingen, wie in vorgeschichtlichen Höhlen und die Figuren entdeckten, daß das Licht flackerte über das hin, was ich gemalt habe, ein kleines Kerzenlicht.«

B. Während der Vorarbeit für den »Friedenstempel« entstanden fast 250 Skizzen. Zunächst gab es da einen »Friedenskämpfer«, der mit blankem Schwert gegen eine panzerförmige Kriegsmaschine angeht. Einige Monate später ist daraus jener junge, schwachgerüstete Mann geworden, der die Taube als sein Wappentier auf dem Schilde trägt, während sein kurzer Speer verbunden ist mit einer Waage. Ihm zu Füßen steht ein Feld im vollen Halm. Gegen diesen hoffnungslos unterlegenen, nackten Menschen, der dennoch mit hellem Schild sein Friedensbekenntnis ablegt, rückt ein dunkles Kriegsgespann heran: Drei Pferde ziehen einen Wagen, zertrampeln dabei ein brennendes Buch, während auf dem Wagen eine gehörnte Gestalt steht mit gezücktem, blutigem Schwert in der rechten Hand, in der linken einen irdenen Diskus mit Distelgewächsen. Vor den Rädern des Kriegswagens[1] ein Loch, aus dem ein Händepaar noch im Versinken aufragt. Im Hintergrund Schattenrisse von schneidenden, stechenden, schlagenden Gestalten. Dort, wo das Kriegsgefährt sich bewegt, ist der Boden blutig rot, den zurückbleibenden Raum verhüllt eine dunkle Wolke.

C. Das Friedensbild kennzeichnet dagegen spielerisches, musisches, verzücktes Leben. In der blauen Zone spielt links ein junger Mann die Flöte, darüber jongliert ein Kind zwei fantastische Gefäße mit Vögeln (oben) und Fischen (unten). Dieses Kind wird seinerseits von einer Frau ausbalanciert: Sein Gegengewicht ist eine Sanduhr als Metapher für die Zeit. Es kennzeichnet den Frieden wohl am meisten, daß alles im Gleichgewicht ist; jede einseitige Belastung führt bereits wieder zu Verzerrungen, Krankheiten und gestörten Beziehungen. Der Scheitelpunkt des Kindes wird von einer Eule, vielleicht ist es auch der Totenvogel, markiert; auch der Frieden kennt einen Nachtbereich. Dabei markieren der Kopf des Kindes und das dunkle Tier jenen Drehpunkt, der Himmel und Erde (»Vögel« und »Fische«) im Ausgleich hält.

Es fällt auf, daß überwiegend Frauen und Kinder das Friedensbild ausfüllen (vielleicht ist nur die Figur unten rechts als Mann zu deuten), während das Kriegsbild ganz durch Männer bestimmt wird. So balanciert auch eine Frau »mit leichter Hand« das labile Gleichgewicht des beziehungsreichen Mobiles. Diese Frau befindet sich im Gespräch oder Spiel mit einer weiteren Frau; die Gestik ihrer Bewegungen spricht von Verzücken und Freude. Das geflügelte Pferd ist Pegasus, der von einem Kind geleitet wird. Bekannt ist Pegasus, ein Zauberroß, aus der griechischen Mythologie. Hier schwankt die Deutung des

---

1 Zum maschinenartigen Charakter des Krieges s. die Kontexte von Max Frisch und Eugen Drewermann, S. 295 f.

Pferdes zwischen dem von Poseidon gezeugten Wasser- und Unterweltsroß und dem himmlischen Blitzroß, wobei es sich empfiehlt, beide Deutungen zu vereinen. Vielleicht war Picasso aber auch ausschließlich vom Verständnis des Pegasus als Musen- und Dichterroß bestimmt; die Quelle auf dem Musenberg Helikon wurde nämlich von Pegasus durch einen Huftritt hervorgebracht. Auf dem Bild zu beachten ist aber, daß ein Kind das Götterroß leitet, während der antike Bellerophon alle Mühe hatte, Pegasus zu zähmen, um schließlich doch von ihm zu stürzen und ins Meer zu fallen, während Pegasus von Zeus als Sternbild an den Himmel gesetzt wurde.

Daneben, im grünen Feld, häuslich-familiäres Leben: Eine Frau säugt ihr Kind, eine andere bereitet ein Mahl, eine dritte (wohl männliche) Gestalt stützt das Kinn in die Hand und schreibt. Über dieser Szene erblüht der Lebensbaum und trägt leuchtende Früchte. Tag und Nacht liegen über der gesamten Szenerie, wobei die ährentragende Sonne in herrlichen Farben leuchtet, gewissermaßen Mond, Sterne und alle Geheimnisse des Lebens in sich bergend, und dem Bild seine eigentliche Mitte und Faszination gibt.

D. Wer die oben genannten Maße der Bilder beachtet, wird verstehen, daß sie in keinem Buch ihre originäre Wirkung finden können. Darum empfiehlt sich in jedem Fall eine Dia-Projektion, die optimale Größenverhältnisse ermöglicht. Zu überlegen ist, ob die Schüler nicht Musikstücke auswählen können, die den Klang beider Bilder wiedergeben. Dasselbe wäre auch durch Texte möglich; die oben vorgestellten Gedichte und Geschichten aus dem »Menschenhaus« erlauben den Schülern eine eigenständige Wahl.

Kontexte zu den Kriegsbildern von Pablo Picasso

(1) Max Frisch: Gedanken im Flugzeug

Über einem Städtchen... entdecke ich unwillkürlich, daß ich durchaus imstande wäre, eine Bombe abzuwerfen. Es braucht nicht einmal eine vaterländische Wut, nicht einmal eine jahrelange Verhetzung; es genügt ein Bahnhöflein, eine Fabrik mit vielen Schloten, ein Dampferchen am Steg; es juckt einen, eine Reihe von schwarzen und braunen Fontänen hineinzustreuen, und schon ist man weg; man sieht, wie sich das Dämpferchen zur Seite legt, die Straße ist wie ein Ameisenhaufen, wenn man mit einem Zweiglein hineinsticht, und vielleicht sieht man auch noch die Schlote, wie sie gerade ins Knie brechen und in eine Staubwolke versinken; man sieht kein Blut, hört kein Röcheln, alles ganz sauber, alles aus einem ganz unmenschlichen Abstand, fast lustig. Nicht ohne eigene Gefahr; das meine ich nicht... Ich meine nur den Unterschied, der darin besteht, ob ich Bomben streue auf ein solches Modell, das da unter den jagenden Wolken liegt, halb rührend, halb langweilig und kleinlich, oder ob ich ebenfalls dort unten stehe, mein Sackmesser öffne und auf einen Menschen zugehe, einen einzigen, dessen Gesicht ich sehen werde, beispielsweise auf einen Mann, der gerade Mist verzettelt, oder auf eine Frau, die strickt, oder auf ein Kind, das barfuß in einem Tümpel steht und heult, weil sein papierenes Schifflein nicht mehr schwimmt. Das letztere kann ich mir nicht zutrauen. Beim ersteren, das ist der Unterschied, bin ich durchaus nicht sicher.[1]

1 *Max Frisch*, Tagebuch 1946-1949, Frankfurt/M 1950; München 1965 (Knaur Tb 100).

(2) Eugen Drewermann: Der Krieger schließt die Augen

Die einzige Beschränkung des Krieges könnte darin liegen, daß man ihm zeigt, wie er ist, und unser Gefühl Gelegenheit bekommt, darauf zu reagieren, indem es der Unmenschlichkeit, der Barbarei und dem Grauen mit einem klaren Nein widerspricht. Es ist dies aber wohl das Einzige, was die Amerikaner aus dem Vietnamkrieg wirklich gelernt haben: Man darf die freie Berichterstattung, die Augen der Weltöffentlichkeit nicht zulassen. Man muß morden können, ohne daß es jemand sieht. Nur dann geht es »chirurgisch« präzise. Und es dürfen nicht einmal die eigenen Soldaten sehen, was sie da tun. Hätte man irgend jemandem gesagt: »Geh in einen irakischen Bunker in Bagdad, leg dein Maschinengewehr an und knalle alle Leute ab, die darin sind« – es gäbe in keiner Armee der Welt einen Soldaten, der dies tun würde. Und täte er es, wüßte jeder, daß er ein Krimineller ist, der sich nur durch Zufall in die Armee verlaufen hat, daß er als Massenmörder hinter Schloß und Riegel gehört. Aber wenn man mit genauestens programmierten, in Minutenabstand geworfenen Bomben den Ausgang eines Bunkers blockiert, seine Decke durchschlägt und sein Inneres in Flammen aufgehen läßt, dann ist das ein Meisterwerk der Technik, ein Präzisionsangriff. Es ist aber, was es ist: das Morden von Menschen zu Hunderten. Der Krieger schließt die Augen und läßt die Maschinen das erledigen, was er mit eigenen Händen nicht zu tun vermöchte. Das ist der Krieg: die Delegation der menschlichen Verantwortung an die Maschine. Aber die Wirklichkeit der Opfer bleibt dieselbe. Also kann man nur sagen: Schluß mit den Maschinen; denn wir sind verantwortlich. Es gibt keine »Waffensysteme« ohne Menschen, die sie konstruieren, programmieren, exekutieren lassen. Bei uns liegt es![1]

---

[1] *Eugen Drewermann,* Reden gegen den Krieg. Düsseldorf 1991, 103f.

NEUES TESTAMENT: WUNDERGESCHICHTEN

Nachdem im 5. Schuljahr die Gleichnisse als neutestamentliche Gattungen behandelt wurden, folgen nun Wundergeschichten. Das ist eine Thematik, an der sich der gewöhnlich schmalgeführte Realismus Elfjähriger gerne reibt. Man muß in diesen phasenspezifischen Vorbehalten gegen die »Unwahrscheinlichkeit« biblischer Wunder aber kein Argument sehen, das Thema den Schülern vorzuenthalten und auf später zu verschieben. Im Gegenteil: Ihr rationales Denken, Kritik und Skepsis können auch erwünscht sein, um eine interessierte Auseinandersetzung zu erreichen. Aus diesem Grund beginnt das Kapitel nicht bei einer ohnehin fiktiven »Gläubigkeit«, sondern spielt den Schülern einige beispielhafte Argumente zu, sich gegen jedes *sacrificium intellectus* zu wehren.

Die genannten Gründe, warum man nicht mehr »glauben« können soll, bewegen sich allemale im Spannungsverhältnis zwischen logischer und mythischer Weltdeutung. »Alles, was man mir nicht logisch erklären kann, bleibt bei mir draußen. . . Je mehr ich in der Bibel lese, desto ungläubiger werde ich. . .« Diese Position wird im Religionsbuch (und dessen hier nachfolgender Erschließung) keineswegs apologetisch zu widerlegen versucht, vielmehr zielt die didaktische Intention auf Erweiterung des Wirklichkeitsverständnisses. Damit verbindet sich zugleich eine Klärung des theologischen Wunderbegriffs.

Wer das Kapitel »Wundergeschichten« unterrichten will, darf es – um vor solchem Mißverständnis erneut zu warnen – nicht als »Stundeneinheit« verstehen. Die Gliederungen aller Kapitel in diesem Handbuch zeigen unübersehbar, wie differenziert und materialreich die jeweiligen Sachkomplexe zu sehen sind. Aus der vorgelegten Fülle muß der Lehrer eigenständig wählen. Theoretisch wäre denkbar, drei, sechs, neun oder zwölf Stunden der Wunderthematik zu widmen. Da es mal um einen Blick in die griechische Welt geht, mal um indianische Schamanen, mal um unterschiedliche Bildwelten und mal um ein Spektrum verschiedener neutestamentlicher Wundergeschichten, muß eine Maximalauswahl nicht einmal zum Überdruß der Beteiligten führen, aber im Blick auf den Jahreslehrplan wird man sich beschränken müssen. Das sollte freilich nicht dazu führen, aus dem nachstehenden Kapitel beliebige Materialien herauszubrechen. Bevor eine Auswahl getroffen wird, ist die Beschäftigung mit dem Ganzen unerläßlich.

Die vermeintlichen »Glaubenszweifel«, die zu Beginn des Kapitels zitiert werden, sind bestenfalls Probleme, die aus einem zu dürftigen Verständnis von Sprache und Wirklichkeit resultieren. »Auf dem Wasser gehen« kann nur dann als Affront »gegen jedes physikalische Gesetz« gedeutet werden, wenn der Unterricht Metapher und Symbol als Verständigungskategorien ignoriert. Die Wendungen »aus Wasser Wein machen«, »Tote zum Leben erwecken« setzen ebenfalls ein differenziertes Sprachverständnis voraus, sofern Mißverständnis und Ablehnung nicht bereits den didaktischen Ansatz des Unterrichts verzerren sollen.

Deutlich wird an der Schüleräußerung, daß die Einwände auf einen Wunderbegriff zielen, der als Durchbrechung von Naturgesetzen verstanden wird. Das ist die gängige Sicht, der man heute begegnet. Auf die Frage »Was verstehen Sie unter einem Wunder?« gaben Erwachsene zur Antwort:

Ein Ereignis, das naturwissenschaftlich nicht erklärbar ist;
Eine Außerkraftsetzung von Naturgesetzen durch göttliches Eingreifen;
Einen ungewöhnlichen Vorgang, der auf übernatürliche Kräfte verweist.

Zwar spricht die Presse auch von einem Wunder, wenn bei Katastrophen wider Erwarten spektakuläre Rettungen möglich werden oder wenn etwas sehr Ungewöhnliches geschieht, aber die häufigste Definition verbindet ein Wunder doch mit dem Eingreifen Gottes in einen naturgesetzlichen Ablauf innerweltlicher Vorgänge. Dahinter steht ein Gottesbild, das gewissermaßen für Korrekturen innerhalb eines ansonsten fest programmierten Systems in Anspruch genommen wird. Neben dieser Aufhebung naturgesetzlicher Regelkreise verbindet sich mit den meisten Wundervorstellungen noch das Moment des Außergewöhnlichen, was der Sprachgebrauch mit Worten wie »Wunderkind« oder »Weltwunder« unterstellt, wenngleich die »Wundertüte« meistens Anlaß ist, sich über Banalitäten zu »wundern«.

Wunderglaube und Wunderverständnis in der Alten Welt

In der Antike, aber auch im christlichen Mittelalter herrschte ein Weltbild, das den Ort Gottes gewissermaßen räumlich »über« der Welt sah, wenngleich die bekannten Weltbildschemata die ständige Vermischung von Tatsächlichem und Symbolischem nicht zur Geltung bringen; das alte Weltbild verstand sich nämlich weder als rein technische Konstruktion noch als tote Bühne, wie es die üblichen Schemata gewöhnlich nahelegen (→ Religionsbuch 7/8, S. 179-181). Darum kannte die Alte Welt auch keine scharfe Trennung zwischen Gott bzw. Göttern und dem Geschehen auf der Erde. Ein »Oben« und »Unten«, ein »Diesseits« und »Jenseits« standen sich nicht getrennt gegenüber. Immer wurde das Göttliche in den Erscheinungen dieser Welt als wirkend erlebt. Darum war

299

die Außerordentlichkeit eines Ereignisses auch kein Kriterium für Wunder, vielmehr die Erfahrung des Göttlichen, wie sie sich mit Situationen und Vorgängen des Lebens verbinden konnte. »Um etwas als Wunder zu bezeichnen, kam es nicht in erster Linie darauf an, die Außerordentlichkeit oder gar einen genauen Grad des menschlich Möglichen oder Unmöglichen festzustellen, sondern vielmehr die Gegenwart und das Wirken der Gottheit und ihrer Mächte intensiver als sonst zu erfahren... Der große Unterschied zwischen dem, was Menschen unserer Zeit als Wunder bezeichnen, zu dem, was man in der Antike Wunder nannte, besteht vor allem darin, daß die zwei Komponenten, Erfahrung der Außerordentlichkeit und Erfahrung des Göttlichen, in ihrer Bedeutung für das Wunder genau umgekehrt eingeschätzt werden: Bei uns steht die Außerordentlichkeit so beherrschend im Vordergrund, daß die Erfahrung des Göttlichen kaum eine Rolle spielt; in der Antike dagegen galt die Erfahrung der sich als wirkmächtig erweisenden Gottheit, ihr Erscheinen, ihre ›Epiphanie‹ als das, was ein Wunder ausmacht, und die Frage der Außerordentlichkeit spielte dabei die geringere Rolle.«[1]

Wenn man mit dem heutigen naturwissenschaftlichen Denken an antike Texte herangeht, sind deswegen bereits apriori Mißverständnisse vorprogrammiert: Einerseits geht antiken Texten durchweg jedes naturwissenschaftliche Problembewußtsein ab; andererseits erlauben antike Texte in ihrer Mischung von faktischer und symbolischer Ebene keine Interpretation, wie sie dem heutigen Zeitungsleser »selbstverständlich« zu sein scheint.

Das Wunderverständnis der Bibel

Wenn auch die Bibel am antiken Weltbild teilhat, gibt es doch Besonderheiten, in denen sich biblische Wundergeschichten von ihrer übrigen kulturellen Umwelt unterscheiden.

»Die jüdische Religion empfindet die Spendung der Tora als ein wirkliches, als das größte Wunder innerhalb der geschaffenen Welt, auch dann, wenn sie lehrt, daß die göttliche Weisheit für den menschlichen Geist etwas durchaus Einleuchtendes, Verständliches sei, das er sich innerlich anzueignen vermag; und alle anderen Wunder werden immer im Zusammenhang mit dieser für die Religion entscheidenden Tatsache begriffen. Damit treten im Bereich jüdischer Religiosität, sofern diese im mosaisch-talmudischen Gesetz ihren Schwerpunkt hat, im Gegensatz zur mystisch-kabbalistischen Geistesrichtung, die Wunder der Phantastik und Mythologie, das Märchenhafte und Kuriose in den Hintergrund. Die Tora und das Ereignis der Gesetzgebung sind Wunder.«[2]

Ein solches Wunderverständnis steht außerhalb jeder Konkurrenz zu naturwissenschaftlichem Denken. Es verdankt sich dem Staunen, der Wertschätzung und der Liebe. Damit verwandt ist der Lobpreis der Schöpfung als des größten Wunders: »Danket dem Herrn der Herren, der große Wunder getan allein, der den Himmel schuf in Weisheit, der die Erde über den Wassern gefestigt, der

1 *Alfons Weiser*, Was die Bibel Wunder nennt. Ein Sachbuch zu den Berichten der Evangelien. Stuttgart ⁶1986, 15.
2 Jüdisches Lexikon, IV/2, (Berlin 1927) Reprint Königstein/Ts. 1987, 1509.

große Lichter schuf. . .« (Ps 136,4-7). Die Bibel versteht die Schöpfung insgesamt als Wunder Gottes.

Wegen dieser Sicht der Schöpfung als *Werk* Gottes kennt die Bibel keine Naturgottheiten, die in personifizierten Gestalten verehrt werden könnten. Der Hauptakzent der biblischen Bücher liegt auf der Geschichte als einer Geschichte Gottes mit den Menschen. Die darin je erkannte Führung findet ihren Ausdruck in Erzählformen, die Gottes Vorsehung und Güte feiern: für die Errettung im Schilfmeer, für die Manna- und Wasserspende, den Zusammenbruch der Mauern Jerichos, den »Sonnenstillstand« während des Kampfes bei Gibeon. . . lobpreisende Legenden im Dienste einer Geschichtsbetrachtung, die Israels Geschick ganz der göttlichen Führung unterstellt.

Daneben stehen als weitere Gruppe die Prophetenwunder, wie sie sich vor allem mit Elija und Elischa verbinden. Hier zielt das biblische Interesse auf die göttliche Legitimation, die sich im prophetischen Wirken ausdrückt. Alles in allem ordnet sich das Wunderverständnis in der Hebräischen Bibel größeren theologischen Perspektiven unter. Demgegenüber nehmen Wundergeschichten im Neuen Testament breiteren Raum ein, wenngleich das Alte Testament für sie stets Wurzelgrund und Verstehensrahmen bleibt. So läßt sich der biblische Wunderbegriff mit Ereignissen erklären, »die von glaubenden Menschen als Zeichen des Heilshandelns Gottes verstanden werden« (Alfons Weiser).

Was ist für uns ein Wunder?

Der Wunderbegriff ist im Auf und Ab der Geschichte immer wieder anderen Wandlungen unterworfen worden. Um es von einer vorgestellten Kausalitätsdurchbrechung abzuheben, hat man diese Mirakel genannt und streng vom theologischen Wunderverständnis abgehoben. Einer »Wundergläubigkeit« als Lust am Mirakel sind natürlich breite Volksschichten immer wieder neu erlegen, nicht ohne Betrügereien aufzusitzen. Bereits die Antike hat solche, oft mit Geschäft verbundenen Sensationen ihrer Kritik unterzogen. Der geistreiche und witzige Wanderlehrer Lukian (ca. 120-180 n.Chr.) goß seinen oft boshaften Spott über alles aus, was ihm windig, albern und töricht erschien,[1] und die Welt der Religionen hat bis zum Tage Aufklärern und Skeptikern immer wieder Anlaß geboten, eine falsche Wundergläubigkeit als Produkt unkontrollierter Wünsche zu entlarven.

Im Bereich der heutigen Universalreligionen finden sich insgesamt deutliche Vorbehalte gegen das mirakelhafte Wunderverständnis. Ein buddhistischer Text hebt »drei Arten von Wundern« hervor, die auch einem naturwissenschaftlich gebildeten Menschen das Weltbild nicht durchkreuzen müssen, sofern sein Wirklichkeitsverständnis über die euklidische Physik hinausgeht.

»Buddha sagt: Drei Arten von Wundern gibt es: Wunder durch magische Kraft, Wunder des Gedankenlesens, Wunder der Belehrung.

1. Wer magische Kräfte besitzt, vollbringt folgendes: Obwohl er nur einer ist, wandelt er sich zu einer Vielheit (von Personen), und aus vielen wird er wieder einer, er erscheint und verschwindet, ungehindert geht er durch Mauern, Wälle, Berge hindurch, als wären

---

1 Vgl. Lukian-Texte in: *Hubertus Halbfas*, Das Welthaus, a.a.O., Nr. 21; 134.

sie leere Luft, in der Erde taucht er unter und wieder auf, als wäre sie Wasser, auf dem Wasser geht er, als wäre es Erdboden, er schwebt mit untergeschlagenen Beinen sitzend im Raum wie ein beschwingter Vogel; jene beiden gewaltigen (Gestirne) Mond und Sonne berührt er mit der Hand und streichelt sie, und sogar bis zur Brahma-Welt steigt er mit seinem Leibe empor.

2. Das Wunder des Gedankenlesens besteht in folgendem: Ein Mönch tut anderer Lebewesen, anderer Personen Denken und Erwägen kund, indem er sagt: Solcherart ist dein Herz, solcherart ist dein Gedanke.

3. Das Wunder der Belehrung aber ist dieses: Ein Mönch belehrt andere in folgender Weise: So sollt ihr erwägen, so sollt ihr nicht erwägen, so sollt ihr denken, so sollt ihr nicht denken, dies gebt auf und dies macht euch zu eigen und haltet es fest.

Ich selbst vollbringe diese drei Wunder. Aber es gibt noch Hunderte von Mönchen, die diese drei Wunder vollbringen.«[1]

Hier ist nicht der Ort, zugleich auch zu sagen, was mit »Magie« gemeint sein könnte,[2] es genügt die Einsicht, daß der in den letzten Jahrhunderten gültig gewordene Wissenschaftsbegriff nicht ausreicht, um der »Wirklichkeit« gerecht zu werden. Das zwischen Theologen und Parapsychologen geführte Gespräch hat zumindest deutlich gemacht, daß es neben der offenbaren eine immer noch verborgene Wirklichkeit gibt. Von welcher Seite auch über Wunder nachgedacht wird, eine gemeinsame Diskussionsbasis bietet das Wort des Augustinus: »Ein Wunder geschieht nicht im Widerspruch zur Natur, sondern zu dem, was wir von der Natur wissen.« Das ist zugleich ein Nenner, auf dem sich auch die unterrichtliche Erörterung konstruktiv ansiedeln läßt.

Wenn wir also nachfolgend über Wunderheilungen sprechen, so soll das darin bezeugte Wunder nicht in der Durchbrechung der Naturordnung gesehen werden, sondern gewissermaßen in ihrer Wiederherstellung, wenngleich es, um diese Sicht mitvollziehen zu können, durchaus einer Korrektur der in unserer Herkunft liegenden Denkweise bedarf. Dazu drängt bereits die Erfahrung der heutigen Schulmedizin, welche den kranken Menschen allzu oft zum unpersönlichen Objekt degradiert und mißachtet, daß er unendlich viel mehr ist: ein Wesen, das sich aus sich selbst nicht erklärt, weil es einer transzendenten Dimension entstammt und eine Natur besitzt, die Körper und Seele umgreift, Bewußtes und Unbewußtes, Bekanntes und noch viel mehr Unbekanntes.

Didaktische Hinweise

Innerhalb der Unterrichtsplanung sollte die Klärung des Wunderbegriffs nicht am Anfang stehen, vielmehr kann diese Frage an verschiedenen Orten ihre schrittweise Beantwortung finden:

Zunächst genügt es, ausgehend von den S. 145 vorgelegten »Glaubenszweifeln«, alles zusammenzutragen, was die Schülerschaft an Assoziationen, Bedenken, Fragen, Zweifeln zum Thema Wunder aufbieten kann. Es empfiehlt sich, über die Summe dieser Einwände eine Liste aufzustellen. Soweit die Vorbehalte naturwissenschaftlicher Art sind, genügt zunächst der Hinweis, das Wunder

1 Vgl. *Hubertus Halbfas,* Das Welthaus, a.a.O., Nr. 144.
2 Vgl. *Leander Petzoldt* (Hg.), Magie und Religion. Beiträge zu einer Theorie der Magie. Darmstadt 1978.

solle nicht als Durchbrechung der Naturgesetze verstanden werden. (Eine Argumentation mit der »Allmacht« Gottes, der das, was er schaffe, auch außer Kraft setzen könne, verbietet sich. Siehe dazu Lehrerhandbuch 8: »Gott: Fragen und Zweifel« und Lehrerhandbuch 9: »Die Abschaffung Gottes«)

Der folgende Abschnitt »Wunder, Zauber oder Trick?« kann eine weitere Begriffsklärung bringen, indem alles, was als »Kunst- oder Zauberstück« dem Bereich des Show-Business zugehört, aus unserer Betrachtung ausgeklammert wird. Zweifellos begegnen in diesem Spektrum aber Phänomene, die faszinierend und für uns »unerklärlich« sind. Sie können als erster Hinweis auf ein zu erweiterndes Wirklichkeitsverständnis aufgegriffen werden.

Der Rückgriff auf die Religionsgeschichte stellt die biblischen Heilungswunder in einen menschheitlichen Zusammenhang. Die vielen Beispiele, die hier aus dem geistigen Geflecht ihrer jeweiligen Kultur heraus unserem Denken zugänglich gemacht werden, lassen wundersame Heilungen verständlich werden und erschließen gleichzeitig ein ganzheitlicheres Menschenbild, aufgrund dessen unsere paradoxe Formulierung, Wunder verdankten sich nicht einer Durchbrechung, sondern einer Wiederherstellung der menschlichen Natur, tiefer verständlich wird.

Ursula: Hilferuf   S. 145

A. Das Titelbild zum Kapitel »Wundergeschichten« stammt von einem 1987 verstorbenen Kind aus der Psychiatrischen Universitätspoliklinik Basel. Nähere Angaben über dieses Kind, dessen Krankheit und die Umstände, die zum vorliegenden Bild führten, liegen nicht vor.

B. Wir sehen einen jungen Menschen mit verbundenen Augen und flehentlich erhobenen Händen. Die linke Bildhälfte, in die Körper und Gesicht gerichtet sind, ist nachtdunkel; über dem Kopf des Kindes erhellt sich die Dunkelheit; Blau und Lichtreflexe dringen durch. Das Kind selbst steht voll im Licht, aber Augenbinde und Gestik zeigen an, daß es nicht sehen kann. Ob es die Binde nach einer Operation trägt oder ob sie symbolisch auf eine allgemeinere »Blindheit« verweist, welche die Gesellschaft aufgenötigt hat, läßt sich nicht sagen. Das Kind ersehnt sich Hilfe und sein körpersprachlicher Ausdruck scheint vorauszusetzen, daß es Hilfe gibt.

C. Dies ist das einzige Bild des Religionsbuches, das nicht von Künstlerhand stammt, vielmehr als Hilferuf eines kranken Kindes selbst zu sehen ist. Gewiß handelt es sich nicht um den reflektierten Ausdruck einer eigenen oder fremden Situation, wie dies der Kunst zukommt, ist vielmehr Ausdruck unmittelbarer persönlicher Betroffenheit, doch gerade darum um so authentischer. Hier artikuliert sich ein betroffener Mensch in seiner existentiellen Not. Die offenen Hände, die kurzen Arme, das nach oben gerichtete Gesicht... alles verweist auf eine Hoffnung, die nicht »ringsum«, sondern »oben« gesucht wird.

D. Das Bild eines kranken Kindes bietet anderen Kindern nicht deswegen schnellen Zugang, weil es sich hier wie da um Kinder handelt. Notwendig ist jedenfalls Einfühlungsvermögen in die Situation eines behinderten, kranken Menschen, der sehnsuchtsvoll Hilfe wünscht. Vielleicht ist es nicht einmal die Heilung von der Krankheit, die zutiefst bewegt, sondern die Erfahrung eines Gesehen- und Angenommenwerdens, die über jeden mitmenschlichen Umgang noch hinausweist. – Es gibt keine Regel, die diesem Bild einen festen Platz im Zusammenhang des Kapitels zuweisen könnte. Man kann es an den Anfang einer meditativen Stunde stellen, wenn es darum gehen soll, sich in die Situation kranker Menschen hineinzufinden. Es läßt sich aber auch in den Zusammenhang einer biblischen oder modernen Heilungsgeschichte rücken. Dann kann das Bild verhindern helfen, immer nur zu »benennen« (→ III, 525), ohne daß die Worte für Krankheit und Not aufhörten, »nichts als Worte« zu sein.

Wunder, Zauber oder Trick? S. 146-147

Die aus der Autobiographie Indira Devis zitierten Begebenheiten möchte man, wenn man Gesamtrahmen und Hintergrund einbezieht, nicht bezweifeln, wenngleich es uns nicht gelingt, aus der eigenen alltäglichen Erfahrung einen Verstehenszugang zu den »Glanzstücken dieses Yogis« zu gewinnen. Diese Darbietungen sind auch nicht zu kommentieren. Man kennt dergleichen Zauberstücke aus vielen anderen Überlieferungen.

Indira Devi erzählt von insgesamt drei »Kunststücken« des Yogis, wie sie die Vorführungen selber nennt. Während das Experiment mit dem Begräbnis voranging, folgte am nächsten Tag eine ebenso berühmte wie umstrittene Vorstellung, die wir im Religionsbuch ausgelassen haben, die aber doch den Charakter solcher Yogi-Künste beleuchten kann:

»Es war noch taghell, als der Sadhu am nächsten Tag um 18 Uhr 30 wiederum mit seinen beiden Kindern erschien. Er war ein dunkler, magerer Mann, setzte sich auf den Boden und holte aus einem schmutzigen Stoffbeutel ein etwa neun Meter langes, dickes Seil. Er wickelte daraus eine Art Knäuel, das er dann entrollte und mit einem Ende in den Himmel emporschleuderte. Das Seil schwankte ein wenig und stand danach steif in der Luft, als hänge es an einem Haken. Das obere Ende konnte man deutlich erkennen. Nun rief er den kleinen Jungen, der auf sein Geheiß am Seil emporzuklettern begann, als sei es eine Palme. Man konnte ihn hochklimmen sehen, und auf einmal – begannen seine Kleider zu Boden zu fallen! Er hielt sich mit beiden Händen und Füßen am Seil fest. Der Sadhu rief: ›Ist alles in Ordnung, Ram?‹

›Ja, mir geht es gut, Vater‹, antwortete der Kleine.

›Möchtest du zurückkommen?‹

›Nein, Vater, ich klettere noch höher.‹

Direkt vor aller Augen verschwand das Kind sehr schnell, bis nur noch das Seil in der Luft war.

›Ram, wo bleibst du?‹ schrie der Sadhu.

Von ferne entgegnete das Kind: ›Wieder auf der Erde.‹

Jetzt zog der Sadhu das Seil herunter und begann es aufzurollen, als ganz aus der Nähe Rams Stimme ertönte: ›Laß mich dir helfen.‹

Es gab keinerlei Effekt – keine Kulissen, keine Scheinwerfer, keine Bühne, keinen Vorhang – nur einen armen Sadhu in zerlumpten Kleidern, der sich im Garten produzierte. Etwa fünfzig Menschen sahen zu.«[1]

Der aus Tanger stammende arabische Reisende Ibn Batuta (1304-1377) gilt als der erste Schilderer dieses Seilmirakels. Er ist neben Marco Polo der bedeutendste Reisende des Mittelalters.[2] In Indien hielt er sich insgesamt 14 Jahre (1333-1347) auf. Was wir oben und im Religionsbuch nach einem Augenzeugen des 20. Jahrhunderts wiedergeben, findet sich auch schon bei Ibn Batuta beschrieben:

---

1 *Dilip Kumar Roy/Indira Devi*, Der Weg der großen Yogis. (st 409) Frankfurt a.M., 1977, 225.
2 Siehe die Beschreibung seiner Reisewege in: *Hubertus Halbfas*, Das Welthaus, a.a.O., Nr. 12.

»Die indischen Yogi sind Leute, von denen man wunderbare Dinge zu sehen bekommt; zum Beispiel: der eine von ihnen verbleibt Monate, ohne zu essen und zu trinken. Für viele dieser Yogi gräbt man Gruben unter der Erde. Man deckt die Grube über dem Yogi zu und läßt ihm nur eine Öffnung, durch die die Luft gelangen kann. Er bleibt nun Monate darin, und ich habe sogar gehört, daß der eine oder der andere so ein Jahr ausgehalten haben...

Als ich noch beim Sultan in der Residenz war, ließ dieser mich eines Tages rufen. Ich begab mich zu ihm; er befand sich in einem Privatgemache, und bei ihm waren einige seiner Vertrauten und zwei Yogi. Diese hüllten sich in Mäntel ein und bedeckten auch den Kopf, da sie ihn mit Asche enthaaren, wie man das sonst unter den Achselhöhlen tut.

Der Sultan ließ mich niedersitzen, was ich tat, und sprach zu den beiden Yogi: Dieser Fremdling ist aus einem weit entfernten Lande, zeigt ihm also etwas, was er noch nicht gesehen hat! – Jawohl, sagten sie.

Einer von beiden ließ sich mit gekreuzten Beinen nieder, dann erhob er sich von der Erde, bis er in der Luft über uns sitzen blieb... Ich verwunderte mich darüber, Schreck erfaßte mich, und ich fiel ohnmächtig zur Erde nieder.

Der Sultan befahl, daß man mir eine Medizin zu trinken gebe, die schon bereit stand. Da kam ich wieder zu mir und setzte mich nieder, während jener immer noch in seiner Stellung verharrte.

Nun nahm sein Genosse einen Pantoffel aus dem Sacke, den er bei sich trug, und schlug damit auf den Boden, als ob er erzürnt wäre. Der Pantoffel stieg empor, bis er über dem Nacken des in der Luft Schwebenden war, und begann, auf dessen Hals loszuschlagen. Er kam nun nach und nach herunter, bis er auf dem Boden neben uns saß.

Der Sultan sprach zu mir: Der mit gekreuzten Beinen Sitzende ist ein Schüler dessen, dem der Pantoffel gehört. Wenn ich nicht um deinen Verstand fürchtete, würde ich ihnen auftragen, noch Wunderbareres zu vollbringen als das, was du gesehen!«[1]

Den Seiltrick schildert Ibn Batuta folgendermaßen:

»Ein Zauberer ergriff eine Hohlkugel, in der sich mehrere Löcher befanden, durch welche lange Riemen liefen. Er warf die Kugel in die Luft, und sie stieg empor, bis sie unseren Blicken entschwand. Als sich in seiner Hand nur mehr ein kurzes Ende der Riemen befand, gab er einem seiner Lehrlinge eine Anweisung. Dieser klammerte sich an den Riemen fest und stieg in die Luft hinauf, bis er unseren Augen entschwand. Dreimal rief ihn dann der Zauberer an, aber jener gab keine Antwort. Da erfaßte er ein Messer und hängte sich an die Riemen, bis auch er unsichtbar wurde. Dann warf er eine Knabenhand auf die Erde, hierauf einen Fuß, dann die zweite Hand, den zweiten Fuß, den Rumpf und schließlich den Kopf. Nun stieg er keuchend herab. Seine Kleider waren mit Blut bespritzt. Er nahm die Glieder des Knaben, befestigte sie aneinander, gab dem ganzen einen Fußtritt, und siehe, der Knabe stand unverletzt da. Ich war aufs höchste erstaunt, und ein Herzklopfen befiel mich. Man flößte mir eine Arznei ein, die mein Übel vertrieb. Der Richter Afsar-ed-Din stand an meiner Seite und sprach zu mir: Bei Gott, hier gab es kein Hinauf- und Hinabsteigen, noch ein Gliederabschneiden. Das ist alles nur Taschenspielerei.«[2]

Die kommentierenden Worte des Richters weisen bereits den Weg zur Einordnung der faszinierenden Geschichte. Es handelt sich bei allen vorgestell-

---

1 Die Reise des Arabers Ibn Batuta durch Indien und China, bearbeitet von *Hans von Mzik*. Berlin/Hamburg 1908-1911, 268 ff. s. a. *Hubertus Halbfas*, Das Welthaus, a.a.O., Nr. 12.
2 Die Reise des Arabers Ibn Batuta, ebd.

ten Künsten um Fähigkeiten, die gewiß das alltägliche Vermögen des Menschen übersteigen, die aber doch nicht außerhalb seiner psychischen Kräfte zu suchen sind. Dies wollte ein Zaubermeister unserer Tage, Alexander Adrion, seinerseits mit der Philosophie und Theologie vertraut, näherhin wissen und ist darum der Geschichte des indischen Seilmirakels nachgegangen.

Der Seiltrick hatte Ende des 19. Jahrhunderts eine so große Bekanntheit erreicht, daß er nachfragende Neugier weckte. So setzte der englische Vizekönig über das koloniale Indien, Lord Lonsdale, 1875 zehntausend Pfund Belohnung für jenen Fakir aus, der auf einem Fest zu Ehren des Prince of Wales (des späteren Eduard VII.) das Seilmirakel vorführen würde. Doch niemand meldete sich, was freilich nicht zu dem Schluß zwingt, daß es damals keinen Meister dieses Kunststücks gegeben habe; es könnten auch Vorbehalte gegenüber den Kolonialherren oder die Art der Veranstaltung wirksam gewesen sein.

Im allgemeinen deutet man den Seiltrick als eine hypnotisch erzeugte Illusion. Diese These bekam Nahrung durch einen Bericht der »Chicago Times«, in der 1890 ein Mister S. Ellmore berichtete, er sei Augenzeuge des »Seilwunders« gewesen. Dabei habe er auch fotografiert, doch habe sich später herausgestellt, daß die belichteten Platten nichts von dem Gesehenen festgehalten hätten. Also bleibe nur zu folgern, der Wundermann habe die Zuschauer hypnotisiert, ohne zugleich die Kamera der gleichen Verwirrung unterstellen zu können. Diese Geschichte entpuppte sich freilich als ein typisch angelsächsischer *practical joke*. Der Bericht war frei erfunden. Sein Verfasser, John Wilkie, hatte sich, um einen besonderen Witz mit der Story zu verbinden, der dem aufmerksamen Leser zugleich einen Schlüssel bot, ein hinweisendes Pseudonym zugelegt: denn *S. Ellmore* meint nichts als: *sell more* – verkaufe mehr! Unterdessen aber war die Story durch die Weltpresse gelaufen und hatte zur Fundierung der Hypnosetheorie beigetragen.[1]

Alexander Adrion widerspricht der Hypnosetheorie mit der Ansicht, eine solche Massenhypnose sei unmöglich. Schilderungen des Seiltricks aus heutiger Zeit kennt er nicht.

Welche Erklärung aber auch zutreffen mag, es handelt sich bei allen hier vorgestellten Begebenheiten nicht um Wunder, sondern – wie die Literatur seit Ibn Batuta selbst immer wieder sagt – um »Kunststücke«, Zaubertricks. Dabei ist nicht auszuschließen, daß gerade die indischen Yogi über sehr alte Traditionen psychophysischer Praktiken verfügen, die ihnen Fähigkeiten vermitteln, die dem Vermögen des gewöhnlichen Menschen entzogen und nicht einsichtig sind und für die auch das übliche Rüstzeug europäischer Schulpsychologie und Schulmedizin nicht ausreicht.

In der unterrichtlichen Auseinandersetzung mit dem Abschnitt »Wunder, Zauber oder Trick?« sollte als Resümee erarbeitet werden:

1. Von Wundern (im theologischen Sinne) ist hier nicht zu sprechen.
2. Dennoch sind die von Indira Devi geschilderten Vorführungen nicht alle nach gleichem Muster zu interpretieren: Wer sich für einen Tag unter die Erde legen läßt, muß seine Körperfunktionen ähnlich heruntersetzen können, wie dies Tiere im Winterschlaf tun; demgegenüber sind die beiden anderen Kunst-

1 *Alexander Adrion*, Das Seilmirakel. Zur Aufklärung einer orientalischen Wundergeschichte, in: Stuttgarter Zeitung, 7. Februar 1970.

stücke, wie bereits Ibn Batuta durch den kommentierenden Richter hörte, eher durch Sinnestäuschungen zu erklären. Hinzu kommt in alten Kulturen eine esoterische Tradition körperlicher und geistiger Fähigkeiten, die sich europäischen Erklärungsmöglichkeiten entziehen, wenngleich eine prinzipielle Erklärbarkeit besteht, sofern der gängige Naturbegriff seine »wissenschaftliche« Enge überwindet.

3. Der Kommentar des Richters Afsar-ed-Din: »Das alles ist nur Taschenspielerei«, hier auf den Seiltrick bezogen, läßt die geschilderten Kunststücke als Unterhaltung einstufen. Es handelt sich um den Show-Aspekt einer Yogi-Tradition, der bis zum Tage von sich reden macht. Die Gegenseite des Yogi als indischer Heiliger tritt uns in Gestalten wie Sri Aurobindo oder Sri Ramana gegenüber.[1]

1 Vgl. *Ramana Maharshi*, Der Weg zum Selbst, in: *Hubertus Halbfas*, Das Welthaus, a.a.O., Nr. 13.

Bevor unser Religionsbuch von den Wundern Jesu spricht, stellt es Heil-
und Wunderberichte aus der griechischen Antike und aus der indianischen
Tradition vor und mengt darunter gar noch eine Blindenheilung aus Lourdes.
Das ist, gemessen an der didaktischen Tradition, ungewöhnlich, könnte sogar
als Affront verstanden werden, denn so sehr die im christlichen Umfeld be-
zeugten Wunder den Glauben stützen können, so sehr müssen die vielen
Wunder, die sich außerhalb des Christentums in »heidnischen« Kulturen und
Religionen ereignen, das Glaubensargument auch wieder entkräften. Nun hat
es ja eine lange Tradition, die heidnischen Wunder zu entkräften, als Zauberei,
Magie, Täuschung abzutun, weil es nicht geben kann, was der eigenen Weltsicht
widerspricht, doch haben dieselben rationalen Kräfte, welche den außerchrist-
lichen »Aberglauben« zu widerlegen suchten, zugleich auch den christlichen
Wunderglauben unterminiert, so daß die biblischen Wundererzählungen
schließlich keine historische Faktizität mehr behielten, sondern nur noch Aus-
drucksform des »Kerygmas« blieben.

Die Fragestellung, mit der wir an die biblischen Texte herangehen, ist von
dieser Voreinstellung nicht berührt. Wir sehen einen Zusammenhang zwischen
den biblischen Wundergeschichten und jenen Heilungsgeschichten, wie sie in
allen alten Kulturen der Welt zu Hause sind; im didaktischen Konzept unseres
Religionsbuches gehen wir dabei von der Überzeugung aus, daß sich die
christliche Tradition nicht ohne die menschheitliche erklären läßt. Darum zielt
unser Interesse zunächst auf das Menschen- und Wirklichkeitsverständnis der
biblischen Wundererzählungen im Kontext der Religionsgeschichte. Sollte die
Religionsdidaktik – wie bisher gewohnt – dem exklusiven Gedankenweg der
Schultheologie verhaftet bleiben, die ja den Blick auf die außerchristliche
Religionswelt eher meidet, als sich selbst zur Pflicht macht, verzichtet sie auch
weiterhin auf jene anthropologische Grundkonstante, die dem Thema erst seine
erfahrungsrelevante Zugänglichkeit und Einsichtigkeit verleiht.

Der göttliche Arzt.   S. 147-148
Heilungswunder in Epidauros

Unter den griechischen Wallfahrtsorten, zu denen sich die von Krankheiten
gequälten Menschen heilungssuchend begaben, hatte Epidauros einen hervor-
ragenden Rang. Der Gott, der hier verehrt wurde, ist *Asklepios*, der göttliche
Arzt, der *Soter* (Retter, Erlöser), *Philantropótatos* (höchster Menschenfreund),
der gute und hilfreiche Gott, der die Menschen so liebt, daß er ihnen im Unheil
beisteht und sie von seelischen und körperlichen Leiden heilt und sie selbst vom
Tod befreit hätte, wenn nicht Zeus dazwischen getreten wäre, um die uner-
forschliche Ordnung zu bewahren.

Der Kult des Asklepios hat sich von Epidauros schnell auf Griechenland ausgedehnt und über die ganze römische Welt verbreitet und überdauerte selbst noch das Christentum um einige hundert Jahre. Nach 485 n.Chr. wird noch berichtet, daß bis dahin »das Heiligtum des Retters uneinnehmbar geblieben« sei.

Die Götter Dionysos und Asklepios standen, zumal nach dem verderblichen Peloponnesischem Krieg (431-404 v.Chr.), dem Volk näher als die hohen olympischen Götter. Darum rückte Asklepios, den sie »Zuhörer« und »Volksfreund«, den »Helfenden« und »Leichtzugänglichen« nannten, dem griechischen Alltag immer näher. Asklepios wurde der Schutzgott der Heilkunde, – und wird im Symbol der Apotheken und Ärzte, dem Äskulapstab,[1] auch heute noch erinnert.

Asklepios in der Mythologie

Sein ältestes Heiligtum stand in Thessalien, aber Epidauros in Argolis wurde sein berühmtestes. Die vielen späteren Asklepieien in aller Welt – man zählt über dreihundert – leiten sich alle von Epidauros ab. Der Ursprung des Kultes wird auf einen Mann Asklepios zurückgeführt, der im 13. Jahrhundert gelebt hat und unter die Heroen des Argonautischen Feldzugs gezählt wird. Die thessalische Tradition aber stellt ihn bereits in eine Götterlinie:

Demnach war er der Sohn des Sonnengottes Apollon und der Koronis, der allerschönsten Tochter des Königs von Thessalien. Aber als Koronis »schon in ihrem Leibe die Frucht der Liebe des lichten Gottes hatte«, wie Pindar singt, wurde sie diesem um der Liebe zu einem Sterblichen willen untreu und heiratete Ischy, einen Fremden aus Arkadien. In einem Wutanfall tötete Apoll seinen Konkurrenten Ischy und gab seiner Schwester Artemis den Auftrag, ihre Pfeile gegen die treulose Koronis zu richten. Schon wollten die trauernden Eltern die Leiche ihrer Tochter verbrennen lassen, als es dem Gotte einfiel, daß in ihrem Leibe sein Sohn Asklepios verborgen war. Sogleich eilte er hinzu, holte den Asklepios aus den Flammen und brachte ihn zu dem Kentaur Chiron, dem berühmten Knabenerzieher, der auf dem Berge Pelion mit der reichen Vegetation und herrlichen Aussicht lebte.

Chiron war unsterblich, hatte aber den Großmut gehabt, zugunsten des Prometheus, (der es gewagt hatte zum Wohle der Menschen gegen die Götter zu kämpfen), auf seine Unsterblichkeit zu verzichten. In der Schule des Chiron überholte Asklepios bald seinen eigenen Lehrer und wurde wunderbarer Heilungen fähig. Seine große Liebe zu den Menschen, aber auch seine Lieder und die Kenntnis der Heilpflanzen setzten ihn dazu instand. Es wird sogar erzählt, daß er Tote auferwecken konnte, wie den Glaukos, den Hippolytos oder den Lykurgos und andere. Als er aber das Maß überschritt (diese erste Tugend der Griechen) und einen nach dem anderen wieder ins Leben zurückholte, erhob Pluto, der Gott des Hades, Anklage vor Zeus. Aus Furcht, die Ordnung der Welt könne ins Wanken kommen, ergriff Zeus seinen Donnerkeil und schmetterte Asklepios nieder. Durch diesen – wenn man so will – Märtyrertod wurde Asklepios zum Gott der Gesundheit und Heilkunde, zum »Retter« der Menschheit.

Der Mythos ist tief und beziehungsreich. Der Lehrer des Asklepios, Chiron, vereinigt in seinem Kentaurenleib Tier und Mensch, das Animalisch-Unbe-

---

1 Äskulap ist die lateinische Version von Asklepios; der Äskulapstab verbindet Stab und Schlange.

wußte und das Menschlich-Bewußte, und, »obwohl ein griechischer Gott, trägt er eine unheilbare Wunde. . . Er vereinigt mit dem Tierischen das Apollinische, indem er trotz seines Pferdeleibes, des Kennzeichens zeugender und zerstören- der Naturwesen, als die Kentauren sonst bekannt sind, ein Lehrer der Helden in der Heilkunst und Musik ist.«[1] Obwohl dieser zwitterhafte Lehrer ein Kenner der Heilkräuter ist, die auf seinem schönen Berg Pelion wachsen, darunter auch das Chironion, das jeden Schlangenbiß heilt, bleibt er selbst in seiner Verletzung unheilbar. »Der nur halb menschengestaltige, halb therimor- phe Gott leidet an seiner Wunde ewig, er trägt sie nach der Unterwelt, als wäre die Urwissenschaft, die dieser mythologische Ur-Arzt, die Vorstufe und der Vorgänger des hellen göttlichen Arztes, für die Nachzeit verkörpert, nichts anderes als das Wissen um eine Wunde, an der der Heilende ewig mit-leidet.«[2] Die sich in diesem Mythologem aussprechende Erfahrung erzählt davon, daß der Heilfähige erst durch das eigene Leid einen Zugang zur Krankheit des anderen findet, um ihm so zu helfen.

Daneben ist die Abstammung des Asklepios von Apollon zu bedenken, den Inschriften in Epidauros den *Apollon Asklepios* nennen, um den Lichtaspekt dieses göttlichen Arztes zu betonen. Asklepios ist ein Gott, der in seinem Sichtbarwerden Licht bringt und Heilung, darum steht auch der Hahn, der den Tag anmeldet, mit ihm in Verbindung: »O Kriton, wir schulden dem Asklepios noch einen Hahn«, sagt der sterbende Sokrates als sein letztes Wort. »Bringt das in Ordnung bitte und vergeßt es nicht!«[3] Karl Kerenyi meint, hätte er gesagt: »Die Sonne geht auf, das Licht kommt, danken wir dafür!« so wäre dasselbe ausgedrückt. – Andererseits ist die Schlange Symboltier des Asklepios. Als sich häutendes, regenerierendes Tier ist sie dem Mond verwandt, steht in innerer Beziehung zu den Heilern und verspricht gesundendes, sich erneuern- des Leben (was die Apotheken- und Arztsymbolik erklärt).

Als Heros hatte Asklepios Anteil an beiden Naturen, der göttlichen und der menschlichen. Er verkörpert die Einheit beider Sphären und zugleich den Weg, der von der einen Wirklichkeit zur anderen führt. Darum ist er auch der Therapeut, der göttliche Arzt. Er überbrückt die Gegensätze und krankma- chenden Spannungen zwischen Körper und Seele, Bewußtem und Unbe- wußtem, Kopf und Bauch, Licht und Dunkel. In dieser rettenden Integrations- kraft des sonst Unverbundenen, Gespaltenen, Widersprüchlichen wird er zum *Soter*, zum »Retter« der Menschen, und beeindruckt eine große Weltkultur. Sein Kult überdauerte, wie wir bereits sahen, jeden anderen des vorchristlichen Altertums, nachdem die anderen Götter Griechenlands und Roms bereits vergessen waren. Origenes betrachtete ihn als den würdigsten der alten Götter und sah im Typos des Asklepios das Bild Christi vorentworfen.

Der heilige Bezirk in Epidauros

Die Verehrung des Asklepios begann gegen Ende des 6. Jahrhunderts v.Chr. und gewann wegen der vielen Heilungsberichte schnell weite Berühmtheit. Im

1 *Karl Kerenyi*, Der göttliche Arzt. Studien über Asklepios und seine Kultstätten. Darmstadt 1956, 98.
2 Ebd., 99.
3 Vgl. *Hubertus Halbfas*, Das Welthaus, a.a.O., Nr. 227.

4. Jahrhundert gelangte das Heiligtum zu einer solchen Blüte, daß man beschloß, den Bezirk durch die besten Architekten Griechenlands neu gestalten zu lassen. Pausanias beschreibt den Bereich so:

»Der heilige Hain des Asklepios ist allerseits mit Pfählen abgegrenzt. In seinem Bereich geschieht kein Menschentod und keine Frauengeburt, wie es auch auf der Insel Delos der Fall war.

Das Kultstandbild des Asklepios ist halb so groß wie das des olympischen Zeus in Athen und ist mit Gold und Elfenbein erarbeitet... Der Gott sitzt auf einem Thron, hält einen Stab in der einen Hand, während die andere auf dem Kopf der Schlange ruht... Dem Tempel gegenüber ist der Ort, wo die Flehenden des Gottes schlafen... Innerhalb des Bezirks standen Stelen, mehrere früher, jetzt aber sind nur noch 6 übrig geblieben. Auf diesen stehen Namen eingegraben, von Männern und Frauen, die von Asklepios geheilt wurden, wie auch die Krankheiten, woran ein jeder litt, und die Weise, wie er geheilt wurde.«[1]

Die Beschreibung des Pausanias ist nicht vollständig. Andere Berichte und archäologische Grabungen haben das Bild ergänzt. So gehörten zur Gesamtanlage neben dem Tempel des Asklepios die Tholos (ein Rundtempel), das Abaton oder Enkoimeterion, worin die Pilger ihren Heilschlaf suchten, ein großer Brunnen, Artemistempel, Theater, Stadion, Odeon (Musiksaal, Tonhalle für Tanz und Theater), Bibliothek, Gymnasion, Palaistra (Ringerschule), ein Gebäude mit großen Hallen, griechische und römische Bäder, Altäre, Votivgaben und Stelen, die von Heilungen kündeten, Statuen, Priesterwohnungen sowie eine Anzahl weiterer Tempel und einige Bauten unbekannter Bestimmung. Außer dem fast unversehrten Theater bestehen von diesen Gebäuden und Denkmälern heute nur noch die Basis und Trümmer. Aber selbst diese Fragmente lassen das Urteil nachempfinden: »Die Schönheit habe ich so sehr angestarrt, daß ihrer voll meine Augen sind.«

Die Heilungen in Epidauros

Epidauros war ein geistiges Zentrum, das sich nicht auf den Heilungsaspekt eingrenzen läßt. Insofern ist es mit den meisten christlichen Wallfahrtsorten nicht wirklich vergleichbar. Platon sagt über Asklepios: »Die Heilkunde muß tatsächlich imstande sein, unter den im Körper einander stark bekämpfenden Elementen Freundschaft und gegenseitigen Eros zu bewirken... Unser Ahn Asklepios hat das Mittel gefunden, zwischen diese Eros und Harmonie einzuführen...« und zählt in der Folge die Musik, die Gymnastik, die Harmonie, den Landbau u.a. auf. Die Priester in Epidauros, für die eine höhere Spiritualitätsebene Bedingung war, taten alles, was den natürlichen Drang der Seele nach dem Schönen, Guten und Göttlichen (dem Eros nach Platon) kräftigte, weil sie glaubten, daß auf diesem Wege der Mensch seine Gesundheit und innere Harmonie wiederfinde. So wurden Musik, Tanz und Dichtung in Epidauros hochgeschätzt, daneben das Theater mit Tragödie und Komödie, ebenso Gymnastik und athletische Kämpfe und nicht zuletzt die Möglichkeit, sich an architektonischen und skulpturalen Meisterwerken der Kunst erfreuen zu können. Dies alles waren »die Mittel«, wie Platon sagte, die Eros und Harmonie

---

1 *Pausanias*, Buch II, 27,1-7.

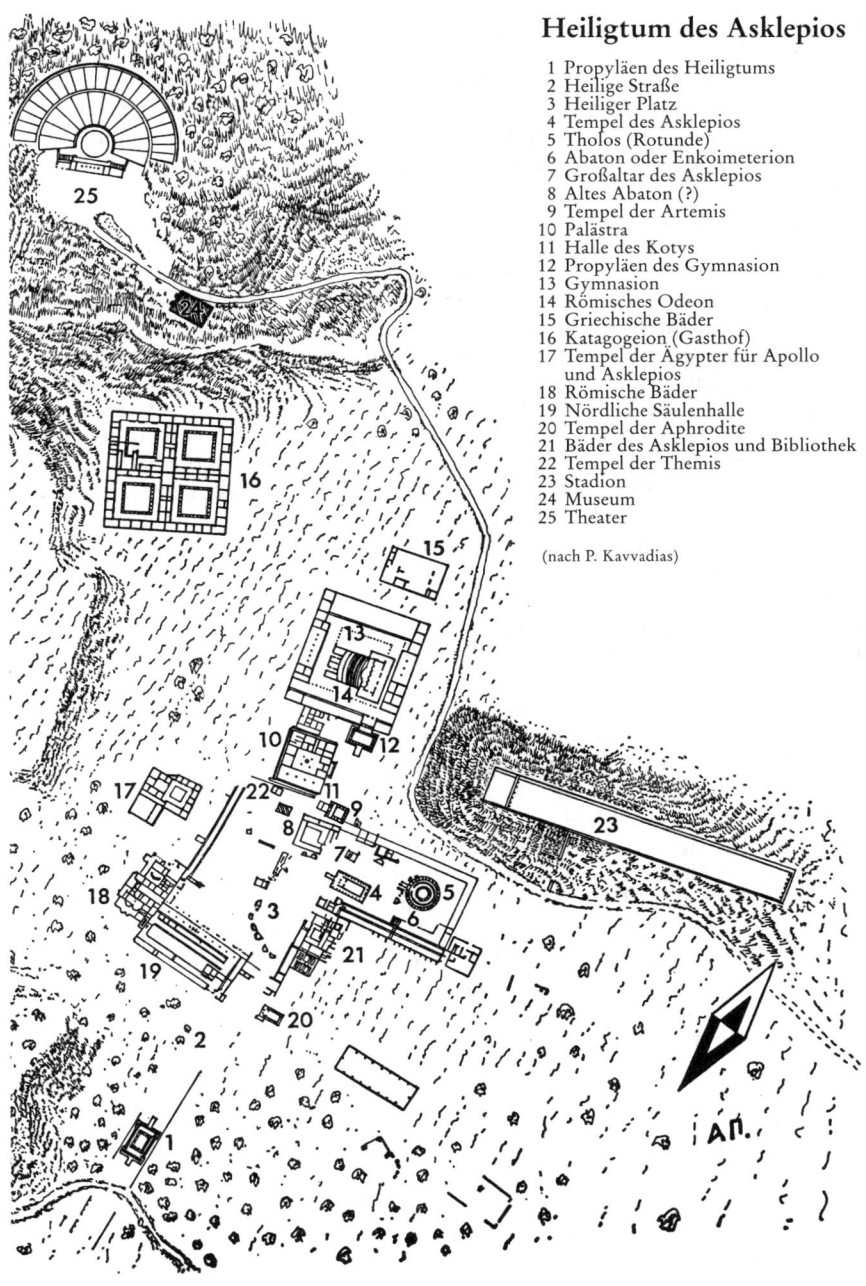

Heiligtum des Asklepios

1 Propyläen des Heiligtums
2 Heilige Straße
3 Heiliger Platz
4 Tempel des Asklepios
5 Tholos (Rotunde)
6 Abaton oder Enkoimeterion
7 Großaltar des Asklepios
8 Altes Abaton (?)
9 Tempel der Artemis
10 Palästra
11 Halle des Kotys
12 Propyläen des Gymnasion
13 Gymnasion
14 Römisches Odeon
15 Griechische Bäder
16 Katagogeion (Gasthof)
17 Tempel der Ägypter für Apollo
   und Asklepios
18 Römische Bäder
19 Nördliche Säulenhalle
20 Tempel der Aphrodite
21 Bäder des Asklepios und Bibliothek
22 Tempel der Themis
23 Stadion
24 Museum
25 Theater

(nach P. Kavvadias)

in die Seele des Pilgers zurückführen sollten, damit er empfänglich werde für die Wiederherstellung seiner Gesundheit.

Als die wahre Natur des Menschen wurde sein Gleichgewicht in Harmonie und Gesundheit gesehen, das abhängig war von der göttlichen Harmonie und Ordnung, die den Kosmos bestimmen. Krankheit galt als ein unnatürlicher Zustand, der durch Störung der Harmonie entstehe. Die vollständige Harmonie wiederzugewinnen, galt als erste Voraussetzung zur Heilung; dann tilge Asklepios, der Gott der Gesundheit, alles, was ihr widerstrebe. Die Feinde der physischen Harmonie fallen zuerst das Gemüt des Menschen an, setzen sich, wenn er ungewappnet ist, in seinem Denken und Sinnen fest und befallen, von dort sich ausbreitend, den Körper. So ist es das Gemüt, das den Körper regiert. Krankheit, war die Überzeugung, wenn sie nicht durch das Gemüt des Menschen geht, sei es bewußt, sei es unbewußt, kann nicht bis zum Körper gelangen.

»Das Gemüt sieht und hört; alles andere ist blind und taub«, sagte der Dichter Epiharmos. Der Kranke, der anfällig wurde, weil er auf sein Gemüt nicht achtete, begab sich auf die Reise zum Asklepieion, um dort unter Anleitung der Priester und unterstützt von der wohltuenden Atmosphäre des heiligen Bezirks und der körperlichen und geistigen Beschäftigungen die verlorene Harmonie wiederzufinden. Daneben bestand auch die Heilung durch rein gegenständliche Mittel und Medikamente. Die Vertreter beider Heilmethoden verehrten den Asklepios, da er selbst auch beide Wege ging, doch hatte die geistige Therapie Vorrang. Der zweite Weg instrumenteller Heilung wurde von Empirikern und Laienärzten geschätzt; ihre Heilkunde war unabhängig vom Priestertum des Asklepios. Mit Hippokrates, dem bis heute verehrten »Vater der Medizin« gelangte dieser Zweig der Heilkunde im Altertum zu beachtenswerten Ergebnissen. Von den hier gewonnenen Erfahrungen wurde später in Epidauros, jedenfalls zu den Zeiten römischer Herrschaft, auch Gebrauch gemacht, etwa von Diätetikregeln und Wasserbehandlung, wie eine Inschrift bezeugt.

Die Priester des Asklepieion von Epidauros wurden anfangs und während vieler Jahrhunderte nur für ein Jahr gewählt, ebenso das übrige hieratische Personal. Ihr Dienst konnte aber mehrfach erneuert werden. Erst in späterer Zeit sind die Priester lebenslänglich angestellt worden.

Während der Vorbereitungsperiode für die Heilung durfte der Pilger im heiligen Hain, der nicht eingezäunt, sondern zu allen Seiten hin offen war, frei umhergehen. Dort konnte er sich die offiziellen Stelen und die privaten Votivgaben anschauen, welche die Güte und Heilung des Gottes bekundeten. Daneben konnte er Theateraufführungen erleben, in denen grundlegende menschliche Konflikte dargestellt wurden, konnte Musik hören, Tänzen und Nacktkämpfen zuschauen und sich der Harmonie der Gesamtanlage erfreuen. Der Tempel des Asklepios mit dessen goldelfenbeinernem Standbild aber war Tag und Nacht zugänglich. Das gab es in der Alten Welt sonst nicht. Alle diese Vorbereitungsschritte konnten bereits Heilung bewirken, noch bevor der Pilger in das letzte Stadium, den Heilschlaf, geführt wurde. Es wäre also verkürzt, wenn nicht falsch, diesen Schlaf als das eigentliche Geheimnis des Asklepieions von Epidauros zu sehen.

Dieser Heilschlaf fand im Abaton statt. »Abaton« bedeutete, daß der Eintritt allen verboten war, welche die voraufgehenden Läuterungsaufgaben, die unerläßlich waren, damit der Gott sie besuche, nicht erfüllt hatten. Der Heilschlaf im Abaton darf also nicht als eine isolierte Einrichtung verstanden werden. Die Wirkung einer Pilgerreise nach Epidauros lag eher »in der geistigen und heilenden Strahlung, die von diesem höchst künstlerischen und harmonischen Zentrum ausging, und in dem tiefen Glauben der Pilger an das Göttliche und die göttliche Harmonie, die sie erhoben und vergeistigten, zu solchem Höhepunkt, daß sie aufnahmefähig wurden für die Kraft des göttlichen Geistes, die neu belebt und umbildet.«[1] – Das Abaton in Epidauros war teilweise zweistöckig; 70 m lang und 9,5 m breit. In der nordöstlichen Ecke des Abaton befand sich der heilige Brunnen.

Die Votivtafeln von Epidauros

Neben den im Religionsbuch wiedergegebenen Inschriften aus Epidauros seien hier noch einige mehr zitiert. Aus einem umfangreichen Text, der das Spektrum der therapeutischen Methoden anzeigt, wie diese in der Spätzeit von Epidauros angewendet wurden, sei die einleitende Beschreibung vorgestellt:

»Ich, M. Julius Appelas aus Mylason von Karia. Da ich kränklich war und an Dyspepsie litt, kam ich nach Epidauros, vom Gotte selbst dazu ermuntert. Während der Reise in Ägina erhielt ich vom Gott die Anweisung, ich sollte nicht zürnen. Und als ich zum Heiligtum kam, verordnete er mir, ich solle meinen Kopf zwei Tage lang – während derer es regnete – bedecken; Brot und Käse, Sellerie und Kopfsalat essen; allein baden [d.h. ohne Hilfe eines Dieners]; mich auf dem Turnplatz im Laufen üben, Citruslimonade trinken, im Balaneion neben dem Gebäude der Hydraulik meinen Körper an den Wänden der Wanne reiben; auf der Terrasse spazieren gehen, mich auf der Schaukel schwingen; meinen Körper mit Lehm beschmieren, ehe ich in die Badewanne für ein heißes Bad gehe; meinen Körper mit Wein übergießen; mich allein waschen und eine Drachme dem Diener im Badezimmer geben. Weiter sollte ich Opfer dem Asklepios... darbringen; Milch und Honig trinken. So, als ich eines Tages Milch allein trank, sagte der Gott: Honig sollst du hineintun, damit sie leicht verdaulich wird...«

Unter den älteren Zeugnissen erzählen alle von einer Genesung, die sich alleine der »wunderbaren göttlichen Macht« verdankt, ohne daß andere Heilwirkungen genannt würden. Aber nicht immer ist die Heilung von Dauer. Der nächste Fall zeigt, daß eine Heilung flüchtig bleibt, wenn sie nur den Effekt will, ohne Gemüt und Gesinnung einzubeziehen:

»Ermon, ein blinder Mann aus Thassos, war von Asklepios geheilt worden. Da er aber den Preis der Heilung nicht zum Heiligtum schickte, ließ ihn der Gott wieder erblinden. Er kam aber erneut zum Heiligtum, und als er im Abaton schlief, wurde er geheilt.«

Die nächste Inschrift vertritt eine Gruppe von Texten, die man, flüchtig besehen, als Schwindel abtun möchte. Doch bleibt zu überlegen, auf welcher Ebene der Vorgang zu verstehen ist:

»Eine Frau namens Kleio war schwanger 5 Jahre lang, bis sie zum Heiligtum kam, um zum Gott um Barmherzigkeit zu flehen; sie schlief im Abaton. Und sobald sie,

---

1 *Theodoros Papadakis*, Epidauros. Das Heiligtum des Asklepios. München/Zürich/Athen 1978, 5-21, hier: 21.

notgedrungen, mit der allergrößten Eile aus dem Abaton und dem heiligen Bezirk hinausgelaufen war, gebar sie einen Sohn. Dieser, kaum geboren, wusch sich am Brunnen und ging allein, seiner Mutter folgend. Kleio aber, für die große Wohltat erkenntlich, widmete dem Gott ein Weihegeschenk mit der Aufschrift: ›Nicht die Größe der Tafel, sondern die göttliche Macht ist wunderbar, weil Kleio den Säugling fünf Jahre lang in ihrem Leib trug, bis sie im Abaton schlief, und so heilte sie Gott.‹«

Hier ist entweder Legendenbildung am Werk, wie sie im Bereich der christlichen Heiligenviten oft begegnet, oder es wird von einer Kranken erzählt, die unter Einbildungen leidet. Daß Wallfahrtsorte auch dem Wunschdenken, der Phantastik und Mirakelsucht Auftrieb geben können, dürfte nicht allein für christliche, sondern auch für antike Stätten zutreffen. So etwa fällt der folgende Text in der Sache und ihrer »Heilung« ganz aus dem Zuständigkeitsbereich des göttlichen Arztes heraus:

»Ein Diener trug verschiedene Gegenstände zum Heiligtum, als er plötzlich, 10 Stadien nur vor dem Ziel, zur Erde fiel. Er stand auf, öffnete seinen Sack und bemerkte mit Schrecken, daß die Gegenstände, die er enthielt, zerbrochen waren. Besonders traurig aber machte ihn die Feststellung, daß auch das Gefäß, aus dem sein Herr gewöhnlich trank, zerbrochen war. Er sank zu Boden und versuchte, die Stücke zusammenzustellen. Ein Wanderer aber, vorübergehend, sah ihn und rief aus: ›Du dummer Mensch, umsonst bemühst du dich! Dieses Gefäß würde nicht einmal Asklepios aus Epidauros reparieren können.‹ Als der Diener diese Worte hörte, sammelte er alle Stücke, steckte sie wieder in den Sack und setzte seinen Weg zum Heiligtum fort. Dort angekommen, öffnete er den Sack und holte das Gefäß heraus, das jetzt vollständig war. Er erzählte seinem Herrn davon, und dieser widmete das Gefäß dem Gott Asklepios.«[1]

Krankheit und Heilung bei Naturvölkern

Haben wir bisher das Verständnis von Krankheit und Heilung in einer antiken Hochkultur betrachtet, so soll sich jetzt der Blick den Naturvölkern zuwenden; die indianische Welt ist uns dafür Paradigma.

»Die indianische Existenz, im Guten wie im Bösen, ist traumgeboren«, sagt Werner Müller, der mit seiner Literatur den zweifellos besten deutschsprachigen Zugang zur indianischen Welt ermöglicht.[2] Über das indianische (als auch griechische, römische, biblische) Verhältnis zum Traum haben wir bereits ausführlich gesprochen (→ S. 99-105), so daß an dieser Stelle darauf aufgebaut werden kann. Aber jene Menschen, die aus ihrem Verhältnis zur Traumwelt als einer Dimension des Unbewußten besondere Kraft gewinnen, bedürfen einer näheren Vorstellung.

Medizinmann, Schamane, Heiler

Glücklicherweise liegen authentische Zeugnisse von Menschen vor, die den Weg des Schamanen gegangen sind. Das bedeutendste und am meisten anrüh-

---

1 Alle Quellen: Ebd., 15f.
2 *Werner Müller,* Indianische Welterfahrung, a.a.O., 51; zu Werner Müller: → IV, 478-492; vgl. oben S. 99 ff.: Der Traum in archaischen Kulturen. Die indianische Welt.

rende Dokument ist die Lebensgeschichte »des letzten großen Sehers der Ogalalla-Sioux«, Schwarzer Hirsch[1]; ein vitales Gegenstück dazu ist die Biographie eines anderen Sioux-Medizinmannes, aus der zunächst einige Passagen zur Kennzeichnung des indianischen Selbstverständnisses folgen sollen:

> »Ich wollte ein *yuwipi* werden, ein Sioux-Medizinmann, der heilen können würde, wie es meine Vorväter konnten. Aber als Indianer erlernt man den Beruf des Medizinmannes nicht, wie ein Weißer auf der Universität Medizin studiert. Zwar kann ein alter spiritueller Mann aus dem Kreis der Stammesältesten dir etwas über Pflanzen beibringen und über die richtige Art, eine Zeremonie auszuführen, wo alle Dinge an ihrem Platz sein müssen, wo jede Bewegung, jedes Wort eine eigene, besondere Bedeutung hat. All das kann man lernen – wie man buchstabieren oder ein Pferd zureiten. Aber für sich genommen, bedeuten diese Dinge gar nichts. Ohne Vision und ohne Kraft ist die ganze Lernerei umsonst. Auch mich würde sie nicht zum Medizinmann machen...
>
> Ein Medizinmann sollte kein Heiliger sein. Er sollte all das Auf und Ab, die Verzweiflung und die Freude, das Magische und die Realität, den Mut und die Angst seines Volkes erfahren und fühlen. Er muß so tief sinken können wie ein Wurm und so hoch fliegen wie ein Adler. Wenn er nicht beides erfahren hat, ist er kein guter Medizinmann.
>
> Krankheit, Gefängnis, Armut, Trunkenheit – all das habe ich selbst erlebt. Sünden bringen die Welt in Schwung. Man sollte nicht so überheblich, so unmenschlich sein zu glauben, man könne immer sauber bleiben, die Seele in eine Plastiktüte eingewickelt. Ein Medizinmann muß Gott und der Teufel sein, beides zugleich. Er ist mittendrin im Trubel und schreckt vor nichts zurück. Es bedeutet, das Leben in all seinen Farben kennenzulernen. Es heißt, keine Angst zu haben vor Übertreibungen und ab und zu den Clown zu spielen. Auch das ist heilig.
>
> Die Natur und der Große Geist sind auch nicht perfekt. Soviel Vollkommenheit könnte die Welt gar nicht aushalten. Es gibt immer eine gute und eine schlechte Seite. Manchmal lehrt mich die schlechte Seite des Lebens mehr Weisheit als die gute...
>
> Ich bin ein Medizinmann – ein *wicasa wakan*. ›Medizinmann‹ – das ist ein Wort der Weißen, genau wie Papoose, Squaw und Tomahawk – Wörter, die in unserer Sprache nicht vorkommen. Es wäre schön, wenn es bessere Wörter gäbe, die klarmachen würden, was ein ›Medizinmann‹ wirklich ist, aber ich kann keine finden und du weißt auch keine, und so werden wir uns wohl oder übel mit Medizinmann begnügen müssen. Aber das Wort vermittelt überhaupt nicht die vielen Bedeutungen, die einem Indianer durch den Kopf gehen, wenn du das Wort Medizinmann benutzt.
>
> Wir haben verschiedene Namen für verschiedene Männer, die verschiedene Sachen machen. Ihr habt für alles zusammen nur einen putzigen Namen. Als erstes unterscheiden wir den Heiler – *pejuta wicasa* – den Mann der Kräuter. Er behandelt nicht mit den Kräutern allein; um zu heilen, brauchst du auch die Kraft des *wakan* [Göttlichen]. Dann haben wir den yuwipi, den Zusammengebundenen, der die Kraft von rohem Leder und Steinen benutzt, um Dinge und Ursachen zu finden und zu kurieren. Wir sprechen auch vom *waayatan,* dem Mann mit Visionen, der Ereignisse voraussagen kann, die sich in der Zukunft ereignen werden, dem Mann, dem die Fähigkeit des Vorausschauens gegeben ist. Dinge, die sich seiner Prophezeiung gemäß ereignen, werden *wakinyanpi* genannt. Dieses Wort bedeutet auch ›die Geflügelten‹, jene, die durch die Luft fliegen, denn die Kraft, die Zukunft vorauszusagen, kommt von innen.
>
> Dann haben wir den *wapiya* – den Zauberer –, den ihr wahrscheinlich den Hexendoktor nennen würdet. Wenn er ein fähiger Mann ist, wendet er das *waanazin* an: das Leiden unter Beschuß zu nehmen, die schlechten Dinge herauszuholen und auszusaugen,

---

1 Vgl. S. 99 ff.

die in die kranke Person von bösen Geistern eingepflanzt wurden... Wenn so ein Zauberer ein übler Kerl ist, dann wird er selber für eine Krankheit in deinem Körper sorgen, eine Krankheit, die nur er wieder heilen kann – gegen einen guten Preis, versteht sich. In diesem Berufszweig finden sich immer einige Scharlatane...

Wieder eine andere Variante des Medizinmannes ist der *heyoka* – der heilige Clown – der seine Donnerkraft zum Heilen benützt. Wenn man das Wort ›Medizinmann‹ ausbreitet wie eine Decke und genügend dehnt, um sie alle zu bedecken, dann, glaube ich, kann sogar noch ein Peyote-Mann darunterschlüpfen und sich als Medizinmann ausgeben. Aber je mehr ich darüber nachdenke, desto mehr glaube ich, daß nur einer der wahre Medizinmann ist: *wicasa wakan* – der heilige Mann. Er kann heilen, prophezeien, zu den Pflanzen sprechen, den Steinen befehlen, den Sonnentanz leiten oder das Wetter ändern. Aber all das ist für ihn nicht so wichtig. Es sind mehr oder weniger Stufen, die er hinaufsteigt. Der *wicasa wakan* hat das bereits hinter sich. Er hatte bereits *wakanya wowanyanke* – die große Vision...

Der *wicasa wakan* will für sich sein. Er will abseits der Menge und dem täglichen Kleinkram sein. Er will meditieren, will sich gegen einen Baum und einen Felsen lehnen, will die Bewegungen der Erde unter sich spüren. Auf diese Weise kann er Dinge herausfinden und Fragen beantworten. Indem er seine Augen schließt, sieht er viele Dinge klarer. Was du mit geschlossenen Augen siehst, das zählt... Von allen Lebewesen fließt ständig etwas in ihn hinein und etwas fließt aus zu ihnen. Ich kann nicht sagen, wo was fließt, es ist einfach da. Ich weiß es...

Ein Medizinmann zu sein, ist, glaube ich, mehr als alles andere ein Bewußtseinszustand, eine Sichtweise, die Erde zu sehen und zu verstehen, ein Gespür und Verständnis dafür, worum es geht. Bin ich ein *wicasa wakan*? Ich denke schon. Was könnte oder würde ich sonst sein? Wenn du mich so in meinem geflickten, abgetragenen Hemd siehst, mit meinen abgetretenen Cowboystiefeln, dem pfeifenden Hörgerät im Ohr, und wenn du die dünnwandige Hütte anschaust mit dem stinkenden Plumpsklo dahinter, die ich mein Zuhause nenne, dann paßt das eigentlich nicht zu dem Bild, das sich ein weißer Mann von einem heiligen Mann macht. Sicher nicht. Du kennst mich betrunken und hast mich schon gesehen, als ich völlig am Boden war. Du hast mich fluchen und schmutzige Witze erzählen hören. Du weißt, daß ich weder besser noch weiser als andere Männer bin. Aber ich war allein auf dem Berg, ich hatte meine Vision, und ich erhielt meine Kraft: der Rest ist Übung. Diese Vision verläßt mich nie mehr...

Ich bin ein Medizinmann, weil mir mein Traum sagte, einer zu sein, weil mir befohlen wurde, einer zu sein, weil die heiligen Männer – Chest, Thunderhawk, Chips, Good Lance – mir geholfen haben, einer zu sein. Daran kann und will ich nichts ändern. Ich will ein *wicasa wakan* sein, ein Mann, der den Kummer der anderen spürt.«[1]

Indianisches Verständnis von Krankheit

Das griechische Verständnis der Krankheit, so hatten wir gesehen, sah deren Ursachen in der Störung der Harmonie, die zwischen Außen und Innen, Körper und Seele, Bewußtem und Unbewußtem bestehen muß. Das ist mehr und anders, als es für die heutige Medizin zutrifft, zumal diese die Ursachen einer Krankheit in psychischen und/oder somatischen Störungen sieht, die grundsätzlich, wenn auch nicht immer erfolgreich, rational erkennbar sind.

Demgegenüber ist es nicht allein den indianischen Völkern, sondern insgesamt den primitiven Kulturen eigen, Krankheiten nicht vorrangig in äußeren

1 *John (Fire) Lame Deer*, Tahca Ushte. Medizinmann der Sioux, a.a.O., 17; 92; 175-177; 179.

Ursachen begründet zu sehen, sondern als Auswirkung einer Kraft zu verstehen, die Götter, Geister, Dämonen oder auch andere Menschen ausüben. In diesem Sinne haben Krankheiten übernatürliche Ursachen. Daraus ergibt sich, daß sie nicht einfach »technisch« behandelt werden können, sondern gewissermaßen eine »mystische« Therapie verlangen, durch die auf die jenseitige Ebene eingewirkt werden kann. Doch ist diese Unterscheidung oder Trennung in zwei verschiedene Wirklichkeitsebenen, wie sie ein europäisches Bewußtsein denkt, bereits falsch, denn für das »primitive«, d.h. ursprüngliche Denken durchdringen sich sichtbare und unsichtbare Welt, so daß die Einheit von Menschen- und Geisterwelt, auch die von Körper und Seele, die selbstverständliche Ordnung des Daseins bestimmt:

»Ich war acht Jahre alt, als ein Bruder meiner Mutter krank wurde. Er war sehr krank, und die Schamanen der Sierra, die versucht hatten, ihn mit Kräutern zu heilen, konnten ihm nicht helfen. Da besann ich mich darauf, was mir die Teonanácatl gesagt hatten: daß ich mich aufmachen und sie suchen sollte, wenn ich Hilfe brauchte. So ging ich die heiligen Pilze holen, und ich brachte sie zur Hütte meines Onkels. Ich aß sie vor den Augen meines Onkels, der im Sterben lag. Und auf der Stelle entführten mich die Teonanácatl in ihre Welt, und ich fragte sie, was mein Onkel hätte und was ich tun könnte, um ihn zu retten. Sie sagten mir, ein böser Geist sei in das Blut meines Onkels eingedrungen, und um ihn zu heilen, sollten wir ihm einige Kräuter geben, nicht die, die die Curanderos ihm gaben, sondern andere. Ich fragte, wo diese Kräuter zu finden wären, und sie führten mich zu einer Stelle auf dem Berg, wo hohe Bäume wuchsen und die Wasser des Baches flossen, und sie zeigten mir das Kraut, das ich aus der Erde ziehen sollte, und den Weg, den ich einzuschlagen hatte, um sie zu finden. Als ich von der Reise in die Welt der Teonanácatl zurückkehrte, machte ich mich von der Hütte aus auf, und ich schlug den Weg ein, den mir die Pilze gewiesen hatten. Ich gelangte an eine Stelle, die ich auf meiner Reise gesehen hatte, und es waren dieselben Kräuter. Ich nahm sie, ich brachte sie heim, ich kochte sie in Wasser, und ich gab sie meinem Onkel. Ein paar Tage später war der Bruder meiner Mutter geheilt.«[1]

Diesen Bericht von ihrer ersten Heilung schrieb eine Frau, Maria Sabina (* 1894), eine Mazateka-Schamanin aus Mittelamerika, die ihr Leben selbst – wie andere Seher und Heiler – in Armut und Leid zugebracht hat. Sie übte ihre Heilkunst mit Hilfe der halluzinogenen Pilze aus als Frau »ohne Fehl, makellos, die ihre Berufung nie herabwürdigte, indem sie ihre Kräfte zum Bösen verwandt hätte«.

Während die achtjährige Maria Sabina zunächst auf eine Traumreise ging, um die richtige Medizin zu finden, bediente sich die Krankenheilung des gleicherweise noch kindlichen Black Elk, die unser Religionsbuch vorstellt, vorwiegend ritueller Gebete und Praktiken. Weil im Schulbuch der Platz zur Wiedergabe dieses Rituals fehlt, dessen Hintergrund außerdem besser der Interpretation des Lehrers vorbehalten bleibt, sei der Vorgang hier detailliert beschrieben:

»Zuerst bot ich die Pfeife den sechs Mächten dar, dann gab ich sie weiter, und wir alle rauchten. Hierauf brachte ich auf der Trommel einen donnerähnlichen rollenden Laut hervor. Ihr wißt, wenn die Gewalt des Westens zu den Zweibeinern kommt, dann naht

1 *Joan Halifax*, Die andere Wirklichkeit der Schamanen. Erfahrungsberichte von Magiern, Medizinmännern und Visionären. Bern/München 1983, 164.

sie mit Gedröhn, und wenn sie vorüber ist, erhebt jedes Ding sein Haupt und freut sich, und alles ist erfrischt. Also machte ich diesen donnernden Laut. Auch ist die Stimme der Trommel ein Opfer an den Geist der Welt. Ihr Schall erhebt das Gemüt und läßt die Menschen das Geheimnis und die Macht der Dinge empfinden.

Der kranke kleine Knabe lag an der Nordostseite des Tipis, und wir traten von Süden ein. Wir gingen von links nach rechts herum und hielten an der Westseite, nachdem wir den Kreis beschrieben.

Ihr müßt wissen, warum wir immer auf diese Art von rechts nach links gehen. Ich kann euch über die Ursache etwas mitteilen, doch nicht alles. Bedenkt dies: Ist nicht der Süden die Quelle des Lebens, und kommt nicht der blühende Stab tatsächlich von dort? Und schreitet nicht der Mensch von dort der untergehenden Sonne seines Lebens zu? Nähert er sich dann nicht dem kälteren Norden, wo die Haare weiß sind? Und langt er nicht dann, wenn er am Leben bleibt, an der Quelle von Licht und Erkenntnis an, die der Osten ist? Und kehrt er nicht dorthin zurück, von wo er ausgegangen, zu seiner zweiten Kindheit, um dort sein Leben an alles Leben wieder hinzugeben und sein Fleisch der Erde, aus welcher er es bekommen? Je mehr ihr über solches nachdenkt, um so mehr werdet ihr darin finden.«

Es ist unserer zivilisierten Welt fremd geworden, die Einbindung des Lebens in die Weltachsen zu bedenken, obwohl doch auch die eigenen Vorfahren unglaubliche Mühen darauf verwandten, ihre Kirchen in die vier Himmelsrichtungen einzubinden, was bei manchem Geländezuschnitt nicht eben selbstverständlich war (→ S. 594-597). Hinter diesem Bemühen steht ein kosmisches Weltbild, das den Sioux-Indianer nie verläßt: Wenn er das Sommerlager als »Ring des Volkes« errichtet (→ IV, 481-487) und sowohl im Medizinbeutel wie im Gebrauch der heiligen Pfeife (→ IV, 488-492) oder in der Ordnung des Zeltes stets das gleiche mythische Muster des bergenden Welthauses erkennt, so ist der Grundansatz von einem ganzheitlichen Gefühl bestimmt und dem Wunsch, in Übereinstimmung mit Kosmos und Natur zu sein.

Dieser Wunsch bestimmt auch das Gebet, daß Schwarzer Hirsch nun spricht (im Religionsbuch finden sich nur Anfang und Ende des folgenden Textes wiedergegeben):

»Mein Großvater, Großer Geist, du bist der einzige, und zu keinem andern kann eine Stimme dringen. Du hast alles erschaffen, so sagen sie, und du hast es gut und schön gemacht. Die vier Viertel und die zwei Wege, die sich kreuzen, hast du gemacht. Du hast auch eine Kraft erweckt, dort, wo die Sonne niedergeht. Die Zweibeiner auf der Erde sind in Verzweiflung. Für sie, Großvater, schicke ich eine Stimme zu dir. Du hast zu mir so gesprochen: Die Schwachen werden gehen. Im Gesicht hast du mich zur Mitte der Welt geführt, und dort hast du mir die Kraft der Hingabe gezeigt. Du gabst mir das Wasser in der Schale; durch seine Kraft wird der Sterbende wieder leben. Das Kraut, das du mir gezeigt hast – durch seine Kraft wird der Kranke aufrecht gehen. Von dort, wo wir immer hinblicken [dem Süden], siehe, wird eine Jungfrau erscheinen und den guten roten Weg wandern, die Pfeife auf ihrem Wege darbietend; und ihr ist auch die Kraft des blühenden Stabes. Von dort, wo der Riese wohnt [dem Norden], hast du mir den reinigenden heiligen Wind geschickt, und wo dieser Wind vorüberzieht, da werden die Schwachen Kraft erlangen. Solches hast du zu mir gesprochen. Zu dir und zu allen deinen Mächten und zur Mutter Erde schicke ich eine Stimme um Hilfe.«

Der Ritus, den Schwarzer Hirsch hier zelebriert, entspricht seinem Traum, durch den er zu sich selbst und zur »Mitte der Welt« gelangte (→ S. 100). Dem

Ritual selbst ist keinerlei »magische« Wirkung zuzuschreiben, vielmehr dem inneren Sinn, mit dem der Schamane Gestus und Wort füllt. Dieser innere Sinn lebt aus der Vision, die sein Leben leitet. Die Kraft, den Kranken zu heilen, liegt auch nicht in äußeren Verrichtungen, sondern entscheidend in seiner Kraft, den Kranken in den eigenen Traum, oder besser gesagt, in die Erfahrung seiner eigenen Ganzwerdung hineinzuholen. So heilt ein Schamane letztlich nicht durch dieses oder jenes »Mittel«, sondern durch jene Vision, die ihn in die Mitte der Welt, zur Erfahrung der Einheit aller Dinge und zur Berufung für andere geführt hat.

Schwarzer Hirsch beendet seinen Bericht: »Während ich dieses sang, empfand ich in meinem ganzen Leibe etwas Seltsames, etwas, das in mir das Verlangen weckte, über alle unglücklichen Geschöpfe zu weinen, und Tränen rannen über mein Gesicht.«[1]

Die Bildebene: S. 147-149
Votivgaben in Epidauros, Lourdes und anderswo

Weihegaben sind keine Erfindung des Christentums, sondern bereits in frühesten Kulturen bezeugt. In den Religionen des Orients wie der Antike gehören zu allen Tempeln Schatzhäuser, in denen besonders kostbare Weihegaben aufbewahrt wurden. In Delphi gab es mehrere Schatzhäuser, Thesauroi, in denen die einzelnen griechischen Stadtstaaten ihre Weihegeschenke unterbrachten; hinzu kamen noch Weihegeschenke anderer Art, die als Stelen oder Denkmäler unter freiem Himmel aufgestellt wurden.

Es gab sehr unterschiedliche Motive, die hinter den Weihegeschenken stehen. Wer zur See fuhr, brachte eine Gabe in den Tempel Neptuns, oder Reisende opferten Marmortafeln mit einer Fußspur als Ausdruck ihrer erhörten Bitte um glückliche Heimkehr. Im Grunde begegnet in den antiken Religionen die ganze Palette von Weihegaben, wie wir sie immer noch von christlichen Wallfahrtsorten her kennen, denn die Tradition riß nicht ab, die Christen blieben von früh auf den gewohnten Formen gläubiger Bitte und frommen Dankes treu. So erwähnt Theodoret von Kyros († 458) als Weihegeschenke an Märtyrergräbern Nachbildungen geheilter Glieder, wie Füße, Hände, Ohren, Augen in Gold und Silber. Mit dem Übergang des Christentums in den germanischen Raum wurden die Gaben bescheidener; statt Gold und Silber müssen nun hölzerne Nachbildungen von Körperteilen für erwartete oder erlangte Heilung genügen. Dieser Brauch zieht sich durch alle Jahrhunderte, differenziert sich aber, indem auch andere Gaben und Stiftungen mit Bitte und Dank verbunden werden, zum Beispiel Altartücher, Paramente, Juwelen und Schmuck, mit denen das Gnadenbild umhängt wird; Frauen gaben ihre Brautkleider und kostbaren Mäntel her, es wurden Naturalien geopfert und natürlich immer auch Geld. Bevorzugt aber blieb die Darstellung kranker oder geheilter Körperteile in Silber, Eisen, Holz, Ton oder Wachs. Votivkröten standen symbolisch für die Gebärmutter, Löffel für Mund-, Zahn- und Verdauungsbeschwerden, mit Haaren und Zöp-

---

1 *Schwarzer Hirsch*, Ich rufe mein Volk, a.a.O., 187-191.

fen begaben sich die Opfernden gewissermaßen in die Leibeigenschaft des Heiligen, eiserne Weihetiere vertraten die Sorge um den Viehbestand.

Das Votivbild als eigenständiger Typ begegnet in der westlichen Christenheit erst gegen Ende des Mittelalters (vor 1400 vereinzelt auf dem Montserrat, ab Mitte 15. Jahrhundert in Italien, nach 1500 erst in den Alpenländern). Die älteste Votivtafel außerhalb des romanischen Bereichs stammt aus Riffian bei Meran aus dem Jahre 1487. Im 16. Jahrhundert entwickelte sich der Brauch bald mit zunehmender Dichte. Das von einer Einzelperson geopferte Votivbild der Frühzeit stand zunächst noch in der Tradition der Tafelmalerei der Stifterbilder und der Epitaphe. Hinzu trat eine Freude an Mirakeldarstellungen, die auf Breiten- und Fernwirkung abzielen. Den Pilgermassen, die sich bei weiter entfaltendem Wallfahrtswesen von den großen Heiligtümern angezogen fühlten, wurden mit diesen Darstellungen die Macht und das Ansehen des Gnadenortes eindringlich vor Augen gestellt. Die Wand des Kapellenumgangs von Altötting bewahrt bis heute eine solche gemalte Wunderchronik.

Das Wort »Votivbild« oder »Votivtafel« ist erst späteren Ursprungs. Es entstand durch die auf vielen Tafeln verkürzte Widmung *ex voto*; es besagt, daß das auf Holz, Blech, Leinwand, Karton oder Papier gemalte Bild auf Grund eines Gelöbnisses (lateinisch *votum*) angefertigt und dargebracht worden ist. Immer ist das Votivbild ein Zeugnis der Hilfsbedürftigkeit des »tausenderley Angelegenheiten, Schmerzen und Nöthen« ausgelieferten Menschen und zugleich des Trostes und der Hilfe, die er gefunden hat. Alles, was gesagt werden soll, wird bildhaft zum Ausdruck gebracht, doch läßt sich ein dreifacher Aspekt unterscheiden: erstens zeigt das Votivbild das Kultobjekt, also die angerufene himmlische Person, zu welcher die Wallfahrt unternommen wurde; zweitens finden sich meistens die Person(en), um die sich der Vorgang dreht und die meist das Bild stifteten, abgebildet; drittens wird der Anlaß der Stiftung, ein Krankheits- oder Unglücksfall geschildert; schließlich kann die Inschrift als vierte Komponente noch hinzukommen. Es ist aber nicht so, als ob je alle drei Komponenten zusammenkämen. Auf den im Religionsbuch wiedergegebenen Votivtafeln zeigen nur zwei das Kultobjekt; der oder die Stifter werden jeweils durch den abgebildeten kranken Körperteil oder durch die Notsituation vertreten.

Antike Votivgaben   S. 147

Amynos und ein krankes Bein

Der wachsende Ruhm von Epidauros brachte es mit sich, daß auch andere Städte der griechischen Welt den Asklepios-Kult einführten. In Athen geschah dies unter dem Eindruck der Pest 420 v.Chr. Vorher gab es im Lande kleinere Heiligtümer, zu denen die Kranken pilgerten. So zum heiligen Bezirk des Kultheros *Amynos* am Fuße der Akropolis; Votivgaben bezeugen bereits für das 6. Jahrhundert v.Chr. den Kult an dieser Stelle. Die Abbildung aus dem 4. Jahrhundert v.Chr., zeigt Amynos (der wie Asklepios dargestellt wird) mit einem übergroßen Bein in seinen Händen; das Bein zeigt eine starke Krampfader, daneben sind zwei einzelne Füße zu sehen. Die dargestellten Gliedmaßen werden der Fürsorge des Gottes anvertraut.

Votivglieder aus Korinth

In Korinth lag am Rande der Stadt ein kleiner heiliger Bezirk, in dem wahrscheinlich schon im 6. Jahrhundert v.Chr. Apollon verehrt wurde. Im folgenden Jahrhundert schloß sich die Asklepios-Verehrung hier an. Die Geheilten weihten in Korinth besonders gerne Votivglieder. Eine Vielzahl von Terrakottagliedmaßen ist erhalten geblieben, meist aus dem 5. und 4. Jahrhundert. Sie sind teils naturalistisch, teils auch nur schematisch modelliert und mit Löchern zum Aufhängen versehen. Für Männer wählte man eine braunrote, für Frauen eine weiße Farbe. Meistens handelt es sich um Arme und Beine, Hände und Füße, dazu kommen weibliche Brüste und männliche Genitalien. Köpfe, Augen und innere Organe gab es (anders als in Etrurien) hier nicht. Ähnliche Votivgaben sind selbst noch aus christlicher Zeit bezeugt.

Ohrengabe an Asklepios

Inmitten der Großstadt Athen gelegen, hatte das Asklepieion lebhaften Zulauf. Der heilige Bezirk war mit Weihegaben gefüllt; die Priester führten Buch über die wertvollen Weihegeschenke. Das Ohrenpaar, ebenfalls aus dem 4. Jahrhundert v.Chr., dürfte eine Bitte um Erhörung ausdrücken. – Eine Anekdote zur Aufbewahrung der Votivgaben überliefert Aelian: Nächtens, während die Heilungssuchenden im tiefsten Schlaf lagen, stieg ein Dieb über die Mauer, der es auf die kostbaren Weihegeschenke abgesehen hatte. Als er sich mit der Beute davonmachen wollte, bemerkte ihn einer der heiligen Hunde, die auch in Athen nicht fehlten. Laut bellend verfolgte er den Dieb. Als der Morgen kam, konnte man mit Hilfe des Hundes rasch das Haus des Diebes finden und ihn anhand des Diebesgutes überführen. Der Dieb bekam seine Strafe, der Hund das Gnadenbrot auf Staatskosten. – Erst die Christianisierung bereitete im 5. oder 6. Jahrhundert n.Chr. dem Asklepieion von Athen sein Ende. An dessen Stelle wurde u.a. aus den Trümmern des Heiligtums die Basilika des Heiligen Anagyroi errichtet. – In Lissos auf Kreta begrub man die zerschlagenen Statuen des Asklepieion, Asklepios, Hygieia und Votivgaben in einem ausgehobenen Loch unter dem Fußboden.

Christliche Votivgaben   *S. 148f*

Krücken in Lourdes

Das Foto mit den Krücken steht hier als *pars pro toto*. Es geht um die in Lourdes geschehenden Heilungen insgesamt. Zwischen 1858 und 1912 sollen 4 445 Heilungen gezählt worden sein: Seit 1947 werden Heilungen von einem Ärztebüro aktenmäßig festgehalten; bis 1978 wurden 1100 Heilungsakten angelegt, davon gelten 64 als »sicher definiert und natürlich unerklärbar«.[1] Anstelle vieler Einzelberichte über Heilungen in Lourdes[2] soll hier lediglich das Resümee von Alexis Carrel (1873-1944) zitiert werden, Nobelpreisträger für

---

1 *Georg Siegmund,* Gibt es noch Wunder in Lourdes? Leutesdorf 1984, 10.
2 Derzeit erhältlich: *Ida Lüthold-Minder,* Ich wurde in Lourdes geheilt. Stein am Rhein [4]1987; *Josef Heinzmann,* In Lourdes glauben lernen. Konstanz [4]1989.

Medizin von 1912, der sich aus skeptischer Perspektive eingehend mit den Vorgängen in Lourdes befaßt hat: »Wie die Gesetze der Thermodynamik ein Perpetuum mobile unmöglich machen, so stehen die physiologischen Gesetze dem Wunder entgegen – das ist immer noch die Auffassung der meisten Physiologen und Ärzte. Zieht man aber die in den letzten fünfzig Jahren beobachteten Tatsachen in Betracht, so kann diese Auffassung nicht aufrechterhalten werden. Die bedeutendsten Fälle von Wunderheilung hat das Ärztliche Büro in Lourdes aufgezeichnet. Unsere gegenwärtige Auffassung vom Einfluß des Gebetes auf pathologische Schädigungen gründet sich auf die Beobachtung von Patienten, die beinahe von einem Augenblick zum anderen von den verschiedensten Gebrechen geheilt wurden, zum Beispiel von Bauchfelltuberkulose, kalten Abszessen, Knochenentzündung, eitrigen Wunden, Lupus, Krebs usw. Der Heilvorgang unterscheidet sich im einzelnen nur wenig. Oft tritt ein heftiger Schmerz auf, sodann ein plötzliches Gefühl der Heilung. In ein paar Sekunden oder Minuten, längstens in einigen Stunden vernarben die Wunden, die pathologischen Symptome verschwinden, der Appetit kehrt wieder. Zuweilen vergehen die funktionellen Störungen, bevor noch der anatomische Schaden geheilt ist. Die Skelettentartungen der Pottschen Krankheit, die krebsigen Drüsen können noch zwei oder drei Tage vorhanden sein, nachdem die hauptsächlichen Schäden schon behoben sind. Was das Wunder vor allem charakterisiert, ist eine ungeheure Beschleunigung der organischen Heilvorgänge: Die anatomischen Schäden vernarben zweifellos in viel kürzerer Zeit, als man es normalerweise gewöhnt ist. Die einzige unerläßliche Voraussetzung des Geschehens ist das Gebet. Dabei ist es nicht notwendig, daß der Patient selber betet. Er braucht nicht einmal religiös gläubig zu sein; es genügt, wenn jemand in seiner Nähe im Zustand des Gebetes ist. Das sind Tatsachen von höchster Bedeutung; sie erweisen die Wirklichkeit gewisser, ihrem Wesen nach noch unbekannter Verwandtschaften zwischen den psychischen und organischen Vorgängen. Auch die objektive Bedeutung der seelischen Energien ist damit bewiesen, von denen Hygieniker, Ärzte, Erzieher und Soziologen fast nie wissenschaftlich etwas wissen wollen. Hier eröffnet sich dem Menschen eine neue Welt.«[1]

Augenpaar

Die kleine, nur 15 × 12,5 cm große Votivtafel mit der Darstellung eines Augenpaares (vermutlich aus Fließ bei Landeck in Tirol) zeigt eine letztmögliche Reduktion des mehrgliedrigen Votivschemas auf ein einziges Bildelement. Der angerufene Heilige wird nicht dargestellt. Damit sind die gemalten Augen den Ohren oder Gliedmaßen der antiken Votivgaben vergleichbar. Auf der Tafel haben sich spätere Wallfahrer mit Bleistiftinitialen eingetragen. In der Mitte oben, zwischen dem Augenpaar, ist zweimal übereinander der Kreuzestitulus INRI zu lesen, möglicherweise als Anrufung zu verstehen. Die vielen Ziffern hinter dem No.-Kürzel sind wohl Jahreszahlen, z.B. in der mittleren Reihe: 1833; 1848; 1823; 1816; 1869; 1900; vermutlich handelt es sich um Anwesen-

1 *Alexis Carrel*, Der Mensch, das unbekannte Wesen. (L'homme, cet Inconnu, 1935), zit.n. *Georg Siegmund*, a.a.O., 21f.

heitsbekundungen. Die Votivtafel ihrerseits ist undatiert; sie könnte bald nach 1800 entstanden sein.

Votivbein und der heilige Antonius von Padua

Die dem hl. Antonius von Padua gewidmete Windschnurkapelle in Niederrasen bei Bruneck im Pustertal wird auch heute noch gerne besucht. Seitdem die Kapelle 1698 erbaut wurde, findet der populäre Franziskaner dort Verehrung: als Wiederbringer verlorener Sachen, als Patron der Liebenden, als Helfer gegen Unfruchtbarkeit, Fieber, teuflische Mächte und Viehseuchen. Zahlreiche Votivbilder bezeugen mit Errettungsszenen, mit Krücken, Tierfiguren, Holz- oder Wachsmodellen, in welchen Nöten der Heilige angerufen wurde. – Die Votivtafel des Joseph Weidacher von 1765 mit ihrem zweiteiligen Bildaufbau ist so zu lesen, daß der selbst nicht dargestellte, aber namentlich genannte Votant nach Heilung von einem Beinleiden dieses Bild als Dankeszeichen gestiftet hat.

Ein Boot in Seenot

Ein Tiroler Bauernpaar, durch seine Kleidung gekennzeichnet (Frau mit weißer Bluse, rotem Leibchen, dunklem Rock, blauer Schürze; Mann mit dunkelblauem Langrock, roter Weste, dunklem Rundhut), hat auf einer Reise in den Süden den Weg über den Gardasee genommen. Zwei in Tücher gehüllte würfelförmige Bürden könnten – mal etwas spekuliert – die beiden als Vogelhändler ausweisen. Die Überfahrt über den See, zu der sie einen italienischen Ruderknecht anheuerten (die Tracht des Ruderers weist auf den Gardasee hin: weißes Hemd, blaue Kniehose, weiße Strümpfe, rote Schärpe, rote Mütze) führte sie in ein Unwetter; das Boot drohte zu kentern, in ihrer Todesnot suchten sie Hilfe bei den vertrauten heimischen Gnadenbildern, dem Mariahilfbild der Innsbrucker Stadtpfarrkirche St. Jakob (oder einer Filiale dieser Instanz) sowie bei den Tiroler Volksheiligen Antonius von Padua und Josef Nährvater. Die angerufenen Heiligen haben ihre Hilfe nicht versagt, was die ins Boot ausgesandten Lichtstrahlen deutlich machen, die bei Votivbildern immer das Zeichen für einen erfolgten Gnadenerweis sind. Links unten: Ex voto 1769.

Die Wunderheilungen Jesu S. 151

Der bisherige Weg durch die Religionswelt hat uns gezeigt, daß Heilungswunder weder eine spezifisch christliche noch biblische Erfahrung sind, sondern in allen Religionen begegnen, sofern sie als heilmachend erfahren werden können. Darum sind solche Wunder auch kein Argument für die Wahrheit des Christentums und christologische Interpretationen. Heilungswunder sind älter als jede Christologie und beweisen keine Dogmen. Die von Jesus berichteten Heilungen beweisen jedoch, wie sehr auch Jesus die Menschen in ihrem Leid, ihrer Angst und Krankheit wahrnahm und sich in jener Erfahrungstiefe mit ihnen verbinden konnte, die ihn fähig machte, die gestörte Natur wieder zu heilen. Dabei ist nie zu übersehen, daß er diese Hilfe nur leisten konnte, wie er selbst unablässig betonte, weil die Kranken ihm vertrauend entgegenkamen. Wenn Jesus von den Heilungsuchenden Glauben fordert, so verweist er damit nicht auf die eigene Person, sondern auf die heilende Macht des Vertrauens, das erst die Voraussetzung dafür ist, überhaupt als Heiler helfen zu können. So umschließt der ihm entgegengebrachte Glaube kein dogmatisches Bekenntnis, sondern einen Glauben, der mächtiger ist als alle lähmende Angst.

Es besteht also kein Riß in der Menschheitsgeschichte, der die Heilungswunder, die von indianischen oder tibetischen Schamanen ausgehen oder die in Epidauros geschahen, vom heilenden Wirken Jesu abspaltet. Die Hybris einer dialektischen Theologie, die Einheit der Geschichte zu leugnen, alle Religionen der Welt als Machwerk zu verteufeln und den christlichen Glauben, damit kein gemeinsamer Nenner bliebe, selbst als Nicht-Religion zu proklamieren, ist für eine Welt, die ihr Überleben an die Friedensfähigkeit und Zusammengehörigkeit aller Kulturen gebunden sieht, nicht mehr akzeptabel. Weniger als dem naturwissenschaftlichen Denken sind gerade die neutestamentlichen Wundergeschichten einer Theologie im Wege, die separierende Wege geht. Statt in diesen Geschichten Hinweise auf grundsätzlich gegebene Möglichkeiten zu sehen, die auch heute bestehen (Vgl. Mk 16,17f.; Apg 2,43; 5,12; 8,13; 14,3; 15,12 u.a.m.), hebt die Theologie darin gewöhnlich auf gedankliche Substrate ab, etwa derart, diese Wundergeschichten seien Zeichen seiner Messianität und des anbrechenden Gottesreiches. Mit solchen Interpretamenten, welches legitime Recht sich auch immer mit ihnen verbinden mag – etwa die Betonung des inneren Zusammenhangs zwischen der Verkündigung und den Wundern Jesu, die zwei Seiten einer Medaille sind –, schiebt man diese Geschichten an die Peripherie des Lebens, von der aus sie heutige Menschen nicht mehr erreichen, am wenigsten die Jugend.

Das didaktische Problem der biblischen Heilungswunder liegt somit darin, daß es innerhalb der heutigen Christenheit keinen Erfahrungszugang mehr zu einer Glaubensfrömmigkeit gibt, in der Körper und Seele, Natur und Geist, Welt und Gott noch oder wieder eine Einheit bilden und in der ein nur *beredeter* »Glaube« darin besteht, diese Einheit zu realisieren.

Die Heilung des blinden Bartimäus   S. 151

Die Erzählung Mk 10,46-52 findet im Religionsbuch für das 1. Schuljahr eine zentrale Beachtung. Dort hat sie ihren didaktischen Ort im Abschnitt »Sehen lernen«. Voraufgeht die »Geschichte vom Korb mit den wunderbaren Sachen«, gewissermaßen als das negative Gegenstück. Darin wird einem Mann die Chance geboten, »sehend« zu werden, das heißt im Kontext des Märchens: zur Freude, zum Genuß, zum Teilen und zur Liebe fähig, aber aus der Verstrickung in sich selbst vermag er sich nicht zu lösen, so daß er auch nicht sehen lernt, welche »wunderbaren Sachen« seine Frau »vom Himmel her« mitgebracht hat (→ I,199-212; V,155-159). Darauf folgt Pieter Breughels Bild »Das Gleichnis von den Blinden« (»Das blinde Schwesterchen« von Paula Modersohn-Becker und die Breughel-Zeichnung »Die Imker« gehören in den gleichen Kontext). In dieser Linie ist die Heilung des blinden Bartimäus, der ja nicht alleine seine äußere Sehfähigkeit zurückgewinnt, sondern auch eine innere Wahrnehmungsfähigkeit dazu, die eigentliche Antwort auf die zuvor entfalteten Blindheiten.

Im 2. Schuljahr wird das Thema erneut aufgenommen, diesmal im Kontext von Heilungsgeschichten, die den Menschen ihre verlorenen Fähigkeiten zurückgeben, zu sehen, zu hören, zu gehen, in Gemeinschaft zu leben und geschwisterlich zu teilen. Damit verbinden sich Erfahrungsansätze, die – modifiziert – in ein 6. Schuljahr übersetzt werden müßten, als anthropologische Grundübungen zum Sehen, Hören, Tasten, Gehen... (→ II,283-357).

Wenn es schon nicht primär um Texte geht, sondern um ein eigenes Sehenkönnen, dann sollten auch Bilder betrachtet werden, weil sich mit ihnen ebenfalls heilende Erfahrungen verbinden lassen. Es bieten sich an:

Relindis Agethen, Die Geschichte vom Korb; Dias 1/2, Nr. 11-14.
Pieter Breughel, Das Gleichnis von den Blinden; Dias 1/2, Nr. 15.
Relindis Agethen, Die Heilung des Blinden; Dias 1/2, Nr. 16.
Relindis Agethen, Die Heilung des Blinden; Dias 1/2, Nr. 28.
Relindis Agethen, Die Heilung des Taubstummen; Dias 1/2, Nr. 29.
Relindis Agethen, Die Heilung des Gelähmten; Dias 1/2, Nr. 30.
Relindis Agethen, Die Heilung des Aussätzigen; Dias 1/2, Nr. 31.
Relindis Agethen, Das Gastmahl der Armen; Dias 1/2, Nr. 32.

Zur Ergänzung dieser breiten Erschließung neutestamentlicher Wundergeschichten seien hier Auszüge aus einer Interpretation Eugen Drewermanns angefügt, die das Gesamtbild mit bisher nicht genannten Aspekten abrunden:

Jesus sah im Glauben an Gott eine Art, dem Menschen seine persönliche Würde und Gott die schuldige Dankbarkeit zurückzugeben. Von dieser Einstellung Gott gegenüber war Jesus so durchdrungen, daß er an Menschen glaubte, die den Glauben an sich selbst längst aufgegeben hatten, und daß in seiner Nähe immer wieder Menschen förmlich angesteckt wurden durch sein Vertrauen in die Größe und die Weite ihres Lebens. Auch die Geschichte von der Heilung des blinden Bartimaios ist in diesem Sinne beides: ein Dokument tiefer Aussichtslosigkeit und ein Dokument, das sehen lehrt, indem es zeigt, wie jemand wieder sehen lernte.

Alle Heilungsgeschichten des Neuen Testaments enthalten Momente einer verdichteten Krankheits-Anamnese. Wer eine Heilungsgeschichte verstehen will, tut gut daran, alle Einzelheiten des Verhaltens der geschilderten Personen so genau wie möglich zu beachten und dabei zu unterstellen, daß sich gerade in solchen entscheidenden Szenen nichts willkürlich und zufällig, sondern im Gegenteil alles in spezifischer Weise charakteristisch und notwendig so zutragen muß, wie es geschildert wird.

Am meisten fällt in der Geschichte der Konflikt auf, den das laute Hilferufen allen anderen gegenüber auslöst. Denn was wirft man dem Blinden eigentlich vor? Doch nur, daß er mit seinem Rufen aus der Reihe fällt; er, Bartimaios soll sich nicht so wichtig nehmen; er soll in der Rolle bleiben, die er bisher gespielt hat: die Rolle eines unauffälligen, an den Rand gedrängten Lebens passiver Abhängigkeit und Hilfsbedürftigkeit; man hat ihn bisher in seiner Blindheit versorgt. Sucht er sich nun bemerkbar zu machen, wird er als lästiger Schreier zurückgewiesen. Man akzeptiert und unterstützt ihn, solange er still und zurückhaltend bleibt; er bekommt alles, solange er darum bettelt, er bekommt nichts, sobald er es fordert. Mit anderen Worten: Er hat kein Recht, sich selbst zu Wort zu melden; er hat von sich zu denken, daß er mit seinen eigenen Wünschen nur lästig fallen wird; er besitzt nur solange ein gewisses Ansehen, als er es allen gestattet, mitleidig auf ihn herabzusehen.

Im Grunde akzeptiert man in der Erblindung endgültig die niederdrückenden Rollenvorschriften der Umgebung: Man nimmt die Allmacht der anderen, die Totalität der eigenen Ohnmacht in der Erblindung als endgültig hin; die moralische Unfähigkeit, den anderen in die Augen zu schauen, verfestigt sich in der Blindheit zur Naturtatsache: was man ursprünglich nicht durfte, vermag man jetzt auch physisch nicht mehr. Man ist jetzt im Grunde nur noch das, wozu man gemacht wurde: ein Objekt fremder Blicke, ein wehrloser Gegenstand vor den Augen anderer, ein vollendetes Erzeugnis fremden Willens. Ständig gesehen zu werden, ohne selbst sehen zu können, ist ein extremer Ausdruck von Tiefrangigkeit und Selbstentwertung. Noch tiefer geht es nicht. Aber im Leben des Bartimaios zeigt sich zugleich auch, daß die Krankheit sich gewissermaßen selbst bezahlt macht: die anderen belohnen ihn für seine Kapitulation mit Unterhalt. Aber ihre Almosen rauben mehr, als sie zu geben vermögen.

Es grenzt in sich schon an ein Wunder, daß ein Mann wie Bartimaios in seine Erniedrigung zwar bis zur Erkrankung eingewilligt, die Krankheit selbst aber ebensowenig akzeptiert hat wie das gesamte Arrangement, aus dem sie hervorgegangen ist. Anscheinend hat er bislang niemals irgendeine Chance gesehen, um dem Getto der Erblindung zu entkommen. Aber kaum hört er ein einziges Mal davon, daß hier vielleicht doch eine Möglichkeit besteht, ergreift er sie mit der grenzenlosen Energie des Leids, und niemand kann ihn daran hindern.

Als er erfährt, daß Jesus vorübergeht, sprengt er mit einem Mal die Fesseln der Angst und der Gewohnheit und ruft um Hilfe. Daß er die Kraft zu diesem Hilferuf besitzt, ist in sich selbst schon mehr als wunderbar. Alle anderen meinen, er habe diesem Hochgeehrten, Hochgepriesenen gegenüber noch weniger ein Recht, sich zu melden, als den gewöhnlichen Einwohnern Jerichos gegenüber; Bartimaios aber denkt gerade umgekehrt. Alle anderen haben ihn sein ganzes Leben lang daran gehindert, selber zu leben, und hindern ihn noch; dieser eine wird vielleicht gerade darin seine Größe zeigen, daß er ihn, den Bettler, nicht wie alle anderen erniedrigt – und ihm mit seinem Ansehen auch sein Gesicht zurückgeben.

Dies ist der zweite, eigentliche Teil des Wunderbaren, daß Jesus wirklich den Hilferuf aus der Menge nicht überhört. Für ihn ist dieser eine Ruf um Hilfe wichtiger als tausend Hosianna-Rufe. Und es kommt noch eigenartiger. Man kennt Berichte aus dem Altertum, daß beim Vorübergang des römischen Kaisers Blinde sehend wurden, und die Erzählungen darüber werten derlei Vorkommnisse natürlich als Beweis für die göttliche Macht des Cäsars. Ganz anders hier. Jesus vermeidet es nahezu peinlich streng, seine eigene Größe in dieser Heilung hier zu demonstrieren. Es geht ihm nur um die Größe des Bettlers Bartimaios. Er hat verfügt, daß man den blinden Rufer zu ihm führe, und die Leute haben deswegen auf der Stelle ihre Meinung geändert: nunmehr befehlen sie Bartimaios geradezu, daß er Jesus gegenübertritt. Und tatsächlich steht Bartimaios auf. Aber eigentlich »selbständig« ist er damit noch nicht; was er tut, geschieht nach wie vor im Bannkreis fremder Vorschrift und Duldung; und bliebe es dabei, würde der »Aufstand« des Bartimaios sofort wieder erstickt sein – nie fände er als nur Gehorsamer sein Augenlicht zurück. Offenbar deshalb kommt es Jesus so sehr darauf an, daß der Blinde von sich her ausspricht, was er möchte; eben deshalb stellt er die scheinbar nur verzögernde Frage: »Was willst du, daß ich dir tun soll?« Alles scheint für Jesus in diesem Augenblick daran zu hängen, daß Bartimaios selber formuliert, was er am meisten wünscht, daß er sich öffentlich zu seinem Anliegen bekennt und daß er somit endgültig die Angst überwindet, er könnte zuviel verlangen, er würde doch nur lästig werden, er müßte sicherlich als zudringlich betrachtet werden.

Kein Psychotherapeut der Welt vermag eine Heilung gegen den Willen seines Patienten zu vollbringen. Im Gegenteil. Die Heilung besteht eigentlich immer nur darin, daß der Kranke lernt, wieder einen eigenen Willen zu bekommen; sie gelingt, wenn er das

Vertrauen aufbringt, den eigenen Wunsch gegen den Widerstand seiner Angst zu äußern; sie ist abgeschlossen, wenn er sich buchstäblich wieder zu seinen eigenen Augen, zu seiner Einsichtsfähigkeit entschließt.

An einer Stelle wie dieser Wundererzählung ist die unmittelbare Einheit zwischen Gottvertrauen und Selbstvertrauen mit Händen zu greifen. Jesus selbst tut beim Vorgang dieser Heilung scheinbar gar nichts. Seine einzige Handlung besteht darin, den Blinden nach seinem Willen zu fragen. So weit zieht Jesus sich zurück, daß es ganz und gar nur auf den Willen des Bartimaios ankommt. Alle anderen mögen bisher gemeint haben, sie sähen schon, was dem blinden Bettler fehlte; aber wenn es um die Heilung der Krankheit und nicht nur um die Linderung der Symptome gehen soll, darf offenbar von außen gar nichts »gemacht« werden. Er selbst muß sagen, was er will; erst das Vertrauen, daß dies möglich ist, gibt ihm das Augenlicht zurück. Um dies am Ende noch besonders zu unterstreichen, fügt Jesus sogar eigens hinzu: »Dein Glaube hat dich geheilt.« Selbst Jesus ist an dieser Stelle nur der Anlaß, nicht der Grund der Heilung. Der blinde Bartimaios aber, sich selbst zurückgegeben, sieht bei den Worten Jesu die ganze Welt mit eigenen Augen wieder. – Erst jetzt, wo er selbst sehen kann, wird Bartimaios fähig, in Jesu Fußstapfen zu treten.[1]

Evangeliar Ottos III.: Die Heilung des Aussätzigen

S. 150
Dias 5/6, Nr. 23

A. In der Reichsabtei der Insel Reichenau entstand im Laufe des 10. Jahrhunderts eine bedeutende Malschule, die zur Zeit der Ottonen und darüber hinaus die Buchmalerei des Reiches bestimmte. Das Skriptorium von Reichenau steht in der Nachfolge von St. Gallen, das seinerseits im Erbe der irisch-angelsächsischen Buchmalerei gesehen werden muß (→ S. 571 f.; 616 ff.). Zu den bedeutendsten Werken gehört neben dem Codex Egberti das Evangelienbuch Ottos III. und das berühmte Perikopenbuch Heinrichs II.

Das Kaiser Otto III. zugeschriebene Evangelienbuch entstand um 1000; es enthält in Deckfarben und Gold ausgeführte Miniaturen (12 Kanontafeln, 4 Evangelistenbilder und 29 Vollminiaturen aus dem Leben Jesu). Die Bilder verzichten auf eine modellierende Körperhaftigkeit und wirken bei gleichzeitiger Enträumlichung vor allem als »Gestalt gewordene Gebärde«.

B. Nahezu in der Mitte des Bildes steht, durch seine Körpergröße und den kreuzgestaltigen Nimbus hervorgehoben, Jesus, in Tunica und Toga gekleidet. Während er den linken Arm unter der Toga hält, deutet er mit rechts auf den Aussätzigen, der sich gebeugt und in die Knie gehend, ihm nähert. Der Körper des Aussätzigen ist von Kopf bis Fuß befleckt, halbnackt und von einem Tuch nur notdürftig bedeckt. Auf seinem Rücken trägt er ein Trinkhorn, wie er es braucht, weil ihm untersagt ist, die Gefäße anderer Menschen zu benutzen. Während er sich mit dem linken Unterarm auf das rechte Knie stützt, wendet er sich mit der rechten Hand und einer leichten Körperdrehung dem ihn anschauenden Jesus zu; dabei treffen sich die Blicke beider. Offensichtlich sprechen die Augen, ohne daß sich der Mund öffnen müßte. Die Kontaktnahme

1 *Eugen Drewermann*, Das Markusevangelium, 2. Teil. Olten 1991, 148-165. Die hier gebotene Wiedergabe ist – ohne Auslassungszeichen! – eine erheblich gekürzte Fassung des Buchtextes.

zwischen Jesus und dem Kranken wird unterstrichen durch die körpersprachliche Brücke, die sich zusätzlich zwischen beiden bildet: die Neigung Jesu mit Nacken und Kopf und die zwar gebeugte, sich aber zugleich auch aufrichtende Kopfhaltung des Aussätzigen stehen in Entsprechung zueinander.

Im Rücken Jesu zeigen sich drei seiner Jünger, vornean Petrus, der mit seinem grauen Haar als der »Älteste« charakterisiert wird. Er hat die rechte Hand abwehrend gegen die Begegnung Jesu mit dem Aussätzigen erhoben, scheint auch, mit seinen Kollegen, den Abstand, der ihm hinter der Gestalt Jesu bleibt, zu schätzen, und blickt eher sich distanzierend als Kontakt suchend auf den provokanten Vorgang. Wenn Jüngerschaft im jüdischen Verständnis einschließt, daß der Schüler übernimmt und weiterführt, was der Lehrer vorlebt, scheinen diese Jünger zunächst noch nicht soweit zu sein. Fast möchte man sagen, daß sie sich mehr hinter Jesus verstecken, als daß sie ihn in seiner Zuwendung zu den Kranken ergänzen. Beachtet man die Fußstellung, dann gehen Jesus und der Aussätzige aufeinander zu, die drei Jünger zeigen sich hingegen bereit, in jedem Moment sich wieder umzuwenden, um nach hinten fortzugehen.

Die Szene ist ohne räumlichen Bezug. Der Goldhintergrund verweist auf die in Jesus hereinbrechende Transzendenz; der furchige Boden macht allenfalls deutlich, daß die Begegnung im Freien stattfindet, jedoch »überall« gedacht werden kann.

C. Zum Aussatz haben Menschen unseres Kulturkreises keinen eigenen Erfahrungszugang mehr. Sie mögen von Leprakranken in anderen Kontinenten hören, fühlen sich aber von solchen Informationen nicht betroffen. Betroffen hingegen zeigen sich Jugendliche, wenn die pubertätsbedingte Akne ihr Gesicht zeichnet. Dann stehen sie immer wieder prüfend vor dem Spiegel, tauschen Erfahrungen über Medikamente und Rezepturen aus, wohl wissend, wie wichtig ein klarer Teint für sie und ihre soziale Geltung ist. Wenn auch Sechstkläßler davon normalerweise noch nicht berührt sind, die übliche Kosmetik-Werbung in unserer Gesellschaft hat ihnen längst die Wichtigkeit einer reinen Haut vorgeführt. Wir sollten »Aussatz« darum nicht alleine als eine private Krankheit, sondern auch als ein soziales Phänomen sehen. Ansteckende Hautkrankheiten isolieren die Betroffenen. Dann wird Aussatz ein Synonym für Ausschluß aus der Gesellschaft. Aber eine Gesellschaft kann sich ihre »Aussätzigen« auch schuldhaft schaffen.

D. Die Strenge der romanischen Buchmalerei (→ S. 624 f.; s.a. 602; 605 f. vgl. die Beispiele 166-171; 346 ff.) erlaubt keinen leichten Zugang. Der flüchtige Blick findet – gegenüber dem, was sich in der Bilderwelt des alltäglichen Lebens gewöhnlich aufdrängt – wenig Beachtenswertes. Darum gehört eine bewußte Motivation der Schüler zum Hinsehen und eine Anleitung zum sorgfältigen Beachten aller Details zu ihrer geistigen Ausrüstung, dem Bild überhaupt begegnen zu können. Wenngleich sich im Religionsbuch zwei Bilder zum gleichen Thema gegenüberstehen und gewissermaßen einen synoptischen Vergleich herausfordern, sollte zunächst ausschließlich diese Buchmalerei angeschaut werden. Darum empfiehlt es sich, statt des Buches eine Dia-Projektion zu wählen.

Relindis Agethen: **S. 150**
Die Heilung des Aussätzigen   **Dias 5/6, Nr. 24**

Die ausführliche Interpretation des Bildes findet sich: → II,341-344; dazu kommt ein Sachartikel über »Aussatz in der Bibel« und die Auslegung der Aussätzigenheilung Mk 1,40-45 (→ II,338-341).

Das im Religionsbuch wiedergegebene Bild ist ein Ausschnitt, der durch die Platzverhältnisse diktiert wird. Es sei dringend geraten, das vollständige Bild als Dia-Projektion anzuschauen.

Im Vergleich beider Bilder lassen sich zunächst eine Reihe formaler Unterschiede nennen: Hier stehen sich Querformat und Hochformat gegenüber, Goldgrund und realistischer Hintergrund, ein klarer, leicht erfaßbarer Bildaufbau und eine mit vielen, nicht leicht erfaßbaren Details gefüllte Szenerie. Eine unübersehbare Verbindung schafft jedoch die Stilisierung der Christusgestalt. Während diese auf dem vor 1000 Jahren entstandenen Bild den Stilmitteln der Zeit entsprach, ist der Christus des Agethen-Bildes offenkundig als Anleihe übernommen; genauer gesagt: Er ist Zitat aus der romanischen Decke der Dorfkirche von Zillis in Graubünden.

Das Reichenauer Werk bewahrt einen knappen, zurückhaltenden Ausdruck, der sich überwiegend körpersprachlich artikuliert (→ S. 119-127). Dieser körpersprachliche Gestus ist auch bei dem zeitgenössischen Bild gegeben. Was im alten Bild noch Prozeß ist, kommt hier zum Ziel: nicht mehr ein Gegenüber, sondern ein solidarisches Beieinander kennzeichnet die beiden Personen; Jesus hat seinen Arm um die vermummte Gestalt gelegt, und beide schauen frontal dem Betrachter des Bildes entgegen. Das übrige Ambiente bietet auf dem Agethen-Bild Anlaß zu vielen Geschichten: der Clown, der schreiende Farbige, das Mädchen mit dem Kopftuch, der dahingestreckte Junge mit dem Judenstern, das Pferd aus Picassos »Guernica« – und diese Szene insgesamt hinter Stacheldraht und einem zerschossenen Stopschild. »Aussatz« wird auf dem Bild unserer Zeit in vielfältige soziale Bezüge hinein entfaltet: Ausländer, Andersartige, Fremde werden abgedrängt, die Tiere dazu; man schießt auf sie. Aber Jesus steht nicht diesseits, sondern jenseits der Grenze, die jene errichten, die durch ihr ausgrenzendes Verhalten sich selbst stigmatisieren.

Die biblischen Wundergeschichten wirken heute in verschiedenen kulturellen Kontexten sehr unterschiedlich. Im afrikanischen, asiatischen und indioamerikanischen Bereich können sie auf selbstverständliche Annahme stoßen. Im abendländischen Christentum begegnet ihnen ebenso kritische Skepsis wie fundamentalistische Gläubigkeit. Vielen Evangelikalen gilt die Anerkennung der Wundergeschichten als historische Berichte geradezu als Prüfstein des christlichen Glaubens. In manchen pfingstlerischen Kreisen ist ihr Nachvollzug Existenzgrundlage. Wenn andererseits aufgeklärt-rationalistische Denker in Wundern nur fromme, womöglich gefährliche Illusionen sehen wollen, verkennen sie die »Rückseite des Geistes« und unterschätzen die Komplexität der Wirklichkeit.

Bei den neutestamentlichen Wundergeschichten darf allerdings die Historizität des Erzählten »nicht vorausgesetzt, sie muß erwiesen werden... Die historischen Grundlagen von Wundergeschichten *können* Vorgänge aus dem Leben Jesu sein, sind aber in den überwiegenden Fällen Umstände der Urkirche«[1]. Insgesamt herrscht in der heutigen Theologie die Überzeugung, daß Krankenheilungen und Dämonenaustreibungen (was immer darunter verstanden werden soll) den historischen Jesus kennzeichnen, wie derartige Taten ja insgesamt ins religionsgeschichtliche Spektrum aller Völker und Zeiten fallen. Das bedeutet freilich nicht, die einzelne Geschichte müsse einen konkreten historischen Vorfall wiedergeben. Hier bieten die Evangelien ein Spektrum, das zwischen »ganz sicher, sicher, leicht zu sichern, wahrscheinlich, unwahrscheinlich, völlig unwahrscheinlich usw.« zu entscheiden aufgibt. Nach Rudolf Pesch lassen sich nur wenige Einzelfälle historisch sichern: Fieberheilung, Blindenheilung, Heilung einer lahmen Hand. Hinter den Exorzismuserzählungen sieht die kritische Forschung keine authentischen Einzelberichte, was ein tatsächliches historisches Echo nicht ausschließt. Besondere Vorsicht aber, so wird uns angeraten, habe gegenüber den Geschichten von Totenerweckungen, von Geschenkwundern (Speisungsgeschichten) und Rettungswundern (Seesturmgeschichten) zu walten, denn sie »sind nicht durch Jesu Wort gedeckt«. Als Merkmale für die sekundäre Entstehung dieser Typen von Wundergeschichten nennt Pesch (a) den »offen zu Tage liegenden Einfluß alttestamentlicher Texte und Motivbilder – bis hin zu Zitaten«, (b) den »symbolischen Sinn« der Orts- und Personennamen und (c) die »kerygmatische Prägung fast aller Einzelzüge«. Rudolf Pesch sieht die eigentlichen historischen Grundlagen für dieserart Wundergeschichten größtenteils in den »Umständen der Urkirche (die freilich mit dem Leben Jesu in verschieden vermittelter Beziehung stehen)«.[2] Den frühen Gemeinden war aber zu keiner Zeit an den Wundern rückblickend gelegen, vielmehr wollte man an Beispielen veranschaulichen, was der fortlebende Christus hier und jetzt in seiner Gemeinde tut und sagt.

---

1 *Rudolf Pesch,* Jesu ureigene Taten? Freiburg/Basel/Wien 1970, 143.
2 Ebd., 139 ff.

Totenerweckungen in der Bibel

Trotz und neben diesen eigentlich klaren Aussagen steckt die theologische Literatur im Blick auf Totenerweckungen und Naturwunder voll problematischer Argumente: »Da hier Namen und Orte angegeben werden, es sich bei den beiden zuerst Genannten (die Tochter des Jairus; der junge Mann von Nain) auch um die Wiederbelebung von nur kurz Verstorbenen handelt, kann die Möglichkeit solcher Erweckungen nicht ausgeschlossen werden.« Ein solcher Ausschluß wird freilich gegenüber der Lazarus-Geschichte für geboten erachtet, zumal nach Lk 10,28-42 Maria und Marta keinen Bruder zu haben scheinen und ferner die Apostelgeschichte keinen Lazarus als Mitglied der Urgemeinde erwähne.[1]

Das Neue Testament kennt insgesamt drei Erweckungs- (nicht Auferstehungs-)geschichten: Mk 5,21-43 die Erweckung der Tochter des Jairus; Lk 7,11-17 die Erweckung des jungen Mannes in Nain; Joh 11,17-44 die Erweckung des Lazarus. Das Wort »Auferstehung« ist ein eschatologischer Begriff und schließt eine Wiederbelebung, eine Rückkehr in die Geschichte aus. Erweckung, oder wie die heutige Medizin sagen würde: Reanimierung, meint eine Rückkehr ins Leben; der erneute und endgültige Tod ist darin eingeschlossen.

Die Erweckungsgeschichten der beiden Synoptiker stehen in einer deutlichen Parallele zu den Totenerweckungen des Elija (1 Kön 17,17-24) und Elischa (2 Kön 4,32-37). Im Typus dieser Prophetenlegenden werden nämlich die Totenerweckungen Jesu erzählt. Galt die Wiederkehr des Elija als ein Zeichen der messianischen Zeit, so rücken nun diese Geschichten Jesus in die Kontur des Elija und die damit verbundene endzeitliche Heilserwartung. Daß der Lk-Text gegenüber der Elija-Geschichte noch eine Reihe überbietender Parallelen enthält, unterstreicht diese Intention noch mehr, verdeutlicht andererseits aber auch den kerygmatischen Charakter der Perikope.

Weniger beachtet wird gewöhnlich, daß auch die Apostelgeschichte von Totenerweckungen berichtet: Sowohl dem Petrus (9,36-43) wie dem Paulus (20,7-12) wird je eine Erweckung zugeschrieben. Dazu kommt die Notiz, daß sich in der Todesstunde Jesu die Gräber geöffnet hätten und »die Leiber vieler Heiligen, die entschlafen waren«, in Jerusalem erschienen seien (Mt 27,52). Alfons Weiser resümiert dieses und weiteres Material aus Bibel und Heiligengeschichte: »Meines Erachtens geht aus dem gesamten Quellenmaterial nicht mit genügender Sicherheit hervor, daß auch nur in einem einzigen Fall ein wirklich Toter in das irdische Leben zurückgekehrt ist... Allen biblischen Berichten und den meisten anderen Texten liegen Volkserzählungen zugrunde.« Außerdem sei der Sprachgebrauch fließend gewesen: Aussätzige wären zuweilen als »Tote« bezeichnet worden; wer aus Todesgefahr gerettet wurde, konnte als »dem Tode entrissen«, »vom Tode ins Leben zurückgekehrt« oder »vom Tode errettet« bezeichnet werden.[2]

---

1 *Otto B. Knoch,* »Diese Zeichen sind aufgeschrieben, damit ihr glaubt«, in: KBl 111 (1986), 180-189, hier: 184.
2 *Alfons Weiser,* a.a.O., 132f.

Die Auferweckung des Lazarus S. 153 f.

A. Unser Religionsbuch wählt als Erweckungsgeschichte Joh 11,17-44. Bevor wir die ungewöhnlich lange Erzählung, die sich im Religionsbuch in drei Szenen gegliedert findet, interpretieren, soll die Frage nach der Geschichtlichkeit dieser Überlieferung noch um einen Schritt weitergeführt werden (vgl. oben S. 332). Dazu genügt uns die Angabe, daß Lazarus bereits vier Tage im Grabe gelegen habe: »Herr, er riecht aber schon, denn es ist bereits der vierte Tag« (V 39). Der sichere Tod wird damit auf der Ebene der Geschichte verbürgt. Allerdings hat diese Einzelangabe bei Johannes keinen historischen Informationscharakter, sondern eine literarische Funktion innerhalb der erzählten Welt: Sie soll das voraufgegangene zögerliche Verhalten Jesu unterstreichen, nach Betanien zu gehen. Obwohl Jesus Nachricht von der Krankheit des Freundes erhält, kann sie ihn nicht bewegen, zu ihm aufzubrechen: er bleibt zwei weitere Tage dort. Lazarus *soll* nach Intention dieser Erzählung zwischenzeitlich sterben und begraben werden, damit seine Auferweckung die Bedeutung Jesu um so deutlicher herausstellt.

An anderer Stelle sagt der Verfasser des letzten Evangeliums sehr deutlich, warum er seine Schrift verfaßt hat: »Damit ihr glaubt, daß Jesus der Messias, der Sohn Gottes ist, und damit ihr glaubend das Leben habt in seinem Namen« (Joh 20,31). Zu dieser Überzeugung hat ihn – in der Tradition der Jünger und der voraufgegangenen Zeugen – der Glaube an die Auferstehung Jesu geführt. Erst die Wahrnehmung Jesu als Auferstandenen hat dem Evangelisten bewußt gemacht, wer dieser Mensch war und was er für die Menschen über seinen Tod hinaus bedeutet.

So bezeichnet der (unbekannte) Verfasser des Johannesevangeliums Jesus schlechthin als »das Leben« (11,25; 14,6): als jenen, der das Leben im umfassenden Sinn alleine zu schenken vermag. Diese Überzeugung, indirekt immer wieder in das Evangelium eingewoben, wird vom Evangelisten am eindrucksvollsten in der Szene von der Erweckung des Lazarus dargestellt. Zwar zeigen die synoptischen Erweckungsgeschichten bereits den Glauben an Jesus, den Lebensspender, doch geht – bei allen Berührungspunkten in Details – insgesamt die johanneische Erzählkunst eigene Wege.

B. *Erste Szene*: am Ostufer des Jordan (VV 1-16). Das Geschehen ist auf »der anderen Seite des Jordan«, am Ostufer lokalisiert, dort »wo Johannes zuerst getauft hatte« (10,40). Hier erreicht Jesus die Nachricht von der Erkrankung des Lazarus. Krankheit rückt in biblischer Sicht immer in Todesnähe. Daß die beiden Schwestern eigens einen Boten auf den weiten Weg senden, um Jesus über das Befinden des Lazarus zu informieren, schließt natürlich die Erwartung ein, er werde sich daraufhin sofort aufmachen, um ihm zu helfen. Zusätzlich wird betont: »*Dein Freund* ist krank« (oder in anderer Übersetzung: »Der, den du liebhast, ist krank«). Hinter der auffälligen Anrede »Herr« steht offensichtlich die Vorstellung, daß Jesus als »Wundertäter« erwartet wird. – Der Name Lazarus ist eine Spielform von Eleasar; möglicherweise wurde er der lukanischen Tradition entnommen (Lk 16,19-31). Josef Blank meint, er könne »eine Ad-hoc-Bildung des Evangelisten sein«. Auf den Evangelisten geht auch die Konstruktion zurück, Lazarus zum Bruder von Maria und Marta zu erklären.

Diese beiden Frauen werden in die Erzählung eingefügt, weil sie zur Entfaltung des theologischen Gesprächs unentbehrlich sind.[1]

Jesu erste Reaktion auf die Nachricht von der Krankheit des Lazarus zeigt bereits, auf welcher Ebene die Geschichte anzusiedeln ist: auf der Ebene *theologischer* Aussagen. Psychologisch betrachtet – oder schlichter: rein menschlich gesehen – ist die Reaktion Jesu ganz unmöglich und eine Verweigerung des erwarteten Freundschaftsdienstes.

Theologisch betrachtet ergibt die Antwort Jesu durchaus Sinn: Sie besagt nicht, die Krankheit habe keinen tödlichen Ausgang, sondern daß durch sie im Wirken des »Sohnes Gottes« Gott verherrlicht werden soll. Damit bekommt alles folgende Geschehen einen symbolischen Charakter, der die Geschichte mit der Auferstehung Jesu verbindet und also jeder rein historischen Betrachtung entzieht. Das absichtliche Verschieben des Aufbruchs ist ein typisch johanneisches Stilmittel, um die Erzählung von der real vorstellbaren Ebene in eine theologische Dimension zu transferieren: Im Wirken Jesu soll das Wirken Gottes erkannt werden, dem auch der Tod nicht widersteht.

In V 7 bestimmt Jesus selbst die Zeit seines Handelns. Nach einem eingeschobenen Disput (V 8-10) informiert er seine Jünger über die eingetretene Situation: »Lazarus, unser Freund, ist eingeschlafen; aber ich gehe hin, um ihn aufzuwecken.« Das dadurch ausgelöste »Mißverständnis« ist ebenfalls (stets wiederkehrendes) johanneisches Stilmittel, um die eigentliche Verstehensebene, den hintergründigen kerygmatischen Sinn zu verdeutlichen. Da die »Jünger« bzw. Leser des Evangeliums auch jetzt nicht begreifen, folgt schließlich der Klartext: »Lazarus ist gestorben. . . Wir wollen zu ihm gehen«.

Zweite Szene: vor Betanien (VV 17-27). Nun ist Jesus mit seiner Begleitung in Betanien angekommen. Es handelt sich bei diesem Betanien um einen kleinen Vorort östlich von Jerusalem, nur 3 km entfernt. Die zurückgelegte Strecke vom Ostufer des Jordan findet keine Erwähnung, doch sind inzwischen vier Tage seit dem Tode des Lazarus vergangen. Diese Zeitangabe soll (entgegen der soeben erst verstorbenen Jairus-Tochter und dem gerade – üblicherweise am Todestag – zu beerdigenden jungen Mann aus Nain) eine bewußte Steigerung bringen. Es gab die Ansicht, die Seele eines Toten kehre noch drei Tage lang zum Grabe zurück oder weile in dessen Nähe, um sich dann endgültig vom toten Körper zu entfernen; dann würde der »vierte Tag«, zumal jetzt bereits die Verwesung wahrnehmbar wird, den Tod unumkehrbar machen. Marta kommt Jesus entgegen: »Wärest du hier gewesen, dann wäre mein Bruder nicht gestorben.« Weiter spricht sie nicht, denkt aber ebenso wie alle Umstehenden (»viele Juden«): Wenn er gewollt hätte, hätte der Wundertäter den kranken Bruder heilen können. Sie beklagen das Zuspät. Dennoch fügt Marta ein Wort großen Vertrauens an: »Aber auch jetzt weiß ich: Alles, worum du Gott bittest, wird Gott dir geben« (V 22). Dieser Zuwendung begegnet Jesus mit der allgemeinen Glaubenssicherheit: »Dein Bruder wird auferstehen«, die Marta mit der katechismusartigen Wendung ihrer Tradition beantwortet: »Ich weiß, daß er auferstehen wird bei der Auferstehung am Letzten Tag« (V 24). Die darauf erfolgende Antwort Jesu knüpft an diese Hoffnung an, interpretiert sie aber

---

1 *Josef Blank*, Das Evangelium nach Johannes, Teil 1b. Düsseldorf 1981, 259.

durch eine feierliche Ich-bin-Aussage völlig neu: »ICH BIN DIE AUFERSTE-HUNG UND DAS LEBEN; wer an mich glaubt, wird leben, auch wenn er stirbt, und jeder, der lebt und an mich glaubt, wird auf ewig nicht sterben« (V 25-26). Diese sprachlich überraschende und programmatisch gewaltige Aussage erklärt die Person Jesu selbst als »die Auferstehung und das Leben«. In ihm ist bereits präsent, was allgemein erst vom Ende der Zeiten erwartet wurde; er verkörpert Auferstehung und endgültiges Leben. Damit verbindet sich der zweite Aspekt: wer im Glauben an Jesus teilhat, wird leben, auch wenn er noch sterben muß, denn der zeitliche Tod bleibt keinem erspart, sowenig er Jesus erspart wurde. Aber es gilt die Verheißung: Auch wenn er stirbt, wird er leben! Mit dieser (natürlich johanneischen) Theologie wird ein neues Verständnis des Todes und also auch eine neue Lebenseinstellung entworfen. Dahinter mag der urchristliche Gottesdienst stehen, »vielleicht noch konkreter eine bestimmte Form der urchristlichen Osterfeier, wo man von jener Gegenwart Christi und seines Geistes immer neu ergriffen wurde«.[1]

Die Antwort der Marta kann auf eine solche Ich-bin-Proklamation hin nur ein ebenso radikales Glaubensbekenntnis sein, das in einer »christologischen Bekenntnisformel« den ganzen christlichen Glauben im Sinne des Johannes-evangeliums (20,31) zusammenfaßt. – Die zweite Szene bietet in ihrer Summe eine narrativ-dialogisch entwickelte Katechese des Evangelisten.

Dritte Szene: am Grab des Lazarus (VV 28-44). Nunmehr wird die Erzählung wieder aufgenommen. Marta geht nach Hause zurück und sagt ihrer Schwester: »Der Rabbi (didáskalos) ist da und läßt dich rufen.« Maria wird damit in besonderer Weise auf die Seite Jesu gerückt; nur ihr gilt der Gesprächswunsch Jesu. Dementsprechend steht Maria »sofort auf«, um zu ihm zu gehen. Daß Jesus immer noch nicht im Dorf war und die beiden Frauen ihm auf unterschiedlichen Wegabschnitten, auch aus unterschiedlichen Einstellungen heraus begegnen, erscheint erneut beiläufig und für den Vorgang überflüssig, wenn der Evangelist damit nicht wiederum theologischen Intentionen folgte: Er will einen Kontrast zwischen Maria und Marta deutlich machen, nämlich jenen zwischen Glauben und Unglauben, und stilisiert darum zwei Frauenprofile, die weniger Individuen sind als symbolisch zu lesende Typen.

Der Maria folgt die ganze Trauergesellschaft »der Juden« (V 31). Sie waren bei Maria im Haus, um sie zu trösten. Johannes braucht diese Staffage, um »die menschliche Ausweglosigkeit gegenüber dem Todesschicksal des Lazarus« zu unterstreichen und um die ebenso trostlose Situation des Unglaubens zu schildern. Dafür waren ihm »die Juden« hier passend. »Wie sehr die ›Trauergemeinde‹ im menschlichen Horizont befangen bleibt, ergibt sich auch aus der falschen Vermutung, Maria wolle zum Grab, um dort zu weinen. Daß Jesus helfen könne, wird nicht gewußt.«[2] Die Begegnung der Maria mit Jesus schildert V 32: Sie fällt ihm zu Füßen, sagt aber dasselbe wie ihre Schwester. So bringt auch sie nicht den vollen Glauben an Jesus auf, doch ist ihr Zutrauen keineswegs geschwunden. Auch Jesus ergreift im Kreis der Weinenden um ihn herum die Erschütterung angesichts der Todesmacht und des ausweglosen Nicht-Glau-

---

1 Ebd., 270.
2 Ebd., 272.

bens. Zwischen der Todesmacht und dem Unglauben besteht ein innerer Zusammenhang. Am Grabe angelangt, »weinte Jesus« (V 35). Die »Juden« werten dies als Zeichen besonderer Verbundenheit mit Lazarus (V 36), und auch den meisten Exegeten gilt dies als Zeichen besonderer »Menschlichkeit Jesu«. Josef Blank dagegen fragt: »Weint er wirklich in menschlicher Trauer über den Tod seines Freundes? Das würde ihn mit der Ausweglosigkeit der Trauergemeinde zusammenschließen. Eine Solidarität Jesu mit den Trauernden ist freilich nicht undenkbar, aber doch weit mehr in einem synoptischen als im johanneischen Kontext. Oder weint Jesus über den mangelnden Glauben der anwesenden Menge? Dann wäre die Aussage ›der Juden‹ ein [charakteristisches] johanneisches Mißverständnis und eine typische Fehlinterpretation, da die Nichtglaubenden nicht bemerken würden, daß sie selber es sind, über die Jesus weint.«[1]

Die »innere Erregung«, wie sie die Einheitsübersetzung nennt, wird bei Josef Blank mit »Ergrimmen« wiedergegeben: »Da ergrimmte Jesus noch einmal in seinem Innern«; es ist der geäußerte Unwille angesichts des Unglaubens, wie er sich in den Reaktionen und Äußerungen (V 37) der Menge zeigt. Am (Höhlen-) Grab gibt Jesus Anweisung, den verschließenden Stein wegzunehmen, was Marta mit dem Hinweis auf den vierten Tag, und daß die Leiche schon »stinke«, beantwortet. Damit wird erneut ein Hintergrund skizziert, der die einzigartige Bedeutung des folgenden Geschehens unterstreichen soll. Mit V 40 bündelt der Evangelist noch einmal die bereits entfalteten theologischen Motive, um dem Leser wiederum zu sagen, worum es geht.

Anschließend (V 41-42) wird mit dem Gebet Jesu ein retardierendes Moment eingeschoben. Es ist ein Dankgebet, das Jesus aus seiner Verbundenheit mit dem »Vater« zwar nicht nötig hat, das er aber des »umherstehenden Volkes wegen« spricht, damit »sie glauben, daß du mich gesandt hast«, – ein letzter Hinweis auf den theologischen Sinn des gewaltigen Zeichens, das zur Anerkennung Jesu als des »Gesandten Gottes« führen soll. Gleich im Anschluß an das Gebet ruft er mit lauter Stimme: »Lazarus, komm heraus«, und dieses Wort des eschatologischen Lebensspenders hat seine neuerschaffende Wirkung. Der Tote kommt, noch umwickelt, wie man ihn ins Grab legte, aus der Höhle heraus. Mit der Weisung, die Binden zu lösen und »ihn weggehen« zu lassen findet die Erweckungsgeschichte ihren typischen Abschluß.

C. Weitere Erörterungen finden nicht mehr statt, auch keine Beschreibung von Reaktionen. Nicht einmal am Schicksal des Lazarus ist die Erzählung interessiert, kann sie – recht verstanden – auch gar nicht sein, denn dieser Lazarus hat keine weitere Biographie in seiner Welt und in der jungen Christengemeinde, obwohl er doch, geschichtlich und psychologisch gedacht, *das* Argument für den einzigartigen Rang Jesu hätte sein können. Lazarus findet insgesamt keine individuellen Züge, er bleibt schemenhaft unwirklich, wird von niemandem befragt, von den Schwestern nicht mehr begrüßt, nicht nach Hause geleitet, mit keinem weiteren Interesse verfolgt. Bis auf die redaktionelle Erinnerung 12,1 spricht das gesamte Neue Testament nicht mehr von ihm.

---

1 Ebd., 275.

Auch diese Beobachtung zwingt zu dem Schluß, daß die gesamte Erzählung eine klug entworfene, in einen anschaulichen Vorgang übersetzte Katechese ist. Sie wird im Johannesevangelium als das letzte Wunder Jesu erzählt, danach leitet die Jesusgeschichte zur Passion über. Wie Jesus die Macht des Todes gebrochen hat, sagt die Erzählung durch die Plazierung, die sie bekam, wird er auch den Tod, der ihn selbst bald umfangen wird, zu neuem Leben wenden. Ihr zentraler Skopus lautet: Der Glaube an Jesus ist der Weg zum Leben.

D. Man wird ein 6. Schuljahr überfordern, sollte es tatsächlich Ziel sein, Verständnis für die stilistische und theologische Eigenart des Johannesevangeliums anzustreben. Dennoch ist es unmöglich, eigene, einfache Worte zu dieser Erweckungsgeschichte zu finden, ohne selbst mit der Doppelbödigkeit dieser Wundererzählung vertraut zu sein. Darum steht die sorgfältige Beschäftigung mit der Interpretation des Textes am Anfang und kann möglicherweise auch wiederholt wichtig sein, bis man glaubt, mit eigenen Worten deutlich machen zu können, wie am Beispiel des »Lazarus« die lebenschaffende Kraft des Glaubens sichtbar wird.

Eine Arbeitsmöglichkeit für die Lazarusgeschichte deutet das Religionsbuch an: Die Schüler gliedern den (ihnen original gegebenen) biblischen Text nach den drei Schauplätzen: am Jordan, vor Betanien, am Grabe. Das zwingt sie bereits zur Auseinandersetzung mit dem Inhalt. Man darf ihnen sagen, daß die Geschichte einen »Kernvers« oder »Schlüsselvers« als Zentrum hat, der gewissermaßen erst die Handlung inszeniert. Dieser Vers stammt seinerseits nicht aus der Geschichte, er ist vielmehr der Keim, aus dem die Geschichte herausgewachsen ist. Dies geschah in der Denkweise und Sprache einer Zeit, die den historischen Jesus schon nicht mehr kannte, aber von seiner Lebendigkeit noch betroffen war… ähnlich wie die nachfolgenden Texte dieselbe Erfahrung in unserer Zeit formulieren:

Kontexte zu den Erweckungsgeschichten

Wußten sie schon / daß die nähe eines menschen / gesund machen / krank machen / tot und lebendig machen kann / wußten sie schon / daß die nähe eines menschen / gut machen / böse machen / traurig und froh machen kann /
wußten sie schon / daß das wegbleiben eines menschen / sterben lassen kann / daß das kommen eines menschen / wieder leben läßt /
wußten sie schon / daß die stimme eines menschen / einen anderen menschen / wieder aufhorchen läßt / der für alles taub war /
wußten sie schon / daß das wort und das tun eines menschen wieder sehend machen kann / einen der für alles blind war / der nichts mehr sah / der keinen sinn mehr sah in dieser welt / und in seinem leben /
wußten sie schon / daß das zeithaben für einen menschen / mehr ist als geld / mehr als medikamente / unter umständen mehr / als eine geniale operation /
wußten sie schon / daß das anhören eines menschen / wunder wirkt / daß das wohlwollen zinsen trägt / daß ein vorschuß an vertrauen / hundertfach auf uns zurückkommt /
wußten sie schon / daß tun mehr ist als reden / wußten sie das alles schon?[1]

1 *Wilhelm Willms,* der geerdete himmel. wiederbelebungsversuche. Kevelaer [3]1977, 5.5 (gekürzt).

Von zwei oder mehr Stimmen gesprochen:

die raupe stirbt	das ei zerbricht und stirbt
und wird zum schmetterling	es wird zum küken
der stein stirbt nicht	ein stein stirbt nicht
darum ist er tot	und darum ist er tot
ein weizenkorn stirbt	das eis es schmilzt
und lebt in der ähre	und wird zum lebendigen wasser
ein stein stirbt nicht	der stein stirbt nicht
darum ist er tot	und darum ist er tot

lazarus

heinsberg, ostersonntag. da ist ein sterbefall von einem alten jungesellen / ein älterer wohlhabender herr / lazarus von heinsberg (oder köln oder . . .) / von dem geht schon leichengeruch aus / bösartiger leichengeruch / lügengeruch / zankgeruch / klatschgeruch / falscher frömmigkeitsgeruch / haßgeruch / wie gesagt: leichengeruch.

wißt ihr wer dieser lazarus ist / das ist diese gemeinde / sie wird immer weniger / sie verliert immer mehr das leben / wenn wir, der lazarus von heinsberg (. . .) / uns nicht aus unserem wohlhabenden grab herausrufen lassen / komm heraus aus deinem frommen grab / dann geht der lebensduft des friedens / des erbarmens / der wahrhaftigkeit von dir aus / und wer weiß was für düfte sonst noch[1]

---

1 *Wilhelm Willms,* aus der luft gegriffen. Kevelaer [2]1978, 81 u. 89 (gekürzt).

Naturwunder S. 154

Der Begriff »Naturwunder« darf nicht zu der Annahme führen, es gehe in diesen Erzählungen um Vorgänge in der Natur, die unabhängig vom Menschen wären und gar einer naturwissenschaftlichen Überprüfung zugänglich. Man zählt zu den unter diesen Begriff versammelten Geschichten das Weinwunder von Kana, die (sechsfach überlieferten) Speisungswunder, den reichen Fischfang, Sturmstillung und Seewandel, die Verfluchung des Feigenbaumes. Alle diese Erzählungen haben primär Menschen im Blick, wie die beiden vorweg besprochenen Textgruppen, sie stehen genauso unter kerygmatischen Interessen wie die Evangelien insgesamt. Wir exemplifizieren die Naturwunder an der Geschichte vom Seewandel Jesu; die Seesturmgeschichte wird → III, 306-310 gedeutet, anschließend werden ausführlich die Speisungsgeschichten → III, 319-329 interpretiert (dazu das Bild von Relindis Agethen: »Gebt ihr ihnen zu essen«, Dias 3/4, Nr. 10; → III,329-337).

Der Seewandel Jesu S. 154

A. Die Geschichte wird bei Mk 6,45-52 und (in erheblicher Erweiterung) bei Mt 14,22-33 erzählt. Es lohnt sich, die Differenz beider Fassungen anhand einer Synopse vor Augen zu stellen. Wir folgen zunächst der Mt-Version und stellen ihr eine Charakteristik der Mk-Perikope an die Seite.

Der Name »Matthäus« ist Chiffre für einen unbekannten Autor. Dieser schrieb sein Evangelium für Judenchristen, war aber kein Wegbegleiter Jesu, also auch kein Augenzeuge des Lebens Jesu. – Das Matthäusevangelium unterliegt insgesamt theologischen Prämissen. Zum Beispiel wirken die zahlreich aufgenommenen alttestamentlichen Zitate auf das Jesusbild zurück; anders gesagt: Die zitierten prophetischen Worte prägen (im je gegebenen Vorverständnis) auch den »historisch« gezeichneten Jesus. – Auch die Freiheit, mit welcher der Verfasser des Matthäusevangeliums die Perikope verändert und damit radikal neu interpretiert, ist zugleich für das Verhältnis des Evangelisten zu seiner markinischen Vorlage kennzeichnend. Mt macht aus einer typischen Wundergeschichte bei Mk eine Nachfolgegeschichte für die »Kirche«, die freilich noch nicht mit der heutigen Kirchenstruktur ineins zu setzen ist. Was Mk als *Epiphaniegeschichte* erzählt, stilisiert Mt zu einer beispielhaften *Nachfolgegeschichte* um. »Das Wunder ist für Matthäus nicht mehr Epiphanie des Gottessohnes, sondern Paradigma für bestimmte Verkündigungsthemen der Kirche.«[1]

Andererseits würden wir den Prozeß der Evangelienbildung zu oberflächlich-rationalistisch mißdeuten, wollten wir annehmen, hier sei nur gedankliche

---

[1] *Siegfried Schulz*, Die Stunde der Botschaft. Einführung in die Theologie der vier Evangelien. Hamburg 1967, 207.

Arbeit beteiligt. »In der Tiefenschicht der Seele ruhten Bilder, die in Träumen, Legenden, Sagen, Bräuchen und Riten Gestalt gewannen und in denen das erfahrene Leben ebenso chiffriert wie interpretiert wurde, ohne daß man sich dieser Zusammenhänge hätte bewußt sein können. In dem Maße, in dem wir dieses Quellgrunds der Sprache, in dem mündliche Überlieferung ursprünglich Gestalt gewinnt, innewerden, wird uns zugleich auch der vieldimensionale Rahmen bewußt, in dem die neutestamentliche Überlieferung entstand.« Diese Sätze wurden 1968 geschrieben und waren damals der verzweifelte Versuch, die heftig abgelehnte, hier nachfolgend noch einmal resümierte Deutung des »Seewandels« verständlich zu machen: Für eine aufgeregte Theologenschaft war zu jener Zeit noch Wasser nichts als Wasser, und die Bibel stand für sich isoliert da, gewissermaßen abgeschottet gegen alle übrigen symbolischen Sprachschöpfungen der Menschheit, so daß auch kaum einer reflektierte, »welche Bedeutungen dem Wasser als Bild in Träumen, im Mythos, im Märchen, im religiösen Kult, im Volksbrauchtum zukommen kann. Matthäus bzw. die legendenbildende Gemeinde haben sicherlich nicht über diese möglichen Bedeutungen von Wasser *nachdenken* können, sowenig der naiv lebende Mensch seine Träume auf ihre Bildersprache hin reflektiert. Die Legende vom Seewandel chiffriert aber im Rahmen der angedeuteten tiefenseelischen Zusammenhänge menschliche Erfahrungen und beantwortet sie aus dem Glauben an die errettende Macht Jesu, wie andererseits Träume, Mythen, Märchen etc. erfahrene (historische!) Wirklichkeit in Bildern verarbeiten.«[1]

B. Das hier in geraffter Dialogführung auszugsweise wiedergegebene Unterrichtsprotokoll gibt Religionsstunden wieder, die 1967 in einem 9. Schuljahr gehalten wurden:

Sch. Eine Wassergeschichte ist das.
Sch. Aber ganz anders als im Volkslied.[2]
L.   Was ist anders?
Sch. Jesus geht über das Wasser.
Sch. Petrus auch.
L.   Erinnert euch an frühere Wundergeschichten. Darf ich fragen, ob diese Erzählung historisch ist?
Sch. Nein, nicht sofort.
Sch. Nein, nicht ohne vorher nach dem Sinn der Erzählung zu fragen.
Sch. Es ist klar, Jesus ist natürlich nicht über den See gelaufen.
L.   Warum nicht?

1 *Hubertus Halbfas*, Zum Verstehen von Überlieferung, in: Der katholische Erzieher 21 (Juni/Juli 1968), 192-198, hier: 194. Mit diesem Ansatz antwortete ich damals auf den Sturm der Entrüstung, den im Februar 1968 mein Unterrichtsprotokoll »Über Wasser wandeln« ausgelöst hatte. Die Katechetischen Blätter, in denen der Text erschienen war, durften die Diskussion darüber nicht mehr führen. Renommierte katholische Exegeten kritisierten den hermeneutischen Ansatz und verkannten meine symbolisch orientierte Interpretation als Allegorese: »Ein solches Verfahren sollte man in einer Zeit, die die Allegorese überwunden hat, nicht für möglich halten«, hieß auch. Meine Hermeneutik nur »historisch-kritisch« einzuholen, verfehlte freilich den Ansatz; ebenso unterblieb die grundsätzliche Unterscheidung zwischen symbolischer und allegorischer Interpretation.
2 In der Stunde zuvor war nur über das Wasser in analogen Erfahrungen gesprochen worden: Über Redensarten: »Das Wasser reicht mir bis zum Hals«; »das Wasser schlägt mir über dem Kopf zusammen« und über das Volkslied: »Es waren zwei Königskinder/ die hatten einander so lieb,/ sie konnten zusammen nicht kommen,/ das Wasser war viel zu tief. . .«

Sch. Das wäre wie ein Zauberstück.

Sch. Wir haben ja schon früher gesagt, daß ein Wunder nicht fotografierbar ist.

L. Sondern?

Sch. Ein Wunder ist etwas, das sich alle Tage ereignet, das aber nur ein glaubender Mensch sieht. (. . .)

L. Ich denke, wir sollten zunächst weder von Wundern noch von Historie sprechen, sondern kluge Fragen stellen. – Denkt an den Schauplatz.

Sch. Das ist der See Gennesaret.

L. Sag es bitte allgemeiner.

Sch. Der Schauplatz ist ein See. Die Geschichte spielt auf dem Wasser.

L. Der »See« ist hier symbolisch zu nehmen. Er ist Ort der Not und Gefahr. Es geht also um Gefahren und Nöte, in die Menschen geraten können. Seht im Text nach, wie sich die Menschen dort verhalten.

Sch. Die Leute im Boot kämpfen schwer mit den Wellen. Der Gegenwind wühlt den See auf und läßt sie nicht weiterkommen.

Sch. Da kommt Jesus über den See.

L. Nun denkt einmal nach: Der See ist Ort der Gefahr. Wir können auch sagen: Er ist der Abgrund, der in den Tod verschlingen kann. Über diesen Abgrund schreitet Jesus.

Sch. Jesus soll hier als einer gezeigt werden, dem die Gefahr nichts tun kann.

L. Bitte noch exakter!

Sch. Jesus hat den Tod überwunden. Er steht über Gefahr und Tod.

L. Sehr gut. Das ist der Glaube, der dieser Erzählung vorausging. Stellt euch vor: Zu allen Zeiten erleben Menschen Gefahr und Angst. Sie kämpfen gegen bösen Wind und kommen doch nicht voran. Sie können leicht müde werden. Da will ihnen unsere Geschichte sagen: Es gibt einen, der steht über dem verschlingenden Abgrund, weil er das Grab überwunden hat. Haltet euch an diesen, dann kommt ihr weiter. – Wenn ihr das verstanden habt, sagt es mit eigenen Worten.

Sch. Jesus macht Mut.

L. Das ist zu blaß. . . Überlegt noch einmal: Wo geschieht alles?

Sch. Auf dem See Gennesaret.

L. Nein, nicht so, übersetz diese Angabe auf eine symbolische Ebene!

Sch. Die Geschichte spielt auf dem Wasser, also da, wo Gefahr und Tod drohen.

L. Wo ist das?

Sch. Das kann überall sein.

L. Wenn das überall sein kann, von welchen Menschen erzählt dann der Text?

Sch. Hier heißen sie »Jünger«. Es sind alle, die sich zu Jesus zählen.

Sch. Es sind eigentlich die, die ins Boot gestiegen sind, weil Jesus es ihnen befahl.

L. Also nochmals: Von welchen Menschen erzählt der Text?

Sch. Von solchen, die auf Jesus hören.

Sch. Die Jesus gehorchen.

L. Wohin kommen solche, wenn sie tun, was er sagt?

Sch. In die Mitte des Sees und dann nicht weiter.

L. Das heißt?

Sch. In die Mitte der Not. Es geht nicht mehr voran.

L. Sind sie in Todesgefahr?

Sch. Hier nicht. Das war so in der Geschichte vom Sturm auf dem See.

L. Und wo sind sie nun?

Sch. Auf dem See.

L. Wer kann es genauer sagen?

Sch. Sie sind müde, sie haben sich die ganze Nacht abgemüht.

L.   Das ist auch doppeldeutig.

Sch. Sie sind zusammen mit anderen in ein Boot gestiegen. Jetzt müssen sie drin bleiben, wenn sie durchkommen wollen.

L.   Der See ist also die Stätte ihrer Plage und vergeblichen Mühe: »Sie kämpften schwer mit den Wellen«, sie kommen nicht voran; aber das Boot gibt ihnen Sicherheit.

Sch. Das Boot ist die Kirche.

L.   Könnte man sagen. Aber »Boot« ist gewiß symbolisch gemeint. Symbole sind immer mehrdeutig. Also dürfen wir Boot und Kirche nicht einfach gleichsetzen.

Sch. Das Boot bedeutet auch die Gemeinde.

Sch. Oder irgendeine Gemeinschaft. (. . .)

L.   Warum will nun Petrus aussteigen?

Sch. Er will zu Jesus.

L.   Die Antwort führt nicht nah genug an das heran, worum es hier geht. Wer ist Jesus in dieser Geschichte?

Sch. Der, welcher die Angst und den Todesabgrund überwunden hat.

Sch. Der über den Wasserwogen steht.

L.   Unsere Erzählung zeigt uns Jesus also deshalb »über Wasser wandelnd«, weil er über dem Abgrund, über dem Grab steht, weil er den Tod überwunden hat. Die Erzählung ist eine symbolische Osterbotschaft. – Und nun überlegt noch einmal: Warum möchte Petrus aussteigen?

Sch. Weil er zu Jesus will.

Sch. Weil er Jesus als den Überwinder der Angst erkannt hat.

Sch. Weil er mit Jesus die Angst auch überwinden will.

L.   Muß er deshalb aus dem Boot aussteigen?

Sch. Solange er im Boot sitzt, vertraut er auf das Boot. Erst wenn er es wagt, auszusteigen, setzt er allein auf seinen Glauben.

L.   »Aussteigen« bedeutet dann so viel wie »glauben«?

Sch. Gestern haben wir aber doch gesagt, das Boot könne die Kirche oder die Gemeinde bedeuten. Kann man denn da aussteigen, um Jesus zu folgen?

L.   Was meint ihr?

Sch. Kann man schon, aber nicht um Jesus nachzufolgen.

Sch. Luther ist doch auch um Jesu willen ausgestiegen! Und Hus!

Sch. Man muß immer seinem Gewissen folgen, dann folgt man Jesus.

L.   Kann denn das Gewissen gegen die Kirche sprechen?

Sch. Natürlich.

L.   Behauptungen sind zu belegen.

Sch. Die Kirche hat früher beispielsweise Juden verfolgt. Dabei sind Christen, die sich zu den Juden stellten, mitverfolgt worden. Wenn damals ein Christ die Verfolgung mitaushielt, kam er näher zu Jesus.

Sch. Oder wenn ein Forscher etwas entdeckte, was die Kirche verbot, dann mußte er gegen den Irrtum der Kirche kämpfen. (. . .)

L.   Es gibt also Situationen, in denen Menschen das gemeinsame »Boot« verlassen, aber gerade dadurch näher zu Jesus kommen. Dazu gehört Mut. Diesen Mut können wir auch Glauben nennen. Es ist ein Glaube, der die Kraft gibt, Sicherheiten aufzugeben, Unverständnis, Kopfschütteln und Tadel aller, die im Boot sitzen, auszuhalten, um über alle Abgründe zu gehen. Denn wenn ein Mensch wirklich glaubt, kann er das, was Jesus kann. Und darum ist diese Geschichte wahr! Wer so wie Petrus vertraut, geht über Abgründe, geht über das Wasser. . .

Sch. Das gelingt dem Petrus aber nicht lange.

L.   Lies mal Vers 30.

Sch. »Als er aber den Wind sah, bekam er Furcht, und er begann zu sinken.«

L.	Was bedeutet: den Wind sehen?
Sch.	Die Schwierigkeiten.
L.	Das, was einem entgegen bläst. Wind: das sind Anfeindungen und Hindernisse. Wer darauf achtet, läßt das Ziel aus den Augen.
Sch.	Wenn man Furcht hat, werden die Gefahren größer. Man sieht nur noch Bedenken und Probleme.
L.	Und wie wird das in unserer Erzählung ausgedrückt?
Sch.	Er bemerkt den Wind und beginnt zu sinken.
L.	Petrus muß also sinken. Sein Mut reicht nur für die ersten Schritte, nicht für den ganzen Weg. (...)
L.	In der letzten Stunde habt ihr gesagt, aus dem »Boot« auszusteigen könne bedeuten, aus der Kirche auszusteigen. Aber kann denn ausgerechnet Petrus der Kirche vorführen, wie man aus der Kirche austritt?
Sch.	Er verläßt doch nur das Boot, um zu Jesus zu gehen.
L.	Darf man das ein Verlassen der Kirche nennen?
Sch.	Nein, wer Jesus folgt, verläßt nie die Kirche.
Sch.	Aber wenn er doch seinen Austritt erklärt?
L.	Der englische Kanzler Thomas More ist von den Bischöfen seines Landes verurteilt worden, weil er ihnen nicht zustimmte, aber er blieb seinem Gewissen treu. Er war wie der Petrus in unserer Geschichte. Erst sehr spät zeigte sich, daß er weder sich selbst, noch Jesus, noch der Kirche untreu geworden ist.
Sch.	Dann gehört Petrus eigentlich noch mehr zu den Jüngern im Boot, wenn er aussteigt und auf Jesus zugeht, als wenn er dort sitzen bliebe.
L.	In der Tat. Er zeigt allen, wie weit Nachfolge führen kann. Petrus steigt nicht gegen die im Boot aus, sondern für sie, als einer, der zu ihnen gehört...[1]

C. Zu der voranstehenden Interpretationslinie, die den Text natürlich nicht erschöpft, ist noch anzumerken: Alle Sprache ist vieldeutig. Erst recht eine symbolische Sprache, wie sie mit der Gattung Legende, mit der wir es formal-literarisch hier zu tun haben, einhergeht. So kann das »Boot«, aus dem Petrus aussteigt, *alles* das sein, was ein Jünger aufgeben muß, um in der Nachfolge Jesu zu bleiben. Zur Zeit des Matthäus konnte man vielleicht an die Spannungen denken, die zwischen Jesusgemeinde und Synagogengemeinde bestanden, doch ebenso war es möglich, daß Familien- und Freundschaftsbeziehungen »über-stiegen« werden mußten, um Jesusjünger zu sein. Es gibt keine legitime Ausle-gung dieser Perikope, welche die Bedeutung des »Wassers«, des »Bootes« und des »Windes« auf nur eine konkrete historische Situation einzuschränken erlaubte.

Ganz anders als die matthäische Version gibt sich der markinische Text. Dort steht in der Mitte der Erzählung der Satz: »Und er wollte an ihnen vorüberge-hen.« Diese Formulierung gibt der Geschichte einen Charakter, der sich völlig von Mt 14,22-33 unterscheidet. Vorher hatte es geheißen, daß Jesus zu den Jüngern kommen wollte, nunmehr aber »wollte er vorübergehen«. »In der befremdlichen Aussage vom Vorübergehen liegt der Schlüssel für das Verständ-nis der ganzen Erzählung. Im Alten Testament wird immer wieder das Erschei-

1 Der Text erschien in: Katechetische Blätter 93 (1968),100-111, hier: 104 ff. und in: *Günter Stachel,* Bibelka-techese 68. Einsiedeln/Zürich/Köln 1968, 102-117; die Fortsetzung der Stundenprotokolle in: Der katholische Erzieher, a.a.O.

nen Gottes als ein Vorübergehen dargestellt: Als Mose bittet, Gott möge ihn seine Herrlichkeit schauen lassen, bekommt er zur Antwort: ›Siehe, da ist Raum neben mir; tritt auf den Felsen. Wenn dann meine Herrlichkeit vorübergeht, will ich dich in eine Kluft des Felsens stellen und meine Hand schützend über dich breiten, bis ich vorübergezogen bin‹ (Ex 33; → III,244f.) Als Mose zum zweitenmal auf dem Sinai das Gesetz erhält, heißt es: ›Da fuhr der Herr in einer Wolke herab und trat daselbst neben ihn. Und als Mose den Namen des Herrn anrief, ging der Herr vor seinem Angesicht vorüber‹ (Ex 34). – Auch die Gotteserfahrung, die dem Propheten Elija auf dem Berg Horeb zuteil wurde, ist in dieser Weise dargestellt. ›Gott sprach zu Elija: Geh hinaus und tritt auf den Berg des Herrn! Siehe, da ging der Herr vorüber‹ (1 Kön 19).

Für unseren Zusammenhang kommt es nur auf eines an: Das Erscheinen Jahwes, die Nähe, die er seinem Volk erweist, wird mehrfach mit dem Bild des Vorübergehens zum Ausdruck gebracht. . . Unsere Überlegungen führen zum Schluß: Die Wundererzählung vom Seewandel Jesu wurde auf der Basis alttestamentlicher Überlieferungen vom Erscheinen Jahwes gestaltet. Nun ist aber in dieser Erzählung nicht von Jahwe und seinem Bundesvolk, sondern von Jesus und seinen Jüngern die Rede. Seit wann wagten Menschen, die sich zum Gott Israels bekannten, die großen Inhalte ihres Bekenntnisses auch von Jesus auszusagen? Erst, nachdem sie ihn als Auferstandenen erfahren hatten! Da er sich ihnen nach seinem Tod dennoch als lebend bei Gott erwies, erkannten sie, daß er wirklich der Herr über alle lebenbedrohenden Mächte, auch über die Macht des Todes ist. . .«[1]

Während Markus also eine Epiphaniegeschichte erzählt, die eine christologische Aussage enthält, macht Matthäus aus dieser Geschichte eine Jüngererzählung oder Nachfolgegeschichte. Beide Texte haben ein unterschiedliches literarisches Genus, dementsprechend eine unterschiedliche didaktische Struktur und unterschiedliche Intentionen.

D. Wer »den« Seewandel Jesu unterrichten will, muß sich zunächst zwischen Markus und Matthäus entscheiden. Für jüngere Klassen ist die Mt-Version einfacher und zugänglicher, weil sie paradigmatisch verdeutlicht, was von einem Jünger, der Mut zu konsequenter Nachfolge hat, verlangt sein kann. Die markinische Fassung ist dagegen stärker theologisch gerichtet, zwingt zur Auseinandersetzung mit den alttestamentlichen Vorgaben und verfolgt ein christologisches Interesse, das Zwölfjährige nicht ebenso gut mitvollziehen können.

Bildsynopse: Die Stillung des Seesturmes   S. 152-153

Die Doppelseite wird durch drei Bilder unterschiedlicher Akzentuierung bestimmt. Das erste Bild, eine Buchmalerei, entstand um 1020; das Gemälde von Rembrandt datiert von 1633; das dem Religionsbuch für das 3. Schuljahr entnommene Bild von Relindis Agethen entstand 1983. In der vorliegenden Wiedergabe sind alle drei Bilder auf gleiches Format gebracht, obwohl sie sich

---

1 *Alfons Weiser*, a.a.O., 110f.

im Original erheblich unterscheiden. Für eine nähere Betrachtung empfiehlt sich die Projektion der Dias. Es ist nicht Sinn der vergleichenden Wiedergabe, dem Unterricht eine Bild*auswahl* zu bieten, sondern durch den – gewissermaßen bildsynoptischen – Vergleich die unterschiedlichen Theologien dieser Bilder zu erfassen. Dieser Weg über das Bild ist zugleich ein Weg zum tieferen Verständnis des Textes, der nach Mt 8,23-27 im Lehrerhandbuch 3, 306-310 interpretiert wird.

Hitda-Codex: Im Sturm auf dem Meer Dias 5/6, Nr. 25

A. Der Hitda-Codex, ein Evangeliar der Äbtissin Hitda aus dem westfälischen Kloster Meschede, entstand um 1020 und gehört zu den reichsten Buchmalereien der ottonischen Zeit.

Der Codex enthält mit 22 Szenen aus dem Neuen Testament den umfangreichsten Zyklus der .ottonischen Kölner Schule; daneben finden sich ein Widmungsblatt, die vier Evangelisten, der hl. Hieronymus, die Maiestas Domini, die Kanontafeln und viele Zierseiten. Die Pergamenthandschrift hat die Maße von 29 × 22 cm.

B. Der erste Blick auf das Bild läßt vermuten, schnell damit fertig zu sein. Um so genauer gilt es zuzusehen: Da ist ein drachenköpfiges Boot, nach vorne hin geneigt, als wenn es in einen Abgrund fahre. Es hat keine realistischen Maße, ist eher eine Nußschale, als daß es die vielen Menschen darin wirklich aufnehmen könnte. Eng aneinandergedrängt lassen sich dreizehn Personen zählen, aber man muß schon sehr genau hinsehen, denn einige Köpfe sind nur noch an eben angedeuteten Haarschöpfen zu erkennen. Alle Gestalten bis auf den durch seine Bedeutungsgröße herausgehobenen Jesus schauen wach; allein Jesus schläft. Seinen rechten Arm hat er auf den Bootsrand gelegt, darauf ruht sein Kopf. Das um den Arm gewickelte Tuch hängt über die Bordkante hinaus. Der Mann neben dem Masten greift nach einer Segelleine, doch alle sind abgerissen und flattern mit dem nicht mehr beherrschbaren Segel im Wind. Ein anderer hat seine Hand auf die linke Schulter des Schlafenden gelegt und versucht ihn zu wecken; er ist der einzige, der seinen Kopf gewendet hat, während die übrigen gebannt in die Fahrtrichtung, das heißt ins Verderben schauen. Sechs Ruder hängen in der Luft, greifen kein Wasser, verdeutlichen die Hilflosigkeit des Schiffes. Die stürmische See bleibt fast ausgespart. Das Boot scheint sich in einem imaginären Taifun zu befinden, dessen Auswirkungen aber deutlich werden. Das Ganze wird durch einen flachen Rahmen gehalten (den nur das Dia, nicht die Buchwiedergabe zeigt). Das diagonal ins Bild gesetzte Boot durchstößt in seiner Abwärtsbewegung den inneren Rahmenrand, während das schwanzartige Heck den linken Rand berührt. So wird das Boot gewissermaßen nur durch den Rahmen gehalten. Das verdeutlicht seinen Schwebezustand zwischen Himmel und Erde, aus dem es aber zu stürzen scheint.

C. Die Darstellung ist fern jeder naturalistischen Neigung. Da ist unten kein Wellengang und oben kein Wolkengetöse. Das Boot ist verkürzt, der Mastbaum versetzt, den Rudern entspricht keine Ruderbank und keine Bedienung. Was immer zu sehen ist, weist über sich hinaus, auf einen Hintergrund, in einen Bedeutungsraum, den das Bild *symbolisch* erschließt.

Bedeutungsgröße und Nimben: Als die wichtigste Figur im Boot wird durch ihre Größe der schlafende Jesus hervorgehoben. Er ist gleichzeitig durch seinen Kreuznimbus gekennzeichnet, aber auch durch die Goldtupfer seines Gewandes. Allerdings haben auch die übrigen Männer im Boot einen goldenen Nimbus, der am Rand jeweils lichtgepunktet ist. Er verdeutlicht jene Transzendenz, die der Glaube mit diesen Menschen verbunden sieht, wenngleich sie in der hier gezeigten Situation völlig in das Diesseits der Todesnot verstrickt sind und das Jenseits eher fürchten. Freilich entsprechen den zwölf Jüngern neben Jesus nicht zwölf, sondern nur sieben »Heiligenscheine«, an denen aber bis auf einen alle übrigen elf Jünger Anteil haben. Soll dieser eine Judas sein, der schon hier der göttlichen Welt fern erscheinen soll?

Zahlensymbolik: Diese Beobachtung verweist auf die Zahlensymbolik, die für die mittelalterliche Welt bedeutsam war. Das Boot faßt dreizehn Personen, genauer zwölf plus eine; die Jünger teilen sich sieben Nimben; zusammen mit dem Kreuznimbus Jesu sind es acht. – Die Sieben galt als die heilige Zahl schlechthin: der Kosmos mit seinen (damals gezählten) sieben Planeten begründet sie, die sieben Wochentage, die sieben Vaterunser-Bitten, die sieben Gebetszeiten der benediktinischen Klöster spiegeln die in der Sieben gefaßte Weltordnung. – Die Acht besaß in der christlichen Frömmigkeit ebenfalls große Bedeutung: acht Menschen überlebten nach Gen 6,18 die Sintflut (»du, deine [drei] Söhne und die Frauen deiner Söhne«); 1 Petr 3,20 greift diese Stelle auf: »In der Arche wurden nur wenige, nämlich acht Menschen durch das Wasser gerettet.« In dieser Tradition wurde die Acht zur Zahl der Rettung und Wiedergeburt, des Durchbruchs zu einem neuen Leben. Damit hängt zusammen, daß der Tag der Auferstehung Jesu der erste Tag der Woche war, oder wie man auch zählte, der achte Tag. Die Taufliturgie stand für Jahrhunderte im Bedeutungsfeld der heiligen Acht; die Baptisterien sind oktogonal gebaut, die Taufsteine ebenfalls achteckig. So wie der achte Ton den Grundton, nur eine Oktav höher wieder aufgreift, stellt auch der achte Tag den ersten wieder her, aber gereinigt und erhöht: »Deshalb wird auch der achte Tag die ewige Seligkeit in sich schließen..., der achte Tag wird sein, was der erste war, und so das ursprüngliche Leben nicht als vergangen, sondern als mit dem Stempel der Ewigkeit bekleidet erweisen«, lehrte Augustinus. – Die Zwölf als weitere Zahl der Vollkommenheit muß nicht näher ausgeführt werden (→ S. 136); sie erscheint in der Bibel als Zahl der Erwählung. Augustinus: »Warum sind es zwölf Apostel? Weil die Erde vier Teile hat und der ganze Erdkreis durch das Evangelium berufen wurde. Darum sind vier Evangelien geschrieben. Die ganze Welt wird im Namen der Dreifaltigkeit gerufen, damit sich die Kirche versammle. Dreimal vier ergibt zwölf.« Ein eschatologischer Aspekt liegt auch darin: »Zwölf, das ist das Ziel der Zeit. / Mensch, bedenk die Ewigkeit!« – Die heutige Abwertung der Dreizehn hängt mit der Wertschätzung der Zwölf zusammen, aber als Überbietung der Zwölf, etwa um die zwölf Stämme Israels mit dem Messias zu verbinden, wird die Dreizehn zur Vollendungszahl. Darum bildet Jesus mit dem Zwölferkreis stets eine Dreizehnergruppe: eine Grenze wird überschritten, ein neuer Anfang gestiftet: So bringt ausgerechnet die Dreizehn Erlösung.

Drachensymbol: Das Schiff läßt sich mit seinem Drachenkopf und schwanz-förmigen Ende insgesamt als Tiergestalt sehen. Seit dem Frühmittelalter begeg-net der Drache als fester Bildtyp (vgl. → S. 166; 170) und verkörpert das Böse, die Dämonenwelt und den Teufel schlechthin (ausführlich zur Drachensymbo-lik: Religionsbuch 7/8, S. 145ff.). Die in der romanischen Buchmalerei verwen-deten Drachenmotive stehen durchweg für die (besiegte) Macht des Bösen. Der von den heidnischen Wikingerschiffen bekannte Drachenkopf begegnet später an den Ost- und Westgiebeln der norwegischen Stabkirchen, also auch hier über dem First des Kirchen*schiffes*. In der orientalisch-europäischen Tradition war der Drache dem Meer, oder, in eine Schlange verwandelt, dem Erdinnern zugehörig. Diese Dämonie konnte nur durch ihr eigenes Bild gebannt werden, deswegen ihr Platz auf den Vordersteven der Schiffe. Eine isländische Schrift berichtet, daß bei Rückkehr der Schiffe ins eigene Land die Drachenköpfe abgenommen werden, um die heimatlichen Geister nicht zu erschrecken; der-selbe Brauch wird noch in christlicher Zeit auf dem berühmten Teppich von Bayeux geschildert. Das Drachenschiff befindet sich in einer Situation, die dem Untergang verfallen ist; es hat den haltenden Rahmen gerammt, konnte ihn aber nicht zerbrechen. Dennoch ist es steuerlos; die Segel flattern im Sturm, auch die Ruder geben keine Richtung mehr, das Schiff ist den Naturgewalten preis-gegeben, allein der goldbesetzte Rahmen bietet noch Halt. Korrespondiert mit dessen Gold das Gold der Nimben und das goldgeschmückte Gewand Jesu?

Pneumazipfel: Zum Gewand Jesu noch eine letzte Beobachtung: Während alle anderen Linien des Bildes stürzen, Segel und Leinen im Sturm flattern, hängt allein der Gewandzipfel Jesu ruhig über die Bordwand herab, als wenn um ihn herum Stille herrsche. Überhängende Gewandteile kommen in vielen anderen Bildern dieser Zeit vor, besonders wenn es sich um Verkündigungs-szenen handelt, in denen ein Engel seine Botschaft ausrichtet. Aber dann wehen die Gewandteile auffällig, durchkreuzen bestimmte Raumteile oder sprengen einen architektonischen Rahmen, um durch solche Durchbrechung auf göttli-ches Eingreifen hinzuweisen. Diese Gewanddramatik liegt hier nicht vor. In unserem Bild lautet die textilsymbolische Botschaft: noch schläft Jesus, unbe-troffen von der Gefahr. Noch spricht Gott nicht durch ihn.

D. Schüler wie auch heutige Erwachsene glauben zunächst, mit dem Bild schnell fertig zu sein. Man sieht Boot, Insassen und Segel, identifiziert die Szene als den biblischen »Seesturm«, und schon glaubt man, alle Fragen gelöst zu haben. Darum kommt es sehr darauf an, zunächst einmal genau hinzuschauen und alle oben geschilderten Details wahrzunehmen; dann können wir im nächsten Schritt auch fragen: Warum ist das Boot tiergestaltig? Aus welchem Grunde durchbricht der Drachenkopf fast den Bildrahmen? Wieviele Men-schen sind an Bord? Welche Bedeutungsgrößen verbinden sich mit ihnen? Worauf spielen die Zahlenverhältnisse an? Und so weiter. Der Vergleich mit den beiden nächsten Bildern wird die Eigenart dieser romanischen Buchmalerei noch deutlicher machen.

Rembrandt Harmenszoon van Rijn: Dias 5/6, Nr. 26
Der Sturm auf dem See Gennesaret

A. Über Rembrandt: → V,326f. Bisher interpretierte Bilder von Rembrandt: »Die Rückkehr des verlorenen Sohnes« (→ III,399-402); »Bildnis Christi nach dem Leben« (→ V,326-328). In Band 9 folgt die »Himmelfahrt Christi«.

Das Bild »Der Sturm auf dem See Gennesaret« (auch »Christus im Sturm auf dem See von Galiläa«), Öl auf Leinwand, 159 × 127 cm (Gardner Museum, Boston), entstand im Jahre 1633. Rembrandt befand sich 1633 noch nicht lange in Amsterdam. Erst zwei Jahre vorher war er von Leiden dorthin übergesiedelt. Jetzt war er 27 Jahre alt. Aus eigener Neigung, aber auch aufgrund von Aufträgen schuf Rembrandt viele Bilder mit biblischer Thematik. Der »Seesturm« geht dabei den berühmten Gemälden »Die Kreuzabnahme« (ebenfalls 1633), »Die Grablegung« (um 1639), »Die Auferstehung« (1639) und »Die Himmelfahrt« (1636) voraus. Das Gemälde »Der Sturm auf dem See« läßt sich seiner Gattung nach als *Historienbild* bezeichnen. Historienbilder beziehen sich durchweg auf geschichtliche Ereignisse; oft wollen sie einen Herrscher glorifizieren oder unter Berufung auf die Geschichte gegenwärtige Verhältnisse stützen. Insofern ist die Gattung der Historienbilder stets mit aktuellen Interessen verbunden. Während der Barockzeit ging das Historienbild oft mit mythischen und religiösen Motiven einher; »historische Treue« war nie ein Kriterium für diese Gattung.

B. Rembrandts Schiff hat genau entgegengesetzte Fahrtrichtung und Neigung zum Boot des Hitda-Codex. Unser Blick geht auf das Deck des Segelschiffes, das gerade von einem Wellenberg gehoben wird. Das wilde, aufgewühlte Meer schwappt mit aufschäumenden Wassermassen über Deck. Das Toppsegel ist zerfetzt, die beiden übrigen Segel werden nicht mehr beherrscht. Eine Wante ist gerissen und pendelt im Sturm. An Bug und Backbord bemühen sich Männer, die Segel zu reffen. Andere stemmen sich gegen den Sturm, klammern sich an den Mast, um nicht von Deck gespült zu werden. Hinten am Heck hält zwar der Steuermann das Ruder, kann damit aber sein Schiff wohl kaum dirigieren. Ganz unten beugt sich einer über die Reling und erbricht sich. Während die Männer im Vorderteil des Schiffes alles tun, um der schlagenden Segel Herr zu werden, sind andere bemüht, den schlafenden Jesus zu wecken. Einer schüttelt ihn, ein anderer scheint auf ihn einzureden. Hinter dieser Gruppe schaut jemand offensichtlich unbeteiligt zu, ein weiterer hat sich abgewendet, sitzt mit dem Rücken zu den übrigen, als habe er bereits resigniert.

C. Ähnlich wie auf dem voranstehenden Bild befindet sich auch dieses Schiff in Schräglage. Mast und Rumpf haben eine dramatische Neigung. Durch die leicht aus der Bildmitte verschobene Position des Schiffes wird die Instabilität noch weiter betont. Gleichzeitig erlaubt der hochgehobene Schiffsbug nahezu eine Sicht von oben auf das Deck. Das Boot erreicht den Wellenkamm, wird aber gleich in umgekehrter Bewegung nach unten stürzen.

Die Farbstimmung des Gemäldes arbeitet mit dunklen Blau- und Brauntönen, die viele Abstufungen kennen. Im linken Bildteil werden Wellen, Gischt,

Wolken und Segel von hellem Licht angeleuchtet, das auch die Männer im Bug deutlich erkennbar macht. Dagegen fällt auf die Menschen im rückwärtigen Schiffsteil nur ein schwacher Abglanz, als wenn mit dem Schlaf Jesu hier die Nacht herrsche. Allerdings liegt um das Haupt Jesu ein leichter, stiller Lichtglanz. Die See im Vordergrund wie auch der rückwärtige Bereich und ein Teil des Himmels gehen in tiefes Schwarz über. Es gehört zu Rembrandts Meisterschaft, mit dem Licht besondere Wirkung zu verbinden und einzelne Szenen dramatisch hervorzuheben. Unverkennbar arbeitet er mit dem Gegensatz der im gespenstischen Licht kämpfenden Männergruppe und der dunklen Nachtszene rings um den schlafenden Jesus. Deckt man die in Licht getauchte Bildseite parallel zur Diagonalen des Schiffsmastes ab, könnte man meinen, nicht an einem Ort von Seenot zu sein; nur der sich über die Bordwand entleerende Mann stört diese Illusion.

Die gesamte Szene ist mit großer Realistik ins Bild gesetzt: Wolken und Wogen, Schiff, Takellage und Segel sind mit Kennerschaft naturalistisch wiedergegeben. Die Vertrautheit des Niederländers mit Schiffswesen und Meer ist unübersehbar. Die Menschen an Bord bekommen keine nähere persönliche Charakteristik. Auch die Gestalt Jesu wird nicht weiter hervorgehoben, es sei denn durch einen leichten Lichtschein, der gewissermaßen von innen kommt. Ansonsten schafft allein das von außen einfallende Licht Bedeutungsakzente, die das Geschehen polarisieren und aus der alltäglichen Realistik herausheben.

Rembrandt hält sich in seiner Schilderung an die äußere Dramatik eines Sturmes, der ein Schiff in Seenot bringt. Das Schiff ist hier ein Schiff, das Meer ist Meer, Wolken und Wogen sind Naturkräfte; da gibt es keinen Hintergrund. Auch auf diesem Boot sind dreizehn Männer zu zählen, aber offensichtlich gilt es keine Zahlensymbolik zu bemühen. Unübersehbar erzählt das Bild einen dramatischen Vorgang. Das Genus »Historienbild« setzt das Geschehen in einen realen Kontext, der nicht symbolisch zu überhöhen ist. Der Betrachter wird eher, wie in einer Erzählung, zum Mitempfinden aufgefordert, aber nicht zum Enträtseln verborgener Bedeutung. Allenfalls lockt das Licht auf eine tiefere Spur: mit dem aufgehellten Himmel, der seinen Glanz über die sich vergeblich mühenden Männer wirft, kontrastiert der liegende, schlafende Jesus, von dem inneres Licht ausgeht, das allein im Stande sein wird, die Angst in dieser Stunde der Todesgefahr zu überwinden. Damit kommt zum historisierenden Charakter des Gemäldes ein psychologisches Moment, das der Glaubensgewißheit Rembrandts entspringt. Es liegt nahe, den »Sturm auf dem See Gennesaret« nur als das zu sehen, was der Bildtitel ausdrückt. Dann ist das Gemälde ein übliches Historienbild ohne theologische Dimension. Allein die Sprache des Lichtes führt über diese Ebene hinaus und erlaubt dem Sensiblen, auch eine Glaubensaussage in diesem Bild zu erkennen.

D. Schülern »gefällt« die naturnahe Schilderung Rembrandts eher als die Stilisierung romanischer Malerei. Während die Hitda-Darstellung dem Ereignis aber durch seine beziehungsreiche Symbolik jede Einbindung an einen Ort und eine bestimmte historische Situation nimmt, gewinnt Rembrandts Sicht gerade durch diese Historisierung ihre äußere Dramatik. Beide Werke gehen mit ihrer Schilderung dem biblischen Machtwort voraus. So erlauben sie dem Betrachter, mit der angstvollen Situation eigene Lebenserfahrungen zu ver-

knüpfen. Für das Hitda-Evangeliar ist die rettende Macht Jesu durch Bedeutungsgröße, Kreuznimbus, Goldsprengel und Pneumazipfel angedeutet. Rembrandt nimmt seinen Jesus in die geschichtliche Profanität zurück. Bei ihm
Hilfe zu erwarten, setzt voraus, das von seiner Person ausgehende innere Licht
wahrnehmen zu können.

(Anmerkung: Um die differenzierten Lichtabstufungen und Details des
Bildes lesen zu können, sind ein wirklich dunkler Raum und eine lichtstarke
Projektion wünschenswert.)

Relindis Agethen: Die Seefahrt der Jünger   Dias 5/6, Nr. 27

Interpretation und weitere didaktische Erschließung des Bildes: → III,310-
318.

Bereits der Titel verweist hier auf eine veränderte Perspektive: Es geht um
die nachösterliche Situation der Jünger; das Boot ist Metapher für die Kirche;
im Boot befinden sich Bekannte und Unbekannte: Papst Johannes XXIII.,
Mutter Teresa, Franz von Assisi, der Tänzer und Pantomime Marcel Marceau,
Hermann Gmeiner, der Begründer der SOS-Kinderdörfer, ein Junge, der einen
Luftballon mit dem Bild des Todes aufbläst, ein unbekannter Mann... Mit
dieser bunten Besatzung, die kaum noch das Boot erkennen läßt, verbindet sich
sowohl der Verrat krähende Petrus-Hahn, aber auch, als Zitat nach Matthias
Grünewald, der auferstandene Christus. Er mag vielen im Boote als abwesend
oder schlafend gelten, jedenfalls dann, wenn ihn der Glaube nicht findet.

Das Bild übersetzt die Seesturm-Erzählung konsequent in eine andere Kir-
chen- und Weltzeit. Die Jünger Jesu werden durch Menschen, die als Christen
bekannt sind, und solche, die als Christen nicht näher bekannt sind, ersetzt.
Jesus ist nicht mehr »dem Fleische nach« unter ihnen, sondern »nachösterlich«
in jenem Pneuma, das sich nur dem Glauben erschließt. Die gesamte biblische
Szene (nach Mt 8,23-27) wird zur Metapher für eine heutige Kirchenerfahrung.

KIRCHE: KIRCHE DER SCHWACHEN

»Unter Christen ist Barmherzigkeit wenigstens möglich«

»Das Christentum hat versagt!« ist ein oft gehörtes, durchaus verständliches Urteil. Schüler übernehmen es schon in jungen Jahren, vertreten es gegenüber Religionslehrern und Pfarrern, neugierig, ob ihnen eine überzeugende Gegenperspektive gezeigt werden kann. Es gehört zur Überzeugungskraft dieses Unterrichtswerkes, daß es seinen didaktischen Ansatz nicht mit apologetischen Neigungen verquickt. Die dunklen Seiten der Kirchengeschichte sind dunkel zu nennen, Machtgelüste und Gewaltanwendung verdienen keine pastorale Rechtfertigung, und Engstirnigkeit bleibt Engstirnigkeit, auch bei kirchlichen Amtsträgern. Hier führen alleine Ehrlichkeit und die Bereitschaft zu kollektiver Trauerarbeit in eine bessere Zukunft. Und trotzdem gibt es eine Seite in der verworrenen Christentumsgeschichte, die mehr als jede andere vorzeigbar ist. In gehöriger Verschränkung mit dem, was dunkel und belastend ist, brachte diese Seite Heinrich Böll zur Sprache:

Ich frage mich, was der eben getaufte Kongo-Neger mit einer Vokabel wie »Abendland« anfangen kann oder wie ein chinesischer Christ über das »christliche Europa« denken mag, dessen größter Friedhof »Auschwitz« heißt. Ich frage mich vieles, vor allem das eine: Wie ist es möglich, daß 800 Millionen Christen diese Welt so wenig zu verändern vermögen, eine Welt des Terrors, der Unterdrückung, der Angst.

»In der Welt habt ihr Angst«, hat Christus gesagt, »seid getrost, ich habe die Welt überwunden.« Ich spüre, sehe und höre, merke so wenig davon, daß die Christen die Welt überwunden, von der Angst befreit hätten; von der Angst im Wirtschaftsdschungel, wo die Bestien lauern; von der Angst der Juden, der Angst der Neger, der Angst der Kinder, Kranken. Eine christliche Welt müßte eine Welt ohne Angst sein, und unsere Welt ist nicht christlich, solange die Angst nicht geringer wird, sondern wächst; nicht die Angst vor dem Tode, sondern die Angst vor dem Leben und den Menschen, vor den Mächten und Umständen, Angst vor dem Hunger und der Folter. Angst vor dem Krieg; die Angst der Atheisten vor den Christen, der Christen vor den Gottlosen, eine ganze Litanei der Ängste...

Doch die andere Vorstellung ist weit gespenstischer: wie diese Welt aussähe, hätte sich die nackte Walze einer Geschichte ohne Christus über sie hinweggeschoben; Baal und Mammon, die aztekischen Götter. Ich überlasse es jedem einzelnen, sich den Alptraum einer heidnischen Welt vorzustellen oder einer Welt, in der Gottlosigkeit konsequent praktiziert würde: den Menschen in die Hände des Menschen fallen zu lassen. Nirgendwo im Evangelium finde ich eine Rechtfertigung für Unterdrückung, Mord, Gewalt; ein Christ, der sich ihrer schuldig macht, ist schuldig; wer Baal oder Huitzilopochtli Menschen opferte, erfüllte nur die Riten seiner Religion. Cortez war ein Schurke, Moctezuma, der dem Huitzilopochtli opferte, war ein sanfter, gebildeter, offenbar sehr humaner Mensch.

Unter Christen ist Barmherzigkeit wenigstens möglich, und hin und wieder gibt es sie: Christen, und wo einer auftritt, gerät die Welt in Erstaunen. 800 Millionen Menschen auf dieser Welt haben die Möglichkeit, die Welt in Erstaunen zu setzen. Vielleicht machen einige von dieser Möglichkeit Gebrauch, einige, die sich aus dem Labyrinth der Taktiken zu befreien vermögen, so, wie es Gläubige anderer Religionen der Gewaltlosigkeit gab und gibt, die sich aus dem Labyrinth der Taktiken befreiten und die Welt in Erstaunen versetzten.

Ich weiß: die Geschichte der Kirchen ist voller Greuel; Mord, Unterdrückung, Terror wurden ausgeübt und vollzogen, aber es gab auch Franziskus, Vincent, Katharina... es würde zuviel Platz erfordern, wollte ich das Register des »Martyrologium Romanum« hier abdrucken lassen. Selbst die allerschlechteste christliche Welt würde ich der besten heidnischen vorziehen, weil es in einer christlichen Welt Raum gibt für die, denen keine heidnische Welt je Raum gab: für Krüppel und Kranke, Alte und Schwache, und mehr noch als Raum gab es für sie: Liebe, für die, die der heidnischen wie der gottlosen Welt nutzlos erschienen und erscheinen... Ich empfehle es der Nachdenklichkeit und der Vorstellungskraft der Zeitgenossen, sich eine Welt vorzustellen, auf der es Christus nie gegeben hätte... Ich glaube, daß eine Welt ohne Christus selbst die Atheisten zu Adventisten machen würde.[1]

1 *Heinrich Böll*, Eine Welt ohne Christus, *in: Karlheinz Deschner* (Hg.), Was halten Sie vom Christentum? 18 Antworten auf eine Umfrage. München 1957, 22-24.

Geschichte der Armut und der Barmherzigkeit

Die Geschichte der Armut enthüllt die Ursachen der Erniedrigung eines großen Teils der Menschheit. Dabei zeigt sich, daß man Armut zu keiner Zeit von ihrem gesellschaftlichen Kontext lösen kann. Wer von den Armen spricht, läßt die Erfolgreichen nicht außer acht, so daß sich auch deren Denk- und Verhaltensweise offenbart.

Innerhalb der Christentumsgeschichte haben sich vielerlei Lehren über die Armut entwickelt, die sich jedoch alle auf die soziale Botschaft der Evangelien zu stützen suchten. Darin wird die Armut als spiritueller Wert gepriesen, der aber innere Freiwilligkeit voraussetzt.

Die Armen im Mittelalter

Hinter dem Wort Mittelalter verbirgt sich ein volles Jahrtausend europäischer Geschichte: vom Ausgang der Antike bis zur Reformation. Diese Zeit ist von einer großen Einheit und Dauer der tragenden Grundanschauungen bestimmt, aber doch keineswegs so homogen, daß nicht Jahrhunderte und Länder und bisweilen gar Jahrzehnte unterschieden werden müßten. Dank des metaphorischen Charakters des biblischen Glaubens war es allen Zeiten und Kulturen möglich, sich ohne größere Probleme wechselnden Verhältnissen und Denkweisen anzupassen. Deshalb gab es auch innerhalb der kulturellen Einheit des Christentums ein breites Spektrum sozialer Haltungen, die sich stets auf die gleiche Basis stützten: die Heilige Schrift. Wie immer die sozialen Einstellungen zur Armut und zu den Armen im Mittelalter ausfielen, sie gingen allemale auf das antike Christentum zurück, das sich als eine Religion der Armen verstand und mit diesem Programm auch seine erste Ausbreitung fand.

Das Ethos der Armut

Nach dem Zusammenbruch des Römischen Reiches hatten die Agrargesellschaften des Westens keine besonderen Schwierigkeiten mit jenen, die von fremder Unstützung lebten, zumal es die Kirche als ihre Aufgabe verstand, den Armen zu helfen. Dennoch zeigt sich, daß die Gesellschaft der Merowingerzeit den Armen mit Abneigung und Verachtung begegnete. Wenn unter Karl dem Großen bestimmt wurde, daß der Zehnte in Gegenwart von Zeugen in gleiche Teile zu teilen sei: für die Kosten der Kirche und für die Armen, so besagt das noch nichts über die damit verbundene Wertschätzung. Armut und Reichtum galten als von Gott verfügt und vom Menschen in Demut hinzunehmen. Erst im 11. und 12. Jahrhundert bildete sich – unter dem Einfluß der Kirchenväter und des östlichen Mönchtums – die Vorstellung vom inneren Wert der Armut heraus.

Parallel und komplementär zur Annahme der Armut ist das Lob der Barmherzigkeit, die als allgemeine Pflicht gelehrt wurde. Klassisch formuliert lautet die Balance: »Gott hätte alle Menschen reich erschaffen können, aber er wollte, daß es auf dieser Welt Arme gibt, damit die Reichen Gelegenheit erhalten, sich von ihren Sünden freizukaufen« (*Vita Eligii*). Dieses Lob des Almosens sanktioniert natürlich auch den Reichtum, es ist dessen ideologische Rechtfertigung. Der Lobpreis der Armut änderte zu keiner Zeit etwas daran, daß der Arme innerhalb der *societas christiana* nicht als Subjekt, sondern als Objekt der Gemeinschaft behandelt wurde. Die Barmherzigkeit, die in Almosen und Schenkungen an kirchliche Institutionen zum Ausdruck kam, sollte eine ständig geübte Form sein, seine eigenen Sünden abzubüßen. Erster Nutznießer dieser Lehre war die Kirche selbst mit ihren Klöstern, Spitälern und religiösen Bruderschaften; es entwickelten sich reich dotierte Institutionen mit riesigen Gebäuden und eigenen Gemeinschaften als ein Zwischenreich; erst danach kamen die Armen an die Reihe, unter denen die Almosen aufzuteilen waren. Auch die später von den Bettelorden eingenommenen Mittel wurden nur teilweise an die Armen verteilt. Das Ethos der Armut und das »karitative Erwachen« erfuhren auf diese Weise eine institutionelle Ausbeutung.

Seit dem 12. Jahrhundert entwickelte die Theologie eine Unterscheidung zwischen zwei Arten von Armut: die *pauperes cum Petro*, die »Armen mit Petrus«, meinten die freiwillig Armen, die sich der kirchlichen Disziplin einfügten; die *pauperes cum Lazaro* bezogen sich auf den armen Lazarus des biblischen Gleichnisses; zu ihnen zählte die Armut des Laien, die durchweg in materieller Not bestand. Auch in der letzteren Gruppe lernte man zunehmend deutlicher unterscheiden. Man rezipierte die Botschaft der Kirchenväter, zwischen »ehrlichen« und »betrügerischen« Bettlern zu unterscheiden. Betrügerisch waren solche, die arbeitsfähig waren, aber lieber bettelten und stahlen. Aber auch sonst entwickelte sich ein immer mehr differenzierendes Denken. Eine frühe Ausnahme war bereits im 10. Jahrhundert der Benediktiner Rather von Verona, der im Bettler keinen Wert an sich erkannte. Er meinte, auch Bettler, selbst Kranke und Krüppel seien im Rahmen ihrer Möglichkeiten zu Werken der Nächstenliebe verpflichtet, und wenn der Arme gesund und arbeitsfähig sei, dürfe er keine Almosen annehmen. Ansonsten beschränkt sich in den frühen Jahrhunderten die Kritik auf den »hoffärtigen Armen«, während es seit dem 13. Jahrhundert immer öfter heißt, die Armen seien nicht besser als die Reichen, denn sie seien »Verräter, Neider, Gotteslästerer, hochmütig und voller Mißgunst und Habgier«. Mit der Armut gehe die Begierde Hand in Hand, und mit dieser Sicht wächst die Angst vor dem Armen, weil er eine Bedrohung für das Eigentum darstellt.

Anders war die Wertschätzung jener, die sich freiwillig arm machten und den Weg der Askese gingen: Sie genossen Bewunderung und Verehrung, selbst wenn sie als Einsiedler die Grenze der Zivilisation überschritten. Die Literatur ist voll eindrucksvoller Beschreibungen dieser Männer. Sie hausen »am Ende der Welt«, wo böse Mächte, Räuber und Raubtiere sind, und verkörpern den »guten Menschen« in einer Welt des Bösen. Ihre Charakteristik sieht durchweg so aus: Enthaltsamkeit im Essen, ein äußerlich elender Anblick, fast keine Kleider, Vernachlässigung jeder Hygiene – ein Bild, das den Einsiedler wie einen gewöhnlichen Vagabunden erscheinen läßt (und auch Tadel weckt; ein ähnliches Aussehen des Martin von Tours wurde u.a. gegen seine Bischofswahl geltend gemacht). Seit dem Aufkommen der Bettelorden verbindet sich mit der Bereitschaft zur Armut vor allem ein Protest gegen den Reichtum der Kirche und des Klerus und gegen die Verflechtung der kirchlichen Institutionen mit den Strukturen der Herrschaft.

Auch in Predigt und Katechese begegnete der Lobpreis der Armut mit flexibler Lehre. Dazu boten Heiligenlegenden reichlich Stoff. Eine für viele Geschichten ist diese: Makarius, der Einsiedler, ging einmal durch Mainz und sah auf der Straße einen ganz armen Menschen in den letzten Zügen liegen; »und niemand kümmerte sich um ihn, da es eben ein Armer war«. Da hatte der Einsiedler eine Vision: Eine Engelschar umgab den Armen, während das von Freude erfüllte Haus des Reichen von Teufeln umgeben war. – Den Armen wird mit dieser Geschichte gesagt: Ihr besitzt den göttlichen Segen. Den Reichen wird eingeschärft: Mit eurem Reichtum verbinden sich höllische Gefahren. Die soziale Realität hinter dem Exempel aber bleibt unübersehbar: Der Arme starb einsam und verlassen auf den Straßen der Stadt.

Die soziale Realität: Das Bettlerwesen

Im gesamten Mittelalter ist die kollektive Almosenverteilung verbreitet. Zunächst wird sie von den Klöstern praktiziert, beim Begräbnis von Herrschern und Fürsten, später auch von reichen Bürgern, findet sie ebenfalls statt und verbindet sich im weiteren Verlauf ferner mit kommunalen Pflichten:

Als 1031 der französische König Robert II. starb, wurden in jeder seiner Residenzen Brot und Wein an 300 bis 1000 Arme ausgeteilt. – In den Klöstern wurden festliche Anlässe mit der Almosenvergabe verbunden. An den Pforten des Klosters von Cluny nahm der Brauch gewaltige Ausmaße an. Zu Beginn der Fastenzeit wurde an Hunderte von Armen Fleisch ausgeteilt; im Laufe des Jahres erfolgte eine Bewirtung von wenigstens 10 000 Armen; es liegen für manche Jahre Angaben über 17 000 Almosenempfänger vor. – In Lübeck sah 1355 das Testament eines Bürgers die Verteilung von Almosen an 19 000 Arme vor, obwohl die Stadt damals nicht mehr als 22 000 bis 24 000 Einwohner zählte. – Im 15. Jahrhundert bestimmt das Testament eines Pariser Bürgers, Almosen an rund 4000 Arme zu verteilen. – In den Rechnungsbüchern einer Florenzer Bruderschaft werden 6000-7000 Arme genannt, die drei- bis viermal wöchentlich unterstützt wurden. – Natürlich war bei solchem Andrang Betrug nicht auszuschließen. Wie oft hat sich derselbe Mensch angestellt? Etwa seit dem 13. Jahrhundert versucht man, durch Austeilen spezieller Marken (z.B. Nummern aus Zinn) den Unterstützungsanspruch zu kontrollieren. Trotzdem trieb das Almosensystem eigene Blüten. Da nämlich die Verteilung an bestimmten Tagen stattfand, ergab sich für die Bettler eine Art Reisekalender. Dieser galt vor allem den Klöstern, bei denen man von vornherein wußte, wann eine Verteilung stattfinden würde. Wenn man nun aber meint, die Klöster hätten sich bei solch umfangreichen Sozialleistungen selbst ruiniert, so ist das sicherlich falsch. Bei den hohen Einkünften, die die Klöster verbuchten, ließ selbst ein geringer Anteil eine großzügige Verteilung zu; bei geringen Einkünften blieb auch der Almosenumfang unbedeutend. Für die Abtei Saint-Denis bei Paris ist berechnet worden, daß um 1300 bei Einnahmen von 33 000 Pariser Pfund weniger als

1 000 Pfund für die Armenhilfe ausgegeben wurden, aber es gibt auch gegenteilige Beispiele. – Neben den Klöstern beteiligten sich mit dem Aufschwung des Bürgertums auch viele Reiche an großzügigen Almosenvergaben und Schenkungen. Schenkungen sind die Basis für die Gründung von Spitälern, Leprosenhäusern und Pilgerherbergen (→ S. 379-386).

Gewiß darf man den Angaben über den Umfang der Armenhilfe kein allzu großes Gewicht beimessen, und auch die zeitgenössischen Bettlerzahlen verdienen grundsätzliche Skepsis. In Paris soll es im 15. Jahrhundert 80 000 Bettler gegeben haben. In den Steuerlisten jener Zeit kommt diese Personengruppe nicht vor, so daß hier keine Kontrollmöglichkeiten vorliegen. Deswegen ist die Steuerliste von Augsburg von 1475 ein besonderes Dokument: Unter den 4485 aufgeführten Steuerzahlern finden sich 107 Bettler. Die von ihnen zu zahlende Steuer entspricht jener der Tagelöhner. Wahrscheinlich sind mit diesen 107 Bettlern nicht alle Bettler der Stadt erfaßt, aber diese Gruppe der 107 war in ihrem Broterwerb wohl so stabil, daß sie steuerlich erfaßt werden konnte.

Das Aussehen und Auftreten der Bettler war nicht nur Ausdruck ihrer sozialen Lage, sondern auch Ergebnis ihrer Berufsstrategie. Erstes Indiz war die Kleidung. Bilder stellen sie oft barfüßig dar, gelegentlich nackt oder dürftig bekleidet. Manche verkauften die erhaltene Kleidung gleich wieder und trugen weiterhin ihre Lumpen, um so auf sich aufmerksam zu machen. Auch Gebrechen, Krankheiten und körperliche Mängel wurden geschickt zur Schau gestellt, legitimierten diese Merkmale doch das Betteln in besonderer Weise. Zu den Bettlertechniken konnte auch das Vortragen frommer Lieder gehören, das Musizieren auf Instrumenten und das Erzählen von Geschichten. Es gab auch besondere Rufe, mit denen sie auf sich aufmerksam machten. 1317 verbot der Bischof von Straßburg den Beginen, mit dem Ruf: »Brot, im Namen Gottes!« zu betteln; sie sollten die gleichen Klagerufe benutzen wie die übrigen Bettler. – Im übrigen war die Grenze zwischen dem Zurschaustellen und der Vortäuschung von Schwäche immer fließend.

Mißernten und Hunger

Die mittelalterliche Landwirtschaft war mit ihren geringen Ernten außerstande, Mißernten – insbesondere wenn sie aufeinanderfolgten – zu bewältigen. Dann stand die bäuerliche Bevölkerung in ihrer Mehrheit vor der Hürde des nackten Überlebens. Dennoch waren die Hungersnöte örtlich und zeitlich begrenzt. Wenn sie überstanden waren – nicht ohne massenhaften Hungertod und verkauftes Menschenfleisch – kehrte man doch zur früheren Situation zurück. Bis zur Mitte des 12. Jahrhunderts gab es keine sozialen Gruppen, die man als proletarisiert hätte bezeichnen können.

Die Geldwirtschaft, die danach das Land eroberte, veränderte die Struktur des bäuerlichen Lebens. Im 13. und 14. Jahrhundert gab es konjunkturelle Rückschläge, die vielfach die Existenzgrundlagen zerstörten. Seit Anfang des 14. Jahrhunderts führen die Steuerlisten immer öfter Dorfbewohner, die als Elende, Arme oder gar Bettler bezeichnet werden. Dahinter taucht die neue Kategorie des Landproletariats auf, einschließlich der bisherigen »klassisch« Armen, der Witwen und Waisen. Dieses Landproletariat stand im Spätmittelalter am Rande des biologischen Überlebens.

Die Stadt war nicht der Ort, der ländlichen Armut zu entfliehen, wohl aber ein Ort, sein Los zu verbessern, wenn man dazu eigene Dynamik mitbrachte. Darum zog die Stadt vor allem aktive Menschen an, welche die Unbeweglichkeit des Landlebens nicht ertragen konnten. Das Wort: »Stadtluft macht frei« galt nicht jedem, sondern nur den Beweglichen. Mit den wachsenden Städten veränderte sich auch das Solidaritätsgefühl. Die persönliche Bekanntschaft bildete nicht mehr die Basis des Zusammenlebens, vielmehr führten jetzt Gruppeninteressen zu entsprechenden Verbindungen, die sich am deutlichsten im Zunftwesen ausdrückten. Gegenüber den hier organisierten Handwerkern und Kaufleuten befanden sich die ungelernten Arbeiter in einer schlechten Lage. Sie hatten keinen Schutz- und Solidaritätsverband, ebensowenig wie die Frauen, die fast überall nur Hauswirtschafts- und Hilfsfunktionen ausführten. Verweigerte Entlohnung, brutale Behandlung und Betrug sind die Klagen der Arbeiterinnen. Besser standen sich die handwerklichen Lohnarbeiter; sie waren in die soziale Struktur der Stadt integriert, wegen ihres geringen Lohnniveaus aber von allen konjunkturellen Schwankungen abhängig. Einen eigenen Garten oder gar Felder vor den Mauern der Stadt besaßen nur die bürgerlichen Eliten, so daß bei Teuerungen Lohnarbeiter und ungelernte Arbeiter am schnellsten ins soziale Aus gerieten. Das materielle Elend der Massen wurde aber insgesamt als zugehöriger Bestandteil der sozialen Lage der Massen gewertet. Eine Unterstützung schien erst dann gerechtfertigt, wenn sie nicht mehr imstande waren, ihrer Arbeitspflicht nachzukommen. Existenznot an sich führte weder auf dem Lande noch in der Stadt zu Mitleid. So stand für viele Menschen das Überleben ständig auf dem Spiel.

Sozialer Umbruch im 16. Jahrhundert

Das 16. Jahrhundert ist zunächst durch einen ungewöhnlichen Preisauftrieb gekennzeichnet. Beispielsweise stiegen die Getreidepreise in Frankreich in diesem Zeitraum auf mehr als das Sechsfache. Diese Inflation hat viele Wurzeln, die in ihrer Summe zu inneren, strukturellen Widersprüchen führen, wie etwa Verschärfung sozialer Unterschiede, Zersplitterung des bäuerlichen Besitzes, ungleichmäßige Entwicklung von Stadt und Land, steigende Konsumausgaben der Privilegierten und steigende Steuerlasten, Störungen und Veränderungen des Geldwertes durch Gold- und Silberimporte aus Amerika, Akkumulation der Handelsprofite u.a.m. Es entsteht ein Trend zur Pauperisierung.

Damit vollzieht sich auch eine Veränderung im sozialen Status der Bettler. Die Masse der Nichtarbeitenden erscheint jetzt zunehmend stärker abträglich für das öffentliche Wohl. Wie es sich schon im ausgehenden Mittelalter anbahnte, gehen nun die sozialen Initiativen deutlich von den Städten aus. Man versucht immer intensiver, Kriterien für die Armenhilfe zu entwickeln und das Bettlerwesen zu kontrollieren. In Nürnberg wird schon früh verordnet, daß niemand mehr ohne eine Lizenzmarke betteln dürfe. Zur Kontrolle dieser Verfügung wurde ein Beamter, der Bettelherr, eigens abgestellt. Auswärtige Bettler durften nicht länger als drei Tage in der Stadt bleiben. Bei Epidemien galt sogar ein vollständiges Zutrittsverbot für Bettler. 1522 zentralisierte Nürnberg die Armenfürsorge, ein Jahr später folgte Straßburg. 1531 wurde ein kaiserliches Edikt erlassen, das die Initiativen der Städte billigte. Es kam zu einer Welle repressiver Maßnahmen gegen die Armen. Wir wollen die Situation am Beispiel von Paris aufzeigen.

Die Armen in der Hauptstadt unterstanden der Aufsicht des *parlements* (→ S. 238). Bedeutsam war daneben die Präsenz der Universität, die in der christlichen Welt übergreifendes Ansehen hatte und auch eine unbestittene theologische Autorität war. Was in Paris geschah, gewann dadurch Modellcharakter.

Nun kam es seit Beginn des 16. Jahrhunderts in Paris zu einer Laizisierung der Spitalverwaltung. Das dortige Hôtel de Dieu wurde nicht mehr von Klerikern, sondern von einer Laien unterstellten Kommission geleitet, – eine Entwicklung die von Paris aus auf ganz Frankreich übergriff.

Im Jahr 1516 beschloß das Parlament, daß alle Vagabunden (vaccabons) die Stadt zu verlassen hätten. Jene, die sich dennoch auf den Straßen zeigten, seien festzunehmen und gegen Beköstigung bei Befestigungsarbeiten oder in den städtischen Kloaken zu beschäftigen. Die Verordnung griff nicht lange, war aber ein erster, signalsetzender Präzedenzfall.

Als 1522 eine Epidemie vor allem in den Elendsvierteln das »gesamte Gebiet, in dem die armen Kerle bisher in großer Zahl gewohnt haben, säuberte«, begriff man deutlicher, welche Gefahr von der Akkumulation des Elends in einer Stadt ausgeht. Seitdem gehörten Verordnungen gegen Bettler und Landstreicher zu den traditionellen Sofortmaßnahmen, wenn es galt, gegen ausbrechende Seuchen anzutreten. Weitere Stimmen plädierten für eine Vertreibung der »fremden Armen«, wie dies in Amiens geschah. Den Vorschlag, die Armen gewissermaßen zu kasernieren und unter Kontrolle zu bringen, begegnete die moralische Besorgnis, ob solche Repression gerechtfertigt sei. Man setzte immer wieder öffentliche Arbeiten für die Armen aus und beschränkte den Kreis der Almosenempfänger auf jene, die nicht arbeiten konnten. Das Parlament beschloß 1535 Gesetze, nach denen das Betteln in der Öffentlichkeit praktisch verboten wurde. In Paris geborene arbeitsfähige Bettler wurden aus der Liste der Unterstützungsberechtigten gestrichen. Nun galt es bei Todesstrafe, sich zu öffentlichen Arbeiten zu melden. Bettler, die nicht aus Paris stammten und nicht wenigstens schon zwei Jahre dort einen festen Wohnsitz hatten, mußten die Stadt binnen drei Tagen verlassen. Auf das Vortäuschen von Gebrechlichkeiten stand Auspeitschung. Allen Bürgern, einerlei welchen Standes, wurde bei Geldstrafen verboten, in der Öffentlichkeit Almosen zu geben. Die angedrohte Todesstrafe gab diesen Beschlüssen Nachdruck. – Eine Verordnung von 1544 übertrug schließlich die gesamte Armenfürsorge den städtischen Behörden; eine Zählung der Armen wurde in den Pfarreien angeordnet und auf dieser Basis eine organisierte Almosenverteilung eingerichtet, von der alle Arbeitsfähigen ausgeschlossen blieben, doch stand – anders als in früheren Jahrhunderten – hinter sämtlichen Überlegungen und Maßnahmen die Angst vor der ständig wachsenden Zahl der Elenden in den Straßen der Stadt.

Das Pariser Beispiel zeigte Wirkung in ganz Frankreich. In Rouen mußten die Listen der Armen an den Kirchentüren angeschlagen werden; den Armen selbst wurde vorgeschrieben, ein besonderes Kennzeichen oder ein gelbes Kreuz auf dem Ärmel zu tragen. Es wurden Rohstoffe beschafft – Wolle, Leinen, Hanf –, deren Weiterverarbeitung die Armen zu besorgen hatten; der Erlös floß in die Kasse des Armenamtes. 1566 folgten Warnungen an »alle

Armen der Stadt und der Umgebung, sich nicht zu erheben, sich nicht aufzulehnen, nicht zu fluchen, nicht in Worten oder Taten gegen die Ratsherren der Stadt oder gegen Bürger aufzutreten«. Es wurde angeordnet, an den Stellen, wo die Almosen verteilt wurden und Bettlern und Landstreichern Arbeit zugeteilt wurde, vier Galgen zu errichten. Tatsächlich erwiesen sich die Galgen in Rouen als die wichtigsten Repressionsmittel, um die Sozialfürsorge durchzuführen. Sie zeigten zugleich, wie schnell die etablierte Bürgerschaft von moralischen und theologischen Meinungsverschiedenheiten zu den grausamsten Repressalien überging.

Außerhalb Frankreichs war die Situation nicht anders. Karl V. legte 1530 in Augsburg eine Armenpolitik fest, nach der nur Kranke und Gebrechliche noch betteln durften; die Spitäler sollten kontrolliert werden, die Behörden bekamen ihre Pflichten im Bereich der Armenfürsorge genannt. Ein Schritt nach vorne war die Bestimmung, die Kinder von Bettlern in die Lehre zu geben. Verboten aber wurde, hinfort in der Öffentlichkeit: auf Straßen, Plätzen, in Kirchen und an den Häusern zu betteln. Auf das erste Mal stand Gefängnis, bei Rückfälligkeit konnten die Richter nach ihrem Ermessen die Strafe verschärfen.

Insgesamt wurde das Verhältnis zu den Armen in Deutschland zu einem Streitthema konfessioneller Polemik. »Es ist wohl eines der größten Bedürfnisse, daß alle Bettelei in der ganzen Christenheit abgeschafft würde. Es sollte jedenfalls kein Christ betteln gehen«, schreibt Luther »An den christlichen Adel deutscher Nation« und präzisiert: »Es genügt, wenn die Armen ausreichend versorgt sind, daß sie weder Hungers sterben noch erfrieren.« Die Hilfe soll also nicht über das Existenzminimum hinausgehen. Offensichtlich steht im Hintergrund die Verurteilung des Müßiggangs und das christliche Arbeitsethos. Demgegenüber bleibt Erasmus von Rotterdam moralischer. In seinem Lob der *caritas* mahnt er, »die Nächsten wie Glieder des eigenen Körpers zu behandeln«: »Wie das? Ein Glied des gleichen Körpers wie Du knirscht mit den Zähnen vor Hunger, und Dir stößt der Genuß von Rebhuhnfleisch auf? Dein nackter Bruder zittert vor Kälte, und bei Dir werden so viele Kleider von Motten und Schimmel zerfressen?« In katholischen Kreisen blieb es denn auch zweifelhaft, ob nicht die städtischen Reformen der Sozialfürsorge und besonders das Verbot des öffentlichen Bettelns im Widerspruch zu den Geboten der Kirche stünden oder ob ihnen nicht ein lutherischer Makel anhafte. Die Pariser Theologen stellten 1531 noch fest, das Verbot des Bettelns sei eindeutig häretisch, doch zeigt die weitere Entwicklung, wie sehr theologische Bedenken auch von der faktischen Macht gesellschaftlicher Entwicklungen abhängig sind.

Gefängnisse für die Armen

Das Gefängnis war im Mittelalter nicht die übliche Basis des Strafrechts. Noch 1670 zählte eine französische Ordonanz die Strafen in dieser Reihenfolge auf: Todesstrafe, Folter, lebenslängliche Galeere, lebenslängliche Verbannung, zeitlich befristete Galeere, Auspeitschung, Pranger, zeitlich befristete Verbannung. Das Gefängnis kommt darunter nicht vor. Damit stellte sich nämlich das Problem des Lebensunterhalts. Gefangene, die keine materiellen Mittel hatten, bekamen nichts zu essen. Erst gegen Ende des 19. Jahrhunderts verbreitete sich in Europa die Anschauung, im Gefängnis die Grundlage des gesamten Strafvollzugs zu sehen. Ehe es soweit war, galten Gefängnisse im Europa der Neuzeit als ein Instrument der »Sozialpolitik« gegenüber den Bettlern. Das große Einsperren charakterisierte den Wandel in der gesellschaftlichen Einstellung gegenüber dem Elend.

Zentralisierte »Generalspitäler« entstanden bereits 1447 in Brescia, 1448 in Mailand, 1449 in Bergamo. Im nächsten Jahrhundert kamen in Italien Waisenhäuser hinzu. Die eigentliche Problematik aber ließ sich erst später in Rom studieren. Während anderswo kirchliche Instanzen in Konflikt mit den weltlichen Behörden wegen deren Armenpolitik gerieten, fielen in Rom der doktrinäre und der praktische Aspekt mit dem Papsttum zusammen. Hier genoß die Bettlei volle Freiheit, hatte aber auch enorme Dimensionen angenommen. Die Literatur des 16. und 17. Jahrhunderts spricht von Bettlerkreisen, die sich zu verbrecherischen Zwecken organisierten, einer Art Mafia, die den Almosenmarkt kontrollierte. Ausweisungen zeigten sich diesen Mißständen nicht gewachsen. Da verbot Pius IV. (1559-65) auch in Rom 1561 die öffentliche Bettelei und setzte Gefängnis, Verbannung oder Galeerenstrafen als Sanktion für Zuwiderhandlungen aus. Aber erst Gregor XIII. (1572-85) realisierte die systematische Absonderung der Bettler. Er ließ für Rom ein »Generalspital« für Bettler errichten, das ihnen Unterkunft und Nahrung bieten sollte. In einer feierlichen Prozession führte er 1581 die Bettler Roms dorthin: Hinter dem Klerus und kerzentragenden Mitgliedern einer mildtätigen Bruderschaft gingen in einer ersten Gruppe die Bettler zu zweit, dann kamen die Blinden, darauf die Krüppel, auf Wägelchen von anderen Bettlern gezogen, schließlich, in 14 Kutschen, die Schwerkranken. Es sollen insgesamt 850 Bettler gewesen sein.

Das Unternehmen wurde trotz dieses Auftaktes mit Gewalt durchgesetzt, und die römischen Bettler nahmen ihre Einweisung in das Hospiz auch als Einkerkerung auf. So ging bald das Gerücht durch Rom, die Bettler hätten dem Papst für die Wiedererlangung der Freiheit und für das Recht zu Betteln, die ungeheure Summe von 2 500 Talern angeboten. Um die neue Linie durchzuhalten, bedurfte es ständiger polizeilicher Kontrollen. Die Stadtbüttel fingen alle Vagabundierenden auf den Straßen ein. Bei Razzien galten schwielige Hände als hinreichendes Kriterium, einen Menschen laufen zu lassen, die anderen wurden ins Gefängnis abgeführt.

Die Einsperrung der Armen hängt zweifellos mit einer demonstrativen Betonung des Arbeitsethos zusammen, mit dem der Weg zur kapitalistischen Entwicklung der Wirtschaft beschritten wurde. So entstanden auch in England, noch unter Heinrich VIII., um 1557 zweihundert Arbeitshäuser, die sich gegen Ende des 17. Jahrhunderts zu einem Netz von Arbeitshäusern entfalteten; nicht allein Bestrafung, sondern auch eine organisierte Textilerzeugung geht damit einher. – Ähnlich sind die holländischen »Besserungsanstalten« eingerichtet, und schließlich nach holländischem Vorbild die Arbeitshäuser in Deutschland. Es fällt auf, daß diese Arbeitshäuser zunächst nur in protestantischen Landschaften entstanden, aber erst im 18. Jahrhundert in Köln, Münster, Paderborn, Würzburg, Bamberg und Passau. Diesen sechs katholischen standen 63 protestantische Arbeitshäuser gegenüber, ein überraschendes Mißverhältnis, das aber nicht aus einer anderen Moral, als vielmehr vom Grad der wirtschaftlichen Entwicklung der jeweiligen Gebiete her verstanden werden will.

Repression und Barmherzigkeit

Die zentralisierten Armenspitäler betrachteten die Arbeit als das wichtigste Instrument, um die Armen an die Erfordernisse der Gesellschaft anzupassen. Mit der Absonderung verknüpfte sich deswegen Arbeitszwang. Es gab jedoch auch Verhältnisse, in denen der Eintritt ins Armenspital als Privileg angesehen wurde; ein Ausschluß konnte bedeuten, aus einem Gefängnis in ein weit schlimmeres Gefängnis gewiesen zu werden. Doch verband sich mit diesen Häusern durchweg soziale Dressur. 1666 heißt es vom Pariser *Hôpital general*: »Trotz aller möglichen Widerstände gibt es inzwischen in keinem der Häuser des Spitals Arme, die nicht beschäftigt wären, mit Ausnahme derer, die schwer krank oder ganz gebrechlich sind. Selbst Alte, Krüppel und Lahme werden zur Arbeit gezwungen, und seit diese allgemeine Arbeit eingeführt wurde, gibt es mehr Disziplin, mehr Ordnung und mehr Frömmigkeit unter den Armen.« Während der Französischen Revolution entlud sich die aufgestaute Wut in blutigen Szenen der Abrechnung mit dem Spitalspersonal.

Die Verbindung von Repression und Barmherzigkeit blieb auch im folgenden Jahrhundert Gegenstand der Kritik. Die »Große Einschließung« sorgte mit ihrer eigenartigen Mischung von karitativen Absichten und repressiver Strenge für die Durchsetzung eines Arbeitsethos, das innerhalb der wirtschaftlichen Entwicklung Europas einen wichtigen Faktor ausmachte. Letztlich war es dem vorindustriellen Europa gelungen, jene Einstellungen zu Armut und Reichtum, vielleicht gar zu sozialpolitischen Programmen grundzulegen, welche in den späteren Industriegesellschaften bis in die Gegenwart hinein wirksam sind.

Einen neuen Impuls in die soziale Thematik brachten die Aufklärung und die humanitären Ideen der Philanthropen. Die Aufklärer sahen einen Zusammenhang zwischen dem sozialen Fortschritt und einem universalen Solidaritätsgefühl, das alle Menschen verbinden sollte. Elend galt ihnen als ein Produkt von Unwissenheit der Armen und fehlendem Solidaritätsgefühl der Reichen. »Etwas stimmt nicht am Regierungssystem«, schrieb Thomas Paine, »wenn wir sehen, daß die Alten ins Arbeitshaus und die Jungen an den Galgen geschickt werden... Die Elenden sind schon von Geburt an durch ihr künftiges Schicksal gekennzeichnet; man darf sie nicht bestrafen, solange man nichts gegen das Elend unternimmt.« Die aufklärerisch-humanitären Denkansätze erreichten eine gewisse Laizisierung der Nächstenliebe, gaben den traditionell christlichen Haltungen aber auch neue Impulse, die sich im Aufblühen karitativer Ordensneugründungen und institutioneller Einrichtungen vor allem im 19. Jahrhundert auswirkten. Was dennoch alle diese wohltätigen Einrichtungen, einerlei ob in staatlicher oder kirchlicher Trägerschaft, in hohem Maße abstoßend macht, ist ihr Paternalismus. Der 1916 gedrehte Stummfilm »Intolerance« von David W. Griffith schildert mit beißender Ironie ein Bild der Wohltätigkeit im städtischen Elendsmilieu in der Kluft zwischen karitativen Programmen und den Erwartungen der Armen. Da wird die Lebensweise der »Pfleglinge«, ihre Sittlichkeit und ihr Alltagsverhalten, streng observiert, auch die Beteiligung an Gottesdiensten und anderen religiösen Pflichten wird registriert, während Vergnügungen und individuelle Interessen als Anfänge des sittlichen Zerfalls und Bedrohungen der allgemeinen Ordnung geahndet werden. Deshalb stieß solche Caritas auch stets auf das Mißtrauen und die Abneigung der Armen, –

und bei Licht besehen, ist die zuletzt beschriebene Einstellung immer noch ein Ingredienz mancher kirchlicher Institutionen und ihrer Pädagogik.

Die Linie über das 19. Jahrhundert bis in die Gegenwart hinein fortzuführen, ist hier nicht geboten. Im Lehrerhandbuch 10 werden die Soziale Frage und die kirchlichen Antworten, die sie gefunden hat, weiter erörtert (vgl. Religionsbuch 9/10, S. 247-251). Zu resümieren bleibt, daß die Industrialisierung im 18. und 19. Jahrundert zwar neue Faktoren und Formen des Elends brachte, um schließlich doch zu einem gesicherten Lebensstandard der Arbeiterbevölkerung zu führen. Die seit dem Mittelalter geltende Gleichsetzung des Arbeiters mit dem Hungerleider wurde erstmals brüchig. Der wirtschaftliche Fortschritt hat damit die gesellschaftlichen Ungleichheiten noch nicht beseitigt; er brachte neue Formen der Armut hervor, die im Nord-Süd-Gefälle inzwischen globale Ausmaße angenommen haben (→ Lehrerhandbuch 9; Religionsbuch 9/10: »Die dritte Welt«, S. 69-78).[1]

1 Die voranstehenden Ausführungen folgen *Bronislaw Geremek*, Geschichte der Armut. Elend und Barmherzigkeit in Europa. München/Zürich 1988.

»Ich empfehle es der Nachdenklichkeit und der Vorstellungskraft der Zeitgenossen, sich eine Welt vorzustellen, auf der es Christus nicht gegeben hätte...«, zitierten wir Heinrich Böll. Zur Frage nach dem Versagen des Christentums gehört auch diese Überlegung. So könnte über den Unterrichtsstunden zu diesem Kapitel »Kirche der Schwachen« Bölls Bekenntnis stehen: »Selbst die allerschlechteste christliche Welt würde ich der besten heidnischen vorziehen, weil es in einer christlichen Welt Raum gibt für die, denen keine heidnische Welt je Raum gab: für Krüppel und Kranke, Alte und Schwache, und mehr noch als Raum gab es für sie: Liebe für die, die der heidnischen wie der gottlosen Welt nutzlos erschienen und erscheinen.« Dies ist eine Stellungnahme Bölls von 1957. In späteren Jahren waren seine Positionen schärfer, wenngleich durchweg in der Kritik der *bundesrepublikanischen* katholischen Kirche;[1] seine grundlegende Option für das Corpus Christianum blieb davon unberührt.

Der voranstehende Abschnitt über die Geschichte der Armut und Barmherzigkeit hat die soziologischen und strukturellen Linien nachgezeichnet. Das ist für die Religionspädagogik ein ungewohnter Ansatz und im Rahmen didaktischer Entwürfe gleich unerwartet. Dennoch kann auf diese Perspektive nicht verzichtet werden, weil die ausschließliche Darstellung christlicher Caritas in Heiligenlegenden und biographischen Skizzen zwar eine Focussierung ins Konkrete und Detail erlaubt, aber den dazugehörigen gesellschaftlichen und politischen Rahmen ausblendet. Unser geschichtlicher Längsschnitt hat gezeigt, wie sehr alle Armen- und Sozialfürsorge in die wirtschaftlichen Verhältnisse einer Gesellschaft eingebunden ist, so daß auch die je mögliche Hilfe nicht einfach dem großmütigen Herzen abverlangt werden kann, wenn der ökonomische und politische Rahmen nur kleine Schritte und Gesten erlaubt.

Es ist dem Lehrer, seinem Problembewußtsein und Unterrichtsanspruch zu überlassen, welchen Nutzen er aus der skizzierten »Geschichte der Armut und Barmherzigkeit« ziehen will. Die folgenden drei Aspekte dieses Kapitels konkretisieren die Thematik überwiegend biographisch und regional. Doch sollten bei allem Lobpreis eines Cyprian, Franz von Assisi und Vincent de Paul, einer Elisabeth oder Katharina nicht die zahllosen unbekannten Frauen und Männer vergessen werden, die sich in allen Jahrhunderten dem unsäglichen Elend zuwendeten, wie auch daneben nie zu übersehen ist, daß selbst die vermeintlich reine Caritas ohne Repression und institutionelle Interessen, sobald sie organisiert wurde, nur selten daherkam.

---

1 Vgl. die Erläuterungen Heinrich Bölls zu seinem Kirchenaustritt in einem MERIAN-Interview (12/1979), zit. in: *Hubertus Halbfas*, Wurzelwerk, a.a.O., 347f.

Apg 4,32-37: Es gab keinen unter ihnen, der Not litt

Im Judentum fanden die täglichen Mahlzeiten wie bei uns im Familienkreis statt. Eine Ausnahme von dieser Regel machten alleine die Essener (→ S. 485-487). Bei ihnen aßen nämlich die örtlichen Vollmitglieder der essenischen Gemeinschaft, soweit sie Männer waren, in einem besonderen Versammlungsraum. Für die organisatorischen Belange der Gemeinde – Finanzverwaltung, Einkauf, Gleichmäßigkeit der Essensrationen – war ein »Vorsteher« zuständig. Die Bereitung der Mahlzeiten und den Service übernahmen weitere Helfer. Ähnliche Verhältnisse haben wahrscheinlich in der Jerusalemer Urgemeinde und auch in den Paulus-Gemeinden geherrscht. Anfänglich versammelte man sich täglich in den Häusern wohlhabender Christen zu gemeinsamen Mahlzeiten, doch dürfte die Obergrenze dieser Gemeinschaften nicht über 50 Personen hinausgegangen sein. Deshalb gab es in Städten mit einer größeren Christenzahl – etwa in Jerusalem, Philippi, Korinth oder Rom – mehrere solcher Hausgemeinden. Der organisatorische Vorsteher hieß »Bischof« (*episcopos*), die Helfer nannte man »Diakon«. Dementsprechend grüßte Paulus die Christen in Philippi »mit ihren Bischöfen und Diakonen« (Phil 1,1); in einer Großgemeinde wie dort gab es offensichtlich mehrere »Bischöfe«. Die Anfänge des Christentums verweisen also auf Organisationsformen, wie sie im Judentum zuvor nur für die Essener charakteristisch waren.

Dennoch unterschieden sich Essener und Christen deutlich: Die ausschließliche Männerordnung war den Christen fremd. In christlichen Gemeinden nahmen die Frauen gleichberechtigt an den Mahlzeiten teil (Apg 6,1-6; vgl. 2,42.46). Diese Gemeinschaftsmahle – sie waren anfangs auch Eucharistiefeiern – fanden abends statt (in Analogie zum Abendmahl Jesu) und nicht wie bei den Essenern auch mittags. Bald reduzierte sich das tägliche Mahl auch auf den Sonntag als dem Tag der Auferstehungsfeier (vgl. Apg 20,7). Wie bei den Essenern waren zu diesen Mahlfeiern jedoch nur Vollmitglieder, nämlich getaufte Christen (Didache 9,5) zugelassen; die Essener erhoben allerdings als Bedingung für eine Vollmitgliedschaft eine wenigstens dreijährige Probezeit und eine Abschlußprüfung. Dabei übereignete ein Essener der Gemeinschaft seinen gesamten Besitz und sogar sein Lohneinkommen, behielt freilich den Nießbrauch an den Liegenschaften und Gewerben. Der erste Zehnt (vor allem aus den landwirtschaftlichen Erträgen) diente zur Finanzierung der gemeinsamen Mahlzeiten; der zweite Zehnt (vorab aus dem Lohneinkommen) ermöglichte die Sozialfürsorge. Die Gegenleistung für diese zwanzigprozentige Abgabe bestand in den täglichen zwei Mahlzeiten und einer Unterstützung aus der Gemeinschaftskasse, wenn die Not es erforderte. Eine Veräußerung der eigenen Habe an andere war den Essenern ausdrücklich verboten.

Die sogenannte Gütergemeinschaft der christlichen Urgemeinde in Jerusalem (Apg 2,42-47; 4,32-37; vgl. 5,1-11), oft auch Urkommunismus genannt, funktionierte demgegenüber völlig anders: »Wer ein geräumiges Haus hatte, stellte es gegebenenfalls für Gemeindeversammlungen zur Verfügung. Wie in allen jüdischen Synagogengemeinden jener Zeit wurden auch bei den Christen Arme aus der Gemeinschaftskasse verpflegt und anderweitig unterstützt. War die Kasse leer, so erwartete man, daß besonders wohlhabende Gemeindemitglieder etwas von ihrem Besitz veräußerten und den Erlös zum Auffüllen der

Kasse einbrachten. So tat es Barnabas durch den Verkauf eines Teils seiner landwirtschaftlichen Güter auf Zypern (Apg 4,36f.). Das Vergehen von Hananias und Saphira (Apg 5,1-11) bestand nur darin, daß sie in einem solchen Fall lediglich einen Teil des Erlöses in die Gemeinschaftskasse einbrachten, zugleich aber behaupteten, dies sei der Gesamterlös. Hätten sie die Wahrheit gesagt, wären sie ungestraft geblieben und hätten den einbehaltenen Teil des Erlöses problemlos für ihre privaten Zwecke verwenden können.«[1]

Die christliche Urgemeinde gründete ihre soziale Ordnung also auf freiwillige Spenden, während die essenische Tradition feste Pflichtabgaben kannte. Das Muster für die Verhältnisse in der christlichen Urgemeinde kam aus den gewöhnlichen Synagogengemeinden. Der »christliche Urkommunismus« war demnach nicht spezifisch christlich, sondern durch die allgemeinjüdische Tradition bereits vorbereitet.

Die Armenfürsorge der Klöster

Zu diesem Aspekt siehe die Ausführungen S. 356 f.; 382; im weiteren auch S. 610-618.

Spotlights

Die folgenden Seiten bieten eine Materialsammlung. Überwiegend werden Quellentexte vorgestellt, mit Absicht besonders solche, die in kleinen Facetten das Profil christlicher Solidarität entfalten. Insgesamt ist das hier versammelte Spektrum religions- und kulturgeschichtlich einzigartig. Das unverwechselbar Christliche zeigt sich im ganz und gar Menschlichen.

Die Ausführungen des Religionsbuches auf S. 157 lassen sich mit diesen erzählenden Quellen reichhaltig ergänzen, sei es, daß der Lehrer die einzelnen Texte in einen größeren Rahmen stellt und erläutert, sei es, daß die Schüler diese Texte in Kopie erhalten, um sich davon herausfordern zu lassen. Aus der Summe des Materials läßt sich auch eine Dramaturgie entwickeln (analog zu dem S. 26 vorgeschlagenen Konzept), möglicherweise von Dia-Projektionen ergänzt, die einleitend oder unterbrechend die Thematik illustrieren.

Dafür kommen folgende Bilder in Frage: Serie 1/2, Nr. 3: Martin von Tours; Nr. 4: Elisabeth von Thüringen; Nr. 15: Das Gleichnis von den Blinden (Pieter Breughel zu Armut, Krankheit, Elend); Nr. 31: Die Heilung des Aussätzigen (Damian Deveuster). Serie 3/4: Nr. 13: Das Mahl mit den Sündern. Serie 5/6: Nr. 13: Der barmherzige Samariter; Nr. 18: Aus dem Kommissionsbericht der Übersichtigen; Nr. 19: Der Plumpudding; Nr. 23: Die Heilung des Aussätzigen; Nr. 24: Die Heilung des Aussätzigen (= 1/2, Nr. 31).

Soweit diese Bilder von den Schülern früher noch nicht eingehend betrachtet wurden, soll natürlich keinem schnellen Medienkonsum das Wort geredet werden. Dennoch ist zu erwägen, ob die nachstehenden Quellen nicht durch

---

1 *Hartmut Stegemann*, Die Bedeutung der Qumranfunde für das Verständnis Jesu und des frühen Christentums, in: Bibel und Kirche 48 (1/1993), 10-19, hier:13f.

Bildprojektion, knappe aber präzise Bildbesprechung und eine gute Rollenverteilung zur Sprache kommen können. Dieses Programm bietet auch Möglichkeiten für besondere Besinnungsstunden, Feiern oder Gottesdienste an.

(1) Dionysius von Alexandrien

Er war etwa seit 247 Bischof von Alexandrien, erlitt dort mit seiner Gemeinde die Decische Verfolgung (→ V,456f.) und war anschließend Zeuge von Bürgerkrieg, Hungersnot und Pest. Den Einsatz von Mitgliedern seiner Gemeinde während der Pestseuche beurteilte er als »Martyrium der Liebe«, den Blutzeugen zur Zeit des Decius gleichzusetzen:

Die meisten unserer Brüder schonten sich selbst nicht aus übermäßiger Liebe und Freundlichkeit. Sie traten füreinander ein, nahmen sich der Kranken furchtlos an, pflegten sie sorgfältig und dienten in ihnen Christus. So starben sie mit ihren Pfleglingen dahin. Angesteckt vom Leid anderer, nahmen sie die Krankheit ihrer Mitmenschen auf sich und ertrugen freiwillig deren Schmerzen. Viele mußten sogar, nachdem sie die Kranken gepflegt und wiederhergestellt hatten, selber sterben, den Tod, der jenen bestimmt war, für sich übernehmen... Auf solche Weise schieden die Tüchtigsten unserer Brüder, Priester, Diakone und Laien aus dem Leben. In keiner Weise steht ihr Sterben hinter dem Tod der Märtyrer zurück. Wenn sie die Leiber der Heiligen auf ihre Arme und ihren Schoß genommen, ihnen die Augen zugedrückt und den Mund geschlossen, sie auf die Schulter geladen und unter herzlichen Umarmungen nach Waschung und Bekleidung bestattet hatten, erfuhren sie kurz darauf dieselben Dienstleistungen, wobei die Überlebenden stets an die Stelle derer traten, die vorausgegangen.
Ganz anders war es bei den Heiden. Sie stießen die, welche anfingen, krank zu werden, von sich, flohen vor ihren Teuersten, warfen sie halbtot auf die Straße und ließen die Toten unbeerdigt liegen.[1]

(2) Ambrosius, Bischof von Mailand

Um Gefangene loskaufen zu können, hatte Ambrosius (339-397) liturgische Gerätschaften einschmelzen lassen. Auf die so ausgelöste Kritik antwortete er:

Die Kirche besitzt das Gold nicht, um es aufzubewahren, sondern um es aufzuwenden, um den Nöten abzuhelfen. Was soll man auch eine Sache nutzlos aufbewahren? Schmelzen die Priester, wenn es sonst an Mitteln fehlt, es nicht besser zum Unterhalt der Armen ein, als daß ein respektloser Feind es entehrt und fortschleppt? Würde der Herr nicht sprechen: Warum hast du geduldet, daß so viele des Hungers sterben? Und doch hattest du Gold. Hättest du doch dafür Nahrung geboten! Warum wurden so viele Gefangene als Kriegsbeute abgeführt und vom Feind getötet, ohne daß man sie loskaufte? Besser wäre es gewesen, die lebendigen Gefäße zu bewahren als die metallenen...
Diese Gefangenen nun wollte ich euch lieber als freie Menschen vorstellen, als das Gold zu horten. Ihre Zahl, diese Reihe der Gefangenen ist kostbarer als der Glanz der Becher. Diesem Zwecke sollte das Gold des Erlösers dienen: dem Loskauf der Gefangenen.[2]

1 Märtyrer der Frühkirche. Berichte und Dokumente des Eusebius von Cäsarea. Zusammengestellt und eingeleitet von *Wilhelm Schamoni*. Düsseldorf 1964, 101f.
2 Das Leben des heiligen Ambrosius u.a. Eingeleitet von *Ernst Dassmann*. Düsseldorf 1967, 147f.

(3) Hedwig von Schlesien

Als schlesische Landesmutter (1174-1243, wenngleich von Andechs/Bayern stammend) stiftete sie das erste Bündnis zwischen Deutschen und Polen. Sie trug die Politik ihres Gatten mit und gehört ihres Engagements für Arme, Kranke und Gefangene wegen zu den großen karitativen Gestalten der Christenheit. Der folgende Auszug aus der bald nach ihrem Tod geschriebenen Vita ist auf dem Hintergrund der vorangestellten »Geschichte der Armut und Barmherzigkeit« zu lesen. Bei aller Großzügigkeit zeigt er auch, wie wenig kritisch und zugleich wie unsystematisch damals noch die Armenfürsorge betrieben wurde:

Kaum einer, der um ein Almosen anhielt, ging von dannen ohne Gabe. Nach dem Zeugnis des Magisters Hermann, der Kanonikus in Glogau und Pfarrer in Schweidnitz war, hat sie kaum den hundertsten Teil ihrer großen Einkünfte für sich und die Lebensbedürfnisse der Familie zurückgehalten, alles übrige nutzte sie zum Wohle der Kirche und zum Unterhalt der Armen.

Sie besaß ein großes Vorwerk von vier Pflügen, das Zewina hieß, daraus zog sie so viel Jahresertrag, daß ihr Lebensunterhalt mehr als gedeckt war. Einst entstand eine große Hungersnot, die ließ die Dienerin Christi auf dem Markt verkünden, alle Bedürftigen sollten zum Vorwerk kommen, wenn sie eine Gabe um Gottes willen erhalten wollten. Da strömte eine große Menge Arme hin, allen ließ sie Getreide austeilen, je nachdem, was jeder zum Lebensunterhalt notwendig hatte. Als das Getreide zur Neige ging, ließ sie ihnen Fleisch austeilen, soweit es dort vorrätig war. Als auch dieses zu Ende ging, ließ sie ihnen Käse geben. Als auch darin Mangel eintrat, ließ sie schließlich Fett und Salz zur Zubereitung des Gemüses verteilen und andere derartige Dinge, die man als zur Ernährung geeignet ausfindig machen und erlangen konnte.[1]

(4) Elisabeth von Thüringen

Aus den Protokollen der vier Leibmägde, die nach dem Tod Elisabeths (1207-1231) unter Eid über ihre Zeit mit Elisabeth aussagten, Anfang 1235 aufgezeichnet:

Sie wollte sich von den Dienerinnen auch nicht »Herrin« anreden lassen, obgleich diese ganz arm und nicht von Adel waren, und nicht mit »Ihr«, sondern mit »du, Elisabeth«. Sie ließ die Dienerinnen an ihrer Seite sitzen und aus ihrer Schüssel essen. Einmal sagte die Dienerin Irmgard: »Ihr erwerbt Euch an uns ein großes Verdienst, aber Ihr macht Euch keine Sorge, wir könnten darob hochmütig werden, daß wir mit Euch essen und neben Euch sitzen dürfen.« Darauf erwiderte Elisabeth: »Siehe, jetzt mußt du dich auf meinen Schoß setzen!« Und sie nahm Irmgard auf den Schoß.

Diese Irmgard sagte ferner, die sel. Elisabeth habe Töpfe, Schüsseln und Teller abgewaschen und öfters die Dienerinnen hinausgeschickt, um nicht von ihnen daran gehindert zu werden. Und häufig trafen sie bei der Rückkehr ihre Herrin, wie sie Schüsseln und anderes Geschirr reinigte. Zuweilen fanden sie alles auch schon fertig gespült vor.

Die sel. Elisabeth ging auch mit ihren Dienerinnen in die Häuser der Armen, ließ dabei Brot, Fleisch, Mehl und andere Nahrungsmittel mitbringen, verteilte sie aber selbst. Sie sah sorgfältig nach den Kleidern und Betten der Kranken.

1 Das Leben der heiligen Hedwig. Eingeleitet von *Walter Nigg*. Düsseldorf 1967, 100.

Sie hatte auch die Gewohnheit, den Armen viel auf einmal zu schenken. Da Magister Konrad ihr verboten hatte, einem Notleidenden mehr als einen Groschen zu schenken, bemühte sie sich eifrig, nach und nach zu ergänzen, was sie in einem Male nicht geben durfte.[1]

(5) Ludwig IX. von Frankreich

Er lebte von 1214-1270, wurde, erst zwölfjährig, in Reims zum König gekrönt und verbrachte von 24 Regierungsjahren allein sieben auf einem Kreuzzug. In ihm vereinen sich Zeitströmungen, die nur aus ihren Bedingungen verstanden werden können, aber stets auch eine Demut, die außerhalb des christlich beeinflußten Kulturkreises ohne Parallele ist. Sein Freund Johann von Joinville schreibt über König Ludwig:

Er fragte mich auch, ob ich am Gründonnerstag den Armen die Füße wasche. »Herr«, sagte ich, »das soll mir niemand zumuten, solchen schmutzigen Bauern werde ich nie die Füße waschen.« – »Fürwahr«, sagte er, »das war eine schlechte Antwort. Ihr sollt niemals das verabscheuen, womit uns selbst Gott ein Beispiel gegeben hat. Ich bitte Euch also, zuerst um der Liebe Gottes willen und dann auch aus Liebe zu mir, daß Ihr Euch daran gewöhnt, sie zu waschen.«[2]

(6) Katharina von Siena

Katharina von Siena (um 1347-1380) ist eine der überragenden Frauengestalten des Mittelalters. Ihre politische Rolle gegenüber dem Papsttum, das sie aus Avignon zurück nach Rom holen half, darf nicht über das verborgene Leben hinwegsehen lassen, das ihr geistlicher Führer Raimund von Capua aufzeichnete:

Als Ordensfrau besaß Katharina nichts persönlich zu eigen... Daher ging sie zu ihrem Vater und bat ihn um die Erlaubnis, von seinem Gut und aus seinem Haus – welche beide ihm Gott geliehen habe! – soviel nehmen und unter die Armen verteilen zu dürfen, wie ihr Gewissen es für angemessen halte. Ihr Vater räumte ihr bereitwillig unbeschränktes Recht auf alles ein, was sein eigen war, denn zu diesem Zeitpunkt war er überzeugt, daß sein Kind den Weg zu größter Vollkommenheit ging. Er wollte seine Zustimmung Katharina jedoch nicht in aller Stille geben, sein ganzes Haus sollte sie zur Kenntnis nehmen, und so sagte er zur versammelten Familie: »Ich gebe ihr volles Recht dazu. Was immer im Hause ist, darf sie weggeben, sei es, was es wolle.« Auf diese Vollmacht hin, fing Katharina nicht etwa an, hie und da bloß eine Kleinigkeit wegzuschenken, sondern begann aus vollen Händen Hab und Gut ihres Vaters zu verteilen. Allerdings hatte sie dabei ein scharfes Auge, das wohl zu unterscheiden wußte: nicht jeder, der wollte, sondern nur, wer wirklich, wie ihr bekannt war, Not litt, konnte auf ihre großherzige Hilfe zählen, und zwar ohne vorher lange betteln zu müssen.[3]

1 Büchlein über die Aussagen der vier Dienerinnen, in: Elisabeth von Thüringen, hg. und eingeleitet von *Walter Nigg*. Düsseldorf 1963, 103-105.
2 Das Leben des heiligen Ludwig. Die Vita des Joinville. Hg. und eingeleitet von *Erich Kock*. Düsseldorf 1969, 70.
3 Das Leben der heiligen Katharina von Siena (Legenda maior des Raimund von Capua), hg. und eingeleitet von *Adrian Schenker*. Düsseldorf 1965, 105.

(7) Vinzenz von Paul

Das Religionsbuch 9/10 stellt Vinzenz von Paul (1581-1660) in einem eigenen Kapitel vor (S. 61-68). Die Biographie dieses Mannes und die vielen Frauen, die mit ihm zusammen die soziale Not ihrer Zeit angingen, gehören auch in den hier vorliegenden Zusammenhang. Sein Engagement für die Galeerenhäftlinge sei hier ergänzend genannt:

In Paris begann Vinzenz, die zu den Galeeren verurteilten Verbrecher zu besuchen. Er fand sie in einem höchst beklagenswerten Zustand. Sie waren nämlich in den Kerkern der Conciergerie[1] und in anderen Gefängnissen eingesperrt. Oft mußten sie dort lange Zeit schmachten, wurden von Ungeziefer verzehrt, waren von Elend und Not entkräftet und insgesamt an Leib und Seele verwahrlost.

Nachdem Vinzenz sie in ihrem Elende gesehen hatte, ging er zum Herrn General der Galeeren, setzte ihn über die Verhältnisse in Kenntnis und stellte ihm vor Augen, daß diese armen Leute zunächst ihn etwas angingen. Da sie für die Galeeren bestimmt seien, käme es seiner Nächstenliebe zu, für sie auch Sorge zu tragen. Gleichzeitig machte er Vorschläge, wie ein geistiger und leiblicher Beistand zu leisten wäre. Der Galeerengeneral zeigte sich mit Vinzenz Vorschlägen einverstanden und gab ihm alle Vollmachten dazu. Vinzenz mietete also ein Haus in der Vorstadt St.-Honoré, um dort zunächst seine Gefangenen gut unterzubringen...

In einem späteren Brief äußerte sich Vinzenz über seine Betreuung der Galeerensträflinge:

Wenn es einmal vorkam, daß ich in dürren Worten zu ihnen sprach, verdarb ich alles. Wenn ich aber ihre Leiden mit ihnen beklagte..., wenn ich ihre Ketten küßte, ihre Schmerzen mitlitt und von ihrem Unglück betroffen war, dann hörten sie mich an... Ich bitte Sie, Monsieur, helfen Sie mir, (...) auch Sünder und innerlich Verhärtete demütig und liebevoll zu behandeln, ohne je irgend jemandem gegenüber Verachtung, Vorwürfe und rohe Worte zu gebrauchen.[2]

(8) Friedrich Joseph Haass

Der aus Bad Münstereifel stammende Arzt Friedrich Joseph Haass (1780-1853) hat sein Leben den Gefangenen und Verbannten in Rußland gewidmet. Lew Kopelew ist seinen Spuren nachgegangen und hat ihm ein literarisches Denkmal gesetzt; er läßt unterschiedliche Erinnerungen zu Wort kommen:

Alexander Herzen (1812-1870, russischer Schriftsteller): Doktor Haass war ein merkwürdiges Original. Die Erinnerung an diesen armen Narren darf nicht verlorengehen unter den offiziellen Nekrologen... Allwöchentlich fuhr Haass auf die Sperlingsberge, von wo aus die Verbannten per Etappe nach ihrem Bestimmungsort befördert wurden. Als Gefängnisarzt durfte er sie besuchen; er kam, um sie zu visitieren und brachte bei dieser Gelegenheit stets einen Korb mit allerlei guten Sachen, Eßwaren und Naschwerk, Walnüssen, Brezeln, Apfelsinen und Äpfeln für die Frauen mit. Das erregte den Zorn

---

1 Conciergerie: Das aus dem Mittelalter stammende Pariser Untersuchungsgefängnis; in der Französischen Revolution spielte es als »Vorhalle der Guillotine« eine Rolle; die zum Tode Verurteilten wurden hierhin gebracht, um am nächsten Tag das Schafott zu besteigen.
2 Nach *Ludwig Abelly*, Das Leben des hl. Vinzenz von Paul, in: Vinzenz von Paul. Freiburg/Basel/Wien 1980, 81f.

und die Empörung der »wohltätigen Damen«, die immer in der Angst lebten, sie könnten den von ihren Wohltaten Betroffenen eine Freude bereiten oder mehr tun, als nötig sei, um einen Menschen vor dem Hungertode oder vor dem Erfrieren zu retten.

Aber Haass blieb verstockt; er hörte sich die Vorwürfe, es sei dumm, die Gefangenen so zu verhätscheln, ruhig und mit sanftester Miene an, rieb sich die Hände und sagte: »Bedenken Sie, gnädigste Frau, ein Stück Brot, so ein Krümelchen erhalten sie von jedem, einen Bonbon oder eine Apfelsine werden sie lange nicht mehr zu Gesicht bekommen, solche Dinge bringt ihnen niemand, das kann ich aus Ihren Worten schließen; daher bereite ich ihnen diese Freude, weil ich weiß, daß sie nicht so bald wieder eine ähnliche haben werden.«

Haass wohnte in einem Krankenhaus. Einst kam ein Kranker vor dem Mittagessen zu ihm, um ihn zu konsultieren. Haass untersuchte ihn und ging dann in sein Arbeitszimmer, um ihm etwas zu verschreiben. Als er zurückkam, waren der Kranke und das silberne Besteck, das auf dem Tisch gelegen hatte, verschwunden. Haass rief den Portier und fragte, ob außer dem Kranken noch jemand ins Haus gekommen sei. Der Portier roch den Braten, lief fort und kam nach einer Minute mit den silbernen Löffeln und dem Patienten zurück, den er mit Hilfe eines Soldaten, der im Hause diente, gefangen hatte. Der Kerl fiel dem Doktor zu Füßen und bat um Gnade. Haass wurde verlegen. »Geh und hole die Polizei«, sagte er zu dem einen Wächter. »Und du«, befahl er dem anderen, »ruf mir sofort den Schreiber.« Die Wächter eilten davon.

Haass benutzte ihre Abwesenheit und sagte zu dem Dieb: »Du bist ein falscher Mensch! Du hast mich betrogen und wolltest mich bestehlen. Gott wird dich dafür strafen. Jetzt aber mach, daß du fortkommst, lauf zur Hintertür hinaus, bevor die Soldaten wiederkommen – aber warte, du hast wahrscheinlich kein Geld, da hast du 50 Kopeken; sieh zu, daß du dich besserst. Gott kannst du nicht entfliehen wie einem Wachsoldaten.«

Nach dieser Geschichte waren auch die Hausgenossen über Haass empört. Aber der unverbesserliche Doktor sagte nur: »Diebstahl ist ein großes Laster. Ich kenne aber auch die Polizei, ich weiß, wie sie die Menschen quält. Dieser Mann wäre verhört und ausgepeitscht worden. Seinen Nächsten auspeitschen zu lassen, das ist ein noch viel größeres Laster. Und wer weiß, vielleicht wird meine Handlungsweise sein Herz rühren, und er bessert sich.«

Die Hausgenossen sagten: »Er ist ein guter Mensch, aber er hat einen Raptus.« Haass aber rieb sich die Hände und tat, was er wollte.

1891 erinnerte sich der Direktor der Moskauer Universitätsklinik, Professor Nowitzkij, wie er Haass zum ersten Mal begegnete:

Ich hatte als junger Assistenzarzt Dienst im Alten Katharinenhospital, dessen Chef Fjodor Petrowitsch (Haass) war, und ich stellte ihm einen äußerst interessanten Neuzugang vor: ein elfjähriges Bauernmädchen. Sie war im Gesicht von der sehr seltenen und fürchterlichen Krankheit des Wasserkrebs befallen. Innerhalb von vier oder fünf Tagen hatte der Krebs bereits die Hälfte ihres Gesichts verzehrt, dazu die Nase und ein Auge. Abgesehen vom rapiden Krankheitsverlauf und den unbeschreiblich fürchterlichen Schmerzen, die das Mädchen zu erdulden hatte, verbreiteten die sich zersetzenden Gewebe einen solch entsetzlichen Geruch, wie ich ihn in meiner vierzigjährigen Tätigkeit als Arzt nie wieder habe ertragen müssen. Weder die Ärzte noch das Pflegepersonal hielten diesem entsetzlichen Gestank stand. Nicht einmal die liebende Mutter konnte es in dem Krankenzimmer aushalten. Nur Fjodor Petrowitsch, den ich gerufen hatte, brachte es fertig, drei Stunden an ihrem Bett auszuharren. Er nahm das Mädchen in die Arme, küßte und segnete es. Auch in den beiden nächsten Tagen saß er lange bei ihm. Am dritten Tag starb das Mädchen.

Auch Dostojewskij erinnerte sich viele Jahre später an Fjodor Petrowitsch, wie Haass in Rußland stets genannt wurde. In seinem Roman »Der Idiot« widmete er ihm folgendes Gedenken:

In Moskau lebte früher ein alter General, das heißt, ein Militär war er nicht, führte jedoch den Titel Wirklicher Staatsrat und trug einen deutschen Namen. Sein ganzes Leben lang ging er in Gefängnissen und unter Verbrechern umher... Alle Verbrecher in ganz Rußland und ganz Sibirien kannten ihn. Mir erzählte einmal ein ehemaliger Verschickter aus Sibirien, er sei Zeuge gewesen, wie sich die eingefleischtesten Verbrecher des »alten Generals« erinnerten, obgleich der nie mehr als zwanzig Kopeken jedem einzelnen geben konnte. Nicht, daß sie mit Dank oder mit Rührung seiner gedacht hätten! Irgendein »Unglücklicher«, der vielleicht zwölf Seelen auf dem Gewissen und sechs Kinder nur so zu seinem Vergnügen getötet hatte – man sagt, es soll solche gegeben –, erinnerte sich plötzlich an ihn, mir nichts dir nichts, und vielleicht auch nur einmal in zwanzig Jahren, seufzte und sagte:»Sollte der alte General am Ende immer noch leben?« Und dabei lächelte er – und das war alles. Doch wer kann wissen, welch ein Samenkorn der »alte General«, den er in zwanzig Jahren nicht vergessen hatte, ihm auf ewig in die Seele gepflanzt hat?

Tatsächlich lebten die Erinnerungen an Friedrich Joseph Haass immer wieder auf. 1978 schrieb der Moskauer Arzt A. Rajewskij in der Studentenzeitung des Medizinischen Instituts:

Seine Devise lautete:»Beeilt euch, Gutes zu tun.« Beeilt euch, denn rings um euch leiden viele an Krankheit, Unterdrückung, Ungerechtigkeit und Demütigung... Gutes gebiert Gutes. Auch das Andenken an den, der Gutes getan hat.

Besucht das Grab von Fjodor Petrowitsch Haass. Das ganze Jahr hindurch werdet ihr dort frische Blumen finden. Keine großartigen Kränze, aber rührende Asternsträußchen, Phlox und Georginen. Sie stehen nicht in Vasen, sondern in Weckgläsern, Konservendosen oder Milchflaschen... Dies kommt von Herzen. Es ist das Gedächtnis des Volkes.[1]

(9) Damian Deveuster

Im April 1889 starb P. Damian Deveuster auf Molokai, 49 Jahre alt, an der Lepra. Molokai ist eine der Hawai-Inseln, deren weit ins Meer reichende Landzunge zum Sperrgebiet für Leprakranke erklärt worden war. Etwa tausend Leprakranke waren hier aufeinander verwiesen, als der aus Flandern stammende Damian Deveuster freiwillig den weltverlassenen Ort aufsuchte, um das Schicksal der Aussätzigen zu teilen. Damals war Lepra noch nicht heilbar. Die von Damian Deveuster erhaltenen Briefe verraten einen einfachen Menschen, dessen Frömmigkeit eher schlicht und naiv ist, doch so konsequent, daß er sein Leben mit anderen, die völlig ausgeliefert waren, teilen wollte.

Der Arzt der Siedlung besuchte Deveuster am Tage, bevor er starb. Nicht, daß für ihn noch irgend etwas hätte getan werden können – sein Grab war schon ausgehoben –, sondern um eine Aufnahme zu machen. Er lag in seinem Zimmer, aber auch jetzt bestand er noch darauf, wie gewohnt auf dem Boden zu schlafen, auf einer Strohmatratze mit

---

1 Der heilige Doktor Fjodor Petrowitsch. Die Geschichte des Friedrich Joseph Haass. Bad Münstereifel 1780 – Moskau 1853. Erzählt von *Lew Kopelew*, Hamburg 1984, 154-156; 194; 190f.; 211.

einer Decke darüber, mit einem alten Hemd bekleidet. Als der Arzt kam, war er nur noch halb bei Bewußtsein.

Seine Arbeit in der Siedlung war es gewesen, Menschen beim Sterben zu helfen, Tausenden und über Jahre hinweg. Daß die Welt von ihm, dem Aussätzigen, überhaupt Kenntnis genommen hatte, war ungewöhnlich genug. Die Kalawao-Siedlung, wo er starb, war ein versteckter Ort, der abgelegenste Archipel des nördlichen Pazifik. Diese Siedlung gab es nur des Aussatzes wegen. Damian Deveuster war als Gesunder an Land gesetzt worden, weitab von allen Gesunden, lebendig begraben im Ekel, im Bewußtsein, daß die den Körper anfaulende und zerfressende Krankheit irgendwann ihn selbst heimsuchen würde. Hierin war Deveuster der außergewöhnliche Mensch für Hawaii, aber nicht der einzige. Andere verbargen sich an anderen Orten, die ebenso von der Welt abgeschnitten waren wie Kalawao, um unter den Aussätzigen zu arbeiten und zu sterben. Die meisten dieser Zeugen christlicher Solidarität blieben unbekannt.

(10) Friedrich von Bodelschwingh

Statt oder neben Friedrich von Bodelschwingh (1831-1910) ließen sich noch viele anderen Namen und Lebensprogramme nennen, nicht allein christliche Sozialreformer wie Wilhelm Emmanuel von Ketteler oder Johann Hinrich Wichern, sondern auch die philantropischen und kommunistischen und sozialistischen Namen und Programme für soziale Gerechtigkeit. Ein prophetischer und christlicher Impetus gehört zur Wurzel des weltweiten sozialen Kampfes, selbst dort, wo das konkrete Christen- und Kirchentum als Feind betrachtet wird. – Die folgende Rede, nur in einem bescheidenen Ausschnitt wiedergegeben, hielt Bodelschwingh 1904 vor dem Preußischen Abgeordnetenhaus:

Zunächst muß ich das Hohe Haus doch um Vergebung bitten, daß der Pastor überhaupt hier den Mund auftut (Oh, oh! Heiterkeit).

– Ja, Sie werden sagen: Schuster bleib bei deinen Leisten! Das will ich auch ernstlich tun; wenn ich es nicht täte, müßten Sie (zum Präsidenten) es mir sagen (Heiterkeit).

Ich will auch noch ein Zweites gleich vorausschicken. Ich bin mit parlamentarischen Künsten nicht ausgerüstet und schlage wohl vielleicht eine Tonart an, die nicht in solch ein Parlament hineingehört. Und daran bin ich auch ganz unschuldig: Ich bin nun bald 74 Jahre alt und habe solche Künste nie getrieben.

Als ich am 12. Januar herkam, da sah ich zu meinem Erstaunen, daß ich ein Wilder bin; das wußte ich gar nicht. Ich wußte überhaupt gar nicht, daß wilde Leute hier wären.

Also, darum müssen Sie mich entschuldigen. Wenn das Bächlein meiner Rede ein bißchen wilde Wasser über sein Flußbett spült, wenn dies geschehen sollte, bitte ich wiederum (zum Präsidenten) um freundliche Erinnerung (große Heiterkeit).

Ich will noch einen Punkt gleich vorausschicken: die Herren hier rechts und links sollen mir deswegen auch nicht böse sein: Herr Abgeordneter v. Pappenheim hat es mir nämlich erlaubt – das ist mein Chef -, wenn ich Sie mit Du anrede (große Heiterkeit).

Ich meine nicht die einzelne Person, sondern das Haus. Ich kann doch ein Haus nicht Sie nennen. Ich bin das zu Hause so gewohnt in meiner Heimat; wir nennen uns da eigentlich alle Du.[1] Also das möchte ich nicht als eine Grobheit angesehen wissen (Rufe: Nein, nein!).

Es kann auch sein, daß ich eine Fraktion im Auge habe und diese auch Du nenne. Vielleicht auch einen Herren Minister; aber (nach dem Ministertisch) da meine ich nie

---

1 Bodelschwingh stammt aus Tecklenburg/Westfalen.

Ihre Person (große Heiterkeit); ich meine da immer das Ministerium, und da bitte ich also, mir auch nicht zu zürnen. Aber nun zur Sache. Ich bin zunächst doch etwas bekümmert über dich, liebes Hohes Haus. Deine Posaune ist mir nicht deutlich genug gewesen in diesen Tagen. Ich hätte erwartet, daß in einer solchen großen Sache ein höherer Flug angenommen worden wäre, daß man weitere Herzen, weitere Augen haben würde.

Nicht viele Redner habe ich verstanden. Aber ihr Männer des Zentrums habt ja einen ganz gewaltigen Redner vorgeschickt; den konnte ich gut verstehen. – Ist er noch hier? (Zurufe: Ja! Große Heiterkeit). Nun, Mann, Sie können reden! Ich sagte gleich zu meinem Nachbarn: wenn ich so predigen könnte, wie dieser reden kann! Es war wirklich so klar, so tüchtig, so gründlich, so vorgearbeitet bis in alle Einzelheiten hinein. Nein, was war das für eine kräftige Rede, und doch, lieber Herr Kollege, wußte ich, als Sie zu Ende waren, nicht ganz genau, worauf Sie hinaus wollten (stürmische Heiterkeit). Auch Sie haben uns zuletzt ein Bild unseres preußischen Staates vorgemalt, bei dem ich doch erschrocken bin. O, was man da alles für Rücksichten nehmen muß; da wird nicht bloß von Emden nach Rotterdam geguckt, von Landwirtschaft zur Industrie und umgekehrt, von Osten nach Westen, nein, es werden auch die einzelnen Provinzen gegeneinander abgewogen; wenn man der einen etwas Gutes tun will, dann soll man auch gleich andere Provinzen berücksichtigen. Ja, dann kann man ja schließlich niemand etwas Gutes mehr tun; es könnte der andere sich ja darüber ärgern. Der alte Tacitus meinte es anders; er sagte: Gaudent muneribus, sed nec data imputant, nec acceptis adstringuntur. Zu Deutsch, etwas lose übersetzt: Unsere alten Germanen freuen sich, wenn sie etwas geschenkt kriegen, und freuen sich auch, wenn sie anderen etwas schenken können; aber sie rechnen es niemand nach: das hast du geschenkt gekriegt, folglich muß ich auch etwas haben, und außerdem wird man niemand einen Strick um den Hals werfen, wenn er etwas geschenkt kriegt. So hielten es die alten Germanen, und so sollten wir es auch halten, sonst hat man ja not, jemand etwas zu schenken. (. . .)

Nun passen Sie auf, was ich jetzt aber will. Da wohnt also ein Großindustrieller in Westfalen – ich könnte drei, vier solcher Herren nennen -, Selve heißt er, dem es nicht genug ist, daß er eine schöne Villa hat, ohne Sorge darin leben kann, sondern ihm ist es ebenso darum zu tun: wo wohnt mein Arbeiter, und hat mein Arbeiter auch genug Luft, bei mir wohnen zu bleiben, und hat mein Arbeiter auch einen Garten für sich und seine Familie in freier Zeit zu bearbeiten? Dieser Kommerzienrat – er ist Mitglied unseres Vereins »Arbeiterheim« – hat mir schon vor vier Jahren durch seinen Vertreter sagen lassen: es ist Zeit, du darfst die Sache jetzt anregen – und seit vier Jahren habe ich es in allen meinen Berichten getan: Es muß eine Novelle in der Gewerbegesetzgebung geben: von nun an kriegt keine neue Fabrik mit Dampfbetrieb eine Konzession, wenn sie nicht nachweist: wo läßt du deine Arbeiter! (Sehr gut! und Bravo! rechts).

Man fragt bis jetzt nur nach den Dampfkesseln, daß sie nicht springen und all dergleichen; das sind gewiß nötige Bedingungen, aber nach den Arbeitern wird nicht gefragt. Gehen Sie draußen vor Dortmund, lieber Herr Minister, da hat sich schon eine ganze Kolonie von Fabriken um den Kanal angesiedelt. Ich habe aber nicht erfahren, daß die Fabrikarbeiter auch angesiedelt werden, – es braucht ja auch keine Fabrik zu tun. Es ist zu selten, daß ein Fabrikbesitzer solchen Sinn hat, wie obiger Kommerzienrat. Mein Sohn hat jetzt ein Jahr in Dortmund in der Vorstadt gearbeitet: »Ach Vater, was für Generationen von Kindern gehen hier zugrunde!« Die meisten dieser Werke sind leider Aktiengesellschaften, und die haben bekanntlich Fischblut (Heiterkeit), die kümmern sich selten um ihre Arbeiter (Sehr richtig! rechts. – Widerspruch links.)[1]

---

1 Zit.n. Erzählbuch zur Kirchengeschichte, Bd. II, hg. von *Dietrich Steinwede.* Lahr/Freiburg/Göttingen 1987, 458-471 (gekürzt).

Pieter Breughel: Bettelnde Krüppel S. 156

A. Über Pieter Breughel: → I, 213f. und II, 501. Bisher interpretierte Breughel-Bilder: »Das Gleichnis von den Blinden«: I,213-219; »Die Imker«: I,246f.; »Die niederländischen Sprichwörter«: II, 501-508. Weitere Werke von Pieter Breughel: Religionsbuch 7/8, S. 201: »Der Aufstieg zum Kalvarienberg« (Ausschnitt); S. 217: »Bauernhochzeit«.

»Die Krüppel«, Öl auf Holzplatte, 18 × 21,5 cm, signiert und datiert: Brvegel MDLXVII. Paris, Louvre. Im gleichen Jahr entstanden »Das Gleichnis von den Blinden«, »Die Treulosigkeit der Welt« und »Die Elster auf dem Galgen«. Auf der Rückseite der Tafel mehrere alte Inschriften, flämisch und lateinisch, vermutlich noch aus dem 16. Jahrhundert. Zunächst, halb verwischt: »kruepelen, hooch, dat u nering beteren moeg« (Krüppel, Wohlergehen und gutes Gelingen für eure Unternehmungen!), ein Wunsch, den man aussprach, wenn man ihnen ein Almosen gab. Darunter befindet sich ein lateinischer Text, der in seiner Übersetzung lautet: »Die Natur besitzt nichts, was in unserer Kunst nicht enthalten wäre / so groß ist die Gunst, die dem Maler gewährt wurde / hier ist die in gemalte Bilder übertragene und in ihren Krüppeln gesehene Natur bestürzt, feststellen zu müssen, daß Bruegel ihr gleich ist.« In einem »Album amicorum« (Pembroke College, Cambridge, um 1573) widmet ein Freund, der Kartograph Abraham Ortelius aus Antwerpen, Pieter Breughel folgende Worte: »Dieser Bruegel, den ich preise, hat viele Dinge gemalt, die nicht gemalt werden können. . . In allen seinen Werken trachtete er stets danach, mehr zu verstehen zu geben, als was er uns zur Betrachtung vorlegt. Beim Jamblichus [dem Philosophen] spricht Eunapios in ähnlichen Worten von dem Maler Timanthus: ›Die Maler‹, sagt er, ›die sich bemühen, die schönen Proportionen eines Modells im besten Alter wiederzugeben und die in ihrem Werk irgendeinen Reiz oder irgendeine Verzierung als etwas Eigenes hinzufügen wollen, entstellen vollkommen die Persönlichkeit dessen, den sie mit so großer Mühe abbilden wollen. Bei diesem Vorgehen verfälschen sie ebenso die Persönlichkeit dessen, der ihnen Modell steht, wie sein wirkliches Aussehen.‹ In diesen Fehler verfällt unser Bruegel nie.«

B. Die Fachliteratur über Breughel betont übereinstimmend, daß »Die Krüppel« Rätsel aufgeben: »Der Sinn dieser Darstellung von fünf Krüppeln, die auf engstem Raum beieinander hocken, ist noch nicht überzeugend geklärt. Mit ihren künstlichen hölzernen Stümpfen, dem seltsamen Aufputz mit Fuchsschwänzen und unförmigen Mützen bilden sie – unwirsch nach allen Seiten auseinanderstrebend – eine Einheit des Jammers.«[1] Nun wurden die Fuchsschwänze mittlerweile als unterscheidende Abzeichen für Aussätzige gedeutet, welche die Krüppel beim Umzug der Aussätzigen am Montag nach dem Dreikönigstag und während der Faschingszeit trugen. Dennoch bleibt weiterhin unklar, was Breughel mit dieser Versammlung des Elends sagen wollte. Auf einem Stich (nach Hieronymus Bosch) findet sich die Bemerkung: »Alle, die gern aus der blauen Jagdtasche leben, hinken häufig auf beiden Seiten. Darum hat der Krüppelbischof viele Diener, die um einer Pfründe willen, den rechten

---

1 *Max Seidel/ Roger H. Marijnissen*, Breughel. Stuttgart o.J., 329.

Gang meiden.« Wenn also auch auf den erwähnten öffentlichen Umzügen der Krüppel, die sich natürlich immer mit Almosengewinn verbanden, vorgespielte Gebrechlichkeit nie fehlte, so dürfte es sich bei den Männern auf diesem Bild schwerlich um solche Leute handeln, allzu offensichtlich ist das Bemühen, sich mit primitiven Mitteln eine minimale Beweglichkeit zu bewahren.

C. Mit Breughels Bild zu verbinden ist das Titelbild des Kapitels (S. 155) aus einer Handschrift des 14. Jahrhunderts: Studenten des Ave-Maria-Collegiums in Paris verteilen Speisen und Schuhe an die Armen: Die Armen kennzeichnet abgerissene Kleidung und körperliche Gebrechlichkeit, während die Studenten in einheitliche Talare gekleidet sind. Die Fürsorgeempfänger stützt keine Behausung in ihrem Rücken, wohingegen die Jungkleriker aus einem Portal kommen, das auf ein etabliertes Kolleg schließen läßt. Ein Kind ist ihnen entgegengeeilt und empfängt seine Suppe in einer Schale; die Frau in der Mitte der Bettlerreihe reckt ihren Arm auf Überlänge; der hinter ihr stehende Mann trinkt bereits aus seinem Napf. – Weniger bewegt und drängend zeigen sich die Armen bei der Schuhspende; offensichtlich fühlen sich hier die jungen Studenten stärker getrieben, ihre Gaben zu überreichen. – Eine Detailstudie und Ergänzung zu Pieter Breughel ist auch der Holzschnitt auf Seite 157: ein verkrüppelter Bettler vor der Klosterpforte. Erneut sind die primitiven Holzprothesen zu sehen, mit denen die Menschen sich helfen mußten, um sich kläglich bewegen zu können. Da solche Erscheinungen zum gängigen Straßenbild gehörten, ist es nicht schwer, sich die Abgestumpftheit, die diesem Elend begegnete, ebenso vorzustellen, wie die stets wachzuhaltende Hilfsbereitschaft des Volkes.

D. Alle drei Bilder finden im Text des Religionsbuches einen vertiefenden Sachkommentar. Dieses Handbuch liefert im vorliegenden Kapitel eine große Fülle an zusätzlichen Detailinformationen. Statt einer isolierten Beachtung der drei oben besprochenen Bilder, empfiehlt sich auch im Unterricht ihre Zusammenschau.

Geschichte des Hospitals

Wie so oft in diesem Handbuch gilt auch hier: Nicht alle gebotenen The-
menaspekte müssen in Unterricht übersetzt werden; sie sind dennoch bedeutsam für das Sachverständnis und die Sachkompetenz des Lehrers, damit – was
immer im Unterricht geschieht – der Hintergrund reich gefüllt ist und der
Lehrer Stunde um Stunde »Neues und Altes aus seinem Schatze hervorholen«
kann. Das gilt auch für den folgenden Themenbereich. Vom Kranksein ist gewiß
unter vielen Aspekten zu sprechen (vgl. auch Religionsbuch 9/10: »Krankheit
und Tod«, S. 205-214), doch wird es nicht genügen, Vorbilder barmherziger
Krankenpflege zu zeigen, wenn nicht zugleich die Geschichte des institutionel-
len Rahmens gesehen wird als auch die geistigen und geistlichen Voraussetzungen, die das Spital erst möglich machten.

Die Situation in der Alten Welt

»Am Anfang aller hospitalgeschichtlichen Betrachtungen steht die große
Überraschung, daß es in der Antike keine Hospitäler gegeben hat. Wenn man
die Heilkunde über die Römer und Griechen bis zu den Pharaonen in Ägypten
zurückverfolgen kann und sogar bei den steinzeitlichen Höhlenmenschen
nachzuweisen vermag, wie wirkungsvoll Kranken geholfen wurde, dann ist das
Fehlen aller Hospitäler in den antiken Hochkulturen zunächst unverständlich.« Mit diesem bemerkenswerten Resümee beginnt Dieter Jetter seine Geschichte des europäischen Hospitals, und es ist in der Tat nachdenkenswert,
warum weder griechische Demokratie noch römische Staatskunst auf den
Gedanken kamen, soziale Einrichtungen für kranke Menschen zu schaffen.
Auch hier stellt Jetter den Notenschlüssel für alle folgenden Entwicklungen
voran: »Erst das Christentum brachte diese neuartige Einrichtung hervor, und
zwar weil die Nächstenliebe und das Erbarmen mit den Leiden des Armen und
Kranken einen zentralen Platz im Leben dieser Glaubensgemeinschaft ein-
nahm.«[1]
Trotz dieses Urteils wurde immer wieder neu gefragt, ob die antiken Völker
wirklich keine zentralen Krankenstationen gekannt haben, zumal es ja im
Interesse des Staates gelegen haben muß, bei Katastrophen und Unfällen Vorsorge zu treffen. Doch widerlegen die vorhandenen Nachrichten jede Spekulation: Als – beispielsweise – 27 n.Chr. in Fidenae bei Rom ein Theater einstürz-
te, mußten ein paar hundert Verletzte auf lauter Privathäuser verteilt werden.
Immerhin gab es einzelne Herbergen für Reisende und auch kleine, oft provi-

---

1 *Dieter Jetter*, Das europäische Hospital. Von der Spätantike bis 1800. Köln 1986, 17. Die neuere Zeit behandelt:
Axel Hinrich Murken, Vom Armenhospital zum Großklinikum. Die Geschichte des Krankenhauses vom 18.
Jahrhundert bis zur Gegenwart. Köln 1988.

sorische Einrichtungen, die sich als bescheidene Vorläufer des Hospitals deuten lassen.

In Ägypten waren es Tempel, zu denen Heilsuchende pilgerten, um die Hilfe der Gottheit zu erfahren; es sind auch Spuren einzelner Arztschulen bekannt, aber wirkliche Hospitäler begegnen nicht. – Auch in Griechenland sind viele Tempel über Jahrhunderte ein Pilgerziel hilfesuchender Kranker, vor allem die Asklepieien, von denen wir das bedeutendste in Epidauros bereits vorgestellt haben (→ S. 309-316). Daneben brachte das alte Griechenland mindestens drei bedeutende Ärzteschulen hervor, die gleichzeitig mit den Asklepios-Kultstätten entstanden. Da in diesen Schulen der Kranke sehr sorgfältig beobachtet wurde wie kaum irgendwo sonst, ist es um so erstaunlicher, daß sie nicht mit Patientenherbergen verbunden waren. – Die Römer begnügten sich über Jahrhunderte mit einer bäuerlichen Hausmedizin, später hatten die Großfamilien einen *servus medicus*, der meist griechischer Sklave war; ansonsten bemühten sie sich um ärztliche Versorgung überwiegend nur beim Militär. Hier hatten die *medici* die *capsa*, den Verbandkasten, zu betreuen. Zu den großen Lagern aber gehörte ein *valetudinarium* (*valetudo*: Gesundheit). Solche Einrichtungen entstanden erst zur Kaiserzeit und lassen sich in Deutschland bei Haltern/Westfalen, bei Neuss und Xanten und bei Brugg in der Schweiz (Vindonissa) nachweisen. Sie sind Zeugen militärärztlicher Versorgung; in Novaesium-Neuss wurde ein großes Heilkräuter-Depot entdeckt.[1] Im übrigen stammt der Begriff *valetudinarium* aus dem landwirtschaftlichen Bereich. In seinem Buch über die Landwirtschaft empfahl der ältere Cato, kranke oder überanstrengte Sklaven ein paar Tage im valetudinarium ausruhen zu lassen; danach könnten sie der Arbeit um so besser wieder nachgehen. – Dennoch: Im antiken Rom gab es kein einziges Krankenhaus; man baute riesige Badepaläste, kam aber nicht auf den Gedanken, Kranke unter einem Dach zu versammeln, um ihre Leiden vergleichend zu beobachten und zu behandeln.

Xenodochien im Orient und Abendland

Daß in der antiken Welt Herbergen (Xenodochien) nicht gänzlich fehlten, zeigt die »Weihnachtsgeschichte« bei Lk 2, aber auch das Samariter-Gleichnis, in dem der Verwundete einem Herbergswirt in Pflege gegeben wird. Die Bezeichnungen Hospital und Spital gehen auf das lateinische *hospes* zurück, mit »Gast«, »Gastfreund«, aber auch »Fremder« zu übersetzen. *Hospitium* läßt sich mit »Gastfreundschaft« wiedergeben, meint aber später durchweg »Herberge«. Das französische *Hôpital*, das *Hospice* sowie das *Hôtel* hängen damit zusammen, auch in den Kombinationen *Hôtel de Ville* (Rathaus), *Hôtel-Dieu* (Hospital des Bischofs) oder *Hôtel Royal des Invalides* (Königliches Invalidenhaus).

Die Geschichte des Hospitals setzt erst mit der Spätantike ein. Was vorher existierte, waren Herbergen auf kommerzieller Basis. Die Initiatoren der frühen Hospitäler waren freilich nicht die Regenten und Reichen nach der Konstantinischen Wende, sondern die Einsiedler der Wüste, die sich als touristische Attraktionen entwickelten.

---

1 *Antje Krug,* Heilkunst und Heilkult. Medizin in der Antike. München 1985, 205.

Den Anfang machte Basilius der Große (um 330-379), der bei Caesarea (dem heutigen Kayseri/Ost-Anatolien) eine Einsiedler-Kommune bildete, in der zwar alle ihre eigene Zelle hatten, aber doch eine bedingte Gemeinsamkeit pflegten. Damit Fremde nicht störten, baute man eine hohe Mauer ringsum und schuf so einen umfriedeten Bereich, der das Sprechen mit Gott erleichterte. Neben oder in diesem Mönchsdorf aber entwickelte sich eine Nachbarschaft mit zahlreichen Hilfsbedürftigen, die man als eine »große Krankenanstalt« betrachten könnte und die offensichtlich den Keim zu weiteren Entwicklungen in sich trug. Es kam nämlich zu neuen Gründungen in Edessa (375; Pilgerziel war hier wenig später vor allem Symeon Stylites: → V, 393f.), Antiochia (vor 398) und Ephesus (451) mit Fremden- und Krankenherbergen. In Edessa, später in Gondischapur am Persischen Golf und an der Seidenstraße in Innerasien, vielleicht bis Peking, waren Nestorianer die Gründer solcher Stützpunkte für Pilger und Reisende. Auch in Syrien und Nordafrika entstanden Hospize, deren Ruinen fast alle noch unerforscht sind.

Näherhin bekannt ist nur eine Gründung im alten Byzanz, die als Trias angelegt war: Die Grablege des Kaiserhauses sollte verbunden werden mit Kloster und Hospital, damit das ständige Beten der Mönche und Hospitalbewohner dem Seelenheil der toten Herrscher diene. Dieses Hospital des Pantokrators zielte also auf die Versorgung des Kaiserhauses über den Tod hinaus mittels der Hilfsbedürftigkeit der Armen. Das Hospital selbst war hervorragend eingerichtet, auf wenigstens ein Jahrtausend ohne Vergleich. Die im Religionsbuch zitierte Spitalordnung des Kaisers Joannes II. Komnenos sei hier ergänzend vorgestellt:

»Meine kaiserliche Majestät hat auch die Gründung eines Spitals beschlossen, das 50 bettlägerige Kranke aufnehmen kann. Ich bestimme also: Es sollen 50 bequeme Krankenbetten vorhanden sein; zehn von diesen 50 Betten seien für Kranke mit offenen Wunden oder Brüchen, weitere acht für solche mit Augenkrankheiten oder Unterleibsleiden oder sonstigen besonders schweren Krankheiten, zwölf Betten für kranke Frauen, der Rest für die gewöhnlichen Kranken. . . Jedes Bett soll eine Matratze, eine Decke und ein Kopfkissen haben, dazu im Winter zwei Überdecken. . .

Bei jeder Abteilung sollen zwei Ärzte Dienst tun, dazu drei Hauptpfleger, zwei Hilfspfleger und zwei Diener. Vom Pflegepersonal sollen jede Nacht vier Pfleger und eine Pflegerin bei den Kranken bleiben, d.h. für jede Abteilung eine Person. Sie bilden die Nachtwache. . . Außer den Abteilungsärzten sollen auch noch zwei Primikerioi (Verwaltungsbeamte), ein Lehrer der Medizin, zwei Rechnungsführer und für das Ambulatorium weitere vier Ärzte – zwei Internisten und zwei Chirurgen – dasein.

Auch von den Primikerioi besucht jeder für sich abwechslungsweise einen Monat lang alle Tage die Betten und fragt jeden einzelnen Kranken, wie er gepflegt wird, ob er vom Personal mit gebührender Sorgfalt und Beflissenheit bedient wird. Er bemüht sich zu verbessern, was falsch gemacht wurde, tadelt mit Nachdruck die Nachlässigen und stellt Mißstände ab. Er hat auch auf die Nahrung der Kranken zu achten. . . Deshalb soll der Primikerios auch zu keiner Abteilung gehören, vielmehr soll sein Aufgabe ausschließlich in der Beaufsichtigung des gesamten Betriebes bestehen.«[1]

1 Aus dem »Typikon« des Kaisers Joannes II. Komnenos, auszugsweise zit. n. *Hans-Georg Beck,* Das byzantinische Jahrtausend. München 1978, 340-342.

Mit dem Pantokratorkloster und seinem Spital läßt sich im Westen nichts vergleichen. Nur aus Spanien gibt es eine überraschend frühe Nachricht: Demnach errichtete der Bischof in der alten Römerstadt Merida ein Xenodochium (um 600), das zu den großartigsten Hospitalgründungen des Abendlandes gehörte. Es gab hier sogar Ärzte – und es brauchte danach im Westen ein weiteres Jahrtausend, bis vereinzelt wieder Ärzte zum Hospital gehörten. Der Bischof von Merida ließ weitherzig aufnehmen, wer der Pflege bedurfte: Pilger und Kranke, Sklaven und Freie, Christen und Juden – eine Bereitwilligkeit, die gerade im späteren Spanien ganz verlorenging, nachdem das Land dem Islam mit wüster Gewalt entrissen und die Juden ebenso gewalttätig ausgewiesen wurden.

Die Hospitäler der Mönche

Die Anfänge sind immer noch im Dunkeln. Für die in der Tradition des Basilius gegründeten Niederlassungen, bleibt offen, ob sie primär als Klöster oder als Xenodochien gegründet wurden. Sicher ist nur, daß die Mönche zunächst in Höhlen oder Zellen lebten, jeder für sich.

Völlig neue Möglichkeiten eines gemeinsamen asketischen Lebens zeigte erst Benedikt von Nursia (→ S. 607-618). Er leitete die Mönche an, wie sie Fremde beherbergen, Kranke pflegen, Hungernde speisen und Nackte beherbergen sollten. Durch ihn entstanden jene ersten Orte, an denen sich die Werke der Barmherzigkeit mit festen Einrichtungen verbanden und immer wieder geübt werden konnten. Der Blick in die Anfänge ist aber auch hier nicht mehr möglich. Deutlicher spiegelt sich die benediktinische Ordnung drei Jahrhunderte später. Der Klosterplan von St. Gallen zeigt das *Hospitale Pauperum* für Arme und Pilger; das *Hospitium* für Reiche, die »zu Pferde« kamen; das *Infirmarium* für kranke Mönche. Daneben gab es noch Zimmer für reisende Mönche, kranke Novizen und das abgelegene Haus der Lepra-Kranken. Die Anlage eines Kloster- und Kräutergartens ist von der Reichenau her bekannt. Einer der Heilkundigen, Walahfried, beschrieb in seinem *Hortulus* (um 842) zahlreiche Einzelheiten.

Die späteren Reformorden blieben in der benediktinischen Tradition. Als wichtigster Vertreter der Mönchsmedizin gilt Constantinus Africanus, der als muslimischer Drogenhändler in Karthago begann, in Ägypten und im Orient weit herum kam, in Salerno sich taufen ließ und auf dem Monte Cassino zahlreiche Texte der islamischen Welt ins Lateinische übersetzte. Die damit begründete Rezeption morgenländischer Heilkunde im Abendland (→ S. 532 ff.) gewann später in Toledo einen zweiten Schwerpunkt.

Exkurs: Die Hospitäler im arabischen Mittelalter

An dieser Stelle ist ein Seitenblick in die islamische Welt notwendig, denn aus dem Geist des Koran wurde die Krankenpflege ebenfalls gefordert. Bereits für das Jahr 707 ist eine Spitalstiftung des Kalifen Al-Walid in Bagdad verbürgt, ohne daß es nähere Informationen darüber noch gäbe. Um 800 finden Krankenanstalten in Damaskus Erwähnung, 875 entstand eine spitalähnliche Stiftung in Kairo. Der Kalif von Bagdad, Harun al-Raschid (→ S. 520; 552), wünschte, daß jeder neugegründeten Moschee ein Spital anzugliedern sei. Näherer Einblick in diese frühen Jahrhunderte fehlt, aber aus dem 12. Jahrhundert gibt es Berichte aus Bagdad: Der maurische Gelehrte Ibn Gubair beschreibt, daß sich hinter dem Tigris eine ganze Flucht von Krankensälen aufbaute, umgeben von pavillonartigen Stationen mit Spezialabteilungen mit angegliederten Arzeneiläden, die staatlich beliefert und beaufsichtigt wurden. Es gab festgesetzte Tage für die Hauptvisiten, eine Diätküche und eine offizielle Medikamentenliste. Chefarzt sei ein hochgebildeter Mann gewesen, der ebenso gut Persisch und Griechisch wie Arabisch sprach und als Liebhaber und Mäzen der Musik bekannt gewesen sei. Über die klinischen Einrichtungen in diesem Großhospital berichten weitere Quellen ausführlich: »Es gab Einzelabteilungen mit Sälen für die verschiedenen Fächer: Für interne Erkrankungen, für Chirurgie, für Augenkranke, es gab eine Orthopädie, eine Fieberabteilung, Abteilungen für Stoffwechselstörungen, für die Gelbsucht und schließlich besondere Asyle für die Geisteskranken... Die bis zu 3000 verschiedenen Drogen wurden von einem ›Inspekteur der Märkte und Sitten‹ kontrolliert... Frauen waren insbesondere in der Gynäkologie und der Geburtshilfe tätig. Ambulante Spitäler gab es für die Armee, für Gefangenentransporte, für dörfliche Gegenden sowie für Notstandsgebiete, etwa während einer grassierenden Seuche. Das erste fahrbare Feldlazarett wird Mustawfi 'Aziz ad-Din zugeschrieben, der um 1120 in Bagdad auch ein Waisenhaus mit Spezialschulen und ärztlicher Betreuung errichten ließ. Seinem Feldlazarett standen etwa 200 Kamele zur Verfügung, die nicht allein die Zelte mit dem Instrumentarium und den Medikamenten zu transportieren hatten, sondern auch einen festen Stab von Ärzten und Pflegern... Bei Seuchen wurden Ärzte und Medikamente an die Landbevölkerung geschickt, die ärztliche Aufsicht wurde in Distrikte eingeteilt.«[1] Berühmt geworden ist die Widmung, die der Sultan der Mamelucken al-Mansur Qalawun (1279-1290) einem Krankenhaus mitgab und die Heinrich Schipperges für das ganze arabische Spitalwesen als kennzeichnend ansieht: »Zum Wohle von König und Untertan, Feldherrn und Soldaten, von Großen wie Kleinen, zum Wohle von Freien und Sklaven, von Männern und Frauen.«[2]

Hospitäler der Bischöfe und des Adels

Neben dem Kloster hat das christliche Hospital noch eine zweite Wurzel. Diese ist der episkopale Brauch, neben jeder Kathedrale und jedem Bischofssitz eine Herberge zu errichten, die in Frankreich auch heute noch *Hôtel-Dieu* genannt wird: Gasthaus zum lieben Gott.

Auch die Hospitäler der Bischöfe reichen weit zurück. Man kennt die Xenodochien von Edessa (460), Alexandria (vor 620), Arles (um 500) und Merida (um 600), die in bischöflicher Verantwortung standen. Während man von all diesen Orten aber nicht sagen kann, wie die Herbergen mit der Bischofskirche verbunden waren, ist dies bei französischen Kathedralen, insbesondere bei Notre-Dame in Paris anders. Hier entstand gewissermaßen ein Spitallaby-

1 *Heinrich Schipperges*, Die Kranken im Mittelalter. München ²1990, 172f.
2 Ebd., 175.

rinth, verwirrend und weitläufig gebaut, von der Seine-Insel auf die andere Flußseite übergreifend, mit großen Hallen und Toren. Das Hôtel-Dieu in Paris hat Generation um Generation neue Stifter gefunden, riesige Archive sind entstanden, stets ging es darin ums Geld – wie auch sonst soll das Leben bezahlt werden? –, hinter dem Geld aber stand unendliche Erlösungssehnsucht, die Hoffnung auf Sündennachlaß und göttliches Erbarmen. Doch selbst wenn dies nur sekundäre Begründungen gegenüber den Armen und Kranken sind, in der täglichen Realität derer, die den Spitalbetrieb zu bewältigen hatten, ging es um Kochen und Putzen, Kranke waschen, Füttern und Trösten, um das Beten mit den Sterbenden, das Einnähen der Leichen in Stoffsärge und das Begraben der Toten.

Die Hospitäler der Bischöfe sind in England und Frankreich oft vom König beschenkt worden. Oft waren sie als dreischiffige, prächtige Hallen errichtet. Wo sie erhalten geblieben sind, zeugen sie noch heute von eindrucksvoller Architektur.

Hospitäler der Bürger. Das Heilig-Geist-Spital zu Lübeck

Mit dem Aufblühen der Städte und dem Reichtum ihrer Menschen begannen auch einzelne Bürger, durch Stiftungen die Grundlagen für eigene Hospitäler zu schaffen. Ein Beispiel dafür ist Lübeck, wo vor 1228 ein vorbildliches Hospital gegründet wurde. Der erste Bau brannte ab; das an einem anderen Ort 1280 neu errichtete Bauwerk zeigt unser Religionsbuch S. 159; es ist eines der schönsten mittelalterlichen Spitalgebäude, die in Deutschland erhalten geblieben sind, das sich heute noch durchwandern und besichtigen läßt, das aber vielleicht am meisten durch seine westliche Backsteinfassade beeindruckt.

Am Grundriß fällt insbesondere die langgestreckte Halle auf, die sich einschiffig und von einer Holzdecke überwölbt nach Osten hin erstreckt. Die sonst gesuchte Verbindung zwischen Bettenhalle und Kapelle bzw. Altar ist hier nicht gegeben. Bettenhalle und Westkapelle sind optisch wie akustisch durch eine Mauer getrennt, wenngleich, wie der Grundriß zeigt, zwei Türen beide Räume verbinden. (Die Beschreibung des S. 158 abgebildeten Interieurs des Sint-Jans-Hospitals in Brügge: → S. 386 ff.)

Auch in Nürnberg blieb über sechshundert Jahre hinweg ein Heilig-Geist-Spital erhalten, das nicht allein Alte, Sieche und »Kindbetterinnen«, sondern auch Priester, Schulmeister und zwölf arme Schüler mit seinen insgesamt 128 Betten aufnahm. Das Bürgerspital hat nicht mehr viel Ähnlichkeit mit dem klösterlichen *hospitium*. Es wurde eine Institution eigener Gestalt. Begüterte konnten sich hier eine Altersversorgung sichern und hinterließen dafür dem Spital ihren Besitz. Das Spital will »nur« versorgen, pflegen, stützen. So investieren viele Bürger in dieses Versorgungsinstitut. »Am Ende ist der Spitalmeister der geheime Finanzier der Stadt, Herr über einen krisenfesten Fundus. Ist damit... das Spital ein frühes Vorspiel der Isolierung, der repressiven Ausschließung Deklassierter, deren Existenz die Wohlhabenden stört? Es ist auf jeden Fall ein wichtiger Schritt in Richtung institutionalisierter, und das heißt doch reflektierter, ›angewandter‹ Krankenpflege und Medizin, auch ambulant wahrgenommener Armenfürsorge. Es gab in der mittelalterlichen Stadt die ›Ladenpfründner‹, arme Männer und Frauen, denen man durch den ›Laden‹ des

Spitals täglich eine Suppe reichte. Das Aufkommen der Bürgerspitäler zeigt, daß das Christentum nun anders gelebt wird, daß es sich nicht mehr auf symbolische Kompensationsriten beschränken will, die einige wenige – Priester, Mönche – für alle ausüben.«[1]

Das Leben im Hospital

Otto Borst nennt das Spital »das reinste Beispiel mittelalterlich-korporativer Selbsthilfe. . ., bis heute der abendländische Inbegriff von Hilfe und Pflege. . . Das Spital war sehr viel mehr als das – ›nur‹ von Leistungsmedizin und aseptischen Voraussetzungen bestimmte – Krankenhaus: eine Großfamilie, eine kleine Welt für sich, die ihre füllige, reiche, farbige Tagesordnung hatte. Man hat mit den Pflegefällen und den Alten etwas ›gemacht‹, sie waren angesprochen und hatten ihre kleinen und großen Funktionen in diesem Tageslauf, lange, bevor man sich – wie heute – an die Möglichkeiten von Arbeitstherapie machte. Freilich hatte man, im Gegensatz zu jedem in Abteilungen und undurchschaubare Techniken aufgespaltenen Krankenhaus, noch einen gemeinsamen Boden: den christlichen Glauben und seine Gebote. Mochten die Alten in ihrer ›Freizeit‹ handwerkeln, mitarbeiten an den Hausdiensten und so weiter – zu den Mahlzeiten und zu den gemeinsamen, auch Sang und Spiel erlaubenden Veranstaltungen traf man sich im Zeichen des Glaubens. Jedes nur nennenswerte Spital hatte seine Kapelle, in der man sich täglich mehrmals, eine Sinngebung und Füllung der Zeit ohnegleichen, zu gemeinsamem Gebet und Gesang einfand.«[2]

Besondere Hospitäler

Der erste und umfangreichste Aufgabenbereich des Spitals war die Armenfürsorge, stationär als auch ambulant. Viele Arme wechselten zwischen dem Spital und den Straßen der Stadt hin und her. Mit dem Anwachsen der Städte und der Differenzierung der Gesellschaft aber haben sich für die ursprünglich geruhsame und »vergnüglich geführte Welt im Kleinen« (Borst) schon frühe Spezialisierungen ergeben: Leprosorien, in Süddeutschland auch Gutleuthäuser genannt, in denen Leprakranke Aufnahme fanden, Blatterhäuser für Blattern- und später auch Syphiliserkrankte, außerhalb der Stadt, ins »Feld« hineingebaut, Pesthäuser, die stets gemeint waren, wenn man von den »Feldsiechen« sprach. Die Uminterpretation der Spitäler zu geschlossenen Anstalten haben wir oben näherhin beschrieben (→ S. 362 ff.).

In manchen Städten gab es auch Narren- und Tollhäuser, um gefährliche Irre unterzubringen. Die ersten Irren wurden schon im ausgehenden Mittelalter in Hospitäler aufgenommen. Die frühesten Gründungen sind um 1377 in London

1 *Otto Borst,* Alltagsleben im Mittelalter. Frankfurt a.M. 1983, 478.
2 Ebd., 478f. Diese von Otto Borst beschriebene Spitalwelt wird von Dieter Jetter so nicht wahrgenommen. Bei Jetter bleibt ein distanzierter Vorbehalt, der letztlich egoistische Motive jeder sozialen Bereitschaft überordnet. Ein Beispiel: »Wenn der Arme im Kloster immer wieder wie Christus aufgenommen wurde, dann geschah dies keineswegs nur, um ihm zu helfen oder gar um die Bevölkerung zu versorgen, sondern damit der Spender der guten Taten und der barmherzigen Werke sein eigenes Guthaben im Jenseits vermehren konnte« (38). Gewiß ist das richtig, wenn man in diesem Urteil das »nur« zu würdigen weiß. Letztlich bestehen alle menschlichen Engagements, heute wie früher, aus gemischten Motivationen.

und 1409 in Valencia bezeugt. Gerade mit diesen Häusern verbinden sich unbesehene Fehlurteile, welche die Fachliteratur widerlegt: »Die Behauptung, böse Könige des finsteren Absolutismus hätten... arme Irre gequält und im Keller mit Ketten gefesselt, ist unhaltbar falsch.«[1]

Vom Hospital zum Krankenhaus

Seit etwa 1800 vollzog sich die Verwandlung des Hospitals in ein Krankenhaus. Treibende Kraft dazu war das aufklärerische Denken, das »wie ein Buschfeuer über Europa hinweglief« (Jetter). Zunächst waren es einzelne Fürsten, die an ihren Regierungssitzen erste Krankenhäuser gründeten. Das unten besprochene Bild des Sint-Jans-Hospitals in Brügge stammt aus dem Jahre 1778. Es zeigt eine Raumordnung und alltägliche Dienste, wie sie über Jahrhunderte zu den städtischen Spitälern gehörten. Erst im Blick auf dieses Bild läßt sich ermessen, welche Umbrüche stattfinden mußten, damit aus dem Hospital ein Krankenhaus wurde.

In Lissabon, Florenz, Paris, St. Petersburg entstanden großräumige Neubauten, die sich architektonisch von den gotischen Bettenhallen der mittelalterlichen Spitäler völlig abwandten. Es stellten sich jetzt neue praktische Fragen: Wie kann gelüftet werden, wenn gleichzeitig geheizt werden muß, wie groß sollen die Zimmer bzw. die Säle sein? Welche Kapazität soll für ein Krankenhaus als optimal gelten? Es entstanden »Akademische Krankenhäuser«, die den Medizinischen Fakultäten zugeordnet waren und die Universitätskliniken vorbereiteten. Die großen Städte errichteten eigene neue Krankenhäuser, meist Gebäude mit verschiedenen Flügeln und langen Korridoren, welche die Räume miteinander verbanden. Die Spezialisierung und Verzweigung der Medizin forcierte auch eine entsprechende Spezialisierung der Krankenhausabteilungen; die Innere Abteilung wurde von der chirurgischen abgetrennt, ebenfalls die Geburtshilfe als eigenständige Einheit. Jedes neue ärztliche Betätigungsfeld führte auch zu einer weiteren Absonderung oder Spezialisierung im Krankenhauswesen. Wohin diese Tendenz letzthin führt, zeigen die Intensivstationen der heutigen Krankenhäuser. Es ist bei allem medizinischen Fortschritt, der hier geboten wird, zugleich die Umkehrung des Hospitals: Die gemeinsam erlebte und geteilte »Welt im Kleinen« hat sich in Privatheit und Einsamkeit gewandelt. Vielleicht bleibt das alte Hospital ein Kapital, das kreativ unter den Bedingungen heutiger ärztlicher Betreuung im Sinne einer ganzheitlichen Medizin und Therapie neu umgesetzt werden kann.

Das Sint-Jans-Hospital in Brügge   S. 158

A. Die historische Rolle Brügges war vom 11. bis 14. Jahrhundert unvergleichlich und noch im 16. Jahrhundert, einem Zeitalter unaufhaltsamen Verfalls, erstaunlich. Im 14. und 15. Jahrhundert hielten die sogenannten »Großen Herzöge von Burgund« hier Hof. Das flandrische Brügge war die Hauptstadt Burgunds, das Karl der Kühne neben Frankreich und Deutschland zur dritten

---

1 *Dieter Jetter,* a.a.O., 194.

europäischen Großmacht machen wollte. Seit den Zeiten der Hanse galt Brügge mit seinem Hafen Damme als der Welthafen Europas schlechthin.

B. Das Sint-Jans-Hospital in Brügge ist eine Zuflucht der Kranken seit spätromanischer Zeit. Der große Krankensaal, den das Gemälde von Jan Beerblock aus dem Jahre 1778 zeigt, stammt aus dem 13. Jahrhundert. Dieser einstige »Ziekenzaal« ist heute noch zu besichtigen, wenngleich die mittelalterliche Einrichtung, wie sie das Bild zeigt, nur noch mit wenigen Stücken angedeutet werden kann.

Die im Religionsbuch gezeigte Wiedergabe ist gegenüber dem Original um den rechten Rand verkürzt (aus Gründen der Seitenproportion). Die Darstellung schildert sehr anschaulich, wie es einmal in diesem vierschiffigen, kirchenähnlich angelegtem Bau unter der schweren Holzbalkendecke zuging. Entlang den raumtragenden Rundpfeilern und Säulen stehen die Betten, alkovenartig und zum Raum hin durch Vorhänge verhüllbar, so daß kleine Intimzonen entstehen konnten, – für das 18. Jahrhundert, in dem der »Sonnenkönig« noch während der Morgentoilette Staatsgeschäfte abwickelte, nicht selbstverständlich. Die Aufstellung der Betten in Reihen bildete mehrere Gassen, über die sich alle Versorgungsarbeiten durchführen ließen.

Ganz links steht gerade ein Priester, mit Rochette und Stola bekleidet, und spendet die Krankensalbung. Zu diesem Zwecke ist ein kleiner Altar vor dem Bett aufgebaut worden. Eine Nonne kniet neben dem Altartisch, auf dem Kerzen brennen, eine weitere vor dem Bett. Sie beten gemeinsam die Sterbegebete. Der »Versehtisch« steht am Fußende eines kleineren, derzeit nicht belegten Bettes. – In der weiteren Bettenflucht des linken Ganges sind zwei Frauen im Gespräch mit den Kranken zu sehen. Gegen Ende des Ganges, gerade noch zu erkennen, wird ein Toter auf einer Bahre hinausgetragen. – Vorne, vor der Kopfwand der zweiten Bettreihe, transportiert jemand auf einer Schubkarre große Gefäße. Der Mann, der den Karren schiebt, auf dem benutzte Teller und leere Kübel stehen, spricht, sich umschauend, mit einer Magd, die ein Tablett davonträgt, während ihr eine Katze an der Schürze kratzt. Aber nicht nur Katzen dürfen ins Hospital. Ganz vorne links sehen wir einen Hund, wie er sein altes Herrchen begleitet, der mit Stock und gleichzeitig aufgeschlagenem Buch durch die Halle schlurft. – Vor dem Kopf der dritten Bettenzeile sind vier Nonnen mit der Essensausgabe beschäftigt. In der voll einsichtigen mittleren Gasse jedoch drängt sich unterschiedlichstes Leben. Das hier aufgestellte Bett ist frei zugänglich, offensichtlich für Schwerkranke, die besondere Pflege brauchen. An diesem Bett sitzt eine Schwester und liest Gebete vor, die dem Sterbenden Trost und Hilfe sind. – Gleich daneben aber nimmt der Alltag seinen gewohnten Gang: Im Bett sitzt jemand gestikulierend; er spricht mit einem Besucher, der auf dem Stuhl davor Platz genommen hat, während die den Fußboden kehrende Magd offensichtlich noch in das Gespräch einbezogen wird. Auf der Seite gegenüber steht rot gekleidet und mit dem Dreispitz auf dem Kopf ein Arzt; er fühlt den Puls des Patienten, von dem nur Hand und Unterarm zu sehen sind, während der begleitenden Schwester erklärt wird, was bei der weiteren Pflege zu beachten ist. – Üppig gekleidete Menschen, offensichtlich Besucher, stehen im Hintergrund beieinander. – Ganz rechts heben zwei Schwestern einen Kranken ins Bett hinein; seine Kleider, die ihm ausgezogen wurden, liegen noch auf der Erde vor dem Stuhl. – Abends und nachts muß es in dieser Halle sehr dunkel gewesen sein; erkennbar ist nur ein einziger Leuchter, der von der Decke herabhängt. Um ihn anzuzünden, muß er an einer Schnur, die vorne halblinks am Bettkasten befestigt ist, herabgesenkt werden.

C. Der linke Raumteil stammt noch aus der Zeit vor 1200. Die spätere Erweiterung geht auf die Jahre um 1300 zurück. Zu der Zeit, als das Bild gemalt wurde, diente die Halle schon länger als ein halbes Jahrtausend den »Siechen«. Leben und Tod waren hier stets eng beieinander, gaben sich im Kommen und Gehen die Hand. Wer dem Tod entgegenging, war eingebunden in Arbeit und Gottesdienst, Lachen und Weinen, Gespräch und Gebet. Die angegliederte gotische Kapelle fand im »Ziekenzaal« ebenso Vorraum wie Erweiterung.

D. Trotz der guten Wiedergabe ist das Bild in seiner Verkleinerung nur mit gespannter Aufmerksamkeit zu lesen. Man kann den Schülern empfehlen, es zu Hause mit der Lupe anzuschauen, um alles, was sie entdecken, im Unterricht zusammenzutragen. Ergänzt durch die Außenaufnahme vom Heilig-Geist-Spital in Lübeck und dem Buchtext ergibt sich eine runde Vorstellung von der »Welt im Kleinen«, wie sie einst im Spital gegeben war.

Spotlights

Bereits die Quellentexte zur Armenfürsorge (→ S. 368-376) haben mehrfach die Krankenpflege mitberührt. Hier folgt noch einmal eine kleine Auswahl dokumentarischer Zeugnisse zur Geschichte der Krankenpflege; die Linie soll zur eigenen Ergänzung anregen – bis hin zu Erfahrungen mit kranken Menschen, die jeder auch heute im eigenen Umfeld machen kann.

(1) Franz von Assisi

Eines Tages, da er in glühendem Flehen vor Gott begriffen war, kam ihm die Antwort: »Franz, was du bisher fleischlich geliebt und begehrt hast, das mußt du verachten und hassen, wenn du meinen Willen erkennen willst. Hast du erst einmal damit begonnen, so wird dir unerträglich und bitter sein, was dir zuvor liebenswert und süß erschien; und aus dem, was dich zuvor erschauern machte, wirst du tiefes Glück und unermeßlichen Frieden schöpfen.«

So im Herrn gestärkt, begegnete er, nahe bei Assisi reitend, einem Aussätzigen. Bisher hatte er vor solchen einen mächtigen Ekel empfunden. Aber siehe, nun stieg er, sich Gewalt antuend, vom Pferde, reichte jenem einen Gulden und küßte ihm die Hand. Auch jener gab ihm den Kuß des Friedens. Und so bestieg er wieder das Pferd und ritt seines Weges weiter.

Kurz danach nahm er eine große Summe Geldes mit sich und begab sich ins Siechenhaus. Und indem sich alle Aussätzigen um ihn zusammenfanden, reichte er einem jeden seine Gabe und küßte ihm die Hand. Und als er von dannen ging, war wirklich in Süße für ihn verwandelt, was vorher bitter gewesen: die Aussätzigen anzusehen und anzurühren.[1]

---

1 Drei-Gefährten-Legende, in: Franz von Assisi. Legenden und Laude, hg. von *Otto Karrer.* Zürich 1975, 36f.

(2) Elisabeth von Thüringen

Eine Ordensfrau namens Irmgard, einst Dienerin der sel. Elisabeth, jetzt im grauen Kleid, wurde unter Eid vernommen und sagte aus, die sel. Elisabeth habe es sich zur Gewohnheit gemacht, nach ihrer Einkleidung Arme in ihr Hospital bei Marburg aufzunehmen und persönlich zu bedienen. . . Sie sagte aus, die sel. Elisabeth habe ein mit Ausschlag behaftetes und einäugiges Kind sechsmal in der Nacht zur Verrichtung der Notdurft angehalten, ins Bett zurückgebracht und oft wieder zugedeckt. Sie wusch auch selbst seine schmutzig gewordenen Bettücher und sprach ihm gütig und freundlich zu. Ebenfalls sagte sie aus, Elisabeth habe nach Gründung des Marburger Hospitals selbst mitgeholfen, die Kranken zu baden, nachher wieder ins Bett zu bringen und zuzudecken. Einmal zerriß sie einen Leinenvorhang, wie er gewöhnlich zum Schmücken der Häuser benutzt wird, bettete die Armen nach dem Bad darauf, deckte sie damit zu und rief: »Welches Glück für uns, so unseren Herrn baden und zudecken zu können!« Eine Magd erwiderte: »Fühlt Ihr euch wohl bei dieser Art von Leuten? Ich weiß nicht, ob es anderen auch so geht.« Sie sagte ferner aus, Elisabeth habe eine sehr übelriechende, aussätzige Frau voll eiternder Geschwüre im Hospital gepflegt. Jeden anderen ekelte es, sie auch nur von weitem anzusehen, aber die sel. Elisabeth wusch sie, deckte sie zu, verband ihre Wunden, linderte ihre Schmerzen mit Arzeneien, warf sich vor ihr auf den Boden, um ihr die Schuhriemen zu lösen und die Schuhe auszuziehen. Aber die Kranke erlaubte es nicht. Sie beschnitt ihr auch die Nägel an Fingern und Zehen und streichelte ihr von Schwären bedecktes Gesicht.[1]

(3) Katharina von Siena

In Siena lebte einst eine arme, kranke Frau, die ihrer Armut wegen um Aufnahme in ein Spital bitten mußte. Ihre Krankheit, der Aussatz, machte rasch reißende Fortschritte; schon in kurzer Zeit hatte er auf den ganzen Köper übergegriffen. Nun versank sie erst recht ins Elend, weil sich aus Angst vor Ansteckung niemand mehr in ihre Nähe getraute oder sie pflegen wollte. Man traf Anstalten, sie aus der Stadt wegzuschaffen, wie es bei solchen Kranken üblich ist.

Als Katharina davon hörte, schnitt ihr das harte Los der Greisin ins Herz. Sie erbot sich, sie bis zur Genesung regelmäßig zu pflegen und erfüllte pünktlich, was sie versprochen hatte. Morgens und abends klopfte sie an die Tür der alten Frau, kochte selber die Mahlzeiten für sie und ließ es an nichts fehlen. Obschon Katharina diesen Liebesdienst aus Großherzigkeit übte, weckte er bei der Kranken Stolz, ja Undank. Das kommt gelegentlich vor bei Menschen, die von sich selbst nicht bescheiden denken. Was ihnen Grund zur Demut sein müßte, bläht in Wirklichkeit ihren Dünkel auf, und es reizt sie, gerade dort, wo sie zu danken hätten, zu kränken. So ging es auch dieser aussätzigen Alten: Katharinas schlichte Güte ärgerte sie. Da sie bemerkte, wie zuverlässig sie von ihr gepflegt wurde, fing sie überheblich und gereizt an, ihr wie einer Magd zu befehlen, obgleich doch die ganze Mühe Katharinas ein freiwilliger Dienst war. Sie schalt ihre Dienerin mit harten Worten und kargte auch nicht mit Schmähungen, sobald ihren Wünschen nicht auf der Stelle entsprochen wurde. Es kam mitunter vor, daß Katharina frühmorgens in der Kirche etwas länger als gewöhnlich betete und deshalb leicht verspätet bei ihrer Patientin zur Arbeit antrat. Erschien sie dann dort, schlugen ihr zornige und höhnische Reden aus dem Mund der ungeduldigen Kranken entgegen: Willkommen, teure Frau Königin von Fontebranda (so heißt der Stadtteil, in dem Katharinas Vaterhaus steht)! Oh, sieh mal an, Frau Königin ist ja sehr schön. Ja, habt ihr

1 Büchlein über die Aussagen der vier Dienerinnen, a.a.O., 98f.

denn den ganzen Morgen bei den Dominikanern verbracht? Ihr könnt von ihnen offenbar nicht leicht genug bekommen. Sie überschüttete Katharina mit solchem Hohn, um sie herauszufordern. Katharina aber blieb kaltblütig und besänftigte die keifende Alte wie die eigene Mutter. Sie sputete sich, schlug im Herd Feuer an, setzte die Pfanne drüber und richtete ihrer zankenden Schutzbefohlenen das Frühstück an...[1]

(4) Bernhardin von Siena

Als im Jubeljahr 1400 die Pest ausbrach und allenthalben furchtbare Verheerungen anrichtete, wurden unsäglich viele Pilger, die sich auf der Reise nach Rom oder auf der Rückkehr von dort befanden, in das große Spital von Siena gebracht. In kurzer Zeit war das »Unserer Lieben Frau von der Stiege« geweihte Haus von Kranken überfüllt. Wie viele von ihnen verließen das Spital nicht wieder lebend! Während dreieinhalb Monaten starben täglich zwölf, vierzehn, sechzehn, achtzehn, manchmal sogar zwanzig Personen dahin. Auch unter der eigentlichen Hausgemeinschaft forderte die Seuche zahlreiche Opfer, nämlich 22 Krankenbrüder, 18 Frauen, acht Priester, sieben Apotheker, welche die Kranken mit Arzneien und Salben versorgt hatten, 36 im Spital wohnende Knaben und sechzig Krankenwärter... Von den Pilgern aber wurden fast unzählige dahingerafft. Selbst um noch so großen Lohn fand sich beinahe niemand mehr bereit, den Krankendienst zu übernehmen...

In Anbetracht der drückenden Not... trat Bernhardin nun für mehrere Jahre in den Krankendienst... Tag und Nacht stand er den Kranken bei, stellte für sie die Arzeneien bereit, reichte ihnen die ihrem Zustand entsprechende Nahrung und ertrug die bei derartigen Kranken unvermeidliche Unsauberkeit mit einer Selbsthingabe ohnegleichen. Vor keiner Anstrengung, vor keinem noch so argen Geruch, vor keiner Nachtwache, vor keiner Unannehmlichkeit scheute er zurück..., als wären die Kranken seine eigenen Eltern, Geschwister oder Kinder...[2]

Weitere Texte siehe auch oben S. 368-376.

1 Das Leben der heiligen Katharina von Siena, a.a.O., 112f. (gekürzt).
2 Das Leben des heiligen Bernhardin von Siena. Zusammengestellt und übersetzt von *Lothar Schläpfer,* eingeleitet von *Wilhelm Schamoni.* Düsseldorf 1965, 53-56 (gekürzt).

Christus in der eigenen Gemeinde? S. 160

Der letzte Abschnitt des Kapitels verlangt erneut den Überschritt vom Unterricht in selbständige Erkundungsaufgaben. Er gehört zu jenem handlungsorientierten roten Faden, der das gesamte Unterrichtswerk durchzieht, und den wir mit dem Programm einer »Regionalen Religionsdidaktik« näherhin begründet haben (→ V,417-423).

Um die Orientierung beizubehalten, sei auf das Kapitel »Kirche: Die eigene Gemeinde« im 5. Schuljahr (S. 81-84) zurückverwiesen. Es ist auch im Blick zu halten, daß im 6. Schuljahr die Kapitel »Der Ort Gottes«; »Diese Welt: Brüderlichkeit, Schwesterlichkeit«; »Jesus: Der Lehrer (Die Bergpredigt)«, »Wundergeschichten« und »Kirche der Schwachen« innerlich zusammenhängen. Mit diesen Themen verbindet sich soviel farbiges Wissen, soviel sensibilisierender Anspruch, daß es jetzt unumgänglich wird, die karitativen Tätigkeiten im eigenen Lebensraum kennenzulernen. Dafür gibt es so vielfältige Möglichkeiten, daß das im Religionsbuch S. 160 genannte Aktionsspektrum sicherlich nicht mit zwei, drei Exkursionen abgetan werden kann. Empfehlenswerter dürfte es sein, den Kontakt zu den sozialen Institutionen über einen längeren Zeitraum zu verteilen. Alle oben genannten Kapitel bieten unmittelbare Anlässe zu Erkundungsgängen, Gesprächen und Engagements.

Wenn es unüberwindliche Probleme gibt, die Schule zu verlassen, muß Tatenlosigkeit nicht verordnet bleiben: Es lassen sich viele Besuche, Besichtigungen und Gespräche auch in die unterrichtsfreie Zeit legen. Schließlich besteht die Möglichkeit, Sozialarbeiterinnen, Krankenschwestern, professionelle und ehrenamtliche Mitarbeiter der kirchlichen und kommunalen Sozialfürsorge in die Klasse einzuladen. Jedenfalls darf man sagen, daß ein Reden über die Geschichte der Barmherzigkeit nicht ausreicht, wenn nicht zugleich der Kontakt mit den Aufgaben der Gegenwart gesucht wird. Dabei geht es um Begegnungen, Berührungen, Gespräche, konkrete Engagements. An keiner anderen Stelle kann der Religionsunterricht so bedeutsame, lebensgeschichtlich relevante Erfahrungen, die für das christliche Selbstverständnis grundlegend sind, stiften helfen.

SAKRAMENT: TAUFE UND FIRMUNG

Was ist ein Sakrament?[1]   S. 161-163

Heutzutage wissen viele Menschen nicht mehr, was ein Sakrament ist. Die Alten dagegen wußten es genau. Auch ich habe lange dazu gebraucht, das zu verstehen: Fünf Jahre lang habe ich täglich viele Stunden studiert, was in allen christlichen Sprachen – von den Tagen der Bibel bis heute – über das Sakrament geschrieben worden ist. Es war dies eine wahre geistige Schlacht, aus der 552 gedruckte und als Buch veröffentlichte Seiten entstanden. Aber dies ist nicht das vorrangige Ergebnis. Nach so vielen Mühen, Zornesausbrüchen, Freuden, Flüchen und Segnungen entdeckte ich, was schon immer entdeckt war. Ich erfuhr etwas handgreiflich Einleuchtendes. Sakrament ist das, was immer schon lebte und was alle Menschen erleben, was ich aber nicht wußte und was nur wenige wissen. Ich begann die Landschaft der Dinge in Augenschein zu nehmen, die vor meiner Nase lagen. Jeder Tag steckt voller Sakramente. In den Tiefenschichten des Alltäglichen gedeihen lebendige, erlebte und wirkliche Sakramente. Sakramente sind der Trinkbecher in unserer Familie, Mutters Polenta, der letzte Stummel einer Strohzigarette, den Vater hinterließ und den ich liebevoll aufbewahre, der alte Arbeitstisch, eine dicke Weihnachtskerze, die Blumenvase auf dem Tisch, ein Stück des Gebirgszuges, der alte steinige Weg, das alte elterliche Haus... Alle diese Dinge sind nicht einfach mehr Sachen. Menschen sind sie geworden. Sie sprechen zu uns, und wir sind in der Lage, ihre Stimme und ihre Botschaft zu vernehmen. Sie besitzen Innenleben und Herz, Sakramente sind sie geworden...

Moderne Menschen leben zwar umgeben von Sakramenten, verfügen aber nicht über den offenen und geschärften Blick, der notwendig ist, um sie reflektiert wahrzunehmen. Dinge werden als Dinge gesehen, das heißt: nur von außen betrachtet. Wer sie aber von innen her anschaut, entdeckt eine Spalte, durch die ein höheres Licht in sie einfällt. Das Licht beleuchtet die Dinge, macht sie transparent und durchsichtig.

Wenn Dinge anfangen zu sprechen...

Der Mensch manipuliert nicht nur seine Welt. Vielmehr hat er auch die Fähigkeit, die Botschaft zu lesen, die die Welt in sich birgt und die in alle Dinge eingeschrieben ist, welche zusammen die Welt ausmachen. Antike und moderne Semiologen haben sehr genau gesehen, daß Dinge nicht nur Sachen sind, sondern auch ein System von Zeichen bilden. Sie sind Silben eines großen Alphabets, das im Dienst einer in die Dinge ein-geschriebenen Botschaft steht, die für den, der mit offenen Augen durch die Welt geht, be-schrieben und entziffert werden kann.

---

1 Dieser Abschnitt entstammt dem Büchlein von *Leonardo Boff*, Kleine Sakramentenlehre. Düsseldorf [12]1992. Der Text wurde nicht zusammenhängend zitiert, darum erfolgt kein näherer Seitennachweis. Wegen seiner zahlreichen Konkretionen der »Sakramente des Alltags« empfiehlt sich das Buch auch für die weitere Entfaltung der Frage: Was ist ein Sakrament?

Der Mensch ist das Wesen, das fähig ist, die Botschaft der Welt zu lesen. Niemals ist der Mensch Analphabet. Statt dessen ist er stets imstande, in mannigfaltigen Sprachen zu lesen und zu deuten. Leben heißt geradezu lesen und deuten.

Mumifizierung

Wir sind nicht der Ansicht, der moderne Mensch habe das Empfinden für Symbolisches und Sakramentales verloren. Denn auch er ist ja Mensch, wie andere Menschen anderer Kulturräume. Deshalb schafft auch er Symbole, die seinem Innenleben Ausdruck verleihen, und hat die Fähigkeit, den symbolischen Sinn der Welt aufzudecken. Vielleicht ist er blind und taub geworden gegenüber einer bestimmten Art von Symbolen und sakramentalen Riten, die sich verhärtet haben und anachronistisch geworden sind. Die Schuld liegt dann auf Seiten der Riten und nicht des modernen Menschen. In der Tat können wir nicht in Abrede stellen, daß sich in der Welt der christlichen Sakramente ein Prozeß ritueller Mumifizierung vollzogen hat. Denn die derzeitigen Riten sprechen kaum für und aus sich. Man muß sie immer erst erklären. Jedoch: Ein Zeichen, das erklärt werden muß, ist kein Zeichen. Was aber erklärt werden soll, ist nicht das Zeichen, sondern das Geheimnis, das im Zeichen enthalten ist. Wegen dieser Mumifizierung der Riten steht der moderne, säkularisierte Mensch argwöhnisch vor der Welt der christlichen Sakramente.

Anthropologische Verwurzelung

Die menschliche Welt, selbst in ihren materiellen und technischen Komponenten, ist nie nur materiell und technisch, sondern stets auch symbolisch und voller Sinngehalt. Wer um diesen Sachverhalt genau weiß, sind diejenigen, die mit sozialen Kommunikationsmitteln die Massen führen. Sie wissen, daß das, was die Menschen bestimmt, nicht so sehr Ideologien sind, sondern Symbole und Mythen, die vom Unbewußten der Massen her mobilisiert werden. Die Werbung stellt in der Öffentlichkeit die Zigarette XY vor. Wer sie raucht, steigt auf in die Welt der großen Stars... Eine derartige Schaustellung ist rituell und symbolisch. Denn sie beruht auf der Wirkung von profanen und profanisierenden Sakramenten. Diese erwecken den Eindruck, als habe man teil an einer traumvollen und vollkommenen Wirklichkeit und lasse schon jetzt diese konfliktgeladene und schwierige Welt hinter sich...

Das Sakrament hat also eine tiefe anthropologische Verwurzelung. Ohne sie wäre ihm die Lebenswurzel genommen und das Spiel des Menschen mit der Welt zerstört. Christentum versteht sich primär nicht als ein wohldurchdachtes System von Heilswahrheiten. Christentum besagt zuvörderst die Mitteilung göttlichen Lebens an die Welt. Welt, Dinge und Menschen sind durchdrungen vom Lebensatem Gottes. Die Dinge bergen das Heil und ein Geheimnis in sich. Deshalb sind sie sakramental. Daß Christen den marxistischen Materialismus ablehnen, rührt zu einem großen Teil von diesem unterschiedlichen Verhältnis zur Materie her. Für den Christen ist Materie nicht nur Objekt der Manipulierung und des Besitzes durch den Menschen, sondern auch Trägerin Gottes und Ort der Begegnung des Heils. Materie ist sakramental.

Die sakramentale Sprache

Die Sprache des Sakraments will weder argumentieren noch überzeugen, sondern die Geschichte der Begegnung zwischen Menschen einerseits und Dingen, Situationen und anderen Menschen andererseits feiern und erzählen. Denn es handelt sich um Dinge, Situationen und Menschen, die ihn herausgefordert haben, sich selbst zu übersteigen... Jahrhunderte hindurch war die Theologie argumentativ. Sie richtete sich an den Verstand der Menschen und wollte sie von der religiösen Wahrheit überzeugen. Freilich blieben die Erfolge gering. Dabei vergaß man, wenigstens was Handbuchtheologie und Apologetik angeht, daß religiöse Wahrheit niemals abstrakte Formel und Ausdruck eines logischen Gedankenschlusses ist. Zunächst und grundsätzlich ist sie vielmehr gelebte Erfahrung: Der Mensch begegnet dem letztgültigen Sinn. Erst dann, im Ringen um eine kulturelle Artikulation, wird religiöse Wahrheit in eine Formel übersetzt und das in ihr enthaltene verstandesmäßige Element verdeutlicht.

Da die sakramentale Sprache nicht nur beschreibt, sondern vor allen Dingen hinweisende und vergegenwärtigende Funktion hat, schließt sie immer die erzählenden und hörenden Menschen mit ihren Dingen ein. Niemand geht unbetroffen aus. Sakramentale Sprache berührt den Menschen von innen her und führt zu einer Begegnung, die ihn und die Welt verändert. In seinem Buch »Aufzeichnungen aus einem Totenhaus« schildert Dostojewskij seine Befreiung. Als er das Totenhaus verlassen soll, betrachtet er die Eisen, mit denen er noch an den Füßen gefesselt ist. Mit Hammerschlägen werden sie auf dem Amboß gesprengt. Da liegen nun die in Stücke zerschlagenen Fesseln. Sie vermitteln ihm den Geschmack der Freiheit. Doch ehe er hinausgeht, besucht er noch die Palisaden und verschmutzten Zellen und verabschiedet sich von ihnen, die ihm vertraut geworden waren und brüderliche Züge angenommen hatten. Bei ihnen hatte er einen Teil seines Lebens gelassen, jetzt aber waren sie ein Teil seines Lebens geworden. Er fühlte sich all diesen Dingen verbunden, denn sie waren einfach keine bloßen Dinge mehr. Vielmehr waren sie zu Sakramenten geworden, die ihm alle das Leid, die langen schlaflosen Nächte und das Verlangen nach Freiheit in Erinnerung brachten.

Schließlich ist religiöse und sakramentale Sprache performativ, das heißt: Sie führt zur Veränderung menschlicher Praxis und mobilisiert in Richtung auf Umkehr. Sie appelliert an die Betroffenen, sich in ihrem Leben zu öffnen und anderes konsequent aufzunehmen.

Mehr als Sachen

Je tiefer der Mensch sich auf die Welt und besonders auf die Dinge *seiner* Welt einläßt, desto deutlicher erfährt er ihre Sakramentalität. Dann bedeutet ihm das Vaterland mehr als nur die geographische Ausdehnung seines Staates, und der Flecken Grund und Boden, auf dem er geboren wurde, wird zu mehr als der Ecke unseres Bundeslandes. Die Heimatstadt läßt sich nicht mehr beschreiben als die Summe ihrer Häuser und Einwohner, und das Elternhaus ist mehr als ein Gebäude aus Steinen. In all diesen Dingen verbergen sich Werte, wohnen gute und schlechte Geister und zeichnen sich die Umrisse einer menschlichen Landschaft ab. Sakramentales Denken bewirkt, daß die Wege, die wir gehen, die Berge, die wir sehen, die Flüsse, die unsere Felder bewässern, die Häuser, in denen unsere Nachbarn wohnen, und die Personen, mit denen wir zusammenleben, nicht mehr einfach Personen, Häuser, Flüsse, Berge und Wege sind, wie es sie auch sonst auf der Welt gibt. Vielmehr sind sie einzigartig und unverwechselbar und machen ein Stück unserer selbst aus. Deshalb leiden und freuen wir uns mit ihrem Schicksal. Wir finden es traurig, daß der dicke Kastanienbaum auf dem Marktplatz gefällt, und beklagen es, daß der alte Schuppen abgerissen wurde. Mit solchen Dingen stirbt nämlich etwas von uns selbst. Sie sind ja nicht mehr einfach Sachen, sondern wurden zu Sakramenten unseres gesegneten bzw. verfluchten Lebens.

Sakramente Gottes

Für den, der alles von Gott her betrachtet, ist die ganze Welt ein großes Sakrament. Dies jedoch ist nur möglich für den, der Gott wirklich erlebt. Anderenfalls bleibt die Welt eine undurchsichtige Größe und eine rein im-manente Wirklichkeit. In dem Maße jedoch, in dem sich jemand – unter Mühen und Kämpfen – von Gott erfassen und durchdringen läßt, wird er beschenkt mit der Erfahrung der göttlichen Transparenz aller Dinge. Die Mystiker sind der deutlichste Beleg für diesen Sachverhalt. Franz von Assisi tauchte so tief in das Geheimnis Gottes ein, daß für ihn plötzlich alles transfiguriert wurde. Alles spricht von Gott und von Christus: der Wurm am Wegesrand, das Lamm auf dem Feld, die Vögel in den Bäumen, das Feuer und selbst die Todesstunde, die er jetzt Schwester nennt. Gott erfüllt alles: Immanenz, Transparenz, Transzendenz.

Wie über das vertraute und sakramentale Haus alles sakramentale Merkmale gewinnen konnte: Stadt, Staat und sogar unser Planet Erde, so verhält es sich ähnlich mit der Kirche. Als Trägerin von Gnade und Sakrament Jesu Christi ist sie dort, wohin Christus und seine Gnade gelangen. Die sakramentalen Ausdrucksformen sind geschichtlich und kulturell bedingt. Aber die Heilsmächtigkeit, die sie enthalten, entstammt dem ewigen Wort. In diesem Sinne sind – wie Augustinus sehr scharf gesehen hat – alle Sakramente christliche Sakramente. Das gilt auch für die heidnischen Sakramente in den großen Weltreligionen. Heidnische Sakramente sind im Grunde gar nicht heidnisch. Heidnisch ist nämlich ein soziologischer und kein theologischer Begriff. Soziologisch-heidnisch ist jemand, der nicht getauft ist und deshalb nicht zu den Christen gezählt wird. Theologisch gesehen indes gibt es keine Heiden, weil niemand dem Einfluß des ewigen Wortes Gottes entzogen ist.

Wir sprechen von der Gegenwart des ewigen Wortes, das durch die göttlichen Sakramente wirkt. Aber nicht nur das. Das christliche Sakrament integriert nämlich diese Sakramente so in die Geschichte Jesu Christi, daß Christus in einem spezifischen Sinn ihr Urheber wird. So bedeutet Taufen nicht mehr einfach Anteil gewinnen am Leben der Gottheit, sondern vielmehr Eintauchen in das Leben Jesu Christi. Das heilige Mahl essen heißt dann nicht mehr bloß Teilhabe an der Gottheit, sondern Essen des Leibes des Herrn und Partizipation an seiner Auferstehungswirklichkeit. Von den göttlichen Sakramenten kommen wir so zu den explizit christlichen Sakramenten.

Marsden Hartley: Wilde Rosen

A. Marsden Hartley (1877-1943) war einer der Pioniere der modernen Malerei in Amerika. Seine frühen Bilder waren noch impressionistisch beeinflußt, dann folgte eine pointillistische Phase (in der unvermischte Farbe strichweise nebeneinander gesetzt wurde). Der nächste Abschnitt seiner künstlerischen Entwicklung läßt sich mit »black landscapes« überschreiben. Auf seiner ersten Europareise 1912 kam er nach Paris und München, lernte die Gruppe »Blauer Reiter« kennen und stellte mit dieser zusammen 1912 aus. Unter dem Einfluß von Kandinsky schuf er erste »gegenstandsferne« Bilder, wenngleich sie in ihrer Mehrzahl nicht durchweg abstrakt ausfielen. Eine expressionistische Phase war die Folge dieser Jahre in Europa. Nachdem Hartley lange mit verschiedenen Stilen experimentiert hatte, fand er zu Beginn der 30er Jahre seinen persönlichen Ausdruck. Im letzten Lebensjahrzehnt suchte er die Anregungen zu seinen Bildern in der eigenen Heimat; er wandte sich der Natur zu und den Menschen seiner Umgebung.

B. Das Bild »Wilde Rosen« (1942, Holzfaserplatte, 56×71 cm) entstand ein Jahr vor dem Tod des Künstlers. Es zeigt einen kleinen Strauß weißer und roter Heckenrosen, die auf dem dunklen Blattgrün, in weißes Papier gehüllt, auf dunkelroten Untergrund intensive Leuchtkraft haben. Es ist nicht viel zu entdecken, kein Hintergrund, Vordergrund: Die Blumen allein sind es, die gesehen werden möchten, um Freude zu machen.

C. Das Papier, in das sie eingeschlagen sind, zeigt an, daß sie jemandem überreicht werden sollen. Es ist ein kleiner Gruß, der einen Anlaß hat – vielleicht wird er zu einem Besuch mitgebracht, vielleicht ist es ein Dankesgruß, vielleicht eine Liebesgabe – jedenfalls eine stille, wenig aufwendige, aber gewiß liebenswürdige Gabe. Wer sie erhält, mag Erinnerungen, Träume, Freude damit verbinden. So lange sie blühen und leuchten, erzählen sie von einem Menschen und seiner Freundschaft.

D. Man mag sich an Saint-Exupérys Kleinen Prinzen erinnert fühlen. Als er nach seinem Abschied von der einzigen Rose, die er zu Hause pflegte, fünftausend Rosen in einem Rosengarten sah, fühlte er sich sehr unglücklich, und er warf sich ins Gras und weinte. Aber dann lernte er den Fuchs kennen, der ihn lehrte, ihn zu zähmen: »Ich bin für dich nur ein Fuchs, der hunderttausend Füchsen gleicht. Aber wenn du mich zähmst, werden wir einander brauchen. Du wirst für mich einzig sein in der Welt. Ich werde für dich einzig sein in der Welt. . .« Und als die Stunde des Abschieds nahe war, sagte der Fuchs: »Geh die Rosen wieder anschauen! Du wirst begreifen, daß die deine einzig ist in der Welt. . .« Und der kleine Prinz ging zu den Rosen und sagte: »Gewiß, ein Irgendwer, der vorübergeht, könnte glauben, meine Rose ähnle euch. Aber in sich selbst ist sie wichtiger als ihr alle, da sie es ist, die ich begossen habe. . ., da sie es ist, die ich klagen und sich rühmen gehört habe oder auch manchmal schweigen. Da es meine Rose ist.« So kann eine einzige Rose, ein kleiner Blumenstrauß zum Sakrament werden. . .

Heiligtümer Jugendlicher

In Aachen werden seit der Zeit Karls des Großen vier Stoffreliquien verehrt: das Kleid Mariens, das sie in der »Weihnachtsnacht« trug; die Windel Jesu; das Tuch, in dem man nach seiner Hinrichtung das Haupt Johannes des Täufers barg; das Lendentuch, das Jesus am Kreuze bekleidete. Daß es sich hier um verdinglichte Legenden handelt, verdient keine weitere Begründung, aber sie eröffnen doch einen Raum der Teilhabe und Verehrung.

Nachdem die »Aachener Heiligtumsfahrt« wieder einmal angesagt war, wollten einige Religionspädagogen die Sache anders anfassen. Die Heiligtümer der Kirche seien ihm »zu realitätsfern und kalt«, hatte ein Jugendlicher gesagt; er meinte, Heiligtümer sollten erinnern, Mut geben, nicht allein lassen, doch finde er all dies nicht in den Heiligtümern der Kirche. Darum sollte jetzt eine Ausstellung zeigen, was junge Menschen als ihre Heiligtümer betrachten. Nachdem diese Idee geboren war, zeigte sie sich geeignet, die Spannung zwischen offizieller Kirche und jugendlicher Lebens- und Glaubenswelt darzustellen. Die Begriffe »heilig«, »Heiligtum« erwiesen sich freilich als provokativ. Viele Jugendliche schlugen vor, »heilig« durch »wichtig« zu ersetzen; die einen, weil sie den religiösen Begriff des Heiligen überhaupt ablehnten, die anderen, weil sie ihn vor Verwässerung bewahren wollten. Die Aussteller hielten trotzdem an den »Heiligtümern Jugendlicher« fest, um zu zeigen, daß auch in scheinbar völlig säkularisierten Heiligtümern eine Berührung und Beziehung mit dem Göttlichen aufscheinen kann. »Heilig« ist mehr als nur »wichtig«, sagten sie; der Stein des Anstoßes zum Nachdenken wäre ohne den Begriff »heilig« für die einen wie die anderen weg gewesen.

Als die Ausstellung eröffnet hatte, schrieb ein Besucher auf die zur Meinungsäußerung angebotene Pinnwand: »Dekadenz '86: Tote Gegenstände werden beseelt, da der Mensch schon tot ist.« Doch wurde damit der entscheidende Bezugspunkt verfehlt, der die gezeigten Gegenstände als *Symbole* und *Sakramente* Jugendlicher verstehen ließ. Denn ebenso wie die »banalen« Reste vergangenen Lebens – ein Stück Tuch, ein Holzsplitter, ein Knochenpartikel – eine umfassende Geschichte und Beziehung bewahren, erzählen auch die profanen Heiligtümer junger Leute von ihren individuellen Ergriffenheiten »zwischen Teddybär und Kreuz«. Daß die Ausstellung in starkem Maße zum Nachdenken darüber anregte, zeigten immer wieder die Versuche auf der Pinnwand, das eigene Verständnis von »heilig« zu klären:

»Nix ist schlechthin heilig. Etwas ist dir oder mir heilig. Schön, wenn uns etwas Gemeinsames heilig ist« (Bernhard).

»Heilig ist für mich etwas, das ich akzeptiere, wie es ist. Da ich noch zuviel will, es also nicht völlig akzeptiere, meine ich sagen zu müssen, daß mir viel zu wenig heilig ist. Dabei gibt es so viele Dinge, die es wert sind, heilig zu sein« (Sabine).

»Heilig ist, wenn du jemand wahrnsinnig gern hast und an ihn glaubst« (Steffi).

Zu dieser Tendenz der Individualisierung bemerkte der Aachener Bischof Klaus Hemmerle: »Der Begriff des Heiligen, die Erfahrung des Heiligen ist zurückgeworfen auf das ganz Intime, auf das ganz Persönliche.« Doch nur dadurch, daß Menschen den Mut hätten, das auszuliefern, was ihnen unmittelbar heilig sei, könnten wir überhaupt erst wieder dazu kommen, ein verbindendes gemeinsames Verhältnis zum Heiligen zu erfahren. In allen Facetten der Ausstellung zeigte sich, wie sehr die getroffene Wortwahl die Perspektive aller Beteiligten festlegte. Was wäre geschehen, wenn statt von »Heiligtümern« von »Sakramenten« gesprochen worden wäre?[1]

Die Aachener Anregung wurde auch in Herford aufgegriffen. Dort fand in der großen Schalterhalle der Kreissparkasse ebenfalls eine Ausstellung »›Heiligtümer‹ Jugendlicher« statt. Im dazu erschienenen Prospekt heißt es: »Durch diese Ausstellung soll dem Besucher der Zusammenhang verdeutlicht werden, der zwischen Selbstverwirklichung und der Fähigkeit, Symbole zu haben, besteht. Symbole treiben die Selbstfindung voran und die Selbstfindung ist immer wieder neu die Voraussetzung für die Entstehung der Symbole... Die Jugendlichen, die hier ausstellen, haben offensichtlich eine günstige Entwicklung zur Grundlegung ihrer Persönlichkeit durchlaufen und diese in Symbolen ausdrücken können. Das wird besonders deutlich an den vielen Teddys, die uns angeboten worden sind.« Die Kategorie dieser Erinnerungsgegenstände wurde von den Veranstaltern gedeutet als »Wunsch, doch noch einmal das Gefühl paradiesischer Geborgenheit zu erleben« und dem Impuls, »gewachsene Beziehungen hinter sich zu lassen und den Weg in eine unbekannte Freiheit zu riskieren. Paradies und Exodus.« Zur ersten Kategorie zählten sie Plüschtiere und Fotos, zur zweiten Rucksack, Schuhe, Kompaß, Tennisschläger, Siegerurkunden. Andere Exponate wie Briefe, Tagebücher, Musikinstrumente ergänzten das Bild. »Entscheidend ist«, hieß es im Prospekt, »daß von diesen ›Dingen‹ eine Energie ausgeht, die dem Menschen leben hilft und ihm neue Lebenskraft zuführt.« Mehr als die Exponate selbst waren die persönlichen Anmerkungen und Berichte der Jugendlichen zu den Stücken, die sie ausliehen, aufschlußreich. Sie machten betroffen, weil hier zum »Zeichen« das »Wort« kam, wie es die Theologie seit jeher als konstitutiv für das Sakrament fordert.

Nicht nur ein Museum oder eine Sparkassenhalle, sondern auch Schulen sind geeignet, mit einer solchen oder ähnlichen Ausstellung Jugendlichen und Erwachsenen ein Forum tieferer Begegnung zu bieten.

---

1 Vgl. *Ulrich Deller/Roland Wentzler,* Zwischen Teddybär und Kreuz. Bericht von einer Ausstellung »Heiligtümer Jugendlicher«, in: KatBl 111 (1986), 912-915. Die Teddybären im Religionsbuch S. 162 sind ebenfalls in diesem Kontext zu sehen. Da ein auf seine empirische psychologische Forschung stets verweisender Religionspädagoge wie Anton Bucher ihnen keine Relevanz abgewinnen kann, sei der oben zitierte Aachener Kommentar hier nochmals unterstrichen: »Die Jugendlichen, die hier ausstellen, haben offensichtlich eine günstige Entwicklung zur Grundlegung ihrer Persönlichkeit durchlaufen und diese in Symbolen ausdrücken können. Das wird besonders deutlich an den vielen Teddys, die hier angeboten worden sind.«

Zweierlei Taufverständnis

Was immer die heutige Theologie Sinnvolles über die Taufe sagt, sie kann nicht einfach eine Deutung anbieten, welche die über die Jahrhunderte hin praktizierte Taufpastoral und deren in den Gemeinden heute noch nachwirkende Sichtweisen ignoriert. Darum stellen wir an den Anfang eine Reminiszenz von Maria Beig, die je nach Herkunft und Traditionsraum die meisten Lehrer mit lokalem Kolorit ergänzen können:

Als Anna geboren wurde, erzählte die Hebamme, die anschließend zur Pflege kam, von einem Hauswesen, in dem zur gleichen Zeit ein Kind auf die Welt gekommen sei. Voller Entrüstung berichtete sie, daß dort das Kind erst zwei Wochen nach der Geburt, wenn die Wöchnerin wieder wohlauf sei, getauft werde. Das war des Entsetzens wert. Länger als drei Tage durfte ein Kind nicht ungetauft bleiben. Wenn die Großmutter darauf zu sprechen kam, verzog sie ein wenig unwillig ihr Gesicht: »Hier, bei meiner Schwiegermutter, mußten meine Kinder gleich am nächsten Tag, auch wenn es noch so kalt war, in die Kirche gebracht werden.« Die Mutter hatte bei der Taufe nicht dabei zu sein. Erst wenn sie nach dem Wochenbett den ersten Kirchgang getan hatte und dort »ausgesegnet« worden war, durfte sie sich wieder unter die Menschen begeben. Die Angst, ein Kind könnte ungetauft sterben, war im Volke groß. Die kirchlichen Gesetze erlaubten sogar die Nottaufe. Jeder Knecht, jedes Kind konnte dem Neugeborenen Wasser über das Köpfchen schütten und dazu sagen: »Ich taufe dich im Namen des Vaters, des Sohnes und des Heiligen Geistes.« Dann hatte die Familie, starb das Kind, einen Engel im Himmel, und bei seiner Beerdigung sagte man zu den Angehörigen: »Ich gratulier' zum Engele.« Kam man aber mit der Nottaufe zu spät, weil das blutige, schwarzblaue Bälgchen nicht anfing zu schreien, wenn es nur einen Japser tat und die Äuglein keinen Augenblick öffnete für das Licht der Welt, dann war es ein großes Unglück für die Familie, das ein Leben lang auf ihr lastete. Außerhalb der Kirchhofmauer, wo auch ein paar Selbstmörder lagen, wurde es begraben. Darum waren zwei Wochen Frist zwischen der Geburt und der Taufe ein Frevel und Grund genug zur Entrüstung. »Heute sterben nicht mehr so viele Kinder in den ersten Tagen. Mir ist überhaupt nie ein kleines gestorben«, sagte die Großmutter. Dabei machte sie ein stolzes Gesicht. Und aus dem Kreis ihrer Zuhörer war ein Seufzer der Erleichterung zu hören. »Außerhalb des Gottesackers wird auch niemand mehr beerdigt.«[1]

Eine völlig andere Sicht der Taufe wird bei Augustinus in seinen »Bekenntnissen« deutlich. Dort berichtet er von einem angesehenen Philosophen und Rhetorik-Professor Marius Victorinus, der im Rom des vierten Jahrhunderts lebte.

---

1 *Maria Beig,* Urgroßelternzeit. Erzählungen. (st 1383) Frankfurt a.M. 1987, 19. Maria Beig erzählt aus dem ländlichen Oberschwaben.

Victorianus fühlte sich von seinem Denken her dem Christentum sehr nahe und glaubte deshalb lange Jahre, aufgrund seiner geistigen Übereinstimmung sich auch ohne Taufe als Christ bezeichnen zu dürfen:

Dem Simplician offenbarte er sich, freilich nicht vor anderen Ohren, nur vertraulich und geheim: »Du magst es wohl wissen: Ich bin schon Christ.« Worauf ihm der zur Antwort gab: »Ich möchte das nicht glauben und dich als Christen unter Christen zählen, bevor ich dich in der Kirche Christi gesehen habe.« Er lächelte nur und sagte: »So sind's die Kirchenwände, die den Christen machen?« Und oft wiederholte er, er sei bereits Christ, und immer wieder antwortete Simplicianus das gleiche, und immer wieder brachte der andere das Schwerzwort von den Mauern vor.

Als er dann durch vieles Lesen und Bemühen Festigkeit gewonnen hatte, als er fürchten mußte, einst von Christus »vor seinen Engeln« verleugnet zu werden, wenn er jetzt sich fürchtete, ihn »vor den Menschen zu bekennen«..., und plötzlich, unverhofft, sagte er zu Simplicianus, wie dieser selbst erzählte: »Gehen wir zur Kirche, ich will Christ werden.« Da wußte er sich kaum zu fassen vor Freude und ging mit ihm. Als er nun mit dem ersten Eingeleite in die Zeichenwelt des Heiligen versehen war, meldete er sich alsbald zur Namenseintragung, um durch die Taufe wiedergeboren zu werden, zum Staunen Roms, zur Freude der Kirche...

So kam nun auch die Stunde, da er das Bekenntnis seines Glaubens sprechen sollte. Es pflegt... von erhöhtem Ort im Angesicht des Volkes abgelegt zu werden. Dem Victorianus aber, so erzählte Simplicianus, hätten nun die Priester angeraten, sein Bekenntnis im Stillen abzulegen, so wie man es denen, die aus Schüchternheit im Worte etwa unsicher werden mochten, vorzuschlagen pflegte; ihm aber sei es lieber gewesen, im Angesicht der frommen Menge sich zu seinem Heile zu bekennen. Es war ja nicht das Heil, das er als Professor der Rhetorik lehrte, und er hatte sie doch in aller Öffentlichkeit vorgetragen... Und als er nun hinaufstieg, das Bekenntnis abzulegen, da murmelten sie einander, sobald sie ihn erkannt hatten – und wer hätte ihn dort nicht gekannt! – in einem Freudenmurmeln seinen Namen zu. Und von Mund zu Mund ging es durch die ganze Gemeinschaft der Frohbewegten und ward es laut gedämpften Lautes: »Victorianus, Victorianus!« Mit einem Male erhoben sie ein helles Frohlocken, weil sie ihn sahen, und mit einem Male verstummten sie vor Spannung, ihn zu hören. Er aber sprach den Glauben, den wahren, mit strahlender Zuversicht. Da war's, als wollten sie alle den Mann zu sich reißen, in ihr Herz hinein.[1]

Hier also ist von einem ausgewachsenen Mann die Rede, einem Gebildeten, der seinem Übertritt zum Christentum ein langes Studium und viele Gespräche vorangehen ließ. Damit kommt eine »Grundstruktur christlicher Existenz« zum Ausdruck, die sich als Umkehr aus gewonnener Freiheit bezeichnen läßt. »Umkehr ist die fundamentale Antwort auf das Evangelium, ist konstitutiv für den Anfang des Glaubens an Jesus als den Christus Gottes, sie ist damit grundlegend auch für die Taufe, das Sakrament des Glaubens.«[2]

Der Tod vor dem Tod

Was Victorianus nach der Konstantinischen Wende immer noch erkennen läßt, kennzeichnet erst recht die Christen vor ihrer öffentlichen Anerkennung. Ihr Entschluß, sich taufen zu lassen, führte durchweg zu einem tiefen Bruch

1 *Augustinus*, Bekenntnisse, übersetzt von Joseph Bernhart. VIII,2.
2 *Theodor Schneider*, Zeichen der Nähe Gottes. Grundriß der Sakramententheologie. Mainz ⁵1987, 73.

mit der vorangegangen Existenzform. Sie kamen aus einer Welt, die ihre feste gesellschaftliche Prägung hatte, beispielsweise jene, daß die Frauen, die Sklaven und die armen Leute arbeiteten, während der wahre Mensch – der freie Mann – sich der Muße und Politik widmete, eingespannt in die Mechanismen der Rivalität und Gewaltausübung. Demgegenüber behaupteten die Christen eine grundsätzliche Ebenbürtigkeit aller Menschen vor Gott und gleichzeitig, daß ihr Gott ihnen eine Lebensmöglichkeit eröffnet habe, in der sie niemals und unter keinen Umständen zur Gewalt greifen müßten, zumal nicht zu kriegerischer Gewalt. Mit einem solchen Programm waren sie ein absolut fremdes, kontrastierendes Element in der antiken Gesellschaft (vgl. S. 261-269). Natürlich führte das zu Spannungen, die sich nicht durch Kompromisse lösen ließen. Aus diesem Grunde wählten viele Christen lieber den Tod, als sich auf die reguläre Weltordnung weiterhin einzulassen. Sie achteten den Tod des Leibes gering, sie hatten ihn mit ihrem Übertritt zum Christentum eigentlich schon einmal durchstanden. Denn mit der Aufgabe des bisherigen gesellschaftlichen Prestiges und aller darin liegenden Bindungen waren sie bereits einmal gestorben, um zu einer anderen Freiheit entbunden zu werden.

Dieser Überschritt aus den seit Kindertagen gewachsenen gesellschaftlichen Ordnungen in eine andere Lebensform ist schwierig, denn eine einmal vollzogene Sozialisation, mit welcher der Mensch seine gesellschaftliche Identität verbindet, wieder abzulegen, kann durchaus als ein Sterben bezeichnet werden. Ein solcher Prozeß ist überhaupt nur möglich, wenn er auf eine Wiedergeburt zielt. Es kann ja nicht mit Abbau und Verzicht getan sein, ohne daß eine neue, tiefer bejahte Lebensform an die Stelle der alten Werte träte. Dieser Vorgang ist das, was in der gängigen theologischen Sprache »Befreiung von der Sünde« heißt. Er ist schlechterdings unmöglich, wenn er in einem isolierten Akt bestehen sollte, der die Privatheit nie überspringt. Ein solcher Schritt gerät notwendig in die Öffentlichkeit, ist gewissermaßen erst dadurch da, daß er öffentlichen Status erreicht. Die neue Gesellschaft, die wir weiter vorne als »Kontrastgesellschaft« beschrieben, »kann nur durch eine allen sichtbare Tür betreten werden: Und das ist der Ritus der Taufe.«[1]

Die voranstehende Beschreibung mag ihre eigene Idealisierung in sich tragen, wenngleich sie einmal als Norm beansprucht wurde. Die Taufe verband sich mit einer Bewußtheit, die jedem freiwilligen Wechsel der Lebensform entspricht, – die aber nun schon seit undenklichen Zeiten einer ausgesprochenen Taufvergessenheit und gesellschaftlichen Konventionalisiertung gewichen ist. »Das Traurige heute ist, daß der Ritus weithin ins Leere weist. Ihm entspricht gar nicht mehr jene alternative Wirklichkeit, die sich von der vorhandenen Gesellschaft alten Typs einst so deutlich abhob. Die Welt, in der unsere Kinder nach ihrer frühen Taufe hineinsozialisiert werden, trägt zwar christliche Etiketten, doch was hat sie in ihren tatsächlichen Abläufen noch mit Jesus zu tun? Trotz der anderes meinenden Taufe werden auch christliche Kinder heute in eine Welt hineingeführt, deren Prinzipien Oben und Unten, Haben und Nichthaben, Gewalt und Unterdrücktwerden heißen – all das oft in höchst verdeckter Form, aber trotzdem letztlich bestimmend. Und das christliche

---

1 *Norbert Lohfink,* Aus der Taufe leben – Taufvergessenheit, Taufsymbolik, Tauferneuerung, in: rhs 33 (1990), 4-12, hier: 7.

Gegenbild hat sich ins reine Wort und in die subjektive Innerlichkeit zurückgezogen. Das Wasser der Taufe mag geflossen sein, der Taufschein in der
Brieftasche stecken – jener ›Tod vor dem Tod‹, der das Leben umwirft und alles
verändert, hat sich nie ereignet und ereignet sich so selten.«[1]

Kierkegaard und das Christsein

Der Däne Sören Kierkegaard zählte nicht zu jenen, die, wie er sagte, »zu
einem Lebensresultat kommen wie die Schulbuben, indem sie den Lehrer
hintergehen und das Fazit aus dem Rechenbuch abschreiben, ohne selbst
gerechnet zu haben«. Sein Kampf um den Ernst des Christentums in einer Zeit
leerer Fassadenfrömmigkeit ist bissig und erschütternd: »Luther hatte fünfund-
neunzig Thesen; ich hätte nur *eine*: Das Christentum ist nicht da.« – »Soviel ist
gewiß: Ist der derzeitige Zustand der Kirche christlich, so kann das Neue
Testament für Christen nicht länger Wegweiser sein; denn die Voraussetzung,
worauf es ruht, das bewußte gegensätzliche Verhältnis zur Welt, ist weggefal-
len«; aber: »Die Menschen haben ja doch von jeher einen Ausweg zu finden
gewußt, um sich beschwerliche Probleme vom Halse zu schaffen, den einfachen
Weg: Sei ein Schwätzer – und sieh, alle Schwierigkeiten verschwinden!« Auch
die folgende Geschichte kennzeichnet Kierkegaards These vom Christentum,
das gar nicht da ist, weil es sich selbst nicht ernst nimmt: nicht die Taufe, nicht
den Glauben und nicht das eigene Wort.

Da ist ein junger Mann – laß ihn uns dergestalt denken, die Wirklichkeit gibt ja
reichlich Beispiele – da ist ein junger Mann, sogar mit mehr als gewöhnlichen Gaben und
Kenntnissen, er steht im öffentlichen Leben, ist Politiker, und spielt als solcher eine
Rolle.

Was die Religion betrifft, so ist seine Religion: er hat überhaupt keine. An Gott zu
denken, fällt ihm niemals ein; zur Kirche zu gehen, ebensowenig, und er hat bestimmt
keinen religiösen Beweggrund, weshalb er es sein läßt; und zu Hause in Gottes Wort zu
lesen, das hieße, er würde sich fast fürchten, sich lächerlich zu machen. Als es sich einmal
so fügt, daß die Umstände ihm Anlaß geben, sich in einem etwas gefährlichen Fall über
die Religion zu äußern, wählt er den Ausweg zu sagen, was die Wahrheit ist: Ich habe
überhaupt keine Meinung über die Religion, dergleichen hat mich nie beschäftigt.

Derselbe junge Mann, der kein Verlangen nach Religion empfindet, fühlt hingegen
ein Verlangen, – Vater zu werden. Er verheiratet sich; nun hat er ein Kind; er ist –
Kindesvater: und was geschieht?

Ja, unser junger Mann ist, wie man sagt, in der Patsche mit diesem Kind, er ist
genötigt, in Eigenschaft als – Kindesvater eine Religion zu haben. Und es zeigt sich, daß
er die evangelisch-lutherische Religion hat.

Wie erbärmlich, auf solche Weise Religion zu haben. Als Mann hat man keine
Religion; wo Gefahr damit verbunden sein könnte, nur eine Meinung über Religion zu
haben, da hat man keine Religion: aber in Eigenschaft als – Kindesvater hat man (man
lache nicht!) die christliche Religion, die gerade den ledigen Stand empfiehlt.

So wird nach dem Pfarrer geschickt; die Hebamme rückt mit dem Kinde an; eine
junge Dame hält kokett das Mützchen; einige junge Männer, die auch keine Religion
haben, tun dem Kindesvater den Gefallen, als Paten die evangelisch-lutherische Religion

1 Ebd.

zu haben und die Bürgschaft für die christliche Erziehung des Kindes zu übernehmen; ein Pfarrer in Seide spritzt mit Anmut dreimal Wasser über das süße Kleine, trocknet sich zierlich mit einem Handtuch ab – und das wagt man Gott zu bieten unter dem Namen: Christliche Taufe. Die Taufe; mit dieser heiligen Handlung wurde der Heiland der Welt zum Werk seines Lebens geweiht, und nach ihm die Jünger, Männer, die längst zu Alter und Jahren gekommen waren, und welche nun, gestorben für dies Leben (deswegen tauchten sie dreimal unter, welches bedeutete, daß sie zur Gemeinschaft des Todes Christi getauft seien), gelobten, als Geopferte leben zu wollen in dieser Welt der Lüge und Bosheit.

Aber die Pfarrer, diese heiligen Männer, verstehen ihr Handwerk recht gut, und gleichfalls verstehen sie: wenn es so wäre, wie das Christentum unbedingt fordern muß, ebenso jeder vernünftige Mensch: daß einer sich erst dann entscheiden dürfe, welche Religion er haben wolle, wenn er zu Alter und Jahren gekommen ist – die Pfarrer verstehen sehr gut, daß dann aus ihrem Gewerbe nichts Ordentliches werden könnte. Und deshalb dringen diese heiligen Wahrheitszeugen in die Wochenstuben ein und machen sich den zarten Anblick zunutze, da die Mutter schwach ist nach überstandenem Leiden, und der Vater – in der Patsche sitzt. Und so wagt man unter dem Namen einer christlichen Taufe Gott eine Handlung zu bieten wie die beschriebene, in welche doch ein kleines bißchen Wahrheit hineingebracht werden könnte, wenn die junge Dame, anstatt gefühlvoll das Mützchen über dem Kinde zu halten, satirisch eine Nachtmütze über den Kindesvater hielte. Denn auf solche Weise Religion zu haben, ist, geistig, eine komische Erbärmlichkeit. Man hat keine Religion; aber auf Grund der Umstände: weil zuerst die Mutter in andere Umstände kam und dann, als Folge davon, wieder der Vater in Umstände geriet, hat man auf Grund der Umstände mit diesem kleinen süßen Balg, auf Grund dessen hat man: die evangelisch-lutherische Religion.[1]

Geschichtliche Rückblende

Wenn wir nach den geschichtlichen Wurzeln der Taufe zurückfragen, so provoziert zunächst einmal der exegetische Befund, daß Jesus selbst nicht getauft hat. Die Gründe dafür sind: 1. Die Synoptiker erwähnen nirgendwo eine Tauftätigkeit Jesu; nur Joh 3,22 und 4,1 erfolgen Andeutungen, die Jesus zeitweilig in Konkurrenz zu Johannes stellen und die sich aus der theologischen Gesamttendenz erklären, Jesus von Johannes abzuheben; doch folgt (4,2) sogleich der Vorbehalt: »obwohl nicht Jesus selbst taufte, sondern seine Jünger«. 2. In der sehr alten Überlieferung von der vorösterlichen Jüngeraussendung (Mk 6,7-13; Mt 10,1.5-15; Lk 10,1-16) bekommen die Jünger von Jesus den Auftrag, Kranke zu heilen und die Nähe der Gottesherrschaft anzusagen, aber nicht den Auftrag, eine Taufe zu verkünden oder selbst zu taufen. Jesus ist offensichtlich gerade in diesem Punkt dem Täufer nicht gefolgt, weder hat er getauft noch seine Jünger zum Taufen ausgesandt.[2]

Neben diesem Befund steht genau so sicher fest, daß die nachösterliche Jüngergemeinde von Anfang an mit größter Selbstverständlichkeit »auf den Namen Jesu« taufte. Mt 28,19 und Mk 16,16 sagen, dazu habe der Auferstandene selbst den Auftrag gegeben. Wenn es aber Mk 16,16 heißt: »Wer glaubt und sich taufen läßt, wird gerettet werden«, so ist zu sehen, daß dieser Satz und

1 *Sören Kierkegaard*, Der Augenblick, Nr. 7,3, in: Kierkegaard Werkausgabe II, Düsseldorf/Köln 1971, 451f.
2 *Gerhard Lohfink*, Der Ursprung der christlichen Taufe, in: ThQ 156 (1976), 35-54.

sein Kontext erst im 2. Jahrhundert dem Evangelium angefügt wurden, und auch der Schluß des Mt-Evangeliums mit seiner trinitarischen Taufformel sagt eindeutig, daß Matthäus die Taufe *theologisch* auf den Auferstandenen zurückführt. Die Frage, was dazu geführt hat, dies zu tun, ist damit eben nicht beantwortet. Eine Analyse des lukanischen Befundes führt Gerhard Lohfink zu dem Resümee: »Lukas fand in dem breiten Spektrum der urchristlichen Überlieferung einfach keinen Taufbefehl Jesu vor, auf den er hätte zurückgreifen können.«[1]

Um die frühe Taufpraxis der Jüngergemeinde zu verstehen, ist die Bußtaufe des Johannes zu beachten. Sie trägt die gleichen Merkmale wie die spätere christliche Taufe, und auch der einmal gegebene geschichtliche Zusammenhang zwischen Täufergemeinde und Jesusgemeinde deutet auf diesen Ursprung. Hier gewinnt die Taufe Jesu durch Johannes erhöhte Beachtung. Sie hat in ihrer neutestamentlichen Rezeption gewissermaßen eine »kerygmatische Wende« durchgemacht: Die praktizierte christliche Taufe wurde zur Matrix für die Darstellung der Taufe Jesu; auf diese Weise wurde an der Person Jesu die Johannestaufe neu interpretiert, nämlich verchristlicht. So bekam die Taufpraxis der Kirche ihre Untermauerung durch die Taufe Jesu. »In der gespannten, auf die baldige Ankunft des Herrn gerichteten nachösterlichen Naherwartung, angesichts des noch ganz lebendigen Eindrucks, den der Bußprediger Johannes hinterlassen hatte, angesichts der Tatsache – die auch im Neuen Testament an verschiedenen Stellen durchscheint –, daß die Johannestaufe auch nach seinem Tode weiterging, daß sich eine Art messianischer Täuferbewegung an ihn anschloß, greifen die ersten Jünger bei ihrer Predigt an die Juden einerseits auf dieses eindrucksvolle Zeichen zurück, und setzen es andererseits zugleich ab von Johannes, füllen es mit neuem Inhalt, machen aus ihm eine Taufe auf den Namen des Messias Jesus.«[2]

Sakrament des Glaubens

Das Markusevangelium bringt gleich am Anfang die Quintessenz der Predigt Jesu zum Ausdruck: »Nachdem man Johannes ins Gefängnis geworfen hatte, ging Jesus nach Galiläa und verkündete das Evangelium Gottes: Die Zeit ist erfüllt und das Reich Gottes ist nahe. Bekehrt euch und glaubt an das Evangelium« (1,14f.). Umkehr als Anfang des christlichen Lebens ist der bewahrte Kern, der sich fortan mit der Taufe als Zeichen, der Jesusgemeinde beizutreten, verband. Diesen Vorgang hat Augustinus in der Rechenschaft über seinen eigenen Weg sehr präzise beschrieben: »Du aber Herr, wandtest mich zu mir selbst herum, Du holtest hinter meinem eigenen Rücken mich hervor, wo ich mich eingerichtet hatte, dieweil ich mich nicht anschauen wollte, und stelltest mich meinem Angesicht gegenüber, damit ich sähe, wie häßlich ich sei. . . Und ich sah es und schauderte, und es war nichts, wohin ich hätte vor dir fliehen können.«[3] So wie bereits für Jesus Umkehr als Bedingung gilt, sein Evangelium

---

1 Ebd., 38.
2 *Theodor Schneider*, a.a.O., 87.
3 *Augustinus*, a.a.O., VIII,7.

annehmen zu können, ist Umkehr konstitutiv geblieben für den Anfang des Glaubens an ihn, den Christus Gottes, und ist damit auch grundlegend für die Taufe als Sakrament des Glaubens.

Damit ist zugleich das zweite Kriterium genannt, das die Taufe kennzeichnet: Die Taufe ist an das Taufbekenntnis gebunden, zusammen aber verdeutlichen beide die Struktur des Glaubens. Im Jahr 215 beschrieb der Presbyter Hippolyt in seiner *Traditio apostolica*, wie der Taufvorgang sich ereignete:

Der unbekleidete Täufling steigt von einem Diakon assistiert ins Wasserbecken, an dessen Rand der taufende Bischof oder Priester steht. Wenn also jener, der getauft wird, ins Wasser hinabsteigt, soll der, der ihn tauft, seine Hand auf ihn legen und ihn so ansprechen: Glaubst du an Gott, den allmächtigen Vater? Und der Täufling soll antworten: Ich glaube. Und sogleich tauche der, der ihm seine Hand auf das Haupt gelegt hat, ihn ein erstes Mal ein.

Und danach soll er sagen: Glaubst du an Christus Jesus, den Sohn Gottes, geboren vom Heiligen Geist aus der Jungfrau Maria, gekreuzigt unter Pontius Pilatus und gestorben, lebend aus den Toten auferstanden am dritten Tag, zum Himmel emporgestiegen, wo er zur Rechten des Vaters sitzt, der wiederkommen wird zum Gericht über Lebende und Tote? Und wenn jener gesagt hat: Ich glaube, soll er wiederum untergetaucht werden.

Und wieder soll er sagen: Glaubst du an den Heiligen Geist und die heilige Kirche und die Auferstehung des Fleisches? Der getauft wird, soll sprechen: Ich glaube. Und so wird er ein drittes Mal untergetaucht.[1]

Was sich hier in Verbindung mit dem Symbol der Wassertaufe ereignet, ist ein Dialog. Keiner ist für sich alleine Christ, auch der taufende und fragende Presbyter steht nicht für sich alleine da, sondern in Vertretung der Gemeinde. Wie man nur durch Teilhabe an der menschlichen Gemeinschaft zum eigenen Menschsein findet, wird man auch Christ nur durch Eingliederung in eine Gemeinschaft von Christen. »Wenn sich so in der dialogischen Struktur des Glaubens ein Menschenbild abzeichnet, können wir hinzufügen, daß darin auch ein Gottesbild zum Vorschein kommt. Der Mensch erhält mit Gott zu tun, indem er mit dem Mitmenschen zu tun erhält. Der Glaube ist wesentlich auf das Du und das Wir hingeordnet, nur auf dem Wege über diese doppelte Verklammerung verbindet er den Menschen mit Gott. Das bedeutet umgekehrt, daß Gottesverhältnis und Mitmenschlichkeit von der inneren Bauform des Glaubens her nicht voneinander trennbar sind: Das Verhältnis zu Gott, zum Du, zum Wir greifen ineinander und stehen nicht nebeneinander... Gott will zum Menschen nur durch Menschen kommen, er sucht den Menschen nicht anders als in seiner Mitmenschlichkeit.«[2]

Taufsymbolik

Norbert Lohfink ist der Ansicht, die Johannestaufe sei neben ihrer Umkehrbedeutung auch ein symbolischer Schutz »vor dem eschatologischen Feuer-

1 *Bernard Botte*, La Tradition Apostolique de Saint Hippolyte. Essai de Reconstruction. Münster 1963, 48-50, zit.n. *Theodor Schneider*, a.a.O., 73f.
2 *Joseph Ratzinger*, Einführung in das Christentum. München 1968, 64.

sturm«, weil Johannes mit einem Messias gerechnet habe, der mit »Sturm und Feuer taufen« würde (Mt 3,11f.). Durch diese Feuerwand, die über das verrottete Menschengeschlecht, Israel eingeschlossen, vernichtend hinwegziehen würde, komme man nur hindurch, wenn man vorher ins Wasser gehe, also ganz naß sei. Im Symbol des Untertauchens habe Johannes Rettung durch das kommende Feuer hindurch versprochen. In diesem Sinne sei die Taufe vergleichbar dem taufeuchten Wind, der die drei jungen Männer im Feuerofen vor den Flammen bewahrte (vgl. IV,222-224). Das zumindest dürfe »in dem Augenblick die Symbolik der Taufe gewesen sein, als die Jünger sie in Erinnerung an die Johannestaufe wieder aufgriffen«,[1] unbeschadet der weiteren Sinnanreicherungen, die vom Geschick Jesu her und aus der Wassersymbolik der Bibel sich angelagert hätten.

Dieser Rückgriff auf die Bibel erlaubt einen höchst ambivalenten Umgang mit dem Symbol Wasser. Hatte das vor dem Feuersturm schützende Wasser rettende Wirkung, so zeigt es sich in der biblischen Symbolwelt überwiegend als Ausdruck der Todeswirklichkeit. Die Klagepsalmen durchzieht das Bild eines vom Tode Bedrohten, dem das Wasser bis zum Halse reicht. Das Wasser ist Abgrund, Untergang, Grab, Tod, Chaos. Ins Zentrum der Glaubenssymbolik Israels rückte die Erzählung von der Rettung am Schilfmeer: Das Volk wurde durch die Wasser des Todes geführt, während die Verfolger darin umkamen. Mit diesem Fest der Befreiung von ägyptischer Knechtschaft verbindet sich die Erfahrung des Todes und der Auferstehung Jesu: In seinem Tode schlugen die Wassermassen über ihm zusammen, in seiner Auferweckung wurde er aus diesem Schlund emporgehoben. Aus dieser Verbindung wurde die Osternacht zum eigentlichen Tauftermin.

Zur weiteren Symbolik des Wassers: → II, 487-498.

Das Problem Kindertaufe

Alles, was bisher historisch, theologisch und gesellschaftskritisch zur Taufe und Taufvergessenheit gesagt wurde, verschärft die Problematik der Kindertaufe. Natürlich darf dabei nicht übersehen werden, daß dies ein Problem ist, das sich mit dem Zerfall der Volkskirche wieder stärker stellt, wie ja auch die christliche Entschiedenheit Kierkegaards ein Protest gegen die Halbheiten des volkskirchlichen Alltags sind.

Ganz im Sinne Kierkegaards pointierte ebenfalls Karl Barth: »Weil man durch die Schlafkirche in die Volkskirche kommt, deshalb gibt es so viel Schlafchristlichkeit und so wenig bekennende Christen.« Mit seinem Aufsatz von 1943 über »Die kirchliche Lehre von der Taufe« provozierte er eine heftige Diskussion über die Kindertaufe, die in ihrem Verlauf zeigte, wie sehr in jeder Antwort das Kirchenverständnis und auch der Sakramentsbegriff die ausschlaggebenden Positionen mitbestimmen.

Die Anfänge der Kindertaufe liegen im dunkeln. Es gibt keine literarische Kontroverse um ihre Einführung, wenngleich sich bei Origines (185-254) und bei Tertullian (um 160 - nach 220) bereits Hinweise auf diese Praxis finden,

1 *Norbert Lohfink*, a.a.O., 8f.

während im 5. Jahrhundert, einige Zeit nach dem gesellschaftlichen Durchbruch des Christentums, der Brauch schon allgemein verbreitet ist. Im Kampf gegen die Bestreitung der »Erbsünde« durch Pelagius wurde die Praxis der Kindertaufe als ein Argument benutzt, jeden Menschen bei Eintritt in dieser Welt als schuldbeladen anzusehen. Daraus ergab sich eine Koppelung von Taufe und Erbsündenlehre, deren Wirkungsgeschichte »alles andere als positiv« war (Theodor Schneider) und – beispielsweise – in der oben vorangestellten Erinnerung von Maria Beig ihren peinlichen Beleg findet. Eine Bestreitung der Kindertaufe scheint es aber durch tausend Jahre nicht gegeben zu haben, erst die Wiedertäufer der Reformationszeit (→ Religionsbuch 7/8, S. 267) formulierten den Protest erstmals nachhaltig, während bei Luther, Calvin und Zwingli die Kindertaufe noch verteidigt wird. Die Akzentuierung des persönlichen Vollzugs in der Sakramentenlehre der Schweizer Reformatoren mag aber die Wurzel sein, aus der heraus Karl Barth seine Argumentation gegen die Kindertaufe entwickelte.

Die von allen akzeptierte Überzeugung, daß Taufe und Glauben zusammengehören, läßt gegen die Kindertaufe geltend machen:

(1) einen konsequent individuellen Akt des Bekenntnisses und der Zustimmung;

(2) ein voraufgehendes Taufkatechumenat und die Annahme dieser Glaubensunterweisung durch den Taufbewerber;

(3) ein diesem Prozeß entspringendes relevantes Maß persönlicher Selbstverpflichtung auf die Sache Christi.

Die dagegen stehenden Bedenken und Vorbehalte lauten:

(1) Hier liegt eine individuelle Verengung des Glaubens vor. Von der Verfaßtheit des Menschen her ist er immer schon in menschliche Beziehungen eingebunden, und zwar von frühester Kindheit an. Eltern, Familie, Freunde, Gemeinde sind dem Kinde *vorgegeben*; sie können nicht abstrakt davon abgehoben werden.

(2) Es scheint ein falsches Glaubensverständnis vorzuliegen, wenn man meint, mit dem Katechumenat könne ein gewisser Abschluß erreicht werden. Glaube ist grundsätzlich unabschließbar und will sich auch über die bereits empfangene Taufe hinaus entwickeln.

(3) Gegenüber der verlangten Selbstverpflichtung wird gefragt, ob dann nicht mit der Taufe Werk und Leistung verknüpft werden. Auch hier solle über die Taufe hinaus ein lebenslanger Prozeß möglich bleiben.

Die wichtigste Überlegung ist sicherlich die anthropologische Einsicht, daß jede menschliche Entwicklung, auch das, was man »Selbstvollzug« nennen möchte, von Vorentscheidungen anderer lebt, sei es, daß sie abgelehnt, sei es, daß sie ratifiziert werden. Das ist anders gar nicht möglich. Jede Kindererziehung, auch eine vermeintlich weltanschaulich »freie«, bedeutet eine Vorprägung der Kinder. Geschieht sie ohne Religion, dann mit der Vorstrukturierung: Religion ist unwichtig. Eltern und Lehrer können ihren Kindern nie »neutral« begegnen. Sie sind, was sie sind, und wer immer mit ihnen zu tun hat, hat mit ihren Grundhaltungen und Überzeugungen zu tun, im Guten wie im Bösen. Die Frage lautet also nicht, ob Erzieher überhaupt die Heranwachsenden beeinflussen sollen, – sie tun es in jedem Fall und sollen es auch –, die Frage ist vielmehr, mit welchen Inhalten und Werten sie die Kinder beeinflussen und ob sie dieses Programm verantworten können. Die meisten Argumente für einen Taufaufschub ignorieren diese anthropologischen Dispositionen, mögen dann zwar in ihren bedingungslosen Maßstäben imponieren, können aber über die zugehörige deutliche Gesellschaftsfremdheit und Praxisferne nicht hinwegtäuschen.

Hildegardis-Codex: S. 164
Die wahre Dreiheit in der wahren Einheit   Dias 5/6, Nr. 28

Dieses Bild als bevorzugte und religionspädagogisch am ehesten zu vertretende Gottes»darstellung« begleitet das Unterrichtswerk seit dem ersten Schuljahr. Dementsprechend hat es bereits mehrfach eine Interpretation gefunden: → I,288: Das göttliche Licht; → III,508: Die innere Mitte; → IV,514: Das Hildegardis-Bild als Oster- und Himmelfahrtsbild; hierzu besonders: Religionsbuch 9/10, S. 95 und Titel. Die zusammenfassende und auch für den hier vorliegenden Kontext relevante Erschließung des Bildes bietet das Lehrerhandbuch 10.

Fotos: Die Spendung der Taufe S. 165

Die beiden Fotos zeigen Tauffeiern nach römisch-katholischem und russisch-orthodoxem Ritus. Die alte Tradition, nach welcher der Täufling ganz ins Wasser eingetaucht wurde, spiegelt sich deutlicher in der Taufpraxis der Ostkirche. Beim Betrachten dieser Bilder wie beim Thema Taufe insgesamt darf jene wachsende Zahl von Schülerinnen und Schülern nicht übersehen werden, die als Ungetaufte am Religionsunterricht teilnehmen. Alleine schon im Blick auf diese Jugendlichen verbietet es sich, den didaktischen Ansatz des Lehrplans und des Unterrichts von einer unreflektierten Glaubenszustimmung bestimmt zu sehen. Der Religionsunterricht kann Verstehenszugänge bahnen, Interesse stiften, für weitergehende Themen und Fragen motivieren. Für die meisten Schüler, ungetaufte wie getaufte, sind Sinn und Symbolik der Taufe aber nicht mehr unmittelbar zugänglich. Darum muß der didaktische Ansatz des Unterrichts von ihrer nachchristlichen Bewußtseinslage ausgehen und darf nicht naiv eine Vertrautheit oder gar Glaubenszustimmung unterstellen, die selbst bei Interesse nicht gegeben ist. Alle Formen von Indoktrination, und seien sie noch so »gut gemeint«, wirken kontraproduktiv.

Der schulische Religionsunterricht hat wenig Anlaß, Firmunterricht ins eigene Curriculum zu nehmen. Firmvorbereitung ist eine Aufgabe der Gemeinde und nur in deren Strukturen läßt sich der didaktische Ort dieser katechetischen Aufgabe unterbringen. Katechese geht nicht in Unterricht auf. Sie liegt jedem unterrichtlichen Tun vorauf und überschreitet es. Das schließt unterrichtliche Prozesse innerhalb des gesamtkatechtischen Programms nicht aus, aber grundsätzlich sollte sich die gemeindebezogene Katechese nicht als ein Abklatsch schulischer Methoden und Verhaltensweisen verstehen. Als Ausdruck einer Einübung in gemeindliches Leben ist die Katechese stärker als die Schule 1. auf die lokalen Verhältnisse und die Vorgänge in der Region verwiesen (→ Regionale Religionsdidaktik: V,417-421), 2. auf die lebensgeschichtlichen Erfahrungen und Bedürfnisse der Teilnehmer und 3. auf vielfältige Formen informeller Selbsttätigkeit.

Im Blick auf die Handreichungen und Arbeitshefte, die heute für Firmgruppen angeboten werden, darf man sagen, daß sie mit einer erstaunlichen didaktischen Theorielosigkeit daherkommen – wie auch die Gesamtsituation bis zum Tage ohne übergreifendes Konzept geblieben ist. Weil ein solches Konzept ohne Rahmenprogramm für eine zeitgemäße Gemeindepastoral grundsätzlich nicht zustandekommen kann, ist es symptomatisch für das geringe und unsystematische Niveau pastoraler Aus- und Weiterbildung, daß hier zwar praktische Versuche und Erfahrungen anzutreffen sind, aber nicht deren Verdichtung und Übertragung in eine didaktische Theorie.

Wie bei der Taufe stellt sich auch bei der Firmung die Altersfrage. Sicherlich darf gesagt werden, daß es keine für alle Verhältnisse zwingende Richtlinie gibt. Ein deutscher Synodenbeschluß führt aus: »Die Firmung kann weder als Beginn noch als Abschluß der Geistmitteilung verstanden werden. . . Um einer einheitlichen Praxis willen und in Abwägung der für unsere Zeit besonders bedeutsamen Inhalte der Firmung will die Synode dennoch einen verbindlichen Rahmen für das Firmalter festlegen. Das Mindestalter für die Firmung soll in der Regel etwa bei 12 Jahren liegen; pastoral begründete Ausnahmen kann es geben. Es soll aber auch die Möglichkeit bestehen, im Einvernehmen zwischen Firmbewerbern, Eltern und Seelsorgern die Firmung im Einzelfall und für Gruppen auf ein späteres Alter – auch das der jungen Erwachsenen – zu verschieben.«[1]

Angesichts der Kindertaufe sprechen freilich die pastoralen Argumente deutlicher für ein höheres Alter. Lebensrelevante Entscheidungen fallen eher zwischen dem 18. bis 20. Lebensjahr als zwischen 12 und 15. In zahlreichen Fällen hört der Religionsunterricht zu früh auf, um die kritischen Fragen Jugendlicher noch annehmen zu können. »Man beraubt die Jugendlichen gera-

---

1 Schwerpunkte heutiger Sakramentelpastoral, in: Gemeinsame Synode der Bistümer der Bundesrepublik Deutschland. Beschlüsse der Vollversammlung. Freiburg 1976, 255f.

de in der Lebenszeit kompetenter theologischer Gesprächspartner, in der sie die meisten ausgesprochenen und unausgesprochenen theologisch relevanten Fragen haben.«[1] Als Antwort und Modellfall sei hier ein Dortmunder Experiment vorgestellt, das die oben genannten Kriterien *katechetischer* Arbeit überzeugend einlöste:

Das Firmalter lag bei 17 Jahren. Dreißig Jugendliche wurde angeschrieben, an der Firmvorbereitung teilzunehmen, darauf reagierten positiv acht Mädchen und sechs Jungen. Mehrheitlich besuchten die Jugendlichen noch die Schule, die meisten ein Gymnasium. Mit der Einladung war die Idee eines Blockseminars von einer Woche Dauer in den Osterferien verbunden. Es sollte auswärts in einer Benediktinerinnenabtei mit Jugendbildungsstätte stattfinden. Das Firmteam setzte sich aus drei Männern und drei Frauen zusammen: dem Pfarrer, einem Diplomtheologen, einem Studenten (Theologie/Geographie) und seiner Frau, einer Grundschullehrerin mit Schwerpunkt »Kunst« und einer Theologin. Alle Teammitglieder kannten sich gut und waren zum Teil »intensiv miteinander befreundet«.

Die Idee für das Blockseminar war u.a. mit dem Vorhaben begründet, prozeßorientiert arbeiten zu können. Außerdem sollte der Ansatz lebensgeschichtlich bestimmt sein, näherhin: die Lebens- und Glaubensgeschichte der Jugendlichen zum Thema machen. Dafür erschienen Tage gemeinsamen Lebens als unverzichtbar. Es wurde nur vorsichtig und zurückhaltend eine bescheidene Linie vorstrukturiert: Von der Lebensgeschichte der Jugendlichen sollte der Weg zur aktuellen Lebenssituation führen; die biographische Situation sollte sich ausweiten auf Themen, auf die sich mehrere verständigen konnten bis hin zur expliziten Korrelation mit dem biblischen Glauben.

Die Tagesstruktur sah jeweils zwei Arbeitsphasen von etwa 90 Minuten am Vor- und Nachmittag vor, eine freizeitorientierte Abendeinheit sowie eine Einführung in Meditation als freies Angebot. Jeder Tag sollte mit einer etwa halbstündigen Reflexion im Plenum abschließen. Nebenher stand eine Materialkiste mit Büchern zu Verfügung, hauptsächlich zum Themenkreis Gerechtigkeit, Friede, Bewahrung der Schöpfung. Außerdem im Angebot: Musik(instrumente), Sportgeräte, Materialien für kreatives Tun.

Die Gruppenbildung begann bereits bei der gemeinsamen Zugfahrt. Das erste Plenum lud zur Äußerung von Erwartungen und Befürchtungen vor der Woche ein; es wurde wenig konkretisiert, am deutlichsten die Sorge, es werde immerzu »über Religiöses geredet«. Die nächsten Tage standen unter der Frage: »Welche Personen, Situationen, Ereignisse und Erfahrungen sind in deinem Leben vorgekommen, die etwas für deinen Glauben bedeutet haben?« Jeder durfte, niemand mußte erzählen. Nachfragen war erlaubt, Zensuren zu verteilen verpönt. Im Verlauf der Runden wurden die Erzählungen immer detaillierter, die Nachfragen interessierter und zugleich einfühlsamer, gelegentlich durch eigene Erfahrungen ergänzt. Es war die Rede von Eltern, Großeltern, Freunden und Freundinnen, Lehrern, Priestern und anderen für die eigene Lebensgeschichte bedeutsamen Menschen. Hinzu kamen Erfahrungen mit Festen in Familie und Kirche, mit religiöser Erziehung und Gebet, Religionsunterricht und Katechese, Freundschaft, erster Liebe und Sexualität, Familienkrisen, Scheidung der Eltern und – erstaunlich häufig und bedeutsam – mit Sterben und Tod.

Im nächsten Schritt entwarf jeder eine Skizze seiner augenblicklichen Situation, wo er sich verstanden, wo mißverstanden fühlte. Aus einer Kleingruppencollage zum Thema: »Was macht mir Angst, was macht mir Hoffnung?« entstand eine Themensammlung über Familie, Freundschaft, Beziehungen; Armut und Hunger; Krieg und Tod; Neofaschismus; Freude, Träume und Umweltproblematik. Dann wurden gemeinsam die in-

1 *Karl Ernst Nipkow*, Erwachsenwerden ohne Gott? Gotteserfahrung im Lebenslauf. München 1987, 85.

haltlichen Akzente der weiteren Arbeit gewählt. – Erst am fünften Tag wurde die Bibel mit Exodustexten einbezogen. Firmung wurde verständlich als Entscheidung zum Christsein. – Nach der Abschlußfete wurde die »back-home-Situation« vorbereitet: »Erzählt einer guten Freundin, einem Freund von dem Kurs.« – In den folgenden Woche zu Hause ging es um die Frage, wo die Jugendlichen ihren Ort in der Gemeinde finden könnten. Tatsächlich gründete die Gruppe nach einigen Anlaufschwierigkeiten wenig später eine Teestube; einzelne Gruppenmitglieder suchten sich andere Orte für ihr Engagement; einige wenige verloren den Kontakt zur Gruppe und zur Gemeinschaft.

Als Resümee ließ sich feststellen, daß der lebensgeschichtliche Ansatz »den Interessen der Jugendlichen unbedingt entsprach«. »Es ist so aufregend, und schon wieder sind zwei Stunden rum«, sagte ein Teilnehmer. Jedoch war für ein so offenes Curriculum ein pädagogisch, musisch und theologisch kompetentes Team eine wichtige Voraussetzung, das vor allem die Bereitschaft mitbrachte, das Tagesgeschehen dauernd vor- und nachzubereiten und darüber zu reflektieren.[1]

Ein Zitat von Yves Congar mag abschließend bedacht werden: »Zu Beginn der Adoleszenz, an der Schwelle zum Erwachsenenalter, ein persönlicher Akt des Engagements in den Dienst Jesu Christi in seiner Kirche, und zwar vor Zeugen. Dazu müßte man eine Feier schaffen mit einer Auswahl von Formulierungen. Am besten wäre es, wenn dies im Rahmen einer Gemeindemesse geschähe. Eine Atmosphäre des Gebetes wäre absolut notwendig. Auf dieses Engagement sollte vorbereitet werden im Laufe von drei Wochenenden oder in mehrtägigen Exerzitien, in Gesprächen mit schon engagierten Christen, woraus man ersähe, was es heißt, sich heute in der Kirche auf den evangelischen Dienst an den Menschen zu verpflichten.«[2]

1 Vgl. *Martina Blasberg-Kuhnke*, Firmung mit 17. Jugendliche Lebensthematik, Biographie und Entscheidung zum Christsein, in: rhs 33 (1990) 25-31.
2 *Yves Congar*, Der Heilige Geist. Freiburg/Basel/Wien 1982, 463.

DAS EIGENE LEBEN: WEGE ZU MIR SELBST

Unterricht als Lebenshilfe

Sollte sich die Schule als eine Institution verstehen, die Brauchwissen zu vermitteln hat, läßt sich dieses Kapitel am leichtesten übergehen. Hier geht es überhaupt nicht um Wissen, allenfalls um ein Stiften von Interessen: vorab um das Interesse an sich selbst, die Ansprüche an sich selbst, die Ansprüche an Leben, Mitmenschen und Welt. Von Hause aus sind manche Schüler stumpf und nur schwer aus einer unsensiblen Öde zu wecken. Aber ist die Schule in ihrem Programm und Ambiente, sind die Lehrer durch ihre persönliche Lebensart stark genug, der Banalität entgegenzuwirken? Da hatte schon Jean Paul (1763-1825) seine Zweifel:

»Ich besuch' iezt die Schule. Die Lerer sind Leute so so! Sie nären sich von Duft und Wind; sie geben ihrem Verstande nichts bedeutende Narung – und lassen das Herz verwelken. Denn man schimpft hier auf die neuen Empfindler. Keiner ist nach meinem Geschmak. Und die Schüler! da weis ich dir noch weniger zu sagen. Viel Gutes vermutet' ich von ihnen, aber meine gute Meinung sinkt. Sie sind Ebenbild ihrer Lerer. Wenn nun's Original schon schlecht ist; mus nicht die Kopie unerträglich sein? – Auch Kälte, Kälte! daß du überall deine Vererer, deine Altär' hast! Wenn ich doch hier einen andern Wilhelm, Guter! anträffe – einen Freund, in den sich mein strömendes Herz ergiessen könt. Ich mache Versuche; aber bald schauder' ich zurück, und werfe die vermeinten Freunde wie glühende Kohlen aus der Hand. – Meine warmen Herzensausgüsse werden mit Spötteln in ihre Ufer zurük getrieben: ich schäme mich dan (wie paradox!) gut gehandelt zu haben.«[1]

Lehrer, die das Herz verwelken lassen, gibt es wohl immerzu. Sie haben ihren Beruf als Job gelernt, handhaben ein Quantum Sachwissen, einen Lehrplan, ein Methodenschema, und so geht der Dienst nach Vorschrift seines Weges. Aber daneben und dagegen gibt es auch jene anderen, ohne die diese Welt auf die Dauer nicht besteht. Einem von diesen, dem Maler Adam Friedrich Oeser (1717-1799), schrieb der junge Goethe am 9. November 1768:

»Was binn ich Ihnen nicht schuldig, Theuerster Herr Professor, dass Sie mir den Weeg zum Wahren und Schönen gezeigt haben, dass Sie mein Herz gegen den Reitz fühlbar gemacht haben. Ich binn Ihnen mehr schuldig, als dass ich Ihnen dancken könte. Den Geschmack den ich am Schönen habe, meine Kenntnisse, meine Einsichten, habe ich nicht alle durch Sie? (. . .) Lehre tuht viel, aber Aufmunterung tuht alles. Wer unter allen meinen Lehrern hat mich jemals würdig geachtet mich aufzumuntern, als Sie. Entweder ganz getadelt, oder ganz gelobt, und nichts kann Fähigkeiten so sehr niederreissen. Aufmunterung nach dem Tadel, ist Sonne nach dem Reegen, fruchtbares Gedeyen. Ja Herr Professor wenn Sie meiner Liebe zu den Musen nicht aufgeholfen hätten ich wäre verzweifelt. Sie wissen was ich war da ich zu ihnen kam, und was ich war da ich von Ihnen ging, der Unterschied ist Ihr Werck. Ich weiss wohl, es war mir wie Prinz

---

1 Aus *Jean Paul Friedrich Richters* erstem Romanversuch »Abelard und Helois« von 1781, der jedoch nur für ihn selbst, nicht für die Öffentlichkeit gedacht war.

Biribinckern nach dem Flammenbaade, ich sah ganz anders, ich sah mehr als sonst; und was über alles geht, ich sah was ich noch zu thun habe, wenn ich was seyn will.«[1]

Was ein junger Mensch zu tun hat, wenn er was sein will – das ist auch das Thema dieser Kapitelfolge »Das eigene Leben«. Sie ist nur bedingt in Unterricht zu übersetzen. Manches kommt eingängiger, überzeugender zur Sprache, wenn es gewissermaßen am Rande abfällt, als erwünschter Exkurs, zwischen Grammatik oder Algebra, nicht ohne ein Stück eigene Biographie. Noch besser würde das anstehende Kapitel außerhalb des regulären Unterrichts ins Leben übersetzt: während eines Landschulaufenthalts, in Besinnungstagen, die in einer schönen Landschaft, in einem ruhigen Haus stattfinden, in Gesprächen, die sich irgendwo, irgendwann am Rande des Schullebens abspielen. Was hier möglich ist, entdeckt, erfindet allein die Liebe zu den Schülerinnen und Schülern.

1 Zit.n. *Ludwig Fertig* (Hg.), Bildungsgang und Lebensplan. Briefe über Erziehung von 1750 bis 1900. Darmstadt 1991, 35.

Der Brunnen oder Die Wahrheit über mich selbst   S. 168

Das hier erzählte Märchenmotiv wird S. 151-153 interpretiert. Es verbindet sich dort mit anderen Brunnen-Motiven bekannter Märchen. Das Märchen und sein oben gebotener Kontext haben ihren didaktischen Ort unter formalen Aspekten im Symbol-Kapitel, unter inhaltlichen Aspekten ist die Brunnen-Thematik hier fällig.

Von der erzählten Geschichte her sollte es einfach sein, diese für Zwölfjährige aufzuschließen. Dennoch verbindet sich mit ihr ein solch ernsthafter Anspruch, daß es gewiß nicht gelingen wird, den Lebensanspruch dieser Geschichte in die emotionale Welt der Schüler zu übertragen, wenn man hier nur routiniert und schematisch »unterrichten« wollte. Um »das eigene Leben« der Schüler zu erreichen, muß der Lehrer an ihnen menschlich interessiert sein, muß gerne mit ihnen sprechen, ihnen persönliche Zuwendung und Freude entgegenbringen. Zugleich aber muß er mit dieser Geschichte für sich selbst etwas anfangen können, und sei es nur, daß er sich von ihr beunruhigen, herausfordern und zu »Experimenten mit der Wahrheit« bewegen läßt. Eine lediglich methodische Unterrichtsvorbereitung verfehlt den gegebenen Anspruch.

Es gilt zu überlegen, wann Ort und Zeit günstig sind, um die Geschichte zu erzählen. Eine besinnliche, meditative Stimmung wäre dem Thema angemessen. Also braucht es eine Zeit, die möglichst nicht durch Unterrichtszwänge eingeengt ist, einen Ort oder wenigstens eine Atmosphäre, die ein freies Gespräch erlauben. Man wird sich miteinander auf die Erzählung einlassen müssen und auch fragen, wie es vor sich geht, in den Brunnen zu steigen, vielleicht aber auch, welche Techniken die meisten Menschen entwickelt haben, ihn zu meiden oder nur am Brunnenrand auf und ab zu tanzen.

Hugo Simberg: Der verwundete Engel   S. 167
Dias 5/6, Nr. 29

A. Der finnische Künstler Hugo Simberg (1873-1917) ist nicht alt geworden; mit 44 Jahren starb er an Tuberkulose. Vielleicht hat ihn deswegen der Tod durch sein Werk hindurch begleitet. Simbergs Tod ist aber nicht der Schnitter, der seine Arbeit grausam verrichtet, sondern der Tod des naturverbundenen Menschen, der in einer ursprünglichen einfachen Beziehung zu seinem Ende steht.

Die Bilder Simbergs kennzeichnet eine symbolische, oft phantastische Ausdrucksweise. »Ich glaube, daß ein Kunstwerk mir etwas über eine andere Welt sagt und mich in jene Stimmung versetzt, die der Künstler hervorrufen will. Es sollte meine Gedanken auf etwas bringen, an das ich nicht jeden Tag denke«, schrieb er 1897 in einem Brief an seinen Zwillingsbruder Paul. Dieser Hinweis kann auch jenem eigenartigen, bezaubernden wie irrealen Bild gelten, das mehr als jedes andere Hugo Simbergs Welt vertritt. Doch bevor wir uns diesem Werk zuwenden, sollte noch eine Bemerkung wiedergegeben werden, die Simberg an seinen Bruder schrieb, als jemand die unbewußte und feine Unbeholfenheit seiner Maltechnik kritisierte: »B. kritisierte die technische Ausführung. So übersah er alles Naive daran, das kindlich Reine und vor allem die Ergebenheit und Liebe des Künstlers zu seiner Arbeit. Liebe muß in jedem Kunstwerk zu finden sein, das man verstehen kann, wenn sie da ist. Nur die Liebe schafft ehrliche und würdige Kunstwerke. Wo die Liebe fehlt, wenn man die Qual der Arbeit spürt, wird das Kind ein elendes Geschöpf sein...«

B. Der eigentliche Titel, den Simberg seinem Gemälde gab, war nur ein langer Gedankenstrich: —————. Das Bild wurde erstmals (im Format 127 × 154) auf einer Ausstellung finnischer Künstler 1903 gezeigt, aber von Simberg später noch einmal als Fresko in der St. Johannes-Kirche in Tampere, Mittelfinnland, ausgeführt. Sein zusätzlicher Titel *Haavoittunut enkeli*, »Der verwundete Engel«, verweist auf die persönliche Einstellung des Künstlers zu den Geheimnissen der menschlichen Seele, des Lebens und des Todes. Das Bild entstand nach einer durch Krankheit verursachten schweren Krise und wird von Freunden als symbolisch für Simbergs Schicksal gesehen.[1] In diesem biographischen Kontext, den wir nicht einholen können, müssen wir das Gemälde unsererseits nicht interpretieren. Es ist legitim, dem Bild unbefangen gegenüberzutreten, um es unter den Bedingungen der eigenen Wahrnehmung zu deuten.

In einer Serie des ZEIT-Magazins hat Christoph Meckel den »Verwundeten Engel« als das Bild seiner Wahl vorgestellt: »Vor zehn Jahren kam ›Der verwundete Engel‹ als Postkartengruß aus Skandinavien. Seither gehört er in die Galerie der unverlierbaren Bilder... Das Bild erzählt eine Geschichte, aber welche? Man kann berichten, was man sieht. Ein Engel wird fortgetragen. Zwei Jungen bewegen sich mit langsamen Schritten, zwei kurze hölzerne Stangen tragend; auf dem Sitzbrett ein Engel, vornübergesunken, er hält sich an beiden Stangen fest. Er ist die Mitte des Bildes, helle Gestalt. Das Gewand ist totenhaft oder festlich weiß, fällt auf die Erde und schleift nach. Die Füße, in halber Höhe, sind nackt. Der sichtbare Flügel scheint aus dem Rücken gewachsen (aus Schulter, Schulterblatt oder Kleid – unbestimmbare Stelle aller Engelgestaltung), er fällt an der Stange schmal vorbei. Die Biegung des Flügels ist eingerissen, auf der Federfläche sind Spuren von Blut. Das Haar ist blond und lang, die Kopfbinde weiß, sie bedeckt die zu Boden gerichteten Augen kaum. Der Engel scheint, wie die Jungen, ein Kind zu sein, aber weder männlich noch weiblich (er ist ein Engel). Die Formen der Flügel und des Gewandes und die Anmut der Konturen sind Jugendstil, doch ist die Gestaltung von Mode frei. Man hat ihm Feldblumen zugesteckt (einziges Attribut der Bildgestalten), er hält sie zwischen Hand und Stange fest. Die Jungen sind Bauernkinder, dunkel gekleidet, schwere Schuhe, schwerfälliger Gang. In Gesichtern und Haltung drücken sich Belastung aus, sie scheint sich genauer Bezeichnung zu entziehen.

1 Im Lichte des Nordens. Skandinavische Malerei um die Jahrhundertwende. Kunstmuseum Düsseldorf 1986, 242-251.

Man erfährt nicht, was die Kinder wissen. Zauber und Schwere des Bildes lassen ahnen, daß die Beteiligten etwas wissen. Daß es Kinder sind, vertieft die Belastung. Ihr Ernst scheint kaum mehr kindlich, noch nicht erwachsen. Der Engel lebt, er hat etwas erfahren. Man scheint ihn von einer Stelle zur anderen zu tragen. Von Ursache und Entfernung ist nichts zu sehen.

Der Aufbau des Bildes ist fest und klar, von Horizontalen und Vertikalen bestimmt. Die Schlichtheit des Bildes erschöpft sich nicht. Es gibt drei Gestalten, dahinter leeres Gebiet. Im Vordergrund, unter den Schuhen ist ein Weg. Im Mittelgrund ein Ufergelände mit Blumen, Busch und Wasserlauf. Im weiteren Mittelgrund ein See, im Hintergrund Hügelgelände ohne Merkmal. Die spärlichen Blumen weisen auf den Frühling hin. Die Farbigkeit ist dunkel und schwer. Braun, Blau und Weiß in verhaltener Variation.

Die Kindgestalten erscheinen real, der Engel ist kompakt und real wie sie, und es hat für mich keinen Sinn, sie einer Stilart zuzuweisen. Naturalistisch, realistisch – das Bild gehört keiner Stilart an. Der Engel ist weder Symbol noch Allegorie, er ist von Bedeutungsanspruch nicht entstellt. Ein Engel ist da, er wird fortgetragen. Religiöse Folklore eines Hinterlandes? Szene einer ländlichen Prozession? Man kann mit Gedanken spielen, sie sind keine Deutung.

Es ist der zerstörte Engel des Jahrhunderts, kranke und kaputte Lichtgestalt, Engel nach dem Sturz, gepeinigte Unschuld, Gestalt ohne Herkunft, Botschaft oder Bestimmung, ohne Gottesnähe, die festigt und sinnvoll macht. Mir scheint: In Gestalt des Engels wird weggetragen, was gebeutelt, zerstört und zerstörbar ist, und das seit Entstehung des Bildes immer mehr. Das Motiv des Engels war nie nur ein erhabenes Motiv... Der Engel Hugo Simbergs hat keine Verwandtschaft. Er ist der begreiflichste Engel, den ich kenne, vielleicht, weil ihn die Nähe der Kinder menschlich macht: ein vereinzeltes Wesen, nicht zugehörig, ein erschöpftes Übrigsein, kann sein ohne Sinn, doch besitzt es Würde und Schönheit in sich selbst.

Ein Engel wird fortgetragen, woher, wohin? Wunderbar ist, wie das geschieht. Es ist ein stiller Vorgang, nicht zu ergründen, keine Beseitigung und kein Transport. Was in Bild und Bildgeschehen sichtbar gemacht wird, ist nicht zu bezweifeln. Es ist menschenmöglich, unabweisbar, rein.«[1]

C. Christoph Meckels Deutung ist unabgeschlossen; sie muß mit Fragen und Überlegungen weitergeführt werden: Warum wird der Engel getragen? Offensichtlich ist doch nur sein Flügel verwundet. Warum trägt er eine Binde über den Augen? Soll er nicht sehen, wohin sein Weg nun führt? Und die beiden Jungen sind auch noch näher zu betrachten. Der mit Hut und Anzug ist dunkel gekleidet und wird von dieser Kleidung vollständig bedeckt. Er geht geradeaus blickend seinen Weg, in sich gekehrt; man denkt bei seinem Anblick an Beerdigungen, dort könnte er als Sargträger gut vorstellbar sein, in einem Würdehabitus, der nicht unbekannt erscheint. Der andere Junge schaut aus dem Bild heraus den Betrachter an. Er ist werktäglich gekleidet, weniger steif und korrekt, sein Oberhemd guckt ungeordnet über den linken Ärmel hinaus, vielleicht fehlt unten der Knopf; er trägt schwere Arbeitsstiefel. Der Dunkelgekleidete wirkt wie jemand in einem offiziellen Dienst, ein kleiner Pfarrer. Er

1 *Christoph Meckel*, Die Schwere der zerstörten Welt, in: ZEIT-Magazin, Nr. 51, 1987, 9f.

scheint seinen Auftrag zu kennen, zu wissen, wohin er gehen muß, geht schweigend, wohl auch gedrückt und etwas stupide, nimmt keinen Kontakt auf, seine Kleidung macht ihn zur Amtsperson: eine zeitlose Figur, die auf die Gesetzmäßigkeit des Todes verweist. Der Zweite ist nicht ebenso in die Szene gebunden; er nimmt mit der Außenwelt Kontakt auf, bezieht den Betrachter des Bildes mit ein; wir können uns mit ihm verständigen und uns leichter mit ihm als der vorangehenden Gestalt identifizieren. Seine zu kurze Kleidung (Ärmellänge der Jacke) zeigt ihn wachsend, prozeßhaft. So verkörpern die beiden Knaben sowohl eine innere, eher feierliche, aber tendenziell steife und »amtliche« als auch eine äußere, tendenziell kontaktbereite und alltägliche Dimension.

Bedeutsam ist es, auf den Gang der Jungen zu achten. Der Vordere geht mit dem rechten Fuß voran, der Hintere mit dem linken. In dieser Schrittart bewegen sich auch Vierfüßer. Sollte man beide Jungen als die zusammengehörigen Aspekte *eines* Lebens verstehen? Dann müßten wir den verwundeten Engel zwischen ihnen als »verletzte Seele« einbeziehen, und die Dreiergruppe böte uns insgesamt ein Paradigma des menschlichen Lebens mit jenen drei Aspekten, die immer dazu gehören: Des Menschen Weg führt gesetzmäßig und »gewissermaßen amtlich« zum Tode; zugleich ist dies aber auch ein Weg, der nach rechts und links hinschauen läßt, auf dem der Mensch wächst und reift; der »Engel« dazwischen ist dann das Beseelende, der »weibliche« Anteil des Lebens, dessen Innendimension. Ein Wesen, das nicht von dieser Welt ist; es hat Füße, kann aber damit nicht gehen, denn das innere Leben will behutsam getragen werden. Vielleicht ist der »Engel« aber auch nur erschöpft, eine »verletzte Seele«. Wir gehen nicht fehl, in der Gesamtgruppe zugleich eine »Waage« zu sehen: Zwischen außen und innen, männlich und weiblich, Gesetz und Prozeß, Leben und Tod muß Gleichgewicht walten. Auf unserem Bild ist die Harmonie gestört; hier herrscht Trauer; es wird nicht gesprochen, denn der »Engel« wurde verletzt. Das gehört nicht notwendig zum Gang der Dinge. Engel müssen nicht verwundet, flügellahm, gebückt und traurig sein. Und dieser hier sollte in seiner Kindlichkeit, seinem weißen, festlichen Gewand, seiner Nähe zur Natur (die Blumen in der rechten Hand) eigentlich Freude, Unbekümmertheit und Heil ausstrahlen.

Warum darf der »Seelenengel« nicht sehen, wohin der Weg führt? Ist seine Verwundung zum Tode? Trägt er das Blumensträußchen wie ein Grabgeleit? Ist die Landschaft, durch die der Weg führt – am Bach, der in den See mündet, sind sie bereits vorbei – etwa gar keine Frühlingslandschaft, wie Christoph Meckel meint, sondern herbstlich geprägt? So bleiben weitere Fragen mit unserem Bild verbunden.

D. Für Christoph Meckel war Simbergs Bild ein Anlaß, nach Finnland zu reisen, die Originale anzuschauen. Er urteilte, dieses Gemälde sei »ein Meisterwerk, das alles hinter sich läßt, was an Bildern derzeit in Finnland zu sehen ist. . . Es ist ein unvergleichbarer Gegenstand, ein erstaunliches Einzelding der Malerei«. Wie gehen wir mit diesem verrätselten Bild im Unterricht um?

Zunächst ist es unverzichtbar, daß der Lehrer selbst ein längeres Gespräch mit Simbergs »Verwundetem Engel« geführt hat. Wenn dann dieses Gespräch über die private Betrachtung hinaus auch zum Gespräch mit anderen Erwachsenen, Kollegen und Freunden, geführt hat, entwickeln sich die ersten Voraussetzungen, um auch mit Kindern darüber sprechen zu können. Die voranstehende Interpretation ist aber nicht einfach zu übernehmen; sie ist, wie immer, grundsätzlich unabgeschlossenen und erlaubt weiterführende Deutungen. Man sollte freilich den gebotenen Interpretationsansätzen auch nicht flüchtig begegnen, sondern sich im wiederholten Lesen damit befassen.

Im Unterricht sind Deutungsvorgaben durch den Lehrer falsch. Zunächst müssen die Schüler das Wort haben und ohne Beeinflussung im frei assoziierenden Gedankengang sagen können, was ihnen angesichts dieses Bildes einfällt. Das alleine schafft bereits Aspekte, die nur von jemandem aufgenommen und weitergeführt werden können, der selbst mit diesem Bild in einem wiederholten Gespräch gestanden hat und steht. – Es ist ein einzigartiges Werk: ein Paradigma des menschlichen Lebensweges.

Das eigene Zimmer

S. 168f.

In einem »Bubenleben von 1904-1918« findet sich der nur den Kindern vorbehaltene Raum so beschrieben: »Mein Bruder Xaver, den wir Gaggerl nannten, war als sechstes Kind meiner Eltern zu uns gekommen und 15 Monate jünger als ich. Mit ihm spielte ich am liebsten. Unser Lieblingsplatz war unter dem großen Eichentisch, dem Eßtisch der Familie. War doch dieser Platz der sicherste Schutz vor den Erwachsenen, die uns groß erschienen. Wir hatten ein Dach überm Kopf und fühlten uns wie in einem Haus, das nur von uns bewohnt wurde. Wir spielten mit Holzbaukästen... und bauten alles mögliche, was uns gerade einfiel. Unserer Mama war es gerade recht, wir waren da gut aufgehoben und ihr bei der Arbeit nicht im Wege.«[1]

Viele Kinder haben auch heute noch ähnliche Erinnerungen an frühe Kinderspiele, wenn Höhlen und Hütten gebaut oder entlegene Verstecke zum eigenen Revier erklärt wurden, das den Erwachsenen möglichst verborgen bleiben mußte. Ein eigener Bereich, und sei er noch so bescheiden, gehört zur Ausbildung der kindlichen Identität und wird im gleichen Maße wichtiger, als die Individualisierung des Ich zunimmt.

Zur Kulturgeschichte der Kinderstube

Wenn wir der Grundbedeutung des Wortes *wohnen* nachgehen, kommen wir zum »zufrieden sein« und den Ableitungen »Gewöhnen«, »Wonne« und auch »Wunsch«. Ganz zu Beginn heißt wohnen nur soviel wie Schutz finden unter einem Dach, und das bedeutete für frühe Verhältnisse das Zusammenleben der Großfamilie mit Kind und Kegel, Alten und Jungen. Intimbereiche und Kinderzimmer waren da noch fern ab. Im System der alten patriarchalisch geordneten Familie hatten die Kinder keinen eigenen Platz und erfuhren auch keine besondere Zuwendung der Erwachsenen. Sie waren in das Gesamtgefüge schon in frühen Jahren einbezogen und übernahmen darin ihren je spezifischen Pflichtenanteil:

»Mein Vater hatte im ganzen Hauswesen eine Klassifikation von Geschäften und Arbeiten, die unter den Kindern verteilt wurden, eingeführt. Mit jedem Jahr stieg jedes Kind zu einer höheren Klasse. Das brachte eine vollkommene Ordnung in das Hauswesen. Jedes Kind wußte schon, sobald es frühe aufgestanden war, größtenteils, was es den Tag über zu tun hatte. Man gewöhnte sich so zu der bestimmten Arbeit, daß von seiten der Eltern kein Zwang, keine Drohung, kein Schelten nötig war. Es bedurfte nur eines Winkes, um jedes Kind unverdrossen bei seiner Arbeit zu sehen. Es hatte auch noch die gute Folge, daß man die höhere Klasse von Arbeiten als eine ehrenvolle Auszeichnung ansah und sich auf das folgende Jahr, da man höher stieg, freute.«[2]

1 *Alois Wagner*, Zu meiner Zeit. München 1980, 6.
2 *Johann Baptist Schad*, Lebensgeschichte. 3 Bde. Altenburg 1828, 9f.

Die dem Mittelalter erwachsenen Verhältnisse änderten sich deutlich erst durch die historischen Wendemarken der Französischen Revolution und der Industriellen Revolution nach 1800. Bis dahin hatten die Zünfte und ein handwerklich-kaufmännisches Wirtschaftsleben die gesellschaftlichen Verhältnisse bestimmt. Die Kinder waren diesen Abläufen eingegliedert, wurden zu mancherlei Dienstleistungen herangezogen und wuchsen zugleich auch in die Werkstätten und Geschäfte ihrer Väter hinein. Im Bauern- wie im Handwerkerhaus gab es keine »Kinderzimmer«, sondern allenfalls eine gemeinsame Schlafkammer, in der sich nicht selten die Kinder gar noch die Betten teilten. Die Trennung von Wohn- und Arbeitsbereich, wie sie die Industrialisierung immer stärker mit sich brachte, führte zur Auflösung des »ganzen Hauses«. Die Struktur der Arbeitsabläufe und Familienbeziehungen änderte sich: Der Vater verließ zur Arbeit das Haus, die Mutter blieb auf Haushalt und Kinder gerichtet. »Das bedeutete für die Frau auf der einen Seite eine Reduktion ihrer persönlichen Möglichkeiten – auf der anderen Seite jedoch die Eröffnung neuer Tätigkeitsfelder. So entstanden gerade im Bereich des Wohnens, des alltäglichen Zusammenlebens ganz frische Figurationen, und es entfaltete sich zu Beginn des 19. Jahrhunderts eine nach innen gerichtete Bürgerkultur, der blühende Geist biedermeierlicher Gemütlichkeit... Die Türen zur Straße schlossen sich, und das Innere des Hauses, der Wohnung wurde zum eigentlichen Gehäuse des familiären Lebens.«[1]

Die Einrichtung von Kinderstuben als Spielparadiese war damit noch keineswegs selbstverständlich gegeben, wie überhaupt die hier geschilderte kulturgeschichtliche Entwicklung des Kinder- und Jugendzimmers zunächst ausschließlich eine Sache des arrivierten Bürgertums war. Es war insgesamt schon viel, wenn Kindern eine Ecke gehörte, in der sie ihr Spielzeug haben durften, vielleicht auch ein Kinderstühlchen und eben das Recht, hier wenigstens bis zum Schlafengehen ihr eigenes Reich entfalten zu können. Gegen Ende des 19. Jahrhunderts aber melden sich bereits erste pädagogische Stimmen, die dem Kinde »gerade während der Jahre, wo die eigentliche Erziehung des Kindes durch Anrühren, Schmecken, Beißen, Befühlen usw. vor sich geht«, einen eigenen Bereich wünschten, in dem nicht der Wille anderer herrscht, in der das Kind sich vielmehr »selbst Raum schaffen soll, aber auch lernen, daß jeder Raum, den es selbst einnimmt, seine Grenzen hat!«[2] In ihrem entschiedenen Plädoyer für das Kind meinte Ellen Key, die Kinderstube solle »das schönste und geräumigste Zimmer der Familie sein und Licht und Luft ungestörten Eingang verschaffen«. Dergleichen gab es vorerst, wenn überhaupt, in sehr reichen Verhältnissen, wie sie etwa Thomas Mann in seinem Roman »Doktor Faustus« für die Zeit vor dem 1. Weltkrieg beschreibt: »Das helle Zimmer, in dem sie aufwuchsen, wo ihre Betten standen und wo Ines (die Mutter) sie besuchte, sobald die Ansprüche des Haushalts und die Sorge um ihre eigene Soigniertheit es erlaubten, war mit seinem die Wände umlaufenden Märchenfries, seinen ebenfalls märchenhaften Zwergmöbeln, dem bunten Linoleumbelag und der Welt von wohlgeordnetem Spielzeug, Teddybären, Roll-Lämmern, Hampelmännern, Käthe-Kruse-Puppen und Eisenbahnen auf den Wandbor-

1 *Ingeborg Weber-Kellermann*, Die Kinderstube. Frankfurt a.M./Leipzig 1991, 24f.
2 *Ellen Key*, Das Jahrhundert des Kindes. Königstein/Ts 1978, 129f.

den, das Musterbild eines häuslichen Kinderparadieses, genau wie es im Buche steht.«[1]

Derartige »kindgemäße Totalanlagen« sind Privilegien der Oberschicht geblieben, während die frühen Kinderzimmer des durchschnittlichen bürgerlichen Milieus kombinierte Schlaf- und Spielzimmer kannten, die sich mehrere Geschwister teilten und die aus herabgesetzten Möbeln und anderen Provisorien ihre Gestalt fanden. Vielfach blieb es auch dabei, daß die Kinder sich oft mit Schlafecken und Raumnischen zufriedengeben mußten. »Ich erinnere mich des unbeschreiblichen Glücksgefühls, als wir in meinem 8. oder 9. Lebensjahr – es waren die Berliner zwanziger Jahre – eine größere Wohnung bezogen, in der ich das 2 × 3 m große Mädchenzimmer hinter der Küche als meinen eigenen Raum zum Schlafen erhielt. Spielen und Schularbeitenmachen sollte ich in dem großen Bubenzimmer meines um 3 Jahre älteren Bruders – keine sehr glückliche Lösung, wie sich denken läßt. Um so liebevoller gestaltete ich meine kleine Kammer aus, die nun alles umschloß, was ich als mein besonderes Eigentum empfand.«[2]

Unter dem Nationalsozialismus konnten Kinderzimmer nur als private Zonen verstanden werden, die dem totalitären Zugriff der Staatsideologie unerreichbar waren, darum ging alle öffentliche Tendenz auf die abhärtende paramilitärische Erziehung die Jugend in den Lagern und Ausbildungsstätten von Jungvolk und Hitlerjugend. Mit dem Krieg aber entstanden bald notvolle Wohnungsprobleme als auch eine Berufstätigkeit der Frauen, die das autoritäre Familienkonzept des Staates durchkreuzten, noch bevor es voll ausgebildet war.

Nach 1945 war die patriarchalische Familie zunächst die intakt gebliebene soziale Größe. »Wiederum leitete der Vater, umsorgte die Mutter die Häuslichkeit mit Waschmaschinen- und Küchenkompetenz.« Dem entsprach die auch bald einsetzende Bautätigkeit, die den Interessenkonflikt zwischen finanzierbaren Raumgrößen, Familienansprüchen und kindlichen Bedürfnissen weithin nicht angemessen zu lösen vermochte. Zwar wuchs nun das Angebot von preiswerten Kinder- und Jugendmöbeln, die bereits der nächste Supermarkt bereithielt, damit aber auch die allgemeine Bereitschaft, den Kindern im Haus eigene Zimmer in der Wohnung zuzuerkennen, was um so leichter fiel, je entschiedener die Tendenz zur Ein- oder Zweikind-Familie sich durchsetzte. Seitdem verändern sich die Verhältnisse, in steter Wechselwirkung zur wirtschaftlichen und sozialen Entwicklung. Eine Wandlung der traditionellen Normen, meint Ingeborg Weber-Kellermann, habe noch nicht stattgefunden, glaubt aber, daß eine neue Elterngeneration, »die sich von ihren Kindern mit Vornamen anreden läßt und Mitbestimmung am Familientisch pflegt«, sich in Zukunft auch in der Aufteilung und Nutzung der gemeinsamen Wohnung anders darstellen werde.[3]

1 *Thomas Mann*, Doktor Faustus. Berlin 1952, 447.
2 *Ingeborg Weber-Kellermann*, a.a.O., 37.
3 Ebd., 39.

Kindheit ohne Kinderstube

Dieser hier nur skizzierten Linie können nun freilich jene Verhältnisse entgegengestellt werden, die weder damals noch heute für Kinder eigenen Raum haben. Im 19. Jahrhundert waren Räume für Kinder und Jugendliche zweifellos eine mittel- bis großbürgerliche Erscheinung. Die Bedeutung dieser Möglichkeit für die kindliche Individuation und Sozialisation steht außer Frage. Um so dringlicher ist zu untersuchen, was die vielen Kinder entbehren, die ohne Kinderstube heranwachsen und diese selbst in den Jugendjahren vermissen müssen.

Die gesellschaftliche Schicht, von der sich der Bürger sichtbar und entschieden abzugrenzen versuchte, war der Arbeiter, der ohne soziale Hilfe von außen und ohne kulturelles Vorbild sich in der entstehenden Industriekultur einzurichten hatte. Die Trennung von Wohnung und Arbeitsplatz, die der bürgerlichen Familie eine Zuwendung zur Wohnung und zu den Kindern brachte, wirkte sich in der Arbeiterfamilie ausschließlich negativ aus. Deren Wohnung war bei der Dauer der Arbeitszeiten und der physischen und psychischen Erschöpfung sowie den allein für den unmittelbaren Lebensunterhalt reichenden Löhnen, zur Schlafstätte degradiert und verlor alle Qualitäten, die Geborgenheit und Wohlbefinden hätten bieten können. Simone de Beauvoir hat den Kontrast zu bürgerlichen Verhältnissen in ihren Lebenserinnerungen geschildert:

»Ein einziges Mal bekam ich eine Ahnung davon, was Elend bedeutet. Louise bewohnte mit ihrem Mann, dem Dachdecker, ein Zimmer unter dem Dach in der Rue Madame; sie hatte ein Baby, und ich besuchte sie in Mamas Begleitung. Noch niemals hatte ich meine Füße in einen sechsten Stock gesetzt. Der trübselige Gang, auf den sich ein Dutzend gleicher Türen öffneten, wirkte bedrückend auf mich. Louises winziges Zimmer enthielt ein Eisenbett, eine Wiege und einen Tisch, auf dem ein Spiritus-Kocher stand; sie schlief, kochte, aß und lebte mit ihrem Mann zusammen innerhalb dieser vier Wände; überall längs des Korridors hausten Menschen in gleicher erstickender Enge in ebensolchen Löchern. . . das Dasein hier kam mir vor wie eine langsame Agonie. Kurze Zeit darauf verlor Louise ihr Kind.«[1]

Es ist kein Mangel an Autobiographien aus deutschen Arbeiterverhältnissen, die ähnliche Wohnsituationen schildern:

»Wir mieteten ein Kabinett, das wir für uns allein hatten. Auch mein jüngerer Bruder kam wieder zu uns und brachte einen Kollegen mit, mit dem er das Bett teilte. So waren wir vier Personen in einem kleinen Raum, der nicht einmal ein Fenster hatte, sondern das Licht nur durch die Fensterscheiben erhielt, die sich in der Tür befanden. Als einmal ein bekanntes Dienstmädchen stellenlos wurde, kam sie auch zu uns, sie schlief bei meiner Mutter im Bett, und ich mußte zu ihren Füßen liegen und meine eigenen Füße auf einen angeschobenen Stuhl lehnen.«[2]

Auf dem Lande war die Situation der Arbeiter- und Tagelöhnerkinder nicht wesentlich besser. Bei den Bauernkindern lagen die Dinge anders. Natürlich gestand die agrarische Gesellschaft den Kindern keine eigenen Statusrechte zu;

1 *Simone de Beauvoir*, Memoiren einer Tochter aus gutem Hause. Hamburg-Reinbek 1960, 125.
2 *Adelheid Popp* (1869-1939), Jugendzeit einer Arbeiterin. Neuaufl. Berlin/Bonn 1977, 36.

sie wurden schon in jungen Jahren in die Pflichten des Hofes mit hineingenommen. Eine Kinderstube gab es auch nicht. Ihre Schlafplätze waren zunächst vielleicht bei der Großmutter, später auch bei den Mägden oder Knechten, vielleicht hatten einige Geschwister sogar ihre eigene Schlafkammer. Doch waren es durchweg nicht Platzprobleme, die den Kindern ihren Eigenbereich streitig machten, sondern das soziale Gefüge der Familie und des Dorfes, das Kindern solche Eigenständigkeit nicht einräumte.

Ingeborg Weber-Kellermann, der wir in unserem Abriß einer Kulturgeschichte des Kinderzimmers folgten, resümiert ihre Darstellung: »Die Zahl der Kinder ohne Kinderstube dürfte zumindest bis in die fünziger Jahre des 20. Jahrhunderts bedeutend größer gewesen sein als die der anderen. In den Selbstzeugnissen dieser anderen glücklicheren Kinder zeigt sich, wie sehr der Besitz eines eigenen Raumes zur Bereicherung des kindlichen Lebens beiträgt und dem Prozeß der Sozialisation eine Fülle verschiedenster Möglichkeiten hinzufügt. Wer die Funktionen seiner Kinderstube richtig nützte, hatte von vornherein einen Vorsprung vor anderen. Die Kinderstube kann dem jungen Menschen zur eigenen Individualität und Identität verhelfen und ihm damit eine günstigere Ausgangsposition verschaffen auf dem Weg ins Leben. – Ihr Mangel aus Not oder auch aus Unverständnis bedeutet für das Kind den entscheidenden Verlust solcher Möglichkeiten. Damit aber sind von vorneherein manche Chancen verbaut oder wenigstens verzögert.«[1]

Jugendzimmer – heute

Für die Schülerinnen und Schüler, die heute ein Gymnasium oder eine ähnliche weiterführende Schule besuchen, dürfte ein eigenes Zimmer den Regelfall darstellen. Was diese Räume der Zwölfjährigen kennzeichnet, sind die gesellschaftlichen Reflexe, die sich auf der Schwelle zwischen Kindheit und Jugendzeit dort abzeichnen. Die Kindheit ist mit manchem Spielzeug, vor allem mit dem Festhalten an Puppen und Stofftieren noch für längere Zeit anwesend. Nicht selten behalten selbst im höheren Jugendalter Teddybär oder Puppe ihr Daseinsrecht und bewahren auch dann noch eine Verbindung zur eigenen Kindheit, wenn die Poster mit Rocksängern und anderen Idolen, wie sie die lauten und in die Konsumwelt orientierenden Teenager-Zeitschriften anbieten, längst an der Wänden hochgekrochen sind. Immer häufiger stehen in heutigen Kinderzimmern auch Fernsehgeräte, nicht selten als Ersatz für die Eltern, die im Wohnzimmer mit ihren Gästen oder anderen Programminteressen die Neigungen der Heranwachsenden nicht teilen wollen. Daß Radio und eine Musik»anlage« daneben fast nirgendwo fehlen, erscheint schon als selbstverständlich. Ebenso alltäglich ist damit aber auch der Medienkonsum geworden, der nahezu pausenlos beansprucht wird, solange sich die Kinder in ihren Zimmern aufhalten. Die Folgen für die Konzentration auf die eigenen Schularbeiten, für Neigung und Fähigkeit, sich stundenlang lesend mit Büchern zu befassen, für das ausgewählte Fernsehprogramm zu später Stunde, wenn es längst Zeit zum Schlafen ist und ein »Jugendfrei« nicht mehr unterstellt wird, sind vielfältig

1 *Ingeborg Weber-Kellermann*, a.a.O., 119.

untersucht und früher schon dargestellt worden (→ V,403-409). Hier zeigt sich auch die Ambivalenz des Kinder- und Jugendzimmers: Was zur eigenen Individualität verhelfen soll, kann auch zur Isolierung der Familienangehörigen untereinander beitragen, den Abbruch des Gesprächs forcieren und die Fremdheit untereinander verstärken.

»Zeige mir dein Zimmer . . .«

Wünschenswert ist – in welchem Schulfach auch immer – ein Gespräch mit den Schülern über ihr eigenes Zimmer. Sie können erzählen, wie es eingerichtet ist; was sie zur Gestaltung als eigenen Beitrag dazu getan haben; was ihnen dieser Raum bedeutet; wie sie ihn nutzen. Da sich mit ihren Zimmern auch immer Konflikte verbinden, die bisweilen dramatische Ausmaße annehmen, wäre auch über deren Ursachen (die gewöhnlich um die Pole Ordnung – Unordnung kreisen) und ihre Lösung zu sprechen. Nicht zu vergessen ist die Reflexion, was jedem sein Zimmer bedeutet. Das Gespräch insgesamt kann allen bewußt machen, wie sehr das eigene Zimmer die »dritte Haut« ist, die sie (nach der Kleidung als ihrer zweiten Haut) haben.

Im Deutschunterricht ist die Aufgabe »So sieht mein Zimmer aus« eine sinnvolle Herausforderung, die Kinder bewußter zu machen und ihnen zu helfen, ihr Zimmer als Reflex der eigenen Entwicklung wahrnehmen zu können. Eine Variante zu dieser Themenstellung könnte lauten: »So fühle ich mich in meinem Zimmer.« Man kann auch ein vorbereitetes Blatt austeilen, das mit »Bekanntmachung« überschrieben ist, und dessen erster Satz lautet: »Dies ist *mein* Zimmer. In meinem Zimmer. . .« Die Fortsetzung wäre von jedem Schüler individuell auszuführen, gewissermaßen als Anweisung für alle, die das Zimmer betreten wollen. Man kann abschließend alle »Bekanntmachungen« nebeneinander aufhängen und auswerten.

Weitere Möglichkeit: Wir spielen heute miteinander »Lebensberatung«. Je zwei–Schüler bilden ein Beraterteam. Bevor diese aber zu tun bekommen, müssen sie einen »Problembrief« erhalten, der ihnen schildert, welcher Konflikt um das eigene Zimmer entstanden ist. Der Brief endet mit der Frage, was im beschriebenen Fall getan werden kann, wie der Absender sich verhalten soll. Er wird an die verschiedenen Teams von Lebensberatern verteilt. Jedes Team gibt dann seinen Ratschlag. Es vollziehen sich also folgende Schritte nacheinander: 1. Schreiben der Problembriefe; 2. jedes Team berät seine Antwort und schreibt sie auf; 3. die erteilte Antwort wird vorgetragen (oder kopiert) und dann beurteilt: a) hat man uns und das Problem ernstgenommen? b) ist der vorgeschlagene Lösungsweg realistisch? c) was kann man sich von diesem Vorschlag als Ergebnis versprechen?

Man sollte aber auch nicht unterlassen, Anregungen zur Gestaltung des eigenen Zimmers zu geben. Wichtig ist die Bilderwelt. Natürlich hängen viele nur Poster auf, die sie wohlfeil aus Zeitschriften oder als Werbegeschenke auftreiben. Darum wäre es ein ausgesprochen wichtiger Dienst, ihnen zu zeigen, wie sie ähnlich günstig an Bilder kommen können, mit denen sich Anspruch, Qualität und gleichzeitig ästhetisches Vergnügen verbindet. Manchmal können das Ausstellungsplakate sein, bisweilen auch günstige Drucke.

Warum sollte die Schule sich nicht um diesen Markt kümmern? Wenn sie es schafft, die Lebenswelt ihrer Schüler zu beeinflussen, wird sie selbst am ersten die Früchte dieses Engagements ernten. – Viele Schüler haben auch ein lebendiges Verhältnis zu Blumen und Pflanzen. Was nutzt aller Biologieunterricht, wenn er für diesen Bereich weder Zeit noch Interesse aufbringt? Lassen sich nicht Vorschläge für Jugendzimmer, die nach Norden, nach Süden gelegen sind, geben? Wie wollen Kakteen, wie Efeu oder ein Benjamini gepflegt werden, welche blühenden Blumen sind zu empfehlen? Nicht jeder Jugendliche hat in der eigenen Familie Anregung und Hilfe. Die Schule kann Wege zeigen, die manchmal ein Leben lang fortgesetzt werden. – Zum Thema Fernsehen, Radio, Musik sind eigene Hilfestellungen notwendig. Hier müßte es gelingen, die Bereitschaft zu einer bewußten Konsumaskese grundzulegen. Bei Zwölfjährigen sind die Voraussetzungen dazu gegeben. Doch kommt es darauf an, das Thema nicht nur einmal anzuschneiden, um es dann nie wieder aufzugreifen, vielmehr sollte eine unaufdringliche gelegentliche Fortsetzung gerade in Sachen Medienkonsum stattfinden. Unsere Hinführungen zur Stille (→ S. 65 ff.) verdienen hier besondere Beachtung.

Vincent van Gogh: S. 169
Vincents Schlafzimmer in Arles Dias 5/6, Nr. 30

A. Zu Vincent van Gogh und seinem Werk: → I,275-277; zur gemeinsamen Zeit mit Gauguin in Arles: → V,105-107. Das Motiv des Schlafzimmers in Arles ist in mehreren Versionen gemalt worden: zunächst als Federzeichnung in einem Brief vom Oktober 1888 sowie im gleichen Monat als Gemälde (Öl auf Leinwand, 72 × 90 cm, Rijksmuseum Amsterdam); schließlich noch einmal im September des folgenden Jahres, als Vincent schon in der Anstalt lebte, nicht mehr im Freien malen konnte und Kopien oder Repliken seiner eigenen Bilder anfertigte. Eine Version des »Schlafzimmers« des Jahres 1889 war für seine Mutter oder Schwester bestimmt. Vincent hatte das Motiv vor dem mit soviel Erwartung verknüpften Besuch Paul Gauguins in Arles gemalt. Die erste Fassung, die wir im Religionsbuch zeigen, war beim Transport beschädigt worden. Die in Saint Rémy entstandene, die farbenprächtigste der drei Versionen, haben wir als Variante in die Dia-Mappe aufgenommen.

B. Van Gogh hat im bereits genannten Brief, dem er eine Handskizze beifügte, sein Zimmer selbst beschrieben: »Ich habe eine neue Idee, und hier siehst du die Skizze dazu – diesmal will ich ganz einfach mein Zimmer malen, aber hier muß die Farbe alles tun; durch Vereinfachung gebe ich dem Ganzen einen größeren Stil; es soll eine Wirkung von Ruhe und Schlaf davon ausgehen. Mit anderen Worten: Der Anblick des Bildes soll die Nerven und die Phantasie beruhigen.

Die Wände sind blaßlila. Der Fußboden ist aus roten Fliesen.[1] Das Bett und die Sessel sind gelb wie Butter, das Bettlinen und das Polster sind hellgrün wie

1 Es handelt sich in dieser Beschreibung um den noch nicht ausgeführten Entwurf; darum weichen einzelne Angaben zur Farbe vom vorliegenden Bilde ab.

eine Zitrone. Die Bettdecke ist rot. Das Fenster ist grün. Der Waschtisch orange, das Aschbecken blau. Die Türen violett.

Und das ist alles – das Zimmer ist leer, die Läden sind zu. Auch die groben Umrisse der Möbel müsse eine tiefe Ruhe ausdrücken. Die Bildnisse an den Wänden, ein Spiegel, ein Handtuch und ein paar Kleidungsstücke.

Der Rahmen, weil ja kein Weiß im Bild ist, wird weiß sein. Das wird meine Rache sein für die Zeit des Ausruhens, zu der ich gezwungen war.

Ich werde heute den ganzen Tag daran arbeiten, und Du siehst, wie einfach das Ganze in der Anlage ist. Die Schatten und Schlagschatten sind weggelassen, es soll in großen, ungebrochenen Flächen angelegt werden wie ein japanischer Holzschnitt.«[1]

»Vincents Schlafzimmer in Arles« ist ein Bild von letzter Klarheit. Es ist – in Erwartung Gauguins, mit dessen Besuch Vincent soviel Hoffnung verbunden hatte, die dann tiefster Enttäuschung und Verwirrung wich (→ V,106) – der Wunsch nach einem Zuhause, nach Nähe und Zuwendung, obwohl dies alles seiner tatsächlichen Situation widersprach. Ein kleines Detail, leicht zu übersehen, mag auf die hintergründige Spannung hinweisen: An der Wand rechts hängen, schräg in den Raum hinein, zwei Porträts; das eine zeigt Vincent selbst, das andere ist das Bildnis einer Frau. Zusammen mit den zwei Kopfkissen (die auf den Repliken von 1889 noch deutlicher konturiert werden) soll offensichtlich der Eindruck vermittelt werden, als teilten sich dieses Zimmer und Bett Mann und Frau. Dabei hatte er sich in einem Brief aus Arles selbst analysiert: »Bei meinem Temperament sind lockeres Leben und Arbeit zwei Dinge, die sich ganz und gar nicht vereinbaren lassen, und unter den gegebenen Umständen wird man sich damit begnügen müssen, Bilder zu malen.« So wandert ein Liebespaar durch van Goghs Bildlandschaften, zeigt sich Familienglück im Hausgarten (Religionsbuch 9/10, S. 55), obwohl er gleichzeitig wußte, daß es nicht sein Leben und sein Glück war, das er da malte.

C. Im Frühjahr 1888 hatte sich van Gogh in einem Brief über Kontur, Fläche und Farbe geäußert: »Ich arbeite immer an Ort und Stelle und suche in der Zeichnung das Wesentliche zu erfassen – die Flächen, die mit Konturen umzogen sind, mit vorhandenen und nicht vorhandenen, jedenfalls immer empfundenen, die fülle ich dann mit gleichfalls vereinfachten Tönen aus, in der Art, daß alles, was Gelände ist, denselben violetten Ton bekommt, alles, was Himmel ist, denselben blauen Ton, alles Grüne wird entweder blaugrün oder gelbgrün, wobei ich je nachdem die gelben oder blauen Töne übertreibe.« Was van Gogh zeigen will, ist nicht das Abbild, sondern das Wesen. Mit wenigen charakteristischen Linien und Farben soll die innere Wirklichkeit eines Objektes erfaßt werden und dabei jeder fotografischen Nachahmung entgehen. Die Linie drückt das Beständige aus, die Farbe das Augenblickliche. Die Linie gibt den Charakter der Dinge wieder, die Gesamtheit der Farben die Atmosphäre. Wie sehr er hier mit den Farben bei gleicher Gegenständlichkeit und Kontur spielen kann, zeigen die beiden Versionen des »Schlafzimmers«, die wir in Buch und Dia-Mappe wiedergeben. Die Kontur bleibt die Garantin der Wirklichkeitsnä-

1 *Vincent van Gogh,* Brief vom Oktober 1888.

he, die Farben können wechseln, ins Irreale hineinspielen, Stimmungen erzeugen, und dies durchaus in bewußten Übertreibungen.

D. »Vincents Schlafzimmer in Arles« sollte im Unterricht erst dann Beachtung finden, wenn über die eigenen Zimmer ausführlich gesprochen wurde. Bevor Vergleiche gezogen werden, mit denen sich die Schüler selbst ins Bild bewegen, sollte das, was zu sehen ist, eine sorgfältige Beschreibung finden: Der Raum mit Türen und Fenster, mit seinem Inventar und in seiner Farbgebung und Stimmung. Es kann überlegt werden, wodurch sich ein solches Bild von einer Fotografie unterscheidet; welche Empfindungen dieses Zimmer beim (heutigen!) Betrachter auslöst.

Erst im letzten Schritt sollte gefragt werden, was die eigenen Kinderzimmer von diesem Raum unterscheidet. Was erzählt das Bild über den Menschen, der hier lebte und der das Zimmer für so wichtig hielt, daß er es malte, seinen Plan dem Bruder in einem Brief schilderte, um schließlich im Jahr darauf das ausgeführte Bild noch zweimal zu wiederholen? Die Einfachheit von »Vincents Schlafzimmer« dürfte das eigentliche Kriterium sein, das diesen Raum von den Zimmern heutiger Heranwachsender unterscheidet. Der Sinn für das Einfache ist insgesamt abhanden gekommen – in unseren Wohnungen, in der Gesellschaft, in der Kirche. »Vincents Schlafzimmer« stellt die Frage danach eindrücklich. Dieses Bild hat mehr mit Franz von Assisi zu tun, als die Unter- und Oberkirche, die man über seinem Grabe errichtete. Es hat auch mehr mit unserer Zukunft zu tun, wenn es so sein sollte, daß der heutige westliche Lebensstil für den Erdball ökologisch nicht zu verkraften ist. Darum ist »Vincents Schlafzimmer« ein sehr religiöses Bild.

Die Kleidung

Peter Blake: Selbstbildnis mit Ansteckern

S. 171
Dias 5/6, Nr. 31

A. Peter Blake (* 1931) ist einer der ersten und bedeutendsten Vertreter der englischen Pop-Art. Nach seinem Militärdienst begann er 1953 am Royal-College in London zu studieren. Am Anfang seiner künstlerischen Entwicklung stand die Trivialliteratur als Lebens- und Phantasiewelt junger Menschen, wenngleich sein Stil damals noch nicht das Generationsgefühl der Pop-Art traf. Doch schon wenig später bezog Blake banale Ebenen direkt in seine Arbeiten mit ein: Catcher, Ringer, Striptease-Tänzerinnen, Pin-up-Girls, Tätowierte, Stars der Sub- und Rockkultur. Von einer Auseinandersetzung mit anderen modernen Kunstströmungen jener Jahre, etwa mit einem abstrakten Expressionismus oder der informellen Kunst, ist in Blakes Bildern nichts zu spüren. Unbelastet von irgendeinem Krisenbewußtsein ist er plötzlich mit gegenständlichen Bildern zur Stelle, ohne Gewissensbisse gegenüber akademischen Ansprüchen. So entstanden seine Schlüsselwerke bereits in den 50er Jahren. Blakes »Self-Portrait with Badges« (1961, Öl auf Holz, 174,3 × 121,9, London, Tate Gallery) drückt programmatisch diese Haltung aus. (Weiterhin von Peter Blake: »Auf dem Balkon«, Religionsbuch 9/10, S. 115)

B. Das im Religionsbuch und als Dia vorgestellte Bild beschneidet die Ränder rechts und links. Die Gestaltungsmittel des Porträts sind traditionell: es gibt Vordergrund und Hintergrund, einen realistisch gemalten Proträtkopf (lediglich der linke Arm erscheint »verzeichnet«), die Umgebung ist ein Stück Natur: unten dunkelbraune Erde und Flecken von dunklem Gras; über der linken Schulter ein Baum, dahinter ein Bretterzaun, in dem eine Planke fehlt, was den Durchblick in den Hintergrund erlaubt: eine ansteigende Grünfläche, die ein Gebüschriegel abschließt.
Die Gestalt, die sich uns vorstellt, gehört den jüngeren Jahrzehnten an: Jeansanzug, rotes Polohemd, Turnschuhe, die Jacke voller Buttons. Hier ist die Welt als Sammelsurium von Idolen, Schlagworten und Reklamefetzen präsent. Dazu kommt gleich zweimal Elvis Presley: gewissermaßen »über dem Herzen« als großer Button (mit Namenszug sowie handschriftlichen »Best wishes«) und auf dem Heft-Titel in der rechten Hand; außerdem die amerikanische und die britische Flagge, ... samt einem Pepsi-Cola-Markenzeichen. Von einer kritischen oder zumindest distanzierten Haltung gegenüber den Insignien der Konsum- und Unterhaltungsindustrie ist nichts zu spüren.

C. Pop Art ist kein Stilbegriff, sondern der Sammelbegriff für eine Kunstauffassung, welche die empfundene Trennung von Kunst und Leben aufzuheben versuchte. Darum stellt die Pop Art bevorzugt Beziehungen zu den verschie-

432

denen Oberflächlichkeiten der Gesellschaft her. Pop charakterisiert eine emotionale Schwingung, die vor allem in den sechziger Jahren in den westlichen Industriegesellschaften um sich griff. Zentrum dieser Programmatik ist Amerika. Die Amerikanisierung der Kultur, die aus ihren Nähten platzende Medien- und Massengesellschaft, das Triviale, überall Anzutreffende wird zum Objekt des Interesses und bestimmt den neuen Kunstbegriff. Darum sind auch die Bildinhalte der Pop Art im Alltäglichen begründet, sie spiegeln und forcieren den kulturellen Wandel, und zwar jenen, der sich jetzt aus den verschiedensten Subkulturen artikuliert: durch provokantes Verhalten, Irritation des Gewohnten, Brechen von Tabus, antiautoritäre Parolen, freien Umgang mit Sexualität. Was zuvor verdeckt wurde, wird aufgedeckt. Ein neues Kommunikationsmuster entsteht durch Untergrundzeitungen, Poster, Ansteckparolen, Handzettel u.ä.

Die Aufwertung des Trivialen vollzog sich auf vielen Ebenen: Kitschige Souvenirs, die Verpackungen der Massenwaren, das immer und überall Gegenwärtige wird nicht nur zum Inhalt der neuen Kunst, sondern gleich auch zum Sammelgut der Museen. Peter Blake, Richard Hamilton und Andy Warhol entwarfen Schallplattencover für Pop-Gruppen, die dem Lebensgefühl jener Jahre ihren bezeichnenden Ausdruck gaben: Blake und Hamilton für die Beatles, Warhol für Velvet Underground.

Die gedankliche, vielleicht auch intellektuelle Komponente der Pop Art bringt zur Sprache, was man damals die gesellschaftliche Relevanz der Kunst nannte. Daraus entstand das Mißverständnis, eine introvertierte Kunst sei gesellschaftlich belanglos. Eine genauere Vermessung der Pop Art und ihrer Vertreter wird zeigen, daß kein homogener Stil gebildet wurde und unter den Vertretern dieser Richtung Extreme und Brüche deutlich werden. Man wird die Pop Art auch nicht allein aus dem Erscheinungsbild der sechziger Jahre deuten dürfen; ihre Wurzeln liegen im voraufgegangenen Jahrzehnt. (Weitere Werke dieser Epoche: Andy Warhol, One Hundred Campbell's Soup Cans: Religionsbuch 9/10, S. 165; Wolf Vostell, Miss Amerika: ebd., S. 276.)

D. Für die Betrachtung des Bildes ist nichts vorzugeben. Die Schüler sollen sich den in voller Größe stellenden Mann anschauen, sollen sagen, was sie sehen und auch sagen, wie sie es sehen, mit welchen Gedanken und Empfindungen; ob dieser Typ für sie bereits »historisch« geworden ist, wie nah oder distanziert sie sich ihm gegenüber definieren. Es sind aber auch die Insignien der Konsumindustrie, die dieser Mann wie Orden an seiner Brust trägt, zu bedenken: einerlei ob man die einzelnen Buttons lesen und identifizieren kann oder nicht. Nicht zu übersehen ist natürlich, daß heute die Oberbekleidung weithin – T-Shirts, Sweat-Shirts, Pullover oder Jacken – mit den unterschiedlichsten Logos und Firmennamen versehen sind, so daß bisweilen jeder als Werbeträger für irgendeine Marke oder Parole umherläuft.

Die Eltern, Geschwister, das Leben zu Hause

Wenn das häusliche Szenarium zum üblichen Unterrichtsthema gemacht werden soll, ist zu befürchten, daß es zu niemandes Gewinn führt. Die knappen Religionsstunden sind auch zu schade für rhetorische Pflichtübungen. Dennoch soll das Thema nicht fehlen. Es ist aber, wie so manches im Schulleben, oft wirksamer als »Abweichung vom Thema«, als Randglosse, persönlicher Kommentar oder Anstoß zum Nachdenken unterzubringen, denn als methodisch inszenierte »Einheit« mit all ihren üblichen Ritualen und Steifheiten. Darum verzichten wir hier auf Ausführungen zur Sache. Was mancherlei häusliche Verhältnisse kennzeichnet, findet sich unter dem Aspekt »Kindheit und Familienwelt im Wandel« im Handbuch 5 dargestellt: → V,403-409. Die zwei nachfolgend besprochenen Bilder erlauben vielfältige Verwendung: als Stille-Übung, als Blick in eine andere Welt, als Unterbrechung der Routine, als freier Anstoß. . .

Giovanni Giacometti: Die Lampe S. 172
Dias 5/6, Nr. 32

A. Giovanni Giacometti (1868-1933) war ein Schweizer Maler. Sein Bild »Die Lampe« entstand 1912.

B. Das Bild zeigt eine Familienszene am Tisch, die aus einer vergangenen Zeit kommt. Zehn Menschen scharen sich um einen Tisch, nahezu jeder mit sich selbst beschäftigt: Im Vordergrund liest ein älterer Junge – oder ist es der Vater? – fast nur als Silhouette erkennbar, in einem großen Buch, der kleinere Bruder zur Linken schreibt oder zeichnet, daneben steht die Schwester vor einem Handarbeitskörbchen, mit einer Strickarbeit beschäftigt; das anschließende Mädchen schaut träumerisch vor sich. Rechts der Lampe sitzt die Mutter mit dem jüngsten Kind auf dem Schoß, das einzige unmittelbare Zuwendungsverhältnis, das in dieser Tischrunde erkennbar wird; mit dem Kopf in die Hand gestützt beugt sich ein Junge lesend über sein Buch; hinter ihm tritt eine junge Frau an die Tischrunde heran; zwei weitere Kinder, die nur im Profil sichtbar sind, beschließen den Familienkreis.
Offensichtlich liegt ein tiefe Sammlung und Ruhe über dieser großen Familie am Tisch. Was alle hier versammelt, ist die Lampe mit ihrem Licht. Es ist eine Petroleumlampe mit Zuggewicht, die man höher oder tiefer hängen kann. 1912, als dieses Bild gemalt wurde, gab es noch viele Dörfer und Häuser ohne elektrisches Licht. Damals brannte in der Stube oder Wohnküche nur eine Lampe, die abends alle Hausbewohner eng unter ihrem Lichtkegel zusammenführte. Wer handarbeiten oder lesen wollte, mußte sich mit den übrigen Familienmitgliedern dort treffen. So geschieht es auch hier. Die Mutter hat das

Jüngste in ihren Arm genommen; sie hält dessen Händchen oder spielt mit dem Kind. Alle übrigen gehen ihrer Muße nach, es herrscht eine tiefe Gemeinsamkeit und Eintracht. Die Abendmahlzeit hat stattgefunden, der Tisch ist abgeräumt, ein Teller mit Äpfeln steht noch bereit; wer will, darf sich davon nehmen. An der Friedlichkeit und Festlichkeit des Familienkreises hat auch der Betrachter Anteil. Als leuchtende Halbkugel streut die Lampe ihr Licht aus. Der untere Rand ist mit einem grünen Vorhang besetzt, so daß das Licht nicht blendet. Der ganze Raum ist in ein warmes Rot getaucht; das Grün, dessen Komplementärfarbe, liegt als Reflex über der Szene insgesamt und schimmert insbesondere auf Kleidern und Büchern. Die so erzeugte Stimmung verstärkt die Geborgenheit dieser stillen abendlichen Stunde einer kinderreichen Familie.

C. Die mit diesem Bild verbundene Erfahrung ist vielen heutigen Kindern fremd. Weder kennen sie einen so großen Geschwisterkreis, noch die versammelnde Kraft einer einzigen Lampe, noch die stille innerliche Beschäftigung und das besinnliche Nichtstun dieser Familie. Hier gibt es im Hintergrund kein Radio, das alle Vorgänge im Raum mit seinen Programmabläufen unterfüttert, und an ein Fernsehen ist erst recht nicht zu denken. Hätte es damals bereits ein Fernsehen gegeben, wäre dieses Bild wohl nie gemalt worden. Insofern ist Giacomettis Gemälde ein Kontrastprogramm zur eigenen häuslichen Welt, ein nachdenklich machender Blick in eine fremd gewordene Welt.

D. Um die suggestive Kraft des Bildes besser empfinden zu können, empfiehlt sich eine Dia-Projektion, vorzugsweise im Winterhalbjahr, wenn die familiäre Häuslichkeit wenigstens ähnliche Neigungen und Situationen, wie sie das Bild beschreibt, leichter nachvollziehbar macht. Es sollte eine Haltung der Ruhe und Entspanntheit bereitet werden, um dem Bild adäquat begegnen zu können.

Methodisch ist es ratsam, zunächst nur wahrzunehmen, was das Bild zeigt. Wir gehen dazu in einer geordneten Folge die Tischrunde durch, beachten die Lampe, die übrigen Details, die Farbe und ihre Wirkung. Erst nach dieser »Lesearbeit« sollten sich Fragen und Vergleiche auf die vorgestellte Welt und die eigene abendliche Erfahrung richten. Dabei werden gerade die Faktoren wichtig, die diesem Bilde fehlen: Radio und Fernsehen. Daß sie dem Gespräch untereinander, der Lesekultur, der eigenen Innerlichkeit nicht durchweg dienlich sind, kann unmittelbar eingesehen werden, wenn die Kinder feststellen, daß ihnen solche häuslichen Stunden unbekannt sind.

Paula Modersohn-Becker: Mädchen vorm Fenster   S. 173
Stilleben mit Milchsatte   S. 170

A. Zu Paula Modersohn-Becker und ihren Kinderbildnissen: → I,244-246.
– Das »Mädchen vorm Fenster« entstand 1902/03 und wurde auf eine Schieferplatte (39,3 × 49,5 cm) gemalt; der feine Riß, der durch die Mitte der Tafel geht, ist auf der Wiedergabe gut erkennbar.

B. Das Bildnis ist wie ein Stilleben aufgebaut. Mit ernstem Gesichtsausdruck und großen Augen blickt das Mädchen in die Stube, von der wir nur einen kleinen Fensterausschnitt sehen. Es trägt die gescheitelten Haare hinten zusammengesteckt; auf seinem Kleid sind einfache kreuzförmige Blumenmuster zu sehen.

Der Kopf vor dem Fensterkreuz ist in warmen Farben plastisch modelliert und kontrastiert zu den kühlen Grüntönen des Hintergrunds. Er wird eingerahmt durch Leuchter und Vase auf der Fensterbank; ein kleines Sträußchen mit Huflattichblüten schaut unter dem Gesicht hervor und gibt eine freundliche Note. Der rote Vorhang zur rechten Seite nimmt das Lippenrot des Mädchens auf und gibt dem Bild einen wärmeren Akzent.

Gleich hinter dem Fenster steht ein alter stämmiger Hausbaum, der mit seinem Laubdach tief herunterreicht. Weiter zurück sind neue Bäume gepflanzt worden. Die Wiese mit hohem Gras vor dem Fenster trägt silbernen Glanz, als wenn ein geheimnisvolles Licht über dem taunassen Gras läge. In der Ferne schließt ein bewaldeter Bergrücken den Hintergrund ab.

C. Die Künstlerin hatte eine unmittelbare Beziehung zu Kindern. Sie sah die Kinder weder als kleine Erwachsene noch idyllisch entrückt, sondern mit einer Nähe des Verstehens, die auch um die inneren Einsamkeiten und stillen Nöte der Kinder wußte. Paula Modersohn-Becker fühlte sich von der meist unaufgeweckten Dumpfheit der Worpsweder Bauern- und Armenhauskinder angesprochen. In manchen Porträts schuf sie im Bildnis der Kinder Zeugen des eigenen Lebens, in deren Stille und Intimität sie die Nähe zum anderen am tiefsten erfuhr.

D. Das nur einspaltig wiedergegebene Bild wird keine große unterrichtliche Betrachtung finden. Es kann jedoch in der Linie von Porträts junger Menschen gesehen werden, die im Kapitel »Das eigene Leben« des 8. Schuljahrs ihre thematische Entfaltung finden. Immerhin ist es möglich, dem Bild eine kleine Stille-Übung, einige Minuten der Betrachtung zu widmen, um zu sehen, welche Gedanken und Empfindungen die fast Gleichaltrigen beim Anblick dieses ernsten, ruhigen Mädchens gewinnen. Eine Rückbesinnung auf Hodlers Knaben von Seite 21 zeigt den Fortschritt der Pubertät: mehr Einsamkeit und Fragen nach sich selbst.

*

Das Stilleben drei Seiten vorauf zeigt einen gedeckten Tisch mit Brot und Ei, einem kleinen Kuchen und einem Teller Milchbrei: »Stilleben mit Milchsatte«, heißt der Titel. »Satte« ist ein norddeutsches Wort, verwandt mit *sette*, »(sich) setzen«; gemeint ist ein flaches Gefäß, in dem man die Milch sich setzen, d.h. sauer werden läßt.

Ein Stilleben ist die Darstellung von »stillen« (leblosen, unbewegten) Dingen (niederländisch: stilleven; italienisch: natura morta; französisch: nature morte), doch ist der Name eher irreführend, geht es doch darum, das in scheinbar toten Gegenständen geheime Leben durch die künstlerische Wiedergabe sichtbar zu machen. Während die chinesische Kunst das Stilleben bereits im 13. Jahrhundert kennt, entwickelte es sich bei uns seit dem 17. Jahrhundert – zumal in den

Niederlanden – zur beliebtesten Bildgattung. Im reichem Haarlem bevorzugte man üppig gedeckte Tische, in der Universitätsstadt Leiden Stilleben mit Büchern, Bierkrügen und Tabakspfeifen, Utrecht war Zentrum für Blumen- und Früchtemalerei. Gegenüber diesen reich entfalteten Szenerien ist der gedeckte Tisch von Paula Modersohn-Becker von bewußter Einfachheit. Zwar geben die Tischdecke und die darauf verteilten Blütenköpfe dem Arrangement eine gehobene Note, aber die angebotenen Speisen und das Geschirr sind bescheidener Art. Gegenüber jedem auf Wirkung bedachten Reichtum legt dieses Bild ein Bekenntnis ab für die alltäglichen, schlichten Dinge. Darin steht es in einer Zwiesprache mit van Goghs Schlafzimmer, in seiner Weise auch mit Giacomettis Tischrunde unter der Lampe. Alle Bilder des Kapitels »Das eigene Leben« haben eine franziskanische Botschaft. Wer kann sie immer noch lesen?

Über das Gebet ist in diesem Unterrichtswerk bereits an folgenden Orten gesprochen worden:

→ II, 373: Was ist nun Beten?
    374: Der Sprung in den Brunnen: Der Weg des Lehrers
    375: Führung durch das Labyrinth: Die Wege des Schülers:
        - Stille-Übungen als Erfahrungsraum
        - Gebet und Spracherwerb
        - Reflexion und Hilfestellung
    380: Das wahre und das falsche Gebet
    383: Das Morgengebet
    389: Das Abendgebet
    392: Das Tischgebet
    395: Gebet und Dialektsprache
→ IV, 357: Gebet: Das gelebte Leben
    358: - Die schwierige Aufgabe
    360: - Die Hilfen des Religionsbuches
    362: - Die vielen Sprachen und Weisen
        Mit Liedern beten – Mit Gedichten beten – Mit Geschichten beten
        – Mit Bildern beten
    374: Wie lerne ich beten?
    377: Erfahrungen machen
    379: Die Übung des Selbstverständlichen
        Stehen – Sitzen – Atmen
    386: Das Bittgebet
    392: - Wolfdietrich Schnurre: Die schwierige Lage Gottes
    394: - Das Vaterunser
    409: Das Dankgebet
        - Lukas 4,1-11: Der dankbare Samaritaner
        - Gedanken und Anregungen zum Danken
    413: Das Lobgebet
        - Matthäus 4,1-11: Du sollst den Herrn, deinen Gott anbeten und
        ihm allein dienen

Im Rahmen des Curriculums für die Sekundarstufe finden sich indirekte und direkte Bezüge zu den Themen Gebet, Spiritualität, Stille, Meditation.

Im Religionsbuch 7/8:
    16: Naturfrömmigkeit in der Weltfamilie
    20: Die Mitte der Welt
    170: Befreiung durch Yoga
    192: Gott im Für und Wider
    194: Gott in der Not der Welt

224: Eucharistische Frömmigkeit
246: Von der Stille
Im Religionsbuch 9/10:
161: Wie spricht religiöse Erfahrung heute?
172: Paul Celan, Tenebrae
181: Simone Weil: Die Christin
187: Gott: Jenseits des Denkens
195: Die innere Mitte
- Der Sprung in den Brunnen
- Zu sich sebst finden
- Beten oder: Kann man einen Kuß durch Boten senden?

In den jeweils zugeordneten Ausführungen der Lehrerhandbücher sind interpretierende und ergänzende Hilfen zu finden. Dabei ist zu beachten, daß das Verständnis von »Gebet« weit gefaßt wird und (wie die voranstehende Themenvielfalt zeigt) auch solchen Lehrern und Schülern noch Möglichkeiten des Mitvollzugs erlaubt, die sich – gemessen an konventioneller Religiösität – außerhalb einer inneren Zustimmungsfähigkeit sehen. Im übrigen findet dieses Unterrichtswerk für Lehrer und ältere Schüler seine zugehörige Ergänzung in: Hubertus Halbfas, Der Sprung in den Brunnen. Eine Gebetsschule. Düsseldorf [11]1992.

ALTES TESTAMENT: KÖNIGSGESCHICHTEN

Israels Geschichte im Unterricht

Das Kapitel »Königsgeschichten« versteht sich nicht als vorbereitende oder zu paraphrasierende Unterrichtsbasis. Wer meint, man könne es aufschlagen, den Text gemeinsam lesen und »besprechen«, mißversteht seinen didaktischen Charakter. Angesichts des umfangreichen Stoffes – die Bücher Josua, Richter, 1 und 2 Samuel, 1 und 2 Könige – sollten für das Religionsbuch nicht einzelne Perikopen aus diesem Geschichtswerk herausgegriffen werden; damit ließe sich kein Konzept verbinden, zumal nicht in der Gesamtlinie des Lernstranges »Altes Testament«, der mit den wichtigsten großen Textgruppen der Hebräischen Bibel bekannt machen will. Vielmehr möchte das gesamte deuteronomistische Geschichtswerk strukturiert und in eine orientierende Gliederung gestellt werden. Diese Übersicht und ihre detaillierte Füllung darf von einem Schulbuch, das immer auch Sachbuchcharakter haben muß, erwartet werden. Sie erlaubt Nachschlagemöglichkeiten und das Verständnis von Zusammenhängen. Ein *Übersichtskapitel* wie das vorliegende ist aber keine Disposition für Unterricht. Das gilt es klar zu unterscheiden.

Für die unterrichtliche Planung kommt also nicht das Kapitel in seiner Gesamtheit in Frage. Selbst die Untertitel arbeiten in ihren Teilaspekten immer noch mit großen Überlieferungskomplexen. So werden allein auf einer Textseite die Bücher Josua und Richter pauschal vorgestellt. Diesen differenzierten Traditionen gegenüber ist die sich anschließende Gliederung nach den Königen Saul, David und Salomo von einprägsamerer Gestalt.

Wie also kann mit dem Religionsbuch in diesem Kapitel gearbeitet werden? Es gibt nicht nur einen Weg, sondern verschiedene Möglichkeiten:

Bibelunterricht als Leseunterricht

Es ist klar, daß unser Religionsbuch den Bibeltext voraussetzt. Die Linie der gesamten alttestamentlichen Kapitelfolgen ist von der Intention bestimmt, daß sich mit den je gewählten Textgruppen eine klug gewählte Lesepädagogik verbindet. Die Bibel soll in einem größeren Umfang den Schülern bekannt werden, ohne daß jeder Text eine »Erarbeitung« finden müßte. Anregungen dazu gibt das Religionsbuch auf den Seiten 25 und 175. (Siehe dazu → III,62-67: Religionsunterricht als Leseunterricht.) Die Bereitschaft, sich zu diesem Vorgehen zu entschließen, mag nicht sonderlich groß sein. Die heutigen Lehrpläne wählen seit langem immer nur einen kleinen Perikopenbestand aus, bisweilen gar nur ein oder zwei Stücke, so daß ganze Bücher, Textgruppen und Erzählzusammenhänge dauerhaft unbekannt bleiben. Seitdem die Jahrgangslehrbücher auch die Schulbibeln in den Hintergrund gedrängt haben, ist es erst recht selten geworden, größere Textmengen im Unterricht zu beachten.

Wir schlagen entgegen dieser Praxis vor, die Bibel in originären Zusammenhängen wieder mehr als *Ganzschrift* zu beachten. Damit läßt sich umgehen, wie es der Deutschunterricht mit Novellen, Bühnenstücken und Romanen seit eh und je tun muß: Der häuslichen Lektüre werden deutlich benannte und verbindlich vereinbarte Textfolgen aufgegeben, natürlich unter der Voraussetzung, daß die Schüler den Text in einer angemessenen Lesevorlage besitzen. Der Unterricht greift dann die jeweiligen Lektüreabschnitte erläuternd, den Hintergrund erhellend, Probleme klärend auf. Für diese Arbeit im gemeinsamen Gespräch kann das Religionsbuch abschnittweise eine resümierende Hilfestellung bieten. Gewonnen wird dabei eine breite Bibelkenntnis, die den Hintergrund für neue Fragen und Lernprozesse stiftet. Die Bibel darf nicht aufhören, ein Lese-Buch zu sein.

Da es mit der Lesefähigkeit unserer Schüler heute aber hapert, sollte der Unterricht aller Fächer zunehmend bewußter Anlaß bieten, Texte während der Schulzeit gemeinsam zu lesen. Das muß keine bequeme Methode sein, ohne eigene Mühe eine Schulklasse zu beschäftigen. Vielmehr geht es um das »gelautete Wort« (→ III,64): Wer weiß, was Sprache ist und leistet, wird sich nicht unbedacht der Kraft des biblischen Wortes begeben. Darum ist eine sorgfältige Lesevorbereitung unerläßlich. Der Textumfang wird vorweg gut ausgewählt, der Handlungsfaden muß klar verfolgbar sein und durch Kürzungen und Überbrückungen zu einer geschlossenen Vorstellung bei den Schülern führen.

Grundlegend für diese Einstellung zum Lesen ist natürlich das Vorbild des Lehrers: Liest er immer wieder vor? Mit welcher Kraft und Lebendigkeit tut er es? Kann man ihm leicht zuhören? Ist es für alle eine Freude, vorgelesen zu bekommen? – Dementsprechend soll sich der Lehrer selbst am Vorlesen der Bibel beteiligen. Wenn er es gut macht, wenn die Schüler den hohen Anspruch, der an das laute Lesen zu richten ist, kennen, werden sie auch bereit sein, sich auf diese Aufgabe zu Hause vorzubereiten. Gewiß wird man ihnen Hilfen geben, beispielsweise zur Aussprache fremder Namen und zur Erklärung schwieriger Ausdrücke. Es geht aber niemals darum, nur im Sinne einer äußeren Fertigkeit lesen zu können. Wer weiß, mit welcher Sorgfalt Rundfunksprecher einen Text einüben, mit wieviel Einsatz Schauspieler eine Seite Prosa sprechen lernen, wird diese Aufgabe nie auf die leichte Schulter nehmen. Zu bedenken ist auch die Mahnung Franz Rosenzweigs, die Bibel niemals nur Text werden zu lesen; sie muß Wort bleiben! »Deshalb ist es für die Schrift, für diese eine Schrift eine Lebensfrage, daß nicht bloß neben ihr, sondern in ihr selbst das Wort erhalten bleibt.«

Dem eigenen Ermessen anheimgestellt ist die Frage, wann und mit welcher Ausdauer gelesen werden soll. Denkbar ist eine *lectio continua*, beispielsweise für eine Dauer von Wochen in den je ersten zehn Minuten des Unterrichts. Denkbar sind auch – von Erläuterungen, Rückfragen und Gesprächen begleitete – zusammenhängende Lesestunden. Die Akzeptanz dieses Brauchs seitens der Schüler hängt durchweg von seiner Vermittlung ab. Wer mit ihnen Theater spielt, hat zusätzliche Motivationen. Wirklich gut vorbereitete Lesestunden werden auf kopierten Blättern angeboten: die Schüler bekommen ihre Textpartien farblich gekennzeichnet; die Besetzung der Abschnitte wird vorweg besprochen; jeder bereitet seinen Part zu Hause vor; der Gesamtverlauf kommt einer Aufführung gleich und hat immer einen gesteigerten Erlebniswert.

Die exemplarische Auswahl

Die nächste Möglichkeit muß nicht alternativ verstanden werden, sie kann ergänzend und vertiefend hinzukommen. In jedem Traditionsblock der deuteronomistischen Literatur gibt es Stücke, die in ihrer Handlung und Bedeutung hervorstechen und die auch das Interesse der Schüler finden. Vielleicht ist es die Geschichte vom Besuch des pessimistisch gewordenen Saul bei der Totenbeschwörerin von En-Dor (1 Sam 28) oder Davids Ehebruch und Natans Strafrede (2 Sam 11-12) oder Salomos Urteil (1 Kön 3,16-28). Ziel einer solch akzentuierten Arbeit sollte es sein, über den begrenzten Zugang Interesse zu stiften und Verstehensansätze für den größeren Zusammenhang zu vermitteln. Die Auswahl derartiger Stücke kann sich freilich nicht allein an theologischen Kriterien orientieren; es ist auch wichtig, daß die Dramatik des Geschehens das Interesse der Schüler findet, damit der je erfolgte Einblick in die Bibel die Tür für alle weitere Arbeit offen hält.

Was immer der Unterricht thematisiert, wichtig ist in jedem Fall, daß er über den Bibeltext hinaus farbige Kenntnisse aus der Geschichte, von Land und Leuten vermittelt. Buchhandlungen und Bibliotheken berichten, daß das Sachbuch für Kinder und Jugendliche einen erheblich gewachsenen Zuspruch erfährt; das wird auch aus unseren Nachbarländern gemeldet. Die bekannten großen Buchreihen, die in alte Zeiten und fremde Kulturen führen, unterstreichen dieses Interesse. Der Religionsunterricht müßte erkennen, daß seine Inhalte ganz im Spektrum dieses Interesses liegen! Freilich sollte zu vermeiden sein, sie »katechetisch« so zu verwässern, daß ihnen alle Faszinationskraft verlorengeht. Noch fehlt es der Lehrerschaft an innerer Überzeugung, daß kein anderes Fach mehr Spannweite und Farbigkeit bietet als der Religionsunterricht. Ob diese Überzeugung sich mittelfristig auch auf die Schüler und ihre Eltern, letztlich also auf die Gesellschaft insgesamt übertragen läßt?

Die Bildebene des Kapitels

Das Religionsbuch bietet neben den künstlerischen Bildern eine Anzahl zeitgenössischer Dokumente, die vom Unterricht zu beachten und mit angemessenem Hintergrund aufgefüllt werden müssen. In größeren Bibliotheken gibt es üppige Bildbände zur Kunst- und Kulturgeschichte des Vorderen Orients, die im Klassenzimmer unterrichtsbegleitend ausliegen können, damit sich die Ansätze des Religionsbuches in die Fülle hinein weiten.

Völkergruppen der Königszeit   S. 176-177

Das Religionsbuch stellt drei Männerköpfe im Profil nebeneinander; der »Semit« vertritt die Population der arabischen Halbinsel überhaupt; Kanaanäer und Philister sind die Nachbarn Israels im gleichen Land.

Die »Semiten«

Semiten ist die von August Ludwig Schlözer (1735-1809) eingeführte Bezeichnung für die Sprachfamilie orientalischer Völker, die nach Gen 10,21ff. auf den Stammvater Sem zurückführt. Diese »Völkertafel« der Genesis hat natürlich keine sprachlichen oder ethnologischen Kriterien reflektiert, sondern ist mehr von den geographischen und politischen Verhältnissen ihrer Zeit bestimmt. So schafft sie eine gemeinsame Klammer für Hebräer, Aramäer und Araber.

Im Sinne der semitischen Sprachfamilie wird der Begriff auch heute noch verwendet. Da Meere und Wüsten die arabische Halbinsel begrenzen, läßt sich der Bereich gut gliedern. Man unterscheidet *sprachlich* zwischen dem (1) Ostsemitischen (Assyrischem, Babylonischem) im Zweistromland; (2) dem Nordwestsemitischen mit seinem kanaanäischen Zweig (Phönizisch, Ugaritisch, Hebräisch) und seinem aramäischen Zweig und dessen Nachfahren (Syrisch); (3) dem Südsemitischen mit seinen antiken und modernen arabischen Dialekten. Semitischen Ursprungs ist auch das Äthiopische, das sich auf afrikanischem Boden selbstständig weiterentwickelt hat.

Kulturell verdankt die Welt diesen Völkergruppen die Schriftsysteme von der Silben und Wörter schreibenden Keilschrift bis zu der Konsonanten schreibenden Alphabetschrift (→ III,572-577). Religionsgeschichtlich ist hier die Wurzel des Monotheismus, der Offenbarungs- und »Buch«-Religionen von Judentum, Christentum und Islam. Durch den Islam wurde die hier ursprünglich beheimatete arabische Sprache in andere Regionen verbreitet.

Das Semitische auch als Rassebegriff zu verstehen, hat in der Vergangenheit zu fatalen Vorstellungen geführt. Bereits 1927 bot das »Jüdische Lexikon« folgende Richtigstellung: »Als nach der Entdeckung des indogermanischen Sprachstammes zu Beginn des 19. Jahrhunderts die irrtümliche Auffassung

Platz griff, daß dem indogermanischen Sprachstamm auch ein indogermanischer Rassentypus entspreche und man diesen als den Arier personifizierte, stellte man diesem arischen Typus den Semiten gegenüber, der im Gegensatz zum großen, blonden und langschädligen Arier klein, kurzköpfig und dunkelhaarig sein sollte, und entwarf von ihm das Charakterbild des geistig-moralischen Antipoden der arischen Idealfigur. Als ein Produkt seiner Wüstenheimat wurde der Semit als innerlich leer, unschöpferisch, unmetaphysisch, materialistisch, grausam und unduldsam hingestellt. Ebensowenig wie der Arier hat der Rassentypus des Semiten der wissenschaftlichen Kritik standgehalten. Heute ist erwiesen, daß es weder einen arischen noch einen semitischen Menschentypus gibt, sondern daß die Begriffe arisch und semitisch ausschließlich Sprachbegriffe sind, und daß es ebenso blonde Semiten wie dunkle Arier gibt.«[1]

Die S. 176 wiedergegebene Abbildung eines »Semiten« stammt aus Luxor. Ramses II. (→ Lehrerhandbuch 9) ließ in dem gewaltigen Komplex, um den er den Tempel von Luxor vergrößerte, riesige Statuen seiner Person anbringen. Auf deren Sockelbereich sind die Namen der eroberten, von Ägypten abhängigen Gebiete eingegraben. Jeder Name ist von einem Oval (Kartusche) umgeben (man sieht sie im Anschnitt am unteren Bildrand); über den Kartuschen, fünfzehnmal hintereinander, das Bild eines »Semiten«, die Arme gebunden und den Strick um den Hals mit den voraufgehenden und nachfolgenden Gefangenen zusammengefesselt.

Die Kanaanäer (Kanaaniter)

Als geographischer Name bezeichnet Kanaan vom 15. Jahrhundert bis in die hellenistische Zeit die syrische Küste und deren Hinterland bis Obergaliläa; in der Amarnazeit den ägyptischen Herrschaftsbereich (→ Echnaton, Lehrerhandbuch 7). Das Alte Testament versteht unter Kanaan das westjordanische Gebirgsland, später das gesamte, von Jahwe verheißene und von ihm geschenkte Gebiet, dessen Sprache daher die »Sprache Kanaans« heißen kann.

In der Hebräischen Bibel ist »Kanaaniter« der Sammelname für die Nachkommen des von Noach verfluchten Kanaan, Sohn des Ham. Der Begriff umfaßt die vorisraelitische bäuerliche und städtische Bevölkerung des »Landes Kanaan«, ohne weitere Differenzierung und Abgrenzung gegen weitere dort lebende Ethnien. Da die kanaanäischen Städte keine übergreifende Schutzorganisation kannten und sich nur von Fall zu Fall untereinander verbündeten, ging ihr Land im Westen an die Philister verloren oder sie wurden tributpflichtig. Im Laufe der Zeit vermischten sie sich mit der israelitischen Bevölkerung, deren Staat sie seit David schrittweise integrierte.

Materiell gesehen haben die Israeliten von den Kanaanitern die Kunst des Mauerbaus übernommen; sie stellten zerstörte Städte wie Megiddo wieder her und gründeten neue. Nach piktographischen Anfängen entwickelte sich die kanaanäische Schrift etwa bis zur Jahrtausendwende zum voll entfalteten Konsonantenalphabet von 22 Zeichen; Israel hat diesen Gewinn voll für sich übernommen. Nur auf drei Gebieten sind die Israeliten ihnen kulturell nicht oder nur teilweise gefolgt: im (Hausier-)Handel, der ein Spezifikum der Kanaa-

---

1 Jüdisches Lexikon, a.a.O., Art. Semiten, Bd. IV,2, 365.

niter blieb, so daß ihr Name zum Terminus für »Händler« wurde; in der Menschen- und Tierdarstellung, weil sich dies für Israel von Ex 20,4 her verbot; im religiösen Bereich, der zwar im »Höhen«kult die israelitische Kultpraxis bereicherte und Jahwe auch zum Spender der Naturgaben im Kulturland werden ließ, aber in seiner sexuellen Interpretation der Gottheit mit ihren Hochzeits- und Fruchtbarkeitsriten Ablehnung fand bzw. durch prophetische Kritik wieder ausgeschieden wurde. Insgesamt hat die kanaanäische Kultur Israel mit einer Fülle von Anregungen befruchtet.

Die Philister

Mit ihrer Herkunft verbinden sich noch offene Fragen. Fest steht, daß sie Indogermanen waren und wahrscheinlich über Illyrien und »Kaphtor« nach Palästina (Philistäa) gekommen sind. Aber wo liegt Kaphtor? Die Antworten schwanken zwischen Kreta und Kappadozien. Von Ägypten zurückgeschlagen, wo sie Fuß zu fassen versuchten, richteten sie sich an der palästinischen Küste ein, nicht ohne einige kanaanäische Städte zu verwüsten. Im Verlauf ihrer Seßhaftwerdung wurden die Philister ziemlich schnell von den kulturell überlegenen Kanaanäern assimiliert, von denen sie Sprache und Religion übernahmen. Ihre militärische Stärke hingegen verdankten sie dem Gebrauch des Eisens, dessen Monopol sie hüteten. Ohne einen wirklichen Staat zu bilden, wenngleich den Status der kanaanäischen Stadtstaaten übersteigend, bildeten sie, hauptsächlich für militärische Aktionen, einen Bund der Fürsten mit den Städten Gaza, Gath, Asdod, Askalon, Ekron. (S.a. → S. 454)

Der Reliefausschnitt mit dem Kopf eines Philisters stammt aus dem Totentempel Ramses III. Am Fuße der Felswände, hinter denen das »Tal der Königsgräber« liegt, baute Ramses III. diesen Totentempel. Seine Mauerflächen zeigen neben Reliefs mit religiösen Themen auch die Schlachten des Ramses. Charakteristisch sind die Darstellungen der Gefangenen; man sieht Lybier, Semiten, Hethiter und Philister. Der im Religionsbuch gezeigte Philister findet sich an der Tempelwand in einer Gruppe von insgesamt acht philistäischen Gefangenen, die nach der Inschrift den Pharao um Erhaltung ihres Lebens anflehen: »Gib uns Atem für unsere Nase, o König, Sohn des Amun.«

Kriegerfries S. 177

Viele Partien der Bibel vermitteln den Eindruck, als sei ständig Krieg geführt worden. Das wirkt sich auf das Verständnis des Alten Testaments oft störend aus. Darum sollte folgende Differenzierung beachtet werden:

In der Frühzeit (der »Erzväter«) spielte Krieg keine zentrale Rolle. Kleinvieh- und Eselnomaden und unterprivilegierte Bauern nötigte bereits ihr Status zu vorsichtigem und friedlichem Verhalten. – Angesichts des knappen Raumes, den sich in Kanaan unterschiedliche Völker- und Stammesgruppen teilten, entstanden in späterer Zeit größere Konflikte, die zu militärischen Organisationen führten und Lösungen durch Krieg suchten. Dennoch gab es zur Richterzeit noch kein durchorganisiertes Heer, sondern von Jahwe »begeisterte« Männer, die unter dem Druck der Verhältnisse zum Krieg aufriefen.

Dieser »heilige Krieg« verlangte von den Teilnehmern völlige sexuelle Enthaltsamkeit; sie durften auch keine Rauschgetränke zu sich nehmen. Im allgemeinen besaß der israelitische Kämpfer einen bronzenen Dolch oder ein Kurzschwert; Schützen hatten Bogen und Pfeile; dagegen scheinen Schild und Schwert selten gewesen zu sein. – Unter der Herausforderung durch die Philister war die Verteidigungspraxis Altisraels den Bedrohungen nicht mehr gewachsen. Der auf den Schild gehobene Heerkönig Saul vermochte die Situation nicht entscheidend zu verändern. Erst der Judäer David, der in seiner Exilszeit in Philistäa die dortige Kriegstechnik aufmerksam studiert hatte, schuf ein neues militärisches Profil. Nach seiner Flucht vor Saul hatte sich um ihn eine Freischar von 600 Männern gesammelt, mit deren Hilfe er die Festung Jerusalem als sein eigenes Stadtkönigtum eroberte. Aus dieser Truppe dürften die »Krethi und Plethi« (Name der fremdstämmigen Leibwache Davids) hervorgegangen sein, die neben einer Truppe von Söldnern (als »stehendes Heer«) in entscheidender Stunde die Herrschaft Davids stützten (2 Sam 5,6ff.; 15,18ff.). Aufgrund dieser für altisraelitische Verhältnisse ganz ungewöhnlichen militärischen Konzentration konnte David fast das ganze kulturfähige Gebiet Kanaans sowie das Ostjordanland als auch Edom und die Aramäerstaaten um Damaskus erobern oder unter seine Kontrolle bringen (vgl. die Karte im Religionsbuch S. 182).

Unter Salomon, aus dessen Regierungszeit keine Kriege berichtet werden, trat das früher übliche Volksaufgebot immer mehr zurück. Salomo führte statt dessen die für einen Großstaat jener Zeit übliche schnellbewegliche Truppengattung der mit Pferden bespannten Streitwagen ein, die mit drei Mann besetzt waren: Wagenlenker, Schildhalter und Schütze. Für diese Waffengattung wurden Garnisonsstädte geschaffen: Gezer, Hazor, Bet-Horon, Baalat, Thamar und Megiddo. Diese Städte lagen am Rande von Ebenen und dürften allein schon deswegen als Festungen gedient haben.

Esel, Maultier und Pferd S. 178

Bis zu David ritten Stammesfürsten und Könige auf Eseln, Davids Söhne aber brachten ihren Anspruch auf das Königtum bereits dadurch zum Ausdruck, daß sie sich Pferde, Wagen und Leibwächter anschafften (2 Sam 15,1; 1 Kön 1,5). In der geballten Kraft gezügelter Pferde und im Besteigen eines eleganten Gefährts manifestiert sich die Schönheit und Macht des Königs. Die herrscherlichen Wagen der ägyptischen Pharaonen, die Pferdeställe und Gefährte, die sich Salomo als König von Juda und Israel leisten konnte, hatten orientalisches Gepränge. – Die Ochsenkarren, auf denen mehr als anderthalb Jahrtausende später die Merowingerkönige wieder durchs Land zogen, waren demgegenüber von äußerster Glanzlosigkeit geprägt (→ S. 579).

Der König als Kriegsherr S. 179

Der Hauptgrund, der in Israel zum Königtum führte, war die Philistergefahr. Nicht bei allen Völkern zeigten sich Gefahr und Krieg in diesem Maße an der Entstehung des Königtums beteiligt. Nachdem sich der Stammesverband in eine Monarchie umgebildet hatte, kämpfte und siegte fortan nicht mehr eine Gruppe, sondern der König. Selbst wenn große Armeen für ihn auszogen, dominierte doch er allein das Kampfgeschehen, so daß es gewissermaßen seine persönliche Sache wurde. Als Manifestation des Göttlichen, vernichtete der König seine Feinde. Dementsprechend zeigen die altorientalischen Abbildungen ihn unzählige Male als übermächtigen Herrscher, der niedergeworfene, kniende und flehende Feinde enthauptet. Von einer Armee ist nirgendwo mehr die Rede. Die Gestalt des Königs selbst nimmt monumentale Größe an. Die Gefangenen erwarten mit abwehrender Geste den Todesschlag. Dabei ist der König barfuß. Er befindet sich auf geheiligtem Boden, denn das Niederschlagen des Feindes ist kein profaner Akt. Landesfeinde und Chaosmächte sind für den Alten Orient zuinnerst verwandt. Der Eindruck des Chaotischen wird durch die Bündelung der Köpfe auf der linken Darstellung verschärft.

Die sogenannte Landnahme

Von »Landnahmen« ist die Kriegsgeschichte der Völker voll. Die Vertreibung und Entrechtung der Indianer und ihre Gettoisierung in Reservaten ist eine Landnahme, deren sich die Sieger rühmen. Die »Besiedlung« Australiens und die Degradierung der Aborigines ist eine Landnahme, die ebenfalls zu rühmenden Gedenkanlässen führt. Landnahmen sind auch die scheußlichen Bürgerkriege innerhalb des ehemaligen Jugoslawien. . . und von dort bis zurück in ferne Zeiten läßt sich die Weltgeschichte durchblättern: kriegerische Landnahmen ohne Unterlaß.

Im Blick auf diese unfriedliche Geschichte ist uns der unbefangene Umgang mit dem Wort Landnahme verwehrt. Wir müssen genauer zuschauen, was sich ereignet hat, als hebräische Nomaden im Lande Kanaan seßhaft wurden. Gleich zu Anfang ist einem Mißverständnis vorbeugend zu wehren: Da ist kein »Volk«, das den Namen Israel getragen hätte, in das Land »eingezogen«. Israel entstand erst in diesem Lande! Und auch der biblische Glaube wurde nicht dorthin mitgebracht, sondern entwickelte sich hier erst in der Auseinandersetzung mit unterschiedlichsten Problemen.

Hauptquelle für diesen Geschichtsabschnitt sind die Bücher Josua und Richter. Dennoch sind es keine Geschichtsbücher, sondern – fußend auf Volkserzählungen und Sagen – *theologische* Entwürfe aus der Rückschau. Darin wird der »Einzug Israels in sein Land« in eine stilisierte Form gebracht, die nur auf den ersten Blick als historisch plausibel gelten kann:

Nachdem Mose gestorben ist, die Versuche, in das »Gelobte Land« zu kommen, noch nicht erfolgreich waren, überschreitet nun »Israel« unter Führung des Mose-Nachfolgers Josua den Jordan, erobert Jericho und nimmt das mittelpalästinische Bergland ein (Jos 1-9). Nachdem somit »ganz Israel« »das ganze Land« erobert hat, teilt es Josua an die Stämme auf. In langen Listen werden die Stammesgebiete umschrieben (Jos 13-19). In Sichem versammelt Josua noch einmel »ganz Israel« um sich und schließt den Bund der Stämme. Jos 23,43- resümiert abschließend:

> »So gab Jahwe Israel das ganze Land, das er ihren Vätern mit einem Eid zugesichert hatte. Sie nahmen es in Besitz und wohnten darin. Und Jahwe verschaffte ihnen Ruhe ringsum, genau so, wie er es ihren Vätern mit einem Eid zugesichert hatte. Alle ihre Feinde gab Jahwe in ihre Gewalt. Keine von all den Zusagen, die Jahwe dem Hause Israel gegeben hatte, waren ausgeblieben; jede war in Erfüllung gegangen.«

Dies ist nicht die Sprache historischer Beobachter, sondern deutender Theologen, die eine national-pastorale Aufgabe lösen wollen: Kein Stamm, keine Sippe soll besondere, gar egoistische Ansprüche gegenüber den übrigen stellen; das Land ist Gottes gute Gabe an das ganze Volk, nicht erobertes Gebiet, indem die Sieger ihre Rechte anmelden können, vielmehr »Erbe Jahwes« und »Land Jahwes«, wie die alten Begriffe lauten. So klagt David, als er vor Saul ins Ausland fliehen muß: »Sie vertreiben mich heute vom Erbe Jahwes« (1 Sam 26,19), und der Prophet Micha prangert jene an, die den Landbesitz verarmter Witwen pfänden: »(So spricht Jahwe:) Die Frauen meines Volkes vertreibt ihr aus ihrem behaglichen Heim; ihren Kindern nehmt ihr für immer mein herrliches Land« (2,9). Die Armen Israels bleiben Miterben; darum erntet auch späterhin der Bauer das Land nicht völlig ab, sondern läßt eine Nachlese für die Armen stehen. In dieser Tradition gingen die Theologen, die das Buch Josua schrieben, von einem religiösen Verständnis des Landes aus: Das *ganze* Land ist Gottes gute Gabe an *ganz* Israel. Und weil sie diesen Aspekt unterstreichen wollten, stellten sie den Einzug Israels in das Land als *ein einziges* triumphales Geschehen dar. Sie inszenierten den Auftakt als Durchzug durch den Jordan und diesen als gottesdienstlichen Akt:

»Seht, die Bundeslade des Herrn der ganzen Erde zieht vor euch her durch den Jordan... Und die Priester, die die Bundeslade trugen, gingen an der Spitze des Volkes. Und als die Träger der Lade an den Jordan kamen und die Füße der Priester, die die Lade trugen, das Wasser berührten – der Jordan war aber während der ganzen Erntezeit über alle Ufer getreten –, da blieben die Fluten des Jordan stehen...« (Jos 3).

Die so intonierte Melodie wird dennoch nicht rein durchgehalten, denn viele der überlieferten Materialien wollen nicht recht in das idealistische Bild eines Siegeszuges ganz Israels unter Josuas Führung passen. Diesem Eindruck vermag sich der Leser des Buches jedenfalls nicht zu entziehen. Trägt man zum Beispiel alle in Jos 2-12 erwähnten Orte in eine Karte ein, so zeigt sich, wie künstlich die Schilderung konstruiert ist. Ausführlich wird nur aus einem kleinen, kaum 30 km breiten Streifen, dem Stammesgebiet Benjamin erzählt. Weil sich mit der dort beheimateten Sammlung von Ortssagen aber keine »Eroberungsgeschichte ganz Israels« entwickeln ließ, wurde eine Liste von sechs kanaanäischen Städten schematisch zu einem Bericht von einem Siegeszug nach Süden aufgefüllt (Jos 10,28-40); ähnlich verhält es sich mit dem Krieg gegen die fünf Kanaaniterkönige und die Eroberung von sechs Städten (Kap. 10) sowie mit dem Sieg über 31 Könige des Nordens (Kap. 11). Die verarbeiteten Materialien hatten ursprünglich andere Intentionen und wurden nachträglich in das idealistische Konzept der »Landgabe an ganz Israel« einbezogen.

Trotzdem ist das Konzept vom Siegeszug Josuas nicht frei erfunden. Ihm liegt ein historischer Kern zugrunde, der folgermaßen umkreist und identifiziert werden kann:

– Nach archäologischen Erkenntnissen, können einige der Städte, die Josua zerstört haben soll, in dieser Zeit gar nicht betroffen worden sein: *Jericho* lag bereits seit Jahrhunderten in Trümmern; *Ai* (wörtlich: »Trümmerstätter«; vgl. Jos 7,2-5; 8,1-29) war ebenfalls nichts als Ruinenstätte; *Arad* (Jos 12,14) gab es bereits seit der Mittleren Bronzezeit nicht mehr. Einwandernde Hebräer fanden an diesen (und anderen) Stätten nicht mehr bewehrte Städte, sondern Ruinen. In späteren Generationen fragte man angesichts solcher Ruinen, wie sie entstanden sein mochten, und verknüpfte sie mit dem eigenen Ursprung. Die zur Zeit Josuas intakte Stadt *Lachisch* ist entgegen der biblischen Darstellung nicht gleich israelitisch geworden: Es gibt Zeugnisse von Schweineopfern in Lachisch noch im 10. Jahrhundert.

– Daneben finden sich in anderen biblischen Büchern Quellen, die der Darstellung des Josuabuches widersprechen. Vor allem aber stellt Ri 1 den gesamten Vorgang der Landnahme anders dar als das Buch Josua: Dort werden Enklaven in israelitischen Stammesgebieten aufgezählt, u.a. auch Städte, die angeblich Josua erobert haben soll: *Jerusalem, Dor, Megiddo, Geser, Taanach.* Ri 1,19 erklärt, warum die Einnahme der Städte oft nicht gelang: »Die Bewohner der Ebene konnten sie nicht vertreiben, denn sie hatten eiserne Streitwagen.« Die Neuankömmlinge hatten der überlegenen Kultur und Technik der Kanaanäer nicht viel entgegenzusetzen. Darum ist es nicht einmal Zeichen besonderer Friedlichkeit, sondern das eher normale Verhalten, daß sie sich möglichst pragmatisch mit den vordem Ansässigen verständigten. Der archäologische Befund zeigt für Städte wie *Sichem* und *Gibeon* sogar, wie Jos 9 erzählt, daß hier der Friede erhalten blieb und eine neue Blüte die Folge war.

Dagegen entsprechen sich der biblische Bericht über die Zerstörung von *Hazor* und der archäologische Befund: Die damals außergewöhnlich große Stadt wurde zu Beginn der Eisenzeit vollständig zerstört und nicht wieder aufgebaut. Dies ist aber noch kein Argument, daß tatsächlich Israeliten die Stadt vernichteten.

Das Buch Josua nennt etwa 310 Ortsnamen – eindrucksvoller Beweis dafür, wie gut Israel dieses Land kannte. Dennoch ist es bloßes Konstrukt, vom *ganzen* Land zu sprechen, das *ganz Israel* gegeben gewesen wäre. Die Bibel selbst bezeugt das Gegenteil:
- Eiserne Streitwagen machen die Kanaanäer unbesiegbar: Ri 1,19.
- Die Gibeoniter haben sich das Bleiberecht erschlichen: Jos 9.
- Die Kanaanäer blieben im Land, weil Gott die Untreue Israels bestrafen wollte: Ri 2,1ff.
- Gott duldete die Anwesenheit der Kanaanäer, weil Israel allein das Land nicht genügend hätte pflegen können: Ex 23,29.

Es gab also immer neuen Anlaß, die fortdauernde Präsenz der Kanaanäer in Israel zu erklären. Zwei Folgerungen bleiben: 1. Ganz hat Israel sein Land nie besessen. 2. Der Anspruch auf das ganze Land wird seit frühesten Zeiten erhoben. Dennoch hat die Bibel der Theorie vom »ganzen Land« nie die vorhandenen geschichtlichen Erinnerungen geopfert.

Resümee: Anläßlich des Versuchs, die hinter den Vätergeschichten stehenden geschichtlichen Abläufe zu rekonstruieren (→ V,180f.), haben wir bereits von einem Hypothesenumbruch gesprochen, der die Nomaden der Väterzeit nicht länger als frei umherziehende Kleinviehhirten, sondern als Sippen und Stämme von Unterprivilegierten verstanden sehen will, jedenfalls nicht gänzlich als ortsungebundene Menschen. Die Vorfahren der späteren israelitischen Stämme (Issachar und Ascher) dürften schon früh in den Dienst kanaanäischer Städte getreten sein, um im Fruchtland ringsum ansässig zu werden. Mit Sicherheit kamen auch die Vorfahren anderer, mit Israel verwandter Völker. Das Land wurde knapp, und dies führte zu Auseinandersetzungen. Zu den letzten Ankömmlingen im Lande gehörte schließlich eine Population, die vordem in Ägypten ihr Auskommen gesucht hatte, wegen der knechtenden Verhältnisse dort aber wieder weggezogen war (Religionsbuch 9/10, S. 79-88: Exodusgeschichten). Diese Gruppe brachte die Erinnerungen an die Hilfe Jahwes auf dem Fluchtweg durch das Schilfmeer und auf der Wanderung durch die Wüste mit. Ihre Erinnerungen wurden auch bei den Kämpfen und Überlebensproblemen im neuen Land unentbehrlich, um Mut und Glauben nicht zu verlieren. Die zugleich mitgebrachten Überlieferungen vom »Bund« Jahwes halfen, die Rechtsordnungen der unterschiedlichen Stämme miteinander zu verbinden. Der Jahweglaube fand Zustimmung; im Sichembund traten ihm die älteren Stämme bei.

Der Druck von außen wurde indes nicht schwächer; um so mehr rückten die verwandten Stämme zusammen. In den Listen des Josuabuches von den Stammesgrenzen und den »eroberten Städten« spiegeln sich untereinander getroffene Vereinbarungen und zugleich das Bewußtsein, anders zu sein als »Kanaan«. Dieses Land Kanaan war in zahlreiche Stadtkönigtümer aufgesplittert, in denen Menschen unterschiedlicher Sprache, Religion und Volkszugehörigkeit lebten. Ihrer Vielfalt gegenüber wurde ein bis dahin nicht gekannter Ausschließlichkeitsanspruch wirksam: Der die israelitischen Stämme vereinende Gott Jahwe förderte den Gedanken auf ein die Stämmevielfalt übergreifendes »ganzes Volk« und damit zugleich den Anspruch auf ein »ganzes Land«, wenngleich sich solcher Anspruch nicht mit den Realitäten deckte. Real war die kulturelle und militärische Überlegenheit Kanaans. So waren überwiegend friedliche Koexistenzlösungen geboten. Darum rodete »Josef« den Wald und Juda suchte Freundschaft mit den Kanaanäern in der Schefela.[1]

---

1 Vgl. *Annemarie Ohler,* Grundwissen Altes Testament. Bd 2: Deuteronomistische Literatur. Stuttgart 1987, 13-23.

Die Zeit der Richter

S. 176f.

Innerhalb der Geschichtsschreibung wird der hier erörterte Ausschnitt der Völkerbewegungen in der Eisenzeit als »aramäische Wanderung« bezeichnet. Der schmale Landbereich zwischen Meer und Wüste (→ V, 178f.) drängte konkurrierende Völker zusammen; das erst entstehende Israel sah sich vielen Bedrängnissen gegenüber: Relativ ruhig scheint der Norden gewesen zu sein; im Osten und Süden gab es heftige Auseinandersetzungen mit Ammon, Moab, Edom, verwandten Stämmen, denen die Volkwerdung früher als Israel gelungen war. Dazu kamen die Midianiter, die entdeckt hatten, wie überlegen die Schnelligkeit des eben erst domestizierten Kamels machen konnte.

Die gefährlichsten Feinde im Westen waren die Philister (→ S. 447). Die Bibel betrachtet die Philister als Ausländer, die sich von den übrigen Landesbewohnern durch ihre Unbeschnittenheit, ihre Tracht und ihre Bewaffnung unterscheiden. Von ihrem Küstenland ausgehend, versuchten die Philister das ganze Westjordanland zu erobern. Inwieweit sie durch ihre Bedrohung die Staatenbildung Israels beschleunigten, ist nicht auszumachen. Jedenfalls verstärkte sich die israelitische, zunächst nur vereinzelte Reaktion gegen ihre Bedrohung. Vor diesem Hintergrund sind die Sagen des Richterbuches zu verstehen; in ihnen spiegeln sich die Erinnerungen der Stämme an ihre Helden. Die Überlieferungen erzählen freilich nicht von offener Schlacht und ritterlichem Kampf, vielmehr geht es um politischen Mord, Überraschungstaktik, List und Hinterhalt. »Unglücklich ein Land, das Helden nötig hat«, sagte Bertolt Brecht. Ohne solche Helden und ihre Taktiken wäre ein schwaches Volk, das sich noch nicht einmal staatlich organisiert hatte, nicht überlebensfähig gewesen.

Die im Richterbuch versammelten »Rettersagen« sind das Werk von Theologen, welche eine vergangene Zeit in ein frommes Deutungsmuster stecken, nach dem sie die Geschichte verstanden wissen möchten. So lesen wir Ri 2,10: »Und nach ihnen kam eine andere Generation, die Jahwe und die Taten, die er für Israel vollbracht hatte, nicht mehr kannte.« Dieser Ansatz führt dazu, die historische Vielfalt, die keinem Schema unterliegt, einem theologischen Muster zu unterwerfen:
- Israel kennt Jahwe nicht mehr
- So fällt es von ihm ab
- Gott straft das Volk: Fremde beherrschen das Land
- Unfreiheit tut weh; Israel ruft um Hilfe
- Jahwe hört den Hilferuf und sendet einen Retter
- Es folgen Jahre der Ruhe, doch nach einer halben, ganzen oder doppelten Generation hat Israel Jahwe bereits wieder vergessen, und alles beginnt von neuem.

Gewiß erscheint dieses Schema als naive predigerhafte Vereinfachung. Doch ist der Ausgangspunkt dafür zu bedenken: er liegt bei den sogenannten *Deuteronomisten,* die den eingetretenen Untergang der beiden Staaten Israel und

454

Juda vor Augen haben und nun einen Geschichtsentwurf im Medium alter Überlieferungen versuchen, der einen Neubeginn begründen soll. Was sie selbst nach der Zerstörung Jerusalems und der Deportation ins Exil erlebt haben, finden sie auch in der Frühgeschichte des Volkes wieder: Fremde beherrschen das Land, das doch Gott seinem Volke gab, damit es sich dort frei entfalte und darin Gott lobe. Fällt es trotzdem von Gott ab, ist dies bereits ein Indiz der Schwäche, die sich in Abhängigkeiten wohler fühlt als in einer vor Gott zu verantwortenden Freiheit.

Wenn wir das Buch, in dem dieser Geschichtsentwurf zu finden ist, »Richterbuch« nennen, folgen wir damit jenen Redaktoren, die in ihrem praktizierten Schema regelmäßig bemerken, der je vorgestellte Held habe »Israel gerichtet«. Wie kommen sie dazu, die alten Stammeshelden »Richter« zu nennen? Es war den Redaktoren des Buches daran gelegen, insgesamt zwölf Namen aufzustellen als Repräsentanten des Zwölfstämmevolkes Israel. Sie sollten das Recht vertreten, denn im Hebräischen verstand man unter »richten«: etwas gerade richten; das Recht herstellen, aus einer rechtswidrigen Situation herausführen. Diese Sicht verbindet sich auch mit dem Richteramt Gottes: Richten und helfen gehören hier näher zusammen als richten und strafen. Ein solches »Richten« ist die Hauptaufgabe jeden Herrschers. Und weil die Deuteronomisten davon ausgehen, daß bereits vor der Zeit Sauls und Davids ein herrscherliches Amt über ganz Israel existierte, nennen sie die Herrscher dieser vorstaatlichen Zeit »Richter«.

Dennoch: Die im Richterbuch gesammelten Sagen kennen Israel nicht als eine Gemeinschaft von zwölf Stämmen. Jeder Stamm führt sein Eigenleben. Gesamtisraelitische Interessen wurden weder formuliert noch vertreten, was einzelne Koalitionen nicht ausschloß. Das läßt fragen, wann und durch welche Umstände die Stämme das gemeinsame Bewußtsein gewannen: Wir sind Israel.

Die erste »Verwandtschaft« der Stämme wird dargestellt in der Genealogie von den zwölf Söhnen Jakobs, also im Bild *einer* Familie. Trotzdem ist für die Beziehungen der Stämme untereinander kaum Blutsverwandtschaft zu unterstellen. Man kam auf unterschiedlichen Wegen zu unterschiedlichen Zeiten in das Land Kanaan und empfand sich doch zunehmend bewußter miteinander »verwandt«, weil ähnliche Lebensformen die Stämme miteinander verbanden und gegenüber den Kanaanäern zugleich distanzierten; dazu fanden sie im selben Land eine Heimat und erlebten sich gegenüber den »anderen« auf wechselseitige Hilfe verwiesen. So wurde in dieser vorstaatlichen Zeit »Israel« der Name für das Gefühl der Zusammengehörigkeit und Verwandtschaft der Stämme. Je mehr sie zu gemeinsamen Aktionen sich verbanden, desto tiefer erlebten sie, was »Israel« ist, nämlich jene Gemeinschaft, der Jahwe zu Hilfe kommt. So wird Israel vor allem der Name für das Volk Jahwes, das Gottes Macht und Treue darin erfährt, daß es nicht untergeht.[1]

---

1 Darstellung nach *Annemarie Ohler*, a.a.O., 25-35.

Das deuteronomistische Geschichtswerk

Der Brauch, *die* Verfasser der Bücher Josua, Richter, 1 und 2 Samuel und 1 und 2 Könige Deuteronomisten zu nennen, verdankt sich der Beobachtung, daß diese Schriftengruppe in großer Nähe zum deuteronomistischen Gesetz Dtn 5,28-31 steht, das als authentische Auslegung des Dekalogs galt. Die Verfasser messen im Richterbuch das Tun des »Volkes« und in den Königsbüchern das Handeln der Könige jeweils am Gesetz. Sie nahmen ihre Arbeit nach der nationalen Katastrophe 586 auf, als Jerusalem zum Trümmerhaufen wurde. Sie wollten den Zusammenbruch der Reiche Israel und Juda als notwendige Strafe Gottes für die Verletzung des Sinaibundes deuten und gleichzeitig zeigen, wie dennoch ein neuer Anfang mit Gottes Hilfe möglich ist.

Im allgemeinen lassen die deuteronomistischen Autoren die ihnen vorliegenden Quellen in großem Umfang zu Wort kommen. Sie verknüpfen die einzelnen Stücke nur durch überleitende Sätze, die sich durch ihre sprachliche Eigenart zu erkennen geben. Auffallend sind die monotone Wiederholung einfacher Redensarten, der sich ständig wiederholende Hinweis auf das göttliche Gesetz, auf den Bund Jahwes, die Mahnung zum Gehorsam sowie die immer neue Erwähnung der unheilvollen Folgen im Falle von Ungehorsam.

Als der eigentliche rote Faden durchzieht das deuteronomistische Geschichtswerk aber der Hinweis auf die *eine* Mitte, die das Verhältnis Israels zu seinem Gott zusammenfaßt:

Höre, Israel!
Jahwe, unser Gott, Jahwe ist einzig.
Darum sollst du den Herrn, deinen Gott, lieben
mit ganzem Herzen, mit ganzer Seele und mit deiner
ganzen Kraft (Dtn 6,4).

Diese Sätze sind als das *Sch'ma Jisrael* (→ Religionsbuch 5/6, S. 42; → V,268f) und als das Hauptgebot Jesu bekannt. Sie werden im folgenden Satz in ihrer Geltung und Bedeutung erläutert: »Diese Worte, auf die ich dich heute verpflichte, sollen auf deinem Herzen geschrieben stehen. Du sollst sie deinen Söhnen wiederholen. Du sollst von ihnen reden, wenn du zu Hause sitzt und auf der Straße gehst, wenn du dich schlafen legst und wenn du aufstehst. Du sollst sie als Zeichen um dein Handgelenk binden. Sie sollen zum Schmuck auf deiner Stirne werden. Du sollst sie auf die Türpfosten deines Hauses und auf deine Stadttore schreiben« (Dtn 6,6-9).

Während viele katechetische Unterrichtsmaterialien sich nicht genug tun können statt dieses einen Hauptgebotes, die 613 sonstigen Gebote herauszustellen, als repräsentierten diese das Judentum mehr als alles sonst, geschieht hier die Einprägung *eines einzigen* Gebotes in das Herz des Menschen: des Liebesgebotes. Die Verfasser des Buches Deuteronomium haben mit der Formulierung dieses Hauptgebotes prophetische Vorbilder nachgeahmt. Bei Amos, Jesaja, Hosea, Micha finden wir vorweg das Bemühen, in einem zusammenfassenden Gebot, dem keiner ausweichen kann, zu zeigen, daß der Mensch immer und ganz von Gott beansprucht wird:

Am 5,6: Suchet Jahwe, dann werdet ihr leben!
Jes 1,17: Lernt Gutes tun, sorgt für das Recht!
Hos 6,6: Liebe will ich, nicht Schlachtopfer,
Gotteserkenntnis statt Brandopfer!
Mi 6,8: Es ist dir gesagt worden, o Mensch, was gut ist
und was Jahwe von dir erwartet:
Nichts anderes als dies: Recht tun, Güte und Treue lieben
und mit dem Mut zu dienen den Weg gehen
mit deinem Gott.

Das Buch Deuteronomium verkündet den Gottesbund als ständige Gegenwart. Darum wird Israel als eine über die Zeiten bestehende Gemeinschaft verstanden. Es interpretiert den Gottesbund aber *nicht* im Modell eines Vasallenvertrags, wie er zu damaliger Zeit zwischen Oberherr und unterworfenem Volk üblich war.

Die Forschung ist der Ansicht, das Deuteronomium habe eine längere Entstehungsgeschichte, während der es mehrfach überarbeitet worden sei; die Reformen des Königs Joschija (mit einer 622 edierten Neuausgabe) seien eine wichtige Station dieses Weges. Im Rückblick erweist sich diese Reform des Joschija jedenfalls als wichtige Vorbereitung für das Exil und die darin zu vollziehende geistige Wende. Die deuteronomistische Theologie gab den in ihrem Gottvertrauen verunsicherten Menschen eine Deutungsmöglichkeit für die eingetretene Katastrophe: Jahwe bot Segen an, Israel verschmähte ihn. Unter diesem Aspekt sammelten die nun in solcher Erfahrung geschulten Theologen den vorhandenen Geschichtsstoff, um ihn auf sein schreckliches Ende hin zu verstehen. So entstand das deuteronomistische Geschichtswerk, und so findet sich durch alle Bücher hindurch immer nur derselbe Refrain: Abfall von Gott führt zu Unheil.

Dennoch ist mit dieser Kennzeichnung noch nicht die literarische Leistung gewürdigt. Die Deuteronomisten haben eine riesige Dokumentenfülle gesammelt, gesichtet und in einen Zusammenhang gebracht. Die von ihnen befolgten Grundregeln lassen sich so zusammenfassen:

1. Eine Fülle unterschiedlicher schriftlicher Zeugnisse der Vergangenheit wurde aus vielerlei Quellen und Archiven zusammengesucht und übernommen.

2. Die Eigenart der aufgenommenen Quellen blieb respektiert; ihre eigenen Intentionen brachten die Bearbeiter in gut erkennbaren Zusätzen unter.

3. Widersprüche zwischen den benutzen Quellen wurden unausgeglichen nebeneinander stehengelassen.

4. Bisweilen wurden selbst solche Angaben innerhalb der Quellen in das Werk mit einbezogen, die den eigenen Intentionen widersprachen.

5. Leitfaden durch die Geschichte und Grundlage für die Gliederung der Jahrhunderte in Epochen war jene Frage, die zur Abfassung des Werkes drängte: Warum mußte Israel Land und Freiheit verlieren?

6. Aber nicht die geschichtliche Entwicklung, sondern deren Ergebnis war den deuteronomistischen Geschichtsschreibern wichtig.

7. Die Vertiefung in die Geschichte führte die Deuteronomisten zu der Glaubensüberzeugung: Diese Geschichte ist von Gottes Willen gelenkt.[1]

So wie die bisher betrachteten Bücher Josua und Richter von ihrer deuteronomistischen Redaktion her zu verstehen sind, sind auch die Bücher Samuel und Könige aus diesem Kontext heraus zu interpretieren.

Die literarischen Gattungen im deuteronomistischen Geschichtswerk

Keine andere Epoche in der Geschichte Israels ist mit so vielfältigen Überlieferungen vertreten wie die Königszeit. Von der Sage in spezifischen Ausprägungen über die Annalistik und frühe Geschichtsschreibung bis zur Prophetenlegende sind fast alle Formen vertreten, deren sich Israel bediente, um den eigenen Glauben zur Sprache zu bringen.

Die Sage. Sie ist eine volkstümliche Erzählform. Im Unterschied zu den Sagen der Vätergeschichten, der Mose- und Josuazeit hatten die Königssagen nur eine kurze Zeit mündlicher Tradition durchlaufen, bis sie aufgeschrieben wurden. Die Zeit, von der sie erzählen, schimmert deutlicher durch, was aber nicht dazu legitimiert, ihren historischen Informationswert grundsätzlich höher einzuschätzen als in älteren Sagen. Die Gattung Sage entspringt einer anderen Geistesbeschäftigung als andere Sprachformen. Sie beschäftigt sich bevorzugt mit der »inneren Geschichte« eines Menschen, man kann sie auch mit Gerhard von Rad die »Geschichte mit Gott« nennen. Ausgangspunkt der Sage ist oft ein historischer Anlaß, doch wird dieser in einer Weise aufgegriffen, daß er zum Ausdruck für eine aktuell immer noch weiter wirkende Wirklichkeit wird. Die symbolische Qualität für die tradierende Gemeinschaft wird zur gestaltenden Kraft der Sage und überlagert gewöhnlich den historischen Anlaß. Darum sind auch die Sagen der Richter- und Königszeit nicht eigentlich biographisch interessiert, sondern auf den Fortgang der Geschichte bezogen und auf ihre Neubewertung zur Zeit der deuteronomistischen Redaktion. Die meisten Quellen wären sicher spurlos untergegangen, wenn die Tradenten in ihnen nicht »auf etwas schon jenseits ihrer selbst Liegendes« gestoßen wären (von Rad).

Die Annalistik. Mit der Staatswerdung geht auch ein erwachendes Interesse an der Bewahrung wichtiger Ereignisse einher, die chronologisch aufgezeichnet und archiviert werden. Es handelt sich noch nicht um planvoll konzipierte literarische Werke, sondern eher um Einzelnachrichten, etwa über Städtebau und Handelsbeziehungen, denen jede theologische Reflexion fehlt. Beispiele: 1 Kön 22,39; 2 Kön 13,12; 14.15.28; 15,15; 20,20; 21,17; Beispiele für Handelsbeziehungen: 1 Kön 9,26-28; 10,28f.; 22,49f. Die annalistische Dokumentensammlung kommt aber noch nicht zu einer einheitlichen und übergreifenden Darstellung; dazu muß sich der Blick für größere Zeiträume und zusammenhängende Ereignisfolgen erst noch entwickeln.

---

1 Vgl. ebd., 62f.

Geschichtsschreibung. Neue gesellschaftliche und politische Verfassungen bringen auch neue Sprachformen mit sich, zumal der veränderte Bewußtseinsstand veränderte Einsichten in die Geschichte zur Folge hat. Was bisher in mündlicher Überlieferung überwiegend als Sage zu sich kam (→ V,202-210), begegnet nun in den Königstraditionen erstmals als Geschichtsschreibung. Ältestes Beispiel dafür ist die Geschichte der Thronnachfolge Davids (2 Sam 6,23-1 Kön 2), die gleich zu Beginn auch zu höchster literarischer Vollkommenheit gelangt.

Im Vordergrund der israelitischen Geschichtsschreibung stehen einzelne Menschen, die durch ihr Handeln die politische Situation bestimmen. Auffalend ist die Vielfalt der Charaktere, die oft in »Kleinmalerei« vorgestellt werden; um sie herum gruppieren sich Nebenfiguren, die nie als statistisches Beiwerk erscheinen, sondern immer auch Individualität erkennen lassen. Das Interesse am Individuellen und an der Schilderung komplexer Seelenzustände unterscheidet die Geschichtsschreibung deutlich von der Sage. Die Person des Königs wird – im Gegensatz zur Geschichtsschreibung außerhalb Israels – nie glorifiziert, Schuld und Versagen werden nicht verdrängt. In der Beurteilung der Ereignisse und Personen übt der Schreiber große Zurückhaltung, nur ungern und selten wird die Darstellung unterbrochen, um die entworfenen Fäden in die Hand Gottes zu legen. So schafft die Geschichtsschreibung in Israel den Entwurf einer Theologie, die anders als bisher das Handeln Gottes in der Geschichte zur Sprache bringt.

Damit eine solche Geschichtsschreibung entstehen konnte, waren günstige Zeitumstände erforderlich. Das kleine, noch allseits gefährdete Reich Sauls bot dazu keine Voraussetzungen, denn geschichtliches Denken »verlangt eine Ruhe der Kontemplation, ein im Gleichgewicht kreisendes Schweben über den Dingen« (Erwin Schwartz), das nur in günstig gestimmten Epochen möglich ist. Diese Rahmenbedingungen bot der davidisch-salomonische Staat. Zum erstenmal lebte Israel in einem geordneten und gefestigten Staat. Kontakte zur umgebenden altorientalischen Kultur bahnten sich an und weckten auch in Israel schöpferische Kräfte. Hinzu kamen die Sonderbedingungen des Glaubens in Israel, der seinem Wesen nach bereits geschichtlich orientiert ist. Es entfaltete sich eine Geschichtsschreibung, die sich mit der griechischen vergleichen darf, wenngleich diese erst im 5. Jahrhundert ihre Entwicklung nahm. Zu beachten bleibt bei aller antiken Geschichtsschreibung jedoch grundsätzlich, daß in ihr nicht jenes historische Bewußtsein und Denken waltet, daß in unserer Kultur letztlich auch erst im 19. Jahrhundert präzisiert wurde. Nicht das historisch Faktische, sondern das als göttliches Wirken in der Geschichte Geglaubte bleibt das in der Vielfalt des Berichteten eigentliche Movens.

Ein Blick auf die zeitgenössische Umwelt vermag die Geschichtsschreibung Israels noch genauer fassen zu helfen. Hier überrascht zunächst, daß die Ägypter, Babylonier, Hethiter, Assyrer, alles Völker der Hochkultur und einer bewegten Geschichte, nichts hinterlassen haben, was den Namen Geschichtsschreibung verdiente. Gewiß haben sie sich mit den Ereignissen ihrer Geschichte befaßt und zahlreiche Dokumente in Wort und Bild überliefert, doch sind es durchweg Ordnungsversuche, welche die Aufreihung der Fakten kaum übersteigen:

Im Jahre 3 Nabonassars, des Königs von Babylon, setzte sich Tiglat-Pileser in Assyrien auf den Thron; im selben Jahre zog er nach Akad und plünderte die Städte Rabiku und Hamranu. Die Götter von Sapazza führte er weg.

Im Jahre 5 Nabonassars setzte sich Ummanigas in Elam auf den Thron.

Im Jahre 14 wurde Nabonassar krank und starb in seinem Palast.

14 Jahre regierte Nabonassar über Babylon. Nadinu, sein Sohn, setzte sich in Babylon auf den Thron. . .

Hier wird zwar eine Spur aufgeschrieben, aber Personen und Zeiten gewinnen kein eigenes Profil, – was Gerhard von Rad mit einem mythisch-zyklischen Denken erklärt, während Israel in seinem linearen Geschichtsverständnis das Gewicht des Einmaligen und Besonderen erfaßt habe.

Das umstrittene Königtum

Die Samuelbücher unterscheiden sich deutlich von den übrigen Teilen des deuteronomistischen Geschichtswerkes. Die Eingriffe und Kommentierungen, die sonst kennzeichnend für die Bearbeitung des Stoffes sind, treten auf weite Strecken zurück. Das liegt vor allem an dem Quellenmaterial, das hier aufgenommen wurde: Es sind zusammenhängende Schriften, deren größter Teil von 2 Sam 10 bis 1 Kön 2 reicht (Die Geschichte von Davids Thronfolge). Die Entstehung des Königtums wird als eine lange umstrittene Entwicklung dargestellt. Zwischen der zuerst formulierten Einsicht, daß Israel einen König braucht (Ri 17,6), und der Bestätigung, daß das Königtum in Israel fest verankert sei (1 Kön 2,46), liegen vier Generationen. Doch spiegelt dieser Prozeß nicht etwa die gewachsene Fähigkeit, geschichtliche Prozesse in ihren langsamen Veränderungen zu erfassen (das Josuabuch beschreibt die Seßhaftwerdung als abrupten Vorgang!), als vielmehr die Schwierigkeiten, die Institution Königtum angemessen einschätzen zu können. Darum begegnen unterschiedliche Urteile über das Königtum – alle im deuteronomistischen Stil – die offenbar die ebenso unterschiedlichen Meinungen der deuteronomistischen Theologen spiegeln:

1 Sam 7 schildert einen Kriegsheld »nach dem Herzen von Theologen«, ohne Machtmittel, nur auf sein Gebet und Gottes Hilfe gestützt. Was hier erzählt wird, predigte man auch nach dem Ruin Israels und Judas: So erfolgreich hätten wir sein können, wenn wir auf das Königtum verzichtet hätten.

1 Sam 8 hält das Königtum für ein notwendiges Übel. Wenn es schon ein Königtum geben soll, dann braucht es auch Rechte, andernfalls bliebe es ohnmächtig und nutzlos, also sind eine Streitmacht, Hofhaltung, Krongut und dementsprechend regelmäßige Steuereinnahmen unverzichtbar. Diese Bedingungen greifen spürbar in das Leben des einzelnen ein: Eure Söhne wird er holen. . ., den Zehnten erheben. . .

1 Sam 19,10 macht mit einem theologischen königskritischen Argument bekannt. Während 1 Sam 8,7ff Jahwe selbst dem Samuel nahelegt, dem Wunsch des Volkes nach einem König zu entsprechen, heißt es hier: Wer sich dem Schutz eines Königs anvertraut, verwirft Gott, der euer Retter in allen Nöten und Bedrängnissen ist. Dahinter mag die Erfahrung orientalischen Königtums stehen, das in seiner Herrschaft aus der Perspektive Israels als antigöttliche Macht erscheinen konnte.

1 Sam 12 bietet schließlich einen ausgewogenen Kompromiß. In einer langen Rede wird Samuel in den Mund gelegt, es sei zwar Unrecht, von einem König Schutz zu erwarten, aber wenn das Volk ansonsten nach Gottes Gesetz lebe, werde Jahwe über die sonstige Schwäche hinwegsehen.

Neben diesen Aspekten gibt es im deuteronomistischen Geschichtswerk zwei Erzählkomplexe, die das Königtum positiv werten. In den Kapiteln Ri 17-21 lassen die Redaktoren eine Quelle zu Wort kommen, die anders urteilt als sie selbst. »In jenen Tagen gab es in Israel keinen König«, heißt es mehrfach, »jeder tat, was ihm gefiel« (Ri 17,6; 18,1; 19,1; 21,25). Hier wird nüchtern und politisch argumentiert: Auch das Gottesvolk kommt nicht ohne politische

Macht aus; sie unterbindet Verbrechen und lebensfeindliche Unordnung und ist sogar die Voraussetzung dafür, Gott recht verehren zu können.

Eine zweite größere Erzählkomposition ist die »Ladeerzählung« (1 Sam 2; 4-6). Auch sie soll erklären, warum das Königtum notwendig wurde. Es wird vom Verlust der Lade berichtet, von der man meinte, sie biete Schutz vor dem Feind. Aber sie ging verloren und Schilo lag noch Jahrhunderte später in Trümmern, so daß es für Jeremia ein Mahnzeichen wurde, in einer ähnlichen Weise vom Tempel in Jerusalem zu denken: »Spruch Jahwes: Geht doch zu meiner Stätte in Schilo, wo ich früher meinen Namen wohnen ließ, und schaut, was ich ihr angetan habe wegen all des Bösen, das mein Volk Israel verübt hat« (Jer 7,12). Aus der Sicht der späteren Erzähler macht der Verlust des Heiligtums, auf das Israel vertraut hatte, das Königtum notwendig.

Während die kanaanäischen Städte ihre Stadtkönige, die Philister ihre Fürsten hatten und selbst die Nachbarvölker jenseits des Jordans bereits Staatsverfassungen mit einem König an der Spitze gebildet hatten, war es in Israel bei den alten Stammesordnungen geblieben. Lediglich die Lade als gemeinsames religiöses Symbol bildete einen kultischen Mittelpunkt. Diese kaum organisierte politische Ordnung bot den Philistern günstige Voraussetzungen für Übergriffe und Eroberungsversuche. Schon die Richterzeit ist von dauernden Konflikten bestimmt; unter Samuel kommt es zu einer Niederlage (1 Sam 4), welche die philistäische Herrschaft zur Folge hat. Das ließ den Wunsch nach politischer Vereinigung unter einem König zur Realität werden. Dennoch weiter wirkende Bedenken und Widerstände resultierten aus der religiösen Sonderentwicklung Israels: Gott ist der Gott ganz Israels; seinem Schutz unterstehen insbesondere die, die sich selbst nicht schützen können, die Armen und Schwachen. Durch seine Tora regelt er das Leben des Volkes, sorgt er für Gerechtigkeit und Frieden.

Erzählt wird nun die Geschichte vom Aufstieg und Fall des strahlenden jungen Saul, der als alter, verfinsterter Mann sein Scheitern offenbar macht. Der Gesamtkomplex gliedert sich folgendermaßen:

1. Die dreifache Überlieferung vom Aufstieg Sauls: 1 Sam 9,1-10,16: Die volkstümliche Erzählung; 1 Sam 10,17-27: Die Überlieferung vom Losentscheid; 1 Sam 11: Die Sage vom Retter Saul.

2. Sauls Herrschaft: 1 Sam 13f.

3. Die dreifache Überlieferung vom Scheitern Sauls: 1 Sam 15: Die Verschonung des Amalekiters; 1 Sam 16ff: Saul in der Überlieferung vom Aufstieg Davids; 1 Sam 28-31: Der Untergang Sauls.

Hinter diesen Komplexen stehen die heterogenen Erfahrungen, die Israel mit seinen Königen gemacht hat. Auch auf das Bild Sauls fallen die Schatten der nachfolgenden Königsgeschichte. Er war »zwar früh in aller Munde und ist auch bald ein Gegenstand der Dichtung geworden. Aber interessant geworden ist er dem Glauben doch vor allem als der Gesalbte, der Jahwes Hand entglitten ist, als der von der Bühne Abtretende und dem Kommenden Weichende, also als der von Gott Verlassene, als der von einem Wahn in den anderen Getriebene und als der Verzweifelte, der zuletzt von der gnadenlosen Finsternis verschlungen wird. Die Erzählungen begleiten den Weg des unglücklichen Königs bis zuletzt mit einer tiefen menschlichen Anteilnahme und entrollen eine Tragödie, die sich in ihrem letzten Akt zu feierlicher Größe erhebt. Tatsächlich hat Israel nie mehr eine dichterische Gestaltung hervorgebracht, die sich in gewissen Einzelzügen so nahe mit dem Geist der griechischen Tragödie berührt.«[1]

---

[1] *Gerhard von Rad,* Theologie des Alten Testaments. Bd 1: Die Theologie der geschichtlichen Überlieferungen Israels. München ⁴1962, 337.

Lucas von Leyden: David und Saul

A. Lucas van Leyden (1494-1533), Sohn eines Leidener Malers, wird von einem späteren Chronisten als »frühreifes Wunderkind« gerühmt. Schon mit neun Jahren soll der Knabe den Stichel sicher gehandhabt haben; sein erster datierter Kupferstich entstand bereits 1508, und wenn man der Datierung unseres Kupferstiches »um 1509« glauben darf, stammt er von einem just Fünfzehnjährigen. Eine höchst verwunderliche Reife!

Mit 19 Jahren wurde Lucas zum Waffendienst eingezogen, das erscheint plausibel; die Eintragung in die Schützenliste der Stadt Leyden nennt den 6. März 1514. Fünf Jahre später wird er nochmals unter den Armbrustschützen aufgezählt. Im Sommer 1521 weilte er in Antwerpen und lernte dort Albrecht Dürer kennen. In seinem Tagebuch beschrieb ihn Dürer als eine schmächtige Erscheinung. Schon sieben Jahre früher war Lucas, zwanzigjährig, Vater einer unehelichen Tochter Marijtgen geworden; verheiratet blieb er in kinderloser Ehe. Er litt während seiner letzten Lebensjahre an Schwindsucht und war häufig bettlägerig. Nach seinem Tod führte die Tochter eine Erbschaftsklage, die sie erfolgreich gegen Lucas' Witwe durchfocht. Lucas war gleicherweise als Maler wie als Kupferstecher tätig. Im Blick auf das Gesamtwerk des Lucas von Leyden ist schwer zu sagen, welchen dieser Bereiche er als sein eigentliches Feld betrachtete.

B. Der Bildtitel nennt zwei Namen, David vorangestellt. Kompositorisch aber liegt das Gewicht bei der sitzenden Gestalt. Wir sehen Saul auf einem reich geschnitzten Thron, in sich zusammengesunken, mürrisch und nach vorne stierend, als verfolge er ein imaginäres Ziel. Der bestickte Turban auf seinem Kopf, der pelzbesetzte Mantel, die Stulpenstiefel kennzeichnen seinen hochrangigen Status. Die übereinandergeschlagenen Beine mit ihrer verkrampften Fußstellung lassen aber nicht auf Freiheit und Souveränität schließen, sondern deuten unbewältigte Probleme an. Während die rechte Hand zusammengeballt auf seinem Knie liegt, hält er mit der linken kraftlos einen Speer, der mit seiner Spitze auf den jugendlichen David zielt.

Dieser steht unübersehbar kraftvoll und jugendlich vor dem gebeugten König und greift in die Harfe. Auch er trägt reiche königliche Gewänder, aber kurzgeschnittene, jugendliche. Er schaut auf den von ihm abgewandten Saul herab, doch ohne distanzierenden Ausdruck. Seine Haltung und sein Spiel sprechen von Bereitschaft und freundlicher Zuwendung.

Hinter David und Saul, die beide in gleicher Höhe auf einem Podest ihren Platz haben, hat sich eine Gruppe von Männern versammelt, die zahlreicher zu sein scheinen, als der Betrachter übersehen kann. Die über die Köpfe hinausragenden Federhüte, Speere und Hellebarden – allein neun Schäfte oder Spitzen sind zu zählen – deuten darauf hin, daß die sechs erkennbaren Personen zu einer größeren Ansammlung von Männern gehören. Der vornan Stehende aus dieser Gruppe läßt durch seine »sprechende« rechte Hand die Hinwendung zum König erkennen und scheint (als einziger auf diesem Bild) etwas sagen zu wollen. Doch der König reagiert nicht, er nimmt die Vorgänge in seiner Umgebung offensichtlich gar nicht wahr, sondern verharrt vielmehr in einer ihn verkrampfenden Grübelei.

C. Es ist nicht einfach, dem Kupferstich den biblischen Text zuzuordnen, auf den er sich beziehen mag. 1 Sam 15,28 wird erzählt, wie Samuel zu Saul sprach: »So entreißt dir heute der Herr die Herrschaft über Israel und gibt sie einem anderen, der besser ist als du.« Anschließend wird die Salbung des jungen David, gewissermaßen vom Felde weg, geschildert: »Samuel fragte Isai: Sind das alle deine Söhne? Er antwortete: Der jüngste fehlt noch, aber der hütet gerade die Schafe. Samuel sagte zu Isai: Schick jemand hin, und laß ihn holen; wir wollen uns nicht zum Mahl hinsetzen, bevor er gekommen ist. Isai schickte also jemand hin und ließ ihn kommen. David war blond, hatte schöne Augen und eine schöne Gestalt. Da sagte der Herr: Auf, salbe ihn, denn er ist es. . . Und der Geist des Herrn war über ihm von diesem Tage an« (16,11-13).

Seitdem Saul verworfen und David erwählt war, zeigte sich der Geist des Königs verfinstert. Die daraufhin erzählte Szene 16,14-23 ist offensichtlich jener Text, den der Kupferstich voraussetzt: »Der Geist des Herrn war von Saul gewichen; jetzt quälte ihn ein böser Geist, der vom Herrn kam. Da sagten die Diener Sauls zu ihm: Du siehst, ein böser Geist Gottes quält dich. Darum möge unser Herr seinen Knechten, die vor ihm stehen, befehlen, einen Mann zu suchen, der die Zither zu spielen versteht; dann wird es dir wieder gut gehen.« – Die Suche führt zu Isais Sohn David, und Saul läßt dem Isai ausrichten: »Schick mir deinen Sohn David, der bei den Schafen ist. Isai nahm einen Esel, dazu Brot, einen Schlauch Wein und ein Ziegenböckchen und schickte seinen Sohn David damit zu Saul. So kam David zu Saul und trat in seinen Dienst; Saul gewann ihn sehr lieb, und David wurde sein Waffenträger. . . Sooft nun ein Geist Gottes Saul überfiel, nahm David die Zither und spielte darauf. Dann fühlte sich Saul erleichtert. . .«

Mit dieser Szene ist zwar Davids Anteil an dem Kupferstich beschrieben, aber die »Erleichterung«, die Davids Musik dem König bringt, spiegelt sich gerade nicht. Offensichtlich nimmt das Bild noch die weitere Entwicklung Sauls mit auf: David schließt mit Sauls Sohn Jonatan Freundschaft; wo Saul ihn hinschickt, hat er Erfolg, beim Volk und bei Sauls Dienerschaft ist er beliebt, nach seinem Sieg über die Philister singen die Frauen auf der Straße: »Saul hat Tausend erschlagen, David aber Zehntausend.« So wächst Sauls Argwohn gegen David, der schließlich in Feindschaft übergeht: »Am folgenden Tage kam über Saul wieder ein böser Gottesgeist, so daß er in seinem Haus in Raserei geriet. David aber spielte wie jeden Tag. Saul hatte den Speer in der Hand. Saul dachte, ich will David an die Wand spießen! und schleuderte den Speer, aber David wich ihm zweimal aus. Und Saul begann sich vor David zu fürchten, weil der Herr mit David war, Saul aber verlassen hatte« (18,10-12). Von dieser letzten Zuspitzung des Konfliktes erzählt der Kupferstich noch nichts, aber der gedankliche Entwurf, die auf Mord sinnende Eifersucht, hat bereits von dem brütenden König Besitz ergriffen und äußert sich im psychischen Ausdruck, mit dem uns Saul vorgestellt wird. Doch selbst die darauf folgende Szene wird von dem Bild noch umgriffen: In der gekrümmten, gebrochenen und zugleich verkrampften Haltung des alten Mannes liegt die Vergeblichkeit aller Hinterlist schon eingeschlossen: Der Speer in der linken Hand und die kraftlose Art, wie er gehalten wird, deutet auf Sauls Unterlegenheit hin.

Lucas van Leydens Kupferstich gibt also keine Einzelsituation wieder, sondern rafft einen Prozeß, den er in den Charakteren der beiden Hauptpersonen verdichtet. Aus dieser Sicht gewinnt auch der hinweisende Gestus des Mannes hinter dem Thron Sprache: »Schaut ihn an«, bedeutet die vorweisende Haltung der Hand und der leicht vorgeneigte Oberkörper, »dies ist der schwermütige König Saul.« Die Männer um ihn herum und die unsichtbaren Waffenträger dahinter aber gehören offensichtlich nicht mehr zu Sauls, sondern zu Davids Gefolge, nachdem er als gefeierter Sieger aus dem Kampf gegen die Philister heimgekehrt ist. Ähnlich wie Chagall die Batseba in *zwei* Frauengestalten deutet (→ S. 471), interpretiert dieser Kupferstich den jungen David als Musenfreund und Krieger. Dieser Szenerie gegenüber wirkt der hinfällige Saul um so verlassener.

D. Ohne Bibelkenntnis ist das Bild nicht zu erschließen. Der Unterricht kann die relevanten Kapitel lesen lassen und dazu die Aufgabe stellen, Bildinhalt und Text zusammenzubringen. Die Schüler versehen den Kupferstich mit den nach ihrer Meinung treffendsten Versen. Auch die Informationen des Religionsbuches lassen sich hier einbeziehen.

1 Sam 28,3-25: Saul bei der Totenbeschwörerin von En-Dor

A. Die Erzählung unterbricht 28,3 den Bericht über den Philisterkrieg, der 29,1 fortgesetzt ist. Sie ist sekundär an dieser Stelle eingefügt worden. Sachlich hätte sie vor 1 Sam 31 ihren passenden Platz.

B. Dem Beginn der eigentlichen Erzählung gehen zwei Informationen voraus: die vom Tode Samuels (der bereits 25,1 erwähnt wurde), sowie die unvermittelt daneben gesetzte Notiz über die Vertreibung der Okkultisten und Totenbeschwörer aus dem Lande unter Sauls Regentschaft. Bevor es aber um die Erzählung selbst geht, ist es angemessen das Phänomen Totenbeschwörung zu erfassen.

Unter der Oberfläche aller Religionen finden sich – auch heute noch lebendige – Vorstellungen eines alten Dämonen- und Totenglaubens, die eine große Breite aufweisen. Sie reichen von körperlich gedachten Wiedergängern bis zu der spiritualisierten Form der »Armen Seelen«. Totenbeschwörung (Nekromantie) bezeichnet Handlungen, durch die Tote veranlaßt werden sollen, Orakel zu erteilen. Dabei können Gegenstände eine Rolle spielen, die in Beziehung zu den Toten standen. Es gibt magisch-zauberische Mittel, Inkubation (Traumorakel), Beschwörungen. Hinter diesen Praktiken steht die Vorstellung, daß den Toten eine Macht eignet, derer man sich bedienen möchte. Je nach Tradition zeigt sich der Tote nur dem Zauberer als schattenhafte Gestalt; oder er darf gesehen, nicht aber angesprochen werden.[1] Die volkstümlichen Anschauungen Israels sind der prophetischen Kritik zum Opfer gefallen. Es hat erbitterte Ausrottungskämpfe gegen bestimmte Totenriten gegeben (vgl. Lev 19,28; 21,5f.; Dtn 14,1). Die Exklusivität Jahwes verbot die Ausbildung nebenhergehender Kulte.

---

1 *Bächtold-Stäubli*, Handwörterbuch des deutschen Aberglaubens. Reprint 1987, Bd.8, 1054f.

V 4-7: Die innere Verfassung Sauls wird durch die einleitenden Sätze skizziert. Die philistäische Bedrohung treibt ihn in panische Angst, die er durch Zukunftsbefragung beruhigen möchte. Aber alle erlaubten Medien versagen: Der Traum gibt keine Antwort, auch nicht das heilige Losorakel,[1] und das sonst hilfreiche Wort des Propheten Samuel ist ihm ebenfalls genommen. Ganz auf sich selbst verwiesen, vermag Saul keine Entscheidung mehr zu treffen. So sucht er gottverlassen und ratlos Hilfe bei einer Frau, »die über Totengeister Gewalt hat«.

V 8-14: Daß Saul inkognito geht, zeigt in beredter Weise, wie sehr er sich der Unerlaubtheit seines Verhaltens bewußt ist. Die Frau verweigert ihre Dienste mit Hinweis auf die hohen Sanktionen, die der König darauf gesetzt hat. Erst nachdem Saul ihr pauschal Schuldfreiheit zugesichert hat, ist die Frau bereit: »Wen soll ich für dich heraufsteigen lassen?« Erst jetzt nennt Saul Samuel. Als die Wahrsagerin den Propheten erblickt, erkennt sie in einem Aufschrei *Sauls* Identität. Eine Erklärung dieses Zusammenhangs fällt schwer. Vielleicht schloß sie aus der Bitte um Beschwörung des prominenten Samuel auf die Prominenz des Bittstellers. Saul selbst kann die Erscheinung nicht sehen, spürt jedoch durch das Verhalten der Frau, daß der Schatten des Propheten tatsächlich anwesend ist. Die Frau beschreibt, was sie sieht. »Da erkannte Saul, daß es Samuel war.« – Die Erzählung enthält sich hier jeder Kommentierung. Das muß den deuteronomistischen Redaktoren schwer gefallen sein, denn solche Zauberei war für sie nichts als Greuel.

V 15-19: Der folgende Dialog geschieht ohne Vermittlung der Totenbeschwörerin. Samuel erklärt Saul seine hoffnungslose Lage: »Der Herr ist von dir gewichen; er ist dein Feind geworden.« Das Kriegsschicksal wird dieses Urteil belegen. (V 17 und 19a sind spätere Einschübe, welche an die Verwerfungsgeschichte 1 Sam 15 anknüpfen.)

V 20-25: Diese Botschaft führt bei Saul zu dessen physischem Zusammenbruch. Auch die angebotene Stärkung motiviert ihn nicht mehr. Dennoch läßt sich die Frau in ihrer menschlichen Besorgtheit und Hilfsbereitschaft nicht abschütteln; eine schöne Szene ermutigender Gastfreundschaft. So essen denn Saul und seine zwei Begleiter, dann gehen sie in die Nacht zurück.

C. Um diese Geschichte unterrichten zu können, sind Vorkenntnisse über Samuel und Saul notwendig. Gleichzeitig muß das Phänomen Totenbeschwörung geklärt werden als auch die Einstellung Israels dazu: Saul tat, »was man in Israel nicht tut«. Hinzuzunehmen ist auch der Text von Sauls Ende, 1 Sam 31. Ansonsten bliebe sein Abschied von der Totenbeschwörerin offen.

Es ist damit zu rechnen, daß die Schüler ihre Aufmerksamkeit vor allem der Nekromantie zuwenden, sei es, daß sie sagen: »So etwas gibt es doch nicht, daß Tote erscheinen«, sei es, daß sie mit volkstümlichen Überlieferungen aufwarten, die ähnliches erzählen. Dem Unterricht sei geraten, keine ausgedehnten Exkurse in den Okkultismus oder die Parapsychologie damit zu verbinden; die niveauvolle und kritische Recherche und Bewertung okkulter Phänomene läßt sich mit Zwölfjährigen nicht erreichen. Vor allem wäre zu fragen, was es bedeutet, aus einem umfangenden Gottvertrauen heraus zu leben – oder sollen,

---

1 Über Orakel siehe: *Hubertus Halbfas, Das Welthaus,* a.a.O., Nr. 131-143.

wenn dieses nicht mehr gegeben ist, Totengeister und Dämonen an dessen Stelle treten? – Die Äußerung, daß Gott von Saul gewichen und sein Feind geworden ist, bedarf ebenfalls der Bearbeitung. Können wir heute noch so sprechen? Wenn ja, in welchem Sinne? Gibt es politische Vorgänge, die uns ein solches Urteil erlauben?

Ein weiterer Aspekt: Gott schweigt gegenüber Saul. Saul leidet unter dieser Ferne und dem Schweigen Gottes. Ist er in dieser Not verständlich? Das Schweigen Gottes ist auch für viele Zeitgenossen eine Not. Wie begegnen sie ihr? Wann hat Jesus das Schweigen Gottes erfahren? Literarisch korrespondieren hier Borcherts Frage: »Wo warst du, lieber Gott?« (→ IV,196) oder Samuel Becketts »Warten auf Godot«.

Verkörpert Saul eine menschliche Grundsituation: angesichts des Schweigens Gottes zu leben?

D. An der hier ausgewählten Perikope zeigt sich, daß man auch eine in sich stehende Erzählung aus den Saul-Überlieferungen nicht angemessen interpretieren kann, ohne im Detail das Ganze mitzuerfassen. Außerdem wird deutlich, daß wir selbst in diesen alten Geschichten einen »Sitz im Leben« haben. Der unterrichtliche Umgang mit solchen Texten kann nur jenen gelingen, die den Text auf das Gesicht der Welt und die menschliche Existenz darin durchsichtig zu machen wissen. Mit Formeln, Inhaltsangaben, Faktenhuberei geht das nicht.

Das Königtum Davids S. 181-184

Die Darstellung der Geschichte Davids konnte sich auf zwei große Quellenschriften stützen, die sich auch heute noch leicht und spannend lesen: Die Geschichte vom Aufstieg Davids und die Erzählung von der Staatskrise im Reich Davids.

Die Geschichte vom Aufstieg Davids (1 Sam 16-2 Sam 5) liest sich zügig, ist aber nicht aus einem Guß. Sie lag den Redaktoren als eine profane Darstellung vor, die zeigt, wie Mut, Kraft, taktisches Denken und eine gewisse Bedenkenlosigkeit in der Wahl der Mittel – wenn dann noch Glück mitspielt – zum Erfolg führen. Die biblische Darstellung überhöht diese Dispositionen mit der Überzeugung, daß letztlich nur Gottes Segen den tüchtigen Mann zum Segen für das Volk werden läßt; darum darf poltische Macht auch nur im Sinne Gottes gebraucht werden.

Die Erzählung von der Staatskrise im Reiche Davids (2 Sam 9-1 Kön 2). Bereits in der Salomozeit entstand dieses in der ganzen Alten Welt einmalige Werk, das die Deuteronomisten in ihre Geschichtsdarstellung übernahmen. Die Erzählung berichtet, zu welchen Komplikationen es führt, wenn sich zuviel Macht in einer Hand versammelt. Es beginnt mit der Verführung der Batseba und dem Mord an deren Mann Urija und endet nach zahllosen Verwirrungen mit der Thronbesteigung Salomos, des Sohnes Davids und der Batseba, der Witwe Urijas. David bereut seine Schuld, aber ihre Folgen kann er nicht aufhalten; sie begegnen ihm in seinen Kindern und ihrem Verhalten. Streckenweise hat es den Anschein, als würde hier Familiengeschichte erzählt, doch aus dem Krieg der Getreuen Davids gegen die Anhänger des aufständischen Sohnes Abschalom entwickelt sich schließlich ein Bürgerkrieg zwischen Israel und Juda. So zeigt sich das tiefer dringende Interesse hinter der Erzählung: Es geht letztlich um das Volk und die Frage, wie staatliche Macht Gerechtigkeit und Frieden schaffen können.

Theologisch herausfordernd ist die erregende Weltlichkeit dieser Darstellung. Sie markiert »den Durchbruch zu einer ganz neuen Auffassung von Jahwes Handeln in der Geschichte... Nirgends ereignet sich ein Wunder, und nirgends ist in dem Geschehen eine sakrale Stelle, etwas wie eine heilige Mitte, von der die großen geschichtlichen Anstöße ausgehen. Die Kausalkette der menschlichen Ereignisse ist lückenlos geschlossen; nirgends ist vom Erzähler eine Stelle frei gehalten, an der sich das göttliche Handeln mit der irdischen Geschichte verzahnen kann... Der Raum, in den sich die Geschichte begibt, ist von vollkommener Profanität, und die Kräfte, die darin spielen, gehen nur vom Menschen aus, die sich keineswegs von besonderen religiösen Impulsen leiten lassen. Aber der Historiker bedarf all der hergebrachten Mittel der Darstellung nicht mehr, weil sich seine Auffassung vom Wesen der göttlichen Geschichtslenkung völlig verändert hat. Jahwes Walten umgreift alles Geschehen..., es ist den natürlichen Augen überhaupt verborgen. Aber es durchwirkt kontinuierlich alle Lebensgebiete...«

Im Mittelpunkt von allem steht David, ein Mensch von harter innerer Gegensätzlichkeit. Als Staatsmann war er von genialem Weitblick, als Mensch von manchen Leidenschaften getrieben, denen er bis zum Verbrechen erliegen konnte, aber doch immer großer Impulse fähig und im Unglück von echter Würde. Den Söhnen war er in einer Schwäche verfallen, die zur Schuld wurde und die seinen Thron an den Rand des Abgrunds gebracht hat. Aber auch die anderen Gestalten dieses bunten Spiels haben je ein markantes Profil: Die Prinzen, die Söldnerführer, die Rebellen, die Frauen und die Leute aus dem Volk. Diese unaufdringliche, aber sehr eindringende Kunst psychologischer Darstellung geht weit hinaus über die Möglichkeiten der Menschenschilderung der älteren Erzählungen, und in ihr bewährt sich noch einmal die ganze Weltoffenheit dieses Historikers, denn die Menschen, die er zeigt, sind wirklich alles andere als ›religiöse Charaktere‹.«[1]

Marc Chagall: König David S. 175 und 183

A. Die biblische Welt Marc Chagalls findet sich in dieses Unterrichtswerk, zumal in dessen Grundschulteil, breit aufgenommen. Wer nunmehr im 6. Schuljahr einem Gemälde Chagalls erstmalig begegnet, sei auf die Einführung in sein Werk → II,221-224 und einige exemplarische Bildinterpretationen in den Handbüchern 2 und 3 besonders verwiesen.

Chagall hat eine Fülle von Davidszenen geschaffen, die in ihrer Summe keinen festen Typ beschreiben, sondern, je nach Textbezug, immer neue, völlig verschiedene Gestalten vorstellen. Aus diesen Davidbildern hebt sich ein Gemälde besonders heraus, das »David als König« zeigt.

B. Eine Vielzahl von Motiven beleben das Bild (S. 183). Links steht, die volle Bildhöhe ausfüllend, König David, mit einem roten Mantel bekleidet, eine goldene Krone auf dem Haupt und in den Händen eine Harfe, auf der er spielt. Zu seinen Füßen ist die Davidsstadt Jerusalem zu sehen, mit Mauern und einem hohen Turm, keine historisierende Silhouette, sondern das Bild einer Stadt schlechthin, hinter der, im Königsrot strahlend, die Sonne aufgeht. Vor der Stadt drängt sich eine Volksmenge, die sich bis an den unteren Bildrand hin in Einzelgestalten von Mann, Frau und Kind individualisiert.

Der Stadt und Volksmenge gegenüber sitzt, wie auf einer einsamen Insel, in den weiten Mantel gehüllt, durch Körper- und Armhaltung das In-sich-Geschlossensein verstärkend, ein alter Jude, wie ihn Chagall auf vielen seiner Bilder gemalt hat (vgl. insbesondere Religionsbuch 2, S. 31: »Der Prophet Jesaja«, → II,248-254; im Religionsbuch 4, S. 33: »Einsamkeit«, → IV,220f.; s.a. dort S. 31: »Der Jude in Grün«, → IV,209-212). Es wird nicht falsch sein, diese Gestalt auf dem Davidsbild mit dem genannten Kontext zu verbinden und ihr auch durch die früher gebotene Interpretation Bedeutung zu geben. Wenn Franz Meyer meint, in diesem Juden den Propheten Natan sehen zu dürfen, so wählt er damit sicherlich eine zu enge Festlegung. Er mag »Natan« sein, aber auch jeden anderen Namen tragen, am ehesten mag er »Israel« heißen, so wie

[1] *Gerhard von Rad*, a.a.O., 328; 235f.

auch der »Prophet Jesaja« oder der »Jude in Grün« für ganz Israel stehen. Selbst der bei Chagall so oft anzutreffende Mann auf dem Dach (vgl. IV,200) berührt sich mit dem meditierenden Juden, der auf unserem Bild sein Buch aus der Hand gelegt hat und von seiner fernen Zeitinsel in die Königszeit zurücksinnt.

Ein goldener Horizont, Reflex der Sonne Jerusalems, umfängt den alten Mann vom Rücken her und ist selbst noch in einem letzten Schimmer auf dem Boden, auf dem er sitzt, wahrzunehmen.

Darüber liegen, bereits zur oberen Bildhälfte gehörig, zwei Frauengestalten, die auseinander hervorgehen: eine sich hell und nackt heraushebende Frau, deren Körper in einen langen Schweif, kometenhaft, ausmündet, und eine weitere, die ihre linke Hand auf die Brust legt und mit der rechten einen Leuchter mit drei brennenden Kerzen dem König entgegenstreckt. Ohne Zweifel sind dies zwei Aspekte einer Frau – es liegt nahe, an Batseba zu denken –, die sich hier entfalten: die sinnliche Schönheit und die verehrende Frömmigkeit. Vom oberen Bildrand her bringt außerdem eine kindlich anmutende Gestalt huldigend Blumen. Die Bewegungsrichtung zielt weder auf den König noch auf das Doppelbild der Frau, sondern auf den Beziehungsraum zwischen ihnen.

In der rechten oberen Bildecke erscheint der Künstler selbst. Wir sehen ihn als erster der nahenden Menschengruppe mit Pinsel und Palette. Hinter ihm ein Jude im Kaftan und mit geschultertem Sack, eine Frau, ein Kind, ein Pferd, unten Musikanten mit Geige und Flöte. Sie alle vervollständigen den huldigenden Gruß an den königlichen Mann.

C. Das am Kapitelanfang stehende Pastell zeigt ebenfalls David als König. Gegenüber dem Gemälde ist dieses Bild einfacher, leichter, luftiger gehalten. Im Mittelpunkt steht, in ein gelb-goldenes Gewand gekleidet, David, gekrönt und mit hocherhobenen Armen. Ein schwungvoller Bogen, der von unten aufsteigt und den König umrundet, umfaßt die Gesetzestafeln, Häuser, rechts unten ein Tier; vor David steht ein aufgeschlagenes Buch. In den Höhen über dem Bogen der brennende Leuchter, eine Engelsgestalt, angedeutete Gesichter. In seiner Gesamtheit möchte das Bild den König in einen Kosmos, der Himmel und Erde umspannt, Mensch, Engel und Tier vereint, stellen, wobei David die betende Mittlergestalt ist.

D. Als Chagall 1962 in Jerusalem zur Einweihung der Glasfenster für die Hadassah-Synagoge sprach, sagte er:

»Wie kann es sein, daß Luft und Erde meiner Geburtsstadt Witebsk und eines viele tausend Jahre währenden Exils sich in der Luft und Erde von Jerusalem vereinen? Wie hätte ich wissen können, daß nicht nur meine Hände mit ihren Farben mich an meine Arbeit leiten, sondern auch die armen Hände meiner Eltern und vieler anderer? Wie hätte ich wissen können, daß sie sich hinter mir versammelten und mit ihren stummen Lippen und geschlossenen Augen flüsterten, gleichsam, als wünschten sie auch an meinem Leben teilzuhaben?

Je mehr unser Zeitalter es ablehnt, dem Universum ins Antlitz zu blicken, und sich mit dem Antlitz eines kleinen Teils seiner Haut begnügt, desto angstvoller werde ich, wenn ich an den ewigen Kreislauf des Universums denke, und desto mehr möchte ich mich der allgemeinen Strömung widersetzen. – Ich weiß, daß unser Lebensweg zugleich ewig und kurz ist. Ich habe gelernt, auf diesem Weg in Liebe, nicht in Haß zu gehen.

An all das mußte ich vor vielen Jahren denken, als ich zum ersten Mal biblischen Boden betrat, um Radierungen biblischer Themen vorzubereiten. – Ich sah die Berge von Sidon und die Negebwüste vor mir; ich sah die Propheten auftauchen aus den Schluchten der Wüste, eingehüllt in Gewänder, deren Gelb der Farbe trockenen Brotes glich. Ich hört die großen einst gesprochenen Worte. Und sie ermutigten mich, auch mein bescheidenes Geschenk dem jüdischen Volk darzubringen – jenem Volk, das immer von biblischer Liebe, von Freundschaft und vom Frieden unter den Völkern geträumt hat.«[1]

Diese Worte enthalten auch einen didaktischen Hinweis: Wie Chagall Vergangenheit und Gegenwart in seinem Verhältnis zur Bibel, ihrer Landschaft und ihren Menschen zusammenzubringen vermochte, sollte auch der Unterricht die biblische Welt und Botschaft mit der eigenen Welt verbinden können. Dann steht König David mit seiner Schuld und seiner Frömmigkeit in einer Menschlichkeit vor uns, in der wir, in dieser Gestalt, uns selbst tiefer verstehen und annehmen lernen.

2 Sam 11 und 12: Davids Ehebruch und Natans Strafrede

A. Die Erzählung gliedert sich in drei Abschnitte: die Batseba-Episode, die Natan-Szene und den Bericht von Krankheit und Tod des Batseba-Kindes.

B. *Batseba-Episode*: V 1-4: David hat seinen Feldherrn Joab beauftragt, die Ammoniter-Stadt Rabbat zu belagern (→ Karte S. 182). Währenddessen weilt der König in Jerusalem. Vom Flachdach seines Palastes sieht er eine badende Frau »von sehr schöner Gestalt«. Erstaunen mag, daß der König das Verlangen nach dieser Frau nicht geheimhält. Er holt Informationen ein und schickt »Boten« hin, sie zu holen. Das alles läßt auf Selbstbewußtsein und Machtfülle schließen. Weigerung oder Widerstand scheinen nicht einkalkuliert zu sein. Wer so denkt und handelt, weiß was er will und handelt »konsequent«, d.h. rücksichtslos. Was die junge Frau dachte, bleibt ausgeblendet. Der Erzähler beschäftigt sich alleine mit David, um dessen Handeln und dessen Schuld deutlich zu machen.

V 5-13: Die ersten Verwicklungen stellen sich, wie meist in solchen Fällen, ein, als Batseba dem König mitteilen muß, daß sie schwanger geworden ist. David läßt daraufhin den Urija, Batsebas Mann, von der Belagerung Rabbats zurückholen, eine spektakuläre Aktion. Das mit ihm geführte Pseudogespräch, das ungewöhnliche »nachgetragene« Geschenk, die Aufforderung, in sein Haus zu gehen und sich zu waschen, scheinen Urija mißtrauisch gemacht zu haben. Er vermeidet es, zu Batseba zu gehen und durchkreuzt damit Davids Versuche, die königliche Vaterschaft zu vertuschen. Selbst auf Davids Insistieren hin, verweigert er, »zu essen, zu trinken und bei seiner Frau zu liegen«. Hat er Davids List durchschaut?

V 14-17: Nachdem die Taktik des Königs fehlgeschlagen ist, ändert dieser seinen Plan. Brieflich gibt er Joab den Auftrag, den Briefboten Urija in die ärgste Gefahrenzone zu stellen und ihn dort im Stich zu lassen. Das ist derart infam, daß die Tat sich selbst und ihren Initiator richtet.

1 Zit.n. *Hans-Martin Rotermund*, Marc Chagall und die Bibel. Lahr 1970, 99.

V 18-25: Durch Botenbericht wird David informiert. Hinter Joabs Bericht-erstattung scheint die Weisung des Königs zu stehen, keine unvorsichtigen Eskapaden zu wagen, Menchenleben zu schonen, keine vermeidbaren Gefah-ren zu riskieren. Auf diesem Hintergrund wiegt der Tod Urijas um so mehr. Da Joab mit seinem Verlustbericht jedoch den Tod Urijas verbinden kann, nimmt David den Tod der übrigen in einer skandalösen Beschwichtigung hin: »Be-trachte die Sache als nicht so schlimm; denn das Schwert frißt bald hier, bald dort.«

V 26-27: Nach Ablauf der Trauerzeit holt David Batseba in seinen Palast, wo sie einen Sohn zur Welt bringt. – Während bisher alles Geschehen ohne jede Wertung oder religiöse Bezugnahme erzählt wurde, heißt es nun abschließend lapidar: »Dem Herrn aber mißfiel, was David getan.«

Natan-Szene. Der ursprüngliche Bestand umfaßt die VV 1-7a und 13-15a. Die eingefügten Erweiterungen sind sinnvoller an V 15a anzuschließen.

V 1-7a: Nun schaltet sich der Prophet Natan ein. Er erzählt dem König ein Gleichnis, das David ganz in die Ezählhandlung einbezieht, so daß er spontan Stellung nimmt (→ Religionsbuch 5/6, S. 18). Das knappe: »Du bist der Mann!« macht David klar, daß er sich damit selbst zum Tode verurteilt hat.

V 13-15a: Angesichts eines Urteils, das er spontan über sich selbst sprach, bekennt David seine Schuld vor Gott, seine Schuld vor Batseba und Urija natürlich darin eingeschlossen. Daraufhin sagt ihm Natan die göttliche Verge-bung und die Aufhebung des Todesurteils zu. Doch ist es keine billige Gnade: Der Sohn muß sterben. Die hier anzufügenden Verse 7b-12 stellen die Schwere von Davids Verfehlung weiter heraus und künden einen dauernden Kampf und Unfrieden in Davids Königshaus als Folge an.

Der Tod des Batseba-Kindes. V 15b-23: Ausführlich und anschaulich wird nun geschildert, wie sich die Worte Natans erfüllen. Nachdem jedoch das Kind tot ist, reagiert David ganz anders, als seine Umwelt erwartet hat. Doch tröstet sich der König keineswegs vorschnell über den Tod des Kindes hinweg, sondern akzeptiert die Realität des Todes als unabänderlich. Auch nimmt er diesen Tod im Wissen um seine Schuld an.

Mit V 23-24 eröffnen sich neue Perspektiven in die Zukunft, die zwar über lange Zeit in der Hintergrund geraten, aber langfristig doch die Geschichte bestimmen werden: Batseba gebiert den Sohn Salomo, mit dem sich nach schlimmen Wirren, Staatskrisen und Familientragödien die Nachfolgefrage lösen wird.

C. Beachtenswert ist die Offenheit, mit welcher die Erzählung von Davids Verbrechen spricht. Es wird nichts beschönigt, nichts gerechtfertigt. Das zeigt, daß in Israel die königliche Würde nie absolut gesetzt wurde, sondern streng auf eine höhere Norm bezogen blieb. Als Stimme dieser unbedingt geltenden Norm, des Willens Gottes, tritt der Prohet Natan auf. Er verhindert, daß die Schuld totgeschwiegen oder glattgestrichen wird. Vor dem Schuldspruch dieses Mannes, den kein Amt legitimiert, der aber im »Namen Gottes« spricht, erscheint David aller Macht entkleidet, ist er nur noch ein armer Sünder. Indem so »der kleine Mann« vor dem König unüberwindliche Stärke gewinnt, wäh-rend Davids Schwäche offenkundig wird, bekommt Israel ein Beispiel, seine Könige nie zu vergöttern. Der hysterische Rausch, der Deutschland in seinem

»Führer«kult kennzeichnete, wäre in der Geschichte Israels unmöglich gewesen. Darum ist diese Perikope auch eine Lektion in politischer Theologie.

D. Das Unterrichtsgespräch über solche Geschehnisse weckt Schülermeinungen, die der Erörterung bedürfen. Im Vordergrund der Beachtung steht bei den Schülern zunächst das schurkische Benehmen jenes Mannes, in dem Israel sein Königtum am meisten feierte und immer noch feiert, wie etwa die Chagall-Bilder zeigen, und dem die Tradition einen erheblichen Teil der Psalmen zuschreibt. Wie kann dieser Mann Vorbild sein? Theologische Antwort: »Dieser fehlgeleiteten Einstellung zu dem Verbrechen Davids liegt die Auffassung zugrunde, daß Gott sich zur Verwirklichung seiner Pläne in der Welt besonders qualifizierter, untadeliger Menschen bedient.« Das ist mythisch gesprochen. Die zu stiftende Einsicht müßte lauten, daß die Weltgeschichte insgesamt im Guten wie im Bösen sinnbezogen ist:

> Dorothee Sölle: Die Allgegenwart Gottes
>
> Ich will doch nur, daß ihr mich liebt,
> sagte der Rainer Faßbinder,
> der das Innerste nach Außen kehrte,
> sagt mir die alkoholkranke Schriftstellerin,
> hör' ich viele sagen in stummen Sprachen.
> Siehst Du, um das zu verstehen, brauch' ich Gott.
> Welchen Grund sollte ich haben, einen der brutal ist
> und ausnutzerisch und häßlich,
> aufzusuchen und anzuhören und zu begleiten.
> Lieben kann ich doch nur, was schön ist
> und nicht den natürlichen Abscheu hervorruft.
> Ohne Zweck, ohne Tauschwert will ich eins sein
> mit dem, was schön ist.
> Wenn sich aber das Schöne versteckt hält im Suff
> und im unförmigen Körper, in einer trägen Bewegung,
> in einem unempfindlichen Herzen, muß ich es suchen gehn.
> Die Gewißheit, das Schöne zu finden in allem, was lebt,
> nennen wir seit alters Gott. Gott ist überall.
> Er lockt uns durch Schönheit zu sich.
> Wir finden Gott in jedem Menschen.
> Ich will doch nur, daß ihr Gott glaubt,
> hör' ich viele sagen in stummen Sprachen.

Die Geschichte Israels hat für die Deuteronomisten eine Richtung; die Salomozeit ist ihr Höhe- und ihr Wendepunkt. Von seinem Vater erbt Salomo Probleme, die den Bestand des Staates bedrohen. Salomo löst diese Probleme und schafft damit die Basis seiner Herrschaft. In der deuteronomistischen Darstellung erscheint diese Zeit in folgendem Aufbau:

Salomos Aufstieg
1 Kön 1 und 2: Ende der Thronfolgeerzählung
Salomos Glanz
Der große Herrscher
3,2-18: Volkstümliche Erzählungen von Salomos Weisheit
4,1-5,8: Archivmaterial: Salomos Verwaltung
5,9-14: Archivmaterial: Salomos Weisheit
Der Erbauer des Tempels
5,15-8,66: Aus der Tempelchronik
8,12f.: Der Tempelweihspruch
Nachträge
9,10ff.: Archivmaterialien
10,1-13: Besuch der Königin von Saba
10,14-29: Archivmaterial: Handel und Reichtum
Salomos Niedergang
11,1-8: Archivmaterial: Salomos Bundesbruch
11,14-25: Salomos Gegner. Aus der Geschichte Edoms und Arams
11,26-40: Jerobeams Aufstand
11,41-43: Salomos Tod

Für die der Deuteronomisten ist die Salomozeit der Höhepunkt der Geschichte Israels, weil nun alle Gaben beisammen sind, die Gott seinem Volk zugedacht hat: Land, Frieden, Königtum und Tempel. Dennoch ist sein Königtum gekennzeichnet durch eine Wende zum Bösen: Salomo hat die Heilsgabe des Gesetzes verschmäht und damit Unsegen über sein Volk heraufbeschworen.

Das Land. Von der Heilsgabe des Landes handelt bereits das Buch Josua (→ S. 450-453). Die Redaktoren des deuteronomistischen Gesamtwerkes waren überzeugt, daß sich das unter Josua Begonnene unter Salomo vollendete. 1 Kön 5,1 fassen sie zusammen: »Salomo war Herrscher vom Eufrat bis an die Grenze Ägyptens« und übersehen dabei die vielen kleinen Staaten und Völker, die sich hier drängten. Sie schreiben sich das gesamte Gebiet zwischen den Großmächten zu, wenngleich hinter ihrer weitgreifenden Sicht nur unter Salomo politische Potenz stand. Aus dem Rückblick der Habenichtse in der Exilszeit erscheint die Vorstellung von dem, was alles hätte sein können, phantastisch überhöht.

Der Frieden. »Ruhe vor den Völkern« ist ein Hauptthema des Richterbuches; es wird hier wieder aufgegriffen: »Israel und Juda lebten in Sicherheit von

Dan bis Beerscheba, jeder unter seinem Weinstock und unter seinem Feigenbaum, solange Salomo lebte« (1 Kön 5,5). Salomo muß diesen Frieden nicht durch Krieg herstellen; er gewinnt durch seine Weisheit Ansehen und Recht unter den Völkern; der Weise ordnet die Welt; von allen Völkern kommt man, die Weisheit Salomos zu hören. Die von Salomo gegründeten Weisheitsschulen finden Beachtung und Zulauf. – Doch steckt auch hier, wie in allem, eine Gegenseite: Die Öffnung Israels für die Kultur anderer Völker schuf dem Jahweglauben die Konkurrenz anderer Religionen. Darin künden sich Entwicklungen an, die über Jahrhunderte den prophetischen Kampf bestimmen werden.

Das Königtum. Auch das Königtum, das Israel retten soll, führt das Volk zur Katastrophe. Nur wenige Könige halten vor den Maßstäben stand, welche die Deuteronomisten anlegen. Da Salomo Israel für den Einfluß fremder Völker und Religionen öffnet, kann er vor ihren Augen nicht als Vorbild rechten Königtums bestehen. Nur wenige Könige genügen ihren Ansprüchen. Es sind jene, denen es gelang, fremden Einfluß einzudämmen und religiöse Reformen durchzuführen. Im übrigen ist David – unbeschadet seiner Schuld – der eigentliche »Knecht Jahwes«, König nach dem Herzen Gottes.

Der Tempel. Die aus dem 586 zerstörten Tempel geretteten Archive boten den Deuteronomisten viel Material über Salomos Tempelbau. Aus der Summe der Unterlagen ergibt sich: Königspalast und Tempel wurden von einer gemeinsamen Mauer umschlossen. Der eigentliche Tempelbereich ist der kleinere Teil der Anlage. Mit 30 × 30 × 15 m ist der Tempel nicht größer als eine heutige Dorfkirche. Die Palastbauten übertreffen den Tempel.

Bis zu dieser Zeit gab es in Israel keinen Tempel. Die Heiligtümer des Volkes lagen unter freiem Himmel, waren an Baum oder Quelle gebunden, auf einer Anhöhe gelegen und durch einen einfach gebauten Altar gekennzeichnet. Als das davidische Reich sich spaltete und das Nordreich sich von Jerusalem trennte, wirkte die älteste Tradition noch nach: nicht der salomonische Tempel wurde kopiert, sondern eine »Höhe« errichtet aus behauenen Steinen.

Da es für den salomonischen Tempel in Israel kein Vorbild gab, dienten heidnische Tempel als Modell. Doch wenigstens ein Merkmal unterschied ihn von allen anderen Bauten: Der heiligste Raum (für die Lade Altisraels) war völlig dunkel. »Jahwe hat die Sonne an den Himmel gesetzt; er selbst wollte im Dunkeln wohnen« (1 Kön 8,12). Der verborgene, sich jeder Abbildung entziehende Gott fand in diesem Dunkel seinen symbolischen Ausdruck. Da die Lade von nun an den Blicken aller entzogen war, verlor sie an Bedeutung; als sie in den Assyrerkriegen verlorenging, wog dieser Verlust nicht mehr so viel wie vordem, als die Philister sie eroberten. Die Leere des Raumes verstärkte seitdem die Symbolkraft des dunklen Allerheiligsten.

Die heutige Rede vom »Gotteshaus« und vom »Wohnen Gottes« darin ist eine irritierende Vorgabe für das Verständnis des Tempels. Zwar lautet der Tempelweihspruch: »Der Herr hat die Sonne an den Himmel gesetzt;/ er selbst wollte im Dunkeln wohnen. / Ich habe ein fürstliches Haus für dich gebaut,/ eine Wohnung für ewige Zeiten« (1 Kön 8,12f.), doch sprach man nicht von der Anwesenheit Gottes im Tempel. Im Tempel wohnt der *Name* Jahwes.

Daß der Tempel ohne Mithilfe heidnischer Baumeister nicht gebaut werden konnte, hat den Deuteronomisten zwar nicht gepaßt, aber sie haben diese

Nachricht doch nicht unterschlagen. Für die heutige Welt mag darin der Hinweis auf eine größere Ökumene der Religionen liegen. – Die ausführliche Beschreibung des Tempels und seiner Geschichte: → II,518-522.

1 Kön 3,16-28: Das Urteil des Salomo

A. Die Geschichte vom salomonischen Urteil gehört in den Bereich volkstümlicher Erzählungen. Zweiundzwanzig Varianten dieses Motivs sollen in den Traditionen verschiedener Völker nachgewiesen worden sein. Am geläufigsten sind aus jüngerer Zeit die Bearbeitungen von Bertolt Brecht und Klabund. Im biblischen Kontext darf das Motiv natürlich nicht vom salomonischen Königtum abgehoben werden. Der Erzähler wollte ja nicht ein Faktum beschreiben, sondern die Weisheit Salomos darstellen, wie es V 28b formuliert: »Denn sie sahen, daß göttliche Weisheit in ihm war, um Recht zu sprechen.« Dazu bediente er sich eines umlaufenden Märchenmotivs. In der Weisheit des Königs sollte noch höhere Weisheit transparent werden.

B. Die Frauen, beide Huren, werden nicht näher charakterisiert. Sie kommen zum König und tragen ihre Streitsache vor. Zunächst spricht jene, die sich als die wahre Mutter des Kindes ausgibt. Sie entwirft ein anschauliches Bild der Situation. V 18c weist darauf hin, daß die Frauen allein waren und kein Zeuge hinzugezogen werden kann; darum kommt auch kein Dritter als Täter in Betracht. Die andere Frau bietet ihrerseits keine Situationsschilderung, sondern setzt nur ihre Behauptung dagegen. Der Streit führt zu nichts, macht aber deutlich, wie jede Frau ihren Rechtsanspruch auf das Kind festhält. Die Situation wird durch einen Urteilsspruch entschieden, der zunächst ganz abwegig und grausam erscheint. Dennoch steht dieses Urteil im Dienste der Rechtsfindung, so daß das Kind seiner wahren Mutter zugesprochen werden kann.

C. Die Erzählung soll den König als höchsten Richter Israels legitimieren und zeigen, das keiner ihm gleichkommt: »Sie schauten mit Ehrfurcht zu ihm auf, denn sie erkannten, daß die Weisheit Gottes in ihm war, wenn er Recht sprach.« Da Zeugen und Indizien fehlten, hätte der Fall auch als unlösbar gelten können. Salomo soll als ein König gezeigt werden, der das menschliche Herz kennt, wie auch Gott dem Menschen nicht vor den Kopf schaut.

D. Für diesen Text bietet sich in besonderer Weise das szenische Spiel an. Der Schlußvers ist für die spezifische Akzentsetzung der Bibel nicht zu übersehen. Wenn die Wiedergabe des Motivs durch die Fassung von Klabund, »Der Kreidekreis« oder Bertolt Brecht, »Der kaukasische Kreidekreis« erfolgt, wäre das unterschiedliche Weisheitsverständnis herauszuarbeiten und dessen Differenz zur Bibel deutlich zu machen. In diesem Fall sollte in einer spezifischen Weise nach »Israels Weisheit« gefragt werden.

BIBELVERSTÄNDNIS: DER PENTATEUCH

Zur Arbeit mit diesem Kapitel

Die Darstellung der Pentateuch-Quellen in ihrem zeitlichen Nacheinander ist kein zentrales Thema für das 6. Schuljahr, aber auch keins, das genausogut zu entbehren wäre. Unser Unterrichtswerk ist nicht in dem Sinne »schülerorientiert«, daß jugendliche Interessen das Curriculum definieren könnten. Sollte das der Fall sein, ginge es wohl bald mit jeder sachorientierten Systematik zu Ende. Sowenig der Mathematikunterricht Prozentrechnen oder Gleichungen mit mehreren Unbekannten übergehen kann, weil sich dafür niemand erwärmen mag, so wenig kann der Religionsunterricht Kenntnisse ausklammern, die das heutige Bibelverständnis wesentlich tragen. Selbst wenn der Unterricht diese Materialien nicht immer voll ausbreitet, müssen sie doch erreichbar sein und auch für spätere Rückfragen zur Verfügung stehen. In diesem Sinne sollte jedes Religionsbuch Sachbuchcharakter haben.

Die Gliederung des vorliegenden Kapitels ist übersichtlich und leicht nachvollziehbar. Eine fachliche Begrifflichkeit muß als selbstverständlich gelten und fortan auch wie selbstverständlich benutzt werden. Es ist lächerlich, wenn selbst noch Studenten erklärt werden muß, was Pentateuch bedeutet oder wofür die Kürzel J und P stehen. Aber trotz dieser bewußt angestrebten Fachlichkeit, braucht es keinen großen Zeitaufwand, um die Quellentheorie des Pentateuch zu erklären. Das läßt sich bereits in einer Unterrichtsstunde leisten; das Arbeitsheft hilft, den Lernerfolg zu vertiefen. Eindrucksvoller wäre es natürlich, wenn die Schüler Zeitungen und Kleber bekämen, um aus drei unterschiedlichen Berichten eine integrierte neue Fassung herzustellen; oder die Quellenschichten der (fotokopiert ausgehändigten) Sintflutgeschichte mit Farbe zu unterlegen, wozu die Aufgabe S. 190 anleitet.

Gegenüber der im Religionsbuch dargestellten Quellentheorie sind in jüngerer Zeit Vorbehalte und Bestreitungen vorgetragen worden. Um die notwendigerweise einfache Darstellung im Schülerbuch kritisch zu ergänzen, findet sich anschließend eine Information über die neuere Problematisierung der bisherigen Pentateuchforschung. Davon ist zumindest die Sicht auf E, wie sie das Religionsbuch bietet, betroffen.

Dasselbe gilt für die Qumran-Forschung. Unser Religionsbuch bezieht das Thema nur durch seine Fotos S. 187 ein. Weil die Qumran-Frage aber in der Öffentlichkeit viel Beachtung gefunden hat, ist es wünschenswert, daß der Religionslehrer über hinreichendes Informationswissen verfügt und in der Lage ist, zu diesem Thema Rede und Antwort zu stehen, auch in höheren Klassen. Nebenher bietet dieser Abschnitt wichtige Informationen zur neutestamentlichen Zeitgeschichte und zugleich jene notwendigen Detailkenntnisse, ohne die der Religionsunterricht seicht zu werden droht.

Über Revisionen im Pentateuchverständnis

»Wer in der gegenwärtigen Situation versucht, eine Aussage über den neuesten Stand der Pentateuchforschung zu machen, der kann nur Enttäuschung verbreiten: Weitgehend anerkannte Auffassungen über die Entstehung des Pentateuch gibt es nicht mehr, und die Hoffnung auf einen neuen Konsens in der Pentateuchkritik scheint zur Zeit nur noch als ›Hoffnung wider allen Augenschein‹ möglich zu sein.« Mit diesem Urteil beschrieb der Alttestamentler Hans-Christoph Schmitt die inzwischen eingetretene Entwicklung. »Die Theorien, mit denen meine Generation wie mit bibelwissenschaftlichen Dogmen groß wurde, sind brüchig geworden«, ergänzt Erich Zenger, »nach Meinung nicht weniger Fachkollegen sind sie zerbrochen.« Und Antonius H.J. Gunneweg ergänzt: »Man brach auf zu neuen Ufern, aber Land ist noch lange nicht in Sicht.«

Das alles klingt recht dramatisch, als stünde ein kompletter Paradigmenwechsel an, und in der Tat geht es um die weitere Gültigkeit der von Wellhausen begründeten Quellentheorie, die auch unser Religionsbuch darstellt. Julius Wellhausen (1844-1918) hatte als zunächst entstandene Traditionsstränge des Pentateuch die Quellenschriften J, E, D und P analysiert und damit der historisch-kritischen Textarbeit ein strukturiertes Fundament gegeben. Was heute Kindern im 6. Schuljahr vorgestellt wird, trug freilich ein Jahrhundert früher zu einer ungeheuren theologischen Verwirrung bei, die Wellhausen veranlaßte, am 5. April 1882 dem preußischen Kultusminister zu schreiben:

»Ew. Exellenz werden sich vielleicht erinnern, daß ich Ihnen zu Ostern 1880 die Bitte vortrug, womöglich in die philosophische Fakultät versetzt zu werden, und zugleich die Gründe zur Motivierung dieser Bitte darzulegen versuchte. Ich bin Theologe geworden, weil mich die wissenschaftliche Behandlung der Bibel interessiert, es ist mir erst allmählich aufgegangen, daß ein Professor der Theologie zugleich die praktische Aufgabe hat, die Studenten für den Dienst in der evangelischen Kirche vorzubereiten, und daß ich dieser praktischen Aufgabe nicht genüge, vielmehr trotz aller Zurückhaltung meinerseits meine Zuhörer für ihr Amt eher untüchtig mache. Seitdem liegt mir meine theologische Professur schwer auf dem Gewissen. . .«

Derartige Irritationen haben den Weg der wissenschaftlichen Analyse der Bibel vielfältig begleitet. Nachdem es heute aber weder Pfarrer noch Religionslehrer gibt, die nicht historisch-kritisch in die Quellentheorie des Pentateuch oder der Synoptiker eingeführt würden, entsteht nun die Irritation auf der Seite aller, die mit den mühsam erstrittenen wissenschaftlichen Hypothesen ihr Bibelverständnis gefunden haben. Doch, so scheint mir, ist die Wellhausen'sche Quellentheorie nicht grundsätzlich aufzugeben, als vielmehr zu ergänzen und subtil zu differenzieren.

Erschüttert zeigt sich nämlich die Sicherheit, mit der viele Exegeten zu wissen schienen, was *die* jahwistische oder *die* elohistische Theologie sage. Man erkennt, daß die Quellentheorie, mit der man den gesamten Pentateuch zu erklären versuchte, für manche Komplexe dieses Werkes hilfreich ist und für andere so gut wie gar keine Lösungshilfen bietet. Für das Buch Genesis und die erste Hälfte des Buches Exodus, sagen etwa Hans Heinrich Schmidt und Rolf Rendtorff, behalte die Quellentheorie auch weiterhin ihre (relative) Plausibilität, danach aber ließe sie »weitgehend« im Stich. Martin Noth bemerkt in seinem Kommentar zum Buch Numeri: »Nimmt man das 4. Mosebuch für sich, so käme man nicht leicht auf den Gedanken an ›durchlaufende Quellen‹, sondern eher auf den Gedanken an eine systematische Zusammenfassung von zahllosen Überlieferungsstücken sehr verschiedenen Inhalts, Alters und Charakters«, fügt dann allerdings, obwohl diese Logik nicht überzeugt, hinzu: Aber weil das Buch Numeri »zu dem größeren Ganzen des Pentateuch« gehöre, sei es »gerechtfertigt, mit den anderwärts gewonnenen Ergebnissen der Pentateuchanalyse an das 4. Mosebuch heranzutreten und die durchlaufenden Pentateuch-Quellen auch in diesem Buch zu erwarten, selbst wenn, wie gesagt, der Sachverhalt des 4. Mosebuches von sich aus nicht gerade auf diese Ergebnisse hinführt«.

Der Trend der jüngeren Pentateuchforschung geht erkennbar dahin, die bekannten Quellen weniger denn je als statuarische Größen zu nehmen, vielmehr von untergliedernden Erzählkränzen auszugehen – der Urgeschichte, dem Abraham- oder Jakoberzählkranz usw. –, die lange Zeit ihre Eigenständigkeit gehabt haben und erst später zu einem zusammenhängenden Werk verbunden wurden, etwa ähnlich, wie dies auch für das deuteronomistische Geschichtswerk angenommen wird (→ S. 456–458). Nach Darstellung und Abwägung der neueren exegetischen Meinungen resümiert Erich Zenger: »Rebus sic stantibus empfiehlt sich immer noch das Wellhausen-Modell, freilich in modifizierter Form und vor allem in der Abkehr von einer zu mechanischen Anwendung. Aus den vielen Experimenten mit dem ›Wellhausen-Modell‹ schält sich eine konsequente Kombination von ›Quellenmodell‹ und ›Ergänzungsmodell‹ heraus.« Als unmittelbare Folgen dieser Überprüfung ergibt sich:

1. Der bislang J zugewiesene Textbestand muß reduziert werden. In einem knapperen Umfang als bisher angenommen, war J dennoch der erste große geschichtstheologische Entwurf Israels, der etwa um 950 entstand. Man nimmt an, daß diese theologisch-politische Programmschrift dem Landjudäertum entstammt, aus dem zweihundert Jahre später auch Amos und Micha kommen.

2. Auch der mit E gekennzeichnete Textbestand ist erheblich zu reduzieren. Entgegen der bisherigen Annahme, die E als eine eigenständige Quelle wertete, die unabhängig von J entstanden sei, geht die Vermutung dahin, daß es E als selbständigen Geschichtsentwurf nicht gegeben hat. Erich Zenger: »Ich selbst habe mich lange gegen diese Erkenntnis gewehrt, aber sie ist – läßt man sie einmal gedanklich zu – vom Textbefund her am plausibelsten.«

3. Der elohistisch erweiterte J ist nun im Gang der Zeit schrittweise ergänzt worden, mal hier und da, mal im Sinne einer durchlaufenden Bearbeitung, so daß mit Bearbeitungsschüben gerechnet werden muß. Beispielsweise rückte um 690 eine prophetisch inspirierte Erweiterung die Exklusivität der Jahwe-Verehrung in den Vordergrund, später kamen deuteronomistische Erweiterungen hinzu, vor allem unter dem Einfluß der Exilszeit. Diese sukzessiv gewachsene »Neuauflage« von J nannte Julius Wellhausen das »jehovistische Geschichtswerk«.

4. Bald nach Beendigung des Babylonischen Exils, etwa um 520, noch vor dem Neubau des Tempels, wurde von priesterlich-prophetischen Kreisen im mittlerweile persisch regierten Babylon das priesterschriftliche Werk verfaßt. Es entstand nicht als Überarbeitung und Erweiterung des jehovistischen Werkes, sondern als eine neue, eigenständige Geschichtsdarstellung Israels. Um sie mit ihrer späteren Überarbeitung nicht gleichzusetzen, müssen wir sie P° = Priestergrundschrift nennen. – Diese Priestergrundschrift kam durch heimkehrende Gruppen nach Jerusalem und wurde hier »fortgeschrieben«; dabei fanden vor allem kultisch-rituelle Opfervorschriften ihre Aufnahme.

5. Somit existierten für eine Weile zwei miteinander konkurrierende »Ursprungsurkunden« Israels: das vielfach erweiterte jahwistisch-jehovistische Werk und das ebenfalls erweiterte priesterschriftliche Werk. Was immer nun die Gründe waren, sich mit diesen zwei Werken in ihrer Differenz und Konkurrenz nicht abfinden zu wollen, sie wurden zu einem einzigen Werk zusammengearbeitet. Nach Fertigstellung der »Einheitsschrift« kam eigens der persische Staatskommissar Esra – sein Titel war »Schreiber des Gesetzes des Himmelsgottes« – nach Jerusalem, um den so vorliegenden »Pentateuch« als persisches Reichsrecht für die jüdischen Untertanen formell anzuerkennen. Dies dürfte im Jahre 398 v.Chr. geschehen sein. Damit wurde dieses Werk zur Tora, das heißt zur Basisurkunde jüdischer Existenz. Kleinere punktuelle »Fortschreibungen« aber gab es auch noch in der Folgezeit.[1]

---

1 Die obigen Ausführungen folgen *Erich Zenger,* Die neuere Diskussion um den Pentateuch und ihre Folgen für die Verwendung der Bibel im Religionsunterricht, in: KatBl 112 (1987), 170-177.

Die Qumran-Forschung und ihre Folgen

Bevor die römische Legio X Fretensis im Jahre 68 n.Chr. die essenische Siedlung Chirbet Qumran am Nordwestende des Toten Meeres zerstörte, gelang es ihren Bewohnern, ihre umfassenden Bibliotheksbestände in Sicherheit zu bringen, das meiste davon in Höhlen der nächsten Umgebung, einiges auch in Verstecken, die drei bis vier Kilometer entfernt waren. Die Bewohner Qumrans sind anschließend geflohen oder ums Leben gekommen. Die Römer besetzten ihre Siedlung für die nächsten Jahrzehnte mit einem Militärposten. Die jüdischen Eigentümer konnten nie mehr dorthin zurückkehren, das Wissen um die versteckte Bibliothek ging verloren.

Im Sommer des Jahres 1947 aber trug sich folgendes zu:

»Mohammed ad-Dib hatte eine Ziege verloren. Der Junge gehörte zum halbbeduinischen Stamm der Ta'amireh, die die Einöde zwischen Bethlehem und dem Toten Meer durchstreifen, und er war diesen ganzen Sommertag draußen gewesen, die Tiere zu hüten, die man ihm anvertraut hatte. Nun hatte sich eines von ihnen selbständig gemacht und war in die Felsenriffe oberhalb seines Weideplatzes gestiegen. Mohammed zog sich mühsam an den Kalkfelsen hinauf und rief nach dem Tier, das auf der Suche nach Nahrung höher und höher stieg. Die Sonne wurde heißer, und schließlich warf sich der Junge in den Schatten einer überhängenden Klippe, um einen Augenblick zu verschnaufen. Dabei wanderte sein Auge gleichgültig über die gleißenden Felsen und verhielt plötzlich angesichts eines merkwürdigen Loches mitten im Fels, das kaum größer war als der Kopf eines Menschen. Es schien in eine Höhle zu führen und lag doch zu hoch für einen gewöhnlichen Höhleneingang, deren es ringsum hunderte gab. Mohammed nahm einen Stein auf, warf ihn durch das Loch in die Höhle und wartete auf das Geräusch seines Aufpralls. Was er hörte, brachte ihn rasch auf die Beine. Statt des erwarteten dröhnenden Widerhalls fester Felswand, hatten seine Ohren den Klang von Töpferware vernommen... Ein wenig ängstlich zog sich der Beduinenjunge zu dem Höhleneingang hinauf und spähte hinein. Seine Augen hatten sich kaum an die Dunkelheit drinnen gewöhnt, als er sich wieder auf festen Grund hinabfallen lassen mußte. Aber was er in diesen wenigen Augenblicken gesehen hatte, ließ ihm vor Überraschung den Atem stocken. Auf dem Boden der Höhle standen mehrere große, zylinderförmige Gegenstände aufgereiht... breithalsige Krüge, ringsum von Scherben umgeben...[1]«

Bei der Entdeckung des Beduinenjungen ist es nicht geblieben. In den nächsten Jahren bis 1956 fand man noch weitere zehn Höhlen. Sie enthielten insgesamt etwa 800 Handschriften, darunter die fast komplette Fassung des Jesaja-Buches und die berühmte Tempelrolle, aber auch viele Fragmente; trotz der trockenen Lagerung verrottete über die Jahrhunderte hin ein Teil des ehemaligen Bestandes.

Doch zunächst bedurfte es kriminalistischer List, die frühesten Handschriftenfunde, nachdem sie ohne Kenntnis ihres Wertes gewissermaßen auf den Trödelmarkt gekommen waren, für die wissenschaftliche Forschung aufzutrei-

---

1 *John M. Allegro*, Die Botschaft vom Toten Meer (The Dead Sea Scrolls), Frankfurt a.M./Hamburg 1957, 7f.

ben. Einige der größeren Handschriften haben frühzeitig Israelis erworben. Sie befinden sich heute im Israel-Museum in Jerusalem. Alle anderen Handschriften und Fragmente kamen ins Rockefeller-Museum im damals jordanischen Teil Jerusalems. Durch die Teilung der Stadt waren jüdische Forscher über Jahre von der wissenschaftlichen Bearbeitung dieser Funde abgeschnitten. Später wurde ein national und religiös gemischtes Forscherteam von etwa 60 Personen eingerichtet. Bis 1992 konnten von den rund 800 Handschriften gut 400 ediert werden, von der Textmasse her etwa 80 Prozent; selbst das allerletzte Textfragment soll bis zum Jahrhundertende publiziert vorliegen.

In ihrer Summe haben die Schriften vom Toten Meer Kenntnis von einer Richtung des Frühjudentums gegeben, die im Neuen Testament nicht einmal namentlich vorkommt, obwohl wir sie inzwischen innerhalb des antiken Judentums genauer kennen, als Pharisäer, Sadduzäer, Zeloten, frühe Rabbinen und selbst Jesus und die Anfänge des Christentums. Diese jüdische Richtung, die Essener, sind zwar von Philo, einem Zeitgenossen Jesu und von Josephus, dem etwas später schreibenden jüdischen Historiker (→ Arbeitsheft 5, S. 45f.) beschrieben worden, doch bieten erst die Qumran-Funde detaillierte Einblicke in ihr Leben und Denken. Von den jüdischen Schriftstellern jener Zeit wissen wir, daß es reichlich 4000 Essener gab; das ist eine große Zahl, wenn man sie zu den damals etwa 6000 Pharisäern oder den nur nach Hunderten zählenden Sadduzäern und Zeloten in Relation stellt. Diese Essener lebten über das Land hin verteilt, in fast allen Städten und Dörfern, vor allem aber in Jerusalem und dem judäischen Umland, durchweg als Minderheit, hier und da auch zusammengeschart und dominierend. Ihre essenische Siedlung Chirbet Qumran war von höchstens ein bis zwei Prozent aller Mitglieder bewohnt; hier freilich gehörten *alle*, Frauen und Kinder eingeschlossen, zum essenischen Judentum.

Zur Entstehungsgeschichte der Essener

Bis zum Jahre 175 v.Chr. war das palästinische Judentum eine ziemlich homogene Größe. Es lebte überwiegend in Jerusalem und dem umliegenden Judäa, seit dem Ende des Exils zwar unter persischer Oberhoheit, später unter ptolemäischer Herrschaft und ab 198 unter den Seleukiden. Im wesentlichen aber konnte das jüdische Volk doch als ein autonomer, durch und durch theokratisch geprägter »Priesterstaat« seinen eigenen Weg gehen. Der Hohepriester besaß geistliche wie weltliche Autorität; im Tempel fand das Volk seinen ideellen, in der Torafrömmigkeit seinen spirituellen Mittelpunkt.

Dann aber kam mit dem Jahr 175 ein entscheidender Wendepunkt. In Jerusalem setzten sich hellenisierte Juden durch, errangen das Amt des Hohenpriesters und damit die Führung im Staate. Sie öffneten griechischer Bildung und griechischen Sitten Tür und Tor und verdrängten dementsprechend alle bisher geltende Tora-Orthodoxie. Der bis jetzt amtierende Hohepriester Onias III. wurde amtsenthoben und fünf Jahre später, 170, durch den nachfolgenden Hellenisten-Hohenpriester Menelaos ermordet.

Gleichzeitig mit dem Umsturz in Jerusalem hatte Antiochus IV. Epiphanes die Herrschaft über das Seleukidenreich angetreten. Zweifellos begrüßte er die neue Entwicklung in Jerusalem. 169 kam er selbst, entweihte und plünderte den

Tempel und beraubte ihn wichtiger Schätze. Anschließend wurden der Besitz von Tora-Rollen, die Beschneidung, die Einhaltung des Sabbats und jedes weitere öffentliche Bekenntnis zum Judentum bisheriger Art unter Todesstrafe gestellt (vgl. 1 Makk 1,50); schließlich wurde im Jahr 167 sogar der Jahwe-Kult im Tempel durch den griechischen Zeus-Olympios ersetzt. Auch der traditionelle priesterliche Sonnen-Kalender wurde durch den Mond-Kalender des Seleukidenreiches (der bis heute beibehalten wurde), abgelöst. Das Jahresfest des epiphanen Gottes Antiochus IV. wurde eingeführt, die jüdischen Feste wie Pessach, Schawuot oder Jom Kippur und alle traditionelle Kultausübung wurden verboten.

Selbstverständlich traf dieser feindselige Religions- und Kulturkampf auf Gegenwehr. Es formierte sich eine Untergrundbewegung und in Scharen verließen toratreue Juden ihre Heimat. Sie siedelten mit Frauen und Kindern nach Syrien über und gründeten dort einen »Neuen Bund im Lande Damaskus«. Andere wichen in die Wüste Juda oder ins Ostjordanland aus.

Weniger Jahre später entlud sich der Protest im Lande im Makkabäeraufstand von 164. Der Jahwe-Kult wurde erneut im Tempel zu Jerusalem eingeführt, die seleukidischen Besatzungstruppen wurden vertrieben, und 159 gelang es dem Priesteradel der Zadokiden, erneut einen der ihren in das Hohepriesteramt zu bringen. Der Name dieses Mannes ist nicht bekannt; er ging als »Lehrer der Gerechtigkeit« in die Geschichte ein und wurde auch zum eigentlichen Begründer der Essener. Der »Lehrer der Gerechtigkeit« reinigte den Tempel von den Resten des hellenistischen Kults, verdrängte die Parteigänger des Vorgängers Menelaos und versuchte die alte Tradition neu zu begründen, als 152 ein erneuter Komplott den nächsten Umschwung herbeiführte. Die Hellenisten setzten als Hohepriester den Militärdiktator Jonatan ein, vor dessen Herrschaftszugriff der »Lehrer« mit seinem Anhang fliehen mußte; sie fanden Asyl bei den jüdischen Siedlern vom »Neuen Bund im Lande Damaskus«. Jonatan versuchte dem »Lehrer« auch dort nachzustellen; der geplante Mordanschlag auf ihn scheiterte jedoch.

Verständlicherweise betrachtete der amtsvertriebene »Lehrer der Gerechtigkeit« sich weiterhin als der einzig legitime Hohepriester ganz Israels. Er versuchte eine jüdische Sammlungsbewegung zu organisieren, um unter seiner Führung der Tora wieder Geltung zu verschaffen, doch Jonatan vermochte sich mit seinen Machtmitteln in Jerusalem und Judäa erfolgreich zu behaupten. Die in den Jahren zuvor nach Syrien oder ins Ostjordanland ausgewichenen Juden aber traten in ihrer Mehrheit der Sammlungsbewegung des »Lehrers« bei. Fortan bekamen die sich zu diesem oppositionellen Kern zählenden Juden den Beinamen *Essener*, »die Frommen«.

Diese vom »Lehrer der Gerechtigkeit« geschaffene Union der Essener stellte höchste Anforderungen an ihre Mitglieder. Absolut verbindliche Lebensnorm war die Tora; zusätzliche Autorität hatten die prophetischen Bücher und die Psalmen. Die Aufnahmebedingungen waren hart: Es galt, sich einer dreijährigen Aufnahmeprozedur zu unterziehen. Nachzuweisen war eine Tora-Kenntnis »by heart«, wortwörtlich, einschließlich der dazugehörigen Auslegungspraxis. Nach bestandener Prüfung wurde der Kandidat zu rituellen Reinigungsbädern zugelassen und durfte in nähere Gemeinschaft mit den Essenern treten. Doch zwei weitere Probejahre mit entsprechenden Abschlußprüfungen mußten noch bestanden werden, um die Vollmitgliedschaft zu erreichen. Selbst danach konnten Gebotsübertretungen zum zeitweiligen Ausschluß führen. Handelte es sich um bewußte Tora-Übertretungen, war lebenslänglicher Ausschluß möglich; auf dem bewußten Aussprechen des Gottesnamens stand die Todesstrafe.

Die Lebensordnung der Essener

So waren die Essener zunächst die einzige organisierte Gruppe, die das toratreue Israel noch repräsentierte. Intern war sie streng hierarchisch organisiert: Führend waren Priester, zumal Zadok-Abkömmlinge; sie leiteten Versammlungen, den Gottesdienst, die gemeinsamen Mahlzeiten. Die nächste Rangklasse bildeten die Leviten; zur dritten gehörten die gebürtigen Juden, zur vierten übergetretene Heiden. Auch innerhalb dieser Rangordnung gab es eine Festsetzung der Ränge, die das Verhältnis jedes einzelnen zu den anderen klärte.

Vollmitglieder übertrugen der Gemeinschaft allen Besitz, auch ihre Arbeitskraft und ihr Wissen; der Nießbrauch an Haus und Grundbesitz änderte sich dadurch freilich nicht, wenngleich der Zehnte aller Erträge an die Gemeinschaftskasse abgeführt wurde; Bauern, Handwerker, Kaufleute und Tagelöhner verfuhren so. Aus diesen Erträgen wurden Verarmte, Arbeitsunfähige, Bettler, Waisen, Asylanten, Gefangene in der Fremde, die Aussteuer armer Mädchen finanziert – ein erstes Verständnis von der Sozialpflicht des Eigentums.

Alle Essener heirateten; das war für fromme Juden selbstverständlich, ebenso sehr wie eine große Kinderzahl. Wenn jedoch die Frau starb oder die Ehe geschieden wurde, blieb eine weitere Heirat ausgeschlossen. Bedenkt man, daß die durchschnittliche Lebenserwartung von Frauen damals weniger als 30 Jahre war, viele Männer aber älter als 60 wurden, liegt es auf der Hand, daß mindestens die Hälfte der essenischen Männer faktisch ehelos lebte, da niemand vor 20 heiratete, später aber viele verwitwet oder geschieden waren. Vielleicht haben deswegen Philo und Plinius, zu deren Idealen die ehelos lebenden Pythagoräer gehörten, die Essener als »die besten aller Juden« gepriesen. Die so oft genannte Ehelosigkeit der Essener ist jedoch eine Täuschung.

Auch anderen Fehlurteilen über die Essener ist zu begegnen. So haben sie sich niemals vom Tempel in Jerusalem abgewandt; sie beteten und lehrten dort, zahlten die Tempelsteuer – aber boykottierten den Opferkult, weil sie angesichts des abgeschafften Sonnenkalenders diesen für nutzlos hielten. Und da es ihnen nicht gelang, die kritisierten Zustände im Tempel effektiv zu ändern, deklarierten sie ihre eigene Gemeinschaft ersatzweise zum Tempel. Sie wollten durch ihre Gemeinschaft stellvertretend für ganz Israel Sühne tun. – Falsch ist auch die Kennzeichnung der Essener als Esoteriker, Asketen, Apokalytiker oder Dissidenten.[1]

---

1 Die Darstellung folgt *Hartmut Stegemann*, Ein neues Bild des Judentums zur Zeit Jesu. Zum gegenwärtigen Stand der Qumran- und Essener-Forschung, in: rhs 35 (1992), 297-304. Vgl. auch *Paul E. Rudolf*, Jesus und Qumran. War der Nazarener ein Essener? Solothurn und Düsseldorf 1993.

Die Qumran-Forschung und die Anfänge des Christentums

Für die Essener war Qumran nur eine ihrer Studien- und Ausbildungsplätze. Ihre Bibliothek, die sie dort zusammentrugen, zeichnet sie als Menschen des Buches und eines ernsthaften Lebens aus, aber die in sensationslüsternen Publikationen immer wieder neu inszenierten Spekulationen, hier zugleich die geistige Heimat Jesu zu finden, um schließlich gar das Christentum aus der essenischen Wurzel heraus zu erklären, lassen sich nicht belegen. Qumran ist keine Vorwegnahme der Evangelien. Die Qumran-Gemeinde steht mit dem Christentum in keiner unmittelbaren Beziehung, in einem sehr engen Verhältnis aber zum Frühjudentum. Für eine Reihe neutestamentlicher Formulierungen – etwa für »die Armen im Geiste« oder die »Menschen seiner Gnade« – finden sich in den Qumran-Texten erstmals zeitgenössische Parallelen, die helfen können, den damaligen Kontext zu erschließen. Darum zeigt uns Qumran, wie vielschichtig das Judentum zur Zeit Jesu und in den voraufgegangenen Jahrzehnten war. Es war differenzierter, als es sich bisher der Forschung darstellte, stärker in sich selbst verschachtelt. Das kann langfristig zu komplizierteren Erklärungsnotwendigkeiten für die Entstehung des Christentums führen, aber Jesus selbst hat mit der essenischen Tradition nicht in Verbindung gestanden. Er lebte und lehrte überwiegend in Galiläa, wo es damals vermutlich kaum Essener gab. Das ist auch der Grund, warum sie nicht im Evangelium und auch nicht bei Paulus, dem Diaspora-Juden, vorkommen.

Wenn es trotzdem im Neuen Testament Äquivalente zum essenischen Schrifttum gibt, dann erstens deswegen, weil das meiste dort für das palästinische Judentum repräsentativ ist; zweitens, »weil Jesus und das frühe Christentum einem Schriftverständnis folgten, das ursprünglich die Essener geschaffen und entwickelt hatten. Der Unterschied liegt im wesentlichen darin, daß Jesus und das Christentum die Weissagungen der Propheten nunmehr auf die eigenen Verhältnisse bezogen haben, ebenso wie es die Essener zuvor für ihre andersartigen Verhältnisse getan haben... Die Art des Schriftverständnisses, die exegetische Methodik und mitunter sogar die inhaltliche Interpretation bestimmter Prophetenaussagen verdanken Jesus und das frühe Christentum aber den Essenern. Vor den Qumranfunden hätte niemand dies ahnen können; jetzt ist es evident und bestens bezeugt.«[1] (Vgl. auch S. 367 f.). Darum verändert Qumran durchaus wirksam unser Bild vom Judentum zur Zeit Jesu; es lehrt uns in dieser Hinsicht auch einen genaueren Blick auf den Juden Jesus.

---

1 *Hartmut Stegemann*, Die Bedeutung der Qumranfunde für das Verständnis Jesu und des frühen Christentums, in: Bibel und Kirche 48 (1/1993), 10-19, hier: 18.

RELIGIONEN: DER ISLAM

Interkultureller Religionsunterricht

Im Unterricht über das Judentum bewegen wir uns nicht aus der christlichen Geschichte und Kultur heraus. Wir begegnen darin den eigenen Wurzeln und einer Geisteswelt, die sämtliche Bereiche der abendländischen Kultur mitgeprägt hat. Lediglich der unmittelbar religiöse Bereich mag von partieller Fremdheit bestimmt sein, möglicherweise aber auch nicht mehr, als dies ähnlich gegenüber den jeweils anderen christlichen Konfessionen gilt.

Der nunmehrige Schritt in die islamische Welt ist durch eine wesentlich stärkere Andersartigkeit bestimmt, die dennoch nicht ohne vermittelnde Beziehungen bleibt: Da gibt es über ein Jahrtausend hin intensive, oft bereichernde Begegnungen mit der arabischen Kultur, die wahrgenommen und in den Kontext einer interkulturellen Religionsdidaktik einbezogen werden möchten. Vor allem aber gibt es das gemeinsame Band, das die drei großen monotheistischen Religionen miteinander verbindet. Diese inneren Bezüge gilt es neu zu sehen und ins Bewußtsein der Schüler zu heben.

Zugleich haben die jahrhundertelangen Kontakte zur islamischen und arabischen Welt auch ihre Schatten. Seit Karl Martell und den späteren Kreuzzügen hat die Christenheit mit dem Islam ein Feindbild verbunden, das durch die Türkenkriege wiederholte Verstärkung erfuhr und eigentlich noch nie eine wirklich positive Aufarbeitung erfuhr.[1] Das zeigt sich gerade heute, da mit Klischees und unterschwelligen Emotionen das latent bewahrte Feindbild wieder durch die Medien geistert. Die politischen Vorgänge in der arabischen Welt werden immer häufiger zum Anlaß genommen, mit pauschalen und grobschlächtigen Urteilen »den« Islam oder »den« islamischen Fundamentalismus tendenziös zu diffamieren, als wenn eine so reiche und differenzierte Kultur wirklich mit Generalurteilen erfaßt werden könnte.

Um durch Unterricht eine fremde Religion und Kultur dem eigenen Verständnis näher zu bringen, ist mancherlei vonnöten. Im Blick auf das Islam-Kapitel unseres Religionsbuches nennen wir:

1. eine solide *Sachkenntnis*. Es genügt nicht, die im Schülerbuch gebotene Darstellung lediglich mit eigenen Worten zu umschreiben. Das nachfolgend ausgebreitete Wissen sollte zusätzlich der Unterrichtsvorbereitung dienen. Jeder im Religionsbuch genannte Aspekt bedarf einer weiteren Vertiefung

---

1 In der historischen Tradition Europas gilt die Schlacht zwischen Tours und Poitiers von 732 als der entscheidende Sieg, welcher den Vormarsch des Islam gestoppt habe. Anderenfalls wäre es möglich gewesen, so malen Historiker die geschichtliche Alternative aus, »daß der Koran in den Schulen von Oxford gelehrt und von den Kanzeln einem beschnittenen Volke Offenbarungen Mohammeds verkündet worden wären« (Edward Gibbon). Eigenartigerweise wissen jedoch die frühen arabischen Schriftsteller, die sehr detailliert die Ausbreitung des Islam beschrieben haben, nichts von einer solchen schicksalswendenden Schlacht: Sie erwähnen weder Tours noch Poitiers und auch nicht den Namen Karl Martells. Bernard Lewis resümiert die arabische Überlieferung: »Es kann kaum einen Zweifel daran geben, daß die moslemischen Historiker... die Geschehnisse aus einer realistischeren Perspektive sahen als die späteren westlichen Historiker. Die fränkischen Sieger von Poitiers trafen auf wenig mehr als eine Bande von Angreifern, die jenseits ihrer entlegensten Grenzen, Tausende von Meilen von ihrer Heimat entfernt, operierten...« *Bernard Lewis*, Die Welt der Ungläubigen. Wie der Islam Europa entdeckte. Frankfurt a.M./Berlin/Wien 1983, 18.

durch den Lehrer. Dabei nutzt es nichts, Information an Information zu reihen, wenn das Detail nicht aus der Kenntnis des Ganzen heraus zur Sprache kommen kann. Deswegen sollte am Beginn der Unterrichtseinheit »Islam« zunächst die Lektüre des geschlossenen Kapitels in diesem Handbuch stehen. Mit fragmentarischen Materialien aus Zeitschriften, unsystematischen Quellensammlungen und kurzatmigen Handreichungen führt der Unterricht nicht weit. Die zu Einzelaspekten ergänzend angegebene Literatur orientiert sich an wohlfeilen Ausgaben, doch zugleich auch an der Kompetenz ihrer Autoren.

2. eine *partizipatorische Hermeneutik*. Wer einen Blick für die didaktische Eigenart des Islam-Kapitels in unserem Religionsbuch gewinnen will, möge es mit seinen Parallelen in anderen Religions- und Geschichtsbüchern vergleichen. Abgesehen von seinem größeren Umfang wird aufs erste die ungewöhnliche Bildausstattung auffallen; beim näheren Zusehen aber sollte der narrative Duktus bewußt werden, der nicht distanziert von außen, sondern aus dem Selbstverständnis der islamischen Tradition die Geschichte des Propheten darstellt. Das ist in Schulbüchern nicht üblich, könnte auch von dogmatischen christlichen Positionen her ihr Mißfallen erfahren, und ist doch der einzige Weg, der zum Verständnis des fremden Glaubens und der Überzeugung der Muslime führt. Wer diesen Weg nicht mitgehen will, um statt dessen in »objektivierender« Distanz informativ-kritisch über den Islam zu sprechen, reduziert seinen Unterricht auf eine »Sachkunde Religion«, die grundsätzlich unangemessen ist. Jedes Kunstwerk, jedes Gedicht, jede Biographie und erst recht jede andere Kultur und Religion haben ein Recht auf *teilhabendes* Verstehen. Nur wenn Lehrer in die Innenräume fremder Welten hineinführen können, mit Worten, die Interesse wecken, Emotionen stiften, Sympathie übertragen, läßt sich wahrhaft von einer interkulturellen Didaktik sprechen. Alles andere bleibt lexikalisches Wissen für Kreuzworträtsel.

3. eine *multimediale Didaktik*. Den Ansatz dazu bietet das Religionsbuch mit seiner Bildebene, die den Text nicht einfach illustrativ begleitet, sondern durch eigenständige Bildwerke ergänzt. Es handelt sich um Beispiele islamischer Malerei, daneben um Fotos islamischer Kultarchitektur. Beide Bereiche werden nachfolgend so ausführlich kommentiert, daß der Lehrer sie seinen Schülern näherhin erschließen kann. Darüber hinaus erscheint eine Dia-Serie zu den Religionen und Kulturen unseres Unterrichtswerkes, die in ihren einzelnen Mappen den jeweiligen Geschichtsraum in bedeutenden Bildperspektiven Gestalt finden läßt. Es sei aber zugleich empfohlen, begleitend zum Unterricht über den Islam (der vom Deutsch-, Geschichts-, Erdkunde-, Politik-, Kunst- und Musikunterricht mitgetragen werden kann), eine Buchausstellung in der Klasse zu besorgen, die mit weiteren Bereichen islamischer Kultur vertraut macht. Das Material dazu kann für einige Wochen von öffentlichen Bibliotheken übernommen werden. – Schließlich empfiehlt es sich auch, der fremden Kultur in der ihr eigenen Klang- und Musikwelt zu begegnen. Dafür sind Beispiele arabischer (türkischer, iranischer) Lieder und Tänze vorzustellen.

Das Land

Die arabische Halbinsel ist ein riesiges Rechteck, mit 3,5 Millionen qkm die größte Halbinsel der Erde. Die Hauptmasse im Inneren ist eine gewaltige Wüste. Die südliche Hälfte dieser Wüste wurde erst nach 1930 von europäischen Forschungsreisenden betreten. Der nördliche Teil besteht aus Steppen, die in der Trockenzeit kein Leben zeigen, in der Regenzeit aber reichen Pflanzenwuchs hervorbringen; hier weiden Beduinen ihre Herden. Die Wüsten können nur auf bestimmten Routen durchquert werden, die von Oasen gestützt sind. Im Gegensatz zum Süden gibt es für Städte hier keine Lebensvoraussetzungen; nur an den Knotenpunkten der Wüstenstrecken entstanden die Städte Mekka, Yathrib und Taif.

Den Jemen im Südwesten der Halbinsel nannten die griechischen und römischen Autoren im Altertum *Arabia Felix* (Glückliches Arabien). Es ist ein landschaftlich vielgestaltiges Land mit Häfen, Dünen und Marschland, Hochgebirge und Schluchten, Talmulden und terrassierten Feldern von großer Fruchtbarkeit. Hier sind bis heute vier Fünftel der Bevölkerung Bauern, von altersher seßhafte Stämme. Auch nach Westen und Osten hin sind Arabiens Küsten ins Land hinein bewohnt. Überall schafft das Meer Kontakte zu anderen Rassen und Kulturen: nach Persien, Indien, zur afrikanischen Ostküste bis hinauf zum Mittelmeer. Seit jeher waren es hauptsächlich die Küstenländer, die mit der Außenwelt in Beziehung standen. Die Verbindungen über die Meere hinweg, hauptsächlich von der Kultur im Süden gestützt, führten zu einem weitreichenden Handel.

In den Wüsten gibt es fast keine Niederschläge. Im Jemen regnet es überwiegend im März (Jahresmittel 500 bis 1000 mm). Im Bereich Mekka und Medina fällt der Regen im Oktober und November (Jahresmittel 100 bis 250 mm; zum Vergleich: Frankfurt/M.: 600 mm). Die Temperaturen liegen im Juli um 30°, im Januar um 20°. In den Wüstengebieten beträgt die relative Luftfeuchtigkeit nur 10%, in Mitteleuropa tagsüber 50-75%, an den bewohnten Küsten Arabiens 70-80%. Die Temperaturunterschiede zwischen Tag und Nacht sind groß.

Die Stammesordnung

Der Islam ist eine Schöpfung Mittel- und Westarabiens. Während im Süden das Leben von den Städten ausgeht, bestimmen es im übrigen Arabien die Nomaden. Der gesellschaftlichen Konzentration im Jemen steht anderenorts eine vielfältige Zersplitterung in Stämmen gegenüber. Die Lebensbedingungen im kargen Steppenland halten die Zahl der miteinander zeltenden Nomaden niedrig. Die Nomaden scheinen autark zu sein, sind aber auf die von ihnen verachteten Bauern und Städter angewiesen. Die Stammesorganisation des Lebens bleibt selbst bei den Seßhaften erhalten. Nur bei der bäuerlichen Bevölkerung der Randgebiete läuft die Herkunftsbezeichnung nach dem Wohnort der Stammesangabe den Rang ab.

Tatsächlich ist seit Jahrtausenden das Leben in Arabien nur in Stammesgemeinschaften möglich, die das unentbehrliche Minimum Sicherheit bieten. Ein normales Leben außerhalb des Stammes ist undenkbar. Die Geltung des einzelnen ist vorrangig von der Stellung des Stammes und dem Rang seiner Untergruppen abhängig. Die Stämme haben ihre wechselseitigen Verhältnisse in überschaubaren Genealogien geordnet; insgesamt gibt es zwei Hauptgruppen: Ismaeliten und Jemeniten. Jedoch ist der Stamm keine unveränderliche Einheit. Abspaltungen und Assimilationen von ursprünglich blutsfremden Zeltgruppen sind häufig und unterliegen festen Rechtsnormen. Der losen Organisationsform entspricht auch der Mangel an autoritärer Führung. Der Beduine hat sich immer geweigert, untertan zu sein. Der Stammesälteste oder *sajjid*, »Sprecher«, übt Gastfreundschaft und Fürsorge für den Stamm. Er leitet die Wanderungen, wirkt aber mehr durch Ansehen und Einfluß als durch Macht. Ohne Erbfolgerecht repäsentiert er den Stamm. Seine Stellung besteht darin, die größeren Pflichten zu haben und die größere Verantwortung zu tragen. Das gebietet es ihm als Gastgeber mehr zu geben als zu empfangen. Besonders sind ihm die Schutzlosen anvertraut, namentlich Witwen und Waisen. Niemand darf ihn vergeblich bitten.

Das Gastrecht. Die Ehrenpflichten zeigen sich in ihrer großartigsten Form im Gastrecht. Der Gast hat keinen anderen Schutz als die Großmut des Gastgebers. Rechtmäßig stehen ihm drei Tage Gastfreundschaft zu, doch gibt es zahllose alte und neue Zeugnisse für den Eifer, mit dem dieser Brauch erfüllt und überboten wird. »Wenn Hungersnot das Wesen des Menschen an den Tag bringt, wie viele freigebige Wohltäter gibt es dann unter uns, die nach allen Seiten mit dem Wind um die Wette austeilen, die nicht kleinlich sind, deren Mannhaftigkeit ohne Fehl ist, die kein Tadel trifft!« Um solche Tugend zu üben, ist freilich Reichtum Voraussetzung, doch erzählen Araber von einem ihrer Helden, Hatim Ta'i, daß er so viel ausgab, daß er selber arm wurde. Geben war für ihn dasselbe wie Ehre bewahren: »Ich bin Knecht für den Gast, solange er verweilt; andere Eigenschaften des Knechtes habe ich nicht.« Es genügte ihm nicht, das der Gast das Beste zu essen bekam, er sollte auch die Freude des Gastgebers fühlen, ihn zu empfangen: »Ich lächle meinem Gast entgegen, bevor er noch seinen Sattel abnimmt, und bei mir befindet er sich wohl, mag die Stätte auch öde sein. Das Wohlbefinden der Gäste besteht nicht in reicher Aufwartung, sondern im freundlichen Gesicht des Edlen.«

Stammesgemeinschaft bedeutet Lebensgemeinschaft. Die Zelte werden gemeinsam aufgeschlagen und die Herden auf gemeinsame Weiden geführt. Das Leben des einzelnen führt nicht über den Stamm hinaus, vielmehr ist der Stamm jene Basis, die durch keine individuelle Entwicklung zurückgelassen werden kann. Tapfere, große Väter zu haben, ist Voraussetzung für eigene Größe, die jedoch durch neue Taten bewiesen und neu errungen werden muß. Mut allein ist dabei für den, der im Stamm als ein Held gelten will, nicht genug: Er muß auch siegreich sein.

Die Rechtsordnung. Stammesgenossen können sehr wohl streiten, aber kaum geht der Streit so weit, daß er die gemeinsame seelische Grundlage sprengt. Gegenseitige Unantastbarkeit innerhalb des Stammes ist selbstverständlich. Wenn dem einzelnen Besonderes zustößt, berührt dies auch jedes Glied des Stammes, weil für alle die Lebensgrundlage gemeinsam ist. Ist es zu einem Totschlag zwischen zwei Stämmen gekommen, so setzt das beide in höchste Erregung: Selbst wenn der Täter keinen oder einen schäbigen Grund für seinen Totschlag hatte, sein Stamm steht, wenn er nun einmal geschehen ist, solidarisch hinter ihm. Die Rache seitens des betroffenen Stammes ist Aufgabe des nächsten Angehörigen, jedoch handelt er darin für seinen ganzen Stamm. Das Gesetz der Blutrache bestimmt das Verhältnis zwischen den Stämmen und hält das Gleichgewicht zwischen ihnen, doch ist es zugleich unsicher, weil selbst die kleinste Handlung es zerstören kann. Ist es aber einmal gestört, läßt es sich nur schwer wiederherstellen, weil keine Regel festlegt, welches Maß an Rache notwendig ist, um dem Gekränkten Genugtuung zu bieten. Auf einen Rachemord hin erklärte der gekränkte Stamm, daß damit nur der Sandalenriemen des zuvor Getöteten gesühnt sei. Auf diese Weise konnten sich die Rachekriege zwischen den Stämmen über Generationen hinziehen. Der Friede wird erst durch Verhandlungen wiederhergestellt, in denen alle Kränkungen aufgezählt und uneingelöste Racheansprüche durch Sühnebußen abgelöst werden. Bis zum Auftreten des Islam hat sich die Kraft der Stämme in belanglosen Kleinkriegen aller gegen alle verzettelt, ein Zustand, der auch dazu beitrug, der neuen Botschaft mit Hoffnung zu begegnen.

Kamelbeduinen. Der Name *Araber* läßt sich etwa mit »Passant« oder »Nomade« übersetzen. So lange die Stämme noch als Kleinvieh- und Eselsnomaden lebten (vielleicht ist der Eselsnomade bereits eine spätere Erscheinung), waren sie an den Steppenrand gebunden. Erst nachdem das Kamel domestiziert war, ein Entwicklungsschritt, der mit Sicherheit erst im 11. Jahrhundert v.Chr. nachweisbar wird, wurde die Wüste passierbar. Ein Kamel kann schwere Lasten tragen und im Tagesdurchschnitt etwa 40 Kilometer zurücklegen. Bei einer Maximaltemperatur von 57° ist es in der Lage, bis zu acht Tagen ohne Wasseraufnahme auszuhalten. Dank dieser Fähigkeiten der Tiere wurden die Aufbrüche in die Wüste möglich, und so haben erst die Kamele die Araber zu Herren der Halbinsel gemacht. Wahrscheinlich hat sich das Kamel schnell und bei allen interessierten Stämmen durchgesetzt, ohne daß in diesem Bereich der Welt die militärische Inanspruchnahme des Kamels zu politischen Veränderungen führte (vgl. S. 452).

In den 1600 Jahren, in denen sich die Geschichte des nördlichen und mittleren Arabien vor dem Islam nachzeichnen läßt, ist außerhalb der Randgebiete keine Staatsbildung irgendwelcher Art zu finden, die von einheimischen Beduinen aus eigenem Antrieb unternommen worden wäre.

Die religiöse Situation

Die Glaubensformen verschmolzen mit der Stammesordnung. Es ist wenig Genaues aus ältester Zeit bekannt. »Auf einem Kamel führte man ein kleines Zelt mit sich. Vielleicht war es leer, vielleicht enthielt es einen Stein oder etwas anderes Heiliges, worin der Stammesgott gegenwärtig war. Jedenfalls war es eine Wohnung für die heilige Kraft des Stammes.«[1]

Über feste *Heiligtümer* ist etwas mehr bekannt. Die Gräber der Väter (jene der Mütter finden in der Literatur keine Erwähnung) wurden von ihren Nachkommen besucht; Opfer hielten die Verbindung zu ihnen aufrecht. Die Götter waren in Bäumen, Quellen und besonders in Steinen gegenwärtig. Das je umgebende Land galt wie die Gräber der Vorfahren als geweiht. Hier endeten Streitigkeiten; Eigentum konnte im Schutz des Heiligen unbesorgt aufbewahrt werden; nichts durfte getötet werden. – Baudenkmäler hat es schwerlich gegeben. Das vermutlich einzige aus Stein errichtete Heiligtum war die *Ka'ba* (»Würfel«, »Kubus«) in Mekka, ein sehr einfacher grauer Bau, in dessen Südostecke ein schwarzer Stein eingefügt war. Dieser schwarze Stein war neben anderen Steinen (dem »Roten Stein« der südarabischen Stadt Ghaiman, dem »Weißen Stein« von al-Alabat, südlich von Mekka) mit der Erfahrung des Heiligen verbunden (zum Stein als Kultobjekt: → II,426); Spuren dieser Fragen und Ahnungen gegenüber dem Stein reichen bis in die Gegenwart (vgl. Religionsbuch 5/6, S. 20; → III,523-526; V,147f.; Das Welthaus, a.a.O., Nr. 199).

Opferungen vollzogen sich so, daß das Blut des geschlachteten Tieres auf den heiligen Stein floß, während das Fleisch von den Opfernden gegessen wurde. Bisweilen befand sich unter dem Stein eine Grube, die das Blut aufnahm. Auch Mehl, Milch und Wein wurden geopfert, indem man die Gabe über den heiligen Stein streute oder goß.

Eine große Rolle spielten in jedem Stamm Menschen mit ungewöhnlicher Seherkraft. Solche Männer (kahin) oder Frauen (kahina) suchte man von weit her auf, um Rat zu bekommen. Bei Streitigkeiten konnten die Kahin's auch als Schiedsrichter und Schlichter wirken.

Die Verehrung der Götter war stammes- und ortsgebunden. Einige Gottheiten wurden von mehreren Stämmen an zentralen Heiligtümern verehrt. Ein solcher Ort war auch Mekka. Man kannte dort 359 astrologisch-synkretistisch versammelte Gottheiten, einen lokalen Orakelgott *Hubal* als auch drei Göttinnen (*al-lat*, die Göttin; *al-ussa*, die Mächtige; *manat*, die Schicksals- und Todesgöttin). Der Glaube an einen höchsten Gott *al-ilah* stammt aus den letzten Jahrhunderten vor Mohammed; ihm ordnete man die drei Göttinnen als Töchter unter. Der Name *al-ilah*, zu *Allah* weiterentwickelt, ist der abstrakteste überhaupt mögliche Gottesname: *der* Gott. Er entspricht dem Sprachgebrauch von Mohammeds Umgebung. Vermutlich war die Ka'ba schon vor Mohammed in erster Linie das Heiligtum Allahs.

Will man die Verhältnisse in Arabien vor Aufkommen des Islam verstehen, ist das *Eindringen des Judentums und des Christentums* wahrzunehmen. Seit der Zerstörung Jerusalems im Jahre 70 n.Chr. waren Juden in großer Zahl nach Arabien ausgewandert. Sie hatten sich in den Oasen am westlichen Wanderweg niedergelassen, sich auch in Südarabien ausgebreitet und viele Proselyten gewonnen. Offensichtlich hatten sie sich aber auch stark mit den Arabern vermischt, worauf gemeinsame Grundanschauungen hinweisen. Zur Zeit Mohammeds gab es jüdische Gruppen in der Nähe von Medina. Schon um 500 waren

---

[1] *Johannes Pedersen,* Der Islam und seine Vorgeschichte. Die vorislamischen Araber, in: Handbuch der Religionsgeschichte. Göttingen 1975, 351-438, hier: 366.

die Könige von Saba in Südarabien zum Judentum übergetreten. – Das Christentum drang auf verschiedenen Wegen vor. Vom christlichen Abessinien her bestand eine dauernde Seeverbindung mit Westarabien; insbesondere aber verbreitete es sich von Syrien aus. In beiden Ländern hatte es einen asketischen, weltflüchtigen Charakter angenommen, dessen Ideal der heilige Einsiedler war, der der Welt starb, durch die Welt aber geheilt werden sollte (→ V,393f.). Diese Bewegung drang weit nach Arabien vor, da die christlichen Eremiten die Einsamkeit der Wüste suchten. Einige Stämme Zentralarabiens waren christlich, und in den westlichen Oasen gab es vielleicht sogar christliche Gemeindebildungen. Es ist aber wenig von den inneren Verhältnissen dieser Gemeinden bekannt,[1] doch waren mehr als anderswo »Ketzer« vertreten. Die byzantinische Reichskirche stand in einem schroffen Verhältnis zu den häretischen Gemeinden der nichtgriechischen Untertanen und drängte viele Splittergruppen in die äußeren Grenzbezirke und darüber hinaus ab. So lernte die vorislamische beduinische Welt das Christentum meist in einer Gestalt kennen, die von unseren Vorstellungen erheblich abweicht. Die altarabischen Zeugnisse vermitteln nicht den Eindruck, als hätten damals dogmatische Fragen interesssiert. Beeindruckend waren offenbar die Eremiten und Pilgerzüge. Das Pilgerwesen war auch den Beduinen eine vertraute Form, so daß sie sich an den christlichen Bräuchen beteiligten. Ebenso nahmen Christen an den Pilgerfahrten nach Mekka teil, dessen Gottheit sie mit dem eigenen Gott gleichsetzten. Einigen Stämmen, die sich weigerten, hier mitzumachen, trug das den Vorwurf der Gottlosigkeit ein.

Unter dem starken Einfluß von außen nahm die arabische Sprache damals eine große Zahl persischer, aramäischer, äthiopischer, griechischer und lateinischer Wörter auf; die griechischen und lateinischen Einflüsse fast ausschließlich über das Aramäische. Aus der Zeit Mohammeds sind Namen überliefert, die sich abwechselnd dem Judentum, dem Christentum und einem unorganisierten Monotheismus zuwandten. Es waren Menschen, die mit der herrschenden, inhaltslosen Religion unzufrieden waren und eine höhere Form des Glaubens suchten. »Diese Persönlichkeiten sind bei aller Individualisierung, die ihnen die Legende verliehen hat, nicht als Einzelschicksale, sondern als Marksteine einer Strömung zu verstehen. Sie scheinen sich zwar von ihrer Umgebung abgehoben zu haben, sind jedoch offenbar nicht angefeindet worden... Die ihnen von Zeitgenossen und Nachfahren entgegengebrachte Anteilnahme beleuchtet das um sich greifende Ungenügen an der ererbten Religion, deren Aufrechterhaltung mit der vollen Eingliederung in den vorderasiatischen Kulturbereich unvereinbar war.«[2]

---

1 Annemarie Schimmel hält demgegenüber »geschlossene christliche Kolonien im eigentlichen Arabien« für nicht wahrscheinlich. Vgl. *Annemarie Schimmel,* Der Islam. Eine Einführung. Stuttgart 1990, 13. – Es entstanden aber nach dem 5. Jahrhundert sogar Bischofssitze in Bahrain, Oman, Hadramaut und im Jemen; in der dortigen Hauptstadt Sana wurde eine wegen ihrer Pracht vielgerühmte Kathedrale gebaut. Vgl. Lexikon der Arabischen Welt. Zürich/München 1972, 281. »Vielleicht wäre Arabien um die Wende des 6./7. Jahrhunderts christlich geworden, wenn nicht Muhammad aufgetreten wäre.« A. Schimmel, a.a.O, 13.
2 *Gustav Edmund von Grunebaum,* Der Islam, in: Propyläen Weltgeschichte, Bd. 5., Berlin/Frankfurt a.M., 1986, 23-179, hier: 33f.

Die Kuraisch

Mohammed gehörte zum Stamm der Kuraisch (Qurais), der in Mekka tonangebend war. Dieser Stamm hatte durch seine kaufmännische Geschicktheit Mekka zur wichtigsten Stadt Arabiens gemacht. Eigentlich waren die Kuraisch nur Zwischenhändler. Was indessen aus Indien an begehrten Waren über die Häfen des Jemen ins Land kam, wurde auf Kamelrücken nach Palästina und Syrien getragen, um schließlich gegen Gold an byzantinische Abnehmer verkauft zu werden. Die Organisation und Finanzierung der Karawanen lag in den Händen der Kaufleute von Mekka. Jede Karawane stellte ein beträchtliches Unternehmen dar, das auf viel Kapital und eine funktionierende Infrastruktur angewiesen war. Es sollen manchmal bis zu 2500 Kamele aufgebracht worden sein, die von 300 Männern durch die Wüste geführt wurden. Dazu mußte die Versorgung sichergestellt werden, mit Beduinenstämmen waren Verhandlungen zu führen, Durchzugsrechte zu erwerben, an Grenzen Zölle zu bezahlen. Über alles wurde genau Buch geführt, um stets zu wissen, zu welchen Bedingungen man kaufte und wieder verkaufte. Doch ebenso schnell mußte das verdiente Geld auch wieder in andere Geschäfte gesteckt werden. Es wurde nur zu Wucherbedingungen verliehen, Zinsen bis zu 400 Prozent kamen vor. Einer dieser Halsabschneider brüstete sich mit seiner Skrupellosigkeit: »Bei allen Leuten ist mein Erkennungsmerkmal meine Härte gegen die Schwachen.«[1]

Der Wohlstand des Stammes beruhte aber nicht allein auf seinem internationalen Handel; ebenso nützlich waren für ihn die religiösen Traditionen Mekkas. Die Kuraisch machten sich zum Wächter der Ka'ba, die in einer schützenden Bannmeile lag und Beduinen von überall her anzog. So gewann Mekka durch Wallfahrten und Finanzbörsen, Handel und Gewerbe, Spiele und Wettkämpfe zentrale Bedeutung. Auch Mohammeds Vorfahren hatten Anteil an den Geschäften dieser mekkanischen Stammesdynastie. Sein Großvater Abdalmuttalib verfügte über Handelsvollmachten für den Jemen und Syrien; die Wasserausteilung an die Pilger unterstand ihm und zugleich die Bewachung der berühmten Quelle Semsem.

Die Jahre in Mekka

Mohammed wurde um das Jahr 570 (eher etwas früher) geboren. Nach dem frühen Tod seiner Eltern und nachdem wenig später auch der Großvater gestorben war, nahm ihn sein Onkel Abu Talib zu sich. Wie die meisten seines Stammes wuchs Mohammed von Kindheit an in die mekkanische Kaufmanns-

---

[1] Bohtori, Kitab al-Hamasa, Nr. 1415; zit.n. *Michel Clévenot*, Das Auftauchen des Islam. Geschichte des Christentums im 6. bis 8. Jahrhundert. Fribourg/Brig 1990, 47.

tradition hinein. Über seine Jugend ist ansonsten so gut wie nichts bekannt, außer, daß er mit etwa zwanzig Jahren in den Dienst einer bedeutenden Karawanserei trat, die unter der Leitung einer reichen und angesehenen Witwe, Chadidscha, stand. Wahrscheinlich wurde der junge Angestellte mit Einkäufen in Syrien beauftragt. Sicherlich hat er seine Aufgaben zur Zufriedenheit seiner Dienstherrin ausgeführt, denn als er etwa 25 Jahre alt war, erreichte ihn der Heiratsantrag von Chadidscha, die damals möglicherweise 40 Jahre alt war. Die Chronik von Tabari (838-923) beschließt die Darstellung der frühen Ehejahre folgendermaßen:

»Mohammed machte großzügigen Gebrauch von Chadidschas Vermögen; alle Einwohner Mekkas waren sich in der Anerkennung seines Einflusses und seiner Rechtschaffenheit einig: Man nannte ihn Mohammed al-Amin, den zuverlässigen Mann. Wer immer eine Summe anlegen wollte, brachte sie ihm, und alle, die einen Rechtsstreit hatten, kamen, um sich seinem Schiedsspruch zu fügen. Nach dem Tod von Abu Talib war man allgemein der Ansicht, daß es für das Amt des Statthalters in Mekka keinen würdigeren als Mohammed gab.«[1]

Aus der Ehe mit Chadidscha gingen mehrere Kinder hervor, von denen vier Töchter überlebten. Bis zu ihrem Tode nahm Mohammed keine andere Frau zu sich; damals war er selbst etwa 50 Jahre alt. Der später von christlicher Seite oft vorgetragene Vorwurf übermäßiger Sinnlichkeit ist allein von diesem Lebensgang her zu korrigieren.

Immerhin war Mohammed inzwischen ein etablierter reicher Mann, wenngleich dieser Reichtum und die damit verbundenen Machtstrukturen in Mekka auch die alten Stammestugenden korrumpierten. Vielleicht empfanden viele die Bedenklichkeit dieser Zustände, vielleicht war Mohammed sensibler als die meisten, jedenfalls begann er im Alter von 40 Jahren eine innere Unruhe und Unsicherheit zu empfinden, von der er seiner Frau erzählte. Tabari schildert diese Entwicklung so:

»Oh, Chadidscha, ich fürchte, verrückt zu werden. – Warum? – Weil ich an mir Zeichen von Besessenheit bemerke: Wenn ich auf der Straße gehe, höre ich Stimmen, die aus jedem Stein und aus jedem Hügel kommen; und nachts sehe ich im Traum ein übergroßes Wesen, das sich mir zuwendet, ein Wesen, dessen Kopf den Himmel und dessen Füße die Erde berühren. Ich kenne es nicht, doch es nähert sich mir, um mich zu ergreifen.
Chadidscha sagt zu ihm: Oh, Mohammed, sei unbesorgt. Du besitzt vielerlei Qualitäten. Du betest keine Götzen an, du meidest den Wein und die Verschwendung, du fliehst die Lüge, du übst Rechtschaffenheit, Großzügigkeit und Nächstenliebe. Du hast nichts zu befürchten; angesichts solcher Tugenden wird dich Gott nicht in die Hände des Dschinn (Dämon) fallen lassen. Wende dich an mich, wenn du solche Dinge siehst.«[2]

Immer öfter zog sich Mohammed in die Einsamkeit zurück, in eine Höhle am Berge Hira bei Mekka. Er fastete und lebte in asketischer Versunkenheit. Dort hatte er jene Vision, die das Religionsbuch ausführlich wiedergibt (S. 194). »O Mohammed, du bist der Gesandte Gottes«, begannen die göttlichen Offenbarungen, die bis zu seinem Tode weitergingen. Oft empfand er dabei heftige

---

1 Tabari, Chronik, zit. nach *Michel Clévenot*, Das Auftauchen des Islam, a.a.O., 49.
2 Ebd.

Schmerzen, hatte Schweißausbrüche, fiel in Bewußtlosigkeit. Die früheren Versuche westlicher Autoren, diese Phänomene als epileptische Anfälle zu deuten, gelten heute als falsch.

Die ersten drei Anhänger Mohammeds waren Chadidscha, sein Vetter Ali, der Sohn Abu Talibs, und sein freigelassener Sklave und späterer Adoptivsohn Zaid. Dazu kam bald sein Freund Abu Bakr. Auch als er sich 613 entschloß, seine Botschaft in die Öffentlichkeit zu tragen, war die Zahl der zuverlässigen Anhänger nicht groß: junge Leute, die mit Traditionen ihrer Familie gebrochen hatten oder Menschen von niederem Stand oder ehemalige Sklaven. »Kurzum, es war eine Auswahl der freiesten Geister von Mekka, die sich Mohammed zuwandten. Es besteht kein Zweifel, daß der religiöse Aspekt der Lehre für ihre Stellungnahme entscheidend war. Aber was sie befähigte, dieser auf Neuerung bedachten Predigt mit Wohlwollen zu begegnen, war ihre geistige Unabhängigkeit vom Konformismus der führenden Schichten der Gesellschaft Mekkas. Und diese geistige Unabhängigkeit besaß ihrerseits je nach Individuum verschiedene Ursachen: die Selbstbestätigungskrise der Jugend, die Kontakte mit dem Ausland, eine mehr oder minder lockere Verbindung mit dem sozialen System in Mekka, die moralische Entrüstung oder auch der Ehrgeiz und die Mißgunst, die sie zur Kritik an den Mächtigen und somit an ihrem Wertsystem veranlaßten, und schließlich ganz einfach eine besondere psychologische Veranlagung.«[1]

Die konservativen Kaufherren Mekkas, Hüter der Ka'ba und zugleich deren Nutznießer, hatten für Mohammeds revolutionären Monotheismus und die Entwürdigung der lokalen Idole keine Sympathie übrig. Sie verspotteten und beschimpften ihn als einen vom Dämon Besessenen, andere betrachteten ihn als Schwindler. Insgesamt aber wurde ihnen klar, daß Mohammeds Monotheismus, würde er sich durchsetzen, den Ruin von Wallfahrten und lokalem Kommerz zur Folge hätte. Gegen 615 machte der anfängliche Spott und das folgende Mißtrauen der offenen Feindschaft Platz. Man wagte aber nicht, Mohammed direkt anzugreifen. Er gehörte nach Herkunft und Vermögen zu ihresgleichen, außerdem protegierte ihn sein einflußreicher Onkel Abu Talib. Also wich man dem Starken aus und attackierte dafür die Schwachen. Mit Beleidigungen und Schlägen, Boykotten und subtilen Repressalien sollten Mohammeds Anhänger verwirrt und zum Abfall gebracht werden. Schließlich veranlaßte Mohammed seine Getreuen, insgesamt etwa 100 Männer und Frauen, im christlichen Königreich Abessinien Asyl zu suchen, wo sie gastfreundliche Aufnahme fanden. Zusammen mit den engsten Gefährten blieb Mohammed in Mekka und verkündete weiterhin den Willen des einen, unsichtbaren und ewigen Gottes. Die Betonung lag mehr und mehr auf der Einmaligkeit Allahs, des barmherzigen Gottes, der seine Anhänger belohnen, die Undankbaren aber bestrafen wird. Die Gläubigen werfen sich vor ihm zum Gebet nieder, wie Juden und Christen Jerusalem zugewendet.

Bereits in diese frühen Jahre fiel der Tod Chadidschas und Abu Talibs, seiner treuesten Stützen und Beschützer. Dann wandelte sich die Feindseligkeit zunehmend in offene Verfolgung. Wäre Mohammed eine Märtyrernatur gewesen, hätte die arabische Geschichte vielleicht einen anderen Verlauf genommen;

---

1 *Maxime Rodinson*, Mohammed. Eine Biographie. Luzern/Frankfurt a.M. 1975, 104.

Mohammed aber erkannte mit nüchternem Sinn seine Chancen und handelte danach.

Medina: Eine neue Zeitrechnung

Im Jahr 621 kamen Leute aus dem nördlich gelegenen Yathrib, die seine Botschaft hörten und Aufgeschlossenheit dafür zeigten. In Yathrib gab es keine wirtschaftlichen Interessen, die mit dem Fortbestand heidnischer Kulte verbunden gewesen wären, vielmehr hatten bereits seit alters her Kontakte zur jüdischen und christlichen Bevölkerung des Umlandes den Boden für eine monotheistische Glaubensform bereitet. Als Mohammed nun anläßlich einer Pilgerfahrt zu Menschen aus Yathrib sprach, betrachteten diese ihn nicht als Unruhestifter und Exzentriker, sondern werteten seine Botschaft als hilfreich, Mohammed selbst als einen Reformator, der ihnen in Yathrib willkommen sein sollte. Sie berichteten dort über ihn, die Botschaft fand Zustimmung, und die Stadt sandte eine Abordnung zu Mohammed, schloß mit ihm einen Vertrag und leistete ihm, dem Gesandten Gottes, ihren Treueeid. Daraufhin beauftragte Mohammed seine Anhänger, etwa zweihundert, seine Ankunft in Yathrib vorzubereiten. Im September 622 kam er dort an. Diese Auswanderung (*hidschra*) im dreizehnten Jahr seiner Berufung, wurde später vom Kalifen Omar als Beginn der muslimischen Zeitrechnung bestimmt. Von da an bekam Yathrib den Namen *Medina*, die »Stadt« des Propheten.

Die Glaubensgemeinschaft organisierte sich bald; zwischen den verschiedenen Gruppen wurde ein Abkommen geschlossen, in dem es hieß:

»Die Gläubigen und die Ergebenen von Kuraisch und von Yathrib sowie diejenigen, die ihnen folgen, sich mit ihnen verbinden und mit ihnen kämpfen... bilden eine einzige Gemeinschaft (umma), die sich von anderen Menschen unterscheidet... Die Juden... bilden mit den Gläubigen eine einzige Gemeinschaft... Diejenigen unter den Juden, die uns folgen, haben Anrecht auf unsere Hilfe und unsere Unterstützung, solange sie nicht ungebührlich gegen uns gehandelt oder (Feinden) Beistand gegen uns geleistet haben... Wenn irgend etwas euch entzweit, was immer der Gegenstand sei, wendet euch an Allah und an Mohammed.«[1]

Wie dieser Text zeigt, wurde die Gemeinschaft mit den Juden gewünscht und für möglich gehalten. Der Prophet sah sich zunächst als Fortsetzer der großen prophetischen Religionen des Judentums und des Christentums. Er war überzeugt, das gleiche zu verkünden, was auch diese lehrten. In eine Reihe seiner Suren hatte er biblische Inhalte übernommen. Doch die Juden lehnten die ihnen lückenhaft erscheinenden Darstellungen ab. Daraus entwickelte sich Mohammeds Überzeugung, die von den Juden vorgebrachten Versionen seien falsch, echt seien allein die ihm geoffenbarten Worte, und als Offenbarung verstanden, sei sein Glaube älter als jener der Juden, nämlich der reine Glaube Abrahams, der über den verstoßenen Ismael als Stammvater der Araber gilt und dem die Gründung des mekkanischen Zentralheiligtums zugeschrieben wird (Religionsbuch, S. 192). Aufgrund dieser gewandelten Überzeugung änderte Moham-

---

1 Ebd., 149ff.

med auch die Gebetsrichtung, die bis dahin Jerusalem gewesen war: Alle Gläubigen sollten Mekka zugewandt beten. Obwohl dort noch nicht akzeptiert, gab er mit dieser Regelung doch unmißverständlich sein Ziel an: Mekka sollte für seine Botschaft gewonnen werden, und tatsächlich gelang es ihm, acht Jahre nach seinem Fortgang triumphal zurückzukehren.

Bis es so weit war, wirkte Mohammed zunächst als oberster Schiedsrichter und Gesetzgeber im Namen Gottes. Sein Wort glättete die unvermeidlichen Rivalitäten im Kreis seiner Anhänger. Mit diplomatischem Geschick, mit List und Waffengewalt und gelegentlich auch bedenkenloser Härte überwältigte er jeden Widerstand in der Stadt und unter den Stämmen im Umland. Er versöhnte Fehden, die seit Generationen ausgefochten wurden, brachte bisherige Feinde an seine Seite. Aber gegen die in Medina lebenden jüdischen Stämme (Quraiza und Qainuqua), die anfänglich mit Mohammed sympathisiert hatten, später offene Feinde geworden waren, ging er mit offener Gewalt vor: Frauen und Kinder wurden in die Sklaverei verkauft, etwa 700 waffenfähige Männer enthauptet, das vom Stamm bebaute Land unter die Muslime verkauft. Die Erfolge Mohammeds, die sich allmählich etablierende religiöse, soziale und staatliche Ordnung und das Vertrauen auf den Propheten und die versprochene Seligkeit motivierten die Muslime, den zahlenmäßig überlegenen Mekkanern in der Schlacht bei Badr 624 entgegenzutreten. Schließlich kam es zum Waffenstillstand und zu einem Vertragsabschluß, der den Muslimen das Recht auf die Wallfahrt zur Ka'ba nach ihrem eigenen Ritual einräumte. Auch sonst hatte die neue Bewegung Rückenwind, ganze Stämme schlossen sich ihr an, und selbst in Mekka festigte sich Mohammeds Ansehen.

Nach geheim gehaltener Vorbereitung erschien Mohammed im Jahr 630 vor den Toren der Stadt, nunmehr mit einer Armee von zehntausend Männern (jedenfalls nennt die Überlieferung diese Zahl). Die stolze Stadt, die er noch vor acht Jahren ohnmächtig verlassen mußte, ergab sich ihm ohne Widerstand. Triumphierend zog Mohammed zur Ka'ba, umrundete sie siebenmal, ließ die Götzenbilder zerstören, auch jene der biblischen Propheten mit Ausnahme der Bildnisse Abrahams. Die Bevölkerung schwor ihm Treue, und nun war bald ganz Arabien muslimisch.

Die reichhaltige Literatur, die sich Mohammeds Leben widmet, behandelt alle Aspekte und Details der Geschichte und seiner Person mit großer Aufmerksamkeit. Weniger Beachtung fanden die von den vier Töchtern aus der Ehe mit Chadidscha drei von ihnen – Ruquajja, Zainab und Umm Kultum – im Gegensatz zu Fatima, dem einzigen Kind Mohammeds, das die Familie fortsetzte. Sie heiratete den Vetter ihres Vaters, Ali ben Abu Talib, und hatte mit ihm zwei (oder drei) Söhne.

Von den insgesamt dreizehn Frauen, mit denen Mohammed in ehelicher Gemeinschaft gelebt hat, sind außer Chadidscha, nur noch Hafsa, Maria, die Koptin, die beiden Zainab und vor allem Aischa namentlich bekannt. Aischa war die Tochter des späteren Kalifen Abu Bakr und wurde Mohammeds Lieblingsfrau. Man nennt sie die »Mutter der Gläubigen«. Hochgeschätzt wegen ihres scharfen Verstandes, spielte sie trotz ihrer Jugend im religiösen und politischen Leben der Gemeinde eine große Rolle. »Die bloße Tatsache, daß Mohammed in Medina nicht mehr wie in Mekka monogamisch lebte, kann ihm nun allerdings nicht gut zum Vorwurf gemacht werden, es sei denn, man legt einen Maßstab an ihn an, der historisch nicht vertretbar ist. Der Prophet gehörte einem Milieu an, in dem die Polygamie, genauer gesagt, die Polygynie, die Mehrfrauenehe, gang und gäbe war. Wenn er vor der Hidschra mit Chadidscha die Einehe aufrechterhalten hat, so lag das vor allem daran, daß diese seine erste Frau ihm von Haus aus wirtschaftlich überlegen war und daher auch im ehelichen Zusammenleben eine Sonderstellung beanspruchen konnte. Nach ihrem Tod brauchte er sich in dieser Hinsicht keine Zurückhaltung mehr aufzuerlegen, zumal keine der Frauen, die später in seinen Gesichtskreis traten und für eine Ehelichung überhaupt in Frage kamen, mit der Verstorbenen auch nur einigermaßen vergleichbar war. Nachdem er in Medina erst einmal festen Boden unter den Füßen gewonnen hatte, wurde der Übergang zur Polygynie fast zur Selbstverständlichkeit. Man könnte sogar sagen, daß er es seiner Stellung schuldig war, mehr als eine Frau im Haus zu haben. Im übrigen ist zu bedenken, daß einige der von ihm eingegangenen Ehen gleichzeitig der Versorgung der Frauen dienten, deren Männer in den Schlachten von Badr und am Uhud gefallen waren, und daß bei seinen Heiraten oft auch politische Überlegungen mit im Spiel waren.«[1]

Ein Sonderfall ist die Geschichte, daß der Prophet seinem Adoptivsohn Zaid die Frau »sozusagen weggeheiratet hat«: Eines Tages sah Mohammed die sehr schöne Zainab in Zaids Wohnung im bloßen Untergewand »und war gleich begeistert von ihr« (Paret). Er begehrte sie und als Zaid durch Zainab davon hörte, erbot sich der Mohammed treu ergebene Zaid sofort, sie ihm abzutreten. Wichtig zu wissen ist allerdings, daß Zainab gegen ihren Willen mit Zaid verheiratet worden war, daß andererseits Mohammed aber Zaids Angebot zunächst nicht annehmen wollte, doch ermutigte ihn bald eine hilfreiche Offenbarung dazu: »Wir haben dir Zainab zur Gattin gegeben!« (Sure 33,37). Als Aischa sich zierte, fragte sie Mohammed: »Willst du dich dem Willen Allahs widersetzen?« Worauf sie feinsinnig antwortete: »Dein Gott hat es sehr eilig, dein Verlangen zu erfüllen.«[2] – Trotz seiner vielen Frauen hatte Mohammed keinen lebenden Sohn.

Zwei Jahre nach seinem siegreichen Einzug in Mekka unternahm Mohammed die letzte Pilgerfahrt, von der er krank zurückkehrte. Bald darauf befiel ihn heftiges Fieber, und er mußte die Leitung der Gemeinde an Abu Bakr abtreten. Einmal erschien er noch in der Gemeinde zum Gebet. Seitdem es feststand, daß er sterben mußte, wachte Aischa bei ihm eine Woche lang, ohne auszuruhen; andere ließ sie nicht zu ihm vor. Am Montag, dem 8. Juni 632, dem 13. des Monats Rabi im Jahre 11, starb der Prophet in den Armen von Aischa.

Didaktische Überlegungen

»Von früh auf hat mich das Unverständnis bekümmert«, bekennt Annemarie Schimmel, »mit dem die westliche Welt der Gestalt des Propheten Muhammad gegenüberstand – nicht nur der Durchschnittsbürger, sondern auch viele Ori-

1 *Rudi Paret*, Mohammed und der Koran. Geschichte und Verkündigung des arabischen Propheten. Stuttgart/Berlin/Köln [7]1991, 157.
2 *Michel Clévenot*, Das Auftauchen des Islam, a.a.O., 105.

entalisten, die in ›historischer Kritik‹ dazu neigten, die negativen Qualitäten Muhammads herauszuarbeiten.«[1] Im Blick auf eine fremde Religion stellt sich immer die grundsätzliche Frage, ob diese Religion nur von außen wahrgenommen werden soll – also distanziert, kritisch und kühl – oder ob es didaktisch nicht ebenso geboten ist, diese Religion in der Perspektive ihres eigenen Selbstverständnisses zugänglich zu machen. Der Blick ins Religionsbuch zeigt, daß wir uns für diese zweite Möglichkeit entschieden haben; unser Lehrerhandbuch will diese Sicht allerdings durch die Erkenntnisse historischer Forschung ebenso modifizieren, wie dies die christliche Theologie auch gegenüber der Bibel und der Person Jesu tut.

Mehr als andere Gestalten der Geschichte hat Mohammed in der christlichen Welt Irritation, Verachtung und Gehässigkeit geweckt. Dantes »Göttliche Komödie« versetzt ihn in den tiefsten Höllenpfuhl; die Urteile in den Geschichtsbüchern der vergangenen Jahrzehnte zeichnen kaum ein positives Charakterbild. »Der frühere Rektor der Azhar-Moschee in Kairo, Scheich Mustafa al-Maraghi, sagte vor vielen Jahren einmal zu dem anglikanischen Bischof in Ägypten, das größte Ärgernis, das die Christen bei ihren muslimischen Freunden erregten, ohne es eigentlich zu wissen, entstünde daraus, daß es ihnen völlig an Verständnis für die Verehrung mangele, die der Prophet Muhammed im Leben der Muslime genieße.«[2]

Das Leben Mohammeds ist seit dem 18. Jahrhundert im Westen studiert worden. Im 19. Jahrhundert begann man, die allmählich zugänglich werdenden arabischen Quellenwerke zu lesen, doch blieben die entstandenen Biographien völlig im Bann der christlichen Vorurteile. Die Muslime, die (vor allem durch britische Missionsschulen in Indien) von diesen Biographien Kenntnis erhielten, reagierten entsetzt. Die in jüngster Zeit entstandenen Propheten-Biographien sind alle bemüht, die Verzeichnungen der älteren Literatur zu korrigieren und Mohammed Gerechtigkeit angedeihen zu lassen. Doch so gut wie nie wird aufgezeigt, was Mohammed für die Muslimen bedeutet.[3] In jüngerer Zeit hat dies Annemarie Schimmel mit ihrem Buch »Und Muhammad ist Sein Prophet« unternommen.

Mohammed war sich selbst seiner menschlichen Begrenztheit bewußt und die koranische Offenbarung hat ihn daran erinnert: »Sprich: Ich bin nur ein Mensch wie ihr; geoffenbart ward mir, daß euer Gott ein einziger Gott ist.« (Sure 4,15). Und ein andermal: »Sprich: Und nicht sage ich zu euch: ›Bei mir sind Gottes Schätze‹, auch nicht ›Ich weiß das Verborgene‹, auch sage ich nicht: ›Ich bin ein Engel‹« (Sure 6,50). Trotzdem finden sich im Koran Stellen, die auf seine Sonderstellung verweisen. Im zweiteiligen Glaubensbekenntnis »Es gibt keine Gottheit außer Gott, und Mohammed ist der Gesandte Gottes«, das den Islam zu einer scharf definierten Religion macht, findet sich Mohammed in eine Aussage über Gottes Aktivität einbezogen. Darum sagt der Koran: »Wer mir nachfolgt, der ist von mir, und wer meine Lebensweise (*sunna*) nicht liebt, der

1 *Annemarie Schimmel*, Und Muhammad ist Sein Prophet. Die Verehrung des Propheten in der islamischen Frömmigkeit. München 1981, 5.
2 Ebd., 7.
3 Für die Vergangenheit sind hier positiv zu nennen: *Tor Andrae*, Die person Muhammads in glaube und lehre seiner gemeinde. Stockholm 1918; *Hermann Stieglecker*, Die Glaubenslehren des Islam. Paderborn 1964.

ist nicht von mir.« So wird Mohammed auch »ein schönes Beispiel« genannt (Sure 33,21).

Einen Zugang zum Verständnis Mohammeds aus der Sicht seiner gläubigen Anhänger bieten vor allem die poetischen Traditionen des Islam. Vorab sind die Legenden zu nennen, die sich um ihn gebildet haben, seine Wunder und die auf ihn gesungenen Loblieder. Unser Religionsbuch zitiert in der Lebensbeschreibung des Propheten vor allem den Koran, greift daneben auf legendarische Traditionen zurück und bietet durch die originären Bilder eine weitere Ebene, Mohammed aus der Sicht seiner Gemeinde wahrnehmen zu können. Darum ist auch die Beschäftigung mit diesen Bildern ein wichtiger Zugang zu jenem Bild des Propheten, wie es die islamische Frömmigkeit bestimmt.

In Ergänzung des Religionsbuches finden sich im »Welthaus« aus der ältesten islamischen Prophetenbiographie Quellentexte größeren Umfangs.[1] Etwa 120 Jahre nach Mohammeds Tod wurde dieses Werk von Ibn Ishaq (ca. 704-760), dem ersten geschichtlichen Forscher der arabischen Welt, geschrieben. Der geringe zeitliche Abstand zu Mohammeds Leben und das betont biographische Interesse an dessen Vita erklären die Menschlichkeit, mit der Mohammed geschildert wird. Anderseits deuten die darin enthaltenen Legenden dem gläubigen Leser das Geheimnis des Propheten. Die westliche und die islamische Welt werden sich dadurch unterscheiden, daß hier Legende heißt, was dort entschieden als Historie beansprucht wird, doch durchzieht diese Spannung ja auch das Christentum im Umgang mit der eigenen Tradition (vgl. S. 340-345).

Ergänzende Literatur:

Rudi Paret, Mohammed und der Koran. Geschichte und Verkündigung des arabischen Propheten. (Urban-Tb 32), Stuttgart 1957, [7]1991.

Annemarie Schimmel, Und Muhammad ist Sein Prophet. Die Verehrung des Propheten in der islamischen Frömmigkeit. (Diederichs Gelbe Reihe 32), München 1981, [2]1989.

---

[1] *Hubertus Halbfas,* Das Welthaus, a.a.O., Nr. 17, S. 66-77.

504

Der Islam

Mohammed hat die arabische Welt in eine neue Gemeinschaft integriert, die religiöser Natur war, in die *umma*. Was vorher im Stammesbewußtsein seine Grenze fand, gewann nun seine Ausdehnung über alle ethnischen Grenzen hinweg. Als Mohammed 622 nach Medina auswanderte, war er damit auch aus dem Schutz der altarabischen Stammesbindung ausgezogen. Das gleiche Schicksal teilten die Getreuen, die vorher schon in Abessinien Asyl gesucht hatten, und jene, die mit ihm nach Medina gingen. Als dann in Medina die arabische Einwohnerschaft in hellen Scharen zum neuen Glauben übertrat und sich Mohammeds Führerschaft unterstellte, konnte es gar nicht mehr sein, daß die Familien- und Stammesbindung zählte, vielmehr *mußte* der Islam das Gemeinschaftsband aller werden.

Der Islam versteht sich seit Medina universal. Darum ist auch die Datierung der islamischen Zeitrechnung ab 622 kein zufälliger Einschnitt. Zwar fühlte sich Mohammed als Araber dazu berufen, die Gebote des Islam zunächst den Arabern zu verkünden, doch war die neue Gemeinde von Anfang an darauf gerichtet, alle sozialen, politischen, kulturellen und rassischen Grenzen zu überwinden. Umma ist die übernationale muslimische Gemeinde. Die bis dahin in Stammesrivalitäten vergeudete Energie wurde in auswärtige Kriege gegen die »Ungläubigen« gesteckt (→ S. 514 f.). Im Namen Allahs sollte der Monotheismus triumphieren.

Ein absoluter Monotheismus

Die älteste Verkündigung Mohammeds kreist um zwei Hauptgedanken: den des Schöpfergottes und den des Gerichts. Was immer Himmel und Erde umfassen, alles wirft sich morgens und abends in seinen gestreckten Schatten anbetend vor Allah nieder. So soll sich auch der Mensch vor ihm niederstrecken, – und noch jeder Gebetsteppich gibt bis heute Zeugnis von der vor Allah ausgestreckten und darin paradiesisch aufgeblühten Schöpfung. Aus der Nähe des Schöpfergottes aber erwächst auch die Gerichtspredigt:

> »Wenn die Sonne sich verschleiert und die Sterne erblassen,
> Wenn die Berge schwanken, Kamelstuten sind verlassen,
> Wenn die wilden Tiere sich rotten, wenn das Meer aufgejagt,
> Wenn die Seelen sich [mit ihren Körpern] paaren,
> Wenn man die getöteten Töchter fragt,
> Um welcher Schuld sie ermordet, wenn Rechnung ist vorgebracht,
> Wenn der Himmel enthüllt ist, das höllische Feuer entfacht,
> Wenn nahe der Paradiesgarten, dann erkennt die Seele, was sie gemacht.« (Sure 81)[1]

1 Übersetzung: *Richard Hartmann*, Die Religion des Islam. Berlin 1944, 7.

»Von Allah ist alles gekommen, und zu Allah kehrt alles zurück« ist der oft zitierte Gedanke, der den Schöpfer- und Gerichtsgott verbindet. Möglicherweise hat Mohammed anfangs noch nicht an eine radikale Ausräumung der mekkanischen Götterwelt gedacht, sondern sie nur der Oberhoheit Allahs unterstellen wollen. 631 jedoch verkündete er durch eine neue Offenbarung kompromißlosen Krieg gegen den Polytheismus: »Gott und sein Prophet verachten die Götzendiener... Wenn die heiligen Monate verflossen sind, so erschlagt die Götzendiener, wo ihr sie findet... So sie jedoch bereuen und das Gebet verrichten und die Armensteuer zahlen, so laßt sie ihres Weges ziehn. Allah ist verzeihend und barmherzig. So einer der Götzendiener dich um Zuflucht angeht, so gewähre ihm Zuflucht, auf daß er Allahs Wort vernimmt. Alsdann laß ihn die Stätte seiner Sicherheit erreichen. Solches, weil sie unwissendes Volk sind« (Sure 9,3-6)[1].

Die entscheidende Formel des islamischen Monotheismus proklamiert die Sure 112: »Sprich: Gott ist Einer. Er ist der Ewige. Er ist nicht gezeugt und hat nicht gezeugt. Ihm gleich ist keiner.« Dieses Bekenntnis galt ursprünglich den altarabischen Auffassungen, die Gott Kinder zusprachen, zumal (im mekkanischen Kult) Töchter, ist also zunächst nicht gegen das christliche Trinitätsverständnis gerichtet gewesen. In seiner Ablehnung jeglicher Göttervorstellung neben Allah wurde Mohammed immer entschiedener. Schließlich verdichtete sich seine Position zum islamischen Glaubensbekenntnis: »Es gibt keinen Gott außer Allah und Mohammed ist sein Prophet.«

Der Koran

Die Summe der göttlichen Botschaften, die der Prophet Mohammed im Laufe der zwei Jahrzehnte seiner Sendung empfing, schlug sich nieder im Koran (*al-Qur'an*, von *quara'a*, »lesen«, »rezitieren«). Der Gläubige leitet ein Zitat aus dem Koran mit der Formel *quala 'llahu* (»Gott hat gesagt«) ein. Der Koran, häufig auch *al-Kitab*, »das Buch« genannt, ist unverfälschtes Wort Gottes und allzeit bindendes Gesetz. Er entspricht dem Urkoran, der seit Schöpfungsbeginn im Himmel auf einer »wohlverwahrten Tafel« verborgen ist. Den Koran zu rezitieren, gilt als die erhebendste Beschäftigung, die auch dann sinvoll ist, wenn man die Worte, wie es den meisten nicht-arabischen Gläubigen geht – nicht versteht. Aus muslimischer Sicht ist es undenkbar, den Koran in irgendeine Sprache zu übersetzen, da das göttliche Wort in arabischer Sprache erging. Noch eine neue englische Übertragung nennt sich »The Meaning of the Glorious Koran«, weil sie meint, allenfalls den *Sinn* wiedergeben zu können.[2]

Mohammed selbst soll angeblich des Lesens und Schreibens nicht kundig gewesen sein. Auch zu seinen Lebzeiten unternahm niemand eine Aufzeich-

1 Nach der Übersetzung bei *Mircea Eliade,* Geschichte der religiösen Ideen, Bd. 3/1. Freiburg/Basel/Wien 1983, 82.
2 Die Koran-Übersetzungen muslimischer Autoren ins Türkische, Urdu, Javanische, Malaisische und andere orientalische Sprachen fügen zwischen den Zeilen den arabischen Text ein. Aber auch europäische Übersetzer betonen die großen Schwierigkeiten, dem westlichen Leser die Eigenheiten der Sprachfügung, der Metaphern und den Wechsel der Stimmungen und Stilmittel deutlich zu machen. – Die modernste, nach streng wissenschaftlichen Grundsätzen gearbeitete Übersetzung ins Deutsche ist die von *Rudi Paret,* Der Koran, Stuttgart 1962-1966. Insgesamt bestehen Übersetzungen des Korans in rund 40 Sprachen.

nung der ihm zuteil gewordenen Offenbarungen. Bald nach seinem Tod entstanden jedoch verschiedene Sammlungen, die wegen ihrer vermeintlichen Unstimmigkeiten zu erbitterten Auseinandersetzungen führten, ja selbst zu Feindseligkeiten zwischen Stämmen und Stammesteilen. Erst der dritte Kalif, Otman (644-656) beauftragte den treuen Schreiber Mohammeds, Zaid ben Tabit († 665), und einige andere Gefährten Mohammeds, eine offizielle Ausgabe des Koran zu schaffen. Zaid verfügte über ein außerordentliches Gedächtnis und gehörte zu den wenigen der jungen muslimischen Gemeinde, der die Schreibkunst beherrschte. Darum bestellte ihn Mohammed zu seinem Sekretär; in dieser Eigenschaft diente er auch den ersten drei Kalifen.

Die früheste Überlieferungsgeschichte wird so geschildert: Abu Bakr habe Zaid aufgefordert, die entstandenen, aber verstreut umlaufenden Niederschriften der Offenbarungen Mohammeds zusammenzustellen. Zaid sammelte sie, wie es heißt, von den getrockneten Palmblättern und weißen Steinen, auf denen er solche Aufzeichnungen fand, und »vom Herzen der Menschen«, die sich der Botschaft erinnerten. Die hiervon gemachten Abschriften brachten Varianten in Umlauf, vor allem infolge der damals noch fehlenden Vokalzeichen der arabischen Schrift. Der von Zaid und drei Kuraischiten aus dem engeren Prophetenkreis überprüfte Text wurde fortan als der kanonisch gültige anerkannt. Die zeitliche Nähe zum Propheten und die gemeinsame Überprüfung des aufgezeichneten Textbestandes zur Zeit des Kalifen Otman (rund 20 Jahre nach Mohammeds Tod) gibt dem Koran eine ungleich höhere Authentizität als Sammlung der Prophetenworte, als dies für die Botschaft Jesu zutrifft. Unbekannt ist, welche Erwägungen dazu führten, die Folge der Kapitel nach formalen Aspekten zu ordnen, so daß die kurzen, meist älteren Suren ans Ende gerieten. – Die ältesten, aber nur bruchstückweise erhaltenen Koranmanuskripte dieser ersten Niederschrift datieren vermutlich aus einer Zeit von 100 bis 150 Jahren nach Otmans Tod.

Der Koran ist durch die Jahrhunderte hindurch das Zentrum aller Studien gewesen. Aus der Beschäftigung mit seiner Sprache haben sich Grammatik und Rhetorik entwickelt. Der Glaube an seine Unübersetzbarkeit zwang die den Islam annehmenden Völker, Arabisch zu lernen; das hatte unübersehbare Folgen für die Sprachen und Literaturen Indiens, Zentralasiens und Afrikas, auch für Persien und die Türkei. Der Wunsch, den Koran wohlklingend vorzutragen, führte zur Entwicklung der Koranlesekunst. Der Hafiz, der den Koran auswendig kann, ist hochangesehen. Um der Heiligkeit des Koran sichtbaren Ausdruck zu geben, wird er zu Hause an einem möglichst hohen Ort aufgestellt, so daß kein anderes Buch über ihm stehen kann.

Deutsche Koran-Ausgaben:
Der Koran. Übersetzung von Rudi Paret. (Kohlhammer Tb), Stuttgart 1979.
Der Koran. Aus dem Arabischen übersetzt von Max Henning. Einleitung und Anmerkungen von Annemarie Schimmel. (Reclam Universal-Bibliothek, 4206), Stuttgart 1960ff. (In dieser Ausgabe abweichende Verszählung!)
Der Koran. Übersetzt von Adel Th. Khoury unter Mitwirkung von Muhammad S. Abdullah. (Siebenstern TB 783), Gütersloh ²1992.
Der Koran. Das heilige Buch des Islam. Nach der Übertragung von Ludwig Ullmann neu bearbeitet und erläutert von L.W. Winter. (Goldmann TB 521/22), München 1959ff. (Weniger empfehlenswert.)

Die Säulen des Islam

Von den fünf Pflichten stehen drei im Vordergrund, der Glaube, das Gebet und das Almosen; die letzten zwei, Pilgerfahrt und Fasten, wurden erst später angefügt.

Der Glaube. Die erste Pflicht ist die Basis aller anderen. Wer öffentlich bekennt: »Ich bezeuge, daß es keine Gottheit außer Gott gibt und daß Mohammed der Gesandte Gottes ist« – *ashadu anna la ilaha illa'llah Muhammad rasul Allah* – hat mit diesem Bekenntnis den Islam angenommen. Darin ist der Glaube an die vorausgehenden Propheten eingeschlossen; Mohammed ist der letzte von ihnen, der die abschließende, die früheren Offenbarungen korrigierende Offenbarung gebracht hat. Für die Muslime gilt, daß es die zweite Hälfte des Glaubensbekenntnisses ist, durch die der Islam seine Identität bekommt, denn die Einheit Gottes bekennen auch Juden und Christen, aber Mohammed setzt die Akzente, die dem Islam seine religiöse Eigenheit geben. Mohammed selbst wollte nur ein »Knecht, dem offenbart ward« sein, doch hat der sich um ihn bildende Legendenkranz ihn im Laufe der Zeit zum »Vollkommenen Menschen« gemacht und sogar zum Zweck und Ziel der Schöpfung: »Wenn du nicht wärst, wenn du nicht wärst, hätte Ich die Welten nicht geschaffen.«[1]

Das Pflichtgebet. Es ist der praktische Ausdruck des Glaubens und rituell genau festgelegt. In einer etwas »technisch« anmutenden Sprache wird die Anweisung zum Pflichtgebet in einem islamischen Religionsbuch gegeben:

»Der Gebetszustand wird dadurch hergestellt, daß der aufrechtstehende Gläubige nach Formulierung des Gebetsvorsatzes mit den Daumen der beiden nach vorne gedrehten Handflächen die Ohrläppchen berührt und gleichzeitig Allahu akbar (Gott ist der größte) spricht. Auf diese Weise wird symbolisch die Verbindung mit der Umwelt abgebrochen. Man befindet sich in Gedanken in Anwesenheit Gottes. Die Gebetssprache ist Arabisch. Allerdings können die außerhalb der vorgeschriebenen Gebete gebräuchlichen frommen Texte in jeder beliebigen Sprache gebetet werden.

Nach dem Falten der Hände bleibt der Betende stehen, indem er die Füße etwa drei Finger breit auseinanderhält. Er schaut vor sich hin und spricht die Gebetstexte... (und liest dann) leise oder in Gedanken den Koran. Nach Beendigung des Koran-Lesens läßt der Betende die Hände fallen und verbeugt sich tief, die Worte sprechend: Allahu akbar. Die Verbeugung erfolgt in der Mitte des Körpers, wobei der Kopf in gerader Linie mit den Schultern bleibt. Die Handflächen werden auf die Knie aufgestützt und der Blick auf die Füße gesenkt. Dabei wird dreimal gesprochen: Subhâne rabbijel 'azîm (Ehre sei meinem großen Herrn!) Nach kurzer Pause setzt er, die Hände herunterlassend, fort: Rabbenâ lekel hamd (Dir gebührt Ehre, unser Herr!) und kniet mit den Worten Allahu akbar nieder. – Unmittelbar nach dem Niederknien legt der Betende die Hände flach auf den Boden und neigt den Kopf hinunter, so daß die Stirne und die Nase jenen Teil des Bodens berühren, der zwischen den beiden Händen frei bleibt. Bei dieser Gebetshaltung müssen die Stirn, die Nase, die beiden Hände, die Knie und die nach vorne eingezogenen Zehen den Boden bzw. den Teppich berühren...[2]

Das beschriebene formelle Gebet heißt die *salat*, ein aramäisches Wort. Es wird fünfmal täglich verrichtet: bei Sonnenaufgang, mittags, nachmittags, bei

---

1 Vgl. *Annemarie Schimmel*, Und Muhammad ist Sein Prophet, a.a.O., 32f.
2 *Smail Balic*, Ruf vom Minarett. Ein Lehrbuch des Islam für Jugend und Erwachsene. Wien 1963, 22f.

Sonnenuntergang und abends. Es gilt für alle erwachsenen Muslime, Männer wie Frauen, als religiöse Pflicht. Nur Kranke sind davon befreit. Die Gebetszeiten werden durch den Muezzin, den Gebetsrufer, gewöhnlich vom Minarett herab angekündigt. – Die andere Form des Gebetes ist die *du'a'*, das persönliche, spontane, nicht-rituelle Gebet.

Das Almosengeben, die *zakat*, ist eine finanzielle Abgabe der Muslime an die Gemeinde oder den Staat. Es gilt den Armen und Bedürftigen, auch solchen, deren religiöser Eifer gestärkt werden soll, oder Sklaven, die sich selbst freikaufen wollen, Schuldnern, die durch Schulden für ein gutes Werk nun Not leiden, Reisenden, die Unterstützung gebrauchen. Auch ist die *zakat*, wie etwa in Pakistan, zum Aufbau islamischer Schulen verwendet worden. Richtig durchgeführt ist sie eine gerechte Besteuerung der Reichen und Fürsorge für die Armen, ein Schutzmittel gegen extreme politische Parolen und Bewegungen.

Das Fasten im Ramadan dürfte die heute am strengsten eingehaltene Glaubenspflicht sein, wenngleich für viele auch die schwerste. Alle erwachsenen Muslime, Männer wie Frauen, ausgenommen nur Alte und Kranke, müssen es einhalten. Während des ganzen Monats darf vom Morgengrauen an, sobald man einen schwarzen Faden von einem weißen unterscheiden kann, bis Sonnenuntergang nicht gegessen, getrunken, geraucht, kein Wohlgeruch genossen, keine sexuelle Begegnung gesucht werden. Da der 9. Monat des islamischen Mondjahres durch alle Jahreszeiten wandert, ist die Anstrengung im Sommer besonders groß, wenn bei orientalischen Temperaturen kein Tropfen Wasser erlaubt ist. Das Fest des Fastenbrechens beim Erscheinen des Neumonds ist das im Volk am sehnsüchtigsten erwartete Fest, zu dem alles geschmückt wird und an dem man sich beschenkt.

Die Pilgerfahrt nach Mekka ist, wie das Fasten an bestimmte Zeiten gebunden und findet im letzten Mondmonat statt. Jeder Muslim muß wenigstens einmal im Leben zu den heiligen Stätten Arabiens aufbrechen und den Auszug des Propheten von Mekka nach Medina nachvollziehen. Vor Mekka legen die Pilger ein Gewand aus ungenähten Tüchern an und grüßen den heiligen Bezirk mit dem Ruf *labbaika*, »Hier bin ich, zu deinen Diensten!« Siebenmal wird dann die Ka'ba umkreist,[1] und man verweilt auf dem Hügel Arafat. (Vgl. dazu im folgenden S. 510-512.)

In vergangenen Jahrhunderten hatte die Pilgerfahrt soziale, wirtschaftliche und geistige Konsequenzen: »Wenn der Pilger reich war, begleiteten ihn vielleicht ein Anzahl Sklaven, von denen er einige auf der Reise als eine Art Travellerschecks verkaufte, um seine Auslagen zu begleichen. War der Pilger ein Kaufmann, so konnte er aus seiner Pilgerfahrt eine Art Geschäftsreise machen, indem er überall, wo der Weg ihn hinführte, Waren kaufte und wieder verkaufte und auf diese Weise Märkte, Produkte, Kaufleute, Sitten und Gebräuche anderer Länder kennenlernte. Falls er ein Gelehrter war, konnte er die Gelegenheit benutzen, um Vorlesungen zu besuchen, Kollegen zu treffen und Bücher zu verkaufen, und so auch am Austausch und an der Verbreitung wissenschaftlicher Erkenntnisse und Ideen mitwirken. Um die Pilgerfahrt zu erleichtern, mußte man ein entsprechendes Verkehrsnetz zwischen den oft weit voneinander entfernten islamischen Ländern unterhalten – auf diese Weise erhöhten die religiösen Pflichten den Bedarf

---

1 S. dazu die Beschreibung in: *Hubertus Halbfas*, Das Welthaus, a.a.O., Nr. 91.

an Behörden und Handel. Die Pilgerfahrt gab Anstoß zu einer reichhaltigen Reiseliteratur, die viele nützliche Informationen über ferne Gegenden vermittelte. All das verlieh den Muslimen mit der Zeit das Gefühl, zu einem einzigen, großen Ganzen zu gehören.«[1]

Mekka und die Ebene von Arafat   S. 210/211; 200

Die meisten Mekka-Pilger kommen heute mit dem Flugzeug; zur Zeit der Hadsch ist der Flughafen Dschidda am Roten Meer hoffnungslos überlastet. Dennoch reisen weitere Hunderttausende mit dem eigenen Fahrzeug zu den heiligen Stätten. Bevor sie Mekka erreichen, legen sie ihre Alltagskleidung ab – Anzüge, schwarze Umhänge, knöchellange Kaftane – um sich in zwei weiße Tücher zu hüllen. »Als Mohammed die Moschee betrat, legte er sein Gewand über die linke Schulter und ließ seine rechte Schulter unbedeckt«, wird überliefert; nach seinem Vorbild kleidet sich der Pilger, während Frauen jede Kleidung tragen dürfen, sofern sie den ganzen Körper einhüllt. Ebenfalls noch vor der Stadtgrenze müssen sie sich als Muslime ausweisen, denn für alle anderen Menschen sind die heiligen Orte verboten.

Mekka ist während des Pilgermonats für den Strom der Gläubigen gerüstet. In der Ebene Arafat, draußen vor den bebauten Zonen, sind tausende von Armeezelten aufgestellt. Die Zelte können einzeln oder in Gruppen gemietet werden, doch sichert nur rechtzeitige Vorbestellung, daß der eigene Wunsch auch erfüllt wird. Überall in der islamischen Welt stiften Reisebüros die Verbindung zur staatlichen Organisation für das Pilgerwesen in Saudi-Arabien. Der Pilgermonat läuft infolge des islamischen Mondkalenders, der nicht durch Schalttage mit dem Sonnenjahr angeglichen wird, durch alle Jahreszeiten. Der Prophet lehnte den Einschub von Schalttagen ab. In diesem Fall hätten die Monate ihren festen Platz erhalten und der Pilgermonat sich auf die kühle Jahreszeit festlegen lassen, doch »das Verschieben (der Kalenderordnung durch Schalttage) ist eine Mehrung des Unglaubens« (Sure 9,37).

Keine andere Stadt der Welt ist einer solchen schubartigen Belastung ausgesetzt wie Mekka. Sobald der Pilgermonat beginnt, schwillt Mekka innerhalb weniger Stunden zur Millionenstadt an. Das ist mit einem riesigen Organisationsaufwand verbunden. Die vielen Menschen brauchen Wasser und Verpflegung, sanitäre Einrichtungen sind notwendig, die dem Hygienestandard der Weltorganisation für Seuchenbekämpfung entsprechen. Hereinflutende Automassen verstopfen die Straßen – unser Foto zeigt den lahmgelegten Verkehr rund um die Moschee – , ärztliche Notdienste haben Hochbetrieb, die Zahl derer, die während der Hadsch entkräftet in Mekka sterben, ist unbekannt.

Mit Mekka verbinden sich Erzähltraditionen, die bis zum Anfang der Menschheitsgeschichte zurückgehen. Schon vor der Sintflut war der Boden, auf dem die Ka'ba steht, heilig; um diesen Platz für alle Zeiten herauszuheben, habe Gott dem Abraham befohlen, hier eine Holzhütte zu errichten. Als der Bau dann fertig war, sei Abraham auf das Dach gestiegen, um mit dem Ruf »Allahu

---

1 Welt des Islam. Geschichte und Kultur im Zeichen des Propheten. Hg. v. *Bernard Lewis.* Braunschweig 1976, 27.

akbar« die Menschen zum Gebet aufzufordern; und die Menschen kamen und riefen »Labbaika!« – Gott, hier bin ich! Damals sei der Stein in der Ka'ba noch weiß gewesen; erst die Berührung mit den sündigen Menschen habe ihn schwarz gemacht.

Später ersetzten die Kalifen die hölzerne Ka'ba durch einen Steinquader; der schwarze Stein wurde in dessen Südostecke eingefügt. Jetzt faßt ihn ein breiter silberner Ring. Aus welchem Material dieser Stein besteht, weiß niemand, da es noch keiner wagte, ihn zu untersuchen. Man mutmaßt, es könne ein Lavablock sein; andere sagen, es sei ein Meteorit, doch wahrt der Stein bisher sein Geheimnis (→ S. 495; vgl. Religionsbuch, S. 20).

Die Moschee selbst umgibt den großen Innenhof mit der Ka'ba. Ihre abgeflachten Ecken werden von sieben Minaretts begrenzt. Keine andere Moschee der Welt erreicht diese Zahl. Als in Istanbul die Blaue Moschee des Sultan Ahmed I. (1603-1617) mit sechs Minaretts gebaut wurde, fügte man in Mekka das siebte Minarett hinzu (→ S. 546).

In der Südostecke des Innenhofes ist die Quelle Semsem; ihr Brunnenschacht senkt sich 40 Meter tief in die Erde. Der Engel Gabriel selbst soll es gewesen sein, der den Zugang zu der Wasserader dort grub. Ohne diese Quelle hätten Hagar und Ismael nicht überlebt: Siebenmal irrte die verzweifelte Frau mit ihrem Kind zwischen den Hügeln Safa und Marwa auf der Suche nach Wasser hin und her, bis sich Gabriel erbarmte und das Wasser sprudeln ließ: Wasser im Überfluß.

Die genannten Hügel Safa und Marwa sind heute bebaut. Mekka ist darüber hinweggewachsen. Zwar ist Mekka außerhalb der Pilgerzeit eine Provinzstadt – der Lärm ebbt ab, die Händler verschwinden von den Plätzen, auch die riesigen Zeltlager werden abgebaut; es bleiben vielleicht 250 000 (offiziell geschätzte) Einwohner (einschließlich der Beduinenstämme in den Wadis rings um Mekka) zurück – doch die Betonmischer auf den Baustellen im Stadtkern sind dann um so weniger überhörbar. Die alten niedrigen Gebäude mit Mauern aus Lehmziegeln und Holzloggien werden immer weniger und machen Hochhäusern Platz, Kopien der Hochhäuser und Bürosilos in Amerika und Europa. Die meisten Bauherren leben nicht in Mekka, nicht einmal in Saudi-Arabien; es sind reiche Geschäftsleute aus den Öl-Emiraten, aus Jordanien, dem Jemen, die nur für wenige Tage im Jahr nach Mekka kommen, es aber als repräsentativ empfinden, in der heiligen Stadt eine Wohnung zu haben. Unser Foto zeigt, wohin die Entwicklung bisher führte.

Die Ebene im Osten von Mekka heißt Arafat. Die damit verbundene Legende führt noch über die Geschichte der Ka'ba hinaus: Zweihundert Jahre lang waren Adam und Eva nach ihrer Vertreibung aus dem Paradies durch die arabische Halbinsel geirrt – getrennt voneinander, denn sie waren vor dem Zorn Gottes geflüchtet. Weit hatte sie ihr Weg nicht geführt, denn die islamische Tradition verbindet Mekka mit der »Mitte der Welt« (→ III,493-495; 480-485), wo auch das Paradies gewesen ist. Zweihundert Jahre lang irrten sie umher, ohne einander wiederzufinden, dann erbarmte sich der Engel Gabriel der Liebenden. Auf dem Berge Arafat über der weiten Ebene führte er Adam und Eva wieder zusammen und »sie erkannten sich« – auf Arabisch: *ta 'arrafa*.

Der Hügel Arafa(t) erhebt sich 60 Meter über der Ebene Arafa(t). Am neunten Tag ihrer Pilgerfahrt steigen die Pilger von allen Seiten über die

Granitblöcke, um möglichst nahe an die Hügelkuppe zu kommen. Mit dem Ruf »Labbaika« stellen sie sich Gott zur Verfügung. Das Ministerium für das Pilgerwesen ist den damit verbundenen Organisationsproblemen kaum gewachsen; für viele hunderttausend Menschen muß Trinkwasser bereitstehen, Hitzschlag und Kreislaufbeschwerden lassen zahlreiche Pilger schwer erkranken; über die Zahl der Toten gibt niemand Auskunft.

Um alle Pflichten der Hadsch zu erfüllen, braucht der Pilger viele Tage. Er beginnt im Innenhof der Moschee und umrundet siebenmal die Ka'ba (eine nähere Beschreibung: → III, 493ff.). Danach folgt der Sa'y, das siebenmalige Hin- und Herlaufen zwischen den Hügeln Safa und Marwa in Erinnerung an Hagars Wanderung. Heute verbindet eine Wandelhalle diese Plätze und kanalisiert das Völkergewoge. Daran schließt sich die Wanderung zur Ebene Arafat an, wo sich der Pilger Allah als Diener anbietet. Als nächstes bricht er nach Muzdalifa auf, wo er 49 Steine aufliest, verbringt die nächsten Tage wieder in Mekka und steinigt dann in Mina die dort stehenden Säulen, die den Satan in dreierlei Gestalt symbolisieren. Am Höhepunkt der Hadsch findet die Schächtung der Opfertiere statt. Mit der Einführung dieses Opferituals wollte Mohammed einst den Armen der Stämme rings um Mekka helfen. Doch heute sind selbst die Bettler nicht mehr daran interessiert. So läßt denn die Stadtverwaltung hunderttausende der ausgebluteten Tierkadaver durch Buldozzer in vorbereiteten Gruben verscharren. – Am letzten Tag beendet der Pilger sein Programm mit einer erneuten siebenmaligen Umrundung der Ka'ba und dem Küssen des Schwarzen Steins.

Das religiöse Recht

Das islamische Recht wird allgemein als *Scharia* bezeichnet: arabisch ist dies ursprünglich »der Weg, der zum Wasser führt«. Die Scharia entstand, als veränderte soziale und politische Probleme dazu drängten, aus dem Koran und dem Hadith (Überlieferung von den Worten und Taten Mohammeds)[1] systematische Verhaltensregeln abzuleiten. Es zeigte sich nämlich, daß Koran und Tradition nicht gleich das Lösungspotential für neue Konflikte boten; also versuchte man, Grundsätze zu finden, die dem Geist des Islam entsprechen. Wenn der Koran keine hinreichend praktikable Rechtsanleitung bot, griffen die Gelehrten auf die Hadithe zurück. Beide Quellen bilden das Fundament der Scharia.

Innerhalb eines knappen Jahrhunderts entstanden vier Rechtsschulen, die sich unterschiedliche Einflußgebiete schufen, die jedoch gleichberechtigt nebeneinander stehen. Es gab nie den Versuch, die Rechtsschulen in ihren Differenzen anzugleichen. Ein Hadith sagt: »Die Meinungsverschiedenheit in einer Gemeinde ist ein Zeichen göttlicher Barmherzigkeit.« Andererseits bildete sich

---

1 Das arabische Wort Hadith bedeutet soviel wie »Mitteilung«, »Bericht« oder »Erzählung«; ein Hadith (»das Hadith«; Plural: »Hadithe«) überliefert Aussprüche oder Taten des Propheten und seiner Zeitgenossen. Eine Sammlung solcher Hadithe liegt vor in: Sahih al-Buhari, Nachrichten von Taten und Aussprüchen des Propheten Muhammad. Ausgewählt, aus dem Arabischen übersetzt und hg. v. *Dieter Ferchl*. (Reclam Universal-Bibliothek, 4208), Stuttgart 1991.

aber doch ein Grundkonsens heraus, der sich in einem anderen Hadith artikuliert: »Meine Gemeinde wird nie in einem Irrtum übereinstimmen.« Die Übereinstimmung (*idschma*) kann sich auch auf Veränderungen gegenüber der Tradition beziehen; zwar läßt sich theoretisch kein Traditionstext aufheben (wie dies theoretisch auch gegenüber dem christlichen Dogma gilt), aber der Konsens der Religionsgemeinschaft kann doch anzeigen, daß der dort genannte Brauch (das so formulierte Dogma) nicht mehr geübt (nicht mehr gefragt) wird: »Wenn die muslimische Gemeinschaft einer religiösen Praktik oder Glaubensregel zustimmt, so ist sie gewissermaßen durch Gott geleitet und inspiriert und unfehlbar zur Wahrheit geführt – kraft einer besonderen Gnade, die Gott der Gemeinschaft der Gläubigen verliehen hat.«[1] Die Gesetzesgelehrten werden so im Islam zu Hütern der Tradition. Was einmal durch *idschma* bestimmt wurde, solle immer so bleiben. Dieser Grundsatz hat viele mittelalterliche Bräuche festgeschrieben, und es ist ein aktuelles Problem des heutigen Islam, die starre Mauer des *idschma* zu durchbrechen, um im Rückgang auf Koran und Tradition durch neue Interpretation der Quellen, den Islam aus seiner Erstarrung zu lösen.

Die Scharia ist umfassend; das ganze Leben der Muslime wird von ihr eingefangen. Insofern läßt sich fragen, ob es überhaupt richtig ist, von einem islamischen »Gesetz« zu sprechen, denn tatsächlich mischt sich dieses Gesetz mit dem System der religiösen Pflichten, ist also völlig von nichtgesetzlichen Elementen durchdrungen. Weil der Islam grundsätzlich alle Lebensverhältnisse religiös wertet, umgreift die Scharia die religiöse Pflichtenlehre ebenso wie kultische Vorschriften, politische Inhalte und das juridische Regelwerk. Die hervorgehobene Betonung der Pflichtenlehre und die ihr entsprechende Praxis steht einer viel schwächer entwickelten Dogmatik gegenüber, unbeschadet des Glaubens an den einen Gott und die abschließende Rolle Mohammeds als Gottes Gesandten.

Die Scharia ist nie kodifiziert worden (lediglich ihr rechtlicher Teil wurde erstmals 1869 im Osmanischen Reich in Gesetzesform gefaßt). Sie wurde von Generation zu Generation durch alle Jahrhunderte weitergegeben und stand unter der Aufsicht geistlicher Richter, Kadi (*quadi*) genannt. Auf der höheren Ebene hatten Gelehrte über die richtige Auslegung der Scharia zu wachen (ein Jurist, der Rechtsgutachten erstellt, heißt *mufti*). Weil im Islam der Staat aber nicht eine fremde Kraft ist, sondern nur der politische Ausdruck ein und derselben Religion, lag die Vollstreckung der Gesetze durchweg bei den Inhabern der politischen Macht. Aber kaum ein Herrscher konnte es sich leisten, die Interpretation des göttlichen Rechts ganz außerhalb seiner Kontrolle zu lassen; sie haben daher den islamischen Gerichtshöfen nie völlige Freiheit gelassen, zumal die Scharia sich stets mit lokalen Traditionen zu arrangieren hatte. Als der Weltreisende Ibn Batuta (vgl. S. 305 f.), der auf den Malediven zum Kadi ernannt worden war, »sich alle Mühe gab, die Vorschriften des Heiligen Gesetzes durchzusetzen«, und darum diejenigen auspeitschen ließ, die das Pflichtgebet nicht mitmachten, und daneben den Frauen das Tragen schlich-

---

1 *Annemarie Schimmel,* Und Muhammad ist Sein Prophet, a.a.O., 53.

terer Kleider vorschrieb, geriet er mit dem dortigen Sultan in Konflikt und mußte fluchtartig abreisen.

Dschihad – der »heilige Krieg«

Die Griechen teilten die Welt in Griechen und Barbaren (→ S. 212 f.), Juden unterschieden zwischen Juden und Nichtjuden, die mittelalterliche Welt teilte sich für Europäer zuerst in Christenheit und Heidentum, später innerhalb der Christenheit in Monarchien und Völker.

Die islamische Sicht der Welt und ihrer Völker war anders gegründet. Bis ins 19. Jahrhundert kannten islamische Autoren keinen der Namen, mit denen Europäer die Kontinente bezeichneten. Sie teilten die Welt in »Klimas«, eine rein geographische Einteilung, ohne politische oder gar kulturelle Untertöne, wie sie in den Namen der Kontinente im westlichen Sprachgebrauch mitschwingen. Daneben aber unterscheidet die islamische Weltsicht das »Haus des Islam« (*Dar al-Islam*) und das »Haus des Krieges« (*Dar al-Harb*). Das erste besteht in allen Ländern, in denen das Gesetz des Islam herrscht; das andere umgreift die übrige Welt. Der Idealfall sieht das Haus des Islam als eine einheitliche Gemeinschaft. Irgendwann werde die ganze Menschheit den Islam annehmen oder sich islamischer Herrschaft unterwerfen. Bis dahin ist es religiöse Pflicht des Muslim, für dieses Ziel zu kämpfen.[1]

Der Name, den islamische Juristen diesem Kampf gegeben haben, ist *Dschihad*, ein arabisches Wort, das »Bemühung« oder »Streben« bedeutet. Zwischen dem Haus des Islam und dem Haus des Krieges bestand nach der Scharia ein »zwingender Kriegszustand, der erst mit der Bekehrung oder Unterwerfung der ganzen Menschheit enden könne«[2]. Im Gebot des Dschihad sah der Islam die treibende, unwiderstehliche Kraft für die gewaltigen Eroberungskriege der ersten eineinhalb Jahrhunderte der islamischen Ära. Danach freilich tat sich eine Kluft zwischen der gesetzlichen Doktrin und den politischen Tatsachen auf, die theoretisch eher verdrängt als bearbeitet wurde. Der Dschihad der frühen Zeit kam an sein Ende, und es entwickelten sich Beziehungen wechselseitiger Toleranz zwischen der Welt des Islam und der übrigen Welt. Zwar wurde die letztere immer noch als »Welt des Krieges« betrachtet, ihre Eingliederung in die islamische Welt aber aus der historischen in die eschatologische Zeit verschoben.

Allerdings machten sich im Laufe der Geschichte des öfteren muslimische Herrscher die Idee des Dschihad für ihre politischen Ziele zunutze, die mit religiösen Motiven gar nichts, wenig oder nur indirekt zu tun hatten. Dabei fällt es allen Eiferern leicht, Gewaltanwendung für ihre Ziele zu beanspruchen, weil sie – ohne den Zeitenabstand als Hindernis für ihre Interessen zu beachten – auf den Propheten selbst verweisen können, und dieser naive Rückgriff bereitet aufgeklärt-westlichen Menschen dann besondere Probleme. Was sie gewöhnlich kritisieren, ist die Tatsache, daß Mohammed nach der Hidschra mehrfach den Krieg zum Mittel seiner Ziele machte und den Krieg um des Glaubens

---

1 *Bernard Lewis*, Welt des Islam, a.a.O., 59.
2 Ebd.

willen, genauer gesagt: »das Sich-Abmühen auf dem Weg Gottes« (*al-dschihad fi sabili llah*), an mehreren Stellen im Koran den Gläubigen als Pflicht auferlegte. Eigentlich meint der heutige Christ, unbeschwert vom Wissen um die eigene Missionsgeschichte (→ S. 582 ff.), Mohammed hätte sich auf die alleinige Kraft des Glaubens verlassen müssen, doch sind das geschichtsfremde Überlegungen, die nicht dazu beitragen, die unleugbare Tatsache, daß Mohammed die Kriegsführung in den Dienst seiner Sache stellte, aus den Bedingungen ihrer Zeit zu verstehen.

Zunächst ist zu realisieren, daß Mohammed der Bergpredigt sicherlich nirgendwo begegnete. Er war ein Mensch Arabiens, dort galten die Gesetze des Stammeslebens. Seine Größe bestand darin, daß er sich zeitlebens der menschlichen Gemeinschaft, der er zugehörte, verbunden fühlte. »Als echter, kollektiv empfindender Araber blieb er den ungeschriebenen Gesetzen jener Gemeinschaft unterworden, in die er hineingeboren war. In Mekka hat er sich als Glied seiner Sippe und seines Stammes gefühlt. Als er durch die Hidschra, die ›Lossagung‹, aus seinem natürlichen Verband ausgeschieden war, schloß er an seiner neuen Wirkungsstätte die mit ihm emigrierten mekkanischen Glaubensgenossen und die für den Islam gewonnenen Mediner zu einem neuen Verband, der islamischen Umma, zusammen. Diese hatte mit denselben Mitteln wie die arabischen Stämme und Stammverbände um ihren Bestand zu kämpfen. Raubzüge und kriegerische Unternehmungen auf Kosten fremder Einheiten galten aber in dem genannten Milieu als durchaus normale Begleiterscheinungen des Daseins. Sie schienen geradezu lebensnotwendig zu sein. So ist das neugeschaffene muslimische Gemeinwesen von Medina zwangsläufig in die Rolle einer politisch-kämpferischen Machtgruppe hineingewachsen.«[1]

Es fällt nicht schwer, im Koran den Niederschlag dieses kriegerischen Kontextes wiederzufinden: »Kämpft allesamt gegen die Heiden, so wie sie allesamt gegen euch kämpfen!« (9,36). »Und tötet sie, wo ihr sie zu fassen bekommt, und vertreibt sie, von wo sie euch vertrieben haben! (. . .) Wenn sie jedoch (mit ihrem gottlosen Treiben) aufhören, so ist Gott barmherzig und bereit zu vergeben« (2,191f.) »Gott liebt diejenigen, die um seinetwillen in Reih und Glied kämpfen, (und) fest (stehen) wie eine Mauer« (61,4). Indes sind diese Ermutigungen zum Kampf keine kriegslüsternen Parolen, sondern Reaktionen auf gefährliche Zeiten und selbst erfahrene Bedrängnis. Das islamische Gottesbild wird in solchen Zitaten nicht erfaßt, denn immer wieder ruft der Koran dazu auf, untereinander Freunde zu werden, festzuhalten »am Seil Gottes« und insgesamt gläubig zu werden: »In der Religion gibt es keinen Zwang. . . Wer nun an die Götzen *nicht* glaubt, an Gott aber glaubt, der hält sich an der festen Handhabe, bei der es kein Reißen gibt« (2,256). Dschihad als umfassende »Anstrengung« für den Glauben, die den Krieg einbeziehen kann, ist bis zum Tage eine verbreitete islamische Denkweise. Aber so wenig es richtig ist, den Dschihad mit Krieg schlechthin gleichzusetzen, so wenig ist es richtig, die vielen unterschiedlichen Lager, theologischen Schulen, Bildungsniveaus und politischen Verquickungen hier auf einen Nenner zu heben, um ein neues Pauschalurteil über den Islam damit zu verbinden.

---

1 *Rudi Paret*, Mohammed und der Koran, a.a.O., 153f.

Ergänzende Literatur:
Bernard Lewis, Die politische Sprache des Islam. (Rotbuch Verlag/Wissenschaftliche Buchgesellschaft), Berlin 1991. (Eine zusammenfassende Interpretation der Quellen über die gesamte Spannbreite der Geschichte des Islam.)

Die Frau im Islam

Ein ebenfalls neuralgischer Punkt, der oft aus westlicher Sicht zu einer pauschalen Abwertung des Islam berechtigen soll, ist die Stellung der Frau. Wer immer darüber diskutiert, soll nicht verkennen, daß innerhalb der islamischen Gesellschaft ebenso darüber diskutiert wird, ungleich betroffener, und es sollte nicht wundern, daß orthodox-formaljuristische, konservative, reformerische und feministische Stimmen ein erregtes Klima schaffen. Im Westen ist der Kampf der Frauen um ihre Rechte auch noch nicht sehr alt und noch keineswegs abgeschlossen. Wenn die hier erreichte Emanzipation anspornend, provozierend oder angstmachend auf die islamische Welt zurückwirkt, so muß die eigengeschichtliche Ordnung als auch die Zeitdifferenz zwischen den Kulturen angemessen berücksichtigt werden, um nicht falsche oder gar arrogante Maßstäbe anzulegen.

Nicht zu leugnen ist, daß das islamische Recht die Überlegenheit des Mannes über die Frau festschreibt: »Ein Mann kann zur selben Zeit mit vier Frauen verheiratet sein, doch wenn sich eine Frau neben ihrem Mann einen Geliebten hält, dann begeht sie Ehebruch und unterliegt den schwersten Strafen in dieser und der folgenden Welt. Ein Mann kann eine nichtislamische Frau heiraten, ohne daß deren Bekehrung gefordert wird, doch kann eine islamische Frau nur einen Moslem heiraten. Der Mann hat die Möglichkeit, einseitig die Scheidung zu fordern, eine Frau darf dies nur vor einem Gericht unter ganz bestimmten Bedingungen und erhält die Scheidung nur mit Schwierigkeiten. Die Kinder bleiben in jedem Fall beim Vater. Überdies ist der Anteil eines Mannes an einer Erbschaft doppelt so groß wie der einer Frau, und sein Zeugnis vor Gericht hat den doppelten Wert.«[1]

Ein gläubiger Moslem kann dagegen stellen, daß der Islam die Stellung der Frau im Arabien des 7. Jahrhunderts außerordentlich verbessert hat, allein schon durch die Lehre des Koran, daß vor Gott Mann und Frau gleich sind. Dem Ehemann wird die Sorge für die Frau aufgegeben: »Achtet darauf, daß ihr eure Frauen gut behandelt, sie sind euch von Gott anheimgegeben und durch das Wort Gottes dürft ihr mit ihnen leben.« Zweifellos würden manche orthodoxen Muslime bestreiten, daß die Frauen durch Sitte und Gesetz eine Abwertung erfahren, und sagen, es handle sich nur um unterschiedliche Rollen. Frauen würden abgeschirmt, um als Gattinen und Mütter Schutz zu erfahren; wenn ihnen nur das halbe Erbe zufalle, so sei zu bedenken, daß ihren Männern ja auch die Sorgepflicht zukäme etc. Es entspricht jedoch der Gesetzeslage, daß islamische Frauen in der Geschichte keine Rolle gespielt haben, wie es den heutigen gesellschaftlichen Veränderungen entspricht, daß die Lage der Frau in

---

1 *Francis Robinson,* Der Islam (= Weltatlas der alten Kulturen). München [2]1984, 221.

allen islamischen Staaten einem langsamen Wandel untersteht.[1] Dazu stimulieren einerseits die westliche Welt, andererseits aber auch die Interessenlage islamischer Staaten. So spielen heute die Frauen im öffentlichen Leben als Lehrerinnen, Ärztinnen, Sozialarbeiterinnen und Politikerinnen, ja sogar als Soldatinnen und Revolutionärinnen eine immer deutlichere Rolle. Seitens der Frauenemanzipation wird argumentiert, Mohammed habe aus seiner Einbindung in die altarabische Welt die Stellung der Frau nicht weiter verbessern können. Das sei jetzt aber möglich und an der Zeit, das Versäumte im Geist der Scharia nachzuholen.

<hr />

1 *Faterna Mernissi* weiß in ihrem Buch »Die Sultanin. Die Macht der Frauen im Islam« (Frankfurt/M. 1991) allerdings von 15 Frauen, die zwischen dem 13. und 17. Jahrhundert die Macht innehatten: In Delhi und in Kairo, in Andalusien und im schiitischen Jemen, in der Mongolei, auf den Malediven und in Indonesien. Friedfertiger als ihre männlichen Kollegen sind sie offenkundig nicht gewesen, und ohne Zweifel war es gegen die Spielregeln, wenn eine Frau Politik machte. Die traditionelle islamische Vorstellungswelt beruht auf dem Grundsatz: Jeder an seinem Platz, und die Geistlichkeit glaubt nicht ohne Grund, »daß es der Anfang vom Ende wäre, wenn die Geschlechtertrennung aufgehoben würde und die Frauen das Haus verließen, um überall die gleichen Rechte wie die Männer zu beanspruchen. Wer glaubhaft machen will, der Islam sei ohne weiteres vereinbar mit der Demokratie nach westlichem Muster, und meint, die Abschaffung des politischen Ungleichheit zwischen Männern und Frauen habe keine schwerwiegenden Folgen für die islamische Welt, der verschließt nur die Augen vor den grundlegenden Problemen.« (Faterna Mernissi).

Die Ausbreitung des Islam

Mohammed war 631 gestorben, aber er hatte keinen Nachfolger bestimmt; das stürzte die junge Gemeinde in große Krisen. Mit ihm war das Prophetenamt abgeschlossen.

Abu Bakr, der Vater seiner Lieblingsfrau Aischa, wurde der erste Kalif (von arab. *chalafa,* »nach jemandem kommen«; *chalifa,* »Nachfolger«). Er hatte bereits die Gläubigen beim Gebet geführt, wenn Mohammed krank war; so auch in den letzten Tagen des Propheten. In den Augen der Gemeinde galt Abu Bakr als das *alter ego* des Propheten; er verkörperte dessen Botschaft so vollkommen, daß er als sein Nachfolger angesehen wurde. Allerdings war auch die Vorliebe Mohammeds für Ali, den Mann seiner Tochter Fatima, nicht unbekannt. Vielen schien es wahrscheinlich, daß Mohammed Ali als seinen Nachfolger auserwählt hätte. Um aber die Einheit der *umma* nicht zu gefährden, nahmen Ali und seine Anhänger die Wahl Abu Bakrs hin. Dessen nur zweijähriges Kalifat (632-634) gab der Gemeinde, die zugleich ein junger Staat geworden war, genügend Kraft, um die darauf einsetzenden Wirren durchzustehen. Gleich mußte Abu Bakr die Aufstände einiger Beduinenstämme, denen das islamische Steuersystem nicht gefiel, bekämpfen. Der Kalif beauftragte damit den genialen Strategen Halid ben al-Walid. Dieser unterdrückte die Revolte rasch, versöhnte Sieger und Besiegte und schloß sie in enger Waffengemeinschaft zum Aufbruch in den »Heiligen Krieg« (*dschihad:* → S. 514 f.) zusammen.

Abu Bakr hatte, als er starb, bereits einen seiner Generäle, *Omar,* zum Nachfolger bestimmt. Unter dessen Kalifat (634-644) dehnte sich das in der arabischen Wüste entstandene Staatsgebilde über einen beträchtlichen Teil der ehedem römisch beherrschten Welt aus. Begabte Strategen fügten Sieg an Sieg: den Byzantinern wurde 636 Syrien entrissen, 637 fiel Antiochia und im gleichen Jahr das alte Sassanidenreich in Persien; Ägypten wurde 642 erobert. Der Beginn dieser Eroberungszüge gehört zwar noch in Abu Bakrs Zeit, doch Planung und Durchführung waren das Werk Omars. Die wachsende Entfernung von Omars Residenz in Medina zu den eroberten Ländern räumte den führenden Generalen zwar große Selbständigkeit ein, doch vermochte Omar jederzeit seine Autorität über Offiziere und Stammeshäupter zu wahren. Zum Abschluß der Kriegshandlungen 637 in Syrien beriet er zusammen mit seinen Heerführern die zukünftige Organisation des Reiches. Die geschulten byzantinischen und persischen Beamten blieben in ihren Ämtern; nur Arabien sollte ausschließlich muslimisch erhalten werden. Deshalb mußten die dort ansässigen Juden und Christen in Syrien oder Mesopotamien neue Wohnsitze suchen. Omar fiel in seinem 60. Lebensjahr in Medina auf dem Weg zur Moschee dem Racheakt eines persischen Sklaven zum Opfer, der damit auf die Abweisung seiner Beschwerde über angeblich zu hohe Besteuerung reagierte. Omar hatte aber noch Zeit, sechs Gefährten zu benennen, die seinen Nachfolger wählen sollten.

Die Sechs wählten einen Schwiegersohn des Propheten, *Otman* (644-656), und übergingen damit Ali und dessen Anhänger. Otman gehörte zum Klan der Ummayaden, die ehedem Feinde Mohammeds gewesen waren. Er war einer der reichsten Kaufherren Mekkas. Bestimmend für seine Wahl war wahrscheinlich die Spekulation mit Otmans Schwäche. Die siegesstolzen Heerführer und Statthalter wollten sich keiner Beschränkung ihrer Vorrechte unterwerfen. Otmans Versuch, sie abzusetzen, verschlimmerte die Lage und trieb Otman in die Hand seiner Sippschaft. Hinzu kam, daß sich in den immer reicher gewordenen mekkanischen Kreisen ein Lebensstil etabliert hatte, der die Entrüstung frommer Kreise auslöste. Der übergangene andere Schwiegersohn des Propheten, Ali, als auch Mohammeds Witwe Aischa taten das Ihrige, um Otman schuldig erscheinen zu lassen.

Als in Ägypten und im südlichen Irak Unruhen ausbrachen, stand Medina bald in Aufruhr. Der achtzigjährige Kalif weigerte sich, seinen Rücktritt zu erklären, weil er das als unvereinbar mit seinen Amtspflichten ansah. Daraufhin schloß man Otman in seinem Hause ein. Die Überlieferung erzählt, er habe sich nicht beirren lassen und unverwandt weiter im Koran gelesen, als der Mob bei ihm eindrang und ihn ermordete. Sein Name bleibt mit der Sammlung und Redaktion des Koran verbunden.

Otmans Nachfolger wurde nun *Ali* (656-661). Ein Teil der muslimischen Gemeinschaft betrachtete ihn seit Mohammeds Tod als dessen legitimen Nachfolger, die ihm voraufgegangenen Kalifen hielten sie für Usurpatoren. Gegen seine Wahl erhoben sich nun andere Gruppen und verweigerten ihre Anerkennung, darunter Mohammeds Witwe Aischa, die Ali eine alte Bezichtigung nicht vergessen konnte, aber auch vormalige Freunde. Als es zum offenen Kampf kam, nahm Aischa selbst auf einem Kamel daran teil (darum »Kamelschlacht« genannt). Ali siegte, nachdem 70 Krieger von Aischas Leibgarde gefallen waren und ihr Kamel tot unter Aischa zusammenbrach. Aischa wurde gefangengenommen und, ihrem Rang entsprechend, nach Medina zurückgesandt, wo sie ihr weiteres Leben zurückgezogen beschloß. – Ali machte eine Garnison des Irak zu seiner Hauptstadt. Doch wurde sein Kalifentum von einer anderen Gruppierung ebenfalls angegriffen; ihr stand *Muawiya* vorauf, ein weiterer Schwiegervater Mohammeds und Cousin Otmans, welcher der Gouverneur Syriens war. Dessen Armee konnte Ali nur wenig disziplinierte Stämme entgegenstellen; er wurde gezwungen, um den Kalifentitel zu verhandeln. Auf seine Schwäche hin, verließen ihn einige seiner Parteigänger. 661 wurde Ali ermordet; seine Anhänger proklamierten Alis Sohn, (Mohammeds Enkel) *Hassan*, als Kalifen. Der von den Syrern schon als Kalif ausgerufene Muawiya aber überzeugte Hassan, zu seinen Gunsten zurückzutreten.

Muawiya (661-680) begründete die erste Dynastie der Kalifen, die Omayaden (661-750) mit Hauptsitz in Syrien. Die letzte Chance, die zerstrittene *umma* wieder zu einen, ging verloren, als *Husain*, der zweite Sohn Alis, im Jahre 680 noch einmal versuchte, die Macht für seine Familie zu gewinnen. In Kerbela im Irak wurde er mit fast allen Familienmitgliedern besiegt und getötet. Die aus Alis und seiner Söhne Abspaltung (arab. *schia*) hervorgegangenen Dissidenten bildeten den schiitischen Islam. Sie haben das Massaker von Kerbela nie verziehen. Es hat in den folgenden Jahrhunderten immer wieder Revolten ausgelöst, die von den regierenden Kalifen blutig unterdrückt wurden. Erst seit dem

10. Jahrhundert durften die Schiiten öffentliche Feiern zum Gedenken an ihren Imam Husain abhalten.

So war also die *umma* dreißig Jahre nach dem Tode des Propheten gespalten und ist es bis heute noch. Es stehen sich die *Sunniten*, das heißt die Anhänger der *sunna* (Gewohnheit) und die *Schiiten*, die dem ersten »wahren« Kalifen Ali verbunden blieben, gegenüber.

Die militärische Ausdehnung des Islam setzt sich bis 715 fort. 691 begann in Jerusalem der Bau der Omar-Moschee (»Felsendom«), 694 wurde Karthago in Nordafrika erobert, von 705 bis 715 erfolgte die Eroberung und Islamisierung der zentralasiatischen Kulturzentren Buchara und Samarkand. 711 begann der Einfall in Südspanien und die weitere Eroberung des Landes.

Die ersten vier Kalifen hatten in Medina residiert, Muawiya aber machte Damaskus zu seiner Hauptstadt. Von da an wurden die griechischen, persischen und christlichen Einflüsse unter der Herrschaft der Omayaden immer stärker. Sie traten in der Architektur hervor: Die Moscheen in Syrien übernahmen die Kuppel der christlichen Kirchen, äußerten sich auch in Palästen, Villen und Gärten sowie in der Übernahme byzantinischer Mosaikkunst. Die weiteren Kalifen verzichteten auf ihre religiösen Funktionen und vertrauten sie den Theologen und Rechtsgelehrten an. Im Jahre 762 wurde Bagdad als neue Hauptstadt gegründet; damit endete die Vorherrschaft Arabiens. Bagdad wurde mandalaförmig als *imago mundi* angelegt (vgl. S. 550); seine vier Tore führten in alle Himmelsrichtungen. Unter der Herrschaft *Harun al-Raschids* (788-809) und seiner Nachfolger erfuhr die spätantike Kultur des Mittelmeerraumes eine Renaissance arabischer Prägung.

Der Islam ist die erste und für lange Zeit einzige multi-rassische, multi-kulturelle religiöse Zivilisation. Sie war in den folgenden Jahrhunderten im wahren Sinne international. Von den Ländern, die im 7. und 8. Jahrhundert islamisiert wurden, blieben einzig Spanien, Portugal und Sizilien nicht dauerhaft muslimisch, sondern kehrten zum christlichen Glauben und der abendländischen Kultur zurück, wenngleich die muslimischen Spuren in der Kultur dieser Länder ihren Glanz bewahrt haben. Es dauerte lange, bis die Christenheit den Islam als eine selbständige Religion wahrnahm. »Jahrhundertelang begnügten sich die Christen damit, die Muslime einfach als Ungläubige zu bezeichnen; wenn eine genauere Bestimmung notwendig war, verwendeten sie die ethnischen Namen der verschiedenen muslimischen Völker, denen sie begegneten – Sarazenen, Mauren oder Türken. Selbst von den zum Islam Bekehrten sagte man, sie seien ›Türken‹ geworden. Als das christliche Europa sich schließlich entschloß, für seinen großen Nachbarn einen Namen aus dem religiösen Bereich zu wählen, setzte es fälschlicherweise voraus, daß Muhammad den Muslimen das gleiche bedeutete wie Christus den Christen, und nannte das Volk Mohammedaner und seinen Glauben Mohammedanismus.«[1]

Ergänzende Literatur:
Annemarie Schimmel, Der Islam. Eine Einführung. (Reclams Universal-Bibliothek 8639) Stuttgart 1991.

1 *Bernard Lewis,* Welt des Islam, a.a.O., 9.

Eine abrahamitische Ökumene?

Der Islam und das Judentum

Medina, die Stadt des Propheten, war der neue Ausgangspunkt des Islam geworden, aber von einem bewundernswerten Instinkt geleitet, gab Mohammed Mekka sein religiöses Gewicht und seine zentrale Bedeutung zurück. Mohammed wollte den Islam in die Traditionen Abrahams einreihen. Er brach mit dem Polytheismus, der sich mit der Ka'ba verband, und verkündete »mit genialer Intuition« (Eliade), daß die Ka'ba von Abraham und seinem Sohn Ismael gebaut worden sei (Sure 2,127; Die Überlieferung, auf die der Koran hier anspielt, wird im Religionsbuch S. 192 erzählt[1]). Nur infolge der Sünden der Ahnen befände sich das Heiligtum im Besitz der Götzendiener. »Ihr Leute der Schrift!« wendet sich der Koran an Juden und Christen, »was streitet ihr über Abraham, wo doch die Tora und das Evangelium erst nach ihm herabgesandt worden sind? Habt ihr denn keinen Verstand? ... Abraham war weder Jude noch Christ. Er war vielmehr ein (Gott) ergebener Hanif[2] und Muslim und kein Polytheist. Die Menschen, die Abraham am nächsten stehen, sind diejenigen, welche ihm folgen, und dieser Prophet und die, die mit ihm gläubig sind« (Sure 3,65-68). Später heißt es dann in derselben Sure: »Folget darum in der Religion des rechtgläubigen Abraham, der kein Götzendiener war. Das erste Bethaus für die Menschen war das in Bekka (= Mekka), zum Segen und zur Richtschnur der Welt« (3,95f.).

Durch diese Anknüpfung bekam »die arabische Welt ihren Tempel, der älter ist, als der Jerusalems« (Régis Blachère). Die religiösen und politischen Folgen jener Entscheidung waren beachtlich. Mircea Eliade interpretiert: »Einerseits war die Zukunft der arabischen Einheit gesichert, andererseits führen die späteren Gedanken bezüglich der Ka'ba zu einer Theologie des Heiligtums unter dem Vorzeichen des ältesten, also des wahren Monotheismus. Von diesem Augenblick an setzte sich Mohammed vom Judentum wie auch vom Christentum ab.«[3]

Auch Rudi Paret meint im Blick auf die Abrahamslegende, es handle sich hier um einen Sachverhalt, »über den sich Muslime und Nichtmuslime wahrscheinlich nie werden einigen können.« Muslimischerseits entspricht der Aufenthalt Abrahams in Arabien den historischen Tatsachen; die europäische kritische Forschung behauptet dagegen, daß Abraham nie etwas mit der Ka'ba und ihrem Kult zu tun gehabt hat (ein Vorgang, der analog zur Geburt Jesu in Betlehem gesehen werden darf, der theologisch verstanden, dort seinen Topos haben kann, historisch aber unbegründet erscheint). Wenn sich Mohammed

---

1 Natürlich handelt es sich hier um eine Legende, die ihre Analogie in jüdisch-christlichen Traditionen hat; vgl. Religionsbuch 3, S. 85: Golgota, Mitte der Welt; → III,498ff.; der orthodoxe Islam hält diese Legende für historische Wirklichkeit.
2 *Hanif:* vorislamischer Sucher nach dem reinen Glauben.
3 *Mircea Eliade,* a.a.O., 80.

aber auf Abraham berufen konnte, sicherte er damit seiner eigenen Religion die Priorität vor dem Judentum und dem Christentum.

Zunächst war Mohammeds Monotheismus und seine Neuinterpretation der Ka'ba mit dem unbedingten Wunsch verbunden, an den jüdischen Glauben *anknüpfen* zu können.

Die Überzeugung von der Einheit der Offenbarung war für ihn unerschütterlich gegeben. Darum war auch seine Aufforderung an die Juden, seine Verkündigung als Bestätigung ihrer eigenen Offenbarung zu akzeptieren, ernst gemeint. »Streitet mit den Leuten der Schrift nie anders als auf eine möglichst gute Art – mit Ausnahme derer von ihnen, die Frevler sind! Und sagt: ›Wir glauben an das, was zu uns und was zu euch herabgesandt worden ist. Unser und euer Gott ist einer. Ihm sind wir ergeben (*muslimun*)‹« (29,46).

Das medinische Judentum verhielt sich gegenüber Mohammed jedoch äußerst zurückhaltend. Dennoch gab der Prophet die Hoffnung nicht auf, daß es zu einer Einigung oder wenigstens zu einer Anerkennung kommen würde. Dieser Schwebezustand dauerte seit der Übersiedlung nach Medina ein volles Jahr. Während dieser Zeit hielt Mohammed an der These fest, daß der Islam im Grundsätzlichen mit dem Judentum übereinstimme. So schuf er Formen, die diese Zusammengehörigkeit sinnfällig unterstreichen sollten: Dazu gehörte die schon früh eingeführte Gebetsrichtung nach Jerusalem, aber auch der Freitagsgottesdienst in Anlehnung an den jüdischen Sabbat; allerdings blieben auch hinreichend unterscheidende Merkmale. Der arabische Weg sollte nicht im Judentum aufgehen, sowenig er erwartete, daß die Juden einfach zum Islam überträten. Mohammed hoffte, daß die Juden ihn als den Gesandten Gottes an die Araber anerkennen würden, wie er seinerseits bereit war, im Judentum eine wahre Religion zu sehen. »Diejenigen, die glauben und diejenigen, die dem Judentum angehören, und die Christen und die Sabäer, allen, die an Gott und an den Jüngsten Tag glauben und tun, was recht ist, steht bei ihrem Herrn ihr Lohn zu, und sie brauchen keine Angst zu haben, und sie werden nicht traurig sein« (2,62).

Als Mohammed schließlich einsah, daß alles Zureden vergeblich war, war die Enttäuschung um so größer. »Wenn man zu ihnen sagt: ›Glaubt an das, was Gott (nunmehr als Offenbarung) herabgesandt hat!‹, sagen sie: ›Wir glauben (nur) an das, was (früher) auf uns herabgesandt worden ist.‹ Aber sie glauben nicht an das, was danach gekommen ist, wo es doch die Wahrheit ist, indem es bestätigt, was ihnen (bereits) vorliegt« (2,91). Mohammed gab seiner Enttäuschung mit Wendungen und Geschichten der Hebräischen Bibel Ausdruck: daß »die Kinder Israels« verhärtete Herzen hätten, sogar härter als Stein; daß sie den Gottesbund gebrochen und ihre Propheten umgebracht hätten; daß sie Wortverdrehungen liebten und so auch das Wort Gottes verdrehten usw. Schließlich sah er sich veranlaßt, seinen eigenen Standpunkt zu überprüfen. Es kam zu einer radikalen Umorientierung, die in ihren Konsequenzen bis in die Politik der Gegenwart reicht.

16 oder 17 Monate nach der Hidschra wurde die Gebetsrichtung von Jerusalem zur Ka'ba nach Mekka verlegt. Zur selben Zeit verband Mohammed die Gründung der Ka'ba mit Abraham. Auch dem Fasten wurde der jüdische Sinn genommen und eine islamische Motivation gegeben. Das Fasten im Ramadan wurde befohlen »im Unterschied zu den Juden«. Traten späterhin

Unterschiede in Glaubensfragen mit den Juden hervor, dann sollten diese sich vom Glauben Mohammeds her korrigieren lassen, nicht länger umgekehrt. Nachdem die Polemik einmal ihren Weg gesucht hatte, war es nur noch eine Frage der Zeit, bis gegen Ende der Medina-Zeit verlautete: »Und weil sie den Bund brachen, haben wir sie verflucht. Und wir machten ihre Herzen verhärtet, so daß sie die Worte (der Schrift) entstellten und sie von der Stelle, an die sie gehören, wegnahmen. Und sie vergaßen einen Teil, von dem, wozu sie gemahnt worden waren. Und du bekommst von ihnen immer wieder Falschheit zu sehen« (5,13).

So sprechen nun die späteren Offenbarungen das Urteil über die Juden aus, wie es sich auch politisch im Kampf gegen die jüdischen Stämme auswirkte (→ S. 495 f.): »Und sie verfielen dem Zorn Gottes, und Verelendung kam über sie. Dies dafür, daß sie nicht an die Zeichen Gottes glaubten und unberechtigterweise die Propheten töteten, und dafür, daß sie widerspenstig waren« (3,112). Doch selbst hier wird noch differenziert: »Sie sind aber nicht (alle) gleich. Unter den Leuten der Schrift gibt es (auch) eine Gemeinschaft. . ., die an Gott und den Jüngsten Tag glauben, gebieten, was recht ist, verbieten, was verwerflich ist, und wetteifern nach den guten Dingen. Die gehören zu den Rechtschaffenen« (3,114).

Grundsätzlich erfolgt aber eine pauschale Abgrenzung: »Ihr Gläubigen, nehmt euch nicht die Juden und die Christen zu Freunden![1] Sie sind untereinander Freunde. Wenn einer von euch sich ihnen anschließt, gehört er zu ihnen und nicht mehr zur Gemeinschaft der Gläubigen« (5,51). Die spätere Geschichte bestätigte, daß der Muslim die Hilfe von Christen und Juden nicht suchen solle, weil sie sich wahrscheinlich gegen ihn richten würden. Indem aber der Koran zum präexistenten göttlichen Wort wurde, zur Wiedergabe einer himmlischen Urschrift, bekamen die geschichtlichen Erfahrungen Mohammeds mit einem winzigen Teil des Judentums den Gültigkeitswert der Ewigkeit.[2]

Der Islam und das Christentum

Die Berührung Mohammeds mit dem Christentum ist historisch kaum zu rekonstruieren. Das stützt die überall verbreitete Meinung in der westlichen Welt, Mohammed habe nur ein höchst defizientes Bild des Christentums gehabt. Am häufigsten wird diese These mit seiner Jesus-Interpretation belegt, die zweifellos Irrtümer aufweist, etwa wenn er annimmt, daß Jesus selbst nicht gekreuzigt worden sei, sondern ein anderer an seiner statt, der mit ihm verwechselt worden wäre. Aber Jesus (*Isa*) ist für Mohammed zweifellos ein

---

1 Freund, *wali*, hat einen stärker vertragsmäßigen als emotionalen Sinn.
2 Johan Bouman beschreibt die Konsequenz dieser Entwicklung als eine Tragödie. Er sieht die Aussagen des Korans über die Juden als eine Komponente, die im Nahostkonflikt zwischen dem Staat Israel und den Palästinensern islamischen Glaubens virulent wird: Die Auseinandersetzung Mohammeds mit jüdischen Stämmen wird zum gültigen Modell für alle Zeit. In dieses Modell ist die Gründung des Staates Israel mit ihren Folgen schwer einzufügen. »Die Muslime haben in ihren Ländern die Juden nur als eine geduldete Minderheit gekannt; jetzt beherrschen sie ein Gebiet, das zu den klassischen arabisch-islamischen gehörte. . . Damit ist der Gegensatz zwischen jüdischer und islamischer Offenbarung mit ihrem Anspruch auf das Heilige Land zu einer fast unerträglichen Spannung gesteigert worden.« *Johan Bouman*, Der Koran und die Juden. Die Geschichte einer Tragödie. Darmstadt 1990, 110.

Glaubensträger, erwählt und von Gott geführt, als »Knecht Gottes«. Allerdings geht der Weg der heilsgeschichtlichen Führung über Jesus hinaus bis zu Mohammed. Der Isa Mohammeds ist gewiß anders als der Jesus der Evangelien und der Christenheit; wobei sich die Frage stellt, warum er anders ist. Über die Zeiten hin haben Christen immer nur die Differenz betont, ohne deren Gründe zu erforschen. Anlaß dazu war eine Gestalt des orientalischen Christentums, dem Mohammed begegnete und das dem Westen fremd ist. In der Kirchengeschichte Syriens wird »klar, daß es neben dem lateinischen und dem griechischen Christentum ein semitisches Christentum gegeben hat, von palästinischer Herkunft, das im großen und ganzen unabhängig von Paulus und dem hellenistischen Heidentum war.«[1] – »Dieses semitische Christentum lebt heute nicht nur im Nestorianismus, der während tausend Jahren eine der Hauptreligionen Asiens war, sondern auch, unterirdisch, im Islam fort.«[2] Wenn das semitische Christentum, wie es Gilles Quispel darstellt, nicht durch Gesetz, auch nicht durch Logos, sondern durch den Weg gekennzeichnet wird, so trifft dies auch auf den Koran zu. Schon das Judentum ist nicht an einer systematisierten Dogmatik interessiert, hat aber eine höchst differenzierte Weg-Lehre entwickelt. »Von daher wird verständlich, daß wir im Koran zwar verschiedene Entwürfe eines Jesusbildes, aber keine einheitlich durchgebaute Christologie fanden. Der Koran will nur den richtigen (orthodoxen) Weg zum EINEN ALLAH weisen. Alles, was dem entgegensteht, wird nicht mit griechischer Logik, sondern mit der Autorität des Gesandten als falsch abgewiesen.«[3]

Flüchtig besehen könnte man das Vor-Urteil der Geschichte übernehmen, hier gebe es zwischen Islam und Christenheit nichts weiter zu klären, obwohl der christlich-islamische Dialog noch nie eine wirkliche Chance hatte. Sicherlich kann er nur dort ansetzen, wo Mohammed ihn beschlossen hat: im Koran. »Die späteren christlichen und muslimischen Streitschriften müssen vorerst beiseite gelassen werden, da sie vielfach unter Waffenlärm geschrieben wurden. Im Waffenlärm schweigen nicht nur die Musen, auch der religiöse Mensch verstummt. Beugt man sich aber über den Koran, so entdeckt man ein Bild von Isa, dem Sohn Marjams und Knecht Allahs, das sich beim ersten Sehen von Jesus, dem Sohn Gottes der Evangelien und der katholischen Kirchen, zu unterscheiden scheint; beim tieferen Bedenken des Wortes könnten aber plötzlich und unerwartet neue Gemeinsamkeiten aufleuchten.«[4] Claus Schedel sieht den Ansatz christlicherseits darin, die Rede von Jesus als dem »Sohn Gottes« in ihrem metaphorischen Charakter deutlich zu machen. Mohammeds Christologie entspreche der Formel »Isa, Marjams Sohn, ist Abd-Allah, d.h. Knecht Gottes«. Das aber ist zugleich die erste urchristliche Bekenntnisformel (vgl. Apg 3,13; 3,26; 4,27; 4,30; Phil 2,7). Zwar hat die westliche Kirche die Bezeichnung Jesu als »Knecht« nicht weiter ausgebaut, für die syrisch-semitische Christenheit scheint diese Metapher aber die dominierende christologische Bekenntnisformel gewesen zu sein. »Wenn daher Muhammad den Knechts-Titel in das Zentrum seiner Verkündigung über Isa stellt, nimmt er damit einen

1 *Gilles Quispel,* Makarius, das Thomasevangelium und das Lied von deru Perle. Zürich 1967, 114.
2 Ebd., 118.
3 *Claus Schedl,* Muhammad und Jesus. Die christologisch relevanten Texte des Koran. Wien/Freiburg/Basel 1978, 564.
4 Ebd.

urchristlichen Entwurf auf, reinigt ihn von zeitgenössischen Mißdeutungen, vermeidet aber – was man vom hellenistisch-westlichen Denken her erwarten würde – genaue ontologische Präzisierungen. . . Man sollte daher aufhören zu sagen, Muhammad habe nur eine mangelhafte Kenntnis des Christentums gehabt. (. . . Er hat) die Grundstruktur der syrisch-semitischen Christologie sehr wohl gekannt und eigenständig weiterentwickelt. Soll ein muslimisch-christlicher Dialog fruchtbar werden, muß von diesen Grundgegebenheiten ausgegangen werden.«

Wahrscheinlich wird die Möglichkeit zu solchen Gesprächen erst dann gegeben sein, wenn Muslime in ähnlicher Weise wie Juden und Christen die Freiheit gewinnen, den Koran nicht nur als Gottes Wort, sondern zugleich immer auch als Menschenwort zu sehen. Das sei Blasphemie! wurde Hans Küng anläßlich eines Gesprächs mit Muslimen gesagt.[1] Aber das haben Juden auch gesagt, als Spinoza begann, die Hebräische Bibel historisch zu sehen; und Christen haben es nicht minder gesagt und tun es in verschiedenen Kreisen selbst heute noch, wenn sie die historisch-kritische Methode in ihren »gottlosen« Resultaten bekämpfen. Und trotzdem wissen Juden wie Christen, daß die zwischenzeitliche Irritation hinzunehmen ist, weil sie zum tieferen Verständnis und zur Ehrlichkeit vor sich selbst und vor aller Welt führt.

Wahrscheinlich ist auf dieser Basis das jüdisch-christlich-islamische Gespräch wieder bei der Abrahamkindschaft anzusetzen. Wenn sich schon die Christen über den Juden und Abrahamssohn Jesus als »Abrahams Nachkommen« (Gal 3,29) verstehen dürfen, also gewissermaßen Nutznießer des Abrahambundes werden, ohne Israels Platz dadurch einzunehmen, muß für die Muslime ja auch keine genealogische Linie zu Abraham führen. Allein die Zurückführung des islamischen Glaubens auf den im Glauben gemeinsamen »Vater Abraham« könnte eine freundliche Theologie tragen helfen, die eine abrahamitische Ökumene der drei großen monotheistischen Religionen begründen ließe. Eine wichtige Voraussetzung dazu hat 1964 die Erklärung des Vaticanums II über den Islam gelegt, in der gesagt wird, daß der göttliche Heilswille alle umfasse, »welche den Schöpfer anerkennen, unter ihnen besonders die Muslime, die sich zum Glauben Abrahams bekennen und mit uns den einen Gott anbeten.«

Allerdings wird sich die christliche Theologie auch aus ihrer Abstinenz lösen müssen, Mohammed nur religionsgeschichtlich »einzuordnen«, ohne die damit verbundene Offenbarung und ihn selbst als Botschafter Gottes *theologisch* wahrzunehmen. Diese Aufgabe kann auf Dauer nicht verdrängt werden und bedarf auch für den Religionsunterricht einer Lösung, die auf eine Ökumene der Religionen und die interkulturelle Verständigung der ganzen Menschheit zielt.[2] Wenn das Vaticanum II erklärt, daß die katholische Kirche »auch die Muslime mit Hochachtung betrachtet, die den alleinigen Gott anbeten. . ., der zu den Menschen gesprochen hat«, dann müßte sie – einschließlich aller übrigen christlichen Kirchen – auch bereit sein können, jenen einen neu zu sehen und

---

1 *Hans Küng,* Christentum und Islam, in: *Rolf Italiaander,* Die Herausforderung des Islam. Göttingen 1987, 51-67, hier: 62.
2 Seitens der Religionspädagogik hat in diese Richtung am entschiedensten Paul Schwarzenau gedacht, vgl. *Paul Schwarzenau,* Der größere Gott. Christentum und Weltreligionen. Stuttgart 1977; *Ders.,* Korankunde für Christen. Ein Zugang zum heiligen Buch der Moslems. Stuttgart 1982.

als Propheten zu achten, dessen Namen sie in der Erklärung verschweigt, obwohl er es doch war, durch den Gott »zu den Menschen gesprochen hat«.

Zugleich sind – neben so vielen Stimmen aus der Geschichte und vor allem neben den hilfreichen Ansätzen, die bei islamischen Mystikern begegnen[1] – die ermutigenden Stimmen heutiger islamischer Theologen zu beachten: »Wenn es eine soziale und industrielle Revolution gegeben hat, so müssen wir, die Männer [und Frauen] der Religionen, eine Revolution des Glaubens in Kooperation herbeiführen, der mutigen Erneuerung, des Ernstes, der Weisheit und des modernen Wissens – genau so wie es unsere geistlichen Vorväter Abraham, Moses, Jesus und Mohammed unternommen haben«, fordert Ahmad Kaftaro, der Großmufti von Syrien. »Wir umarmen Euch. Darum umarmt uns. Wir halten Christus, das Evangelium und die Jungfrau Maria heilig, also erwidert den Gruß Eurer moslemischen Brüder, die einander jahrelang aus den Augen verloren haben. Eines Tages, unterwegs in der Wüste, erspäht einer etwas Bewegliches in der Ferne und phantasiert, es sei ein Wilder. Er richtet seine Waffe her. Sobald er näher kommt, merkt er, es ist ein Mensch, vermutet aber einen Straßenräuber. Erst im Abstand von einigen Metern nimmt er wahr, es ist sein Bruder, den er lange nicht gesehen hat, schließt ihn in die Arme und weint vor Glück, ihn wiedergefunden zu haben.

Unser Planet gleicht einem Schiff, das durch das Weltall kreuzt, und alle Passagiere sind verantwortlich für Sicherheit und Wartung. Alle Gläubigen und ernsthaften Gelehrten sind aufgefordert, möglichst rasch mit einem Dialog zu beginnen, so daß jeder mit dem vertraut wird, was der andere anzubieten hat. Der Prophet sagt: ›Alle Geschöpfe sind auf Gott angewiesen. Gott zieht den vor, der seinem Geschöpf am meisten hilft.‹ Und er fährt fort: ›Der Mensch ist ein Bruder des Menschen, gleich ob er es wahrhaben will oder nicht.‹«[2]

---

1 Vgl. die Texte von Rumi, S. 530 f.
2 *Ahmad Kaftaro*, Plädoyer für eine brüderliche Welt. SZ, Nr. 166, 20./21.6.1991.

Islamische Mystik

Üblicherweise ist das in Schulen übermittelte Islam-Bild auf wenige Fakten reduziert. Nie fehlen dabei die »fünf Säulen«, immer bleibt der Sufismus ausgeklammert, obwohl er doch den inwendigsten Zugang zum Islam ermöglichen könnte. Aber es stimmt natürlich, was Annemarie Schimmel in ihrem Standardwerk zum Sufismus erklärt: »Es geht dem, der über Sufismus schreiben will, wie den Blinden in Rumis Geschichte, die einen Elefanten betasteten und ihn dann entsprechend dem Körperteil beschrieben, den ihre Hände berührt hatten: als Thron, als Fächer, als Wasserpfeife; aber niemand konnte sich vorstellen, wie das ganze Tier aussah.«[1]

Es ist auch hier nicht möglich, den Sufismus in einer Kurzfassung darzustellen, zumal diese Dimension religiöser Erfahrung am wenigsten Zwölfjährigen zugeordnet werden kann. Andererseits wird ein Lehrer, der über den Islam spricht, ohne dessen mystischen Dimensionen begegnet zu sein, leicht ein Faktengerüst errichten, das zwar aus Kenntnissen, nicht aber auch aus inneren Berührungen und Einsichten besteht. Geht man dann noch davon aus, daß die Mystik in allen Religionen der Welt deutliche Strukturgleichheiten aufweist, weil sie weniger vom Glaubenssystem als von der Erfahrung des einzelnen bestimmt wird, wird man ihr in *jeder* Religion wegen der anthropologisch relevanten Korrelate größte didaktische Aufmerksamkeit schenken.

Die islamischen Mystiker hießen *sufiyya*, sing. *sufi*, weil sie durch das Tragen von einfachen Wollkutten auffielen. Einige von ihnen haben auch durch ein vernachläßigtes Äußeres und eine gewisse Distanz zur bestehenden Gesellschaft Aufsehen erregt. Sicherlich gaben sie mehr auf die eigenen religiösen Erfahrungen als auf eingebürgerte Formen und glaubten sich dabei auch in tieferem Einklang mit ihrer Religion als deren offizielle Vertreter. Ungelöst ist die Frage, wo die alte Sufik entstanden ist; die spärlichen Nachrichten deuten nicht auf das eigentliche Arabien, sondern auf Mesopotamien, Syrien, Palästina, Ägypten. Die durch die Jahrhunderte sich bisweilen deutlich artikulierenden, bisweilen an die Peripherie gedrängten und verfolgten Sufiyya suchten für sich einen anderen Pfad, als den von Autoritäten und Lehrsystemen gewiesenen Weg. Es ist ein Pfad innerer Erfahrung, der zwar des Lehrers bedarf, doch in dem Sinne, daß der Lehrer das Lernen lehrt und nicht die Inhalte.

Wir stellen nachfolgend eine kleine Auswahl sufischer Texte vor. Breitere und grundsätzliche Ausführungen zur Mystik bietet im Kontext zum Kapitel »Das eigene Leben: Die innere Mitte« das Lehrerhandbuch 10. Wie immer auf diesem Gebiet lassen sich diese Texte und Inhalte nicht »durchnehmen«. Wer als Lehrer keinen eigenen Zugang findet, sollte im Unterricht darauf verzichten. Im übrigen bedarf es keines systematischen Ortes für diese Texte. Sie können ohne zwingenden Zusammenhang mit dem sonstigen Unterrichtsthema auch

---

1 *Annemarie Schimmel*, Mystische Dimensionen des Islam. Die Geschichte des Sufismus. München 1992, 16. Eine Variante der hier erwähnten Geschichte findet sich im Religionsbuch 5/6, S. 126; vgl. oben S. 193.

einmal »zwischendurch« zur Sprache kommen oder als Besinnung für fünf Minuten am Anfang einer Stunde oder eines Tages stehen. Man darf auch nicht stets in Kästchen oder Fächern denken. Der Einstieg in den Schulmorgen (→ S. 52 ff.) verträgt selbst in einer Mathematikstunde eine Sufi-Geschichte.

Rabi'a

Sie war eine Sklavin, die freigelassen wurde und sich dann bis ins hohe Alter ausschließlich dem inneren Weg widmete. Sie starb 801. Unter den vielen Männern, welche den Islam vertreten, ist sie eine der wenigen Frauen, deren Name durch die Jahrhunderte gegangen ist.

Man sah sie in den Straßen von Basra, mit einem Eimer in der einen Hand und einer Fackel in der anderen. Gefragt, was das bedeute, antwortete sie: »Ich will Wasser in die Hölle gießen und Feuer ins Paradies legen, damit diese beiden Schleier verschwinden und niemand mehr Gott aus Furcht vor der Hölle oder in Hoffnung auf das Paradies anbete, sondern nur noch um seiner ewigen Schönheit willen.«[1]

Bayazid Bistami

»Wie eine einsame Feuergestalt steht er in der nordpersischen Welt« (Annemarie Schimmel). Mehr als viele andere erregte er das Interesse seiner Mitmenschen; die Erinnerung an ihn geht über seinen Tod (874) hinaus:

Einmal ging ich nach Mekka, da sah ich nur das Haus und sprach zu mir selber: »Die Wallfahrt ist nicht angekommen, denn solche Steine habe ich viele gesehen.« Dann ging ich wieder hin; da sah ich das Haus und den Herrn des Hauses. Da sagte ich: »Das ist noch kein richtiger Monotheismus.« Ich ging zum dritten Male; da sah ich nur den Herrn des Hauses und das Haus nicht.

Einst wollte er einen Bruder besuchen. Als er zum Oxus kam, rückten die beiden Ufer des Flusses zusammen, damit er trockenen Fußes hinübergehen könnte. Da sprach er: »Herr, was soll diese Arglist? Nicht darum habe ich dir gedient!« und kehrte um.

Ich flog im Raum und im Nichtraum drei mal dreißigtausend Jahre. Als man mich zuließ zum erhabenen Thron, da erschien auch dort nur Bayazid. Ich rief: »O Gott, hebe den Vorhang auf!« Da kam aus dem Vorhang wieder Bayazid heraus.[2]

al-Halladsch

Er ist der große Märtyrer des Sufismus. Er lehrte den Sufismus als die innere Wahrheit aller wahren Religionen, und weil er die Bedeutung Jesu als eines Sufi-Lehrers betonte, warfen ihm Fanatiker vor, ein heimlicher Christ zu sein. Seine Behauptung, man könne die Pilgerfahrt nach Mekka auch anderswo durchführen, wenn man nur die entsprechenden Rituale befolge, wurde als schwere Ketzerei angesehen. Ebenfalls machte ihn seine Ansicht, gewisse religiöse Pflichten könnten durch »nützlichere Taten« ersetzt werden, suspekt. 913

---

1 *Annemarie Schimmel,* Gärten der Erkenntnis. Das Buch der vierzig Sufi-Meister. Düsseldorf/Köln 1982, 21.
2 Ebd., 32; 34.

kam er an den Pranger, danach acht Jahre ins Gefängnis. 922 wurde er öffentlich gegeißelt, verstümmelt, enthauptet und verbrannt.

»Wer ihn kennt, beschreibt ihn nicht, und wer ihn beschreibt, kennt ihn nicht.«

»Glaube und Unglaube unterscheiden sich im Hinblick auf den Namen; aber im Hinblick auf die Wirklichkeit, gibt es keinen Unterschied zwischen ihnen.«

Schibli berichtete: Ich ging zu Halladsch, als seine Hände und Füße bereits abgeschnitten waren und er auf einem Baumstumpf gekreuzigt war, und sagte zu ihm: »Was ist Mystik?« Er sprach: »Ihre niedrigste Stufe ist, was du hier siehst.« Ich sagte: »Und was ist die höchste?« Er sagte: »Du hast keinen Zugang dazu. Aber morgen wirst du es sehen. Denn es ist im Verborgenen, was ich gesehen haben, und so ist es dir verborgen.« Und als die Zeit zum Abendgebet kam, kam die Erlaubnis vom Kalifen, ihm den Kopf abzuschlagen. Da sagte der Wächter: »Es ist schon Abend, wir wollen es bis morgen verschieben.«

Und als der nächste Morgen kam, wurde er vom Holz genommen und vorangeführt, damit man ihm den Kopf abschlüge. Da sprach er mit lauter Stimme: »Der Anteil des in Ekstase Versunkenen ist, daß der Eine ihn zur Einheit zurückführt.« Dann sagte er den Koranvers: »Herbei wünschen [die Stunde des Gerichts] diejenigen, die nicht an sie glauben; die aber, welche an sie glauben, wissen, daß es die Wahrheit ist« (Sure 42,18).

Und man sagt, dies sei das Letzte gewesen, was man von ihm gehört habe. Dann wurde ihm der Kopf abgeschlagen, und er wurde in eine Matte gewickelt und mit Naphta übergossen und verbrannt, und seine Asche wurde oben auf ein Minarett getragen, damit der Wind sie verstreue.[1]

al-Ghazzali

Abu Hamid Muhammad al-Ghazzali (1059-1111) gilt als der größte mittelalterliche Theologe des Islam. Weil ihn die philosophische und theologische Kopfarbeit unbefriedigt ließ, wandte er sich dem Sufismus zu. Nach einem inneren Zusammenbruch verließ er Bagdad als wandernder Derwisch. Ghazzali trat der Unduldsamkeit der Dogmatiker entgegen und lehrte, alle jene seien Gläubige, welche die Grundsätze des Islam befolgen, ohne daß sämtliche Glaubensansichten mit dem »Katechismus« übereinstimmen müßten. Er betonte die eigene religiöse Erfahrung als Basis jeder Glaubensgewißheit.

»Es wird erzählt, daß Jesus einst an Leuten vorüberkam, die elend und abgemagert aussahen. Er sprach zu ihnen: Was ist mit euch? Sie sagten: Aus Furcht vor der Strafe Allahs sind wir so abgemagert. Da sprach er: Ihr habt es vor Allah verdient, daß er euch vor seiner Strafe sicher macht.

Darauf traf er andere Leute, die noch elender und abgemagerter aussahen. Da sprach er: Was ist mit euch? Sie sagten: Die Sehnsucht nach dem Paradies hat uns so abmagern lassen. Darauf sprach er: Ihr habt es vor Allah verdient, daß er eure Sehnsucht erfüllt.

Dann traf er andere Leute, die noch elender und abgemagerter als die vorigen aussahen, deren Gesichter aber leuchteten wie Spiegel. Er sprach: Was ist mit euch? Sie sagten: Die Liebe zu Allah hat uns so werden lassen. Da setzte er sich zu ihnen und sprach: Ihr seid die, die Allah nahe sind; mit euch zusammenzusitzen ist uns befohlen worden.«[2]

---

1 Ebd., 48; 61.
2 *Hubertus Halbfas,* Das Welthaus, a.a.O., Nr. 186.

529

Rumi

Für Rumi (1207-1273), einen der größten Mystiker, waren die Religionen nicht letztgültiger Ausdruck. »Geh den Weg Mohammeds«, sagte er, »aber wenn du das nicht kannst, dann gehe den christlichen Weg.« Selbst wenn der Sufi von Gott spricht, meint er nicht den Gott, den Theologen und Lehrbücher beschreiben. Der Gott des Sufi hat nichts mit begrifflichen Gottesvorstellungen zu tun: »Das Buch der Sufis ist nicht die Schwärze der Buchstaben. Es ist die Weiße eines reinen Herzens.«

Das Kreuz und die Christen nahm ich von allen Seiten in Augenschein. Er war nicht am Kreuz. Ich ging zum Hindu-Tempel, zu der alten Pagode. An beiden Orten fand ich keine Spur von ihm. Ich ging zu den Höhen von Herat und nach Kandahar, schaute mich um. Er war nicht auf den Höhen und nicht in der Niederung. Entschlossen ging ich zur Spitze des Kaf-Berges. Dort wohnte nur der Anqua-Vogel. Ich ging zur Ka'ba und traf ihn dort nicht. Ich fragte Ibn Sina nach seinem Wesen: Er war jenseits der Definitionen des Philosophen Avicenna. . . Ich schaute in mein eigenes Herz. An diesem Ort sah ich ihn. Er ist an keinem anderen Ort.

Wahre Pilgerschaft
Die Pilger, die zur Ka'ba ausgegangen,
wenn endlich sie zum Ziele hingelangen,
sehn sie ein Haus von Stein, erhaben, heilig,
von kahlen Talabhängen rings umfangen.
Sie ziehen aus und hoffen Gott zu schauen –
sie suchen viel, umsonst ist ihr Verlangen!
Doch schallt wohl eine Stimme aus dem Tempel,
wenn dessen Schwell' inbrünstig sie umfangen:
Was betet ihr zu Ton und Stein, ihr Toten?
Das Haus verehrt, nach dem die Reinen rangen!
Des Herzens Haus, das Haus des Wahren, Einen!
O selig, die in diesen Tempel drangen!
Heil denen, die da ruhn daheim
und kosten nicht den Wüstenpfad, den langen.[1]

In der Tradition Rumis steht der Orden der tanzenden Derwische. Der griechische Dichter Nikos Kazantzakis besuchte eines ihrer Klöster auf griechischem Boden (nachdem Kemal Atatürk den Derwisch-Orden in der Türkei verboten hatte; → S. 554). Dabei kam es zu folgender nachdenkenswerter Begegnung:

Wir hielten vor einem kleinen türkischen Kloster, in dem Derwische lebten, die jeden Freitag tanzten. Das grüne Bogentor zeigte auf dem Türbalken eine bronzene Hand – das heilige Zeichen Mohammeds. Wir traten in den Hof. Er war mit dicken großen Kieseln belegt; blitzsauber; ringsum Blumentöpfe und Rankengewächse und in der Mitte ein riesiger, blühender Lorbeerbaum. Wir stellten uns in seinen Schatten, um Atem zu schöpfen. Aus einer Zelle kam ein Derwisch auf uns zu; er legte grüßend die Hand auf Brust, Lippen, Stirn. Er trug eine lange, blaue Kutte und eine hohe, weiße, wollene Mütze. Sein Spitzbart war pechschwarz, und an seinem rechten Ohr hing ein silberner Ohrring. Er klaschte in die Hände. Ein rundlicher, barfüßiger Knabe brachte Hocker,

1 Ebd., Nr. 209.

wir setzten uns. Der Derwisch sprach von den Blumen, die wir rundum sahen, und vom Meer, das zwischen den spitzen Blättern des Lorbeerbaumes blitzte. Später begann er über den Tanz zu sprechen.

»Wenn ich nicht tanzen kann, kann ich nicht beten. Ich spreche durch den Tanz zu Gott.«

»Was für einen Namen gebt Ihr Gott, Ehrwürden?«

»Er hat keinen Namen«, antwortete der Derwisch. »Gott kann man nicht in einen Namen pressen. Der Name ist ein Gefängnis, Gott ist frei.«

»Wenn Ihr ihn aber rufen wollt? Wenn es notwendig ist, wie ruft Ihr ihn?«

»Ach!« antwortete er. »Nicht: Allah. Ach! werde ich ihn rufen.«

Ich erbebte.

»Er hat recht«, murmelte ich.[1]

Ergänzende Literatur:
Annemarie Schimmel, Gärten der Erkenntnis. Das Buch der vierzig Sufi-Meister. (Diederichs Gelbe Reihe, 37), München 1982, ³1991.

---

1 *Nikos Kazantzakis,* Rechenschaft vor El Greco. München 1978, 151f. (leicht verändert).

Die Kultur des Islam

Einem Unterricht über fremde Religionen, der die Kultur der jeweiligen Geschichtsräume außer acht läßt, wird es schwerlich gelingen, eine Wertschätzung dieser Religionen zu vermitteln. Es geht nicht an, die Gesetze und Pflichten des Islam zu besprechen, gar noch über die Stellung der Frau und den »heiligen Krieg« die Nase zu rümpfen, aber die islamische Kultur blind zu übergehen, etwa mit der Begründung, das gehöre nicht zum Religionsunterricht. Angesichts der umfangreichen und prachtvollen Bücher, welche islamische Kultur in ihrer Vielfalt erschließen, ist es natürlich aussichtslos, in diesem Handbuch der Aufgabe gerecht zu werden. Darum sind die folgenden Aspekte nur als Hinweise zu verstehen. Jede größere öffentliche Bücherei bietet weiterführendes Material an, und unter der Rubrik »Reiseliteratur« kann man sich bereits in jeder zweiten Buchandlung genauer informieren.

Der Begriff »Islamische Kultur« ist geeignet, falsche Einheitsvorstellungen zu suggerieren. Der Islam ist multinational und multikulturell, und diese Weite bestimmt ihn bereits seit dem 9. Jahrhundert:

»Der ideale und sittlich vollkommene Mann sollte ostpersischer Abstammung sein, arabisch im Glauben, irakisch erzogen, ein Jude an Scharfsinn, ein Schüler Christi im Verhalten, ebenso fromm wie ein griechischer Mönch, ein Grieche in den individuellen Wissenschaften, ein Inder in der Deutung aller Mysterien, schließlich und insbesondere ein Sufi in seinem gesamten geistigen Leben.«[1]

Es gab Zeiten, in denen ein solch polyglottes Menschenbild nicht selten begegnete. Es gehört zu jenen Jahrhunderten, in denen der Islam seine größte Machtfülle besaß, von Indien bis Spanien, von Zentralasien bis Afrika. Seine Leistungen im Bereich der Verwaltung und Kunst, der Wissenschaften, Literatur und Musik sind in unsere Kultur miteingegangen, ohne daß wir uns dessen hinreichend bewußt wären. Alleine der alltägliche Sprachbestand ist derart mit arabischen Wörtern gefüllt, das heißt natürlich auch: mit arabischen Gaben, daß es lohnt, dieser Verbindung Aufmerksamkeit zu schenken.

Wir alle sprechen Arabisch

Zu Beginn des 8. Jahrhunderts war den Kalifen bereits die halbe Welt vom Oxus bis nach Nordafrika, vom Himalaya bis zu den Pyrenäen untertan. Die großen Nachbarstaaten Byzanz und Persien wurden nicht alleine politisch, sondern auch kulturell überholt. Der griechisch-byzantinische Einfluß auf den Westen ging zurück; das Mittelmeer grenzte von jetzt an unmittelbar an den Orient. Die »Völkerwanderung der Waren und Worte« begann.

---

1 Von den Mitgliedern des philosophischen Bundes Ikhwan as-Safa im 9. Jahrhundert formuliert, zit.n. *Richard Ettinghausen*, Des Menschen Werk, in: *Bernard Lewis,* Welt des Islam, a.a.O., 57.

Vieles, was über Spanien zu uns gelangte, wurde mitsamt dem arabischen Artikel *al* übernommen. Das hat uns nicht nur den Alkohol gebracht, sondern auch das Amalgam, die Alchemie und die Algebra, dazu Anilin und Alkali, Alkoven und Almanach, Amulett und Alhambra. Aber das Arsenal der Worte kann durch das ganze Alphabet weitergeführt werden: vom Baldachin zum Benzin, vom Chiffon zum Damast, vom Elixier zur Fanfare, zur Gamasche und Guitarre. Haschisch, Ingwer und Jasmin folgen, unter K Kandare, Kaliber und Klabautermann; vom Lack geht es über Larifari zu Marzipan und Magazin, Orange und Pomeranze, Quark, Risiko und Sirup. Dann kommen Talisman, Tarif, Tara und Tarock, neben Watte auch Wismut und Wesir und schließlich noch Zucker und Zimt.

Die Genüsse, die wir dem Orient verdanken, spiegeln sich in Kaffee, Mocca und Limonade; man nimmt sie im Café zu sich oder geht in eine Konditorei; vielleicht sind uns aber Zwetschgen, Bergamotbirnen und Orangen lieber. Wer in eine Drogerie geht, kann Ambra, Borax, Estragon, Kampfer, Kümmel, Ingwer, Muskat, Natron, Saccharin, Safran, Soda verlangen, vielleicht auch Gaze, Talkum und Watte.

Was schöne Stoffe angeht, so wird erst jetzt die Mode elegant mit Atlas, Barchent, Chiffon, Damast, Moiré, Musselin, Mohair, Satin, Taft. Dazu kommen die Farben Safran, Orange, Karmesin und Lila. Obendrein gibt es Kittel, Jacke, Mütze. – Ins Haus ziehen Sofa, Diwan, Matratze, Ottomane, Alkoven ein. Auch das Schachspiel und für den, der verreisen will, gibt es jetzt den Koffer.

Arabische Wörter sind überall in unsere Sprache verstreut. Vor allem die Stoffhändler und Drogisten sprechen Arabisch. Insgesamt zeigt bereits diese kleine Liste, welche Glanzlichter die arabische Lebensart unserem Alltag aufsetzte, ihn buchstäblich würzte, mit Duft und Farbe belebte, gesunder und hygienischer machte und mit Behaglichkeit und Eleganz verschönte.

Die Brücke zur Antike

Die islamische Kultur hat dieselben Wurzeln wie die europäische Kultur, nämlich die jüdische und hellenistische, und es ist zuwenig bewußt, in welchem Maße wir islamischen Gelehrten den Brückenschlag zu den antiken Fundamenten verdanken. Als mit dem Ende Roms das Abendland verdämmerte, man die Philosophenschulen schloß, die antiken Bibliotheken der Mißachtung und dem Untergang überließ, während die merowingischen Könige langmähnig auf Ochsenkarren durchs Land zogen, bezahlten islamische Fürsten, Wesire und reiche Kaufleute Gelehrtenkommissionen und Einzelagenten, um in ganz Griechenland, Kleinasien und wohin immer die Hellenen sonst gekommen sind, jene schriftlichen Reste der vorchristlichen Antike ausfindig zu machen, die von dem großen Zerstörungswerk übrig geblieben waren. In Kleinasien, »drei Tagereisen von Byzanz entfernt«, entdeckte Muhammad ben Ishaq eine riesige Bibliothek »in einem großen, alten Tempel, mit einer Tür, wie nie eine größere gesehen wurde, mit zwei eisernen Flügeln. Die Griechen in der älteren Zeit, als sie noch die Sterne und die Götzen verehrten, hatten ihn errichtet und Opfer darin dargebracht.« Muhammad ben Ishaq war Gesandter am byzantinischen

Hof. Er bat den Kaiser, ihm den Tempel zu öffnen. »Aber er verweigerte es, weil seine Pforten seit der Zeit, da die Oströmer Christen geworden waren, geschlossen gehalten wurden. Ich ließ aber nicht locker, ich war ihm in verschiedenen Angelegenheiten behilflich, ich bat ihn schriftlich, und ich bat ihn mündlich, als ich an einer Sitzung seines Rates teilnahm. Da endlich ließ er ihn öffnen. Und siehe, in diesem Bau, aus mächtigen, marmornen Steinen errichtet, befanden sich Inschriften an den Wänden und bemalte Figuren, wie ich Ähnliches reicher und schöner nie gesehen hatte. An alten Handschriften gab es dort viele Kamelladungen voll. Man sprach von tausend Werken. Ein Teil war schon zerrissen, ein anderer durch den Wurm zerfressen...«[1]

Die arabische Zuwendung zur griechischen Kultur wurde ein Rettungswerk weltgeschichtlicher Bedeutung. Man begnügte sich nämlich nicht mit dem Konservieren der alten Texte, sondern übersetzte sie in eine Sprache, die damals weltbeherrschend war: ins Arabische. Die Übersetzungstätigkeit wurde bald organisiert und erlangte bisher ungekannte Ausmaße. »Die Übersetzer arbeiteten in Gruppen, jede wurde von einem Experten überwacht und von Abschreibern unterstützt. Werke, die aus dem Syrischen übersetzt wurden, pflegte man, wenn möglich, anhand der griechischen Originale zu überprüfen. Arabische Übersetzungen aus dem Griechischen wurden auf der Grundlage der neu erworbenen Manuskripte überarbeitet.«[2] Zum ersten Mal in der Geschichte wurde Wissenschaft in internationalem Rahmen betrieben. Gelehrte verschiedener Nationalität und unterschiedlichen Glaubens arbeiteten zusammen; es bildeten sich Zentren für bestimmte Gebiete. Bagdad wurde Erbin der alexandrinischen Schule. Nestorianer lehrten griechische Medizin in Jundishapur/Südwestiran (vgl. S. 387). Mathematik, Astronomie, Astrologie, Alchemie und Philosophie hatten ihre eigenen Entwicklungen.

Es blieb freilich nicht aus, daß diesem kulturellen Prozeß auch tiefes Mißtrauen entgegenschlug. Vor allem die Rechtsgelehrten und Theologen wehrten sich dagegen, daß man ihre Disziplinen fremden Formen anpassen sollte, von denen am ehesten eine Bedrohung der eigenen religiösen Traditionen ausgehe. Überraschenderweise entwuchs diesen Befürchtungen keine Unterdrückung der griechischen intellektuellen Wissenschaften; jene Gelehrten beteiligten sich sogar an ihrer Weiterentwicklung. »Wir sollten uns nicht schämen, Wahrheit anzuerkennen und sie aufzunehmen, von welcher Quelle sie auch immer kommt«, schrieb Ya'qub ibn Ishaq al-Kindis († 870), »auch wenn sie von früheren Generationen und fremden Völkern uns gebracht wird.«

Im Jahre 1169 bestellte der Kalif Abu Yabuk von Marrakesch den Philosophen Ibn Rush, der in Europa unter dem Namen Averroes bekannt wurde, zu sich. Dessen Wesir trug ihm den Wunsch des Kalifen vor:

»Abu Bekr ben Thofeil ließ mich rufen und sagte zu mir: Ich habe heute mit angehört, wie der Fürst der Gläubigen sich über die Undeutlichkeit des Aristoteles und seiner Übersetzer beklagte, und daß es schwierig sei, sie zu verstehen. Möge Gott es geben, sagte er, daß irgend jemand diese Bücher, nachdem er sie selber gründlich durchgearbeitet hat, auslege und ihren Inhalt klar und so, daß er jedermann zugänglich wird, darlege. Du verfügst über all das, was man für solch eine Arbeit braucht, im Überfluß. Unternimm

1 Zit.n. *Sigrid Hunke*, Allahs Sonne über dem Abendland. Unser arabisches Erbe. Stuttgart 1960, 208.
2 *A.I. Sabra*, Philosophie und Naturwissenschaften, in: *Bernard Lewis*, Welt des Islam, a.a.O., 181.

also dieses Werk! . . . Dies war der Anlaß, der mich dazu bewogen hat, die Auslegungen, die ich zu den verschiedenen Werken des Aristoteles verfaßt habe, zu schreiben.«[1]

In einem Zeitraum von zwanzig Jahren kommentierte Averroes Buch um Buch. Seine Arbeit drang bald darauf in die jüngst gegründeten Universitäten Paris und Oxford ein. Bisher kannte man kaum etwas von Aristoteles, nun kamen aus den Übersetzerstuben von Toledo und Palermo völlig unbekannte Texte zur Physik, Metaphysik, Ethik und Politik, mit kenntnisreichen Kommentaren versehen, die ein ganzes wissenschaftliches System offenlegten, das in sich kohärent war und ebenso faszinierend wie überzeugend. Mit dieser Wiederentdeckung des Aristoteles änderte sich die christliche Theologie. Zwar meldete sich zunächst massiver kirchlicher Widerstand. In Paris wurde 1210 die Lektüre des Aristoteles verboten, 1277 verurteilte der Bischof von Paris noch 219 Irrtümer aller Art, die er der neuen Häresie entsprungen sah, doch über Magister wie Albert den Großen, Thomas von Aquin und Siger von Brabant setzte sich das neue Denken durch. So sehr die Kirche sich dann in der Folge mit der scholastischen Theologie auch identifizierte, das Wissen darum, daß dieses für ein halbes Jahrtausend errichtete Lehrgebäude mit der Unterredung zwischen einem Berberfürsten und einem philosophierenden islamischen Arzt im Schatten der Mutubijja-Moschee von Marrakesch begonnen hatte, ist der Kirche wie der Theologie kein Grund zur Dankbarkeit geworden.

Es wären viele weitere Linien, die aus der islamischen Welt nach Europa führen, zu verfolgen: Die Geschichte der arabischen Zahlen und der Mathematik; die astronomischen Kenntnisse und die hermeneutischen Künste der Astrologie; die Heilkunst und die Geschichte des Krankenhauses, soweit diese von Bagdad ihren Ausgang nahm (→ S. 382 f.); das Schul- und Bildungswesen und natürlich die maurische Kultur, die in Spanien aufblühte. Dazu wäre ein Loblied auf eine Toleranz zu singen, die immerfort neue Kooperationen im wissenschaftlichen und kulturellen Bereich möglich machte. – Wir beschränken uns nachfolgend auf jene Aspekte, die sich vom Religionsbuch und seiner Bildausstattung her nahelegen.

Das Bild im Islam

Das Judentum ist die Religion des gehörten und zu hörenden Wortes und der ständige Anruf: »Höre, Israel!« richtet sich an ein horchendes Volk. Nicht im Bild, sondern im Wort offenbart sich Gott. Ist das nun Ursache oder Folge des Bilderverbots in Ex 20,4: »Du sollst dir kein Gottesbild machen und keine Darstellung von irgend etwas am Himmel droben, auf der Erde unten oder im Wasser unter der Erde«? Allgemein galt das Bild als eine Manifestation, die das Abgebildete zugänglich und verfügbar machte. Das strikte Bilderverbot wollte dieser Versuchung generell wehren. Voraussetzungen zu solcher Steuerung mögen aber auch in einer Tradition zu finden sein, die stärker der Sprache und der Musik als der bildenden Kunst zugeordnet war.

---

1 Zit.n. *Michel Clévenot,* Im Herzen des Mittelalters. Geschichte des Christentums im 12. und 13. Jahrhundert. Luzern 1992, 78.

Es läßt sich natürlich einwenden, das Bilderverbot habe nur dem Kultbild gegolten, doch ist das ein fast überflüssiges Bedenken, denn in archaischen Kulturen umfaßte die religiös-kultische Welt noch alles und eine Kunst außerhalb des religiösen Bedeutungsbereiches wäre unvorstellbar gewesen. Das Verbot des Gottesbildes bedeutete deshalb zugleich das Ende aller Bilder. Die Bibel bietet infolgedessen keine Ansätze für ein gemäßigtes Bilderverbot, wenngleich die Geschichte der jüdischen Kunst durchaus ein variables Verhältnis zum Bild kennt – und zugleich ein dauerhaft distanziertes.

Im Christentum fand die grundlegende Auseinandersetzung um das Bild in den Jahrhunderten der ausgehenden Antike statt. »Ich sehe, daß du noch heidnisch lebst«, heißt es in den gnostischen Johannesakten gegenüber einer Neubekehrten, die Bildern ihre Wertschätzung entgegenbrachte. Ähnlich rügt Eusebius eine Frau, die offensichtlich zwei Philosophenbilder für die Bilder Christi und Pauli genommen hatte. Es sollte nicht der Anschein entstehen, als trügen Christen nach Art der Götzenverehrer ihren Gott im Bilde herum. Die Unmöglichkeit des Gottesbildes war die selbstverständliche Ausgangsposition gegenüber jedem Bildgebrauch. In diese Auffassung wurde eine Ablehnung von Christus- und Heiligenbildern bald einbezogen. Jene, die in der Doxa Gottes seien, könnten nicht in totes, schändliches Material eingefangen werden. Auch der Verweis auf die Menschwerdung Christi sollte nicht gelten, da Christus doch dem Vater gleich sei.

Ein Wandel in dieser Haltung zum Bild vollzog sich in der byzantinischen Kirche im 6. und 7. Jahrhundert. Anknüpfungspunkt dafür war die antike Wertung des Porträts, das den Dargestellten zugleich vertreten sollte. Eine neue Frömmigkeitshaltung, in der dieses heidnische Erbe pulsierte, drängte nun nach einer Bildgattung, die es erlaubte, durch das Bild mit dem Dargestellten in Verbindung zu treten, so daß der Heilige nun an allen Orten gegenwärtig wurde: Das christliche Bild wurde zur Ikone, die keinen anderen Zweck hat, als den Heiligen präsent zu machen. Die im byzantinischen Bilderstreit einander begegnenden theologischen Argumente wurden letztlich politisch, nicht in der Sache ausgetragen. Darum endete der Konflikt auch unentschieden: Während die Ostkirche ihren Ausdruck in der Ikone fand, die katholische Tradition eine nahezu unbegrenzte und unkritische Bilderfreude auslebte, ging die lutherische Traditionen einen Weg zurückhaltender, oft auch irritierter Bildtoleranz, während Karlstadt, John Knox, Zwingli und Calvin rigoros jede Abbildung des Göttlichen oder auch biblischer Szenen im kultischen Bereich bekämpften.

Das islamische Bilderverbot ist nicht einfach ein Produkt der jüdisch-christlichen Linie. Gemeinsam mit der Bibel ist dem Koran, daß auch er »das Bild« nirgendwo generell verbietet, aber gemeinsam ist ihm ebenfalls die grundsätzlich religiöse Wertung der Bilder in der Zeit seines Anfangs. Zweifellos hatten die an der Ka'ba aufgestellten Bildwerke ja religiösen Charakter und wurden deswegen als Götzenkult von Mohammed abgelehnt. Unterscheidend kommt hinzu, daß im damaligen Arabisch zwischen »Bild« und »lebendigem Vorbild« nicht unterschieden wurde, so daß mit dem Bildwerk die Wirklichkeit des Abgebildeten verbunden wurde. »Daraus zieht die Hadith-Literatur den Schluß und bezeichnet die Maler als die schlechtesten Menschen. Sie maßen sich an, indem sie menschen- und tierähnliche Gestalten schaffen, gottähnlich zu sein«, obwohl sie doch das göttliche Gebot, dem Geschaffenen Lebensodem einzuhauchen, nicht folgen können. »Gegen die Darstellung von Bäumen und Dingen, die keinen ›Lebensodem‹ haben, wird in der Hadith-Literatur nichts eingewendet, und dementsprechend werden solche Malereien aus dem Bilderverbot ausgenommen. Figürliche Darstellungen, deren Besitz als nicht weniger tadelnswert galt als deren Schaffung, könnten durch Enthauptung oder andere Verstümmelungen theologisch annehmbar gemacht werden. Denn durch solche Zerstörungen meinte man, das Leben in diesen Bildern vernichtet zu haben, so daß sie in die Gruppe der Darstellungen, die keinen Lebensodem haben, fielen. Auch könnte man menschliche Figuren und Tierdarstellungen ungefährlich machen, indem man sie als Sitz- und Liegekissen oder auf Teppichen verwendete.«[1]

Für die Moschee ist diese strikte Ablehnung des Bildes bis heute mit kompromißloser Strenge eingehalten worden. Statt dessen hat sich eine kunstsinnige Ausschmückung der Wände mit ornamentalen Mustern entwickelt; an die Stelle der Bilder aber traten kalligraphisch gestaltete Schrifttafeln (vgl. Abbildung im Religionsbuch, S. 212; → S. 552).

So überraschend es auch ist, die Folgen des strengen Bilderverbots machten sich in den ersten Jahrhunderten des Kalifats nicht bemerkbar. Von Spanien bis Turkestan fielen dem Omayaden-Reich Kulturen zu, in denen die großen Bildtraditionen der Antike und der persischen Sassaniden lebendig geblieben waren. Obwohl die neue Religion ihre eigenen Maßstäbe setzte, blieb die Malerei davon verschont. Die omayadischen Kalifen zeigten sich durchaus bilderfreundlich. Die Paläste, die sie bauten, waren mit überreichem Bilderschmuck ausgestattet, wenngleich die Sakralbauten die auferlegte Einschränkung des Islam beachteten. Der erste große Bau der neuen Zivilisation war der Felsendom in Jerusalem, der seit 691 entstand; die Dekoration darin ist auf pflanzliche Formen beschränkt. Die große Moschee von Damaskus (706) gibt Landschaften und Architektur wieder. In Herrenhäusern und Palästen aber entwickelte sich eine reiche Figurenmalerei: Jagdszenen, Bademotive, Kampfspiele, allegorische Figuren und sogar der thronende Kalif mit den »Königen der Welt«, die ihm huldigen.

Zu fragen ist, ob diese Kunst, die dem Geist des Islam so sehr widerspricht, überhaupt islamisch genannt werden darf. »Jeglicher Befehl von oben, mochte er auch dem islamischen Gesetz widersprechen, wurde ausgeführt«, gibt Ipsiroglu als Erklärung für die omayadische Kunst an. Die omayadischen Kalifen fühlten sich als die künftigen Erben von Byzanz. Nachdem der Schwerpunkt ihres Imperiums nach Osten verlegt wurde, verblaßte dieser Einfluß, aber auch die Macht des Kalifen, der nur noch nominelles Oberhaupt blieb, während Marokko, Tunesien, Ägypten und der östliche Iran von der Zentralregierung abfielen. Damit verschwanden auch Fresken und Mosaike, also die große Wandmalerei. Zusammen mit einer aufkommenden bürgerlichen Bildungsschicht entwickelte sich die Malerei fortan in kostbaren Handschriften; Schwerpunkt bildnerischer Arbeit wurde die Illustrationskunst. Da sich die Wißbegierde der neuen Klasse vor allem den Werken der wissenschaftlichen Literatur zuwandte, entfalteten sich darin auch die Grundelemente einer Formensprache, die sich Pflanzendarstellungen, Tier- und Menschengestalten,

---

[1] *M.S. Ipsiroglu*, Das Bild im Islam. Ein Verbot und seine Folgen. Wien 1971, 22.

Maschinenkonstruktionen und Sternbilder zur Aufgabe machte. Illustrationen der Unterhaltungsliteratur kamen hinzu. Im 13. Jahrhundert wurden Liebesgeschichten in Miniaturen wiedergegeben, das Alltagsleben blieb nicht ausgeklammert, die Freude an der Wiedergabe der Wirklichkeit schien keine Grenzen mehr zu kennen.

Daß es trotz der geschilderten Entwicklung auf islamischem Boden zu einer spezifisch islamischen Malerei kommen konnte, ist nur von den Lehren der Sufis her zu verstehen, die ein religiöses Verständnis anstrebten, das sich von der formalistischen Orthodoxie abhob. In der Unio Mystica gelangt der Mystiker in einen Bereich, der dem Strenggläubigen verschlossen bleibt. Seine Sprache bedient sich auf dieser Stufe konkreter Bilder, die anderen rätselhaft und fremd erscheinen, wenn nicht mißverständlich und ärgerniserregend. Halladschs Wort aus dieser Erfahrung »Ich bin die Gottheit«, mit manchen Formulierungen Meister Eckharts und des Angelus Silesius vergleichbar, kostete ihn das Leben (→ S. 528 f.). Die Welt wird dem Mystiker zum Spiegel Gottes, wie die Sonne, die in tausend Gläsern schillert. Die Gegensätze verschwinden, Jenseits und Diesseits, Himmel und Erde verlieren ihre unterscheidende Bedeutung. In seiner inneren Schau erblickt der Mystiker die Spiegelung des göttlichen Lichtes in der Schöpfung. Damit wird die unüberbrückbare Kluft zwischen Himmel und Erde, Gott und Mensch allerdings nicht überwunden. Die Transzendenz Gottes bleibt unangetastet, doch enthüllt sich die der Wirklichkeit zugrundeliegende Wahrheit.

Dieses Weltbild der Sufis wurde Gemeingut der Künstler, ob sie sich dessen bewußt wurden oder nicht. Das Bild gewann die vornehme Aufgabe, getreuer Widerhall des »göttlichen Scheins« zu sein. Die neu entstehende Formensprache orientierte sich zwar an der vorislamischen Zeit, doch wurden die Vorlagen jetzt umgestaltet mit einem Abstraktionsdrang, der dem diesseitsfreudigen Lebensgefühl antiker Formen nunmehr widersprach. Die Abstraktion gewann ein Übergewicht. Auch wenn die Themen dem wirklichen Leben verpflichtet blieben, erschien dieses Leben jetzt doch abstrakt und schemenhaft. Die Bilder hörten auf, Abbilder zu sein und gewannen Zeichencharakter für eine dahinterliegende Welt. – Den mit der Mongoleninvasion einbrechenden Einfluß der mittelasiatischen und fernöstlichen Bildtradition in die islamische Kunst können wir hier übergehen. Insgesamt läßt sich sagen, daß sich der Islam in seiner geschichtlichen Entwicklung immer weiter von der Antike entfernte, während das Christentum nach dem Bilderstreit zu einer Versöhnung mit der Antike in der Lage war.

Die unterschiedlichen Traditionen der islamischen Länder sind hier nicht weiter zu berücksichtigen; lediglich die Linie über das osmanische Reich soll noch beachtet werden. Im 16. Jahrhundert (dem die Werke auf S. 193 und 195 im Religionsbuch entstammen) war das osmanische Reich auf dem Gipfel seiner Macht. Dennoch blieb dessen Malerei auf die Nachahmung der Perser beschränkt. Der Einfluß des Westens mit seiner Renaissance schwand damit für den Orient dahin. Zumal in der Buchmalerei wurde die Welt wiederum als Schein empfunden, der in seiner Unvollkommenheit keinen Anlaß zur Verherrlichung bot. Was im christlichen Geschichtsraum, der durchaus einsichtig war, in Raumgestaltung und Perspektive, Anatomie und Proportionenlehre neu errungen wurde, ignorierte die osmanische Kunst. Zu Beginn der Neuzeit stand dem Islam eine verwandelte abendländische Welt gegenüber, deren Schranken er nicht überschreiten durfte und auch nicht überschritt. Die innere Bereitschaft, sich den neuen Entwicklungen anzupassen, fehlte allen islamischen Ländern. Das anthropomorphistische Weltbild der Renaissance brachte eine Wertschätzung der materiellen Dinge, die der Islam mit weiterer Abstraktion und einem Streben nach »Entwerdung« zu beantworten versuchte. Für Gefühle und Erlebnisse, Stimmungen und Gemütsregungen, die von den dargestellten Themen der europäischen Malerei ausgingen, blieb der Islam unempfänglich. Darstellenswert fand er nicht den sinnlich-vergänglichen, sondern nur den geistig-göttlichen Schein. Darum ist Kunst für ihn überwiegend Ornamentik, also Gleichnis und Vision, hinweisendes Zeichen und Formenspiel. »Das Bild appelliert nicht, wie das Abbild, an die Gefühle, es erfordert vielmehr von dem Betrachter eine innere Kontemplation, eine geistige Teilnahme, die mit ungeahnter Suggestionskraft der Phantasie wachgehalten und erhöht wird.«[1]

Ein Einbruch in diese Tradition vollzog sich gegen Ende des 19. Jahrhunderts infolge der technischen, wirtschaftlichen und politischen Entwicklungen der europäischen Nationen. Die führenden Schichten der islamischen Welt wollten an deren Vorzügen teilhaben und nach europäischer Art leben. Sie zogen sich an wie Europäer, bauten ihre Häuser nach deren Stil und hängten an die Wände Reproduktionen europäischer Meister als auch Fotografien der männlichen Familienmitglieder, seltener die der Frauen. Dies geschah freilich zu einer Zeit, in der die Grundlagen der europäischen Kultur dem Europäer selbst problematisch zu werden begannen. Der Naturalismus in der Kunst ging zu Ende. Trotz unterschiedlicher Richtungen lautete die Generalformel: »Weg von der Natur!« Mondrian formulierte einmal: »Die Natur zerstören heißt, die Tiefe finden.« Mit dieser Tendenz aber verbinden sich Ansätze für ein tieferes Verständnis islamischer Kunst. Hier wie dort geht es nicht um den Augenschein, sondern um die Idee der Dinge, was den Gegensatz zwischen Osten und Westen verringert. Doch geht der Westen nach Abrechnung mit der naturalistischen Bildtradition auf eigenen Wegen weiter, von denen noch niemand sagen kann, wohin sie führen, während der Islam nach wie vor auf der Ebene ornamentaler Gestaltung verharrt. Indem die abstrakte Malerei mit der Natur brach, bahnte sie den Weg zu einer tieferen Dimension der Wirklichkeit, die der Islam in *diesen* Dimensionen nicht wahrnimmt. Ob und wie er den Weg zur Wirklichkeit findet, ist keineswegs primär eine Frage der Kunst, sondern eine Frage der Philosophie, der geistigen Orientierung, der Literatur, des Verständnisses von Sprache und Wirklichkeit, Legende und Wahrheit, Dogma und Historie. Darüber wird unten noch mehr zu sagen sein.

Miniatur des Erzengels Gabriel   S. 191

Gabriel ist für den Islam der Engel der Offenbarung. Schon Adam lehrte er zu glauben; Noach wurde durch ihn angeleitet, die Arche zu bauen, dem Abraham gab er seine Weisung... So blieb Gabriel der Mittler zwischen Gott und Mensch. Maria bekam durch ihn Jesus als das Wort Gottes in ihren Schoß gelegt, und schließlich trat Gabriel zu Mohammed mit einem beschriebenen

---

1 Ebd., 168.

Tuch und befahl ihm, die Botschaft zu lesen (Religionsbuch, S. 194). Aufgrund dieser Bedeutung Gabriels ist es angemessen, daß sein Bild dem Islam-Kapitel voransteht.

Trotz des islamischen Verbots, Menschen bildlich darzustellen, hat dieses Verdikt nie die Engel betroffen. Deshalb finden wir Darstellungen von Engeln (vgl. Religionsbuch, S. 196) und zumal Bilder mit dem Erzengel Gabriel häufig. Eine Untersuchung, welche theologische Haltung sich mit den Engelbildern des Islam verbindet, steht noch aus.

Bisweilen wird Gabriel in der islamischen Tradition auch der »Pfau der Engel« genannt. Mit dieser Metapher soll seine besondere Prächtigkeit hervorgehoben werden. Die lebendig wirkende Miniatur, die Gabriel im roten Gewand mit blauen Flügeln und einer Posaune zeigt, wurde im frühen 14. Jahrhundert in Ägypten oder Syrien gemalt. »Rezitiere!« heißt es dort, was Gabriel zu Mohammed sprach:

»Trag vor! Im Namen des Herrn, der erschuf, erschuf den Menschen aus geronnenem Blut. Trag vor, denn dein Herr ist allgütig, der die Feder gelehrt, gelehrt den Menschen, was er nicht gewußt.« (96,1-5)

Dies ist die erste Offenbarung die Mohammed empfing (vgl. Religionsbuch, S. 194). Übersetzt wird der erste Imperativ mit Lies!, Trag vor!, Rezitiere! Gemeint ist ein Vortragen mit erhobener Stimme. Der Posaune des Engels soll das laute Wort Mohammeds in die Öffentlichkeit entsprechen. Qur'an heißt »Rezitation«. Was Gabriel dem Propheten als unverfälschtes Wort Gottes aus dem Urkoran bringt, der im Himmel auf »wohlverwahrter Tafel« verborgen ist, soll Mohammed als der Gesandte Gottes weiter künden. Insofern steht die Miniatur mit dem bewegten Engel, der auf einer Wolke dahinschreitet, als Titelvignette angemessen dem Kapitel über den Islam voran.

Mohammed im Gebet bei der Ka'ba   S. 193

»Von frühester Zeit an war Muhammad, der Gesandte Gottes, das Ideal für den frommen Muslim gewesen. Sein Benehmen, seine Handlungen und seine Worte dienten den Frommen zum Vorbild; sie versuchten ihn soweit wie möglich nachzuahmen, selbst in den kleinsten äußerlichen Details – ob es die Kleidungsform, der Schnitt des Bartes oder die Ausführung winzigster Eigenheiten ritueller Waschung war, ja selbst in seiner Vorliebe für oder Abneigung gegen gewissen Speisen.

Dieser Verehrung wurde eine neue Dimension durch die Einführung legendären Materials in die Prophetenbiographie zugefügt. Muhammad selbst hatte Legenden abgelehnt und jeden Persönlichkeitskult verboten. Das einzige Wunder, das er beanspruchte, war, seinem Volk die Worte des Koran getreu mitgeteilt zu haben. Doch bald wurde er von Wundern umgeben: die Gazelle sprach zu ihm; der Palmstumpf seufzte, als er sich beim Predigen nicht mehr an ihn lehnte; das vergiftete Schaf warnte ihn, nicht von ihm zu essen, und das Tuch, mit dem er sich den Mund abgewischt hatte, konnte im Ofen nicht verbrennen.«[1]

---

1 *Annemarie Schimmel,* Mystische Dimensionen des Islam. Die Geschichte des Sufismus. München ²1992, 303f.

Von einer bestimmten Zeit an war es im Islam auch nicht mehr möglich, Mohammed und die von ihm erzählten Geschichten figürlich darzustellen. An die Stelle der Bilder tritt darum in den letzten Jahrhunderten die Aufzählung von Mohammeds Eigenschaften, die in exquisiter Form kalligraphiert wurden, und die man statt der Bilder als Wandschmuck aufhängt. Bevor es zu dieser Bilddistanz kam, wurde Mohammed mit verschleiertem Gesicht gezeigt. Das ist ein in der Religionsgeschichte grundsätzlich bekannter Zug, der auch im Christentum begegnet (beispielsweise überall dort, wo ein Velum benutzt wurde oder wird, um ein Kultgerät dem unbedachten Blick zu entziehen). Es bleibt aber zu sehen, daß die (islamischen) Bilder unseres Religionsbuches innerhalb der islamischen Welt heute keine Chance auf Akzeptanz mehr haben. Schon der Schatten Mohammeds ist inzwischen manchen Gläubigen zuviel Konkretion geworden, denn Mohammed war eine Lichtgestalt, die ihrerseits keinen Schatten warf.

Die Buchminiatur (190 × 170 mm) entstammt einer Biographie des Propheten aus dem 16. Jahrhundert. Sie gehört zur Serailbibliothek des Topkapi Museums in Istanbul.

Alles, was voranstehend über die islamische Malerei gesagt wurde, ist hier einzubeziehen: der hohe Abstraktionsgrad der Darstellung, die Konzentration auf wenige Gegenstände, die mehr zeichenhaft als realistisch auf eine geistige Wirklichkeit verweisen, ohne die historische Realität konterfeien zu wollen. Da ist die Ka'ba, als Würfel mit einfachem Zick-Zack-Ornament überzogen, ganz Fassade, aber geheimnisvoll und ohne Einblick in ihr Inneres gewährend; nur eine kleine goldene Tür verweist auf das Mysterium. Die Zentralperspektive bleibt außer acht, auch dort wo Gebetsteppich und Brunnen mit Wasserbecken dargestellt werden. Der Prophet kniet mit anbetend erhobenen Händen vor der Ka'ba. Er trägt ein grünes Gewand (die »Farbe des Propheten«) und einen weißen Turban. Sein Gesicht ist verschleiert. Auch hier verzichtet das Bild auf jegliches Abbild, aber gerade die Leerstelle gewinnt Verweiskraft auf die Transzendenz des Geschehens. Das hinter Mohammed aufsteigende Wolkengebilde hat ähnlichen Zeichencharakter und hüllt den Beter in die Sphäre des Jenseitigen. Insgesamt ist das Bild raumlos: Da gibt es keine Landschaft, keine Details, keinen Horizont, weder Himmel noch Erde. Der Hintergrund verzichtet auf jede Andeutung konkreter Gegebenheiten. So geht von dem Bild eine tiefe Stille und meditative Kraft aus. Hier sind Ka'ba, die heilige Quelle und der betende Prophet: ein Mensch, der – gesichtslos – die gesellschaftlichen, äußerlichen Identitätsmerkmale ablegt, um wesenhaft vor Gott zu erscheinen; ringsum Leere: spirituelle Leere.

Der Prophet auf dem Berge Hira   S. 195

Die derselben »Biographie des Propheten« entstammende Buchmalerei (190 × 175 mm) wie das vorangehend beschriebene Bild (Istanbul, 16. Jahrhundert), steigert nochmals den transzendentalen Charakter des Geschehens. Zwar deutet der flächig gehaltene Hintergrund Bäume und Sträucher, Wüste, Hügel und Wolken an, dies jedoch in so sparsamer Stilisierung, daß keinerlei reale Landschaft damit verbunden werden kann. Selbst die Wolkengebilde erscheinen auf demselben goldgelben Fond wie alle übrigen Andeutungen, so daß durch den

Fortfall einer Horizontlinie – jeden konkreten Raumbezug ausblendend – sich nicht einmal Himmel und Erde gliedern.

Überproportional groß steht die Gestalt des Propheten im Bild, ein wenig von der Mittelachse abgerückt, so daß ein Spannungsverhältnis nach links entsteht, ohne daß es dort oder anderswo eine Andeutung von Transzendenz gäbe. Die Figur ist flächig und weiß gehalten, Gewand, Turban und Handhaltung werden innerhalb der Kontur nur durch eine lineare Zeichnung hervorgehoben. Das Gesicht wiederum verhängt ein Tuch, so daß auch hier keinerlei Physiognomie jenes uneinholbare Geschehen verstellt, das sich allein zwischen Gott und dem verborgenen Grund des Menschen abspielt. Wohl aber steht der Prophet in Feuerflammen, die hoch über ihn hinaus lodern und nach oben hin den Bildrand sprengen: eine der eindrucksvollsten Darstellungen eines Offenbarungsgeschehens. Der Mensch steht aufrecht, bereit, zu hören und zu empfangen, und gleichzeitig erfaßt ihn das göttliche Feuer, läßt ihn brennen ähnlich dem brennenden Dornbusch, ohne daß die Flammen ihn verzehren.

Man kann dieses und das voranstehende Bild aus der Istanbuler »Biographie des Propheten« nicht mit Schülern betrachten, ohne dafür innere Voraussetzungen zu schaffen. Da es Bilder der Kontemplation und eines Offenbarungsgeschehens sind, die einer Geistigkeit entspringen, die nicht das Abbild, sondern das Inbild sucht, ist es wichtig, die Schüler zunächst auf diese Stilmittel der islamischen Malerei hinzuweisen. Und weil hier nicht erzählt wird (wie auf den Bildern S. 196-199), sondern meditiert, ist die angemessene Art der Bildbetrachtung auch die einer ruhigen, meditativen Annäherung.

Befragung des jungen Mohammed durch einen ehrwürdigen Mönch[1]   S. 196

Als junger Kaufmann unternahm Mohammed im Auftrag seiner Dienstherrin eine Geschäftsreise nach Syrien. Dort begegnete ihm der Mönch Bahira. Dieser entdeckte, daß Mohammed zwischen seinen Schulterblättern das Siegel des Propheten trug. So erkannte er, den Ereignissen voraus, den künftigen Propheten.

Das Bild zeigt den jungen Mohammed unverschleiert. Es ist das einzige Bild dieser Art innerhalb der im Religionsbuch vorgelegten Mohammed-Serie, – für den *heutigen* Islam ein nicht mehr akzeptabler Modus (→ S. 541). Das am oberen Bildrand angedeutete Kreissegment symbolisiert, ähnlich wie in der christlichen Ikonographie, den göttlichen Bereich. Ein Engel beugt sich vom Himmel herab und salbt Mohammed mit dem Öl der Weisheit. Gleichzeitig reicht er eine Schriftrolle, die auf die künftigen Offenbarungen verweist, welche sich im Koran niederschlagen werden. Die Jugend Mohammeds wird durch seine kleinere Gestalt im Kreis des ihm nachstehenden Gefolges angedeutet. Die zu Mohammed gehörenden Männer stehen dicht gedrängt beieinander; durch einen halben Schritt ist Mohammed von ihnen abgerückt. Demgegenüber wahren der Mönch Bahira und dessen Begleiter ehrfürchtige Distanz, die durch ihre Verbeugung noch unterstrichen wird. Sie sind von ihren Kamelen gestiegen, die sich in gleicher Respektshaltung auf die Knie gelegt haben und dem

---

1 Die Interpretation der folgenden Bilder zu den Prophetenlegenden verdanke ich einer freundlichen Hilfestellung von Prof. Dr. Annemarie Schimmel.

künftigen Propheten ebenfalls Reverenz erweisen. Die aus einem Haus oder Turm auf die Szene deutende Greisengestalt findet in der bei Ibn Ishaq überlieferten Legende keine Erwähnung. Es muß sich um die Ergänzung einer regionalen Variante handeln.

Mohammed zähmt eine gefährliche Schlange S. 197

Die hier vorliegende Legende erzählt normalerweise von einer Eidechse, die Mohammed als den Propheten Gottes bezeugte. Auf unserem Bild dürfte eine Steigerung beabsichtigt sein, die aus der Eidechse ein großes Reptil macht, ein schlangen- oder drachenartiges Tier, das Mohammed seine Achtung entgegenbringt. (Daß Mohammed diese Schlange zähmt, wie die Bildlegende im Religionsbuch sagt, dürfte wiederum aus der Modifikation der Legende im Laufe ihrer Überlieferung heraus erwachsen sein.)

Die Szene spielt in der Wüste, aber »alle Welt« ist Zeuge, wie die vernunftlose Kreatur die Prophetenwürde Mohammeds anerkennt. Der Prophet selbst ist verschleiert. Feuerflammen umzucken sein Haupt und lodern über den Goldhintergrund bis zum oberen Bildrand hin. Die rechts von ihm stehenden Männer repräsentieren die islamische Gemeinschaft, welche ihm gefolgt ist. Gegenüber steht, teilweise durch einen Baum verdeckt, die übrige Welt, durch deren Könige angeführt.

Mohammed erweist sich hilfreich gegen eine Hinde S. 197

Diese Legende ist die Lieblingsgeschichte breiter islamischer Volksschichten. Erzählt wird, daß der Gesandte Gottes auf einer Reise eine Hirschkuh (bzw. Gazelle) gefunden hat, die in eine aufgestellte Falle geraten war und sich nicht mehr zu befreien wußte. »O Gesandter Gottes«, sprach ihn das hilflose Tier an, »daheim verhungern meine Kinder und ich kann nicht zu ihnen, um sie am Leben zu erhalten.« Da erbot sich der Prophet, die Stelle der Hirschkuh solange einzunehmen, bis sie ihre Kinder versorgt habe. Also trat Mohammed in die Schlinge und stand darin immer noch, als der Jäger, der sie gelegt hatte, kam, um seine Beute zu holen. Als dieser den Propheten sah, war er tief erstaunt: »Was machst du hier?« fragte er Mohammed. Doch noch während sie miteinander sprachen, kehrte die Hinde zurück, um ihrerseits Mohammed wieder auszulösen. Der Jäger war so gerührt, daß er beide freiließ.

Annemarie Schimmel berichtet, diese Legende begegne innerhalb der islamischen Welt in 16 unterschiedlichen Versionen, meist in volkstümlichen Zusammenhängen. Die Erzählung ist ein beeindruckendes Zeugnis für die menschliche Solidarität mit der unterlegenen Kreatur. Sie darf in einen Kontext gestellt werden mit der oben wiedergegebenen Legende »Jesus tadelt die Grausamkeit gegen ein Pferd« (→ S. 246); in den gleichen Rahmen gehört die Eustachius-Hubertus-Tradition (→ II, 191-195) und die bemerkenswerte Legende aus dem indischen Mahabharata »Der König und der Hund«[1]. (s. Arbeitsheft 6; vgl. in diesem Band auch S. 203 f.)

---

1 S. *Hubertus Halbfas*, Das Welthaus. a.a.O., Nr. 110. – Der Islam kennt viele Geschichten von Heiligen und Tieren. Allein dem Tier, »das der Prophet gestreichelt«, nämlich der Katze, hat Annemarie Schimmel eine

Daß Mohammed eine Abordnung aus allen vier Weltteilen empfangen habe, ist als symbolische Aussage über die universale Bedeutung des Propheten zu verstehen. (Über die Vier als Weltzahl → III, 486 f.) Dementsprechend darf die Szene insgesamt als eine legendarische Interpretation gesehen werden. Historisch belegt ist die Gesandtschaft der Christen von Nadschran zu Mohammed in der Absicht, über die Rechte und Pflichten der Nicht-Muslime aufgeklärt zu werden. Ebenfalls historisch ist der Besuch des Patriarchen von Ägypten bei Mohammed (der offensichtlich wissen wollte, was in Arabien vor sich ging), in dessen Gefolge eine Sklavin mitgeführt wurde, die als »Maria, die Koptin« eine von Mohammeds Frauen wurde.

Allem Anschein nach aber unterstellt das vorliegende Bild gar keine Gesandtschaft der außermuslimischen Welt. Mohammed, in ein grünes Gewand gekleidet, kniet auf seinem Gebetsteppich. Sein Gesicht ist wie üblich verhüllt (→ S. 541); die geflammte Mandorla umgibt sein Haupt. Vor ihm knien in ehrfürchtigem Abstand die Abgesandten von vier Weltgegenden mit großem Gefolge im Hintergrund. Diese Schar wie auch die Kamelführer im Vordergrund sind offenkundig alle Muslime. Der zweite Botschafter von links ist an seinem Knopf-Turban mit Federspitze deutlich als Vertreter des osmanischen Reiches zu erkennen. (Seine Tracht begegnet nach dem 16. Jahrhundert).

Die Moschee   S. 206-211

Die Moschee bedeutet wörtlich den Platz des Niederwerfens zum Gebet. Es gibt in der islamischen Welt kaum ein noch so kleines Dorf oder Stadtviertel, das nicht seine Moschee hätte. Ihre wesentlichen funktionellen Elemente legte bereits Mohammed fest, als er in seinem Haus in Medina Platz und Ordnung für das gemeinsame Gebet bestimmte, und diese Anweisungen sind unverändert geblieben, unbeschadet der Verschiedenheiten des Stils, des Baumaterials und der Ausschmückung, die sich im Laufe der Zeit entwickelten. Da war zunächst Mohammeds rechteckiger, von Lehmziegelmauern umgrenzter Hof, der nur an zwei Seiten primitiv überdacht wurde zum Schutz gegen die glühende Sonne; einer der drei Eingänge lag an der Nordwand; er orientierte bereits auf die Südwand hin, die auf Mekka verwies; dort stand auch die einfache Kanzel (*minbar*) für Mohammeds Ansprachen. Weitere Eingänge gab es an der Ost- und Westseite. Die offene Säulenhalle vor der Südwand wurde von Baumstämmen gebildet, die in zwei Reihen das niedrige Dach trugen. Dies war der wichtigste Teil des Anwesens, wo der Prophet gewöhnlich seine Anhänger traf. Gegenüber an der Nordmauer befand sich eine ähnliche Überdachung, aber nur auf halber Länge und mit nur einer Säulenreihe. Hier fanden einige ärmere Anhänger des neuen Glaubens Obdach. Die Privatbezirke waren gegenüber dem Hofkomplex gewissermaßen nur Anhang; sie bestanden aus einer Anzahl

zauberhafte Anthologie gewidmet: Die orientalische Katze. Geschichten, Gedichte, Sprüche, Lieder und Weisheiten. München 1983.

kleiner Schlafzellen für jede Frau des Propheten. Der öffentliche Bereich des Anwesens wurde später zur Moschee. Dabei übernahm die Hauptsäulenhalle die eigentliche Funktion des Gebetsraumes. Die kleineren Zellen wurden vergrößert, umrahmten später den gesamten Hof und dienten als schattige Aufenthaltsräume den Betern. Noch lange nach Mohammeds Tod war diese Raumordnung maßgebend für die Militärlager der Eroberungszüge; deshalb war die islamische Architektur zunächst Militärarchitektur, die jedoch den religiösen Grundbedingungen des islamischen Lebens entsprach.

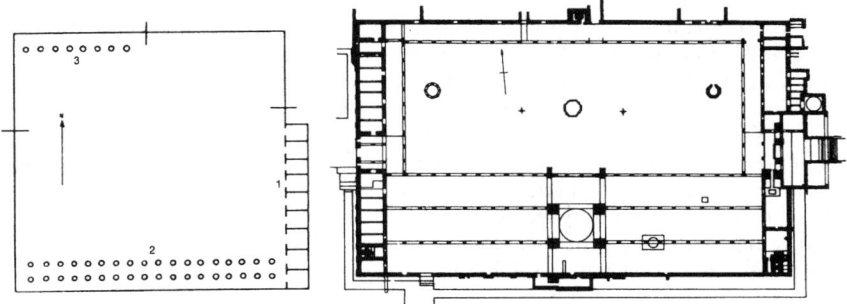

Links: Rekonstruierter Grundriß vom Haus Mohammeds in Medina, das 705–709 zur Großen Moschee erweitert wurde: 1 Zimmer für Mohammeds Frauen; 2 Das (nach Mekka ausgerichtete) Dach, unter dem Mohammed predigte; 3 Das Dach, unter dem die Gäste schliefen.
Rechts: Grundriß der Großen Moschee in Damaskus, 714/715 beendet. Der Gebetssaal ist in drei Schiffe unterteilt, die parallel zur *quibla*-Wand verlaufen.

Erst das Aufblühen der anfänglichen Militärlager zu Städten führte zur Verfeinerung und Ausschmückung der gottesdienstlichen Versammlungsorte. Die großen Städte des siegreichen jungen Staates verlangten jedoch bald einen monumentalen Stil. Dem kamen die vorhandenen Kultbauten der eroberten Gebiete oftmals entgegen. Zwar durften im Regelfall Christen, Juden oder Zoroastrier ihre Versammlungsbauten behalten, wenn aber Widerstand aufkam, wurden diese für den Islam in Anspruch genommen. Oft hieß das, daß die großartigen basilikalen christlichen Kirchen (vor allem in Syrien) in Moscheen umgewandelt wurden. Weil damit eine Richtungsänderung nach Mekka verbunden war, wurde die Längsrichtung der Gebäude gegen eine Nutzung in Querrichtung eingetauscht. Die ursprüngliche Breite wurde die neue Tiefe, in Analogie zu der lang gestreckten Säulenhalle in Mohammeds Haus. War eine solche Umwandlung nicht möglich, ahmten die Moscheen christliche Kirchen in ihren Hauptzügen nach. Dazu griff man auf antike Tempel zurück, die in Syrien noch überall standen, und holte sich von dort Säulen und Kapitelle, nicht allein, um Material und Zeit zu sparen, sondern um zugleich symbolisch zu demonstrieren, daß der Islam über die alten Religionen hinausführe. Wo keine Säulen aus Tempeln oder Kirchen verfügbar waren, etwa östlich von Syrien, stellte man das Dach auf massive Backsteinpfeiler. In allen Fällen aber schufen die vielen Reihen von Pfeilern oder Stützen einen gewaltigen Raumeindruck, der um so verwirrender war, wenn man schräg zu den Reihen in den Raum blickte.

Diese zunächst noch wenig spezifische Architektur bekam durch einige Sonderentwicklungen die Merkmale der eigentlichen Moschee. Dazu gehört der *mihrab*, eine wirkliche oder vorgetäuschte Nische im Zentrum der Wand nach Mekka hin, der *quibla*-Wand. Der *mihrab* ist der wichtigste Bestandteil jeder Moschee. Die Nische selbst ist – anders als der Altar – nicht heilig, sondern die Richtung, die sie angibt. Üblicherweise ist der *mihrab* der am reichsten geschmückte Teil der Moschee. In den meisten Fällen wird er heute leer gelassen.

Außerdem gibt es, rechts von der Gebetsnische, den *minbar* (Predigtkanzel). Er befindet sich in jeder Moschee, in welcher die Freitagsgottesdienste stattfinden. Von hier aus spricht der *imam* (Vorbeter) zu den versammelten Muslimen, gewöhnlich sitzend, was zu einem anderen Sprachverhalten führt, als wenn man in der Kanzel stehen würde. Das Amt des Imam trägt keinen priesterlichen Charakter und kann von jedem Muslim, der in Koran und Ritual bewandert ist, ungeachtet seiner sonstigen Tätigkeiten ausgeübt werden. Es ist für jede Moschee zu besetzen und sei sie noch so klein.

In einer Moschee gibt es keine Stühle oder Bänke. Den Boden bedecken Stroh- oder Schilfmatten, in reicheren Verhältnissen Teppiche, da eine Moschee ohne Schuhe und nur mit gereinigten Füßen betreten wird.

Der Hof (*sahn*) der Moschee enthält gewöhnlich ein großes Wasserbecken für die vorgeschriebene Waschung. Viele Höfe sind ästhetisch gestaltete Freiräume, die in ihren Formen und Größen variieren, mit ihren Brunnen aber einen sammelnden Vorraum zur Moschee bilden. Für den Europäer mag der Turm, das Minarett, mehr als jedes andere Element die Moschee kennzeichnen. Er hat keine zwingende kultische Notwendigkeit. Von seiner Höhe ruft der Muezzin die Gläubigen zum fünfmaligen Gebet auf, heute oft durch Lautsprecher ersetzt, die mit wenig Sensorium für Stille das Verkehrsleben der Städte überschallen. Auch die Stellung des Minaretts zur Moschee ist nicht festgelegt. Es kann je nach Tradition in immer anderen Formen und Zuordnungen begegnen. Es hat, vergleichbar mit der Höhe christlicher Kirchtürme, bald repräsentative Bedeutung erlangt: Als Sultan Ahmed I. seine Moschee, die »Blaue Moschee«, in Istanbul (1609-1616) mit sechs Minaretten versehen ließ, mußte die Zahl der Minarette in Mekka von sechs auf sieben erhöht werden.

Die Moschee dient nicht allein dem Gottesdienst, sondern auch der Unterweisung in den Gesetzen des Korans und der islamischen Überlieferung. Jeder, auch der Fremde, darf daran teilnehmen. In Zeiten politischer Erregung ist die Moschee ein besonderer Versammlungsort der Muslime, zumal nach dem Gottesdienst am Freitag Mittag. Manchmal können sich anschließend die Emotionen der Massen auf den Straßen der Stadt entladen.

Die frühesten Moscheen, die zwar oft renoviert, zum Teil auch baulich verändert wurden, aber in ihrem alten Glanz doch erhalten blieben, sind die drei Moscheen aus der Zeit der Omayaden (→ S. 519 f.): der »Felsendom« in Jerusalem, die benachbarte al-Aqusa-Moschee (die »entferntere Moschee«) und die Große Omayaden-Moschee in Damaskus. Es waren byzantinische Baumeister und Kunsthandwerker, die für Entwurf, Konstruktion und Ausschmückung berufen wurden. Dagegen zeigen die alten Moscheen von Kairo deutlich die Suchbewegungen der arabischen Architekten nach eigenen Ausdrucksmitteln. In Spanien blieb als einziges, aber wahrhaft großartiges Monument aus dieser arabischen Zeit von al-Andalus die Große Moschee von Córdoba erhalten. Sie ist seit 1236 eine Kathedrale, wird aber im Volksmund immer noch »La Mesquita«, die Moschee genannt. Ihr Grundstein wurde 786 gelegt. »Im vielschiffigen Säulensaal von Córdoba ist der Raumeindruck der spätantik-frühchristlichen Basilika durch die Vervielfältigung und Verlängerung der Seitenschiffe völlig aufgehoben. Der Betsaal ist in ein dämmriges Halbdunkel gehüllt, das durch die schimmernden Goldmosaiken einen mystischen Klang erhält... Die bauliche Organisation einer immens großen Anlage in kleine, deutlich voneinander getrennte Teile, die gegenseitige Durchdringung von Funktion und Dekor und die optische Auflösung des geschlossenen Raumvolumens – dies alles sind unverwechselbare Besonderheiten der Hauptmoschee von Córdoba.«[1]

Kairo: Moschee des Sultans al-Mu'ayyad
S. 206

Die Moschee des Sultans al-Mu'ayyad wurde von 1415 bis 1420 erbaut und in der Art der Säulenmoscheen gestaltet. Die schöne Radierung erlaubt einen Blick in den Hauptraum, in dem gerade eine »Katechese« stattfindet: Der Imam sitzt in der Minbar und hält seine Unterweisung mit leicht nach vorne gebeugter Haltung. Der größte Teil seiner Zuhörer sitzt auf dem Boden, der keinen Teppichbelag hat, während rechts, links und ganz hinten einige Männer stehen geblieben sind, offensichtlich am lehrhaften Geschehen weniger interessiert. Die turmartigen Bauten, die zu beiden Seiten zwischen den Säulen zu erkennen sind, sind Mausoleen.

Edirne: Selimije-Moschee
S. 207

Die Selimije-Moschee in Edirne (Türkei, nahe der Grenze zu Bulgarien) entstand zwischen 1569-1575. Ihr Baumeister *Mimar Sinan* (1491-1588) war bereits über 80 Jahre alt, als ihm dieses Meisterstück gelang, wenngleich im gesamten Lebenswerk dieses bedeutendsten aller osmanischen Architekten die Macht und der Glanz des Reiches zum Ausdruck kommen.[2]

Sinan, der »osmanische Michelangelo«, wurde wahrscheinlich als Sproß einer griechischen Familie aus der Region Kayseri geboren. 1512 rekrutiert, tat er Dienst als Janitschar und beteiligte sich an den Feldzügen Süleimans des Prächtigen zwischen 1522 und 1538. Während dieser Zeit machte er durch seine Leistungen als Truppeningenieur auf sich aufmerksam. Darum wurde er 1538 zum Baumeister des Reiches ernannt und hatte dieses Amt bis zu seinem Tode inne. Am meisten bekannt wurde Sinan als Architekt des »Palastes der Glückseligkeit« (Topkapi-Serail), doch entwarf er daneben mehr als 300 weitere Bauten in allen Teilen des Landes. Zu einem solch produktiven Schaffen gehörte mehr als nur Energie und Genialität, nämlich auch organisatorisches Talent und die Kunst der Menschenführung, denn oft fehlte es an Arbeitskräften im

---

1 *Marianne Barrucand/Achim Bednorz*, Maurische Architektur in Andalusien. Köln o.J. (1992), 100.
2 *Ulya Vogt-Göknil*, Sinan. Tübingen 1993.

Osmanischen Reich und Sinan war insgesamt verantwortlich für seine Großbaustellen.

Die damals bereits tausendjährige Hagia Sophia in Istanbul stellte für Sinan die große Herausforderung dar. Er betrachtete es als eine Schande für den Islam, daß es den osmanischen Architekten bisher nicht gelungen war, einen vergleichbaren Kuppelbau zu errichten. Deswegen ruhte er nicht, um hier Erfahrungen zu sammeln und das Defizit auszugleichen. Drei große Moscheen sind die Stationen seines Weges zur Lösung der selbst gestellten Aufgabe: Sein erster Bau war die Prinzen-Moschee in Istanbul (1544-1548); an ihr übte sich Sinan in den Möglichkeiten der Kuppelbauweise; der nächste Schritt war die Süleiman-Moschee (1550-1557), ebenfalls in Istanbul. Sinan betrachtete sie als Produkt seiner Reifezeit; schließlich folgte als Alterswerk die Selimije-Moschee in Edirne, mit der er sein Lebenswerk krönte und das er selbst als sein Meisterwerk betrachtete. Vor allem mit der Kuppel der Selimije erreichte er den lange angestrebten Erfolg.

Die *Hagia Sophia* entstand zwischen 532 und 537. »Bis in unsere Zeit«, sagt Steven Runciman, »hat kein anderes Bauwerk so viel freien Raum unter einem einzigen Dach umschlossen«[1]. Als das kühne Werk vollendet war, hat es auf die Menschen einen Eindruck gemacht, der heutigen Tags kaum noch nachvollziehbar ist. Für den Historiker Prokop (* um 500) war die Kuppel »wunderbar an Schönheit, jedoch ganz furchtbar ausschauend durch die Gewagtheit der Konstruktion«. Ihm schien, daß die Kuppel gar nicht auf einem festen Unterbau ruhe, sondern als goldene Kugel vom Himmel herabhängend den Raum überdecke. Auch die osmanischen Eroberer bewunderten, nachdem sie 1453 Konstantinopel eingenommen hatten, die Hagia Sophia: »Was für eine Kuppel, die wetteifert mit den neun Sphären des Himmels! In diesem Werk breitet ein vollkommener Meister die ganze architektonische Wissenschaft aus. Mit Halbkuppeln, eine über der andern, mit spitzen und stumpfen Ecken, mit unvergleichlichen Wölbungen wie die gebogenen Brauen herzraubender Mädchen, mit Stalaktitornamenten machte er das Innere so groß, daß es 50 000 Personen faßt«, schrieb Tursun Beg, ein Beamter jener Zeit.

Die Architektur der Hagia Sophia ist in erster Linie eine Architektur des Innenraumes. Zwar wirkt das massige Äußere der gewaltigen Kirche nicht gerade unharmonisch, doch alles andere als elegant. Die mächtigen Pfeiler, die später außen vorgesetzt werden mußten, um die Kuppel gegen Erdbebenschäden abzusichern, haben sicherlich das ursprüngliche Aussehen entstellt. Dennoch liegt hier eine architektonische Leistung vor, die für ein Genie wie Sinan eine lebenslängliche Herausforderung darstellte.

Sinans Ehrgeiz war es nun, die Leistung der Architekten Kaiser Justinians (Anthemios von Tralles und Isidor von Milet) zu übertreffen, also auch den Durchmesser der Hagia Sophia von 31 m zu überbieten. Während der Raum der Hagia Sophia auf den Altar ausgerichtet ist und darum die Längsrichtung betont, schuf Sinan einen offenen Raum, in dem jeder nach Mekka ausgerichtete Platz den gleichen Rang besitzt und die Betenden sich in Querreihen vor der Gebetsnische aufstellen können. Er wählte für die Selimije-Moschee als Grundriß ein Oktogon, um damit den Übergang von der viereckigen Basis zum

---

1 *Steven Runciman*, Kunst und Kultur in Byzanz. München 1978, 58.

Kuppeldach zu vermitteln. So gelang es ihm, eine größere Fläche zu überspannen, als dies den Baumeistern Justinians gelungen war, und zugleich einen für islamische Gottesdienste idealen Raum zu schaffen. Den Innenraum durchflutet sonniges Licht, das 320 Fenster hereinlassen.

Das Problem bestand darin, eine Zentralkuppelmoschee größten Ausmaßes zu bauen, die dennoch keine Schummerzonen haben sollte. Sinan gelang das, weil er zwischen die acht kuppeltragenden Pfeiler Anräume setzte, die sich in ganzer Breite zur Mitte hin öffnen. Und das ebenso so raffinierte wie organische System, nach dem die Fenster verteilt und gruppiert sind, führt das Außenlicht so heran, daß in diesen Anräumen dieselbe Helligkeit herrscht wie unter dem Kuppelrund.

Die Gesamtanlage gewinnt ihre Harmonie und Anmut aus der vollendeten Plastizität und Abstufung der Baukörper. Kuppeln, Halbkuppeln und Strebepfeiler umgeben die gebirgsähnlich sich aufbauende zentrale Kuppel. An den Ecken flankieren vier schlanke Minarette den Gebetssaal, vor dem sich ein großer Brunnenhof befindet. Daß es Sinan möglich war, »seine Idee der Form ohne die geringste Mogelei als Form der Idee zu realisieren, wissen wohl nur ›Leute vom Bau‹ gebührend zu würdigen« (Wolfgang Werth).

Anläßlich der Eroberung Zyperns durch Sultan Selim II. ließ dieser die Moschee auf einem die Stadt überragenden Hügel in Edirne errichten. Selim II. hatte in Istanbul keinen erhabenen Bauplatz für seine Stiftung mehr gefunden. So kam Edirne, seine Sommerresidenz, zu der Ehre, den Ort für eines der vollkommensten Bauwerke auf europäischem Boden zu bieten. – Die Moscheen Sinans wurden im osmanischen Reich vielfältig nachgeahmt. In Istanbul kam beispielsweise die berühmte »Blaue Moschee« des Sultan Ahmed I. hinzu, aber auch in Konya, Damaskus und Kairo sind es die osmanischen Moscheen, welche die Silhouette der Städte beherrschen, und nicht die Bauten der lokalen Tradition, so großartig diese in ihrer Weise auch sind.

Drei Minarette: Agadez, Samarra und Dehli S. 208-209

Der Islam umgreift eine Vielfalt von Kulturen, ohne sie einzuebnen. Die drei Moscheebauten mit ihren Minaretts, die das Religionsbuch vorstellt, zeigen Beispiele unterschiedlicher architektonischer Stile.

Agadez (Niger): Das 27 m hohe Minarett der Moschee von Agadez wurde im landesüblichen sudanesischen Lehmbaustil errichtet. Es stammt aus dem 15. Jahrhundert und versteht sich nicht als wehrhafte Architektur. Im Gegensatz zur europäischen Kolonialarchitektur, die auch den christlichen Kirchenbau regierte, findet sich hier eine bodenständige Bauweise aus luftgetrockneten Lehmziegeln.

Samarra am Tigris: Die Residenzstadt Samarra steht im Gefolge der Geschichte Bagdads. Mit den abbasidischen Kalifen wurde der Schwerpunkt des islamischen Reiches von Damaskus nach Bagdad verlegt. Damit kehrte man der Mittelmeerwelt den Rücken zu, beendete die durch die Griechen und Römer eingeleitete Kolonisierung dieses Raumes und richtete den Blick mehr auf Asien. Die ältere Tradition dieser Region ließ man wieder aufleben und knüpfte zumal an die iranische Kulturtradition des Sassanidenreiches wieder an, die ihrerseits im Erbe einer bereits 4000jährigen Geschichte stand.

Bagdad war 762 nach einem anspruchsvollen städteplanerischen Konzept kreisförmig gegründet worden und hatte einen Durchmesser von 2,5 km. Ähnlich wie die von dem Sassanidenkönig Ardaschir II. (224-241) gegründete Hauptstadt Gur (Foto im Religionsbuch 3, S. 83; → III,488-490) wurde nun auch Bagdad mandalaförmig angelegt: Palast und Moschee lagen genau im Mittelpunkt auf einem weiten, offenen Platz, der von einem Ringweg eingeschlossen war. Vier einander axial gegenüberliegende Tore öffneten die Stadt in die vier Weltrichtungen. Die Mauern der Stadt waren, da es an Steinbrüchen mangelte, aus Lehmziegeln geformt; die äußere Haut bestand aus gebrannten Ziegeln. Als infolge innerer Zerwürfnisse und zunehmender Bedrohung durch die Türken Bagdad dem Kalifen keine hinreichende Sicherheit mehr bot, ließ dieser sich am Tigris stromaufwärts eine neue Residenz erbauen, welche den Glanz Bagdads noch übertreffen sollte. Hier in Samarra erlebte die Kultur ihren Höhepunkt. Die Große Moschee dort gehört zu den ausgefallensten Entwürfen der islamischen Baukunst. Der Grundriß zeigt ein riesiges Rechteck (ca. 240 × 160 m) mit dem Fassungsvermögen eines Stadions, vielleicht das größte der Welt. Dach und Galerie im Innenhof ruhen auf 464 Säulen. Das Minarett heißt el-Malwiya, die Spirale; es erinnert von ferne an die Zikkurats der alten mesopotamischen Kulturen, deutlicher jedoch an den Tirbal von Firuzabad, auf den ebenfalls eine »schneckenförmige Rampe« führte. Mit Hilfe der → III, 488-490 gebotenen Informationen läßt sich der Spiralturm von Samarra als ein eindrucksvolles Symbol der Mitte gut erklären.[1]

Dehli (Indien): Nicht zimperlich mit der vorislamischen Tradition verfuhr die frühe muslimische Architektur in Indien. Im 13. Jahrhundert verwandelte man im Sultanat von Dehli die Hindutempel in Moscheen oder riß sie ab, um Baumaterial für die eigenen Bauvorhaben zu gewinnen. Das Kutub-Minarett (Qutb-Minar) von Dehli wurde noch von Hindu-Bauarbeitern errichtet; es ist das älteste islamische Bauwerk Indiens, zunächst (1199) als Siegesturm errichtet und anfänglich der höchste islamische Turm überhaupt. Die beiden oberen Geschosse sind eine spätere Zutat. Der Grundriß ist sternförmig und der Außenbau abwechslungsreich kanneliert. Drei Galerien gliedern das Bauwerk. Florale Ornamente und vor allem monumentale Schriftbänder schmücken die Sandsteinbasis des heutigen Minaretts der Großen Moschee von Dehli.

Die Literatur. Die Märchen aus »Tausend und einer Nacht«

Über arabische Literatur hier sprechen zu wollen, wäre ein schier unendliches Unternehmen. Wir beschränken uns auf ein einziges Buch, zu dem unsere Schüler ein eigenes Verhältnis vielleicht schon besitzen, jedenfalls aber gewinnen können: *Alf Leilah wa Leilah* oder »Tausendundeine Nacht«. Das Werk wurde erst durch seine Übersetzung ins Französische *Milles et Une Nuits* bekannt. Der französische Gelehrte Jean Antoine Galland (1646-1715) hatte auf Reisen im Vorderen Orient eine Fülle von Märchen, Sagen und Legenden

1 Eine lebendige Beschreibung, wie es zur Gründung von Samarra und dem ebenso überraschenden Ende der Stadt kam, dann aber auch zur Wiederentdeckung der Malwiye, der »Spirale von Samarra«, findet sich bei *Paul Maar*, Türme. Ein Sach- und Erzählbuch von berühmten und unbekannten, bemerkenswerten und merkwürdigen Türmen. Hamburg 1987, 156-166.

kennengelernt, die man sich in den Basaren, Cafés und Straßen von Damaskus, Kairo, Basra und Bagdad erzählte. Diese mündlich tradierten Geschichten und eine arabische Handschrift dienten ihm als Vorlage für seine Übersetzung, die er für den Hof Ludwigs XIV. abfaßte. Das 1704 in zwölf Bänden erschienene Werk war also gewissermaßen *ad usum delphini* gefertigt, unter Verzicht auf manche orientalische Freizügigkeit. Die schöne Scheherazade ist das Produkt einer geistreichen, blühenden und freien Epoche islamischer Kultur, deren spirituelle Neugier und künstlerische Phantasie keine Grenzen kannte, und für die das damalige Europa keine Entsprechung fand. Niemand hat dieses Buch besser beschrieben als Hugo von Hofmannsthal:

»Hier ist eine poetische Welt... und was für eine Welt. Der Homer möchte in manchen Augenblicken daneben farblos erscheinen. Hier ist Buntheit und Tiefsinn, Überschwang der Phantasie und schneidende Weltweisheit. Hier sind unendliche Begebenheiten, Träume, Schwänke, Unanständigkeiten, Mysterien. Hier ist die kühnste Geistigkeit und die vollkommenste Sinnlichkeit in eines verwoben. Es ist kein Sinn in uns, der sich nicht regen müßte... Dies Geheimnisvolle ist das tiefste Element morgenländischer Sprache und Dichtung zugleich. Diese Sprache ist nicht zur Begrifflichkeit abgeschliffen. Ihre Bewegungsworte, ihre Gegenstandsworte sind Urworte, gebildet, ein grandioses, patriarchalisches Leben, ein nomadisches Tun und Treiben, lauter sinnliche, gewaltige, von jeder Gemeinheit freie, reine Zustände unbekümmert und kraftvoll hinzustellen. Von einem solchen urtümlichen Weltzustand sind wir hier weit entfernt...«[1]

Es war weithin dieses Buch, das unser Orientbild prägte. Es wurde in alle Sprachen Europas übersetzt und übte eine magische Wirkung auf Dichter der Romantik aus: Jean Paul nannte es »ein Lieblingsbuch jedes Freundes romantischer Dichtung«; die Brüder Grimm priesen »die glühenden Farben, die zarte Schönheit, das überall atmende Leben«. Wilhelm Hauff schrieb unter dem Eindruck der »Tausendundeinen Nacht« seinen »Kalif Storch«, »Das Geisterschiff« und den »Kleinen Muck«. Kein anderes Buch aus dem Orient hat die europäische Literatur so vielfältig angeregt wie dieses unerschöpfliche Volksmärchenbuch. Es faszinierte Lichtenberg, Herder, die Brüder Schlegel und die Grimms, Novalis, Chamisso, Bettina und Clemens von Brentano, Heine, Hebbel und vor allem Goethe, der fand, daß es »aufs eigene Gefühl unwiderstehlich zurückführend« sei und ergänzte: »In diesem Sinne möchte wohl schwerlich ein bedeutenderes Werk aufzufinden sein.«

Die Entstehungsgeschichte der »Tausendundeinen Nacht« ist verwickelt und mysteriös, wie die Märchensammlung selbst. Die ersten Handschriften waren bereits im 9. Jahrhundert im Umlauf, also zur Zeit Harun al-Raschids und der kulturellen Hochblüte Bagdads.[2] Ibn Ishaq äußert sich darüber 987: »Die ersten, die Abenteuer verfaßten, Bücher aus ihnen machten und sie in den Schatzhäusern niederlegten, waren die alten Perser. Und die Araber übertrugen sie in die arabische Sprache. Und die Männer von Beredsamkeit und Sprachkenntnis übernahmen sie, feilten an ihnen und schmückten sie aus und verfaßten, was ihnen dem Sinne nach ähnlich war.« – Es gilt als sicher, daß bereits

1 *Hugo von Hofmannsthal*, Einleitung zu: Die Erzählungen aus den Tausendundein Nächten. Vollständige deutsche Ausgabe. Nach dem arabischen Urtext übertragen von Enno Littmann (12 Bd.).(Insel-Tb.,224) Frankfurt a.M.1981, I,1.
2 Den Lebensweg des Kalifen aus »Tausendundeiner Nacht« und ein Sittengemälde des alten muslimischen Bagdad beschreibt: *André Clot*, Harun al-Raschid. Kalif von Bagdad. (dtv 11312) München 1990.

im Bagdad des 10. Jahrhunderts der Titel »Tausend Nächte« bekannt war; darunter waren eine Fülle von Geschichten aus mehreren Ländern versammelt. In den folgenden Jahrhunderten tauchten zwischen Stambul, Kairo und Bagdad immer wieder neue Handschriften auf. Seit dem 13. Jahrhundert entwickelte sich das »unendliche Erzählwerk« vor allem in Ägypten weiter, auch die türkischen Osmanen setzten ihre Farben hinzu, doch blieb zu allen Zeiten und für alle Völker das einende Band die arabische Sprache und der Islam.[1]

Das voluminöse Opus insgesamt Kindern zu vermitteln, übersteigt ihre Reife, aber auch jede Angemessenheit. Gleichwohl sind ihnen, wie seit jeher, wichtige, in sich stehende Zyklen zu empfehlen, beispielsweise die Geschichten von Sindbad dem Seefahrer, von Ali Baba und den Vierzig Räubern, von Aladins Wunderlampe oder von Harun al-Raschid und Abu Hasan, dem Kaufmannssohn aus Oman. Diese und andere Erzählfolgen gibt es immer wieder in Einzelausgaben, die die Klassenbibliothek zum Thema Islam ergänzen sollten, solange der Islam Thema ist.

Wer heutigen Schülern die Welt des Islam vermitteln will, muß sich hüten, bei den elementaren, nackten Fakten unserer gängigen Religions- und Geschichtsbücher stehenzubleiben. Die Kultur des Islam gehört notwendig hinzu, und da kann ein Ausschnitt, eine Buchausstellung rund um »Tausendundeine Nacht« oft mehr anregen und Sympathie vermitteln, als alles sonstige Reden »über« die Dinge. »O meine Schwester, wenn du nicht schläfst, so erzähle uns eine deiner schönen Geschichten, damit wir die Nacht dabei durchwachen...«

Die arabische Schrift; Kalligraphie S. 212

Die bezeichnendste und vornehmste islamische Kunst ist die kalligraphisch behandelte arabische Schrift. Es gibt sie in der ganzen islamischen Welt und zu allen Zeiten. Schon im ältesten erhaltenen islamischen Bauwerk, dem Felsendom in Jerusalem, findet sich die arabische Schrift als monumentaler 240 m langer Text in Goldmosaik auf blauem Grund. Durchweg sind diese Inschriften schwer zu lesen; sie sind auch mehr Glaubensbekenntnis mit repräsentativem Charakter, als daß jeder Gläubige sie lesen können sollte. Die in den Moscheen geschriebenen Koranworte haben die gleiche Bedeutung wie die Christus- und Heiligenfiguren in den Kirchen: Sie symbolisieren die göttliche Welt, zumal Arabisch jene Sprache ist, in der Allah seine Offenbarung niederlegte. Durch die Beherrschung der arabischen Sprache folgt der Gläubige der Menschwerdung des göttlichen Wortes. So gibt es keine schönere Aufgabe, als dieses kostbare Geschenk weiterzugeben, und die islamische Welt tat es seit jeher durch kalligraphische Schriftgestaltung. »Schönes Schreiben läßt die Wahrheit hervortreten.«

Viele Kalligraphien verbinden sich mit symbolischen Gestaltungen; so auch unser Beispiel, das einen Lobpreis von Mohammeds Schwiegersohn Ali (→ S. 518 ff.) im Bild des Löwen darstellt. Es handelt sich um einen türkischen kalligraphischen Wandschmuck aus dem 19. Jahrhundert.

1 Vgl. *Erdmute Heller*, Sheherazade vor dem Kadi. Zu einem neuen Kapitel der Geschichte von Tausendundeiner Nacht. SZ-Am Wochenende Nr. 125 (1985).

Islam heute

Der politische Machtverlust

Seit Mitte des 18. Jahrhunderts ist die Geschichte dem Islam und seinen Völkern nicht günstig gewesen. Zunächst blieb es noch bei einem Machtverlust an der Peripherie, im 19. und 20. Jahrhundert aber begann, als die Europäer immer massiver Weltpolitik betrieben, ein innerlicher Verfall, der auch die Zentren der islamischen Kultur betraf. Christliche Missionen, aufgeklärtes Denken, technischer Geist und eine materialistische Fortschrittseuphorie forcierten die Bedrohung, hinter der zugleich ein unerhörter materieller Wohlstand und ein gewaltiges politisch-militärisches Machtpotential stand.

Symbolisch für den Beginn der neuen Ära war die Expedition Napoleons nach Ägypten im Jahre 1798. Seit den Kreuzzügen hatten Europäer die östliche Mittelmeerküste nicht mehr zu verletzen gewagt. Zwar mußte sich Napoleon aufgrund des vernichtenden Siegs der britischen Flotte bei Abukir zurückziehen, aber das Unternehmen war eine Vorankündigung für die folgende große Expansion Europas. Hier sollen Stichworte genügen: Die Holländer dehnten in der Inselwelt Südostasiens ihren Machtbereich ständig aus; die Briten beherrschten Indien, auch in der Golfregion vergrößerten sich die britischen Besitzungen ständig; an der ostafrikanischen Küste teilten sich Briten, Deutsche und Italiener die Besitzungen der Sultane von Sansibar; das zaristische Rußland eroberte die Herrschaft über kaukasische, iranische und zentralasiatische Territorien mit islamischer Tradition; Frankreich marschierte in Algerien ein, erklärte Tunesien, später Marokko zum Protektorat, bezog auch die Sahara und den Sudan in das eigene Herrschaftsgebiet mit ein. Italien eroberte Lybien. Nur das Osmanische Reich blieb im 19. Jahrhundert noch ein Zentrum islamischer Macht, wenngleich auch hier der Einfluß des Westens beständig zunahm, so daß die christlichen Völker des Balkans – Griechen, Serben, Rumänen, Bulgaren – die osmanische Herrschaft abschüttelten, unter erheblichen Ausschreitungen gegenüber der islamischen Bevölkerung. Der Zusammenbruch des Osmanischen Reiches hatte die laizistische Türkei zur Folge; so gab es hinfort keine große Macht mehr, welche die Gemeinschaft der Gläubigen hätte schützen können; neben der Türkei besaßen nur noch Afghanistan, der Jemen und die Muslime Innerarabiens ihre Unabhängigkeit. Die großen Städte des Islam – Damaskus, Bagdad, Kairo, Samarkand – waren alle von nichtislamischen Mächten erorbert worden; allein Istanbul war unabhängig geblieben, jedoch nicht mehr willens oder imstande, die Sache des Islam wirksam zu vertreten.

Die kulturelle Herausforderung

Anfänglich hatten die autonom gebliebenen islamischen Staaten die Vorstellung, es genüge, von den Europäern nur deren technische Errungenschaften zu übernehmen; wenn man europäische Waffen oder Maschinen kaufe, würde das ihre Armeen und die Wirtschaft stärken, habe aber keine Bedeutung für die islamische Gesellschaft. Noch um 1960 wurde von Ibn Saud das Wort zitiert: »Ich habe Maschinen aus Europa holen lassen; aber die Irreligiosität will ich nicht!« Zu wenig wird bedacht, daß mit der Technik auch ein Weltverhalten übernommen wird, das vorindustrielle religiöse und kulturelle Lebensformen mehr und mehr verdrängt. So bestand und besteht bei jedem Versuch, die westlichen Neuerungen der islamischen Gesellschaft einzuverleiben, die Gefahr, daß das, was nur äußere Hilfe sein soll, die Menschen selbst umwandelt, so daß am Ende dann nur noch islamische Hülsen aus Sprache, Erinnerung und Brauchtum zurückbleiben, die einen tendenziell säkularen, materialistischen Staat umschließen. Diese Entwicklung läßt sich exemplarisch an der Türkei ablesen. Bereits im 19. Jahrhundert erfolgte dort der Aufbau eines westlichen Staatssystems nach europäischem Zuschnitt: Eine moderne Armee entstand, von preußischen Offizieren ausgebildet. Die Universität Istanbul wurde die erste wirklich moderne Universität der islamischen Welt. Islamische Bildung aber verlor zunehmend an Interesse für den Staat. Der Mann, der diesen bereits im Osmanischen Reich eingeleiteten Entwicklungen zum vollen Durchbruch verhalf, war Mustafa Kemal (1881-1938), später *Atatürk*, »Vater der Türken« genannt. Er richtete die Türkei als laizistischen Staat ein: Das Sultanat wurde 1923 abgeschafft, das Kalifat 1924, der letzte osmanische Herrscher mußte ohne Zeremoniell per Orientexpreß das Land verlassen; islamische Schulen und Gerichtshöfe verschwanden, die Scharia wurde durch das Schweizer Zivilgesetzbuch ersetzt, die Sufi-Orden wurden verboten, ihre Klöster und Moscheen in Museen umgewandelt. An die Stelle der arabischen Schrift trat die lateinische, der Hut ersetzte die traditionellen Kopfbedeckungen. Von jetzt an sollte der Islam »Privatsache« sein. Nur auf dem Lande überlebten der Einfluß der Sufi-Klöster und die große traditionelle Frömmigkeit.

Zwar schien es seit Mitte des 20. Jahrhunderts, als schwinde mit der Aufgabe der Kolonien auch der Einfluß des Westens, zumal neue souveräne Staaten entstanden, doch zeigte sich schon bald, daß die frühere Kolonialherrschaft nur einer verschleierten Abhängigkeit gewichen war. Nichts machte die fortgesetzte Unterlegenheit schärfer deutlich, als die Existenz des Staates Israel inmitten arabischer Völker, zumal die demütigenden Niederlagen von 1948, 1956 und 1967 die eigene Schwäche unterstrichen. Hinzu kam, daß die heiligen Stätten in Jerusalem nun ganz unter die Herrschaft von Nichtmuslimen gerieten. Gleichzeitig rekrutierte sich die führende Schicht der arabischen Staaten durch westlich gebildete Personen, die bisweilen dreister als die ehemaligen Kolonialherren darangingen, die Rolle des Islam in ihren Gesellschaften zu beschneiden. In vielen Staaten wurden die Gerichtshöfe der Scharia abgeschafft und die Bindungen der Verwaltungen an islamische Gesetze aufgehoben. Mohammed Iqbal (1878-1938), der große Politiker und Dichter, schrie auf: »Türken, Perser, Araber, von Europa berauscht, und im Hals eines jeden der Angelhaken Europas.«

Das Wiedererstarken des Islam

Die Ansätze zu einer Renaissance des Islam reichen ebenso weit zurück wie seine Niederlagen, denn jede erfahrene Ohnmacht war auch ein Impuls, sich aus der Schwäche zu erheben. 1927 schrieb Mohammed Iqbal:

> Gegen Europa protestier' ich
> Und die Anziehungskraft des Westens:
> Weh über Europa und seinen Zauber,
> Geschwind zu bändigen und zu entwaffnen!
> Europas Horden verwüsten
> Mit Feuer und Flamme die ganze Welt;
> Architekt der Heiligtümer,
> Die Erde wartet auf neues Bauen: erhebe dich!
> Aus bleiernem Schlaf,
> Aus Schlummer tief
> Erhebe dich!
> Aus Schlummer tief
> Erhebe dich![1]

Vielen Muslimen wurde immer deutlicher bewußt, daß die Ziele des Islam denen des Westens entgegengesetzt sind und daß sie Gefahr laufen, die eigene Identität auf immer zu verlieren. Erneut formulierte Mohammed Iqbal das Programm:

> Des Kapitals Verfasser, Abrahams
> Geschlecht entsproßt, Prophet ohn' Gabriel:
> In seinem leeren Wort ist Wahres auch,
> Sein Herz ist gläubig, heidnisch sein Gehirn! (. . .)
> Den Kommunismus kümmert nur der Leib.
> Der Glaube des gottleugnenden Propheten
> Stützt sich nur auf die Gleichheit aller Bäuche!
> Kapitalismus auch fühlt nur der Körper,
> Und seine Brust, lichtlos, entbehrt des Herzens (. . .)
> Unduldsam beide Wege, nichts ertragend –
> Sie kennen Gott nicht, beten Menschen an!
> Der lebt von Produktion, von Steuern jener:
> Der Mensch zermalmt von diesen beiden Steinen (. . .)
> In Lehm und Wasser seh ich ihn ersticken,
> Mit lichtem Körper und mit finstrem Herzen.
> Doch Leben heißt zu brennen und zu handeln,
> Des Herzens Saat in diesen Lehm zu werfen![2]

Immer mehr Muslime erkannten, daß es nicht ausreicht, politisch unabhängig zu sein, es galt auch, das westliche Denken, die atheistische Moral, die dekadente Kultur zu überwinden. Der Weg zu diesem Ziel sah in jedem Staat anders aus; mal waren die Traditionen noch stark genug, der Scharia wieder Gültigkeit zu geben, mal erlebten auch die westlich Gebildeten ihre Konversion

---

1 *Mohammed Iqbal*, Zabur-e Adscham, 1927; zit. n. *Francis Robinson*, a.a.O., 158.
2 *Mohammed Iqbal*, Javidnama, 1932; ebd.,165.

und besannen sich auf die islamischen Ideale. In der Türkei reaktivierten sich die Sufi-Orden; die Nationalversammlung diskutierte wieder die Aufgabe religiöser Erziehung, islamischer Religionsunterricht zog wieder in die Schulen ein; neue Moscheen entstanden, immer mehr Türken bekannten sich wieder mit Nachdruck zum Islam. – Ähnlich kehrte in Ägypten der Islam an die vorderste Front des politischen Geschehens zurück. Viele Frauen aus der Mittelschicht kleideten sich erneut nach islamischem Gesetz. Zugleich entstand auch ein radikales Spektrum: die Moslembruderschaft, seit dem Attentatsversuch auf Nasser 1954 verboten, baute ihre Organisation neu auf; daneben entstanden weitere militante und geheime Organisationen, die ihre Ziele mit Gewalt durchsetzen wollen. 1979 widersetzte sich die Moslembruderschaft den Friedensverhandlungen Sadats mit Israel, 1981 wurde Anwar al-Sadat ermordet. – In Lybien kam die Verschiebung zugunsten des Islam durch einen Armeeputsch zustande, wenngleich Gaddafis dritter, sozialrevolutionärer Weg im »panislamischen« Lager wenig Resonanz fand. – Auch in Pakistan wurde unter Zia-ul-Haq die Scharia über das Landesrecht gestellt und Strafen wie Auspeitschen, Abhacken von Gliedmaßen und Hängen für »größere« Verbrechen eingeführt, die vom Alkoholtrinken bis zum Ehebruch reichen. Gebetszeiten werden im Arbeitstag eingeräumt, das Fastengebot strenger Überwachung unterstellt; das säkulare westliche System soll durch eine islamische Gesellschaft überwunden werden. – Die iranische Revolution von 1978/79 ist wohl der spektakulärste Versuch einer islamischen Erneuerung. Die Entwicklung dort ist die konsequente Reaktion auf eine völlige Säkularisierung, die der Schah Resa Pahlevi (1941-1979) durch seine Westorientierung betrieb. Ayatollah Khomeini (1902-1989) hatte sich durch sein einfaches Leben und entschiedenes islamisches Engagement beträchtliches moralisches Ansehen erworben. Über den Schah schrieb er: »Alle idiotischen Worte, die aus dem Gehirn dieses ungebildeten Soldaten kommen, sind verderbt... Jeder, der dieses Regime ehrt, ist selbst ehrlos und verdient Verachtung.« Er bezichtigte den Schah, seinen Eid auf den Islam verletzt und den Iran an fremde Mächte ausgeliefert zu haben. Der Schah wurde durch die kontinuierliche Arbeit Khomeinis, zuletzt aus dessen Pariser Exil, schließlich im Januar 1979 zur Flucht gezwungen. Khomeini proklamierte im April die »Islamische Republik Iran«.

Westliche Reaktionen

Die nur angedeuteten Entwicklungen haben in der westlichen Welt weitgehend dazu geführt, den Islam als neues Feindbild aufzubauen. Nachdem die »rote Gefahr« gebannt zu scheint scheint, beschwören die Medien immer öfter eine »grüne Gefahr«, als wenn der Islam nunmehr zur Eroberung der Weltherrschaft ansetze. Publizisten beschreiben Perspektiven nach dem Muster: »Seit dem 7. Jahrhundert ist der Islam nur darauf aus, sich die Welt zu unterwerfen, und die Endrunde in diesem Kampf wird nun eingeläutet.« Oder: »Ein Gotteskrieg wird heute im Orient ausgetragen, der bis in die Nacht der Zeiten zurückreicht.« Dabei werden Begriffe wie »Dschihad«, »Scharia« und »Fundamentalismus« als die eigentlichen Signale benutzt, das Feindbild wirksam zu installieren.

Der Religionsunterricht sollte bei diesen weitergehenden Formen der Panikmache zunächst einmal aufzeigen, daß es »den« Islam nicht gibt. Wer den Eindruck erweckt, als werde der Islam weltweit von einem einheitlichen Willen zu einem einzigen politischen Ziel getrieben, nämlich der Unterjochung des christlichen Abendlandes, betreibt dumpfe Demagogie. Schon früher hat es »den« Islam nicht gegeben. Die Auffächerung in zahlreiche Bekenntnisse, Sekten und Rechtsschulen setzte bald nach dem Tode Mohammeds ein (→ S. 512 f.) und ist auch heute noch nicht beendet. Da gibt es neben dem schriftgelehrten Islam der Rechtslehrer den mystischen Islam sufischer Tradition, die zahllosen volkstümlichen Ausprägungen, die höchst unterschiedliches Eigenprofil haben, es gibt pietistische und quietistische Strömungen ebenso wie militante Organisationen. Natürlich erscheinen stets nur die Eiferer in den Medien, während die Masse der Frommen keinen Nachrichtenwert hat. Hier ist ebenso zu differenzieren, wie dies für die christlichen Denominationen und Richtungen angebracht ist. Auch dort hat es an Scharfmachern nie gemangelt, und wenn jemand glaubt, dem Islam seine militante Geschichte vorrechnen zu sollen, darf er nicht zögern, eine diese vermutlich übertrumpfende Geschichte christlicher Militanz daneben zu stellen.

Auch der ständig beschworene islamische *Fundamentalismus* ist kein Nenner, der zu pauschalen Urteilen berechtigt. Das Wort verdankt sich jenen amerikanischen Geistlichen, die mit dem Wortlaut der Bibel, ohne deren Sprachformen zu beachten, gegen Darwins Evolutionstheorie Sturm liefen. In diesem Sinne hat der Islam nicht einmal jene Probleme, wie sie zwischen Bibel und Naturwissenschaft empfunden wurden, wengleich natürlich ein historisch-kritisches Denken gegenüber dem Koran, der Prophetenbiographie und der eigenen Tradition der islamischen Theologie noch bevorsteht. Der Islam hat aber eine so reiche geschichtliche Beziehung zu den Naturwissenschaften, daß es schon für den heutigen Muslim keine Probleme gibt, seinen Glauben mit dem Wissen der Welt in Einklang zu bringen. Was immer also mit Fundamentalismus gemeint sein soll, es bedarf einer genaueren Beschreibung, damit nicht diffuse Schlagworte zu Nebelwerfern werden.

Selbst der Begriff »*Re-Islamisierung*« führt in die Irre, weil er nahelegt, es handele sich um etwas schon Dagewesenes, etwa den mittelalterlichen Islam, der in die Gegenwart zurückgeholt werden solle. Tatsächlich geht es um ein neues Phänomen, das alle Merkmale der Moderne an sich trägt, selbst wenn das auf den ersten Blick nicht einleuchtet und sogar den Wortführern nicht bewußt ist. Der laute Ruf Mohammed Iqbals ist über das Jahrhundert hinweg nicht ungehört verhallt: Die islamische Welt ist sich in ihrer Mehrheit der eigenen Wurzeln wieder bewußt geworden, und nichts anderes wollen die Muslime, als gemäß ihren Traditionen und Wertvorstellungen einen eigenen Weg zu einem menschenwürdigen Leben zu finden. Den Konflikt beschwören jene herauf, die für dieses Begehren kein Verständnis haben und glauben, den Völkern des Nahen Ostens, Afrikas und Asiens seien westliche Denk- und Gesellschaftsformen aufzunötigen. Wenn es heute und in Zukunft an Legitimationsgründen für den Religionsunterricht mangeln sollte: In der Aufgabe, Konfrontationen abzubauen und die Bereitschaft zu einer multikulturellen und -religiösen Koexistenz zu schaffen, findet er seine unbestreitbare Notwendigkeit.

Kirchengeschichte: Zwischen Römerreich und Mittelalter

Der Zerfall des Römischen Reiches

Die römischen Provinzen auf germanischem Boden waren Grenzland. Das dokumentierte sich am deutlichsten im Bau von Lagern, Kastellen, Wachttürmen und einer kontrollierten Grenzlinie, die uns als Limes bekannt ist. Limes heißt ursprünglich ein Feldweg oder eine Schneise; auf die Reichsgrenzen angewendet meinte der Begriff zunächst nicht die Befestigungsanlagen, sondern die Straßen, die an der Grenze entlang führten und die militärischen Einrichtungen miteinander verbanden. Die linksrheinische Straße als Bereitstellungslinie für die Germanenfeldzüge ist wohl schon von Agrippa um 20 v.Chr. geplant worden, war also zuerst da und von nur wenigen Lagern geschützt. Der Limes ist aber nicht gleich als eine Gesamtanlage konzipiert worden, sondern Zug um Zug entstanden. Die eigentliche Geburtsstunde für den niederrheinischen Limes wurde das Jahr 16/17 n.Chr., als mit der Abberufung des Germanicus endgültig feststand, daß der Rhein fortan die Grenze bilden würde. Die wichtigste Ausbaustufe fällt erst in die Regierungszeit des Kaisers Claudius (41-54). Vollendet wurde der *limes ad germaniam inferiorem* unter den flavischen Kaisern (69-96) und unter Trajan (98-117). Aufstände machten viele Neubauten notwendig; wenn Tacitus zuverlässig berichtet, haben im Jahre 70 alle römischen Lager der Rheinlinie mit Ausnahme von *Mogontiacum* (Mainz) und *Vindonissa* (Windisch/Schweiz) gebrannt. Daraufhin wurden die letzten Lücken geschlossen und das Grenzsystem weiter ausgebaut.

Insgesamt war der Limes Ausdruck einer defensiv geführten Militärpolitik. In *Germania inferior* verzichtete man, im Gegensatz zum Rätischen Limes (→ Karte im Religionsbuch, S. 214) auf eine Sicherung des Vorfeldes durch vorgeschobene Militärposten. Man vertraute dort auf den Rhein, den man sich in jener Zeit mit seinen Seitenarmen und versumpften Altwassern gar nicht breit genug vorstellen kann; diese natürliche Grenze schien unwegsam genug, um die rechtsrheinischen Germanen davon abzuhalten, römisches Hoheitsgebiet zu betreten. Hinzu kam eine dichte Linie von Kastellen, so daß der Limes tatsächlich fast 250 Jahre seine Wirkung nicht verfehlte.

Um die Mitte des 3. Jahrhunderts begannen jedoch die ersten Übergriffe germanischer Scharen auf das römische Grenzland. In Niedergermanien wurde den Menschen erstmals 256 oder 257 bewußt, wie unsicher das Leben geworden war. Kaiser Valerian (253-259) hatte Truppen nach Osten verlegen müssen, um sie gegen die persischen Sassaniden einzusetzen. Diese Schwächung nutzten die Franken, überschritten den Rhein und fielen mordend und plündernd in Niedergermanien ein. Massengräber von Männern, Frauen und Kindern bezeugen in Krefeld-Gellep, mit welcher Roheit man über die Provinz herfiel. Zwar war dies nicht der erste Grenzzwischenfall. Der Druck bestand schon länger, doch hatten Statthalter und Kaiser immer wieder die fränkischen Scharen zurückdrängen können, nicht zuletzt durch Gold, eine Praxis, die den Staat ärmer, Germanen im Westen, Perser im Osten begehrlicher machte. Seit dem Frankeneinfall von 256 aber war der Friede unsicher geworden. Mit der gleichzeitigen wirtschaftlichen Rezession und dem Zerfall der römischen Währung hatte daneben bereits seit Ende des 2. Jahrhunderts in manchen Provinzen eine Landflucht eingesetzt. Die Agrarproduktion nahm in der Folge ab und ließ sich auch nicht durch fränkische Kriegsgefangene neu ankurbeln. Gehöfte und Dörfer wurden geplündert und verlassen, die wachsende Unsicherheit auf Straßen und Flüssen nahm zu und führte zu einem starken Rückgang des Handels, selbst die Städte verarmten, entvölkerten sich und schrumpften zu Kernfestungen, die sich leichter verteidigen ließen.

Natürlich bemühten sich die Kaiser weiterhin, die Grenzen zu sichern und der Bevölkerung ein Mindestmaß an Schutz zu gewähren. Kastelle wurden neu befestigt (etwa in *Bonna*/Bonn), unter Konstantin entstanden weitere Militäranlagen (in Köln-Deutz und Monheim), für die Bevölkerung kamen Fluchtburgen hinzu und außerdem Kleinfestungen, von Mauern und breiten Gräben umgeben (→ Religionsbuch, S. 215; das dort skizzierte Modell zeigt die Anlage von Ladenburg am Neckar). Nach damaligem Sprachgebrauch nannte man diese Wehranlagen *Burgi*; wahrscheinlich sind sie die Vorläufer der frühmittelalterlichen Burgen.

Die einzige Stadt, die im Grenzbereich ihren alten Umfang behielt, war die Provinzmetropole *Colonia Agrippina* (Köln); dort wurde der weitläufige Palast des Statthalters nach 350 noch völlig neu errichtet. Andere Städte, zum Beispiel *Traiana* (Xanten), zogen auf geschrumpftem Gelände neue Mauern hoch und sicherten sie durch breite Gräben; hier in Traiana verringerte sich das Stadtareal von 83 auf 16 ha.

Die meisten städtischen Ansiedlungen bewahrten – trotz der fränkischen Eroberung – ihre Kontinuität bis ins frühe Mittelalter. Köln, das sich auf Münzen des 6. Jahrhunderts nicht mehr Agrippina, sondern Colonia nannte, zählte dazu als auch Tongeren, Maastricht, Aachen, Bonn, Xanten und Trier. Die Franken, keineswegs Stadtmenschen, taten nicht viel, die römische Stadtkultur zu erhalten. Die einzige Kraft, die für Kontinuität sorgte, war das sich zögernd verbreitende Christentum. Die kirchlichen Gemeinden übernahmen in vielen Fällen soziale Funktionen, die vordem Aufgabe des Staates waren, so daß überall dort, wo kirchliche Zentren entstanden, auch die städtische Kultur weiterlebte.

Es blieb freilich nicht bei Grenzverletzungen. Das germanische Völkergefüge kam insgesamt in Bewegung; dazu mögen Bevölkerungswachstum und die Anziehungskraft der reicheren römischen Provinzen ihren Teil beigesteuert haben, entscheidend aber waren die Hunnen, die sich aus der nördlichen Mongolei auf den Weg gemacht hatten, die Wolga überschritten, den Don erreichten, die Ostgoten unterwarfen und die Westgoten ihrerseits in Bewegung brachten. Diese zogen zu vielen Tausenden nach Trakien und wurden ins Römerreich aufgenommen. Doch schon bald rebellierten sie gegen die römische Provinzverwaltung; es kam zu einem offenen Kampf gegen Kaiser Valenz, in dem sie Sieger blieben, so daß nun keine Macht sie mehr halten konnte. Also schweiften sie weiter umher, zogen unter Alarich, der als erster Westgote den Königstitel übernahm, bis vor Konstantinopel und Athen und wendeten sich schließlich nach Italien, unterstützt von den dortigen germanischen Bauern und Sklaven. Schon immer hatten die Römer gefürchtet, daß ihre Stadt das gleiche Schicksal erleiden könnte wie all jene Städte, die Rom erobert und zerstört hatte. Die Sorge, daß einmal »der siegreiche Barbar Roms Überreste mit Füßen tritt« hatte schon Horaz (65-8 v.Chr.) geäußert. Nun war es im Jahre 408 so weit. Die Barbaren, auch Christen, wenngleich arianische Häretiker, standen vor den Toren Roms. Zwei Jahre lang lösten sich Verhandlungen, Angebote und Intrigen wechselseitig ab. Alarich, vielleicht eingeschüchtert, scheute noch zurück, in die Stadt einzumarschieren, bot an, Rom zu verschonen und sich statt dessen in der Provinz Noricum (Österreich) nebst einer »kleinen Abfindung« niederzulassen. Das antigermanische Feindbild vereitelte jedoch jeden Kompromiß. So begann der Barbarenkönig mit seiner Belagerung; am 24. August 410 – war es Verrat oder Komplizenschaft? – fand er das Salaria-Tor geöffnet und drang in die Stadt ein. Jedoch hatte er seinen Truppen alles Plündern und Morden verboten. Soweit dies doch geschah, kann es die Rache verletzter Sklaven an ihren Herren gewesen sein. Auch hatte Alarich angeordnet, die Kirchen zu schonen, und tatsächlich verließen seine Truppen bereits nach drei Tagen wieder Rom, wo sie, wie der Christ Orosius bemerkt, weit weniger Schaden angerichtet hätten als einst Kaiser Nero.

Nach diesem Vorfall erreichte Rom nicht mehr die frühere Bevölkerungszahl. Die Reichen war geflohen und hatten, was immer zu retten war, mitgenommen. Die kleinen Leute wurden von einer rapide sinkenden Moral gebeutelt. Hieronymus stöhnte:

»Die Stadt, welche das Universum erobert hat, wurde nun ihrerseits erobert... Die hellste Leuchte der Welt ist erloschen. Das römische Imperium wurde enthauptet. Mit dieser einzigen Stadt sind das ganze Universum und die menschliche Kultur untergegangen. Wer hätte geglaubt, daß ganz Rom, das mit Siegen, die in der ganzen Welt errungen wurden, aufgebaut war, bis zu dem Punkt verfallen würde, wo es zum Grab für die Völker wird, deren Mutter es war?

Es vergeht keine Stunde und kein Augenblick, wo wir uns hier [in Betlehem, wo Hieronymus lebte] nicht mit irgendeiner Gruppe von Brüdern konfrontiert sehen, die uns zwingen, die Einsamkeit des Klosters mit dem lärmenden Hin und Her eines Herbergsbetriebes zu vertauschen.«[1]

Tatsächlich verursachte die Eroberung Roms eine Welle der Erschütterung, die das ganze Reich bewegte. Die Heiden sahen darin eine Strafe der verratenen Götter, die Christen, bereits gewohnt, das Schicksal der Kirche mit dem des Staates zu verknüpfen, verharrten in Resignation. Ein Schüler Augustins, der Spanier Orosius aber zog die nüchterne Bilanz, die nichts von der Betroffenheit des Hieronymus erkennen läßt:

»Wenn die Besetzung des römischen Bodens auch nur den einzigen Grund gehabt hätte, massenhaft die christlichen Kirchen des Ostens wie des Westens zu füllen, indem dabei Hunnen, Sueben, Vandalen und Burgunder in sie eingetreten sind, dann müßte man dies als Barmherzigkeit Gottes anrechnen, die allen Lobes und aller Begeisterung würdig ist; von diesem Zeitpunkt an – auch wenn diese Entwicklung notwendig von unserem Abstieg begleitet wurde – erhielten beträchtliche Völkerschaften Kenntnis von der Wahrheit, die sie ohne diese Gelegenheit in keiner Weise so hätten entdecken können.«[2]

1 *Hieronymus,* Briefe 127,12; und: Kommentar zu Ezechiel, Vorwort, zit.n. *Michel Clévenot,* Der Triumph des Kreuzes. Geschichte des Christentums im 4. und 5. Jahrhundert. Fribourg/Brig 1988, 111.
2 *Orosius,* Historiarum adversus paganos, 7,418; zit.n. *Michel Clévenot,* a.a.O., 112.

So verband sich mit der Zerstörung des Mythos von der Unbesiegbarkeit Roms sogleich die Spekulation, hinfort die Kirche des Abendlandes mit der Geschichte der Barbaren zu verknüpfen.

Die weiteren Schrecken gingen Hand in Hand: Als erstes germanisches Volk gründeten die Westgoten ein Reich auf römischem Boden. Als kaiserlicher Statthalter regierte der Gotenkönig die einheimische Bevölkerung, die nach römischem Recht weiterlebte. Formell erschien das Imperium noch intakt. Aber bereits alle Provinzen auf europäischem Boden, von Konstantinopel bis zum Atlantik waren durch Germanen geplündert. In Spanien und Gallien hatten sich zahlreiche Stämme eingenistet, die mal gegeneinander, mal gegen die Römer kämpften. Rom versuchte sie vom Mittelmeer fernzuhalten. 419 wurde mit Todesstrafe bedroht, wer sie im Schiffsbau unterrichtete.

Den Vandalen war damit nicht mehr zu steuern. 409 erreichten sie Spanien, eroberten wenig später die Mittelmeerhäfen und erlernten auf Beuteschiffen die Seefahrt. Über Gibraltar kamen sie nach Afrika, besiegten die Römer, eroberten Hippo (während der Belagerung starb dort 430 Augustinus), stürmten 439 Karthago und brachen mit dem Vandalenreich in Afrika ein erstes Stück aus dem Corpus des Römischen Imperiums.

Währenddessen besiedelten die Hunnen die ungarische Ebene und machten sich die Nachbarschaft bis zur Elbe und den Alpen botmäßig. 451 brachen sie in Gallien, 452 in Italien ein. Aquileia wurde eingeäschert, Pavia und Mailand eingenommen; die Flucht vieler Städter in das sumpfige Lagunengebiet legte den Grund für das spätere Venedig. Attila nahm mit seinem Hunnenheer weiter Kurs auf Rom; die Stadt wäre den Hunnen auch zur Beute geworden, hätten der Mut und das Geschick Papst Leos des Großen es nicht verhindert, daß Rom geplündert und verwüstet wurde. Attila ließ sich zur Umkehr bewegen. Doch war die Ohnmacht des Kaisers unübersehbar geworden, und bald sollte es selbst mit der Scheinherrschaft zu Ende sein.

Längst war Westrom ein Flickenteppich barbarischer Königreiche. Worauf konnte sich die kaiserliche Macht noch stützen? 472 lag die Macht bei Orestes, dem ehemaligen Sekretär Attilas, der in den Dienst Roms übergewechselt war. Am 31. Oktober 475 setzte er die Krone des Westreiches seinem Sohn Romulus auf.

Mit diesem Namen hatte die Geschichte Roms begonnen, mit diesem sollte sie enden! Die Sage weiß von den Zwillingen Romulus und Remus, die wunderbar aus dem Tiber gerettet und von einer Wölfin gesäugt wurden. Als dann Romulus auf dem Hügel Palatin die Grenzen der künftigen Stadt auf den Boden zeichnete,[1] übertrat Remus mutwillig die Markierung und wurde daraufhin von seinem Bruder erschlagen. Eine alte Überlieferung[2] knüpfte hieran das Fatum, die von Romulus bei Gründung der Stadt gesehenen zwölf Geier bedeuteten zwölf Jahrhunderte römischer Herrschaft. Nun hatte man aber irgendwann die Gründung der Stadt auf das Jahr 753 festgelegt; mit dem Jahr 447 n.Chr. war die Zeit abgelaufen, jedes weitere Jahr galt jetzt als Gnadenfrist. »Beinahe hätte schon das Schicksal die im Vorzeichen der zwölf Geier enthaltene Ankündigung erfüllt«, unkte 454 bei anderem Anlaß der Dichter Sidonius Apollinaris.

---

1 Vgl. dazu: *Hubertus Halbfas,* Das Welthaus, a.a.O., Nr. 86: Gründung einer etruskischen Stadt.
2 *Censorinus,* De die natali, 17,15; zit. nach *Michel Clévenot,* a.a.O., 182.

Tatsächlich sollte sich der Schlußakkord erst mit dem neuen Romulus verbinden. Als nämlich die aus fast nur noch germanischen Söldnern bestehende Armee vom jungen Kaiser Romulus, im Volksmund spöttisch »Augustulus«, der kleine Augustus, genannt, verlangte, ein Drittel der Ländereien Italiens an die Soldaten abzutreten, verweigerte dies Romulus. Daraufhin setzten ihn die Soldaten ab. Der neu ernannte Odoaker aber wählte den Titel »König der Völker« und schickte die kaiserlichen Rangabzeichen nach Konstantinopel, wobei er verlauten ließ, daß hinfort *ein* Kaiser genüge. Byzanz erkannte Odoaker den römischen Titel *Patricius* zu.

Noch ungefähr weitere zehn Jahrhunderte gab es in Byzanz »römische Kaiser«. Im Westen aber begann die Zeit der Barbarenreiche.

Didaktischer Hinweis:
Es empfiehlt sich, den Verfall des Römerreiches so weit wie möglich an Beispielen der eigenen Region aufzuzeigen. Die im Lehrerhandbuch 5 genannten römischen Fundorte und Museen (S. 470f.) bieten dafür eine Informationsgrundlage. Auch gibt es ein reiches lokales Schrifttum, mit dessen Hilfe es möglich ist, die ausgehende Römerzeit mit den Orten und Namen der eigenen Heimat zu verbinden.

Die ersten christlichen Mönche

Das Mönchtum ist eine Schöpfung des christlichen Ägypten. Bevor es als geschichtlich prägende Kraft auftrat, ging es Wege im Unbeachteten, suchte das Versteck und mied nichts entschiedener als alle Formen von Öffentlichkeit. Das Wort »Mönch« (von gr. *mónos*, »allein, einzeln«) bezeichnete ursprünglich jemanden, der abgesondert von anderen lebte. In der Christentumsgeschichte wurde der Begriff erstmals im frühen 4. Jahrhundert auf Einzelgänger angewendet, die »die Welt flohen«, selbst dann, wenn sie dies gemeinsam mit Gleichgesinnten taten. (Das Phänomen freilich gab es schon viel früher, insbesondere unter Buddhisten, nachdem der Buddha den Maßstab gesetzt hatte; vgl. Lehrerhandbuch 9.)

Verbunden ist das Mönchtum mit dem Überdruß an einer Gesellschaft, der es genügt, sich seicht oder gar hemmungslos zu vergnügen. Die Städte Ägyptens, in denen sich griechische und orientalische Kulte mischten, auch Reichtum und Armut, Betrug und Ausschweifung, stießen gerade solche Menschen ab, die mit dem Talmi des üblichen Vergnügens nicht mehr zufrieden waren. Sie verließen alles, was als »selbstverständlich« galt und zogen in die Wüsten, die das Niltal begleiten, an den Saum der bewohnbaren Welt. Dort errichteten sie ihre Zellen, lebten von einem für unmöglich erachteten Minimum, kämpften gegen die eigenen Triebwünsche und wollten nur noch für Gott da sein.

Der Beginn dieser Bewegung läßt sich datieren: Im Jahr 271 wurde ein gewisser Antonius, südlich von Memphis als Fellache lebend, wenige Monate nach dem Tod der Eltern, als er noch überlegte, wie sein Leben weitergehen sollte, in der Dorfkirche von einem Satz gepackt, den er gewiß auch schon früher gehört hatte: »Wenn du vollkommen sein willst, gehe hin, verkaufe alles, was du hast, und gib es den Armen, dann komm und folge mir nach.« Das schlug wie ein Blitz bei ihm ein:

»Er ging sogleich aus der Kirche und schenkte seine Besitzungen, die er von den Vorfahren hatte, den Einwohnern des Heimatdorfes. Er selbst widmete sich von nun an der Askese, hatte acht auf sich und hielt sich streng. . . Mehr und mehr bezwang er seinen Körper und machte ihn untertänig, um nicht, hier siegreich, dort zu unterliegen. Daher ging er mit sich zu Rate, wie er sich an eine noch härtere Lebensführung gewöhnen könne. Er wachte oft so lange, daß er oft sogar die ganze Nacht schlaflos zubrachte, und dies nicht etwa einmal, sondern oft und oft. Nahrung nahm er einmal des Tags zu sich nach Sonnenuntergang; bisweilen aß er nur alle zwei, oft aber auch bloß alle vier Tage; er lebte von Brot und Salz, als Getränk diente ihm nur Wasser. Zum Schlafen begnügte er sich mit einer Binsenmatte; meist aber legte er sich auf die bloße Erde zum Ruhen nieder. Er behauptete, die Spannkraft der Seele sei dann groß, wenn die Begierden des Körpers ohnmächtig seien.

So meisterte sich Antonius. Dann wanderte er weg zu den Gräbern, die weit von dem Dorfe lagen. Einen seiner Bekannten bat er, ihm von Zeit zu Zeit, aber nur in langen

Zwischenräumen, Brot zu bringen; dann ging er in eines der Gräber hinein und blieb, nachdem jener die Tür hinter ihm geschlossen hatte, allein drinnen. Da hielt es der böse Feind nicht aus; er fürchtete, Antonius möchte in kurzem auch die Wüste mit seiner Askese erfüllen, und so ging er in einer Nacht hin mit einer Schar von Dämonen und schlug ihn so heftig, daß er sprachlos vor Qualen auf dem Boden lag. Durch Gottes Fürsorge aber erschien am nächsten Tage sein Freund, um ihm Brote zu bringen; er öffnete die Tür und sah ihn wie tot am Boden liegen...

Der höllische Feind aber, voll Haß gegen das Gute, wunderte sich, daß Antonius es nach den Schlägen gewagt hatte, wiederzukommen; er rief seine Hunde zusammen und rief berstend vor Zorn: ›Seht ihr, daß wir ihn weder durch den Geist der Unzucht noch durch Schläge zum Schweigen gebracht haben! Im Gegenteil, er ist sogar noch frech gegen uns. Wohlan, wir wollen ihm anders beikommen!‹ Da machten sie nachts solchen Lärm, daß das ganze Dorf zu erbeben schien. Es war, als ob die Dämonen die vier Mauern des kleinen Baues durchbrechen und eindringen wollten; dazu verwandelten sie sich in die Gestalten von wilden Tieren und Schlangen; und gar bald erfüllte sich der Platz mit Erscheinungen von Löwen, Bären, Leoparden, Stieren und Nattern, Aspisschlangen, Skorpionen und Wölfen. Antonius, von ihnen zerpeitscht und zerstochen, fühlte zwar heftigen körperlichen Schmerz, aber ohne Zittern und wachsam in seiner Seele lag er da...Der Herr aber vergaß auch da nicht seines Ringens, sondern kam zu seinem Beistande. Denn als Antonius aufblickte, sah er das Dach geöffnet, und ein Lichtstrahl kam auf ihn herab. Die Dämonen wurden plötzlich unsichtbar, die Pein an seinem Körper hörte sogleich auf, und das Haus war wieder unbeschädigt wie zuvor... Er gewann soviel Kraft, daß er merkte, jetzt mehr Stärke zu besitzen als zuvor. Damals war er nahe an 35 Jahre alt.

Fast volle 20 Jahre lebte er so für sich allein als Asket. Niemals ging er heraus, und nur selten sahen ihn andere Menschen. Da aber wünschten gar viele innig, seine Askese nachzuahmen; andere von seinen Bekannten erschienen und brachen und stießen mit Gewalt die Türe auf. Da trat Antonius wie aus einem Heiligtum hervor, eingeweiht in tiefe Geheimnisse und gottbegeistert. Damals zeigte er sich zum ersten Male außerhalb der Verschanzung denen, die zu ihm kamen. Wie ihn nun jene sahen, wunderten sie sich, daß sein Leib das gleiche Aussehen hatte wie vorher. Viele der Anwesenden, die ein körperliches Leiden hatte, heilte der Herr durch ihn... Dadurch überredete er viele, sich dem Einsiedlerleben zu widmen. So entstanden jetzt auch im Gebirge Klöster, und die Wüste bevölkerte sich mit Mönchen, die alles verließen, was sie besaßen.«[1]

Die Legende, die der Bischof Athanasius über ihn schrieb, um 360 in griechischer Sprache verfaßt, bald ins Lateinische übersetzt, wurde ein Verkaufsschlager. Über die Zeiten hin faszinierte vor allem die Versuchungsgeschichte,[2] denn was gibt es Spannenderes, als die Tiefen der Seele, in der sich alle möglichen Instanzen der Welt ein Stelldichein geben, zum Sprechen zu bringen. In einer romanartigen Biographie des Bischofs von Karthago »Bekenntnis des heiligen Cyprian«, um 360 verfaßt, wird zur gleichen Zeit das Wesen des Teufels so erklärt:

»Glaubt meinen Worten, ich habe den Teufel selber gesehen... Um seinen Thron stand ein äußerst umfangreicher Hofstaat aus Dämonen der verschiedenen Rangordnungen... Mit deren Hilfe scheint er die Menschen in die Irre führen zu können, obwohl doch in Wirklichkeit nichts dran ist, was standhält...

---

1 *Athanasius,* Leben des Heiligen Antonius, 2-13 (gekürzt); zit.n. Geschichte in Quellen, a.a.O., Bd. I, Nr. 772.
2 Die »Versuchung des heiligen Antonius« hat ein überaus großes Echo in der Kunstgeschichte gefunden. Das Thema reicht von den irischen Steinkreuzen über Matthias Grünewald bis zu Beckmann, Max Ernst und Dali.

Ich werde euch sagen, aus welchem Stoff diese Schattenwesen gemacht sind: Sie haben keinen anderen Ursprung als in den Opfern. Denn so kommen ihnen, getragen vom Rauch der Opfergaben, Emanationen (Ausstrahlungen) zu.«[1]

Natürlich wußte auch Antonius, daß diese Trugbilder ihre Quelle im eigenen Herzen haben. Darum unterwarf er sich einer strengen Askese, um den inneren Frieden zu gewinnen. Nur zweimal unterbrach er seine Zurückgezogenheit: einmal, um während der Verfolgung unter Diokletian den Durchhaltewillen der Gemeinde von Alexandrien zu stützen; das andere Mal, um Bischof Athanasius während der arianischen Krise zu helfen. Als ihn nach 20 Jahren seine früheren Freunde und Bekannten wiedersahen, dachten sie, ein abgemagertes Skelett mit flammenden Augen zu treffen, aber »er war weder durch Mißmut grämlich geworden noch in seiner Freude ausgelassen; auch hatte er nicht zu kämpfen mit Lachen oder Schüchternheit... Er war vielmehr ganz Ebenmaß, gleichsam geleitet von seiner weisen Überlegung und sicher in seiner eigentümlichen Art.« – Antonius starb am 13. Juni 356 im Alter von 105 Jahren. Wie es heißt, hatte er noch alle seine Zähne; er vermachte seinen Mantel dem Freund Athanasius, von dem er ihn einst geschenkt bekommen hatte.

In der »inneren Wüste« des Gebirges zwischen Nil und Rotem Meer fand also um 300 das Mönchtum seinen Ausgang. Antonius ist der Gründer der ersten ständigen Anachoreten-Kolonie. Nicht alle, die ihm nachfolgten, bewahrten wie er ihr »Ebenmaß«. Noch zu seinen Lebzeiten schwoll die Zahl der Anachoreten (»Einsiedler«, von gr. *anachorein*, »zurückweichen«) an. Es entwickelte sich freilich bald eine asketische Artistik mit seltsamen Praktiken (dazu gehören auch die Styliten, jene asketischen »Säulensteher«, über die V,393f. berichtet wird). Im Jahr 384 schildert Hieronymus, wie sich die Verhältnisse entwickelt haben:

»In Ägypten gibt es drei Klassen von Mönchen. Die einen sind die Koinobiten, die wir die ›gemeinschaftlich Lebenden‹ nennen können. Die zweite Gruppe bilden die Anachoreten, welche als Einsiedler in der Wüste leben. Die dritte Art von Möchen heißt Remnuoth [ein wohl koptisches, nicht übersetzbares Wort]; diese bilden die unterste Stufe des Mönchtums und genießen kein Ansehen. In unserer Provinz [Illyrien] sind sie die einzige oder die vorherrschende Art des Mönchtums. Sie leben zu zweien und dreien, aber nicht in größerer Anzahl zusammen, nach eigenem Gutdünken, ohne von jemand abhängig zu sein. Was sie sich erarbeiten, legen sie sich zum Teil zusammen, um daraus den gemeinsamen Lebensunterhalt zu bestreiten. Sie leben meistens in Städten und an befestigten Orten. Was sie verkaufen, ist teurer als sonst. Häufig gibt es unter ihnen Streit. Im Fasten wetteifern sie untereinander, und was im Verborgenen stattfinden sollte, daraus machen sie einen Wettkampf. Bei ihnen macht alles den Eindruck des Gesuchten, die weiten Ärmel, die Schuhe, die schon mehr an einen Blasebalg erinnern, das grobe Kleid, die häufigen Stoßseufzer, der Besuch der Jungfrauen, die Herabsetzung der Geistlichen. Kommt einmal ein Festtag, so essen sie sich zum Erbrechen voll.

Nachdem wir diese verderbliche Kaste erledigt haben, noch ein Wort über die sogenannten Koinobiten, die zu mehreren gemeinschaftlich leben... Die Mönche wohnen für sich getrennt, aber in Zellen, die miteinander in Verbindung stehen. Bis zur neunten Stunde gibt es keinen Verkehr; keiner besucht den anderen. Nach der neunten

1 Zit. n. *Michel Clévenot*, Die Christen und die Staatsmacht. Geschichte des Christentums im 2. und 3. Jahrhundert. Fribourg/Brig 1988, 183.

Stunde kommen alle zum gemeinsamen Psalmengesang und zur Schriftlesung zusammen. Sind die Gebete zu Ende, lassen sich alle nieder. Dann tritt der, den sie Vater nennen, in ihre Mitte und hält eine Ansprache. Während er redet, herrscht eine solche Stille, daß keiner wagt, seinen Nachbarn anzublicken oder sich zu räuspern. Dann löst sich die Versammlung auf... Beim Essen hört man kein Geräusch, keiner spricht dabei. Man nährt sich von Brot, Gemüsen, Kräutern, die mit Salz und Öl gewürzt werden. Wein erhalten nur die Greise.

Abgesehen von den gemeinsamen Gebetsübungen, verweilt jeder Mönch während der Nacht wachend in seiner Zelle. Die Vorsteher machen nun die Runde an den Zellen, legen das Ohr an und prüfen genau, was der Insasse der Zelle tut. Finden sie einen, der lässig ist, so schelten sie ihn nicht. Sie stellen sich unwissend und besuchen ihn dann öfter, fangen an zu beten und locken ihn mehr dazu, als sie ihn zwingen, mitzutun. Das tägliche Arbeitspensum ist genau festgelegt... Wird ein Mönch krank, so bringt man ihn in ein größeres Gemach. Dort nehmen sich seiner die älteren Brüder so warm an, daß er weder die Bequemlichkeiten der Stadt noch die zärtliche Fürsorge einer Mutter vermißt.«[1]

Auf eine nähere Beschreibung der Eremiten verzichtet Hieronymus. Ihre Lebensform findet eine positive Begründung in dem bei Sulpicius Severus überlieferten Wort: »Wer von Menschen besucht wird, kann nicht von den Engeln besucht werden.« Der Einsiedler wollte in der Wüste, dem Ort der Dämonen, den Kampf um den Zugang in die höhere Welt bestehen. Aber bereits die Vita des Antonius zeigt, daß einzelne Persönlichkeiten Schüler fanden, die Anleitung suchten für ein vollkommenes Leben. Die Umwandlung der Einzelzelle zu einer Eremitenkolonie ist mit seinem Namen verbunden. Antonius gilt als der Gründer der ersten, ständigen Anachoretenkolonie. Er schrieb seinen Mönchen einen festen Rhythmus von Gebet und Arbeit vor und bewahrte sie dadurch vor extremen Verstiegenheiten.

Eine Weiterbildung der Eremiten-Kolonie zu einem festen Kloster erfolgte durch Pachomius († um 345), einen ehemaligen Centurio. Er sah die Gefahren, die das regellose Eremitentum mit sich brachte. Darum führte er die Einsiedler zusammen und gab ihnen eine Art Hausordnung, die erste Klosterregel. Pachomius war ein begabter Organisator; sein Entwurf für das gemeinsame Leben in einer Mönchsgemeinschaft enthält bereits alle Elemente einer *vita communis*, die in späterer Zeit erst schrittweise wiederentdeckt werden mußte. Am Ende seines Lebens konnte er auf sieben Männerklöster unter seiner Leitung mit 5000 Mönchen zurückblicken; seine Schwester Maria stand zwei Frauenklöstern vor. Auch in Syrien, Palästina und Kappadozien vermehrte sich das Klosterleben mit geradezu rasantem Tempo. Es dauerte nicht lange, da erreichte die Welle auch das Abendland. Athanasius, der 336 nach Trier verbannt wurde, machte dort seinen Freund Antonius bekannt. Währenddessen lebte der wie Pachomius ebenfalls aus römischen Militärdiensten geschiedene Martinus bereits als Einsiedler in Ligugé, Honoratus in Lérins, Cassianus in Marseille.

1 *Hieronymus,* Brief an Eustochium; zit.n. Geschichte in Quellen, a.a.O., Nr. 774.

Das frühe Mönchtum im Abendland

Von seinen insgesamt fünf Exilaufenthalten verbrachte Athanasius zwei im Westen: von 335 bis 337 in Trier und von 339 bis 346 in Rom. Zweifellos hat er hier für die mönchische Lebensweise entschieden geworben. Im Mailand gründete Ambrosius die ersten Klöster. Augustinus, der davon berichtet, wählte die mönchische Lebensform gewissermaßen als das natürliche Resultat seiner Bekehrung. Als Bischof sammelte er den Klerus zu einer klosterähnlichen Kommunität um sich. Es ist eine Vorform der späteren Domherren-Gemeinschaften an Bischofskirchen. Die sogenannte Regel des Augustinus wurde im späten 5. Jahrhundert nach einem seiner Briefe zusammengestellt. Sie hatte im frühen Mittelalter keine gemeinschaftstiftende Wirkung.

Zunächst breitete sich das Mönchtum sehr rasch an der »französischen« Mittelmeerküste aus. Auf der Insel Lerinum (vor Cannes) gingen zwei Brüder an Land, Honoratus und Venantius, denen alsbald Schüler folgten, mit denen sie die wilde Insel (heute Saint-Honorat) kultivierten. Die Gemeinschaft war eine wunderliche Schar, in der Ausgeflippte und Anarchisten mit den Söhnen vornehmster Familien zusammenlebten. Sie kompensierten dort die Mängel eines ohnmächtig gewordenen Staates, leisteten sozialen Ausgleich und wurden bald ein Zentrum für die ganze Gegend. Auf allen Inseln des Küstengebietes entstanden weitere Klöster. Doch der Erfolg hatte seine Kehrseite: Honoratus wurde 426 zum Bischof von Arles gewählt und mußte daraufhin sein geliebtes Lerinum verlassen. Doch kurz vor diesem Aufbruch aber widmete ihm ein gewisser Johannes Cassianus eine Sammlung geistlicher Unterredungen (*Collationes patrum*). Dieser hatte einige Jahre bei den Mönchen in Ägypten verbracht und darüber geschrieben (*De institutis coenobiorum*[1]). Seine Erfahrungen im Osten bewogen ihn nun, die Einpflanzung und Organisation des klösterlichen Lebens im Westen in 24 *Collationes*[2] zu entwerfen. Als *militia Christi* wollte er das gemeinsame Leben organisiert sehen, und so regelte er nun selbst die geringsten Kleinigkeiten: die Stundenpläne für Tag und Nacht, Weckzeiten und Kleidung, die Zahl der zu lesenden Psalmen, die Mahlzeiten, das Fasten usw. Der heutige Leser kommt zu einem kritischen Urteil:

> »Allein schon das vierte Buch seiner Instituta stellt ein so außerordentliches Beispiel von Gängelei und ›Gehirnwäsche‹ dar, daß es den Militärschulen von heute noch Ehre machen würde. Kurz gesagt, es ist ein echtes Handbuch der Verblödung: Eingeteilt in Zehnergruppen werden die Novizen einem ›älteren Bruder‹ anvertraut, der mit Hilfe einer simplen Methode ihnen beibringen mußte, ›ihren Eigenwillen zu besiegen‹; ›bei dieser Übung wird der Novizenmeister seinem Schüler absichtlich immer solches zu befehlen bemüht sein, was nach seiner Beobachtung dessen Sinnesart (Neigung) nicht zusagt‹[3].

Um dieses unglaubliche Programm zu veranschaulichen, erzählt Cassianus immer gerne einige Geschichten, die in der Tat beweisen, bis zu welchem Grad von Abscheulichkeit und Schwachsinn solche Prozeduren führen können: Ein gewisser Johannes von Lykopolis wurde gezwungen, zweimal am Tag während eines ganzen Jahres ein verdorr-

---

1 *Johannes Cassianus*, De institutis coenobiorum (419-426). Von den Einrichtungen der Klöster, in: Sämtliche Schriften, Bd. I., Kempten 1877.
2 Collationes patrum (nach 420). Unterredungen mit den Vätern. Kempten 1877.
3 De institutis 4,8, a.a.O., 64; zit.n. *Michel Clévenot*, Der Triumph des Kreuzes, a.a.O., 156f.

tes Reis zu begießen, ›damit es durch die Bewässerung Wurzeln schlage‹. Am Ende der Prüfungszeit reißt sein ›Novizenmeister‹ das Reis wieder aus und wirft es weg... Als Endergebnis dieser Prüfung ist festzuhalten: ›In der Schule derartiger Übungen täglich gebildet, machte der Jüngling in der Tugend der Folgsamkeit große Fortschritte, die Gabe der Demut umstrahlte ihn mit wunderbarem Glanze und der liebliche Duft seines Gehorsams verbreitete sich in allen Klöstern.‹[1]

Ein anderes Beispiel: Ein Mann kommt mit seinem achtjährigen Sohn zum Kloster. Cassian erzählt: ›Um nun gründlicher zu erforschen, ob er mehr nach der Neigung seines Blutes und nach der Liebe zu seinem eigenen Fleisch und Blut handle, als nach dem von Abtötung begleiteten Gehorsam Christi... wurde der Knabe absichtlich vernachlässigt. Er war eher mit Lumpen umhüllt als mit Kleidern angetan... Auch Backenstreichen und Schlägen von verschiedener Seite war der Knabe ausgesetzt, die gewöhnlich vor den Augen des Vaters dem unschuldigen Kinde gegeben wurden, so daß er dessen Wangen nur mit schmutzigen Tränenspuren befleckt sah. (Und obwohl man täglich... so mit dem Kinder verfuhr),... war er weniger auf des Kindes Tränen als auf seine eigene Demut und Vollkommenheit bedacht.‹[2]

Aufgrund einer derartigen ›Probezeit‹ anhand einer Mittelsperson wurde dieser ›Held‹ für würdig befunden, Abt des Klosters zu werden. Man kann sich vorstellen, welche Mißhandlungen zu ersinnen er seinerseits fähig war! So züchtet man Folterknechte.«[3]

Mit solch problematischen Anleitungen und Beispielen wurde den provenzalischen Mönchen eine höchst anfechtbare Askese beigebracht,[4] die in ihrem verqueren Dualismus noch lange Zeit das monastische Leben durchdringen sollte – zumal man die Bücher des Johannes Cassianus im Lauf der Jahrhunderte in allen Klöstern las. Insgesamt wurde das abendländische Christentum nachhaltig davon vergiftet.

---

1 Ebd., 4, 24f.; a.a.O. 78.
2 Ebd., 4, 27, 2-3; a.a.O., 81.
3 *Michel Clévenot*, Der Triumph des Kreuzes, a.a.O., 156f.
4 Die Wirkungsgeschichte reicht bis ins 20. Jahrhundert. Weniger als Beleg, denn als Beispiel sei auf die Autobiographie von *Michel del Castillo*, Elegie der Nacht, Hamburg 1958, verwiesen. Darin berichtet Castillo u.a. über seine erlittenen Qualen in einer spanischen klösterlichen Erziehungsanstalt: »Die Mönche in der Anstalt wurden nie zu Priestern geweiht, ihr Orden holte seine Mitglieder nur aus den untersten sozialen Schichten; die meisten waren aus dem gleichen Grund in den Orden eingetreten, wie anderswo junge Menschen in die SS: weil sie nicht wußten, was sie mit ihrer mächtigen Animalität anfangen sollten... Tanguy hatte zwar die Konzentrationslager kennengelernt, aber damals war Krieg. Wenn die Deutschen ihre Gefangenen töteten, so taten sie es als treue Anhänger ihres Regierungssystems. Sie waren Ungeheuer aus einem Guß. Diese Klosterbrüder hingegen gingen jeden Morgen zur Heiligen Kommunion. Sie nötigten sogar ihre Zöglinge teilzunehmen. Sie erfrechten sich, ihnen das Evangelium auszulegen. Tanguy war von dieser schändlichen Heuchelei angeekelt. In der Kirche überkam ihn manchmal die Lust, seine Verachtung hinauszuschreien. Er dachte: ›Wie können sie es wagen? Sie müssen ja vor Scham sterben!‹« – Mit einem Lederriemen gingen die Mönche unter den Zöglingen umher, besonders gerne, wenn sie morgens nackt und frierend unter die Dusche mußten: »Plötzlich schlug er damit auf den einen oder anderen ein, und der Riemen ließ auf der feuchten Haut violette Striemen zurück. Der Schmerz war heftig. Er trieb den Jungen Tränen in die Augen. Der Mönch versuchte, empfindliche Stellen zu treffen: die Ohren, die Waden. Die Opfer brüllten vor Schmerz. Die Mönche lachten aus vollem Halse.« Und als einer trotzt: »›Du Schweinhund! Du Aas!... Du Stück Dreck! Du willst mir trotzen, he? Ich werde dich lehren, was es heißt, mir zu trotzen!... Aas! Kommunist!... Bolschewik!... Sowas glaubt nicht an den lieben Gott, was? Sowas glaubt, mich reinzulegen! Du Drecksau!‹« – Diese zitierten Sätze können den Sadismus, den die Zöglinge erlitten, nur andeuten, aber sie zeigen eine Linie, die bei Cassian programmatisch vertreten wird und die – religiös verbrämt – die klösterliche Tradition auf ihrem untersten Niveau bis in die neuere Zeit hinein begleitet hat. Immer wenn man meinte, der »Eigenwille« einer Novizin, eines Novizen sei zu brechen, oft mit unsinnigen Demütigungen, setzte sich Cassians Folgsamkeitsdrill fort.

Die irischen Mönche

Der Einfluß Cassians war auch in Irland zu spüren, wo ein eigenständiges Mönchtum entstand. Über den Anstoß, den vor allem Martin von Tours gab, breitete sich das Mönchtum fächerförmig nach Mittel- und Westgallien aus, und sprang, unbeachtet von den zeitgenössischen Chronisten, wie der Funke eines Waldbrandes auf die keltischen Gebiete der britischen Inseln über. In Cornwall und Wales und noch stärker in Irland faßte eine ausgesprochen eremitische Prägung des Mönchtums Fuß. Das keltische Klosterwesen war in seiner Blütezeit extrem streng. Die körperlichen Bußen wie Fasten und Eintauchen in kaltes Wasser waren hart. Gleichzeitig entwickelte sich eine lebendige lateinische Kultur und eine bemerkenswerte Kunstausübung, deren Meisterwerke wie etwa das »Book of Kells« heute größte Wertschätzung finden. Sicherlich waren die ägyptischen Wüstenväter für die Lebensweise der irischen Mönche ein Modell, aber der keltische Geist unterschied sich doch deutlich vom koptischen. Für einen Mönch aus dem Osten wäre das folgende Gedicht undenkbar:

> Ich habe eine Hütte im Wald,
> niemand weiß das als der Herr, mein Gott;
> die eine Wand ist eine Esche, die andere ist ein Haselstrauch,
> und ein großer Farnbusch ist die Tür.
> Die Türpfosten sind aus Heidekraut,
> und der Balkon aus Geißblatt;
> und der dichte Wald ringsherum
> liefert fetten Schweinen das Futter.
> So groß ist meine Hütte; sie ist eine der kleinsten;
> eine Heimstätte inmitten ausgetretener Pfade;
> eine Frau (ein Vogel natürlich: eine Amsel, schwarz und schön)
> singt süß von ihrem Giebel.[1]

In einem Land ohne Städte, wo Sippen und Stämme das gesellschaftliche Leben bildeten, griff das Mönchtum unter der gerade christianisierten Bevölkerung rasch um sich. Die großen Klostergemeinschaften umfaßten manchmal zwei- bis dreitausend Personen. Die vor den Westküsten Irlands und Schottlands aber auf lebensfeindlichen Inseln angelegten Mönchsreservate können gar nicht entlegen und karg genug gedacht werden.

An der Südwestküste von Kerry blieb der Skellig Michael, ein frühchristliches Kloster, fast vollständig erhalten. »In seiner vollkommenen Abgeschiedenheit auf 210 Meter Höhe über dem Atlantik stellt es ein Abbild selbstgewählter Askese dar, nur unter besonders günstigen Wetterbedingungen erreichbar und gegen die Zudringlichkeit der Welt doppelt befestigt, indem der gefährliche Aufstieg über steile Treppenleitern zusammen mit dem hier meist stürmischen Nordatlantik um die Eremiten eine undurchdringliche Isolationsschicht legte.

Die Mönche drangen in die bizarre Steinpyramide vor, nachdem ihnen 670 aus dem Fels gebrochene Treppenstufen den Aufstieg erleichtert hatten. Dort oben entstanden sechs Bienenkorbzellen, zwei rechteckige Oratorien, die Michaelskirche und zwischen steilen Terassen die sogenannten Mönchsgärten für ihre bescheidenen Sommererträge. Nach den Abmessungen ihrer Behausungen zu urteilen (4 × 3 m) können jeweils nicht

---

1 Aus Connaught, um 670; zit.n. *David Knowles.* Geschichte des christlichen Mönchtums. München 1969, 32.

mehr als 12 Eremiten auf Skellig Michael gelebt haben. In ihren aus Trockenstein aufgerichteten Rundhütten hörten sie das Meer wie eine ferne Orgel brausen und außer Silbermöven und Papageitauchern keinen Laut von lebenden Wesen... Im Winter wurde die Nahrung knapp und nur ein von Gott bewirktes Wunder konnte die Mönche, wie eine Legende berichtet, vor dem Hungertod bewahren.

Daß die Mitglieder dieser Gemeinschaften auch unter sich – jeder in seiner Bienenkorbzelle – in der Vereinzelung lebten und ihre tägliche Klausur wie einen seelischen Drahtseilakt mit allen Möglichkeiten des Absturzes in Kleingläubigkeit und Zweifel bestehen mußten, wird angesichts der von solcher surrealistischen Szene ausgehenden Wirkung leicht vergessen.«[1]

Da geschichtliches Wissen kaum einwurzelt, wenn es sich nicht mit Situationen und farbigen Details verbindet, sei noch ein anderer Ort der britischen Klosterlandschaft vorgestellt: das Inselkloster Iona an der Westküste Schottlands, eine irische Gründung aus dem 6. Jahrhundert:

»Bücher zu kopieren, erforderte ein seßhaftes Leben, und zwei oder drei Plätze auf den britischen Inseln boten, für kurze Zeit, eine relative Sicherheit. Einer davon war Iona – sicher und heilig. Wann immer ich in Iona war – in meiner Jugend kam ich fast jedes Jahr dorthin -, hatte ich das Gefühl, daß ›irgendein Gott über diesem Ort wäre‹. Er flößt mir nicht so viel Ehrfurcht ein wie andere heilige Stätten, zum Beispiel Delphi oder Assisi. Aber in Iona habe ich mehr als an irgendeinem anderen Ort ein Gefühl des Friedens und der inneren Freiheit. Woher kommt das? Vom Licht, das alles rundherum umflutet? Von der Landschaft, die – vor den feierlichen Hügeln von Mull liegend – Griechenland und sogar Delos so merkwürdig ähnlich sieht? Vom Zusammenspiel der weinfarbenen See, des weißen Sandes und des blaßroten Granits? Oder von der Erinnerung an jene heiligen Männer, die zwei Jahrhunderte lang die westliche Zivilisation am Leben erhielten?

Das Kloster Iona war für vier Jahrhunderte das Zentrum des keltischen Christentums. Dreihundertsechzig große Steinkreuze soll es auf der Insel gegeben haben; sie wurden fast alle während der Reformation ins Meer geworfen. Niemand weiß, welche der erhaltenen Handschriften hier entstanden sind und welche auf der northumbrischen Insel Lindesfarne; das ist auch nicht so wichtig, denn ihr gemeinsamer Stil kann durchaus zu Recht als irisch bezeichnet werden. Sie sind sehr schön geschrieben, und ihre klare, runde Schrift verbreitete das Wort Gottes über die gesamte westliche Welt. Sie sind auch sehr sorgfältig dekoriert, und es ist auffallend, wie gering der Einfluß klassischer oder christlicher Kultur in diesen Dekorationen ist. Alle Handschriften sind Evangeliare, doch fehlen christliche Symbole fast ganz, abgesehen von den grimmigen, orientalisch wirkenden Tieren, den Symbolen der Evangelisten. Der Mensch macht – wenn er überhaupt auftritt – eine sehr armselige Figur. In einem Fall hat der Schreiber es für das Beste gehalten, ›imago hominis‹, das Bild des Menschen, daneben zu schreiben. Aber die reichen Ornamentseiten gehören zum Reichsten und Kompliziertesten, das es jemals an abstrakter Dekoration gegeben hat; sie sind ausgearbeiteter und verfeinerter als alle islamische Kunst. Wir betrachten sie meistens nur für zehn Sekunden und wenden uns dann einer anderen Sache zu, die wir interpretieren oder lesen können. Aber wir müssen uns vorstellen, daß die Menschen nicht lesen konnten und manchmal wochenlang nichts anderes zu betrachten hatten. So müssen auch diese Seiten eine fast hypnotische Wirkung gehabt haben. Das vielleicht letzte Kunstwerk, das in Iona hergestellt wurde, war das ›Buch von Kells‹. Aber noch ehe es vollendet war, mußte der Abt von Iona nach Irland

1 *Ingeborg Meyer-Sickendiek,* Gottes gelehrte Vaganten. Auf den Spuren der irischen Mission und Kultur in Europa. Stuttgart 1980, 95f.

fliehen. Die See war gefährlicher geworden als das Land. Die Wikinger waren unterwegs.«[1]

Eine Besonderheit, die das keltische Mönchtum kennzeichnete, war die ausgesprochene Vorliebe für die Auswanderung (peregrinatio) als einer Form der Entsagung. Dieser Neigung verdanken Island wie Deutschland und selbst Italien den Eifer der irischen Mönche, mit deren Wanderwegen sich zahlreiche kirchliche Gründungen der germanischen Frühzeit verbinden. Der bedeutendste unter ihnen war Columban (540-615), der seine Heimat verließ und nach vielen Zwischenstationen in die Vogesen kam, wo er Luxeuil gründete. Mit Gallus, seinem Gefährten und Schüler, kam er auch in den alemannisch-rätischen Raum. Über die heidnischen »Orgien«, die Gallus dort sah, war er so entsetzt, daß er Feuer an ihre Kultstätten legte und die sakralen Gegenstände in den Obersee warf, während Columban die Menschen für ihren hartnäckigen Unverstand verfluchte. Von der Rache der beleidigten Alemannen verfolgt, flüchteten die missionierenden Peregrini ins befestigte Arbon (am heutigen Schweizer Ufer des Bodensees).

Ein anderes Moment belegt, wie streng die Sitten waren: Wegen einer fieberigen Erkrankung lehnte es Gallus ab, den Weg seines Meisters zu begleiten, was beide im Jahr 612 für den Rest des Lebens trennte; Columban belegte Gallus mit der härtesten Strafe: dem Verbot, die Messe zu zelebrieren, solange er, der Lehrer, noch am Leben sei. So blieb Gallus zurück, streute »das Futter des Glaubens« unter die Heiden, fand schließlich auch den Weg zu den Herzen der Menschen, evangelisierte vom Zürich-See bis Kempten und hinterließ seinen Namen der Stadt St. Gallen. Columban aber zog weiter nach Süden. Bevor er dort 615 starb, schrieb er einen vielbeachteten Brief an Papst Bonifaz IV.: »Wir Iren haben nie weder Häretiker, noch Juden, noch Schismatiker gehabt... Seit Christus, der höchste Wagenführer, der, getragen von der Meereswoge, auf dem Rücken der Delphine zu uns gekommen ist, ist Rom für uns edel und berühmt unter allen geworden.« Und sich gewissermaßen an alle Päpste der Zukunft wendend, unterläßt er es nicht, dem Römischen Bischof mores zu lehren: »Wenn eure Ehre groß ist dank der Würde eures Stuhls, soll eure Sorge darauf achten, daß diese Würde nicht verlorengeht durch irgendeinen Sittenverfall. Eure Macht wird solange dauern wie eure Klugheit.«

Wer so sprach, dem mangelte es nicht an Selbstbewußtsein. Und in der Tat kam Columban aus der Aristokratie seines Landes, war gebildet, sprachenkundig und belesen. Als engagierter theologischer Autor schrieb er mit dichterischem Ehrgeiz, sammelte eine respektable Bibliothek, zu der auch Material für grammatisches Sprachenstudium gehörte, selbst griechische Schriften und das bereits unverständlich gewordene Gotisch. Das Kloster Bobbio im ligurischen Appenin, wo er starb, blieb eine kulturerhaltende und -vermehrende Gründung. Allein die Zahl der Folgeklöster, die nach dem Vorbild von Luxeuil entstanden, ist imponierend: Rebais, Jumièges, Fontenelles, Chelles, Faremoutier, Corbie, Saint Omer, Saint Bertin, Remiremont, Hautvillers, Saint-Valíry-sur-Somme, Solignac u.a. Dieses klosterfreundliche Klima wäre natürlich unerklärlich, wenn es sich nicht schon lange vor Columban entwickelt hätte.

---

1 *Kenneth Clark,* Civilisation (Glorie des Abendlandes), Von den Gedanken, Bauten, Büchern, Kunstwerken und Genies unserer Zivilisation. Reinbek bei Hamburg 1970, 22ff.

Die Zeit Benedikts

Mit der Zeit hatte sich auch in Italien die Zahl der Eremiten und kleinen Klöster vermehrt, doch gab es dort keine Mönchsorganisation, keinen einflußreichen Lehrer und keine Regel. Die Wandermönche waren eine Art Landplage. Die größeren Klöster besaßen wahrscheinlich eine lateinische Abschrift der Regel des Pachomius und auch die beiden Werke Cassians. Der Abt besaß autokratische Gewalt über seine Mönche, sofern diese es von Fall zu Fall nicht vorzogen, aus dem Kloster auszutreten. Das Bedürfnis nach einer verbindlichen Regel, die auch die Entscheidungen des Abtes leitete, war groß. In der Zeit um 540 entstand eine *Regula Magistri*, die bald verbreiteten Einfluß gewann. Sie beschreibt eine kleine Klostergemeinschaft mit zwölf Mönchen und einem Abt. Deren Tageslauf besteht aus Gottesdienst, Arbeit und Lesungen; sie haben einen gemeinsamen Schlafraum, in dem das Bett des Abtes in der Mitte steht, einen gemeinsamen Speisesaal, wo der Sitz des Abtes ebenfalls herausgehoben ist. Das Leben in einem solchen Kloster muß ähnlich arm und einfach gewesen sein wie bei den frühen Franziskanern. Benedikt lebte in Subiaco in Klöstern dieser Art.

Da Benedikt von Nursia (um 480-547) weiter unten vorgestellt wird, muß an dieser Stelle über ihn nicht viel gesagt werden. Obwohl er stets als der Vater des abendländischen Mönchtums herausgestellt wird, ist sein Lebenswerk bescheidener angelegt: Er übte lediglich das Amt eines Abtes in einem der vielen italienischen Klöster seiner Zeit aus. Er gründete keinen Orden und griff auch nicht in die Geschicke der Kirche ein, wie dies Pachomius, Basilius und Columban taten. Seinen Ruhm verdankt er allein seiner kurzen Regel, und selbst diese basiert auf der anonymen *Regula Magistri* sowie der klösterlichen Entwicklung in den folgenden Jahrhunderten (→ S. 610 ff.).

Das Mönchsleben jener Zeit darf nicht nach dem Modell heutiger Benediktiner-Abteien gedacht werden. Es waren ziemlich kleine Gemeinschaften, abseits des weltlichen Lebens, ohne Interesse für alles, was außerhalb der Klostermauern vor sich ging. Nachbarn und Reisenden gewährte man Hilfe. Die Mönche übten aber keine geregelte Arbeit aus, waren weder Priester noch Gelehrte und auch nicht um die Verfeinerung des Gesangs oder der Liturgie besorgt. Sie lebten zusammen, um in ihrer Weise Gott zu dienen und ihr Seelenheil zu erringen. Von einem schwachen Abt konnte eine solche meist ungebildete Kommunität schnell ruiniert werden, und tatsächlich waren Äbte vom geistigen Format eines Benedikt oder jenes Mannes, der die *Regula Magistri* schrieb, eher die Ausnahmen.

Bonifatius

Nochmals ging im 7. Jahrhundert von den Britischen Inseln eine neue Welle der Iroschotten-Mission aus. Die Klöster von Northumberland und Südengland entsandten einen Strom von Missionaren in das Gebiet der heutigen Niederlande und in das westliche Deutschland. Sie brachten die Regel Benedikts und dessen Form des Klosterlebens mit sich. Der für die deutsche Geschichte bedeutsamste unter ihnen war Winfried (673-754), der spätere Bonifatius, von dessen Gründungen die Klöster Echternach und Fulda die berühm-testen wurden. Winfried war nicht mehr aus dem Holze eines Columban und Gallus, sondern einer, den das Ungeordnete eher beleidigte als das Unchristli-che. Er setzte nicht von unten her an, am Herzen des Volkes, sondern von oben und außen her, als Großorganisator, von der Spitze der Kirche, dem Papst in Rom ausgehend. Die vier Päpste, die Winfried-Bonifatius erlebte, waren gegen-über seinem Eifer die Lässigeren, wenngleich sie auf Winfrieds Plan, eine fränkische Kirchenhierarchie aufzubauen, willig eingingen. Seine Briefe an die Päpste haben »viel Kopfschütteln über die Unselbständigkeit, Unsicherheit und Ängstlichkeit des Bonifatius ausgelöst«, was, nach dem Urteil von Theodor Schiefer, »absolut genommen, keineswegs falsch« sei, aber doch »vordergrün-dig«, weil in ihnen »das Wesentliche des bonifatianischen Lebenswerkes« stecke. »Du hast deinem Brief einige Punkte angefügt«, schreibt ihm Gregor II., »um zu fragen, wie die heilige apostolische römische Kirche es damit halte und lehre« – *qualiter teneat vel doceat haec sancta apostolica Romana ecclesia*: und genau dies sei, resümiert Schiefer, »die bündig formulierte Leitidee des Bonifatius!«[1]

In den meisten Fällen waren für Bonifatius die päpstlichen Entscheidungen einleuchtend. In der kanonischen Bestimmung aber, daß »geistliche Verwandt-schaft«, etwa durch Patenschaft, eine Ehehindernis bilde, konnte er, obwohl er sich Mühe gab, keinen Sinn finden. Wie sollte er da jenen, die unter dieser Bestimmung litten, den Grund ihres Leidens verständlich machen? Doch da der Papst darauf bestand, »schluckte Bonifatius den Bissen ohne Sinn hinun-ter«[2]. Zu seinem Charakterbild gehört allerdings auch die Beobachtung, daß er den Papst wegen seiner Duldsamkeit gegen heidnischen Aberglauben in Rom regelrecht abkanzeln konnte, als wäre er der Herr.

Wer meint, Bonifatius sei, als er, um die siebzig Jahre alt, mit schneeweißem Haar und körperlich geschwächt, nochmals zu den Friesen gezogen, wie an-derthalb Jahrhundert vorher Columban und Gallus, die als einfache Glaubens-boten und keinem anderen Schild als dem des Glaubens ihre Wege zogen, verkennt auch hier den Unterschied. Er machte diese Reise als Legat des Papstes, von einem zahlreichen bewaffneten Gefolge umgeben, mit großem Reisegepäck und Büchern, als der höchste kirchliche Amtsträger Germaniens, der einer entfernten, noch unchristlichen Bevölkerung gewissermaßen offiziell den Glauben bringen wollte. Auf dieser Reise fand der Erzbischof mit 52 Begleitern den Tod. Der Mönch aus Wessex, der sich von Rom seine Missions-vollmacht geben ließ, der bei Hessen, Thüringern, Bayern, Franken und Friesen wirkte, eine übergreifende kirchliche Organisationsstruktur schuf und diese in einen universalkirchlichen Zusammenhang fügte, war ein Baumeister größten politischen Stils. Seine strukturprägenden Initiativen waren mitbestimmend für den weiteren Verlauf der Kirchengeschichte.

---

1 *Theodor Schiefer*, Winfried-Bonifatius und die christliche Grundlegung Europas. Freiburg 1954, 153.
2 *Ricarda Huch*, Römisches Reich Deutscher Nation. Deutsche Geschichte, Bd.1. Zürich 1987, 29.

In den Jahrhunderten zwischen Benedikts Tod (547) und dem Aufstieg Karls des Großen (770) änderten sich Erscheinungsbild und gesellschaftliche Bedeutung des westeuropäischen Klosters völlig. Aus einer Gruppe von ein bis zwei Dutzend Mönchen, die »die Welt vergaßen und von der Welt vergessen wurden«, entwickelte sich eine autarke Klosterstadt mit ausgedehnten Gebäudekomplexen, Innenhöfen, differenzierten Spezialbauten, Verwaltungseinrichtungen, Schulen, Schreibstuben, Beherbergungswesen, Hospital, Gerichtssälen und dergleichen mehr. Um das Kloster herum wuchsen Ortschaften, wo jene wohnten, denen das Kloster Arbeit und Lebensunterhalt bot. Die Kirche entfaltete sich vom einfachen Oratorium Benedikts zum Schatzhaus für Reliquien und Kunstwerke. Die ersten christlichen Mönche hatten eine hochentwickelte urbane Kultur gegen die Wüste vertauscht. Jetzt, im ganz agrarischen Westeuropa und Norditalien, war das christliche Leben auf Landpfarreien mit einem Priester bäuerlicher oder noch schlichterer Herkunft zurückgesunken. Allein das Kloster bot der Frömmigkeit geistige Nahrung, der Bildung und dem kulturellen Schaffen eine Basis, auf die sich nun auch die Politik stützen mußte. Das Zeitalter der Mönche hatte begonnen.

Wenn der Übergang von der Antike zu den christlichen Königreichen Westeuropas auch durch ein immer dichteres Netz von Klöstern eine gewisse kulturelle Kontinuität wahren konnte, so waren die germanischen Völker doch noch lange nicht in ihrer Gesamtheit christianisiert. Unter ihren Stämmen wurden für die folgenden Jahrhunderte die Franken und ihre Könige bestimmend. Von Franken hören wir zum erstenmal in einem Marschlied der römischen Armee aus dem Jahre 241. Von ihren Übergriffen auf die niedergermanische Provinz wurde oben bereits berichtet (→ S. 560). Die fränkischen Stämme scheinen aus dem Zusammenschluß verschiedener germanischer Völker, die die römische Rheingrenze bedrängten, hervorgegangen zu sein. Die Römer haben bei ihnen immer wieder Hilfstruppen rekrutiert. Zunächst siedelten die Franken in der Folge dieser Dienste als Pächter in gallischen Ländern, um nach der militärischen Preisgabe des rheinischen Limes mehr und mehr in das nördliche Gallien einzudringen.

Im Bemühen, die rivalisierenden fränkischen Fürsten zu einigen, tat sich zunächst Chlodwig hervor. Er »entledigte« sich seiner Konkurrenten, um ganz Gallien unter seine Herrschaft zu bringen. Doch operierte er mit Diplomatie und Heiratspolitik ebenso, wie er mit dem Schwert seine Interessen verfocht:

»Da aber Chlodwig oftmals Botschaft sandte in das Burgunderland, sahen seine Boten einst Chlothilde, die Jungfrau; und da sie fanden, daß sie schön und verständig sei, und in Erfahrung brachten, daß sie von königlichem Geschlecht, meldeten sie dies König Chlodwig. Und sofort schickte er eine Gesandtschaft an König Gundobad und hielt um ihre Hand an. Jener scheute sich, ihn abzuweisen, und übergab den Boten die Jungfrau. Als die sie erhalten, eilten sie zum Könige und stellten sie ihm vor. Da er sie sah, fand er großes Wohlgefallen an ihr und nahm sie zur Ehe.«

Dies geschah im Jahre 492.[1] Hinter der Liebesgeschichte aber steckt ein heimlicher Kampf um die religiöse Vormacht. Die Arrangeure der so vermittelten Ehe waren die gallischen Bischöfe, die mit der Ehe der katholischen Chlothilde mit dem heidnischen Chlodwig eine weitsichtige Strategie verbanden. Schon sechs Jahre früher, hatte Remigius, der Bischof von Reims, an Chlodwig geschrieben:

»Eine großartige Nachricht ist zu uns gelangt: Ihr habt die Herrschaft über die Provinz Belgica secunda übernommen... Achtet in erster Linie darauf, daß sich (die Gnade) des Herrn nicht von Euch abwendet... Fragt Eure Bischöfe um Rat. Wenn Ihr Euch mit ihnen in Einklang befindet, wird in dem Gebiet, das Eurer Macht untersteht, alles zum besten bestellt sein. Wenn Ihr regieren wollt, erweist Euch dessen würdig«.[2]

Diese bischöfliche Botschaft an einen heidnischen König ist durchaus erstaunlich; sie möchte Chlodwig deutlich machen, daß er ohne besten Kontakt zum gallo-romanischen Episkopat mehr Schwierigkeiten als Freude erleben dürfte. Die Hauptlinie der bischöflichen Strategie zielte aber daraufhin, daß die christliche Chlothilde sich bemühe, ihren Gatten zur Taufe zu bewegen. Das war kein leichtes Spiel, denn Chlodwig widersetzte sich entschieden:

»Auf keine Weise konnte er zum Glauben bekehrt werden, bis er endlich einst mit den Alemannen in einen Krieg geriet: Da zwang ihn die Not zu bekennen, was sein Herz vordem verleugnet hatte. Als die beiden Heere zusammenstießen, kam es zu einem gewaltigen Blutbad, und Chlodevechs Heer war nahe daran, völlig vernichtet zu werden. Als er das sah..., sprach er: ›Jesus Christ, Chrodichilde verkündet, du seist der Sohn des lebendigen Gottes; Hilfe, sagt man, gebest du den Bedrängten, Sieg denen, die auf dich hoffen – ich flehe dich demütig an um deinen mächtigen Beistand: Gewährst du mir jetzt den Sieg über diese meine Feinde..., so will ich an dich glauben und mich taufen lassen auf deinen Namen. Denn ich habe meine Götter angerufen, aber, wie ich erfahre, sind sie weit davon entfernt, mir zu helfen. Ich meine daher, ohnmächtig sind sie, da sie denen nicht helfen, die ihnen dienen...‹ Und da er solches gesprochen, wandten sich die Alemannen und begannen zu fliehen.

Darauf ließ die Königin heimlich den Bischof von Reims, den heiligen Remigius, rufen und bat ihn, er möchte das Wort des Heils dem König zu Herzen führen... Jener aber sprach: ›Gern würde ich, heiligster Vater, auf dich hören, aber eins macht mir noch Bedenken: das Volk, das mir anhängt, duldet nicht, daß ich seine Götter verlasse; doch ich gehe und spreche mit ihnen nach deinem Worte.‹ Als er darauf mit den Seinigen zusammentrat, rief alles Volk zur selben Zeit, noch ehe er den Mund auftat, denn die göttliche Macht kam ihm zuvor: ›Wir tun die sterblichen Götter ab, gnädigster König, und sind bereit, dem unsterblichen Gott zu folgen, den Remigius verkündet.‹

Solches wurde dem Bischof gemeldet, und er befahl hocherfreut, das Taufbad vorzubereiten. Mit bunten Decken wurden nun die Straßen behängt, mit weißen Vorhängen die Kirchen geschmückt, die Taufkirche in Ordnung gebracht, Wohlgerüche verbreiteten sich, es schimmerten hell die duftenden Kerzen, und das ganze Heiligtum der Taufkirche wurde von himmlischem Wohlgeruch erfüllt; und solche Gnade ließ Gott denen zuteil werden, die damals gegenwärtig waren, daß sie meinten, sie wären in die Wohlgerüche des Paradieses versetzt. Zuerst verlangte der König, vom Bischof getauft zu werden. Er ging, ein neuer Konstantin, zum Taufbade hin, sich reinzuwaschen von dem alten

1 *Gregor von Tours*, Historiarum libri decem, II, cap. 28.
2 Zit.n. *Michel Clévenot*, Der Triumph des Kreuzes, a.a.O., 203.

Aussatz und sich von den schmutzigen Flecken, die er von alters her gehabt, im frischen Wasser zu reingen. Als er aber zur Taufe hintrat, redete ihn der Heilige Gottes mit beredtem Munde also an: »Beuge deinen Nacken, stolzer Sigambrer, bete an, was du verfolgtest, verfolge, was du verehrtest.«[1]

Chlodwig hatte die gallischen Bischöfe alle zu seiner Taufe geladen. Avitus von Vienne konnte nicht kommen, entschuldigte sich aber mit einem Brief, der ein politisches Dokument großer Tragweite ist:

»Euer Glaube, das ist unser Sieg. . . Unter Euren Vorfahren habt Ihr Leute, die Gutes geleistet haben; Ihr habt denen noch Besseres hinzufügen wollen. Ihr habt das Erbe Eurer Vorfahren angetreten, die im Diesseits regiert haben, und habt gleichzeitig dafür Sorge getragen, daß Eure Nachkommen im Jenseits regieren können.

Der Osten kann sich darüber freuen, einen Kaiser gewählt zu haben, der unseres Glaubens ist; er wird ab jetzt nicht mehr allein sein mit der Freude über einen solchen Glücksfall. Der Westen erstrahlt nun dank Eurer in eigenem Glanz. . . Ich möchte diesen Würdigungen gerne eine kleine Ermahnung (Ermunterung) hinzufügen, wenn überhaupt etwas Eurem Wissen und Eurer Frömmigkeit entgangen sein sollte. . . Gott möge es fügen, daß Euer Volk durch Eure Fürsorge ganz das seine werden möge; daß Ihr den Samen des Glaubens, indem Ihr die Schätze Eures Herzens austeilt, bei den entferntesten Völkern verbreitet. . . Schämt Euch nicht, zögert nicht, in diesem Sinne Missionare auszusenden, die das Reich Gottes ausbreiten, denn er selber hat das Eure errichtet. . .«[2]

Obwohl der Briefschreiber auf burgundischem Gebiet lebte, fühlte er sich mit seinen nördlichen Kollegen einig: Nun, da sie einen König haben, der ihnen ergeben ist, sind ihnen alle Hoffnungen gestattet, denn für die nichtchristlichen und arianischen Könige drehte sich der Wind. Der König der Westgoten, Alarich II., erkannte gleich die Gefahr, versuchte sich mit den Katholiken auszusöhnen, rief ihre exilierten Bischöfe zurück, erlaubte, das Konzil von Agde abzuhalten, und doch war es bereits zu spät. Gestärkt durch die gallischen Bischöfe beschloß Chlodwig, dem Spiel ein Ende zu machen: Im Frühling 507 wurde Alarich getötet, seine Armee in alle Winder zerstreut, Aquitanien geriet unter die Kontrolle der Franken, deren Herrschaft sich nun vom Rhein bis zur Garonne erstreckte. Auf seiner Rückreise von diesem Coup machte Chlodwig am Grabe des heiligen Martin halt, das er mit Geschenken überhäufte:

»Damals erhielt er vom Kaiser Anastassus den Konsultitel und legte in der Kirche des heiligen Martinus den Purpurrock und Mantel an und schmückte sein Haupt mit einem Diadem. Dann bestieg er sein Pferd und streute unter das Volk Gold und Silber auf der vollen Weglänge von der Pforte der Vorhalle bis zur Stadtkirche mit der größten Freigebigkeit aus. Von diesem Tage an wurde er mit Konsul oder Augustus angeredet. Von Tours ging Chlodwig nach Paris und machte dies zum Sitz seiner Herrschaft.«[3]

So begründete Chlodwig das merowingische Königreich (der Name stammt von Merovech, dem mythischen Ahnherrn der Dynastie). Es dauerte bis zu Pippin dem Jüngeren im Jahre 751.

---

1 *Gregor von Tours*, a.a.O., cap. 31.
2 Zit. n. *Michel Clévenot*, Der Triumph des Kreuzes, a.a.O., 204f.
3 *Gregor von Tours*, a.a.O., cap. 38.

Das von Chlodwig geschaffene Königtum band die Herrschaft des Franken-reiches an das Geschlecht der Merowinger. Es rühmte sich göttlicher Herkunft und war gegründet in der »Geblütsheiligkeit« des königlichen Geschlechts. Da mochten die »Hausmeier« der Könige, ursprünglich Hofbeamte, die sich zu Repräsentanten der Fürsten gegenüber dem Königtum aufschwangen, noch so tüchtig sein, das blutsgebundene Königsheil konnten sie nicht ersetzen. Nun saßen also die Merowinger auf dem Thron, aber alle wußten, daß Karl Martell der eigentliche Herrscher war. Die karolingische Geschichtsschreibung hat den letzten Merowingern eine fast karikierende Schilderung gewidmet:

»Dem König blieb nichts übrig, als, zufrieden mit dem bloßen Königsnamen, mit langem Haupthaar und ungeschorenem Bart auf dem Throne zu sitzen und den Herr-scher zu spielen, die von überall herkommenden Gesandten anzuhören und ihnen bei ihrem Abgange die ihm eingelernten oder anbefohlenen Antworten wie aus eigener Machtvollkommenheit zu erteilen, da er außer dem nutzlosen Königstitel und einem unsicheren Unterhalt, den ihm der Hausmeier nach Gutdünken zumaß, nur noch ein einziges, noch dazu sehr wenig einträgliches Hofgut zu eigen besaß, auf dem er ein Wohnhaus hatte und Knechte in geringer Zahl, die ihm daraus das Notwendige lieferten und ihm dienten. Überall, wohin er sich begeben mußte, fuhr er auf einem Wagen, den ein Joch Ochsen zog und ein Rinderhirt nach Bauernart lenkte. So fuhr er nach dem Palast, so zu der öffentlichen Volksgemeinde, die jährlich zum Nutzen des Volkes tagte, und so kehrte er dann wieder nach Hause zurück. Die Staatsverwaltung aber und alles, was im Inneren oder nach außen zu tun oder zu ordnen war, besorgte der Hausmeier.«[1]

Karl Martells Sohn Pippin, der Vater Karls des Großen, hat schließlich aus den faktischen Verhältnissen die Konsequenz gezogen, indem er sich selbst an die Stelle der Merowinger auf den fränkischen Königsthron erheben ließ. Das war freilich nicht einfach. In den Augen des Volkes lag das Königsheil weiterhin bei den Merowingern, trotz all ihrer Schwäche. Man konnte sie zwar entmach-ten, aber nicht an ihre Stelle treten. Also mußte Pippin eine neue Begründung für das Königsheil finden.

Nun hatten die angelsächsischen Missionare, insbesondere Bonifatius, in-zwischen die Hochachtung für den Papst im Frankenreich wenn nicht heimisch gemacht so doch sehr verstärkt. Darum versuchte Pippin, die moralische Au-torität des Papstes für sich zu nutzen. Er ließ in Rom anfragen, ob es gut sei, daß im Frankenreich Könige ohne königliche Gewalt herrschen, worauf Papst Zacharias antwortete, »daß es besser sei, wenn derjenige herrsche, der die Macht besitze, als jener, der ohne königliche Gewalt sei, damit die Ordnung nicht gestört werde«. Diesen Spruch der obersten religiösen Autorität empfand Pippin als hinreichende Legitimation: Er erklärte Childerich III., wie Einhard berichtet, »auf Befehl des Papstes« für abgesetzt und ließ sich »nach der Sitte der Franken« zum König wählen. Erstmals in der fränkischen Geschichte

---

1 *Einhard*, Vita Caroli Magni, cap. 1.

erfolgte dann eine zusätzliche sakrale Legitimation durch die Salbung des neuen Königs. Sie war der Königstradition Israels entlehnt (→ S. 474 f.) und bedeutete, daß Gott selbst den König zur Herrschaft berief. Auf diese Weise wurde das Königtum »von Gottes Gnaden« begründet, das für die Geschichte des Mittelalters kennzeichnend blieb.

Der Mensch

Pippins Söhne Karl und Karlmann finden erstmals anläßlich des Papstbesuchs 754 Erwähnung. Der Anfang ihres Lebens ist in rätselhaftes Dunkel gehüllt. Von Karl weiß niemand, wann und wo er geboren wurde. Selbst Einhard, Karls späterer Sekretär, der täglich um ihn war, hielt es für richtig, die kurz nach Karls Tod verfaßte Lebensbeschreibung mit den diskreten Worten zu beginnen: »Von seiner Geburt und frühen Kindheit, sogar von seinen Knabenjahren ist nichts bekannt. Weder Schriften noch Dokumente sind darüber vorhanden, auch lebt heute niemand mehr, der davon erzählen könnte. So habe ich mich entschlossen, diese Zeit zu übergehen.« Weil sich das Volk aber mit derartigen Verzichten nicht zufrieden gibt, sondern auf seine Weise versucht, dem Nichtwissen eine Antwort zu geben, entstand irgendwann folgende hübsche Geschichte von König Pippin, der sich auf der Jagd verirrte und dabei in eine Mühle geriet, wo man ihn gastlich aufnahm:

»Unterdem ging sein Sterndeuter hinaus um seine Nothdurft und sah auch das Gestirn an. Da sah er an dem Gestirn, daß sein Herr heut auf die Nacht bey seiner ehlichen Hausfrau sollt liegen und sollt von ihm schwanger werden und gewinnen ein rechtes Degen Kind. Er geht hinein und sagt es dem Herrn. Der fragt den Müllner, ob er nit eine fremde Frau bey sich hätt. Der Müllner laugnet und sprach, er hätt keine. Sprach Kunig Pipinus: ›So leg deiner Töchter eine zu mir.‹ Der Müllner tat das ohne Widerred. Aber der Sterndeuter sah, daß sie nicht sein ehlich Weib sollt werden. Man legt nun die jüngere Tochter zu. Die war auch nicht die rechte. Da mußt nun die Jungfrau herfürgehn. Des erschrak sie gar, und der Herr sprach: ›Erschrecket nit so sehr.‹ Er legt sich zu ihr, und der Sterndeuter ging und kam bald wieder herein und sprach: ›Es leit Kunigs Kind an Kunigs Arm.‹ – Und der edle Kunig Pipinus hat die Nacht mancherley zu kosen mit Perchten, seiner edlen Frauen.«[1]

Doch bleiben wir lieber bei Karls Zeitgenossen. Einhard, der Vertraute und Biograph, zeichnet von seinem Herrn ein Porträt mit vielen Schattierungen:

»Er war von breitem und kräftigen Körperbau, hervorragender Größe, die jedoch das richtige Maß nicht überschritt – denn seine Länge betrug wie bekannt sieben seiner Füße [1,92 m] – der obere Teil seines Kopfes war rund, seine Augen sehr groß und lebendig, die Nase ging etwas über das Mittelmaß, er hatte schöne weiße Haare und ein freundliches, heiteres Gesicht. So bot seine Gestalt, mochte er sitzen oder stehen, eine höchst würdige und stattliche Erscheinung, wiewohl sein Nacken dick und zu kurz, sein Bauch etwas herabhängend erscheinen konnte: das Ebenmaß der anderen Glieder ver-

---

1 Aelteste Sage über die Geburt und Jugend Karls des Großen. Zum 1. Male bekanntgemacht und erl. von *Johann Christoph Freiherrn v. Aretin*. München 1803. Zit. n. *Rudolf Wahl*, Karl der Große. München 1978 / Bergisch Gladbach 1980, 18.

deckte das. Er hatte einen festen Gang, eine durchaus männliche Haltung des Körpers und eine helle Stimme, die jedoch zu der ganzen Gestalt nicht recht passen wollte; seine Gesundheit war gut, außer daß er in den vier Jahren vor seinem Tode häufig von Fiebern ergriffen wurde und zuletzt auch mit einem Fuße hinkte. Aber auch damals folgte er mehr seinem eigenen Gutdünken als dem Rat der Ärzte, die ihm beinahe verhaßt waren, weil sie ihm rieten, den Braten, den er zu speisen pflegte, zu entsagen und sich an gesottenes Fleisch zu halten. Beständig übte er sich im Reiten und Jagen, wie es die Sitte seines Volkes war: man wird nicht leicht auf Erden ein Volk finden, das sich in dieser Kunst mit den Franken messen könnte. Sehr angenehm waren ihm auch die Dünste der warmen Quellen, er übte seinen Leib fleißig im Schwimmem und verstand das so vortrefflich, daß es ihm keiner darin zuvor tat. Darum baute er sich auch zu Aachen eine Pfalz und wohnte darin in seinen letzten Lebensjahren bis zu seinem Tode...

Er kleidete sich nach vaterländischer, nämlich fränkischer Weise. Auf dem Leib trug er ein leinenes Hemd und leinene Unterhosen, darüber ein Wams, das mit seidenen Streifen verbrämt war, und Hosen; sodann bedeckte er die Beine mit Binden und die Füße mit Schuhen; im Winter schützte er Schultern und Brust mit einem aus Seehunds- und Zobelpelz verfertigten Rock; endlich trug er einen meergrünen Mantel und beständig das Schwert an der Seite, dessen Griff und Gehenk von Gold und Silber war...

Höchst selten gab er Gastereien und nur bei besonders festlichen Gelegenheiten, dann jedoch in zahlreicher Gesellschaft. Auf seine gewöhnliche Tafel ließ er nur vier Gerichte auftragen außer dem Braten, den ihm die Jäger am Bratspieß zu bringen pflegten und der ihm lieber war als jede andere Speise. Während der Tafel hörte er gern Musik oder einen Vorleser. Er ließ sich die Geschichten und Taten der Alten vorlesen; auch an den Büchern des heiligen Augustinus hatte er Freude, besonders an denen, die »vom Staate Gottes« betitelt sind...

Reich und sicher floß ihm die Rede vom Munde, und was er wollte, konnte er leicht und klar ausdrücken. Es genügte ihm jedoch nicht an seiner Muttersprache, sondern er verwendete auch auf die Erlernung fremder großen Fleiß: im Lateinischen brachte er es so weit, daß er es wie Deutsch sprach, das Griechische aber konnte er besser verstehen, als er selber sprechen... Die edlen Wissenschaften pflegte er mit großer Liebe, die Meister in denselben schätzte er ungemein und erwies ihnen hohe Ehren. In der Grammatik nahm er Unterricht bei dem Diakon Petrus von Pisa, einem hochbejahrten Manne; in den übrigen Wissenschaften ließ er sich von dem Diakon Albinus, mit dem Beinamen Alkuin, unterweisen, einem in allen Fächern gelehrten Mann, der von sächsischem Geschlecht war und aus Britannien stammte. In dessen Gesellschaft wandte er viel Zeit und Mühe auf, um sich in der Rhetorik, Dialektik, vorzüglich aber in der Astronomie zu unterrichten. Er erlernte die Kunst zu rechnen und erforschte mit emsigem Fleiß und großer Wißbegierde den Lauf der Gestirne. Auch zu schreiben versuchte er und pflegte deswegen, Tafel und Papier im Bett unter dem Kopfkissen mit sich herumzuführen, um in müßigen Stunden seine Hand an die Gestaltung von Buchstaben zu gewöhnen. Indes brachte er es hierin mit seinen Bemühungen nicht weit, da er es zu spät angefangen hatte.

Der christlichen Religion, zu der er von Jugend auf angeleitet worden, war er mit Ehrfurcht und frommer Liebe zugetan. Darum erbaute er das herrliche Gotteshaus zu Aachen und schmückte es mit Gold und Silber und mit Kerzen und mit ehernen Gittern und Türen. Da er die Säulen und den Marmor für die Kirche anderswoher nicht bekommen konnte, ließ er sie aus Rom und Ravenna herbeischaffen. Morgens und abends, auch bei den nächtlichen Horen und zur Zeit der Messe besuchte er fleißig die Kirche, wenn es ihm sein Befinden erlaubte.«[1]

1 *Einhard*, Vita Caroli, c.1.

In seinem Privatleben war Karl allerdings nicht kirchenfromm, auch kein Asket und im Umgang mit Frauen eher großzügig. Hatte Bonifatius noch dagegen opponiert, daß es Männer gäbe, die sich an Stelle von Ehefrauen Konkubinen hielten, so werden neben den fünf Frauen, mit denen Karl nacheinander verheiratet war, noch vier Nebenfrauen amtlich genannt. Siebzehn Kinder wuchsen in seinem Hause auf. »Weil er sich selber keine Vorschriften gefallen ließ, war er deshalb auch in Fragen der Sittlichkeit auffallend milde. Einen Bischof, der ihm wegen skandalösen Lebenswandels angezeigt wurde, sonst aber hervorragend tüchtig war, ermahnte er lediglich, weniger zu trinken; über die Anklage, daß der Gottesmann sich Konkubinen hielte, ging er mit ein paar Worten hinweg. Ja selbst die mehr als anstößigen Affären seiner Töchter ignorierte er, ›als wäre nie der geringste Verdacht wegen ihrer Fehltritte oder ein Gerücht darüber laut geworden‹.«[1]

»Ich wundere mich«, sagte Karl einmal, »daß wir Christen so oft von den Tugenden abweichen, da uns doch, wenn wir sie halten, eine ewige Herrlichkeit als Belohnung versprochen wird, daß hingegen die heidnischen Philosophen sie nur wegen ihrer Würde und um den Ruhm eines guten Lebenswandels beobachtet haben.« Das ist eine der Fragen, auf die er keine Antwort fand. Ebenso wenig konnte er begreifen, daß Petrus dem Malchus ein Ohr abschlug (Joh 18,10), wo Christus doch verboten habe, das Schwert zu gebrauchen. Dieses Erstaunen im Hinterkopf fällt es uns heute hingegen schwer, Karls Sachsenkriege und sein Christianisierungskonzept zu verstehen.

Die Christianisierung

Im Jahr 775 bot Karl das gesamte Reichsheer zum Feldzug gegen die Sachsen auf. Die Sachsen waren die einzigen germanischen Stämme, die die Franken nicht hatten unterwerfen und in ihr Reich eingliedern können. Es gelang dem König, die Eresburg, unweit der Grenze gelegen, zu zerstören und einen uralten Eichbaum, als *Irminsul* den Weltenbaum verkörpernd, zu fällen. Im allgemeinen wertet die Geschichtswissenschaft diesen Feldzug als nur politisch angelegt, doch zeigt die Zerstörung des Baum-Heiligtums, daß man natürlich mit dem religiösen Lebensnerv das Rückgrat der Sachsen treffen wollte. Beim Friedensschluß 776 verquickten sich Politik und Mission bereits deutlich: die sich unterwerfenden Sachsenführer boten für sich und ihre Gefolgschaft an, sich taufen zu lassen. Karl verband damit den Aufbau einer kirchlichen Organisation, die Gründung von Gemeindezentren und ihre Besetzung mit Seelsorgern. Dennoch kam es in den folgenden Jahren immer wieder zu neuen Aufständen. Die Schändung der uralten Irminsul wurde nicht einfach weggesteckt, die bisherige Feindschaft schlug um in Haß. Nicht um Beute zu machen, sondern um Rache zu nehmen, fielen sächsische Scharen wiederholt in fränkisches Gebiet ein und zerstörten ihrerseits Kirchen und Kreuze. Unter dem Eindruck dieser Übergriffe wurde der Beschluß gefaßt, »das treulose und bundbrüchige Volk der Sachsen so lange zu bekriegen, bis es entweder vertilgt wäre oder das Christentum angenommen habe«.

1 *Rudolf Wahl*, a.a.O., 169.

Doch den Feldzügen Karls stellte sich kein Feind. Obwohl Karl weiter als je ins unbekannte Land vorstieß, die Gegner dachten nicht daran, sich herausfordern zu lassen. Immer wieder stieß Karl ins Leere. Erst bei den Ostfalen kam es zu einer friedlichen Begegnung und der Bereitschaft von Teilstämmen, das Christentum anzunehmen. Die ersten Massentaufen fanden schon 777, anläßlich des Reichstags in Paderborn statt. Viele sächsische, vor allem ostfälische Große huldigten dem König, doch nennen die Reichsannalen nur den Namen des einen, der nicht kam: Widukind.

Es ist der Name jenes Volksführers, der den nächsten Akt der Tragödie beherrschen sollte: der Organisator eines Kleinkriegs, der die Unabhängigkeit der westfälischen Sachsen zum Ziele hatte. Sieben Jahre gab sich Widukind dieser Aufgabe hin. Währenddessen scheinen mancherlei Anlässe bei Karl zu der Überzeugung geführt haben, daß der Kampf gegen die Sachsen auch ein Kampf gegen furchtbare heidnische Greuel sei, zumal sie sich jedesmal wieder erhoben, sooft er ihnen den Rücken kehrte. Die Reichsannalen berichten:

»Damals zog König Karl bei Köln über den Rhein und hielt eine Versammlung ab am Lippspringe. Dorthin kamen alle Sachsen außer dem aufständischen Widochind... Nachdem der Reichstag hier zu Ende war, kehrte König Karl nach Francien zurück. Und als er wieder umgekehrt war, erhoben sich sofort die Sachsen wieder in der gewohnten Weise auf Betreiben des Widochind... Als das der König Karl hörte, zog er mit den Franken, die er in der Eile zusammenraffen konnte, dorthin und gelangte an die Mündung der Aller an die Weser. Dort sammelten sich wieder alle Sachsen und unterwarfen sich der Gewalt des Königs und lieferten alle die Übeltäter aus, die diesen Aufstand vor allem durchgeführt hatten, zur Bestrafung mit dem Tode, 4500, und dies ist auch so geschehen, ausgenommen den Widochind, der ins Gebiet der Normannen entfloh.«[1]

Es ist oft überlegt worden, ob die genannte Zahl von 4500 Hingerichteten wirklich stimmt, doch besteht kein Zweifel, daß Karl ungemein hart durchgriff. Sein Vorgehen erlaubte Widukind, die Sachsenstämme zu einen und sich Karl in einer Feldschlacht zu stellen. Doch blieben die Franken Sieger, sowohl bei Detmold als auch an der Haase. Dieser zweite Akt der Sachsenkriege schloß mit der Kapitulation Widukinds und seiner Taufe 785 in Attigny ab. Das Programm Karls, »überall Christi heilige Kirche gegen Einbruch der Heiden und Verheerungen durch Ungläubige mit Waffen zu verteidigen«, war nun so gut wie erfüllt.

Die Bewertung dieser Vorgänge ist bis heute den unterschiedlichsten Prämissen unterstellt worden. Bei Joseph Lortz finden wir folgendes Urteil:

»Als Karl die von ihren Stammesgenossen ausgelieferten 4500 (?) Sachsen nach vorhergegangener Untersuchung an einem Tag hinrichten ließ, beging er eine schmachvolle Tat, die eines Christen und noch mehr eines Christenfürsten tief unwürdig ist. Er beging eine Grausamkeit, die sein Bild bis heute befleckt. Sie hat außerdem der Sache des Christentums damals geschadet... Die blutigsten Erhebungen der ganzen Kriege erfolgen erst jetzt und zwar unter Widukinds Leitung. – Karl hat die Tat von Verden, die auch in seiner Umgebung (Alkuin) und vom Papst nicht gutgeheißen wurde, sittlich einigermaßen kompensiert durch seine Versöhnung mit Widukind, der die Hand des großen Frankenkönigs ergriff und sich im Jahre 785 taufen ließ. Karl war Taufpate.

1 Annales Regni Francorum, in: Quellen zur karolingischen Reichsgeschichte. Bd. 1. Darmstadt 1955. 45.

Aus dem Gesagten ergibt sich, daß sich die sächsische Mission im wesentlichen nur durch die blutigen Siege Karls dauernd zu behaupten vermochte. Insofern ist die Sachsenbekehrung in großem Umfang unter schwerem Druck (einschließlich häufiger Zwangsdeportationen) erfolgt. Die letzte Zuspitzung dieser Schwertmission offenbart sich in einem umfassenden Gesetze Karls, das die Mission im fränkischen Sachsen regeln und schützen sollte: es setzte die Todesstrafe auf die Taufverweigerung (außerdem auf die Verletzung des Fastengebotes, auf Leichenverbrennung und Kirchendiebstahl)... Leider hat die fränkische Kirche ihrerseits über einigen bischöflichen Tadel hinaus im Grunde nichts gegen die Schwertmission getan.«[1]

Aus der Sondergesetzgebung für die Sachsen, 785

Wenn jemand in einer Kirche Zuflucht sucht, dann soll ihn niemand mit Gewalt aus dieser Kirche vertreiben, sondern er soll Frieden genießen, bis er dem Gericht vorgeführt wird; und aus Ehrfurcht vor dieser Kirche Gottes und der Heiligen sei ihm das Leben und sei ihm die Gesundheit seiner Glieder zugesichert. Er soll aber für seine Tat nach Kräften büßen...

Wer gewaltsam in eine Kirche eindringt und aus ihr gewaltsam etwas wegnimmt oder stiehlt, oder wer die Kirche in Brand steckt, der sterbe des Todes.

Wenn jemand das heilige vierzigtägige Fasten verachtet, um das Christentum verächtlich zu machen und [in dieser Zeit] Fleisch ißt, dann sterbe er des Todes. Der Priester aber soll prüfen, ob es jenem vielleicht aus einem zwingenden Grunde widerfahren ist, daß er Fleisch gegessen hat.

Wenn jemand einen Bischof oder Priester oder Diakon getötet hat, so werde er mit dem Tode bestraft.

Wenn jemand nach heidnischer Sitte den Leichnam eines Verstorbenen verbrennt und seine Gebeine in Asche verwandelt, werde er mit dem Tode bestraft.

Wenn zukünftig im Sachsenvolk ein heimlich noch Ungetaufter sich verbergen möchte und sich weigert, zur Taufe zu kommen, weil er Heide bleiben will, dann sterbe er des Todes.[2]

Die Kultur

Karl gab den neugewonnenen Gebieten sofort eine kirchliche Organisation. Er gründete die Bistümer Bremen, Minden, Verden, Paderborn, Münster und Halberstadt; überall im Reiche handelte er als Herr der Kirche; sein Wille galt als Befehl. Großes Interesse wandte er dem Aufbau einer geregelten kirchlichen Verwaltung zu. Er verband die Bistümer zu größeren Sprengeln; die von ihm geschaffenen sechs deutschen Erzbistümer hatten Bestand für das gesamte Mittelalter. Doch gab er sich niemals mit dem Buchstaben von Beschlüssen und Gesetzen zufrieden. Er wollte sie verwirklicht sehen und zwar durch planmäßiges Vorgehen, wozu auch Visitationen und Kontrollen gehörten.

Sein besonderes Interesse galt der Bildung, damit alle politischen Intentionen verständige Mitarbeiter fänden. An den Dom- und Klosterkirchen mußten Schulen errichtet werden; die meisten sollten nur die elementaren Kenntnisse vermitteln, andere waren Seminare für den kirchlichen und staatlichen Nach-

---

1 *Joseph Lortz*, Geschichte der Kirche in ideengeschichtlicher Betrachtung. Bd. I. Münster 1962, 232f.
2 Capitulatio de partibus Saxoniae, in: Geschichte in Quellen, a.a.O., Bd. 2, Nr. 94.

wuchs. Auch die Klöster wurden in diesen Prozeß einer kulturellen Entwicklung hineingezogen. Aus Monte Cassino ließ Karl eine Abschrift der Regula Benedicti kommen und ordnete an, daß von nun alle Klostergemeinschaften nach dieser einen, humanen Regel leben sollten. Karl sah die Klöster nicht mehr als Orte weltabgeschiedener Askese, sondern als Zentren wirtschaftlicher, wissenschaftlicher und künstlerischer Kultur. Dazu zwei Urteile: »Karl der Große hob nicht nur die deutsche, sondern die ganze abendländische Kunst über ihren toten Punkt hinweg, als er sein fränkisches Volk zur Rezeption der Antike nötigte. Sein Name ist der *erste* Personenname, der in der deutschen Kunstgeschichte zu verzeichnen ist, nach dem Maße der von ihm ausgehenden Wirkungen der größte. Kein Künstler hat darin diesen Nichtkünstler erreicht« (Georg Dehio). – »Das gefährlichste Moment in Karls kirchenpolitischer Stellung war seine übertriebene Wendung zur Kultur, die er dem kirchlichen Leben gab. Es ergab sich eine gewisse Verschleierung der eigentlichen kirchlichen Aufgaben dadurch, daß die Kirche als Kulturanstalt angesehen wurde, für Förderung von Wissenschaft, Kunst, wirtschaftlicher Kultur in erster Linie in Anspruch genommen wurde, hinter der ihre rein religiösen Aufgaben zurücktraten« (Joseph Lortz).

Trotz dieser Urteile gilt, daß die »karolingische Renaissance« im Banne der antiken Traditionen stecken blieb. Zu wirklich neuen, kreativen Leistungen ist es nicht gekommen. Seine Aachener Bauten gingen nicht über die Vorbilder hinaus. Ähnliches darf für alle übrigen Gebiete der Kunst gesagt werden. Nicht in originellen Entwürfen liegt die eigentliche Leistung Karls, sondern in seinem Bestreben, in der Vielfalt der Völker und Bräuche die Einheitlichkeit, das Maß und die Norm zu finden. Aus den Texten der Kirchenväter ließ er eine Sammlung zusammenstellen, nach der sich alle Geistlichen bei der Auslegung der Evangelientexte richten sollten. Ebenso war er um einen Einheitstext der Bibel besorgt, denn wie sollte man die Heilige Schrift ernst nehmen, wenn sie an verschiedenen Orten in verschiedenen Fassungen und Übersetzungen vorgelesen wurde. Dem gleichen Suchen nach Modell und Norm entsprang der Idealplan eines Klosters, der sich in St. Gallen erhalten hat und der als Planungshilfe für die vielen Klosterbaupläne gelten sollte (→ Arbeitsheft 6). »Immer nahm er sich vor, Fehlendes zu ergänzen, Abweichendes in Übereinstimmung zu bringen und Verkehrtes und Unbrauchbares zu verbessern. Er ließ von allen Völkern das unter seiner Herrschaft aufgeschriebene Recht zusammenstellen und schriftlich niederlegen. Ebenso ließ er die uralten deutschen Lieder, in denen die Taten und Kämpfe der alten Könige besungen wurden, aufschreiben und der Nachwelt überliefern. Auch eine Grammatik seiner Muttersprache ließ er in Angriff nehmen.«[1]

Man könnte meinen, in all dem spiegle sich der Wunsch nach Normierung und Gleichschaltung, doch würde man darin Karls Denken verkennen. Bestimmend war für ihn stets die Frage nach den übergeordneten Gesetzen, die den Weltenbau zusammenhalten, das Interesse für Zahl und Maß, nach der Wahrheit selbst. Diese Einstellung findet sich auch hinter den Maßen seiner Pfalzkapelle in Aachen (→ S. 591 f.).

1 *Einhard,* a.a.O.

Das organisatorische Denken Karls führte zu Erlassen und Anordnungen, die in seinem Volk bisweilen selbst die geringsten Kleinigkeiten regeln sollten. Das gilt auch für seinen Befehl, in jedem Hofgut ein Apothekergärtchen anzulegen. Was für das fränkische Reich Utopie blieb, läßt sich durch motivierte Lehrer vielleicht in heutigen Schulen realisieren – als Begleitprogramm zum Unterricht über Karl den Großen:

Beifuß (Artemisia abrotamum); Springwurz (Euphorbia Lathyris); Liebstöckel (Levisticum officinale); Hauswurz (Sempervivum tectorum); Schwertlilie (Iris germanica); Haselwurz (Asarum europaeum); Möhre (Daucus carota): Salbei (Salvia officinalis); Rosmarin (Rosmarinus officinalis); Kümmel (Carum carvi); Wegwarte (Chichorium intybus); Gartenminze (Mentha crispa); Pastinak (Pastinaca sativa); Flöhkraut (Mentha pulegium); Hundertblättrige Rose (Rosa centifolia); Haselnuß (Corylus avellana).

Der Kaiser

Karl ist fünf Mal nach Italien aufgebrochen, vier Mal nach Rom gekommen. Trotz aller Raubzüge der Goten und Langobarden war Rom immer noch *die* Stadt. Damals standen noch viele Tempel, Paläste, Theater, Triumphbögen und andere repräsentative Bauten der Antike. Ohne diese Erfahrungen, aber auch ohne die Besuche in Ravenna, wo sich die hochentwickelte Kultur des Ostens darstellte, wäre die Pfalzkapelle zu Aachen nicht entstanden, wären insgesamt die Maßstäbe für die weitere Entwicklung diesseits der Alpen bescheidener ausgefallen.

Für Karls Verständnis eines universalen Königtums von Gottes Gnaden war das später mühsam erarbeitete Konzept einer Gewaltenteilung zwischen Geistlich und Politisch, Kirche und Staat außerhalb jeder Problemstellung. Darum verbanden sich auch seine politischen Interessen gegenüber den Sachsen mit der unbedingten Absicht, sie zu missionieren. Die eigene Frage, wieso eigentlich Petrus dem Knecht des Hohenpriesters ein Ohr abschlagen konnte, obwohl doch Jesus den Schwertgebrauch verurteilte, hat er im Blick auf die eigene Politik sicherlich nie tiefer erörtert.

Unter den Päpsten seiner Zeit war keine Persönlichkeit, die sich mit Karl hätte messen können, die dessen Überblick und initiatorisches Talent auch nur in Ansätzen mitgebracht hätte. Nachdem mit Romulus Augustulus das Kaisertum Westroms erloschen war, war den Päpsten mehr und mehr Bedeutung zugewachsen; dabei wurden sie in die wechselnden politischen Kräfteverhältnisse einbezogen, verfielen aber auch ihrerseits einem fortwährenden Ränkespiel um Machterwerb und Machterhalt. Dennoch war darüber die Idee des römischen Kaiserreiches im Westen nie ganz untergegangen. Allein im fränkischen *Imperium Christianum*, wie das Reich sich gerne nannte, lebte der Gedanke fort. Nun aber war ein Herrschaftsgebiet entstanden, das weit mehr als ein Land umschloß, das viele Völker vereinte und dessen König sich als universaler Herrscher verstand. So war es gewissermaßen eine natürliche Steigerung und zugleich der Ausdruck der tatsächlichen Kräfteverhältnisse, daß der fränkische König als *Patricius Romanorum* aufrückte zum römischen Kaiser. Karls Biograph Einhard kommentiert die Vorgänge, die sich am Weihnachtstag des Jahres 800 abspielten:

»Er (Karl) kam also nach Rom und brauchte daselbst den ganzen Winter, um die Kirche aus der überaus großen Zerrüttung, in die sie verfallen war, zu reißen. Damals war es, daß er die Ernennung zum Kaiser und Augustus empfing; das war ihm zuerst so zuwider, daß er versicherte, er würde an jenem Tage, obgleich es ein hohes Fest war, die Kirche nicht betreten haben, wenn er des Papstes Absicht hätte vorherwissen können. Den Haß der [ost-]römischen Kaiser, die ihm die Annahme des Kaisertitels sehr verübelten, trug er mit großer Gelassenheit, und mit der Hochsinnigkeit, in der er ohne alle Frage weit über ihnen stand, wußte er ihren Trotz zu besiegen, in dem er häufig durch Gesandtschaften mit ihnen verkehrte und sie in seinen Briefen als Brüder anredete.«[1]

Die Ereignisse, die zu Karls Kaiserkrönung durch den Papst führten, finden aus byzantinischer Sicht ihre ebenfalls kritische Beleuchtung:

»Im selben Jahr erhoben sich in Rom die Verwandten des seligen Papstes Hadrian, die das Volk auf ihre Seiten gebracht hatten, gegen den Papst, und nachdem sie ihn gefangengenommen hatten, ließen sie ihn blenden. Sie vermochten aber nicht sein Augenlicht zum Erlöschen zu bringen, da die Leute, die ihn blenden sollten, menschlich mit ihm verfuhren und ihn schonten. Er floh zum Frankenkönig Karl, der grausame Rache an den Feinden des Papstes nahm und ihn wieder auf seinen Thron einsetzte. Seit jener Zeit steht Rom unter der Macht der Franken. Als Belohnung dafür krönte der Papst ihn am 25. Dezember der 9. Indiktio zum römischen Kaiser in der Kirche des heiligen Apostels Petrus«[2]

Die Anklage gegen Papst Leo hatte auf Meineid und Unzucht gelautet; Leo konnte die gegen ihn erhobenen Vorwürfe nicht überzeugend genug widerlegen, darum bestand Karl, nachdem der politisch verwickelte und moralisch unentwirrbare Fall juristisch nicht zu lösen war, auf einem »Reinigungseid«. Damit verlagerte sich die Problematik auf eine, wenn man so will, theologische Ebene: Wenn der Papst auf seine Unschuld einen Eid leisten würde, hinter dem die ganze Autorität des heiligen Petrus, ja Christi selber angerufen würde, dann hatte die irdische Weisheit zu schweigen. Diese für Karl wohl auch nicht befriedigende Idee des Reinigungseides erlaubte, den auch in seinen politischen Folgen brisanten Fall, geschmeidig, wenngleich mit primitiven Mitteln aus der Welt zu schaffen. Sollte Leo sich aber weigern, den Eid abzulegen, so gäbe es keine andere Möglichkeit mehr, das Interesse der Kirche zu wahren, als eine Neuwahl zuzulassen. Dadurch, daß Leo III. sich am 23. Dezember 800 vor einer großen Öffentlichkeit »freischwörte«, schuf er die Voraussetzung für den Fortbestand seines Pontifikats. Dieser Gottesdienst bekam noch einen zusätzlichen Akzent durch den Patriarchen von Jerusalem, der darin auf Karl zuging, um ihm die Schlüssel zum Heiligen Grab zu überreichen. Damit wurde in aller Öffentlichkeit dokumentiert, daß der fränkische König nunmehr Herr der ganzen Christenheit sei. Aus diesem von Leo geschickt inszeniertem Akt leitete sich später der Anspruch der Päpste ab, die gesamte Christenheit unter Führung ihrer Kaiser zu Kreuzzügen zu zwingen, um den Muslimen die Herrschaft über

1 Ebd., c. 27.
2 Chronik des Theophanes; zit.n. Geschichte in Quellen, a.a.O., Nr. 75.

das Heilige Grab wieder zu entreißen, die dem großen Karl im Jahre 800 übertragen worden war.

Zwei Tage nach diesen Vorgängen fand nun die für König Karl überraschende Kaiserkrönung statt. Zweifellos fühlte er sich dem Papst überlegen, was seinen Grund nicht nur in dem Schutz hatte, den er Leo gewährte, sondern noch mehr darin, daß er sich überhaupt als Schutzherr der Kirche verstand. Schon in seinem ersten Schreiben an den gerade gewählten Leo III. hatte Karl die Rolle des Papstes definiert: »Eure Aufgabe ist es, Heiliger Vater, mit zu Gott erhobenen Händen gleich Moses uns im Kampf zu unterstützen«. Das war die Sprache des Souveräns und gleichzeitig die Anweisung, sich politischer Ansprüche zu enthalten. Mit der raffinierten Inszenierung der Kaiserkrönung Karls aber war dem abhängigen Leo ein Schachzug gelungen, der für viele Jahrhunderte den päpstlichen Anspruch auf Oberhoheit über den Kaiser zur Folge hatte und dreihundert Jahre lang sogar ein Grund und Vorwand für Kriege wurde.

Die Bildebene

Die deutsche Kaiserkrone S. 213

Die Krone ist eines der ältesten Herrschersymbole. In Verbindung mit Hörnern findet sie sich bereits als Hoheitszeichen der altmesopotamischen Gottheiten, aber auch als Kopfschmuck ägyptischer Götter. Die Doppelkrone der Pharaonen verkörperte die königlichen Schutzgötter, die über das Wohl von Herrscher und Reich wachten. Die runde Form der Krone verweist auf Ganzheit, Vollkommenheit und Teilhabe am himmlischen Leben. Das Aufsetzen der Krone ist Bestandteil der feierlichen Inthronisation von König oder Kaiser.

In der Weihnachtsmesse des Jahres 800 hatten Karl der Große und mit ihm sein ältester Sohn Pippin ihre Diademe abgenommen und auf dem Altar niedergelegt. Von dort hatte Leo III. dann in seinem Überraschungs-Coup das Diadem aufgenommen, hochgehalten und Karl auf den Kopf gedrückt. Hier gab es also keine eigens gefertigte »Kaiserkrone«; das Königsdiadem wurde durch den gesetzten Ritus zur Kaiserkrone.

Die im Bild gezeigte deutsche Kaiserkrone wurde vermutlich für die Krönung Ottos des Großen 962 geschaffen. Als Reichskrone, »Unterpfand und Zierde des Reiches« genannt, ist sie als ein Werk hoher technischer und künstlerischer Vollendung erhalten geblieben und wird heute in Wien verwahrt. Sie bildet eine symbolisch zu deutende Achteck-Form (→ S. 592), mit Steinen in Krallenfassungen, Filigranwerk und Emailbildern auf Gold. Die vier Bildplatten zeigen Christus als Pantokrator mit der Beischrift *per me reges regnant*, »durch mich herrschen die Könige« (Spr 8,15), dann die Könige David (→ S. 469-474) und Salomo (→ S. 475-477) und schließlich den Propheten Jesaja vor Hiskija. Dieses Programm stellt den Träger der Kaiserkrone in die Linie der Könige Israels, erinnert an das Wort des Propheten: »Bestell dein Haus, denn du wirst sterben. . .« (Jes 38,1), und schmückt ihn mit der »Krone der Weisheit«, die allein Gott verleiht.

Das Aufsteckkreuz und der Bügel sind aus späterer Zeit; der Bügel trägt den Namen Konrads II.

Büstenreliquiar Kaiser Karls des Großen S. 218

Der Reliquienbehälter wurde um 1300 gefertigt und von Kaiser Karl IV. gestiftet. Er befindet sich heute im Aachener Domschatz.

Seit 804 hat Karl der Große Münzen mit seinem Bildnis nach dem Vorbild der Münzen Kaiser Konstantins prägen lassen. Sie zeigen ihn im Gewand der Cäsaren mit Lorbeerkranz und Reitermantel, den eine Fibel über der Schulter zusammenhält. Ein Vergleich mit den Bildnismünzen Ludwigs des Frommen zeigt, daß die gleichen Prägestätten jeweils ganz andere Persönlichkeiten wiedergeben. Den Mannestyp, den die Münzen zeigen, gibt auch die bekannte kleine Reiterstatuette des Louvre wieder, die nach der Jahrhundertmitte in Metz gegossen wurde und die unter Karls Namen zugleich einen karolingischen Idealkaiser abbildet. Zu einer größeren Individualisierung, als es die beiden hier erwähnten Annäherungswerte darstellen, war das 9. Jahrhundert nicht fähig. Aus den Bildern sprechen Ruhe, Gelassenheit und Kraft, zugleich auch das Bewußtsein einer gesicherten Macht.

Ein genaueres Bild des Kaisers beschreibt Einhard in seiner Biographie (→ S. 580 f.). Die später entstandenen Bildnisse Karls des Großen, etwa die Steinplastik, die um 900 in Sankt Johann, Graubünden, entstand, das hier gezeigte Reliquiar und das würdevolle Gemälde Albrecht Dürers aus dem Jahre 1512 sind Idealbildnisse des legendär gewordenen Kaisers aus der jeweiligen Perspektive ihrer Zeit.

Widukind mit dem krummen Finger S. 219

In Enger in Westfalen, nicht weit von Bielefeld, findet sich in der Dorfkirche die Grabplatte, die den Sachsenherzog Widukind zeigt. Ob der berühmte Gegner Karls hier wirklich begraben liegt, ist nicht sicher auszumachen. Seit der Taufe Widukinds in Attigny fehlen gesicherte Quellen über sein weiteres Leben. Dafür haben Sagen die Leerstellen um so schöner ausgefüllt.

Die Grabplatte zeigt Widukind mit dem gekrümmten Finger, jenes unveränderbare Kennzeichen, an dem er in den Jahren seiner Sachsenkriege, als er ständig auf der Hut sein mußte, entdeckt zu werden, sicher erkannt werden konnte. Hier sind einige der westfälischen Sagen um »Wittekind«, wie er dort auch genannt wird:

Widukinds Lehre

Einstmals saß Karl, wie es Sitte war, zu Tische auf dem Hochsitz, die Armen aber, die er speisen ließ, saßen demütig auf dem Boden. Da ließ der gefangene König Wittekind, der fern von dem Kaiser an einer anderen Tafel speiste, ihm durch einen Boten sagen: »Euer Christus spricht, in den Armen nehmt ihr mich selber auf. Mit welcher Stirne redet ihr uns denn zu, daß wir unsern Nacken beugen sollen vor dem, den ihr so verächtlich behandelt und dem ihr nicht die geringste Ehrerbietung erweist.« Von diesen Worten wurde der Kaiser in seinem Herzen getroffen und errötete, da aus dem Munde eines heidnischen Mannes die evangelische Lehre zu ihm drang.[1]

Widukinds Mordversuch

In Wildeshausen an der Hunte soll der Stammsitz von Wittekinds Geschlecht sein, und er selber soll dort auch geboren sein. Da erzählt man sich ganz anders von seiner Bekehrung. Als Kaiser Karl in Visbek war, welches die erste christliche Gemeinde in der ganzen Gegend gewesen sein soll, kam Wittekind als Pilger verkleidet dorthin und wollte Karl ermorden. Er stellte sich an die Kirchentür und wartete, daß der Gottesdienst zu Ende wäre und der Kaiser herauskäme. Den blanken Dolch hielt er schon unter seinem

1 *Paul Zaunert*, Westfälische Sagen. Ohne Ortsangabe (Diederichs) 1927, 71.

Pilgerkleid versteckt in der Hand. Da sah er neugierig in die Kirche hinein und sah die majestätische Gestalt des großen Kaisers und den feierlichen Gottesdienst der Christen, und lange sah er hin. Als der Gottesdienst zu Ende war und Karl mit seinem großen Hofstaat herauskam und unter den Bettelleuten die hohe Gestalt und den gewaltigen Gliederbau des Pilgrims erblickte, da blieb er vor ihm stehen und rief: »Du bist nicht der, der du scheinst!« Er hatte ihn an seinem krummen Finger erkannt. Da schleuderte Wittekind den Dolch weit von sich, stürzte auf die Knie und gelobte Christ zu werden. In Wildeshausen soll er dann auch seine letzten Jahre verbracht haben.[1]

Widukinds Bekehrung

Endlich gibt es noch eine Sage, danach geschahen Bekehrung und Taufe nicht in Westfalen, sondern auf ostfälischem Boden. Als nämlich König Karl mit seinem Heer an dem Wasser lag, das da heißt die Oer (Ohre), da zogen die Fürsten der Sachsen mit ihrem Heer auf den Ort, in der Meinung, den König zu schlagen. Nun hatte der König die Gewohnheit: alle großen Feste, so folgten ihm viele Bettler, denen ließ er geben einem jeglichen einen silbernen Pfennig. Da zog der in der stillen Woche Herr Wedekind von Engern Bettlers Kleider an, stieg nachts in ein Schiff und fuhr die Ohre nieder bis an Karls Heer und ging ins Lager und wollte ihre Ordnungen ausspähen, und wie alles da stünde. Es war an dem Paschen-Tage, daß der König ließ Messe halten in dem Zelte, so ging Herr Wedekind unter die Bettler sitzen und schaute hinein und sah, wie der Priester in dem Stillenisse das Sakrament emporhielt, darin ein lebendig Kind, und deuchte ihm ein so schönes Kind, wie er sein Lebtag nicht gesehen hatte. Nach der Messe wurden den armen Leuten die silbernen Pfennige gegeben, da streckte Herr Wedekind unter den Bettlern seinen Arm auch aus und wollte den Pfennig nehmen, aber er wurde erkannt an seiner Hand, denn er hatte an der rechten einen krummen Finger; er wurde gegriffen und vor den König geführt. Da sagte er, was er gesehen hätte und wurde unterrichtet aller Dinge, so daß sein Gemüt bewegt wurde, und er empfing die Taufe. Und sandte auch nach den andern Fürsten in seinem Lager, daß sie kamen und sich auch taufen ließen und nahmen auch den Christenglauben mit solchem Ernst an wie Wedekind, so daß sich darüber jedermann freute. Und Wedekind hatte allezeit ein schwarzes Pferd ohne Zügel und Gebiß auf seinem Schild geführt; König Karl gab ihm danach ein weißes Pferd zu einem Zeichen seines aufrichtigen Glaubens [das heute noch im Wappen der Westfalen zu sehen ist].[2]

Die Pfalzkapelle Kaiser Karls   S. 220

Auf seinen Wegen von Rom kam Karl der Große nach Ravenna, wo die byzantinischen Kaiser prachtvolle Bauten errichtet und ausgeschmückt hatten, die sie aber nie besuchten. Er sah die Mosaikdarstellungen von Justinian und Theodora in San Vitale (→ V, 469), die ihm zeigten, wie prächtig gekleidet ein Kaiser sein konnte, wenngleich er selbst nie etwas anderes trug als seinen kurzen blauen fränkischen Mantel. Als er von einer seiner ersten Italienreisen nach Aachen zurückkehrte, beschloß er, als Palastkapelle eine Replik von San Vitale bauen zu lassen, also die bewußte Nahamung jener berühmten Kirche in Ravenna, die etwa dreihundert Jahre früher errichtet worden war. Insgesamt

1 Ebd., 73.
2 Ebd.

wurden ja am Hofe Karls die Überlieferungen der römischen Kunst mit größtem Eifer wiederbelebt, so daß man zu Recht von einer »Karolingischen Renaissance« spricht. Niemand glaubte damals, die Kunst müsse um jeden Preis originell sein, vielmehr war es oft erwünscht, für den neuen Plan ein altes, ehrwürdiges Vorbild zu finden. Indes konnte die Aachener Pfalzkapelle nicht einmal eine wirkliche Replik werden. Sein Architekt, Odo von Metz, wäre mit den technischen Schwierigkeiten von San Vitale gar nicht fertig geworden. Aber wenn man die rohen Steinbauten aus jener Zeit mit der Pfalzkapelle vergleicht, erscheint sie doch als eine ganz außergewöhnliche Großtat.

Der Raum hat einen oktogonalen Grundriß (→ S. 589). Er ist 144 Fuß oder 12 mal 12 Latten lang. »Das ist die heilige Zahl der Stadt der Apokalypse, das Maß der Engel, wie es dort heißt, zugleich für ein Zeitalter, das im Duodezimalsystem dachte, ebenso vollkommen und rund wie für uns die Hundert. Noch ein zweites Mal kehrt die Zahl 144 im Bau wieder. Jede der Seiten des Achtecks mißt 18 Fuß, eineinhalb Latten, alle zusammen demnach 144 Fuß.«[1] Auch im Äußeren sind alle Höhen durch 12 teilbar. 48 Fuß mißt die Höhe bis zum Gesims, zwölf weitere füllt das Dach des umlaufenden Sechzehnecks aus, zwei weitere Latten (2 × 12 Fuß) ragt das Oktogon darüber hinaus, und zwei weitere nimmt das Marmordach über dem Gewölbe ein. »Die Harmonie des Werkes wurde durch diese Zahlen ebenso gewährleistet wie eine statische Sicherheit; denn was fest gefügt ist, muß auch unerschütterlich fest erscheinen.«[2]

Die späteren mittelalterlichen Dome wurden aus *einem* Stein hochgeführt; in Aachen aber bot der König noch die ganze Region auf, mit Fuhr- und Spanndiensten Steine aus allen Brüchen der Umgebung heranzufahren: aus der Eifel, von den Ardennen, von den Ufern der Maas. Wo man römische Quader fand, wurden diese zum Bau verwendet. Papst Hadrian erlaubte, Marmorplatten aus Ravenna zu holen, auch aus Rom kamen kostbare Steine.

Nur für den Platz des Herrschers führte die Richtung, in der das Bauwerk gesehen werden will, von Westen nach Osten, für alle anderen von unten nach oben, vom umlaufenden Sechzehneck durch die acht schweren Bogentore zum Mittelraum hin. Diese Mitte ist das Hoheitsvolle, die Einheit und Ganzheit, wie sie in Karls Vorstellungen überall begegnet. »Daß man in diesen Raum, den ersten mittelalterlichen nördlich der Alpen, von außen hineinblicken kann, daß man ihn erfaßt als eine unberührbare Ganzheit, welche von Säulen, Mosaiken, Schranken und Gittern wie ein Edelstein gefaßt ist, bestimmt sein Erlebnis und macht seine Einzigartigkeit aus.«[3]

Der Thron Karls befindet sich an dem einen bevorzugten Platz im ersten Obergeschoß (auf dem Foto gut zu sehen). Sechs Stufen führen zu dem schlichten, aus antiken Marmorplatten gefügten Sitz, wie ehedem zum Throne Salomos. Am Hofe hatte Karl den Namen David. Sein Königtum sollte neben der antiken Welt auch im Alten Bund seine Wurzeln haben. In seiner Weise machte der Ort dieses Thrones deutlich, daß keiner über dem König seinen Platz zu suchen hatte.

1 *Wolfgang Braunfels,* Karl der Große. (rm 187) Reinbek bei Hamburg 1972, 103.
2 Ebd., 104.
3 Ebd., 105.

KIRCHENBAU: DIE ROMANISCHE KIRCHE

Kirchenarchitektur als Symboldidaktik

Überall stehen sie, die romanischen, gotischen und barocken Kirchen aus tausend Jahren. Überall werden sie besichtigt, und an historisch bedeutenden Stätten gibt es auch einen kleinen Kunstführer, der den Besucher mit der Baugeschichte der Kirche bekannt macht. Aber überall sieht man auch, daß die vielen Menschen recht hilflos den alten Kirchen begegnen; zwar machen sie einen Rundgang, und nehmen trotzdem vieles nicht wahr, weil zu jedem Sehen auch Wissen gehört. Je geringer daher das Vorwissen, desto flacher ist auch die Wahrnehmung.

Es geht allerdings nicht um beliebiges Wissen. Viele Kirchenführer bieten gedrängte historische Details an: welchem Grafengeschlecht in welcher Generation die Stiftung zu verdanken sei, was zum hochgotischen Chor an der romanischen Basilika geführt hat und ähnliches. Namen und Daten werden gehört und gleich wieder vergessen, denn die Informationsfülle zerfällt sofort wieder in all ihre Details, wenn es für sie keine integrierende didaktische Gestalt gibt. Also kann es nicht um historische Faktenkenntnisse gehen. Wichtiger als die äußerlich verzeichnete Baugeschichte ist es, eine Erlebnisbereitschaft für das Bauwerk zu öffnen; das geschieht für Kinder am leichtesten durch Eigenaktivitäten, die mit der Kirche verbunden werden, und durch eine möglichst sinnenhafte Erschließung der architektonischen und künstlerischen Symbolik, die immer auch der Weg zur spirituellen und theologischen Wahrnehmung des Kirchenbaus ist.

Auf Jahreszahlen zur romanischen Bauform und Namen von Städten, Bauherren und Mäzenen verzichtet das Religionsbuch-Kapitel vollständig. Es würde auch nichts nützen, weil es ja nicht um eine einzige Kirche gehen kann, sondern um den *Typus* der romanischen Kirche. Darum findet sich mit Grundriß, Ort und Ostung, Außenseite, Turm und Portal, Säule, Bogen, Gewölbe und Krypta eine Typologie vorgestellt, die es grundsätzlich möglich macht, von der romanischen Dorfkirche bis zum Kaiserdom durch jede Kirche »symboldidaktisch« zu führen. Das dürfte wohl immer beginnen mit dem Ort, an dem Kirche steht. Der war in früher Zeit nie gleichgültig, sondern oft bereits durch christliche oder vorchristliche Vorgängerbauten ausgezeichnet. Die Lage dieses Ortes, die Vergegenwärtigung, wie es ehedem dort einmal aussah, die Bedeutung, die er in der Vergangenheit hatte... das alles ist wichtig zu wissen, um zu verstehen, warum die Kirche gerade hier steht und nicht anderswo. Auch hat man die Kirche nicht »irgendwie« an diesen Platz gestellt, sondern mit Bedacht in die Weltachsen eingebunden, und wer darüber etwas weiß – über die Bedeutung des Nordens als Reich der Dunkelheit und des Todes, des Sonnenaufgangs im Osten, der Lichtseite im Süden, des Sonnenuntergangs und der Dämonenmacht im Westen –, kann auch mancherlei zur Ostung der Kirche sagen, zu ihrer turmhaften Bewehrung nach Westen, der reicheren Ausschmückung der Südseite und den bannenden Gestalten an der Nachtseite der Kirche.

Insgesamt ist der Text des Religionsbuches aus sich selbst heraus verständlich und hinreichend erläutert. Zu einzelnen Aspekten seien hier noch ergänzende Hinweise gegeben:

Der Ort: Im Religionsbuch für das 4. Schuljahr heißt es einmal: »Gehe langsam in der Wohnung herum und suche den Platz auf dem Boden, wo du wirklich gerne sitzen möchtest. Mach es dir nicht leicht, bis du deinen Ort gefunden hast, dann setz dich hin und genieße es, endlich dort angekommen zu sein« (S. 60). Die hinter diesem Vorschlag stehende Einstellung findet sich in allen Naturreligionen und bei allen frühen Völkern. Der indianische Schamane Juan Matus belehrt darüber seinen amerikanischen Schüler Carlos Castaneda,[1] und auch in der chinesischen Tradition gibt es eine ausgebildete Kunst über das Auffinden des richtigen Ortes. Weil über die Intuition, die Sensibilität, die Kriterien, den angemessenen Ort für die romanische Kirche zu finden, wenig bekannt ist, mag ein Hinweis auf die chinesische Geomantik willkommen sein.

Diese Kunst heißt in China *Feng-shui* (sprich: Fuhng-Shu-eh) und erstrebt, Mensch, Erde und Himmel zu versöhnen. Feng-shui sucht für Menschen, Häuser und Ereignisse jenen Ort zu finden, der ihnen angemessen ist: mit Gesundheit und Glück für alle, die in diesem Haus leben. Darum werden Wasser und Wind sorgfältig beachtet, die Topographie des Geländes, die Horizontlinie, die »Energieströme« des Ortes, letztlich mit der Absicht, dem Menschen jenen Platz zuzuweisen, an dem sie das große System harmonischer Entsprechung am wenigsten stören. Der Geomant besucht den geplanten Bauplatz zu verschiedenen Tageszeiten, beobachtet das Wandern der Schatten, berechnet den Einfluß der Jahreszeiten und wenn alle Variablen bedacht sind, trifft er seine Entscheidung. So ist Feng-shui die Lehre vom Unsichtbaren, das mit dem Sichtbaren ausbalanciert werden muß. Im alten China gehörte es nicht in den Bereich des spekulativen Aberglaubens, sondern war Grundlage der Städte- und Landschaftsplanung.[2]

Mit Sicherheit haben aber nicht nur die Chinesen, sondern auch europäische Völker eine ähnliche geomantische Orientierung für ihre Wahlorte gesucht. Vielleicht markierten die keltischen Steinsetzungen von Carnac »spirituelle Kraftlinien«; gewiß stehen auch die Menhire der Bretagne nicht an zufälligen Orten; und Dolmen baute man ebenfalls nicht dort, wo das Material schon bereit lag, sondern transportierte tonnenschwere Steine mit unermeßlichem Aufwand an neue Orte (vgl. Stonehenge: → II, 425-430). – Oft klingt das Wissen um besondere Orte noch in Sagen nach. So verbindet die Sage den Dom von Paderborn mit einem Brunnen in seiner Tiefe, in dem »Schätze von Gold und Edelsteinen ruhen, die mehr wert sind, als das ganze Paderbornsche Land«; auch die Kathedrale von Chartres ist an einen Brunnen gebunden, dem besondere Bedeutung beigemessen wurde; *Suchet*, der Historiker der Kathedrale, weiß noch, daß sie auf dem höchsten Punkt der Stadt emporwuchs, »wo nach unseren alten Annalen der heilige Hain stand, in welchem sich die Druiden zu

---

1 *Carlos Castaneda*, Die Lehren des Don Juan. Ein Yagui-Weg des Wissens. (Fischer-TB 1457) Frankfurt a.M. 1973ff.

2 Siehe dazu: *Derek Walters*, Die Kunst des Wohnens. Fengh-Shui. Bauen, Gestalten, Einrichten nach den Regeln der alten chinesischen Harmonielehre. Bern/München/Wien 1993.

Anbetung und Opferfeier versammelten«[1]. Ähnliche Hinweise es gibt es für viele andere Orten, an denen christliche Kirchen errichtet wurden, aber man wird sie wohl nur dann lesen können, wenn man wüßte, wie sich in keltischer und germanischer Zeit ihr Auffinden für ein Heiligtum gestaltete.

Die Einbindung in die Weltachsen: Um das damit verbundene Weltgefühl besser zu verstehen, sollte im Religionsbuch 4 der Abschnitt »Der Ring des Volkes« (S. 82-85; → IV,482-487) gelesen werden. Auch die Sonnensymbolik gehört hierzu: → II,423. Die Thematik findet im Religionsbuch 7/8 ihre weitere Ergänzung (Seite 20-22 und 158f.).

Der Grundriß: Kirchengrundrisse mit Schülern zu lesen, setzt eine geeignete Auswahl voraus (→ vgl. Arbeitsheft 6); nach dieser Vorarbeit lohnt es sich, die Schüler von den romanischen Kirchen der eigenen Region Grundrißskizzen anfertigen zu lassen (vgl. S. 600 f.).

Die Türme: Paul Maar hat ein schönes Buch über Türme geschrieben: Türme. Ein Sach- und Erzählbuch von berühmten und unbekannten, bemerkenswerten und merkwürdigen Türmen. (Oetinger) Hamburg 1987. Mit diesem Buch lassen sich gleich mehrere Stunden nur über Türme konzipieren.

Die Portale: Über die Symbolik der Tür findet sich in → I,311-331 ein breites Materialspektrum angeboten, einschließlich der Türsymbolik im Märchen und anderen Erzählformen. Das Buch von Ingeborg Tetzlaff, Romanische Portale in Frankreich (DuMont-Tb. Nr. 56), Köln [5]1988, führt an die Bedeutung der Schwelle, an die Wächter- und Warnersymbolik und den Portalaufbau heran.

Die Säule: Über Säule und Kapitell unterrichtet: Ingeborg Tetzlaff, Romanische Kapitelle in Frankreich. Löwe und Schlange, Sirene und Engel (DuMont-Tb. Nr. 38) Köln [5]1985.

Das Symbol als Sprache: Ingeborg Tetzlaff resümiert zur Symbolwelt der romanischen Kirchen: Wir wissen heute, »daß nichts, aber auch gar nichts, in dieser Bilderwelt zufällig ist, sondern daß alles, auch das scheinbar unwichtigste Detail, seine Bedeutung hat und in ein geistiges Programm eingegliedert ist, das von Wand zu Wand, von Säule zu Säule abgewickelt wurde. Nur unser täglich mit zahlreichen Bildeindrücken überfluteter Geist konnte uns blind dagegen machen, daß eine an bildlichen Darstellungen arme Epoche dem einzelnen Stück eine ungeteilte und viel größere Aufmerksamkeit entgegenbrachte. Mit Selbstverständlichkeit erwartete man einen Sinn darin, der zu denken gab und Wesentliches mitteilte. Ein romanisches Kapitell hatte nicht zu ›unterhalten‹ oder bloß ›schön‹ zu sein. Es hatte zu belehren, zu warnen, zu erheben, zu drohen, zu stärken, zu trösten und noch vieles mehr. Allerdings, man muß dazu seine Sprache verstehen. . .

Wir haben uns eine Epoche vorzustellen, die – ganz im Gegensatz zu der unseren – wortarm war, in der dafür aber jahrhunderte- und jahrtausendealte Symbole ohne weiteres von jedermann verstanden wurden, in der man beispielsweise ohne besondere Erklärung wußte, daß dem Guten die rechte Seite, dem Schlechten oder zumindest Schlechteren oder Zweifelhaften die linke zukam, und daß eine waagerechte Zickzack- oder Wellenlinie, sei sie in einfa-

---

[1] Das Buch von *Louis Charpentier,* Die Geheimnisse der Kathedrale von Chartres. Köln 1972, [10]1988 weiß viele Dinge mehr zu diesem Thema, doch zielt es mit seiner kombinationsfreudigen Esoterik gewiß auch in rein spekulative Landschaften.

chen geraden Auf- und Abstrichen dargestellt oder schon zur kunstvollen Spirale entwickelt, das Auf und Ab des irdischen Lebens bedeutete. Daß sich Rundbogen, eine Apsiswölbung und eine Kuppel immer auf das Überirdische, kurzum den Himmel bezogen, scheint auch der Laie gewußt zu haben.«[1]

Insgesamt bedarf die symbolische Deutung der romanischen Kirchen einer erzählenden Art. Dabei möchten die baulichen Details nicht »erklärt«, sondern narrativ veranschaulicht werden. Wenn es zum Beispiel um das Kirchenportal geht, sind sprachliche Kurzformen wie »Die Tür ist ein Symbol für Christus« verfehlt. Vielmehr geht es darum, ihre symbolische Qualität sinnenhaft erfahrbar zu machen, und das geschieht vor allem durch erzählende Vermittlung. Freilich würde auch diese auf taube Ohren stoßen, wenn der voraufgegangene Unterricht nicht von allen sich bietenden Ansätzen her die Sonne und das Licht, die Höhe und die Tiefe, den Weg, die Tür und den Tisch in die Erfahrungswelt der Schüler einbeziehen lernte. Aber über den Turm, oder noch allgemeiner über Türme sollte nicht nur gesprochen werden: Man muß sie ersteigen und sich dabei der kleinen Abenteuer vergegenwärtigen, die solche Exkursionen einschließen können. In der Krypta sollten alle eine Weile auf dem Boden kauern und die Empfindung des dunklen Erdbereichs nachvollziehen können. Die folgenden Anregungen zeigen weiterführende Möglichkeiten.

1 *Ingeborg Tetzlaff*, Romanische Kapitelle in Frankreich. Köln [5]1985, 31f.

Besuche in den romanischen Kirchen der Region

Eigentlich ist es einerlei, wo wir in Deutschland leben, Romanik findet sich im Norden wie im Süden, in der Eifel wie in Sachsen. Es ist aber davon auszugehen, daß die romanischen Kirchen und Kapellen, oft architektonische Kleinode, selbst den Landeskundigen nicht vollständig bekannt sind. Darum sollte die komplette Bestandsaufnahme in eine Landkarte eingetragen werden. Erst wenn der Befund vor Augen steht, läßt sich der Überblick differenzieren, so daß Auswahl und konkrete Planung für Schulbesuche möglich werden.

Wer eine Besichtigung vorbereitet, muß sich zunächst selbst am Ort umsehen und dazu auch das lokale Schrifttum studieren. Sagen und Legenden, die zur Ortsgeschichte gehören, sind besonders aufmerksam anzuschauen. Ein Gespräch mit dem Pfarrer ist immer zu empfehlen, wenngleich heimatgeschichtlich engagierte Menschen aus der Gemeinde oft die profundere Auskunft geben können. Dem Interesse der Schüler kommt es entgegen, wenn ihnen sonst versperrte Zugänge, wie der Aufstieg in den Turm, die Besichtigung der Glocken, der Blick über die Gewölbe... ermöglicht werden.

Mit einer gut vorbereiteten Kirchenbesichtigung sollten sich konkrete Schüleraktivitäten verbinden, und zwar sinnvoller Weise unterschiedlich aufgeteilte Tätigkeiten: einige vermessen den Kirchenraum und fertigen einen Grundriß; anderen werden Inschriften aufgegeben, die sie abschreiben sollen; eine dritte Gruppe rubbelt die Ornamente eines Steinfrieses ab; die nächste skizziert das Bildprogramm der Altäre, den Aufbau des Portals, die Gliederung der Außenwände, einen Schnitt durch Langhaus und Querhaus, die Form der Säulenbasen und Kapitelle und ähnliches mehr. Das können auch Aufträge sein, die mit dem Fotoapparat erledigt werden. Viel zu lernen ist auch, wenn die Kinder die Einbindung der Kirche in die Himmelsrichtungen überprüfen: Liegt der Chor genau nach Osten, oder ist eine bestimmte Zeit des Sonnenaufgangs maßgebend? Was sich auch immer von den Gegebenheiten der einen Kirche her nahelegt, nachträglich können die sauber übertragenen Arbeiten der Schüler, ergänzt durch erläuternde Beschreibungen, zu einem Heft zusammengefaßt werden. Dem »Nachwort« einer solchen Gemeinschaftsarbeit sind die folgenden Ausführungen entnommen:

»Ein halbes Jahr lang haben wir uns mit Kirchen im Religions-, Kunst- und Geschichtsunterricht beschäftigt. Das Ergebnis liegt hier vor, doch auch über das, was hinter den Kulissen gelaufen ist, soll nicht geschwiegen werden. Am Anfang waren natürlich alle begeistert, ein Gemeinschaftsprojekt zu starten, denn »Kirche« ist schließlich ein Thema, bei dem jeder seinen Interessen und Begabungen nachgehen kann. Doch dann kamen gleich die ersten Probleme auf uns zu: Wer geht mit wem zusammen in welche Gruppe? Für manche Themen bildeten sich zwei Gruppen, was gute Vergleiche erlaubte. Als alle Arbeiten zusammen waren, stellte sich das nächste Problem: Wie kopiert man 60 Seiten für 30 Leute? An dieser Stelle einen herzlichen Dank an die vielen Eltern, die sich bereit erklärten, in ihren Firmen, Büros etc. für uns einen Teil zu kopieren.

Ohne ihre Hilfe wäre es uns nicht möglich geworden, unsere Arbeit für jeden Schüler als Buch zusammenzustellen, da man an unserer Schule leider nicht (wie an anderen Schulen) Schülerarbeiten kopieren kann (spezielle Anmerkung für die Schulleitung!). Noch ein Problem war das liebe Geld. Obwohl die Schule anderen Klassen für ihre Gemeinschaftsprojekte immer Geld bereitgestellt hatte, wurde uns dieser Zuschuß gestrichen. Darum haben wir von jedem Schüler 5,– DM eingesammelt, was auch noch Probleme gab, denn nicht jeder wollte das Geld bezahlen, das für Pappen, Filme, Abzüge, Bahnfahrten und ähnliches ausgegeben wurde. Dabei kostet das Binden bereits 5,– DM pro Buch. Also mußten wir uns auch um Geld bemühen. Diesmal gab die Schule einen Zuschuß von 300,– DM, und damit werden wir wohl auskommen.

Auch die übliche Arbeitsflaute nach der anfänglichen Begeisterung haben wir gut überstanden. Doch dann kam noch die Schwierigkeit, daß manche Gruppen ihre Arbeit ziemlich schnell beendet hatten, die anderen aber sehr lange brauchten. Vielleicht waren dies Koordinationsfehler, aber ich glaube, daß sich so etwas bei einem Gemeinschaftsprojekt nicht vermeiden läßt...
Letztlich hat unser Gemeinschaftsprojekt aber wohl allen Spaß gemacht, was man auch daran sehen kann, daß wirklich jede Gruppe etwas zustande gebracht hat.«

Bauen und Gestalten wie in romanischer Zeit

Von einem besonderen Projekt soll hier berichtet werden, das vom »Förderkreis Jugend im Museum« in Bonn initiiert und getragen wurde. In der Art wie dieses Unternehmen realisiert wurde, kann keine Schule den Wettstreit damit aufnehmen. Aber was in Bonn integriertes Programm war, kann überall sonst unter ausgewählten Teilaspekten übernommen und realisiert werden.

»Als man in Köln ›Das Jahr der romanischen Kirchen‹ feierte, beschloß man in Bonn, jeden Monat einmal sonntagnachmittags mit interessierten Kindern und Jugendlichen und deren Eltern nach Köln zu fahren, um jeweils eine der zwölf großen romanischen Kirchen anzusehen, und dann während der Schulferien und an den Wochenenden eine ebenfalls romanische Kirche zu bauen. Im Museumslichthof. Und zwar eine wirklich so große, daß man in sie hineingehen könnte. Dieses ›Riesenmodell‹ einer romanischen Kirche sollte am Ende des Jahres alles zeigen, was zu einer mittelalterlichen Kirche gehörte:
Ein reich verziertes Eingangsportal mit Reliefs an den Türflügeln. Innen Wand- und Deckenmalereien. Einen Fußboden aus farbigen Tonfliesen. Leuchtend bunte Glasfenster. Einen riesigen Kronleuchter. Verschiedene Altäre mit Altardecken, Altarkreuz und Evangelienbuch. Einen gestickten Wandbehang. Ein reliefgeschmücktes Taufbecken. Einen Leuchter für die Osterkerze und eine Buchrolle mit Bildern und dem gesungenen Text der Osternachtfeier. Und einen kostbaren Schrein.«

Über dieses ungewöhnliche und ehrgeizige Projekt hat der »Förderkreis Jugend im Museum« einen großen Bildband herausgegeben, der alle Schritte der Arbeit mit Fotos und Texten beschreibt.[1] Das großformatige Buch läßt sich hier nicht resümieren. Die dort geäußerte Hoffnung, es möchten sich anderenorts Schulen oder Jugendgruppen finden, die es verlocken könnte, wenn schon nicht das Ganze, so doch Teilprojekte nachzumachen, soll durch einige Auszüge unterstützt werden. Dabei können die angeführten Arbeitsbeispiele natürlich auch auf andere Verhältnisse übertragen werden. Statt einer Kasettendecke für die Kirche ließe sich etwas Ähnliches für eine Weile unter die Klassendecke hängen. Und in christlichen Internatsschulen muß der Altar in der Kapelle auch nicht immer von mehr oder minder größeren ›Künstlern‹ sein; die Schüler hätten vielleicht Lust, einen ganzen Emailaltar zu machen, in den Wintermonaten, wenn das Haus alle festhält. Vielleicht würden sie dann die Kapelle mehr als die *ihre* ansehen, weil sie diese selbst mitgestaltet haben.

Die Grundsteinlegung

Am ersten Ferientag messen Kleine und Große auf dem Bauplatz mit langen Bandmaßen und viel Hallo nach einem Plan, auf dem die einzelnen Maße der Kirche einge-

---

1 Ferien im Museum. Wir bauten eine Kirche. Hg. vom Förderkreis Jugend im Museum e.V., Colmantstraße 14-16, Bonn o.J. (ca. 1990).

tragen sind, den Grundriß auf und kennzeichnen die einzelnen Eckpunkte mit bunten Fähnchen. Danach wird die Gründungsurkunde in Latein vorgelesen – natürlich auch übersetzt – und von allen unterschrieben. Wer seinen Namen noch nicht schreiben kann, macht statt dessen drei kleine Kreuze auf das Pergament. Die Gründungsurkunde wird zusammengerollt und in den Grundstein gelegt. Dieser wird dann als erster und wichtigster Stein der Kirche feierlich in der Mitte der späteren Chorwand aufgestellt. Da er noch keinen richtigen Halt hat [er ist, wie auch das ausgefüllte Lattengestell, aus Styropor], bläst ihn der Wind um. Das sehen einige Zweifler und Abergläubische als ein schlechtes Vorzeichen für den Kirchenbau an. Trotzdem wird die »Grundsteinlegung« anschließend an einer festlich geschmückten Kuchentafel ausgiebig gefeiert.

Die Steinmetzwerkstatt

Styropor wird natürlich ganz anders zugeschnitten und geformt als richtiger Stein. Deshalb haben wir zu Beginn unseres einjährigen Baubetriebes auch eine richtige Stein-Werkstatt eingerichtet. Als »Meister« haben wir uns den Steinmetz-Lehrling Sebastian aus dem Kloster Maria Laach »ausgeliehen«. Mit acht etwas Größeren wollte er romanische Würfelkapitelle meißeln. Wie er es selber gelernt hatte. Unter seinen »Lehrlingen« war auch ein Mädchen. Ganz unmittelalterlich!

Zuerst wurden Kapitelle angeschaut. Sebastian erklärte, wozu sie dienten und wo sie an einem mittelalterlichen Bau überall zu finden waren. Und daß in der romanischen Zeit das Würfelkapitell verwendet worden war. Dann zeichnete jeder ein solches Würfelkapitell von der Seite. Mit weichem Bleistift auf Packpapier, in Originalgröße. Dann schnitt Sebastian aus dünnem Blech zwei Schablonen aus, die halbrunde Schildfläche und den äußeren Umriß. Mit Hilfe der einen Schablone zeichnete jeder die Schildfläche auf die vier Seiten seines Blocks, ein weicher französischer Kalkstein. Dieser war inzwischen jeweils mit vier Latten fest auf einen Bock montiert. Die Meißelei konnte beginnen. Sebastian zeigte die verschiedenen Meißel und wie man damit umging. Zum Schutz gegen Steinsplitter setzte jeder eine Schutzbrille auf. . .

Wegen des Gewichts und wegen der Größe haben wir die Kapitelle nicht mit in unsere »Kinderkirche« einbauen können. Wir haben sie daneben aufgestellt. Unsere Steinmetz-Werkstatt war ein »Knüller«.

Eine bemalte Kassettendecke

Zu Beginn der Ferien ist das Langhaus bereits mit einem sicheren Dach fest eingedeckt. Die beiden Seitenschiffe sind freilich noch offen. Wände und Mittelschiff-Pfeiler ragen schon ein gutes Stück in die Höhe. Der Ansturm der neuen Bauleute läßt hoffen, daß der Rohbau bis zum Ende der Ferien fertig wird. Gleichzeitig herrscht Hochbetrieb in den drei Werkstätten. Die Gold- und Silberschmiede arbeiten an einem riesigen Radleuchter für die Vierung. Die Maler malen unverdrossen an den 72 Einzelplatten für die Decke im Langhaus. In der Modellier-Werkstatt werden ein Osterleuchter und ein Taufbecken modelliert. . .

Die Deckenbilder mit dem Leben Jesu werden in die montierten Rahmen eingelegt. Eine Kassettendecke, wie wir sie in Köln gesehen haben. In St. Pantaleon. Nur erzählt unsere eine bunte Bildergeschichte. An beiden Schmalseiten fehlen noch Bilder. Die leeren Holztafeln ärgern. Die Kinder auch. Sie werden sich in den kommenden Weihnachtsferien ein viertes Mal hinsetzen und auch noch diese letzten malen. Das Mittelschiff ist auf einmal zu einem richtigen geschlossenen Raum geworden. Nur die grellen Fensteröffnungen und die offenen Seitenschiffe stören noch.

Unsere mittelalterliche Malerwerkstatt

Die Kirche steht. Die beiden Seitenschiffe sind eingedeckt. Die farbigen Glasfenster alle eingesetzt. Der Außenbau ist gestrichen. Auch die fehlenden Deckenbilder werden eingesetzt. Jetzt ärgert keine Lücke mehr. Das Leben Jesu mit seinen 72 Bildern ist komplett, zwölf Reihen mit jeweils sechs Feldern. Die ganze Decke sollte ein gemeinsames Thema haben. Das Leben Jesu. Wir haben uns dabei an die Bilderdecke in Zillis angelehnt. Einige der wichtigsten Geschichten sind auf mehreren Tafeln erzählt, andere nur auf einer. Genau wie in Zillis auch. Die einzelnen Geschichten kann man Zeile für Zeile wie in einem Buch von links nach rechts lesen. Beim Erzählen und Malen der Bibelgeschichten sollten die Kinder auch ein bißchen die bildhafte Zeichensprache der romanischen Zeit verstehen lernen. Der romanische Maler brauchte nicht alles ganz genau und ausführlich darzustellen. Er malte nur eine Wellenlinie und meinte damit das Meer, einen See oder einen Fluß. Oder er malte den Umriß eines Blattes und meinte damit einen ganzen Baum. So ähnlich, wie Kinder oft zeichnen und malen.

Gemalt haben wir mit Temperafarbe. Die Oberfläche wirkt matt bis kreidig. Das ist typisch für Temperamalerei. Wir haben uns auf kühle und gedämpfte Erdfarben beschränkt und den Kindern entsprechende Grundfarben vorgegeben. Diese konnten sie nach ihren eigenen Vorstellungen benutzen und auch beliebig untereinander mischen. Dadurch war trotz der vielen Unterschiede in der kindlichen Ausdrucksweise eine einheitliche Gesamtfarbgebung für die ganze Decke gegeben. Und genauso ging es ja auch in einer mittelalterlichen Malerwerkstatt zu. Der Meister bestimmte die Farben und die Gesellen und Lehrlinge verwendeten sie dann mehr oder weniger frei nach eigenen Vorstellungen.

Glasmalerei

Die drei Chorfenster sollten jedes einen Wunderbaum bekommen. Das Rundfenster über dem Eingang einen Wunderbusch. Mit allen möglichen verschiedenen Blättern. Im Wunderbusch sollte innen ein Gesicht versteckt sein. Solche Blättergesichter haben die Glasmaler früher manchmal heimlich in ihren Fenstern verborgen. Jedes Kind bekam eine Scheibe und ein gleich großes Stück weißes Papier. Darauf zeichnete es sein Blatt- oder Randmuster mit kräftigen schwarzen Strichen. Einigen mußte man sich, wie der Wunderbaum beim Nachbarn weiterging. Dann legte jeder seine Zeichnung unter die Glasscheibe und konnte nun mit dem Pinsel und Schwarzlot die Striche nachzeichnen. Der Hintergrund zwischen den Blättern wurde einheitlich kreuzweise schraffiert.

Nach dem Einbrennen des Schwarzlots wurden die einzelnen Scheiben zusammengesetzt. Die Ränder der Chor-Fensterscheiben haben wir mit einer U-förmigen Metallschiene eingefaßt... Später sollten diese Fenster wieder auseinandergenonmmen werden, und jedes Kind sollte seine Scheibe mit nach Hause nehmen können als wichtige Erinnerung.

Nur Blattfenster mit so ernsten Farben wären den Kindern wohl schnell langweilig geworden. Außerdem hat es ja auch ganz andere Fenster gegeben, mit richtigen Figuren und leuchtend bunten Farben. Die ältesten, fast vollständig erhaltenen romanischen Glasfenster sind im Augsburger Dom. Sie stammen wohl aus dem frühen 12. Jahrhundert und zeigen fünf Propheten aus dem Alten Testament. Die Farben der Fenster scheinen von innen heraus zu leuchten und zu glühen. Diese und ähnliche Fenster dienten als Anregung für unsere Fenster im Langhaus-Mittelschiff und in den Seitenschiffen: Achtzehn stehende Heilige in leuchtend bunten Farben.

Gerundete Formen, wie sie die Heiligen zeigen, selber aus Glas zu schneiden, war für die Kinder zu schwierig. Wir verzichteten deshalb auf richtiges Glas. Außerdem wäre es für alle Fenster zu teuer geworden. Dafür nahmen wir schwarze Pappe für die Bleiruten und durchsichtige bunte Kunststoffolie für die farbigen Gläser. Gearbeitet wurde wie bei einer Martinslaterne. Diese Laternentechnik hat nämlich einige Arbeitsgänge, die sich mit der echten Glastechnik durchaus vergleichen lassen. Die einzelnen Farbgläser müssen ausgeschnitten und mit Stegen verbunden werden. Die Binnenzeichnung muß aufgemalt werden.

Ein Kronleuchter als Himmlisches Jerusalem

Wir wollten in unserer Kirche auch etwas vom Himmlischen Jerusalem sichtbar machen. In der Vierung. Wir teilten die Ringmauer in 24 gleichlange Abschnitte und 24 Kinder sägten aus dem Kupferblech Zinnen und kostbar durchbrochene Gitter nach eigenen Entwürfen aus. In der Mitte sollte ringsherum zu lesen sein, was Johannes über das Himmlische Jerusalem erzählt. In Latein. Jedes Kind bekam ein Stückchen Text und malte mit viel Mühe mittelalterliche Buchstaben... Die zwölf Stadttore und zwölf Grundsteine, die Wachttürme, haben andere 24 Kinder gemacht. Damit die Tore und Türme untereinander gleich groß wurden, hatten wir vorher Schnittmuster angefertigt... Das Ganze haben wir bis spät in die Nacht hinein zusammenmontiert. Am anderen Tag den fertigen Leuchter in der Kirche aufgehängt. Nachmittags staunten 48 Kinder, was aus ihren Einzelteilchen geworden war. *Ein* Radleuchter. *Ihr* Himmlisches Jerusalem.

Al-fresco-Malerei

Die damaligen Maler malten ihre Wandbilder entweder auf den Putz, solange er noch frisch und weich war, oder aber, nachdem er schon trocken und hart war. Beide Möglichkeiten sollten die Kinder kennenlernen und selber ausprobieren können. Damit sie sich ein bißchen in die Bilderwelt eines romanischen Malers hineinversetzen konnten, haben wir ihnen Dias von Wandbildern gezeigt. Auf Ausflügen haben sie dann Originale in Schwarzrheindorf, Köln und Knechtsteden sehen können.

Wir hatten uns vorgenommen, musizierende Engel darzustellen. Dazu mußten die Kinder wissen, welche Musikinstrumente es damals wirklich gegeben hat. Sie haben sich nebenbei auch noch mit den Musikinstrumenten von damals beschäftigen müssen. Ein Engel hält eine kleine, tragbare Orgel, ein Portativ, auf den Knien. Mit der Linken pumpt er Luft, die Rechte drückt die Tasten. Dazu spielt ein anderer gleich die Blockflöte. Ein dritter schlägt die Triangel im Takt, während sein Nebenmann die Laute zupft.

Die Heraklithplatten für unser »Stück Wand« hatte ein freundlicher Stukkateur für uns vorbereitet und die erste Mörtelschicht, den Spritzputz, aufgebracht. Mit den Kindern zusammen haben wir dann noch eine Schicht Grobputz, das ist die Ausgleichsschicht, und eine Schicht Feinputz als Malschicht aufgetragen. Der Mörtel bestand aus holzgebranntem Kalk und verschieden grobem Flußsand. Die Mischung von Kalk und Sand war in den einzelnen Putzschichten verschieden, wie bei mittelalterlichen Fresken.

Material und Werkzeug waren ungewohnt für Kinderhände. Damit sie nicht beim Verteilen des Putzes mit den Fingern nachhalfen, hatten sie in jeder Hand ein Werkzeug. Sie hatten also keine Hand frei, mit bloßen Fingern den ätzenden Kalk anzufassen. Sorgfältiger Aufbau der Putzschichten ist wichtig. So gut wie die oberste Putzschicht ist auch die Malfläche. Die Entwurfszeichnung muß schon genau zeigen, wie die Malerei werden soll, denn das Malen auf der frischen Putzschicht muß sehr flott gehen. Die Kinder müssen sich dabei voll konzentrieren, damit sie mit Malen fertig sind, bevor der Putz zu trocknen beginnt. Was sie mit dem Pinsel aufgetragen haben, können sie nicht mehr verändern. Es ist endgültig. Das macht das Malen »al fresco« so spannend. Auf die feuchte Putzschicht kann man nur eine bestimmte Zeit lang malen. Bei unseren Platten waren es ungefähr zwei bis drei Stunden.

Fresco Buono

Eine tolle Sache ist es auch, daß man mit Farbpulver und Wasser Wandbilder malen kann, die viele Jahrhunderte überdauern können. Dazu kann man aber nur Farbpulver verwenden, die nicht vom Kalk zerfressen werden. Denn der Kalk in den Putzschichten ist das Wichtigste. Beim Trocknen der Putzschicht steigt der Kalk nach oben und bildet ein »Sinterhäutchen«. Eine hauchdünne glasartige Schicht. Diese umgibt und bindet die feinsten Sandkörnchen und aufgetragenen Farbstäubchen, so daß sie wasserunlöslich werden. Die Farben versteinern mit dem Untergrund. Ein Bild, das so gemalt ist, nennt man ein »fresco buono«, ein »gutes Fresco«.

Bevor der romanische Maler seine Bilder entworfen hat, hat er die Wand in viele große und kleine Felder eingeteilt. Die Einteilung der Wand war für ihn sehr wichtig. Jedes Feld bekam oben und unten, oft auch an beiden Seiten, ein farbenprächtiges Schmuckband. Unsere Engelmusikanten sollten auf einem solchen Schmuckband stehen.

Secco-Malerei

Für unsere Jüngsten bot sich dagegen eher die »Secco-Technik« an. »Secco« heißt auf italienisch »trocken«. Die Mörtelschicht ist also schon getrocknet und hart, also abgebunden, wenn man darauf malt. Die Farben, übrigens die gleichen kalkechten wie beim fresco buono, brauchen deshalb ein Bindemittel, einen »Kleber«. Dafür haben wir ein bißchen mageren Quark (= Kasein) genommen und etwas ungelöschtes Kalkpulver. Unsere trockene »Stücke-Wand« haben wir vorher aber doch wieder etwas feucht gemacht. Damit der Putz nicht gleich alle Feuchtigkeit aus den aufgemalten Farben heraussaugte. Dann würden die Farben nämlich trotz des »Käseklebers« hinterher nicht halten, sondern abplatzen.

Ein Wandteppich

Unser Chorraum sollte hervorgehoben werden durch einen kostbar bestickten Wandbehang. Die berühmteste mittelalterliche Stickerei ist wohl der »Teppich von Bayeux«. Auf 70 laufenden Metern wird die Eroberung Englands durch Wilhelm den Eroberer erzählt. Mit allem Drum und Dran. Eine lateinische Inschrift begleitet und erklärt die fortlaufende Bildergeschichte.

Auch wir wollten eine Bildergeschichte erzählen. Freilich nicht in einem einzigen langen, schmalen Streifen, sondern in drei Reihen übereinander, wie das andere mittelalterliche Teppiche zeigen. Auch mußten wir unser gebleichtes Leinen in einzelne kleine Stücke aufteilen. Fünfzig Kinder konnten unmöglich gleichzeitig an einem Stück arbeiten. So gab es kein Hin- und Hergezerre, und jedes Kind konnte sich mit seinem Stück in irgendeine stille Ecke setzen. Später haben wir dann alle Teile wieder zusammengenäht.

Gestickt wurde mit gelber, grüner, roter, blauer und schwarzer Wolle, wie auf dem Bayeux-Teppich. Dort haben wir auch die Stiche angeguckt, für Schrift, Gesichter, Hände und Umrisse den Ketten-, Stil- und Spaltstich. Für Flächen den Spannstich, der von Überfangstichen festgehalten wird.

Zum Erzählen brauchten wir ein Thema mit vielen einzelnen Geschichten. Das Leben Jesu hatten wir schon zweimal erzählt, in der Decke und im Emailaltar. So wählten wir das Leben des heiligen Franz. Er war zwar schon ein spätromanischer Zeitgenosse (1181-1226), und sein Leben mag hier im Rheinland etwas später dargestellt worden sein. Doch die Gestalt des jungen reichen Mannes, der sein Elternhaus und Erbe aufgibt, um Kranke zu pflegen, der Menschen und Tieren von Gott erzählt und mit Gleichgesinnten einen Mönchsorden, die Franziskaner, gründet, gefiel uns. Auch gab es von ihm eine Menge einzelner Geschichten zu erzählen.

In der Kirche San Francesco in Assisi hat der Maler Giotto (1266-1337) das Leben des heiligen Franz in vielen Wandbildern dargestellt. Obwohl diese Bilder schon nicht mehr romanisch sind, haben wir trotzdem mal ein bißchen dort geschaut, welche Geschichten wir erzählen könnten und wie. Wir haben dabei aber nicht direkt abgeguckt, sondern uns nur Anregungen zum eigenen Erzählen geholt. Und dann haben wir eine romanisch vereinfachte Lösung gestaltet.

Es war eine tolle Sache, als der Wandbehang fertig war und im Chorraum hing. So toll, daß wir ihn später nicht wieder auseinandernehmen mochten! Aber man konnte den Kindern doch nicht so einfach mir nichts dir nichts ihr Stück wegnehmen! Wir haben sie also kurzerhand gefragt, ob sie ihr Stück nicht noch einmal sticken und das dann dem Museum stiften würden. Damit der Wandbehang einmal zusammenbleiben könnte. Und das haben die glatt gemacht. Was soll man jetzt mehr bewundern: Die Stickerei oder die Tatsache, daß sie sich ein zweites Mal drangesetzt haben? Am besten beides.

Das Taufbecken

Unser Taufbecken sollte sechseckig werden. Zwei Reihen Bilder übereinander, drumherum gemusterte Rahmenleisten, Arbeit für dreißig Modelleure. Wie bei den Portalreliefs sollten es Modelle für einen späteren Bronzeguß werden. Natürlich nur für einen in der Phantasie vorgestellten, diesmal in Ton. Der wurde mit der Backrolle in Rähmchen ausgerollt. Dann wurden Säulen und Rundbogen aus »Tonwürsten« aufgelegt und gut mit dem Untergrund verbunden. Beide Seiten aufrauhen und Tonschlicker dazwischen. Die Figuren wurden wie Weihnachtsplätzchen ausgeschnitten, aufgelegt und verschmiert. Dann wurden die Einzelheiten hinein- und herausmodelliert.

Für die zwölf Bilder hatten wir ein richtiges theologisches Programm. Als Hauptbild den »Weltenrichter«, der am Jüngsten Tag über die Menschen entscheidet. Und darunter die »Kreuzigung«. Dann natürlich die Taufe Jesu. Daneben Bilder aus dem Alten und Neuen Testament, die man im Mittelalter mit der Taufe Jesu in Verbindung gebracht hatte. Da war also Moses, der auf der Flucht aus Ägypten mit seinem Stab das Rote Meer zerteilt... Oder der schwerkranke Hauptmann Naaman, den niemand heilen kann, taucht auf Geheiß des Propheten Elischa siebenmal im Jordan unter und ist gesund. In allen Geschichten wird der Mensch, der glaubt, durch das Wasser gerettet.

Unser Evangelistar

Wie wohl jede romanische Kirche sollte auch unsere ein Buch mit Texten aus der Heiligen Schrift haben. Natürlich ein kostbares. Bücher wurden damals noch mit der Hand geschrieben, mit der Gänsekielfeder, die dauernd gespitzt werden mußte, und farbiger Tinte.

Es gab Bücher mit den Berichten der vier Evangelisten. Das waren die »Evangeliare«. Dann gab es Meßbücher. Dann auch die »Evangelistare«; da standen für die Hauptfeste des Kirchenjahres nur immer die Stellen aus den Evangelien drin, die an dem betreffenden Tag dran waren. Diese Evangelistare waren nicht so dick wie die Evangeliare, weil sie weniger Text hatten. So ein Evangelistar schien uns richtig für unsere »Schreibstube«...

Wir haben wirklich immer nur den Anfang des Festtagstextes geschrieben und den Rest einfach weggelassen. Ein reiches Evangelistar zeigt auf der linken Seite immer ein großes Bild mit der Festtagsgeschichte. Auf der rechten die ersten Worte des dazugehörigen Textes. Dabei ist der allererste Buchstabe besonders groß geschrieben, eigentlich gemalt und reich verziert. Der weitere Text kommt dann in kleinerer Schrift auf der folgenden Seite. Über manchen Worten liegen waagerechte Balken, längere und kürzere, sogenannte »Ligaturen«. Sie zeigen an, daß bei dem Wort einzelne Buchstaben oder auch ganze Silben weggelassen sind. Die Worte sind also verkürzt. Wer richtig Latein konnte, verstand auch diese Verkürzungen.

Bilder mit einem glänzenden Goldgrund hatten es uns besonders angetan. Unsere Figuren sollten auch vor so einem spiegelnden Hintergrund aus echtem Gold stehen. Wie immer, machte jeder erstmal seinen Entwurf. Der wurde dann mit Graphitpapier auf das Pergamentblatt durchgepaust. Anschließend alle Linien mit stark verdünnter Sepiatinte nachgezogen, denn damals hatte man auch mit Tinte vorgezeichnet. Einige Kinder haben erst ihre Figuren ausgemalt, mit Tempera, wie damals auch. Andere haben gleich vergoldet.

Auf den Hintergrund wurde eine hauchdünne gleichmäßige Schicht »Anlegeöl« mit dem Pinsel aufgetragen. Das glasklare, klebrige Öl mußte mehrere Stunden antrocknen. Dann wurde das Blattgold aufgelegt und leicht festgerieben. Dazu nahmen wir »Transfergold«. Das ließ sich besser anfassen, weil das feine Goldhäutchen auf ein Seidenpapier gepreßt ist. Das Seidenpapier wurde dann abgezogen, während das Goldhäutchen auf der noch ganz leicht klebrigen Ölschicht haften blieb. Hatten die Vergolder den richtigen Trockenzeitpunkt erwischt, ließ sich die Goldschicht mit einem Achatstein auf Hochglanz polieren. Bei einigen war das Öl noch nicht trocken genug. Ihr Gold ließ sich nicht polieren. Es zeigte einen mattschimmernden Glanz. Alte Handschriften zeigen beides.

MENSCHEN DER KIRCHE: BENEDIKT VON NURSIA

Leben und Legende

Papst Gregor I., der Benedikts Leben schildert, »setzt an die Stelle von Informationen Legenden, die nicht viel Geschichtliches durchschimmern lassen, dafür jedoch das innere Bild Benedikts zeichnen«, heißt es im Religionsbuch (S. 238). Wir sind dort weitgehend der Überlieferung Gregors gefolgt, haben den Ungewißheiten der historischen Forschung keine weitere Aufmerksamkeit geschenkt und statt dessen versucht, dieses »innere Bild« zu verdeutlichen.

Gregor (um 540-604) stammt aus römischem Adel. Mit etwa 30 Jahren wurde er *praefectus urbi*, gewissermaßen der Regierungspräsident Roms und in diesem Amt zuständig für Verwaltung, Gerichte und Polizei, auch für Ernährung und Verteidigung der Stadt. Er trat aber bereits nach zwei Jahren von dieser Aufgabe zurück, richtete in seinem Palast einen Benediktiner-Konvent ein, lebte als einfacher Mönch und gab seinen bis Sizilien reichenden riesigen Landbesitz für sechs Klostergründungen und für soziale Zwecke her. Der Papst bediente sich seiner Bildung und diplomatischen Fähigkeiten und schickte ihn nach Konstantinopel, um die chronisch schlechten Beziehungen dorthin zu pflegen. Vielleicht als Abt nach Rom zurückgekehrt, sträubte er sich lange, die Papstwürde anzunehmen, ohne sich letzlich diesem Amt entziehen zu können. Den Titel »universalis apostolus« lehnte er für sich im Blick auf die Rechte der Bischöfe ab und nahm statt dessen den Titel »servus servorum dei« an, was nach ihm schnell zum leeren Dekor wurde. Gegor erkannte die wachsende Bedeutung der germanischen Völker und initiierte die Christianisierung der Langobarden und Angelsachsen. Sein Legat, Augustinus von Canterbury, wurde der erste Primas Englands. Sein missionarischer Eifer ließ ihn den Krieg jedoch als Mittel zum Zweck bewerten, als er den Exarchen von Nordafrika, Gennadius, lobte, weil dieser durch Kriege Völker unterwerfe, denen man dann das Christentum predigen könne. Ambivalent war auch seine Haltung gegenüber den Juden, für die er einen Schutzbrief schrieb, die er aber andererseits in seinen jahrhundertelang gelesenen 35 Büchern der *Moralia* theologisch verteufelte. Nichtsdestoweniger unterstanden seine kirchlichen und öffentlichen Taten der Gerechtigkeit und Barmherzigkeit. Die bedenkliche Tragweite seiner anderen Überzeugungen ist ihm offenbar nicht einsichtig gewesen. Nur eine Generation trennt Gregor von Benedikt, dennoch schrieb er dessen Vita in einem legendarischen Stil, was als üblich und angemessen galt. Die Vita Martini des Sulpicius Severus entstand noch vor dem Tode Martins (→ V,505) und ist ebenfalls in diesem legendarischen, als klassisch geltenden Stil geschrieben worden. Sulpicius Severus hatte ja sein spirituelles Vorbild Martin von Tours noch persönlich aufgesucht, um über ihn schreiben. Tatsächlich ist eine Vita in Form der Legende notwendigerweise immer dann zu erwarten, wenn die Lebensbeschreibung mit dem Ziele erfolgt, ein *imitabile* zu errichten, das Schüler oder Jünger zur Nachfolge anregt (→ IV,555: Legenden sind Nachfolgegeschichten).

Die Intention Papst Gregors, mit seiner Vita Benedicti fromme Nachfolge zu wecken, läßt die historischen Konturen des Gründers von Montecassino verschwimmen. Den Ausführungen im Religionsbuch ist nichts Neues und Gesichertes hinzuzufügen. Die alten Überlieferungen, die Gebeine Benedikts seien nach der Zerstörung Montecassinos nach Fleury gebracht worden, wurden widerlegt, als man nach der erneuten Vernichtung des Klosters im Zweiten Weltkrieg sein Grab dort aufdecken konnte.

Die Regel

In einem Aufsatz des derzeitigen Dekans der theologischen Fakultät der Benediktinerhochschule S. Anselmo in Rom, Pius Engelbert, Mönch der Abtei Gerleve, findet sich folgender, den Laien jedenfalls verwundernde Satz: Der häufige, weil bequeme Kurzschluß von der Regula Benedicti zum heutigen Bendiktinertum »wäre noch zu verschmerzen, wenn Benedikt tatsächlich der Gründer des nach ihm benannten Mönchtums wäre und seine Regel die Quelle, aus der der große Strom des Benediktinertums sich bis heute speist.« Die in allen Geschichtsbüchern als selbstverständlich vorausgesetzte Gründerschaft Benedikts, des »Vaters des abendländischen Mönchtums« wird in Frage gestellt. Die Argumentation von Pius Engelbert lautet folgendermaßen:

»Wenn sich das heutige Benediktinertum von der Gründung Benedikts in Montecassino (529) herleitet, so müßte sich diese Abstammung, da die Entsendung von Gründerkonventen durch Montecassino wahrscheinlich nicht erfolgt ist,[1] zumindest in der Kenntnis und Beobachtung der Regula Benedicti in wenigstens einigen Klöstern seit dem 6. Jahrhundert nachweisen lassen. Aber damit ist es schlecht bestellt. Montecassino ist 577 von den Langobarden zerstört worden, der Konvent floh nach Rom. Als das Kloster dann 717 neu besiedelt wurde, war es nicht der exilierte Konvent (von dem man nichts mehr hört), sondern eine Gruppe von Ortsfremden unter einem Abt Petronax aus Brescia, die sich an der Grabstätte des hl. Benedikt niederließen. Petronax wollte eigentlich ins Heilige Land pilgern. Es war Papst Gregor II., der ihn dazu bewog, den Neuaufbau des Benediktinerklosters zu wagen. Ob Petronax damals schon die Regel Benedikts gekannt hat, ist höchst zweifelhaft. Wenn also schon in Montecassino nicht von einer ungebrochenen benediktinischen Kontinuität gesprochen werden kann, dann noch viel weniger anderswo. Zwar gibt es das vereinzelte Zeugnis der Beobachtung der Regel Benedikts – der *abbas Romensis* genannt wird – in dem unbedeutenden südfranzösischen Kloster Altaripa etwa aus dem Jahre 625. Aber es hat danach noch fast zwei Jahrhunderte gedauert, bis sich die Regula Benedicti in den Mönchsklöstern des Frankenreiches und Englands durchsetzte. Die Zeit vor dem frühen 9. Jahrhundert hat man das ›Mischregelzeitalter‹ genannt, in dem die konkrete Lebensweise eines Klosters von zwei, drei oder noch mehr Regeln bestimmt war. Dieser Tatbestand verbietet es, vor dem 9. Jahrhundert von einem ›benediktinischen‹ Mönchtum zu sprechen, was nicht ausschließt, daß die Regula Benedicti als *ein* Bestandteil der monastischen Bräuche des 7. und 8. Jahrhunderts in Einzelfällen, wie in Fulda, auch stärker dosiert werden konnte. Die heutige Forschung nimmt an, daß die Verbreitung der Regula Benedicti im Frankenreich ausgerechnet dem irofränkischen Mönchtum zu verdanken ist, dessen Zentrum das Columbankloster Luxeuil war (vgl. S. 573). Dort nahm man aus der Benedik-

---

1 Die Besiedlung des Klosters Mondsee in Österreich (gegr. vor 748) von Montecassino aus ist eine hochmittelalterliche Tradition, die heute angezweifelt wird.

tinerregel, was man brauchte, vor allem wohl die praktischen Anweisungen zur Organisation des Klosters, behielt sich im übrigen aber die Freiheit vor, die viel asketischere Columbanregel und andere Mönchsschriften zur Richtschnur für Liturgie und Spiritualität zu machen. Erst der aquitanische Reformabt Benedikt von Aniane († 821) hat seit den achtziger Jahren des 8. Jahrhunderts zuerst in seiner Neugründung Aniane, dann in den von dort erfaßten südfranzösischen Klöstern die Wende zur Regel Benedikts als der *una regula* eingeleitet und schließlich mit Hilfe seines großen Gönners, Kaiser Ludwigs des Frommen, in mehreren Reichssynoden in Aachen (seit 816) auch für das gesamte fränkische Mönchtum verbindlich machen können. Wenn man schon einen Gründer des benediktinischen Mönchtums nennen will, hätte dieser Benedictus II, wie ihn schon seine Zeitgenossen hießen, mehr Anspruch auf einen solchen Ehrentitel als Benedikt von Nursia (oder Montecassino).«[1]

Benedikt von Nursia, bis heute durchweg als Patriarch und Begründer aller Einrichtungen des abendländischen Mönchtums betrachtet, gründete also keinen Orden, griff auch nicht in die öffentlichen Geschicke der Kirche ein wie Pachomius oder Columban (→ S. 568; 573), er war lediglich Abt eines der zahlreichen italienischen Klöster und verdankt seinen Ruhm allein seiner kurzen Regel, wobei auch diese wahrscheinlich auf der anonymen Regula Magistri (→ S. 574) gründet.[2]

Benedikts Regel hatte also eine lange Inkubationszeit, bis sie ihre Breitenwirkung und allgemeine Anerkennung fand. Doch selbst wenn etwa zwei Drittel ihres Textes der Regula Magistri entstammen sollten, so bleibt sie unbeschadet die Regel Benedikts, denn keine der Schriften, die er verwendete, fand wie seine Regel ihren Weg durch die ganze Welt. Ihre Wertschätzung verdankt sie drei Besonderheiten: *Erstens* ist sie ungewöhnlich einfach und praktisch. Gegenüber der Regula Magistri, die weitschweifig ist, besticht sie durch Kürze. Gegenüber anderen Regeln, die immer nur einige Punkte des Klosterlebens berühren, ordnet Benedikts Regel alle Fragen und Modalitäten des klösterlichen Lebens. *Zweitens* ist sie, besonders gegenüber dem früheren rigorosen Mönchsasketismus, milde und anpassungsfähig. Sie legt mehr Wert auf Nächstenliebe und ein harmonisches Gemeinschaftsleben als auf das individuelle Streben nach Vollkommenheit. *Drittens* besticht sie durch ihre Fülle an geistlicher und weltlicher Weisheit, die Abt und Mönchen Hilfe für alle Fragen des Lebens bietet. »Benedikts Kloster ist weder eine Anstalt der Buße noch eine Schule extremer Askese, sondern Familie und Heim für solche, die Gott suchen« (David Knowles). Dazu einige beispielhafte Auszüge:

»Der Abt soll immer daran denken, was er ist und was für einen Namen (›Vater‹) er trägt; er soll wissen, daß von dem, dem mehr gegeben ist, auch mehr verlangt wird. Er soll auch bedenken, was für ein hartes und schweres Amt er übernommen hat, nämlich Seelen zu führen und sich selbst den vielen Charakteren anzupassen. Diesen muß er loben, diesen tadeln, den anderen überreden, und dem Charakter und Verstand eines jeden muß er sich in Liebe anpassen, damit er in der ihm anvertrauten Herde nicht nur

1 *Pius Engelbert*, Das karolingische Mönchtum und die heutigen Benediktiner, in: Himmlisches mit Irdischem verbinden (Festschrift für Äbtissin Edeltraud Forster OSB), Eibingen 1992, 86-95, hier: 87f.
2 In der neueren wissenschaftlichen Diskussion hält Marilyn Dunn die allgemein geltenden Argumente für die Priorität der Regula Magistri vor der Regula Benedicti nicht für überzeugend. Sie meint, die Regula Benedicti sei erst im 7. Jahrhundert im columbanischen Mönchtum entstanden. Vgl. *Pius Engelbert*, a.a.O., Anm. 2.

Verluste vermeidet, sondern sich über ihr Anwachsen freuen kann. . . Er bemühe sich, mehr geliebt als gefürchtet zu werden. Er sei nicht ungestüm oder begierig, selbstherrlich oder starrsinnig, argwöhnisch oder mißtrauisch, denn sonst wird er niemals Ruhe finden. . . und er soll alle Dinge so mischen, daß der Starke zu folgen wünscht und der Schwache nicht abgeschreckt wird (Kap. 2 und Kap. 64).

Jeder hat seine Begabung von Gott, der eine für dies, der andere für jenes. Wir zögern deshalb, wenn wir entscheiden sollen, wieviel anderen zu essen und zu trinken gut sei. Trotzdem meinen wir, wenn wir an die weniger Starken denken, daß ein Viertelliter Wein pro Tag für jeden genug sein müßte. Aber wer von Gott die Gabe der Enthaltsamkeit hat, soll wissen, daß er dafür seinen Lohn haben wird. Und wenn Umstände des Ortes, Arbeit oder die Sommerhitze mehr erfordern, so mag der Abt entscheiden, aber dabei Sorge tragen, daß weder Übersättigung noch Trunkenheit die Folge sind. Steht denn nicht geschrieben, daß Wein kein Getränk für Mönche ist? Aber da heutzutage kein Mönch davon zu überzeugen ist, wollen wir uns wenigstens darauf einigen, daß wir genügsam bleiben und uns nicht volltrinken, denn ›Wein bringt selbst den Weisen zu Fall‹ (Kap. 40).

Die Sorge für die Kranken soll allem anderen vor- und übergeordnet sein, und man soll ihnen in jeder Hinsicht wie Christus dienen, denn er selbst sagt: ›Ich war krank, und ihr habt mich besucht‹; und ›Was ihr einem dieser Geringsten getan habt, habt ihr mir getan‹ (Kap. 36).

Das Oratorium soll das sein, was der Name sagt (ein Ort des Gebetes); nichts anderes soll dort getan oder dorthin verbracht werden. Wenn der Gottesdienst beendet ist, sollen alle in tiefstem Schweigen und mit der Gott schuldigen Ehrerbietung hinausgehen, damit, falls ein Bruder noch allein zu beten wünscht, er nicht durch die Gedankenlosigkeit der anderen gestört werde. Und wenn irgendwann jemand allein zu beten wünscht, so soll man ihm das nicht verwehren: dieser soll nicht mit lauter Stimme, sondern mit bußfertigem und inbrünstigem Herzen sein Gebet verrichten (Kap. 52).«[1]

---

1 Zit.n. *David Knowles,* Geschichte des christlichen Mönchtums, a.a.O., 35f.

Benediktinisches und karolingisches Mönchtum

Die frühen abendländischen Mönchsregeln gestatten die Rekonstruktion des Tageslaufs in einem italienischen Kloster des 6. Jahrhunderts: Das Kloster ist ein nur kleines Gebäude mit einem Ziegel- oder Schindeldach. Um den Wohntrakt gruppieren sich Verwaltungs- und Wirtschaftsgebäude. Alle Räume sind ebenerdig und nicht groß; der gemeinschaftlich benutzte Schlaf- und Speiseraum und das Oratorium brauchen nicht mehr als fünfzehn Mönchen Platz zu bieten. Es gibt noch keinen Kreuzgang, wohl aber einen Arbeits- und Leseraum; die Küche, die Wohnung der Novizen und das Gästehaus sind entweder abgesondert oder dem Haupthaus angegliedert.

Nicht jeden Tag wurde die Eucharistie gefeiert. Der nächtliche Gottesdienst begann gewöhnlich um 2 Uhr; die Laudes folgte beim Tagesanbruch, die Prim um 6 Uhr früh, dann die Terz, Sext und Non im Abstand von je drei Stunden. Die Vesper wurde vor Sonnenuntergang gesungen und die Komplet, für die kein Licht notwendig war, nach der Abendmahlzeit. Im Sommer, das heißt von Ostern bis September, wurden zwei Mahlzeiten täglich eingenommen: die Hauptmahlzeit mittags, die zweite um 6 Uhr abends. Im Winter und an allen Fasttagen gab es nur eine Mahlzeit, aber ein Getränk und etwas Brot waren am Abend erlaubt.

Die kleine Gemeinde lebte abseits der Welt und ohne Interesse für die Vorgänge dort. Die Mönche waren weder Priester noch Gelehrte. Die Mönche arbeiteten auch nicht in streng geregelter Ordnung; sie erledigten, was das gemeinsame Leben von ihnen verlangte.

In den mehr als zweihundert Jahren zwischen Benedikt und dem Aufstieg Karls des Großen änderten sich Gestalt und Bedeutung des westeuropäischen Klosters völlig. Aus dem überschaubaren Leben einer kleinen Mönchsfamilie entwickelte sich ein ausgedehnter Gebäudekomplex mit einer großen Kirche, verschiedenen Innenhöfen, differenzierten Wohnbereichen, Werkstätten u.a.m (→ S. 616 ff.). Das karolingische Mönchtum entschied sich für Großklöster als geistliche und kulturelle Mittelpunkte des öffentlichen Lebens. In der agrarischen Ordnung des Frankenreiches waren sie auch wirtschaftliche Zentren und als solche weitgehend autark. Die Klöster sollten und wollten keine »Einsamkeitsklöster« mehr sein, sondern »Kulturklöster«. Zwar gab es weiterhin kleine Mönchsgemeinden, aber man sah kein Ideal mehr darin, das Kloster bescheiden und abgelegen zu halten. Die Klöster sollten jetzt die »Stadt auf dem Berge« und »Licht vor den Menschen« sein. Hinzu kam, daß Karl der Große, fest vom Wert der Bildung für ein geistliches Leben überzeugt, mit den Klöstern Schulen verbunden sehen wollte, »denn oft wollen Menschen gut zu Gott beten, aber wegen fehlerhafter Bücher tun sie es schlecht«.

Der berühmte Klosterplan von St. Gallen, der vielleicht im Zusammenhang mit der Reform Benedikts von Aniane entstanden ist, führt uns das Idealmodell einer hoch differenzierten karolingischen Klosterstadt vor Augen. (→ Arbeitsheft 6).

Eine zweite Grundentscheidung, mit der sich das karolingische Kloster von der früheren Ordnung abhebt, ist der unbedingte Vorrang der Liturgie gegenüber allen übrigen Aufgaben des Klosters. Zwar nimmt das Gebet in der Regula Benedicti ebenfalls den ersten Platz ein, aber dort ist es das schlichte Gebet der Mönchsgemeinde in einem bescheidenen Oratorium, während es sich nun zum feierlichen Offizium in einer reich ausgestatteten Basilika entfaltet. »Das fränkische Mönchtum schätzte den feierlichen Gottesdienst und hielt das Opus Dei (den Gottesdienst) mit größtmöglicher Pracht. Auch schon deswegen brauchte man Großklöster. Die gallikanische Liturgie, die sich selbst durch die von Karl dem Großen gewünschte Umstellung auf römische Bräuche nicht ganz verdrängen ließ, war eine triumphale Liturgie zum Schauen und Begehen im wörtlichen Sinn. Sie war eine Liturgie voller Symbolik, was sich bis in die Kirchenbauten auswirkte (→ S. 594-606). Sie war auch eine Liturgie des kunstvollen Gesangs. Der ›gregorianische Choral‹ ist eigentlich ›fränkischer Choral‹, der Gesang der karolingischen Mönche... Eine jüngste Untersuchung von Aussagen karolingischer Autoren zum liturgischen Gesang hat drei Beweggründe herausfinden können, weshalb man sang: Einmal, um die Glaubensgeheimnisse, die gefeiert wurden, besser verinnerlichen zu können, zweitens, um sich einzustimmen auf die Liturgie des Himmels und sie jetzt schon in gewisser Weise zu verkosten, schließlich, um die Einheit aller Gläubigen, die sich um dasselbe Ziel bemühen, darzustellen und zu fördern...

Das, was in der Karolingerzeit monastisch grundgelegt wurde, kam – zumindest für den deutschsprachigen Raum – in der Ottonenzeit zur schönsten Blüte, in Klöstern, deren Namen bis heute berühmt sind, wie Lorsch, die Reichenau, St. Gallen, Fulda, St. Emmeran in Regensburg und viele mehr. Wer genauer wissen will, was benediktinisches Mönchtum ist und wo seine *primigenia inspiratio* zu finden ist, muß sich wohl oder übel mit dem Selbstverständnis der frühmittelalterlichen Klöster befassen. Das Studium der Regel des hl. Benedikt allein genügt nicht.«[1]

Tatsächlich betrieb Karl der Große in seinen letzten Lebensjahren die Vereinheitlichung des Klosterwesens im gesamten Frankenreich auf der Grundlage der Regula Benedicti. Sein Sohn Ludwig der Fromme führte diese Bemühungen weiter unter Leitung des berühmten Reformers Benedikt von Aniane, der nahe der Aachener Kaiserpfalz Abt des Klosters Kornelimünster wurde. Dorthin wurden aus jedem Kloster zwei Mönche geschickt, um gewissermaßen Fortbildungskurse in Fragen des Klosterlebens zu absolvieren. Neben der Regel entstand ein einziger Kodex, der ein einheitliches System klösterlicher Lebensordnung zusammenfaßte und der 817 auf einer großen Reichsversammlung von Äbten und Mönchen in Aachen verabschiedet wurde. Darin heißt es:

»Im Jahre der Menschwerdung unseres Herrn Jesus Christus 817, im vierten Jahre der Regierung des ruhmreichsten Fürsten Ludwig, am zehnten Juli, saßen in der Pfalz zu Aachen... die Äbte mit vielen ihrer Mönche und beschlossen im gemeinsamen Rate und einmütig, daß von Ordensleuten folgende Kapitel unverbrüchlich einzuhalten seien:
Sobald die Äbte in ihre Klöster zurückgekehrt sind, müssen sie die Benediktinerregel Wort für Wort vollständig durchforschen, lesen und zu verstehen suchen. Dann müssen

1 *Pius Engelbert*, a.a.O., 90; 93f.

sie und ihre Mönche dieselbe mit Gottes Hilfe in der Tat zu erfüllen sich bestreben. Alle Mönche, die dazu imstande sind, sollen die Regel auswendig lernen.

Das Chorgebet soll nach den Vorschriften der Benediktinerregel verrichtet werden. In der Küche, im Backhause und in den übrigen Werkstätten haben die Mönche mit ihren eigenen Händen zu arbeiten und ihre Kleider zu gelegener Zeit zu waschen. Niemals dürfen sie nach den Vigilien in ihre Betten zum Schlafen zurückkehren... In der Zeit der vierzigtägigen Fasten werden sie nur am Karsamstag, sonst alle vierzehn Tage und in der Osteroktav rasiert. Der Gebrauch der Bäder wird vom Oberen bestimmt...

Allein, ohne Begleitung eines anderen Bruders, darf einer nie auf den Weg geschickt werden. Sie dürfen sich niemand zu Gevatter oder Gevatterinnen machen; Frauen dürfen sie nicht küssen... Von allem, was der Kirche oder den Brüdern geschenkt wurde, muß den Armen der zehnte Teil gegeben werden...«[1]

Mit dieser Reform wurde die Regel Benedikts zur einzigen Norm erhoben und alle Mönche wurden zu Söhnen des heiligen Benedikt. Obwohl der Name »Benediktiner« erst viel später aufkam, betrachtete nun bald das ganze Mönchswesen Benedikt als seinen geistlichen Vater und Patron.

1 Aus dem Mönchskapitular vom 10. Juli 817, in: Klosterleben im Mittelalter. Nach zeitgenössischen Quellen von Johannes Bühler, hg. von *Georg A. Narciß*. Frankfurt a.M. 1989, 129-132.

Das Leben im Kloster

Das karolingische Kloster und die ihm folgende Entwicklung war vorrangig auf die gesellschaftliche Oberschicht des Reiches ausgerichtet. Die Jungen vornehmer Herkunft, die von ihren Eltern für das Klosterleben bestimmt wurden, beugten sich der Zucht ihrer Lehrer und des Abtes. »Der Sehnsucht des germanischen Jünglings, einem Führer Gefolgschaft zu leisten, der im Kampfe voranging, konnten sie auch im Kloster Genüge tun. Je nach ihrer Begabung war ihnen das Kloster Universität, Kunstschule, Handwerkerschule, landwirtschaftliche Schule. Denn es war eine Welt im kleinen, alles, was gebraucht wurde, wurde im Kloster angefertigt, das über den Gebrauch hinaus Erzeugte ging zum Verkauf hinaus.«[1]

Die Mönche der großen Abteien entwickelten eine Bildungsschicht, und wie Alkuin, Karls »Kultusminister«, der Lehrmeister des Frankenlandes war, wurde Hrabanus Maurus aus Fulda der »Praeceptor Germaniae«. Hrabanus war zeitweilig Alkuins Schüler in Tours; später wurde er Leiter der Schule in Fulda und 822 Abt. Er gilt als der fruchtbarste Schriftsteller seiner Zeit und ihr angesehenster Theologe, wenngleich er kein origineller Denker war, sondern ein den aktuellen Erfordernissen zugewandter Mann.

Besondere Verdienste entwickelten die Klöster durch ihren Fleiß und die Zuverlässigkeit, mit der sie die Bücher der lateinischen Klassiker und der Kirchenväter abschrieben und für die Nachwelt retteten. In der Mehrzahl stammen die frühesten und besten dieser Manuskripte aus der Zeit der »Karolingischen Renaissance« (etwa 780-860; vgl. S. 585). Ohne diese Blütezeit wären große Teile der lateinischen Literatur verlorengegangen. Weniger bekannt ist auch die Erhaltung des antiken Erbes im Bereich von Medizin, Astronomie/Astrologie, Botanik, Biologie. Als dieses Erbe über das islamische Spanien im 13. Jahrhundert vollständiger rezipiert wurde (→ S. 533 ff.), mochte die Leistung der karolingischen und ottonischen Klöster zwar bald als überholt betrachtet werden, doch war sie die Basis des späteren Fortschritts.

Zur Anlage jedes gut ausgestatteten Klosters gehörte ein Scriptorium. Der Unterricht in diesen Schreibstuben war notwendigerweise streng. Die künftigen Schreiber sollten gut lesbare und ästhetisch ansprechende Schriftarten beherrschen. Dazu gehörte Disziplin, Konzentration und Übung. Das häufigste Schreibmaterial war Pergament, das den brüchig werdenden Papyrus etwa seit dem 4. Jahrhundert abgelöst hatte. Erst im 13. Jahrhundert setzte sich das Papier durch, das als ursprünglich chinesische Erfindung durch die Vermittlung der Araber über Spanien nach Europa gelangte.

Für die Herstellung von Pergament gilt: Die Tierhaut – von Schaf, Ziege oder Kalb – wird in scharfer Kalklauge gebeizt; dann wird die Haut mit einem Schabeisen gereinigt, auf einen Rahmen gespannt, getrocknet, und erneut mit dem Schabeisen bearbeitet, damit die Oberfläche gleichmäßig glatt wird. Zum Schreiben war notwendig: eine

---

1 *Ricarda Huch*, Römisches Reich Deutscher Nation, Bd.I, a.a.O., 65.

Gänsefeder, die immer wieder neu geschnitten werden mußte, ein Rinderhorn für die Tinte, das Pergament als Schreibgrund und »Dornen« für die Tinte.

Um Tinte herzustellen mußten Dornzweige von Schlehen im April oder Mai kurz vor dem Ausschlagen geschnitten werden. Sie blieben ein paar Tage liegen, dann wurde die Rinde abgeklopft, mit Wasser angesetzt und erneut drei Tage stehengelassen. Das rotbraun verfärbte Wasser wurde abgegossen, aufgekocht und mit der Rinde versetzt. Dieser Vorgang wiederholte sich einige Male, bis die Rinde völlig ausgelaugt war. Zum Schluß wurde die Brühe mit Wein eingekocht und in einem Pergamentsäckchen an der Sonne getrocknet. Um damit schreiben zu können, mußte das Produkt wieder in Wein aufgelöst werden. Die so gewonnene Tinte war lackartig, licht- und wasserbeständig. Sie konnte durch Zutaten (beispielsweise durch Ruß und Gummi; Gerbstoffe z.B. aus Galläpfeln u.a.m.) in ihren Farbtönungen variiert werden. – Wer die »romanische Welt«, wie sie oben beschrieben wurde (→ S. 593-606), durch eigene Versuche kennenlernen will, kann selbst eine solche Tinte herstellen.[1]

Die im Religionsbuch S. 217 abgebildeten Initialen illustrieren sehr schön die Arbeit im Scriptorium: (1) Der Pergamenter zeigt einem Mönch des fertige Pergament; (2) der Schreiber trägt die Schreiblinien ein; (3) die Pergamentbögen werden auf gleiche Größe geschnitten; (4) ein Laienkünstler malt mit der von der linken gestützten rechten Hand ein »Porträt«.

Der englische Benediktiner David Knowles schränkt die »wissenschaftliche« Leistung der Mönche allerdings sehr nüchtern ein: »Man soll das Verdienst der Mönche nicht ungebührlich hochschätzen. Sie schrieben ab, was sie gerade zur Hand hatten, sie unternahmen wenig zur Entdeckung und zur Würdigung ihrer Funde; manchmal machten sie sich überhaupt keine Gedanken über ihre Handschriftensätze. Vieles von Cäsar, Livius und Cicero blieb uneingesehen in vergessenen Bücherschränken liegen, auch verkannte die monastische Literaturbetrachtung den dichterischen Wert von Lukrez und Catull.«[2] Gegenüber dieser Einschränkung ist der formalen Leistung um so höheres Lob zu spenden. Die Handschriften aus der Zeit der Karolingischen Renaissance wurden in der karolingischen Minuskel geschrieben, einer reduzierten Version der spätklassischen Unziale, die Alkuin aus seiner northumbrischen Heimat mitgebracht hatte und von Tours aus verbreitete. In dieser leicht lesbaren und schönen Schrift haben die Texte den Gelehrten geringe Mühe bereitet. Gleichzeitig erwiesen sich die Mönche als hervorragende Illustratoren, deren Leistungen in ihrer Farbenfrische und allem Goldglanz bis heute bestechen (vgl. S. 571 ff.).

Die vielen übrigen Räume und Schaffensgebiete des karolingischen Klosters zu durchwandern, ist uns im einzelnen nicht mehr zugestanden. Auf einem kurzen Weg kann uns abschließend noch Ricarda Huch begleiten:

»Nie wieder hat es eine Einrichtung gegeben, die wie das Kloster der karolingischen und ottonischen Zeit so vielen nützlichen Zwecken und großen Ideen diente. Von ihnen, wenn auch nicht nur von ihnen, ging die Kultivierung des Bodens aus, sie lichteten Wälder, bestellten Äcker, bauten Reben, gaben ein Vorbild umsichtiger Wirtschaft; sie beschäftigten Handwerker und Künstler, pflegten die Musik, förderten die Wissenschaft, unterrichteten die Kinder, waren Schule, Akademie, Universität. Nachdem die staatliche Armenpflege, die Karl der Große organisiert hatte, in den Stürmen der Zeit untergegan-

---

1 S. näherhin: *Vera Trost*, Skriptorium. Die Buchherstellung im Mittelalter. Stuttgart 1991. S. auch *Donald Jackson*, Alphabet. Die Geschichte vom Schreiben. Frankfurt a.M. 1981.
2 *David Knowles*, a.a.O., 48.

gen war, übernahmen sie die Klöster... (→ S. 382). Sie waren Gefängnisse, wo der Schuldbeladene verhindert wurde zu schaden, wo er aber nicht aus der Gesellschaft der Guten und Gesunden ausgestoßen war, wo er Strafe erlitt, aber auch Zuspruch, Läuterung und Erhebung finden konnte...

Nicht immer ertrugen die jungen Männer die Vergewaltigung, die ihrer Natur durch das Mönchtum angetan wurde, gutwillig. Oft waren es solche, die schon als Kinder durch Kränklichkeit, Zartheit, Neigung zum beschaulichen Leben, geistige Begabung für die klösterliche Laufbahn vorbestimmt schienen; war das nicht das Fall, so mußten die adligen Knaben, deren Väter und Brüder das Schwert führten, sich im Kriege auszeichneten, Abenteuer erlebten, hart mit sich ringen, bis sie inneren Frieden fanden oder wenigstens sich fügen lernten. Zwischen den Klostermauern versiegte manche Träne des Zorns, verhallte mancher Fluch der Verzweiflung. Nur zufällig ist uns das Schicksal des jungen Grafensohnes Wolo überliefert, der, um von ferne die blauen Berge zu sehen, dem Verbote trotzend, einen Turm bestieg, stürzte und das Genick brach, im Sterben wohl das Geschick segnend, das ihn befreite. Unseliger endete der sächsische Grafensohn Gottschalk, der auf einem Konzil in Mainz Entlassung aus dem Kloster verlangte, weil er des mönchischen Lebens überdrüssig geworden war. Das Konzil, dem er selbst seine Sache vortrug, war weitherzig genug, seinem Gesuch entsprechen zu wollen, nicht so der Abt des Klosters Fulda, dem er angehörte, Hrabanus Maurus. Der Mann, den die Mit- und Nachwelt wegen seiner Kenntnisse und seiner Frömmigkeit bewunderte, zeigte sich Gottschalk gegenüber bis zur Grausamkeit starr. Er focht das Urteil des Konzils an, indem er sich darauf berief, daß die Gelübde der Eltern, die Kinder dem Kloster darbrächten, nicht gelöst werden könnten. Um Gottschalks Klage über Freiheitsberaubung zurückzuweisen, sagte er, man verliere seine Freiheit nicht, wenn man sich dem Dienste Christi weihe, was Gottschalk doch gar nicht getan hatte. Ludwig der Fromme gab, wie zu erwarten war, dem Abte nach, doch wurde Gottschalk gestattet, in ein anderes Kloster zu gehen; er wählte Orbais in der Diözese Soissons...

Für diejenigen, die angeborene starke Kräfte des Geistes und Gemütes nicht vom Irdischen auf das Himmlische übertragen konnten, wurde das Kloster zum Gefängnis; und als Gefängnis diente es auch absichtlich. Das war seine düstere, seine unheimliche Seite. Die Könige benutzten die Klöster, um gefährliche Gegner, etwa Anführer überwundener Völker oder Stämme oder Prätendenten aus der eigenen Familie, Brüder, natürliche Söhne, Neffen, verschwinden zu lassen. So endete Tassilo, der letzte bayrische Herzog aus der Dynastie der Agilolfinger, im Kloster Lorsch, König Lothar, der Sohn Ludwigs des Frommen, im Kloster Prüm in der Eifel.

Übte das Kloster auf die Widerstrebenden Kerkerdruck aus, so konnte es denen, die sich einordneten, zum Paradiese werden. Die regelmäßige Einteilung des Tages und der Nacht, der Wechsel zwischen Tätigkeit, beschaulicher Betrachtung und Gespräch wirkten beruhigend. Gab es neidische, gehässige, bösartige Mönche, so waren doch auch solche da, die durch Güte Frieden und durch Begabung Glanz über ihre Umgebung ausgossen.«[1]

Das vorliegende Kapitel über Benedikt und dessen Wirkungsgeschichte findet seine Erweiterung und Ergänzung im Kapitel »Kirchengeschichte: Zwischen Römerreich und Mittelalter«, S. 559-592.

1 *Ricarda Huch*, a.a.O., 74; 68ff.

Der Codex Benedictus aus dem Kloster Montecassino entstand im Jahre 1071. Auf Pergament geschrieben, besteht er aus 262 Blättern. Der Text ist lateinisch, zweispaltig, zu je 21 Zeilen in dunkelbrauner Schrift, dazu Initialen und Miniaturen. Illustriert werden die Viten von Benedikt und Maurus. Der Illustrator faßte jeweils einige Kapitel der Vita zu einer Lectio zusammen und stellte jeder Lectio eine Bildseite mit sechs, vier oder zwei Szenen voran.

Das Leben Benedikts ist in diesem Codex erstmals illustriert worden. »Es handelt sich um eine einmalige Schöpfung ohne jede Präzedenz und ohne Nachfolge. Die meisten Bilder illustrieren den zugrundeliegenden Text mit viel Detailfreude.«[1]

Der Bildstil ist ebenfalls ohne Parallelen. Es gibt lediglich in der Produktion von Montecassino ähnliche Miniaturen. Für das Gewand Benedikts wählte der Künstler nicht die zu erwartende benediktinische schwarze Farbe, sondern blau. Diese sonst Christus vorbehaltene Farbe wurde damit auf Benedikt übertragen. Die übrigen Mönche tragen häufig hellgrüne und rosafarbene Tuniken und Cucullen (Kapuze und Überwurfgewand), sowie rote und blaßlila gefärbte.

Benedikt in seiner Zelle   S. 237

Der Mönchsvater sitzt auf einer geschmückten Cathedra, mit Fußschemel, Sitzpolster und hoher Rückenlehne. Seine Rechte hält ein Buch (es dürfte die Regula Benedicti damit gemeint sein); das Gesicht und die offene linke Hand sind dem Gottessymbol in der Höhe zugewandt, das die Seele seiner Schwester Scholastika, mit der er innerlich verbunden war, in sich aufnimmt. Gregor überliefert: »Als Benedikt. . . gerade in seiner Zelle stand und die Augen zum Himmel erhob, sah er, wie die Seele seiner Schwester. . . in Gestalt einer Taube den Himmelsraum durchdrang« (Dialoge II, 34).

Benedikts Biograph, Gregor der Große, schreibt: »Ich habe nicht alle seine Taten erfahren. Das, was ich erzähle, verdanke ich den Mitteilungen von vieren seiner Schüler: des Konstantius, der sein Nachfolger in der Leitung des Klosters war, des Valentinian, der viele Jahre das Kloster im Lateran leitete, des Simplicius, der als der Dritte nach Benedikt das Kloster regierte, und schließlich des Honoratus, der jetzt noch dem Kloster vorsteht, in dem Benedikt früher gewesen war.« (Dialoge II; s. zum Charakter dieser Vita: → S. 608 f.)

1 Biblioteca Apostolica Vaticana. Liturgie und Andacht im Mittelalter. Erzbischöfliches Diözesanmuseum Köln. Katalog. Stuttgart 1992, 168.

Die zerbrochene Multer

Links auf der Seite wird die Geschichte von der zerbrochenen Multer illustriert. Gregor der Große erzählt: »Als Benedikt das Studium verließ und sich in die Einsamkeit begab, begleitete ihn nur seine Amme, die ihm in größter Liebe zugetan war. Sie kamen zu einem Ort Enfide, wo sie verweilten. Die Amme erbat sich hier von den Nachbarfrauen ein Sieb, um Weizen darin zu reinigen. Unvorsichtig ließ sie es auf dem Tisch liegen, so daß es durch Zufall herabfiel und in zwei Stücke zerbrach. Als die Amme zurückkam und das Unglück sah, weinte sie bitterlich. Der gute Knabe Benedikt, als er seine Amme weinen sah, hatte Mitleid mit ihr. Er nahm die Stücke und betete. Als er vom Gebet aufstand, war das Sieb wieder so hergestellt, daß man keine Spur von einem Bruch mehr an ihm bemerken konnte. Mit freundlichen Worten tröstete Benedikt die Amme und gab ihr das heile Sieb zurück. Dieses Ereignis erregte solche Verwunderung, daß die Einwohner das Sieb beim Kirchenportal aufhängten.« (Dialoge II,1) – Die Szene findet im Religionsbuch ihre Deutung.

Der Mönch Romanus umhüllt den jungen Benedikt mit einer Melote

Der Mönch Romanus umhüllt den jungen Benedikt mit einer Melote, dem Mönchsgewand aus Tierfellen. Gregor der Große erzählt: »Benedikt entfernte sich heimlich von seiner Amme und zog an einen ganz abgelegenen Ort, ungefähr 40 Meilen von Rom entfernt, mit Namen Subiaco. Als er auf seiner Flucht dorthin kam, traf ihn auf dem Weg ein Mönch namens Romanus und fragte ihn, wohin er wolle. Als er Benedikts Wunsch erfuhr, leistete er ihm Hilfe und gab ihm das Ordenskleid. Benedikt, der Mann Gottes, aber zog sich in eine ganz enge Höhle zurück und lebte dort drei Jahre, ohne daß ein Mensch, außer dem Mönch Romanus, etwas davon wußte. Romanus lebte nicht weit von der Höhle in einem Kloster unter der Regel des Abtes Adeodatus. In frommer Absicht entfernte er sich für Stunden aus den Augen des Abtes und brachte Benedikt an bestimmten Tagen das Brot, das er sich vom Munde absparen konnte. Da zu der Höhle kein Weg führte, weil der Felsen oberhalb der Höhle steil aufragte, ließ Romanus das Brot immer an einem langen Seil hinab. An dem Seil befestigte er ein Glöckchen, damit der Gottesmann Benedikt an seinem Klang erkennen konnte, wann Romanus ihm das Brot brachte, und dann aus der Höhle kommen und das Brot in Empfang nehmen konnte.« (Dialoge II,1)

Benedikt und das Ostermahl

»Drei Jahre lang verbarg sich Benedikt in der Höhle; nach Gottes Plan mußte er wiedergeboren werden. Da bereitete irgendwo, weit weg von Subiaco, ein Priester das Ostermahl. Da sprach der Herr zu ihm: ›Du machst dir ein Festessen und ein anderer wird anderenorts vom Hunger schier gekreuzigt.‹ Sogleich machte sich der Priester mit der Speise auf den Weg, Bergpfade entlang, vorbei an Klüften und durch Schluchten, bis er schließlich Benedikt in seiner Höhle fand. Sie beteten gemeinsam und begannen ein geistliches Gespräch. »Jetzt essen wir. Heute ist Ostern!« sagte der Priester. Benedikt, der alles Zeitbewußtsein verloren hatte, antwortete: »Ostern ist, weil du da bist.« Da berichtete ihm der Priester, daß heute wirklich der Tag der Auferstehung sei und daß Gott ihn gesandt habe, um gemeinsam die guten Gaben des Schöpfers zu genießen.« (Dialoge II, 2)

Klosterschüler S. 241

Das Schicksal von Kindern, die dem Kloster durch Gelübde übergeben wurden, wird in mancherlei Chroniken beschrieben. Eine besonders hübsche Geschichte ist diese: »Eine Frau wurde guter Hoffnung; in Begleitung ihres Gatten gelobte sie, wenn sie einen Sohn gebären sollte, ihn dem heiligen Gallus als Mönch zu weihen. Als aber die Zeit kam, wo sie sich der Geburt näherte, hatte sie ein Unglück und starb vierzehn Tage vor der rechtzeitigen Entbindung. Das Kind wurde gerettet und in den Speck eines frisch geschlachteten Schweines gewickelt, wo es seine Haut erhalten sollte; und da sich in kurzem zeigte, daß es von gutem Verstand war, so wurde es getauft und Purchard genannt. Als das Kind von der Brust der Amme entwöhnt war, legte es der Vater auf den Altar des heiligen Gallus, wie er mit der Mutter gelobt hatte und weihte es diesem zugleich mit der Flur von Hosten (Höchst) und dem Zehnten und beweinte sehr die Mutter.

Der Knabe wurde in dem Kloster aufgezogen, ein zärtliches Kind, sehr schön von Antlitz. Die Brüder aber pflegten ihn Ungeboren zu nennen; und weil er vor der Zeit zur Welt gekommen war, so konnte ihn keine Fliege stechen, ohne daß Blut herauskam; deshalb verschonte ihn auch später der Lehrer mit Rutenstreichen...«[1]

Der Tod Benedikts S. 243

»Sechs Tage vor seinem Tode ließ der ehrwürdige Vater Benedikt sein Grab richten. Alsbald wurde er vom Fieber befallen und von großer Hitze gequält. Da die Krankheit von Tag zu Tag zunahm, ließ er sich am sechsten Tag von seinen Schülern in die Kirche tragen, stärkte sich dort für den Tod durch den Empfang des Leibes und des Blutes des Herrn und stand da, die schwachen Glieder unter den Händen seiner Schüler aufrecht haltend, mit zum Himmel erhobenen Händen und tat unter Worten des Gebetes den letzten Atemzug.« (Dialoge II,37)

Gregor, der Verfasser der »Dialoge«, zu seinem fingierten Gesprächspartner: »Ach Petrus, ich glaube, der Tag würde eher zu Ende gehen als meine Erzählung, wenn ich nur das allein anführen wollte, was ich selbst in dieser Beziehung

---

1 Aus der Chronik des Klosters St. Gallen; der hier zitierte Part wird erzählt von Ekkehard IV. (etwa um 980-1060); zit.n. *Gustav Freytag*, Bilder aus der deutschen Vergangenheit. Bd. I: Hoch- und Spätmittelalter. Hg. von *Heinrich Pleticha*. Hamburg 1978, 46.

über vollkommene und bewährte Männer teils durch das Zeugnis frommer und glaubwürdiger Leute, teils durch eigene Wahrnehmung in Erfahrung gebracht habe. Was mir von ehrwürdigen Männern mitgeteilt wurde, will ich ohne Zaudern wieder erzählen. Das aber bitte ich dich zu beachten, daß ich mich bei einigen Erzählungen nur an den Sinn, bei anderen hingegen an Sinn und Wortlaut halte.« (Dialoge I)

Auflösung der Rätsel und Aufgaben aus dem Arbeitsheft 5

1 Durch eignes Denken, eignes Fragen,
ein eignes freies Wort zu sagen.

14 Bild - Wild - Wald - Wand - Tand - Tanz
Hund - Hand - Band - bald - Ball
Wand - Rand - Rang - Ring
Haus - Laus - Laut - Last

16 Ins Fettnäpfchen treten
Die Katze aus dem Sack lassen
Aus allen Wolken fallen

17 Nagel*kopf*, Nadel*öhr*, Flaschen*hals*, Schlüssel*bart*, Fluß*arm*, Berg*rücken*,
Lampen*fuß*, Herz*auge*.

18 Ohr*läppchen*, Aug*apfel*, Knochen*gerüst*, Gehör*gang*, Augen-(Nasen-)*höhle*.

19 Leseratte; Faulpelz; Angeber; Taugenichts.

Rätselecke S. 10 Schneeflocke und Sonne; Nase; Zähne und Zunge; Auge;
Pfanne; Schnecke; Ei.

21 Drama – Issos – Eule – Abend – Raupe – Bäkker – England – Inka –
Teleobjektiv – Indio – Saturn – Tarantel – Kalkutta – Ente – Iglu –
Notruf – Hochzeit: »Die Arbeit ist kein Hase, der davonlaeuft«.

Rätselecke S. 12 Kopf; Kreisel, Reise, Reis, Ei.

25 Eier, Moos, Knete, Piepmätze, Piepen, Kohlen, Flöhe, Mücken,
Flattermänner, Kies, Asche, Zaster, Fiffis, Möpse, Blaue Fliese, Blüten,
Stoff, Schotter, Kröten, Sand, Scheine, Mäuse, Riesen, Pinke-Pinke. . .

29 buckelt; katzbuckelt. **30** Angsthase. **31** Habgier. **32** stolz.

49 Seite 23, Zeile 23.

67 a) Rauchen verboten; b) Nur für Behinderte / Rollstuhlfahrer;
c) Rolltreppe aufwärts; d) Sprinter; e) Schwimmer.

70 a) Bewache dein Herz
b) Der Rattenfänger von Hameln

75 Leo Trotzki; **76** Arthur Miller; **77** Albert Einstein; **78** Karl Marx; **79** Edith
Stein; **80** Sigmund Freud; **81** Marilyn Monroe; **82** Jean-Marie Lustiger.

91 Versöhnungsfest – Einstein – Rosch ha-Schana – Lichterfest – Abraham –
Nussbaum – Getto – Sabbat – Atheist – Mazzen – Edith – Dekalog –
Ekklesia – Israel – Neujahr – Lustiger – Estrade – Bar Mizwa –
Evangelien – Negev: »Verlangsame dein Leben«.

96 Zu streichen: Strafe, Angst, Leistung, Verbot, Buchstabentreue, Strenge, Gericht.

111 Falsch ist: Kaiseropfer, Befreiungskampf; Meditation; Marienverehrung; Sonntagsgottesdienst.

115 Nero

116 Konstantin der Große

120 Diözese – Altar – Sokrates – Basilika – Lebensbaum – Ulme – Tübingen – Diskussion – Ehe – Radau – Matisse – Araber – etc – Reich – Tabor – Yogi – Romulus – Ewigkeit – Rose – Diakon: »Das Blut der Maertyrer, der Samen neuer Christen«.